thesaurus essencial

dicionário analógico

Lexikon | *referência essencial*

FRANCISCO FERREIRA DOS SANTOS AZEVEDO

thesaurus essencial

dicionário analógico

organizador: Paulo Geiger

2ª edição

LEXIKON EDITORA DIGITAL LTDA.
Av. Rio Branco, 123 sala 1711 – Centro
20040-905 Rio de Janeiro – RJ – Brasil
Tel.: (21) 2560 2601 – Whatsapp (11) 94044 4620
www.lexikon.com.br – sac@lexikon.com.br

Veja também www.aulete.com.br – seu dicionário na internet

1ª edição – 2013
1ª edição 2ª impressão – 2018

EDITOR
Paulo Geiger

PRODUÇÃO EDITORIAL
Sonia Hey

ASSISTENTE DE PRODUÇÃO
Fernanda Carvalho

REVISÃO
Perla Serafim

DIAGRAMAÇÃO
Filigrana

CAPA
Luis Saguar

Este livro foi impresso na Edelbra Gráfica e Editora em 2025.

Cip-Brasil. Catalogação na Fonte
Sindicato Nacional dos Editores de Livros, Rj

A987t
2. ed.

Azevedo, Francisco Ferreira dos Santos, 1875-1942
Thesaurus essencial dicionário analógico / Francisco Ferreira dos Santos Azevedo; organização Paulo Geiger. - 2. ed. - Rio de Janeiro : Lexikon, 2025.
712 p. ; 17 cm.

Inclui índice
ISBN 978-65-88871-80-5

1. Língua portuguesa - Sinônimos e antônimos - Dicionários. 2. Língua portuguesa - Analogia - Dicionários. I. Geiger, Paulo, 1935-. II. Título.

CDD: 469.31
25-98774.0 CDU: 811.134.3'342.621

Meri Gleice Rodrigues de Souza - Bibliotecária - CRB-7/6439
17/06/2025 20/06/2025

EM BUSCA DA MELHOR PALAVRA

O thesaurus, ou dicionário analógico, é o complemento ideal e necessário de um dicionário léxico tradicional. Para o estudante, o profissional ou qualquer pessoa que queira se expressar bem e corretamente, ele representa uma segunda e indispensável porta de acesso ao universo das palavras e de seus significados.

O conhecimento e o bom uso de uma língua, no caso o português, implica, primeiro, a partir das palavras que se ouvem ou se leem, identificar o que significam em cada contexto, e, segundo, a partir de uma ideia que se quer expressar, achar as palavras que melhor a expressam.

No primeiro caso, recorre-se a um dicionário léxico, no segundo, a um thesaurus, como este *Thesaurus essencial*. Um thesaurus não é um dicionário de sinônimos, ou seja, de palavras que têm **exatamente** o mesmo significado de outra, mas uma relação de palavras **análogas**, ou seja, cujos significados estão numa certa área de proximidade com o de alguma outra palavra. Isso lhe confere um âmbito muito maior de possibilidades na escolha de uma palavra.

O conceito, as funções e a organização deste *Thesaurus essencial* tornam simples e rápida aquela busca da 'palavra ideal', ou da 'palavra que nos escapa', ou da 'palavra melhor' para expressar o que se quer dizer. Muitas vezes temos uma clara noção do que queremos expressar, mas não encontramos a palavra mais adequada, ou que mais nos agrade. Ou, às vezes, temos uma palavra, mas por qualquer motivo achamos que pode haver uma que nos atenda melhor. O consulente encontrará no índice geral do *Thesaurus essencial* a lista dessas palavras, e a indicação de onde encontrará as palavras análogas no corpo do dicionário, em seus vários contextos.

Juntamente com o *Aulete essencial* ele abre aquelas duas portas de acesso ao conhecimento e ao bom uso do português. Para escrever melhor, para se expressar melhor.

COMO USAR

Este *Thesaurus essencial*, é a versão 'essencial' do *Dicionário analógico da língua portuguesa* da Lexikon Editora. Essencial nos dois sentidos da palavra, o de constituir a sua 'essência', ou seja, o que nele é fundamental, e o de ser indispensável, imprescindível para o fim a que se destina.

OBJETIVO:

E a que fim se destina? Ao de permitir que alguém que sabe o que quer expressar, mas não encontra a palavra ou expressão mais adequada, encontre rapidamente uma ou mais sugestões numa nuvem de palavras ou expressões análogas.

ESTRUTURA:

O acervo dessas dezenas de milhares de palavras e expressões está organizado no corpo do dicionário em mais de mil grupos, cada um deles referente a uma certa área de analogias, ou seja, um limite conceitual que define aproximadamente o âmbito da busca do consulente. Cada grupo tem uma 'cabeça', uma palavra que resume o âmbito conceitual das inúmeras palavras e expressões que se encaixam nele. Os termos que intitulam grupos estão em **negrito.**

Por exemplo, o grupo **habilidade** contém todas as palavras e expressões análogas a esse conceito; o grupo **inabilidade**, evidentemente, as palavras e expressões com sentido contrário. Às vezes há indicações de contextos de uso (termos depreciativos, desusados, brasileirismos etc.) Esses grupos estão ordenados pela ordem alfabética de suas 'cabeças', e têm, por sua vez, uma estrutura interna segundo a classe gramatical das palavras análogas: primeiro os substantivos, depois os verbos, depois os adjetivos, depois os advérbios. Eventualmente, pronomes, conjunções etc.

NOTA: Raramente se anotam os advérbios de modo, uma vez que eles se formam geralmente a partir da flexão feminina dos adjetivos apresentados antes, com o acréscimo de *–mente*. P.ex., no grupo **cau-**

tela, embora não registrado, o advérbio *sensatamente* é presumível a partir do adjetivo mencionado *sensato*, de cujo feminino *sensata* forma-se este advérbio.

Além da estrutura de palavras análogas àquela que representa sua 'cabeça', pode haver, em determinados grupo, uma lista de palavras não exatamente análogas, mas que representam várias denominações do mesmo tipo. P. ex., no grupo **doença** entram várias listas de doenças segundo os agentes que as causam, ou no verbete **cor**, listas de nomes que representam animais que têm determinadas cores etc. Essas listas têm uma apresentação diferente, em uma só coluna em toda a largura do livro.

COMO CONSULTAR:

A consulta deve ser feita a partir do índice, no final do livro. Tem como ponto de partida um termo ou expressão conhecidos, para se buscar outro termo ou expressão como alternativa. O índice é ordenado alfabeticamente pelo termo ou expressão que origina a busca, e apresenta os nomes de todos os grupos em que o termo ou a expressão se encontra; num desses grupos o consulente obterá uma alternativa de uso.

Exemplo: caso o consulente queira uma alternativa para o termo 'intencional', ele busca este termo no índice, e constata que ele é citado nos grupos *Intenção* e *Vontade*. Consultando esses grupos, na classe 'adjetivo' (a mesma de 'intencional') acha, por exemplo, *proposital*, *expresso*, *voluntário*, *volitivo*, *opcional*, *determinado* etc. O índice geral permite que se forme uma intricada rede de analogias, pois num grupo de analogias, cada termo (via índice) pode levar a outros grupos, e assim por diante.

ABREVIATURAS

ant.	antigo
adj.	adjetivo
adv.	advérbio
afric.	africanismo
asiát.	asiático
bras.	brasileirismo
bud.	budismo
burl.	burlesco
dep/depr.	depreciativo
desus.	desusado
esp.	espanhol
euf.	eufemismo
f.	feminino
fam.	familiar
fig.	figurado
gal.	galicismo
gír.	gíria
hist. ant.	história antiga
inf./infant.	infantil
int.	intransitivo
interj.	interjeição
iron./irôn.	irônico
joc.	jocoso
jur.	jurídico
lat.	latim/latino
lit.	literatura
loc.	locução
loc. elip.	locução elíptica
lus.	lusitanismo
m.	masculino
mit.	mitologia
neol.	neologia
p. ext.	por extensão
p. op. a	por oposição a
p. us.	pouco usado
pej.	pejorativo
pl.	plural
pleb.	plebeísmo
poét.	poético
pop.	popular
Port.	Portugal
port.	português
pron.	pronome
prov.	provérbio
quím.	química
reg.	regionalismo
ret.	retórico
sm.	substantivo masculino
subst.	substantivo
tb.	também
teol.	teologia
v.	verbo
vet.	veterinária
vulg.	vulgar

aA

abandono (abandono de propriedade) ***Subst.*** renúncia, expropriação, cessão, larga, quitação, descarte, desocupação, resignação, alienação, tomada, entrega ***V.*** abandonar, largar, ceder, desistir, abdicar, enjeitar, entregar, deixar, quitar, desocupar, largar, evacuar, atirar, jogar ***Adj.*** enjeitado, devoluto

abertura ***Subst.*** franquia, rasgão, rasgadura, permeabilidade, rasgo, brecha, falha, buraco, cavado, escavação, aberta, fresta, fenda, frincha, fisga, greta, furo, cova, rombo, rima, fissura, encaixe, juntura, porosidade, sorvedouro, pego, voragem, vão, festão, janela, postigo, guichê, luneta, olho de boi, escotilha, gelosia, rótula, entrada, pórtico, portal, porta, ombreira, portaló, portão, respiro, respiradouro, chupeta, orifício, óculo, nascedouro, venta, boca, bocarra, bocejo, garganta, goela, fauce, focinho, piloro, cóclea, portada, porteira, cancela, gargalo, alçapão, arcada, passagem, passadiço, caminho, vereda, serviço, serventia, servidão, travessa, beco, tubo, canudo, bocal, cano, chaminé, mina, canal, broca, repuxo, torneira, funil, meato, ducto, túnel, poço, cisterna, fístula, ferida, incisão, cirurgia, colostomia, traqueostomia, laparoscopia, bisturi, galeria, corredor, avenida, clareira, túnel, calibre, ilhó, botoeira, poro, peneira, crivo, ralo, joeira, malha, hiato, penetração, trepanação, acupuntura, punção ***V.*** abrir, desabotoar, desabrochar, escancarar, desimpedir, franquear, entreabrir, rasgar, perfurar, descerrar, ventilar, arejar, deslacrar, desfechar, desbravar, romper, arreganhar, bocejar, boquejar, furar, perfurar, cavar, escavar, escarvar, picar, penetrar, transfixar, puncionar, espetar, trepanar, lancetar, apunhalar, esfaquear, escalpelar, anavalhar, traspassar, atravessar, enfiar, brocar, broquear, crivar, desarrolhar, destapar, destampar, descobrir, desabafar, afunilar, desentupir, desobstruir, minar, espichar, esgarçar, arrombar, desbloquear ***Adj.*** aberto, ventilado, profundo, esburacado, entreaberto, patente, bucal, tubular, fistulado, transitável, desimpedido, acessível, desabrigado, descampado, permeável, poroso, ilimitado, roto, esburacado, afunilado, vascular, esponjoso, poroso, faviforme, vesicular

abertura para passagem da luz ***Subst.*** rótula, gelosia, fresta, janela, lanterna, luneta, vigia, olho de boi, janela, postigo, seteira, vitral, clareira, lucarna

absolvição ***Subst.*** justificação, reabilitação, resgate, trégua, perdão ***V.*** absolver, descriminar, escusar, resgatar, remir, redimir, justificar, lavar, escoimar, desligar, perdoar, reabilitar, desculpar ***Adj.*** absolvido, inocentado, impune, inocente

abstemia ***Subst.*** temperança, comedimento, abstêmio, nazireu, abstinente ***V.*** ficar a pão e água ***Adj.*** sóbrio, abstêmio, abstinente

abstenção (ausência de escolha) ***Subst.*** igualdade, qualquer, neutralidade, indiferença, empate, indefinição ***V.*** contemporizar, empatar, abster-se, cruzar os braços ***Adj.*** inativo, neutro, neutral, incolor, suspenso, empatado, qualquer, indefinido, indistinto ***Adv.*** à toa

absurdo ***Subst.*** loucura, despropósito, desconchavo, disparate, destampatório, necedade, dislate, despautério, monstruosidade, desacerto, paradoxo, inconsistência, estultícia, desconcerto, heresia, asneira, tolice, sandice, bobagem, enormidade, descoco, destempero, lenga-lenga, aranzel, inépcia, baboseira, xaropada, chocarrice, sofisma, farsa, romance, trocadilho, charada, enigma, algaravia, exagero, capricho, burla, quimera ***V.*** dizer disparates, fazer disparates, tontear, despropositar, aferrolhar, amortalhar, destemperar, desconcertar, descomedir-se, bobear ***Adj.*** absurdo, inverossímil, irracional, ilógico, desarrazoado, extravagante, estrambótico, estapafúrdio, despropositado, inconciliável, temerário, desconexo, tolo, sonâmbulo, inconsistente, ridículo, bestial, quimérico, fantástico, fútil, frívolo, vão, incoerente

acabamento ***Subst.*** complemento, execução, remate, fecho, finalização, despacho, desfecho, consumação, ultimação, fatura, feitura, conclusão, terminação, termo, arremate, êxito, sucesso, perfazimento, término, preenchimento, liquidação, epílogo, desenlace, catástrofe, maturidade, resultado, final, coroamento, selo ***V.*** acabar, efetuar, efetivar, encerrar, realizar, finalizar, perfazer, cerrar, terminar, completar, fechar, inteirar, integrar, rematar, arrematar, concluir, coroar, dar, atilar, consumar, conseguir, parar, retocar, ultimar, fechar, inteirar, amadurar, aperfeiçoar, selar, escanhoar, fazer, elaborar, executar, cumprir, aviar, satisfazer, despachar, polir, limar, destocar, culminar ***Adj.*** complementar, conclusivo, integrante, final, total, completo, perfeito, acabado, consumado, cabal, íntegro, inteiro

ação ***Subst.*** execução, preenchimento, desempenho, realização, prática, perpetração, exercício, mudança, operação, promoção, evolução, praxe, atuação, feitio, ocupação, agência, ato, feito, gesto, passo, empresa, rasgo, façanha, proeza, heroísmo, transação, negócio, lance, golpe, pancada, iniciativa, movimentação, manobra ***V.*** fazer, executar, aviar, promover, manobrar, obrar, realizar, efetivar, praticar, efetuar, proceder, processar, desempenhar, cumprir, satisfazer, cometer, perpetrar, exercer, exercitar, manobrar, prosseguir, funcionar, laborar, labutar, trafegar, jogar, prodigalizar, agenciar, trabalhar, cultivar, aviar, despachar, agir, obrar, atuar, desferir, dar, colaborar, contribuir, participar, compartilhar, cooperar ***Adj.*** operoso, laborioso, ativo, dinâmico, operante

acaso (ausência de causa assinalável) ***Subst.*** azar, indeterminação, dita, ventura, sorte, fado, fadário, estrela, fatalidade, situação, acidente, incidência, horóscopo, vicissitude, felicidade, encontro, eventualidade, contingência, pontapé, milagre, destino, rifa, víspora, loteria, jogo, aposta, probabilidade, perspectiva, contratempo, especulação, plausibilidade ***V.*** acontecer, arriscar, encontrar, topar, tocar, cair ***Adj.*** casual, acidental, ocasional, eventual, contingente, imprevisto, incerto, adventício, incidente, incidental, inopinado, indeterminado, indefinido, imprevisto, possível, qualquer ***Adv.*** à toa

acompanhamento ***Subst.*** contexto, contextura, encadeamento, coexistência, paridade, concomitância, companhia, parceria, associação, acessório, cortejo, coeficiente, companheiro, par, serviçal, associado, sócio, parceiro, cúmplice, sombra, satélite, consorte, esposa, colega, condiscípulo, parasita, carrapato, papa-jantares, guarda-costas, contrapé, ordenança, escolta, comitiva, séquito, caravana, agregado, *kit* ***V.*** acompanhar, ladear, coexistir, coabitar, conviver, sincronizar ***Adj.*** concomitante, gêmeo, trigêmeo, coexistente, emparelhado, parceiro, acessório ***Adv.*** junto

acordo ***Subst.*** combinação, ajuste, concerto, unissonância, aliança, harmonia, regularidade, ligação, aliança, conformidade, coalho, concordância, convênio, pacto, trato, contrato, conformidade, uniformidade, consonância, consistência, congruência, conveniência, correspondência, paralelismo, conjunção, aptidão, relevância, capacidade, pertinência, ajustamento, aplicabilidade, admissibilidade, compatibilidade, encadeamento, adaptação, acomodação, assimilação, reconciliação, assentimento, concorrência, cooperação ***V.*** concordar, admitir, grudar, pactuar, corresponder, responder, ficar, servir, assentar, condizer, frisar, rimar, convir, caber, condizer, coalhar, acomodar, graduar, conformar, ajeitar, adaptar, amoldar, ajustar, acertar, proporcionar, igualar, apropriar, reconciliar, coadunar, arranjar, desincompatibilizar, adequar ***Adj.*** conveniente, conforme, consoante, congruente, concorde, concordante, adequado, cômodo, apropriado, qualificado, proporcionado, talhado, consentâneo, correspondente, harmônico, harmonioso, coerente, decente, decoroso, condigno, competente, idôneo, perfeito, oportuno, afortunado, feliz, propício, providencial, pertinente, hábil, tempestivo, compatível, aplicável, admissível ***Adv.*** *ad hoc*, segundo, conforme, consoante

acromatismo (ausência de cor) ***Subst.*** descoramento, desmerecimento, desbotamento, descoloração, desmaio, frieza, estiolamento, albinismo, palidez, lividez ***V.*** desbotar, descorar, quebrar, esvaecer, esmaecer, desmaiar, destingir, descolorar, descolorir, desmerecer, desfalecer, murchar, estiolar, fanar, morrer, empalidecer, acinzentar, esgazear ***Adj.*** incolor, acromático, desbotado, térreo, baço, embaçado, frio, inexpressivo, brando, pálido, céreo, lívido, cadavérico, lúrido, fulo, macilento, macerado, cativo, ligeiro, tênue, desvanecido, plúmbeo, vidrado, descorado, fosco, alvacento, deslavado, esbranquiçado, mate

acusação ***Subst.*** carga, delação, denunciação, capítulo, recriminação, incriminação, increpação, agressão, injúria, ataque, invectiva, denúncia, queixa, querela, parte, crítica, culpabilidade, libelo, articulado, catilinária, processo, condenação, acusador, denunciante, promotor, queixoso, querelante, recriminador, apelante, reivindicador, autor, coautor, delator, criminoso, preso, indiciado, réu, culpado, cúmplice, acusado, querelado, pronunciado ***V.*** acusar, imputar, incriminar, increpar, taxar, timbrar, inculpar, culpar, estigmatizar, inquinar, responsabilizar, envolver, enrascar, implicar, queixar-se, delatar, denunciar, capitular, querelar, responsabilizar, reconvir, encalacrar, comprometer ***Adj.*** acusatório, recriminatório, denunciador, denunciante, querelante, acusado, suspeito, preso, detido, indiciado, pronunciado, suspeito, imputável, indefensável, inqualificável, imperdoável, indesculpável, inescusável, injustificável, vicioso, nefando, execrando

adição ***Subst.*** anexação, reunião, junção, superposição, aditamento, contribuição, suprimento, acompanhamento, complemento, suplemento, interposição, inserção, soma, somatório, justaposição, aglutinação ***V.*** adir, ajuntar, reunir, anexar, somar, acrescentar, englobar, adicionar, agregar, justapor, aglutinar, afixar, prefixar, unir, juntar, apensar, enxertar, introduzir, inserir, incorporar, suprir, engrossar, advir, superpor, repetir, acrescer ***Adj.*** adido, anexo, apenso, aposto, junto, adicional, suplementar, subjuntivo, adjetivo ***Adv.*** mais, inclusive, extra, também, outrossim, afora, demais, item

adjunto (coisa acrescentada) ***Subst.*** agregado, adido, aditivo, aditamento, acréscimo, achega, sufixo, afixo, prefixo, acessório, cortejo, aposto, anexo, apêndice, apostila, apenso, aumento, reforço, contingente, adorno, bordado, debrum, enfeite, babado, epíteto, tempero, prolongamento, acompanhamento, adendo, complemento, suprimento, suplemento, sucursal, filial, continuação, cauda, uropígio, sobrecu, rabo, aba, orla, fralda ***V.*** ajuntar, acrescentar, anexar, apensar, justapor, afixar, prefixar, prepor, antepor, pospor, bordar, debruar, adicionar, completar ***Adj.*** adicional, postiço, complementar, suplementar, aditivo, apenso, extranumerário, adjetivo

admiração ***Subst.*** espanto, estranheza, alarme, surpresa, maravilha, atordoamento, estupefação, perplexidade, contemplação, embaçamento, estupor, sensação, pasmo, assombro, pasmaceira, fascinação, encantamento, embevecimento, arrebatamento, entusiasmo, magia, deslumbramento, êxtase, enlevo, enleio ***V.*** admirar, estranhar, contemplar, surpreender, estuporar, maravilhar, impressionar, impactar, espantar, varar, pasmar, embaraçar, abismar, eletrizar, alienar, encantar, estontear, atordoar, aturdir, deslumbrar, assombrar, arrebatar, extasiar, petrificar, fascinar, esgazear, embasbacar, atrapalhar, bestificar, bestializar ***Adj.*** surpreso, pasmado, atônito, espantado, estatelado, imóvel, assombrado, boquiaberto, estupefacto, perplexo, babão, aturdido, estonteado, tonto, atordoado, extasiado, arrebatado, embevecido, absorto, enlevado, atento, extático, rendido, surpreendente, inenarrável, inarrável, incomparável, inimaginável, prodigioso, maravilhoso, espantoso, assombroso, gigantesco, grandioso, majestoso, imponente, extraordinário, fenomenal, anormal, estupendo, sublime, famoso, portentoso, insólito, inconcebível, impagável, indescritível, indizível, inexplicável, inefável, sobrenatural, divino, milagroso, estupefaciente, miraculoso, fantástico, notável, romanesco, rocambolesco, façanhoso, impressionante, respeitável, singular, raro, peregrino, invulgar, insólito, quimérico, mágico, mirabolante, misterioso, indecifrável, ímpar, inesperado ***Interj.*** pôxa!, pô!, uau!

adolescência ***Subst.*** mancebia, juventude, mocidade, juvenilidade, maioridade, virilidade, alvorada, verdura, pubescência, puberdade, maturidade, vigor, lanugem, buço, bigode, barba, mosca, menstruação, visita ***V.*** pubescer, remoçar, rejuvenescer ***Adj.*** adolescente, adulto, púbere, pubescente, núbil, crescido, grande, alto, taludo, desenvolvido, espigado, viril, barbado, barbudo, barbirruivo, juvenil, casadouro, mulheril, matronal, menstruada

adulador ***Subst.*** lisonjeador, lisonjeiro, otimista, entusiasta, apologista, propagandista, laudatório, admirador, pregoeiro, bajulador, (depr.) capacho, turibulário, turiferário, (depr.) batráquio, cortesão, palaciano, amigo, (bras.) engraxate ***Adj.*** (fig.) untuoso, servil

adversidade ***Subst.*** mal, infortúnio, mal-estar, fracasso, atribulação, aperto, pressa, infelicidade, (bras.) urucubaca, desventura, desdita, macaca, ruína, queda, trambolhão, sorte, descalabro, amofinação, transe, prova, provação, transtorno, revés, viravolta, vicissitude, maldição, rajada, vendaval, tormenta, fardo, furacão, aflição, acidente, desastre, sinistro, calamidade, fatalidade, catástrofe, casualidade, fatalismo, cruz, queda, baque, ruína, desmoronamento, soçobro, destruição, ostracismo, mofino, náufrago, vítima, tumba ***V.*** decair, declinar, baquear, desgraçar, malfadar ***Adj.*** adverso, infortunado, desgraçado, funesto, prejudicial, desditoso, desvalido, desventurado, mal-aventurado, malfadado, desafortunado, caipora, infeliz, coitado, pobre, deplorável, ruinoso, calamitoso, aziago, nefasto, adverso, negro, desastroso, desastrado, cruel, azarento, caipora, desumano, danoso, sinistro, ominoso, infausto, atroz, premente, sombrio, triste, proceloso, tempestuoso, amargo, tenebroso

advertência ***Subst.*** aviso, prevenção, admoestação, cautela, predição, monitório, conselho, anúncio, sintoma, prognóstico, rebate, procelária, insatisfação, radicalização, extremismo, polarização, fogueira, telégrafo, sismógrafo, barômetro, farol, sentinela, vigia, guarda, patrulha, vedeta, ronda, vigia, piquete, vanguarda, atalaia, espia, espião, explorador, batedor, bombeiro, prontidão, prudência ***V.*** avisar, alarmar, advertir, assinalar, prevenir, premunir, exortar, precaver, precatar, acautelar, informar, participar, aconselhar, lembrar, ameaçar, pressagiar, evitar ***Adj.*** precursor, preventivo, anunciante, avisado, atento, cauteloso ***Interj.*** Cuidado!, Alto lá!

advogado ***Subst.*** publicista, jurista, jurisconsulto, doutor, legista, civilista, causídico, constitucionalista, conselheiro, procurador, patrono, patrocinador, defensor, protetor, intercessor, padroeiro, mediador, solicitador, (depr.) rábula, (depr.) chicaneiro, (depr.) chicanista, notário, escrivão, (depr.) escriba, tabelião ***V.*** advogar, defender, acusar, processar, representar, procurar, solicitar, patrocinar ***Adj.*** advocatício, jurídico, forense

afetação ***Subst.*** denguice, ostentação, jactância, charlatanismo, pedagogia, pedantismo, insolência, soberba, arrogância, dogmatismo, pretensão, ufania, prosápia, ares, vanglória, sobranceria, fumaça, purismo, rigorismo, preciosismo, futurismo, satanismo, formalismo, ritualismo, germanismo, maneirismo, rigidez, formalidade, pose, puritanismo, pieguice, sentimentalismo, megalomania, melomania, ator, comediante, pedante, pedagogo, doutrinário, purista, maneirista, rigorista, ritualista, megalômano, megalomaníaco, musicômano, poetastro, charlatão, nefelibata, penetra, petisco, piegas, dengue, careta, momo, mônada, meneio, apuro, requinte, melindre ***V.*** lamber, alardear, menear, requebrar, gingar, saracotear ***Adj.*** afetado, barroco, espevitado, imodesto, requintado, exagerado, presumido, faceiro, pretensioso, pedante, presunçoso, presumido, metido, nefelibata, teatral, espalhafatoso, mirabolante, dengoso, dengue, alambicado, faceiro, rígido, rigorista, puritano, rebuscado, empolado, extravagante, sentimental, cerimonioso, forçado, cerimonial

afirmação ***Subst.*** afirmativa, intimativa, assertiva, asserto, palavra, asserção, alegação, asseveração, declaração, confirmação, reiteração, juramento, jura, depoimento, compromisso, testemunho, seguridade, segurança, protesto, credo, abonação, reconhecimento, voto, nota, observação, ressalva, dito, sentença, ênfase, dogmatismo, certeza ***V.*** afirmar, assegurar, asseverar, defender, pregar, reafirmar, ratificar, confirmar, reiterar, confessar, declarar, consignar, avançar, adiantar, alegar, produzir, afiançar, garantir, proclamar, protestar, prometer, redizer, segurar, propor, enunciar, gemer, divulgar, expor, publicar, patentear, manter, sustentar, pronunciar, pretender, depor, certificar, professar, atestar, jurar, dar, proferir, jurar, acentuar ***Adj.*** declarativo, predicativo, intimativo, afirmativo, assertivo, positivo, proativo, certo, expresso, explícito, taxativo, definitivo, decisivo, absoluto, enfático, redondo, formal, cabal, peremptório, claro, inequívoco, insofismável, indubitável, franco, dogmático, doutoral, sentencioso, marcado, distinto, decidido, confiado, cortante, solene, categórico ***Adv.*** redondamente, sim

afonia ***Subst.*** afasia, mudez, mudeza, mutismo, rouquidão, rouquice, falsete, engasgo ***V.*** estar rouco, ficar rouco, enrouquecer, rouquejar, silenciar, emudecer, amordaçar, arrolhar, sufocar, abafar, afogar, calar, asfixiar ***Adj.*** mudo, afônico, surdo-mudo, calado, inaudível, inarticulado, taciturno, rouco, roufenho, áspero, seco, cavernoso, cavo, sepulcral

agência ***Subst.*** operação, atividade, ação, eficiência, eficácia, influência, virtude, força, trabalho, empreendimento, empresa, obra, esforço, função, cargo, ofício, serviço, manutenção, gerência, administração, exercício, desempenho, causa, instrumentalidade, influência ***V.*** acionar, operar, agir, proceder, desempenhar, executar, exercer, realizar, empreender, efetuar, praticar, suportar, sustentar, manter, conservar, acelerar, influir, forçar, ativar, apressar, atuar ***Adj.*** operacional, operante, pronto, atuante, eficiente, eficaz

agente ***Subst.*** ator, promotor, executor, ministrador, perpetrador, mandatário, praticante, operador, prático, obreiro, operário, feitor, abelha, formiga, (fig.) safra, faz-tudo, jornaleiro, diarista, fabricante, artista, profissional, empreiteiro, lenheiro, lenhador, mercenário, capanga, mineiro, fator, oficial, arquiteto, barbeiro, carpinteiro, construtor, pedreiro, calceteiro, tarefeiro, ladrilheiro, ferreiro, caldeireiro, armeiro, aceiro, agulheiro, funileiro, joalheiro, ourives, ganha-pão, mariola, lapidário, latoeiro, tanoeiro, chapeleiro, relojoeiro, tecelão, pirotécnico, moleiro, serralheiro, costureiro, alfaiate, sapateiro, padeiro, pasteleiro, maquinista, mecânico, engenheiro, agrimensor, industrial, queijeiro, foguista, funileiro, lanterneiro, ministro, criado, representante, procurador, deputado, cooperador, colaborador, auxiliar, cúmplice, participante ***V.*** agenciar, agir, acionar, empreender, cumpliciar ***Adj.*** agencial, atuante, braçal, mecânico

agitação (movimento irregular) ***Subst.*** tremor, tremelique, movimento, rebolado, meneio, requebro, saracoteio, sacudida, sacudidela, chouto, fervura, ebulição, solavanco, abalo, choque, trepidação, estremecimento, frêmito, perturbação, tumulto, desordem, confusão, espalhafato, salto, tremura, delírio, espasmo, convulsão, agonia, arritmia, mutabilidade, inquietação, fervedouro, efervescência, tempestade, procela, temporal, tormenta, tromba, turbilhão, arrebentação, sorvedouro, voragem, turbulência ***V.*** sacudir, brandir, manejar, menear, tremer, estremecer, vibrar, tiritar, remexer, revolver, brincar, espernear, espinotear, pinotear, estrebuchar, bracejar, chapinhar, desembestar, pestanejar, cambalear, saracotear, piruetar, dançar, tripudiar, sapatear, ziguezaguear, borboletear, entontecer, fermentar, ferver, escumar, borbulhar, chocalhar, sacolejar, agitar, vascolejar, saltitar, convulsionar, abalar, desnatar ***Adj.*** trêmulo, ondulante, convulso, convulsivo, epiléptico, espasmódico, inquieto, fervente, desordenado, arrítmico, irregular ***Adv.*** bruscamente

agouro ***Subst.*** presságio, vaticínio, augúrio, arrelia, auspício, oráculo, precursor, coruja, gralha ***V.*** agourar, pressagiar, vaticinar ***Adj.*** agourento, ameaçador, sinistro, esquerdo

agravação ***Subst.*** piora, agravamento, intensificação, irritação, exagero, recrudescimento, complicação ***V.*** agravar, piorar, azedar, exacerbar, envenenar, complicar, inflamar, comprometer, avivar ***Adj.*** agravante, irritante

agricultura (economia ou tratamento dos vegetais) ***Subst.*** hortigranjeiro, lavoura, amanho, cultivo, cultura, lavra, lavragem, fabrico, limpa, derrubada, pousio, granjeio, jardinagem, silvicultura, horticultura, fruticultura, triticultura, viticultura, vinicultura, orizicultura, rizicultura, cacauicultura, cafeicultura, citricultura, cotonicultura, fumicultura, oleicultura, olivicultura, silvicultura, floricultura, vindima, colheita, messe, safra, seara, caldeira, achega, queimada, poda, desbaste, semeadura, irrigação, sementeira, sega, segadura, ceifa, ambulacro, mergulhia, mergulhão, agronomia, arado, labrego, grade, pulverização, ancinho, podão, podadeira, rabiça, segadeira, foice, sacho, enxada, sega, alvião, gadanho, charrua, semeador, calibrador, trator, colheitadeira, camponês, rústico, silvicultor, agricultor, horticultor, viticultor, pomicultor, floricultor, vinicultor, lavrador, vinhateiro, vindimador, agrícola, fazendeiro, cultivador, granjeiro, cavador, jeca, semeador, sementeiro, hortelão, produtor, colono, fruticultor, lenhador, lenheiro, seringueiro, morador, campo, agro, prado, roça, horta, veiga, várzea, vergel, pomar, jardim, estufa, canteiro, avenida, eira, vinha, vinhedo, parreiral, canavial, laranjal, cafezal, jabuticabal, coqueiral, bananal, trigal, olival, adubo, marga, estrume ***V.*** cultivar, granjear, amanhar, fabricar, desbravar, laborar, semear, plantar, pulverizar, desbastar, irrigar, roçar, segar, ceifar, foiçar, cavar, redrar, arrendar, escavar, podar, romper, arar, lavrar, gradear, ciscar, afofar, capar, forragear, ajardinar, enxertar, arrebanhar, vindimar, colher, estrumar, fertilizar, adubar, estercar, arborizar ***Adj.*** agricultor, lavrador, agrícola, vinícola, cultor, pastoral, campesino, campestre, rural, varzino, campeiro, sementeiro, arável, fértil, rural, rústico, silvestre, agrário, fundiário

água ***Subst.*** linfa, soro, serosidade, infiltração, aspersão, irrigação, regadura, ducha, rega, imersão, molhadela, banho, inundação, remo, regata, iatismo, triatlo, canoagem, preamar, cachoeira, cascata, catarata, bafo, lavabo, balneário, hidroterapia, hidromassagem, banheira, hissope, aspersor, regador, irrigador, seringa, bisnaga, esguicho, mangueira, nora, pulverizador, sifão ***V.*** regar, irrigar, aspergir, pulverizar, aguar, banhar, molhar, ensopar, encharcar, inundar, submergir, alagar, estagnar, represar, empoçar, atolar, umedecer, mergulhar, imergir, nadar, chapinhar, babar, injetar, gargarejar, empapar, patinhar, nadar ***Adj.*** aquoso, aquático, úmido, linfático, aguacento, inundante, diluente, potável, submerso

agudeza ***Subst.*** acuidade, amolação, afiação, fio, gume, corte, aguçamento, ponta, espiga, espigão, lâmina, estria, sarça, espinho, cardo, abrolho, silva, estrepe, pente, agulha, alfinete, travessa, bico, ferrão, dardo, arpão, lança, acúleo, acicate, bandarilha, aguilhão, espora, estoque, espeto, cúspide, tridente, chifre, chavelho, ponta, corno, armas, saleiro, espinha, farpa, chuço, pique, seta, flecha, molar, (pop.) cartucheira, presa, raio, biqueira, ponteira, cume, cimeira, cone, quina, cabuchão, píncaro, alcantil, campanário, porco-espinho, ouriço, cunha, faca, cotó, trinchante, navalha, punhal, lâmina, cutelo, cutelaria, escalpelo, bisturi, lanceta, charrua, arado, relha, alvião, machado, cutelo, talhador, picareta, enxada, enxadão, goiva, podadeira, podão, foice, ancinho, tesoura, florete, punhal, adaga, canivete, furador, serra, serrote, amolador, couro, esmeril ***V.*** aguçar, apontar, afunilar, adelgaçar, anavalhar, acerar, espicular, embicar, eriçar, desengrossar, desbastar, esmerilar, amolar, afiar, arrepiar, aparar ***Adj.*** agudo, bicudo, pungente, afiado, aguçado, fino, penetrante, cortante, lanceolado, pontiagudo, pontudo, cônico, piramidal, dentado, denticulado, estrelado, esteliforme, tricorne, tricúspide, saliente, cornífero, espinhoso, farpado, digitado, digitiforme, eriçado, cornudo, unicorne

alaranjado ***Subst.*** ouro, chama, ocra, laranja, jacinto, cobre ***V.*** dourar ***Adj.*** alaranjado, acobreado, dourado, alourado

alarma (indicação de perigo) ***Subst.*** sirene, luz amarela, luz vermelha, rebate, repiquete, clarinada, campa, (bras.) ramo, sacaria, fantasma, espantalho ***V.*** alarmar, avisar ***Adj.*** preventivo

alegação ***Subst.*** pretexto, azo, apologia, remendo, escusa, desculpa, justificação, justificativa, argumentação, argumento, pressuposto, arrazoado, consideração, aparência, cor, disfarce, escapatória, evasão, evasiva, fuga, fugida, saída, subterfúgio, meios, recursos, oportunidade, motivo, álibi, capa, capote, carantonha, máscara, mero, sofisma ***V.*** alegar, ponderar, expor, colorir, revestir, coonestar, pretextar, idear, mentir ***Adj.*** apologético

alegria ***Subst.*** lustre, gozo, aprazimento, jubilação, júbilo, exultação, glória, gáudio, contentamento, regozijo, desfastio, feição, alacridade, garrulice, vivacidade, animação, jucundidade, jovialidade, folgança, riso, hilaridade, galhofa, diabrura, travessura, traquinagem, desenvoltura, gargalhada, diversão, otimismo, brincalhão, festeiro ***V.*** alegrar, sorrir, exultar, folgar, gracejar, brincar, galhofar, animar, deleitar ***Adj.*** alegre, folgado, feliz, sorridente, ledo, lépido, risonho, festivo, jucundo, brilhante, garrido, álacre, vivaz, hilariante, bonachão, risonho, ágil, jovial, trêfego, radioso, jubiloso, loução, folgazão, festeiro, louco, prazenteiro, genial, espirituoso, gaio, brincalhão, palhaço, brejeiro, lascivo, galhofeiro, gozador, farsista, divertido, magano, jocoso, engraçado, pândego, patusco, gárrulo, otimista, expansivo

alheamento ***Subst.*** divórcio, singularidade, alienação, indiferença, apatia, barbarismo, estrangeirismo, exterioridade, quisto, alienígena, estrangeiro, imigrante, emigrante, forasteiro, adventício, particular, desconhecido, intruso, intrujão, intrometido, indesejável, fulano ***Adj.*** estranho, alheio, forasteiro, peregrino, adventício, desconhecido, profano, leigo, esquisito, singular, exótico, (depr.) gringo, importado, inassimilável, imiscível, intruso, intrometido, intrujão, metediço

alívio ***Subst.*** desafogo, desopressão, melhoria, bonança, descanso, repouso, refresco, refrigério, amaciamento, frescor, oásis, adoçamento, atenuação, paliação, reconforto, conforto, consolo, consolação, amparo, encorajamento, animação, anódino, néctar, bálsamo, sainete, calmante, sedativo, esparadrapo *V.* aliviar, mitigar, amainar, melhorar, abrandar, amansar, suavizar, adoçar, comedir, diminuir, minorar, atenuar, sopitar, remitir, relevar, consolar, desoprimir, acalentar, desopilar, acalmar, sossegar, tranquilizar, reconfortar, confortar, amortecer, moderar, refrigerar, paliar, amenizar, quebrantar, fomentar, cataplasmar, desafogar, desafrontar, aplacar, ninar, desenfastiar, cicatrizar, entreter, desanuviar, descarregar, desafogar, espairecer *Adj.* aliviado, balsâmico, calmante, anódino, paliativo, lenitivo, curativo, sedativo, reconfortante, amigo, terno

alocução *Subst.* fala, arenga, discurso, pronunciamento, improviso, verbo, arrazoado, parlenda, preleção, conferência, saudação, oração, apóstrofe, interpelação, apelo, sermão, homilia, prédica, necrológio, aparte, aranzel, peroração, interlocução, solilóquio, monólogo *V.* discursar, palestrar, expor, apostrofar, invocar, saudar, apartear, interpelar, perorar

altruísmo *Subst.* desprendimento, desapego, despreocupação, generosidade, desambição, despojamento, abnegação, despretensão, liberalidade, liberalismo, benevolência, probidade, fidalguia, calma, magnanimidade, longanimidade, munificência, heroísmo, sublimidade, estoicismo, renúncia, sacrifício, bizarria, martírio, dedicação, sacerdócio, apostolado, prodigalidade, filantropo *V.* abnegar-se, desapegar-se, desprender-se, nada pretender *Adj.* desinteressado, desapegado, despojado, oficioso, abnegado, despreocupado, altruísta, altruístico, generoso, real, liberal, longânime, subido, nobre, elevado, dignificante, magnânimo, grande, cavalheiresco, cavalheiro, brioso, bizarro, sublime, celso, belo, grandioso, bonito, munificente, gratuito, insubornável

altura *Subst.* alteza, altitude, alto, elevação, eminência, protuberância, pujança, proeminência, estatura, magnitude, sublimidade, desnível, colosso, planura, planalto, platô, meseta, espigão, montanha, espinhaço, serra, serrania, cordilheira, trono, montanha, monte, contraforte, morro, colina, mamilo, outeiro, cerro, montículo, tufo, corcovo, salto, lomba, penha, cabo, promontório, penhasco, barroco, barroca, cabril, alcantil, Corcovado, rochedo, fraga, pico, píncaro, cume, escarpa, lombada, penhascal, torre, albarrã, pilar, coluna, estátua, torso, obelisco, monumento, palmeira, arranha-céu, flecha, agulha, observatório, minarete, campanário, mirante, miramar, mirante, torreão, torrinha, ameia, tombadilho, zimbório, cimalha, cornija, varapau, mastro, composto, gávea, poleiro, jequitibá, carvalho, roble, friso, arquitrave, nascente, cabeceira, oreografia, orografia, tontura, vertigem *V.* dominar, tremular, adejar, remar, esvoaçar, pairar, sublimar, sobressair, sobrepujar, sobrelevar, cavalgar, culminar, içar, alar, erigir, hastear, assoberbar, sobrar, ascender, empinar, sobrenadar, guindar, desnivelar, levantar *Adj.* alto, celso, excelso, sublime, augusto, sublimado, supino, etéreo, elevado, sumo, gigantesco, altaneiro, patagônio, crescido, grande, suspenso, pendente, soberbo, montês, montesino, montesinho, montanhês, acidentado, penhascoso, montanhoso, alpino, eminente, intransponível, inatingível, inabordável, invencível, imponente, majestoso, sobranceiro, dominante, altivo, esguio, cimeiro, sobrejacente, pujante, nevado, nevoento, oreográfico, orográfico, orogênico ***Adv.*** sobre, acima

amarelo ***Subst.*** goma, creme, açafrão, limão, enxofre, topázio, âmbar, cidra, alambre, gema, ouro, laranja, ocra, ocre, icterícia, hepatite, xantocromia ***V.*** amarelar, empalidecer, dourar ***Adj.*** amarelo, amarelado, lúrido, pálido, dourado, louro, láureo, alourado, alaranjado, áureo, (poét.) citrino, fulo, macilento

amargura (sabor desagradável) ***Subst.*** amargor, amargo, acrimônia, azedume, acidez, ranço, cica, austeridade, travo, ressaibo, enfaro, fel, arruda, babosa, absinto, jiló, náusea, repugnância, nojo, ânsia, engulho ***V.*** amargar, ressabiar, enjoar, aborrecer, nausear, ansiar, repugnar, enojar, engulhar, agoniar, desagradar ***Adj.*** amargo, azedo, rançoso, acerbo, estomacal, acre, repulsivo, nojento, enjoativo, nauseabundo, intolerável, insuportável, desagradável, rascante, salobro, impotável, adstringente, austero

ameaça ***Subst.*** intimidação, arremesso, desafio, ronco, bravata, cominação ***V.*** ameaçar, cominar, intimidar, pairar, adejar, esvoaçar, rosnar, latir, ladrar, desafiar, assustar, amedrontar, assombrar, trovejar, fulminar ***Adj.*** ameaçador, intimidante, intimidador, trágico, sinistro, fatídico, abusivo, cominatório, cominativo, ominoso, desafiador

amigo ***Subst.*** íntimo, companheiro inseparável, irmão, conhecido, depositário, protetor, patrono, conselheiro, mecenas, (fig.) advogado, partidário, correligionário, simpatizante, devoto, adepto, admirador, compadre, comadre, comensal, conviva, vizinho, vizinhança, associado, sócio, parceiro, camarada, confrade, familiar, colega, condiscípulo, patrício, coestaduano, conterrâneo, compatriota, matalote, hóspede, anfitrião, albergueiro, semelhante, próximo, visitante, visitador, protegido, valido, favorito, recomendado, pupilo ***V.*** acompadrar-se, acamaradar-se, relacionar-se ***Adj.*** afeiçoado, ardoroso, simpatizante, dedicado, favorável, fiel

amizade ***Subst.*** fraternidade, irmandade, (fig.) consonância, paz, sodalício, aliança, cordialidade, camaradagem, companheirismo, compadrio, coleguismo, aproximação, confraternização, convívio, convivência, dedicação, entranha, intimidade, relações, união, liga, ligação, ligamento, (fig.) estreiteza, (fig.) seio, vinculação, comunicação, trato, (fig.) acesso, intercurso, confiança, simpatia, afeto, afeição, inclinação, estima, apreço, cotação, consideração, amor, lealdade, fidelidade, respeito, identidade, conhecimento, privança, apresentação, encontro, aproximação, aceitação, afinidade, empatia, identificação ***V.*** privar, rodear, amar, conviver, apreciar, estimar, apreçar, considerar, prezar, confraternizar, irmanar ***Adj.*** amigo, caroável, amigável, amistoso, fraterno, fraternal, familiar, confidente, valido, (fig.) xifópago, inseparável, unido, afetuoso, cordial, privado, confiável, benquisto, quisto, estimado, leal, fiel, cabido

amo ***Subst.*** senhor, dominador, patrão, superior, mandante, comandante, general, coronel, caudilho, chefe, cabeça, capitão, cabo, morubixaba, cacique, pajé, xeque, maioral, decano, governador, alcaide, ditador, timoneiro, figurão, magnata, chefia, potentado, potestade, senhor, suserano, soberano, monarca, tirano, autocrata, déspota, oligarca, pontífice, imperador, rei, majestade, protetor, governante, governador, *kaiser*, czar, califa, lama, micado, cubo, inca, príncipe, arquiduque, eleitor, rajá, emir, imperatriz, rainha, sultana, czarina, princesa, infanta, regente, camerlengo, vice-rei, palatino, imã, xerife, cônsul, triúnviro, sátrapa, mandarim, grão-vizir, nababo, marajá, burgomestre, castelão, autoridade, poderes, governo, estado-maior, sol, governo, regime, executivo, generalíssimo, marechal, brigadeiro, coronel, major, capitão, centurião, alferes, oficial, brigada, intendente, cadete, aspirante, cabo, anspeçada, fiscal, comandante, guarda-mor, governador, presidente, secretário, chanceler, intendente, prefeito, magistrado, síndico, alcaide, corregedor, ouvidor, mordomo, vereador, diretor, reitor, almirante, vice-almirante, comodoro, comandante, oficialidade, guarda-marinha, grumete ***Adj.*** triunviral

amor ***Subst.*** carinho, idolatria, afeto, dileção, predileção, preferência, simpatia, estremecimento, benquerença, afeição, dedicação, querença, admiração, apego, constância, idílio, derretimento, ternura, intimidade, benevolência, agarramento, entranha, aspiração, galanteio, namoro, flerte, paixão, adoração, ardor, fervor, calor, devoção, atração, êxtase, enlevamento, enlevo, feitiçaria, (gír.) xaveco, Cupido, Vênus, murta, história, caso, favorito, popularidade, prestígio, influência, amante, namorado, namorador, pretendente, admirador, apaixonado, cortejador, galã, amoroso, (pop.) jacaré, babão, bandoleiro, conquistador, caro, esposo, bem, amigo, querido, predileto, cujo, beijoqueiro, flerte, namorada, anjo, querubim, serafim, ídolo, deusa, inclinação, cotó, noivo, noiva, nubente, ninho ***V.*** amar, adorar, cultuar, estremecer, estimar, preferir, antepor, adorar, idolatrar, seduzir, atrair, cativar, encantar, deslumbrar, enfeitiçar, inclinar, desejar ***Adj.*** amador, namorador, cupidinoso, venéreo, apaixonado, apaixonante, louco, doido, namorado, enamorado, dedicado, desvelado, devotado, férvido, sapeca, terno, meigo, faceiro, propenso, amoroso, requebrado, lânguido, mimoso, suave, voluptuoso, fino, extremoso, constante, afetuoso, maternal, paternal, fraternal, cordial, simpático, amigável, amoroso, impudico, derretido, erótico, encantador, bem-amado, rendido, amado, estremecido, querido, quisto, benquisto, bem-visto, dileto, prezado, predileto, favorito, caro, precioso, preferido, invejável, invejado, amável, caroável, adorável, sedutor, encantador, interessante, cativante, insinuante, fascinante, feiticeiro, seráfico, angélico

amorfia (ausência ou destruição de forma) ***Subst.*** deformidade, desordem, mutilação, desfiguração, desfiguramento, amputação, truncamento, contorção ***V.*** desfigurar, amolgar, achatar, machucar, deformar, desafeiçoar, mutilar, amputar, decepar, decapitar, torcer, contorcer, retorcer, chapear, espalmar, desengonçar, desarticular, descadeirar, alterar, transtornar, destroncar, desbeiçar, curvar, empenar, desmanchar, desmantelar, desarmar, encurtar, revirar, desabar, desmoronar, escalavrar, esmagar, esmigalhar, depredar ***Adj.*** informe, disforme, amorfo, tosco, áspero, rude, bruto, gótico, bárbaro, troncho, tronco, truncado, defeituoso, manco, desproporcionado, desconforme, desgracioso, feio, agreste

anacronismo (erro de data) ***Subst.*** antedata, intempestividade, extemporaneidade ***V.*** antedatar, antecipar ***Adj.*** anacrônico, extemporâneo, antedatado

anarquia (ausência de autoridade) ***Subst.*** acefalia, tolerância, liberdade, lassidão, remissão, moleza, tibieza, dubiedade, pusilanimidade, anarquismo, demagogia, interregno, desgoverno, licença, desregramento, descomedimento, insubordinação, indisciplina, licenciosidade, baderna, desobediência, insubordinação, rebeldia, descentralização, deposição, usurpação, abdicação, renúncia, resignação, demissão, (bras.) babaquara ***V.*** tolerar, descomedir-se, desgovernar, depor, apear, destronar, desempoleirar, renunciar, resignar, abdicar, exonerar, demitir, desempregar, desencaixar, deslocar ***Adj.*** anárquico, caótico, frouxo, lasso, relapso, laxo, conivente, fraco, tímido, pusilânime, mole, irresoluto, acéfalo, anárquico, demagógico, desenfreado, indisciplinado, espúrio, ilegítimo, licencioso, intruso, usurpador

ancião ***Subst.*** velho, veterano, idoso, patriarca, avô, bisavô, trisavô, tetravô, velhote, velhusco, solteirão, sexagenário, setuagenário, octogenário, nonagenário, centenário, macróbio, quarentão, podão, cuca, bruaca, caiçara, calhamaço, serpente, cascata, camafeu, toupeira, canhão, coruja, matrona, catatau, carcaça, titia, centopeia, tartaruga, Matusalém, antepassado, ancestral, primogênito ***Adj.*** anil

anedota (objeto ou causa de riso) ***Subst.*** piada, gracejo, besteirol, bexiga, pilhéria, pantomima, espetáculo, chocarrice, palhaçada, gracinha, graçola, comédia, farsa, trejeito, careta, macaquice, bufão, truão, catimbau, palhaço, mascarado, piegas, ratazana, bugio, mono, macaco, chalaça

angularidade ***Subst.*** ângulo, curva, curvatura, cavidade, dobra, entalho, garfo, bifurcação, forquilha, junção, encontro, foz, cotovelo, joelho, rótula, articulação, virilha, forcado, sifão, volta, vértice, quina, esquina, aresta, obtuso, reentrante, diedro, curvilíneo, misto, aberração, azimute, trigonometria, esquadro, transferidor, trânsito, sextante, retângulo, losango, rombo, romboide, esconso, quadrângulo, quadrilátero, tetrágono, paralelogramo, quadratura, pentágono, hexágono, heptágono, octógono, eneágono, decágono, hendecágono, pentadecágono, polígono, cubo, tetraedro, pentaedro, hexaedro, romboedro, heptaedro, dodecaedro, icosaedro, prisma, pirâmide, paralelepípedo ***V.*** angular, curvar, bifurcar, ziguezaguear, sextavar ***Adj.*** angular, anguloso, curvo, adunco, bicudo, circunflexo, aquilino, dentado, denticulado, alcantilado, bifurcado, arqueado, oblíquo, reto, cuneiforme, trilátero, trilateral, triangular, quadrangular, quadrado, tetrágono, romboide, rombiforme, trapezoidal, dodecagonal, octógono, octogonal, ortogonal, poligonal, hexagonal, eneágono, acutângulo, acutangular, obtusângulo, cúbico, piramidal, tetraédrico, hexaédrico, octaédrico

animal ***Subst.*** fauna, criação, bruto, besta, fera, solípede, quadrúpede, quadrúmano, bicho, mamífero, invertebrado, vertebrado, paquiderme, réptil, bovídeo, molusco, peixe, crustáceo, aracnídeo, marisco, verme, bicha, sanguessuga, leão, tigre, onça, leopardo, elefante, hipopótamo, girafa, lobo, mu, muar, cavalo, gorila, orangotango, bugio, mono, símio, macaco, gado, rês, touro, vaca, ovelha, carneiro, cordeiro, cerdo, porco, suíno, marrão, rinoceronte, lince, bode, cabrão, preguiça, porquinho-da-índia, cobaia, coelho, lebre, lebracho, lebrão, peixe, torpedo, raposa, ginete, javali, gambá, cervo, alce, veado, cigarra, cega-rega, aligátor, cão, cachorro, galgo, sabujo, perdigueiro, buldogue, totó, perro, lebréu, lebreiro, mastim, gato, (pop.) miau, felino, felídeo, bichano, boi, garrote, zebu, cabresto, ave, avícula, palmípede, pássaro, passarinho, passarada, passaredo, colibri, beija-flor, pelicano, alcatraz, mutum, rato, calunga, camundongo, gralha *Adj.* animalesco, bestial

---

Para vozes de animais, ver *Nomes das vozes de animais*

Animais e adjetivos a eles referentes ABELHA: apiário ABUTRE: vulturino ÁGUIA: aquilino ALCÍONE: alciôneo, alciônico ANDORINHA: hirundino ARANHA: araniano, aranhoso, aranhento ASNO: asnal, asnático, asneiro, asinal, asinino, asinário AVES: aviário, aviculário AVES DE RAPINA: acipitrino BESOURO: besoural BODE: hircino BOI: bovino, vacum BORBOLETA: papilionáceo BÚFALO: bufalino BURRO: burrical CABRA: caprídeo, caprino, caprum CÃO: canejo, canino, canzoal, cainho CARNEIRO: carneirum, arietino, lanígero CAVALO: cavalar, equino, equídeo, hípico COBRA: colubrino, ofídio, ofídico, serpentino CORDEIRO: anínio CORVO: corvino ELEFANTE: elefântico, elefantino FALCÃO: falconídeo FERA: ferino, beluíno FORMIGA: formicário, formicular FURÃO: viverrídeo GADO: pecuário GAFANHOTO: acrídio, acridiano, locustário GALINHA: galináceo GALO: alectório GANSO: anserino GATO: gatesco, gatum, felino GORGULHO: corculionídeo INSETO: entômico JUMENTO: jumental LEÃO: leonino, leônico LEBRE: leporino LESMA: lemacídeo LOBO: lobal, lobuno, lupino MACACO: macacal, macaqueiro, símio, simiano, simiesco MORCEGO: morcegal MULA: muar OSTRA: ostráceo OVELHA: ovelhum, ovino, carneirum PAPAGAIO: papagaial PATO: anserino PEIXE: ictíaco, ictóideo, písceo PELICANO: pelicanídeo PERDIZ: perdíceo PERU: perueiro POMBO: trocaz, columbano, columbino PORCO: porcino, porqueiro, suíno RÃ: batracoide RAPOSA: raposino, vulpino RATO: murino, murídeo, ratinheiro ROLA: turturino TIGRE: tigrino TORDO: turdídeo TOURO: táureo, taurino, tauriforme, toureiro URSO: ursino, ursídeo VACA: vacarino, vacaril, vacum, vaqueiro VEADO: cerval, cervum, cervino, elafiano ZEBRA: zebral, zebroide, zebrário, zebrum ZOÓFITOS: zoofitário, zoofítico

Adjetivos referentes a animais AERÍCOLA: que vive no ar AQUÍCOLA: que vive na água ARBORÍCOLA: que vive nas árvores AVIÁRIO: relativo às aves FANTIL: de boa marca, de boa raça (diz-se também da égua que não trabalha e dá boas crias) FISSÍPARO: que se reproduz pela divisão do seu próprio corpo LEPIDÓPTERO: diz-se dos insetos com as quatro asas membranosas revestidas de escamas e de aparelho bucal sugador LIGNÍVORO: que rói madeira = xilófago MEIRINHO: diz-se do gado que no verão pasta nas montanhas e no inverno nas planícies, e da lã desse gado MERINO: designativo de uma raça de carneiro de lã muito fina MONOZOICO: designativo de animal que tem vida individual e insulada MUSCÍVORO: que se alimenta de moscas NECRÓFAGO: que se alimenta de animais ou substâncias em decomposição NOCTÍVAGO: que vagueia à noite NUBÍVAGO: que anda pelas nuvens ORIZÓFAGO: que se alimenta de arroz OSTEOZÁRIO = VERTEBRADO: que tem vértebras OVÍPARO: diz-se do animal que se reproduz por meio de ovos PNEUMOBRÂNQUIO: diz-se dos peixes que respiram por brânquias e pulmões POTAMITA: que vive nos rios PRATÍCOLA: que vive nos prados RADICÍVORO: que se sustenta de raízes RAMEIRO: que anda de ramo em ramo preparando-se para voar RIZÓFAGO: que come raízes RUANTE: diz-se do pavão quando ergue a cauda RUPÍCOLA: que vive nas rochas SAPRÓFAGO:

que se alimenta de coisas putrefatas SAURÓFAGO: que come lagartos SAXÍCOLA, SAXÁTIL: que vive entre pedras SELVÁTICO: selvagíneo SERICÍCOLA: relativo à produção da seda SETÍGERO, SETÍFERO: que produz seda SINAGELÁSTICO: que vive em grupos ou bandos UNDÍCOLA: que vive nas águas UNÍPARA: que pare um filho de cada vez VOLANTE, VOLITANTE, ALTANEIRO, ALTIVOLANTE, ALTÍVOLO, ALTÍVAGO: que voa XANTÓPTERO: que tem asas amarelas ZEÓFAGO: que se alimenta de milho ZOÓBIO: que vive dentro do corpo dos animais

---

animalidade ***Subst.*** animal, animalismo, irracionalidade, instinto, força ***V.*** animalizar ***Adj.*** carnal

anosmia (ausência de odor e olfato) ***Subst.*** disosmia ***Adj.*** inodoro

aparecimento ***Subst.*** afloramento, surgimento, aparição, manifestação, advento, superfície, fenômeno, espetáculo, exibição, surto, vislumbre, viso, aparência, simulacro, catadura, cena, cenário, vista, prospecto, mostra, panorama, perspectiva, quadro, paisagem, ostentação, exposição, feira, encenação, reaparecimento, pompa, aparato, magia, fantasmagoria, georama, aspecto, talhe, porte, semblante, feição, face, configuração, feitio, aparência, exterior, mostra, exterioridade, trajo, vestuário, cor, imagem, ar, compleição, matiz, presença, expressão, aspecto, lineamento, traço, esboço, perfil, contorno, cara, fisionomia, rosto, semblante, postura, posição, atitude, pose ***V.*** aparecer, ser, parecer, apresentar, ter aspecto de, trazer à cena, exibir, aparentar, nascer, assomar, surgir, emergir, reaparecer, entremostrar ***Adj.*** aparente, ostensivo, descoberto, escancarado, evidente, patente, fantasmagórico

apelido (denominação imprópria) ***Subst.*** cognome, nomeada, apodo, ferrete, labéu, epíteto, pseudônimo, heterônimo, perífrase ***V.*** apelidar, nomear, alcunhar, tachar, cognominar, intitular, crismar, substantivar ***Adj.*** pretenso, retorcido, arrevesado, anônimo, desconhecido, inominado, pagão, pseudônimo

apropriação ***Subst.*** desapropriação, expropriação, tomada, recepção, apreensão, captura, arresto, rapto, abdução, ablação, subtração, abstração, privação, intrusão, embargo, penhora, adjudicação, rapacidade, rapina, rapinagem, extorsão, usurpação, sangria, concussão, avanço, vampirismo, pirataria, latrocínio, tosquia, furto, retomada, recuperação, agarramento, sugadouro, retenção, tomador, captor, harpia, tosquiador ***V.*** tomar, arrebatar, fisgar, agarrar, ensacar, embolsar, receber, aceitar, empalmar, reter, represar, colher, apanhar, obter, arrogar, expropriar, desapropriar, ocupar, rapar, depenar, destituir, interceptar, empolgar, apreender, desguarnecer, esbulhar, tomar, levar, carregar, varrer, cair, despojar, arrebanhar, destituir, agarrar, capturar, prender, rapinar, segurar, aprisionar, subtrair, encurtar, invadir, assaltar, limpar, extorquir, arrancar, sugar, usurpar, despojar, desapossar, deserdar, despir, espoliar, devorar, confiscar, depauperar, secar, exaurir, enfraquecer, empobrecer, absorver, esfolar, explorar, chupar, tonsurar, assestar, embargar, penhorar, executar, retomar, recuperar ***Adj.*** privativo, predatório, rapace, parasítico, privado, usurpador

aprovação ***Subst.*** agasalho, aceitação, adoção, sanção, acolhimento, aquiescência, louvação, beneplácito, visto, consagração, magnificação, apoteose, estima, estimação, apreciação, admiração, amor, apreço, estima, confiança, cuidado, popularidade, simpatia, crédito, renome, fama, preconização, abono, encômio, elogio, apologia, incenso, hino, panegírico, louvaminha, homenagem, preito, honras, bênção, aclamação, ovação, hosana, recepção, acolhimento *V.* aprovar, ser correto, ser lógico, estimar, apreçar, apreciar, honrar, admirar, agasalhar, sustentar, subscrever, adotar, aderir, consagrar, apoiar, aplaudir, sufragar, endossar, referendar, preconizar, sancionar, justificar, defender, admitir, confirmar, corroborar, autorizar, nutrir, proteger, favorecer, encorajar, palmear, aclamar, conclamar, elogiar, louvar, apregoar, encomiar, encarecer, engrandecer, enaltecer, celebrar, proclamar, exaltar, alçar, pregar, sublimar, magnificar, glorificar, laurear, endeusar, lisonjear, prefaciar, abençoar, bendizer, gabar, trombetear, decantar, levantar, beatificar, honrar *Adj.* aprobatório, laudatório, apologético, panegírico, predicatório, apoteótico, bendito, abençoado, popular, recomendável, louvável, meritório, impecável, canonizável, bom, apreciável, perfeito *Adv.* bem

aproximação (movimento para) *Subst.* afluência, confluência, convergência, concorrência, entrada, admissão, ádito, acesso, direção, perseguição *V.* abordar, afluir, acessar, acorrer, tender, aproar, gravitar, convergir, confluir, procurar, buscar, refluir *Adj.* aproximativo, afluente, confluente, convergente, concorrente, iminente, acessível

aquecimento *Subst.* calefação, torrefação, torragem, fusão, fundição, incandescência, ardência, rescaldo, incêndio, deflagração, fogo, queima, queimação, inflamação, conflagração, calda, cremação, queimada, queimadura, tisna, tisnadura, causticidade, cautério, cáustico, carbonização, fervor, fervura, fervedouro, cocção, ebulição, chamusco, chamuscadela, esturro, (pop.) fumo, bispo, vesícula, bolha, borbulha, empola, colcha, cobertor, manta, edredom, flanela, pele, regalo, suéter, pulôver, cardigã, casaco, cachecol, parca, sobretudo, insolação, petroleiro, cinza, borralho, carvão, coque, lareira, aquecedor, forno, fornalha, fogão, radiador, fogueira, fusibilidade, cerâmica, olaria, louça, porcelana, terracota, tijolo, dilatação *V.* aquecer, esquentar, requentar, caldear, incandescer, incendiar, cremar, acender, atear, fumegar, deflagrar, atiçar, abrasar, petiscar, derreter, fundir, degelar, desgelar, descongelar, liquefazer, cauterizar, causticar, queimar, adurir, tisnar, crestar, carbonizar, vulcanizar, incinerar, chamuscar, (pop.) sapecar, tostar, estorricar, morder, torrar, torrificar, afoguear, ferrar, calcinar, engrolar, cozer, grelhar, assar, fritar, frigir, enegrecer, forjar, escaldar, ferver, fervilhar, rescaldar, arder, deflagrar *Adj.* aceso, tórrido, torrefato, ardente, urente, comburente, diatérmico, incandescente, erosivo, corrosivo, inflamável, combustível, reverberante, sudorífico, sudorífero

aquisição *Subst.* ganho, obtenção, captura, captação, coleta, apreensão, angariação, incorporação, logro, conquista, recebimento, consecução, arranjo, adição, compra, herança, dádiva, recuperação, recobro, retomada, reconquista, reivindicação, redenção, reaquisição, achado, enjeitado, provento, avanço, vantagem, biscate, agência, lucro, morgado, pechincha, butim, pilhagem, rapina, rapinagem, saque, marmelada, pingadeira, mensalão, fatia, garfada, barganha, ágio, percalço, ganância, interesse, resultado, benefício, renda, receita, importância, safra, produto, ceifa, vindima, colheita, granjeio, messe, prêmio, riqueza, furto, usurpação, extorsão, roubo, roubalheira, ladroagem, corrupção, chantagem ***V.*** obter, alcançar, ganhar, perceber, levar, filar, conseguir, apanhar, apreender, granjear, apropriar, contrair, conquistar, arranjar, mamar, chuchar, sugar, coletar, colher, auferir, captar, angariar, reunir, recrutar, respigar, recolher, receber, tomar, usucapir, achar, encontrar, ajuntar, amontoar, economizar, depositar, ensacar, empilhar, segurar, reter, derivar, tirar, ceifar, aproveitar, lucrar, vencer, sacar, tirar, pilhar, saquear, rapinar, locupletar, extorquir, roubar, furtar, comprar, lograr, vindimar, gozar, chinchar, abiscoitar, chupar, cobrar, acumular, amealhar, tirar, levar, pegar, lucrar, desdar, recuperar, readquirir, recobrar, reconquistar, reivindicar, resgatar, reaver, herdar, trazer, vir, arrecadar, render, pingar ***Adj.*** aquisitivo, rendoso, vantajoso, lucrativo, remunerador, compensador, pingue, polpudo, opimo, belo, proveitoso, produtivo, mealheiro, usucapto, recebido, sub-reptício, fraudulento

ar ***Subst.*** atmosfera, estratosfera, espaço, céu, vento, brisa, sopro, clima, azul, oxigênio, tempo, aerografia, meteorologia, climatologia, barômetro, aerômetro, anemômetro, cata-vento, bandeira, grimpa, ventilação, aerofagia ***V.*** arejar, soprar, ventar, ventilar ***Adj.*** aéreo, flatulento, efervescente, ventoso, atmosférico, meteorológico, isobárico

arena ***Subst.*** estádio, piscina, meta, campo, domínio, esfera, cenário, âmbito, setor, teatro, proscênio, palco, liça, picadeiro, teia, paliçada, estacada, tablado, Coliseu, anfiteatro, velódromo, hipódromo, sambódromo, pista, cancha, circo, corso, palestra, círculo, cerco, liça ***V.*** ser teatro de

arranjo ***Subst.*** preparação, coordenação, composição, arrumação, ordenação, distribuição, colocação, combinação, organização, esquema, estrutura, graduação, classificação, instalação, simplificação, catalogação, alfabetação, ordenamento, agrupamento, sintaxe, análise ***V.*** arranjar, ordenar, reduzir, entabular, dispor, colocar, formar, alinhar, agrupar, distribuir, endireitar, regrar, classificar, sistematizar, alfabetar, normalizar, regular, regularizar, teorizar, metodizar, coordenar, organizar, catalogar, categorizar, recompor, simplificar, regulamentar, capitular, sortear, registrar, desembaralhar, perfilar, cardar, desembaraçar, desenrascar, consertar, encaminhar, encarreirar, arregimentar, dicionarizar, uniformizar, orientar ***Adj.*** arranjado, metódico, regrado, comedido, criterioso, ordenado, sistemático, harmonioso, classificado, uniformizado, uniforme

arremedo (representação defeituosa) ***Subst.*** simulacro, fingimento, farsa, paródia, desfiguramento, distorção, caricatura, garatuja, projeto, exagero, borrão, fantasmagoria, emplastro, remendo, borrador ***V.*** desfigurar, exagerar, deturpar, caricaturar, mascarar, caiar, borrar, garatujar, rabiscar, debuxar ***Adj.*** imperfeito, deformado, frio, morto, caricatural

artes ***Subst.*** pirotecnia, *design*, cinema, dança, desenho, escultura, fotografia, literatura, prosa, poesia, música, pintura, teatro, ópera, pantomima, balé, circo, cenografia, iluminação, sonoplastia, sapateado, tango, forró, valsa, salsa, gafieira, disco, gravura, escultura, fotografia, colagem, desenho, serigrafia, vídeo, holografia, sinalização, moda, acrílico, aquarela, guache, colagem, quadro, mural, afresco, paisagem, retrato, natureza-morta, abstracionismo, minimalismo, impressionismo, expressionismo, pontilhismo, cubismo, produção, direção, atuação, fotografia, figurino, som, animação, drama, comédia, romance, épico, aventura, ação, policial, *western*, terror, suspense, drama, comédia, musical, farsa, besteirol, dramaturgia, maquiagem, cenografia, música, coreografia, marcação, ponto, ficção, músico, composição, compositor, intérprete, arranjo, arranjador, contraponto, harmonia, melodia, ritmo, tom, compasso, solo, acompanhamento, vocal, instrumental, coro, orquestra, conjunto, dueto, quarteto, quinteto

artista ***Subst.*** pintor, colorista, desenhista, *designer*, paisagista, ilustrador, diagramador, capista, pincel, maneirista, vinhetista, restaurador, gravador, abridor, entalhador, escultor, miniaturista, xilógrafo, arquiteto, lapidário, estatuário, imaginário, santeiro, modelador, ceramista, cenógrafo, retratista, fotógrafo

ascendência ***Subst.*** paternidade, geração, autoria, sangue, pai, genitor, aba, gerador, papai, progenitor, padrasto, mamãe, mãe, madrasta, (depr.) megera, avô, bisavô, trisavô, tetravô, patriarca, costado, casa, lar, tronco, árvore, linhagem, estirpe, progênie, sementeira, geração, família, linha, tribo, horda, cabilda, casta, nação, ramo, raça, antepassados, maternidade, mãe, progenitora, avó, vovó ***Adj.*** paterno, paternal, materno, maternal, familiar, patriarcal, genealógico, ascendente, ancestral

ascetismo ***Subst.*** ascese, puritanismo, cinismo, austeridade, rigidez, abstinência, contemplação, meditação, reflexão, mortificação, maceração, disciplina, penitência, jejum, observância, martírio, asceta, anacoreta, nazireu, brâmane, mártir, eremita, puritano, cínico ***V.*** mortificar-se, flagelar-se, autoflagelar-se, castificar-se ***Adj.*** austero, severo, rígido, duro, ascético, espartano, comedido, contido, disciplinado

aspereza (falta de lisura) ***Subst.*** rigidez, vilosidade, rugosidade, arrepio, agro, desigualdade, ondulação, quebrada, picada, rudeza, grânulo, arrufo, escova, cabelo, guedelha, farripas, caraminhola, carapinha, grenha, gaforinha, cabeleira, trança, coma, madeixa, rolo, topete, buço, penugem, pelo, barba, bigode, melena, penacho, plumagem, juba, crina, velo, ouriço-cacheiro ***V.*** ser, eriçar, arrepiar, espinhar, franzir, crispar, enrugar, amarrotar, encrespar, ondear, encaracolar, desgrenhar, despentear, emaranhar, escalavrar ***Adj.*** áspero, arisco, teso, desigual, bronco, agro, acidentado, agreste, serrano, penhascoso, pedregoso, montanhoso, eriçado, crespo, rugoso, espinhento, espinhoso, cascudo, escamoso, grosseiro, tosco, rude, crépido, hirsuto, hirto, veloso, viloso, rígido, inculto, híspido, eriçado, arrepiado, pixaim, espetado, desgrenhado, cabeludo, barbado, barbudo, felpudo, lanífero, lanígero, lanoso, lanudo, tomentoso, copado, folhudo, penado, plumoso

assentimento ***Subst.*** apoio, adesão, consenso, concerto, consentimento, aquiescência, permissão, aprazimento, autorização, licença, solidariedade, acordo, beneplácito, tolerância, admissão, concórdia, coesão, harmonia, unidade, reconhecimento, confissão, unanimidade, aclamação, unissonância, coro, popular, corrente, dominante, ratificação, confirmação, corroboração, aprovação, anuência, aceitação, endosso, correligionário, simpatizante, adepto, partidário, todos ***V.*** assentir, admitir, anuir, concordar, convir, condescender, aquiescer, transigir, ceder, remeter, receber, aceitar, topar, adotar, seguir, aceder, aderir, acordar, combinar, concertar, subscrever, consentir, tolerar, concorrer, sustentar, votar, reconhecer, aprovar, deferir, compartilhar, partilhar, confessar, admitir, sustentar, permitir, confirmar, afirmar, ratificar, aprovar, endossar, conclamar, acompanhar, prefaciar, rubricar, corroborar, seguir, tornar ***Adj.*** anuente, contente, combinado, voluntário, concorde, conteste, conforme, concordante, solidário, coeso, seguido, recebido, estabelecido, unânime, constante, afirmativo, aprobativo ***Adv.*** bem, apoiado, amém, uníssono

assimetria ***Subst.*** contorção, deformação, deformidade, monstruosidade, torcedura, descompasso, tortura, fealdade, desproporção, descompasso, imperfeição, defeito, monstro, estafermo, cambaio, cambeta, cambado, maneta, zarolho, vesgo, corcunda, manzorra, manopla, penca, trejeito, ortopedista ***V.*** deformar, contorcer, desequilibrar ***Adj.*** informe, monstruoso, desproporcional, assimétrico, desarmônico, defeituoso, disforme, torpe, anormal, desconjuntado, curvo, oblíquo, torto, malfeito, bronco, grosseiro, amorfo, ventrudo, barrigudo, pançudo, abdominal, balofo, obeso, cadavérico, descarnado, escanifrado, escanzelado, esquálido, esquelético, macilento, verrugoso, verruguento, maneta, coxo, pernilongo, pernalta, cambaio, cambado, zambro, beiçudo, narigudo, nasal, bochechudo, corcunda, corcovado, papudo, rebarbativo, baixo, magro, feio

astúcia ***Subst.*** velhacaria, velhacada, finura, tato, engenhoca, gíria, raposia, esperteza, jogo, malícia, trampolina, tropelia, lanço, ardil, truque, cavilação, engenho, treta, estratégia, estratagema, mutreta, esparrela, sagacidade, perspicácia, nariz, invenção, artifício, sonsice, destreza, sutileza, arte, indústria, engano, manobra, contemporização, impostura, lábia, tentativa, chicana, tramoia, trampolinagem, manobra, obra, trapaça, armação, escamoteação, traça, manha, socapa, insídia, ocultação, dissimulação, duplicidade, evasiva, política, maquiavelismo, maquinação, gambito, meneio, evasiva, embuste, embromação, logro, fraude, falcatrua, engodo, trambique, diplomacia, mentira, travessura, rede, armadilha, arapuca, cilada, enredo, mexerico, tramoia, raposa, raposo, maquiavelista, alambre, passarinho, cágado, cala, demo, rosca, abelha-mestra, malho, embusteiro, diplomata, manobreiro, intrigante, mexeriqueiro, sorrelfa, politiqueiro ***V.*** manobrar, enredar, mexericar, contemporizar, enganar, trambicar, empalmar, escamotear, tocar, dissimular, mexer, intrigar, surpreender, minar, boicotar, solapar, socavar, mexericar, politicar, intrigar, enredar ***Adj.*** astucioso, velhaco, pícaro, macaco, fino, sorrateiro, astuto, manhoso, gajo, farejador, enganador, trapaceiro, solerte, maligno, malandro, malicioso, marreco, falaz, fraudulento, traiçoeiro, sonso, artificioso, engenhoso, hábil, sutil, raposino, felino, vulpino, fingido, dissimulado, pilantra, ressabiado, insidioso, arteiro, (bras.) mitrado, iniludível, maquiavélico, maquiavelista, trêfego, endiabrado, ladino, esperto, sagaz, enganoso, estratégico, diplomático, político, ardiloso, vigarista, caviloso, furtivo, enganador, farejador, capcioso, finório, gaio, espertalhão, intrigante, mexeriqueiro

ataque ***Subst.*** acometida, repelão, assalto, arremesso, arremetida, investida, surtida, bateria, bote, ofensiva, agressão, atentado, ofensa, injúria, cometimento, incursão, invasão, irrupção, correria, infestação, coice, soco, murro, excursão, golpe, assalto, rebate, abordagem, escalada, bloqueio, pontaria, carga, bombardeio, cerco, sítio, assédio, fogo, surriada, descarga, saraivada, fuzilaria, varejo, mosquetaria, metralhada, balaço, canhonaço, chumbada, troada, mosquetaço, pancada, estocada, pranchada, vergalhada, cutilada, cornada, coice, murro, coque, espetada, paulada, cajadada, cacetada, razia, devastação, matança, expedição, campanha, gazua, cruzada, arrancada, assaltante, atacante, agressor, invasor, sitiante, escalador, ofensor, míssil, artilharia, canhão, bombardeiro, tanque, torpedo, submarino, torpedeiro, bomba ***V.*** atacar, saltear, agredir, inquietar, apoquentar, ofender, impugnar, opugnar, acometer, cometer, abalroar, agredir, brandir, travar, avançar, invadir, flanquear, ladear, acossar, bater, sovar, golpear, chibatear, anavalhar, ferir, retalhar, esmurrar, espetar, esbofetear, escoicear, castigar, justar, esgrimir, alvejar, atirar, bombardear, bombear, canhonear, metralhar, bloquear, torpedear, afundar, abordar, apedrejar, lapidar, sitiar, apertar, cercar, encurralar, assediar, minar, sabotar, sapar, arpoar, picar, tourear, assolar, devastar ***Adj.*** atacante, agressor, agressivo, invasor, assaltante, sitiante, ofensivo

atenção ***Subst.*** sentido, cuidado, tento, guarda, vigilância, olho, pensamento, sintonia, advertência, reparo, observação, nota, análise, inspeção, fiscalização, revista, exame, estudo, escrúpulo, consideração, carinho, apreço, respeito, tino, gentileza, favor, investigação, pesquisa, reflexão, ponderação, meditação, contensão, minuciosidade, particularidade, meticulosidade, indicação, advertência, asterisco, seta ***V.*** atentar, atender, dar, tentear, observar, arregalar, ouvir, escutar, (bras.)assuntar, fitar, levar, considerar, examinar, mirar, perlustrar, recensear, escrutar, esmiuçar, sondar, investigar, fiscalizar, escrutinar, esquadrinhar, espreitar, vigiar, observar, seguir, folhear, compulsar, manusear, perscrutar, percorrer, ponderar, pesar, refletir, reparar, atentar, considerar, olhar, resguardar, rever, inspecionar, rondar, revistar, vasculhar, lançar, fixar, seguir, despertar, solicitar, reclamar, exigir, impor, excitar, monopolizar, cativar, prender, ocupar, ferir, incitar, empolgar, absorver, dominar, enlevar, arrebatar, apontar, indigitar, acenar, acentuar, sublinhar, frisar, focalizar, salientar, realçar ***Adj.*** atento, estudioso, aplicado, pendente, fito, sério, observador, cuidadoso, meticuloso, desvelado, diligente, exclusivo, minucioso, intenso, profundo, prolongado, atencioso, preocupado, concentrado, logado, antenado, sintonizado, absorto, enlevado, extasiado, seduzido, vigilante, ativo, absorvente, empolgante, demorado, prolongado

atenuação ***Subst.*** atenuante, adoçamento, limitação, restrição, modificação, sainete, eufemismo, desculpa, pretexto, justificativa, condicional, paliativo, evasiva, dirimente, condição, exceção, restrição, desconto ***V.*** atenuar, reprimir, refrear, adoçar, abrandar, afrouxar, mitigar, quebrantar, condicionar, limitar, restringir, confinar, suavizar, descolorir, descolorar, desbotar, minorar, paliar, modificar, desculpar, justificar, pretextar, disfarçar, rebuçar, amenizar, transigir, contemporizar ***Adj.*** atenuante, condicional, hipotético, conciliatório ***Adv.*** se, embora

atividade ***Subst.*** dinamismo, agência, diligência, ralé, açodamento, afã, animação, agito, vida, vivacidade, viveza, espírito, impetuosidade, energia, intimativa, agilidade, esperteza, destreza, desembaraço, prontidão, desenvoltura, travessura, traquinice, alacridade, despacho, expedição, afobação, pressa, pontualidade, exercício, zelo, ardor, fervor, frenesi, fogo, entusiasmo, arrebatamento, envolvimento, veemência, desvelo, dedicação, empenho, carinho, cuidado, iniciativa, calor, esforço, indústria, assiduidade, constância, perseverança, assistência, canseira, fadiga, vigilância, vigília, vela, lucubração, noitada, insônia, movimento, tumulto, bulício, vaivém, agitação, barulho, inquietação, (pop.) tráfego, trabalheira, polvorosa, lida, lide, azáfama, sarilho, faina, nervosismo, sofreguidão, âmbito, região, esfera, departamento, intromissão, interferência, interposição, mercúrio, azougue, abelha, furão, safra, caxias, empresário, faz-tudo, mequetrefe, mexilhão, traquinas, fragata, raio, mouro, lutador ***V.*** manobrar, trabalhar, revolver, persistir, perseverar, exacerbar, lidar, correr, labutar, suar, fervilhar, acordar, despertar, amanhecer, madrugar, tresnoitar, velar, lutar, insistir, imiscuir-se, intervir, ativar, desentorpecer, aguçar ***Adj.*** ativo, esperto, solícito, diligente, vivo, aplicado, assíduo, útil, vivaz, afobado, suarento, ardente, desvelado, fogoso, lutador, buliçoso, irrequieto, trêfego, dinâmico, apressado, impaciente, precipitado, urgente, desenvolto, potente, laborioso, trabalhador, ágil, destro, solícito, pronto, rápido, expedito, despachado, desembaraçado, lépido, safo, veloz, forte, disposto, denodado, infatigável, incansável, valoroso, perseverante, estrênuo, zeloso, ardente, fervente, férvido, industrioso, assíduo, serviçal, indefesso, inquieto, irrequieto, desinquieto, saltitante, agitado, febril, impaciente, insofrido, sôfrego, metediço, ocupado, assoberbado, atarefado, pressuroso, intrometido, abelhudo, metediço, adiantado, oficioso

atração (movimento para, ativamente) ***Subst.*** solicitação, adução, adesão, magnetismo, fascinação, fascínio, gravidade, aliciamento, ímã, magnetômetro ***V.*** atrair, procurar, prender, chamar, solicitar, cooptar, aliciar, puxar, arrastar, aduzir, fascinar, magnetizar, convergir, monopolizar, captar ***Adj.*** atraente, atrativo, solicitante, adutor, magnético

atribuição (determinação de causa) ***Subst.*** filiação, afiliação, ligação, conexão, teoria, hipótese, etiologia, referência, explicação, etimologia ***V.*** atribuir, imputar, deitar, referir, remontar, culpar, incriminar, responsabilizar, acusar, queixar-se, assinalar, explicar, teorizar, filiar, prender, ligar, relacionar, entroncar, indicar, determinar ***Adj.*** atributivo, imputável, putativo, reputado, suposto, pretenso, preconcebido, intencionado, propositado, previsto ***Adv.*** daí, portanto, logo, pois, porquanto

atrito ***Subst.*** (p. us.) atrição, fricção, esfregação, esfrega, roedura, roçadura, limagem, arranhão, raspagem, arranhadura, escoriação, desgaste, esfregão ***V.*** esfregar, coçar, rapar, raspar, fomentar, friccionar, arranhar, escorchar, rascar, escovar, limpar, lixar, roçar, limar, arear, polir, esmerilar, esmerilhar, brunir, roer, escalavrar, esfolar, pelar, puir, consumir, desgastar, emperrar, prender, ralar, rasar, escoriar, rascar, pegar ***Adj.*** puído, roçador

audição (percepção dos sons) ***Subst.*** audiência, auscultação, orelha, ouvido, pavilhão, aurícula, cóclea, labirinto, tímpano, martelo, bigorna, estribo, vestíbulo, oitiva, porta-voz, telefone, fonógrafo, microfone, audiologia, audiólogo, audiometria, fonoaudiologia, fonoaudiólogo, ouvinte, ouvidor, auditório, público ***V.*** ouvir, pressentir (a voz de), escutar, prestar atenção a, entreouvir, sentir, perceber, atender ***Adj.*** audível, ouvinte, inteligível, auditivo, acústico, agudo, grave, fino, perceptível

aumento ***Subst.*** majoração, ascensão, subida, alta, ampliação, amplificação, magnificação, dilatação, expansão, inflação, desdobramento, progresso, engrandecimento, incremento, crescimento, encarecimento, cúmulo, multiplicação, duplicação, triplicação, quadruplicação, quintuplicação, proliferação, progressão, agravamento, recrudescimento, reforço, exacerbação, irritação, dispersão, difusão, propagação, redobramento, adição, crescente, melhoria, realce, prosperidade, preamar, fluxo, hipertrofia, diástole, prótese ***V.*** aumentar, ganhar vulto, crescer, subir, avançar, subir, medrar, rebentar, grassar, intumescer, recrudescer, progredir, ampliar, acumular, enricar, enriquecer, pluralizar, proliferar, multiplicar, incrementar, acrescentar, avultar, engrossar, procriar, engrandecer, aprofundar, elevar, impulsionar, realçar, intensificar, reforçar, magnificar, redobrar, duplicar, triplicar, quadruplicar, quintuplicar, sextuplicar etc., magnificar, agravar, assanhar, exagerar, exacerbar, espalhar, majorar, amiudar, atear, retemperar, avivar, carregar, refinar, apurar ***Adj.*** aumentativo, adicional, progressivo, crescente, protético ***Adv.*** crescentemente, cada vez mais, melhor

ausência de motivo ***Subst.*** capricho, acaso, inércia ***V.*** não haver motivo, não haver razão, desmotivar, desestimular ***Adj.*** maquinal, inerte, automático

ausência ***Subst.*** inexistência, vaga, falta, afastamento, absenteísmo, vazio, vácuo, vacuidade, separação, saudades, deserto, interrupção ***V.*** ausentar-se, faltar, abandonar, partir, vagar, vacar, despovoar, esvaziar ***Adj.*** ausente, faltoso, impontual, perdido, omisso, inexistente, retraído, esquivo, afastado, sumido, vazio, vacante, vago, desocupado, despovoado, inabitado, deserto, inóspito, ermo, inabitável, solitário ***Adv.*** menos, sem, fora

autoridade ***Subst.*** poder, força, mando, mão, pulso, braço, rédea, poderio, senhorio, jurisdição, influência, arbítrio, patronato, preeminência, preponderância, soberania, supremacia, hegemonia, governo, favor, valimento, crédito, prestígio, prerrogativa, atribuição, competência, alçada, direito, política, nau, autoritarismo, absolutismo, totalitarismo, comando, império, domínio, dominação, predomínio, predominação, predominância, ascendência, férula, reino, reinado, suserania, senhoria, chefatura, chefia, regência, poder, capitania, fiscalização, batuta, inspiração, proteção, freio, bandeira, cetro, cargo, posto, posição, poleiro, pasta, ascensão, elevação, subida, hierarquia, graduação, patente, regime, dinastia, realeza, ditadura, protetorado, califado, feudalismo, oligarquia, consulado, triunvirato, presidência, administração, prefeitura, magistratura, império, monarquia, realeza, realismo, totalitarismo, federalismo, parlamentar, presidencialismo, parlamentarismo, monarquismo, aristocracia, autocracia, democracia, teocracia, burocracia, clericalismo, capitalismo, militarismo, demagogia, socialismo, comunismo, bolchevismo, coletivismo, fascismo, nazismo, deputado, permissão, estado, reino, autoridade, judicatura, gabinete, capital, quartel-general, metrópole, corte, compromisso, coroação, sagração, instalação, usurpação ***V.*** resolver, garantir, ordenar, decretar, proferir, deliberar, despachar, ocupar, governar, mandar, reinar, dominar, dirigir, predominar, comandar, administrar, reger, possuir, decretar, pronunciar, regrar, moderar, legislar, centralizar, enveredar, ascender, tomar, assumir, galgar, promover, arvorar, trazer pelo beiço, magnetizar, infelicitar, desservir ***Adj.*** autoritário, dominante, reinante, predominante, preponderante, influente, governante, imperioso, executivo, administrativo, oficial, oficioso, taxativo, peremptório, absoluto, supremo, severo, rigoroso, real, régio, realista, soberano, suserano, monárquico, imperial, principesco, consular, presidencial, democrático, federativo, unitário, representativo, governamental, liberal, conservador, hierárquico, ditatorial, marxista, comunista, bolchevista, socialista, capitalista

auxiliar ***Subst.*** assistente, companheiro, partidário, coadjutor, cooperador, coadjuvante, assessor, ajudante, adjunto, ajuda, servidor, secretário, acólito, cruciferário, colega, confrade, padrinho, patrão, protetor, padroeiro, patrono, patrocinador, parteiro, assistente, confederado, coligado, amigo, coautor, confidente, contrapé, cúmplice, amanuense, criado, instrumento, satélite, aderente, afim, espoleta, jagunço, associado, comparsa, consorte, conspirador, sectário, campeão, atleta, partidário, parcial, correligionário, freguês, afilhado, instigador, inspirador, advogado, apóstolo, soldado, zelote, seguidor, adepto, prosélito, sequaz, catecúmeno, simpatizante, sacristão, legionário, societário, assecla, batalhador, guarda, intermediário, mediador, Íris, agente, canal, veículo, colaborador, parceiro, conivente

auxílio ***Subst.*** ajuda, achega, socorro, reforço, préstimo, demão, apoio, encosto, concurso, assistência, amparo, filantropia, caridade, colaboração, contribuição, favor, serviço, esteio, arrimo, proteção, patronato, patronagem, benefício, obrigação, bafejo, alento, sustentação, alimentação, nutrição, favorecimento, amamentação, sustento, escora, bordão, fomento, remédio, recurso, subsídio, subvenção, mesada, contribuição, sustentáculo, suporte, invocação, orago ***V.*** auxiliar, ajudar, amparar, dirigir, guisar, encaminhar, promover, impulsionar, facilitar, socorrer, apoiar, acorrer, contribuir, subscrever, subvencionar, subsidiar, remediar, suprir, assistir, prestar, colaborar, contribuir, favorecer, patrocinar, defender, proteger, apadrinhar, salvar, reforçar, recrutar, apressar, adiantar, acoroçoar, animar, bafejar, sustentar, escorar, adubar, cultivar, nutrir, amamentar, aleitar, afagar, acariciar, dar, estender, entabular, servir, administrar, consultar, procurar, agradar, comprazer, alegrar, encorajar, secundar, esposar, adotar, socorrer, beneficiar ***Adj.*** auxiliar, ajudante, subsidiário, coadjuvante, instrumental, dependente, servente, serviçal, acessório, complacente, propício, favorável, presente, propenso, contribuinte, contributivo, solidário, participativo

aversão ***Subst.*** abominação, rejeição, desgosto, dissabor, desinclinação, desprazer, desfastio, relutância, repulsão, repulsa, horror, execração, tédio, nojo, engulho, asco, náusea, intolerância, implicância, fastio, quizília, birra, ojeriza, displicência, aborrecimento, tédio, ódio, raiva, rancor, horror, pavor, fobia, animosidade, idiossincrasia, hidrofobia, malquerença, inimizade, zanga, malevolência, mortificação, apuração, hesitação, dissonância ***V.*** desgostar, ter aversão, votar, relutar, rejeitar, repelir, preterir, recusar, refugar, repudiar, enjeitar, desprezar, odiar, abominar, detestar, malquerer, execrar, afugentar, escorraçar, aborrecer, feder, enojar, ter nojo, chocar, repugnar, entediar, enjoar, nausear, ansiar, enojar, engulhar ***Adj.*** avesso, hostil, refratário, adverso, enjoado, desgostoso, aborrecido, farto, esquivo, impopular, antipático, repulsivo, repugnante, indigesto, repelente, aborrecido, insuportável, intragável, enjoativo, asqueroso, detestável, abominável, péssimo, execrável, intolerável, repulsivo, desagradável, nojento, nauseabundo, nauseante, fastidioso, displicente, ofensivo

azedume ***Subst.*** azedia, aziúme, acidez, adstringência, cica, amargor, amargura, vinagre, tanino, limão ***V.*** azedar, vinagrar, amargar, amargurar ***Adj.*** azedo, acético, adstringente, áspero, acerbo, acro, acre, agro, ácido, avinagrado, cítrico, amargo, aluminar

azorrague (instrumento de punição) ***Subst.*** açoite, manopla, látego, chicote, rebenque, flagelo, vergalho, vergasta, correia, vara, pau, chibata, roseta, relho, (bras.) bacalhau, (bras.) ligeira, cipó, grelha, cruz, aspa, poste, pelourinho, ferrete, garfo, polé, garrucha, cavalete, torniquete, potro, cadafalso, patíbulo, forca, machado, corda, guilhotina, luneta, garrote, tronco, grilheta, sambenito, carcereiro, executor, carrasco, saião, algoz, verdugo, vítima, paciente, supliciado, forçado, calceta, galé, grilheta ***Adj.*** patibular

azul ***Subst.*** anil, índigo, ciano, lividez, azulão, céu, turquesa, safira, água-marinha, ultramar, azulejo, cianose ***V.*** azular, azulejar ***Adj.*** azul, azulado, anilado, cerúleo, azul-marinho, azul-piscina, azul-claro, atmosférico, lívido, cianirrostro

bB

baixeza ***Subst.*** abatimento, caldeira, horizontalidade, soleira, planta, sola, cava, rés do chão, porão, raiz, palmilha, calcanhar, base, rodapé, pó, poeira, pé, baixa-mar, vazante, jusante, nadir ***V.*** rastejar, prostrar, prosternar, jazer, deprimir, baixar ***Adj.*** baixo, raso, rasteiro, rastejante, inferior, agachado, encolhido, prostrado, térreo, terreiro, rente, cerce, subjacente, horizontal ***Adv.*** debaixo, sob, rente

barateza ***Subst.*** baixeza, achado, baixa, desvalorização, malbarato, depreciação, pechincha, bagatela, queima, liquidação, xepa, graciosidade, oferta, brinde ***V.*** baratear, enforcar, queimar, liquidar, torrar, malbaratar, baixar, vender ***Adj.*** barato, acessível, barateiro, pechincheiro, invendível, gratuito, dado, gracioso, honorífico, incondicional, desinteressado, isento, imune

barulho (som alto) ***Subst.*** barulheira, restolho, ruído, bulha, burburinho, motim, auê, estrépito, estrondo, fragor, clangor, fracasso, estouro, ribombo, zoada, zoeira, zunido, frêmito, estampido, explosão, rugido, grito, vozeirão, vozerio, algazarra, alarido, alvoroço, vozearia, charivari, espalhafato, destampatório, fanfarra, charanga, balbúrdia, estardalhaço, matinada, gritaria, vociferação, ressonância, escarcéu, trono, aturdimento, atordoamento, pulmão, garganta, goela, artilharia, canhão ***V.*** marulhar, tinir, retinir, estridular, bradar, rugir, bramar, trovoar, trovejar, troar, fulminar, fremir, tumultuar, ribombar, rouquejar, ressoar, gritar, mugir, estrugir, trombetear, esbravejar, zoar, zunir, guinchar, atordoar, aturdir, ensurdecer ***Adj.*** estrondoso, alto, altissonante, sonoroso, sonante, profundo, cheio, poderoso, forte, estentóreo, intenso, medonho, enérgico, infernal, barulhento, retumbante, fragoroso, ruidoso, estrepitoso, potente, ingente, estridente, rijo, grosso, penetrante, trovejante, tonante, troante, vibrante, agudo, vociferante, desesperado, estrídulo, tonto, estonteado

base ***Subst.*** alicerce, fundo, fundamento, lastro, apoio, assento, encaixe, plinto, soco, pedestal, toro, chão, solo, sapata, tapete, rés do chão, tabulado, soalho, porão, nadir, pé, planta, chanca, pata, sola, tornozelo, apófise, radícula, fralda, falda, aba, raiz, sopé ***V.*** basear, firmar, assentar, alicerçar, fundamentar, calcar, librar ***Adj.*** básico, basilar, ínfimo, essencial, fundamental, fundado, apoiado

batina (vestes canônicas ou litúrgicas) ***Subst.*** burel, sotaina, picote, paramentos, pontifical, capa, alva, casula, murça, sobrepeliz, capelo, tiara, barrete, solidéu, calota, báculo, cajado, pala, véu, pátena, toalha, frontal, escapulário, bentinho, opa, cruz, tau, touca ***V.*** paramentar-se, abatinar-se

beleza ***Subst.*** boniteza, formosura, frescor, lindeza, (p. us.) beldade, encanto, atrativo, primor, perfeição, mimo, louçania, elegância, galhardia, garridice, donaire, graça, bizarria, gentileza, pulcritude, requinte, finura, vivacidade, aprumo, perfeição, simetria, esplendor, realeza, resplandecência, grandeza, majestade, sublimidade, imponência, suntuosidade, grandiosidade, luminosidade, elevação, nobreza, pompa, magnificência, elegância, apuro, delicadeza, requinte, brinco, bibelô, fausto, embelezamento, Vênus, Egéria, Cupido, Apolo, Adônis, Narciso, divindade, deusa, deidade, diva, ninfa, serafim, arcanjo, querubim, anjo, imagem, astro, pavão, beija-flor, rosa, lírio, flor, anêmona, jardim, estampa, pintura, princesa, joia, tentação, obra-prima, sedução, cena, cenário, paisagem, roseiral, Éden, Paraíso, estética, peixão, gata, gato, tchutchuca ***V.*** brilhar, florescer, deslumbrar, pompear, encantar, cativar, enlevar, atrair, fascinar, seduzir, embelezar, aformosear, ornar, ornamentar, enfeitar, adornar, ajaezar, engalanar, paramentar, adereçar ***Adj.*** belo, preclaro, lindo, bonito, galante, formoso, angélico, gracioso, sedutor, pulcro, elegante, rico, delicado, mimoso, adorável, aprazível, escultural, chique, simpático, airoso, garboso, perfeito, bizarro, esbelto, gentil, senhoril, grácil, galhardo, guapo, apolíneo, bem-dotado, bem-posto, bem-parecido, catita, loução, vistoso, garrido, desempenado, torneado, brilhante, esplêndido, sorridente, luminoso, celso, sublime, magnífico, feérico, deslumbrante, espetaculoso, pomposo, soberbo, radiante, doce, suave, mágico, suntuoso, magnificente, poético, vaporoso, solene, extraordinário, excelso, majestoso, imponente, grandioso, inesquecível, esplendoroso, soberano, pitoresco, pinturesco, elevado, artístico, estético, indescritível, inconcebível, inimaginável, peregrino, bucólico, primoroso, irresistível, encantador, atraente, cativante, feiticeiro, ornamental, impoluto, imaculado, inatacável, perfeito

bem ***Subst.*** benefício, vantagem, melhoramento, interesse, serviço, favor, obséquio, mercê, proteção, colheita, messe, vindima, ceifa, utilidade, proveito, pechincha, bem-estar, conforto, ganho, lucro, fruto, logro, regalia, dom, bênção, graça, recompensa, prêmio, ventura, consolo, achado, sacrário, tesouro, riqueza, virtude, sacerdócio, preciosidade, joia, mina, prosperidade, felicidade, sucesso, utilidade, remédio, saúde ***Adj.*** louvável, útil, proveitoso, bom, afortunado, feliz ***Adv.*** bem

benevolência ***Subst.*** bondade, cordura, benquerença, caridade, beneficência, altruísmo, filantropia, bonomia, abnegação, humanidade, séquito, simpatia, cavalheirismo, rasgo, condescendência, longanimidade, indulgência, complacência, tolerância, transigência, feição, afabilidade, clemência, amor, fineza, obséquio, generosidade, magnanimidade, largueza, benemerência, liberalidade, misericórdia, interesse, proteção, ajuda, esmola, socorro, amparo, auxílio, benfeitor, altruísta ***V.*** dignar-se, dispensar, beneficiar, auxiliar, poupar, respeitar, salvar, distinguir, valer, socorrer, recolher, recomendar, ajudar, proteger, velar, defender, guiar, esmolar ***Adj.*** benévolo, benevolente, bondoso, altruísta, humanitário, amável, solícito, serviçal, indulgente, complacente, condescendente, clemente, tolerante, bem-humorado, bonachão, bonacheirão, benfazejo, benfeitor, humanitário, sensível, suave, terno, beneficente, afável, cortês, delicado, extremoso, protetor, caridoso, caritativo, magnânimo, misericordioso, bizarro, humano, compassivo, generoso, magnânimo, hospital, hospitaleiro, fraterno, fraternal, paternal, maternal, amistoso, amigável, preveniente, bondoso, afetivo, afetuoso, oficioso, obsequioso, benigno, bem-intencionado, cavalheiro, cavalheiresco, bom, simpático, simpatizante, bem-visto, benquisto, querido, caro, popular, adorado

benfeitor ***Subst.*** messias, salvador, sacerdote, protetor, samaritano, apóstolo, salvaguarda, redentor, gênio, espírito, padrinho, pai, mãe, patrão, patrono, altruísta, mecenas, (fig.) benemérito ***Adj.*** caridoso, pródigo, generoso

bisseção (divisão em duas partes) ***Subst.*** bipartição, meação, subdivisão, dicotomia, meiose, meio, meado, metade, bissetriz, eixo, bifurcação, ramificação, forquilha, garfo, forcado, galhada, encruzilhada ***V.*** dividir, rachar, separar, fender, cindir, mear, bipartir, bifurcar, ramificar ***Adj.*** bipartido, bífido, galhudo, bifurcado, meado, meeiro, dicotômico

boa vontade ***Subst.*** voluntariedade, simpatia, abertura, disposição, receptividade, inclinação, pendor, humor, modo, veia, tendência, predisposição, propensão, aptidão, docilidade, doçura, obediência, submissão, mansidão, mansuetude, tratabilidade, brandura, cordura, meiguice, persuasão, genialidade, cordialidade, alacridade, prontidão, diligência, maleabilidade, assentimento, complacência, condescendência, indulgência ***V.*** propender, tender, querer, condescender, dignar-se, obedecer, julgar, concordar, corresponder, caprichar, timbrar ***Adj.*** complacente, contente, satisfeito, favorável, indulgente, propenso, disposto, propício, pronto, solícito, pressuroso, atento, oficioso, cuidadoso, decidido, ávido, predisposto, dócil, dúctil, manso, submisso, brando, pacífico, flexível, persuadível, fácil, obediente, disciplinado, benigno, acessível, flexível, manejável, gracioso, cordial, franco, cordato, voluntário, gratuito, livre ***Adv.*** *ad libitum*, sim

bolha (mistura de ar e água) ***Subst.*** borbulha, empola, espuma, escuma, carneirada, carneiro, fumo, fermento, fermentação, lêvedo, levedura, surriada, nevoeiro, cerração, vapor, floco, bruma, névoa, neblina, nebulosidade, opacidade, nimbo, cúmulo, cirro, estrato, efervescência, fervura, ebulição ***V.*** borbulhar, ferver, fervilhar, espumar, escumar, fumegar, empolar, fermentar, levedar, nublar, gaseificar ***Adj.*** espumante, gaseificado, espumoso, efervescente, gasoso, fumante, nebuloso, nevoento, brumoso, nublado, sombrio, enevoado

bom gosto ***Subst.*** estética, gosto, virtuosidade, tato, apuro, correção, esmero, excelência, requinte, sofisticação, distinção, garbo, bizarria, bom-tom, primor, fineza, finura, delicadeza, suavidade, polimento, elegância, correção, equilíbrio, graça, pureza, classicismo, diletantismo, belas-artes, cultura, eufemismo, entendido, juiz, crítico, mestre, censor, amador, curioso, virtuoso, diletante ***V.*** apreciar, gostar, julgar, criticar, descriminar, apurar ***Adj.*** fino, alinhado, sóbrio, puro, casto, castiço, clássico, mimoso, delicado, apurado, culto, esmerado, requintado, sofisticado, educado, cavalheiresco, gentil, distinto, estético, artístico, elegante, límpido, esmerado, lapidar

bondade (capacidade para produzir o bem) ***Subst.*** excelência, nobreza, alteza, altruísmo, valor, valia, merecimento, beneficência, benevolência, piedade, rasgo, virtude, preço, louça, primor, quilate, moralidade, inocência, caridade, filantropia, superioridade, formosura, elevação, grandiosidade, sublimidade, perfeição, flor, creme, elite, suco, escol, nata, bênção, oxigênio, alimento, cornucópia, evangelho, manjar, gema, joia, especialidade, pedraria, alfaia, pérola, relíquia, brilhante, tesouro, sacrário, riqueza, opulência, sacerdócio, fênix, ressurreição, pechincha ***V.*** produzir, aproveitar, oxigenar, beneficiar, valorizar, avantajar, elevar, magnificar, nobilitar, engrandecer, dignificar, enobrecer, salubrificar, sanear, privilegiar, melhorar, salvaguardar, proteger, exceder, exceler, competir, pleitear, disputar, primar, prosperar, enaltecer, enriquecer, modificar ***Adj.*** bom, bondoso, pio, piedoso, bom-caráter, altruísta, inofensivo, singelo, inócuo, anódino, inocente, sofrível, bem-intencionado, cândido, puro, magnânimo, benfazejo, benevolente, benigno, caridoso, filantropo, edificante, reconfortante, benéfico, salutar, são, abençoado, proveitoso, inapreciável, prestativo, providente, providencial, seguro, eficaz, eficiente, vantajoso, profícuo, saudável, estupendo, virginal, benévolo, virtuoso, meigo, suave, terno, misericordioso, indulgente, plausível, grandioso, grande, famoso, especial, excelente, primo, esplêndido, alto, invulgar, áureo, opimo, melhor, superior, próspero, afortunado, belo, bonito, magistral, precioso, propício, favorável, brilhante, escolhido, seleto, peregrino, raro, castiço, fino, irrecusável, impagável, suculento, incomparável, magnífico, exímio, limpo, galhardo, lustroso, diamantino, privilegiado, singular, esquisito, delicioso, supremo, soberano, mimoso, capital, essencial, extraordinário, sublime, celso, celeste, celestial, doce, sadio, tonificante, inimitável, admirável, agradável, róseo, dourado, modelar, principesco, precioso, invejável, inestimável, tolerável, satisfatório, elevado, predestinado ***Adv.*** bem

borda ***Subst.*** fímbria, ponta, orla, barra, limbo, rebordo, beira, beiral, beirada, margem, ourela, extremidade, bordo, tarja, entrada, fim, cabo, extremo, limite, fronteira, abertura, boca, fauce, goela, lábio, beiço, circunferência, perímetro, periferia, limiar, soleira, ombreira, verga, porta, pórtico, entrada, átrio, adro, saguão, vestíbulo, costa, praia, marinha, beira-mar, litoral, renda, franja, debrum, sanefa, cercadura, babado, bainha, friso, vivos, guarnição, serrilha, filete, caixilho, moldura, quadro, adorno, enfeite ***Adj.*** marginal, fronteiro, fronteiriço, ribeirinho, litoral, costeiro, litorâneo, labial

botânica (ciência das plantas) ***Subst.*** fitologia, dendrologia, micologia, micetologia, rodologia, algologia, flora, horto, herbário, botânico ***V.*** botanizar, herborizar ***Adj.*** botânico

brancura ***Subst.*** alvura, alvor, candor, candura, candidez, prateação, caiação, neve, lis, lírio, garça, cisne, jasmim, papel, gesso, leite, pérola, marfim, lítio, prata, alvaiade, cal, arminho, morim ***V.*** branquear, embranquecer, engessar, alvejar, nevar, aclarar, caiar, pratear, platinar ***Adj.*** branco, níveo, lácteo, nevado, gelado, cândido, prateado, alvo, elefantino, argênteo, argentino, alvadio, imaculado, alvacento, esbranquiçado, ebúrneo

bruxaria ***Subst.*** prestidigitação, superstição, abusão, ocultismo, teosofia, teosofismo, magia, cabala, necromancia, nigromancia, taumaturgia, astrologia, demonomania, diabrura, feitiçaria, vampirismo, esconjuro, mesmerismo, passe, quebranto, coisa-feita, olhado, enguiço, benzedura, vidência, teosofia, espiritismo, psicografia, sortilégio, adivinhação, responso ***V.*** conjurar, esconjurar, encantar, fascinar, enfeitiçar, magnetizar, sugestionar, cabalar, amentar, mandingar, enguiçar, deitar, salgar, desencantar, desenfeitiçar ***Adj.*** mago, mágico, místico, feiticeiro, cabalístico, prestigioso, milagreiro, taumaturgo, talismânico, conjurado, teosófico, esotérico

cC

cadáver ***Subst.*** carcaça, natimorto, anjinho, arcabouço, esqueleto, corpo, restos, pó, cinzas, argila, cavername, ossada, ossatura, múmia, caveira, necroscopia, sombra, espírito ***V.*** mumificar, embalsamar, cremar, amortalhar ***Adj.*** cadavérico, esquelético, cinerário, insepulto

calor ***Subst.*** calmaria, calma, canícula, soalheira, quentura, agasalho, tepidez, incandescência, ardência, forno, fornalha, ardor, fervor, febre, insolação, queimadura, fogacho, fogo, ignição, brasa, centelha, faísca, fagulha, chispa, chama, flama, labareda, pirotecnia, foguete, rojão, incêndio, fogueira, pira, fogo, luzerna, fogaréu, lume, lava, saturno, sesta, intenso, causticante, senegalesco, abafadiço, tropical, verão, rigor do verão, plenitude do verão, siroco, bochorno, sol, seca, estiagem, mormaço, termodinâmica, pirologia, pirometria, calorimetria, caloria, eletrotermia, termodinâmica, entropia, termômetro, pirotécnico, trópico, equador ***V.*** abafar, arder, queimar, ferver, suar, aquecer, requentar, fumegar, ferver, grelhar, chamejar, inflamar, acender, atear, incendiar, degelar, transpirar ***Adj.*** quente, caloroso, tórrido, ardente, termal, térmico, calorífero, calórico, pírico, calmo, fervente, soturno, abafante, abafadiço, intolerável, opressivo, sufocante, asfixiante, tropical, férvido, abrasador, causticante, urente, estival, canicular, afogado, abafado, abafador, abafadiço, candente, incandescente, fumegante, incendiário, cálido, flagrante, tépido, morno, vulcânico, plutônico, senegalesco, ígneo, ignífero, isotérmico, sudorífero, suadouro ***Adv.*** quentemente, calorosamente, ardentemente

camada ***Subst.*** mão, demão, capa, crosta, revestimento, zona, estrato, andar, tijolo, ladrilho, laje, placa, lata, chapa, epóxi, hóstia, folículo, lâmina, laminado, tábua, pastilha, ripa, sarrafo, prancha, mica, escama, folha, lençol, toalha, floco, folha, folheado, soalho, assoalho, casca, pele, película, membrana, lasca, retalho, apara, invólucro, xisto, ardósia, estratificação, laminação, esfoliação, reboco ***V.*** estratificar, laminar, chapear, folhear, rebocar, assoalhar, fasquiar ***Adj.*** laminar, lameliforme, folheado, folhudo, escamado, escamoso, xistoso

canal de respiração (canal para passagem de ar) ***Subst.*** (pop.) chupão, chaminé, exaustor, respiro, respiradouro, venta, pituitária, gorja, garganta, laringe, bofes, amígdala, ventilador, óculo, fresta, veneziana ***V.*** exaurir, ventilar ***Adj.*** laríngeo, branquial, traqueal

candura ***Subst.*** simplicidade, naturalidade, espontaneidade, inexperiência, inocência, bonomia, desafetação, pureza, ingenuidade, lhaneza, lhanura, candidez, sinceridade, singeleza, liberdade, compostura, modéstia, honestidade, lisura, retidão, franqueza, confiança, lealdade, desassombro, desabafo ***V.*** confiar, dizer pão, pão, queijo, queijo ***Adj.*** cândido, puro, natural, nato, nado, nativo, espontâneo, fácil, pronto, despretensioso, límpido, singelo, modesto, puro, ingênuo, redondo, sincero, leal, confiável, franco, lhano, chão, aberto, escancarado, patente, honesto, inocente, reto, bucólico, simples, singelo, inexperiente, bonachão, bonacheirão

capricho ***Subst.*** fantasia, veleidade, vontade, humor, sestro, cisma, impulso, pancada, manha, esnobismo, extravagância, excentricidade, singularidade, esquisitice, frivolidade, frenesi, impaciência, preconceito, histeria, histerismo, impertinência, rabugem, rabugice, mania, cisma, telha, telhado, pancada, repente, leviandade, escapadela, estroinice, destempero, desvairamento, devaneio ***V.*** ser caprichoso ***Adj.*** caprichoso, rato, fantástico, histérico, esquisito, original, extravagante, estapafúrdio, estrambótico, lunático, inconsistente, imaginoso, imaginário, estranho, singular, esdrúxulo, original, exótico, extraordinário, anômalo, volúvel, absurdo, estouvado, inconstante, doidivanas, rabugento, avoado, manhoso, sestroso, (bras.) passarinheiro

carcereiro ***Subst.*** chaveiro, guarda, guardador, guarda-mor, vigia, detentor, sentinela, depositário, escolta, protetor, governador, guardião, tutor, governanta, aio, ama, nutriz, castelão, vigilante

carestia ***Subst.*** alta, exorbitância, extravagância, extorsão, exploração, ganância, ambição, sangria, tosquia, inflação, descontrole, indexação, encarecimento, tosquiador, explorador ***V.*** encarecer, inflacionar, altear, subir, valorizar, sangrar, pelar, esfolar, chupar, sangrar, extorquir, explorar, depenar, tosquiar, cardar, puxar, salgar ***Adj.*** caro, alto, dispendioso, puxado, salgado, elevado, custoso, oneroso, descomedido, astronômico, extravagante, extorsivo, subido, exorbitante, despropositado, rico, suntuoso, suntuário, insuportável, impossível, inadmissível, ganancioso, careiro, explorador

cargos da Igreja ***Subst.*** ministério, ofício, dignidade, função, sacerdócio, clericalismo, teocracia, Vaticano, papado, tiara, arcebispado, primado, primazia, púrpura, bispado, diocese, patriarcado, generalato, canonicato, reitorado, reitoria, vicariato, diaconato, prelazia, capelania, arquidiocese, curato, freguesia, paróquia, abadia, ordenação, leitor, concílio, conclave, sínodo, consistório, cabido, capítulo, penitenciária, rota ***V.*** tonsurar, sagrar, consagrar, bispar ***Adj.*** eclesiástico, papal, papalino, apostólico, sacerdotal, prelatício, pastoral, ministerial, capitular, teocrático, hierárquico, cardinalício, episcopal, canônico, monástico, conventual, abacial, diocesano, paroquial, paroquiano, pontifical, vicarial, abadado

carícias (manifestações de afeto ou de amor) ***Subst.*** arrulho, ternura, amabilidade, amor, cafuné, atrativos, festas, idílio, requebro, quindim, provocação, devoção, adoração, amplexo, saudação, vênia, beijo, beijoca, boquinha, bitoca, chocho, ósculo, (pop.) chupão, fineza, corte, namoro, serenata, contemplação, filha, ioiô, iaiá ***V.*** acariciar, afagar, mimar, amimar, mimosear, acarinhar, aconchegar, alisar, agasalhar, granjear, aparar, adular, sorrir, embalar, festejar, contemplar, acalentar, ninar, nanar, abraçar, apertar, estreitar, beijar, beijocar, oscular, lisonjear, cortejar, galantear, requerer, namorar, rolar, transar, ficar, (pop.) conversar, namoricar, tomar, noivar, requebrar, segredar ***Adj.*** carinhoso, caloroso, terno, desvelado, extremoso, atencioso, beijoqueiro, animador, amoroso, afetuoso, meigo, delicado, cordial, paternal, fraternal, afável, sincero, enternecedor, doce, amável, mavioso, fagueiro, provocador, provocante, provocativo, solícito, obsequioso, lisonjeiro, lisonjeador

carola ***Subst.*** puritano, beato, devoto ***Adj.*** devoto, puritano, fariseu, evangélico, crente, santão, sacripanta, beato, santarrão, rezador, fariseu, papista, tartufo, fanático

---

Nomes depreciativos para devotos religiosos: beatorro, santarrão, rato de sacristia, jejuadeiro, tartufo

---

carregador ***Subst.*** portador, estivador, almocreve, tocador, cargueiro, condutor, guia, mensageiro, alazão, corcel, ginete, bicho, campeão, cavalgadura, cavalo, estrela, faca, gaio, garanhão, montada, montaria, parelheiro, pastor, poldro, (depr.) pica-pau, pônei, rocim, pangaré, arrasto, sendeiro, égua, jumento, orelhudo, asno, burro, jerico, besta, burra, quadriga, tropa, muar, rena, rangífer, camelo, dromedário, lhama, elefante, pombo, correio ***V.*** carregar, portar, estivar ***Adj.*** cavalar, muar, elefantino, trotador

casamento ***Subst.*** matrimônio, consórcio, himeneu, conúbio, recebimento, ligação, união, maridança, boda, esponsais, núpcias, mistura, casório, corbelha, leito, toro, consumação, epitalâmio, mancebia, casamenteiro, noivo, noiva, nubente, contraente, esposo, marido, companheiro, consorte, cônjuge, madame, esposa, senhora, matrona, costela, companheira, casal, padrinho, paraninfo, testemunha, poliandria, monogamia, bigamia, poligamia, mormonismo, turco, barba-azul, bígamo, polígamo, mórmon, pregão, proclama, impedimento, separação, divórcio, separado, desquitado ***V.*** casar, prender, aliar, consorciar, receber, desposar, esposar, tomar, noivar, acasalar ***Adj.*** casado, unido, noivo, prometido, casadouro, núbil, matrimonial, conjugal, marital, nubente, casamenteiro, monógamo, bígamo, polígamo, desquitado, divorciado

castanho ***Subst.*** havana, ferrugem, mogno, ocra, ocre, sépia, canela, avelã, charuto, chocolate ***V.*** bronzear, crestar ***Adj.*** castanho, acastanhado, mosqueado, acobreado, moreno, trigueiro, baço, acanelado, fusco, amulatado, bronzeado, brônzeo

casualidade (ausência de desígnio na sucessão dos acontecimentos) ***Subst.*** sorte (destino), destino, felicidade, ventura, fatalidade, serendipidade, especulação, aventura, sucesso, imprevisto, surpresa, susto, patota, trapaça, maço, sorteio, sortilégio, sorte (boa fortuna), azar, aposta, roleta, rifa, loteria, tômbola, batoteiro, patinho, pato, peru, sapo, pexote, jogador, aventureiro ***V.*** acontecer, deitar, apostar, sortear, rifar, lotar, jogar, pescar, especular, vagar, vaguear, caber, tocar ***Adj.*** casual, eventual, aleatório, ocasional, adventício, inopinado, acidental, imprevisto, imprevisível, aventureiro, indiscriminado, promíscuo, vagabundo, possível ***Adv.*** à toa

causa ***Subst.*** motivo, origem, procedência, nascença, proveniência, vida, princípio, mãe, nascimento, elemento, objeto, fator, razão, respeito, semente, sementeira, fundamento, móbil, título, agente, alicerce, base, fonte, primórdio, matriz, manancial, cabeceira, embrião, geração, paternidade, eixo, chave, alavanca, pé, influência, rudimento, ovo, embrião, rebento, renovo, grelo, botão, gema, raiz, radical, étimo, núcleo, tronco, estirpe, linhagem, raça, ascendência, incunábulo, berço, pátria, nascedouro, ventre, ninho, foco, causalidade, produção ***V.*** causar, decidir, trazer, brotar, ocasionar, acarretar, implicar, envolver, significar, originar, importar, ficar, produzir, procriar, fabricar, dar motivo, dar margem, dar razão, dar ocasião, atear, acender, suscitar, acirrar, levantar, provocar, excitar, infundir, promover, provocar, levantar, engendrar, criar, instituir, fomentar, introduzir, inspirar, semear, procurar, induzir, gerar, contribuir, influir, motivar, despertar, evocar, proporcionar, oferecer, dar, emanar ***Adj.*** causal, original, primitivo, primário, primordial, aborígine, radical, matriz, fundamental, embrionário, congênito, natural, seminal, gerativo

cautela ***Subst.*** segurança, seguridade, cuidado, vigia, precaução, prevenção, prudência, atenção, previdência, recato, resguardo, circunspecção, consideração, gravidade, compostura, reserva, sobriedade, siso, sisudez, ponderação, equilíbrio, cálculo, tino, prumo, regra, cordura, previsão, vigilância, aviso, sobreaviso, calma, serenidade ***V.*** reparar, reservar, apalpar, ponderar, refletir, sofrear, prover, prevenir, remediar, suprir, considerar ***Adj.*** cauteloso, prudente, refletido, sensato, acautelado, vigilante, seguro, avisado, diplomático, percebido, prevenido, recatado, cordato, sisudo, comedido, precavido, precatado, cuidadoso, previdente, presciente, consciente, sóbrio, político, discreto, reservado, circunspecto, ponderado, maduro, refletido, ajuizado, assentado, hábil, calmo, fresco, sereno

cegueira ***Subst.*** tracoma, obscurecimento, escuridão, trevas, falta, venda ***V.*** cegar, obcecar, ofuscar, fechar ***Adj.*** cego, lusco

celebração ***Subst.*** celebridade, solenidade, cerimônia, solenização, comemoração, rememoração, jubileu, aniversário, festa, festividade, baile, ovação, centenário, iluminação, lápide, placa, obelisco, salva, fogueira, alvorada, feriado, estátua, pedestal, herma, troféu, guisa, inauguração, coroação ***V.*** celebrar, decantar, festejar, assinalar, honrar, homenagear, inscrever, memorar, solenizar, saudar, relembrar, rememorar, renovar, santificar, aniversariar, dedicar, consagrar, inaugurar ***Adj.*** comemorativo, rememorativo, natalício, falado

celibato ***Subst.*** virgindade, moço, solteiro, solteirão, celibatário, titia, virgem, misógino ***V.*** ser solteiro, ser celibatário ***Adj.*** solteiro, celibatário, livre, casadouro, solteirão, misógino

centralidade ***Subst.*** centro, meio, âmago, metrópole, quartel-general, concentração, concentricidade, coração, gema, seio, amêndoa, pevide, sêmen, semente, caroço, carolo, grão, endocarpo, núcleo, eixo, polo, nave, umbigo, concentração, concorrência, convergência, centralização ***V.*** centralizar, centrar, convergir, concentrar, focalizar ***Adj.*** central, concêntrico, médio, polar, umbilical, centrípeto, centrífugo

cerca ***Subst.*** cerrado, divisória, envoltório, cinto, alambrado, curral, redil, estacada, estacaria, pasto, cercado, parede, muro, muralha, caixilho, moldura, sebe, frontal, tabique, taipa, tapume, tabuado, balsa, valado, valeta, bardo, grade, balaústre, balaustrada, circuito, barreira, barricada, represa, comporta, dique, eclusa, barragem, açude, fosso ***V.*** cercar, alambrar

certeza ***Subst.*** certidão, segurança, convicção, solidez, luz, garantia, firmeza, confiança, insuspeição, positividade, liquidez, indiscutível, (fam.) malho, evangelho, dogma, matemática, cálculo, positivismo, dogmatismo, dogma, fanático, oráculo *V.* segurar, assegurar, asseverar, garantir, afiançar, sustentar, certificar, atestar, firmar, precisar, determinar, definir, evidenciar, esclarecer, absolver, dissipar *Adj.* certo, seguro, convicto, sólido, absoluto, determinado, definido, claro, inequívoco, exato, categórico, notório, explícito, taxativo, imperativo, decisivo, preciso, decidido, terminante, irresistível, fatal, peremptório, formal, verificado, líquido, admitido, real, aceito, recebido, usual, correntio, inevitável, incontroverso, irremediável, infalível, indefectível, indispensável, impreterível, improrrogável, inadiável, invariável, fidedigno, perfeito, irremovível, inegável, inquestionável, indisputável, incontestável, incontestado, indubitável, indiscutível, inelutável, certeiro, irreplicável, inconteste, autorizado, autêntico, verdadeiro, oficial, preponderante, evidente, presente, intuitivo, óbvio *Adv.* certo, bem, sem contradita, aparentemente

cessação (mudança de ação para repouso) *Subst.* descanso, repouso, pausa, parada, paralisação, paradeiro, desistência, desinência, remissão, interpolação, suspensão, calma, interrupção, perturbação, intervalo, interpelação, chegada, calmante, armistício, interregno, moratória, férias, folga, estagnação, suspensão, coma, vírgula, ponto e vírgula, morte, fim, ocaso *V.* cessar, desistir, parar, pousar, deter, paralisar, estacar, esbarrar, pernoitar, repousar, suspender, sustar, quebrar, cortar, demorar, interromper, interpolar, interpelar, romper, pôr cobro, pôr dique, reprimir, conter, sofrear, represar, debelar, sufocar, vencer *Adj.* descontinuado, suspensivo, sustatório, peremptório

ceticismo (falta de expectativa) *Subst.* descrença, desesperança, desapontamento, decepção, estranheza, surpresa, desengano, escarmento, malogro, desilusão, frustração, golpe, decepção triste, decepção dolorosa, decepção cruel, desaire, transtorno, riso contrafeito *V.* ficar boquiaberto, ficar baço, ter uma decepção, desapontar, desesperar, desenganar, desiludir, frustrar, decepcionar, destruir, ceifar, desmentir, crestar, esboroar, desconcertar, desorientar, mentir, falhar *Adj.* descrente, desapontado, contrafeito, embatucado, passado, engasgado, perturbado, alterado, desorientado, desnorteado, atordoado, assombrado, espantado, surpreso, escaldado

céu *Subst.* firmamento, bem-aventurança, mansão dos justos, abóbada, páramo, Paraíso, Éden, ressurreição, translação, transmigração, ressuscitação, apoteose, divinização *Adj.* celeste, celestial, paradisíaco, olímpico, divinal, etéreo

chateza (pobreza de espírito) *Subst.* chatice, mesmice, trivialidade, banalidade, vulgaridade, estupidez, desaire, sensaboria, aridez, prosa, deselegância, desprimor, desencanto, graçola, palhaçada, chocarrice, grosseria, grossura, lugar-comum, xaropada, lesma *V.* rastejar, desinteressar *Adj.* chato, vulgar, corriqueiro, insípido, enfadonho, enjoado, fastidioso, cacete, maçante, desinteressante, rebarbativo, rançoso, insulso, insosso, desconsolado, desenxabido, sensabor, grave, pesado, monótono, prosaico, material, deselegante, seco, rasteiro, rastejante, desengraçado, oco, vão, fútil, chocho, desgracioso, estúpido, melancólico, xaroposo, sonífero, sonolento

chegada (movimento terminal) *Subst.* advento, vinda, regresso, volta, recepção, desembarque, descida, arribação, atracação, casa, lar, destino, termo, meta, alvo, término, parada, paradeiro, paradouro, aeroporto, terminal, posto, doca, cais, ancoradouro, prancha ***V.*** chegar, vir, alcançar, atingir, parar, tocar, ganhar, desembarcar, arribar, aportar, fundear, deitar âncora, surgir, abordar, ancorar, atracar, ganhar, tomar, descer, desmontar, aterrar, pousar, descer, pernoitar, acampar, parar, estacionar, cair, morrer, estourar, rebentar, estalar ***Adj.*** adventício, terminal

circuição (movimento curvilíneo) ***Subst.*** circulação, volta, curva, curveta, circum-navegação, circuito, rodeio, giro, périplo, círculo, circunferência, órbita, retorno, trevo, torcedura, evolução, rodopio, volteio, ronda, rotação ***V.*** rodar, rodear, rolar, girar, circular, orbitar, circundar, circunvagar, circum-navegar, tornear, contornar, dobrar, rondar, voltear, volutear, caracolar, enroscar, enrodilhar, serpentear, ondear, esvoaçar, adejar, dobar, ziguezaguear ***Adj.*** circular, circulante, curvilíneo, sinuoso, rotativo, circunflexo, serpentino, orbital

circuito ***Subst.*** volta, giro, desvio, meandro, rodeio, volteio, sinuosidade, curva, circunlóquio, tortuosidade, tergiversação, embromação ***V.*** rodear, voltear, circundar ***Adj.*** indireto, oblíquo, quebrado

circunferência (circularidade simples) ***Subst.*** circularidade, redondeza, orbe, aro, arco, virola, bambolê, resplendor, auréola, área, diadema, anel, rodela, argola, disco, elo, manilha, bracelete, pulseira, leque, óculo, roda, ciclo, órbita, zona, cinto, cinta, cinturão, cós, banda, faixa, boldrié, rosário, grinalda, colar, afogador, laço, coleira, gargantilha, colarinho, solitário, rodopio, elipse, meridiano, paralelo, equador, paralelo, antártico, semicírculo, quadrante, sextante, setor, ciclômetro, compasso ***V.*** arredondar, circular, circundar ***Adj.*** redondo, rotundo, circular, rodado, rotulado, anular, orbicular, elíptico, oblongo

circunjacência ***Subst.*** ambiente, entorno, roda, meio, atmosfera, círculo, halo, auréola, redoma, fronteira, raia, limite, contorno, perímetro, circuito, periferia, imediações, vizinhança, circunvizinhança, arredores, cantão, distrito, burgo, subúrbio, redor, confins, redondeza ***V.*** circundar, tornear, cingir, abraçar, abarcar, contornar, cercar, bordar, emoldurar, rodear, coroar, conter, encerrar, embrulhar, envolver, abranger, orlar, compreender ***Adj.*** circunvizinho, circunstante, limítrofe, ribeirinho, ambiente, suburbano, atmosférico, circular ***Adv.*** derredor

circunscrição ***Subst.*** limitação, confinamento, marcação, demarcação, cercadura, cerca, valado, aceiro, embalagem, fronteira ***V.*** circunscrever, limitar, apertar, comprimir, confinar, delimitar, marcar, demarcar, separar, dividir, extremar, restringir, abalizar, cravar, balizar, delinear, cintar, fechar, rodear, emparedar, murar, circundar, cingir, aceirar, encarcerar, abraçar, estreitar, envolver, margear, debruar, orlar, tarjar, embainhar, guarnecer, bordar, rendar, emoldurar, contornar, enquadrar ***Adj.*** circunscrito, apertado, comprimido, enquistado, engaiolado, fechado, barrado

circunstância ***Subst.*** situação, localização, particularidade, temperatura, fase, posição, ponto, postura, condição, pé, estado, disposição, atitude, lugar, termo, regime, categoria, *status*, ocasião, oportunidade, contexto, conjuntura, contingência, lance, transe, emergência, passagem, caso, crise, vicissitude, últimas, peripécia, aperto, embaraço, crítico ***Adj.*** circunstancial, dado, condicional, crítico, provisório, passageiro, efêmero, ocasional, modal, contingente, eventual, acidental, adventício

ciúme ***Subst.*** ciumeira, suspeita, suspicácia, desconfiança, zelos ***V.*** zelar, rivalizar, duvidar, desconfiar, suspeitar ***Adj.*** ciumento, zeloso, cioso, (bras.) enciumado, suspicaz

clareza (inteligibilidade) ***Subst.*** exatidão, fluidez ***Adj.*** lúcido, explícito, exato, simples, familiar, comezinho

classe ***Subst.*** divisão, número, seção, categoria, hierarquia, grau, posto, patente, graduação, padrão, linha, título, rubrica, rol, lista, pauta, elenco, tabela, quadro, ordem, qualidade, igualha, feitio, espécie, jaez, laia, estofa, têmpera, estatura, quilate, tamanho, naipe, sorte, lote, gênero, natureza, toada, variedade, condição, modalidade, família, gente, raça, nação, tribo, cabilda, casta, geração, sangue, tipo, linhagem, estirpe, seita, rito, escola, genealogia, sexo, afinidade, grupo, grei, bando, parcialidade, (depr.) panelinha, maneira, modo, feição, descrição, denominação, designação, caráter, calibre, similaridade ***Adj.*** quejando, congênere

clemência ***Subst.*** piedade, dó, compaixão, pesar, condolência, comiseração, simpatia, pena, lástima, humanidade, ternura, benevolência, complacência, indulgência, caridade, sensibilidade, remissão, quartel, graça, condescendência, enternecimento ***V.*** lastimar, poupar, respeitar, tolerar, suportar, aliviar, consolar, confortar, enternecer, apiedar, condoer, impressionar, tocar, enternecer, penalizar, propiciar, desarmar, amolecer, humanizar, deprecar ***Adj.*** piedoso, condoído, penalizado, dorido, sensível, compassivo, bondoso, misericordioso, clemente, indulgente, magnânimo, cristão, católico, religioso, caridoso, pio, humano, altruísta, lacrimoso, terno, meigo, complacente, tolerante, indulgente, benigno

clerezia (classe clerical) ***Subst.*** clero, ministério, sacerdócio, clérigo, sacerdote, semeador, teólogo, eclesiástico, presbítero, reverendo, celebrante, pastor, abade, missionário, cônego, reverendo, provincial, confessor, primaz, metropolitano, pontífice, arcebispo, bispo, monsenhor, prelado, diocesano, aba, deão, reitor, pároco, cura, prior, reitor, beneficiário, capelão, diácono, celebrante, levita, pregador, morcego, corvo, sotaina, tonsurado, frade, religioso, conventual, prior, geral, cenobita, guardião, monge, irmão, mínimo, capuchinho, dominicano, cartuxo, beneditino, confesso, madre, irmã, sóror, canonisa, postulante, papisa, bispo, ancião, ministro, pastor, levita, sinédrio, rabi, rabino, escriba, califa, ulemá, muezim, imã, faquir, bonzo, boto, druida, popa, brâmane, vestal, pai de santo, mãe de santo, burro, feito ***Adj.*** reverendo, mitrado, metropolitano, cardinalício, papal, pontifical, pontifício, sacerdotal, prelatício, carmelitano, carmelita, cartusiano, professo

cobertura ***Subst.*** revestimento, indumento, abafador, coberta, dossel, capelo, pálio, pavilhão, toldo, tenda, barraca, guarda-chuva, guarda-sol, sombreiro, sombrinha, umbela, capota, roupa, telhado, sanca, colmo, goteira, forro, estuque, tejadilho, ardósia, lousa, atadura, ligadura, emplastro, cataplasma, papa, coberta, colcha, cobertor, fronha, lençol, couro, oleado, encerado, papel, xairel, manta, capa, poncho, sobrepeliz, xale, cachecol, capuz, toalha, penteador, tegumento, pele, derma, tez, epiderme, dermatologia, cutícula, couro, couraça, velo, tosão, pálpebra, capela, pelo, velocino, pelagem, crosta, côdea, casca, córtex, cápsula, capulho, bainha, casulo, élitro, envoltório, invólucro, sobrecarta, envelope, revestimento, emboço, folheado, mão, demão, calçamento, lajedo, laje, lajeado, ladrilho, azulejo, cascão, pintura, charão, verniz, incrustação, superposição, esmalte, caiação, alcatifa, tapete, tapeçaria, alfombra, capa, encadernação, sobrecapa, creme, glace, glacê ***V.*** cobrir, toldar, revestir, encapar, envolver, capsular, velar, enfaixar, enrolar, superpor, abafar, sobrepor, aplicar, encaixar, encaixotar, empacotar, chapear, folhear, entalhar, embutir, imbricar, lastrar, calçar, macadamizar, empedrar, niquelar, dourar, pratear, brear, embrear, cromar, laquear, besuntar, untar, esfregar, encerar, envernizar, barrar, embocar, esmaltar, marchetar, matizar, branquear, caiar, guarnecer, blindar, capear, vidrar, envidraçar, zincar, emplastrar, juncar, alastrar, espargir, atapetar, vestir, ladrilhar, selar, arrear, ajaezar, abroquelar, acobertar, agasalhar, amortalhar, asfaltar, assoalhar, atoalhar, caramelar, emassar, empastar, empoar, encapotar, encapuzar, engessar, enroupar, entaipar, estanhar, florear, forrar, glaçar, nublar, panar, plastificar, sombrear, soterrar, tapar, zincar ***Adj.*** cutâneo, tegumentar, peludo, crustáceo, cascudo, casquento, folheado, blindado, rebuçado, escamoso, escamado, capsular

coesão ***Subst.*** aderência, coerência, conexão, adesão, concreção, aglutinação, aglomeração, agregação, soldagem, soldadura, tenacidade, viscosidade, aliança, concerto, concordância, harmonia, pacto, aglomerado ***V.*** aderir, pegar, ligar, segurar, abraçar, aglutinar, coalescer, cimentar ***Adj.*** adesivo, aderente, aglutinante, pegadiço, pegajoso, grudento, viscoso, glutinoso, unido, junto, pegado, agarrado, séssil, inextricável, inseparável, compacto, maciço, tenaz

comando (determinação) ***Subst.*** mando, mandamento, mandado, ordenação, ordenança, ato, determinação, diretiva, cominação, prescrição, dispositivo, injunção, reclamação, chamado, orientação, despacho, mensagem, recado, imposição, requisição, direção, indicação, regimento, designação, exigência, imperativo, reivindicação, solicitação, arrecadação, cobrança, intimativa, pedido, ditame, sentença, império, decreto, pregão, bando, mandato, preceito, portaria, provisão, alvará, estatuto, bula, édito, edito, edital, pastoral, patente, passaporte, salvo-conduto, intimação, citação, interpelação, retreta, convocação, mobilização, rito ***V.*** ordenar, comandar, mandar, determinar, imperar, assinalar, prescrever, formular, preceituar, estabelecer, estatuir, abalizar, assinar, regular, providenciar, requerer, impor, ditar, cominar, encomendar, querer, exigir, intimar, citar, taxar, requisitar, reclamar, pretender, reivindicar, solicitar, cobrar, arrecadar, convocar, reunir, avocar, chamar, baixar portaria, expedir portaria, cumprir ***Adj.*** imperativo, taxativo, compulsório, obrigatório, imperioso, determinador, determinante, decisivo, peremptório, intimativo, cominativo, cominatório

combatente ***Subst.*** lutador, valente, campeão, campeador, mantenedor, terçador, defensor, polemista, litigante, competidor, antagonista, rival, desafiador, assaltante, agressor, batalhador, lidador, paladino, salteador, desordeiro, brigão, jagunço, espadachim, fanfarrão, valentão, mata-mouros, impostor, duelista, esgrimista, toureiro, boxeador, púgil, pugilista, judoca, gladiador, bestiário, atleta, soldado, atirador, subalterno, subordinado, sorteado, inferior, guerreiro, veterano, militar, mercenário, cruzado, (bras.) jagunço, capanga, bandarilheiro, milícia, falange, legião, soldadesca, exército, armas, beligerante, brigada, centúria, divisão, cavalaria, infantaria, artilharia, regimento, esquadrão, voluntário, reservista, recruta, praça, soldado, escolta, franco-atirador, guerrilha, guerrilheiro, rebelde, resistência, revolucionário, leva, magote, destacamento, contingente, piquete, reforço, (bras.) bandeira, coorte, cadete, aspirante, conscrito, mosqueteiro, cavaleiro, granadeiro, artilheiro, caçador, pedestre, carabineiro, legionário, carango, infante, miliciano, lanceiro, arqueiro, infante, piloto, fuzileiro, marinheiro, marujo, bombardeiro, engenheiro, caçador, cavalaria, infantaria, artilharia, porta-estandarte, porta-bandeira, coluna, ala, guarnição, regimento, corpo, batalhão, esquadrão, companhia, bateria, pelotão, divisão, exército, fila, marinha, armada, esquadra, frota, esquadrilha, flotilha, quadrilha, almirantado, couraçado, monitor, fragata, corveta, guarda-costas, chalupa, bombardeira, canhoneira, cruzador, encouraçado, porta-aviões, torpedeiro, corsário, galeão, galera, submarino, aeronave, aeroplano, hidroplano, aeróstato, dirigível, zepelim, avião, monoplano, biplano, bombardeiro ***Adj.*** militante, regimental, sagitário, bélico, combativo, estratégico, tático, guerreiro, ofensivo, defensivo

combinação ***Subst.*** mistura, junção, temperamento, recomposição, composição, mescla, união, unificação, posição, crase, concentração, contração, síntese, incorporação, agrupamento, miscibilidade, amálgama, fusão, casamento, adequação, compatibilidade, consórcio, absorção, absorvência, aglutinação, liga, afinidade, assimilação, composto, produto, preparado, resultado, resultante ***V.*** combinar, incorporar, fundir, terçar, unificar, absorver, reincorporar, consolidar, congregar, amalgamar, casar, diluir, centralizar, consorciar, compor, recompor, consistir, constar ***Adj.*** combinado, miscível, sintético

combustível ***Subst.*** petróleo, gasolina, álcool, gás, metanol, querosene, carvão, hulha, nafta, coque, turfa, biomassa, urânio, plutônio, graveto, faxina, lenha, acha, torcida, pavio, morrão, isca, enxofre, incenso, tição, facho, tocha, archote, carqueja, isqueiro, pederneira, espoleta, estopim, morrão, cavaco, chamada ***Adj.*** carbônico, carbonífero, sulfuroso

começo ***Subst.*** início, iniciação, princípio, instauração, encetamento, aparecimento, incoação, primórdio, introito, introdução, prólogo, prefácio, alfa, instalação, inauguração, exórdio, iniciativa, tronco, botão, rebento, nascença, semente, raiz, embrião, feto, ovo, rudimentos, abecedário, alfabeto, incunábulo, pátria, natal, natividade, infância, aurora, alvorada, manhã, advento, abertura, entrada, fonte, cabeceira, nascente, nascedouro, manancial, fonte, umbral, ombreira, soleira, ádito, pórtico, átrio, portal, saguão, vestíbulo, postigo, limiar, liminar, portaló, batente, pátio, borda, fronteira, dianteira, beirada, título, cabeçalho ***V.*** começar, principiar, iniciar, encetar, deslanchar, empreender, entabular, originar, conceber, abrir, raiar, nascer, despontar, estalar, irromper, explodir, fundar, instaurar, inaugurar, empreender, brotar, aflorar, renascer, aparecer, surgir, assomar, madrugar, meter ***Adj.*** inicial, inaugural, principiante, introdutor, novo, incipiente, primeiro, primário, incoativo, embrionário, rudimentar, primogênito, primordial, primitivo, primevo, autóctone, natal, nascente ***Adv.*** primeiro, primo, *ab ovo*

comichão (sensação do tato) ***Subst.*** coceira, titilação, formigueiro, formigamento, prurido ***V.*** estremecer, pressentir, formigar, comichar, arranhar, coçar, titilar, picar ***Adj.*** sensível, sensitivo

comida ***Subst.*** comes, pasto, alimento, alimentação, sustento, sustança, lastro, argamassa, pão, passadio, ingerência, lambida, mastigação, comilança, ruminação, trituração, degustação, glutonaria, gula, apetite, avidez, boca, queixada, mandíbula, queixo, mento, maxila, goela, estômago, masseter, bebida, poção, gole, trago, hausto, sorvo, bebes, beberagem, libação, festim, embriaguez, gastronomia, subsistência, mantimentos, víveres, sustentação, penso, manutenção, ração, pitança, comestíveis, vitualhas, farnel, viático, iguaria, comezaina, manjar, guloseima, gulodice, guisado, quitute, petisco, pitéu, petisqueira, ambrosia, lambujem, mesa, lastro, desjejum, almoço, lanche, refeição, repasto, colação, ceia, sobremesa, consoada, merenda, comissariado, entrada, salada, picado, recheio, estufado, ragu, sopa, açorda, caldo, canja, *consommé*, empada, pastel, pastelão, quiche, suflê, torta, pudim, omeleta, fritada, fritura, cozido, feijoada, macarronada, lasanha, risoto, bolo, cardápio, lista, menu, maionese, licor, aperitivo, vinho, cerveja, refrigerante, suco, coquetel, ponche, café, mate, chá, chocolate, chimarrão, saladeira, travessa, prato, talher, talhador, trem, rancheiro, cuca, *maître* ***V.*** comer, papar, devorar, chupar, engolir, deglutir, bocar, boiar, ingerir, lamber, tomar, debicar, petiscar, lambiscar, (pop.) rilhar, roer, depenicar, paparicar, engordar, mascar, moer, mastigar, triturar, trincar, remoer, ruminar, morder, digerir, saborear, degustar, provar, cravar, almoçar, jantar, merendar, cear, lanchar, absorver, consumir, nutrir, tratar, sustentar, engordar, manter, refazer, aleitar, cevar, pastar, pascer, roer, dentar, rilhar, beber, gramar, tomar, sugar, tragar, regar, emborcar, saborear, libar, aspirar, haurir, levar, entornar, dessedentar, empinar, bebericar, amamentar, ministrar ***Adj.*** comestível, comezinho, alimentício, nutritivo, nutriente, substancial, substancioso, gordo, pingue, rico, suculento, lauto, opíparo, farto, mensário, cenário, potável, onívoro, carnívoro, melívoro, crudívoro, herbívoro, granívoro, leguminívoro, insetívoro, vegetariano, carniceiro, necrófago, galactófago, antropófago, roaz

comissão (autoridade delegada) ***Subst.*** encargo, encomenda, tarefa, incumbência, delegação, substabelecimento, subdelegação, designação, nomeação, eleição, provimento, procuração, mandato, autorização, legação, missão, embaixada, deputação, agência, recado, ônus, gravame, encargo, diploma, título, credencial, provisão, permissão, formatura, licenciatura, ordenação, sagração, instalação, inauguração, investidura, ascensão, coroação, entronização, recondução, aclamação, proclamação, regência, vice-rei, delegado, comissário, constituinte, comitente, cliente, eleitor ***V.*** comissionar, deputar, delegar, sub-rogar, consignar, designar, escalar, nomear, escolher, incumbir, confiar, encomendar, cometer, revestir, mandar, proclamar, aclamar, subdelegar, remeter, encarregar, enviar, despachar, acreditar, legar, nomear, instituir, ajuramentar, designar, investir, empossar, coroar, ordenar, tonsurar, sagrar, ungir, licenciar, provisionar, colar, empregar, colocar, vigorar, representar, substituir ***Adj.*** comissionado, provisional, graduado

comparação ***Subst.*** cotejo, relação, paralelo, confrontação, conferência, contraste, identificação, aferição, graduação, acareação, combinação, símile, similitude, afinidade, analogia, alegoria ***V.*** comparar, cotejar, igualar, confrontar, relacionar, contrapor, contrastar, balançar, balancear, semelhar, aferir, equiparar, identificar, acarear, concertar, conferir, opor, aquilatar *Adj.* comparativo, comparador, alegórico, afim, análogo

compêndio *Subst.* manual, resumo, síntese, breviário, conceito, generalidade, tópico, extrato, substância, epítome, escorço, suma, sumário, súmula, análise, digesto, epílogo, abreviatura, abreviação, exposição, ementa, apanhado, sinopse, esboço, cifra, conteúdo, álbum, fragmento, trecho, excerto, seleta, grinalda, parnaso, antologia, coletânea, folclore, revista, cancioneiro, crase, contração, encurtamento, receituário, preceituário, compressão, compactação *V.* abreviar, reduzir, resumir, precisar, condensar, concentrar, compactar, sintetizar, compendiar, sumariar, bosquejar, tracejar, recapitular, cifrar, somar, abreviar, condensar, amontoar, consistir *Adj.* breve, preciso, sintético, sucinto, conciso, sumário, sinóptico

compensação *Subst.* equação, comutação, ressarcimento, indenização, retribuição, refazimento, reparação, recompensa, compromisso, neutralização, nulificação, reação, retaliação, equilíbrio, equivalência, lastro, volta, peita, suborno, propiciação, resgate *V.* compensar, retribuir, contrabalançar, equilibrar, reagir, neutralizar, nulificar, anular, suprimir, ressarcir, indenizar, recuperar, refazer, substituir, cobrir, voltar, encher, reparar *Adj.* compensador, equivalente, reativo, reagente, quite *Conj.* porém, todavia, contudo, embora, senão, conquanto *Adv.* entretanto, entrementes

completamento *Subst.* complementação, integração, integralização, preenchimento, remate, enchimento, inteireza, integridade, perfeição, solidez, solidariedade, unidade, tudo, ideal, limite, complemento, suplemento, cogulo, plenitude, saturação, saciedade, preamar, abastança, suficiência, abundância *V.* integrar, integralizar, inteirar, completar, complementar, perfazer, colmar, encher, lotar, atestar, carregar, imbuir, ingurgitar, inçar, pejar, rechear, empanturrar, abarrotar, fartar, saciar, suprir, saturar, atulhar, entulhar, entupir, obstruir, impregnar, apinhar, povoar, congestionar *Adj.* completo, inteiro, todo, perfeito, cheio, pleno, cabal, maciço, rematado, bom, absoluto, total, plenário, sólido, indiviso, íntegro, integrante, bruto, exaustivo, radical, regular, consumado, incondicional, livre, abundante, transbordante, recheado, abarrotado, lotado, superlotado, congestionado, saturado, atestado, empanturrado, copioso, prenhe, complementar, suplementar, supletivo, chapado, redondo *Adv.* redondamente, cabalmente

componente *Subst.* integrante, essencial, célula, elemento, constituinte, princípio, material, ingrediente, substância, droga, fermento, levedura, fator, fragmento, átomo, molécula, protoplasma, conteúdo, mônada, pertences, membro, parte, base, dependência, insumo, matéria-prima *V.* compor, constituir, formar *Adj.* componente, inclusivo, constitutivo, constituinte, integrante, essencial, inerente, indispensável

composição *Subst.* preparo, constituição, formação, configuração, organização, arrumação, confecção, fabricação, manipulação, combinação, mistura, inclusão, admissão, compreensão, crase, fusão *V.* consistir, admitir, comportar, incluir, compreender, abarcar, conter, encerrar, admitir, envolver, abranger, abraçar, compor, recompor, constituir, reconstituir, formar, fabricar, manipular, fazer, confeccionar, organizar, preparar, aviar, aprontar *Adj.* composto, continente, constituinte, constitutivo, componente, feito, formado

compra ***Subst.*** aquisição, consumo, suborno, procura, regateio, lançamento, arrematação, lanço, clientela, freguês, cliente, comprador, consumidor, usuário, importador, lançador, licitante ***V.*** comprar, pagar, despender, importar, consumir, regatear, lançar, rematar, arrematar, peitar, corromper, licitar ***Adj.*** comprável

comprimento ***Subst.*** vastidão, desenvolvimento, longitude, extensão, distância, percurso, tamanho, linha, barra, régua, listra, lista, raio, diâmetro, corda, corredor, vara, varapau, alongamento, prolongamento, protraimento, tensão, extensão, estirão, estirada, esticada, lineamento, traço, palmo, braça, braçada, jarda, milha, metro, quilômetro, passo, légua, pé, côvado, hodômetro, taxímetro ***V.*** encompridar, alongar, estender, estirar, esticar, retesar, espichar, prolongar, dilatar, protrair, repuxar, puxar ***Adj.*** longo, comprido, extenso, longitudinal, esguio, grande, colossal, teso, tenso, estendido, oblongo, hirto, infindo, quilométrico, prolixo, difuso, profuso ***Adv.*** longitudinalmente, ao comprido, em tandem

compromisso ***Subst.*** comprometimento, combinação, acordo, pacto, obrigação, comutação, ajuste, convenção, composição, dívida, responsabilidade, transigência, conciliação, compensação, sincretismo, ecletismo, média, acomodação ***V.*** combinar, pactuar, convir, ajustar, compor, acomodar, transigir, comutar, ajustar, paliar, arranjar, harmonizar ***Adj.*** assumido, mediano, moderado, acomodado, compensatório

concavidade ***Subst.*** depressão, afundamento, curvatura, recuo, retraimento, vácuo, cavidade, bolsão, cavado, reentrância, massa, seio, cova, covinha, fossa, chanfro, chanfradura, côncavo, nicho, recorte, entalho, buraco, mina, mossa, lacuna, sulco, pelve, pélvis, copo, xícara, chávena, bacia, cálice, escudela, cratera, poncheira, alvéolo, funil, vale, bacia, clareira, subterrâneo, bocaina, cava, enseada, angra, baía, furna, gruta, lapa, caverna, antro, recôncavo, arco, golfo, barroca, barranco ***V.*** deprimir, abaixar, arquear, chanfrar, escavar, socavar, solapar, esburacar, cavoucar, minar, aprofundar, cavar, desbarrancar, abrir, vazar, recortar, amolgar ***Adj.*** côncavo, vazio, cavo, covo, cavernoso, esponjoso, poroso, celular, alveolar, orbitário, pélvico, celuliforme, campaniforme, reentrante, escavado, chanfrado

concisão ***Subst.*** laconismo, brevidade, precisão, elipse, aférese, ablação, síncope, haplologia, apócope, substância, abreviação, compressão, epítome, braquilogia, braquigrafia ***V.*** poupar, condensar, encurtar, resumir, sintetizar, compactar ***Adj.*** conciso, breve, curto, sucinto, resumido, preciso, singelo, exato, modesto, comedido, simples, sóbrio, compacto, apanhado, forte, vigoroso, sumário, lapidar, lapidário, elíptico, fino, delicado, estreito, incisivo, cortante, enérgico ***Adv.*** enfim, concisamente, em resumo

concórdia ***Subst.*** conciliação, acordo, entendimento, coalho, fraternidade, sinfonia, sintonia, harmonia, consonância, afinidade, analogia, identidade, conformidade, identificação, ligação, simpatia, sinergia, amor, união, concerto, unidade, harmonia, paz, liga, aproximação, amizade, composição, comunhão, partilha, aliança, recomposição, reunião, adequação, conciliação, pacificação ***V.*** concordar, acordar, acomodar, combinar, concertar, confraternizar, assentir, retribuir, afinar ***Adj.*** concorde, acorde, acomodado, congruente, harmônico, harmonioso, unido, coeso, compacto, cimentado, aliado, amigo, amistoso, amigável, fraterno, fraternal, conciliatório, bucólico

concorrência ***Subst.*** confluência, concentração, convergência, simultaneidade, cooperação, colaboração, concurso, união, congregação, acordo, assentimento, aliança, coligação, sociedade, auxílio, cooperativismo ***V.*** concorrer, confluir, convergir, contribuir, ajudar, acompanhar ***Adj.*** concorrente, confluente, convergente, simultâneo, irmanado, combinado, unido, contributivo

condenação ***Subst.*** punição, pena, prisão, (p. us.) reato, culpa, réu, acusado, paciente, condenado, criminoso, indiciado, culpado, vítima ***V.*** condenar, sentenciar, fulminar, punir, proscrever, confiscar, desaprovar, acusar ***Adj.*** condenado, condenatório, culpado, incurso

condições ***Subst.*** dispositivo, cláusula, artigo, parágrafo, item, alínea, provisão, escusa, reserva, salva, ressalva, compromisso, obrigação ***V.*** condicionar, combinar, contratar, convencionar, estipular, prometer, salvar, ressalvar ***Adj.*** condicional, dependente, provisório

condolência ***Subst.*** sentimentos, pêsames, lamentação, simpatia, consolação, consternação, enternecimento ***V.*** consolar, simpatizar, lamentar, partilhar, compartir, compartilhar ***Adj.*** condolente, compassivo

conduta ***Subst.*** vida, existência, vivenda, sistema, comportamento, ocupação, processo, jogo, política, habilidade, estratagema, estratégia, plano, gestão, gerência, superintendência, liderança, regência, administração, secretariado, regime, economia, execução, manipulação, tratamento, carreira, trajetória, órbita, proceder, norma, linha, diretriz, princípios, porte, postura, presença, atuação, orientação, costume, tradição, cultura, etos, ética, atitude, propósito, papel, prática, método, vereda ***V.*** efetuar, executar, agir, proceder, atuar, desempenhar, cumprir, realizar, acabar, proceder, operar, obrar, escolher, politicar, conduzir, dirigir

conduto (canal para passagem de líquido) ***Subst.*** tubagem, tubulação, canal, ducto, duto, meato, encanamento, aqueduto, bica, calha, cala, manilha, sarjeta, goteira, fosso, vala, valado, escoadouro, sangradouro, cano, marra, rego, cloaca, valeta, sifão, mangueira, canudo, tubo, cava, bueiro, sumidouro, veia, artéria, carótida, aorta, jugular, safena, vaso, poro, esgoto, represa, comporta, funil, leito, madre, ureter, uretra, vagina ***V.*** veicular, captar, conduzir, transportar, canalizar ***Adj.*** arterial, venoso, venal, venífluo, tubiforme, tubular, vaginal

conformidade ***Subst.*** conformação, adequação, congruência, analogia, paridade, observância, proporção, simetria, harmonia, similitude, entrelaçamento, correspondência, ajustamento, adaptação, conservantismo, regra, rotina, naturalização, acordo, exemplo, espécime, exemplar, modelo, padrão, citação, exemplificação, ilustração ***V.*** observar, praticar, respeitar, obedecer, ser dirigido, ser guiado, conformar-se, adequar-se, contemporizar, exemplificar, ilustrar, citar ***Adj.*** regular, natural, normal, adequado, rotineiro, corriqueiro, vulgar, trivial, batido, usual, correntio, cediço, recebido, admitido, habitual, típico, exemplar, formal, canônico, ortodoxo, são, estrito, rígido, severo, rigoroso, positivo, técnico, científico, modelar, ilustrativo ***Conj.*** segundo, conforme, consoante ***Adv.*** *ad instar*

congratulação ***Subst.*** felicitação, parabéns, saudação, condolência, Natal ***V.*** cumprimentar, felicitar ***Adj.*** congratulatório, gratulatório

conhecimento ***Subst.*** noção, notícia, ciência, informação, instrução, familiaridade, cognição, intimidade, contato, compreensão, apreensão, percepção, intuição, razão, apreciação, luz, esclarecimento, iluminação, vislumbre, reflexo, brilho, cheiro, suspeita, descoberta, sistema, soma, ciência, filosofia, pansofia, hipótese, teoria, concepção, etiologia, doutrina, enciclopédia, erudição, eruditismo, fundura, saber, ilustração, sabedoria, capacidade, sapiência, mestria, competência, primazia, preparo, leitura, cultura, estudo, talento, literatura, bibliomania, habilitação, educação, proficiência, competência, gnose, conhecimento imenso, conhecimento sólido, conhecimento variado, conhecimento completo, conhecimento esmerado, conhecimento enciclopédico, onisciência, diletantismo, progresso ***V.*** conhecer, saber, escrutar, ter, possuir, conceber, aprender, perceber, estudar, fisgar, compreender, entender, apreciar, sondar, devassar, penetrar, reconhecer, discernir, apreender, depreender, senhorear, assenhorear, experimentar, chegar, dominar, descobrir, pontificar, filosofar ***Adj.*** cognitivo, emérito, entendido, proficiente, versado, enfronhado, diplomado, provecto, sabido, douto, abalizado, sábio, sapiente, ilustrado, competente, culto, instruído, habilitado, iluminado, iluminista, eminente, preclaro, esclarecido, pensante, letrado, graduado, escolástico, profundo, poliglota, bibliomaníaco, onisciente, polígrafo, sabido, verificado, conhecido, notório, público, visível, paladino, apurado, recebido, patente, manifesto, vulgar, comum, conhecido, usado, corrente, proverbial, familiar, banal, trivial, exotérico, corriqueiro, palmar, grande, determinado, magistral, cognoscível, nocional

consanguinidade ***Subst.*** relação, sangue, carne, paternidade, filiação, fraternidade, linhagem, conexão, afinidade, aliança, família, nepotismo, estirpe, irmandade, casta, raça, geração, vergôntea, ramo, parente, afim, tio, sobrinho, remoto, distante, irmão, colaço ***V.*** aparentar, adotar, perfilhar ***Adj.*** aparentado, parente, chegado, parente próximo, parente remoto, carnal, cognato, germano, materno, maternal, paterno, paternal, legítimo, legitimado, colateral, contraparente, gêmeo, trigêmeo, trigêmino, familiar

---

Lista dos parentescos por consanguinidade segundo o Direito Civil Brasileiro 1º GRAU a) na linha reta ascendente – pai **e** mãe; b) na linha reta descendente – filho **e** filha; *(Não há colaterais em 1º grau)* 2º GRAU a) na linha reta ascendente – avô **e** avó paternos **e** maternos; b) na linha reta descendente – neto **e** neta; c) na linha colateral – irmão **e** irmã 3º GRAU a) na linha reta ascendente – bisavô **e** bisavó; b) na linha reta descendente – bisneto **e** bisneta; c) na linha colateral – **1º** sobrinho **e** sobrinha *(filhos de irmão ou irmã)*; **2º** tio **e** tia *(irmãos de pai ou mãe)* 4º GRAU a) na linha reta ascendente – trisavô **e** trisavó; b) na linha reta descendente – trineto **e** trineta; c) na linha colateral – **1º** sobrinho-neto **e** sobrinha-neta *(filhos de sobrinha ou sobrinho)*; **2º** tio-avô **e** tia-avó *(irmãos de avô ou de avó)*; **3º** primo-irmão **e** prima-irmã *(filhos de tio e tia)* 5º GRAU a) na linha reta ascendente – tetravô **e** tetravó; b) na linha reta descendente – tetraneto **e** tetraneta; c) na linha colateral – 1º sobrinho-bisneto **e** sobrinha-bisneta *(filhos de sobrinho-neto e sobrinha-neta)*; 2º tio-bisavô **e** tia-bisavó *(irmãos de bisavô e de bisavó)*; 3º primo-segundo **e** prima-segunda *(também primos, filhos de tio-avô e tia-avó)*; 4º primo-segundo **e** prima-segunda *(também chamados primos-sobrinhos, filhos de primo-irmão e prima-irmã)* 6º GRAU a) na linha reta ascendente – pentavô **e** pentavó; b) na linha reta descendente – pentaneto **e** pentaneta; c) na linha colateral – 1º sobrinho-trineto **e** sobrinha-trineta *(filhos de sobrinha-bisneta e sobrinho-bisneto)*; 2º tio-trisavô **e** tia-trisavó *(irmão de trisavô e trisavó)*; 3º primo-terceiro **e** prima-terceira *(filhos de tio-bisavô e tia-bisavó)*; 4º primo-terceiro **e** prima-terceira *(filhos de primo-segundo e prima-segunda)* Obs.: *A linha reta é infinita. Para a contagem dos graus de parentesco por afinidade, seguem-se por analogia as mesmas regras aplicadas às do parentesco por consanguinidade. Assim, a mulher é parente afim do pai de seu marido (sogro) em 1º grau; do filho do marido (enteado) também em 1º grau; e, em segundo, do avô do marido como do seu neto e assim por diante, isto em linha reta. Quanto à linha colateral, a regra ainda é a mesma; a mulher é, por exemplo, parente em segundo grau do irmão do seu marido (cunhado) e em 3º grau de seu tio ou sobrinho.*

---

conselho[1] (corpo consultivo) ***Subst.*** comissão, comitê, fórum, tribunal, junta, gabinete, estado-maior, senador, concílio, parlamento, congresso, constituinte, convenção, dieta, baixa, legislativo, municipalidade, junta, divã, sinédrio, comício, consistório, cabido, sínodo, sindicato, diretório, mesa, cúria, conclave, congregação, bancada, conciliábulo, corrilho, reunião, comício, sessão, conferência, casa, número, conselheiro, senador, anfitrião, mesário ***Adj.*** senatorial, ministerial, conciliar, conscrito

conselho[2] (recomendação) ***Subst.*** aviso, parecer, assessoria, consulta, juízo, ensino, indicação, lembrança, alerta, persuasão, ideia, advertência, aviso, monitória, admoestação, receita, estímulo, instigação, recomendação, insinuação, determinação, solicitação, injunção, conselheiro, consultor, monitor, mentor, mestre, paredro, guia, manual, médico, curandeiro, consulente, consultor, conferência, referência ***V.*** aconselhar, predicar, guiar, indicar, receitar, aplicar, advertir, apontar, instigar, assessorar, sugerir, imbuir, inspirar, alvitrar, lembrar, soprar, indigitar, insinuar, inculcar, recomendar, propor, acautelar, prevenir, prescrever, advogar, insistir, apoiar, instruir, encaminhar, dissuadir, admoestar, preconizar, pregar, doutrinar, apregoar, prescrever, induzir, conferir, consultar, conferenciar, interrogar, tomar, conversar ***Adj.*** recomendável, admonitório, recomendatório, preventivo, dissuasório, conselheiro

consentimento ***Subst.*** consenso, assentimento, aderência, adesão, aquiescência, concordância, anuência, beneplácito, aprovação, deferimento, licença, aprazimento, agrado, complacência, aceitação, condescendência, acordo, concessão, cessão, transigência, tolerância, reconhecimento, aceitação, estabelecimento, atendimento, ratificação, confirmação, corroboração, aprovação ***V.*** consentir, assentir, aprovar, ceder, admitir, permitir, conceder, transigir, amolecer, concordar, acordar, aceitar, convir, tomar, aquiescer, aceitar, obtemperar, anuir, querer, condescender, comprazer, abraçar, aceder, sancionar, satisfazer, dignar-se, dar, prometer, atender, despachar, deferir ***Adj.*** consentido, complacente, condescendente, indulgente, longânime, receptivo, acolhedor, incondicional ***Adv.*** sim, certamente, certo

consignatário ***Subst.*** depositário, nomeado, delegado, agente, preposto, mandatário, procurador, representante, comissário, emissário, enviado, mensageiro, deputação, diplomata, legado, embaixada, embaixador, adido, cônsul, núncio, contratante, funcionário, curador, empregado, tesoureiro, caixeiro, secretário, solicitador, gerente, corretor, intermediário, proxeneta, negociador, leiloeiro, criado, interventor, (bras.) cometa, testamenteiro, executor

contabilidade ***Subst.*** estatística, finanças, orçamento, lançamento, escrituração, previsão, planejamento, planilha, projeção, borrador, diário, razão, mestre, débito, crédito, balanço, balancete, estorno, escrituração, financista, contabilista, guarda-livros, caixeiro, contador ***V.*** escriturar, debitar, creditar, balancear, abalançar, abrir, aumentar, corromper, falsificar, estornar ***Adj.*** contábil, financeiro, fiscal, monetário

contenda ***Subst.*** lide, contenção, certame, antagonismo, combate, luta, pugna, prélio, campanha, batalha, peleja, arranca-rabo, rota, rivalidade, heteromaquia, competência, beligerância, acrimônia, desavença, oposição, dissensão, divergência, controvérsia, desentendimento, desinteligência, diatribe, auê, cizânia, desaguisado, polêmica, rixa, pendência, pugnacidade, combatividade, litígio, demanda, pendenga, pleito, quizila, porfia, competição, emulação, questão, arrancada, concurso, corrida, páreo, *handicap*, regata, tourada, pentatlo, combate, confronto, pugilato, box, pugna, ação, campeonato, olimpíadas, ginástica, atletismo, esgrima, justa, torneio, duelo, tiroteio, rusga, desordem, façanha, arruaça, tumulto, rolo, turra, efervescência, algazarra, barulho, bulha, destampatório, conflito, escaramuça, tropelia, guerrilha, encontro, reencontro, colisão, batalha, refrega, liça, satisfação, reparação, altercação, raia, contendor, atiçador, desordeiro, arruaceiro, brigão, raio, demo, púgil, pugilista, rufião, turuna, valentão ***V.*** contender, militar, lidar, contestar, disputar, lutar, guerrear, debater, combater, pugnar, digladiar, refregar, arrostar, enfrentar, batalhar, escaramuçar, esgrimir, rixar, competir, esmurrar, socar, sovar, esbofetear, disputar, porfiar, agarrar, insultar, relutar, arranhar, unhar, dentar, morder, justar, tornear, emular, rivalizar, arruaçar, armar ***Adj.*** púgil, briguento, esquentado, encrenqueiro, insofrido, colérico, turbulento, trêfego, desordeiro, perigoso, barulhento, competidor, rival, adverso, antagonista, beligerante, combativo, combatente, belicoso, guerreiro, pugnaz, pelejador, batalhador, incorrigível, indisciplinado, insubordinado, inimigo

contentamento ***Subst.*** prazer, felicidade, aprazimento, contento, deleite, regalo, complacência, satisfação, enlevo, gozo, regozijo, euforia, alegria, animação, júbilo, agrado ***V.*** saltar, andar, refestelar-se, apascentar, contentar, agradar, satisfazer, deleitar, lisonjear, aprazer, tranquilizar, gratificar, propiciar, conciliar, reconciliar, desarmar, aliviar, entreter ***Adj.*** contente, prazenteiro, alegre, feliz, satisfeito, bem-disposto, conciliatório, ledo, sereno, fagueiro, folgado, gozoso, gostoso, rico, gaiteiro, lépido, radiante, exultante, jovial, jubiloso, sorridente, tolerável, sofrível, satisfatório, aceitável, razoável

conteúdo ***Subst.*** carga, carregação, carregamento, enchimento, chumaço, recheio, carrada, carroçada, garrafada, batelada, caldeirada, panelada, miúdos, refil ***V.*** carregar, encher, acondicionar, acogular, atestar, entupir, amontoar, rechear, estufar, acolchoar, estofar, atulhar, entulhar, encaixotar, ensacar, embalar, embrulhar, empacar, empacotar, embolsar, empalmar, engarrafar, envasilhar ***Adj.*** carregado, cheio, repleto

contiguidade ***Subst.*** contato, beira, proximidade, vizinhança, justaposição, imediação, propinquidade, entorno, raia, fronteira, limite, preposição, beijo, ósculo, encontro, choque, embate, chegança, conjunção, coincidência, coexistência, aderência, circunvizinhança, proximidade, confrontação, tangência ***V.*** ser contíguo, estar contíguo, ser vizinho, avizinhar-se, confrontar, confinar, tocar, roçar, lamber, banhar, rasar, tangenciar, oscular, beijar, coexistir, coabitar, aderir, perpassar, descansar, prepor, justapor, superpor, encravar ***Adj.*** contíguo, vizinho, vicinal, adjunto, junto, unido, agarrado, apegado, pegado, próximo, propínquo, tangente, limítrofe, fronteiriço, circunvizinho, rente

continuação (continuação de ação) ***Subst.*** continuidade, firmeza, persistência, constância, prosseguimento, progresso, permanência, perseverança, manutenção, repetição, praxe, rotina ***V.*** continuar, prosseguir, progredir, perseverar, persistir, ir, seguir, reiterar, perpetuar, conservar, cultivar, sustentar, conservar ***Adj.*** ininterrupto, invariável, persistente, firme, imorredouro, inconversível, inconvertível, incongelável, indissolúvel, infindável, irrevogável, invariável

continuidade ***Subst.*** seguimento, prosseguimento, constância, perenidade, andamento, encadeamento, conexão, concatenação, progressão, continuação, prolongamento, manutenção, consecução, sucessão, gradação, escala, marcha, gama, prossecução, procissão, cortejo, préstito, coluna, comitiva, cavalgada, caravana, aparato, genealogia, linhagem, raça, descendência, fila, renque, ala, carreira, cordão, linha, rosário, terço, alinhamento, arruamento, colunata, avenida, cadeia, corrente, chorrilho, enxame, série, enfiada, correnteza, (bras.) estirão, réstia ***V.*** continuar, encadear, alar, alinhar, prolongar, prosseguir, desfilar ***Adj.*** contínuo, imutável, invariável, monótono, rotineiro, consecutivo, progressivo, sucessivo, gradual, gradativo, serial, ininterrupto, seguido, prolongado, inteiro, íntegro, inconsútil, perene, indefesso, constante, incessante, permanente, perpétuo, vitalício, endêmico, inteiriço, indissolúvel ***Adv.*** continuamente, de uma tirada, sempre

contorno ***Subst.*** delineamento, circunferência, lineamento, perímetro, periferia, âmbito, roda, derredor, circuito, perfil, silhueta, torneio, zona, limbo, cinta, cinturão, orla, boldrié, zodíaco, cerca, círculo, moldura, meia-cana ***V.*** tornear, contornar, circundar, orlar, emoldurar ***Adj.*** perimétrico, periférico, perimetral

contração ***Subst.*** retração, compactação, redução, diminuição, retraimento, constrição, definhamento, atrofia, sístole, condensação, compressão, compêndio, densidade, compressibilidade, retratilidade, adstringência, aperto ***V.*** compactar, miniaturizar, diminuir, acanhar, atrofiar, enfezar, decrescer, atenuar, crispar, contrair, encurtar, estreitar, afinar, condensar, retrair, murchar, mirrar, estiolar, definhar, emagrecer, minguar, minorar, gastar, chanfrar, franzir, amarrotar, desinflamar, desintumescer, afinar, constringir, apertar, coarctar, encurtar, estreitar, achatar, amolgar, prensar, cintar, espremer, aparar, comprimir, calcar, desgastar, raspar, rasar, rapar, limar, polir, desbastar, podar, barbear, tosquiar, pelar, desfolhar, debulhar ***Adj.*** contrátil, condensado, compacto, retrátil, adstringente, mirrado, murcho, magro, enfezado, maciço, apertado, sistólico

contraposição ***Subst.*** oposição, antítese, contraste, polaridade, reverso, inverso, contracosta, contracorrente ***V.*** contrapor, contraditar, responder, defrontar, contrastar ***Adj.*** oposto, reverso, inverso, antagônico, contrário, conflitante, contraditório, fronteiro, simétrico

contraste ***Subst.*** contrariedade, diversidade, oposição, antonímia, contradição, implicação, implicância, repugnância, choque, embate, colisão, contraposição, desarmonia, desigualdade, disparidade, divergência, distinção, antagonismo, atrito, conflito, antífrase, antônimo, antípoda ***V.*** contrariar, contrastar, divergir, colidir, chocar, destoar, realçar, contraditar ***Adj.*** contrário, antagônico, conflitante, discordante, discorde, divergente, oposto, desconforme, díspar, inverso, adverso, contraditório, berrante, chocante, incomparável, heterogêneo, negativo, reverso, hostil, avesso, antônimo ***Adv.*** contra, vice-versa

contrato ***Subst.*** pacto, compacto, trato, ajuste, acordo, acerto, arranjo, convênio, transação, preito, concerto, conchavo, conluio, combinação, convenção, barganha, promessa, obrigação, compromisso, estipulação, condição, cláusula, parágrafo, item, alínea, disposição, reserva, ressalva, artigo, protocolo, tratado, concordata, carta, Magna Carta, negociação, diplomacia, negociador, engajamento, seguro, ratificação, assinatura, firma, chancela, carimbo, selo, estampilha, sinete ***V.*** contratar, transacionar, firmar, concertar, ajustar, conluiar, convencionar, pactuar, acordar, combinar, assentar, capitular, estipular, tratar, agenciar, barganhar, apalavrar, acertar, confirmar, assinar, endossar, ratificar, subscrever, firmar, selar, chancelar ***Adj.*** convencional, contraente, contratual, contratante, resolvido, acorde, apalavrado, unilateral, bilateral

conveniência ***Subst.*** propriedade, congruência, adaptação, justeza, exatidão, acerto, naturalidade, oportunismo, oportunidade, utilidade, decoro, cabimento ***V.*** convir, calhar, condizer, corresponder ***Adj.*** conveniente, desejável, grato, cômodo, aconselhável, consentâneo, cabido, cabível, correto, decente, decoroso, conforme, congruente, talhado, adequado, próprio, propício, devido, acertado, avisado, favorável, vantajoso, providencial, natural, proveitoso, oportuno, apropriado, cabível, compatível, medido, regular, competente, feliz, parlamentar ***Adv.*** *ad hoc*

convergência (movimento convergente) ***Subst.*** confluência, congregação, concorrência, união, unificação, concurso, focalização, concentração, junção, encontro, congresso, quartel-general ***V.*** convergir, confluir, afluir, unir, reunir, concentrar, concorrer, enfeixar, focalizar, centralizar, encontrar ***Adj.*** convergente, concorrente, confluente, centrípeto

conversão (mudança gradual) ***Subst.*** transformação, reforma, redução, transmudação, metamorfose, resolução, assimilação, adaptação, assunção, naturalização, evolução, monera, crisálida, fase, química, progresso, evolução, desenvolvimento, influxo, fluxo, passagem, trânsito, transição, transmigração, crisol, cadinho, retorta, caldeirão, forja, oficina, tenda, filtro ***V.*** ficar, virar, fundir, desarmar, reverter, derreter, evoluir, desnaturar, reformar, reorganizar, remodelar, assimilar, digerir ***Adj.*** convertível, conversível, redutível, resolúvel, fusível, moldável, solúvel

convexidade ***Subst.*** ressalto, proeminência, protuberância, prognatismo, projeção, intumescimento, avançamento, duna, elevação, corcova, bojo, saliência, intumescência, turgidez, calosidade, tuberosidade, excrescência, tumor, aneurisma, sarcoma, carbúnculo, antraz, calombo, vesícula, empola, quisto, abscesso, lobinho, vergão, pústula, papo, papeira, bócio, broncocele, caxumba, verruga, dente, inchaço, inchação, apófise, nodo, nódulo, tromba, bossa, mochila, giba, corcunda, galo, variz, bolha, borbulha, pólipo, fungo, mama, peito, seio, mamilo, nariz, beque, batata, bicanca, penca, focinho, lábio, beiço, barriga, abdome, ventre, pança, espádua, espalda, escápula, botão, sacada, balcão, cúpula, zimbório, arco, arcada, abóbada, relevo, alto-relevo, entalhadura, outeiro, cabo, promontório, recife ***V.*** avançar, relevar, sair, sobressair, avultar, realçar, ressaltar, saliência, emergir, arquear, dilatar, intumescer, borbulhar, abaular, arredondar, copar ***Adj.*** convexo, abaulado, proeminente, sobranceiro, esbugalhado, arqueado, papudo, protuberante, saltado, saliente, saído, nodoso, avançado, corcovado, relevado, encrespado, barrigudo, beiçudo, narigudo, corcunda, intumescido, túmido, túrgido, mamífero, mastoide, mastóideo, vesical, bolboso, labial, enfunado, vesicular, tuberoso

cooperação ***Subst.*** concurso, apoio, colaboração, contribuição, parceria, ligação, união, sociedade, concerto, concorrência, associação, concomitância, solidariedade, cumplicidade, conivência, cambalacho, participação, comparsa, envolvimento, união, conjugação, tramoia, pandemônio, panelinha, combinação, coautoria, partidarismo, coleguismo, campanário, confederação, consórcio, liga, aliança, pacto, sociedade, companhia, cooperativa, conjuração, conspiração, sindicato, coligação, federação, assimilação, fusão, maçonaria, conchavo, trama, cabala, disciplina, concórdia ***V.*** cooperar, coadjuvar, concorrer, contribuir, colaborar, conjugar, combinar, compactuar, confederar, federalizar, conjurar, conspirar, tramar, pactuar, fechar, cerrar, fortalecer, unir, fazer sociedade, fazer rancho, esposar, participar, compartir, compartilhar, partilhar, estabelecer ***Adj.*** cooperativo, participativo, cooperador, coadjuvante, coadjutor, participante, conivente, aliado, partidário, parceiro, solidário, federal

cópia (resultado da imitação) ***Subst.*** fac-símile, xerox, simulacro, traslado, efígie, imagem, retrato, réplica, duplicata, triplicata, transcrição, reflexo, reflexão, sombra, eco, repercussão, reprodução, repetição, reimpressão, plágio, servilismo, heliografia, paródia, paráfrase, chancela, caricatura, travesti, fantasia, contrafação ***Adj.*** fiel, exato, perfeito, fac-similar, imperfeito, semelhante

cor ***Subst.*** tinta, tintura, matiz, colorido, tom, tonalidade, meio-tom, nuança, coloração, gama, gradação, pintura, carnação, dispersão, cromatismo, degradê, cromático, força, viveza, vivacidade, frescor, brilho, espectro, prisma, tinturaria, tintureiro, pigmento, pintura, aguada, aquarela, guache, mordente ***V.*** colorir, colorar, colorear, corar, pigmentar, matizar, pintar, cambiar, tingir, iluminar, mesclar, avivar, desembaçar *Adj.* colorido, iluminado, tinto, cromático, prismático, monocromático, unicolor, multicolor, multicor, brilhante, alegre, garrido, expressivo, vivo, berrante, cru, vívido, intenso, forte, aparatoso, vistoso, suntuoso, carregado, cerrado, fixo, álacre, florido, extravagante, ofuscante, cintilante

coragem (ausência de medo) ***Subst.*** ânimo, braveza, bravura, valor, destemor, valentia, brio, intrepidez, arrojo, afoiteza, galhardia, audácia, ousadia, bizarria, impetuosidade, intrepidez, desassombro, calma, gentileza, heroísmo, varonilidade, virilidade, fortaleza, resolução, confiança, energia, alma, pugnacidade, proeza, arremetida, ação, cavalaria, leão, onça, touro, pantera, tigre, herói, semideus, paladino, turuna, valente ***V.*** destemer, encarar, afrontar, enfrentar, arrostar, desafiar, atrever-se, ousar, afoitar, fortalecer, animar, reanimar, acoroçoar, fortificar, encorajar ***Adj.*** corajoso, bravo, valente, brioso, estrênuo, intrépido, inabalável, denodado, arrojado, masculino, destemido, grande, guapo, galhardo, desassombrado, bizarro, desabusado, impertérrito, afoito, arrojado, audaz, audacioso, venturoso, aventuroso, aventureiro, atrevido, arrogante, inexpugnável, valoroso, generoso, pujante, esforçado, imperturbável, calmo, impávido, sereno, intimorato, resoluto, confiado, arriscado, ardido, indômito, indomável, guerreiro, feroz, selvagem, pugnaz, perseverante, varonil, viril, forte, firme, confiante, fogoso

cores e sinais de bois ***Subst.*** pelagem

Lista de cores e sinais de bois ABISTELADO: de estrelas ou manchas brancas ALBARDADO: não malhado nem sardo, mas tendo no lombo mazela de cor diferente da do resto do pelo ALMARADO: que tem em volta dos olhos uma circunferência de cor diversa da do resto da cabeça ALVAÇÃO: branco sem manchas ARAÇÁ (BRAS.): amarelo mascarado ou matizado de preto BARROSO (BRAS.): de pelo branco-amarelado BISCO: que tem uma haste mais baixa do que a outra BOCALVO: com focinho branco em cabeça escura BORRALHO: cor de cinza BOTINEIRO: cujo pelo das pernas difere do resto do corpo BRASINO: de pelo avermelhado com listas pretas ou muito escuras BRAÚNA (BRAS.) OU CARAÚNO (BRAS.): muito preto BROCO: que tem um ou os chifres pequenos e cheios de rugas CABANO: que tem os galhos inclinados para baixo CALDEIRO: de chifres um tanto baixos e menos unidos que os dos gaiolos CAMBRAIA (BRAS.): inteiramente branco CAMURÇA: pardo-vermelho CAPIROTE: de cabeça e pescoço da mesma cor e pintas diferentes no corpo CAPUCHINHO: que desde a fronte à parte superior do pescoço tem cor diferente da do resto do corpo CARDIM: branco e preto CHITA: branco e vermelho CHAMURRO: novilho castrado que fica tendo a dupla aparência de boi e touro CHUMBADO: branco, vermelho ou castanho chumbado de preto CHURRIADO (BRAS.): que tem extensas listras brancas sobre o pelame preto ou vermelho COLORADO (BRAS.): vermelho CORNALÃO: de chifres muito grandes CORNETA: que perdeu um dos chifres CORNICURTO: de cornos curtos CORNÍFERO OU CORNÍGERO: que tem cornos CORNILARGO: de pontas muito afastadas uma da outra CORNUDO: que tem cornos COROMBÓ: de chifres pequenos ou quebrados CUBETO: que possui hastes muito caídas ou quase juntas das pontas CUMBUCO (BRAS.): de chifres curvos com as pontas voltadas uma para a outra ENSA-

BANADO: de pelo todo branco ESCARDADO: designativo dos chifres quando se desfiam batendo de encontro a objetos resistentes ESPÁCIO: de chifres muito abertos ESTORNINHO: zaino, com pequenas manchas brancas FUBÁ (BRAS.): de pelo branco puxando a azul FUMAÇA (BRAS.): de pelo vermelho tirante a preto FUSCO: de pelo escuro, preto GAIOLO: de chifres em forma de meia-lua e muito próximos nas pontas GRAVITO: que tem armas direitas e quase verticais HOSCO: de cor escura, com o lombo tostado JAGUANÉ (BRAS.): que tem branco o fio do lombo, preto ou vermelho o lado das costelas e de ordinário branca a barriga LARANJO: de cor de laranja LISTÃO: que tem no dorso uma listra de cor diferente da do resto do corpo LOBUNO: de pelo escuro e um tanto acinzentado como o do lobo LOMBARDO OU LOMPARDO: negro, com o lombo acastanhado MACHACÁ (BRAS.): mal castrado MALACARA (BRAS.): de testa branca com listra branca do focinho ao alto da cabeça MAL-ARMADO: de chifres defeituosos MALESSO: que tem mau sangue MALHADO OU LAVRADO: listrado, betado de preto e branco ou manchado ou raiado de castanho-claro e escuro MASCARADO: de cara branca ou que tem uma grande malha na cara MEANO: que tem branco o pelo dos órgãos reprodutores MEIRINHO: diz-se do gado que no verão pasta nas montanhas e no inverno nas planícies MELANURO: que tem cauda preta MOCHO: sem chifres MOGÃO: de chifres sem ponta MOICO: privado de um dos chifres ou de ambos MORENO: menos avermelhado que retinto MOURO: preto salpicado de pintinhas brancas NAMBIJU (BRAS.): o que tem as orelhas fulvas ou amarelas NEVADO: que tem algumas manchas brancas NILO (BRAS.): com a cabeça ou metade dela branca e o resto do corpo de outra cor OVEIRO: de malhas no corpo PAMPA: de cara branca ou malhado no corpo inteiro PARRADO: de orelhas caídas PINHEIRO: de chifres direitos PINTARROXO: pintado de castanho-claro POMBO: branco ou camurça com os olhos brancos PUNARÉ (BRAS.): amarelado RABICHO: sem pelo na extremidade da cauda RETINTO: que tem cor carregada ou pelo semelhante ao dos cavalos castanhos ROSADO: branco mesclado de amarelo, vermelho ou preto ROUXINOL: da cor do rouxinol SALINO: com o corpo salpicado de pintas brancas ou vermelhas SALMILHADO (BRAS.): salpicado de branco e amarelo SILVEIRO: com malha branca na testa, tendo escura a cabeça TORRADO: que tem o pelo negro do meio para baixo TOURUNO: mal castrado e que ainda procura as vacas TRONCHO: a que falta uma orelha VAREIRO: que tem o corpo mais comprido do que é vulgar VINAGRE: de pelo castanho-claro tirante a rubro

---

cores e sinais de cavalos ***Subst.*** pelagem

Lista de cores e sinais de cavalos ALAZÃO: cor de canela AMAME: de duas cores, preta e branca ARGEL: que tem brancos os pés traseiros ARMINADO: que tem malha de cabelos branca ou preta perto do casco contrastando com a cor do cavalo ATAVANADO: preto ou castanho com malhas brancas nos ilhais ou nas espáduas BAIO: cor de ouro desmaiado, castanho ou amarelo torrado CALÇADO: que tem malhas nos pés CAMBRAIA: completamente branco CAMURÇA: diz-se de certa cor de pelo pardo-vermelho dos muares CELHEADO: de sobrancelhas brancas CHAIRELADO: de mancha branca no seladouro CRINALVO: que tem a crina mais clara que os outros pelos do corpo CRINIPRETO: que tem crina preta e de outra cor os outros pelos DESCOPADO: que visto de lado é mal aprumado DOURADILHO: de cor amarelada com reflexos dourados quando exposto ao sol ESTRELADO: que tem uma malha na testa ESTRELEIRO: que levanta muito a cabeça ao andar à menor pressão do freio FAÇALVO: que tem grande sinal branco no focinho FERREIRO: que tem pelo cor de rato FOUVEIRO: castanho-claro FRONTABERTO: que tem malha branca de alto a baixo na testa FRONTINO: que apresenta malha branca na testa GATEADO: de pelo amarelo-avermelhado ISABEL: de cor entre branco e amarelo LOBUNO: que tem o pelo escuro, acinzentado, cor de lobo LONTRA: baio bem sujo MALHADO: que possui malhas ou manchas MANALVO: que tem manchas alvas nas mãos MASCARADO: de qualquer cor, mas com a cara branca MELANÓCOMO: que tem o pelo escuro MELROADO: que tem a cor escura do melro MIL-FLORES: mesclado de branco e vermelho MORZELO: da cor da amora MOURO: preto salpicado de pintinhas brancas NEVADO OU INTERPOLADO: que tem pelos brancos entremeados com pelos escuros OLHALVO OU OLHIBRANCO: de olhos cercados de malhas brancas ou que ao erguer a cabeça põe os olhos em alvo OLHIZARCO: que tem cada olho de uma cor PAMPA: de cara branca ou malhado no corpo inteiro PANGARÉ: diz-se do cavalo que tem a parte inferior do ventre e as regiões entre os membros, a garganta e o focinho esbranquiçados como que desbotados PEDRADO: salpicado de preto e branco PEDRÊS: salpicado de preto e branco PICARÇO OU PIGARÇO: de cor grisalha PINHÃO: de cor vermelha semelhante ao pinhão POMBO: de pele preta coberta de pelos brancos e com crinas de igual cor PRATEADO: branco, mascarado, com pintas pelo corpo QUATRALVO: malhado de branco até os joelhos QUEIMADO: tordilho claro RABALVO: de rabo branco RABILONGO: de cauda longa RABICURTO OU RABÃO: que tem a cauda curta ou cortada RABICÃO: que tem a cauda entremeada de fios brancos RAUDÃO OU ROSILHO: que tem o pelo avermelhado e branco dando o aspecto de cor rosada RENGO: manco de uma perna RUANO OU RUÃO: de pelo branco e pardo ou de pelo branco com malhas escuras e redondas; de cor clara e crinas amarelas RUÇO: pardacento SABINO: de pelo branco mesclado de vermelho e preto TESTICONDO: cujos testículos estão recolhidos no ventre TORDILHO: o mesmo que ruço VELHORI: de cor acinzentada ZAINO: de pelo todo castanho escuro ZARCO: que tem malha branca em volta de um ou ambos os olhos ZEBRUNO: de cor mais ou menos escura

cores e sinais de diversos animais ***Subst.*** cores, sinais

Lista de cores e sinais de diversos animais ADUNCIRROSTRO: que tem bico adunco ALADOQUE: que tem asas ALBICAUDE: de cauda branca ALBIRROSTRO: de bico ou focinho branco ALÍFERO OU ALÍGERO: o mesmo que alado ALINEGRO: de asas negras ALTIPERNO: de pernas altas ALVITÓRAX: que tem o tórax branco AMBULÍPEDE: que tem os pés bem conformados para andar ANFICÉFALO: que tem duas cabeças

ANOSTEOZOÁRIO: que não tem ossos ANURO: diz-se dos anfíbios sem cauda APLACENTÁRIO: diz-se do animal que depois de gerado se desloca do corpo materno e vem completar no exterior o seu desenvolvimento APLÓCERO: que tem antenas simples ÁPODE: sem pés ARLEQUÍNEO: de cores variadas ATANÁRIO: que ainda não mudou as penas do ano antecedente ATELÉPODE: a que falta o dedo polegar ou qualquer outro ATRICAUDE: de cauda negra ATRÍPEDE: de pés negros AURIGASTRO: de ventre amarelo AURIPENE: de penas douradas BARBIRROSTRO: de pelos no bico BARBIRRUIVO: de penas ou barbas ruivas BICAUDADO: de duas caudas BRAQUIDÁCTILO: de dedos curtos BRAQUIÚRO: de cauda curta BREVIPENE: de asas curtas CALÇUDO: diz-se da ave que tem as pernas cobertas de penas CAPRÍPEDE: de pés de cabra (monstro) CAUDÍFERO: que tem cauda CIANÍPEDE: de patas azuis CIANIRROSTRO: de bico azul CIANÓPTERO: de asas ou barbatanas azuis CINOSURO: de cauda semelhante à do cão CISSÍPARO: cujo organismo se divide em duas partes na geração CORNICURTO: de cornos curtos CORNILARGO: que tem as pontas muito afastadas uma da outra CORNÍPEDE: de patas córneas CORNUDO, CORNÍFERO OU CORNÍGERO: que tem cornos CRINITO, CRINÍFERO OU CRINÍGERO: que tem crina ou coma CRIOCÉFALO: de cabeça semelhante à do carneiro CRUCÍGERAS OU CRUZEIRAS: diz-se das raposas que têm uma cruz negra no dorso CURVIRROSTRO: de bico curvo DESCAUDATO: o mesmo que suro DESDENTADO: sem dentes ENCHAPINADO: diz-se dos cascos defeituosos ENSIRROSTRO: de bico em forma de espada EQUINÍPEDE: que tem as patas revestidas de pelos ásperos EQUÍPEDE: que tem as patas de igual comprimento FALCÍPEDE: de pés curvos em forma de foice FANTIL: de boa altura ou de boa raça (cavalo ou égua) (animal) FERREIRO: de pelo da cor do de rato FISSÍPARO: que se reproduz pela divisão do próprio corpo FUSCICÓRNEO: que tem as antenas pardas FUSCÍMANO: que tem as patas anteriores escuras FUSCIPENE OU FUSCIPÊNEO: que tem penas pardas FUSCIRROSTRO: de bico pardo GIMNURO: que tem a cauda nua HETERODÁCTILO: que tem o dedo externo reversível HIMENÓPODE: que tem dedos meio ligados por membrana HIMENÓPTERO: de quatro asas membranosas e nuas, como as das abelhas HOMÍNIDO: semelhante ao homem (falando dos mamíferos) INALADO: sem asas ISODÁCTILO: de dedos iguais ISÓPODE: de patas iguais ou semelhantes LAMELÍPEDE: de pés achatados LAMELIRROSTRO: que tem o bico guarnecido de lâminas MACRÓPTERO: de asas grandes ou membranas alares MACROTÁRSICO: de tarsos compridos MACRURO: de cauda longa MALACODERMO: de pele mole MAL-ARMADO: que tem hastes defeituosas MARSUPIAL: que tem órgão em forma de bolsa, situada por baixo do ventre e onde as fêmeas trazem os filhos enquanto os amamentam MELANÓCERO: de cornos e antenas negras MELANÓPTERO: de asas ou élitros negros MELANURO: de cauda negra MERINO: designativo de uma espécie de carneiro de lã muito fina MICRÓCERO: de antenas curtas MICRODÁCTILO: que tem os dedos pequenos MICROGLOSSO: de língua curta MICRÓGNATO: de maxilas pequenas MILÍPEDE: que tem muitos pés MISOCÉFALO: de cabeça em forma de ventosa MONÓCERO: que só tem um corno MONODÁCTILO: de um só dedo MONODONTE: de um só dente MONOÍLO: cujo corpo forma uma só massa homogênea MONOLÉPIDE: que tem uma só escama MOMÓPTERO: de uma só asa MONOZOICO: diz-se do animal de vida individual e insulada MULTÍPEDE: de muitos pés MULTIUNGULADO: de mais de dois cascos em cada pé NÁFEGO: diz-se do cavalo que tem um quadril maior que outro ou do animal aleijado que coxeia NIGRÍPEDE: que tem pés negros ou escuros OCTÓPEDE: de oito pés ou tentáculos ORTODÁCTILO: de dedos direitos ORTODONTE: de dentes direitos OSTEOZOÁRIO: o mesmo que vertebrado OVOVIVÍPARO: diz-se do animal cujo ovo é incubado no interior do organismo materno, sem que se nutra à custa deste PARRADO: de orelhas caídas PATUDO: de patas grandes PERISSODÁCTILO: que tem dedos em número ímpar PEROLÍFERA: diz-se das ostras em que se formam pérolas PERLÍFERO: que produz pérolas PLANTÍGRADO: que anda sobre a planta dos pés PNEUMOBRÂNQUIO: diz-se dos peixes que respiram por brânquias e pulmões POLIDÁCTILO: de muitos dedos POLIGÁSTRICO: de muitos estômagos PRESSIRROSTRO: de bico comprido PRIMÍPARA: diz-se da fêmea que tem o primeiro parto PTERODÁCTILO: cujos dedos estão ligados por membranas QUADRIALADO: de quatro asas QUADRIDENTADO: de quatro dentes QUADRIDIGITADO: de quatro dedos QUADRÍMANO: de quatro tarsos dilatados em forma de mão QUADRIMEMBRE: de quatro membros QUADRIPENADO: o mesmo que quadrialado RABIFURCADO: de cauda bifurcada RABIGO: que mexe muito com a cauda RAMEIRO: que anda de ramo em ramo, preparando-se para voar RARÍPILO: de pelo muito ralo RODODÁCTILO: diz-se dos insetos que têm asas digitais e cor-de-rosa RONCOLHO: mal castrado, ou que só tem um testículo ROSTRADO: que tem bico, focinho ou esporão ROTUNDICOLO: de pescoço redondo RUANTE: diz-se do pavão quando ergue a cauda SARCÓSTOMO: de boca carnuda SARÓPODE: de patas peludas SINDÁCTILO: que tem os dedos soldados entre si SOLÍPEDE: que só tem um casco em cada pé SURO: sem cauda TAURICÓRNEO: que tem cornos de touro TENTACULADO OU TENTACULÍFERO: que tem tentáculos TENUICÓRNEO: de antenas ou cornos delgados TENUÍPEDE: de pés pequenos TENUIPENE: de penas pequenas TENUIRROSTRO: de bico delgado e longo TERCIOPELUDO: de muito pelo TESTÁCEO: que tem concha TETRÁCERO: que tem quatro antenas ou tentáculos TETRADÁCTILO: que tem quatro dedos TETRÁPODE: de quatro dedos TETRÁPTERO: o mesmo que quadrialado TORCAZ: diz-se do pombo que tem coleira de várias cores TETROFTALMO: que tem quatro olhos TRIDÁCTILO: de três dedos TRIGONOCÉFALO: de cabeça triangular UNCINADO: que tem unha ou garra UNCIRROSTRO: de bico adunco, recurvo, em forma de unha UNGUICOLADO: que tem uma unha em cada dedo UNIALADO: de uma só asa; monóptero UNIARTICULADO: que só tem uma articulação UNICORNE: que só tem um corno ou ponta UNÍPARA: que pare um filho de cada vez UROBRÂNQUIO: que tem as brânquias perto de cauda URODELO: que tem cauda muito visível VARUDO: diz-se do animal cujo corpo é direito, comprido e forte VERTEBRADO: que tem vértebras, dotado de esqueleto ósseo ou cartilaginoso, composto de peças ligadas entre si e móveis umas sobre as outras ZIGÓCERO: que tem tentáculos em número par ZIGODÁCTILO: de dedos em número par ZOÓBIO: que vive dentro do corpo dos animais

---

corpos luminosos (fonte de luz) ***Subst.*** luminária, iluminação, luz, labareda, faísca, fagulha, chispa, centelha, fogueira, fogaréu, fogacho, Sol, astro, luminar, luzeiro, Apolo, aurora, estrela, meteoro, Sírio, constelação, aurora austral, aurora boreal, aurora polar, relâmpago, corisco, fogo-fátuo, fogo de santelmo, vaga-lume, gás, *spot*, fluorescente, (gír.) pendura, lampadário, lucerna, candelabro, lustre, lanterna, vela, círio, lume, serpentina, candeeiro, tocha, coto, facho, (poét.) teia, lampião, archote, luzeiro, candeia, rolo, luminária, girândola, castiçal, palmatória, tocheiro ***V.*** iluminar ***Adj.*** luminoso, fosforescente, radiante, fotoelétrico

correlação ***Subst.*** reciprocidade, compatibilidade, mutualidade, interdependência, intercâmbio, permuta ***V.*** correlacionar, barganhar, permutar ***Adj.*** recíproco, casado, interdependente, mútuo, compatível, correlato, respectivo, correspondente, concernente, reflexo, reflexivo, permutável, alternado, bilateral

corrente (fluido em movimento) ***Subst.*** aragem, aura, brisa, vento ***V.*** fluir, jorrar, soprar

correspondência ***Subst.*** epístola, missiva, favor, letras, cartapácio, cartão-postal, bilhete, cartão, regras, despacho, telegrama, telefonema, boletim, teletipo, telefoto, breve, encíclica, circular, ofício, mala, folheto, missivista, correspondente, remetente, comunicante, destinatário, telefonia, *e-mail*, *post*, celular, *chat*, torpedo, mensagem, anexo, SMS ***V.*** expedir, escrever, oficiar, telegrafar, telefonar ***Adj.*** epistolar, telegráfico, telefônico

cortesia ***Subst.*** melindre, urbanidade, (fig.) verniz, gentileza, cavalheirismo, polidez, fineza, política, delicadeza, cerimônia, civilidade, amenidade, condescendência, complacência, benevolência, docilidade, mansuetude, morigeração, humildade, amabilidade, afabilidade, bondade, lhaneza, lhanura, facilidade, galanteio, madrigal, cerimonial, saudação, recepção, acolhimento, agrado, respeito, atenção, obséquio, favor, serviço, lembranças, recomendações, reverência, mesura, vênia, cortesia, barretada, genuflexão, abraço, beijo, ósculo, (bras.) pracista, cavalheiro, beijoqueiro ***V.*** dignar-se, receber, saudar, salvar, cumprimentar, abraçar, beijar, agradar, brindar, cortejar, abordar, visitar, agasalhar, obsequiar ***Adj.*** cortês, polido, delicado, civil, urbano, benigno, afável, dado, respeitoso, reverente, honesto, bem-educado, político, educado, cavalheiresco, fidalgo, civilizado, gentil, solícito, pressuroso, atencioso, afetivo, lhano, tratável, acessível, atingível, atencioso, atento, insinuante, amável, hospedeiro, familiar, sincero, franco, agradável, chão, cerimonioso, oficioso, serviçal, servidor, comunicativo, desembaraçado, expressivo, extrovertido, simpático

covardia ***Subst.*** pusilanimidade, receio, tibieza, moleza, baixeza, agachamento, desfibramento, aviltamento, desvalor, fraqueza, tremedeira, covarde, medroso, poltrão, pusilânime, açorda, fracalhão, maricas, fujão, moleirão, desfibrado ***V.*** amarelar, fugir, desistir, recuar, tergiversar ***Adj.*** poltrão, ignavo, mole, moleirão, fracalhão, fraco, efeminado, afeminado, melindroso, mimoso, ignóbil, baixo, vil, desprezível, abjeto, indigno

crédito ***Subst.*** confiança, fiança, fé, fidúcia, comercial, crédito agrícola, crédito industrial, hipoteca, empenho, debênture, vale, duplicata, promissória, saldo, superávit, caução, garantia, lastro, penhor, credor, prestamista, arrendador, usurário, banco, financeira, carteira ***V.*** creditar, acreditar, fiar, afiançar, parcelar, pendurar, debitar ***Adj.*** empenhado, creditício ***Adv.*** fiado, parcelado

credulidade ***Subst.*** bonomia, simplicidade, ingenuidade, candura, inexperiência, superstição, crendice, fanatismo, teimosia *V.* ser crédulo, crer piamente, confiar *Adj.* crédulo, simples, ingênuo, inexperiente, confiante, fácil, molar, compenetrado, parvo, pateta, tolo, idiota, panaca, supersticioso, infantil, inconsciente

crença *Subst.* credibilidade, crédito, segurança, confiança, confiabilidade, fé, fidúcia, verdade, esperança, presunção, persuasão, convicção, convencimento, insuspeição, certeza, opinião, sentir, juízo, vista, conceito, concepção, pensar, parecer, alvitre, base, dogma, lema, divisa, opinião, fé inabalável, calma, imparcialidade, escola, seita, partido, teoria, dogma, concepção, interpretação, regras, bandeira, declaração, credo, decálogo, catecismo, Bíblia, Alcorão, assentimento, propaganda, programa, plataforma *V.* crer, acreditar, dar, ver, admitir, professar, considerar, estimar, reputar, presumir, pensar, confiar, garantir, querer, jurar, conceber, ter, perfilhar, adotar, conceber, abraçar, arriscar, nutrir, acariciar, esposar, compartilhar, comungar, ler, adotar, abraçar, esposar, aceitar, olhar, classificar, suspeitar, convencer, satisfazer, instigar, mover, capacitar, trazer, conquistar, empolgar, captar *Adj.* crível, certo, inequívoco, seguro, insofismável, positivo, fiel, confiante, convicto, apanhado, convencido, confiado, persuadido, imbuído, crédulo, acreditado, putativo, insuspeito, digno, aceitável, fidedigno, estabelecido, recebido, satisfatório, provável, fiducial, fiduciário, persuasivo, persuasório, forte, suasório, convincente, ponderoso, impressionante, impressionável

cronometria (registro e medida do tempo) *Subst.* cronologia, estilo, novo, era, hégira, cronograma, almanaque, folhinha, calendário gregoriano, calendário israelita, calendário ateniense, repertório, efemérides, crônica, anais, diário, anuário, relógio, despertador, pêndulo, (pop.) sabonete, (pop.) cebola, cronômetro, cronógrafo, solário, meridiano, gnomo, ampulheta, clepsidra, ponteiro, cronógrafo, analista, cronista *V.* datar, fixar, designar, marcar, estipular, registrar, assinar, cronometrar, limitar, escolher, bater, soar, tocar, martelar, vibrar, tanger, dar horas *Adj.* cronométrico, cronológico, cronográfico

cruzamento *Subst.* interseção, corte, reticulação, retícula, entrelaçamento, tecedura, urdidura, trama, enlaçamento, enredo, implicação, contexto, contextura, tessitura, xadrez, rede, plexo, teia, tela, tecido, malha, tralha, meada, filigrana, entremeio, renda, rendilha, lavor, esteira, capacho, trança, madeixa, coifa, rótula, cipoal, labirinto, grade, grelha, brocado, cruz, cruzeta, entrepernas, trançado, trança, cadeia, encruzilhada, secante, xadrez *V.* cruzar, cortar, secionar, atravessar, terçar, entrecortar, entretecer, entrelaçar, enlear, enlaçar, ensarilhar, entremear, entrançar, enroscar, misturar, confundir, enredar, embaraçar, desgrenhar, despentear, enovelar, dobrar, enrolar, enxadrezar, urdir, tramar *Adj.* reticular, reticulado, listrado, têxtil, cruzetado, secante, crucial, cruciforme, transversal

cuidado *Subst.* pensamento, zelo, desvelo, atenção, tento, empenho, interesse, escrúpulo, timbre, esmero, capricho, apuro, primor, requinte, gosto, carinho, meticulosidade, afã, guarda, vigilância, observatório, observação, prevenção, vigia, polícia, atividade, atenção, administração, tutela, prudência, circunspecção, cautela, previsão, sobreaviso, resguardo, ordem, alinho, limpeza, exatidão, minuciosidade, pormenorização, detalhe, minúcia, vigília *V.* cuidar, caprichar, timbrar, prover, resguardar, prevenir, acautelar, estar vigilante, zelar, ter cuidado, cocar, seguir, espreitar, vigiar, guardar, olhar, velar, policiar, rondar, mirar, resguardar, proteger, estar atento, esquadrinhar ***Adj.*** cuidadoso, meticuloso, caprichoso, atento, solícito, zeloso, aplicado, vigilante, precavido, prevenido, minucioso, pormenorizado, providente, ativo, desvelado, cioso, escrupuloso, acautelado, acordado, insone, velador, arguto, penetrante, inteligente, metódico

culpa ***Subst.*** culpabilidade, responsabilidade, criminalidade, conivência, cumplicidade, falta, transgressão, crime, erro, falha, lapso, escorregadela, imprudência, fealdade, crime, monstruosidade, enormidade, delito, abuso, pecado, pecadilho, felonia, malversação, omissão, ofensa, ultraje, dano, atentado ***V.*** incorrer, atentar, culpar, inculpar, estar implicado, delinquir ***Adj.*** culpado, indefensável, culposo, responsável, faltoso, criminoso, repreensível, censurável, incurso, conivente, punível, impudente, confesso, atentatório

culto ***Subst.*** adoração, veneração, devoção, dedicação, fervor, latria, homenagem, serviço, cerimônia, solenidade, genuflexão, prosternação, persignação, simbolismo, oração, reza, prece, ladainha, ementa, litania, jaculatória, breviário, formulário, responso, súplica, intercessão, coleta, lavabo, vigília, têmpora, invocação, louvor, graças, glorificação, hosana, glória, aleluia, novena, tríduo, setenário, oitava, salmo, hino, cantochão, canto, antífona, motete, oblação, sacrifício, incenso, ofertório, mirra, serpentina, disciplina, peregrinação, romaria, jejum, penitência, abstinência, retiro, missa, matinada, vésperas, advento, velório, (reg.) quarto, homilia, pregação, sermão, comungante, peregrino, romeiro ***V.*** cultuar, reverenciar, genuflectir, orar, pedir, invocar, rezar, persignar-se, santigar, meditar, comungar, jejuar, agradecer, louvar, bendizer, exaltar, glorificar, magnificar, engrandecer, peregrinar, sacrificar, velar, esmolar, dedicar ***Adj.*** cultor, reverente, puro, solene, férvido, ardente, invocativo, sabático

cume ***Subst.*** proeminência, preeminência, culminância, sumidade, requinte, cúmulo, remate, auge, apogeu, acme, pino, zênite, pináculo, cimo, ápice, agulha, viso, vértice, coroa, meridiano, grimpa, teso, crista, picada, tope, topo, píncaro, alcantil, socalco, lombada, pico, espinhaço, cumeada, cumeeira, altura, elevação, máximo, ponta, bico, clímax, polo, extremidade, sumidade, mirante, fim, moleira, cabeça, cabeço, cocuruto, copa, cúpula, domo, abóbada, capitel, friso, frontão, cimalha, sótão, água-furtada, atalaia, coberta, convés ***V.*** culminar, colmar, coroar, rematar, encimar, assomar, sobrepujar ***Adj.*** alto, superior, sumo, supremo, meridiano, principal, capital

---

Lista de palavras que representam cumes de coisas DE ÁGUA: lume, superfície, tona DE ÁRVORE: cabeça, coma, copa, fronde, ramada, franças DE BASTÃO: castão DE CRUZ: braços, trava, travessa DE ESCADA: patamar, alto DE FOGUETE: cabeça, capitel DE GARRAFA: boca, bocal, gargalo DE JANELA padieira, verga DE PORTA: padieira, verga DE SINO: cabeça, porca DE SAIA OU CALÇA: cós

---

curiosidade (desejo de saber) ***Subst.*** interesse, empenho, ânsia, reparo, reparação, busca, indagação, sondagem, pesquisa, investigação, sabatina, inculca, interesse, perquirição, bisbilhotice, abelhudice ***V.*** inquirir, perguntar, reparar, lucubrar, parafusar, escrutar, perscrutar, sindicar, pesquisar, indagar, rebuscar, investigar, sondar, bisbilhotar, fuçar, fitar, sabatinar ***Adj.*** curioso, investigador, espião, perguntador, bisbilhoteiro, fuinha, boateiro, gazeteiro, abelhudo, falatório, perscrutador ardente, sequioso, investigador, inquisitorial, metido, metediço, abelhudo, insaciável, indiscreto, boquiaberto

curso (duração indefinida) ***Subst.*** progresso, corrida, correr do tempo, perpassar do tempo, transcorrer do tempo, andar do tempo, volver do tempo, decorrer do tempo, marcha, passagem, decurso, temporada ***V.*** decorrer, perpassar, transcorrer, correr, voar, fugir, andar, avançar, deslizar, expirar, findar ***Adj.*** corrente, transcorrente, cursivo

curvatura ***Subst.*** arco, volta, curva, flexão, rebite, dobra, deflexão, declive, desvio, sinuosidade, arcada, virola, abóbada, concha, crescente, ferradura, ogiva, sobrancelha, sobrolho, hipérbole, parábola, catenária, funicular, supercílio ***V.*** encurvar, recurvar, circundar, arredondar, tornear, dobrar, curvar, vergar, envergar, enrolar, ondear, ondular, torcer, rebater, arrebitar, revirar, infletir, abaular, contornar ***Adj.*** curvo, curvilíneo, encurvado, arqueado, abaulado, redondo, arredondado, recurvo, adunco, aquilino, corcovado, marreco, torto, semicircular, luniforme, crescente, chanfrado, ogival, cambaio, oblíquo, circular, hiperbólico, parabólico, flexor

dD

decomposição ***Subst.*** análise, diálise, dissecação, resolução, catálise, dissolução, desagregação, desarticulação, esfacelamento, dispersão, disjunção, eletrólise ***V.*** decompor, dissolver, desagregar, resolver, analisar, descarnar, dissecar, descentralizar, desincorporar, destrinçar, desmontar, desarmar, desenredar, desenrolar ***Adj.*** decomposto, desagregado, catalítico, eletrolítico, analítico

defesa ***Subst.*** reparo, resguardo, proteção, abrigo, guarda, amparo, propugnação, preservação, vigilância, defensiva, remédio, parada, presídio, baluarte, escora, esteio, guarida, refúgio, respaldo, valhacouto, ocultação, contra-ataque, fortificação, blindagem, munição, bateria, fosso, entrincheiramento, barricada, quadrilátero, setor, dique, barreira, muralha, anteparo, molhe, balaustrada, estacada, paliçada, barricada, ameia, escarpa, talude, rampa, capoeira, bombardeira, casamata, contraforte, parapeito, peitoril, banqueta, barrete, muro, seteira, fortificação, forte, fortim, baluarte, reduto, fortaleza, cidadela, acrópole, castelo, cimeira, elmo, capacete, manopla, couraça, plastrão, armadura, joelheira, escudo, égide, couraça, saia, manopla, cesto, viseira, máscara, espaldar, armas, radar, piquete, guarda, defensor, capa, protetor, padrinho, madrinha, campeão, atleta, campeador, patrono, patrão, paladino, patrocinador, guarda-costas, guardador, protetor, soldado, pajem, mosqueteiro, mosquiteiro, avental, perneira, armação, armadura, chifre ***V.*** defender, proteger, auxílio, acudir, livrar, amparar, escudar, resguardar, preservar, propugnar, cercar, flanquear, terçar, abroquelar, couraçar, blindar, encouraçar, entrincheirar, fortificar, fortalecer, desenfiar, minar, encastelar, reforçar, escudar, abroquelar, murar, armar, cercar, reparar, parar, contra-atacar, repelir, resistir ***Adj.*** defensivo, defensável, defendido, escudado, protegido, abrigado, entrincheirado, blindado, encouraçado, tutelar, sagitário, defensor

defesa ***Subst.*** descarga, clientela, saída, justificação, vindicação, escusa, absolvição, guarida, esteio, proteção, suporte, respaldo, refúgio, vindicação, extenuação, atenuação, paliação, paliativo, abrandamento, réplica, tréplica, recriminação, apologia, articulado, verniz, alegação, arrazoado, escapatória, apologista, patrono, defensor, patrocinador, protetor, advogado ***V.*** inocentar, justificar, envernizar, colorir, autorizar, demonstrar, exonerar, diminuir, atenuar, enfraquecer, remediar, paliar, abrandar, mascarar, coonestar, sustentar, defender, advogar, discutir, propugnar, vindicar, vingar, isentar, preservar, proteger, resguardar, livrar, desculpar, escusar, absolver, reabilitar, ilibar, arrazoar, patrocinar, resguardar ***Adj.*** defensivo, vindicativo, atenuante, justificativo, paliativo, apologético, escusável, defensável, plausível

deficiência ***Subst.*** escassez, parcimônia, míngua, privação, inópia, carência, insuficiência, falha, lacuna, omissão, falta, silêncio, defeito, buraco, estacionamento, imperfeição, senão, imaturidade, vacuidade, déficit, desfalque, omissão, supressão, intervalo, elisão, vácuo, oco, vazio ***V.*** carecer, mancar, faltar, escassear, negligenciar, omitir, suprimir, cancelar, desfalcar, desprover, rarear, truncar, esquecer, preterir, esvaziar, esgotar, exaurir, despejar, dispensar, refugar, desprezar, eliminar, expulsar, segregar, postergar, pular, glosar, cortar, tesourar, excetuar, capinar, comer ***Adj.*** deficiente, incompleto, inacabado, mutilado, manco, imperfeito, precário, defectivo, defeituoso, deficitário, restrito, falho, magro, lacunar, superficial, perfunctório, diminuto, esboçado, vazio, inane

deleite (causa, fonte de prazer) ***Subst.*** jocosidade, humor, suavidade, amenidade, amabilidade, delicadeza, urbanidade, consideração, apreço, atenção, agrado, favor, generosidade, bondade, divertimento, atração, sedução, encanto, fascinação, fascínio, magia, feitiço, deslumbramento, carinho, carícia, beijo, abraço, afeto, amor, amizade, solidariedade, fidelidade, lealdade, conforto, paz, tranquilidade, sucesso, êxito, admiração, elogio, respeito, prosperidade, riqueza, segurança, seguridade, garantia, despreocupação, fineza, obséquio, lisonja, beleza, arte, manjar, maná, doçura, agrado, aprazimento, regalo, mimo, guloseima, gulodice ***V.*** agradar, encantar, deleitar, deliciar, deslumbrar, rejubilar, lisonjear, seduzir, contentar, cativar, encadear, prender, empolgar, absorver, fascinar, surpreender, enfeitiçar, enlevar, satisfazer, transportar, arrebatar, extasiar, alhear, entusiasmar, beatificar, glorificar, abençoar, saciar, prazer, aprazer, amenizar, comprazer, adular, regalar, recrear, subjugar, inebriar, embelezar, embevecer, refrescar, desassombrar, popularizar, favorecer, suavizar, desenfastiar, colorir, desanuviar, alegrar, recrear, pascer, regozijar, contentar, induzir, interessar, adoçar, agradar, confeitar ***Adj.*** prazenteiro, prazeroso, agradável, delicioso, saboroso, inefável, insinuante, fagueiro, galante, deleitável, favorito, gozoso, ameno, alegre, hilariante, grato, gostoso, formoso, belo, vistoso, atrativo, atraente, feiticeiro, interessante, suave, mavioso, encantador, recreativo, confortável, aprazível, macio, mimoso, namorado, paradisíaco, abençoado, cordial, providencial, satisfatório, dulçoroso, açucarado, doce, saboroso, engraçado, voluptuoso, sensual, orgástico, absorvente, empolgante, sedutor, conquistador, embriagador, inebriante, risonho, encantador, lindo, deslumbrante, ditoso, surpreendente, mágico, cativante, irresistível, ladro, adorável, seráfico, divino, celeste, celestial, simpático, invejável, refrescante, refrigerante, terno, enternecedor, brando, delicado, melodioso, fino, suavizante, provocante, provocativo

demanda ***Subst.*** litígio, pleito, contenção, ação, causa, disputa, pendência, citação, agravo, recurso, apelação, contestação, notificação, interpelação, processo, procedimento, intimação, chegança, contrafé, autos, litigante, contendor, suplicante, autor, recorrente ***V.*** demandar, pleitear, litigar, reconvir, acionar, contender, citar, significar, intimar, interpelar, notificar, embargar, arrestar, pronunciar, processar, instaurar ***Adj.*** litigioso, contencioso, contendor

demônio ***Subst.*** demonologia, Satã, Satanás, Lúcifer, diabo, capeta, Titã, harpia, vampiro, lobisomem, estria, sátiro, duende, gnomo, curupira, caipora, fantasma, espectro, aparição, espírito, sombra, visão, (pop.) medo ***V.*** demonizar, aterrorizar ***Adj.*** diabólico, infernal, sobrenatural, mágico, extranatural, demoníaco, assombrado

demonstração ***Subst.*** prova, síntese, convicção, evidência, conclusão, constatação, confirmação, testemunho, comprovação, prova farta, prova sensível, prova palpável, conclusão, calma, provação, comprovação, experiência, revelação, argumento, demonstração matemática ***V.*** demonstrar, mostrar, patentear, provar, fazer, evidenciar, verificar, comprovar, convencer, catequizar ***Adj.*** demonstrativo, probatório, comprovante, irretorquível, irreplicável, irrefutável, categórico, fulminante, decisivo, concludente, evidente ***Adv.*** portanto, logo

demora ***Subst.*** parada, atraso, retardamento, cera, detenção, retenção, mora, delonga, tardança, paliativo, espera, negligência, pachorra, prazo, posposição, dilação, prolação, prorrogação, paliação, prolongação, reserva, adiamento, procrastinação, moratória, alongamento ***V.*** tardar, pausar, esperar, aguardar, remanchar, dormir, adiar, pospor, postergar, sustar, empatar, diferir, delongar, perlongar, atrasar, dilatar, entreter, deter, retardar, procrastinar, transferir, aguardar, contemporizar, espaçar, paliar, prolongar, prorrogar, protrair, protelar, marcar, assinalar ***Adj.*** tardo, tardio, serôdio, remisso, demorado, pachorrento, detido, retardado, retardatário, vagaroso, lento, lerdo, moroso, manhoso, prolongado, arrastado, ulterior, impontual, póstumo, moratório, protelatório ***Adv.*** ultimamente, afinal, (p. us.) alfim, enfim, amanhã

densidade ***Subst.*** solidez, resistência, impenetrabilidade, impermeabilidade, aglutinação, indissolubilidade, coesão, consistência, dureza, grossura, espessura, condensação, concreção, solidificação, coagulação, compactação, cristalização, precipitação, depósito, precipitado, indivisibilidade, indestrutibilidade, massa, bloco, alvenaria, concreto, conglomerado, bolo, pedra, grumo, coalho, coalhada, coalheira, mingau, coágulo, osso, cartilagem, caramelo ***V.*** adensar, solidificar, consolidar, concretar, concretizar, espessar, condensar, conglomerar, aglutinar, compactar, coalhar, coagular, encarapinhar, talhar, congelar, cristalizar, sublimar, precipitar, aderir, engrossar, encorpar, unir, cerrar, comprimir, prensar, imprensar, premer, estreitar, calcar, recalcar, concentrar, atulhar ***Adj.*** denso, crasso, grosso, espesso, basto, compacto, impenetrável, massudo, sólido, concreto, coerente, firme, resistente, coeso, maciço, cerrado, farto, substancial, aglomerado, impermeável, impenetrável, tapado, fechado, cristalino, cristalizável, granuloso, coalhado, opaco, indissolúvel, insolúvel, indivisível, infusível

depósito ***Subst.*** repositório, jazigo, jazida, estoque, acervo, galpão, fundo, mineiro, mina, veia, veio, filão, beta, fonte, poço, manancial, lençol, abastecimento, tesouro, reserva, sobressalente, economias, colheita, messe, vindima, sortimento, sorteio, acumulação, armazenagem, provisão, almoxarifado, feixe, lugar, celeiro, silo, granel, comboio, armazém, cantina, trapiche, hangar, entreposto, adega, armarinho, mercearia, ucha, *cache*, repertório, arquivo, arca, paiol, matriz, prontuário, copa, despensa, tênder, arrecadação, arsenal, galeria, parque, museu, conservatório, viveiro, aquário, piscina, seminário, cisterna, cratera, tanque, cacimba, pasta *V.* armazenar, meter, depositar, acumular, atulhar, entulhar, entupir, encher, atestar, acavalar, amontoar, encastelar, acondicionar, empilhar, guardar, aferrolhar, economizar, arrecadar, engarrafar, ensacar, encaixotar, engavetar, autuar, capitalizar *Adj.* disponível, armazenado, acumulado

deprecação (pedido negativo) *Subst.* conjuração, esconjuração, exorcismo, intercessão, mediação *V.* deprecar, protestar, desencomendar *Adj.* intercessor

depreciação *Subst.* desvalorização, desapreço, desdouro, vitupério, menoscabo, desvalor, modéstia, negligência, detração, pessimismo, menosprezo, desvirtuamento *V.* depreciar, deprimir, aviltar, detratar, menosprezar, desprezar, subestimar, ridicularizar, negligenciar, apequenar, denegrir, renegar, enodoar, marear, embaçar, desvirtuar, desdourar, deslustrar, desprimorar, deformar, abater, amesquinhar, desconsiderar, mutilar, acanhar, baratear, desnaturar, desfigurar, malsinar, diminuir, acalcanhar, atrofiar, regatear, ofuscar, desprestigiar, vilipendiar, vituperar *Adj.* depreciativo, desdenhoso, minimizado, deprimente, aviltante, pessimista, pejorativo

depressão *Subst.* descida, descenso, agachamento, baixa, rebaixamento, concavidade, derrubada, abatimento, arraso, inversão, prostração, subversão, cortesia, vênia, genuflexão, prosternação *V.* deprimir, rebaixar, abaixar, reduzir, abater, calcar, comprimir, apertar, derrubar, derruir, derrocar, prostrar, tombar, aterrar, descer, inverter, subverter, nivelar, demolir, arrasar, esboroar, desmoronar, ruir, rasar, cercear, roçar, ceifar, segar, arrear, descer *Adj.* deprimido, deprimente, depressivo

deputado *Subst.* mandatário, substituto, suplente, procuração, delegação, delegado, representante, enviado, lugar-tenente, legislador, constituinte, congressista, regente, vizir, ministro, titular, vigário, chanceler, prefeito, guardião, comissário, cônsul, vice-rei, plenipotenciário, tripulação, clube, esquadra, campeão *V.* deputar, legislar, acreditar, nomear, escolher *Adj.* legislativo, parlamentar, cameral, consular

desacordo *Subst.* desarmonia, irregularidade, discordância, desconcerto, desencontro, controvérsia, altercação, contenda, disputa, divergência, dissidência, pendência, dissonância, desafinação, divórcio, descompasso, discrepância, desconformidade, desavença, confronto, conflito, choque, embate, colisão, litígio, quizila, contradição, implicância, implicação, oposição, antagonismo, rebordosa, disparidade, desigualdade, desproporção, repugnância, inaptidão, disjunção, sincretismo, intrusão, interferência, quisto *V.* dissentir, chocar, colidir, divergir, contradizer, contrariar, desentoar, destoar, desafinar, fugir, contrastar, desconcertar, repugnar, intrujar, desarmonizar, desarranjar, desconcertar, desunir, desmantelar *Adj.* discordante, desconforme, discorde, rival, discrepante, chocante, desconcertante, inconsistente, dissonante, desafinado, hostil, infenso, conflituoso, litigioso, repugnante, inconciliável, destoante, desaconselhável, antagônico, irreconciliável, desproporcionado, inadmissível, inaceitável, incabível, contrário, impróprio, excepcional, incongruente, incoerente, inepto, inadequado, inoportuno, descabido, temporão, prematuro, intempestivo, exótico, incômodo, ineficaz, inidôneo, heterogêneo, extravagante, híbrido, excêntrico, deslocado, desigual, esporádico, intruso, intrometido, enxerido, metido, metediço, indesejável, enxertado

desafio ***Subst.*** repto, incitação, instigação, provocação, enfrentamento, cartel, ameaça ***V.*** desafiar, provocar, tourear, afrontar, enfrentar, instigar, incitar, concitar, atirar, medir, ameaçar, afrontar, encarar, arrostar, atrever-se, exigir, roncar ***Adj.*** desafiador, desafiante, provocador, provocante

desamparo ***Subst.*** repúdio, abandono, desarrimo, orfandade, orfanato, deserção, defecção, retirada, desistência, arrependimento, cessão, abdicação, renúncia, interrupção, suspensão, eclipse, variedade, mutação, inconstância, volubilidade, variabilidade, infidelidade, deslealdade, desapego, desinteresse, inatividade, indiferença, descaso, desleixo, desamor, desatenção, negligência, displicência, incúria, esmorecimento, desalento, desânimo, desmaio, desfalecimento, cansaço, abatimento, relaxamento, distração, apatia, desmazelo, retratação, resignação, desuso ***V.*** abandonar, largar, enjeitar, preterir, repudiar, deixar, largar, desacompanhar, quitar, desaproveitar, desamparar, desproteger, descuidar, desleixar, desenlaçar, desertar, desistir, variar, renunciar, abdicar, reconsiderar, anular, revogar, ab-rogar, esmorecer, afrouxar, relaxar ***Adj.*** perdido, esquecido, inabitado, descuidado, desleixado, desalentado, desanimado, desistente, inconstante, variado, variável, desleal, infiel, negligente, displicente, relapso, irresponsável, mudável, fraco, vencível, preguiçoso, indiferente, apático, inerte, abúlico, volúvel

desaparecimento ***Subst.*** sumiço, descaminho, eclipse, extravio, ocultação, desvanecimento, evaporação, partida, êxito, saída, sumidouro, voragem, sorvedouro, ocaso, esconderijo ***V.*** desaparecer, passar, acabar, pirar, escafeder-se, fugir, morrer, apagar ***Adj.*** desaparecido, ido, partido

desarranjo ***Subst.*** transtorno, desorganização, perturbação, bagunça, confusão, mixórdia, desarrumação, anarquização, interrupção, eclipse, distúrbio, subversão ***V.*** desarranjar, complicar, deslocar, desorganizar, desclassificar, desacomodar, desmanchar, confundir, atrapalhar, desordenar, bagunçar, remexer, revolver, subverter, convulsionar, embaralhar, baralhar, enredar, obscurecer, interromper, interpolar, perturbar, transtornar, vascolejar, remoinhar, misturar, intricar, perverter, alterar, descompor, desconjuntar, desmantelar, desarvorar, desmontar, desarrumar, descarrilar ***Adj.*** desarranjado, desorganizado, desordenado, bagunçado, tumultuado, caótico

desatenção (falta de atenção) ***Subst.*** irreflexão, leviandade, leveza, descuido, displicência, abstração, distração, inadvertência, imprudência, desconcentração, desligamento, inobservância, inatividade, indiferença, estouvamento, confusão, desorientação, atrapalhação, preocupação, apreensão, devaneio, absorção, contemplação, enlevo, enleio ***V.*** desatentar, desconsiderar, negligenciar, desatender, fechar os olhos, cerrar os olhos, desperceber, expelir do pensamento, varrer do pensamento, dissipar do pensamento, sonhar, devanear, borboletear, afugentar, desviar, distrair, desencaminhar, alhear, roubar, preocupar, absorver, confundir, desorientar, aturdir, bestificar, bestializar, estontear ***Adj.*** desatento, inadvertido, esquecido, negligente, deslembrado, imprudente, descuidado, displicente, indiferente, cego, surdo, inconsiderado, estouvado, precipitado, arrebatado, atabalhoado, imponderado, leviano, fácil, pasmado, boquiaberto, desmiolado, aturdido, atordoado, demente, desatinado, perplexo, surpreso, suspenso, apatetado, inconstante, doido, estonteado, atrapalhado, sonhador, abstrato, desligado, desconcentrado, alheio, preocupado, perdido, imerso, meditabundo, pensativo, sonolento, perturbador

descida (movimento para baixo) ***Subst.*** descenso, queda, trambolhão, caimento, descaída, tombo, cambalhota, baque, pancada, desabamento, decadência, declinação, cadência, precipitação, chuva, saraiva, escorregadela, tropeção, derrocada, avalanche ***V.*** descer, descender, cair, tombar, sucumbir, ir de queda em queda, rolar, despencar, declinar, descair, gravitar, submergir, afundar, naufragar, soçobrar, mergulhar, esboroar, ruir, resvalar, tropeçar, escorregar, desmontar, descavalgar, saltar, gotejar, pingar, baixar ***Adj.*** descendente, caduco, cadente, peristáltico, decíduo

descoberta (resultado de investigação ou indagação) ***Subst.*** descobrimento, invenção, invento, criação, achado, encontro, solução, remédio, resposta, saída, resultado, revelação, desencanto, soltura, achadouro ***V.*** descobrir, achar, desnudar, encontrar, topar, enxergar, atinar, resolver, perceber, conceber, desencantar, inventar, destrinçar, deslindar, desenredar, matar, decifrar, conhecer, desentranhar, desenterrar, arrancar, extrair, apurar, liquidar, verificar, desbravar, desvendar, solucionar, solver, explicar, interpretar, revelar, descortinar, farejar, enxergar, reconhecer, verificar, identificar

desconformidade ***Subst.*** descompasso, divergência, desacordo, inadequação, deformidade, anomalia, distorção, desvio, anormalidade, singularidade, peculiaridade, excentricidade, excepcionalidade, irregularidade, monstruosidade, novidade, arbitrariedade, aberração, exceção, infração, violação, transgressão, postergação, extravagância, variedade, idiossincrasia, teratologia, individualidade, original, monstro, prodígio, portento, fenômeno, milagre, hermafrodita, salamandra, fênix, quimera, hidra, esfinge, centauro, grifo, ogro, gnomo, duende, hidra, basilisco, lobisomem, velocino, sagitário, dragão, sereia, unicórnio, ciclope, hipocampo, macrocéfalo ***V.*** infringir, quebrar, transgredir ***Adj.*** desconforme, desproporcionado, grande, excepcional, inaudito, esdrúxulo, singular, anômalo, anormal, arbitrário, ilegal, original, sobrenatural, informe, extravagante, grotesco, único, desgarrado, aberrante, mirabolante, desconcertante, gritante, caprichoso, desmarcado, desmedido, descomedido, desusado, peculiar, exclusivo, misterioso, estranho, fenomenal, excêntrico, extraordinário, esquisito, estrambótico, insólito, inconcebível, inverossímil, incrível, inimaginável, estapafúrdio, monstruoso, fantástico, híbrido, desengonçado, admirável, milagroso, exótico, rústico, engraçado, horrendo, raro, incomum, invulgar, peregrino, curioso, interessante, indescritível, inenarrável, inexplicável, assimétrico, insólito, heterogêneo, anfíbio, assexuado, amorfo, andrógino, hermafrodita, teratológico, macrocéfalo, monóculo, centímano ***Adv.*** excepcionalmente, fora

descontentamento ***Subst.*** displicência, aborrecimento, queixa, aflição, agrura, arrelia, desgosto, amargura, desprazer, desconsolo, dissabor, mal-estar, contrariedade, constrição, padecimento, sofrimento, tristeza, enfado, acabrunhamento, desolação, desagrado, inquietação, carranca, cenho, desapontamento, quizila, decepção, agravo, ofensa, despeito, arrufo, consternação, mortificação, chateação, saudade, queixa, murmuração, pesar, queixume, pessimismo, derrotismo, despeitado, invejoso, descontente, pessimista, saudosista, derrotista, protesto, vaia ***V.*** queixar-se, fungar, resmungar, vociferar, reclamar, bufar, espernear, resignar, embirrar, zangar, abespinhar, azucrinar, encher, apoquentar, aborrecer, aporrinhar, desgostar, arreliar, descontentar, atazanar, indispor, escandalizar, desapontar, irritar, enfadar, perturbar, melindrar, molestar, desconcertar, desanimar ***Adj.*** descontente, insatisfeito, dissidente, derrotista, desgostoso, despeitado, zangado, aborrecido, ressentido, queixoso, exigente, amuado, carrancudo, revoltado, trombudo, saudoso, resmungão, implicante, contrafeito

descontinuidade ***Subst.*** interpolação, disjunção, intermitência, parada, suspensão, anacoluto, paralisação, interrupção, corte, quebra, aparte, interpelação, remitência, fenda, falha, racha, abertura, fresta, estorvo, intervalo, entreato, pausa, interregno, interlúdio, parada, eclipse, travessão, parêntese, síncope, desmaio, episódio, rapsódia, remendo ***V.*** alternar, entremear, interpolar, estacar, pausar, entrecortar, interromper, atalhar, perturbar, apartear, interpelar, intervir, romper, fragmentar, cessar, suspender, vascolejar, atravessar, interceptar, intervalar, cortar, secionar, obstruir, paralisar, desconversar ***Adj.*** descontínuo, entrecortado, interruptor, cortado, salteado, falhado, solitário, isolado, esparso, intermitente, parcial, remitente, caprichoso, irregular, espasmódico, epidêmico, esporádico, periódico ***Adv.*** por intervalos, a prestação, de quando em quando ora sim, ora não

desconto ***Subst.*** abate, abatimento, rebate, redução, ágio, taxa, comissão, porcentagem, diminuição, dedução, tara, depreciação, desvalorização, deságio, liquidação, comercial ***V.*** descontar, abater, reduzir, deduzir, rebater, taxar, tarar, tirar, desvalorizar, diminuir, aviltar, depreciar, baratear ***Adj.*** descontado

descortesia ***Subst.*** má-criação, impolidez, deselegância, desprimor, indelicadeza, desatenção, rusticidade, aspereza, rispidez, rudeza, secura, frialdade, grosseria, despeito, desrespeito, impudência, barbarismo, barbárie, brutalidade, severidade, rigidez, austeridade, acrimônia, selvajaria, virulência, mordacidade, recusa, não, insolência, impudência, carranca, (fig.) focinheira, (fig.) urso, bruto, brutamontes, (fig.) troglodita, (fig.) hipopótamo, animal, (fig.) leão, aldeão, beduíno, cascão, antipático, estúpido, carroceiro, grosseiro, burguês, respondão, resmungão ***V.*** insultar, fechar, maltratar, ofender, melindrar, resmungar, rosnar, respingar, grimpar ***Adj.*** seco, descortês, incivil, rústico, mal-educado, malcriado, impolido, indelicado, antipático, inculto, grosso, irreverente, brutal, bestial, ríspido, acerbo, áspero, charro, lapão, desgracioso, bruto, safado, descarado, impudente, desabrido, acrimonioso, intratável, desatencioso, mal-humorado, incivilizado, selvagem, selvático, sáfaro, secarrão, mordaz, pontudo, labrego, rugoso, agreste, estúpido, brusco, arisco, austero, inacessível, intratável, inatingível, inabordável, rabugento, irritadiço, agressivo, brutal, ofensivo, pesado, afrontoso, arrogante, acre, agro, deselegante ***Adv.*** descortesmente, com estupidez, desrespeitosamente

descostume ***Subst.*** exceção, insolência, desuso, ressurreição, anormalidade, inexperiência, novidade, novação, inovação, desmame, minoria, contestador, (fig.) extraterrestre, (fig.) astronauta, (fig.) alienígena ***V.*** desacostumar, desabituar, desusar, tirar, desnacionalizar, desarraigar, violar, infringir, abandonar, desmamar, apartar, (pop.) desquitar, cessar, desusar, evoluir, progredir, melhorar ***Adj.*** invulgar, peregrino, inusitado, desusado, insolente, insólito, incrível, extraordinário, desafeito, desabusado, novo, contestatório, inexperiente, principiante, novato, novel, anômalo, anormal, inopinado, excepcional, progressista, inovador, revolucionário

descrença ***Subst.*** descrédito, retratação, cepticismo, pessimismo, suspeição, suspeita, desconfiança, suspicácia, ciúme, zelo, escrúpulo, negação, consulta, incredulidade, incredibilidade ***V.*** descrer, desacreditar, renegar, negar, rejeitar, refutar, dissentir, desconfiar, duvidar, não ter fé, titubear, hesitar, suspeitar, ter suspeitas, vacilar, objetar, contestar, contrastar, divergir, atirar a luva, agitar uma questão, suscitar uma questão, questionar, discutir, desafiar, disputar, causar uma dúvida, gerar uma dúvida, acordar uma dúvida, controverter, amortalhar, abalar, golpear, andar desconfiado ***Adj.*** incrédulo, incréu, descrente, desconfiado, ressabiado, céptico, suspeitoso, suspicaz, equívoco, carente, discutível, inacreditável, inconcebível, inverossímil, imaginoso, falível, questionável, problemático, controverso ***Adv.*** incredulamente, com reservas, pelo sim, pelo não

descrição ***Subst.*** painel, quadro, pintura, retábulo, relato, relatório, divulgação, retrato, fotografia, traçado, mapa, levantamento, topografia, GPS, especificação, particularidade, sumário, suma, súmula, resenha, recapitulação, registro, roteiro, esboço, debuxo, borrão, monografia, particular, fiel, perfil, narração, narrativa, reportagem, notícia, local, relação, recitação, referimento, périplo, historiografia, anais, histórico, crônica, biografia, autobiografia, necrologia, obituário, sudário, história, conto, relatório, ata, memória, memorial, tradição, legenda, historieta, diário, vida, roteiro, anedota, anedotário, xácara, novela, romance, conto, saga, historieta, fábula, parábola, apólogo, filme, gravação, disco, CD, DVD, *blu-ray*, romancista, biógrafo, fabulista, novelista, prosador, romancista, repórter, jornalista ***V.*** descrever, representar, debuxar, pintar, tracejar, estampar, retratar, perfilar, caracterizar, particularizar, especificar, narrar, contar, recontar, relatar, recitar, capitular, recapitular, reconstruir, resenhar, dizer, desfiar, historiar, expor, romancear, relacionar, bosquejar, referir, numerar, enumerar, detalhar, particularizar, pormenorizar, biografar, historiar, gravar, filmar, reportar ***Adj.*** descritivo, gráfico, narrativo, épico, sugestivo, histórico, biográfico, tradicional, legendário, necrológico, anedótico, minucioso, minudente, descritível ***Adv.*** descritivamente, fielmente, detalhadamente

desejo ***Subst.*** vontade, fantasia, capricho, veleidade, falta, mister, necessidade, exigência, inclinação, pendor, queda, cachaça, preferência, simpatia, parcialidade, predileção, propensão, gosto, amor, agrado, aprazimento, contento, tenção, intenção, meta, fim, finalidade, anseio, ânsia, aspiração, pretensão, mira, fito, desígnio, objetivo, preocupação, ansiedade, cobiça, ambição, zelo, empenho, ardor, curiosidade, fervor, febre, afã, inveja, filé, engulho, voto, fome, apetite, apetência, gana, prurido, comichão, cacoete, cupidez, tentação, sensualidade, concupiscência, lubricidade, avidez, sofreguidão, ganância, rapacidade, pica, paixão, furor, mania, dipsomania, cleptomania, amador, admirador, devoto, cultor, torcedor, aspirante, pretendente, candidato, concorrente, interessado, suplicante, solicitante, desiderato, sonho, ideal, atração, magneto, ímã, polo, fantasia, tentação, sedução, provocação, fascinação, enlevo, ídolo, capricho, inveja ***V.*** desejar, querer, pedir, esperar, anelar, ambicionar, preferir, apreciar, mirar, cobiçar, almejar, pretender, invejar, namorar, paquerar, azarar, cortejar, estar sequioso, apetecer, aguar, solicitar, implorar, pedir, concorrer, excitar, acender, provocar, tentar, provar, desafiar, atrair, agradar ***Adj.*** optativo, curioso, perplexo, cuidadoso, zeloso, faminto, famélico, esfaimado, sequioso, cobiçoso, sedento, ávido, sôfrego, voraz, edaz, cupidinoso, cobiçoso, exigente, ansioso, insaciável, pantagruélico, onívoro, invejoso, devorador, insatisfeito, exigente, desejável, apetecível, apetitoso, atraente, provocante, provocador, provocativo, excitante, desafiador, atraente, sedutor, invejável, agradável, optativo, suspiroso, saudoso, gamado, arrebatado, embeiçado, enamorado, vidrado, apaixonado, empolgado, encantado

deselegância ***Subst.*** desprimor, desalinho, rigidez, dureza, emperramento, imperfeição, barbarismo, vulgaridade, gíria, solecismo, eufemismo, cacofonia, hiato, plebeísmo, monotonia, ressonância, psitacismo, lambdacismo ***V.*** desflorar, desataviar, emperrar, desprimorar, destoar ***Adj.*** deselegante, destoante, berrante, sem graça, desenxabido, desalinhado, descomposto, descuidado, duro, agreste, desgrenhado, seco, emperrado, constrangido, forçado, artificial, inculto, bárbaro, grosseiro, massudo, pesado, manco, coxo, intolerável, chato, pernóstico, picaresco, grotesco, desabrido, chulo, incolor, chocho, túrgido, bombástico, empolado

desembaraçamento ***Subst.*** sursis, salvação, remição, trégua, libertação, redenção, resgate, livramento, soltura ***V.*** desembaraçar, livrar, libertar, eximir, isentar, safar, desencalacrar, desenlaçar, desembaraçar, desapertar, desamarrar, desentalar, desenredar, desencalhar, desencravar, redimir, remir, resgatar, desinfestar, salvar, desencalhar, desbloquear ***Adj.*** salvo, safo, remido, redimível

desensino ***Subst.*** desserviço, desorientação, caminho tortuoso, caminho resvaladiço, ensino defeituoso, ensino ineficiente, sofisma, perversão, contrapropaganda ***V.*** deseducar, desservir, embrutecer, perverter, mumificar, embaralhar, enganar, desencaminhar, desorientar, desnortear, complicar ***Adj.*** antipedagógico, antididático

desesperança (ausência, necessidade, perda de esperança) ***Subst.*** desespero, desalento, desânimo, frustração, abatimento, desesperação, pessimismo, derrotismo, angústia, agonia, enguiço, decepção, desengano, desalento, acabrunhamento, soçobro, depressão ***V.*** desesperar, sucumbir, malsinar, recurso, desconcertar, desiludir, desenganar ***Adj.*** desesperado, desesperador, impaciente, abandonado, impraticável, incurável, irremediável, incorrigível, insanável, irreparável, irrealizável, irrecusável, inevitável, fatal, irrefutável, irreprimível, inconsolável, irresistível, inexorável, irrevogável, irretratável, improrrogável, impreterível, inapelável, nefasto, malfadado, malparado, ameaçador

desigualdade ***Subst.*** desproporção, inequação, disparidade, inconformidade, desequilíbrio, diferença, desacordo, dessemelhança, parcialidade, superioridade, subordinação, inferioridade, irregularidade, assimetria, contrapeso ***V.*** desigualar, desequilibrar, desempatar, desnivelar, desirmanar, discriminar, privilegiar, subordinar ***Adj.*** desigual, desconforme, diferente, desproporcionado, dessemelhante, inferior, superior, irregular, assimétrico, somenos

desinformação ***Subst.*** submersão, ocultação, sonegação, omissão, mistificação, camuflagem, mimetismo, incomunicabilidade, ignorância, desconhecimento, insipiência, velamento, véu, disfarce, máscara, esconderijo, criptografia, maçonaria, sub-reptício, furto, velhacaria, reclusão, afastamento, retiro, retração, intimidade, solidão, isolamento, segredo, discrição, incógnita, recato, ilação, entrelinha, supressão, evasiva, descarte, mutismo, negação, silêncio ***V.*** desinformar, esconder, ocultar, sonegar, sumir, recalcar, obstruir, sopitar, aferrolhar, engarrafar, recatar, cerrar, encobrir, tapar, homiziar, cobrir, encapotar, amortalhar, velar, camuflar, capear, disfarçar, encerrar, caiar, entrecerrar, arquivar, abafar, obumbrar, toldar, refugiar-se, encovar, reprimir, retrair, mergulhar, sepultar, enterrar, ofuscar, solapar, enfurnar, encovar, entocar, rebuçar, afundar, capear, acobertar, negligenciar, mascarar, segredar, assoprar, mistificar, enganar, submergir ***Adj.*** oculto, secreto, rebuçado, escondido, arcano, encoberto, escuro, sumido, velado, místico, misterioso, obscuro, cabalístico, particular, reservado, íntimo, surdo, enfurnado, desinformado, insciente, subterrâneo, perdido, imerso, segregado, inaudito, submerso, imperscrutável, enigmático, ambíguo, equívoco, inviolável, indevassável, esotérico, maçônico, inconfessável, furtivo, solapado, dissimulado, sorrateiro, felino, traiçoeiro, reservado, confidencial, evasivo, encapotado, fechado, ignoto ***Adv.*** furtivamente, sorrateiramente, em segredo, sub-repticiamente, à francesa, à solapa, na calada da noite

desinteresse ***Subst.*** inércia, tibieza, impassibilidade, inapetência, apatia, marasmo, aridez, indiferença, frieza, fleuma, frialdade, embotamento, gelo, calma, sossego, frescura, pachorra, estoicismo, quietismo, displicência, descaso, menosprezo, desdém, inação, inércia, lassidão, indolência, lassitude, calosidade, mármore, torpor, abatimento, morbidez, desfalecimento, quebranto, lombeira, lomba, letargo, letargia, inconsciência, coma, sono, paralisia, langor, languidez, prostração, quebranto, entorpecimento, sonolência, soneira, neutralidade, quietismo ***V.*** vegetar, negligenciar, languescer, insensibilizar, calejar, curtir, aguerrir, anestesiar, narcotizar, embebedar, petrificar, ossificar, embotar, embrutecer, bestializar, brutalizar, entorpecer, arrefecer, amortecer, amortizar, atordoar, gelar, obcecar, dessecar, habituar, familiarizar, acostumar, endurecer, encouraçar ***Adj.*** insensível, frio, glacial, gélido, morto, inconsciente, impassível, imperturbável, enxuto, cego, surdo, fechado, apático, fleumático, indiferente, vegetante, entorpecido, gelado, abatido, obtuso, inerte, indolente, vegetativo, inativo, pachorrento, lânguido, manso, seco, frouxo, tíbio, desanimado, imóvel, estático, negligente, desinteressado, relaxado, desapaixonado, imperturbável

deslocação ***Subst.*** sacudidela, remoção, transposição, expulsão, exílio, banimento, luxação ***V.*** deslocar, desalojar, afastar, relegar, desviar, sacudir, desabrigar, remover, demover, exilar, desenfurnar, desencovar, desentocar, desacomodar, desintumescer, descongestionar, descarregar, esvaziar, transferir, vagar, partir, dispersar, arredar *Adj.* vagabundo, errante, perdido, multívago, foragido

desobediência *Subst.* indocilidade, inobservância, insubordinação, insurgência, recalcitrância, desrespeito, descumprimento, teima, contumácia, renitência, recusa, revelia, oposição, relutância, infração, insolência, transgressão, revolução, conflagração, rebeldia, apostasia, alvoroço, arruaça, insurreição, pronunciamento, subversão, revolta, levante, indisciplina, perturbação, rebelião, motim, tumulto, turbulência, sedição, fervedouro, bulício, conturbação, sublevação, bernarda, intentona, felonia, infidelidade, inconfidência, traição, ofensa, defecção, tumulto, desordem, banzé, obstrução, parede, insurgente, insubordinado, rebelde, revoltado, revoltoso, insurreto, revolucionário, subversivo, separatista, inconfidente, agitador, desertor, fugitivo, revel, espadachim, anarquista, demagogo, Zumbi, levantador, arruaceiro, grevista, incendiário, petroleiro, refratário, insubmisso, transgressor, contraventor, mofino, desordeiro, brigão *V.* desobedecer, desafiar, violar, descumprir, infringir, transgredir, resistir, desrespeitar, contestar, quebrar, sublevar, amotinar, rebelar, agitar, alvoroçar, alterar, subverter, revolucionar, seduzir, conflagrar, insubordinar, desautorar, exorbitar *Adj.* desobediente, insurrecional, insubmisso, insubordinado, ingovernável, revoltoso, insurreto, indisciplinável, indisciplinado, altivo, arrogante, irrequieto, trêfego, insuportável, refratário, contumaz, relapso, recalcitrante, indócil, indomável, resistente, subversivo, contestador, sedicioso, tumultuoso, tumultuário, turbulento, alterado, incendiário, demagógico, malcriado, mal-educado, desbocado, desenfreado

desonestidade *Subst.* desonra, desencaminhamento, sordidez, torpeza, vileza, infâmia, fraude, falsidade, má-fé, infidelidade, deslealdade, traição, perjúrio, fealdade, aleivosia, inconfidência, felonia, maquinação, apostasia, inobservância, baixeza, vilania, mesquinhez, pequenez, indignidade, infâmia, trapaça, abjeção, descrédito, dilapidação, deslize, tortuosidade, desenvoltura, prevaricação, bandalheira, maracutaia, mensalão, vergalhada, pouca-vergonha, imoralidade, descaramento, desfaçatez, canalhice, cinismo, patifaria, estelionato, corrupção, peculato, concussão, traficância, negociata, dolo, cilada, armadilha, conluio, emboscada, maquiavelismo, duplicidade, dissimulação, fingimento, injustiça, velhacaria, tramoia, nepotismo, compadrio, bilontragem, sem-vergonhice, despudor, impudência, (pop.) cambalacho, embuste, engodo, adulação, barganha, cafajestada, cachorrice, baixaria, mau-caráter, pústula, patife, pilantra, cachorro, sem-vergonha, tratante, miserável, meliante, malandro, safardana, canalha, safado, crápula *V.* entregar, trair, falsear, prevaricar, iludir, ludibriar, embromar, empulhar, engrupir, engambelar, empulhar, malversar, dilapidar, receptar, calotear, lesar, mercadejar, traficar, degenerar, corromper, peitar, perjurar, prejudicar *Adj.* desonesto, mau-caráter, falso, insincero, pilantra, inconsciente, inescrupuloso, desenvolto, maquiavélico, industrioso, doloso, fraudulento, velhaco, safado, tratante, trampolineiro, corrupto, patife, biltre, salafrário, pícaro, maroto, brejeiro, tratante, trapaceiro, despudorado, desavergonhado, descarado, impudente, cínico, impudico, destabocado, prevaricador, venal, comprável, pérfido, desleal, fingido, infiel, perjuro, púnico, inconfidente, traidor, dúplice, elástico, leonino, traiçoeiro, intrigante, torpe, asqueroso, infame, inconveniente, indesejável, desacreditado, baixo, vil, inqualificável, impuro, mesquinho, ignóbil, ignominioso, malvisto, pulha, afrontoso, acanhado, chapado, ínfimo, desprezível, indigno, abjeto, imundo, desqualificado, repugnante, asqueroso, nojento, rasteiro, ordinário, rastejante, rabudo, vilão, indigno, moleque, malandro, vadio

desordem ***Subst.*** desarranjo, irregularidade, descompasso, anomalia, anarquia, desgoverno, transtorno, desmantelo, desacordo, assimetria, desalinho, sarapatel, angu, trapalhada, embrulhada, barafunda, bagunça, bafafá, auê, cipoal, choldra, encrenca, promiscuidade, matalotagem, complicação, intrincamento, meada, labirinto, dédalo, envolta, perturbação, banzé, caos, pandemônio, contradança, espalhafato, tumulto, balbúrdia, chinfrim, orgia, azáfama, charivari, rebuliço, carnaval, mixórdia, alvoroço, caldeirada, miscelânea, empada, montão, maionese, misturada, salada, cabidela, cipoal, grenha, irregularidade, complexidade, indisciplina, pastel, Babel, fermentação, ebulição, agitação, convulsão, tumulto, motim, polvorosa, alarido, celeuma, vozearia, matinada, escarcéu, algazarra, açougue ***V.*** desordenar, estar tudo às avessas, andar tudo desorganizado, desorganizar, bagunçar ***Adj.*** desordenado, irregular, anômalo, assimétrico, anárquico, mau, ruim, anormal, caótico, confuso, bagunçado, túrbido, indigesto, desarranjado, invertido, informe, complicado, indiscriminado, impenetrável, embaraçoso, inextricável, violento, atropelado, promíscuo, atabalhoado, envolto, orgíaco, tumultuoso, tumultuário, perplexo ***Adv.*** à trouxe-mouxe, atabalhoadamente, à matroca, de cambulhada

despesa ***Subst.*** custo, custa, custas, custeio, manutenção, desembolso, dispêndio, gasto, consumo, importe, sustento, circulação, preço, pingadeira, saída, peita, salário, soldada, diária, honorário, subsídio, achega, estipêndio, joia, propina, carceragem, tributo, contingente, quota, coleta, contribuição, donativo, ordenado, antecipação, adiantamento, abono, sinal, luvas, penhor, depósito, prestação, foro, ônus, encargo, gravame, anuidade, dízimo, primícias, compra, obrigação, taxa, tarifa, imposto ***V.*** gastar, despender, sacrificar, empatar, aplicar, empregar, pagar, desembolsar, consumir, adiantar, sangrar, remunerar, manter, sustentar, subsidiar, contribuir, investir ***Adj.*** suntuoso, caro, dispendioso, exorbitante

despimento ***Subst.*** desnudamento, nudismo, naturalismo, decote, *striptease*, tanga, careca, calvície, alopecia, farripas, depilatório, escoriação, descascamento, escamação, desfolhação ***V.*** despir, desvelar, desvestir, descompor, tirar, desnudar, descobrir, desembrulhar, descalçar, desenfaixar, depilar, desfolhar, despolpar, escamar, depenar, desplumar, pelar, esfolar, escalavrar, escoriar, tosquiar, desenvernizar, destelhar, estornar, desembainhar, desarrear ***Adj.*** nu, desnudo, escalvado, calvo, pelado, glabro, piroca, descalço, implume, seminu, esfarrapado, maltrapilho, trapalhão ***Adv.*** em pelo, em trajes de Adão

despreparo ***Subst.*** imprevidência, imprevisão, inadvertência, incultura, incúria, desleixo, negligência, displicência, inação, virgindade, imaturidade, prematuridade, aborto, natureza, naturalidade, singeleza, simplicidade, despojamento, primitivismo, espontaneidade, sesmaria, sertão, desarranjo, grenha, desorganização, rusticidade, baldio, negligência, desalinho, rascunho, matéria-prima, improvisação, indisciplina, incultura ***V.*** improvisar, despir, desaperceber, abortar ***Adj.*** despreparado, imprevisto, incompleto, rudimentar, precário, embrionário, abortivo, imaturo, inadvertido, improvisado, nascituro, cru, verde, verdoengo, grosseiro, áspero, acerbo, tosco, bruto, rústico, informe, novato, novel, precoce, prematuro, temporão, lampeiro, indigesto, impolido, arisco, fugidio, indômito, incivilizado, selvagem, selvático, xucro, bravio, bárbaro, rude, agreste, sáfaro, montanhês, fero, baldio, bravo, feroz, silvestre, natural, singelo, desataviado, espontâneo, nativo, nacional, desorganizado, desprovido, desmantelado, engrolado, imprevidente, desapercebido, extemporâneo, sujo ***Adv.*** cedo demais, prematuramente

desprezo ***Subst.*** reprovação, desdém, desfavor, descaso, menosprezo, malbarato, depreciação, menoscabo, repulsa, ofensa, desapego, desapreço, desinteresse, desconsideração, esquivança, desamor, desafeição, frigidez, frieza, displicência, abandono, atropelo, postergação, escarninho, escárnio ***V.*** desprezar, abandonar, renegar, desdenhar, menoscabar, atropelar, escorraçar, descurar, espezinhar, conculcar, engolir, acalcanhar, atropelar, mofar, renegar, pospor, preterir, desatender, vilipendiar, deprimir, refugar, depreciar, descontar, sacrificar, rasgar, enjeitar ***Adj.*** desdenhoso, insultuoso, ofensivo, arrogante, orgulhoso, soberbo, cínico, derrisório, reles, desprezível, desimportante, insignificante, baixo, vilão, nojento, repugnante, despiciendo, inaceitável, indesejável, asqueroso, sujo, abjeto, pequeno, imoral

desprovimento (falta de dono) ***Subst.*** ausência, carência ***V.*** não ter dono ***Adj.*** devoluto, vago, bravio

desrespeito ***Subst.*** irreverência, sacrilégio, vandalismo, profanação, violação, descaso, negligência, arrogância, desacato, desatenção, desprestígio, desconsideração, vilipêndio, injúria, desfeita, partida, ultraje, seta, indignidade, pirraça, desaforo, acinte, afronta, vexame, desonra, lambada, insulto, impropério, ataque, agressão, picuinha, provocação, descortesia, derrisão, gozação, mofa, ridículo, zombaria, sarcasmo, surriada, latada, vaia, pateada, careta, insolência, irrisão, alcunha, epíteto, apelido, palavrão, *bullying* ***V.*** desrespeitar, desacatar, desautorar, desconsiderar, desprezar, desprestigiar, perseguir, maltratar, enxovalhar, desonrar, desatender, desdenhar, achincalhar, vilipendiar, afrontar, insultar, (gír.) sacanear, arrasar, agredir, atacar, desfeitear, ultrajar, cuspir, cuspinhar, cuspilhar, aviltar, xingar, alcunhar, apelidar, personalizar, escarnecer, ridicularizar, mofar, injuriar, pichar, averbar, emporcalhar, apedrejar, vaiar, assobiar, patear, apupar, matraquear, desfeitear ***Adj.*** desatencioso, sacrílego, irreverente, desdenhoso, insultante, insultuoso, agressivo, descortês, rude, vilão, sarcástico, ofensivo, ultrajante, injuriante, afrontoso, vandálico

dessemelhança ***Subst.*** desigualdade, diferença, inverossimilhança, contraste, divergência, discrepância, diversidade, desacordo, desavença, dissensão, heterogeneidade, novidade ***V.*** variar, contrastar, colidir, discordar, divergir, discrepar, destoar, diversificar, diferir, desemparelhar ***Adj.*** dessemelhante, díspar, desigual, variado, inconfundível, imiscível, incomparável, heterogêneo, distinto, único, novo, original, inédito *Conj.* senão, aliás, mas, contudo, todavia, porém

destino *Subst.* fatalidade, fortuna, dita, fado, sina, sorte, ventura, futuro, perspectiva *V.* pender, esvoaçar, adejar, ameaçar, instar, predestinar, predeterminar, sentenciar *Adj.* iminente, instante, próximo, futuro *Adv.* por um triz, haja o que houver

destra *Subst.* direita, estibordo *Adj.* destro, ambidestro, direito

destruição *Subst.* dissolução, estrago, arrasamento, apagamento, aniquilação, aniquilamento, desbaratamento, ruína, rompimento, ruptura, queda, desmoronamento, arruinamento, ruína, perdição, despedaçamento, derrocada, prostração, desolação, subversão, reviravolta, naufrágio, extinção, eliminação, morte, sideração, golpe, condenação, demolição, extermínio, rasoura, sapa, derrota, faxina, roedura, cárie, broca, supressão, abolição, revogação, sacrifício, devastação, vandalismo, razia, incêndio, extração, absorção, destruidor *V.* perecer, desmoronar, soçobrar, destruir, anular, sacrificar, derrocar, demolir, dilacerar, rasgar, subverter, alagar, submergir, abismar, desmanchar, desarmar, limpar, vassourar, varrer, gastar, estrompar, derrubar, esboroar, derruir, desmoronar, cortar, quebrar, rechaçar, destroçar, derrotar, desbaratar, dispersar, desarraigar, arrancar, degolar, abater, roer, despedaçar, esfarrapar, esbandalhar, esborrachar, escangalhar, triturar, dissipar, dirimir, extinguir, malbaratar, sumir, suprimir, eliminar, arruinar, abalar, atalhar, tirar, riscar, apagar, comer, expelir, dissolver, tragar, esmigalhar, consumir, desolar, despovoar, esmagar, sufocar, superar, debelar, jugular, domar, carbonizar, incinerar, neutralizar, despedaçar, arrasar, desmantelar, extirpar, rasourar, nivelar, petardear, dinamitar, incendiar, esquartejar, cercear, desorganizar, desarvorar, inutilizar, devorar, engolir, deglutir, minar, sapar, solapar, crestar, queimar, exterminar, arrancar, roçar, banir, proscrever, carcomer, talar, infestar *Adj.* destrutivo, vandálico, subversivo, fulminante, disruptivo, voraz

destruidor *Subst.* destruição, iconoclasta, arrasador, camartelo, picareta, picão, foice, raio, dinamite, carcoma, cárie, caruncho, gusano, traça, lagarta, pulgão, gafanhoto, broca, traça, bicho-carpinteiro, cupim, vendaval, cataclismo, terremoto, hidra, furacão, tufão, tempestade, vândalo, extintor, incendiário, petroleiro, anarquista, sabotador, terrorista, assassino, veneno, devorador, inimigo

desuso *Subst.* abstenção, abstinência, abandono, esquecimento, omissão, negligência, arcaísmo, obsolescência *V.* desusar, dispensar, abnegar, poupar, desprezar, abandonar, reservar, arquivar, suprimir, rejeitar, desaproveitar, preterir, proscrever, abolir, perder, destruir, renunciar, descurar, envelhecer, jazer *Adj.* desusado, inusitado, desempregado, respeitado, virgem, relegado, inaproveitado, inútil

desvio *Subst.* afastamento, difração, refração, flexão, deflexão, curvatura, declinação, guinada, desnorteamento, desorientação, desgoverno, diversão, digressão, aberração, divergência, distorção, labirinto, circuito, erro, extravio, descaminho, desencontro *V.* declinar, bordejar, infletir, quebrar, abater, variar, ziguezaguear, descair, quebrar, guinar, voltar, voltear, contornar, dançar, rodar, girar, vaguear, errar, vagabundear, garrar, desgarrar, descarregar, exorbitar, vacilar, oscilar, tresmalhar, extraviar, refletir, desencanar *Adj.* desviado, transviado, desnorteado, desorientado, desarvorado, desmantelado, errante, perdido, erradio, vagabundo, vagamundo, vago, impreciso, indeterminado, indeciso, tortuoso, indireto, inconstante, oblíquo ***Adv.*** à toa, à deriva, a esmo

desvirtude ***Subst.*** vício, defeito, vezo, pecha, podres, sombras, curvas, desvio, pecadilho, pecado, irregularidade, mazela, rabo, defeito, falta, falha, queda, lapso, naufrágio, descaída, escorregadela, erro, imprudência, façanha, inópia, proeza, borbulha, demérito, escândalo, achaque, fraqueza, deslize, manqueira, tacha, senão, jogatina, imoralidade, amoralidade, indecência, relaxamento, depravação, flacidez, desregramento, indignidade, malfeito, corrupção, cabeçada, infâmia, sordidez, (fig.) indisciplina, desmoralização, viciosidade, poluição, desonra, velhacaria, deboche, incontinência, atrocidade, canibalismo, (fig.) gangrena, enfermidade, deformidade, chaga, fragilidade, imperfeição, crime, borrão, negrura, acanhamento, batota, jogo ***V.*** escandalizar, tripudiar, errar, claudicar, escorregar, tropeçar, pecar, viciar, corromper, empestar, perverter, transviar, brutalizar, desmoralizar ***Adj.*** viciado, podre, pecador, perverso, imoral, amoral, injusto, criminoso, prevaricador, corrupto, impuro, ruim, corrompido, safado, libertino, escandaloso, perdido, desavergonhado, devasso, degenerado, descarado, despudorado, infame, desregrado, impudico, desonesto, torpe, sórdido, lascivo, desbocado, impudente, indigno, malvisto, amaldiçoado, desprezível, vil, celerado, abjeto, baixo, ignóbil, imundo, indigno, facínora, malvado, maldito, leproso, lazarento, chagado, lazeirento, repugnante, sórdido, escabroso, mefistofélico, satânico, diabólico, infernal, endemoninhado, demoníaco, possesso, malévolo, inconsciente, irresponsável, réprobo, culpado, demérito, iníquo, vergonhoso, indecoroso, ignominioso, nefando, punível, repreensível, censurável, desonesto, pecaminoso, urodelo, reprovável, vil, negro, ominoso, hediondo, horrendo, deplorável, torpe, abominável, ruim, condenável, lastimável, indecente, ignóbil, baixo, soez, desonroso, odioso, atroz, clamoroso, detestável, execrável, imperdoável, indesculpável, incomutável, injustificável, desmoralizador, degradante

dever ***Subst.*** obrigação, incumbência, tarefa, responsabilidade, compromisso, chamado, obediência, fidelidade, lealdade, função, moralidade, moral, decálogo, probidade, consciência, sentimento, observância, cumprimento, desempenho, satisfação, execução, prática, regularidade, observação, reato, disciplina, assiduidade, pontualidade, diligência, zelo, dedicação, brilho, correção ***V.*** competir, tocar, convir, importar, relevar, dever, exigir, obrigar, constranger, forçar, compelir, prescrever, assinar, observar, cumprir ***Adj.*** obrigatório, compulsório, imperativo, imperioso, peremptório, taxativo, iniludível, inquestionável, indiscutível, sujeito, responsável, pontual, assíduo, zeloso, diligente, observante, cumpridor, esforçado, ativo, regular, escrupuloso, meticuloso, religioso, (fig.) timorato, rígido, caprichoso, próprio, moral, ético, consciencioso, devido, respectivo ***Adv.*** religiosamente

difamação ***Subst.*** detração, apedrejamento, ultraje, vitupério, depreciação, aviltamento, maldizer, maledicência, desdouro, menoscabo, (fig.) adrado, (fig.) ladrido, (fig.) murmuração, (fig.) mordedura, injúria, calúnia, aleivosia, insídia, agressividade, personalidade, libelo, pasquim, anonimato, detrator, tesourada ***V.*** detrair, vilipendiar, aviltar, ultrajar, vilificar, infamar, denegrir, baratear, assombrar, enlamear, enegrecer, enodoar, conspurcar, marear, enxovalhar, sujar, menoscabar, malsinar, abater, amesquinhar, estigmatizar, prejudicar, caluniar, desacreditar, derrear, abocanhar, poluir, macular, desdourar, deslustrar, imputar, vituperar, difamar, pasquinar, morder, tesourar, anatematizar ***Adj.*** maldizente, detrator, falador, difamador, maledicente, calunioso, invejoso, injuriante, insultuoso, ofensivo, afrontoso, deprimente, depreciativo, vexaminoso, sarcástico, vilipendioso, mordente, sardônico, satírico, picante, ultrajante, cínico, viperino

difamador ***Subst.*** reprovador, detrator, pessimista, derrotista, acusador, censor, crítico, cínico, pregoeiro, difamador, maldizente, falador, maledicente, satirista, panfletário, agressor, caluniador, tesoura, vituperador, caluniador, vilipendiador, mastim, rafeiro, vespa, fofoqueiro, mexeriqueiro, navalha

diferença ***Subst.*** distinção, variação, variedade, diversidade, discordância, disparidade, modificação, divergência, desacordo, desencontro, desigualdade, dessemelhança, heterogeneidade, distinção sutil, nuance, gama, gradação, matiz, discriminação ***V.*** diferir, discrepar, contrastar, divergir, diversificar, destoar, diferençar ***Adj.*** diferente, divergente, dessemelhante, discrepante, longe, diverso, outro, desconforme, mudado, inconfundível, segundo, novo, heterogêneo, vário, discorde, separado, multíplice, multifário, variegado, desigual, díspar

dificuldade ***Subst.*** canseira, desfiladeiro, dilema, aresta, senão, mas, embaraço, resistência, contrariedade, agrura, atribulação, contratempo, transtorno, vicissitude, borrasca, aperto, espinho, pedreira, pesadelo, tormento, implicância, segredo, complicação, embrulhada, atrapalhação, complicador, engasgo, espinha, delicadeza, nó, caminho tortuoso, caminho resvaladiço, questão irritante, maromba, (bras.) tamanduá, cachoeira, rede, malha, cipoal, dédalo, labirinto, quê, enleio, apuro, enrascada, estreito, custo, trabalho, pena, choque, crise, prova, provação, incômodo, transe, trabalho, pensão, emergência, atoleiro, osso duro de roer, camisa de onze varas, resistência ***V.*** dificultar, atormentar, tentar, atrapalhar, obstar, lutar, arcar, afrontar, tropeçar, estar em apuros, complicar, entalar, agravar, comprometer, onerar, gravar, obstaculizar, emaranhar, embaraçar, contrariar, assoberbar, atrapalhar, estorvar, apertar, aviar ***Adj.*** difícil, dificultoso, forte, penoso, tormentoso, duro, rude, árduo, insano, improbo, molesto, laborioso, trabalhoso, enfadonho, tedioso, oneroso, perigoso, hercúleo, formidável, embaraçoso, alto, transcendente, complicado, complexo, pedregoso, espinhoso, austero, moroso, bicudo, impossível, desajeitado, pesado, encruado, ingovernável, indócil, intratável, indomável, impraticável, obstinado, inacessível, horrível, fatigante, titânico, ruim, mau, áspero, rude, ingrato, nodoso, ínvio, íngreme, duvidoso, precário, complicado, desesperado, custoso, insano, cansativo, exaustivo, implicante, delicado, melindroso, eriçado, emaranhado, cheio, pontilhado, embaraçado ***Adv.*** mal, a custo, a duras penas, aos trancos e barrancos

dilatação ***Subst.*** expansão, alongamento, aumento, engrandecimento, incremento, crescimento, desenvolvimento, extensão, amplificação, ampliação, tumefação, inchação, inflação, magnificação, turgidez, tumidez, intumescimento, obesidade, hidropisia, edema, hipertrofia, diástole, cirrose, distensão, meteorismo, aneurisma *V.* dilatar, aumentar, engrossar, levedar, inchar, intumescer, crescer, engordar, assoprar *Adj.* dilatado, cheio, inflado, balofo, fofo, enfunado, pando, grosso, intumescido, túmido, expansivo, repolhudo, grosso, intumescente, túrgido, hipertrofiado, pançudo, barrigudo, magnificatório

diminuição *Subst.* decréscimo, redução, queda, minoração, simplificação, subtração, abatimento, baixa, desfalque, tara, descida, contração, restrição, limitação, encurtamento, extenuação, enfraquecimento, empobrecimento, declínio, declinação, decadência, amputação, vazante, descida, refluxo, depreciação, deterioração, míngua, escassez, moderação, atenuação, aférese, síncope, haplologia, apócope *V.* diminuir, decrescer, declinar, descer, languescer, arrefecer, afrouxar, amainar, definhar, minguar, escassear, decair, abaixar, baixar, decair, resumir, abreviar, condensar, esbanjar, encurtar, amputar, mutilar, podar, coarctar, cercear, limitar, circunscrever, restringir, atalhar, contrair, minorar, tirar, retirar, mitigar, atenuar, enfraquecer, desagravar, abrandar, serenar, sofrear, moderar, simplificar, dilacerar, acanhar, estreitar, apertar, fraquear, fraquejar, subtrair *Adj.* decrescente, declinante, diminuto, redutível

dinheiro *Subst.* fundos, tesouro, capital, numerário, estoque, riqueza, moeda, níquel, moeda corrente, pecúnia, meios, teca, recursos, (pop.) china, (pop.) caroço, guinéu, dinheirão, dinheirama, bolada, (pleb.) placa, soma, somatório, quantia, monta, montante, verba, importância, cifra, pecúlio, saldo, quota, bagulho, gaita, grana, erva, arame, bago, caraminguá, cobres, paus, total, espécie, real, câmbio, dólar, euro, libra, marco, (pop.) soberano, franco, lira, piastra, rublo, peseta, florim, coroa, peso, *shekel*, dracma, ducado, tostão, centavo, cruzado, vintém, cruzeiro, patacão, escudo, ficha, ouro, prata, platina, cobre, pepita, carteira, moedeiro, bolsa, bolso, bolsinho, papel-moeda, nota, cédula, cheque, vale, letra, ordem, saque, endosso, aval, cupom, cupão, debênture, apólice, crédito, dívida, troco, operação, sacador, devedor, banqueiro, moedeiro, cambista, lastro, ouro, *commodity*, desvalorização, vil, descida, subida, estabilização *V.* valer, perfazer, endossar, emitir, lavrar, cunhar, emitir, imprimir, circular, girar, correr, decretar, valer, sanear, sacar *Adj.* monetário, pecuniário, financeiro, financial, fiduciário, suntuário, fiscal, esterlino, divisionário, aurífero

direção *Subst.* banda, sentido, rumo, vetor, marcação, rota, roteiro, via, diretriz, derrota, baliza, orientação, declinação, polaridade, alvo, mira, objetivo, desígnio, finalidade, propósito, fito, intenção, tenção, intuito, pontaria, governo, leme, bússola, retriz, remígio, flecha, setentrião, levante, oriente, nascente, sul, meio-dia, poente, ocaso, ocidente, vésper, náutica, farol, caminho, trajetória, órbita, curso, estrada, alinhamento, endereço, sobrescrito *V.* direcionar, aproar, demandar, buscar, abicar, bordejar, tender, pender, apontar, colimar, visar, alvejar, governar, manobrar, dirigir, marear, tripular, pilotar, guiar, nortear, sobrescritar, endereçar, mirar, objetivar *Adj.* diretivo, direcional, vetorial, setentrional, norte, meridional, sul, oriental, levantino, ocidental

direito *Subst.* privilégio, regalia, prerrogativa, imunidade, atribuição, competência, jurisdição, alçada, faculdade, poder, privilégio, título, pretensão, merecimento, legitimação, legitimidade, liberdade, franquia, revalidação, sanção, autoridade, garantia, autorização, patente, inviolabilidade, jurisprudência, reclamante, reivindicador, queixoso, querelante, apelante, recorrente, agravante, embargante, inventariante ***V.*** merecer, exigir, reclamar, querelar, embargar, arrestar, confiscar, assumir, avocar, desafiar, vindicar, pretender, pleitear, arrogar, sustentar, qualificar, autorizar, santificar, legalizar, ordenar, canonizar, prescrever, repartir, privilegiar, viger, vigorar, legitimar, revalidar, autenticar, legalizar ***Adj.*** privilegiado, permitido, garantido, autorizado, ordenado, prescrito, constitucional, regulamentar, presuntivo, absoluto, inatacável, irrevogável, inalienável, intransmissível, imprescritível, inviolável, sacrossanto, sagrado, intangível, inamovível, devido, justo, digno, condigno, permissível, legal, lícito, legítimo, verdadeiro, justo, exato, honesto, apropriado, plausível, correto, decoroso, decente, nobre ***Adv.*** *de jure*

direitura ***Subst.*** direiteza, retidão, direção, inflexibilidade, semirreta, vetor, perpendicularidade, direita, eixo, diâmetro, secante, tangente, bissetriz, altura, base, perpendicular, raio, corda, lado, alinhamento ***V.*** endireitar, retificar, alinhar, galgar, perfilar, desencurvar, desentortar, destorcer, desdobrar, esticar ***Adj.*** direito, reto, retilíneo, direto

diretor ***Subst.*** dirigente, chefe, paredro, cabeça, condutor, líder, prócer, autoridade, administrador, gerente, intendente, superintendente, mentor, interventor, amo, patrão, governador, grão-mestre, venerável, presidente, comandante, coronel, capitão, cabo, fiscal, inspetor, prefeito, ministro, provedor, mestre, contramestre, arrais, feitor, visitador, corregedor, edil, vereador, monitor, superior, mandante, imediato, cabecilha, caudilho, arquiatro, demagogo, cacique, figurão, bamba, bambambã, maioral, principal, pontífice, regente, (bras.) madrinha, feitor, governanta, dona, madre, superiora, arquiteto, administrador, apontador, ecônomo, mesário, conselheiro, piloto, timoneiro, cocheiro, condutor, boleeiro, burocrata, empregado, funcionário, pastor, procurador, guarda-mor

discípulo ***Subst.*** aluno, escolar, estudante, colegial, aprendiz, principiante, novato, noviço, educando, ouvinte, pupilo, repetente, iniciado, praticante, neófito, (bras.) arara, calouro, acadêmico, discente, estudantil, ginasial, seminarista, recruta, cábula, interno, semi-interno, externo, estreante, catecúmeno, doutorando, primeiranista, urso, (bras.) icho, veterano, adepto, prosélito, apóstolo, estagiário, colega, condiscípulo, colegiado ***Adj.*** semi-interno

discórdia ***Subst.*** rivalidade, divergência, antagonismo, arranca-rabo, desarranjo, desacordo, cizânia, dissensão, zanga, desavença, desconcerto, dissidência, desarmonia, azedume, pontinha, questão, malquerença, indisposição, dissonância, discordância, desafinação, porfia, discrepância, entrevero, inimizade, desaguisado, pega, rixa, bate-boca, contenda, confronto, enfrentamento, prevenção, implicância, colisão, conflito, atrito, choque, embate, perturbação, diferenças, embrulhada, sensaboria, equívoco, divisão, cisão, separação, fragmentação, esfacelamento, rompimento, quebra, cisma, rusga, litígio, debate, certame, ataque, arenga, discussão, contestação, porfia, disputa, questão, pirraça, desfeita, birra, aborrecimento, peleja, rebordosa, controvérsia, querela, pendenga, quizília, arrelia, turra, tiroteio, rixa, gambiarra, tumulto, alvoroço, escaramuça, refrega, desordem, alarido, bulha, algazarra, gritaria, motim, sedição, embrulhada, escândalo, desordem, pomo da discórdia, animosidade, ódio, opositor ***V.*** discordar, chocar, implicar, contrariar, contradizer, divergir, dissentir, colidir, disputar, arengar, renhir, litigar, respingar, porfiar, contender, brigar, pugnar, invectivar, perturbar, descompor, arreliar, rixar, provocar, desunir, separar, dividir, semear dissenções, avivar dissenções, recordar dissenções, desconcertar, lançar o pomo da discórdia ***Adj.*** prevenido, discorde, discordante, desavindo, indisposto, divergente, desafinado, dissidente, irreconciliável, turbulento, inquieto, trêfego, buliçoso, insuportável, irrequieto, perigoso, briguento, desordeiro, polêmico, polemista, faccioso, litigioso, contencioso, chicaneiro ***Adv.*** em litígio, em desavença

discriminação ***Subst.*** separação, distinção, diferenciação, estimativa, melindre, requinte, gosto, crítica, julgamento, olfato, tato, paladar, discernimento, joeira, peneira, crivo, ciranda, ventilador, isolamento, segregação, preconceito ***V.*** discriminar, distinguir, separar, discernir, diferençar, diferenciar, excetuar, extremar, demarcar, abalizar, peneirar, cirandar, joeirar, especificar, classificar, estimar, depurar, isolar, segregar ***Adj.*** discriminador, discriminatório, distintivo, separador, distinto, nítido, segregado

discurso ***Subst.*** locução, peroração, palestra, fala, articulação, prática, prolação, conversação, parola, tagarelice, efusão, oração, discurso, alocução, palestra, conferência, monólogo, solilóquio, retórica, declamação, tribuna, púlpito, rasgo, rapto, facúndia, verborragia, eloquência, exórdio, peroração, orador, tribuno, cisne, Cícero, intérprete, improvisador, crisóstomo, interlocutor, conferente, conferencista, palestrante, retórico, órgão, pregador ***V.*** discursar, falar, desfechar, pronunciar, soltar, emitir, enunciar, proferir, largar, dizer, pespegar, articular, exprimir, soprar, berrar, quebrar, erguer, orar, recitar, discursar, improvisar, discorrer, declamar, arengar, perorar, exortar, prelecionar, arrebatar, predicar, discorrer, monologar, florear ***Adj.*** discursivo, falado, oral, verbal, lingual, fonético, crisóstomo, verboso, eloquente, loquaz, fluente, grandíloquo, oratório, retórico, declamatório

disjunção ***Subst.*** desarticulação, desligamento, descontinuidade, desagregação, desmoronamento, secessão, quebra, abstração, isolamento, oásis, clareira, incomunicabilidade, segregação, dispersão, espalhamento, distribuição, separação, afastamento, distanciamento, apartação, remoção, apartamento, destacamento, divórcio, divisão, subdivisão, elisão, incisão, desmembramento, desintegração, desmonte, luxação, rompimento, ruptura, rescisão, cisão, rachadura, fenda, greta, abertura, rasgão, rasgadura, frincha, fisga, dissecação, autópsia, laparotomia, lanho, anatomia ***V.*** desajustar, afastar, distanciar, arredar, desunir, disjungir, desapartar, apartar, espalhar, dispersar, soltar, desobrigar, desarticular, desassociar, tesourar, divorciar, destroncar, luxar, desatar, desenastrar, segregar, isolar, insular, ilhar, extremar, desembaraçar, desmontar, destravar, fracionar, destroncar, desmembrar, desagregar, desintegrar, desvincular, desempilhar, afrouxar, alargar, bambear, desapertar, desarrochar, desabrochar, desabotoar, desatrelar, desalinhavar, desatracar, desamarrar, descoser, descosturar, soltar, desencadear, desacorrentar, desirmanar, descasar, desemparelhar, desgrudar, desencastoar, quebrar, retalhar, secionar, cortar, fender, rachar, estalar, serrar, esfarrapar, arrebentar, rasgar, esgarçar, escangalhar, espatifar, lacerar, esboroar, romper, eviscerar, esquartejar, abrir, dilacerar, amputar, retalhar, despedaçar, cassar, fraturar, esbandalhar, esborrachar, esfacelar, estraçalhar, desconjuntar, desarticular, lanhar, parcelar, desencaixar, desenfiar, desgalhar, debandar, cortar, dissecar, deslocar, pulverizar, partilhar ***Adj.*** separado, esparso, disperso, soluto, solto, ímpar, desconexo, desconjuntado, descontínuo, fragmentado, erradio, solteiro, viúvo, avulso, salteado, isolado, perdido, solitário, inarticulado, desacompanhado, isolado, incomunicável, distinto, diferente, (pop.) outro, diverso, parcelado, único, só, esporádico, cortado, frouxo, bambo, lasso, dissolúvel

dispensa ***Subst.*** ressalva, exceção, pulo, salto, silêncio, supressão, expulsão, eliminação, repúdio, rejeição, divórcio, exílio, banimento, proscrição, restrição, separação, segregação, isolamento, corte, demissão ***V.*** excluir, barrar, rejeitar, recusar, afastar, desviar, tirar, deserdar, prescindir, dispensar, refugar, desprezar, expulsar, esquadrilhar, eliminar, repelir, distanciar, segregar, negligenciar, banir, demitir, exonerar, extirpar, postergar, omitir, pular, suprimir, glosar, cortar, tesourar, excetuar, joeirar, capinar, peneirar ***Adj.*** excluído, exclusivo, disperso, inadmissível, inaceitável, eliminado, dispensado, demitido, eliminador, eliminatório, ***Prep.*** exceto, afora, salvo, tirante, menos ***Adv.*** exclusive, fora

dispersão ***Subst.*** disjunção, divergência, afastamento, apartamento, distanciamento, espalhamento, divórcio, separação, fuga, disseminação, difusão, derrama, ramificação, contágio, invasão, dissipação, esbanjamento, desperdício, distribuição, partilha, espargimento, espalhamento, propagação, contaminação ***V.*** dispersar, debandar, derramar, alastrar, distanciar, separar, descentralizar, vagar, espalhar, disseminar, desmembrar, grassar, repartir, propagar, invadir, infestar, inçar, contagiar, pegar, desdobrar, lavrar, irradiar, esquadrilhar, licenciar, dissolver, pulverizar, semear, difundir, desconcentrar, desmontar, desarmar, espargir, borrifar, salpicar ***Adj.*** disperso, separado, erradio, avulso, desgarrado, esparso, roto, difuso, esporádico, contagioso, epidêmico, geral, divergente, pegadiço, vagabundo, errante

dissentimento ***Subst.*** discrepância, desafinação, dissonância, discordância, desacordo, desencontro, implicação, implicância, desconformidade, inconformidade, reclamação, desavença, desarmonia, divergência, contenda, desinteligência, antagonismo, oposição, diferença, controvérsia, atrito, conflito, litígio, pendenga, quizila, confronto, protestantismo, cisma, dissidência, dissídio, cisão, descontentamento, rompimento, secessão, independência, apelação, recurso, protesto, vaia, contradição, rejeição, desaprovação, dissidente, descontente, opositor, concorrente, adversário, divergente, contendor, protestante, separatista, revoltado, insubmisso, anarquista, recorrente, apelante, emigrado, minoria ***V.*** dissentir, conflitar, confrontar, discordar, desacompanhar, objetar, destoar, discrepar, divergir, estranhar, contraditar, contradizer, contestar, negar, ir contra, recusar assentimento, protestar, repudiar, diferir, desentoar, desafinar, destoar, colear, recorrer, apelar ***Adj.*** dissidente, discorde, dissonante, divergente, destoante, contrário, desencontrado, vário, negativo, desarmônico, descontente, protestante, inconvertível, sectário, dissidente, divergente, separatista

dissertação ***Subst.*** tratado, esboço, resenha, ensaio, tópico, tese, tema, secreta, discurso, arrazoado, memória, investigação, conferência, palestra, homilia, exame, análise, crítica, entrelinha, reflexão, ilustração, criticismo, racionalismo, artigo, editorial, indagação, estudo, discussão, exposição, elucidário, panfletista, tratadista ***V.*** dissertar, discorrer, escrever, discursar, tratar, tocar, ventilar, ferir, discutir, expor, resenhar, capitular, comentar, anotar, glosar, sincronizar, aprofundar, versar ***Adj.*** dissertativo, discursivo

dissonância ***Subst.*** desacordo, desafinação, discordância, cacofonia, cacófato, hiato, charivari ***V.*** destoar, desafinar, arranhar, discordar, desentoar, destemperar, cantarolar, (fig.) ladrar ***Adj.*** dissonante, destemperado, malsoante, insonoro, desagradável

dissuasão ***Subst.*** reclamação, queixa, advertência, despersuasão, desengano, desestímulo, esfriamento, esmorecimento, desalento, freio, relutância ***V.*** dissuadir, apartar, despersuadir, desenganar, desencantar, descoroçoar, descorçoar, desaconselhar, desaferrar, desemperrar, desarmar, desencabeçar, desencasquetar, advertir, exprobrar, reclamar, queixar-se, indispor, demover, abalar, intimidar, desanimar, desestimular, esfriar, esmorecer, contrariar, arrear, desencorajar, resfriar, acalmar, aquietar, pacificar, desiludir, amortecer, refrear ***Adj.*** dissuasivo, dissuasório, obstinado, avesso, repugnante

distância ***Subst.*** extensão, espaço, afastamento, afélio, digressão, apogeu, paralaxe, lonjura, estirão, setentrional, ocidental, oriental, confins, cafundó ***V.*** distar ***Adj.*** distante, distanciado, longínquo, remoto, afastado, perdido, sumido, retirado, alongado, alto, telescópico, vasto, ultramarino, transoceânico, transatlântico, transcontinental, transamazônico, espacial, inacessível, inatingível, inabordável, invisível, nebuloso, azulado, estranho, aquele ***Adv.*** além, longe, acolá, até

diuturnidade (longa duração) ***Subst.*** perenidade, duração, durabilidade, assiduidade, permanência, sobrevivência, longevidade, idade, século, milênio, eternidade, vagareza, temporada, protraimento, prolongação, prorrogação, delonga, dilatação, demora ***V.*** durar, resistir, perdurar, aturar, ficar, permanecer, persistir, protrair, prolongar, prorrogar, dilatar, alongar, espaçar, atrasar, retardar, demorar, sobreviver, arraigar ***Adj.*** durável, duradouro, viável, vivedouro, longo, longevo, dilatado, grande, permanente, vitalício, imanente, constante, assíduo, resistente, contínuo, demorado, inveterado, arraigado, sólido, êneo, imutável, persistente, teimoso, perdurável, interminável, macróbio, sobrevivente, supérstite, diuturno, vivedouro, incessante, incansável, perseverante ***Prep.*** durante

divergência (movimento divergente) ***Subst.*** ramificação, radiação, irradiação, expedição, emissão, difusão, dispersão, debandada, separação, desvio, aberração, difração ***V.*** divergir, radiar, irradiar, emitir, fuzilar, dardejar, espalhar, dispersar, desconcentrar, descentrar ***Adj.*** divergente, irradiante, radiante, disperso, centrífugo, aberrante, radiado

diversidade ***Subst.*** inconformidade, inconstância, variabilidade, instabilidade, heterogeneidade, multiplicidade, singularidade, novidade, irregularidade, anormalidade, peculiaridade, exceção, irregularidade, aspereza, desigualdade, ondulação, acidente, rugosidade ***V.*** diversificar, cambiar, variar, enrugar, encrespar ***Adj.*** diverso, variado, variegado, irregular, anormal, desigual, áspero, escabroso, acidentado, impolido, agreste, multifário, multiforme, mosaico, heterogêneo, maneiras

divertimento ***Subst.*** passatempo, diversão, recreação, entretenimento, desenfado, espairecimento, encanto, feitiço, esporte, brinco, alívio, distração, desenfado, caçoada, graça, gracejo, troça, pilhéria, gargalhada, jocosidade, funambulismo, espírito, zombaria, chocarrice, chalaça, travessura, rapaziada, estroinice, escapadela, diabrura, traquinice, loucura, farra, farrancho, noitada, folia, recreio, folguedo, pândega, jogo, patuscada, reinação, folgança, (fam.) manta, festim, função, bródio, comezaina, banzé, balada, chopada, boemia, *happy hour*, lambada, forrobodó, forró, pagode, gafieira, seresta, serão, sarau, *rap*, *hip-hop*, disco, *techno*, *funk*, dança, bolero, pavana, fandango, tirana, (bras.) tatu, lundum, samba, cancã, arrasta-pé, sapateado, minueto, cateretê, valsa, polca, solo, galope, mazurca, quadrilha, tarantela, contradança, maxixe, sapateado, chula, baião, xaxado, sarabanda, baile, reunião, tertúlia, ciranda, cirandinha, caxambu, festival, convívio, festança, festa, folia, festejo, bródio, gala, carnaval, entrudo, micareta, circense, piquenique, arraial, férias, volta, passeio, giro, turismo, excursão, acampamento, *camping*, regozijo, jubileu, aniversário, centenário, fogueira, quadrilha, feriado, cinema, arena, estádio, jardim, logradouro, parque, hipódromo, praia, montanha, atletismo, natação, ginástica, torneio, pugilismo, corrida, patinação, críquete, beisebol, peteca, futebol, vôlei, iatismo, surfe, triatlo, *kitesurf*, esqueite, motonáutica, ciclismo, motociclismo, canoagem, balonismo, montanhismo, rapel, hipismo, judô, tiro, pesca, olimpíada, rapa, barra, cabra-cega, gato-sapato, bilhar, partida, cartas, bisca, lambida, loto, assalto, xadrez, damas, gamão, dominó, víspora, bingo, monopólio, voltarete, pôquer, buraco, bridge, paciência, jogo, búzio, quinquilharia, boneca, boneco, pião, piorra, pitorra, gaita, cega-rega, convidado, folgazão, conviva, comensal, anfitrião, charada, internet, twitter, farrista, boêmio, brincalhão, epicurista ***V.*** divertir, farrear, espairecer, desentediar, folgar, curtir, aproveitar, tripudiar, (pop.) jardinar, passear, entreter, pascer, escorraçar, patuscar, esbaldar-se, bosquejar, brincar, saltar, dançar, sapatear, valsar, bailar, batucar, sambar ***Adj.*** divertido, pitoresco, recreativo, agradável, pândego, patusco, bexigueiro, festeiro, brincalhão, gaiteiro, gracioso, magano, festival, (poét.) festivo, folgazão, jovial, jucundo

dívida ***Subst.*** obrigação, compromisso, responsabilidade, atraso, débito, adimplemento, inadimplência, calote, falta, moratória, déficit, insolvência, usura, ganância, agiotagem, extorsão, sufoco, capital, devedor, falido, crédito, duplicata, promissória, papagaio, vale ***V.*** dever, calotear, restar ***Adj.*** adimplente, inadimplente, devedor, sobrecarregado, onerado, apertado, insolvente, vincendo

divindade ***Subst.*** onipotência, Providência, Potestade, Deus, Senhor, Onipotente, Jesus, Alá, Jeová, sabedoria, sapiência, bondade, justiça, verdade, carisma, perfeição, onipotência, onisciência, onipresença, unidade, imutabilidade, santidade, glória, majestade, poder, soberania, eternidade, taumaturgia, preservação, predeterminação, Messias, redenção, expiação, propiciação, mediação, intercessão, inspiração, unção, regeneração, santificação, consolação *V.* criar, sustentar, preservar, governar, predestinar, eleger, chamar, predeterminar, abençoar, justificar, santificar, glorificar, julgar, punir, visitar, perdoar, expiar, remir, resgatar, propiciar, mandar, agraciar, fortalecer ***Adj.*** onipotente, onisciente, onipresente, onividente, grande, excelso, sempiterno, santo, sagrado, sacrossanto, divino, celeste, celestial, divinal, dominical, supremo, sapiente, misericordioso, ubíquo, sobre-humano, sobrenatural, inumano, espiritual, imperecível, infinito, taumaturgo, invisível

divórcio ***Subst.*** repúdio, separação, apartamento, viuvez, viúvo, divorciado ***V.*** separar, desquitar, descasar, desatrelar, desunir, desapertar, repudiar, viuvar, enviuvar ***Adj.*** divorciado, separado, quite, viúvo

doação ***Subst.*** donativo, dádiva, mercê, concessão, cessão, legação, outorga, entrega, dotação, dote, subscrição, distribuição, consignação, subvenção, subsídio, dedicatória, caridade, liberalidade, generosidade, filantropia, bizarria, brinco, mimo, lembrança, brinde, dádiva, retorno, donativo, convite, obséquio, favor, obrigação, benefício, dom, prenda, benesse, sainete, oferenda, voto, oferta, oblação, dedicatória, legado, sacrifício, graça, bônus, pensão, contribuição, subsídio, tributo, primícias, vintena, deixa, herança, sucessão, mandado, dotação, esmola, óbolo, espórtula, propina, piso, pitança, mesada, festas, gratificação, luvas, alça, lambujem, gorjeta, caravela, suborno, isca, engodo, doador, patrocinador, mantenedor, subscritor, obsequiador, donatário, mecenas, alforje, bolsa ***V.*** entregar, render, tributar, apresentar, remeter, enviar, dar, devotar, oferecer, disponibilizar, dedicar, transmitir, contribuir, patrocinar, financiar, comunicar, transferir, confiar, presentear, prendar, liberalizar, prodigalizar, despender, doar, brindar, rechear, mimosear, obsequiar, regalar, largar, devolver, retribuir, distribuir, repartir, conceder, outorgar, despachar, esmolar, conferir, proporcionar, consagrar, sagrar, votar, dedicar, gratificar, aquinhoar, remunerar, premiar, conferir, dispensar, subscrever, subsidiar, pensionar, dotar, legar, testar, herdar, ceder, fornecer, ministrar, prestar, socorrer, dispensar, regatear, facilitar, facultar, depor, peitar, comprar, oferecer, impingir, sacrificar, imolar ***Adj.*** entregue, doador, concessor, caridoso, caritativo, esmoler, bizarro, cavalheiro, generoso, franco, dadivoso, filantrópico, contribuinte, grátis

dobra ***Subst.*** dobradura, plicatura, plissê, rufo, prega, ruga, risco, sulco, vinco, pé de galinha, amarrotamento, carquilha, enrugamento, franzido, apanhado, flexão, junta, articulação, cotovelo, sinuosidade, gola, ravina ***V.*** dobrar, plissar, pregar, preguear, franzir, enrugar, vincar, encrespar, refregar, rufar, embainhar, arregaçar, apanhar, encarquilhar, amarfanhar, contrair, murchar, amarrotar, manusear, enroscar ***Adj.*** dobrado, rugoso, rufo, plissado, vincado, pregueado

doçura ***Subst.*** dulçor, adoçamento, açúcar, adoçante, edulcorante, sacarose, rapadura, sacarina, aspartame, estévia, xarope, calda, melado, melaço, mel, maná, doce, marmelada, ameixa, bala, drope, caramelo, confeito, néctar, garapa, capilé, licor, lambedor, doce, bolo, torta, pavê, pudim, melito, melindre ***V.*** adoçar, açucarar, dulcificar, confeitar, edulcorar, adocicar, melar

Adj. doce, dulçoroso, açucareiro, xaroposo, melífluo, melífero, adocicado, melado

doença *Subst.* mal, enfermidade, moléstia, sintoma, síndrome, morbo, padecimento, sofrimento, morbidez, langor, definhamento, languidez, mal-estar, incômodo, enxaqueca, achaque, indisposição, morrinha, macacoa, manha, febre, pirexia, ataque, acesso, frouxo, hipocondria, iatrogenia, lesão, invalidez, caquexia, clorose, atrofia, marasmo, anemia, decadência, paralisia, prostração, coma, letargia, infecção, septicemia, gota, epidemia, andaço, flagelo, endemia, epizootia, peste, pestilência, vírus, sânie, tumor, neoplasia, hiperplasia, lobinho, furúnculo, soltura, úlcera, chaga, ferida, fístula, abscesso, pústula, anemia, artrose, enurese, hipertireodismo, leucemia, glaucoma, beribéri, osteoporose, asma, bronquite, dengue, gripe, hepatite, herpes, poliomielite, resfriado, rubéola, sarampo, varíola, botulismo, bronquite, brucelose, antraz, cárie, cistite, cólera, escarlatina, faringite, gastrite, impetigo, meningite, pneumonia, sífilis, sinusite, tétano, tifo, tracoma, tuberculose, toxoplasmose, candidíase, berne, miíase, lombriga, hérnia, ataque, acesso, ramo, calafrio, expectoração, tuberculose, dispepsia, bradipepsia, idiotismo, loucura, coxo, paralítico, doente, cliente *V.* adoecer, achacar, enfermar, tossir, sofrer, padecer, languescer, atacar, acometer, saltear, molestar, combalir, de, contaminar, transmitir, arruinar *Adj.* doente, doentio, enfermiço, valetudinário, enfermo, adoentado, mórbido, inválido, tuberculoso, curável, incurável, malsão, moído, indisposto, empapuçado, mal-humorado, hipocondríaco, acamado, anêmico, envenenado, tísico, sarnento, infeccioso, contagioso, iatrogênico, ulceroso, leproso, lazarento, morfético, elefantino, canceroso, dispéptico, inválido, epidêmico, endêmico, morrinhento, fraco, moribundo, agonizante, terminal

---

Doenças classificadas por suas causas DOENÇAS DO METABOLISMO: acantose nigricans, acrocianose, anemia, artrite psoriática, artrose, cancro ou câncer, cirrose hepática, diabetes insipidus, diabetes mellitus, doença de Creutzfeldt-Jakob, enurese, esôfago de Barrett, hipertireodismo, leucemia, leucemia mieloide aguda, mal de Alzheimer DOENÇAS GENÉTICAS: acaalvaria, acondroplasia, acromatopsia, anemia falciforme, doença de Von Gierke, fenilcetonúria, fibrose cística, glaucoma, hemofilia, hiperparatireodismo, hipertensão arterial, mal de Parkinson, talassemia, síndrome de Alport DOENÇAS IMUNOLÓGICAS: alergias, artrite reumatoide, doença celíaca, esclerose múltipla, lúpus eritematoso sistêmico, pênfigo, síndrome de Sjörgen, vitiligo DOENÇAS NEUROLÓGICAS: acalasia, catalepsia patológica, epilepsia DOENÇAS NUTRICIONAIS: anorexia nervosa, beribéri, bócio endêmico, bulimia, escorbuto, gota, hipercolesterolemia, hipotireodismo, osteoporose, raquitismo DOENÇAS PSICOLÓGICAS: depressão, pica DOENÇAS CAUSADAS POR PRODUTOS QUÍMICOS: argiria, asbestose, asma, pneumoultramicroscopicossilicovulcanoconiose, silicose DOENÇAS CAUSADAS POR VÍRUS: bronquiectasia, bronquite, dengue, diarreia, doença de inclusão citomegálica, ebola, eritema infeccioso, esofagite, febre aftosa, febre amarela, febre (encefalite) do Nilo ocidental, gripe, gripe aviária, gripe suína, hepatite, herpes, herpes zóster (cobrão, cobreiro), hipertensão pulmonar, leucemia/linfoma de células T do adulto, molusco contagioso, mononucleose infecciosa, parotidite infecciosa (papeira, caxumba), poliomielite, raiva (hidrofobia), resfriado, roséola (exantema súbito), rubéola, sarampo, sarcoma de Kaposi, SARS, síndrome de imunodeficiência adquirida (AIDS/SIDA), varicela (catapora), varíola, verruga genital, verruga plantar DOENÇAS CAUSADAS POR BACTÉRIAS: abscesso, actinomicose, botulismo, bronquiectasia, bronquite, brucelose, cancro mole (úlcera mole venérea, cancroide), carbúnculo (carbúnculo hemático, antraz, antrax), cárie, cistite, clamídia, cólera, diarreia, disenteria bacteriana (shigelose), difteria (crupe), doença de Lyme, doença do legionário, erisipela (linfangite estreptocócica), escarlatina, faringite, febre maculosa (febre do carrapato), febre paratifoide, febre purpúrica brasileira, febre Q, febre tifoide, gangrena gasosa, gastrite, impetigo, gonorreia (blenorragia), lepra (hanseníase), leptospirose (mal de Weil), linfogranuloma venéreo, listeriose, melioidose, meningite, meningococcemia, mormo (lamparão), ornitose, pertússis (coqueluche), peste bubônica (peste negra), pneumonia, salmonelose, sífilis, síndrome do choque tóxico, sinusite, tétano, tifo, tracoma, tuberculose, tularemia, úlcera DOENÇAS CAUSADAS POR PROTOZOÁRIOS: acantamoebíase, balantidiose, criptosporidíase, diarreia, disenteria amebiana (amebíase), doença (mal) de Chagas (chaguismo, tripanossomíase americana), doença do sono, eimeriose, giardiose (giardíase), isosporíase, leishmaniose (leishmaníase), malária (paludismo), naegleríase, toxoplasmose, tricomoníase DOENÇAS CAUSADAS POR FUNGOS: aspergilose, blastomicose, bronquiectasia, candidíase, coccidioidomicose, criptococose, dermatite seborreica (seborrreia, caspa), dermatofitose (micose), esofagite, gomose, histoplasmose, mucormicose, paracoccidioidomicose, pitiríase versicolor, pneumocistose DOENÇAS CAUSADAS POR VERMES: ancilostomíase = ancilostomose = amarelão, anisaquíase, ascaridíase, bicho geográfico, cisticercose, difilobotríase, dipilidiose, dirofilariose, enterobíase, equinococose, esquistossomose = bilharzíase, estrongiloidíase, fasciolíase, filaríase = elefantíase, himenolepíase, hipertensão portal, loa loa, necatoríase, oncocercose, pragonimíase, teníase, toxocaríase, tricuríase, triquinose DOENÇAS CAUSADAS POR ARTRÓPODES: acne, berne, escabiose (sarna), miíase, pediculose

---

dolorimento (causa, fonte de sofrimentos) ***Subst.*** aflição, angústia, dor, incômodo, incomodidade, prova, provação, agrura, atribulação, dissabor, golpe, punhalada, fardo, carga, ônus, gravame, maldição, anátema, desprazer, injustiça, perseguição, abuso, incêndio, flagelo, peste, vexação, judiaria, opressão, sobrecarga, albarda, acinte, pirraça, sainete, mortificação, severidade, aperreação, pesadelo, tormento, inquietação, ulceração, calamidade, catástrofe, tragédia, desgraça, cataclismo, hecatombe, Holocausto, lazeira, ralação, raladura, suplício, cheque, contrariedade, trauma, traumatismo, ferida, cutilada, solavanco, infestação, infortúnio, cancro, úlcera, chaga, acúleo, espinho, aguilhão, lepra, cautério, dardo, seta, tortura, martírio, acidente, desastre, sinistro, escândalo, absinto, borrasca, quebra-cabeça, contratempo, desmancha-prazeres ***V.*** ferir, machucar, contundir, apertar, traspassar, golpear, lancinar, retalhar, torturar, seviciar, flagelar, traspassar, chocar, condoer, afligir, amuar, acabrunhar, pungir, atormentar, confranger, compungir, amofinar, ralar, molestar, penalizar, ferir, ofender, chocar, infernizar, melindrar, desconsolar, despedaçar, lacerar, vulnerar, escalavrar, torturar, oprimir, ulcerar, rasgar, sangrar, enternecer, pesar, martirizar, magoar, picar, lancinar, pesar, cruciar, macerar, matar, pisar, dardejar, pisotear, espezinhar, esmagar, apunhalar, navalhar, desconsolar, contristar, entristecer, consternar, enlutar, aborrecer, preocupar, incomodar, importunar, perturbar, infelicitar, desagradar, desprazer, inquietar, desinquietar, agoniar, desassossegar, roer, supliciar, judiar, encher, azucrinar, aporrinhar, abespinhar, incomodar, atazanar, apoquentar, aperrear, enfadar, ralar, maçar, empestar, infestar, perseguir, escorraçar, afugentar, devorar, angustiar, amargurar, afetar, nublar, convulsionar, sobrecarregar, gravar, onerar, retalhar, minar, moer, morder, irritar, provocar, afiar, exasperar, experimentar, afugentar, escorraçar, enxovalhar, maltratar, agravar, contrariar, ofender, cansar, fatigar, encolerizar, causticar, enlutar, oprimir, maltratar, aferrar, assaltar, enjoar, ansiar, enojar, revoltar, feder, enfastiar, verminar, horrorizar, horripilar, arrepiar, amedrontar ***Adj.*** doloroso, dolorido, sensível, atroz, dorido, fulminante, traumático, pungente, pungitivo, excruciante, cruciante, sensitivo, lancinante, acerbo, desagradável, repugnante, amargo, assustador, agudo, penetrante, duro, incômodo, incomodativo, molesto, indesejável, mau, grande, ruim, perigoso, infortunado, funesto, deplorável, miserável, nefasto, infausto, brutal, inaceitável, inadmissível, impopular, desajeitado, infeliz, desanimador, depressor, aviltante, triste, aborrecido, glacial, inglório, ingrato, melancólico, meditativo, patético, irritante, opressor, opressivo, implacável, desolador, lamentável, desgraçado, roedor, tétrico, lúgubre, lôbrego, funesto, funéreo, funeral, macabro, calamitoso, molesto, irritante, fétido, agravante, sério, grave, chocante, acintoso, vexatório, oneroso, gravoso, fastidioso, enfadonho, displicente, tedioso, importuno, impertinente, tormentoso, incômodo, trabalhoso, danoso, prejudicial, nocivo, birrento, intolerável, insuportável, impossível, inaudito, feio, terrificante, monstruoso, medonho, fero, terrífico, terrível, infernal, assustador, apavorante, pavoroso, espantoso, inominável, formidável, abominável, odioso, execrável, horripilante, horroroso, horrendo, tremendo, repulsivo, hediondo, repelente, enjoativo, detestável, ofensivo, nauseabundo, nojento, abjeto, revoltante, repulsivo, asqueroso, feio, desanimador, aguado, desenxabido, insosso, penoso, fastidioso, rude, áspero, frio, ríspido, cortante, cruel, atroz, desumano, severo, cáustico, causticante, dilacerante, envenenado, peçonhento, ruinoso, desastroso, fatal, negro, tenebroso

domesticação (economia ou tratamento dos animais) ***Subst.*** aclimação, repasse, veterinária, criação, pecuária, ovinocultura, suinocultura, piscicultura, avicultura, canicultura, cunicultura, ranicultura, epizootia, apicultura, piscina, aviário, apiário, aquário, corte, invernada, colmeia, cortiço, zoofobia, criador, vaqueiro, boiadeiro, pastor, campeiro, pegureiro, domador, zagal, peão, gaúcho, cabreiro, colmeeiro, canil, gatil, capoeira, gaiola, cabril, viveiro, aquário, ramada, curral, estábulo, ameijoada, baia, cocheira, estrebaria, cavalariça, manjedoura, presépio, seminário, zootécnico ***V.*** amansar, desbravar, domar, domesticar, adestrar, treinar, amaciar, aclimatar, nacionalizar, criar, guardar, apascentar, pastorear, pascer, amalhar, arrebanhar, encurralar, estabular, amestrar, exercitar, adestrar, treinar ***Adj.*** pastoral, pastoril, bucólico, manso, doméstico, familiar, maneiro, domesticável, apícola, sericultor

dor (dor física) ***Subst.*** sofrimento, padecimento, dodói, guinada, fisgada, pontada, agulhada, alfinetada, cólica, odontagra, neuralgia, tique, coxalgia, gastralgia, otalgia, mialgia, metralgia, nefralgia, raquialgia, odontalgia, metralgia, dor lancinante, dor penetrante, dor cruciante, reumatismo, espasmo, cãibra, breca, lumbago, pesadelo, opressão, sobressalto, convulsão, desconforto, puxo, agonia, palpitação, angústia, golpe, vergão, contusão, lanho, chaga, ferida, equimose, mossa, úlcera, mal, doença, pancada, lambada, paulada, bordoada, navalhada, cajadada, coque, carolo, pontapé, murraça, murro, trauma, traumatismo, tormento, tortura, belisco, beliscão, tratos, suplício, mortificação, crucificação, crucifixão, martírio, cilício, disciplinas, açoite, aguilhão, seta, aguilhoada, espetada, espinho, acúleo, ferrão, picada, urtiga, vivissecção, punctura, queimadura, mazela, cutilada, ferroada, aguilhoada, vergastada, picada, picadura, unhada, bicada, mordedura, gemido ***V.*** experimentar, padecer, gemer, picar, sangrar, lancinar, macerar, magoar, retalhar, lancetar, traspassar, amputar, decepar, pungir, ferir, pisar, ferroar, morder, abocanhar, seviciar, fustigar, queimar, grelhar, dardejar, navalhar, rasgar, romper, dilacerar, macerar, machucar, esmigalhar, assentar, pespegar, esfolar, penetrar, torcer, arrancar, puxar, maltratar, contundir, molestar, afligir, atormentar, crucificar, cruciar, martirizar, torturar, açoitar, espetar, lanhar, estrepar, espicaçar, bicar, unhar, matar, aleijar, trilhar, dentar ***Adj.*** dorido, doloroso, dolente, pungente, cruciante, lancinante, excruciante, dolorido, contundente, mordente, tormentoso, desumano, pungitivo, terrível, cruel, severo, agudo, penetrante, fundo, vivo, inquisitorial, traumático, odontálgico, otálgico, reumático

douto ***Subst.*** erudito, sábio, entendido, ilustrado, intelectual, competente, sabedor, estudioso, sol, luzeiro, gênio, luminar, notabilidade, engenho, letrado, beneditino, conhecedor, cultor, escolástico, doutor, professor, graduado, literato, acadêmico, licenciado, togado, magistrado, filósofo, cientista, sofista, pensador, poliglota, humanista, helenista, lexicógrafo, dicionarista, gramático, diletante, curioso, amador, Mecenas, iluminado, bibliomaníaco, repertório, literato, sumidade, capacidade, sociólogo, cientista, especialista, biologista, patologista, mineralogista, meteorologista, físico, químico, psiquiatra, psicanalista, alienista, astrônomo, agrônomo, naturalista, botânico, geneticista, latinista, historiador, antropólogo, engenheiro, médico, antiquário, arqueólogo, matemático, analista, doutrinário, psicólogo, pedagogo, professor, jurisconsulto ***Adj.*** sábio, emérito, insigne

drama ***Subst.*** espetáculo, dramaturgia, peça, tragédia, coturno, comédia, ópera, opereta, zarzuela, revista, entreato, intermédio, farsa, burleta, divertimento, palhaçada, besteirol, momo, pantomima, baile, bailado, fandango, melodrama, tragicomédia, monólogo, trilogia, ato, cena, cenário, quadro, introdução, entrecho, epílogo, êxodo, prólogo, libreto, execução, representação, récita, desempenho, encenação, montagem, jogo, mímica, personificação, teatro, politeama, anfiteatro, circo, hipódromo, auditório, público, claque, casa, cadeiras, galeria, balcão, varanda, frisa, torrinha, galinheiro, bastidor, camarim, palanque, telão, tablado, proscênio, palco, rampa, estrado, ribalta, gambiarra, orquestra, trampolim, trapézio, papel, caracterização, elenco, repertório, ator, atriz, artista, intérprete, personagem, protagonista, estrela, figura, trágico, cômico, galã, vilão, comediante, pantomimeiro, mimo, palhaço, arlequim, bufo, bufão, histrião, jogral, chocarreiro, truão, farsante, farsista, cabotino, polichinelo, boneco, bonifrate, títere, figurante, comparsa, máscara, mascarado, dominó, saltimbanco, arlequim, colombina, pierrô, acrobata, voador, equilibrista, malabarista, ginasta, saltador, dançarino, bailarino, cantor, transformista, (bras.) arara, companhia, elenco, herói, protagonista, personagem, estreante, galã, amoroso, fornecedor, maquinista, ponto, apontador, gerente, empresário, dramaturgo, comediógrafo, cenografia ***V.*** representar, estrear, personificar, gesticular, subir, encenar, dramatizar, ensaiar ***Adj.*** dramático, melodramático, teatral, cênico, acrobático, cômico, trágico, tragicômico

dualidade ***Subst.*** dualismo, duplicidade, polaridade, duplicata, dois, par, gêmeos, paridade, binômio, casal, duo, dueto, diálogo, junta, gêmeos, ajoujo, ambigrama, parêntese, parelha, binômio, bicampeão ***V.*** emparelhar, irmanar, ajoujar, casar, acasalar, repetir ***Adj.*** ambos, dual, dualista, binário, duplo, dúplice

duplicação ***Subst.*** dobradura, dobro, duplo, redobro, redobramento, reduplicação, mitose, cariocinese, clone ***V.*** dobrar, duplicar, redobrar, reduplicar, clonar, bisar, repetir, congeminar, renovar ***Adj.*** duplo, dois, dúplice, dobrado, geminado ***Adv.*** bis, novamente

eE

economia ***Subst.*** poupança, parcimônia, avareza, frugalidade, estreiteza, pequenez, contenção, controle, regra, pecúlio, recheio, economias, mealheiro, cós, arranjo, coalho, reserva, bolsinho, bolsa, cofre, formiga, governanta ***V.*** economizar, guardar, reservar, poupar, amontoar, forrar, adelgaçar, diminuir, sopesar, regrar, encurtar, refrear, apertar, restringir, comprimir, conter, controlar, gerenciar, entesourar, aferrolhar, ajuntar, empatar, regatear ***Adj.*** econômico, frugal, modesto, parco, poupado, acanhado, parcimonioso, regrado, moderado, módico, rateiro, providente, previdente, comedido

efeito ***Subst.*** corolário, resultado, resultante, tiro, repercussão, derivação, derivado, derivativo, fruto, êxito, remate, desenlace, desfecho, epílogo, solução, desenvolvimento, função, dependência, produto, eco, reflexo, produção, primícias, parto, trabalho, obra, execução, criação, criatura, prole, rebento, ceifa, vindima, colheita, safra, messe, seara, fumo, fumaça, aroma, conceito, moralidade ***V.*** traduzir, nascer, brotar, rebentar, sair, resultar, provir, surdir, partir, trazer, derivar, descender, dimanar, manar, proceder, provir, pender, depender, saltar, emanar, advir ***Adj.*** procedente, nativo, originário, hereditário ***Adv.*** naturalmente, em consequência de, por força de, daí

egoísmo ***Subst.*** egocentrismo, egolatria, individualismo, idiolatria, subjetivismo, (fam.) redoma, nepotismo, comodismo, sordidez, interesse, cupidez, mercantilismo, ganância, apego, cobiça, concupiscência, (fig.) apetite ***V.*** ser egoísta, não dar ponto sem nó, não pregar prego sem estopa ***Adj.*** egoísta, individualista, interesseiro, comodista, atravessador, intermediário, calculista, mercenário, oportunista, egocêntrico, personalista, mesquinho, venal, usurário, interessado, mercantil, ambicioso, ganancioso, cupidinoso, mundano, sórdido, ignóbil

egressão (movimento para fora) ***Subst.*** êxito, saída, emersão, emergência, erupção, manifestação, extroversão, emanação, evaporação, secreção, exsudação, transudação, transpiração, suor, salivação, sopro, segregação, emissão, ejaculação, expulsão, extrusão, exaustão, ovulação, excreção, exportação, emigração, desova, parto, emigrante, retirante, exilado, egresso, respiro, respiradouro, bica, cânula, torneira, comporta, filtro, escoadouro, boca, caminho, duto, conduto ***V.*** emergir, emanar, sair, prorromper, irromper, golfar, brotar, aflorar, surdir, surgir, porejar, exsudar, transudar, exalar, destilar, ressudar, suar, transpirar, segregar, margear, gotejar, esgotar, apontar, aparecer, rebentar, nascer, manar, transbordar, borbulhar, salivar, emigrar, foragir-se ***Adj.*** egresso, emergente, emanante, sudorífero, sudorífico

elasticidade ***Subst.*** ductilidade, plasticidade, resiliência, tom, mola, ressalto, reflexo, pulo, reação, borracha, caucho, elástico, barbatana *V.* elastificar, elastecer, recuar, esticar, espichar, retesar *Adj.* elástico, extensível, dúctil, fofo

elegância *Subst.* pureza, limpidez, graça, nobreza, sublimidade, requinte, perfeição, esmero, primor, finura, beleza, delicadeza, graciosidade, torneio, vivacidade, correção, limpeza, vernaculismo, leveza, sobriedade, expressividade, donaire, fluência, fluidez, cadência, suavidade, eufonia, apuro, lavor, purismo, classicismo, purista, vernaculista, estilista *V.* tornear, apurar, sublimar, limar, retocar, esmerar, polir *Adj.* elegante, subido, polido, culto, áureo, clássico, castiço, nobre, sublime, sublimado, excelso, nítido, pitoresco, cintilante, delicado, castigado, terso, escorreito, puro, legítimo, lídimo, fino, acadêmico, primoroso, doce, brando, ameno, torneado, suave, fluente, natural, límpido, alto, vibrátil, vibrante, envolvente, latino, fidalgo, perfeito, apurado, feliz, melífluo, bem-acabado, fluido, fluente, cadenciado, espontâneo, enfático, eufônico, rítmico, dúctil

elevação *Subst.* subida, ascensão, escalada, ereção, levantamento, erguimento, alçamento, sublimidade, sublimação, exaltação, hasteamento, alavanca, guindaste, macaco, cábrea, manivela, titã, alçaprema, sarilho, grua, elevador, escada, escadaria, funicular, teleférico *V.* erguer, elevar, alçar, levantar, soerguer, ascender, escalar, sublevar, sobrelevar, remontar, erigir, hastear, içar, arvorar, guindar, exaltar, sublimar, aspirar, altear, suspender *Adj.* ereto, erétil, elevado, excelso, sublime

embotamento *Subst.* obtusão, achatamento, rebite *V.* embotar, botar, cegar, desafiar, rebitar, amolgar, despontar *Adj.* rombo, boto, cego, obtuso, bronco, grosso, grosseiro, chato, achatado, arredondado

embriaguez *Subst.* intemperança, vinhaça, bebedeira, canjica, porre, (reg.) ema, (gír.) tertúlia, perua, pifão, carraspana, (pop.) prego, (pop.) marta, piteira, cabeleira, pileque, fogo, alcoolismo, bacanal, orgia, farra, libação, álcool, vinho, aguardente, conhaque, vinho, espumante, (bras.) pinga, parati, absinto, ponche, caipirinha, genebra, cidra, rum, grogue, vermute, licor, coquetel, traçado, cerveja, sangria, poncheira, garrafa, beberrão, bebum, bebedor, cachaceiro, cachaça, ébrio, pinguço, sanguessuga, borracho, esponja, funil, alcoólatra, alcoólico, bar, botequim, baiuca, bodega, tasca, tendinha, tenda, venda, birosca, uisqueria, copo, taça *V.* entornar, bordejar, cambalear, beber, virar, libar, avinhar, embebedar, estontear, entontecer, bicar, chupar, roer *Adj.* embriagado, alto, tonto, chumbado, melado, avinhado, avinagrado, assombrado, (reg.) pregado, ébrio, envernizado, borracho, caneco, enófilo, inebriante, capitoso

empenhamento (levantamento de empréstimo) *Subst.* empenho, penhor, fiança, garantia, plágio, desembargo, devedor, mutuário, arrendatário, comodatário, plagiário *V.* sangrar, alugar, tomar, empenhar, penhorar, arrendar, (gír.) morder

empreendimento *Subst.* iniciativa, investida, empresa, cometimento, sucesso, lance, ação, feito, pacto, compromisso, peregrinação, negócio, agência, empreitada *V.* empreender, atentar, cometer, intentar, avocar, contratar, meter, tomar, empunhar, encetar *Adj.* empreendedor, realizador, empenhado

empréstimo *Subst.* mútuo, adiantamento, suprimento, abono, avanço, hipoteca, usura, agiotagem, ágio, comodato, montepio, penhora, prestamista, capitalista, credor, investidor, agiota, usurário ***V.*** emprestar, adiantar, abonar, caucionar, depositar, empregar, investir, alugar, arrendar, aforar, sub-rogar ***Adj.*** mútuo

encaixe ***Subst.*** ranhura, chanfro, escavação, talho, entalhe, entalhadura, engaste, rebarba, incisão, mossa, corte, cova, recorte, dentículo, bombardeira, ameia, seteira, serra ***V.*** encaixar, entalhar, cravejar, embutir, cortar, dentar, dentear, engonçar, engrenar, entrosar, engastar, recortar, escarvar ***Adj.*** entalhado, denticulado, dentado

encantamento ***Subst.*** magia, prestígio, benzedura, exorcismo, esconjuro, feitiço, mandinga, amavios, elixir, filtro, quebranto, cabala, responso, malefício, abracadabra, amuleto, figa, olhado, mau-olhado, carranca, talismã, fetiche, vara, caduceu ***V.*** encantar, enfeitiçar, esconjurar, exorcizar ***Adj.*** encantado, encantatório, mágico, enfeitiçado

encurtamento ***Subst.*** brevidade, pequenez, diminuição, corte, apara, poda, abreviação, abreviatura, resumo, escorço, tosquia, amputação, mutilação, contração, atalho, elisão, síncope, aférese, apócope, crase, elipse, concisão ***V.*** encurtar, minguar, diminuir, atalhar, limitar, estreitar, cortar, coarctar, cercear, reduzir, circunscrever, destroncar, estropiar, mutilar, decepar, podar, achatar, resumir, abreviar, comprimir, contrair, compendiar, somar, economizar, interromper, desmembrar, aparar, pelar, descascar, tosquiar, decotar, desgalhar, desbastar, aparar, podar, ceifar, foiçar, roçar, segar, truncar, barbear, omitir, suprimir, atrofiar, elidir, castrar ***Adj.*** curto, rente, escasso, breve, abreviado, reduzido, restrito, compacto, sucinto, maciço, basto, redondo, chato, agachado, raquítico, sincopado

energia (energia física) ***Subst.*** sinergia, dinamismo, força, reação, esforço, agudeza, gravidade, intensidade, grau, tonicidade, vigor, tensão, tom, elasticidade, veemência, pressão, radioatividade, acrimônia, queima, queimação, ardor, causticidade, erosão, mordacidade, virulência, aspereza, severidade, gume, picante, cantárida, cáustico, reativo, revulsivo, afrodisíaco, emético, vomitório, azougue, atividade, agitação, efervescência, fermento, fermentação, ebulição, tumulto, perturbação, resolução, esforço, excitação, corrosivo ***V.*** energizar, estimular, desentorpecer, apimentar, inflamar, incitar, excitar, reagir, intensificar, dinamizar, atear, atuar, explodir, fortalecer, ativar, queimar, carcomer, roer, arder, adstringir, irritar, corroer, causticar ***Adj.*** enérgico, energético, forte, tônico, intenso, intensivo, esperto, estimulante, poderoso, válido, eficaz, eficiente, vivo, ativo, rijo, lesto, acerbo, rigoroso, afiado, agudo, aguçado, espirituoso, licoroso, capitoso, violento, impetuoso, irritante, excitante, áspero, penetrante, cortante, picante, reativo, reagente, erosivo, corrosivo, drástico, mordente, candente, pungente, pungitivo, emético, revulsivo, incisivo, penetrante, cortante, trinchante

enfado ***Subst.*** seca, tédio, fastio, desprazer, enfaro, aborrecimento, chateação, zanga, mecha, incômodo, maçada, desgosto, fadiga, moléstia, displicência, quizília, ânsias, náusea, arcada, engulho, saciedade, entojo, monotonia, pregação, cantilena, estopada, buchada, xaropada, espiga, apoquentação, impertinência, chatice, frenesi, nica, aridez, caceteação, mosca, moedor, narcótico, importuno, secante ***V.*** enfadar, enjoar, importunar, remoer, maçar, chatear, moer, entediar, marear, apoquentar, narcotizar, martelar, cansar, enojar, feder, molestar, incomodar, (bras.) amolar, aborrecer, encher, fartar, enfastiar, saciar, secar, nausear, desgostar, irritar, agastar, pespegar, impingir, repisar, repetir, bocejar, boquejar ***Adj.*** enfadonho, tedioso, maçante, molesto, maçudo, mortal, indigesto, desinteressante, soporífero, soporífico, enjoativo, secante, fatigante, sonífero, incômodo, irritante, desengraçado, monótono, árido, triste, seco, chocho, desagradável, prosaico, chato, vulgar, comum, trivial, insípido, morno, desenxabido, insosso, morrinha, reles, pífio, chué, rude, insuportável, intolerável, nauseabundo, estúpido, melancólico, rançoso, narcótico

enganador ***Subst.*** simulador, trambiqueiro, fraudador, burlão, intrujão, farsante, impostor, hipócrita, sofista, mistificador, estrategista, maquiavelista, fariseu, (pop.) bonzo, jesuíta, tartufo, farsante, comediante, embusteiro, serpente, pantomimeiro, falsário, patranheiro, mentiroso, paroleiro, bandoleiro, fabulista, cara, perjuro, improvisador, impostor, sofista, politiqueiro, ator, aventureiro, explorador, maquiavelista, espia, dobre, charlatão, curandeiro, saltimbanco, prestidigitador, mágico, conjurado, cigano, velhaco, trapaceiro, trampolineiro, cabalista

ensaio ***Subst.*** procura, busca, tentativa, investida, prova, tentame, intentona, tentação, apalpadela, jogo, especulação, sondagem, ventura, aventura, aprendizagem, empirismo, teste, treino, preparo ***V.*** ensaiar, experimentar, tentar, intentar, provar, testar, matraquear, apalpar, buscar, procurar, empreender, arriscar, jogar, especular, explorar, sondar, andar, tatear ***Adj.*** experimental, tentativo, empírico ***Adv.*** às apalpadelas, (pop.) na marra

ensino ***Subst.*** ensinamento, instrução, orientação, edificação, educação, letramento, alfabetização, criação, luz, tutela, puericultura, direção, guia, governo, regra, didática, pedagogia, metodologia, preparo, preparação, treino, lapidação, disciplina, exercício, prática, persuasão, insinuação, implante, implantação, infiltração, inoculação, disseminação, iniciação, transmissão, proselitismo, propaganda, catequese, apostolado, doutrinação, explicação, interpretação, lição, leitura, preleção, conferência, prédica, pregação, encíclica, epístola, apólogo, parábola, discurso, exercício, tarefa, pesquisa, dever, curso, sabatina, gramática, cartilha, humanidades, disciplinas, instrução profissional, instrução elementar, instrução rudimentar, instrução superior, instrução técnica, escola, ginásio, colégio, faculdade, universidade, curso, pós-graduação, mestrado, ginástica, aprendizado ***V.*** ensinar, nutrir, professar, edificar, guiar, educar, orientar, formar, plasmar, formar, adestrar, amoldar, amestrar, imbuir, impregnar, iniciar, explicar, destrinçar, inculcar, doutrinar, instituir, inocular, gravar, incutir, inspirar, instilar, enfronhar, enxertar, infiltrar, fecundar, empapar, orientar, alumiar, iluminar, enriquecer, limar, desbravar, desenferrujar, lapidar, desbastar, encaminhar, lecionar, prelecionar, palestrar, reger, pregar, predicar, doutrinar, evangelizar, discursar, discorrer, moralizar, civilizar, definir, treinar, disciplinar, exercitar, traquejar, habituar, familiarizar, matraquear, amansar, disseminar, semear, melhorar, infundir, derramar, dirigir, informar, empolgar, convencer, desenvolver, explanar ***Adj.*** educado, escolástico, escolar, acadêmico, colegial, universitário, ginasial, doutrinário, disciplinar, instrutivo, didático, pedagógico, letivo, instrutor, luminoso, perceptivo, politécnico

enterro ***Subst.*** enterramento, saimento, acompanhamento, funeral, cortejo, exéquias, elegia, necrológio, cipreste, epitáfio, mortalha, sudário, encerado, coche, caixão, féretro, ataúde, rabecão, esquife, padiola, tumba, sarcófago, urna, fúnebre, catafalco, essa, monumento, archete, cenotáfio, mausoléu, cova, campa, sepultura, a terra fria, jazigo, sepulcro, catacumba, cripta, columbário, casa dos mortos, sagrado, cemitério, necrópole, cidade dos mortos, necrotério, morgue, ossário, ossuário, forno crematório, coveiro, lápide, lousa, pedra, necrópsia, autópsia, necroscopia ***V.*** enterrar, inumar, (gír.) encaixotar, soterrar, sepultar, tumular, soterrar, tocar a finados, jazer, repousar, descansar, sufragar, incinerar, cremar, embalsamar, mumificar, exumar, desenterrar, desencovar ***Adj.*** sepultado, sepulto, fúnebre, funéreo, funeral, mortuário, cinerário, sepulcral, tumular, cemiterial, crematório

equipagem ***Subst.*** marinheiro, matalote, marujo, embarcadiço, navegante, homem, lobo do mar, nauta, navegador, argonauta, barqueiro, tripulante, remador, piloto, timoneiro, prático, arrais, mestre, imediato, contramestre, jangadeiro, gondoleiro, equipagem, marinhagem, marinharia, guarnição, tripulação, maruja, marujada, companhia, chusma, aeronauta, aviador, piloto, copiloto, navegador, aeromoço, astronauta, cosmonauta ***V.*** tripular, equipar, pilotar, guarnecer, dirigir ***Adj.*** rêmige, remador

equívoco (duplo sentido) ***Subst.*** torcicolo, dimorfismo, grifo, alegoria, trocado, trocadilho, enigma, anagrama, adivinhação, homonímia, homofonia, xará, homônimo, homófono, homógrafo, ironia, sarcasmo, cinismo ***V.*** equivocar-se, alegorizar ***Adj.*** equívoco, esotérico, elástico, dobre, ambíguo, oblíquo, melífluo, sarcástico, pejorativo, mentiroso, homônimo, figurado, metafórico, alegórico, simbólico

erro ***Subst.*** engano, asneira, equívoco, falácia, falibilidade, imperfeição, falha, desacerto, raia, erro palmar, erro material, erro imperdoável, erro injustificável, erro supino, erro grosseiro, solecismo, falta, omissão, lacuna, senão, inadvertência, silabada, barbarismo, errata, ressalva, salva, corrigenda, observação, escorregadela, cochilo, inexatidão, descuido, descaída, lapso, incorreção, patada, cincada, avesso, deslize, desatino, despautério, disparate, monstruosidade, enormidade, ilusão, desilusão, heresia, alucinação, sonho, miragem, delírio, fábula, vício, bolo, palmatória ***V.*** desencaminhar, desnortear, desorientar, extraviar, levar, enganar, iludir, falsificar, mentir, errar, cochilar, desacertar, claudicar, vacilar, cair, falhar, fracassar, tropeçar, escorregar, confundir, omitir, trocar ***Adj.*** errôneo, inverídico, incorreto, enganoso, torto, tortuoso, falaz, apócrifo, anacrônico, irreal, imaginário, infundado, desarrazoado, despropositado, injusto, improcedente, desmotivado, herético, ilógico, monstruoso, inaceitável, inexato, errado, indevido, impróprio, eivado, pontilhado, ilusório, enganoso, falso, especioso, fantasmagórico, fingido, irrisório, vão, espúrio, enganador, pervertido, questionável, criticável, censurável, ilegal, ilegítimo, condenado, aberrante, gritante ***Adv.*** em falso

esbanjamento ***Subst.*** dissipação, sacrifício, largueza, desbaratamento, desperdício, consumo, gasto, esgotamento, consumição, malbarato, dispersão, inutilização, malogro, escoamento, desproveito, evasão, perda, dilapidação, prodigalidade, malversação, esbanjador, perdulário, manirroto, mão-aberta ***V.*** esbanjar, gastar, usar, consumir, levar, engolir, exaurir, esgotar, devorar, derramar, empobrecer, drenar, entornar, esvaziar, despejar, dispersar, desperdiçar, desprezar, destroçar, malbaratar, desbaratar, malograr, dissipar, dilapidar, malversar, desaproveitar, desgovernar, desprover, desguarnecer, escoar, diluir, secar ***Adj.*** perdulário, extravagante, gastador, pródigo, esbanjador, desregrado

escapatória ***Subst.*** escape, escapada, escapadela, fuga, fugida, evasão, saída, tangente, retirada, debandada, deserção, evasiva, subterfúgio, rodeio, desconversa, caminho, refúgio, respiradouro, batoque, *sursis*, libertação, refugiado, sobrevivente ***V.*** evitar, sobreviver, fugir, escafeder-se, debandar ***Adj.*** fugitivo, escapadiço, impune, ileso

escola ***Subst.*** primário, secundário, ginásio, colégio, faculdade, academia, palestra, universidade, pós-graduação, mestrado, doutorado, liceu, seminário, ateneu, educandário, instituto, internato, internado, externato, conservatório, aula, cátedra, cadeira, anfiteatro, tribuna, rostro, tablado, plataforma, professorado, magistério, regência, docência, congregação ***V.*** cursar, ensinar, aprender, encartar, diplomar ***Adj.*** escolar, universitário, acadêmico, ginasial, colegial, escolástico, educacional, politécnico

escolha ***Subst.*** seleção, procura, opção, alternativa, designação, dilema, cooptação, sincretismo, ecletismo, eleição, pleito, votação, reeleição, urna, voto, sufrágio, escrutínio, plebiscito, votação, cabalista, eleitor, eleitorado, votante, mesário, apuração, cata, preferência, pendor, anteposição, predileção, inclinação, queda, simpatia, pendor, tendência, distinção ***V.*** escolher, procurar, tomar, optar, apurar, perfilhar, sobrepor, preferir, deflorar, antepor, apartar, reservar, prepor, designar, pender, abraçar, esposar, adotar, desempatar, votar, opinar, eleger, apresentar, oferecer, consultar, escrutinar, verificar, recolher, aclamar, reeleger, nomear, designar, selecionar, apanhar, colher, respigar, forragear, separar, peneirar, joeirar, cirandar, mascar, esgaravatar, catar, discriminar, preferir, antepor, passar ***Adj.*** opcional, optativo, preferencial, discricionário, votante, eleitoral, eletivo, predileto, seleto, eclético, sincrético ***Adv.*** sobretudo, mormente

esconderijo (meios de ocultar) ***Subst.*** esconso, segredo, retrete, recesso, recanto, ladroeira, valhacouto, cova, furna, loca, caverna, subterrâneo, covil, cama, gruta, antro, toca, lapa, desvão, cafua, buraco, cripta, biboca, quilombo, mocambo, moita, guarida, refúgio, retiro, escaninho, recato, abrigo, guarita, tapagem, tapume, sebe, cobertura, antolhos, biombo, alcova, cortina, mosquiteiro, rodapé, gelosia, veneziana, capote, embuço, manto, máscara, carantonha, careta, viseira, disfarce, fantasia, dominó, pala ***V.*** esconder-se, disfarçar-se, emboscar-se, tocaiar, atocaiar ***Adj.*** oculto, secreto, sigiloso, grutesco, recôndito

escrita ***Subst.*** gráfico, manuscrito, penada, rabisco, rasgo, traço, pauta, régua, mata-borrão, linha, papiro, pena, tinta, letra, ideograma, til, pontuação, ponto e vírgula, trema, plica, cedilha, caligrafia, tinteiro, escrivaninha, papel, ardósia, rabiscos, lápis, caneta, secretário, amanuense, calígrafo, escrevente, escrivão, notário, copista, escriba, rabiscador, escrevinhador, estenografia, braquigrafia, taquigrafia, computador, teclado, digitador, diagramador, impressão ***V.*** escrever, subscrever, autografar, tirar, copiar, escriturar, reproduzir, rabiscar, escrevinhar, grafar, dactilografar, estenografar, taquigrafar, digitar, rascunhar, minutar, redigir, borrar, garatujar, lavrar, exarar, entrelinhar, compor, redigir, editar, editorar, produzir, inscrever, firmar, assinar, rubricar, formular, prefaciar, secretariar, sobrescritar, endereçar, dirigir, traçar, regrar, riscar, pautar, alinhar, sublinhar, acentuar, pontuar, cedilhar, crasear ***Adj.*** manuscrito, taquigráfico, digitado, escaneado

escultura ***Subst.*** gravação, estatuária, chanfro, bisel, corte, entalhe, entalho, alto-relevo, baixo-relevo, lavor, medalha, medalhão, camafeu, mármore, bronze, granito, cantaria, terracota, cerâmica, olaria, porcelana, faiança, estátua, estatueta ***V.*** esculpir, gravar, entalhar, talhar, cinzelar, lavrar, cortar, moldar, modelar, arredondar, avultar ***Adj.*** escultural, cerâmico, marmóreo, granítico

esfericidade ***Subst.*** arredondamento, cilindro, rolo, canudo, pipa, barril, tambor, coluna, cone, funil, esfera, globo, orbe, terra, satélite, planeta, astro, Sol, bola, pelota, glóbulo, ovo, óvulo, pelota, conta, melancia, abóbora, repolho, rotunda, seio, gota, bago, vesícula, bolha, balão, aeróstato, bugalho, uva, cebola, novelo, pílula, botão, hemisfério, calota ***V.*** ser esférico, arredondar, granular, bolear, bombear, tornear ***Adj.*** redondo, rotundo, borrachudo, circular, cilíndrico, roliço, colunar, cônico, orbicular, globular, globoso, hemisférico, arredondado, boleado, rebolado, ovado, ovular, vesicular, campaniforme, campanudo, bolboso, oblongo, repolhudo

esforço ***Subst.*** sacrifício, força, diligência, zelo, empenho, dedicação, ombro, porfia, tráfego, canseira, pertinácia, batalhação, contenção, matança, energia, persistência, ginástica, exercício, agitação, trabalho difícil, trabalho exaustivo, trabalho rude, refrega, lida, lide, afã, faina, azáfama, cansaço, pena, incômodo, canseira, estafa, luta, labuta, labor, tarefa, trabalho servil, trabalho manual, trabalho mecânico, trabalho braçal, serviço, trabalhão, trabalheira, pensão, resolução, energia ***V.*** timbrar, primar, buscar, diligenciar, promover, intentar, forçar, laborar, labutar, manobrar, mourejar, propugnar, trabalhar, lidar, trafegar, suar, batalhar, porfiar, lavrar, propugnar, perseverar, minerar, serrar, panificar, forjar, caldear ***Adj.*** trabalhador, lidador, batalhador, lutador, industrioso, laborioso, operoso, esforçado, dinâmico, incansável, dedicado, forte, tenaz, difícil, penoso, rude, indefesso, fatigante, fastidioso, hercúleo, titânico, formidável, ativo ***Adv.*** com todas as forças, até não mais poder, de corpo e alma, à porfia

espaço (espaço indefinido) ***Subst.*** grandeza, vastidão, amplidão, imensidade, extensão, amplitude, campo, latitude, capacidade, alcance, largueza, abrangência, âmbito, espaço livre, espaço ilimitado, paragem, vácuo, charneca, deserto, solidão, descampado, campanha, planície, abismo, mundo, universo, área, superfície ***V.*** espaçar, espacejar, ampliar, ocupar espaço ***Adj.*** espaçoso, vasto, dilatado, imenso, amplo, grande, extenso, rasgado, ilimitado, infinito, ínvio ***Adv.*** algures, alhures

especialidade ***Subst.*** individualidade, caracterização, exemplificação, particularidade, idiotismo, modismo, regionalismo, esoterismo, provincianismo, bairrismo, sectarismo, idiossincrasia, tendência, personalismo, personalidade, característica, tipicidade, tipificação, maneirismo, excentricidade, especificidade, singularidade, anomalia, traço, lineamento, distintivo ***V.*** especificar, indicar, particularizar, caracterizar, assinalar, concretizar, exemplificar, distinguir, marcar, precisar, determinar, singularizar, individualizar, tipificar, personalizar, personificar, designar, nomear, diagnosticar, pormenorizar, (fam.) detalhar ***Adj.*** especial, particular, individual, pessoal, específico, próprio, inseparável, privado, privativo, respectivo, competente, concreto, determinado, certo, esotérico, endêmico, parcial, privativo, peculiar, característico, típico, ilustrativo, explicativo, diferente, distintivo, inconfundível, exclusivo, idiomático, modal, étnico, provincial, regional, local, este, presente, aquele, tal ***Adv.*** cada em particular

espectador ***Subst.*** vigia, assistente, observador, olheiro, admirador, astrônomo, testemunha, circunstante, transeunte, passageiro, vidente, padrinho, paraninfo, auditório, assistência, público ***V.*** testemunhar, contemplar, paraninfar, observar, espiar, espreitar, espionar, perscrutar

esperança ***Subst.*** confiança, fidúcia, segurança, convicção, promessa, perspectiva, otimismo, projeto, planejamento, assunção, presunção, utopia, entusiasmo, aspiração, otimista, utopista, milênio, ilusão, devaneio, fantasia, miragem, raio, fulgor, clarão, calor, sombra, alegria, arco-íris, âncora ***V.*** esperar, confiar, esperar, bater o coração, sonhar, fantasiar, prometer, reanimar ***Adj.*** esperançoso, confiado, confiante, exultante, animado, entusiasta, entusiástico, insuspeito, livre, provável, prometedor, promissor, promitente, lisonjeiro, fagueiro, risonho, sorridente, auspicioso, alvissareiro, tranquilizador, róseo, florido, brilhante, superável, curável, medicável, removível, reparável, esperável, provável

espírito ***Subst.*** sagacidade, argúcia, humorismo, comicidade, elegância, donaire, chiste, sal, facécia, mote, repente, saída, humor, agudeza, sutileza, finura, farsa, caturrice, chocarrice, palhaçada, jocosidade, gracejo, brinco, caçoada, pilhéria, brincadeira, malícia, joguete, motejo, dictério, alfinetada, piada, ironia, sarcasmo, graçola, troça, réplica, resposta, ridículo, conceito, risota, galhofa, brincadeira, epigrama, alusão, saída, motete, logogrifo, charada, anagrama, acróstico ***V.*** brincar, ironizar, caçoar, gracejar, (pop.) reinar, galantear, motejar, chacotear, pilheriar, galhofar, zombar, replicar ***Adj.*** espirituoso, ferino, humorístico, humorista, conceituoso, jocoso, patusco, trocista, engraçado, gracioso, zombeteiro, chocarreiro, salgado, brincalhão, jovial, bexigueiro, folgazão, vivo, atilado, aprimorado, polido, culto, elegante, brilhante, mordaz, sarcástico, satírico, risível

esquecimento ***Subst.*** deslembrança, olvido, lapso, descaso, memória claudicante, memória infeliz, memória falível, lapso de memória, abstração, amnésia ***V.*** esquecer, olvidar, deslembrar, cair no esquecimento, deitar no esquecimento, desmemoriar, votar, escurecer, escapar, fugir, desaparecer, desaprender, morrer, obliterar, resgatar ***Adj.*** esquecido, olvidado, deslembrado, passado, remoto, descuidado, desmemoriado, destrutível, extinguível, delével

estabilidade ***Subst.*** subsistência, imutabilidade, constância, solidez, imobilidade, rotina, tradicionalismo, imobilismo, vitalidade, consistência, persistência, preservação, emperramento, firmeza, segurança, rigidez, hibernação, permanência, obstinação, irredutibilidade, alicerce, rochedo, torre, montanha, granito, penedo ***V.*** ficar, persistir, subsistir, endurecer, emperrar, encruar, firmar, perpetuar, atar ***Adj.*** imutável, inalterável, estacionário, perpétuo, constante, persistente, eterno, indispensável, permanente, indeclinável, inconjugável, invariável, inabalável, incontrastável, irrevogável, inextirpável, inquebrantável, irretratável, incomutável, incongelável, imóvel, seguro, emperrado, perene, consistente, fixo, firme, sólido, inconcusso, maciço, arraigado, fundo, radicado, inveterado, velho, rotineiro, obstinado, fatal, irremediável, imperecível, indelével, intransferível, inconversível, inflexível, irremovível, inamovível, inextinguível, irredutível, indestrutível, indecomponível, indivisível

estado ***Subst.*** condição, esfera, círculo, categoria, feitio, graduação, posição, posto, setor, ordem, disposição, natureza, gênero, espécie, aspecto, modo, modalidade, formato, configuração, tom, caráter, índole, cunho, teor, marca, selo, distintivo, gênio, inclinação, estilo, constituição, hábito, textura, contextura, estrutura ***Adj.*** modal, condicional, formal, essencial, estrutural, fundamental, orgânico, anímico

estalo (som súbito e violento) ***Subst.*** crepitação, pancada, baque, detonação, explosão, estampido, tiro, arrebentação, estouro, estrondo, salva, descarga, disparo, fracasso, fragor ***V.*** estalar, crepitar, rebentar, arrebentar, estourar, explodir, detonar, fulminar, descarregar, desfechar, disparar, desengatilhar ***Adj.*** estalante, crepitoso, explosível

estilo ***Subst.*** gênero, roupagem, forma, maneira, indumento, indumentária, linguagem, elocução, fraseologia, redação, maneira, seiscentismo, quinhentismo ***V.*** estilizar, burilar ***Adj.*** estiloso, estilístico

estorvo ***Subst.*** embargo, impedimento, tolhimento, obstrução, ingurgitamento, enfarte, tapagem, tapamento, interrupção, retardamento, constrangimento, obstáculo, inconveniente, peça, resistência, inibição, barbicacho, interferência, interposição, entupimento, incômodo, incomodidade, empecilho, empeço, espeto, entulho, atalho, nó, recife, cachoeira, travessão, óbice, objeção, oposição, contratempo, embaraço, invencível, barra, barreira, barranco, biboca, tranca, trambolho, torniquete, travão, tranqueira, muralha, parede, paredão, quebra-mar, frontal, parapeito, bloco, tampão, dique, barragem, entrave, ônus, gravame, encargo, obrigação, imposto, dificuldade, impossibilidade, barbicacho, rédea, contrapeso, pesadelo, sobressalto, intrujão, intruso, metediço, estafermo, importuno, indesejável, obstrutor, desmancha-prazeres, opositor ***V.*** estorvar, impedir, quitar, impossibilitar, vedar, embaraçar, emaranhar, apegar, pear, causar tropeço, estorvar, retardar, reter, atravancar, privar, proibir, entupir, defender, fechar, assorear, obstruir, avolumar, pejar, encher, embrulhar, complicar, tolher, empatar, empacar, abafar, afogar, asfixiar, sufocar, reprimir, contrariar, enredar, ingurgitar, enfartar, encalhar, sustar, retardar, desviar, acautelar, deter, represar, açudar, refrear, embargar, impossibilitar, desfavorecer, atravessar, interceptar, constranger, entulhar, interromper, empatar, opor, frustrar, evitar, baldar, entravar, pear, entorpecer, onerar, emperrar, minar, barrar, aferrolhar, intervir, interferir, enrabichar, engasgar, derrotar, surgir, tropeçar, pegar, prender ***Adj.*** obstrutor, impeditivo, obstante, inibitório, desfavorável, oneroso, pesado, embaraçoso, incômodo, indesejável, desagradável, intransitável, só, isolado, só, sozinho

estreiteza ***Subst.*** aperto, angústia, pequenez, estenose, linha, risca, veia, listra, tira, corredor, garganta, desfiladeiro, fineza, finura, muxiba, debilidade, magreza, esqueleto, sombra, fantasma, mirra, múmia, gafanhoto, varapau, palito, lagartixa, espinha, carcaça, espinafre, caveira, pernil, contração, pescoço, cerviz, colo, cinta, cintura, istmo, estreito, canal, mancha, passo, funil, fosso, afunilamento, gargalo, aperto, estreitamento ***V.*** estreitar, comprimir, apertar, premer, acanhar, desengrossar, afunilar, engarrafar, estrangular, entalar, mirrar ***Adj.*** estreito, fino, delgado, apertado, mimoso, tênue, grácil, capilar, esguio, pontiagudo, filiforme, bicudo, magro, franzino, esquelético, seco, chué, delicado, sumido, mirrado, subalimentado, (p. us.) malcriado, encovado, descarnado, macilento, esquálido, desfeito, esgalgado, chacinado, vaporoso, faminto, esfomeado, esfaimado, macerado, encolhido, escanifrado, pernilongo

estridor (som áspero ou desagradável) ***Subst.*** rangido, chiadeira, chio, ronco, ronqueira, guincho, ganido, dissonância, aspereza, agudeza, araponga, sirena, sirene, apito, cacofonia, uivo ***V.*** chiar, rinchar, apitar, estridular, grasnar, guinchar, chilrear, regougar, rosnar, matraquear, uivar, rouquejar, zunir, tinir, gritar, destemperar, ferir, incomodar, atordoar ***Adj.*** cortante, seco, áspero, agudo, fino, fero, estrídulo, estridente, cavernoso, cavo, malsoante, alto, penetrante, desafinado, desabrido, esganiçado, rouco, roufenho, cacofônico

estudo ***Subst.*** habilidade, perícia, talento, cultura, ciência, cognição, instrução, erudição, leitura, investigação, aprendizado, aprendizagem, tirocínio, ensaio, postulado, estágio, noviciado, matrícula, admissão, estudante, autodidata, contato com os livros, docilidade, aptidão, progresso, adiantamento, aproveitamento, lição, sabatina ***V.*** aprender, estudar, colher, receber, beber, obter, respigar, assimilar, digerir, triturar, devorar, ensaiar, aformosear, decorar, repassar, ler, folhear, silabar, soletrar, compulsar, versar, progredir ***Adj.*** estudioso, atento, assíduo, aplicado, escolástico, didático, pedagógico, apto

eternidade (duração sem fim) ***Subst.*** imortalidade, perenidade, continuidade, vitaliciedade, imortalização ***V.*** eternizar, imortalizar, perdurar ***Adj.*** eterno, perpétuo, infinito, incessante, infindável, sempiterno, duradouro, incorruptível, indestrutível, inesgotável, inexaurível, infindo, imortal, imperecível, imperecedouro, imorredouro, imarcescível, infalível, indefectível, perdurável, inacabável, sem fim, interminável ***Adv.*** para todo o sempre, sempre

eventualidade ***Subst.*** evento, acontecimento, vicissitude, passo, caso, passagem, lance, aventura, episódio, ocorrência, conjuntura, acidente, incidente, negócio, coisa, transação, procedimento, fato, fenômeno, advento, peripécia, casualidade, acaso, situação, condição, crise, emergência, contingência, vaivém, viravolta, mundo, vida, coisa, existência, afazeres, marcha, desenrolar, preamar, corrente, onda, sucesso, sucedido ***V.*** acontecer, haver, proceder, suceder, calhar, acertar, sobrevir, correr, ocorrer, surgir, vir, sair, intervir, transcorrer, nascer, brotar, encontrar, topar, experimentar, provar ***Adj.*** incidente, eventual, acidental, incidental, acidentado, casual, circunstancial, contingente, fortuito, adventício, aleatório ***Adv.*** no caso de, no curso ordinário das coisas

evidência ***Subst.*** indicação, critério, prova, testemunho, testificação, depoimento, demonstração, exame, documentação, admissão, autoridade, garantia, abono, fiança, credencial, diploma, certificado, atestado, certidão, registro, papel, escritura, título, papéis, caução, papelada, assinatura, testemunha, depoente, fiador, documental, circunstancial, confirmação, corroboração, asseveração, apoio, sobrecarta, ratificação, autenticação, comprovação, citação, referência, alusão ***V.*** evidenciar, mostrar, patentear, revelar, demonstrar, arrazoar, indicar, denotar, implicar, envolver, revelar, respirar, falar, esclarecer, elucidar, discorrer, aduzir, testificar, depor, testemunhar, atestar, certificar, garantir, abonar, reconhecer, selar, validar, confirmar, robustecer, ratificar, corroborar, fortalecer, instruir, firmar, alicerçar, fundamentar, basear, reforçar, motivar, justificar, endossar, apoiar, sustentar, defender, produzir, trazer, aduzir, expor, exibir, apresentar, citar, oferecer, mencionar, avançar, alegar, pleitear, acarear, afrontar, coletar, amontoar, documentar, estabelecer, autenticar, legalizar, legitimar, verificar ***Adj.*** evidente, indicativo, indicador, revelador, dedutivo, fundado, baseado, certificativo, comprobatório, testemunhal, esclarecedor, conteste, substancioso ***Adv.*** de modo cabal, sem a menor dúvida, *a fortiori*

evolução ***Subst.*** avanço, adiantamento, desdobramento, desenvolvimento, fomento, progressão, progresso ***V.*** evoluir, adiantar, progredir, desdobrar, medrar, desembrulhar, desenroscar, desenrolar, despregar, desparafusar, desaparafusar, desatarraxar, tresandar, destorcer, desenfiar, desenovelar, desenlaçar, desembaraçar, descruzar, destrançar, desengatilhar, desarmar, revirar, desvirar, desmontar, desabotoar, despendurar, recambiar, devolver, ricochetear ***Adj.*** evolutivo, progressivo

exageração ***Subst.*** amplificação, encarecimento, hipérbole, sublimação, engrandecimento, exaltação, vaidade, otimismo, otimista, bazófia, bravata, fanfarronice ***V.*** exagerar, enaltecer, encarecer, exaltar, proclamar, sublimar, enobrecer, sobrestimar, maximizar, inflar, exorbitar, exaltar, realçar, favorecer, avultar, divinizar, canonizar, endeusar, dourar, remontar, bazofiar, bravatear ***Adj.*** exagerado, inflado, sobrestimado, sensitivo

exagero ***Subst.*** expansão, hipérbole, tensão, colorido, caricatura, franja, babado, excesso, espalhafato, estardalhaço, abuso, jactância ***V.*** exagerar, magnificar, empilhar, amontoar, acrescentar, agravar, amplificar, engrandecer, avultar, exaltar, sobrecarregar, sobrepujar, extrapolar, espichar, encompridar, encarecer, inculcar, colorir, bordar, florear, mentir, enfeitar, acrescentar, alardear ***Adj.*** bombástico, hiperbólico, fabuloso, maravilhoso, estapafúrdio, extravagante, estrambótico, espalhafatoso, apaixonado, desnorteado, energúmeno, excessivo

exatidão (escopo do conhecimento) ***Subst.*** fato, luz, evidência, verdade, veras, evangelho, ortodoxia, oráculo, autenticidade, veracidade, rigidez, justeza, correção, exação, certeza, segurança, acuidade, precisão, delicadeza, miudeza, severidade, rigor, pontualidade, sensibilidade, minudência, minuciosidade, regularidade, texto, limpa, realismo, naturalismo ***V.*** tornar, precisar, minuciar, retocar, corrigir, retificar ***Adj.*** real, positivo, efetivo, vero, verdadeiro, verídico, oracular, veraz, certo, seguro, categoricamente, irrecusável, inequívoco, incontestável, veraz, iniludível, irrefutável, exato, irrepreensível, inatacável, incensurável, rigoroso, definido, preciso, categórico, cabal, terminante, justo, reto, correto, regular, estrito, literal, servil, textual, inexorável, inconcusso, próprio, rígido, puro, limpo, estreme, severo, fiel, matemático, científico, sabido, infalível, indefectível, minucioso, fino, genuíno, formal, legal, autêntico, lídimo, legítimo, garantido, insuspeito, inequívoco, ortodoxo, oficial, natural, são, reconhecido, conhecido, sabido, fundado, sólido, substancial, substancioso, tangível, palpável, visível, válido, insofismável, fidedigno ***Adv.*** deveras, de fato, *sic*, à risca, à toda prova, sem tirar nem pôr, tim-tim por tim-tim

excitabilidade (excesso de sensibilidade) ***Subst.*** hipersensibilidade, intensidade, impetuosidade, veemência, ardência, virulência, ardor, gana, labareda, turbulência, impaciência, intolerância, avidez, sofreguidão, assanhamento, prurido, estremecimento, fúria, enfurecimento, frenesi, frêmito, desassossego, inquietação, fervedouro, intranquilidade, alucinação, excitação, vasca, agitação, trepidação, perturbação, confusão, atrapalhação, desorientação, embaraço, emoção, abalo, assomo, repente, facho, calor, lirismo, arrebatamento, tumulto, rompante, desordem, pandemônio, fermento, vibração, transporte, exaltação, alucinação, paixão, fervor, flama, animosidade, fermentação, efervescência, incandescência, fervedouro, fogueira, chama, fogo, labareda, ebulição, tufão, rajada, tempestade, borrasca, explosão, agonia, violência, ferocidade, raiva, delírio, tontura, vertigem, histerismo, nevrose, febre, epilepsia, intoxicação, ira, furor, loucura, desvario, piração, desalinho, cegueira, fascinação, obsessão, fixação, fanatismo, quixotismo, messianismo, partidarismo, sectarismo ***V.*** delirar, desvairar, velar, tresnoitar, estourar, explodir, esbravejar, transbordar, gritar, chamejar, descomedir-se, desatinar, extrapolar, vibrar, entusiasmar, alucinar ***Adj.*** hipersensível, excitável, impaciente, insofrido, febril, convulso, histérico, nervoso, trêmulo, delirante, louco, violento, furioso, extravagante, lunático, desvairado, endiabrado, endemoninhado, inquieto, vivo, elétrico, apressado, agitado, arrebatado, epiléptico, barulhento, turbulento, espalhafatoso, ardente, sanguíneo, cálido, irrequieto, sôfrego, buliçoso, traquinas, esperto, espantadiço, (bras.) passarinheiro, fogoso, férvido, fascinado, veemente, extremado, forte, intenso, renhido, encarniçado, violento, feroz, impetuoso, incandescente, desmiolado, zeloso, entusiástico, imoderado, descomedido, apaixonado, arrebatado, deslumbrado, assanhado, bruto, fanático, obcecado, faminto, incontrolável, ingovernável, irrefreável, indomável, irreprimível, inextinguível, irresistível, fervente, vulcânico, indisciplinável, desabalado, desenfreado, desembestado, infrene, incontido, clamoroso, ruidoso, tumultuário, tumultuoso, proceloso, agitado, revolto, sacudido, impulsivo, demagógico

excitação ***Subst.*** inflamação, aquecimento, rebate, incitação, acicate, estimulação, irritação, fomento, instigação, açulamento, provocação, inspiração, alento, intoxicação, animação, frêmito, agitação, agito, efervescência, fervilhamento, perturbação, subjugação, enlevamento, arrebatamento, deslumbramento, alento, afrodisíaco, cantárida, ginseng, guaraná, catuaba, haxixe, êxtase, unção, paixão, estremecimento ***V.*** excitar, afervorar, acalorar, assanhar, ouriçar, afetar, tocar, comover, render, enternecer, sensibilizar, beliscar, impressionar, estarrecer, chocar, abalar, ferir, sacudir, inspirar, apaixonar, incentivar, eletrizar, galvanizar, abrasar, embriagar, alvoroçar, estimular, aquecer, despertar, soprar, instigar, espicaçar, encarniçar, açular, atiçar, esporear, acoroçoar, concitar, acordar, estremunhar, vulcanizar, turvar, acender, ativar, atear, inflamar, incendiar, fomentar, avivar, reavivar, suscitar, reanimar, instar, fluir, animar, encorajar, apressar, acelerar, aguçar, desenfastiar, agitar, aguilhoar, picar, impulsionar, abanar, absorver, tocar, empolgar, dramatizar, prender, intoxicar, embriagar, penetrar, invadir, fascinar, alucinar, arrebatar, enfeitiçar, enlevar, hipnotizar, perturbar, magnetizar, desnortear, tresnoitar, transtornar, petrificar, abalar, atrapalhar, desencadear, sublevar, espantar, alarmar, irritar, esquentar, avivar, acirrar, atiçar, aguçar, provocar, acalorar, enfurecer, fuzilar, espumar, chamejar, faiscar ***Adj.*** quente, aceso, acalorado, férvido, sôfrego, flamejante, chamejante, fervente, fervilhante, ebuliente, fumegante, espumante, espumoso, demoníaco, raivoso, apaixonado, delirante, febril, cevado, arrebatado, transido, desarvorado, vibrante, frenético, tresloucado, alucinado, louco, desvairado, exaltado, desesperado, encarniçado, ferrenho, fero, feroz, inflamado, alvoroçado, perdido, selvagem, excitante, estimulante, quente, capitoso, caloroso, enérgico, veemente, instante, imponente, sensacional, comovente, importante, irritante, túrbido, histérico, picante, apetitoso, provocante, provocador, provocativo, aperitivo

exclusão ***Subst.*** eliminação, recusa, rejeição, segregação, discriminação, dispensa, demissão, descarte, expulsão, desconsideração, refutação, omissão ***V.*** excluir, eliminar, recusar, rejeitar, segregar, discriminar, dispensar, demitir, descartar, expulsar, desconsiderar, refutar, omitir ***Adj.*** excluído, recusado, demitido, exclusivo, desconsiderado, descartável, omisso ***Adv.*** exclusive

excreção ***Subst.*** descarga, emanação, exalação, exsudação, expulsão, secreção, segregação, efusão, corrimento, supuração, salivação, dejeção, fezes, cocô, excremento, jacto, lixo, soltura, destempero, disenteria, saliva, cuspo, perdigoto, baba, gosma, escarro, coriza, muco, ranho, pingo, pituíta, catarro, defluxo, lava, metrorragia, menorragia, mênstruo, visita, transpiração ***V.*** excretar, supurar, defecar, evacuar, urinar ***Adj.*** excretor, pituitário, menstrual, galactóforo, excrementício, hemorrágico

---

Excrementos de animais DO CÃO: alva = *album groecum* = pós de jasmim DE CABRA OU DE OVELHA: caganitas, granitas DE CAVALO OU DE CAMELO: bonicos DAS AVES: moleja DE BURRO: castanha DE ANIMAIS SILVESTRES: frago DE BESTAS E OUTROS ANIMAIS: estrabo DE NOVILHOS: bonico DE GALINHA: buseira DE AVE DE RAPINA: tolhedura DE AVES MARINHAS: guano

---

exigência (dificuldade de contentar-se) ***Subst.*** rabugice, ranhetice, nica, pantagruelismo, vampirismo, epicurismo, voracidade, esmero, minúcia, minuciosidade, perfeccionismo, rigorismo, rigor ***V.*** cobrar, exigir, rabujar, implicar ***Adj.*** exigente, severo, escrupuloso, delicado, irritadiço, rigorista, rigoroso, perfeccionista, minucioso, sensível, queixoso, lamuriento, chorão, incontentável, insaciável, pantagruélico, voraz

existência ***Subst.*** realeza, realidade, positividade, atualidade, subsistência, presença, ente, ser, silhueta, vulto, permanência, estabilidade, vida, vivência, objetividade, fato, realidade palpável, realidade fria, realidade indiscutível, exatidão, concretização, materialização, corporificação, materialidade, presença, coexistência ***V.*** existir, ser, haver, subsistir, estar, permanecer, viver, perdurar, prevalecer, persistir, crescer, medrar, pulular, florescer, reinar, imperar, dominar, aparecer, começar, respirar, palpitar, vibrar, ocorrer, vegetar, produzir, vigorar, viger, sorrir, alvejar, correr, soprar ***Adj.*** vivente, existencial, vital, real, positivo, efetivo, absoluto, verdadeiro, prevalente, substancial, substantivo, exato, inextinto, ativo, vivo, corrente, imperecível, palpável, material, concreto ***Adv.*** de fato, na realidade

expectação (ausência de admiração) ***Subst.*** indiferença, apatia, desinteresse, impassibilidade, decepção, frustração, mesmice, obviedade, marasmo, rotina ***V.*** achar natural, ser natural, ser óbvio, esperar ***Adj.*** enfadonho, comum, natural, óbvio, trivial, banal, ordinário, vulgar, medíocre, insignificante, corriqueiro, habitual

expectativa ***Subst.*** antecipação, conta, cálculo, previsão, contemplação, prelibação, previdência, vigília, prospecto, perspectiva, horizonte, vista, destino, suspensão, espera, curiosidade, expectativa ardente, expectativa premente, expectativa confiante, ilusão, esperança, confiança ***V.*** esperar, aguardar, procurar, buscar, contemplar, espreitar, tocaiar, vigiar, prever, antever, entrever, antecipar, antegozar, prelibar, deflorar, prometer, reservar, estar, pairar ***Adj.*** expectante, impaciente, pronto, curioso, esperado, previsto

experiência ***Subst.*** experimento, ensaio, tentativa, prova, aprendizagem, estágio, investida, verificação, teste, contraprova, critério, diagnóstico, cadinho, crisol, reagente, reativo, pira, cala, cobaia, empirismo, docimasia, especulação, chute, palpite, aposta, analista, anatomista, aventureiro ***V.*** experimentar, testar, tentar, procurar, ensaiar, tentear, provar, sondar, apalpar, palpar, verificar, examinar, tatear, pescar, apostar, explorar ***Adj.*** experimental, probatório, analítico, empírico, tentativo

expiação ***Subst.*** reparação, penitência, castigo, arranjo, compensação, quitação, redenção, resgate, contrição, conciliação, reconciliação, composição, propiciação, indenização, apologia, retratação, satisfação, holocausto, vítima, sacrifício, jejum, maceração, disciplina, mortificação, abstinência, lustração, purgação, purgatório, desagravo, cilício, purificação, roseta, silva, fé ***V.*** expiar, purgar, reparar, purificar, lustrar, indenizar, compensar, remir, salvar, resgatar, jejuar, desagravar, propiciar, sacrificar ***Adj.*** expiatório, purgativo, purgatório, lustral, reparador, purificativo, purificatório, penitente, penitencial

exposição ***Subst.*** divulgação, voga, declaração, denunciação, inconfidência, exposição, verdade integral, informação, elucidação, desengano, franqueza, proclama, proclamação, pregão, reconhecimento, confissão, desenlace, epílogo, assoalhamento, bisbilhotice, pronunciamento ***V.*** revelar, descerrar, descobrir, desvelar, desvendar, desentranhar, desencovar, desenterrar, exumar, desenrolar, expor, numerar, despir, passear, patentear, desencovar, desnudar, (p. us.) vulgar, buzinar, divulgar, promulgar, devassar, inculcar, pregar, proclamar, trombetear, conclamar, chocalhar, quebrar o sigilo, propalar, semear, popularizar, propagar, disseminar, vulgarizar, pronunciar, tagarelar, denunciar, delatar, assoalhar, atraiçoar, desmascarar, dar com a língua nos dentes, reconhecer, confessar, conceder, admitir, permitir, externar, exteriorizar, vomitar, pronunciar-se, escancarar, desenganar, desiludir, corrigir, transpirar, rebentar, escapar, aflorar, transparecer, brotar, pungir ***Adj.*** exposto, escancarado, inconfidente, expansivo

expulsão (movimento para fora, ativamente) ***Subst.*** emissão, efusão, ejeção, ejaculação, rejeição, repulsão, extrusão, descarga, vômito, eructação, arroto, ventosidade, (pleb.) peido, traque, cuspidela, cuspidura, escarro, sangria, escoamento, esgoto, despejo, evisceração, deportação, banimento, extradição ***V.*** ejetar, exalar, evaporar, esvaziar, limpar, sacudir, despejar, entornar, segregar, expelir, ejacular, excretar, emitir, dardejar, descarregar, rejeitar, refugar, repelir, afugentar, esguichar, derramar, suar, soprar, golfar, eliminar, escovar, espanar, descarregar, despedir, desencovar, desalojar, despovoar, relegar, banir, deportar, esvaziar, vazar, desaguar, drenar, expurgar, desentranhar, eviscerar, desenterrar, exumar, desencravar, desatolar, desarraigar, parir, vomitar, ter ânsias, engulhar, expectorar, escarrar, cuspir, cuspinhar, cuspilhar, salivar, urinar, evacuar, defecar, (pleb.) cagar, (bras.) obrar, dejetar, borrar, desonerar, exonerar, limpar, vazar, desenfardar, desembalar, desensacar, desencaixotar, desempacotar, desembrulhar, desencaixar, desengarrafar ***Adj.*** emitente, ejetor

exterioridade ***Subst.*** exterior, aparência, imagem, roupagem, indumentária, frontaria, fachada, frontispício, frente, superfície, compleição, configuração, figura, figuração, pinta, tona, córtex, verniz, disco, face, cara, semblante, casca, cútis, epiderme, relevo, excentricidade ***V.*** exteriorizar, externar, expor, expressar ***Adj.*** exterior, externo, exposto, visível, palpável, extrínseco, extraterritorial, excêntrico, superficial, cutâneo, epidérmico, frontal, saliente ***Adv.*** extramuros, fora

extração (saída forçada) ***Subst.*** remoção, eliminação, desembaraçamento, extorsão, erradicação, arranco, arranque, safanão, puxão, exterminação, ejaculação, ejeção, exportação, excerto, saca-rolhas, fórceps, pinça, tenaz, alçaprema, pelicano, boticão, dentista, parteiro ***V.*** extrair, safar, arrancar, desencravar, puxar, sacar, tirar, protrair, depenar, depenicar, extorquir, desarraigar, erradicar, descaroçar, extirpar, desencravar, despregar, eviscerar, estripar, desossar, mungir, ordenhar, espremer, desatolar, desensacar ***Adj.*** avulso

extrinsecabilidade ***Subst.*** objetividade, acidente, crosta, esmalte, verniz, revestimento, casquinha, roupagem, indumentária, vestuário, aparência, casca, enxerto, maquiagem, cooptação ***V.*** cooptar ***Adj.*** objetivo, extrínseco, estranho, alheio, adventício, modal, incaracterístico, acidental, impróprio, relativo, fortuito, enxertado, emprestado, externo, superficial, aparente, artificial, mutável, perdível, extinguível, inassimilável, inorgânico, curável

fF

facilidade ***Subst.*** capacidade, praticabilidade, agilidade, desembaraço, presteza, destreza, lisura, desencalhe, moleza, barbada, despojo, desobstrução, permissão ***V.*** provocar, facilitar, ajudar, auxiliar, favorecer, facultar, libertar, desatravancar, desembaraçar, destrançar, desobstruir, desafogar, desembrulhar, desatar, desenredar, desembuchar, descarregar, desencravar, desenlaçar, libertar, emancipar, desopilar, lubrificar, aliviar, destravar, desentalar, aplainar, aplanar, desentupir, franquear, desimpedir, desencalhar, despejar, vencer, franquear, facultar, dar margem a, preparar, aplainar, permitir ***Adj.*** fácil, (gír.) mole, possível, factível, praticável, simples, singelo, acessível, correntio, corrediço, liso, leve, agradável, suave, governável, dócil, tratável, certo, conhecido, barato, descarregado, livre, desimpedido, desassombrado, laxo

fadiga ***Subst.*** cansaço, lassidão, lassitude, trabalho, exaustão, quebradeira, quebramento, canseira, prostração, extenuação, abatimento, moleza, exaustão, estafa, esgotamento, afã, arquejo, arfagem, arranco, enfado, delíquio, colapso, vertigem ***V.*** cansar, arquejar, ofegar, anelar, languescer, desmaiar, desfalecer, sucumbir, cansar, estafar, fatigar, prostrar, extenuar, render, enfraquecer, morrer de cansaço, matar de cansaço, afrontar, esgotar, esfalfar, exaurir, extenuar, estropiar, arrear ***Adj.*** afadigado, fatigado, lasso, gasto, exausto, moído, arquejante, arfante, exausto, quebrado, alquebrado, quebrantado, desalentado, arrasado, esfalfado, derreado, sobrecarregado, trabalhoso, exaustivo, fatigante, penoso

falsidade ***Subst.*** falsificação, falácia, compostura, alteração, contrafação, decepção, inverdade, artimanha, desfiguração, astúcia, perjúrio, invenção, fabricação, enganação, conluio, cambalacho, conciliábulo, ouropel, pechisbeque, talco, exagero, prevaricação, equívoco, evasiva, evasão, subterfúgio, ilusão, fraude, embuste, embromação, aleivosia, charlatanismo, engano, batota, peça, treta, burla, perfídia, deslealdade, falsidade ideológica, pretexto, cor, sofisma, armadilha, cilada, simulacro, simulação, artifício, fingimento, ficção, rebuço, prestidigitação, escamoteação, paliação, vacuidade, exterioridade, duplicidade, insinceridade, hipocrisia, impostura, maquiavelismo, farsa, comédia, pantomima, velhacaria, velhacada, embuste, cantilena, estratégia, estratagema, ardil, enredo, adulação, desonestidade ***V.*** mentir, pretextar, embrulhar, engrolar, engrupir, perjurar, falsear, falsificar, contrafazer, perverter, improvisar, forjar, desfigurar, adulterar, alterar, deturpar, iludir, prevaricar, claudicar, equivocar, sofismar, blefar, embromar, empulhar, enfeitar, trapacear, tergiversar, tapear, maliciar, truncar, envernizar, colorir, encapotar, disfarçar, mascarar, lustrar, dissimular, vestir, bordar, exagerar, inventar, fabricar, forjar, burlar, enganar, ludibriar, incubar, tramar, romancear, colorear, capear, encobrir, fingir, afetar, aparentar, simular, paliar, bancar, fraudar, coonestar, desnaturar ***Adj.*** falso, inautêntico, enganoso, enganador, falaz, falacioso, vão, inverídico, fictício, mendaz, fraudulento, doloso, desonesto, infiel, interesseiro, impostor, balofo, evasivo, vazio, insincero, ordinário, perjuro, pérfido, traiçoeiro, desleal, fingido, aparente, fictício, suposto, hipócrita, jesuítico, tartufo, mistificador, maquiavélico, encapotado, disfarçado, pretenso, vulpino, felino, caviloso, dúplice, traiçoeiro, malicioso, ardiloso, rebuçado, burlão, arteiro, estratégico, espúrio, mentiroso, santarrão, melífluo, sedutor

falta (movimento que não atinge a meta) ***Subst.*** escassez, insucesso, naufrágio, incompletude, deficiência, imperfeição, insuficiência, desvio, estacionamento, tresmalho ***V.*** encalhar, soçobrar, desaparecer, fracassar, empacar, desencontrar, emperrar ***Adj.*** inacessível

falta de elasticidade ***Subst.*** anelasticidade, inelasticidade ***V.*** devassar ***Adj.*** rígido, inflexível, flácido, inerte, frouxo, bambo, lasso

fama ***Subst.*** reputação, distinção, renome, nome, celebridade, nomeada, brilho, brilhantismo, notoriedade, (pop.) cartaz, conceito, nome, nota, voga, popularidade, benemerência, realce, aura, relevo, glória, resplendor, revérbero, honras, crédito, prestígio, influência, estima, favor, apreço, brasão, galardão, lustre, ruído, respeito, consideração, respeitabilidade, culto, probidade, pináculo, apogeu, sumidade, dignidade, solenidade, majestade, grandeza, imponência, sublimidade, esplendor, posto, lugar, posição, estado, ordem, grau, precedência, primazia, condição, eminência, altura, píncaro, importância, preeminência, poder, elevação, subida, ascensão, exaltação, engrandecimento, dignificação, enobrecimento, dedicação, consagração, sagração, apoteose, entronização, canonização, divinização, glorificação, herói, semideus, celebridade, notabilidade, luminar, astro, farol, sumidade, leão, campeão, meteoro, luzeiro, coluna, pilar, esteio, colosso, super-homem, iluminado, redivivo, chefe, benemérito, (depr.) medalhão, mandachuva, (depr.) nulidade, prócer, ícone, líder, condutor, exemplo, mentor, timoneiro, caudilho, carvalho, roble, modelo, pérola, bússola, Sol, constelação, ornamento, adorno, honra, halo, resplendor, auréola, nimbo, zodíaco, aclamação, ovação, láurea, laurel, memória, imortalização, imortalidade, imperecível, bacharelado, doutoramento, poema, planície, fastos ***V.*** figurar, honrar, ilustrar, dignificar, iluminar, ornamentar, estrelar, brilhar, refulgir, reluzir, resplandecer, fulgurar, ressaltar, sobressair, extrapolar, viver, iluminar, florescer, florear, liderar, conduzir, competir, exceder, eclipsar, entronizar, glorificar, perpetuar, imortalizar, divinizar, endeusar, coroar, canonizar, santificar, sagrar, privilegiar, assinalar, celebrizar, notabilizar, popularizar, consagrar, dedicar, trombetear, laurear, gravar, perpetuar, decantar, granjear nome, dar nome, preitear, sublimar, magnificar, enobrecer, nobilitar, engrandecer, exaltar, altear, elevar, qualificar, dignificar, abrilhantar, homenagear, comemorar ***Adj.*** distinto, digno, notável, singular, popular, conhecido, marcado, acreditado, conceituado, invulgar, qualificado, notório, marcante, memorável, célebre, afamado, famigerado, famoso, legendário, lendário, saudoso, conspícuo, ilustre, varonil, galhardo, ilustrado, alto, inconfundível, lustroso, preclaro, insigne, ínclito, claro, celso, excelso, magnífico, egrégio, soberbo, sublime, supino, assinalado, varonil, homérico, olímpico, grande, eminente, graduado, benemérito, preeminente, proeminente, dignificante, honroso, honesto, honorífico, honrado, brioso, probo, respeitável, venerável, venerando, imperdível, imperecível, memorável, inesquecível, inolvidável, indelével, imortal, sacrossanto, iluminado, redivivo, glorioso, esplêndido, brilhante, invulgar, saliente, luminoso, radiante, supremo, sublimado, superior, láureo, nobre, divino, honroso, airoso, elevado, subido, ufano, majestoso, augusto, principesco, majestático, grandioso, épico, sublime, transcendente, sagrado, imaculado, emérito, rememorável, privilegiado, histórico

fanfarrão ***Subst.*** mata-mouros, espadachim, jactancioso, desafiador, roncador, valentão, pimpão, paxá, impostor, brigão, buzina, ferrabrás, ameaçador, goela, garganta, faroleiro, farofeiro, gabarola, farromba, parlapatão, respondão, soberbaço, desordeiro, demo, duelista, fúria, (bras.) cangaceiro, janota, impertinente, insolente, impudente, desabusado

favorito ***Subst.*** valido, protegido, predileto, preferido, dileto, eleito, privado, criatura, ídolo, joia, tudo, deus, coração, pupilo, pérola, Benjamim, enlevo, amado, mimoso, piegas, querido, bem-amado, amor, bem, namorado, *persona grata*, afilhado, amado, nepote, fetiche, paparicado

fealdade ***Subst.*** deformidade, desprimor, deselegância, desfiguramento, monstruosidade, antipatia, careta, esgar, carão, carranca, aleijão, espectro, sapo, mico, monstro, monstrengo, mostrengo, ogro, chinchila, espantalho, estupor, enguiço, dentuça, hipopótamo, urso, macaco, chimpanzé, bode, bicanca, camafeu, macaca, tartaruga, carcaça, canhão, toupeira, ratazana, serpente, bruxa, pega, calhamaço, jia, coruja, cascata, cuca, Medusa, manopla, penca, batata ***V.*** desfigurar, enfear ***Adj.*** feio, deselegante, simiesco, disforme, macaco, desproporcionado, desengraçado, desfavorecido, desajeitado, desengonçado, desprimoroso, desairoso, mal-encarado, contrafeito, pesado, desdentado, calvo, beiçudo, carrancudo, trombudo, narigudo, pançudo, barrigudo, ventrudo, indigesto, desagradável, desinteressante, rebarbativo, antipático, esquálido, feroz, selvagem, grosseiro, lúgubre, escuro, cadavérico, medonho, monstruoso, apavorante, horripilante, horrível, horroroso, horrendo, repulsivo, repugnante, hediondo, asqueroso, chocante, nojento, odiento, odioso, sórdido

fechamento ***Subst.*** tapamento, obstrução, vedação, infarto, enfarte, bloqueio, cerco, sítio, impermeabilidade, obturação, chave, ferrolho, tranca, taramela, trinco, fechadura, cadeado ***V.*** fechar, cerrar, encerrar, trancar, trancafiar, aferrolhar, vedar, barrar, cercar, arrolhar, cicatrizar, bloquear, isolar, enfartar, infartar, selar, lacrar, sufocar, lutar, obturar, chumbar, represar, açudar, sapar, calafetar, sitiar, abotoar, afivelar ***Adj.*** trancado, tampado, operculiforme, cerrado, impenetrável, indevassável, ínvio, impraticável, inacessível, intransponível, difícil, intransitável, inavegável, evalve, indeiscente

fedor ***Subst.*** fartum, fetidez, fétido, podridão, miasma, peste, bolor, mofo, flatulência, peido, pum, traque, ventosidade, ranço, catinga, bodum, morrinha, halitose, putrefação, maresia, infecção, fuinha, doninha, raposa, gambá, capivara, percevejo, cloaca, merda, (pop.) chulé, alho, cebola, carniça *V.* feder, catingar, putrefazer, putrificar *Adj.* fedorento, fétido, podre, pútrido, fedegoso, infecto, malcheiroso, catinguento, catingueiro, nojento, repugnante, nauseabundo, desagradável, sufocante, rançoso

feiticeiro *Subst.* feitiçaria, mágica, mandingueiro, bruxo, curandeiro, mago, píton, mágico, taumaturgo, benzedeiro, adivinho, profeta, vidente, psicógrafo, astrólogo, médium, xamã, ocultista, milagreiro, rezador, cabalista, bruxa, sereia, sibila, saga, maga *V.* enfeitiçar mandingar, fazer feitiço *Adj.* enfeitiçado, encantado, feiticeiro, bruxo, macumbeiro

fêmea *Subst.* mulher, dama, donzela, amazona, menina, adolescência, adolescente, moça, rapariga, velha, matriarca, matriarcado, ela, saia, feminilidade, feminismo, frágil, fraco, madona, senhora, madama, dona, viúva, esposa, matrona, ninfa, beldade, gata, avião, sereia, rapariga, mulherio, ginecologia, gineceu, harém, lupanar, galinha, corça, porca, cadela, égua, cabra, ovelha, burra, vaca, leoa, gata *V.* feminizar, amulherar-se *Adj.* prima, fêmeo, feminino, mulheril, matronal

fiança *Subst.* garantia, abonação, empenho, penhor, segurança, garantia, aval, obrigação, compromisso, hipoteca, sinal, seguro, depósito, caução, refém, promissória, crédito, aceite, endosso, abono, fiador, responsável, abonador, segurador, idôneo, autenticação, verificação, autorização, certificado, registro, estampilha, recibo, quitação, resgate, liberação, liquidação, descarga, título, instrumento, escritura, ato, papel, pergaminho, testamento, codicilo, aluguel, arrendamento, aforamento *V.* segurar, caucionar, penhorar, pendurar, empenhar, hipotecar, deixar, segurar, garantir, fiar, afiançar, endossar, aceitar, honrar, alugar, subarrendar, arrendar, sublocar, tomar, aforar *Adj.* caucionado

filamento *Subst.* filaça, fibra, tomento, fíbula, veia, cabelo, estame, cílio, pestana, sobrancelha, sobrecenho, gavinha, arame, corda, cordão, trama, fio, linha, fiado, barbante, fita, galão, passamanes, torçal, mastro, cadarço, camelo, cânhamo, estopa, justa, faixa, banda, tira, retalho, pragana, filete, grelo *V.* estilhaçar, fiar, lascar, desfiar, desfibrar *Adj.* filamentoso, filamentar, filiforme, capilar, fibroso

filantropia *Subst.* altruísmo, fraternidade, humanidade, benemerência, benevolência, cosmopolitismo, utilitarismo, sociologia, piedade, clemência, indulgência, complacência, desprendimento, generosidade, assistência social, donativo, ajuda, auxílio, socorro, adoção, civismo, bairrismo, cavalaria, generosidade, filantropo, altruísta, benemérito, utilitarista, demagogo, conservatório, orfanato, asilo, creche, dispensário, cooperativa, hospital, república *V.* doar, contribuir, praticar o bem, ser pródigo *Adj.* humanitário, filantrópico, altruísta, caridoso, cívico, magnânimo, generoso, utilitário, cosmopolita, patriótico, cavalheiresco, público, xenófilo

fim *Subst.* final, finalização, arremate, fecho, terminação, término, ponto, termo, desinência, polo, limite, fronteira, meta, ômega, tau, barra, cabo, orla, cauda, rabo, fundo, borda, sobremesa, estuário, consumação, desenlace, conclusão, desfecho, epílogo, remate, posfácio, despedida, baliza, destino, agonia, vasca, expiração, crepúsculo, ocaso, últimas, catástrofe, apoteose, acabamento, fenecimento, parada, paradeiro, foz, desembocadura,

embocadura, cemitério, escatologia, Calvário ***V.*** findar, finalizar, acabar, terminar, consumar, arrematar, colmar, fechar, rematar, parar, cessar, cerrar, ultimar, concluir, aprontar, agonizar, expirar, perecer, morrer, desfechar, fenecer, desaparecer, embocar, desaguar, desembocar, volatilizar, evaporar, voar, partir, completar, coroar, dar um fim, fazer um fim ***Adj.*** findo, final, terminal, terminativo, definitivo, último, extremo, derradeiro, posterior, póstumo, transato, passado, vencido, dorsal, caudal, penúltimo, antepenúltimo ***Adv.*** por fim, afinal

flexibilidade ***Subst.*** maleabilidade, extensibilidade, plasticidade, flacidez, edema, maciez, macieza, suavidade, elasticidade, caniço, verga, junco, chibata, bambu, lítio, cipó, vime, bário, barro, argila, greda, cera, manteiga, pudim, almofada, travesseiro, chumaço, penugem, veludo, acolchoado, alcatifa, tapete ***V.*** flexibilizar, amaciar, amolecer, afofar, bambear, amoldar, amolgar, achatar, amassar, sovar, estofar, acolchoar, relaxar, devassar, curvar, vergar, comprimir, abrandar, ceder ***Adj.*** flexível, maleável, dúctil, manejável, fofo, elástico, plástico, macio, mole, tenro, flácido, felpudo, esponjoso, polpudo, macio, balofo, aveludado, cetinoso, sedoso, argiloso, mimoso, flácido, bambo, lasso, amanteigado, brando, barroso

floreio ***Subst.*** recamo, lavor, embelezamento, empolamento, turgidez, declamação, lirismo, inversão, hipérbato, antítese, aliteração, retórica, ênfase, eufemismo, opulência, louçania, prolixidade, apuro, exagero, pompa, fraseologia ***V.*** ornar, colorir, florear, aformosear, embelezar, rebuscar, burilar, engalanar, rechear, matizar, empolar ***Adj.*** embelezado, florido, floreado, condoreiro, empolado, afetado, sonoro, palavroso, prolixo, imaginoso, pitoresco, inflado, asiático, enfático, ostentoso, túrgido, retumbante, retórico, extravagante, inflamado, animado, sentencioso, hiperbólico, crespo, altíssono, altissonante, conceituoso, figurativo

fluidez ***Subst.*** liquidez, gás, fluido, líquido, licor, linfa, humor, serosidade, caldo, suco, seiva, sumo, sangue, pituíta, sânie, pus, vurmo, soro ***V.*** jorrar, escorrer, pingar, esguichar, espirrar, fluidificar, dessorar, liquefazer, evaporar, congelar ***Adj.*** líquido, fluido, suculento, sumarento, aquoso, vurmoso, liquefeito, derretido, incongelável, solúvel, soluto, venífluo, venoso

foco (lugar de reunião) ***Subst.*** metrópole, capital, centro, polo, cidadela, quartel-general, teatro, empório, mercado, interposto, cassino, grêmio, clube, cenáculo, feira, antro, covil, querença, bebedouro, redil ***Adj.*** focal, central

força ***Subst.*** tenacidade, fortaleza, vigor, capacidade, resistência, vitalidade, poder, energia, luxo, viço, luxúria, muscular, potestade, potência, verdor, verdura, solidez, elasticidade, tom, tensão, tonicidade, tônico, mola, solidez, corpulência, corpanzil, varonilidade, virilidade, robustez, ombro, musculatura, musculação, malhação, firmeza, florescência, louçania, brilho, nervo, músculo, tendão, muque, pulso, braço, atletismo, ginástica, halterofilismo, acrobacia, diamante, ferro, aço, carvalho, aroeira, cerne, granito, atleta, púgil, pugilista, lutador, combatente, gladiador, gigante, touro, toureiro, (fam.) barra, leão, granadeiro, onça, Atlas, Hércules, Sansão, Titã, Ciclope, Super-Homem, fragata, virago, dinâmica, mecânica, dinamômetro, quilogrâmetro ***V.*** suportar, resistir, durar, fortalecer, confortar, vigorar, revigorar, refazer, fortificar, inervar, tonificar, nutrir, masculinizar, reforçar, secundar, reanimar, reconstituir, retemperar, guarnecer, robustecer, prestigiar, endurecer, enrijar, enrijecer, solidificar, recrutar, vivificar, consolidar, alicerçar, cimentar, estreitar, reanimar, desentorpecer, apetrechar, armar, guarnecer, proteger, abrigar, defender ***Adj.*** forte, possante, poderoso, valoroso, forçoso, vigoroso, loução, enérgico, másculo, fornido, sólido, resistente, durável, diamantino, êneo, férreo, irresistível, invicto, invencível, inconquistável, inextirpável, insaciável, encarniçado, renhido, entranhado, profundo, inquebrantável, esmagador, numeroso, opressivo, soberano, irredutível, onipotente, rebelde, indomado, indomável, varonil, válido, atlético, titânico, hercúleo, agigantado, carnoso, carnudo, ciclópico, dinâmico, reforçado, refeito, macho, muscular, musculoso, malhado, espadaúdo, corpulento, taludo, inexaurível, inesgotável, reconstituinte, tonificante, fortificante ***Adv.*** à força, por bem ou por mal, (pop.) na marra

forma ***Subst.*** formato, feitio, feição, modalidade, feitura, talhe, porte, configuração, conformação, maneira, figura, esboço, formação, construção, compleição, disposição, organização, plástica, estampa, tipo, chapa, padrão, paradigma, modelo, corpo, armação, corte, estrutura, imagem, molde, paleta, matriz, cambota, aspecto, aparência, pinta, jeito, lineamento, posição, postura, atitude, jeito, pose, morfologia ***V.*** formar, formalizar, ajeitar, configurar, conformar, afeiçoar, afigurar, talhar, delinear, bosquejar, esboçar, entalhar, esculpir, cortar, fundir, desenhar, esquadrejar, aparelhar, amoldar, moldar, plasmar, estampar, construir, desbastar, lapidar, compassar, tornear, escalonar, recompor, recortar, arredondar ***Adj.*** formal, plástico, formativo, isômero ***Adv.*** à feição de, à semelhança de

fornalha ***Subst.*** forno, fornilho, forja, fogão, calorífero, fogareiro, braseiro, pira, fogueira, vulcão, borralho, rescaldo, estufa, caldeira, caldeirão, chaleira, retorta, cadinho, destilador, salamandra, (fam.) comadre, termas, chaminé, grelha, moquém, lareira, atiçador, pá, trempe, frigideira, caçarola, cafeteira, torradeira, micro-ondas, suadouro, sudorífero, quente, sauna ***Adj.*** pírico, reverberante, térmico

forro ***Subst.*** enchido, enchimento, forra, acolchoado, chumaço, estofa, entretela, estopa, panturrilha, recheio, botox, silicone, turbinagem, preenchimento ***V.*** forrar, encher, rechear, estofar, acolchoar, empalhar, turbinar

fragilidade ***Subst.*** delicadeza, vulnerabilidade, caranguejola, geringonça, caniço, buriti, cristal, vidro, argila ***V.*** fragilizar, quebrar, rebentar, arrebentar, despedaçar, rachar, esborrachar, fragmentar, espatifar, esfrangalhar, pulverizar, esmigalhar, esmagar, esfacelar, estilhaçar, lacerar, dilacerar, triturar, fender, lascar ***Adj.*** frágil, acro, vulnerável, quebrável, quebradiço, vítreo, tênue, delicado, fino, débil, delgado, destrutível, extinguível, fraco

fragrância ***Subst.*** aroma, odor, (poét.) olor, cheiro, perfume, eflúvio, emanação, buquê, ramo, baunilha, almíscar, mirra, sândalo, alfavaca, alfazema, lavanda, heliotrópio, bergamota, nardo, rosmaninho, pivete, bálsamo, patchuli, amarílis, essência, verbena, jasmim, rosa, água-de-colônia, perfumaria, aromatização, perfumador ***V.*** cheirar, emanar, perfumar, embalsamar, aromatizar ***Adj.*** fragrante, aromático, moscado, odorífero, odorante, odorífico, perfumado, perfumoso, perfumador, oloroso, olente, cheiroso, balsâmico

fraqueza *Subst.* debilidade, atenuação, lassidão, tibieza, langor, languidez, desalento, desânimo, apatia, morbidez, abatimento, decadência, enfezamento, enfraquecimento, atrofia, raquitismo, debilitação, remissão, depressão, enfermidade, feminilidade, desfalecimento, quebranto, prostração, caquexia, fragilidade, flacidez, inatividade, estiolamento, declínio, perda, diminuição, delicadeza, invalidez, decrepitude, anemia, fio, buriti, cataplasma, infante, inválido, maricas, podão, cobarde, cebola *V.* cair, ceder, cambalear, vacilar, tremer, coxear, claudicar, desmaiar, languescer, fraquear, fraquejar, desfalecer, definhar, esvaecer, emagrecer, declinar, pender, deperecer, tremer, tremelicar, trepidar, enfraquecer, alquebrar, depauperar, abater, debilitar, exaurir, atenuar, combalir, quebrantar, enfezar, relaxar, atrofiar, enervar, entorpecer, remitir, afrouxar, amainar, aleijar, aluir, abalar, prejudicar, minar, solapar, enlanguescer, dizimar, insensibilizar, derrear, gastar, amolecer, destemperar *Adj.* fraco, grácil, delgado, delicado, fino, frágil, débil, tênue, imbele, impotente, lasso, gasto, mole, quebradiço, combalido, valetudinário, abatido, alquebrado, flácido, chocho, franzino, tenro, raquítico, mimoso, efeminado, exangue, vaporoso, mesquinho, lânguido, vacilante, fracalhão, quebrado, trêmulo, decrépito, paralítico, coxo, derreado, frio, mórbido, enfermo, anêmico, doente, langoroso, cansado, rendido, decadente, murcho, quebradiço, inanimado, debilitado, gasto

frase *Subst.* proposição, oração, sentença, cláusula, juízo, expressão, fala, dito, período, parágrafo, enunciado, locução, idioma, ideograma, idiotismo, feitio, brilho, perfeição, fraseado, paráfrase, provérbio, fraseologia, *V.* expressar, exprimir, significar, explicar, enunciar, traduzir, frasear *Adj.* frasal, declaratório, expresso, idiomático

fraude *Subst.* falsidade, inverdade, (pop.) canudo, ouropel, falcatrua, dolo, peça, traficância, embuste, charlatanice, velhacaria, hipocrisia, artifício, malícia, artimanha, batota, blefe, marosca, maçada, trampa, falácia, negaça, falcatrua, trama, cavilação, escamoteação, intrujice, impostura, prestidigitação, esperteza, magia, esconjuro, pantomima, pantomina, maquinação, enredo, intriga, cambalacho, pala, passe, manobra, truque, lisonja, chicana, burla, trapaça, rasteira, laço, armadilha, igrejinha, tramoia, lógica, lábia, ardil, gambito, lamúria, cantilena, candonga, patranha, furto, tralha, esparrela, mutreta, malfeito, maracutaia, ratoeira, alçapão, engenhoca, (bras.) chiqueiro, arapuca, socapa, sorrelfa, engenhoca, alçaprema, rede, tarrafa, rasca, isca, engodo, chamariz, cilada, emboscada, visgo, lambujem, disfarce, mascarado, cópia, contrafação, falsificação *V.* enganar, lograr, iludir, enrolar, mistificar, pintar, defraudar, embaçar, ludibriar, embrulhar, encravar, lesar, (bras.) engabelar, bigodear, carambolar, seduzir, apanhar, negacear, desencaminhar, atrair, induzir, cevar, intrujar, defraudar, trapacear, dar gato por lebre, vender gato por lebre, albardar, frustrar, carambolar, trampolinar, intrigar, escamotear, empalmar, lisonjear, empulhar, burlar, embrulhar, confeitar, encobrir, dissimular, cevar, engendrar, iscar, pespegar, pregar, atocaiar, socavar, solapar, minar, ultrapassar, mentir *Adj.* fraudulento, inverídico, ardiloso, fraudador, charlatão, intrujão, vazio, vão, pérfido, infundado, artificial, fictício, suposto, postiço, especioso, artefato, inautêntico, ilegítimo, apócrifo, postiço, bastardo, espúrio, capcioso, irrisório, aparente, mendaz, pretenso, colorido, dissimulado, falaz, ilusório, enganoso, enganador, fraudulento, doloso, leonino, sonso, manhoso, caviloso, prestigioso, tratante, trapaceiro, cigano, embusteiro, trampolineiro, solerte, salafrário, trapaceiro, enganado, embaçado ***Adv.*** à sorrelfa, na calada

frente ***Subst.*** anterioridade, testa, face, semblante, rosto, cara, carão, verônica, fronte, presença, focinho, fuças, fisionomia, boca, peito, tromba, focinho, carantonha, carranca, frontispício, portada, frontaria, fachada, mostrador, quadrante, proscênio, anverso, cunho, frontal, vanguarda, dianteira, líder, ponteiro, vanguardista, abre-alas, desbravador, batedor, guia, face, popa, vante, pioneiro ***V.*** ficar à frente, responder, respeitar, confrontar, enfrentar, resguardar, tomar a frente, conduzir, guiar, liderar ***Adj.*** frontal, anterior, facial, dianteiro

frequência ***Subst.*** sucessão, persistência, constância, assiduidade, permanência, pontualidade, perseverança, continuidade, repetição, reaparecimento, repetência, reiteração, insistência, reprodução, multiplicação, hábito, recorrência, endemia ***V.*** amiudar, voltar, repetir, reiterar, reproduzir, reaparecer, multiplicar, insistir, renascer, reviver ***Adj.*** amiudado, incessante, miúdo, perpétuo, contínuo, constante, comum, vulgar, assíduo, diário, quotidiano, repetido, recorrente, sistemático, encontradiço, endêmico, persistente, permanente, teimoso, certo, infalível, provável ***Adv.*** amiúde, dia a dia, a toda hora

frescura ***Subst.*** frescor, fresco, tepidez, primavera, outono, brisa, aragem, aura ***V.*** refrescar, afrescar, arrefecer ***Adj.*** fresco, suave, doce, brando, agradável, ameno, tenro, delicioso, benigno, moderado, refrescante, temperado

frio ***Subst.*** frigidez, frieza, friúra, friagem, frialdade, aspereza, algidez, navalha, congelamento, esfriamento, severidade, destemperança, destempero, inverno, invernada, coração do inverno, plenitude do inverno, rigor do frio, Ártico, barbeiro, minuano, setentrião, gelo, caramelo, geada, saraiva, granizo, neve, geleira, nevada, nevasca, arrepio, tremor, tremura ***V.*** invernar, nevar, saraivar, navalhar, tremer, tiritar, tremelicar ***Adj.*** frio, gélido, frígido, gelado, enregelado, congelado, álgido, penetrante, cortante, glacial, siberiano, agreste, áspero, ríspido, severo, desabrido, destemperado, desagradável, tolhido, encolhido, trêmulo, tiritante, friorento, invernoso, invernal, brumoso, nevoento, hibernal, boreal, ártico, siberiano, glaciário

frouxidão ***Subst.*** lassidão, languidez, frieza, vacuidade, monotonia, sensaboria, banalidade ***V.*** salmear, salmodiar, chover no molhado ***Adj.*** frouxo, fraco, chato, anêmico, pálido, desconsolado, incolor, magro, inexpressivo, desenxabido, (fig.) insosso, massudo, chocho, banal, desengraçado, fastidioso, frio, glacial, pobre, lasso, inócuo, anódino, lânguido, pesado, prosaico, aguado, medíocre, rasteiro, vazio, desleixado, desencantado, pueril, infantil, enfático, desalinhado, tosco, desbotado, descorado, comum, vulgar, reles

fruição (prazer físico, ver tb. *prazer*) ***Subst.*** desfrute, satisfação, gozo, curtição, delícia, sensualidade, luxúria, lascívia, lubricidade, libidinagem, tesão, desejo, excitação, volúpia, orgasmo, voluptuosidade, deleite, dissipação, titilação, carícia, masturbação, sabor, gastronomia, degustação, conforto, comodidade, suavidade, doçura, sorriso, concupiscência, materialismo, veludo, festim, banquete, encanto, sedução, néctar, felicidade, euforia, êxtase ***V.*** sentir prazer, desfrutar, gozar, fruir, curtir, saborear, apreciar, refestelar-se, lamber, sorrir ***Adj.*** luxurioso, sensual, voluptuoso, luxuriante, confortável, quente, tépido, agasalhado, cômodo, próspero, principesco, nababesco, luxuoso, agradável, delicioso, folgado, suave, cordial, genial, prazenteiro, prazeroso, festivo, gostoso, doce, fragrante, melodioso, belo, feliz, rico

furto ***Subst.*** roubo, roubalheira, assalto, subtração, punga, defraudação, latrocínio, apropriação, escamoteação, plágio, depredação, espoliação, esbulho, saque, saco, devastação, incursão, razia, pilhagem, rapina, rapinagem, usurpação, limpa, pirataria, piratagem, corso, gatunagem, ladroeira, ladroagem, trambique, infidelidade, cleptomania, mensalão, corrupção, descaminho, sumiço, desfalque, dilapidação, rombo, alcance, concussão, estelionato, chantagem, peculato, contrabando, fraude, malversação, candonga, negociata, traficância, bote, rapto, gazua, pé de cabra, espelunca, valhacouto, homizio, ladrão, gatuno, larápio, punguista ***V.*** furtar, roubar, saltear, safar, tomar, abafar, afanar, desviar, rapar, bispar, subtrair, arrebatar, rapinar, cardar, comer, tirar, sonegar, gatunar, surripiar, surrupiar, usurpar, limpar, depenar, levar, limpar, empalmar, maquiar, abiscoitar, escamotear, tomar, traficar, raptar, dilapidar, malversar, desfalcar, defraudar, fraudar, saquear, crestar, pilhar, assaltar, talar, assolar, forragear, devastar, piratear, depredar, prear, escalar, despojar, lesar, espoliar, escorchar, contrabandear, malandrar, esfolar, tosquiar, tonsurar, receptar ***Adj.*** ladro, gatuno, desonesto, corrupto, sub-reptício

futuro ***Subst.*** chegada, vinda, porvir, horizonte, destino, eventualidade, propinquidade, proximidade, milênio, amanhã, herança, posteridade, prenúncio, profecia, previsão, presságio, pressentimento, devir, horóscopo ***V.*** antecipar, prever, pressagiar, profetizar, madrugar, chegar, beirar, tocar, pender ***Adj.*** futuro, póstero, vindouro, próximo, iminente, propínquo, eventual, ulterior, aleatório, incerto, misterioso, brumoso, nevoento, desconhecido ***Adv.*** depois, doravante, logo, adiante

gG

gagueira (locução imperfeita) ***Subst.*** tartamudez, hesitação, aspiração, cochicho, sussurro, dislalia, dislexia, cicio, engasgo, sotaque, rouquidão, provincianismo, falsete, tatibitate, gago, tartamudo, fanho ***V.*** tartamudear, titubear, gargarejar, palrar, engrolar, resmungar, mastigar, mascar, rosnar, regougar, estropear, ciciar, nasalar, babar, balbuciar, aspirar ***Adj.*** tartamudo, tatibitate, gago, balbuciante, tártaro, fanhoso, fanho, nasal, esganiçado, roufenho, inarticulado, gutural, trêmulo

gás ***Subst.*** volatilidade, fluido, elástico, ar, vapor, éter, oxigênio, hidrogênio, ácido, eflúvio, fumo, fumarola, fumaceira, flato, acetileno, gasogênio, gasômetro, bujão, combustível, grisu, butano, aerodinâmica, ventosidade, flatulência, meteorismo, peido ***V.*** gaseificar, oxigenar, hidrogenar, arrotar, peidar ***Adj.*** gasoso, etéreo, vaporoso, volátil, flatulento, aerodinâmico, hilariante

generalidade ***Subst.*** universalidade, catolicidade, catolicismo, cosmopolitismo, miscelânea, impessoalidade, panorama, epidemia, pandemia, todos, fulano, beltrano, sicrano, unidade, uniformidade ***V.*** generalizar, prevalecer, dominar, predominar, reinar, imperar, transcender, universalizar, nacionalizar, internacionalizar, unificar, uniformizar, padronizar, desenvolver, propagar, descaracterizar ***Adj.*** genérico, coletivo, lato, amplo, irrestrito, enciclopédico, uniforme, universal, universitário, católico, exotérico, unívoco, ecumênico, panorâmico, comum, vulgar, mundial, internacional, transcendente, transcendental, prevalecente, predominante, cosmopolita, epidêmico, pandêmico, atípico, incerto, vago, indeterminado, impreciso, abstrato, habitual ***Pron.*** todo, cada, qualquer

gestão ***Subst.*** gerência, comando, condução, direção, feitoria, superintendência, domínio, diretoria, chefia, administração, manutenção, rédea, governo, guia, compasso, batuta, orientação, penacho, legislação, regulamento, regimento, mando, regência, leme, bússola, GPS, satélite, luminária, liderança, hegemonia, presidência, reitoria, reitorado, capitania, capatazia, preeminência, supremacia, supervisão, controle, auditoria, fiscalização, policiamento, cabeça, gerente, auditor ***V.*** dirigir, gerir, conduzir, presidir, guiar, governar, regular, encaminhar, encarreirar, gerenciar, administrar, chefiar, capitanear, orientar, zelar, reinar, ter o leme na mão, direcionar, pilotar, feitorizar, estar à frente de, coordenar, comandar, reger, empunhar as rédeas de, segurar as rédeas de, superintender, fiscalizar, regrar, verear, entender, vigiar, dominar, estabelecer leis, ter as rédeas de, tomar a direção, bolear ***Adj.*** diretor, diretivo, gerencial, governamental, legislativo, legislador, executivo, direcional, direcionável

golfo ***Subst.*** lago, lagoa, baía, ressaca, ancoradouro, cala, caldeira, recôncavo, enseada, lagamar, seio, quebrada, fiorde, estuário, foz, delta, boca, barra, embocadura, porto, estreito, mancha, passo, palude, laguna, charco, pântano, pantanal, remanso, perau, atoleiro, barreiro, lamaçal, tanque, poça, poço, cisterna, viveiro, fosso, fossa, vala, açude, eclusa, dique, represa, piscina, tanque ***Adj.*** lacustre, aquático, subaquático, ribeirinho

gosto ***Subst.*** sabor, ressaibo, travo, prova, gustação, degustação, palato, língua, dente ***V.*** provar, petiscar, gostar, morder, degustar, libar, saborear, prelibar, saber ***Adj.*** gostoso, delicioso, sápido, saboroso, gustativo, palatal, palatino

gramática ***Subst.*** rudimentos, sintaxe, concordância, regência, caso, declinação, flexão, conjugação, gênero, número, ortografia, fonética, fonologia, derivação, composição, filologia ***V.*** pontuar, aportuguesar, conjugar, declinar, adjetivar, substantivar ***Adj.*** gramatical, sintático, gramático, clássico, correto, castiço, puro, escorreito, vernáculo, lídimo, castigado, terso, conjugável

grandeza ***Subst.*** quantia, quantidade, magnitude, magnificência, pujança, tamanho, abundância, fartura, profusão, munificência, multidão, imensidão, imensidade, vastidão, amplidão, enormidade, fundura, profundidade, infinito, poder, força, intensidade, agudeza, plenitude, esplendor, importância, gravidade, incredibilidade, reunião, roda, rima, montão, pilha, pecúlio, mole, volume, extensão, mundo, montanha, massa, abalada, rosário, saraivada, monte, taco, número, acervo, enchente, fardo, amontoado, cheia, dilúvio, rosal, rol, rolo, pacote, série, estoque, embrulho, remessa, ruma, carregação, carregamento, arroba, alqueire, tonelada, quilômetro, monturo, quadrilha ***V.*** transcender, aumentar, agrandar, incrementar, pulular, fervilhar, avultar ***Adj.*** palmar, maior, considerável, vultoso, crescido, graúdo, amplo, lato, tanto, vasto, rasgado, abundante, cheio, pleno, plenário, forte, intenso, são, pesado, completo, profundo, alto, assinalado, incontestável, inacabável, sonoroso, escandaloso, estrepitoso, retumbante, ruidoso, imenso, desabalado, enorme, extremo, desordenado, tremendo, excessivo, extravagante, imane, fantástico, monstruoso, fero, grandioso, descomunal, colossal, estupendo, prodigioso, surpreendente, inarrável, inenarrável, incrível, inimaginável, incalculável, maravilhoso, descabelado, formidável, renhido, encarniçado, infinito, irrestrito, ilimitado, fabuloso, inaudito, terrível, importante, impressionante, imponente, respeitável, valioso, decisivo, numeroso, absoluto, positivo, decidido, inequívoco, essencial, perfeito, acabado, notável, subido, extraordinário, inapreciável, gordo, pingue, grosso, desmedido, descomedido, desmarcado, desmesurado, infrene, sobre-humano, interminável, sobrenatural, entranhado, mortal, gigantesco, despropositado, ciclópico, agudo, tremendo, horrendo, ideal, insuportável, inadmissível, inextirpável, inextinguível, invencível, invejável, mirabolante, dantesco, penoso, doloroso, desenvolvido, extenso, vasto, fenomenal, peregrino, invulgar, quantitativo ***Adv.*** muito, decididamente, absolutamente, redondamente, sobremodo, sobremaneira, deveras, bastante, ordinariamente, caprichosamente

gratidão ***Subst.*** reconhecimento, agradecimento, retribuição, graças, bênção, mensagem, gratificação, favor, serviço, obrigação, louvor, recompensa ***V.*** agradecer, reconhecer, dever, penhorar, endividar, obrigar, confundir, sensibilizar, comover, prender, cativar, honrar, distinguir, desvanecer, obsequiar ***Adj.*** grato, reconhecido, agradecido, penhorado, rendido, preso, cativo, gratulatório

grau ***Subst.*** grado, padrão, calibrador, altura, elevação, potência, expoente, ápice, amplitude, espaço, âmbito, extensão, fundura, calibre, passo, gradação, proporção, craveira, cunho, alcance, esfera, ordem, bitola, medida, remate, ponto, marca, furo, escopo, termo, intensidade, agudeza, aperto, rigor, força, plenitude, eficiência, grandeza, apogeu, auge, quantidade, sensível ***V.*** graduar, gradar ***Adj.*** comparativo, gradual, gradativo, progressivo, proporcional

gravidade ***Subst.*** gravitação, carregação, carregamento, densidade, pressão, massa, tara, carga, ônus, fardo, bagagem, madeiro, trambolho, sobrecarga, sobrepeso, cruz, contrapeso, chumbo, lastro, pesagem, ponderação, quintal, arroba, libra, quilo, onça, marco, oitava, grama, quilate, balança ***V.*** gravitar, pesar, atrair, descer, afundar, premer, preponderar, oprimir, comprimir, esmagar, achatar, prensar, imprensar, carregar, sopesar, aquilatar, ajoujar, gemer, onerar, chumbar ***Adj.*** gravitacional, grave, grávido, carregado, sobrecarregado, esmagador, insuportável, intolerável, preponderante, ponderoso, ponderável, incômodo, fatigante, exaustivo, maciço, plúmbeo, premente, oneroso

gravura ***Subst.*** calcografia, água-forte, xilografia, linografia, serigrafia, litografia, cromografia, estereotipia, entalhadura, entalho, prova, impressão, chapa, punctura, pedra, madeira, estereotipagem, estampagem, inscrição, estereótipo, buril, escopro, cinzel, entalhador, estilete, punção, maço, talhadeira, ilustração, iluminação, estampa, pirogravura, florão, ornato, vinheta ***V.*** gravar, estampar, litografar, pirogravar, xilografar, estereotipar, imprensar, inscrever, insculpir, esculpir, burilar, cinzelar, entalhar, imprimir ***Adj.*** litográfico, xilográfico

grito ***Subst.*** alarido, celeuma, gritaria, berro, berreiro, vozeirão, vozearia, vozerio, fala, falácia, grasnada, bulha, barulho, barulheira, alarme, matinada, charivari, chinfrim, clamor, vociferação, burburinho, burburinho, auê, muvuca, tumulto, zoada, zoeira, balbúrdia, escarcéu, zorra, queixa, brado, voz ***V.*** gritar, bradar, apregoar, guinchar, buzinar, clamar, erguer, esgoelar, esbravejar, vivar, apupar, fungar, roncar, ressonar, berrar, exclamar, levantar, vociferar, bramir ***Adj.*** gritante, barulhento, clamoroso, alto, estridente, azucrinante

guerra ***Subst.*** combate, conflito, embate, armas, espada, gládio, Marte, contenda, lide, refrega, belicismo, combatividade, agressão, invasão, ocupação, juízo, campanha, cruzada, expedição, mobilização, traça, dolo, estratagema, estratégia, balística, batalha, escaramuça, correria, combate, ação, operação, missão, bombardeio, manejo, jornada, varejo, fogo convergente, fogo rolante, clarim, trombeta, corneta, buzina, búzio, maracá, santo, senha, ofensiva, guerra civil, combustão, conflagração, incêndio, armamento, armas de destruição em massa, armas químicas, armas biológicas, armas nucleares, exército, infantaria, artilharia, cavalaria, blindado, aviação, radar, míssil, foguete, submarino, torpedo, destróier, cruzador, couraçado, porta-aviões, helicóptero, tanque, jipe, satélite ***V.*** guerrear, armar, incitar, agredir, invadir, ocupar, subjugar, bombardear, levantar, recrutar, angariar, aliciar, engajar, arregimentar, militarizar, recorrer, estalar, arder, conflagrar, batalhar, pelejar, combater, renhir, pugnar, refregar, canhonear ***Adj.*** guerreiro, aguerrido, bélico, belicoso, disciplinado, valoroso, poderoso, quente, ardoroso, combativo, combatente, beligerante, inimigo, militar, militante, miliciano, batalhador, militarizado, mercenário, tático, estratégico, castrense, indomável, indômito, invencível, inconquistável, sangrento, mortífero, invasor, conquistador, opressor, usurpador, genocida

gula ***Subst.*** glutonaria, gulodice, avidez, voracidade, sofreguidão, insaciabilidade, pantagruelismo, intemperança, alimento, gastronomia, polífago, epicurista, abutre, papão, comilão, glutão, rapa, gastrônomo, frieira, moinho, guloso ***V.*** devorar, empanturrar-se, empanzinar-se, embutir ***Adj.*** guloso, sôfrego, ávido, esfaimado, esganado, pantagruélico, lambão, esfomeado, insaciável

hH

habilidade ***Subst.*** aptidão, poder, suficiência, engenho, jeito, arte, tato, modo, destreza, indústria, maneira, astúcia, manha, esperteza, inventiva, proficiência, capacidade, competência, estratagema, facilidade, sagacidade, perspicácia, tino, atilamento, acerto, artifício, sutileza, escamoteação, mestria, perícia, bossa, excelência, floreio, prestidigitação, malabarismo, conhecimentos, talento, vocação, gênio, prenda, dom, condão, saber, ciência, tecnicismo, técnica, jeito, pendor, queda, veia, gosto, inclinação, tendência, sabedoria, sagacidade, finura, diplomacia, centelha, velhacaria, conduta, habilitações, partes, faculdade, inteligência, merecimento, atividade, qualificação, habilitação, proficiência ***V.*** ter aptidão, usufruir de aptidão para, poder, tirar vantagem, colher proveito, tirar proveito, traquejar, matraquear, adestrar, amestrar, habilitar, capacitar, exercitar, industriar, adequar, prendar ***Adj.*** hábil, habilidoso, destro, ágil, jeitoso, safo, azado, maneiroso, industrioso, próprio, ativo, engenhoso, pronto, vivo, qualificado, grande, versado, proficiente, exímio, amestrado, perito, professo, esperto, fino, gaio, atilado, premiado, laureado, chapado, (bras.) mitrado, conhecido, abalizado, provecto, suficiente, feito, prático, versado, competente, capaz, eficiente, esperançoso, prometedor, promissor, idôneo, conveniente, artificioso, prendado, perfeito, inventivo, astuto, sutil, vivo, sagaz, penetrante, matreiro, ambidestro, seguro, desembaraçado, técnico, artístico, profissional, científico, aprimorado, genial ***Adv.*** com mão de mestre, à altura, bem

habitante ***Subst.*** morador, alma, íncola, pessoa, ocupante, posseiro, colono, colonizador, hóspede, residente, inquilino, locatário, arrendatário, vigia, fazendeiro, usufrutuário, intruso, cidadão, ilhéu, insulano, citadino, burguês, paroquiano, munícipe, provinciano, vassalo, labrego, campônio, agricultor, serrano, camponês, babaquara, caiçara, capiau, casaca, curau, queijeiro, roceiro, sertanejo, tabaréu, tapuio, vilão, aldeão, rústico, natural, indígena, aborígine, autóctone, silvícola, selvagem, imigrante, emigrado, nacional, estrangeiro, europeu, asiático, americano, africano, tripulação, população, povo, selenita, marciano, extraterrestre, compatriota, coestaduano, patrício ***V.*** habitar, morar. povoar, colonizar ***Adj.*** indígena, nativo, natal, autóctone, nacional, pátrio, brasileiro, português, francês, doméstico, interno, reinol, montanhês, montesino, montesinho, serrano, levantino, sertanejo, cisplatino, indígena, alienígena

hábito ***Subst.*** costume, vezo, moda, uso, usança, prática, voga, sistema, toada, modo, maneira, praxe, rotina, senda, tradição, tradicionalismo, provincianismo, costume velho, costume imemorial, costume natural, costume tradicional, hábito inveterado, hábito arraigado, chavão, prescrição, usança, observância, procedimento, tenência, etiqueta, conformidade, misoneísmo, ramerrão, rotina, cantochão, ladainha, cantilena, esnobismo, esnobe, geral, tradicionalista, saudosista, pé de boi, misoneísta, burocrata, regra, norma, toupeira, burocracia, formalidade, pegada, batida, cacoete, assiduidade, aclimatação, radicação, ceva, perícia ***V.*** habituar, acostumar, pisar, seguir, afazer, dispor, amoldar, aguerrir, conformar, familiarizar, banalizar, aclimatar, nacionalizar, ensinar, educar, acompanhar, treinar, domesticar, amansar, adestrar, cevar, encarnar, encarniçar, contrair, aderir ***Adj.*** habitual, normal, sacramental, indispensável, costumeiro, assíduo, prescritivo, consuetudinário, tradicional, pragmático, geral, miúdo, ordinário, comum, vulgar, rotineiro, banal, trivial, usado, cotidiano, diário, regular, recebido, estabelecido, aceito, admitido, corrido, corriqueiro, corrente, dominante, familiar, clássico, inveterado, conforme, acostumado, afeito, preso, dado, dedicado, retrógrado, fixo, casado, enxertado, permanente, intrínseco ***Adv.*** como de costume, de regra, como é de praxe

hermafrodismo (ambivalência entre os sexos) ***Subst.*** hermafroditismo, bissexualidade, androginia, homossexualidade, homossexualismo ***V.*** ser homossexual, ser transexual, ser andrógino, desmunhecar, (fig.) entrar no armário, (fig.) sair do armário ***Adj.*** bissexual, homossexual, transexual, andrógino, hermafrodita, sobrecomum, comum de dois, uniforme, promíscuo, epiceno, bicha, boiola, baitola, gay, sapatão, gilete

heterodoxia ***Subst.*** erro, impureza, cisma, apostasia, ateísmo, heresia, fanatismo, sectarismo, zoomorfismo, puritanismo, sincretismo, ecletismo, Reforma, protestantismo, luteranismo, calvinismo, metodismo, anabatismo, ritualismo, deísmo, teísmo, materialismo, antropomorfismo, positivismo, espiritismo, anglicanismo, luteranismo, infidelidade, mormonismo, mitologia, politeísmo, dualismo, confucionismo, judaísmo, islamismo, maometismo, bramanismo, budismo, hinduísmo, gnosticismo, zoolatria, xintoísta, sectário, seguidor, herege, infiel, apóstata, renegado, pagão, gentio, idólatra, anticristo, politeísta, panteísta, espírita, céptico, anticlerical, dissidente, separatista, cristão, católico, anglicano, protestante, reformado, independente, presbiteriano, luterano, calvinista, metodista, anabatista, batista, ritualista, puritano, abstinente, confucionista, israelita, judeu, hebreu, islamita, sunita, xiita, muçulmano, brâmane, budista, mago, fetichista, gnóstico ***Adj.*** herético, impuro, profano, dissidente, secular, pagão, étnico, gentílico, judaico, mosaico, maometano, muçulmano, budista, protestante, (bras.) evangélico, supersticioso, idólatra, visionário

hipocondria (temperamento sombrio) ***Subst.*** nevrose, neurastenia, irascibilidade, arrebatamento, perversidade, obstinção, rabugem, rabugice, irritação, tristeza, melancolia, abatimento, prostração, marasmo, (fig.) misantropia, soturnidade, impaciência, impertinência, implicância, burrice, exigência ***V.*** rabujar, enfezar, implicar, choramingar ***Adj.*** mal-humorado, indisposto, contrariado, birrento, rabugento, sombrio, tétrico, neurastênico, nervoso, hipocondríaco, (fig.) taciturno, melancólico, depressivo, deprimido, amargo, acabrunhado, amargurado, amargo

homem bom ***Subst.*** modelo, paradigma, chavão, espelho, protótipo, herói, semideus, sacerdote, apóstolo, serafim, anjo, cordeiro, capuchinho, santo, benfeitor, benemérito, caridoso, esmoler, filantropo, Catão, justo, pérola, samaritano, anjo

homem ruim ***Subst.*** malfeitor, monturo, pecador, desnaturado, perverso, desclassificado, pústula, velhaco, vilão, patife, maroto, canibal, celerado, calamitoso, sicário, facínora, malvado, miserável, verdugo, carrasco, algoz, víbora, serpente, cobra, tigre, lobo, pantera, fera, besta-fera, mula, harpia, cascavel, abutre, monstro, cão, veneno, réprobo, danado, dragão, sibila, jararaca, leoa, megera, madrasta, bruxa, tirana, mexeriqueira, comadre, bandido, libertino, mesquinho, vagabundo, criminoso, marginal, descarado, pilantra, cachorro, perjuro, pródigo, rolha, freguês, rufião, fadista, fanfarrão, brigão, cangaceiro, desordeiro, incendiário, ladrão, assassino, terrorista, traficante, mafioso, pedófilo, perseguidor, culpado, réu, vândalo, condenado, forçado, grilheta, histrião, proscrito, perigoso, capacho, canalha, magano, mariola, biltre, bisca, desclassificado, brejeiro, cafajeste, energúmeno, fariseu, (reg.) tração, intrigante, aranha, mexeriqueiro, alcoviteiro, cáften, jogador

homicídio (destruição da vida, morte violenta) ***Subst.*** assassínio, assassinato, regicídio, fratricídio, matricídio, infanticídio, uxoricídio, parricídio, extermínio, hecatombe, carnificina, carniça, tragédia, sangueira, chacina, massacre, matadouro, mortandade, açougue, crueldade, degola, degolação, decapitação, asfixia, sufocação, afogamento, estrangulação, fuzilamento, garrote, sideração, martírio, desastre, sinistro, fatalidade, casualidade, suicídio, holocausto, carrasco, verdugo, executor, algoz, assassino, homicida, abutre, chacinador, sicário, antropófago, bravo, regicida, fratricida, parricida, matricida, infanticida, uxoricida, vítima, mártir, emboscada, cilada, insídia, armadilha, traição, abatimento, caçada, pescaria, inseticida, pescador, caçador ***V.*** matar, enterrar, rapar, eliminar, assassinar, extinguir, exterminar, massacrar, chacinar, ceifar, vitimar, levar, imolar, abater, prostrar, despachar, enviuvar, fuzilar, enforcar, guilhotinar, esganar, estrangular, jugular, afogar, dizimar, trucidar, apunhalar, atirar, navalhar, esfaquear, estripar, esquartejar, espetar, caçar, pescar, abater, assolar, devastar, destruir, despovoar, enlutar ***Adj.*** morto, mortal, carniceiro, sanguinário, sanguinolento, cruel, desalmado, cruento, encarniçado, chacinador, sangrento, assassino, rubro, macabro, funesto, sinistro, trágico, fatídico, fatal, letal, mortífero, fratricida

horizontalidade ***Subst.*** planície, plano, estrato, decúbito, prostração, horizonte, nível, aterro, terraço, platô, estrado, mesa, toalha, tapete, terrapleno, terraplenagem ***V.*** igualar, aflorar, aplanar, alisar, respaldar, rasourar, assoalhar, terraplenar, aterrar, bater com o nariz no chão, chapar, rodar, prostrar, abater ***Adj.*** horizontal, chato, prato, plano, liso, aluvial, estendido, supino, prostrado, jacente

humanidade ***Subst.*** humanismo, solidariedade, convivência, tolerância, fraternidade, gente, povo, etnia, massa, geração, mortalidade, carne, mundo, planeta, sociologia, etnologia, etnografia, etologia, humanista, coletivo, inteligente, humano, homem, microcosmo, pessoa, vivente, personagem, indivíduo, sujeito, criatura, mortal, alguém, alma, mão, coração, cérebro, cabeça, indivíduo, comportamento, linguagem, cultura, ética, relacionamento, tipo, vulto, figura, personalidade, outrem, cavalheiro, senhor, fulano, beltrano, sicrano, povo, população, casta, multidão, turba, público, sociedade, mundo, coletividade, comunidade, colônia, nação, tribo, nacionalidade, república, terráqueo, cosmopolita, cidadão, concidadão, compatriota, conterrâneo ***V.*** humanizar ***Adj.*** humano, humanitário, pessoal, individual, coletivo, universal, nacional, internacional, mundial, planetário, terráqueo, mundano, civil, cívico, social, cosmopolita, unissexuado, mortal, bípede, bímano, antropológico, sociológico, cultural

humildade ***Subst.*** pequenez, mansuetude, comedimento, mansidão, moderação, compostura, submissão, retraimento, meiguice, obscuridade, reserva, modéstia, despojamento, frugalidade, simplicidade, singeleza, contenção, sobriedade, suavidade, brandura, açúcar, resignação, recolhimento, recato, cordura, vergonha, rubor, humilhação, vexame, mortificação, condescendência, lhaneza, afabilidade, aviltamento, prosternação, degradação, submissão, baixeza, timidez, acanhamento ***V.*** dignar-se, preitear, castigar, corar, humilhar, vergar, vexar, confundir, esmagar, amansar, achincalhar, rebaixar, amesquinhar, espezinhar, suplantar, esmagar, arrasar, apear ***Adj.*** humilde, manso, sensato, despojado, simples, comedido, reservado, moderado, singelo, meigo, modesto, despretensioso, obscuro, recatado, inofensivo, tímido, submisso, servil, benigno, amigável, condescendente, complacente, humilhado, corrido, abatido, resignado, envergonhado, pudico, confuso, agachado, encolhido, arrastado, humilhante, vexatório

humorista ***Subst.*** espirituoso, repentista, cômico, comediante, histrião, improvisador, galhofeiro, brincalhão, (bras.) quebra, patusco, farsante, pachola, trocista, chocarreiro, zombeteiro, charadista, piadista, polichinelo, bufão, bufo, truão, gracioso, precioso, jogral, palhaço, momo, (pop.) pepino, saltimbanco, arlequim, bobo

iI

ideia (objeto do pensamento) ***Subst.*** espírito, noção, concepção, conceito, pensamento, apreensão, visão, impressão, percepção, imagem, sentimento, reflexão, observação, consideração, opinião, julgamento, análise, teoria, ideário ***V.*** idear, idealizar, imaginar ***Adj.*** ideal, conceitual, ideável

identidade ***Subst.*** comunidade, coincidência, aderência, aglutinação, igualdade, sinonímia, identificação, consubstanciação, monotonia, fac-símile ***V.*** identificar, consubstanciar, coincidir, acertar, ajustar, irmanar ***Adj.*** idêntico, identificado, similar, indistinto, natural, sinônimo, igual, gêmeo ***Adv.*** tal qual, sem tirar nem pôr

idolatria ***Subst.*** zoolatria, dendrolatria, fetichismo, paganismo, glorificação, divinização, canonização, apoteose, hecatombe, holocausto, ídolo, candomblé, fetiche, pagode, idólatra ***V.*** idolatrar, divinizar, endeusar, paganizar, imolar, sacrificar ***Adj.*** idólatra

ignorância ***Subst.*** insipiência, desconhecimento, desinformação, incultura, atraso, conhecimento, raquitismo, miopia, cegueira, escuridão, necedade, burrice, estupidez, palmar, inconsciência, incompetência, imperícia, simplicidade, noite, sombra, trevas, obscurantismo, x, y, z, obscurantista, vislumbre, lambujem, sombra, laivos, verniz, pincelada, rudimentos, côdea, incapacidade, pedantismo, empáfia, charlatanismo, charlatanice ***V.*** ignorar, escoicear, estropear, soletrar, balbuciar, embrutecer, estupidificar, mumificar, atrofiar, arranhar, desconhecer, desentender ***Adj.*** ignorante, ignaro, bronco, acéfalo, cego, curto, míope, analfabeto, ignaro, tapado, labrego, lorpa, panaca, rude, néscio, estúpido, iletrado, imperito, desmiolado, manco, profano, leigo, inconsciente, sáfaro, desinformado, inculto, incompetente, superficial, atrasado, raso, verde, perfunctório, ligeiro, vazio, oco, manco, deficiente, escasso, minguado, imperfeito, desconhecido, virgem, inusitado, ignoto, incógnito, inexplorado, inédito, inaudito, recôndito, oculto, invisível, misterioso, tenebroso, obscuro, obscurantista ***Adv.*** às escuras, às cegas, por alto

ignorante ***Subst.*** analfabeto, iletrado, néscio, nulidade, camelo, pigmeu, burro, jumento, cafre, besta, cavalgadura, animal, cepo, toupeira, botocudo, charlatão, rábula, boçal, leigo, noviço, aprendiz, praticante, inexperiente, palerma, tolo, sabichão, pedante, sabão, prosa ***Adj.*** crasso, chapado, desentendido

igualdade ***Subst.*** paridade, simetria, monotonia, mesmice, nível, equivalência, equilíbrio, equação, identidade, similaridade, similitude, rivalidade, empate, nivelamento, coordenação, ajustamento, jogo, isonomia, par, parelha, companheiro, parceiro, confrade, irmão, rival, êmulo, competidor, equivalente *V.* igualar, responder, corresponder, fazer, apostar, competir, contender, valer, somar, emparelhar, irmanar, adequar, balançar, balancear, equilibrar, equiparar, rasourar, nivelar, contrabalançar, compensar *Adj.* igual, irmão, idêntico, equivalente, rival, parelho, êmulo, par, simétrico, conversível, sinônimo *Adv.* *pari passu*, tal qual

ilegalidade (ausência ou violação da lei) *Subst.* violação, contravenção, crime, desprezo pela lei, desrespeito, desobediência, desmando, inobservância, anormalidade, monstruosidade, arbitrariedade, prepotência, violência, pressão, despotismo, opressão, atentado, contrabando, tráfico, latrocínio, homicídio, estupro, roubo, furto, estelionato, corrupção, fraude, simonia *V.* ofender, violar, infringir, quebrantar, desrespeitar, desprezar, defraudar, transgredir, desobedecer, desprezar, desrespeitar, exorbitar, descomedir-se, abusar, rescindir, contrabandear *Adj.* ilegal, proibido, ilegítimo, disparatado, indevido, absurdo, intruso, irregular, extrajudicial, extrajudiciário, inconstitucional, contraventor, criminoso, criminal, abusivo, despótico, sumário, discricionário, arbitrário, indevido, caprichoso, nulo, inválido, fraudulento

ilha *Subst.* ilhota, ilhéu, recife, alfaque, escolho, baixio, arquipélago, insulano *V.* insular, ilhar *Adj.* ilhéu, insular, insulano

imaginação *Subst.* invenção, criação, inventiva, engenho, fantasia, mente, pensamento, inspiração, presunção, verve, imaginação impressionável, imaginação viva, imaginação fértil, imaginação brilhante, imaginação ativa, inventiva, capricho, prefiguração, cisma, ideologia, frenesi, êxtase, romantismo, utopia, sonho, idílio, alucinação, miragem, ideal, idealismo, concepção, idealização, cogitação, visão, quimera, devaneio, engano, capricho, ficção, mito, lenda, fantasmagoria, sombra, fantasma, romance, extravagância, pesadelo, milênio, exagero, idealista, teórico, teorista, romancista, fabulista, poeta, visionário, sonhador, aerobata, nefelibata, utopista, sonâmbulo *V.* imaginar, fantasiar, arquitetar, conceber, idear, idealizar, sonhar, figurar, fabular, poetizar, romancear, criar, produzir, gerar, cunhar, inventar, fabricar, improvisar, engendrar, parafusar, excogitar, presumir, supor, vagar, vaguear, cogitar, voar, encher, sugerir, maquinar, devanear, cismar, borboletear, prefigurar *Adj.* imaginário, fantasioso, aéreo, imaginativo, original, inventivo, criativo, fértil, fecundo, engenhoso, imaginoso, imaginário, fictício, fabuloso, romântico, vaporoso, romanesco, idílico, mítico, mitológico, caprichoso, extravagante, entusiástico, utópico, utopista, quimérico, quixotesco, poético, figurado, ideológico, ideal, etéreo, irreal, virtual, vago, indefinido, indefinível, ilusório, fantasmagórico, visionário, fantástico

imaterialidade *Subst.* espiritualidade, espiritualismo, psiquismo, subjetivismo, imponderabilidade, personalidade, pessoa, sujeito, eu, ego, mim, fantasma, espectro, espiritualista, inteligência, ectoplasma *V.* espiritualizar, subjetivar *Adj.* imaterial, incorpóreo, etéreo, irretratável, abstrato, virtual, sutil, transcendental, desencarnado, fantasmagórico, sobre-humano, supersensível, extranatural, sobrenatural, fantástico, quimérico, ideal, irreal, intangível, invisível, impessoal, neutro, subjetivo, imponderável, anímico, abstrato, místico, contemplativo

imbecilidade *Subst.* insensatez, acanhamento, mesquinhez, inaptidão, burrada, incapacidade, insuficiência, parvoíce, estupidez, nescidade, burrice, estultice, estultícia, patada, tolice, boçalidade, inépcia, idiotia, idiotice, idiotismo, necedade, pasmaceira, miopia, irreflexão, precipitação, insensatez, demência, insipiência, insânia, insanidade, ligeireza, banalidade, meninice, futilidade, rudeza, materialidade, criancice, criançada, infantilismo, infantilidade, maluquice, (fam.) areia, ingenuidade, simplicidade, descaída, bestialidade, vazio, extravagância, inconsistência, inconveniência, indiscrição, vaidade, sofisma, excentricidade, despautério, imprudência, desatino ***V.*** tresler, papaguear, bobear, delirar, tagarelar, bestializar, embrutecer, bestificar, emburrar, estupidificar, ensandecer, esterilizar, mumificar, obcecar, infantilizar ***Adj.*** rústico, rude, irracional, desmiolado, louco, descuidado, negligente, desajuizado, desorientado, precipitado, irrefletido, imponderado, louco, desavisado, insensato, insipiente, ignaro, disparatado, destemperado, cretino, bestial, estúpido, sandeu, adoidado, imbecil, boçal, néscio, idiota, lorpa, palerma, grosseiro, pateta, charro, tacanho, toleirão, pacóvio, bronco, obtuso, rude, medíocre, tapado, curto, manco, patola, rombo, boto, lerdo, mentecapto, irresponsável, orelhudo, burro, estouvado, obcecado, palerma, panaca, abestalhado, apalermado, desmiolado, atolado, amatutado, acaipirado, atado, abobado, tonto, pretensioso, picaresco, burlesco, raquítico, parvo, simplório, desarvorado, faceiro, (bras.) destabocado, bruto, brutal, nulo, inepto, insano, estulto, ingênuo, simples, incapaz, inepto, prosaico, fútil, indesejável, desmoralizado, desacreditado, cabeçudo, maníaco, indiscreto, frívolo, inútil, precipitado, impensado, irrefletido, insensato, néscio, tolo, burlesco, estapafúrdio, pueril, infantil, fútil, impróprio, inconveniente, desastroso, desarrazoado, ridículo, mesquinho, inconsistente, incoerente, inútil, banal, trivial

imitação ***Subst.*** cópia, macaqueação, assimilação, semelhança, analogia, mimese, simulacro, arremedo, contrafação, fingimento, personificação, representação, simulação, réplica, transcrição, fac-símile, retrato, repetição, citação, aspas, decalque, reprodução, paráfrase, paródia, plágio, falsificação, imitador, eco, bugio, mono, macaco, símio, papagaio, plagiário, plagiador, copista, amanuense, escrevente, fotógrafo, pantógrafo, mimeógrafo, heliografia ***V.*** imitar, copiar, remedar, arremedar, macaquear, contrafazer, fingir, simular, espelhar, retratar, fotografar, fac-similar, refletir, ecoar, reproduzir, replicar, clonar, repetir, parafrasear, modelar, plasmar, representar, parodiar, emular, plagiar, copiar, transcrever, reproduzir, autografar, litografar, forragear, avivar ***Adj.*** imitado, imitador, parafrástico, literal, servil, fiel, autêntico, genuíno, fidedigno, exato

imobilidade ***Subst.*** calma, quietação, quietude, sossego, placidez, pachorra, serenidade, tranquilidade, estagnação, inércia, apatia, abulia, impassibilidade, parada, paralisação, paralisia, imobilização, imobilismo, catalepsia, quietismo, descanso, paz, remanso, calmaria, bonança, silêncio, jazida, pausa, embargo, suspensão, demora, pousada, bivaque, lar, estaca, pilar, estátua, penedo, rochedo ***V.*** repousar, descansar, jazer, dormir, ficar imóvel, permanecer parado, emperrar, quedar, estacionar, parar, estacar, embicar, apodrecer, estagnar, lançar âncora, lançar ferro, acalmar, amainar, abrandar, aquietar, sossegar, deter ***Adj.*** quieto, tranquilo, sossegado, calmo, sereno, plácido, impassível, bonançoso, inativo, remansoso, imóvel, hirto, fixo, sedentário, estacionário, jacente, suspenso, irremovível, firme, estático, inamovível, intransferível, estagnado, parado, apático, abúlico, estatelado, morto, catatônico, imutável, assentado, fundeado

impalpabilidade (insensibilidade tátil) ***Subst.*** intangibilidade, imperceptibilidade, adormecimento ***Adj.*** insensível, intangível, impalpável, imperceptível

impenitência ***Subst.*** recidiva, reincidência, recaída, renitência, pertinácia, obstinação, indocilidade, endurecimento, persistência, contumácia ***V.*** endurecer, encruar, recalcitrar, respingar, reincidir, recair, empedrar, empedernir ***Adj.*** impenitente, vezeiro, reincidente, recalcitrante, recidivo, incorrigível, indisciplinável, indócil, desobediente

imperfeição ***Subst.*** deficiência, defeito, imaturidade, irregularidade, mas, porém, senão, lacuna, quebra, perda, buraco, fraqueza, eiva, tara, tinha, manha, míngua, nódoa, labéu, tacha, pecha, jaça, mácula, erva, eiva, omissão, buraco, rasura, rachadura, brecha, torcedura, sombra, desprimor, vício, tropeço ***V.*** rarear, coxear, macular, sombrear, desprimorar ***Adj.*** imperfeito, defectivo, coxo, manco, defeituoso, falho, lacunar, faltoso, tosco, grosseiro, impuro, manchado, malfeito, tarado, torto, desprimoroso, frágil, insuficiente, incompleto, inferior, manopla, pernilongo, ordinário, grosseiro, rudimentar, mal-acabado, mal-ajambrado, precário, medíocre, somenos, modesto, mero, obscuro, passável, secundário, segundo, regular, sofrível, imperfectível ***Adv.*** quase, apenas, mal

ímpeto ***Subst.*** impulso, repente, arranco, arrebatamento, arroubo, precipitação, elã, impulsão, rompante, assomo, acesso, crise, prurido, improvisação, inspiração, jacto, improvisador ***V.*** improvisar, acometer ***Adj.*** impetuoso, extemporâneo, impulsivo, natural, maquinal, instintivo, espontâneo, subitâneo, repentino, inesperado, imprevisto, arrebatado, irrefletido, precipitado, brusco, incondicional, impensado, repentino, epiléptico

impiedade ***Subst.*** pecado, irreverência, blasfêmia, profanação, sacrilégio, zombaria, heresia, beatice, carolice, formalismo, puritanismo, fanatismo, preconceito, gnosticismo, endurecimento, apostasia, decadência, queda, perversão, perdição, pecador, zombador, blasfemo, sacrílego, mundano, profano, puritano, hipócrita, fanático, energúmeno, fariseu, gnóstico, metodista, anticlerical ***V.*** profanar, ridicularizar, desrespeitar, desprezar, infringir, blasfemar, renegar, descrer, secularizar ***Adj.*** ímpio, descrente, profano, profanador, secular, mundano, laico, malsoante, blasfemo, ultrajante, zombador, irreverente, sacrílego, nefando, profanado, maculado, pervertido, réprobo, maldito, condenado, hipócrita, fingido, untuoso, amaldiçoado, excomungado

importância ***Subst.*** seriedade, magnitude, vastidão, consideração, ponderação, estimação, apreço, cotação, monta, proporção, poder, marca, valimento, qualidade, relevância, repercussão, porte, vulto, tomo, alcance, significação, interesse, ênfase, grandeza, merecimento, superioridade, realce, corpo, relevo, notabilidade, eminência, influência, preponderância, utilidade, ascendência, poderio, colosso, solenidade, gravidade, imponência, brilho, ostentação, premência, urgência, feriado, importante, proeminente, principal, sal, coração, alma, pevide, caroço, núcleo, casca, nó, chave, trunfo, essencial, substância, medula, âmago, chefe, notabilidade, personagem, luzeiro, chavão, figurão, VIP, vulto, colosso, gigante, herói ***V.*** merecer, enlevar, empolgar, encantar, influenciar, preponderar, repercutir, importar, significar, ressaltar, realçar, sobressair, campear, brilhar, primar, relevar, avultar, dar importância, aquilatar, repercutir, abalar, sacudir, atribuir, ligar, apreçar, sublinhar, grifar, acentuar, assinalar, focalizar, abrilhantar, cunhar ***Adj.*** importante, severo, magno, relevante, grande, graúdo, poderoso, influente, prestigioso, grave, sério, ponderoso, considerável, momentoso, material, meditável, indispensável, ruidoso, egrégio, graduado, conceituado, eminente, ilustre, relevante, preeminente, saliente, insubstituível, assinalado, inapreciável, memorável, inopinado, incrível, solene, imponente, impressionante, comovente, estupendo, interessante, essencial, básico, basilar, radical, preponderante, vital, funcional, fundamental, primacial, primário, absorvente, empolgante, precípuo, máximo, palpitante, profundo, capital, extraordinário, de grande repercussão, de grande monta, de grande significação, precioso, valioso, considerável, significativo, sugestivo, sensacional, invulgar, memorial, alto, dominante, sublime, qualificado, respeitado, respeitável, excepcional, superior, considerável, polpudo, inolvidável, supremo, ciclópico, grado, primordial, central, raro, nobre, dominante ***Adv.*** sobretudo, jamais, mormente

impossibilidade ***Subst.*** incredibilidade, inviabilidade, incapacidade, utopia, inverossimilhança, sonho ***V.*** impossibilitar, impedir, incapacitar, inibir, inviabilizar ***Adj.*** impossível, absurdo, paradoxal, irracional, desarrazoado, visionário, inconcebível, inacreditável, improvável, prodigioso, inimaginável, irrealizável, irremediável, inviável, insolúvel, impraticável, irresolúvel, insuperável, inconquistável, invencível, inatingível, inacessível, inabordável, desesperador, intransponível, ínvio, inavegável, inextricável, intransitável, inverificável, inverossímil, incrível, inopinado, fantástico, utópico, intratável, extravagante, inclassificável, sobre-humano

impotência ***Subst.*** incapacidade, insuficiência, imbecilidade, inaptidão, inépcia, inutilidade, indocilidade, invalidez, morbidez, leseira, decrepitude, incompetência, desclassificação, cadáver, insucesso, fraqueza, quebradeira, quebrantamento, marasmo, desânimo, abatimento, prostração, apatia, inação, paralisia, indolência, estupor, lassidão, hemiplegia, apoplexia, síncope, desacordo, faniquito, desmaio, desfalecimento, colapso, vertigem, tontura, delíquio, chilique, sideração, esgotamento, exaustão, extenuação, inanição, anemia, fraqueza ***V.*** desmaiar, desfalecer, sucumbir, descair, entontecer, tornar impotente, incapacitar, inabilitar, manietar, maniatar, pear, desarmar, invalidar, paralisar, impossibilitar, inutilizar, suprimir, desmanchar, prostrar, abater, derrubar, esfalfar, amordaçar, estropear, entrevar, mutilar, decepar, castrar, capar, aleijar, entrevar, sufocar, estrangular, enervar, desfibrar, silenciar, embotar, combalir, desproteger, desabrigar, desamparar, desguarnecer, encravar ***Adj.*** impotente, insipiente, inábil, incapaz, insuficiente, incompetente, inadequado, inepto, aleijado, desfibrado, manco, coxo, inválido, maneta, hemiplégico, paralítico, tolhido, leso, entrevado, desconjuntado, desengonçado, alquebrado, combalido, desasado, derreado, exausto, apatetado, enfraquecido, embaraçado, exânime, bestificado, velho, inofensivo, anódino, inócuo, inocente, indefeso, indefenso, indefensável, desabrigado, desagasalhado, desprotegido, inerme, exposto, imbele, vencível, insustentável, abandonado, órfão, desprotegido, desamparado, nulo, vão, fútil, imprestável, ineficaz, ineficiente

imprecisão ***Subst.*** inciso, incerteza, inexatidão, vagueza, complexidade ***Adj.*** impreciso, obscuro, confuso, nebuloso, apocalíptico, vago, ambíguo, complicado

impressão ***Subst.*** edição, estereotipagem, gravação, prelo, *offset*, ofsete, rotogravura, rotativa, prensa, linotipia, reimpressão, itálico, negrito, versalete, página, coluna, rebarba, granel, rama, quadratim, tipografia, estereotipia, linotipo, fotocomposição, digitação, computação, escâner, escaneamento, cícero, exemplar, impressão, prova, revisão, copidesque, diagramação, fotolito, impressor, compositor, digitador, diagramador, editor, redator, revisor, tipógrafo ***V.*** imprimir, imprensar, reimprimir, compor, publicar, estereotipar, paginar ***Adj.*** impresso, tipográfico

improbabilidade ***Subst.*** inverossimilhança, incredibilidade, implausibilidade, impossibilidade ***V.*** ser improvável ***Adj.*** improvável, implausível, inaudito, inverossímil, desnaturado, inconcebível, inimaginável, imaginoso, incrível, inverificável

improdutividade ***Subst.*** aridez, ingratidão, infertilidade, frialdade, esterilidade, infecundidade, impotência, desolação, esterilização, desertificação, charneca, baldio, carrascal, (bras.) caatinga, areal, deserto, urzal ***V.*** degenerar, desertificar, empobrecer, exaurir, abortar ***Adj.*** improdutivo, ingrato, estéril, infértil, infecundo, sáfaro, improfícuo, infrutífero, magro, pobre, morto, mesquinho, escalvado, desnudo, árido, exausto, cansado, arenoso, baldio, abandonado, inaproveitável, desfavorecido, agreste, desértico, inóspito, selvagem, selvático, desolado, mealheiro

impropriedade (ausência de direito) ***Subst.*** ilegalidade, demérito, opressão, perseguição, incompetência, incapacidade, nulidade, prescrição, interdição, desnacionalização, desnaturalização, usurpação, crime, violação, atropelo, infração, postergação, intrusão, invasão, lesão, imposição ***V.*** desmerecer, favorecer, invadir, infringir, violar, postergar, atropelar, extrapolar, usurpar, esbulhar, violar, conquistar, desatinar, desnaturalizar, desnacionalizar, despojar, interditar, usurpar, destituir, desapossar, desaforar, invalidar, caducar, lesar ***Adj.*** indevido, ilegal, impróprio, indébito, inconstitucional, discricionário, ilícito, incompetente, intruso, injustificado, prescrito, ilegítimo, bastardo, espúrio, falso, intruso, usurpado, nocivo, prejudicial, imerecido, imérito, malfeito, inválido, nulo, interdito, posposto, oprimido, perseguido, inadequado, inconveniente, indecoroso, indigno, indecente, amoral, rejeitável, absurdo, injustificável, falso, incapaz ***Adv.*** mal

impulso ***Subst.*** ação, impulsão, supetão, força, borbotão, ímpeto, impetuosidade, lanço, arranco, arrancada, tesão, jorro, arremesso, lançamento, projeção, disparo, empuxo, puxão, repelão, arranque, rompante, safanão, percussão, concussão, abalo, choque, encontro, encontrão, atração, colisão, abalroamento, umbigada, topada, tope, carambola, murro, bofetão, golpe, palmada, bordoada, porrada, piparote, pontapé, rasteira, banda, soco, direto, cruzado, coice, cotovelada, rabanada, cornada, bote, estocada, martelada, cajadada, malho, martelo, martelete, marra, picão, marrão, martinete, picareta, camartelo, mangual, maço, carneiro, macaco, bordão, cajado, cacete, (pop.) moca, clava, dinamismo, alavanca, roldana ***V.*** impulsionar, impelir, empurrar, fincar, jogar, lançar, arremessar, propelir, propulsar, desembestar, projetar, sacudir, atirar, alijar, disparar, despedir, desfechar, vibrar, pespegar, dar impulso, desferir, aplicar, assentar, atingir, atropelar, cuspir, desmontar, abalroar, descavalgar, chocar, colidir, esbarrar, topar, bater, triturar, percutir, pisar, ferir, lanhar, calcar, recalcar, esmurrar, sovar, arrebentar, abalar, martelar, (fam.) batucar, golpear, escoicear, patear, respingar, recalcitrar, chicotear ***Adj.*** impulsor, impulsivo, percuciente, dinâmico

impureza ***Subst.*** imundície, impudicícia, indecência, obscenidade, despudor, impudor, desonestidade, desenvoltura, carnalidade, lubricidade, sensualidade, lascívia, luxúria, carne, desejo, voluptuosidade, soltura, tripúdio, libertinagem, libidinagem, podridão, devassidão, torpeza, crápula, bilontragem, licenciosidade, desregramento, depravação, pecado, concupiscência, ereção, escorregão, incesto, cópula, defloramento, desfloração, sedução, desonra, vergonha, estupro, poluição, abuso, rapto, prostituição, (pop.) fado, degradação, meretrício, onanismo, masoquismo, sadomasoquismo, adultério, corno, chavelho, chifre, concubinato, relações, mancebia, harém, bordel, covil, (bras.) farra, prostíbulo, lupanar, lodaçal, sentina, pandemônio, (fig.) serralho, pornografia, obscenidade, turpilóquio, palavrão, palavrada, asneira, batuque, cancã, maxixe, orgia, bacanal, cio, (pop.) lua, ninfomania, sadismo, lenocínio, alcovitaria, alcoviteirice ***V.*** pecar, devassar, prostituir, conspurcar, corromper, deflorar, molestar, bolinar, desvirginar, violar, estuprar, forçar, ultrajar, desflorar, desonrar, macular, seduzir, transviar, extraviar, desencaminhar, poluir, manchar, macular, amancebar-se, amasiar-se, coabitar, copular, (gír.) transar, conhecer, descomedir-se, prevaricar, masturbar, cornear ***Adj.*** pornográfico, erótico, impuro, salaz, imundo, impudico, brejeiro, imodesto, desonesto, indecente, indecoroso, despudorado, irreverente, destabocado, desenvolto, desbocado, malsoante, grosseiro, livre, solto, equívoco, obsceno, vergonhoso, imoral, malicioso, pecaminoso, repelente, repulsivo, cúpido, improferível, provocante, afrodisíaco, concupiscente, intemperante, licencioso, lúbrico, libertino, libidinoso, sensual, incestuoso, crapuloso, fresco, venéreo, voluptuoso, safado, sem-vergonha, luxurioso, lascivo, sórdido, torpe, devasso, degenerado, desgarrado, bandalho, corrompido, pervertido, podre, hediondo, descomedido, impudente, escandaloso, descarado, cínico, incontinente, bestial, asqueroso, porco, repelente, sujo, perdido, magano, lasso, desordenado, (fig.) relaxado, mau, adúltero, incestuoso, sodômico, pederasta, reverso, efeminado, mulherengo

inabilidade ***Subst.*** desastre, inércia, inaptidão, ignorância, imperícia, incompetência, infelicidade, incapacidade, inconveniência, acanhamento, inconsciência, insuficiência, inépcia, charlatanismo, negação, (pop.) urucubaca, estroinice, loucura, estupidez, irreflexão, negligência, remendo, desregramento, insucesso, desatino, despropósito, trapalhada, barbeiragem, desorientação, desnorteamento, desacerto, desserviço, desjeito, estouvamento, imprudência ***V.*** tatear, coxear, desservir, desatinar, remendar, alinhavar, albardar, remendar, atrapalhar(-se), estar em maus lençóis, meter os pés pelas mãos, vacilar, hesitar ***Adj.*** inábil, insciente, indigno, incapaz, canhestro, imperito, inerte, desajeitado, insuficiente, canhoto, desastrado, desazado, inepto, novato, novel, inexperiente, noviço, calouro, negligente, relaxado, ingênuo, nulo, estonteado, desmiolado, desarvorado, desequilibrado, desatinado, inconsiderado, irrefletido, arrebatado, estouvado, trapalhão, desassisado, estúpido, inativo, incompetente, impróprio, inadequado, charlatanesco, quixotesco, empírico, cru, acanhado, tímido, timorato, irresoluto, ignorante, desorientado, desnorteado

inação ***Subst.*** inatividade, passividade, letargo, letargia, lassidão, inércia, ócio, ociosidade, tibieza, preguiça, estagnação, apatia, pasmaceira, indolência, abstenção, retração, contemporização, parada, condescendência, negligência, desânimo, repouso, quietação, desocupação, licença, dispensa, prebenda, (bras.) mamata, reforma, jubilação, aposentadoria ***V.*** apodrecer, quedar, parar, refestelar-se, languescer, esperar, aguardar, contemporizar, vacar, encher, destruir, esfacelar ***Adj.*** passivo, desocupado, livre, desempregado, inculto, ocioso, folgado, letárgico, inerte, inativo, esmorecido, jubilado

inatividade ***Subst.*** inércia, inação, impassibilidade, estagnação, paralisação, marasmo, pasmaceira, obstinação, quietude, ociosidade, tuna, gandaia, ócio, repouso, descanso, remanso, folga, preguiça, indolência, letargo, boêmia, parasitismo, desídia, vadiagem, pachorra, vagabundagem, entorpecimento, langor, languidez, morbidez, lentidão, apatia, lassidão, torpor, adormecimento, tibieza, lombeira, moleza, quebranto, desfalecimento, cábula, sonolência, soneira, bocejo, hipnotismo, letargia, sono, sesta, madorna, dormida, coma, transe, sonho, soneca, ronco, ronca, sedativo, malandro, meliante, pastel, ocioso, preguiçoso, vadio, trapeiro, brejeiro, madraço, mandrião, vagabundo, vadio, pachola, lesma, mostrengo, intrujão, gandula, boêmio, vagabundo, vagamundo, passeante, cepo, parasita, carrapato, papa-jantares, gaudério, pechincheiro, dorminhoco, espantalho, lesma, fadista, garoto ***V.*** vagar, flanar, vagabundear, gazetear, zanzar, remanchar, borboletear, mandriar, vadiar, cabular, tunar, papar, vegetar, chupar, desfrutar, roncar, sossegar, ressonar, dormir, sopitar, manar, dormitar, bocejar, boquejar, cochilar, enlanguescer, desanimar, arrefecer, paralisar, imobilizar ***Adj.*** inativo, imóvel, desocupado, indolente, molenga, ignavo, lerdo, apático, acomodado, vegetativo, preguiçoso, asiático, vadio, ronceiro, mandrião, gazeteiro, remisso, madraço, desidioso, entorpecido, mórbido, abatido, enfraquecido, combalido, debilitado, pesado, plúmbeo, lento, tardo, rasteiro, rastejante, vagaroso, enferrujado, fútil, banal, irresoluto, sopitado, sonolento, pachorrento, remansoso, dorminhoco, descansado, perrengue, remansoso, sonífero, letárgico, soporífico, soporífero, hipnótico, balsâmico, sedativo ***Adv.*** à toa

incerteza ***Subst.*** obscuridade, dúvida, imprecisão, hesitação, suspeita, suposição, equívoco, engano, hipótese, suspensão, perplexidade, insegurança, confusão, enleio, irresolução, desconfiança, embaraço, dilema, balbúrdia, pandemônio, timidez, vacilação, indeterminação, letargo, cerração, nevoeiro, bruma, névoa, neblina, noite, contingência, rifa, loteria, falibilidade ***V.*** tatear, atalhar, flutuar, presumir, encalhar, engasgar, abanar, atrapalhar, confundir, intrigar, intricar, embaraçar, desorientar, desnortear, perturbar, asfixiar, enredar, enlear, agitar, atormentar, ralar, desarrazoar, equivocar, duvidar, hesitar, supor, presumir, desconfiar, suspeitar ***Adj.*** incerto, vário, variável, duvidoso, suspeito, conjectural, claudicante, indeciso, indeterminado, qualquer, vago, ligeiro, indistinto, indiscriminado, leve, vacilante, problemático, discutível, contencioso, controverso, questionável, opinativo, criticável, confuso, impreciso, indefinido, inconstante, inconsistente, ambíguo, equívoco, dobre, brumoso, nebuloso, místico, misterioso, oracular, intrincado, perplexo, surpreso, suspenso, desarrazoado, enigmático, paradoxal, hipotético, lábil, falível, precário, melindroso, instável, inseguro, contingente, aleatório, ocasional, provisório, inautêntico, avulso, inconformado, apócrifo, inaudito, ignorado, tímido ***Adv.*** à toa, talvez, quiçá

inclemência ***Subst.*** rigor, severidade, inexorabilidade, crueldade, atrocidade, inflexibilidade, impiedade, desumanidade, fereza, ferocidade, felonia, intolerância, intransigência, algoz ***V.*** empedernir ***Adj.*** inclemente, desapiedado, funesto, desumano, desalmado, pétreo, atroz, intratável, bárbaro, cru, inexorável, duro, rigoroso, cruel, rígido, insensível, seco, implacável, fero, feroz, imane, encarniçado, sanguinário, desnaturado, acerbo, diamantino, brutal, monstruoso

inclusão ***Subst.*** admissão, inscrição, registro, alistamento, incorporação, integração, anexação, matrícula, compreensão, recepção, iniciação, composição ***V.*** incluir, ser admitido, numerar, admitir, aceitar, inscrever, compreender, conter, abarcar, abraçar, alistar, arrolar, relacionar, iniciar, recrutar, enriquecer, contar, enumerar, classificar ***Adj.*** Incluído, incluso, inclusivo, admitido, inscrito, integrado ***Adv.*** inclusive

incoesão ***Subst.*** lassidão, separação, disjunção ***V.*** soltar, desgrudar, dessoldar, descolar, despegar, desprender, afrouxar, desapertar, destacar ***Adj.*** incoerente, solto, frouxo, soluto, desagregado, espalhado, lasso, bambo

incompreensão (ausência ou falta de pensamento) ***Subst.*** irreflexão, branco, abstração ***V.*** dissipar, varrer, afugentar, afastar, remover, relaxar ***Adj.*** irrefletido, desocupado, ocioso, omisso, ausente, abstrato, irracional, estúpido, bronco, impensado, inconsiderado

inconveniência ***Subst.*** indesejabilidade, indecência, desaire, incompatibilidade ***V.*** descaber, embaraçar ***Adj.*** inconveniente, desairoso, impróprio, aberrante, inoportuno, incômodo, ineficaz, indevido, indigno, abusivo, chocante, inepto, inadmissível, desvantajoso, desconcertado, indesejável, indecente, indelicado, descabido, desregrado, inadequado, incongruente, incompatível, infeliz, desastrado, inútil, inoportuno, ocioso, inaproveitável, adiável, desajeitado, canhoto, desastroso, desconfortável, atravancado, pesado, embaraçoso, desnecessário

incredulidade ***Subst.*** cepticismo, suspeita, desconfiança, suspicácia, descrença, incrédulo, céptico, herege ***V.*** ignorar ***Adj.*** desabusado, inconvertível, solerte, ladino, perspicaz, inabalável, teimoso, suspeitoso, desconfiado, escrupuloso, cego

incuriosidade (ausência de curiosidade) ***Subst.*** indiferença, desinteresse, discrição, menosprezo, desdém, displicência ***V.*** ignorar, desinteressar-se, desconversar ***Adj.*** indiferente, desinteressado, discreto

indicação ***Subst.*** representação, referência, simbolização, ícone, iconografia, simbolismo, semiologia, semiótica, linguagem, metáfora, lineamento, feição, talhe, fisionomia, aspecto, linha, pinta, característica, diagnóstico, sinal, fístula, cicatriz, símbolo, indício, pista, evidência, viso, índex, índice, indicador, divisa, lembrança, cunho, prova, assomo, amostra, vestígio, mossa, expoente, nota, sintoma, presságio, repertório, tipo, modelo, exemplar, algarismo, emblema, insígnia, distintivo, epígrafe, título, cabeçalho, rubrica, deixa, moto, mote, legenda, lema, cifrão, meneio, gesto, sinalização, tique, requebro, mímica, aceno, trejeito, piscadela, olhar, negaça, cotovelada, puxão, pantomima, pantomina, alusão, advertência, semáforo, foguete, fogueira, facho, marca, resenha, linha, trema, cimalha, ápice, risco, raia, guarda, asterisco, itálico, grifo, anotação, chamada, garatuja, penada, pingo, ponto, acento, cedilha, impressão, vestígio, estampa, contraprova, duplicata, entalhe, cartel, etiqueta, bilhete, carta, letra, contador, cartão, testemunha, fiador, abonador, pegada, rasto, encalço, estampa, assinatura, firma, chancela, endereço, sobrescrito, fecho, atestado, certificado, cifra, selo, sinete, carimbo, escrita, autógrafo, original, visto, inscrição, endosso, cunho, logotipo, logomarca, signo, timbre, bandeira, bandeirola, pavilhão, estandarte, águia, guião, flâmula, pluma, galhardete, lábaro, pavilhão, sina, quadra, crescente, torniquete, heráldica, brasão, cimeira, armas, escudo, armorial, libré, uniforme, penacho, cocar, roseta, divisas, tope, galão, banda, grinalda, capela, véu, hábito, sotaina, aliança, medalha, venera, facho, cruz, marco, mastro, ponteiro, seta, cata-vento, flecha, mão, baliza, bússola, guia, orientação, endereço, direção, denominação, tabuleta, placa, chapa, anúncio, chamada, sino, grito, prova, modelo ***V.*** indicar, denotar, conotar, significar, mostrar, provar, exprimir, sinalizar, dizer, falar, definir, encaminhar, designar, inculcar, indigitar, cotar, representar, encarnar, aludir, personificar, simbolizar, figurar, tipificar, expressar, marcar, gravar, carimbar, estampar, rotular, etiquetar, ferrar, assinalar, chapar, riscar, pingar, cedilhar, traçar, tracejar, acentuar, pontuar, selar, delinear, imprimir, gravar, estereotipar, abrir, lavrar, exarar, apontar, mostrar, acenar, gesticular, acotovelar, bracejar, acionar, pestanejar, agitar, içar, desenrolar, desfraldar, implantar, capear, assinar, selar, atestar, referendar, chancelar, timbrar, tarjar ***Adj.*** indicador, indicativo, designativo, simbólico, denotativo, conotativo, diacrítico, característico, representativo, típico, modelar, exemplar, figurativo, demonstrativo, diagnóstico, exponencial, emblemático, armorial, individual, reconhecido, indigitado, indelével, itálico

---

Sinais de indicação INDICAÇÃO DO FUTURO: aviso, presságio, predição, profecia, previsão, antevisão INDICAÇÃO DO PASSADO: vestígio, registro, arqueologia, paleontologia INDICAÇÃO DE PERIGO: aviso; alarma, sirene INDICAÇÃO DE AUTORIDADE: cetro INDICAÇÃO DE DISTÂNCIA: marco, poste, marco quilométrico INDICAÇÃO DE TRIUNFO: louro, troféu INDICAÇÃO DE QUANTIDADE: padrão INDICAÇÃO DE DESGRAÇA: ferrete, estigma, tarja INDICAÇÃO DE DESCOBERTA: boateiro, experimentação INDICAÇÃO DE RELIGIÃO: cruz, crescente, estrela de seis pontas INDICAÇÃO DE INOCÊNCIA E VIRGINDADE: palmito, hímen, virgo, (bras.) cabaço

---

indiferença ***Subst.*** neutralidade, gelo, frio, frieza, frialdade, frescura, descaso, desapego, desprendimento, desinteresse, desambição, despretensão, displicência, desleixo, desafeição, olvido, despreocupação, fastio, anorexia, inapetência, mármore, apatia, inação, inércia, inatividade, desdém, impassibilidade, pasmaceira, marasmo, paralisia ***V.*** desacompanhar, ignorar, desconsiderar, desdenhar ***Adj.*** indiferente, desinteressado, frio, frígido, gelado, glacial, apático, abúlico, inerte, inativo, despretensioso, neutro, neutral, desprendido, descuidado, fleumático, inalterável, impassível, indesejado, indesejável, insípido, fútil, vão, inócuo, anódino

indiscriminação ***Subst.*** indeterminação, imprecisão, confusão, desordem, mistura, mixórdia, promiscuidade, babel, igualitarismo, tolerância ***V.*** confundir, embaralhar, misturar, cruzar ***Adj.*** indiscriminado, indistinto, vago, impreciso, indeterminado, misturado, confuso, amontoado, indistinguível, indiviso, indivisível ***Adv.*** a granel, por atacado

indumentária ***Subst.*** indumento, vestuário, vestimenta, vestidura, enxoval, fatiota, véstia, vestido, roupa, roupagem, agasalho, adorno, toalete, garbo, traje, libré, farda, uniforme, butique, sapataria, luxo, guarnição, aviamento, enfeite, fantasia, roupão, penhoar, robe, pijama, camisola, calcinha, sutiã, porta-seios, corpete, cinta, tanga, anágua, combinação, espartilho, sunga, ceroula, camiseta, tanga, molambo, trapo, andrajo, frangalho, xador, bata, capote, mantô, albornoz, casacão, sobretudo, impermeável, poncho, pelerine, xale, cachecol, suéter, pulôver, cardigã, xairel, estola, gabardine, capa, guarda-pó, jaqueta, jaquetão, camisa, gibão, braga, pantalonas, *collant*, *legging*, calção, terno, fato, fraque, casaca, paletó, *blazer*, casaco, sobrecasaca, *smoking*, colete, redingote, saia, saiote, vestido, terninho, conjunto, blusa, bustiê, bolero, corpete, avental, chapéu, sombreiro, barrete, coca, capuz, capacete, gorro, boina, carapuça, tricórnio, cartola, castor, véu, mantilha, coifa, capelo, penteado, penteadura, toucado, cabeleira, peruca, chinó, turbante, solidéu, lenço, gravata, plastrão, colarinho, cinto, cinturão, meia-calça, calçado, sapato, sapata, mocassim, tênis, chispe, bota, chinela, chinelo, pantufa, cofo, escarpim, sandália, galocha, soco, tamanco, chanca, borzeguim, coturno, luva, manopla, regalo, cueiro, biquíni, arreio, jaez, xairel, sela, selim, cangalha, alfaiate, modista, sapateiro, remendão, chapeleiro, guarda-roupa ***V.*** vestir, trazer, usar, meter, trajar, enfiar, envergar, levar, calçar, enfaixar, cingir, equipar, ajaezar, arrear, selar, encilhar, empenar ***Adj.*** encapotado, pronto, calçado, elegante, deselegante, produzido

inércia (inércia física) ***Subst.*** preguiça, indolência, torpor, leseira, embotamento, passividade, inatividade, amolecimento, langor, languidez, repouso, letargia, inação, frio, apatia, irresolução, permanência, quebranto, morbidez, lassidão ***V.*** entorpecer ***Adj.*** inerte, inócuo, inofensivo, frio, inativo, ineficiente, ineficaz, negligente, brando, impassível, indiferente, passivo, indolente, sonolento, letárgico, lento, vagaroso, lerdo, pesado, frouxo, morno, mórbido, langoroso, lânguido, embotado, remisso, morto, inanimado, relaxado, laxo, lasso, latente

inexcitabilidade (ausência de excitabilidade) ***Subst.*** impassibilidade, abulia, apatia, serenidade, despreocupação, tolerância, paciência, desligamento, inação, embotamento, alienação, marasmo, langor, languidez, lassidão, estupefação, pasmaceira, calma, pachorra, sossego, fleuma, zen, frescura, mansidão, placidez, mediocridade, mediania, sangue-frio, frieza, secura, prudência, sisudez, sisudeza, quietude, compostura, postura, estoicismo, platonismo, brandura, submissão, resignação, conformidade, sujeição, controle, longanimidade, jazida, generosidade, fidalguia, cavalheirismo, moderação, desafogo, tato, reserva, discrição, tranquilização ***V.*** *laisser-faire*, contemporizar, suportar, arrostar, sofrer, calejar, sopitar, recalcar, amainar, resfriar, restringir, conter, represar, reprimir, suster, moderar, reportar, segurar a barra, tranquilizar, arrefecer, aquietar, apaziguar, propiciar, restringir, sufocar, debelar, suportar, afrontar, desprezar, vencer, sobrelevar, permitir, tolerar, sustentar, sossegar, pacientar, ficar em cima do muro, serenar ***Adj.*** insensível, imperturbável, inabalável, seco, frio, indiferente, inalterável, inalterado, insuscetível, forte, intrépido, inteiro, desapaixonado, impassível, conservador, platônico, filosófico, calmo, sereno, sorridente, impávido, moderado, submisso, pacífico, bonançoso, plácido, tranquilo, cordato, bonachão, bonacheirão, sobranceiro, fleumático, pachorrento, descansado, mediano, pacato, circunspecto, composto, grave, modesto, sóbrio, resignado, conforme, meigo, açucarado, dócil, complacente, indulgente, paciente, contente, equânime, longânime, magnânimo, tolerante, manso ***Adv.*** com moderação, sem sobressalto, a sangue frio

inexistência ***Subst.*** falta, finitude, morte, desconhecimento, nulidade, vacuidade, insubsistência, nada, irrealidade, lacuna, falha, omissão, vácuo, carência, aniquilamento, desaparecimento, extinção, sumiço, destruição, ilusão, fantasia, fantasmagoria, ficção, fábula, mito, pilhéria, farsa, burla, mentira, arremedo, simulacro, problema, niilismo ***V.*** desertar, perecer, findar, desaparecer, sumir, morrer, aniquilar, anular, nulificar, ab-rogar, extinguir, suprimir ***Adj.*** inexistente, irreal, imaterial, negativo, nenhum, nulo, omisso, extinto, exausto, esgotado, perdido, desconhecido, morto, inato, potencial, virtual, abstrato, fabuloso, mitológico, imaginário, fantasmagórico, fictício, alegórico, fantasioso, fantástico, vão, quimérico, subjetivo, hipotético, suposto, falso, fingido, infundado

inextensão ***Subst.*** ponto, átomo, adimensionalidade ***Adj.*** adimensional

infamação ***Subst.*** aviltamento, degradação, degeneração, agravo, poluição, rebaixamento, humilhação, desaprovação, desconsideração, prostituição, contaminação, envilecimento, profanação, descrédito, desfavor, desdouro, deslustre, lodo, vilipêndio, perdição, abjeção, ignomínia, flagelo, baixeza, desonra, desaire, vergonha, opróbrio, miséria, escândalo, desabono, vileza, sordidez, indignidade, lodaçal, atoleiro, mácula, nota, mancha, tisne, nódoa, borrão, mazela, labéu, estigma, ferrete, infâmia, injúria, ofensa, afronta, desvalia, escárnio, labéu, ultraje, desacato, desfeita, vexame, insulto, impropério, vitupério, ignomínia, impopularidade ***V.*** incorrer no desagrado, estar na obscuridade, achincalhar, desgraçar, desvirtuar, desonrar, manchar, enxovalhar, tisnar, macular, desdourar, comprometer, enodoar, sujar, emporcalhar, abastardar, perverter, profanar, enegrecer, obscurecer, deprimir, espezinhar, avacalhar, aviltar, corromper, conculcar, menosprezar, vilipendiar, arrefecer, abandalhar, envilecer, poluir, conspurcar, ultrajar, enlamear, desprestigiar, desautorar, desautorizar, desmoralizar, desclassificar, imputar, desabonar, desacreditar, estigmatizar, acanalhar, humilhar, desrespeitar, salpicar, difamar, eclipsar ***Adj.*** impopular, desvalido, abandonado, demérito, inglório, obscuro, ignorado, miserável, safado, infame, desacreditado, indigno, asqueroso, repugnante, sórdido, sujo, tinto, indecoroso, escandaloso, vergonhoso, deprimente, repreensível, feio, torpe, vil, soez, tenebroso, chocante, ignominioso, indecente, reles, pulha, desairoso, desonroso, chagado, rastejante, afrontoso, ultrajante, insultante, aviltante, humilhante, inqualificável, indesculpável, ínfimo, injustificável, condenável, abjeto, rasteiro, nojento, ominoso, abominável, nefando

infância ***Subst.*** puerícia, puerilidade, pequenez, menoridade, infantilidade, juvenilidade, mocidade, juvenil, ama, criadeira, cueiro, touca, babador, timão, mandrião ***V.*** balbuciar, mamar, chuchar, vagir, amamentar, desmamar, enfaixar ***Adj.*** infantil, jovem, flor da idade, idade juvenil, pueril, pequeno, pequenino, inocente, inúbil, imberbe, recém-nascido, júnior, filho, neto

infante ***Subst.*** bebê, anjo, anjinho, nenê, criança, nascituro, recém-nascido, criatura, pequeno, pequerrucho, menino, inocente, (bras.) pitanga, diabrete, pivete, cabrão, arrebite, mamão, cadete, caçula, menor, petiz, guri, criançola, garoto, fedelho, bedelho, enguiço, menina, pupilo, pupila, tutelado, afilhado, rapaz, rapazola, rapagão, mocetão, zagal, moço, escolar, mancebo, jovem, adolescente, efebo, filho, estudante, calouro, órfão, (depr.) moleque, primogênito, meninada, petizada, gurizada, filharada, rapaziada, rebento, renovo, vergôntea, filhote, cria, pinto, frango, frangote, larva, lagarto, vitelo, novilho, potro, poldro, potranca, leitão, marrão, lebracho, maçarico, cabrito, oviário, donzela, virgem, rapariga, pupila ***V.*** infantilizar, puerilizar, cheirar a cueiros ***Adj.*** infantil, infante, pueril, júnior, implume, balbuciante, novato, inexperiente, verde, ingênuo, pupilar, imberbe, mamão

inferioridade ***Subst.*** subordinação, baixeza, dependência, sujeição, submissão, acatamento, deficiência, minoria, mínimo, pequenez, insignificância, imperfeição, desvantagem, derrota, depreciação, desvalorização, joão-ninguém, humilhação ***V.*** desvalorizar, depreciar, baratear, malbaratar, diminuir, inferiorizar, humilhar, tripudiar ***Adj.*** inferior, menor, derradeiro, último, subordinado, subalterno, segundo, reduzido, mínimo, insignificante, somenos, ordinário, vulgar, comum, pífio, reles, fajuto, chué, medíocre, safado, pulha, desprezível, chocho, ínfimo, secundário, barato, tosco, defeituoso, imperfeito, desprimoroso, deselegante ***Adv.*** menos, ***Prep.*** sob

inferno ***Subst.*** profundas, profundo, geena, purgatório, limbo, pandemônio, Plutão ***Adj.*** infernal, estigial, plutônico, tartáreo, tartárico, (fig.) dantesco

infinidade ***Subst.*** infinitude, imensidade, infinito, absoluto, imensidão, amplidão ***V.*** ser infinito ***Adj.*** infinito, grande, infindo, imenso, imane, inacabável, infindável, imensurável, incontável, inúmero, inumerável, incalculável, interminável, insondável, inacessível, inabordável, inexaurível, inesgotável, inextinguível, indefinido, irrestringível, inexplicável, inapreciável, indevassável, irrestrito, perpétuo, desmedido, incomensurável, inextirpável, invencível, inverificável

influência ***Subst.*** influxo, sopro, repercussão, eco, importância, pressão, mão, preponderância, hegemonia, soberania, poder, prevalência, poderio, domínio, valimento, predomínio, predominação, atuação, contato, autoridade, supremacia, preeminência, ascendência, ação, superioridade, prepotência, despotismo, reinado, império, prestígio, crédito, premência, dominação, governo, calor, fascínio, fascinação, atração, magnetismo, simpatia, magia, encanto, quebranto, suporte, alavanca, proteção, patronato, protetorado, amparo, auspícios, pistolão, *lobby*, lobista, mensalão, corrupção, farol, guia, líder, cacique, mandão, primatas, magnata, potentado, régulo, trunfo, coronel, personagem, vulto, herói, campeão ***V.*** influir, influenciar, pesar, decidir, suscitar, exercer, mover, remexer, magnetizar, induzir, entusiasmar, deitar, lançar, mobilizar, penetrar, prevalecer, predominar, preponderar, sobrepujar, subjugar, cativar, reinar, dominar, imperar, reger, governar, empolgar, incidir, ungir, convencer, persuadir, arrebatar, fascinar, induzir, eletrizar, magnetizar, comover, ser preponderante, sofrer, obedecer ***Adj.*** influente, importante, prestigioso, popular, conhecido, predominante, prevalente, imperioso, poderoso, prepotente, onipotente, soberano, dominante, reinante, hegemônico, lobista

informação ***Subst.*** informe, esclarecimento, luz, inculca, conhecimento, cognição, sapiência, pesquisa, publicidade, participação, intimação, intimativa, aviso, notícia, recado, notificação, anúncio, pregão, bando, edital, anunciação, representação, exposição, narrativa, sudário, denúncia, pressentimento, alusão, juízo, conceito, referência, especificação, boato, conselho, admoestação, descrição, afirmação, menção, divulgação, intercomunicação, comunicabilidade, informante, declarante, arauto, narrador, contador, relator, porta-voz, noticiarista, olheiro, repórter, expositor, comunicador, preconizador, pregoeiro, órgão, intérprete, bisbilhoteiro, noveleiro, espião, emissário, guia, inculca, imprensa, jornal, revista, noticiário, jornalismo, correspondente, reportagem, cinema, cinejornal, documentário, televisão, telejornalismo, *flash*, computador, internet, *site*, *e-mail*, *blog*, celular, torpedo, alvissareiro, mensageiro, polícia, mastim, delator, dedo-duro, propagador, piloto, guia, manual, ritual, cerimonial, prontuário, mapa, planta, dicionário, enciclopédia, roteiro, itinerário, sugestão, alusão, insinuação, gesto, mímica ***V.*** informar, dizer, comunicar, anunciar, noticiar, acusar, cientificar, ensinar, esclarecer, instruir, participar, prevenir, confiar, avisar, boquejar, formular, expor, avançar, apresentar, transmitir, mencionar, exprimir, notificar, certificar, enumerar, capitular, referir, resenhar, divulgar, significar, intimar, inteirar, vomitar, dizer, trazer notícia, apontar, expor, telegrafar, telefonar, oficiar, escrever, anunciar, noticiar, relatar, detalhar, pormenorizar, particularizar, especificar, especializar, referir, resenhar, descrever, malsinar, delatar, denunciar, confidenciar, soprar, revelar, cochichar, baixar programa, postar, sugerir, lembrar, acordar, indigitar, alvitrar, inculcar, insinuar, mostrar, desenganar, desiludir, dissuadir, aprender, farejar, ouvir, depreender, compreender, chegar, ressoar ***Adj.*** informativo, expressivo, substancioso, explícito, inequívoco, claro, honesto, dedicatório, expositivo, ilustrativo, luminoso, esclarecedor, denunciante, noticioso ***Adv.*** por oitiva

infrequência ***Subst.*** raridade, parcimônia, escassez, inconstância, eventualidade, fenômeno ***V.*** escassear, diminuir, minguar, espaçar, rarear *Adj.* descontínuo, inconstante, intermitente, episódico, eventual, inabitual, escasso, raro, peregrino, isolado, perdido, particular, invulgar, esporádico, disperso, caprichoso, contingente, incerto, duvidoso, improvável *Adv.* de vez em quando, de quando em quando, vez por outra

ingênuo *Subst.* ingenuidade, simplicidade, boa-fé, candura, papalvo, lorpa, imbecil, boçal, tolo, bobo, simples, títere, autômato, simplório, Ciclope, caipira, boneco, vítima, paciente, otário, babaca, recruta, (bras.) espoleta *V.* comer *Adj.* crédulo, bonachão, boboca, inexperiente, envergonhado, simples, papalvo, errado, simplório

ingratidão *Subst.* desconhecimento, patada, coiceira, injustiça, ingrato, mal-agradecido *V.* desconhecer *Adj.* ingrato, mau, ruim, desconhecido, mal-agradecido, ferido

ingressão (movimento para dentro) *Subst.* ingresso, entrada, introdução, intromissão, interferência, intrusão, invasão, incursão, influxo, irrupção, penetração, infiltração, contrabando, inoculação, inspiração, injeção, infusão, imigração, repatriação, matrícula, passagem, entrada, ádito, boca, porta, umbral, ombreira, caminho, conduto, imigrante *V.* entrar, invadir, inundar, imergir, introduzir, ingressar, encher, ocupar, penetrar, perfurar, refugiar-se, imigrar *Adj.* inoculável, invasivo, invasor, intrometido, metediço, infiltrado, inundante, entrante, penetrante

inimigo *Subst.* adversário, adverso, êmulo, emulador, competidor, concorrente, oponente, rival, antagonista, opositor, desafeto, perseguidor *V.* inimizar, hostilizar, malquistar, desavir, brigar, contender, rivalizar, discutir, lutar, disputar, concorrer, contrariar *Adj.* antagônico, hostil, avesso, adverso, desavindo, discordante, inconciliável, oposto, conflitante, desfavorável

inimizade *Subst.* antagonismo, rivalidade, discórdia, incompatibilidade, hostilidade, fobia, desgosto, rompimento, ódio, animosidade, antipatia, quizília, malevolência, desinteligência, malquerença, indisposição, aborrecimento, desavença, rixa, desarmonia, cizânia, atrito, desconcerto, desencontro, estranhamento, indiferença, resistência, rejeição, repulsa, desamor, desafeição, desprezo, asco, ódio, confronto, litígio, contenda, contrariedade, briga, bate-boca, altercação, arranca-rabo, arrelia, confusão, rolo, refrega *V.* malquerer, rivalizar, hostilizar, malsinar, inimizar, provocar, desafeiçoar, antipatizar, rejeitar *Adj.* antagonista, inimigo, adversário, desafeto, rival, hostil, contrário, oposto, antagônico, infenso, adverso, adversário, desafeto, inimicíssimo, ameaçador, agressivo, invasivo, figadal, irreconciliável, inconciliável, incompatível, malquisto, indisposto

ininteligibilidade *Subst.* inescrutabilidade, impenetrabilidade, profundidade, perplexidade, confusão, indefinição, obscuridade, profundeza, incerteza, mistificação, nebulosidade, complexidade, simbolismo, névoa, nevoeiro, dédalo, brenha, matagal, labirinto, geringonça, mistério, segredo, esfinge, apocalipse, paradoxo, problema, charada, grifo, meandro, maçonaria, latim, grego, hebraico, hipérbato, Babel, charadista, simbolista *V.* exigir, reclamar, complicar, confundir, embaralhar, escurecer, turvar, toldar, obscurecer, enlear, desorientar, embasbacar, embatucar, intrigar, desentender, (pop.) boiar, falhar, errar, ficar *Adj.* ininteligível, imperceptível, inexplicável, vaporoso, grego, insolúvel, indecifrável, impenetrável, cerrado, inescrutável, imperscrutável, paradoxal, problemático, encapuchado, enigmático, embaraçoso, emaranhado, apocalíptico, confuso, obscuro, tenebroso, inconcebível, impreciso, abstrato, escuro, sombrio, opaco, incerto, vago, indistinto, profundo, metafísico, transcendente, aéreo, indeterminado, oculto, latente, enevoado, nebuloso, nublado, embrulhado, confuso, ambíguo, dobre, indizível, místico, transcendental, recôndito, áspero, ilegível, intraduzível, inabordável, incognoscível, maçônico

injustiça ***Subst.*** ingratidão, desigualdade, insolência, parcialidade, paixão, atropelo, desaguisado, abuso, compadrio, nepotismo, favoritismo, usurpação ***V.*** desrespeitar, desatinar, descaber ***Adj.*** parcial, infundado, esconso, iníquo, suspeito, suspicaz, desabusado, caprichoso, prevaricador, maldoso, imerecido, imérito, injustificável, injustificado, imoral, descabido, indecente, clamoroso, faccioso, prevenido, desigual, censurável, irregular, odioso, afrontoso, coxo, manco, torto, vesgo, acanhado, desarrazoado, improcedente, ilegal, absurdo, impróprio, descabido, inaceitável, malfeito

inobservância ***Subst.*** evasão, subterfúgio, omissão, descumprimento, infração, insucesso, negligência, relaxamento, impontualidade, inexatidão, rasgão, violação, poluição, postergação, quebra, quebramento, quebrantamento, contravenção, transgressão, repúdio, divórcio, protesto, ilegalidade, infidelidade, deslealdade, desobediência, descompromisso, desrespeito, desprezo, contraventor, transgressor ***V.*** descumprir, faltar, negligenciar, sobressaltar, desprezar, omitir, infringir, violar, profanar, rasgar, quebrantar, quebrar, conculcar, postergar, menosprezar, anular, britar, desobedecer, pospor, atropelar, romper, descurar, nulificar, acalcanhar, calcar, sucumbir, retirar, tergiversar ***Adj.*** inobservante, transgressor, profanador, inadimplente, contraventor, ilusório, roto, infiel

inocência ***Subst.*** inculpabilidade, santidade, pureza, virgindade, castidade, candidez, inocente, cordeiro, Cristo, pomba, anjo, gazela, rola ***V.*** absolver, inocentar, escoimar ***Adj.*** inocente, inculpado, imaculado, limpo, imérito, puro, perfeito, santo, inacusável, escoimado, cândido, inconcusso, inofensivo, límpido, honesto, inculpável, incensurável, irrepreensível, impecável, impoluto, venial, virtuoso

inocuidade (ausência de influência) ***Subst.*** impotência, desprestígio, inércia, nulidade, negação, medalhão ***V.*** ser ineficaz, ser dispensável, ser nulo ***Adj.*** ineficaz, contraproducente, impotente, inerte, inútil, inócuo, desnecessário, nulo, vão ***Adv.*** debalde

inoportunidade ***Subst.*** intempestividade, inconveniência, tempo inadequado, ocasião infeliz, ocasião desfavorável, precocidade, madrugada, destempero, estouvamento, precipitação, impertinência, gafe, rata, pontapé, contratempo, acidente, imprevisto, intrusão, anacronismo ***V.*** descaber, perder, enxotar, bobear, despropositar, entardecer ***Adj.*** inoportuno, despropositado, impróprio, inconveniente, inadequado, prematuro, temporão, verde, precoce, extemporâneo, imaturo, defasado, anacrônico, disparatado, desagradável, infeliz, desastroso, funesto, sinistro, nocivo, fatal, ruinoso, nefasto, intempestivo, tardio, impertinente ***Adv.*** tarde, fora de hora

insalubridade ***Subst.*** endemia, malária, impaludismo, contágio, contaminação, morbidez, pestilência, podridão, putrefação, sezão, quartã, maleita, impuro, podre, empestado, viciado, envenenado, miasma, matadouro, sepulcro, sepultura, cemitério ***V.*** matar, envenenar, empestar, contagiar, corromper, viciar, intoxicar, contaminar, reinar, grassar, lavrar, assolar, devastar, despovoar ***Adj.*** insalubre, doentio, malsão, pestífero, pútrido, contagioso, mortífero, mortal, pestilento, pernicioso, nocivo, mórbido, ruim, deletério, envenenado, venenoso, virulento, peçonhento, impróprio, irrespirável, intolerável, inabitável, podre, viciado, tóxico, áspero, rude, epidêmico, endêmico, doentio, acerbo, paludoso, suspeito, destruidor, inóspito, amaldiçoado, maldito

insensibilidade (insensibilidade [tb. física]) ***Subst.*** indolência, paralisia, imobilidade, amortecimento, narcose, narcotismo, anestesia, analgesia, analgésico, clorofórmio, adormecimento, tolhimento, esquecimento, faquirismo, amortecimento, entorpecimento, dormência, aturdimento, atordoamento, torpor, letargia, apatia, abulia, letargo, inconsciência, coma, hibernação, sono, catalepsia, narcose, narcotismo, refrigeração, estupefaciente, anestésico, barbitúrico, sonífero, hipnótico, cocaína, ópio, éter, pentobarbital, analgésico, entorpecente, narcótico, morfina, faquir ***V.*** insensibilizar, dessentir, tirar, endurecer, encruar, anestesiar, narcotizar, embebedar, petrificar, ossificar, cauterizar, empedernir, embrutecer, bestializar, brutalizar, embotar, entorpecer, paralisar, hibernar, amortecer, calejar, estupidificar, aturdir, estontear, atordoar ***Adj.*** insensível, indolente, impassível, apático, indiferente, ausente, catatônico, desligado, letárgico, comatoso, obtuso, boto, calejado, inexorável, inabalável, inflexível, pétreo, brônzeo, êneo, marmóreo, cínico, calejado, cascudo, paquiderme, blindado, paquidérmico, duro, impenetrável, enregelado, gélido, morto, esquecido, paralítico, leso, tolhido, tonto, desacordado, anestésico, anódino, indolor

inserção (entrada forçada) ***Subst.*** introdução, implante, implantação, internação, insuflação, plantação, injeção, inoculação, infusão, imersão, submersão, inumação, incrustação, enxerto, garfo, estupro ***V.*** inserir, entroncar, introduzir, ingerir, impor, injetar, intercalar, infundir, instilar, inocular, insuflar, insinuar, incutir, imbuir, impregnar, embutir, embeber, cravar, fincar, enterrar, inumar, enxertar, implantar, cravejar, encravar, encaixar, calar, empurrar, atochar, arrombar, violentar, enfiar, meter, intrometer, invadir, furar, imergir, submergir, afundar, afogar, ensopar, mergulhar, sepultar, encher, entupir, socar, comprimir ***Adj.*** inserido, inserto, compressor

insígnia (insígnia de autoridade) ***Subst.*** cetro, diadema, distintivo, regalia, manto, púrpura, vara, bandeira, hábito, pasta, tridente, estandarte, trono, sólio, cátedra, divã, tiara, anel, tricórnio, baldaquino, dossel, cadeira, borla, capelo, barrete, vara, toga, arminho, manto, beca, farda, banda, divisas, anel, coroa, grinalda, caduceu, condecoração, comenda, medalha, sinete, selo, leme, armas, chave, penacho ***Adj.*** reitoral

insignificância (ausência de importância) ***Subst.*** mesquinhez, mesquinharia, nada, vulgaridade, modéstia, trivialidade, inanição, sonho, frivolidade, banalidade, puerilidade, futilidade, leveza, miséria, pobreza, pequenez, cifra, zero, ceitil, pilhéria, brinquedo, miçanga, pecadilho, ouropel, pechisbeque, refugo, resto, rebotalho, droga, bugiganga, badulaque, tareco, futrica, caliça, escuma, panaceia, barro, malha, parvoíce, comédia, bagatela, nica, nuga, nonada, farelo, mesquinharia, palha, alfinete, figa, botão, pena, vintém, pingo, apêndice, calmaria, caminheiro ***V.*** carecer, escapar, perpassar, não valer nada, não ter importância, dar quebra ***Adj.*** insignificante, imaterial, dispensável, venial, acessório, comum, vulgar, secundário, anódino, diminuto, banal, corriqueiro, somenos, pífio, reles, chué, ridículo, chinfrim, risível, medíocre, irrisório, cativo, sofrível, adiável, trivial, desinteressante, ordinário, correntio, superável, pequeno, oco, chocho, batido, vulgar, superficial, frágil, inócuo, fraco, ocioso, removível, inconsciente, fútil, leve, impotente, frívolo, bizantino, inane, insubsistente, tacanho, mesquinho, módico, pulha, barato, vazio, burlesco, pretensioso, grotesco, pobre, desprezível, despiciendo, abjeto, barato, modesto, ignóbil, ínfimo, mínimo, enfezado, esfarrapado, infeliz, avaro, imprestável, mirrado, pútrido, podre, indigente, perdoável

insipidez ***Subst.*** sensaboria, desenxabimento, dessabor ***V.*** ser insípido, insossar, aguar, destemperar ***Adj.*** insípido, sensabor, desengraçado, frio, chilro, insosso, insulso, desconsolado, deslavado, aguado, desenxabido, brando, desinteressante, pífio, reles, chué

insolência ***Subst.*** sobranceria, imponência, altivez, grosseria, soberba, desdém, desplante, desfaçatez, desfaçamento, audácia, rompante, ousadia, afronta, (pop.) cara, soltura, liberdade, atrevimento, arrogância, desaforo, (pop.) caradurismo, desfaçatez, sem-cerimônia, intimativa, cinismo, desenvoltura, descoco, desplante, topete, despejo, despudor, impudor, impudência, cinismo, sem-vergonhice, descaro, descaramento, petulância, empáfia, coragem, arrojo, rompante, impostura, (pop.) cachaço, ferocidade, soberania, dogmatismo, má-criação, impostor, petulante, atrevido, descarado, penetra, insolente, soberbete, soberbaço, orgulhoso, cínico, caradura ***V.*** presumir, atrever-se, afrontar, insultar, tripudiar, espezinhar, desmerecer, desprezar, desdenhar, desacreditar, humilhar, menosprezar, vilipendiar, dedignar-se, assoberbar, grimpar, vir com sete pedras na mão, desfaçar-se, atrever-se ***Adj.*** insolente, destemperado, altivo, soberbo, petulante, espevitado, desabusado, metido, saião, impostor, rompante, sobranceiro, arrogante, besta, cabotino, jactancioso, imodesto, convencido, soberbete, soberbaço, prepotente, ventoso, desdenhoso, intolerante, afrontoso, orgulhoso, confiado, atrevido, protervo, desbragado, descarado, impudente, desfaçado, despejado, desavergonhado, impudente, cínico, desaforado, safado, intrometido, ousado, presumido, presunçoso, intratável, deslavado, ditatorial, discricionário, arbitrário, imperioso, impertinente, irreverente, grosseiro, altivo, empinado

insolvência (falta de pagamento) ***Subst.*** inadimplência, calote, logro, (pop.) borla, (fam.) cão, prejuízo, bancarrota, quebra, quebradeira, ruína, desonra, falência, descumprimento, tramoia, trambique, suspensão, convocação, miséria, sonegação, alcance, respiro, moratória, concordata, compromisso, falido, insolvente, inadimplente, devedor, caloteiro, velhaco, trambiqueiro, trapaceiro, tratante ***V.*** calotear, falir, quebrar, sonegar, protestar, desonrar, desacreditar, lograr, (bras.) fintar ***Adj.*** protestado, atrasado, pobre, arruinado, insolvente, inadimplente, falido, arruinado, quebrado, desonrado, desacreditado, caloteiro, velhaco, insolúvel, malparado, gratuito, grátis, fiado ***Adv.*** grátis, gratuitamente

instantaneidade ***Subst.*** fugacidade, rapidez, imediatismo, prontidão, instante, explosão, minuto, segundo, triz, ápice, átimo, relâmpago, raio, sopro, estouro, relance ***V.*** relampaguear, relancear, explodir, estourar ***Adj.*** instantâneo, imediato, repentino, momentâneo, súbito, ligeiro, rápido, fulminante, brusco, violento, passageiro, elétrico, veloz, transitório, fugaz, pronto, espasmódico, temporal, temporário ***Adv.*** presto, logo

instrumentalidade ***Subst.*** auxílio, meio, intermédio, subordinação, subserviência, mediação, intervenção, interposição, médium, intermediário, canal, veículo, órgão, porta-voz, sarabatana, mão, braço, instrumento, ferramenta, aparelho, dispositivo, equipamento, agente, preposto, subordinado, agência, degrau, ministro, executor, criado, parteira, assecla, interventor, mediador, alcoviteiro, chave, gazua, passaporte, salvo-conduto, meios ***V.*** instrumentalizar, mediar ***Adj.*** instrumental, útil, ministerial, subserviente, interventor, intermédio, intermediário, interposto ***Prep.*** mediante, por que

instrumento ***Subst.*** instrumental, maquinaria, maquinismo, aparelho, aparelhagem, mecanismo, engenho, dispositivo, implemento, aprestos, ferramenta, rodagem, utensílio, equipagem, máquina, turbina, petrechos, material, roldana, polé, moitão, aparato, (bras.) trapiche, draga, cegonha, nora, albarda, adereços, equipamento, arreamento, traste, alfaia, copa, mobília, alavanca, barra, braço, cabo, pega, membro, alavanca, panca, travão, gazua, remo, manivela, alçaprema, prensa, pedal, sarilho, cunha, calço, parafuso, gatilho, mola, punho, asa, haste, lâmina, peia, leme, carretilha, martelo, martelete, martinete, marreta, corte, fio, perfurador, prego, suporte, armas, calculadora, computador, teclado, monitor, programa, televisão, estéreo, gravador, filmadora, telefone, rádio, interfone, celular, *smartphone*, *tablet*, *walkie-talkie*, pda ***V.*** instrumentalizar, instrumentar, montar, armar, funcionar, desmontar ***Adj.*** instrumental, mecânico, maquinal, braçal

instrumentos de óptica ***Subst.*** lente, lupa, menisco, monóculo, óculos, periscópio, microscópio, estereoscópio, espéculo, binóculo, telescópio, sextante, luneta, espelho, refletor, prisma, objetiva, ocular, retícula ***Adj.*** microscópico, telescópico, binocular, estereoscópico, prismático, bicôncavo, biconvexo, bifocal, divergente

instrumentos musicais ***Subst.*** instrumental, banda, orquestra, pancadaria, fanfarra

---

Instrumentos musicais INSTRUMENTOS DE CORDA: alaúde, baixo, balalaica, bandola, bandolim, banjo, berimbau com baqueta, cavaquinho, charango, cítara, clavicórdio, contrabaixo, craviola, dobro, dulcimer (com baquetas), espineta, guitarra, guitarra elétrica, guitarra portuguesa, guitarréu, guitarrilha, gusla, harpa, kantele, koto, lira, *moodswinger*, pandora, piano (com teclado), rabeca, rebabe, saltério, sangen, tiorba, ukelele **ou** guitarra havaiana, viola, viola caipira, viola de amor **ou** *viola d'amore*, viola de doze cordas, viola de gamba, violão, violão de 7 cordas, violino, violoncelo ou cello, *whamola* (com baqueta) INSTRUMENTOS DE SOPRO, DE VENTO: acordeão, alboque, apito, aulo, avena, bandoneon, bombarda, bombardino, cálamo, charamela, clarim, clarinete, clarinete baixo **ou** clarone, concertina, contrafagote, cornamusa, corne inglês **ou** corno inglês, corneta, fagote, figle, flageolet, flauta, flauta baixo, flauta de Pan, flauta doce, flautim **ou** *piccolo*, gaita **ou** harmônica, gaitas de fole, harmônio, (bras.) melofone, murmuré **ou** muremuré, museta, oboé, oboé *d'amore*, ocarina, oficlide, órgão, *pennywistle*, pífano, pífaro, quena, requinta, sacabuxa, sanfona, saxofone, saxotrompa, serpentão, *shofar*, tiroliro, trombeta, trombone, trompa, trompete, tuba, zampronha INSTRUMENTOS DE PERCUSSÃO/DE PANCADA/DE SUPERFÍCIE VIBRANTE: adufe, afoxé, agogô, atabaque, batá, bateria, berimbau, bloco, bombo, caixa, carrilhão, castanhola, caxixi, chimbal, choca, chocalho, címbalo, cincerro, cuíca, ganzá, garrida, guizo, marimba, nagar, pandeiro, pratos, reco-reco, repinique, sineta, sino, sistro, sonoro, surdo, tambor, tamboril, tamborilete, tamborim, tam-tam (instrumento musical), timbale, tintinábulo, tom-tom, triângulo, trincalhos, tubulares, xequerê, zabumba INSTRUMENTOS COM TECLADO: acordeão, celesta, clavicórdio, cravo, espineta, *glockenspiel*, órgão, piano, *sampler*, sintetizador, teclado, vibrafone, xilofone BARRAS VIBRANTES: berimbau, choca, ferrinho, triangulo

---

insubstancialidade ***Subst.*** nada, imaterialidade, futilidade, zero, bagatela, nonada, ninguém, fumo, fantasmagoria, miragem, visão, fantasma, espectro, fogo-fátuo, quimera, utopia, sombra, sonho, devaneio, mito, fábula, idealismo ***V.*** desaparecer, dissipar-se, esvaecer-se, evaporar-se, aniquilar ***Adj.*** insubstancial, insubsistente, visionário, ideal, etéreo, espiritual, imaterial, imponderável, impalpável, intangível, oco, inane, subjetivo, incorpóreo, espiritual, nominal, nulo, inútil, vazio, fantasmagórico

insucesso ***Subst.*** falência, bancarrota, fiasco, naufrágio, frustração, burla, malogro, arruinamento, degringolada, derrocada, desmoronamento, aborto, falência, impotência, desastre, fracasso, decepção, desilusão, desengano, escarmento, transtorno, ruína, perdição, fiasco, erro, engano, falta, omissão, ilusão, escorregadela, tropeção, contrariedade, embaraço, acidente, infortúnio, rachadura, colapso, desmoronamento, bancarrota, golpe, explosão, encalhe, repulsa, derrota, revés, desdita, desventura, vicissitude, vaivém, viravolta, desistência, sujeição, baque, desastre, queda, ruína, insolvência ***V.*** falir, malograr, gorar, abortar, encalhar, desconcertar, pecar, baquear, cair, desmoronar, tombar, fracassar, atolar, falhar, explodir, frustrar, soçobrar, escorregar, tropeçar, coxear, mancar, hesitar, titubear, encalhar, sucumbir, patear, frustrar, baldar, inutilizar, fraudar, iludir, desarmar, arruinar, desarranjar, furar, embaraçar, burlar, contrariar, desfavorecer, destruir, derrocar, abortar ***Adj.*** malsucedido, frustrante, infrutífero, vão, improfícuo, baldado, inútil, falho, infausto, infeliz, abortivo, choco, ineficaz, manco, coxo, insuficiente, encruado, encalhado, derrotado, roto, vencido, desbaratado, acabado, perdido, desfeito, falho, arruinado, falido, morto, frustrado, bestificado, vitimado, fulminado, sacrificado, desalentado, desanimado, desiludido, incompleto, contraproducente, malfadado, desafortunado, desastroso, desastrado, funesto ***Adv.*** debalde, em vão

insuficiência ***Subst.*** inaptidão, incapacidade, incompetência, privação, deficiência, imperfeição, anemia, magreza, inferioridade, limite, inópia, vacuidade, inanição, escassez, falta, carência, carestia, angústia, míngua, parcimônia, omissão, vaga, falecimento, penúria, precisão, mister, miséria, brecha, lacuna, buraco, nada, exigência, necessidade, fome, esmola, pitança, flacidez, vazante, insolvência, estreiteza ***V.*** restar, carecer, necessitar, precisar, faltar, falir, minguar, escassear, rarear, diminuir, falecer, ignorar, restringir, encurtar, limitar, circunscrever, destituir, privar, desaperceber, desprover, desfalcar ***Adj.*** insuficiente, inadequado, menos, inapto, ineficaz, diminuto, deficitário, precisado, escasso, minguado, falto, desprovido, imperfeito, frouxo, vazio, inane, vago, desguarnecido, desprovido, privado, destituído, apurado, exausto, pobre, carente, nu, despido, falto, faminto, sequioso, sedento, magro, pobre, fino, anêmico, definhado, esquálido, encolhido, acanhado, pequeno, fraco, seco, enfezado, chocho, limitado, esfaimado, jejuno, pouco, vil, avaro, sórdido ***Adv.*** à míngua

intelecto ***Subst.*** inteligência, entendimento, conceito, intelecção, intelectualidade, espiritualismo, razão, psiquismo, mente, compreensão, espírito, raciocínio, racionalidade, inventiva, consciência, observação, percepção, percebimento, intuição, instinto, sentido, concepção, ideia, julgamento, discernimento, juízo, tino, tento, talento, gênio, sabedoria, habilidade, alma, psique, espírito, ânimo, coração, peito, interior, órgão, sensório, miolo, cérebro, cabeça, cachimônia, sinagoga, bestunto, (depr.) cabeçorra, bola, juízo, cachola, toutiço, caco, carola, casco, crânio, caveira, cerebelo, encéfalo, mentalidade, psicometria, psicopatia, psicologia, psiquiatria, psicanálise, psicose, ideologia, moral, pneumatologia, idealismo, espiritualismo, animismo, metafísico, psicólogo ***V.*** notar, observar, marcar, apreciar, discernir, lobrigar, realizar, raciocinar ***Adj.*** intelectual, mental, racional, intelectivo, subjetivo, moral, metafísico, espiritual, psíquico, psicológico, cerebral, cefálico, sensorial, craniano, anímico, imaterial

inteligência ***Subst.*** juízo, ideia, habilidade, capacidade, compreensão, assimilação, intelecto, entendimento, sagacidade, finura, vivacidade, *savoir-faire*, talento, engenho, espírito, agudeza, perspicácia, acuidade, sutileza, inventividade, criatividade, penetração, lucidez, lógica, discernimento, argúcia, senso comum, bom senso, discriminação, esperteza, cérebro, águia, sabedoria, reto, atilamento, tento, juízo, tino, siso, razoabilidade, razão, solidez, profundeza, calibre, gênio, bafo, inspiração, alma, prudência, vigilância, atenção, sensibilidade, tato, previsão, sobriedade, sisudez, gravidade, assento, serenidade, reflexão, compostura, decoro, ponderação, comedimento, moderação, (fam.) chumbo, calma, controle, discrição, seriedade, reserva, aprumo, dignidade, decoro, probidade ***V.*** compreender, captar, pescar, perceber, avistar, apanhar, fisgar, penetrar, descortinar, prever, discriminar, refletir, regular, governar ***Adj.*** sagaz, solerte, perspicaz, atilado, penetrador, perscrutador, alinhado, vivo, sutil, fino, pronto, genial, avisado, arguto, clarividente, penetrante, brilhante, imaginoso, criativo, inventivo, apto, hábil, fecundo, astuto, ativo, esperto, sábio, sapiente, razoável, moderado, comedido, sério, criterioso, regrado, arrazoado, reto, firme, composto, forte, judicioso, prudente, cordato, sensato, metódico, grave, são, sadio, imparcial, morigerado, cauteloso, sóbrio, vigilante, providente, discreto, brilhante, lúcido, formoso, fecundo, razoável, conveniente, sensato, reto, prudente, judicioso, refletido, ajuizado, certo, justo, imparcial, sóbrio

inteligibilidade *Subst.* clareza, transparência, simplicidade, singeleza, luminosidade, diafaneidade, distinção, lucidez, perspicuidade, legibilidade, precisão, certeza, elucidário, glossário, expositor, vocabulário *V.* não dar margem a dúvidas, evidenciar, popularizar, simplificar, distinguir, classificar, clarificar, clarear, aclarar, objetivar, ilustrar, elucidar, esclarecer, exemplificar, iluminar, alumiar, dirimir, explicar, desembrulhar, desenredar, desenrascar, destrinçar, compreender, entender, sentir, abranger, alcançar, apreender, fisgar, apanhar, penetrar, perceber, discernir *Adj.* inteligível, compreensível, legível, comezinho, interpretável, evidente, perceptível, concebível, atingível, fácil, claro, lúcido, perspícuo, nítido, límpido, cristalino, chão, simples, caseiro, líquido, transparente, diáfano, luminoso, palpável, manifesto, patente, aberto, singelo, natural, inquestionável, distinto, explícito, inequívoco, unívoco, corrente, gráfico, legível, reconhecível, óbvio, iniludível

intemperança *Subst.* destemperança, incontinência, imoderação, desgoverno, descomedimento, desregramento, desenvoltura, destempero, demasia, desmando, sensualidade, sensualismo, animalismo, animalidade, hedonismo, carnalidade, prazer, volúpia, moleza, luxúria, voluptuosidade, gula, epicurismo, sibarismo, dissipação, licenciosidade, libertinagem, crápula, devassidão, lascívia, lubricidade, libidinagem, desconcerto, boêmia, farra, folia, gandaia, carnaval, bacanal, dionisíaca *V.* abusar, banquetear, entornar, desmedir-se *Adj.* intemperante, sensual, desbragado, libertino, licencioso, voluptuoso, luxurioso, crapuloso, desenvolto, bestial, debochado, porco, imundo, desregrado, infrene, devasso, degenerado, despudorado, desavergonhado, lúbrico, cúpido, mundano, orgíaco, bacanal *Adv.* mal

intenção *Subst.* intento, vontade, tenção, desígnio, pressuposto, intencionalidade, mente, fim, finalidade, propósito, fito, intuito, desiderato, desejo, vontade, volição, objetivo, programa, projeto, empresa, premeditação, predeterminação, ambição, contemplação, ânimo, vista, cláusula, proposta, objeto, escopo, alvo, mira, fito, meta, empenho, sentido, tendência, presa, destino, ofício, decisão, determinação, resolução, desejo, reservado, ideia, estratégia, método, plano *V.* pretender, tencionar, planejar, objetivar, meditar, querer, intentar, atentar, cogitar, procurar, visar, alvejar, apontar, ambicionar, incubar, premeditar, calcular, destinar, reservar, projetar, desejar, perseguir, levar *Adj.* intencional, proposital, expresso, determinado, predeterminado *Adv.* adrede, conforme

interesse (por sentimento próprio ou alheio) *Subst.* receptividade, reatividade, vivacidade, motilidade, mobilidade, possibilidade, ternura, sentimentalidade, sentimentalismo, choradeira, lirismo, melindre, pudor, pieguice, nica, ferida, chorão, choramingas, manteiga *V.* vibrar, ressabiar, choramingar, sensibilizar *Adj.* sensível, sensitivo, afetivo, afetuoso, vibrátil, emotivo, impressionável, desconfiado, receptivo, suscetível, piegas, delicado, ressentido, melindroso, excitável, terno, sentimental, romanesco, romântico, entusiasta, fogoso, ardente, vivaz, caloroso, apaixonado, emocionante, tocante, lacrimoso, água com açúcar, ressabiado, chorão

interioridade *Subst.* interior, profundeza, intervalo, subsolo, substrato, santuário, conteúdo, substância, essência, seiva, mesocarpo, núcleo, gema, alma, peito, vísceras, entranhas, miúdos, intestino, tripa, estômago, bofe, baço, útero, madre, matriz, ventre, seio, regaço, recesso, segredo, mistério, âmago, recôndito, escaninho, íntimo, intimidade, fundo, grêmio, recôncavo, retrete, entrecasca, sertão ***V.*** interiorizar, internar, centralizar, circunscrever, entranhar, incrustar ***Adj.*** interior, interno, íntimo, introspectivo, ensimesmado, imo, arraigado, central, intestino, civil, subcutâneo, intracraniano, intermediário, intrínseco, nacional, vernáculo, doméstico, familiar, intraocular, endêmico, medular, visceral ***Adv.*** dentro, intramuros, camarariamente

interjacência ***Subst.*** interposição, intervenção, interferência, penetração, insinuação, divisão, intercalação, interpolação, inserção, entrelinha, entremeio, divisória, cunha, intervenção, intrusão, infiltração, mesóclise, intermédio, intermediário, interventor, interposto, mediador, intrometido, intruso, enxerido, intrujão, metediço, metido, tampão, parêntese, episódio, aparte, diafragma, septo, mesocarpo ***V.*** nadar, intervir, mediar, interferir, colear, penetrar, imiscuir-se, atravessar, permear, interromper, separar, dividir, intervalar, intermediar, interpor, inserir, intercalar, interpolar, entremear, rajar, entrecortar, encaixar, embutir, cunhar, entroncar ***Adj.*** entremeio, intercorrente, interposto, intermediário, intercalar, intersticial, intercontinental, interoceânico, intertropical, tropical, episódico, interposto, mediterrâneo, interior, interno, mesopotâmico, bissexto, interestadual, apertado, comprimido ***Adv.*** de permeio, ***Prep.*** entre

interpretação ***Subst.*** inteligência, definição, maneira, dedução, decodificação, ilação, soltura, desenvolvimento, exposição, explicação, solução, significado, significação, deslinde, elucidação, conclusão, resposta, esclarecimento, aclaramento, glosa, hermenêutica, cabala, versão, trasladação, literal, servil, chave, cifra, segredo, novelo, fio, burro, código, exegese, paráfrase, exposição, comentário, ilustração, desenvolvimento, exemplificação, anotação, nota, apostila, esclarecimento, sintomatologia, semiologia, acepção, luz, leitura, construção, equivalente, significado, sinônimo, analogia ***V.*** interpretar, elucidar, deduzir, concluir, inferir, explicar, glosar, definir, subentender, traduzir, parafrasear, trasladar, passar, descobrir, ler, decifrar, destrinchar, soletrar, desembrulhar, esclarecer, solver, deslindar, dar, destrinçar, desenredar, clarificar, desassombrar, solucionar, aplanar, desenlaçar, resolver, esmiuçar, desdobrar, achar, derramar, projetar, desanuviar, aclarar, descaroçar, rolar, ilustrar, exemplificar, objetivar, desdobrar, desenrolar, desenvolver, ampliar, amplificar, expor, comentar, glosar, anotar, tomar, compreender, aceitar, receber, penetrar ***Adj.*** interpretativo, dedutivo, conclusivo, explicativo, ilustrativo, elucidativo, explicativo, literal, parafrástico, significativo, sinônimo, equivalente

interpretação errônea ***Subst.*** desfiguração, distorção, abuso, catacrese, perversão, malícia, forçado, torcedura, exagero, carnaval, paródia, sofisma ***V.*** errar, perverter, adulterar, maximizar, viciar, deturpar, estropear, sofismar, alterar, subverter, arrastar, forçar, malsinar, desvirtuar, desnaturar, falsear, forçar, torcer, embrulhar, retorcer, ofuscar, envenenar, violentar, maliciar ***Adj.*** torto, errado, desfigurado, ambíguo, torcido, pejorativo, depreciativo, controvertido, malicioso, maligno, tendencioso

intérprete ***Subst.*** interpretador, ator, expositor, exegeta, hermeneuta, escolástico, tradutor, orador, órgão, mestre, porta-voz, sarabatana, cicerone, guia, mentor, oráculo

intervalo ***Subst.*** trecho, interrupção, espaço, falha, vão, entremeio, descontinuidade, corte, separação, abertura, comissura, orifício, célula, racha, greta, rasgão, fresta, frincha, fissura, brecha, rachadura, resquício, rima, rombo, aberta, lacuna, espaçamento, hiato, entrada, ádito, passe, vácuo, nicho, abismo, precipício, pego, pélago, voragem, sorvedouro, despenhadeiro, pausa, interregno, interlúdio, interstício, malha, recorte, goela, garganta, passo, passagem, fosso, golfo, enseada, estreito, sulco, deficiência, desvão ***V.*** intervalar, interromper, espaçar, entrelinhar, entremear, entreabrir, escancarar, bocejar, espacejar, afastar, recortar, falhar, talhar, rasgar, fender, gretar, separar, afastar ***Adj.*** intervalado, interrupto, abissal, abismal, aberto, lacunar, entreaberto, espaçado

intrinsecabilidade ***Subst.*** inerência, hereditariedade, tara, atavismo, intimidade, subjetividade, fundo, essência, veio, quinta-essência, âmago, imo, encarnação, especialidade, seiva, suco, medula, vísceras, entranhas, alma, coração, sangue, força, energia, virtude, substância, composição, contexto, contextura, princípio, natureza, constituição, caráter, tipo, qualidade, apanágio, disposição, predisposição, bossa, atributo, gênio, requinte, índole, predicado, feição, temperamento, crase, hábito, espírito, humor, dom, capacidade, poder, fisionomia, semblante, aspecto, particularidade, idiossincrasia, tendência, instinto, inclinação, pendor, queda, sintoma ***V.*** inerir ***Adj.*** intrínseco, subjetivo, íntimo, radical, básico, fundamental, essencial, visceral, precípuo, normal, congênito, nado, nato, inato, nativo, inerente, encarnado, hereditário, imanente, privativo, especial, permanente, constante, imutável, interno, constitutivo, orgânico, natural, característico, indicativo, invariável, incurável, inextirpável, inalienável, inalterável, arraigado, inadmissível, imperdível, anímico, idiossincrásico, qualitativo

inutilidade ***Subst.*** desuso, desvalia, desvalor, incapacidade, esterilidade, desserviço, luxo, vaidade, fumo, pó, nada, nulidade, insignificância, nuga, frivolidade, rebotalho, trapo, entulho, refugo, farrapo, cisco, lixo, pó, poeira, restolho, urtiga, caliça, cascabulho, restos, badulaque, monturo, limbo, rudeza, parasita, bola, papa-jantares, falido, estafermo, emplastro, lástima, mostrengo, borra-botas, paspalho, paspalhão, preguiçoso ***V.*** falhar, desservir, inutilizar, desaproveitar, invalidar, anular, quebrar, desmanchar, gastar, malograr, desmantelar, desarvorar, desmastrear, desencordoar, frustrar, baldar ***Adj.*** inútil, improfícuo, ineficaz, ineficiente, frívolo, fútil, inaproveitável, baldado, infrutífero, improdutivo, inoperante, inócuo, anódino, inepto, indiscutível, impotente, baldio, supérfluo, ocioso, demasiado, desnecessário, intruso, escusado, incompetente, dispensável, abortivo, vazio, oco, chocho, inane, estéril, fóssil, obsoleto, indesejável, infértil, mealheiro, pífio, reles, soez, ordinário, chinfrim, batido ***Adv.*** debalde

inveja ***Subst.*** despeito, ciúme, emulação, rivalidade, antagonismo, luta, contenção, concorrência, cobiça, invejoso ***V.*** invejar, cobiçar, apetecer, despeitar ***Adj.*** invejoso, cobiçoso, rival, êmulo, contendor, invejável, apetecível, precioso, apreciável

inversão ***Subst.*** subversão, reviravolta, introversão, contraposição, antítese, inverso, reverso, avesso, cambalhota, revulsão, salto, cabriola, pirueta, trambolhão, viravolta, transposição, metátese, hipérbato, palindromia, palíndromo ***V.*** inverter, virar, revirar, piruetar, cabriolar, girar, emborcar, subverter, introverter, revolver, revolucionar, perturbar, transtornar, transpor, alternar, emborcar, entornar, arrepiar ***Adj.*** avesso, torto, errado, revolto, reverso, aposto, subversivo, reversível

investigação ***Subst.*** busca, diligência, procura, pista, cata, rastejo, encalço, indagação, averiguação, inquirição, informe, inculca, pesquisa, procura, escavação, assédio, perquirição, perseguição, exame, sabatina, pedido, sindicância, devassa, revisão, revista, observação, escrutínio, inspeção, perscrutação, meticulosidade, catequese, inquisição, exploração, sonda, sondagem, ventilação, peneiração, cálculo, análise, punção, dissecação, anatomia, resolução, indução, radioscopia, *ad referendum*, prova, experiência, interrogação, interrogatório, interpelação, desafio, catecismo, dialética, discussão, reconhecimento, espionagem, estetoscópio, endoscópio, laringoscópio, escalpelo, escafandro, sonda, observatório, questão, quesito, problema, desiderato, assunto, quebra-cabeça, aberta, irritante, honesto, vistoria, exame, ato, metodologia, investigador, inquisidor, inquiridor, interpelador, interpelante, confessor, observador, revisor, varejador, escavador, catequista, escrutinador, analista, vasculhador, anatomista, garimpeiro, visitador, interrogador, síndico, bisbilhoteiro, bufo, espião, curioso ***V.*** investigar, indagar, inquirir, lançar, bombardear, recensear, escrutar, perscrutar, perquirir, destrinchar, explorar, radiografar, pesquisar, perlustrar, compulsar, penetrar, devassar, sondar, revolver, vasculhar, espionar, inspecionar, revistar, perguntar, cheirar, conversar, esmiuçar, destrinçar, desfibrar, parafusar, esmerilar, esmerilhar, rebuscar, liquidar, esgaravatar, escarafunchar, faiscar, garimpar, remexer, rastejar, rastrear, campear, desenterrar, exumar, caçar, trilhar, observar, farejar, forragear, varejar, escalpelar, esquadrinhar, tatear, estudar, sindicar, fiscalizar, abrir, iniciar, fazer, vistoriar, examinar, pesar, mastigar, ponderar, escavar, revistar, analisar, volver, averiguar, apurar, espremer, agitar, deslindar, considerar, especular, pesar, apreciar, aquilatar, recorrer, manusear, pescar, apalpar, tentear, dissecar, descarnar, peneirar, joeirar, debulhar, questionar, assediar, submeter, perguntar, procurar, demandar, interrogar, inquirir, interpelar, propor, suscitar, levantar, agitar, sugerir, enunciar, ventilar, embaraçar, sabatinar, catequizar, atirar ***Adj.*** perscrutador, curioso, perguntador, radioscópico, meticuloso, indiscreto, requisitório, inquisitorial, interrogativo, interrogatório, analítico, escrupuloso, atento, miúdo, indeterminado, duvidoso

invisibilidade ***Subst.*** mistério, segredo, desaparecimento, camuflagem ***V.*** ocultar, camuflar, encobrir, encerrar ***Adj.*** invisível, secreto, desconhecido, indistinguível, imperceptível, insensível, despercebido, telescópico, coberto, latente, obscuro, encoberto, escondido, clandestino, misterioso, promíscuo, confuso, indistinto, incerto, impreciso, indefinido, vago, enevoado, sumido, nebuloso, opaco, oculto, velado

irascibilidade ***Subst.*** iracúndia, suscetibilidade, petulância, aspereza, rixa, irritação, azedume, calundu, fel, carranca, fogacho, assomo, repente, arrebatamento, (bras.) piranha, víbora, bicha, fera, cabra, cobra, jararaca, cascavel, pimenta, vespa, virago, machão, porco-espinho, demo, vespa, cachorro, cachorra, respondão, dragão, chicória, (bras.) pururuca, (pop.) neurastênico ***V.*** ser irascível, ter repentes, ter pavio curto, ser irritadiço ***Adj.*** irascível, torvo, iracundo, impiedoso, bilioso, arrebatado, irritadiço, irritável, suscetível, desconfiado, cavaquista, excitável, ressabiado, melindroso, frenético, desabrido, acre, impaciente, genioso, colérico, (pop.) neurastênico, zangado, enfezado, fogoso, mal-humorado, abafadiço, raivoso, descontente, turbulento, insofrido, pugnaz, malcriado, ranheta, rabugento, respondão, vingativo

irracionalidade (ausência de raciocínio) ***Subst.*** intuição, torcedura, distorção, intuição, sentimento, instinto, tino, acerto, pressentimento, palpite, adivinhação, inspiração, dogmatismo, equivocação, escapatória, evasiva, descarte, rodeio, circunlóquio, paliativo, tergiversação, ardil, chicana, trica, cavilação, astúcia, artimanha, argúcia, disparate, mistificação, desculpa, absurdo, vicioso, sofisticação, discrepância, contradição, absurdo, solecismo, paralogismo, trocadilho, equívoco, falácia, charlatanice, charlatanismo, empirismo, rotina, palavreado, palanfrório, parlenda, linguagem, palhaçada, contradição ***V.*** palpitar, atinar, perverter, sofisticar, sofismar, ladear, sutilizar, equivocar, mistificar, desvirtuar, desnaturar, tergiversar, torcer, iludir, lustrar, polir, envernizar, dourar, desorientar, bacharelar ***Adj.*** redondo, irracional, intuitivo, instintivo, natural, espontâneo, gratuito, desconexo, disparatado, sonâmbulo, desarrazoado, despropositado, inoportuno, ilógico, arbitrário, opinativo, falso, avulso, inválido, inconcludente, ineficaz, ineficiente, imponderável, improcedente, incoerente, contraditório, destrutível, discutível, destoante, indemonstrável, inepto, inverificável, absurdo, insustentável, torto, tortuoso, inconclusivo, incorreto, falaz, falível, infundado, irrisório, insubsistente, empírico, chocho, aéreo, vazio, oco, nulo, frívolo, bizantino, pueril, inane, enganoso, púnico, jesuítico, teocrático, talmúdico, indireto, ilusório, caviloso, inaceitável, vão, capcioso, insidioso, vulnerável, especioso, evasivo, fraco, frágil, frouxo, injusto, pobre, néscio, chicaneiro, sutil

irregularidade (frequência irregular) ***Subst.*** imprecisão, incerteza, impontualidade, inconstância, versatilidade, anormalidade, flutuação, arritmia, acesso, espasmo, intempérie ***Adj.*** irregular, arrítmico, anormal, incerto, duvidoso, impontual, esdrúxulo, extravagante, desordenado, caprichoso, ruim, mau, variável, inconstante, descontrolado, espasmódico, excêntrico

irreligião ***Subst.*** agnosticismo, descrença, incredulidade, teosofismo, ateísmo, deísmo, teísmo, materialismo, positivismo, racionalismo, niilismo, bolchevismo, monismo, infidelidade, panteísmo, ateu, incrédulo, céptico, irreligioso, ímpio, positivista, racionalista, materialista, bolchevista, monista, panteísta, pagão, gentio, gentílico, infiel, herege, espiritualista, espírita, profano ***V.*** renegar, descrer, negar, duvidar, paganizar, secularizar ***Adj.*** irreligioso, ateu, materialista, positivista, agnóstico, céptico, descrente, incrédulo, terreal, mundano, profano, temporal, carnal, secular

irresolução ***Subst.*** dubiedade, hesitação, indecisão, insegurança, inação, indeterminação, perplexidade, vacilação, vacilo, nutação, variabilidade, incerteza, dúvida, suspicácia, desconfiança, enleio, embaraço, flutuação, desorientação, empate, inconsistência, ambivalência, alternativa, prostração, variedade, inconstância, instabilidade, leviandade, fraqueza, timidez, covardia, pusilanimidade, contemporização, autômato, fantoche, banana, manequim, foguete, títere, instrumento, peteca, ludíbrio, borboleta, polichinelo, vencido, tatibitate, bonifrate, caranguejo ***V.*** ziguezaguear, tremular, flutuar, vacilar, amolecer, trepidar, tropeçar, fraquejar, hesitar, vacilar, boiar, pejar, recear, oscilar, balançar, balancear, bambear, voltear, transigir, pactuar, titubear, embasbacar, contemporizar, postergar, condescender, mudar ***Adj.*** irresoluto, vagaroso, flutuante, atado, embaraçado, mole, incolor, incerto, versátil, vário, inconstante, suspenso, leviano, duvidoso, volante, acanhado, desorientado, cambaleante, variável, instável, mudável, inconstante, dúctil, ligeiro, frívolo, volúvel, inconsiderado, enleado, caprichoso, hesitante, fraco, frágil, timorato, tímido, covarde, flexível, frouxo, tíbio, mole, molenga, frígido, desfibrado, conformado, resignado, desconfiado, suspicaz

isenção ***Subst.*** imunidade, esquivança, irresponsabilidade, inviolabilidade, independência, licença, cessão, dispensa, ressalva, absolvição, franquia, franqueza, renúncia, abandono, remissão, resgate, alívio ***V.*** eximir, isentar, dispensar, relevar, aliviar, relaxar, desligar, resgatar, descarregar, ressalvar, franquear, privilegiar ***Adj.*** isento, livre, imune, privilegiado, licenciado, solto, soluto, dispensado, irresponsável, desimpedido

isolamento ***Subst.*** singularidade, bloqueio, afastamento, apartamento, apartação, segregação, separação, incomunicabilidade, gueto, desolação, viuvez, orfandade, abandono, disjunção, unificação, um, unidade, indivíduo, solitária, isolador, dielétrico ***V.*** isolar, insular, ilhar, bloquear, confinar, descasar, desemparelhar, desirmanar, enviuvar, apartar, segregar, destacar, desunir, separar, desacompanhar ***Adj.*** isolado, segregado, uno, um, único, só, solteiro, viúvo, divorciado, órfão, solitário, sozinho, ímpar, singular, individual, desacompanhado, distinto, desamparado, abandonado, desirmanado, inarticulado, descasado, díspar, avulso, esparso, perdido, mero, simples, erradio, desolado, incomunicável, compacto, maciço ***Adv.*** somente

jJ

jactância ***Subst.*** gabolice, bazófia, fanfarronada, fanfarronice, proa, bizarria, prosápia, palavrada, presepada, ronco, bravata, quixotada, valentia, prosa, farelo, vanglória, ostentação, pabulagem, parlapatice, parra, gauchada, quixotismo, quixotada, charlatanismo, cabotinismo, ronca, ralho, impostura, baforada, ares, chauvinismo, estardalhaço, espalhafato, alarde, espavento, exagero, vaidade, pretensão, exultação, glorificação, triunfo, parlapatão, fanfarrão, valentão, ferrabrás, cabotino, janota, bufão, paxá, jactancioso, trombeteiro, pedante ***V.*** jactar-se, blasonar, bazofiar, roncar, bufar, alardear, bravatear, arrotar, (fam.) frigir, pregar ***Adj.*** jactancioso, vaidoso, impostor, roncador, farsante, bizarro, fanfarrão, valentão, faroleiro, imodesto, gabola, gabarola, vanglorioso, quixotesco, espalhafatoso, deslumbrado, jubiloso, ufano, vitorioso, exultante

janota ***Subst.*** manequim, frajola, bandalho, pimpão, (bras.) pelintra, bonifrate, faceiro, boneco, empetecado, fragata, penetra, Adônis, Narciso, leão, (burl.) papelão, engomado, catita, almofadinha, boneca, jardineira, leoa, maia, pantufa ***V.*** tafular

jejum ***Subst.*** quaresma, consoada, abstinência alimentar, Iom Kipur, Ramadã ***V.*** jejuar, afaimar ***Adj.*** quaresmal, faminto, jejuno, famélico, esfomeado, subalimentado

juiz ***Subst.*** julgador, magistrado, ministro, chanceler, árbitro, desembargador, ouvidor, louvado, jurado, perito, assessor, assistente, arbitrador, testemunha, auditor, pretor, burgomestre, mandarim, revisor, tribuno, síndico, edil, corregedor ***V.*** decretar, decidir, adjudicar, julgar, relatar, deprecar, sentenciar, estabelecer ***Adj.*** magistrático, judicial, togado

julgamento ***Subst.*** judicatura, prolação, resultado, balanço, conclusão, desfecho, epílogo, remate, solução, fim, indução, dedução, inferência, ilação, corolário, aforismo, moral, conceito, apreciação, opinião, ideia, juízo, qualificação, estimativa, avaliação, desempate, crítica, análise, censura, arbitragem, ponderação, sentença, acórdão, decisão, resolução, laudo, assento, opinião, voto, penada, parecer, despacho, veredicto, decreto, portaria, plebiscito, voto, julgador, árbitro, arbitrador, perito, louvado, magistrado, jurado, assessor, censor, fiscal, repreensor, inspetor, crítico, relator, revisor, escrutinador ***V.*** julgar, concluir, apurar, avaliar, chegar a uma conclusão, sentenciar, entender, opinar, considerar, ter, decidir, determinar, deduzir, derivar, coligir, inferir, proceder, depreender, induzir, ajuizar, colher, encarar, apreciar, avaliar, estimar, numerar, criticar, glosar, aquilatar, apressar, taxar, qualificar, classificar, reputar, reconhecer, comentar, censurar, despachar, resolver, desempatar, escrutinar, solucionar, prolatar, pronunciar-se, dar, adjudicar, condenar, decretar, absolver, pronunciar, confirmar, votar, investigar, empunhar ***Adj.*** julgador, sentencioso, judicial, judiciário, judicioso, conclusivo, judicatório, judicativo, ilativo, qualificativo

junção ***Subst.*** ligamento, indissolubilidade, liga, associação, nexo, ligação, ligadura, fusão, enlace, união, conexão, aliança, amarração, aperto, anexação, acoplamento, conjunção, cópula, juntura, atadura, soldadura, cravação, emparelhamento, casamento, comunicação, concatenação, reunião, laçada, colagem, costura, comissura, sutura, juntura, articulação, junta, rótula, pivô, gonzo, eixo, mola, coiceira, chuleio, pesponto, anel, elo, encaixe, calço ***V.*** juntar, unir, ligar, agregar, acoplar, copular, anexar, combinar, fundir, irmanar, englobar, reunir, associar, somar, aliar, casar, acasalar, incorporar, conjugar, cingir, atar, reatar, vincular, acorrentar, algemar, amarrar, atracar, aferrolhar, encadear, pregar, chumbar, prender, ajoujar, atrelar, arrochar, atochar, segurar, encaixar, engonçar, agarrar, atracar, aferrar, arpoar, entrançar, enredar, entretecer, laquear, laçar, enlaçar, enlear, emaranhar, enredar, travar, abraçar, embrulhar, enrolar, montar, cravar, embutir, encastoar, grampar, agrilhoar, engastar, arrochar, articular, atacar, fincar, encadernar, brochar, pear, manietar, maniatar, abotoar, coser, suturar, costurar, alinhavar, cerzir, pontear, chulear, solidificar, grudar, cimentar, colar, encaixotar, enfeixar ***Adj.*** junto, anexo, conjunto, conjugado, atado, enredado, preso, compacto, maciço, inteiriço, inconsútil, comprimido, firme, fixo, sólido, inabalável, indissolúvel, inseparável, íntimo, seguro, férreo, indestrutível, imperecível, unitivo, vinculatório, conjuntivo, conectivo, infuso

júpiter (deuses de outras crenças) ***Subst.*** deusa, diva, Tonante, Alá, Amida, Oxalá, Tupã, nume, Sibila, ninfa, nereida, sereia, duende, espectro, mitologia, folclore ***Adj.*** demiúrgico

jurisdição ***Subst.*** judicatura, executivo, polícia, foro, pretoria, julgado, oficial, juiz, tribunal, municipalidade, corporação, posta, intendente, alcaide, castelão, beleguim, bufo, policial, esbirro, bedel, guarda-mor, recrutador, coletor, edil, vereador ***V.*** julgar ***Adj.*** executivo, administrativo, municipal, causídico, forense, judicativo, judicatório, jurídico, inquisitorial

justiça ***Subst.*** razão, lógica, imparcialidade, isenção, serenidade, neutralidade, retidão, sabedoria, integridade, inteireza, isonomia, tribunal, tribuna, ministro, desembargador, juiz, veredito sentença, penalidade ***V.*** julgar, acusar, defender, advogar, condenar, absolver, penalizar, recompensar ***Adj.*** justo, justiceiro, reto, probo, escrupuloso, imparcial, desinteressado, judicioso, desapaixonado, insuspeito, consciencioso, nobre, decoroso, íntegro, direito, impecável, incensurável, razoável, desprevenido, admissível, razoável, cabível, justificável, aceitável, lícito, permitido, legítimo, lídimo, irrecusável, legal, permissível, merecido, cabido

L

ladrão ***Subst.*** gatuno, larápio, meliante, pivete, rato, ratazana, milhafre, vigarista, malandro, assaltante, cleptomaníaco, abafador, harpia, traficante, punguista, puxador, explorador, capoeira, saqueador, salteador, bandido, facão, pente-fino, vampiro, tosquiador, bandoleiro, pirata, captor, corsário, contrabandista, fraudador, tubarão, embusteiro, bandido, forrageiro, raptor, peculatário, estelionatário, guerrilha, malandragem, raptor, receptador, corrupto, escroque, corruptor, chantagista ***V.*** furtar, roubar ***Adj.*** malandrino

lamentação (manifestações de dor) ***Subst.*** lamento, querela, queixa, queixume, lástima, deploração, piedade, ai, gemido, suspiro, lamúria, brado ardente, brado angustiado, clamor, choro, pranto, lágrima, vagido, languidez, definhamento, condolências, dó, fumo, nojo, luto, crepe, capelo, tarja, cipreste, goivo, incelença, excelência, elegia, necrológio, nênia, armas, dó, luto, pranteador ***V.*** lamentar, deplorar, chorar, choramingar, prantear, vagir, gemer, lamuriar, queixar-se, soluçar, clamar, deprecar, carpir, gritar, espernear, clamar, gemer, suspirar, ficar de luto, tarjar, chorar, prantear, choramingar, lacrimejar ***Adj.*** lamentoso, plangente, lúgubre, dolente, tristonho, desafortunado, desalentado, lacrimoso, lacrimejante, lastimoso, ululante, letal, pranteador, lamuriento, clamoroso, envolto, funéreo, fúnebre, lúgubre, tétrico, sombrio, melancólico, lutuoso, triste, nublado, negro, enlutado

largura ***Subst.*** largueza, latitude, amplitude, envergadura, diâmetro, calibre, raio, transversal, espessura, corpulência, corpanzil, sapo, saco, pipa, pitorra, texugo, trambolho ***Adj.*** lato, grande, espaçoso, vasto, amplo, (pop.) campeiro, extenso, extensivo, frouxo, folgado, grosso

latência ***Subst.*** ocultação, mistério, cabala, eufemismo, socapa, sorrelfa, crisálida, entrelinha, alusão, insinuação, implicação, segredo, trevas, invisibilidade ***V.*** estar latente, estar subentendido, estar recalcado, incubar, chocar, encerrar, fumegar, jazer, dormir, envolver, implicar, importar, compreender, espreitar, segregar, sopitar, recalcar ***Adj.*** latente, oculto, secreto, virtual, recalcado, sopitado, incógnito, desconhecido, ignorado, obscuro, dissimulado, furtivo, invisível, intangível, escuro, ignoto, inaudito, inédito, tácito, fumegante, indireto, remoto, implícito, incluído, alusivo, coberto, encoberto, estenográfico, subentendido, oculto, recolhido, subcutâneo, insidioso, subterrâneo, subaquático

lateralidade ***Subst.*** lado, parte, flanco, vazio, costa, ilhal, ilharga, costado, bombordo, estibordo, perfil, fonte, têmpora, costela, lombo, rim, ísquio, quadril, anca, cadeiras, hipocôndrio, oitão, empena, banda, borda, sul, norte, oeste, direita, esquerda *V.* ladear, flanquear, escoltar, costear, perlongar, margear, contornar, prolongar *Adj.* lateral, marginal, colateral, parietal, costeiro, paralelo, trilateral, ocidental, norte, sul

legalidade *Subst.* legitimidade, constitucionalidade, constitucionalismo, legislatura, código, constituição, carta, instituições, decreto, decreto-lei, cânon, preceito, postura, ordenança, regulamento, regimento, ordenação, processo, autos, justificação, habilitação, formalidade, rito, fórmula, promulgação, legalização, hermenêutica, legislação, regulamentação, direito civil, direito canônico, direito eclesiástico, presidente, Congresso, Senado, legislador, desembargador, juiz, contrato, acordo, regulamento, petição, requerimento *V.* legislar, fazer leis, decretar, baixar, promulgar, codificar, regulamentar, regularizar, validar, autenticar, referendar, rubricar, promulgar, sancionar, selar, formular, legitimar, vigorar, viger, reger, desembargar, legalizar *Adj.* legal, legítimo, lídimo, devido, jurídico, válido, justo, lícito, permitido, permissível, constitucional, regulamentar, legislativo, legislatório, habilitado, autenticado, legalizado, legitimado, competente, vigente, cível *Adv.* *de jure*, em direito

letra *Subst.* caráter, caractere, tipo, maiúscula, capitular, minúscula, versal, versalete, miçanga, itálico, grifo, bastardo, cursivo, abecedário, alfabeto, consoante, vogal, fonema, tônica, ditongo, tritongo, muda, labial, dental, nasal, gutural, sigma, caligrafia, cifra, monograma, anagrama, sigla, acróstico, fonética, ortografia, soletração *V.* soletrar, silabar, acentuar, alfabetar *Adj.* literal, alfabético, abecedário, ortográfico, surdo, gótico, versal, garrafal

leveza *Subst.* ligeireza, imponderabilidade, sutileza, flutuação, levitação, volatilidade, pena, pluma, pó, átomo, corpúsculo, felpa, palha, cortiça, quinta-essência, bolha, flutuador, éter, ar, espuma *V.* flutuar, levitar, pairar, voar, esvoaçar, sobrenadar, aflorar, boiar, vogar, alijar, descarregar, desonerar, suavizar, minorar *Adj.* leve, ligeiro, sutil, fino, esponjoso, aéreo, esvoaçante, breve, etéreo, volátil, manejável, maneiro, portátil, carregável, manual *Adv.* de leve, em suspensão

liberalidade *Subst.* bizarria, galhardia, generosidade, longanimidade, brio, grandeza, magnificência, munificência, prodigalidade, magnanimidade, franqueza, bondade, gentileza, hospitalidade, cavalheirismo, largueza, profusão, rasgo *V.* alargar, abrir, outorgar, favorecer, prodigalizar, liberalizar, despender, presentear, mimosear, obsequiar *Adj.* liberal, franco, generoso, pródigo, bizarro, galhardo, cavalheiro, dadivoso, brioso, obsequiador, munificente, magnânimo, magnífico, gentil, principesco, régio, nababesco

liberdade *Subst.* independência, livre-arbítrio, franquia, democracia, largueza, ensancha, larga, amplidão, soltura, intangibilidade, incondicionalidade, regalia, privilégio, imunidade, prerrogativa, isenção, democracia, abertura, liberalismo, desimpedimento, cidadão, liberto *V.* livrar, libertar, ser livre *Adj.* livre, independente, autônomo, solto, soluto, desembaraçado, desimpedido, incontido, incoercível, invicto, ilimitado, liberto, irrestrito, irreprimível, lato, incoercível, indisciplinável, indisciplinado, irrefreável, incondicional, absoluto, soberano, autônomo, democrático, facultativo, arbitrário, espontâneo, isento, liberto, grátis, gratuito *Adv.* livremente, à larga, à solta, grátis

libertação *Subst.* livramento, soltura, *sursis*, alforria, abolição, abolicionismo, liberação, abertura, redenção, resgate, remissão, rendição, absolvição, desoneração, desopressão, *habeas corpus*, abolicionista, libertador, redentor, resgatador ***V.*** libertar, desoprimir, livrar, absolver, dar, desatar, desacorrentar, quebrar, redimir, remir, resgatar, alforriar, forrar, aforrar, desencarcerar, desengaiolar, desafogar, desoprimir, desentalar, desatrelar, desaferrolhar, desencadear, desencabrestar, desimpedir, desprender, largar, soltar, desentaipar, desembaraçar, fugir, escapulir, liberalizar, flexibilizar, desobrigar, desvincular ***Adj.*** forro, liberto, libertador, redentor, salvador, resgatador, livre, solto

libertino ***Subst.*** pornógrafo, debochado, sedutor, sátiro, pecador, luxurioso, libidinoso, devasso, impudico, sultão, maricas, (bras.) bilontra, garanhão, pachola, meliante, conquistador, rufião, adúltero, Barba-Azul, amante, macho, fadista, (burl.) predestinado, (pop.) cabrão, cortesã, prostituta, cabra, fêmea, meretriz, biscate, rameira, quenga, bruaca, catraia, infeliz, coldre, bacalhau, marafona, pega, cabriola, couro, (gír.) marmita, cadela, canhão, mulher-dama, (bras.) mariposa, amante, concubina, meretrício, alcoviteiro, proxeneta, alcoveto, alcoviteira, madame, masoquista, sadomasoquista, pederasta, (pop.) fanchono, sodomita ***Adj.*** alcoviteiro

limite ***Subst.*** linde, marca, linha, divisa, confins, termo, fronteira, raia, arraia, extremidade, terminação, barra, barreira, meta, risca, remate, término, órbita, baliza, marco, padrão, malhão, principal, terminal, condutor, testemunha, talvegue ***V.*** demarcar, balizar, delimitar, divisar ***Adj.*** limitado, limítrofe, definido, terminal, fronteiro, fronteiriço, arraiano

limpeza ***Subst.*** limpamento, higiene, assepsia, pureza, asseio, alinho, mundície, mundícia, purificação, purgação, expurgação, lustração, lavatório, refinação, refinamento, refinaria, lavadura, lavagem, ablução, limpadura, limpadela, desinfecção, sublimação, esgoto, banho, varredura, faxina, peneiração, lavatório, lavanderia, banheiro, vasculho, ciranda, ancinho, raspadeira, pá, peneira, crivo, filtro, loção, detergente, catártico, purgante, purgativo, purga, desinfetante, purificador, barrela, lixívia, penteadura, lavadeira, varredor, limpador, engraxate, lenço, avental, vassoura, espanador, escova, esponja, pente, esgaravatador ***V.*** ser limpo, estar limpo, limpar, assear, higienizar, enxaguar, lavar, ensaboar, escovar, raspar, esfregar, purgar, expurgar, purificar, sublimar, clarear, clarificar, depurar, despoluir, apurar, defecar, lustrar, desinfeccionar, fumigar, defumar, ventilar, arejar, caiar, vasculhar, varrer, vassourar, peneirar, joeirar, palitar, capinar, pentear, arear, desempoar, descascar, desencardir, branquear, desenlamear, esgaravatar, espanar, destilar, desengordurar ***Adj.*** limpo, asseado, ensaboado, mundo, neto, nítido, puro, imaculado, detergente

linguagem ***Subst.*** locução, fala, expressão, palavra, frase, fraseologia, discurso, língua, idioma, língua vulgar, língua natural, língua original, vernáculo, calão, gíria, dialeto, Babel, hebraico, sânscrito, signo, semântica, semiótica, símbolo, semantema, léxico, lexicografia, locução, expressão, código, sigla, sinal, gesto, semáfora, metáfora, eufemismo, metonímia, catacrese, sinestesia, filologia, paleologia, paleografia, literatura, letras, humanidades, erudição, plebeísmo ***V.*** exprimir-se, falar a mesma língua ***Adj.*** lingual, linguístico, dialético, literário, idiomático, semântico, léxico

liquefação ***Subst.*** condensação, fluidificação, degelo, derretimento, derramamento, fusão, dissolução, diluição, umectação, hematose, solução, lixívia, barrela, infusão, fluxo, soro ***V.*** liquefazer, liquidificar, condensar, orvalhar, delir, solver, umectar, dissolver, degelar, desgelar, descongelar, dessorar ***Adj.*** liquefeito, solúvel, fusível

lisonja ***Subst.*** adulação, bajulação, incenso, prazenteiro, engrossamento, coquetismo, servilismo, baixeza, rebaixamento, candonga, lábia, mesura, zumbaia, turíbulo (gír.) puxa-saquismo, (gír.) puxa-saco ***V.*** adular, bajular, chaleirar, incensar, engrossar, cortejar, agradar, louvar, elogiar, amimar, granjear, exagerar, capitular, ceder ***Adj.*** bajulador, lisonjeiro, lisonjeador, capacho, melífluo, melífero, açucarado, untuoso, servil, cortesão, palaciano, áulico, turibulário, mesureiro

lista ***Subst.*** listagem, rol, ementa, agenda, relação, catálogo, pauta, elenco, nomenclatura, vocabulário, inventário, arrolamento, quadro, conta, verbete, cédula, enumeração, livro, compêndio, registro, tombo, cadastro, autos, processo, calendário, índice, tabela, tábua, razão, diário, borrador, sinopse, fatura, prospecto, programa, cardápio, censo, estatística, diretório, rolo, repertório, pecúlio, sumário, índice, glossário, vermelho ***V.*** listar, tabelar, arrolar, faturar, recensear, alistar ***Adj.*** cadastral

lisura ***Subst.*** polidura, polimento, brunidura, macieza, aplainamento, penugem, lanugem, carepa, pubescência, veludo, pelica, pelúcia, seda, cetim, asfalto, lousa, espelho, soalho, mesa, lâmina, tabuleiro, chamalote, lima, torno, lixa, lixadeira, esmeril, brunidor, fresa, rufo, calandra, plaina, formão, goiva, cepilho, pente, mandril, maceta ***V.*** alisar, aplanar, espalmar, limar, brunir, polir, lustrar, envernizar, plastificar, puir, lixar, calandrar, pentear, acetinar, nivelar, igualar, macadamizar, respaldar, desenrugar, desencrespar, engomar, desamarrotar, escanhoar, esmerilar, esmerilhar, tornear, acetinar, amaciar ***Adj.*** liso, terso, lustroso, plano, chão, raso, igual, uniforme, horizontal, luzidio, nédio, lustroso, sedoso, seríceo, acetinado, pubescente, cetinoso, nu, escalvado, calvo, glabro, escorregadio, lábil, resvaladiço, corrediço, vítreo, oleoso, setiforme

livro ***Subst.*** escrito, texto, alfarrábio, (depr.) livrório, calhamaço, cartapácio, libreto, (depr.) livresco, obra, volume, tomo, opúsculo, compêndio, tratado, brochura, caderno, impresso, folheto, panfleto, monografia, memória, memorial, poligrafia, prontuário, códice, código, publicação, incunábulo, parte, edição, número, fascículo, caderneta, álbum, pasta, periódico, órgão, magazine, revista, efemérides, anuário, hebdomadário, diário, semanário, papel, cartaz, folha, guarda, página, lauda, resma, mão, capítulo, título, subtítulo, seção, cabeçalho, artigo, parágrafo, cláusula, gazetilha, passagem, trecho, folhetim, sumário, apêndice, anexo, encarte, índice, glossário, fólio, quarto, oitavo, duodécimo, dicionário, léxico, compilação, livraria, sebo, livralhada, antologia, coleção, acervo, escritor, autor, publicista, intelectual, esteta, estilista, colorista, literato, prosador, (depr.) gazeteiro, pena, escrevinhador, produtor, pai, jornalista, panfletista, articulista, (depr.) cerzidor, rabiscador, organizador, compilador, borrador, gazeteiro, tratadista, compositor, enciclopedista, biógrafo, jurisconsulto, polígrafo, redator, colaborador, escrevinhador, correspondente, repórter, romancista, contista, prosador, noveleiro, novelista, fabulista, editor, copidesque, revisor, projeto gráfico, diagramador, *e-book*, impressor, dicionarista, lexicógrafo, editora, publicador, impressor, gráfica, encadernador, distribuidor, livreiro, alfarrabista, bibliotecário, biblioteconomo, bibliógrafo, bibliomaníaco, bibliófilo, bibliomania, bibliografia, biblioteconomia ***Adj.*** editorial, livresco

localização ***Subst.*** posicionamento, alojamento, aposentadoria, colocação, disposição, reposição, estabelecimento, plantação, instalação, acomodação, fixação, inserção, acolhimento, arrumação, empacotamento, embalagem, bússola, rosa dos ventos, GPS, mapa, carta, domicílio, estalagem, hospedagem, agasalho, abrigo, ancoradouro, amarração, arraial, bivaque, fazenda, colônia, possessão, acampamento, colonização, habitação, naturalização, boleto, bilhete, endereço, *e-mail*, *site* ***V.*** localizar, colocar, situar, locar, postar, assentar, arrumar, domiciliar, meter, acomodar, instalar, albergar, aposentar, dispor, depositar, estacionar, agasalhar, hospedar, alojar, aquartelar, aboletar, aninhar, enfurnar, hospitalizar, implantar, fixar, prender, chumbar, pousar, enxertar, arraigar, inocular, criar, fundar, acampar, domiciliar, ancorar, amarrar, atracar, fundear, deitar, empregar, carregar, habitar, colonizar, povoar, âncora, nidificar ***Adj.*** localizado, sito, situado, posto, empoleirado, adotivo

locomoção (locomoção por terra) ***Subst.*** transporte, viagem, ida, volta, jornada, tráfego, marcha, turnê, andada, andança, caminhada, estirão, estirada, excursão, expedição, travessia, passeio, passeata, perambulação, trajeto, percurso, giro, circuito, curso, migração, peregrinação, romaria, procissão, círio, carreira, vilegiatura, passo, passada, desfile, parada, equitação, manejo, turismo, sonambulismo, sonâmbulo, vagabundagem, vadiagem, saracoteio, nomadismo, pedestrianismo, emigração, migração, imigração, itinerário, guia, roteiro, derrota, comitiva, séquito, caravana, viajante, veículo ***V.*** viajar, correr mundo, excursionar, passear, caminhar, pisar, palmilhar, perlustrar, marchar, vencer, perambular, trilhar, trafegar, atravessar, cruzar, borboletear, circunvagar, vagabundear, vagar, vaguear, divagar, emigrar, imigrar, migrar, cavalgar, montar, trotar, desfilar ***Adj.*** viajado, viajante, ambulante, ambulatório, migrante, migratório, imigrante, emigrante, emigratório, imigratório, itinerário, pedestre, andante, erradio, errante, vagabundo, multívago, nômade, instável, inconstante, irrequieto, noturno, locomotor, locomóvel, caminheiro, andador, transeunte

loquacidade ***Subst.*** garrulice, tagarelice, trela, palra, palrice, fluência, volubilidade, leveza, leviandade, parlenda, falatório, falastrão, linguarudo, algaravia, lenga-lenga, aranzel, palanfrório, palavreado, palavrório, arenga, verbosidade, psitacismo, falador, tagarela, boquirroto, gárrulo, conversador, prosa, energúmeno, pega, papagaio, maitaca, maracanã, louro, periquito, (bras.) tuim, gralha, paroleiro, taramela, cega-rega, palreiro, charlador ***V.*** bacharelar, palrar, charlar, chalrear, papear, prosear, papaguear, tagarelar, farfalhar, parolar, chocalhar, cacarejar, dissertar, conversar, descomedir-se, falar à toa ***Adj.*** loquaz, palreiro, falador, falacioso, palavroso, verboso, tagarela, falastrão, boquirroto, indiscreto, leviano, conversador, paroleiro, gárrulo, linguarudo, alegre, expansivo, declamatório, fluente, retórico, volúvel, prolixo

louco ***Subst.*** lunático, demente, maníaco, maluco, (pop.) gira, doido, alienado, irresponsável, cascavel, tresloucado, cleptomaníaco, desequilibrado, desorientado, hipocondríaco, visionário, vidente, profeta, fanático, exaltado, extravagante, energúmeno, idiota, psicopata, psicótico, neurótico, bipolar, esquizofrênico, abilolado, adoidado, alienado, aloprado, aluado, alucinado, amalucado, baratinado, biruta, desvairado, doidivanas, enlouquecido, gira, insano, lelé, leso, lunático, pancada, pinel

loucura ***Subst.*** tarado, desorganizado, anormal, conturbado, prejudicado, insânia, insanidade, demência, transtorno, insensatez, insipiência, mania, obsessão, maluquice, maluqueira, desequilíbrio, vesânia, alucinação, furor, fúria, frenesi, variedade, vareio, delírio, desvario, desatino, veneta, vertigem, deslumbramento, atordoamento, insolação, neurose, psicopatia, psicose, esquizofrenia, bipolaridade, fanatismo, nervosismo, singularidade, excentricidade, demonomania, piromania, cleptomania, dipsomania, abulia, hipocondria, histeria, histerismo, nosomania, nosofobia, imbecilidade, derrama, raiva, hidrofobia, hidrófobo, raivoso ***V.*** enlouquecer, ser, endoidecer, ensandecer, transtornar, destemperar, descarrilar, variar, delirar, perturbar, amentar, desvairar, desatinar, alucinar, aturdir, estontear, desorientar, desnortear, entontecer, danar ***Adj.*** louco, demente, insipiente, doido, vesano, vesânico, lunático, visionário, maluco, adoidado, maníaco, alienado, aluado, mentecapto, alucinado, amalucado, varrido, rematado, adoidado, insensato, desarvorado, desarrazoado, endemoninhado, possesso, ab-reptício, exaltado, demoníaco, endiabrado, excêntrico, original, extravagante, delirante, frenético, furibundo, estonteado, irresponsável, tresloucado, destabocado, desatinado, tonto, desvairado, sandeu, tarado, desorientado, (fam.) larvado, macabro, rábido, raivoso, furioso, vertiginoso, apavorante, feroz, caprichoso, desesperado, fanático, singular, apatetado, hidrófobo

lubrificação (ausência de atrito) ***Subst.*** lubricidade, suavidade, macieza, untuosidade, unção, rolamento, lubrificante, vaselina, saliva, almotolia ***V.*** lubrificar, olear, azeitar, engraxar, lustrar, engordurar, ensebar, besuntar, iscar, ensaboar, encerar, amaciar, parafinar, desemperrar, desentorpecer ***Adj.*** lúbrico, escorregadio, (poét.) lábil, lustroso, luzidio, suave, macio, livre, desimpedido

lugar (diversas denominações) ***Subst.*** deserto, planície, propriedade, jardim, horta, esconderijo, prisão, cemitério

luz ***Subst.*** raio, clarão, relâmpago, claridade, resplandecência, lucidez, luzerna, lume, luzeiro, fulgor, esplendor, deslumbramento, luzimento, aurora, dia, luar, brilho, vivacidade, cintilação, radiação, irradiação, refulgência, rutilação, brilhantismo, nitidez, revérbero, lustre, fogo, faísca, centelha, fagulha, chispa, faiscar, luminosidade, incêndio, fogo-fátuo, luz natural, luz solar, águas, diamante, brilhante, ouropel, ouro, latão, sol, fotografia, heliografia, fotômetro, espectro, *laser*, halo, glória, auréola, nimbo, resplendor, reflexão, refração, reflexo, dispersão ***V.*** alumiar, brilhar, aclarar, alvorecer, arder, chamejar, chispar, clarear, clarejar, coriscar, dardejar, esfuzilar, estrelar, faiscar, flamejar, fulgir, fulgurar, fulminar, fuzilar, iluminar, irisar, irradiar, lampejar, luzir, pontear, preluzir, radiar, raiar, rebrilhar, refulgir, relampear, relampejar, relampaguear, reluzir, resplandecer, reverberar, rutilar, cintilar, transluzir, tremeluzir, deslumbrar, quebrar, lançar, cegar, ofuscar, pratear, abrilhantar, espelhar, refletir, aclarar, desanuviar ***Adj.*** brilhante, luminoso, chamejante, refulgente, fulgente, rútilo, rutilante, fúlgido, fulgente, ofuscante, encarnado, fosforescente, resplendoroso, dardejante, tremeluzente, cintilante, lúcido, vívido, nítido, preclaro, claro, radioso, deslumbrante, luzidio, vivo, argênteo, argentino, lustroso, fotogênico, fotográfico, heliográfico, claro

mM

má vontade ***Subst.*** desinclinação, revolta, aversão, repulsa, repulsão, rejeição, aborrecimento, implicância, antipatia, repugnância, enfado, gana, renitência, relutância, constrangimento, indiferença, lentidão, morosidade, escrúpulo, remorso, indecisão, receio, hesitação, tédio, idiossincrasia, aversão, recusa, desconfiança, suspicácia ***V.*** relutar, desgostar, deplorar, renunciar, rejeitar, repelir, evitar, dificultar, dissentir, discordar, refutar, regatear, recusar ***Adj.*** indisposto, avesso, contrário, desfavorável, relutante, refratário, remisso, ignavo, lento, moroso, frouxo, tíbio, esquivo, escrupuloso, repugnante, obstinado, hesitante, infenso, suspicaz, inimigo, indócil, desobediente, involuntário, contrariado

macho ***Subst.*** machão, homem, varão, cavalheiro, cidadão, cavaleiro, menino, rapaz, gato, moço, adulto, velho, idoso, macróbio, patriarca, patriarcado, machismo, varonia, hombridade, masculinidade, ele, patrão, amo, namorado, noivo, marido, senhor, indivíduo, sujeito, tipo, barba, galo, pato, ganso, cão, porco, marrão, veado, pastor, burro, cavalo, garanhão, touro, gato, bode, carneiro, cachaço, frango, perdigão, reprodutor, pardal ***V.*** masculinizar ***Adj.*** macho, másculo, masculino, varão, barbado, barbudo, reprodutor, melindroso, mulherengo

mal ***Subst.*** dano, estropício, avaria, estrago, malefício, malogro, revés, prejuízo, desvantagem, enfermidade, gangrena, detrimento, desproveito, golpe, arranhadura, contusão, ferida, flechada, cutilada, golpe, cancro, câncer, chaga, peste, úlcera, lepra, doença, peste, cizânia, desserviço, perdição, descalabro, perda, lazeira, miséria, desgraça, ruína, estrago, desastre, acidente, casualidade, pontapé, sinistro, desastre, fel, sacrilégio, infortúnio, calamidade, cratera, praga, flagelo, suplício, tortura, cataclismo, catástrofe, fogueira, derrocada, drama, tragédia, desventura, adversidade, joio, inconveniente, gravame, percalço, transtorno, contrariedade, tormento, veneno, infelicidade, padecimento, ultraje, afronta, injúria, azar, tormento ***Adj.*** mau, desastroso, ruim, lesivo, maléfico, maligno, danoso, pernicioso, ruinoso, trágico, catastrófico, infeliz, desastroso, adverso, infernal, calamitoso ***Adv.*** mal

maldição ***Subst.*** praga, jura, imprecação, execração, anátema, proscrição, excomungação, excomunhão, cominação, ameaça ***V.*** amaldiçoar, maldizer, anatematizar, esconjurar, imprecar, abominar, detestar, renegar, arrenegar, excomungar, ameaçar ***Adj.*** amaldiçoado, anátema, excomungado, maldito, marrano, desgraçado, infeliz, desinfeliz, desgramado

malevolência ***Subst.*** malefício, maldade, breca, inimizade, ódio, malquerença, malícia, inumanidade, desumanidade, desamor, crueldade, impiedade, mordacidade, causticidade, fel, veneno, rancor, inveja, ressentimento, ulceração, intriga, enredo, mexerico, intolerância, mesquinharia, intransigência, obcecação, inconsciência, fereza, rigor, atrocidade, ferocidade, brutalidade, barbárie, truculência, vandalismo, canibalismo, vampirismo, selvajaria, banditismo, desatino, sevícias, vivissecção, afronta, ultraje, vilipêndio, impropério, vexame, abatimento, humilhação, mal, acinte, agressão, ataque, gravação, ofensa, picardia, sainete, picuinha, pirraça, excesso, descomedimento, calúnia, intriga, urdidura, zum-zum, aniquilamento, corrupção, escravidão, estupro, pedofilia, covardia, bandido, malfeitor, carrasco, algoz, assassino, homicida, traficante, terrorista ***V.*** mexericar, afrontar, torturar, encalacrar, ultrajar, molestar, picar, vexar, apedrejar, lapidar, derrear, atormentar, maltratar, desancar, perturbar, lesar, apertar, acossar, causticar, seviciar, martirizar, sacrificar, infernar, estuprar, violentar, violar, currar, amesquinhar, achincalhar, atormentar, desolar, devastar, destruir, precipitar, torturar, flagelar, arrombar, pisar, humilhar, escandalizar, menoscabar, gravar, guerrear, escorraçar, encravar, comprometer, espezinhar, cuspir, cuspinhar, caluniar, enlamear, desamparar ***Adj.*** malévolo, mau, cruel, malevolente, maldoso, maligno, malvado, mal-intencionado, iníquo, viperino, venenoso, réprobo, calamitoso, pícaro, desalmado, atroz, mal-encarado, renegado, desnaturado, endiabrado, endemoninhado, demoníaco, malicioso, perigoso, ruim, despeitado, ferino, canibalesco, desumano, inumano, acerbo, imane, feroz, virulento, truculento, tendencioso, maléfico, malfazejo, impiedoso, danoso, prejudicial, duro, ríspido, intolerante, pernicioso, nocivo, ruim, insensível, perseguidor, opressor, tirânico, ímpio, carniceiro, inexorável, ingrato, marmóreo, celerado, facínora, odiento, bruto, selvagem, tirano, draconiano, brutal, bárbaro, bravo, fero, incendiário, sanguinário, sanguinolento, daninho, diabólico, satânico, mefistofélico, infernal, vandálico, destruidor, roaz, infame, odioso, injustificável

malfeitor (ente malfazejo) ***Subst.*** opressor, indesejável, tirano, ditador, terrorista, incendiário, traficante, mafioso, psicopata, pedófilo, anarquista, destruidor, vândalo, iconoclasta, selvagem, antropófago, bruto, rufião, cáften, bárbaro, celerado, facínora, mata-mouros, desordeiro, jagunço, brigão, ladrão, basilisco, osga, escorpião, lacrau, vespa, marimbondo, tarântula, víbora, bicha, hidra, cobra, serpente, jararacuçu, cascavel, (bras.) urutu, jararaca, surucucu, naja, anaconda, broca, boa, caruncho, carcoma, cupim, onça, jaguar, milhafre, harpia, jacaré, aligátor, crocodilo, sucuri, barbeiro, veneno, monstruosidade, canibal, antropófago, vampiro, estria, monstro, abutre, falcão, gavião, fera, tigre, chacal, pantera, carrasco, verdugo, assassino, algoz, perseguidor, cão, bruxa

mancha ***Subst.*** mácula, tacha, falha, ponto, deformação, deformidade, senão, eiva, jaça, gilvaz, cicatriz, tisne, malha, pano, nódoa, laivo, labéu, pecha, estigma, sinal, borrão, borbulha, empola, excrescência, bexiga ***V.*** manchar, macular, enodoar, desfigurar, enfear, sarapintar, borrar, empanar, enodoar, eivar, salpicar, polvilhar, assinalar, marcar, estigmatizar, cicatrizar, tisnar, comprometer, emporcalhar, sujar, aviltar, denegrir, conspurcar ***Adj.*** assinalado, picado, sardento, sardo, sarapintado, maculado, empanado, imperfeito, danificado, malhado, bexiguento

manhã ***Subst.*** madrugada, alvorada, matinada, alvor, albor, alva, claro-escuro, arrebol, manhã radiante, manhã radiosa, manhã luminosa, doce, mimosa, meio-dia, meridiano, zênite ***V.*** alvorecer, amanhecer, rasgar, raiar, despontar, aparecer, surgir, brilhar, clarear ***Adj.*** matinal, matutino, antemeridiano

manifestação ***Subst.*** franqueza, sinceridade, transparência, evidência, comunicabilidade, comunicação, amostra, expressão, atestado, exposição, demonstração, exibição, produção, apresentação, ostentação, aparato, abertura, surto, sinal, publicidade, revelação, veracidade, candura, expansão, efusão, desabafo ***V.*** manifestar, produzir, apresentar, aduzir, trazer, aclarar, evidenciar, expor, revelar, abrir, proclamar, focalizar, testemunhar, trair, deixar transparecer, provar, atestar, patentear, ressaltar, ostentar, exibir, desembuchar, falar, mostrar, desnudar, desenrolar, descerrar, antolhar-se, resplandecer, irromper, assomar, parecer, transparecer, aflorar, revelar ***Adj.*** manifesto, exposto, aparente, evidente, patente, presente, óbvio, público, natural, saliente, impressionante, demonstrativo, proeminente, notável, onipresente, flagrante, insigne, rematado, chapado, consumado, completo, requintado, redondo, pronunciado, acentuado, descarado, definido, distinto, claro, luminoso, conspícuo, vidente, inquestionável, intuitivo, limpo, preciso, cabal, formal, iniludível, indisfarçável, palpável, nítido, tangível, compreensível, ostensivo, convicto, confesso, ostentoso, expresso, explícito, nu, descoberto, literal, exotérico, desvelado, franco, singelo ***Adv.*** manifestamente, redondamente, sem disfarde, sem rodeios, à mostra, às claras

maria (espíritos benéficos) ***Subst.*** Mãe, Madona, santo, mártir, confessor, intercessor, bem-aventurado, predestinado, padroeiro, anjo, arcanjo, serafim, querubim ***Adj.*** mariano, angélico, venerável, seráfico, imaculado, santo, bem-aventurado, beato, milagroso, milagreiro, miraculoso, taumaturgo

matéria ***Subst.*** materialidade, materialização, materialismo, substancialidade, carne, impermeabilidade, tangibilidade, visibilidade, corpo, substância, matéria-prima, massa, molécula, átomo, próton, partícula, bóson, méson, *quark*, elétron, píon, múon, material, essência, cíclotron, quintessência, elemento, princípios, parênquima, hilogenia, organização, compleição, química, materialismo, darwinismo, transformismo, materialista, físico, transformista, objeto, artigo, coisa, algo, fazenda, cabedal ***V.*** materializar, concretizar, objetivar, corporificar, encarnar, humanizar ***Adj.*** material, concreto, corpóreo, corporal, físico, somático, visível, extensível, ponderável, sensível, palpável, tangível, pesado, tátil, substancial, objetivo, assexual, assexuado, materialista, mundano

material ***Subst.*** cabedal, matéria-prima, matéria, massa, adobe, cimento, metal, pedra, borracha, plástico, argila, barro, louça, concreto, cal, areia, madeira, alvenaria, minério, mineral, sola, argamassa, víveres, munição, combustível, muda, reforço, meios ***Adj.*** cru, mineral, vegetal, plástico, orgânico, inorgânico

mau gosto (ausência de gosto) ***Subst.*** vulgaridade, grosseria, trivialidade, deselegância, banalidade, barbarismo, vandalismo, desaire, desalinho, desprimor, rusticidade, brutalidade, obscenidade, calão, chocarrice, garotada, garotice, selvajaria, rococó, ouropel, talco, pechisbeque, postura, cafonice, caretice, breguice, bugiganga, (pleb.) palhaço, vândalo, remendão, cocheiro, carroceiro, besuntão, trapalhão, pelintra, espantalho, bandalho, brutamontes, faiança ***V.*** garrir-se, espalhafatar ***Adj.*** vulgar, grosso, soez, trivial, banal, ordinário, grosseiro, mocorongo, tosco, informe, indecoroso, indecente, obsceno, deselegante, inconveniente, extravagante, irregular, exagerado, careta, cafona, brega, insulso, desenxabido, negligente, sujo, mal-ajambrado, descortês, incivil, malcriado, indelicado, insolente, labrego, rústico, galego, silvestre, desalinhado, hirsuto, arrepiado, desgrenhado, despenteado, indomado, indômito, indomável, pesado, rude, inculto, chocante, desajeitado, bronco, agreste, rebarbativo, bárbaro, tosco, gótico, vandálico, burguês, provinciano, amatutado, selvagem, selvático, charro, chulo, ultrapassado, crasso, malfeito, pesado, desengraçado, reles, pífio, chué, safado, exagerado, antigo, monstruoso, chocante

mau uso ***Subst.*** desserviço, desacerto, abuso, exploração, deturpação, demasia, desatino, profanação, sacrilégio, prostituição, judiaria, escândalo, desperdício, tabagismo, tirania ***V.*** desservir, desacertar, explorar, profanar, prostituir, poluir, violar, corromper, malsinar, comprometer, arruinar, sobrecarregar, desperdiçar, estropiar, perverter, prevaricar, deturpar, desfigurar, transtornar, adulterar, sofisticar, desnaturar, envenenar, rebaixar, deprimir, aviltar, desprestigiar, lanhar, truncar, ofuscar, descomedir-se, exorbitar ***Adj.*** abusivo, remissivo, escandaloso

máxima ***Subst.*** aforismo, ditado, dito, sentença, conceito, axioma, anexim, refrão, adágio, provérbio, brocardo, lema, proposição, argumento, filactério, teorema, conclusão, preceito, princípios, fórmula, ***Adj.*** aforístico, proverbial, sentencioso

meação (meio do caminho) ***Subst.*** metade, mediana, mediocridade, atalho, neutralidade, compromisso, ecletismo ***V.*** mear, transigir ***Adj.*** direto, meão, meio, médio, mediano, intermediário, medíocre, sofrível

média ***Subst.*** médio, intermédio, mediana, mediocridade, justo, generalidade, compromisso, neutralidade, ecletismo, sincretismo, indecisão ***V.*** mear ***Adj.*** médio, intermédio, intermediário, meão, mediano, moderado, medíocre, neutro, imparcial, arrazoado

mediação ***Subst.*** intervenção, intermediação, influência, interposição, interferência, conferência, negociação, trégua, plataforma, diplomacia, mediador, negociador, interveniente, interventor, canal, conciliador, apaziguador, pacificador, Íris, Caxias, intercessor, parlamentar, intermediário, intermédio, diplomata, moderador ***V.*** mediar, intermediar, interceder, ser mediador, parlamentar, interferir, intervir, negociar ***Adj.*** mediador, interveniente

medida ***Subst.*** medição, comparação, avaliação, louvação, apreciação, estimativa, cálculo, orçamento, cômputo, numeração, estatística, censo, recenseamento, demografia, cadastro, quilometragem, cubagem, pesagem, aferição, metrologia, escala, jarda, bitola, padrão, calibrador, arquétipo, craveira, régua, cadeia, decâmetro, metro, vara, compasso, bússola, padrão, unidade, decímetro, (bras.) alqueire, litro, índice, hectare, saca, escala, graduação, nônio, paquímetro, calibre, anemômetro, dinamômetro, termômetro, barômetro, pirômetro, ordenada, latitude, longitude, ascensão, declinação, altura, altitude, geometria, astrometria, geodesia, astrolábio, agrimensor, topógrafo, engenheiro, medidor *V.* medir, mensurar, avaliar, balizar, contar, cotar, dimensionar, rasar, calcular, lotar, quilometrar, coletar, taxar, apreciar, estimar, pesar, aquilatar, arquear, cubar, sondar, maquiar, calibrar, graduar, aferir, recensear, cadastrar *Adj.* métrico, mensurável, comensurável, estimativo, apreciável, medível, topográfico, cadastral *Adv.* a granel, a olho, a esmo

mediocridade *Subst.* banalidade, equilíbrio, moderação *V.* ir mais ou menos

medo *Subst.* pânico, pavor, terror, temor, receio, covardia, desprimor, apreensão, cagaço, timidez, desconfiança, ansiedade, pusilanimidade, fobia, pirofobia, claustrofobia, nosofobia, agorafobia, nictofobia, suspeita, escrúpulo, mal-estar, nervosismo, nervoso, intranquilidade, desassossego, tremor, estremeção, palpitação, maleita, calafrio, sobressalto, alvoroço, inquietação, desmaio, espanto, espavento, consternação, susto, horror, intimidação, terrorismo, aparição, assombração, sombra, espectro, espantalho, paspalho, alma, espírito, pesadelo, monstro, (bras.) caipora, bruxa, saci-pererê, papão, (bras.) tutu, zumbi, coca, lobisomem, ogro, vampiro *V.* temer, recear, respeitar, gelar, tremelicar, desmaiar, empalidecer, trepidar, desfalecer, alvoroçar, sobressaltar, assustar, aterrar, aterrorizar, consternar, atemorizar, terrificar, estarrecer, apavorar, amedrontar, assombrar, espavorir, petrificar, arrepiar, horrorizar, horripilar, ameaçar, tirar, abater, desanimar *Adj.* tímido, fraco, imbele, medroso, pávido, temeroso, timorato, pusilânime, covarde, meticuloso, solícito, receoso, nervoso, suspeitoso, prevenido, acanhado, convulso, trêmulo, espantadiço, apreensivo, inquieto, desconfiado, intranquilo, ressabiado, assustado, assustadiço, transido, perdido, horrorizado, apavorado, aterrorizado, imóvel, sobressaltado, espavorido, alarmante, assustador, inquietador, intranquilizador, formidável, tremendo, horrendo, torvo, sinistro, macabro, hediondo, lúgubre, lôbrego, arrepiante, temível, temerário, perigoso, terrível, larval, soturno, inominável, inqualificável, indescritível, horripilante, horroroso, pavoroso, dantesco, medonho, tétrico, mortífero, negro, patibular, tenebroso, apavorante, subversivo, suspeito, terrificante, ameaçador

meia-luz *Subst.* obscuridade, névoa, vislumbre, penumbra, desmaio, escuridão, luz bruxuleante, nebulosidade, sombra, alva, lusco-fusco, claro-escuro, anoitecer, luar, fosforescência, clarão, antolhos, pantalha, quebra-luz, abajur, sombra, veneziana, empanada, estore *V.* desfalecer, bruxulear, vislumbrar, oscilar, tremular, tremer, tremeluzir, entreluzir, desbotar, amortecer, desmaiar, empalidecer, descorar, agonizar, esmorecer, escurecer, obscurecer, empanar, obumbrar, embaçar, marear, envidraçar, vidrar, pestanejar *Adj.* triste, sombrio, incerto, duvidoso, baço, opaco, (reg.) búzio, vítreo, vidrado, morno, brusco, frouxo, tênue, débil, descorado, pálido, fraco, agonizante, trêmulo, tremulante, mortiço, semimorto, tristonho, confuso, fosco, incolor, escuro, carregado, sombreado, nublado, enevoado, soturno, plúmbeo, obnubilado, crepuscular, carregado, claro-escuro, enluarado

meio *Subst.* mediana, metade, centro, medula, sertão, eixo, plenitude, coração, âmago, recôndito, cerne, alma, nave, umbigo, miolo, seio, núcleo, equador, diafragma, bissetriz, mediatriz, mediana *V.* equidistar, mediar *Adj.* médio, mediano, equidistante, medieval, meão, meeiro, interposto, central, mediterrâneo, intermédio, mesopotâmico

meio líquido ***Subst.*** espessura, viscosidade, mucosidade, densidade, condensação, mucilagem, muco, cera, cerume, gelatina, fleuma, gosma, pigarro, gogo, pituíta, melaço, lava, albumina, clara, grude, creme, almíscar, cola, nata, visgo, visco, emulsão, xarope, látex, sinóvia, sopa, creme, caldo, barro, lama, lodo, lima, vasa, umidade, pântano, magma, sêmen, leite, colostro ***V.*** condensar, encorpar, desnatar, emassar, empastar ***Adj.*** leitoso, lácteo, lactífero, lamacento, barrento, coalhado, cremoso, espesso, crasso, suculento, pegajoso, viscoso, glutinoso, coloidal, pegadiço, gelatinoso, albuminoso, pastoso, visguento, limoso, pituitário, mucoso, lento, resinoso, gosmento

meios ***Subst.*** recursos, trâmites, refúgio, porta, remédio, panaceia, metralha, posses, bens, maneira, expediente, saída, arbítrio, armas, cadinho, crisol, processo, artifício, haveres, provisão, auxílio, ganha-pão, tangente, segredo, tentáculo ***V.*** ter meios, dispor de meios ***Adj.*** instrumental, mecânico

melhoramento ***Subst.*** melhora, melhoria, bonificação, beneficiação, benefício, ascensão, desenvolvimento, incremento, evolução, adiantamento, progresso, aumento, valorização, subida, acesso, promoção, elevação, enriquecimento, cultura, civilização, reforma, transformação, rejuvenescimento, reorganização, revisão, emenda, correção, limagem, aperfeiçoamento, aprimoramento, *upgrade*, erguimento, requinte, ápice, refinamento, sofisticação, evolução, apuro, elaboração, purificação, conserto, remendo, convalescença, regeneração, elevação, assunção ***V.*** melhorar, bonificar, beneficiar, avantajar, incrementar, medrar, crescer, endireitar, aquilatar, consertar, encabeçar, regularizar, normalizar, remediar, expurgar, subir, aumentar, frutificar, embelezar, maturar, retemperar, apurar, apanhar, colher, soerguer, aperfeiçoar, aprimorar, valorizar, vivificar, privilegiar, desafogar, conquistar, prosperar, educar, conscientizar, engordar, fortalecer, remir, redimir, erguer, limar, polir, esmerilar, lapidar, retocar, nobilitar, regenerar, enobrecer, enriquecer, realçar, joeirar, limpar, salubrificar, sanear, cardar, lustrar, brunir, retificar, remendar, consertar, escoimar, emendar, reparar, curar, moralizar, morigerar, purificar, civilizar, policiar, sanar, remediar, atalhar, reformar, remodelar, reorganizar, regularizar, refazer, remontar, afiar, desenferrujar, disciplinar, escovar, recrutar, cicatrizar, colher, rejuvenescer, remoçar, renovar, reflorescer, curar, paliar, atenuar, mitigar, promover ***Adj.*** progressivo, melhor, incrementado, maduro, aprimorado, reformatório, corretivo, correto, reparador

melodia ***Subst.*** harmonia, ritmo, andamento, sonância, orquestra, suavidade, concordância, concerto, consonância, sinfonia, compasso, medida, doçura, sonoridade, timbre, metal, acento, toada, entoação, entoamento, tonalidade, tom, semitom, conjuntivo, homofonia, eufonia, assonância, escala, gama, diapasão, escala diatônica, escala cromática, chave, corda, batuta, tônica, mediante, subdominante, dominante, som, intervalo, acorde, arpejo, trinado, número, temperamento, síncope, preparação, suspensão, pentagrama, pauta, espaço, intervalo, tempo, segundo, pausa, notação, sustenido, bemol, bequadro, figura, breve, semibreve, mínima, semínima, colcheia, semicolcheia, fusa, semifusa, piano, forte, adágio, andante, presto, concórdia, harmonia, uníssono, unissonância, contraponto, metrônomo, música, melomania, compositor, virtuose, maestro, regente, concertista, solista, instrumentista *V.* arrebatar, comover, enlevar, harmonizar, afinar, entoar *Adj.* melódico, harmônico, cromático, diatônico, maior, menor, diminuto, conceituoso, harmonioso, uníssono, sinfônico, homófono, isófono, musicado, compassado, cadenciado, rítmico, binário, ternário, melodioso, modal, canoro, formoso, mavioso, angélico, musical, músico, afinado, temperado, acordado, doce, suave, meigo, terno, enternecedor, enamorado, sonoro, sonoroso, brando, melífluo, sonante, ameno, encantador, belo, mago, torneado, delicado, mimoso, argentino, cristalino, privilegiado, desgarrado

memória *Subst.* notícia, cachimônia, lembrança, monumento, recordação, retenção, tenacidade, prontidão, presteza, reminiscência, reflexo, reconhecimento, anamnese, renovação, rememoração, ressuscitação, retrospecto, recapitulação, sumário, alvitre, estimulação, aviso, advertência, lembrete, caderneta, lembrança, evocação, relíquia, verbete, memorando, registro, álbum, sinal, carteira, apontamento, nota, verba, cédula, ementa, técnica, mnemônica, arquivo, memória tenaz, memória feliz, memória firme, memória excelente, memória fiel *V.* conservar, reter, entesourar, armazenar, gravar, registrar, arquivar, estar na lembrança, viver na lembrança, ficar na lembrança, morar na lembrança, relembrar, rememorar, ocorrer, sugerir, oferecer, reconhecer, evocar, trazer à memória, remontar, amentar, recapitular, recordar, evocar, memorar, renovar, esfregar, sugerir, alvitrar, insinuar, lembrar, memorar, rememorar, renovar, sobrecarregar, decorar, mandar, consignar, aprender, saber, guardar, repetir, fixar, burilar, gravar, imprimir, estampar, engarrafar, encaixotar, memorizar, ressuscitar, comemorar, resgatar *Adj.* rememorativo, evocativo, contemplativo, memorial, memorando, sugestivo, recente, fresco, inesquecível, indestrutível, indelével, inolvidável, duradouro, eterno, memorável, inextirpável, mnemônico

mensageiro *Subst.* correio, portador, postilhão, enviado, diplomata, embaixador, emissário, legado, núncio, sarabatana, buzina, órgão, oráculo, arauto, proclamador, pregoeiro, apóstolo, trombeta, missionário, parlamentar, cursor, próprio, (bras.) positivo, estafeta, contínuo, Mercúrio, Íris, mala, correio, posta, telégrafo, telex, celular, telefone, aeroposta, pombo-correio, rádio, repórter, espião, explorador, (bras.) bombeiro, batedor, sinaleiro, informante, internet, *e-mail*, *chat*, *post*, *facebook*, *orkut*, fórum de discussão *Adj.* postal, telegráfico

mentira *Subst.* infidelidade, inexatidão, falsidade, inverdade, balela, arara, história, moca, (fam.) roleta, bula, pala, patranha, batata, pulha, léria, caraminhola, impostura, farsa, lorota, bafo, comédia, lona, abusão, embuste, calva, exagero, inverossimilhança, falsificação, fabricação, invenção, invencionice, perversão, imaginação, (bras.) pomada, patranha, ficção, fábula, fabulação, novela, romance, legenda, lenda, mito, boato, ironia, pretexto, subterfúgio, evasiva, escapatória, fuga, fugida, hipocrisia, disfarce *V.* mentir, alterar, fabular, inventar, adulterar, deturpar, desfigurar, fabricar, forjar, desencaixar, impingir, pespegar, passar, romancear *Adj.* patranheiro, mendaz, desacreditado, infiel, falso, inautêntico, imaginário, irreal, fingido, infundado, improcedente, mentiroso, enganador, inexato, fabuloso, legendário, mítico, fictício, sub-reptício, pretenso

mercado *Subst.* praça, feira, quermesse, bazar, entreposto, núcleo, empório, interposto, ribeira, alfândega, aduana, armazém, armarinho, loja, mostruário, mostrador, vitrina, papelaria, tabacaria, vidraçaria, mercearia, quiosque, taverna, quitanda, bodega, botequim, bar, tasca, (bras.) sebo, venda, internet, investimento, investidor, pregão *Adj.* comprador, oferecido, volátil, estável

mercador *Subst.* mercante, negociante, atacadista, varejista, ferrageiro, ferragista, comerciante, feirante, merceeiro, vendeiro, vendedor, revendedor, lojista, feitor, barateiro, negociador, intermediário, camelô, mascate, traficante, vendilhão, (depr.) negocista, especulador, bufarinheiro, atravessador, monopolizador, trapeiro, quitandeiro, ferro-velho, alfarrabista, almocreve, marchante, taverneiro, vivandeira, corretor, proxeneta, comissário, cambista, capitalista, rebatedor, empreiteiro *Adj.* proxenético

mercadoria *Subst.* mercancia, bens, cabedal, gêneros, partida, carga, estoque, fazenda, algo, (depr.) alcaide, (depr.) mono, canudo, ferro-velho, provisão, abastecimento, sortimento, partida

mergulho *Subst.* imersão, banho, afundamento, búzio, escafandro, submarino, mergulhão, picada, precipitação, pique *V.* mergulhar, imergir, submergir, afogar, adernar, afundar, apegar, soçobrar, naufragar, picar *Adj.* imerso, submarino, submerso, submersível, subaquático

mestre *Subst.* treinador, adestrador, domador, instrutor, tutor, diretor, mentor, ama-seca, aio, atabaque, governanta, professor, catedrático, titular, orientador, lente, normalista, docente, catedrático, universitário, preceptor, educador, autodidata, pregador, pastor, monitor, pedagogo, decano, universitário, humanista, ledor, leitor, expositor, guia, pioneiro, iniciador, apóstolo, formador, semeador, catequista, catequizador, propagador, propagandista, missionário, luminária, romeiro, preparador, ginasta, regente, maestro, preceptor *V.* ensinar, doutrinar, educar, preparar *Adj.* professoral, catedrático, magistral, discente

metáfora *Subst.* frase, tropo, amplificação, metonímia, sinédoque, silepse, zeugma, hipérbato, inversão, antífrase, ironia, catacrese, eufemismo, anáfora, anacoluto, personificação, anamnese, mimese, apólogo, alegoria, parábola, fábula, alusão, insinuação, interrogação, apóstrofe *V.* dar sentido analógico, dar sentido metafórico, simbolizar, figurar, apostrofar *Adj.* metafórico, elíptico, figurado, típico, translato, parabólico, alegórico, alusivo

misantropia *Subst.* separatismo, individualismo, egoísmo, regionalismo, xenofobia, jacobinismo, derrotismo, pessimismo, misantropo, egoísta, cínico, xenófobo, incendiário, extremista, anarquista, derrotista, anticlerical *Adj.* misantropo, impatriótico, antipatriótico, anticlerical, extremista, terrorista

mistura *Subst.* sortimento, mixórdia, babel, mescla, confusão, liga, amálgama, fusão, transfusão, matrimônio, salada, junção, combinação, promiscuidade, ajoujo, heterogeneidade, sincretismo, ecletismo, infusão, difusão, infiltração, interpolação, inserção, intercalação, adulteração, falsificação, imitação, tempero, adubo, ingrediente, impureza, elementos, liga, misto, amálgama, forragem, metralha, confusão, embrulhada, misturada, empada, salada, paio, salpicão, salame, mosaico, museu, caldeirão, maionese, cabidela, mulato, seleta, moreno, pardo, mestiço, caboclo, mameluco, cruzamento, mestiçagem, mestiçamento *V.* misturar, mesclar, mexer, amassar, sovar, bater, agitar, revolver, ajuntar, combinar, sortir, ligar, entremear, baralhar, embaralhar, amalgamar, consorciar, casar, impregnar, saturar, interpolar, entrelaçar, entretecer, tecer, englobar, salpicar, cerzir, remendar, entremear, associar, envolver, incorporar, enredar, instilar, embeber, fundir, infundir, infiltrar, tingir, colorir, dosar, adubar, aspergir, borrifar, aguar, cruzar, mestiçar, caldear, compor, adulterar, falsificar, confeccionar ***Adj.*** misturado, envolvido, indiscriminado, híbrido, heterogêneo, babélico, mosqueado, variegado, pampa, impuro, decomponível, miscível, misturável, promíscuo, confuso, sociável

moda ***Subst.*** uso, vezo, maneira, estilo, tom, escol, nata, corte, maneiras, ademanes, ar, porte, urbanidade, distinção, polidez, galhardia, garbo, aprumo, elegância, trinque, gentileza, apuro, fidalguia, aristocracia, decoro, decência, conveniência, etiqueta, protocolo, formalismo, formalidade, rigorismo, costume, voga, modista, figurino, rigorista, janota, almofadinha, garridice, coquetismo ***V.*** reinar, prevalecer, seguir, acompanhar, desfilar, luxar ***Adj.*** elegante, distinto, gentil, aprimorado, esmerado, airoso, repuxado, garrido, puxado, arreitado, janota, lampeiro, (bras.) candeia, gaiteiro, requintado, loução, galante, alinhado, enfeitado, cavalheiresco, cortês ***Adv.*** na última moda, nos trinques

moderação ***Subst.*** brandura, temperança, comedimento, modéstia, parcimônia, prudência, abrandamento, resfriamento, afrouxamento, sobriedade, austeridade, compostura, continência, placidez, quietação, quietude, mansidão, mansuetude, delicadeza, apaziguamento, sossego, calma, paz, remanso, suavidade, tranquilidade, inação, bonança, serenidade, limpidez, cafuné, tranquilização, alívio, lenitivo, frescor, refrigério, contemporização, pacificação, minoração, remissão, controle ***V.*** contemporizar, amainar, colher, acalmar, medir, aplacar, abrandar, sedar, mitigar, apaziguar, amortecer, quebrar, tranquilizar, acalentar, sossegar, serenar, suavizar, abater, aquietar, aplanar, relaxar, modificar, embotar, entorpecer, sofrear, refrear, restringir, conter, reprimir, sufocar, subjugar, vencer, debelar, jugular, submeter, castigar, corrigir, descair, afrouxar, abater, amaciar, enfraquecer, diminuir, refrear, paliar, acariciar, amenizar, amortecer, quietar, pacificar, atenuar, minorar, arrefecer, compassar, esfriar, resfriar, embalar, ninar ***Adj.*** lenitivo, comedido, austero, contido, brando, equilibrado, ponderado, prudente, sensato, sóbrio, gentil, fraco, suave, manso, tolerável, mimoso, sereno, bonançoso, temperado, razoável, plácido, sossegado, tranquilo, controlado, calmo, quieto, remansoso, parado, medido, compassado, pacífico, liso, doméstico, meigo, preguiçoso, imóvel, benigno, descansado, lento, imperturbável, impassível, inalterável, inabalável, emoliente, calmante, anódino, hipnótico, sedativo, paliativo, apaziguador ***Adv.*** pouco a pouco, devagarinho, pé ante pé, piano

modéstia ***Subst.*** simplicidade, moderação, comedimento, humildade, timidez, despojamento, frugalidade, acanhamento, atrapalhação, esquivança, vergonha, pejo, rubor, singeleza, bonomia, democracia, reserva, retraimento, gravidade, despretensão, recolhimento, desambição, desafetação, contenção, parcimônia ***V.*** corar, envergonhar-se, ser modesto, enrubescer-se, acanhar-se ***Adj.*** modesto, desconfiado, humilde, tímido, encolhido, comedido, contido, timorato, contrafeito, envergonhado, acanhado, recatado, ensimesmado, atado, esquivo, singelo, lhano, retraído, chão, simples, sóbrio, bucólico, pudico, grave, composto, arisco, despretensioso, bonacheirão, democrático *Adv.* sem alarde, com parcimônia

monólogo *Subst.* solilóquio, apóstrofe *V.* monologar *Adj.* monódico, monológico

morada (lugar de habitação) *Subst.* moradia, habitação, residência, assento, paradeiro, vivenda, mansão, casa, condomínio, apartamento, barraco, cafofo, estância, habitáculo, lar, endereço, domicílio, quartel, quartel-general, edifício, castelo, palácio, palacete, arranha-céu, paço, solar, alcácer, gineceu, harém, bordel, senzala, trono, arca, pátria, terra, berço, lareira, fogo, teto, imóvel, ninho, agasalho, retiro, subterrâneo, casamata, furna, abrigo, recinto, bivaque, campo, acampamento, arraial, dormida, pousada, barraca, tenda, sítio, chácara, quinta, granja, cabana, tugúrio, choupana, quilombo, mocambo, malha, palhoça, toca, palhota, cortiço, meia-água, rancho, pardieiro, mansarda, água-furtada, espelunca, coveiro, cafua, casebre, casinhola, pocilga, rés do chão, sótão, celeiro, chalé, bangalô, prédio, propriedade, rotunda, pavilhão, hotel, pátio, sobreloja, compartimento, cubículo, quarto, quartinho, telheiro, (bras.) copiar, alpendre, barracão, sobrado, hangar, sacada, balcão, varanda, povoação, povoado, lugarejo, localidade, arraial, aldeia, casario, vila, vilar, taba, cidade, capital, metrópole, corte, província, viela, alameda, avenida, álea, bulevar, arruamento, galeria, boqueirão, artéria, beco, travessa, ruela, rossio, praça, rotunda, bairro, judiaria, subúrbio, arredores, saguão, vestíbulo, cárcere, parque, clube, cassino, hospedaria, estalagem, hospedagem, albergue, albergaria, pousada, pouso, tasca, taverna, pensão, restaurante, hotel, cantina, bar, cervejaria, leiteria, logradouro, passeio, sacrário, santuário, Parnaso, Olimpo, céu, firmamento, lura, antro, covil, viveiro, cova, colmeia, canil, gatil, galinheiro, pombal, chiqueiro, coelheira, cavalariça, estrebaria, cocheira, coxia, estábulo, coutada, cortiço, redil, ovil, curral, presépio, ninhada, valhacouto, lousa, buraco *V.* morar, habitar, residir, viver *Adj.* urbano, metropolitano, suburbano, provincial, rural, citadino, rústico, doméstico, cosmopolita, palaciano, caseiro, familiar, residencial, habitacional

morte *Subst.* fim, falecimento, trespasse, traspasse, fenecimento, passamento, dissolução, desenlace, desfecho, desaparecimento, ocaso, crepúsculo, partida, óbito, repouso, perda, trânsito, cessação, sentença, último, foice, sombra, repouso, eternidade, eutanásia, necrologia, necrológio, obituário, encomendação, agonizante, comatoso, agonia, paroxismo, estertor, vasca, arquejo, arranco, moribundo *V.* morrer, expirar, perecer, sucumbir, falecer, fenecer, passar, desaparecer, arrancar, levar, espichar, jazer, agonizar, esmorecer, baquear, arrancar *Adj.* fúnebre, funéreo, mortal, mortífero, letal, morto, esmorecido, frio, inerte, falecido, extinto, finado, saudoso, inanimado, gélido, hirto, exânime, enregelado, mortal, moribundo, desfalecido, semivivo, semimorto, exânime, desenganado

motivo *Subst.* motivação, motor, razão, fundamento, base, princípio, móvel, alma, nervo, sangue, segredo, essência, intenção, ambição, vontade, impulso, convicção, convencimento, indução, consideração, atração, atrativo, ímã, magneto, magnetismo, visco, engodo, chamariz, tentação, sedução, provocação, instigação, sopro, açulamento, sugestão, força, aguilhoamento, encanto, amuleto, feitiço, carícia, afago, peita, suborno, corrupção, negaça, atrativos, pomo, aliciamento, cooptação, fascinação, fascínio, tantalização, suscetibilidade, brandura, meiguice, influência, preponderância, hegemonia, ascendência, supremacia, ação, influxo, excitação, estímulo, incentivo, ditame, injunção, instância, impulso, impulsão, incitação, solicitação, premência, excitação, inspiração, bafo, alento, persuasiva, persuasão, insinuação, encorajamento, animação, conselho, súplica, acicate, látego, espora, esporada, acúleo, aguilhão, (bras.) ferrão, estimulante, aperitivo, beliscão, gorjeta, isca, anzol, chama, sedutor, promotor, instigador, atiçador, inventor, provocador, causador, indutor, agitador, incendiário, acendedor, sereia, alma, cabeça, agente, protagonista, autor ***V.*** motivar, induzir, mover, levar a, excitar, inflamar, forçar, alentar, arrastar, abalançar, fascinar, atrair, captar, cooptar, aliciar, ganhar, suscitar, despertar, provocar, impulsionar, inspirar, sugestionar, sugerir, insistir, ditar, despertar, puxar, pungir, reacender, concitar, acoroçoar, acirrar, açular, insuflar, apressar, beliscar, reavivar, afoitar, animar, atiçar, incitar, picar, assomar, inocular, abrasar, aguilhoar, espicaçar, aguçar, estugar, provocar, fomentar, semear, encorajar, entusiasmar, instigar, açodar, influenciar, pesar, preponderar, agir, atuar, merecer, influir, predispor, capacitar, compenetrar, encasquetar, cevar, seduzir, atrelar, insinuar, magnetizar, persuadir, instilar, convencer, imbuir, inculcar, ungir, vencer, ganhar, conquistar, procurar, alistar, recrutar, angariar, cativar, fascinar, subjugar, dominar, morder, estimular, irritar, apimentar, colorir, peitar, corromper, impelir, propulsar, chicotear, esporear, filar, encarniçar, aconselhar, pedir, advogar, consentir ***Adj.*** motor, impulsor, impulsivo, instigador, indutivo, indutor, suasório, persuasivo, persuasório, insinuante, convidativo, sedutor, atrativo, provocativo, excitante, afrodisíaco, aperitivo, encantado, deslumbrado, inspirado, predisposto, inclinado, propenso ***Adv.*** em consequência ***Conj.*** portanto

movimento ***Subst.*** movimentação, mobilidade, moção, animação, agitação, desassossego, travessura, traquinice, tropelia, mudança, deslocamento, rolamento, deslizamento, vinda, subida, ascensão, descida, corrente, curso, carreira, vaivém, evolução, cinética, passo, marcha, jornada, andar, caminhada, passada, corrida, progressão, andadura, cadência, percurso, transição, trajeto, trajetória, transporte, frete, carreto, velocidade, aceleração, locomoção, viagem, trânsito, turismo, azáfama, lufa-lufa, hiperatividade, tareco, motor, motriz, ambulatório ***V.*** movimentar(-se), bulir, andar, transitar, passar, fugir, voar, esvoaçar, adejar, pairar, remar, escorregar, deslizar, resvalar, perpassar, vagar, correr, vagabundear, divagar, peregrinar, circunvagar, percorrer, medir, vencer, palmilhar, perlustrar, desfilar, impulsionar, dar, imprimir, acionar, impelir, propulsar, mobilizar ***Adj.*** móvel, movível, movediço, levadiço, volante, móbil, motriz, instável, hiperativo, dinâmico, impaciente, pressuroso, solícito, nervoso, irrequieto, mudável, mutável, mercurial, andante, multívago, noturno, errante, giratório, erradio, ágil, locomotor, locomóvel, buliçoso, trêfego, inquieto, desinquieto, traquinas, folgazão, desassossegado, insofrido, sôfrego, impaciente ***Adv.*** em marcha, a caminho

mudança ***Subst.*** alteração, muda, mutação, transformação, movimento, rodeio, metabolismo, insubsistência, variação, modificação, evolução, reforma, modo, inovação, metástase, metátese, desvio, diversão, transição, passagem, transformação, translação, transubstanciação, reviravolta, inversão, deslocamento ***V.*** mudar, alterar, variar, crescer, minguar, diversificar, modificar, virar, rodar, girar, desviar, destruir, remover, metamorfosear, permutar, inovar, transformar, transfigurar, transubstanciar, transmudar, bordejar, perturbar ***Adj.*** mutável, instável, volúvel, transubstancial, insubsistente, metabólico ***Adv.*** *mutatis mutandi*

multidão ***Subst.*** multiplicidade, infinidade, pluralidade, maioria, legião, hoste, tropa, turba, horda, romaria, dilúvio, oceano, pélago, vaga, preamar, quadrilha, bando, plêiade, chusma, frota, falange, exército, batalhão, esquadrão, regimento, brigada, centúria, divisão, mundo, ninhada, rebanho, enxame, viveiro, formigueiro, cardume, povo, miríade, milhares, milheiro, aperto, acotovelamento, floresta, mata, selva, cheia, enchente, avalanche ***V.*** formigar, enxamear, pulular, apinhar, grassar, abarrotar, encher ***Adj.*** profuso, multíplice, abundante, numeroso, inumerável, copioso, crescido, imenso, inúmero, excessivo, exuberante, denso, compacto, cerrado, basto, enorme, colossal, fervilhante, repleto, cheio, transbordante, populoso, excepcional ***Pron.*** muitos, diversos, vários

multiformidade ***Subst.*** multiplicidade, variedade, diversidade, pluralidade, polimorfismo ***Adj.*** multiforme, multifário, camaleão, biforme, múltiplo, multíplice, variado, variegado, vário, heterogêneo, mosqueado, mosaico, epiceno, comum de dois, promíscuo, indistinto, indiscriminado, diverso

música ***Subst.*** melômano, canto, salmo, ária, tono, cantiga, moda, modinha, cantoria, cântico, canção, madrigal, solfejo, ópera, opereta, cantata, oratório, cantochão, bravura, orfeão, coro, coral, solfejo, baixo, barítono, tenor, alto, contralto, soprano, tenor, recital, tom, toada, acorde, tocata, harmonia, arromba, cantilena, arrulho, rondó, pastoral, cavatina, rapsódia, trêmulo, trilo, trinado, fantasia, variação, noturno, séptuor, sinfonia, concerto, suíte, abertura, divertimento, prelúdio, mazurca, valsa, introdução, cadência, fuga, serenata, sonata, barcarola, composição, moteto, pancadaria, banda, filarmônica, sinfônica, orquestra, charanga, fanfarra, capricho, (depr.) pandorga, hino, poema, cançoneta, balada, minueto, solo, dueto, duo, quarteto, quinteto, sexteto, antífona, acompanhamento, partitura, compositor, arranjador, maestro, regente, libretista, músico, musicômano, musicomania, afoxé, metal, ambiente, baião, balada, balé, barroco, batucada, bolero, cantiga, capoeira, chorinho, choro, concerto, cueca, disco, electro, eletrônica, experimental, fado, fandango, flamenco, forró, frevo, fuga, funk, hora, música incidental, *jazz, rock*, lambada, lundu, madrigal, maracatu, maxixe, mazurca, merengue, minueto, milonga, música minimalista, modinha, noturno, ópera, opereta, oratório, pagode, polca, *pop*, prelúdio, *punk*, *rap*, rapsódia, *rave*, *reggae*, renascentista, roque, rumba, salsa, samba, samba-canção, serial, sinfonia, sonata, suíte, *swing*, tango, tarantela, *techno*, tocata, zarzuela ***V.*** compor, tocar, interpretar, improvisar, afinar, instrumentar, orquestrar, preludiar ***Adj.*** musical, instrumental, vocal, lírico, harmonioso, agudo, grave **Adv.** andante, presto, *scherzo*, crescendo, diminuendo

músico ***Subst.*** tocador, virtuose, solista, menestrel, organista, pianista, violinista, violoncelista, flautista, harpista, cravista, oboísta, guitarrista, gaiteiro, corneta, corneteiro, trombeta, trombeteiro, tambor, rabeca, repentista, vocalista, musicômano, coro, corista, cantor, solista, rouxinol, canário, sabiá, tordo, sereia, Apolo, execução, recital, concerto, virtuosidade, expressão ***V.*** tocar, ferir, executar, interpretar, improvisar, arpejar, tanger, desferir, dedilhar, tirar, tamborilar, embocar, trombetear, buzinar, adufar, rufar, chorar, cantar, entoar, trautear, boquejar, cantarolar, vocalizar, trinar, gorjear, arrolar, acalentar, solfejar, acompanhar, instrumentar, orquestrar, arranjar ***Adj.*** musical, gárrulo, canoro, cantante, virtuoso

mutabilidade ***Subst.*** inconstância, versatilidade, destempero, mobilidade, inconsistência, instabilidade, volubilidade, fragilidade, flutuação, infidelidade, vicissitude, oscilação, mutação, desinquietação, desassossego, excitação, agitação, efervescência, fervilhamento, transmissibilidade, mimetismo, lua, camaleão, mercúrio, grimpa, ventoinha, arlequim, transitoriedade, onda, circuito ***V.*** flutuar, variar, diversificar, ondear, ondular, tremular, tremer, aluir, vacilar, rodopiar, girar, vibrar, alternar, variegar, mudar, rodear ***Adj.*** vário, variável, desigual, mudável, mutável, mutante, irregular, volante, móvel, movível, ambulante, erradio, errante, inconsistente, inconstante, impersistente, lábil, arisco, esquivo, fugidio, fugaz, fugitivo, infiel, versátil, volúvel, volátil, incerto, flutuante, agitado, esdrúxulo, caprichoso, corrediço, movediço, espasmódico, vibrante, vibrátil, vibratório, vagabundo, climático, plástico, passageiro, mutatório, passível, redutível

nN

não acabamento ***Subst.*** incompletude, adiamento, negligência, esboço, reticência ***V.*** negligenciar, engrolar, interromper, descurar, paralisar, adiar, procrastinar ***Adj.*** inacabado, incompleto, inconcluso, capenga, esboçado, paralisado, choco, verdoengo, imaturo, indeciso

não organização ***Subst.*** geologia, petrologia, metalurgia, metalografia, litologia, siderurgia, mineralogista, litólogo ***V.*** erodir, metalizar, petrificar, cristalizar ***Adj.*** inorgânico, inanimado, bruto, geológico, metalúrgico, siderúrgico, mineralúrgico

não relação ***Subst.*** dissociação, desligamento, desvinculação, diversidade, multiplicidade, independência, insubordinação, desconformidade, heterogeneidade, impertinência, intrusão, quisto, parêntese ***V.*** independer, insular, isolar, desligar, desassociar, dissociar, desintegrar, desmembrar, desvincular, segregar, separar ***Adj.*** arbitrário, desconexo, descasado, desvinculado, desligado, forasteiro, insular, estranho, exótico, desambientado, profano, solto, distinto, avulso, descosido, heterogêneo, incoerente, desconforme, forçado, episódico, esporádico, incomparável, incomensurável, discordante, diferente, ímpar, antipático, antagônico, inconciliável, incompatível

não ressonância ***Subst.*** baque, surdo, surdina, abafador ***V.*** abafar ***Adj.*** abafado, surdo, morto, inaudível, imperceptível

nave (veículo marítimo/aéreo) ***Subst.*** nau, vela, embarcação, (depr.) calhambeque, (depr.) chaveco, vapor, esquadra, esquadrilha, flotilha, armada, encouraçado, couraçado, destróier, cruzador, contratorpedeiro, submarino, tênder, transatlântico, paquete, galeão, vapor, baleeira, iate, bergantim, fragata, brigue, escuna, chalupa, galera, caravela, corveta, batel, barca, barco, bote, iate, veleiro, iole, canoa, lancha, balsa, catamarã, caíque, chata, escaler, esquife, galeota, galé, galeão, gôndola, igara, igarité, saveiro, lancha, pelota, pontão, rebocador, traineira, matalote, aeronave, balão, dirigível, aeróstato, monoplano, aeroplano, aeronave, avião, hidroavião, zepelim, helicóptero, ultraleve, teco-teco, planador, hélice, jato, reator, espaçonave, cosmonave, míssil, foguete, monomotor, bimotor, quadrimotor, monoplano, biplano, bombardeiro ***Adj.*** naviforme, veleiro, aeronáutico, aéreo, volante

navegação (locomoção por água ou ar) ***Subst.*** náutica, navegabilidade, cabotagem, navio, remo, ginga, hélice, vela, propulsor, aviação, aeronáutica, aeronave, marinharia, natação, nado, remada, asa, remígio, evolução, surto, adejo, lançamento, reentrada, cruzeiro, derrota, travessia, corso, turnê, circunavegação, périplo, marcha, marinheiro, marujo, timoneiro ***V.*** navegar, arar, correr, zarpar, aportar, atracar, partir, sulcar, fender, bordejar, bolinar, gingar, surdir, costear, remar, nadar, bracejar, flutuar, roçar, rasar, tangenciar, aflorar, emergir, vadear, voar, cortar, cruzar, sulcar, partir, fender, revoar, voejar, esvoaçar, adejar, remar, pairar, librar, decolar, pousar, aterrissar, amerissar ***Adj.*** navegante, navegador, náutico, marítimo, oceânico, naval, aquático, flutuante, naviforme, rêmige, volante, aeróbio, aerícola, alado, aeronáutico

necessidade (inevitabilidade) ***Subst.*** instinto, precipitação, arrebatamento, ímpeto, cego, onipotente, inexorabilidade, inevitabilidade, obrigatoriedade, obrigação, compulsão, inexorável, cruel, dura, destino, fatalidade, fatalismo, sestro, fado, sorte, dita, fadário, sina, vento, eleição, predestinação, predeterminação, determinismo, fim, fortuna, estrela, planeta, céu, fatalista, ludíbrio, joguete, títere, determinista ***V.*** condenado, passar, destinar, sentenciar, condenar, predeterminar, predestinar, reservar, preparar, obrigar, arrastar, compulsar, compelir, implicar ***Adj.*** necessário, indispensável, inescusável, indisponível, compulsório, obrigatório, irremovível, infalível, inevitável, irresistível, forçoso, inapelável, invencível, forçado, imperioso, impreterível, intransferível, irrevogável, inelutável, inexorável, fatal, implacável, incurável, improrrogável, inadiável, matemático, indeclinável, incontrastável, irremediável, instintivo, natural, automático, inconsciente, maquinal, impensado, mecânico, cego, onipotente, superior, providencial, impulsivo, marcado, ordenado, aparelhado ***Adv.*** sem restrição

necessidade ***Subst.*** exigência, reclamação, requisito, mister, imperiosidade, pressão, premência, força, carência, império, rigor, precisão, privação, falta, apuro, indispensabilidade, urgência, imposição, veio, apelo, clamor, injunção, desejo ***V.*** exigir, requisitar, clamar, reclamar, requerer, impor, carecer, precisar, demandar, levar, necessitar, relevar, absorver, urgir, instar, desejar ***Adj.*** necessário, útil, conveniente, essencial, precípuo, fundamental, básico, basilar, indispensável, imprescindível, urgente, premente, insubstituível, inescusável, exigente, imperioso, instante, veemente, impetuoso, absorvente, gritante

negação ***Subst.*** negativa, falta, denegação, rejeição, renúncia, repúdio, contestação, contradita, contradição, contravenção, implicação, desmentido, recusa, protesto, repúdio, retratação, refutação, recusa, desacordo, oposição ***V.*** negar, denegar, contradizer, impugnar, contrariar, contestar, contraditar, atacar, refutar, contrastar, questionar, invalidar, rejeitar, desmentir, desconhecer, desaprovar, repudiar, abjurar, revogar, ignorar, recusar, rebater, negar peremptoriamente ***Adj.*** contraditório, contestatório, refutatório, vário, negativo, negacionista, oponente ***Adv.*** nem, absolutamente, nada, nunca, jamais, antes

negligência ***Subst.*** imprevidência, imprevisão, descuido, desleixo, frialdade, falta, falha, desídia, desmazelo, relaxamento, preguiça, abandono, inércia, apatia, ócio, inação, descompostura, preguiça, indiscrição, indolência, inatividade, desatenção, lapso, imprudência, indiferença, desmazelo, sujidade ***V.*** negligenciar, desmazelar-se, desprecatar-se, descumprir, desdenhar, suprimir, omitir, preterir, pular, desatender, postergar, evitar, desatentar, vacilar, brincar, falhar, saltar, esquecer, dormir ***Adj.*** negligente, apático, descuidado, desleixado, desmazelado, remisso, indolente, vagaroso, irrefletido, incauto, falho, omisso, relaxado, relapso, inconsiderado, imponderado, imprevidente, imprudente, desapercebido, desprevenido, tardio, serôdio, inativo, indiferente, sujo, inexato, imprevidente, frouxo, tíbio, perfunctório, passageiro, superficial

negócio (ver trabalho)

neologismo ***Subst.*** arcaísmo, corruptela, antífrase, trocadilho, palíndromo, jargão, dialeto, gíria, calão, palavreado, geringonça, algaravia, patoá, regionalismo, provincianismo, galicismo, germanismo, anglicismo, portunhol, brasileirismo, helenismo, caçanje, barbarismo, estrangeirismo, bárbaro, Babel, tecnologia, terminologia, pseudônimo, nefelibata, forjador de palavras ***V.*** aportuguesar, romancear ***Adj.*** arcaico, obsoleto, regional, provincial, macarrônico, chulo, popular, regional, desusado, grosseiro, baixo, onomatopaico, bárbaro, híbrido, novo

nobreza ***Subst.*** patriciado, aristocracia, fidalguia, condição social, grandeza, preeminência, distinção, dignidade, hierarquia, nome, sangue, berço, estirpe, linhagem, qualidade, nata, flor, elite, soçaite, corte, fidalgaria, armorial, par, fidalgo, grande, nobre, aristocrata, patrício, *socialite*, VIP, primata, magnata, graúdo, potentado, lorde, (bras.) cuba, cavalheiro, escudeiro, abencerragem, senhor, par, emir, alcaide, xerife, barão, rei, palatino, príncipe, infante, duque, marquês, conde, visconde, barão, cortesão, princesa, infanta, marquesa, condessa, baronesa, nobiliarquia, nobiliário, cortesã, titular, personalidade, medalhão, figurão, marquesado, viscondado, condado, brasão, escudo, pergaminho, diadema, cetro, púrpura, manto, palácio, solar, castelo, mansão, alcácer ***V.*** ser nobre, nobilitar, enobrecer, afidalgar, ter sangue azul ***Adj.*** nobre, patrício, fidalgo, palaciano, grado, gentil, importante, augusto, grande, distinto, palaciano, cortesão, aristocrático, senhorial, senhoril, majestoso, majestático, principesco, seleto, escolhido, nobiliárquico, hierárquico, grão, grã

nomenclatura ***Subst.*** nomeação, nominata, nuncupação, batismo, crisma, perífrase, aposto, nome, substantivo, designação, indicação, título, apelativo, intitulação, denominação, epígrafe, alcunha, epíteto, ferrete, rubrica, graça, cognome, sobrenome, prenome, patronímico, apelido, antônimo, antonímia, homônimo, homonímia, parônimo, paronímia, heterônimo, heteronímia, (bras.) xará, topônimo, toponímia, gentílico, patronímico, termo, expressão, calão, onomástico ***V.*** nomear, chamar, dar, denominar, designar, apelidar, batizar, crismar, intitular, personalizar, particularizar, individualizar, personificar, cognominar, especializar, especificar, titular, caracterizar, chamar, definir, qualificar, rotular, alcunhar ***Adj.*** nominativo, apelativo, oral, verbal, nominal, homônimo, homófono, homógrafo, titular, onomatopaico, onomástico, denominador, denominativo

nomes das vozes de animais ***Subst.*** voz

Vozes de animais VOZ DE ABELHA E MOSCA: ***Subst.*** zum-zum, zunido, zumbido, zumbo ***V.*** azoinar, sussurrar, zoar, zumbar, zumbir, zunzunar VOZ DE ANDORINHAS: ***Subst.*** gazeio, chilreio, chilro ***V.*** grifar, trinçar, trinfar, gazear, trissar, chilrar VOZ DE ARAPONGA OU GUIRAPONGA: ***Subst.*** tinido ***V.*** serrar, tinir, retinir, trinfar VOZ DE AVES DIVERSAS: ***Subst.*** alvorada, canto, cantilena, cacarejo, cocoricó, gorjeio, redobre, trinado, trino, trilo, pio, chilido, chio, crocito, harmonia, capela, berro, chilrada, chilreio, chirrio, grasnada, grasnido, chilro, apito, atito, grasnada, grasnido, estrídulo, arganteado, garganteio, regorjeado, regorjeio, guincho, grugulejo, quebro, requebro, ruflo, modulação, melodia, dobre, grigri, ululação, trisso, ornitofonia ***V.*** apitar, assobiar, arensar, atitar, berrar, cantar, chalrear, chilrar, chilrear, chirriar, cacarejar, cocoricar, crocitar, corvejar, corruchiar, cucar, cucular, glotorar, dobrar, esgalrichar, estribilhar, galrar, galrear, galrejar, gargantear, gorjear, estridular, martelar (araponga), garrir, garrular, gazear, gorjear, gralhar, gralhear, grasnar, grassitar, gracitar, grugulejar, gritar, gruir, guinchar, modular, papear, piar, picuinhar, pipiar, pipilar, pipitar, pissitar, ralhar, redobrar, regorjear, rouxinolear, ruflar, soar, suspirar, taralhar, trinar, trilar, trinfar, trissar, zinzinular (andorinha), ulular, vozear VOZ DE BODE: ***Subst.*** berro ***V.*** berrar, barregar, bodejar, gaguejar VOZ DE BOI: ***Subst.*** mugido, berro ***V.*** arruar, berrar, bramar, mugir VOZ DE BURRO E JUMENTO: ***Subst.*** zurro, orneio, ornejo, zurraria, zurro ***V.*** azurrar, ornear, ornejar, rebusnar, zornar, zurrar VOZ DE CABRA: ***Subst.*** berro, berrego ***V.*** berrar, barregar, berregar, bezoar VOZ DE CAMELO: ***Subst.*** blateração ***V.*** blaterar VOZ DE CÃO: ***Subst.*** latido, ladrado, ladrido, ladradura, acoo, ululação, ganido, aulido, uivo, caim, rosnadela, rosnadura, canheza ***V.*** acoar, cainhar, cuincar, esganiçar, ganir, ganizar, ladrar, laidrar, latir, roncar, rosnar, uivar, ulular VOZ DE CARNEIRO: ***Subst.*** berro, berrego ***V.*** berrar, berregar VOZ DE CAVALO: ***Subst.*** rincho, relincho, nitrido, bufido, tropeada, tropel, piafé, ronquido ***V.*** bufar, nitrir, rinchar, relinchar, rifar, trinir, tropear ***Adj.*** nitridor, sonípede, hinidor VOZ DE CEGONHA: ***V.*** gloterar, glotorar VOZ DE CIGARRA: ***Subst.*** canto, chiado, cicio ***V.*** cantar, chiar, chichiar, chirriar, ciciar, estridular, fretenir, garritar, rechiar, rechinar, retinir, zangarrear, zinir, ziziar VOZ DE CISNE: ***Subst.*** arensar ***V.*** arensar VOZ DE COBRA: ***Subst.*** assobio, silvo, sibilo ***V.*** assobiar, chocalhar, silvar, sibilar VOZ DE CORVO: ***Subst.*** crás-crás, crocito, grasnido, grasnado, grasnadela, grasno ***V.*** corvejar, crocitar, grasnar, grasnir VOZ DE CROCODILO: ***Subst.*** bramido ***V.*** bramir VOZ DE CUCO: ***V.*** cucular, cucar VOZ DE ELEFANTE: ***Subst.*** barrido ***V.*** barrir, trombejar (agitar a tromba) VOZ DE ESTORNINHO: ***V.*** palrar, pissitar VOZ DE GAFANHOTO: ***Subst.*** zique-zique ***V.*** chirriar VOZ DE GALINHA: ***Subst.*** cacarejo ***V.*** cacarejar, carcarear, carcarejar VOZ DE GALO: ***Subst.*** galicanto, galicínio, cucurucu, cocorocó, cocoricó, quiquiriqui (frango) ***V.*** amiudar, cantar, clarinar, cocoricar, cucuritar VOZ DE GARÇA: ***Subst.*** gazeio ***V.*** gazear VOZ DE GATO: ***Subst.*** miado, miau, miadela, miada, ronrom, miadura ***V.*** bufar, miar, rebusnar, roncar, ronronar VOZ DE GRALHA: ***Subst.*** grasnido ***V.*** gralhar, grasnar VOZ DE GRILO: ***Subst.*** cri-cri, tique-tique ***V.*** chirriar, cricrilar, estridular, guizalhar, trilar VOZ DE GROU: ***V.*** grugrulhar, grugrujar, gruir, grulhar VOZ DE INSETOS: ***V.*** trilar, zinir, ziziar, zoar, zumbir, zunir VOZ DE JAVALI: ***Subst.*** grunhido ***V.*** arruar, grunhir VOZ DE LEÃO, TIGRE, ONÇA E URSO: ***Subst.*** bramido, urro ***V.*** bramar, bramir, fremir, rugir, urrar VOZ DE LEITÃO: ***Subst.*** coincho, grunhido ***V.*** bacorejar, bacorinhar, coinchar, cuinhar, grunhir VOZ DE LOBO: ***Subst.*** uivo ***V.*** uivar, ulular VOZ DE OVELHA: ***Subst.*** balido, balato (p.us.) ***V.*** badalar, balar, balir, barregar, berregar VOZ DE PAPAGAIO: ***V.*** chalrar, falar, grazinar, palrar, palrear, remedar, taramelar, taramelear, tartarear VOZ DE PATO: ***Subst.*** grasnada, grasnadela, grasno, grasnido, grasnar ***V.*** grasnar, grasnir, grassitar VOZ DE PAVÃO: ***Subst.*** grasnada, grasnido ***V.*** grasnar, pupilar VOZ DE PERU: ***Subst.*** glu-glu, grugulejo ***V.*** bufar, garrir, gorgolejar, grugulejar, grugulhar, grugrurejar VOZ DE POMBO E ROLA: ***Subst.*** arrulho, rulo, gemido ***V.*** arrolar, arrulhar, gemer, rolar, turturejar, turturinar ***Adj.*** rolador VOZ DE PORCO: ***Subst.*** coincho, grunhido, ronco, grunhidela ***V.*** arruar, grunhir, roncar, ronquejar, cuinchar, cuinhar VOZ DE RÃ E SAPO: ***Subst.*** claxe-claxe, rã-rã, coaxo, coaxação ***V.*** coaxar, engrolar, gargarejar, grasnar, grasnir, malhar, ralar, relar, rouquejar, tintangalhar VOZ DE RAPOSA: ***Subst.*** regougo ***V.*** regougar, roncar VOZ DE RATO: ***Subst.*** chio, guincho ***V.*** chiar, chichiar, guinchar VOZ DE SERIEMA: ***V.*** cacarejar VOZ DE TORDO: ***V.*** trucilar VOZ DE TOURO: ***Subst.*** bramido, bufo, mugido ***V.*** bramir, bufar, gaitear, mugir, urrar, arruar VOZ DE URUBU: ***Subst.*** chem-chem VOZ DE VEADO: ***Subst.*** bramido, berro ***V.*** bramar, berrar, rebramar

notícia ***Subst.*** nova, novidade, nota, informação, razão, referência, aviso, comunicado, noticiário, noticioso, informativo, jornal, telejornal, *post*, tripa, alvitre, conselho, mensagem, recado, cabograma, despacho, radiograma, telegrama, telefonema, carta, comunicação, reportagem, relato, boletim, local, crônica, noticiário, manchete, toada, falácia, conversa, falatório, parlatório, rumor, ruge-ruge, fama, grita, murmúrio, murmuração, local, sussurro, escândalo, palestra, fuxico, tagarelice, mexerico, fofoca, fofocagem, trica, intriga, enredo, balela, peixe, barriga, divulgador, jornalista, repórter, narrador, comentarista, novidadeiro, porta-voz, noticiador, noticiarista, gazeteiro, bisbilhoteiro, chocalho, tagarela, conversador, novelista ***V.*** noticiar, propalar, divulgar, informar, comunicar, relatar, reportar, transpirar, correr, vogar, circular, constar, soar, mexericar, intrigar, fofocar, bisbilhotar, enredar ***Adj.*** noticioso, informativo, linguarudo, loquaz, mexeriqueiro, boateiro, bisbilhoteiro, palreiro, flutuante, corrente, dominante

novidade ***Subst.*** maturidade, moda, modernice, modernismo, lançamento, mocidade, frescura, inovação, novação, renovação, modernista, novo rico ***V.*** renovar, modernizar, atualizar, remoçar, rejuvenescer, inovar, revolucionar, lançar, desenterrar, exumar, reflorescer, ressuscitar ***Adj.*** novo, moderno, novel, inovador, revolucionário, fresco, verde, cru, imaturo, virgem, inexplorado, desconhecido, inédito, último, presente, hodierno, vernal, primaveril, principiante, palpitante, vistoso ***Adv.*** em primeira mão, ultimamente

numeração ***Subst.*** paginação, relação, recenseamento, cálculo, conta, cômputo, computação, algoritmo, medição, aritmética, álgebra, análise, capitação, recenseamento, estatística, cadastro, revista, chamada, calculadora, computador, calculista, matemático, subtração, multiplicação, divisão, potenciação, radiciação ***V.*** numerar, contar, computar, inventariar, paginar, balancear, recensear, chamar, avaliar, medir, pesar, calcular, somar, subtrair, multiplicar, dividir, mear, interpolar, permutar, apurar, liquidar, examinar, provar, demonstrar ***Adj.*** numeral, numérico, aritmético, analítico, algébrico, matemático, trigonométrico, estatístico, comensurável, somatório

numerais cardinais ***Subst.*** lustro, caderno, seis, sete, oito, nove, dez, década, dezena, onze, doze, dúzia, treze, quatorze, dezesseis, vintena, trinta, trintena, quarenta, quarentena, setenta, oitenta, noventa, cem, cento, centena, centúria, centenário, hecatombe, século, duzentos, trezentos, mil, milhar, milheiro, miríade, milhão, conto, bilhão, trilhão ***V.*** quintuplicar, sextuplicar, decuplicar, centuplicar ***Adj.*** cinco, quinto, quíntuplo, seis, sêxtuplo, setiforme, sétimo, setenário, óctuplo, nônuplo, decimal, centenário, cêntuplo, centesimal, múltiplo, plural, alguns, muitos

numerais ordinais ***Subst.*** sextante, vintena, décima, dízima, ramificação ***V.*** dizimar, ramificar ***Adj.*** frondoso, quinto, sexto, sétimo, oitavo, nono, décimo, duodécimo, trintena, quadragésimo, sexagésimo, septuagésimo, octogésimo, nonagésimo, centésimo, centavo, centesimal, ducentésimo, tricentésimo, quadringentésimo, sexcentésimo, setingentésimo, octingentésimo, noningentésimo, milésimo, milionésimo, bilionésimo, enésimo

número ***Subst.*** símbolo, algarismo, cifra, cifrão, número fracionário, número redondo, número decimal, número comensurável, número incomensurável, fórmula, função, série, parcela, soma, somatório, resto, excesso, diferença, minuendo, diminuendo, subtraendo, diminuidor, produto, resultado, total, multiplicando, multiplicador, fator, coeficiente, alíquota, dividendo, divisor, quociente, resto, submúltiplo, parte, alíquota, fração, numerador, denominador, fração decimal, fração ordinária, medida, múltiplo, par, arranjo, permutação, combinação, proporção, potência, expoente, base, quadrado, cubo, radical, índice, logaritmo, cologaritmo, equação, termo, coeficiente, raiz, parâmetro, ordenada, matriz, determinante, integral, infinitesimal, limite, derivada ***Adj.*** numeral, arábico, romano, complementar, suplementar, numérico, primo, múltiplo, submúltiplo, fracionário, mensurável, imensurável, comensurável, proporcional, exponencial, diferencial, integral, complexo, positivo, negativo, nulo, racional, irracional, real, imaginário, impossível, infinito

nunca ***Adv.*** jamais, *sine die*

oO

obediência ***Subst.*** cumprimento, acatamento, docilidade, apoio, submissão, consentimento, aquiescência, condescendência, complacência, disciplina, sujeição, passividade, docilidade, resignação, fidelidade, lealdade, constância, preito, deferência, vassalagem, dedicação, adesão, tributo, subordinação, jugo ***V.*** obedecer, obtemperar, aquiescer, anuir, respeitar, cumprir, acatar, jurar, receber, corresponder ***Adj.*** obediente, sujeito, tributário, complacente, condescendente, fiel, leal, devotado, dedicado, dócil, ordeiro, disciplinado, amigo, pacato, resignado, submisso, subserviente, passivo, flexível, dúctil, cativo, sensível, governável, domesticável, humilde, suportável

obliquidade ***Subst.*** transversalidade, atravessamento, caimento, concorrência, reclinação, declive, través, esguelha, soslaio, quebra, quebrada, tortuosidade, bisel, chanfradura, curva, subida, descida, esconso, ladeira, rampa, quebrada, riba, talude, aclive, declive, lombada, escarpa, costa, vertente, encosta, soalheira, repiquete, penhasco, despenhadeiro, alcantil, angulação, seno, cosseno, diagonal, hipotenusa, ângulo, declinação ***V.*** obliquar, enviezar, pender, preponderar, propender, descair, descambar, declinar, encostar, empinar, enviesar, entortar, atravessar ***Adj.*** oblíquo, transversal, transverso, esconso, escorregadio, resvaladiço, pendente, encostado, torto, fatigante, ascendente, agro, escabroso, alcantilado, escarpado, árduo, trabalhoso, difícil, penhascoso, enroscado, descendente, íngreme, costeiro, agreste, agudo ***Adv.*** de soslaio

obliquidade de julgamento (julgamento errôneo) ***Subst.*** pressuposição, dogmatismo, mal-entendido, equívoco, prejulgamento, desvirtuamento, distorção, prevenção, preconceito, idiossincrasia, presunção, pressentimento, palpite, fixação, mania, obsessão, sectarismo, corporativismo, fisiologismo, mercantilismo, partidarismo, comprometimento, unilateralidade, politicagem, prestígio, medo, paixão, subserviência, regionalismo, pendor, propensão, chicana, subterfúgio, capricho, parcialidade, suspeição, compadrio, nepotismo, favoritismo, sutileza, astúcia, artimanha, desvario, extravagância, desatino, cegueira, fanatismo, precipitação, ignorância, corrupção, suborno, arbítrio, despeito, ódio, simpatia, inveja, partidário, energúmeno ***V.*** prejulgar, prejudicar, preconceber, claudicar, desvirtuar, prevaricar, propender, errar, depreciar, ter parcialidade ***Adj.*** liberal, intolerante, pirracento, dogmático, presumido, vaidoso, opiniático, opinioso, obcecado, caprichoso, voluntarioso, excêntrico, cabeçudo, desatinado, desvairado, desnorteado, teimoso, vesgo, míope, parcial, apaixonado, estreito, acanhado, arbitrário, fanático, hipócrita, insidioso, temerário, precipitado, arrebatado, impulsivo, discricionário, maníaco, espalhafatoso, desarrazoado, sistemático, estúpido, crédulo, unilateral

obrigatoriedade ***Subst.*** irrecusabilidade, compulsão, coerção, coação, premência, constrangimento, injunção, imposição, império, força, conscrição, obrigação, força, espada, ultimato, rigor, restrição, necessidade ***V.*** obrigar, compelir, render, vincular, necessitar, violentar, arrastar, forçar, constranger, confranger, atarraxar, apertar, impor, adstringir, impingir, oprimir, coagir, impelir, algemar, maniatar, extorquir, sacar, confessar ***Adj.*** coercivo, coercitivo, necessário, irrecusável, inexorável, compulsório, compulsivo, obrigatório, sacramental, peremptório, formal, taxativo, premente, imperioso, conscrito

obscuridade ***Subst.*** obscurecimento, escuridão, negrume, negridão, negrura, noite, sombra, cerração, trevas, escureza, véu, manto, eclipse ***V.*** assombrar, sombrear, obscurecer, escurecer, velar, toldar, turvar, eclipsar, obumbrar, anoitecer, enegrecer, denegrir, emborrascar, nublar, enevoar, anuviar ***Adj.*** escuro, túrbido, lúgubre, tétrico, sombrio, soturno, obscuro, negro, preto, tenebroso, enevoado, nublado, lôbrego, cerrado, espesso, fechado, (poét.) lúrido, noturno, sonâmbulo, nevoento, umbroso, opaco, cerrado

observância ***Subst.*** execução, implemento, adimplemento, obediência, prática, cumprimento, satisfação, perfazimento, desempenho, preenchimento, respeito, acatamento, cuidado, atenção, adesão, reconhecimento, lealdade, docilidade, rigor, precisão, pontualidade, zelo, escrúpulo, disciplina ***V.*** observar, aguardar, seguir, cumprir, guardar, respeitar, acatar, atender, ficar, executar, professar, praticar, cultivar, obedecer, cumprir ***Adj.*** seguidor, praticante, fiel, cultor, leal, supersticioso, pontual, honrado, escrupuloso, consciencioso, religioso, rigoroso, intransigente, intimorato, exato, impertérrito, irredutível, vigilante, inviolável, intangível, sagrado, sacrossanto

obstinação ***Subst.*** intransigência, emperramento, constância, teimosia, turra, casmurrice, pique, insistência, porfia, renitência, caturrice, birra, burrice, rebeldia, apego, obcecação, persistência, contumácia, reincidência, pertinácia, dogmatismo, relutância, maldade, tenacidade, impenitência, porfia, batalhação, imutabilidade, inflexibilidade, indocilidade, irredutibilidade, intolerância, fanatismo, fixação, obsessão, cisma, preocupação, cegueira, jumento, fanático, caturra, saudosista, retrógrado, zelote, entusiasta, energúmeno, alfarrabista, casmurro, (fam.) turrão ***V.*** obstinar(-se), torrar, embirrar, insistir, teimar, turrar, recalcitrar, renhir, relutar, martelar, cismar, obcecar, desvairar, empolgar, cegar, apaixonar, preocupar, absorver ***Adj.*** obstinado, tenaz, firme, cabeçudo, cabeça-dura, teimoso, cismado, birrento, ferrenho, pertinaz, arraigado, inveterado, persistente, casmurro, contumaz, reincidente, reverso, revel, relutante, resistente, inconquistável, férreo, irredutível, inflexível, capitoso, imutável, inerte, inexorável, resoluto, impenitente, severo, incorrigível, indisciplinado, opiniático, opinioso, perrengue, orelhudo, turrão, vezeiro, recalcitrante, irretratável, caprichoso, voluntarioso, insubmisso, insubordinado, rebelde, relapso, renhido, encarniçado, refratário, ingovernável, dogmático, autoritário, fanático, perro, (bras.) queixudo

oceano ***Subst.*** elemento, pélago, abismo, pego, profundo, Netuno, Iemanjá, tridente, hidrosfera, oceanografia, rolo, vagalhão, escarcéu, hidrografia, nereida, ninfa, sereia, golfinho, baleia, leviatã ***Adj.*** oceânico, aquático, marinho, talássico, abissal, netuniano, hidrográfico, oceanográfico, submarino

ócio ***Subst.*** ocasião, lazer, vaga, sueto, descanso, repouso, folga, fuga, recreio, passatempo, vagar, tempo, lugar, lassidão, repouso, inação, leseira, espreguiçadeira, demora, morosidade, lerdeza, vagareza, pachorra, delonga, demora ***V.*** folgar, repousar, refestelar-se, descansar, veranear ***Adj.*** vagaroso, ocioso, tranquilo, remansoso, pachorrento, moroso, tardo, leso

ódio ***Subst.*** iracúndia, desafeição, desamor, desfavor, inimizade, animosidade, ira, arrebatamento, cólera, virulência, rancor, sanha, fúria, irritação, raiva, ressentimento, fel, amargura, azedume, acrimônia, gana, malícia, repugnância, impopularidade, fobia, desagrado, antipatia, abominação, inimigo, entojo, malquerença, malquerer, aborrecimento, horror, desdém ***V.*** odiar, detestar, arrenegar, abominar, malquerer ***Adj.*** odiento, vingativo, perseguidor, iracundo, iroso, acrimonioso, implacável, ferrenho, encarniçado, infenso, hostil, inexorável, detestável, execrável, raivoso, malquisto, malvisto, mau, ruim, péssimo, abominável, aborrecido, antipático, repulsivo, ofensivo, atentatório, chocante, desagradável, insultante, insultuoso, provocante, irritante, duro, amargo, repugnante, repelente, asqueroso, nojento, abandonado, desamparado, desprotegido, perseguido, ultrajado, invejoso, despeitado

odor ***Subst.*** cheiro, aroma, (poét.) olor, eflúvio, fragrância, emanação, exalação, vapor, essência, extrato, quinta-essência, substância, olfato, pituitária, narina, nariz, faro, farejo, vibrissas ***V.*** odorar, exalar, recender, cheirar, inalar, haurir, respirar, farejar ***Adj.*** odorífero, odorante, odorífico, olente, cheiroso, olfativo, aromático, balsâmico, fragrante, farejador

oferta ***Subst.*** promessa, oferecimento, ofertório, brinde, apresentação, lanço, monta, proposta, proposição, moção, convite, presente, prenda, oblação, dádiva, donativo, oferenda, mimo, aceno, candidatura ***V.*** oferecer, conceder, remeter, presentear, dar, brindar, mimosear, obsequiar, regalar, prendar, devotar, dedicar, trazer, apresentar, estender, propor, propiciar, proporcionar, prometer, convidar, facultar, disponibilizar, procurar, lançar, licitar, comparecer, peitar, dar, ministrar, anunciar ***Adj.*** ofertante, proponente

oficina ***Subst.*** laboratório, manufatura, moinho, fábrica, forja, fundição, ferraria, oficina mecânica, lanterneiro, borracheiro, tear, tenda, gabinete, ateliê, estúdio, administração, matriz, colmeia, viveiro, foco, queijeira, relojoaria, alfaiataria, ourivesaria, rendaria, passamanaria, sapataria, serralharia, serralheria, latoaria, refinaria, vidraria, funilaria, serraria, joalheria, tanoaria, padaria, pastelaria, confeitaria, queijaria, lanifício, estaleiro, arsenal, retorta, caldeira, caldeirão ***Adj.*** oficinal

óleo (matéria gordurosa) ***Subst.*** azeite, banha, gordura, ádipe, manteiga, margarina, creme, sebo, toicinho, toucinho, lardo, torresmo, banha, *bacon*, glicerina, vaselina, benzina, sabão, cera, oleado, encerado, parafina, espermacete, pomada, petróleo, gasolina, querosene, vegetal, cosmético, cerol, linimento, verniz ***V.*** olear, lubrificar ***Adj.*** oleoso, graxo, untuoso

opacidade ***Subst.*** intransparência, turvação, sujidade, obscuridade, espessura, lua, planeta, tábua, lousa, carvão, osso ***V.*** ser opaco, espessar, turvar ***Adj.*** opaco, obscuro, fosco, baço, translúcido, sombrio, túrbido, escuro, espesso, lamacento, fuliginoso, nublado, enevoado, bolorento, sujo

oponente ***Subst.*** opositor, contendor, competidor, adversário, antagonista, adverso, adversário, contestador, rival, êmulo, inimigo, assaltante, atacante, combatente, obstrutor, obstrucionista, polemista, dissidente, jacobino, demagogo, derrotista ***V.*** opor(-se), antagonizar, enfrentar, contender, competir, rivalizar

oportunidade ***Subst.*** ocasião, ocasião favorável, ocasião propícia, brecha, chance, momento oportuno, azo, razão, ensejo, entrada, monção, vez, vagar, léu, lazer, comenos, lance, acerto, conveniência, cabimento, aberta, circunstância, licença, faculdade, liberdade, ensancha, entrada, crise, tempo, maré, conjuntura, tempestividade ***V.*** ensejar, proporcionar, facilitar, facultar, propiciar ***Adj.*** oportuno, justo, azado, favorável, propício, presente, adequado, feliz, ditoso, abençoado, excelente, venturoso, conveniente, providencial, providente, promissor, prometedor, próprio, hábil, tempestivo, sazonado, maduro, crítico, auspicioso ***Adv.*** *ad rem*, *ad hoc*

oposição ***Subst.*** antagonismo, opugnação, hostilidade, contravenção, insurreição, guerra, repulsa, repulsão, escarcéu, resistência, reação, contragolpe, campanha, choque, atrito, embate, conflito, colisão, rivalidade, emulação, páreo, competição, competência, contradição, antítese, discordância, discrepância, contradita, contraste, divergência, incompatibilidade, inconformidade, polarização, desfavor, restrição, obstrucionismo ***V.*** opor(-se), obviar, contrariar, discrepar, contestar, refutar, resistir, reprimir, estorvar, opugnar, contrapor, litigar, obstar, enfrentar, rechaçar, repelir, clamar, bradar, protestar, derrotar, deblaterar, trovejar, bradar, desfavorecer, obstar, ir, renegar, repudiar, repugnar, empatar, atacar, afrontar, lutar, impugnar, guerrear, hostilizar, opugnar, contrariar, condenar, deter, refrear, contradizer, contraditar, desmentir, objetar ***Adj.*** opositor, oponente, adverso, adversário, contraditório, contestatório, contrário, oposto, inimigo, êmulo, rival, desfavorável, desafeto, implicante, avesso, reverso, agressivo, infenso, resistente ***Adv.*** contra, versus, belicosamente, hostilmente

oráculo ***Subst.*** orago, profeta, mágico, vidente, médium, divinatório, vaticinador, bruxa, quiromante, teomante, cartomante, Sibila, Pitonisa, Pítia, monitor, Esfinge, feiticeiro, intérprete, astrólogo, cabalista, saga ***Adj.*** laurívoro

ordem ***Subst.*** ordenação, regularidade, harmonia, correção, critério, conformidade, proporcionalidade, correspondência, simetria, periodicidade, arranjo, ciclo, classificação, acomodação, sintaxe, regra, método, simplicidade, gradação, graduação, passo, grau, progressão, série, ritmo, cadência, subordinação, rotina, método, compasso, disciplina, disposição, orientação, coordenação, alinhamento, sistema, economia, direção, fileira, arranjo ***V.*** arrumar, organizar, dispor, estar em ordem, formar, corresponder ***Adj.*** ordenado, regulado, simétrico, organizado, sistemático, gradual, gradativo, graduado, serial, seriado, disciplinar, uniforme, normal, simples, regrado, rítmico, ritmado, metódico

organização ***Subst.*** ordem, estrutura, critério, vivente, órgão, anatomia, fisiologia, zoologia, botânica, naturalista ***Adj.*** organizado, sistemático, estruturado, orgânico

orgulho ***Subst.*** dignidade, brio, amor-próprio, altivez, hombridade, proa, prosápia, vanglória, vaidade, arrogância, soberba, sobranceria, entono, aprumo, empáfia, impostura, desdém, presunção, ufania, ostentação, imponência, imodéstia, pretensão, pedantismo, jactância, soberbete, soberbaço, impostor ***V.*** desdenhar, bazofiar, timbrar, inchar, ter o rei na barriga, jactar-se, ufanar-se, ensoberbecer, orgulhar ***Adj.*** orgulhoso, altivo, sobranceiro, brioso, inquebrantável, jactancioso, gabola, presunçoso, pretensioso, imodesto, vaidoso, ufano, desdenhoso, altaneiro, sobranceiro, indômito, fátuo, besta, vanglorioso, voluntarioso, arrogante, insolente, desdenhoso, alambicado, empoado, empolado, emproado, prosa, impostor, pretensioso, intumescido, balofo, fofo, imperioso, altaneiro, soberbo, emproado, cabotino, pernóstico, inabordável, inacessível, intratável, majestoso, doutoral, presumido, senhoril, senhorial ***Adv.*** de cabeça erguida, do alto de seus coturnos

originalidade ***Subst.*** inovação, novação, novidade, ineditismo, individualidade, peculiaridade, singularidade, particularidade ***V.*** inovar ***Adj.*** original, inédito, excepcional, novo, inexplorado, virgem, único, singular, revolucionário

ornamento ***Subst.*** ornato, recamo, lavor, ornamentação, decoração, embelezamento, garridice, arreio, arreamento, enfeite, (pop.) quindim, adorno, embelezamento, alinho, aparato, arquitetura, polimento, guarnição, incrustação, esmalte, filigrana, florão, almofada, miçanga, joia, pilastra, platibanda, artesão, laçaria, fogaréu, escumilha, brocado, rendilha, sutache, renda, franja, galão, canutilho, passamanes, arminho, cosmético, postura, lentejoula, grinalda, diadema, tiara, capela, coroa, ramo, ramalhete, festão, bandeirola, galhardete, sanefa, penacho, pluma, plumagem, cocar, tope, laço, laçada, roseta, joia, alfaia, joalheria, ourivesaria, bijuteria, solitário, medalha, medalhão, mariposa, bracelete, pulseira, argola, broche, colar, cadeia, anel, brinco, pingente, gargantilha, manilha, torçal, gema, barroco, pedraria, diamante, brilhante, esmeralda, ágata, heliotrópio, camafeu, crisólita, safira, topázio, turquesa, jacinto, carbúnculo, rubi, ametista, íris, pérola, coral, quinquilharia, ouropel, ilustração, gravura, vinheta, estampa, cercadura, decorador ***V.*** ornar, arrear, adereçar, enfeitar, engalanar, adornar, ornamentar, assear, historiar, guarnecer, alinhar, galantear, florear, esmaltar, matizar, laurear, aprimorar, aformosear, embelezar, ajaezar, decorar, aparelhar, armar, brincar, incrustar, pratear, pintar, debruar, rendar, bordar, atapetar, abrilhantar, engrinaldar, paramentar, iluminar, embandeirar, bordar, marcar, lavrar, perlar, enriquecer, pompear, envernizar, polir, dourar, caiar, moldurar, ajardinar, abrilhantar, serrilhar ***Adj.*** ornamental, decorativo, florido, brilhante, esplêndido, alegre, magnífico, pomposo, suntuoso, rico, plúmeo, plumoso, brocado, garrido, vistoso, aparatoso, admirável, soberbo, apropriado

ortodoxia ***Subst.*** dogmatismo religioso, fundamentalismo religioso, cristianismo, cristandade, monoteísmo, catolicismo, catolicidade, cânon, heterodoxia, papismo, regaço, crente, catecismo, decálogo, protestantismo, islamismo, judaísmo ***V.*** catequizar ***Adj.*** ortodoxo, fiel, verdadeiro, teísta

oscilação (movimento oscilatório) ***Subst.*** bamboleio, pulsação, vibração, cambaleio, tique-taque, ducto, nutação, ondulação, saracoteio, rebolado, balanço, balanceamento, latejamento, latejo, pulso, vaivém, gangorra, flutuação, vacilação, cadência, ritmo, sístole, diástole, onda, ondulação, vibração, arfagem, abano, agitação, dança, quadrilha, lançadeira, balancim, pêndulo, rede ***V.*** oscilar, vibrar, librar, balançar, balancear, embalar, alternar, ondear, ondular, latejar, palpitar, rebater, compassar, menear, jogar, fremir, abalançar, boiar, bailar, arfar, arquejar, cadenciar, tremer, curvetear, aluir, cambalear, saracotear, requebrar, sacudir, sacolejar, vascolejar, manejar, cambalear, flutuar, vacilar, bambolear ***Adj.*** oscilante, oscilatório, regular, compassado, inquieto, vibratório, vibrante, rítmico, arfante, arquejante, palpitante, pulsante, pendular, balanceado

ostentação ***Subst.*** parada, exibição, exibicionismo, amostra, demonstração, aparato, alarde, espalhafato, espavento, estardalhaço, solenidade, teatralidade, espetáculo, cortejo, procissão, comitiva, festa, gala, revista, passeio, encenação, exposição, enganação, pirotecnia, maquiagem, ritual, formalidade, cerimônia, etiqueta, protocolo, praxe, luxo, fausto, pompa, magnificência, suntuosidade, esplendor, louçania, glória, brilhantismo, luzimento, solenidade, asiático, opulência, riqueza, imponência, majestade, ruído, grandeza, realeza, sublimidade, ritualismo, exibicionista, ritualista ***V.*** fazer exibição, passear, campear, ostentar, blasonar, pompear, luxar, rugir, sedar, engalanar, deslumbrar ***Adj.*** espalhafatoso, escandaloso, espaventoso, ruidoso, vistoso, aparatoso, espetacular, espetaculoso, teatral, dramático, cerimonial, ritual, solene, imponente, majestoso, arrogante, grandioso, augusto, olímpico, asiático, opíparo, suntuoso, ostentoso, magnificente, custoso, lauto, suntuário, pomposo, loução, garrido, luzido, luzidio, deslumbrante, magnífico, brilhante

pP

pacificação ***Subst.*** conciliação, reconciliação, apaziguamento, recomposição, acomodação, arranjo, composição, ajuste, acordo, pacto, tratado, transigência, combinação, convenção, compromisso, desarmamento, trégua, cessar-fogo, armistício, arco-íris ***V.*** pacificar, apaziguar, congraçar, irmanar, aquietar, transigir, conciliar, consorciar, unir, compor, desapartar, sossegar, tranquilizar, acalmar, acalentar, harmonizar, recompor, reconciliar, recongraçar, desincompatibilizar, acomodar, propiciar, aplacar, harmonizar, confraternizar, desbloquear, desarmar, desmilitarizar ***Adj.*** conciliatório, apaziguador, reconciliatório

pagamento ***Subst.*** solvência, remuneração, pago, paga, embolso, desembolso, reembolso, custeio, amortização, compensação, solução, resgate, quitação, franquia, recibo, talão, liquidação, apuração, aceite, liberação, descarga, retribuição, restituição, prestação, cota, quota, parcela, remessa, pagador, contribuinte, aceitante ***V.*** pagar, desembolsar, custear, remunerar, satisfazer, solver, quitar, liberar, amortizar, resgatar, remir, quotizar, cotizar, subsidiar, remitir, liquidar, ajustar, desempenhar, saldar, embolsar, reembolsar, retribuir, indenizar, remir, honrar, selar ***Adj.*** adimplente, solvente, desembaraçado, quite, solvável, remunerador, remuneratório

palestra ***Subst.*** colóquio, interlocução, conversação, trato, trela, conversa, fala, cavaco, cavaqueira, falatório, prática, prosa, confabulação, aula, conferência, entrevista, comércio, convivência, relações, diálogo, parlatório, audiência, palavreado, debate, painel, mesa-redonda, discussão, tagarelice, intriga, enredo, bisbilhotice, fofoca, indiscrição, trica, boato, lambança, escândalo, maledicência, falácia, conversador, interlocutor, bisbilhoteiro, mexeriqueiro ***V.*** conversar, palestrar, dialogar, papear, cavaquear, palrar, parolar, palrear, confabular, conferir, conferenciar, tagarelar, bisbilhotar ***Adj.*** conversador, expansivo, interlocutório, dialogal, coloquial

pântano ***Subst.*** pantanal, paul, palude, brejo, lagoa, charco, estagnação, remanso, lameiro, lamaçal, lama, lagoeiro, lodo, mangue, atascadeiro, lodaçal, poça ***V.*** estagnar, represar, empoçar, encharcar ***Adj.*** pantanoso, alagadiço, alagado, paludoso, palustre, paludial, lamacento, encharcado, lodoso, enlameado, lutulento, estagnado

paralelismo ***Subst.*** equidistância, coexistência, sincronismo, simultaneidade, concomitância ***V.*** equidistar, ladear, margear, costear ***Adj.*** paralelo, equidistante, colateral, marginal, costeiro, simultâneo, sincrônico

pardo ***Subst.*** gris, burro, lobo, rato ***V.*** ruçar, acinzentar, encanecer ***Adj.*** pardacento, plúmbeo, lívido, sombrio, triste, ruço, grisalho, prateado, cinéreo, acinzentado, alvadio, gris, griséu, lusco-fusco

parte ***Subst.*** porciúncula, punhado, jacto, porção, dose, gole, trago, item, partícula, particular, particularidade, algo, divisão, subdivisão, fração, articulação, seção, lanço, trecho, estirão, capítulo, centúria, verso, versículo, artigo, parágrafo, inciso, cláusula, verba, passagem, trecho, setor, quadrante, segmento, fragmento, miuçalha, apara, remendo, raspa, parcela, verbete, pedaço, nesga, retalho, unidade, pétala, tassalho, migalha, dose, fatia, taco, talhada, lasca, tira, toco, coto, toro, camada, palmo, ração, lâmina, metade, prestação, anuidade, data, quinhão, resquício, gomo, página, folha, malha, peça, percentagem, rapsódia, estrofe, canto, episódio, membro, braço, galho, ramo, rebento, vergôntea, renovo, componente, elemento, sucursal, filial, posta, lombo, perna, órgão, compartimento, dependência, distrito, zona, província, calota, fator ***V.*** partir, cortar, repartir, estilhaçar, ramificar, subdividir, esquartejar, parcelar, fracionar, secionar, trinchar, partilhar, lascar, rascar, tesourar, picar, desmontar, desarmar, desmanchar, decompor, desmantelar, esmigalhar, segmentar, talhar, truncar ***Adj.*** parcial, parcelado, fracionário, secional, alíquota, divisionário, fragmentário, divisional, cortado ***Adv.*** por partes, a retalho, gota a gota

partes do corpo humano ***Adj.*** perônio, perineal, sacro, subcutâneo, muscular, arterial, venal, adiposo, glandular, orgânico, sistêmico, nerval, neural, cerebral, cardíaco, pulmonar, estomacal, intestinal, hepático, renal, pancreático, vesicular, fisiológico, anatômico, histológico, nervoso, respiratório, urológico, genital, ocular, visual, auditivo, gustativo, oral, olfativo, nasal, torácico, abdominal, dorsal, cervical, lombar, raquiano, raquidiano

---

Lista de partes do corpo humano PARTES DO CORPO HUMANO: microcosmologia = descrição do corpo humano; corpo, cabeça, *sinciput* = sincipúcio = o alto da cabeça; crânio, pericrânio = periósteo que reveste a superfície externa do crânio; mesófrio = a parte do rosto entre as sobrancelhas; olho, testa, fronte; ouvido, orelha, face, cara, rosto, boca, língua, céu da boca = palato; úvula = campainha; dentes, lábio(s), beiço(s); nariz, pescoço, gasnate, gasganete, gasnete = garganta, pescoço; cachaço = parte posterior do pescoço; nuca, queixo = mento = barbela; pomo de adão; encéfalo, cérebro, cerebelo, bulbo raquiano = bulbo raquidiano, ponte, corpo caloso, tálamo, hipotálamo; bochecha, gengiva, goela, coração, artéria, veia, vaso capilar, sangue, linfa, plasma; tórax, petrina = arca do corpo, arca do peito; toracometria = medida do tórax; torso = busto, fígado, vesícula biliar; rins, ureter, bexiga, uretra; pâncreas, baço; abdome, glândulas, gânglios; seio, teta, gaforina = cabeleira, cordão umbilical, umbigo, úraco, braço, antebraço, úmero = osso do braço, rádio = osso que forma o antebraço; cúbito = ulna; sovaco = axila; cotovelo, articulação, charneira = gínglimo, mão = pesada, dedos, raia = linha da palma da mão, sabugo (parte do dedo a que adere a unha), munheca = pulso = carpo; cintura; nádegas, maxila, mandíbula, maçãs do rosto, fígado, útero, madre, matriz; faringe, golelha = esôfago, estômago, piloro (orifício que comunica o estômago com o intestino), intestino, canal intestinal = tripa (pop.), jejuno (parte do intestino delgado entre o duodeno e o íleo), lenço = peritônio, cécum, cólon, reto, ânus, região lombar, ilharga, quadril; partes pudendas; genitália, aparelho genital, órgãos genitais, vagina, pito = clitóris, vulva, monte de vênus, pênis, pipi (das crianças), períneo (espaço entre o ânus e os órgãos sexuais), testículo = ovo (glândula do escroto); gâmbia, perna, pernão, pernaça, peril, canícula, sanco = perna fina, perônio = fíbula (osso da perna que fica do lado da tíbia), fêmur (osso da coxa), joelho, rótula = patela, panturrilha = barriga da perna, pé = chanca = canastra = pesunho = prancha = patola = toesa (base), metacarpo; falange (cada um dos ossos do dedo), falange proximal, falange medial, falange distal, metatarso, artelho, tornozelo, maléolo (cada uma das saliências que constituem o tornozelo), aorta (artéria), pulmões, vias nasais, traqueia, brônquios, alvéolos pulmonares; coluna vertebral *Lista de opositivos em partes do corpo* DE CABELO: ponta **x** raiz DE DENTE: coroa **x** raiz DE MÃO: palma **x** costas, dorso DE PÃO: colo, peito, dorso, tarso **x** planta, sola *Vocábulos depreciativos para partes do corpo* DEPRECIATIVO DE CABEÇA: bestunto, cabeçorra, cachola, sinagoga DEPRECIATIVO DE CABELO: arapuá, carapinha, cupim, falripas, farripas, gadelhas, gaforina, garofinha, guedelha, grenha, melena, repa, trunfa DEPRECIATIVO DE CARA: caranchona, carantonha, carranca, focinho, fuças, lata DEPRECIATIVO DE NARIZ: batata, beque, bicanca, bitácula, nariganga, narigão, narigueta, penca, pimentão DEPRECIATIVO DE PÉ: chanca, pata, patola, patonha, pezunho, prancha, toesa

---

participação (posse em comum) ***Subst.*** copropriedade, comunhão, comunicação, sociedade, cooperação, cooperativismo, condomínio, parceria, coparticipação, solidariedade, partilha, sociedade, coproprietário, sócio, condômino, parceiro, societário, participante, partícipe, meeiro, acionário, acionista, jurista, assinante ***V.*** participar, coparticipar, partilhar, compartir, compartilhar ***Adj.*** indiviso, precípuo, participante, solidário

partida (movimento inicial) ***Subst.*** retirada, saída, desocupação, leva, embarque, bota-fora, mudança, abandono, êxito, êxodo, fuga, hégira, singradura, despedida, embarcadouro, gare, estação, porto, doca, aeroporto, terminal ***V.*** partir, deixar, ausentar-se, sair, marchar, abandonar, desocupar, evacuar, quitar, escafeder-se, embarcar, levantar âncora, zarpar, desatracar, singrar, desaferrar, arrancar, voar, voejar, desprender, desferir, soltar

partido ***Subst.*** facção, grupo, clã, fração, dissidência, parcialidade, seara, rancho, bloco, bando, gente, banda, bandeira, claque, tropa, falange, legião, séquito, comitiva, súcia, clique, chusma, horda, turma, malta, grei, matilha, panelinha, soldadesca, patrulha, rebanho, igrejinha, comunidade, comunhão, corpo, associação, sociedade, agremiação, seio, regaço, confraria, sodalício, irmandade, conferência, corporação, grêmio, cenáculo, companhia, estabelecimento, firma, casa, sindicato, instituto, instituição, liga, união, aliança, pacto, coligação, federação, confederação, cabala, conluio, quadrilha, camorra, conspiração, maçonaria, elenco ***V.*** formar partido, cooptar, aderir, agremiar-se ***Adj.*** pardidário, unido, solidário, federal, federativo, associado

partilha ***Subst.*** compartimento, aquinhoamento, compartilhamento, rateio, distribuição, repartição, divisão, dividendo, porção, parte, contingente, quota, rasca, data, lote, gleba, monte, quantum, parcela, ração, posta, folha, formal de partilha, repartidor ***V.*** partilhar, compartilhar, ratear, destrinçar, repartir, parcelar, retalhar, distribuir, partir, talhar, aquinhoar, ratear, compartir, amealhar, destrinçar ***Adj.*** partilhador, partilhado ***Adv.*** em rateio

passado ***Subst.*** pretérito, antiguidade, arcaísmo, passadismo, antigo, pré-história, *statu quo*, paleontologia, paleografia, paleologia, arqueografia, arqueologia, arcaísmo, quinhentismo, seiscentismo, retrospecto, antiquário, passadista, saudosista, tradicionalista, retrógrado, pé de boi ***V.*** retroagir, ter saudades, remontar,exumar, desenterrar, retrair ***Adj.*** passado, ido, remoto, longínquo, distante, afastado, decorrido, findo, transato, derradeiro, último, antecedente, pretérito, anterior, extinto, transcorrido, esquecido, irrecuperável, primeiro, primevo, prisco, defunto, falecido, vetusto, ancestral, medieval, precedente, recente ***Adv.*** antigamente, dantes, já, ultimamente, atrás, ontem

passadouro (lugar, meio de passagem) ***Subst.*** maneira, método, meio, modo, jeito, som, guisa, processo, sistema, norma, rumo, praxe, hábito, via, viação, trânsito, caminho, trilho, vereda, passagem, corte, desfiladeiro, servidão, trilha, senda, atalho, carreiro, estrada, rodovia, rota, trajeto, trajetória, órbita, pista, lista, esteira, carril, avenida, rua, ruela, travessa, beco, viela, alameda, escada, escadaria, elevador, rampa, corredor, galeria, viaduto, elevado, pontão, prancha, coxia, pinguela, desfiladeiro, vau, barca, túnel, canudo, ramal, porta, portão, canal, estreito, passadiço, passagem, artéria, rodovia, ferrovia, ramal, passeio, calçada, trâmite, variante, picada, carreteira, canal ***Adj.*** vicinal ***Adv.*** em trânsito, de passagem

passagem (movimento através de) ***Subst.*** trânsito, transmissão, atravessamento, cruzamento, infiltração, corte, traspasse, penetração, transudação, infiltração, ingresso, conduto, abertura, servidão, pedágio ***V.*** repassar, perpassar, transitar, perfurar, vadear, atravessar, cruzar, cortar, penetrar, permear, varar, enfiar, encadear, flechar, transfixar, espetar, traspassar, transpassar, percorrer, propagar, rasgar, romper, abrir picada, abrir passagem, invadir ***Adj.*** atravessador, secante

pasta ***Subst.*** carnosidade, massa, polpa, quimo, coalhada, pudim, grumo, coalho, cosmético ***Adj.*** pastoso, polposo, suculento, carnoso, carnudo, polpudo, musculoso

paz ***Subst.*** sossego, ordem, harmonia, bonança, calma, remanso, quietude, amizade, neutralidade ***V.*** apaziguar, pacificar, viver em paz, serenar, aquietar, tranquilizar ***Adj.*** pacífico, calmo, descansado, quieto, tranquilo, sereno, bonançoso, remansoso, incruento, pacato, plácido, zen, ordeiro, conservador, neutral, inofensivo, manso, paciente, prudente, sossegado, bonachão, bonacheirão, benévolo

pedido ***Subst.*** instância, requisição, reclamação, empenho, interesse, petição, requerimento, memorial, solicitação, pretensão, abaixo-assinado, desejo, súplica, clamor, apelo, convite, brado, intercessão, imprecação, rogo, rogativa, prece, oração, invocação, choradeira, rogativa, rogatória, postulação, impertinência, assalto, lamúria, peditório, assédio, busca, mendicância, cabala, sacola, coleta, subscrição, tômbola ***V.*** pedir, solicitar, rogar, implorar, suplicar, exorar, pedinchar, postular, procurar, buscar, querer, requerer, fazer, invocar, recorrer, apelar, pleitear, demandar, requisitar, reclamar, atracar, pechinchar, importunar, assediar, conjurar, imprecar, exortar, evocar, impetrar, sitiar, urgir, clamar, chorar, bradar, vociferar, atordoar, gritar, lamuriar, perseguir, esmolar, mendigar, angariar, coletar, colher, filar, cabalar ***Adj.*** pedinte, peditório, pedinchão, precatório, rogativo, invocativo, suplicante, súplice, postulante, solicitante, pleiteante, instante, requerente, importuno, clamoroso, pedinchão, mendicante, lamurioso, lamuriento

penalidade ***Subst.*** castigo, sanção, pena, multa, coima, emenda, apreensão, empate, carceragem, galés ***V.*** multar, impor, infligir, apreender, confiscar, coimar, ser encarcerado, cair em comisso, incidir em comisso ***Adj.*** multado, penalizado, penal, incurso

pendura ***Subst.*** suspensão, apensão, apêndice, cauda, rabo, crista, penduricalho, pingente, pendente, brinco, estalactite, aba, fralda, sanefa, cortina, cortinado, beiço, beiçola, rede, trapézio, pêndulo, balanço, móbile, badalo, cabide, varal, forca, cremalheira, trança, madeixa, lâmpada, aldraba ***V.*** pendurar, balançar, balancear, oscilar, tremular, agitar, drapejar, cair, rolar, dependurar, apensar ***Adj.*** pendente, pêndulo, seguro, suspenso, pênsil, pedunculado, apenso

penitência ***Subst.*** contrição, pungimento, compunção, atrição, remorso, pesar, carcoma, acúleo, voz, grito, clamor, reato, confissão, apologia, retratação, expiação, penitente ***V.*** arrepender-se, lamentar, reconhecer-se culpado, penitenciar-se, retratar-se, pesar na consciência ***Adj.*** penitente, arrependido, pesaroso, consternado, triste, escaldado, penitencial

pensamento ***Subst.*** reflexão, idealização, ponderação, cogitação, consideração, raciocínio, estudo, lucubração, elucubração, especulação, deliberação, resolução, atividade mental, mentalidade, abstração, contemplação, cisma, devaneio, platonismo, associação, sucessão, fluxo de pensamentos, série de pensamentos, reconsideração ***V.*** pensar, entender, refletir, cogitar, excogitar, idealizar, imaginar, deliberar, ponderar, pesar, aduzir, especular, contemplar, meditar, cismar, sonhar, ruminar, matutar, remoer, aplicar atenção, digerir, discutir, pesar, atentar, apreciar, sopesar, medir, avaliar, olhar, reparar, reunir, passear o pensamento por, nutrir uma ideia, acariciar uma ideia, passar pela mente, impressionar o pensamento, monopolizar o pensamento, absorver o pensamento, empolgar o pensamento ***Adj.*** pensado, pensador, pensativo, pensante, meditativo, meditável, inventivo, meditabundo, perdido, enlevado, contemplativo, especulativo, estudioso, deliberativo, introspectivo, platônico, filosófico

pequenez ***Subst.*** baixeza, raquitismo, nanismo, intangibilidade, acanhamento, brevidade, insignificância, epítome, microcosmo, rudimento, estreiteza, tira, faixa, nesga, retalho, orla, anão, pigmeu, cotó, fantoche, manequim, homúnculo, bilro, pitorra, batoque, catatau, (depr.) nanico, (depr.) pote, pipa, repolho, criança, garoto, duende, caçapo, monera, ameba, micróbio, inseto, formiga, mosca, mosquito, pulga, carrapato, verme, gusano, protista, borboleta, bactéria, crisálida, gorgulho, rato, pevide, caroço, semente, glóbulo, pingo, molécula, átomo, fragmento, pó, mícron, botão, microscópio, micrômetro, nônio ***V.*** apequenar(se), amiudar(-se), minimizar, miniaturizar, encolher, diminuir, atrofiar ***Adj.*** pequeno, pequenino, parvo, limitado, maneiro, manual, portátil, miúdo, abonecado, tênue, diminutivo, minúsculo, microbiano, irrisório, nanico, fraco, mesquinho, mínimo, atrofiado, mirrado, enfezado, definhado, raquítico, acanhado, agachado, baixo, curto, impalpável, intangível, invisível, inapreciável, infinitesimal, homeopático, atômico, molecular, ínfimo, rudimentar, embrionário, microscópico, milimétrico, estreito, minguado, magro, granular, contraído

perda ***Subst.*** perdição, sumiço, desaparecimento, extravio, descaminho, privação, despojamento, espoliação, esbulho, desvantagem, prejuízo, quebra, malbarato, diminuição, decréscimo, desfalque, míngua, redução, subtração, espoliação, desvio ***V.*** perder, quitar, dissipar, malbaratar, alienar, tosquiar, desperdiçar, extraviar, desencaminhar ***Adj.*** perdido, privado, despojado, deserdado, alheio, desnudado, espoliado, despido, livre, desprovido, raso, desaparecido, inutilizado, irremediável, insanável, irrecuperável, irreparável, insubstituível, perdível

perdão ***Subst.*** graça, mercê, absolvição, resgate, quitação, anistia, indulto, esquecimento, indulgência, misericórdia, rasoura, comutação, conciliação, propiciação, desculpa, escusa, justificação, longanimidade, generosidade, magnanimidade, moleza, perdoado ***V.*** perdoar, remitir, esquecer, remir, desculpar, justificar, relevar, tolerar, relaxar, atenuar, comutar, absolver, anistiar, indultar, dispensar, negligenciar ***Adj.*** remissivo, conciliador, conciliatório, indulgente, longânime, magnânimo, tolerante, equânime, perdoável, venial, remissível, tolerável, impune

perfeição ***Subst.*** excelência, maturidade, plenitude, perfectibilidade, aperfeiçoamento, limpeza, pureza, acabamento, modelo, exemplar, padrão, protótipo, paradigma, rebuçado, Deus, fênix, arquétipo, ideal, primor, mimo, quilate, flor, nata, escol, suco, quintessência, auge, requinte, suprassumo, refinamento, atilamento, correção, esmero, apuro, capricho, lima, retoque, crisólita, crisólito, espelho, trunfo, obra-prima, pintura, limagem ***V.*** aperfeiçoar, sublimar, primar, aquilatar, melhorar, apurar, caprichar, esmerar, lapidar, burilar, cinzelar, polir, limar, retocar, limpar, desbastar, corrigir, preparar, escoimar, refinar, requintar, aprimorar, esmerar ***Adj.*** perfeito, primo, limpo, indefectível, apurado, fino, esmerado, harmonioso, primoroso, puro, castiço, impecável, irrepreensível, inexcedível, imaculado, asseado, são, casto, acurado, neto, inconcusso, ileso, incólume, perfectível, íntegro, pintado, chapado, rematado, completo, consumado, acabado, inatacável, incensurável, lapidar, magistral, exemplar, modelar, inimitável, incomparável, sublime, celso, celeste, celestial, sobre-humano, divino, exímio

perfurador (instrumentos perfurantes) ***Subst.*** furador, broca, punção, trado, pua, verruma, estilete, sovela, sovina, saca-rolhas, sacho, sonda, agulha, britador, escopro, cinzel, formão, goiva, seta, flecha, florete, espada, punhal, baioneta, espéculo

perigo ***Subst.*** escolho, risco, crime, ameaça, lance, aperto, agrura, insegurança, ventura, fortuna, contratempo, enrascada, cilada, emboscada, armadilha, transe, soçobro, instabilidade, periculosidade, desarrimo, desamparo, desabrigo, exposição, crise, transe, gravidade, estreito, presságio, aviso, receio, temor, mal-estar, intranquilidade, sobressalto, alvoroço, desassossego, inquietação, angústia, desconfiança, medo, tremura, tremor, palidez ***V.*** apitar, atrever-se, perigar, periclitar, arriscar, soçobrar, adejar, ameaçar, comprometer, desarmar, desguarnecer, desabrigar, desproteger, acorrer, ameaçar, angustiar, afligir ***Adj.*** perigoso, audacioso, arriscado, aventuroso, venturoso, arrojado, temerário, crítico, grave, periclitante, inseguro, sinistro, desabrigado, desamparado, abandonado, perdido, desprotegido, nu, indefeso, indefensável, insustentável, inerme, desguarnecido, fraco, desprevenido, descalço, desapercebido, vulnerável, penhascoso, ameaçador, proceloso, tempestuoso, agitado, traiçoeiro, insidioso, falso, acidentado, precário, melindroso, apurado, angustiante, inquietador, amargurado, escorregadio, resvaladiço, lábil, vacilante, instável, malfadado, alarmante, explosivo, aventureiro, ousado, difícil

periodicidade (frequência periódica) ***Subst.*** período, intermitência, remitência, oscilação, pulso, pulsação, ritmo, compasso, regularidade, cadência, alternativa, ciclo, turno, volta, giro, revolução, rotação, rodízio, reciclagem, período, circuito, ciclo, fase, lunação, conjunção, plenilúnio, oposição, mês, festas, Natal, aniversário, centenário, jubileu, pontualidade, assiduidade, invariabilidade, ordem, harmonia, simetria ***V.*** remitir, reciclar, cadenciar ***Adj.*** periódico, serial, seriado, cíclico, rotativo, ritmado, rítmico, cadenciado, remitente, intermitente, diurno, diário, quotidiano, dial, dominical, semanal, hebdomadário, bissemanal, mensal, bimestral, bimensal, menstrual, trimensal, trimestral, semestral, anual, bienal, trienal, vicenal, secular, centenário, pascal, quaresmal, natal, natalício, pontual, regular, uniforme, regrado, compassado, normal, natural, inalterável ***Adv.*** por turno

período (duração limitada) ***Subst.*** periodicidade, segundo, instante, minuto, hora, prima, terça, sexta, vésperas, dia, féria, decêndio, década, mês, lunação, quarentena, trimestre, quadrimestre, quartel, semestre, ano, primavera, janeiro, tríduo, setenário, novena, quinzena, biênio, quadriênio, sexênio, setênio, novênio, decênio, vicênio, epacta, indicação, olimpíada, século, centúria, centenário, idade, milênio, existência, geração ***Adj.*** periódico, cíclico, horário, diário, semanal, quinzenal, mensal, trimestral, semestral, anual, decenal, secular, milenar

permanência (ausência de mudança) ***Subst.*** estabilidade, quietude, obstinação, imanência, persistência, resistência, *statu quo*, conservação, constância, firmeza, intangibilidade, subsistência, repouso, calma, calmaria, tranquilidade, estagnação, sobrevivência, reincidência, manutenção, preservação, conservantismo, imobilismo, inércia, tradicionalismo, rotina, marasmo, mesmice ***V.*** persistir, resistir, afrontar, desafiar, repousar, subsistir, sobreviver, ficar, restar, permanecer, quedar, estacionar, durar, dormir ***Adj.*** estável, persistente, infindo, contínuo, constante, perene, inalterável, permanente, efetivo, imanente, dominante, prevalente, prevalecente, intangível, estabelecido, inviolável, ileso, incólume, monótono, sobrevivente, supérstite, infalível, imutável, indeclinável, inflexível, invariável, fixo, uniforme, preservado, estacionário, estagnado

permissão ***Subst.*** autorização, faculdade, licença, consentimento tácito, vênia, favor, graça, mercê, indulgência, liberdade, liberação, trela, obséquio, condescendência, tolerância, outorga, deferimento, aprovação, assentimento, beneplácito, indulto, passaporte, conivência, cumplicidade, concessão, consentimento, patente, mandato, sanção, passe, passaporte, licença, salvo-conduto ***V.*** permitir, autorizar, facultar, conceder, outorgar, admitir, suportar, comportar, tolerar, dignar-se, consentir, reconhecer, concordar, anuir, convir, favorecer, transigir, deferir, privilegiar, licenciar, garantir, sancionar, ratificar, satisfazer, autorizar, eximir, soltar, absolver, resgatar, pedir, solicitar, pedir permissão ***Adj.*** permissivo, permissível, facultativo, concessivo, indulgente, liberal, obsequioso, complacente, condescendente, tolerante, conivente, bonachão, longânime, bonacheirão, benevolente, permitido, lícito, legal, factível, dado, justo, livre, privilegiado, legítimo, incondicional

permuta ***Subst.*** câmbio, troca, intercâmbio, escambo, comutação, comércio, tráfico, negócio, mercantilismo, varejo, feira, mercearia, (depr.) negocista, transação, operação, negociação, barganha, especulação, negociata, agiotagem, corretagem, agência, balcão ***V.*** permutar, trocar, escambar, comutar, cambiar, tratar, negociar, barganhar, girar, comerciar, transacionar, contratar, agenciar, mercanciar, traficar, mercadejar, mascatear, futricar, trafegar, vender, revender, especular, explorar, empregar ***Adj.*** comercial, mercantil, mercante, vendível, negociável, disponível, permutável, especulativo

perseguição (desígnio em ação) ***Subst.*** empresa, negócio, aventura, trilha, rasto, rastro, pista, rabeira, busca, encalço, batida, matilha, canzoada, cachorrada, caçada, corrida, montaria, carambola, cinegética, pesca, pescaria, fisga, arpão, anzol, rede, armadilha, pesquisa, faiscação, exploração, pescador, passarinheiro ***V.*** perseguir, ir ao encalço de, seguir nos calcanhares de, caçar, tourear, acossar, traquejar, procurar, urgir, seguir, rastejar, campear, redar, pescar, caçar, desencovar, executar, empreender, tentar, pedir, procurar, alvejar, apressar, cavalgar, passarinhar, pescar, mariscar, tarrafar ***Adj.*** perseguidor, seguidor, haliêutico, piscatório, písceo, venatório, persecutório, rateiro

perseverança ***Subst.*** afinco, insistência, persistência, constância, continuação, permanência, firmeza, tenacidade, fortaleza, fidelidade, lealdade, apego, dedicação, coragem, porfia, consistência, ardor, assiduidade, paciência, atividade, pertinácia, iteração ***V.*** perseverar, persistir, aturar, afincar, insistir, ancorar, aderir, continuar, prosseguir ***Adj.*** tenaz, ardoroso, inconcusso, constante, firme, inabalável, indefesso, incansável, assíduo, incessante, inquebrantável, indestrutível, brônzeo, infatigável, desvelado, invicto, trabalhador, industrioso, sólido, robusto, pertinaz, persistente, indomável, forte, teimoso, dedicado, invencível, esforçado, seguro, devotado, leal, inalterável, imutável, insistente, estrênuo, contínuo

peticionário ***Subst.*** pedinte, requerente, suplicante, reclamante, intercessor, terceiro, solicitador, solicitante, pidão, pedinchão, postulante, pretendente, candidato, aspirante, interessado, apelante, reclamante, recorrente, chorão, cabalista, mendigo, esmoler, mendicante

picante ***Subst.*** estimulante, estimulação, pique, mordacidade, pico, ardência, ardor, acrimônia, acidez, nitro, salitre, mostarda, caviar, vatapá, salmoura, escabeche, pimenta, alho, cordial, tabagismo, picadinho, rapé, cigarrilha, cigarro, quebra-queixo, trabuco, charuto, havana, cravo, fumaça, cachimbada, cachimbo, pito, boquilha, piteira, fumante, filante ***V.*** arder, picar, queimar, pungir, estimular, adubar, condimentar, apimentar, salgar, salpicar, fumar, cachimbar, pitar, mascar ***Adj.*** picante, acre, áspero, ativo, quente, saboroso, ácido, salgado, condimentoso, mordente, mordaz, ardente, pungente, salso, salgado, salpicado, acrimonioso, forte, espirituoso, amargo, azedo, salino, salobro, enjoativo, fumante, aperitivo, irritante, estimulante, tóxico

piedade (devoção religiosa) ***Subst.*** religião, catecismo, teísmo, fé, santidade, (depr.) clericalismo, reverência, humildade, graça, carisma, unção, santificação, edificação, consagração, mística, misticismo, carolice, beatificação, regeneração, conversão, salvação, inspiração, monoteísta, católico, crente, teísta, cristão, devoto, eleito, santo, penitente, fiel, prosélito, peregrino, romeiro, vicentino, deísta, fiéis, santarrão ***V.*** observar, obedecer, respeitar, converter, catequizar ***Adj.*** piedoso, religioso, devoto, santeiro, praticante, respeitador, rezador, pio, puro, humilde, santo, espiritual, seráfico, fiel, sagrado, sacrossanto, crente, católico, cristão, eleito, prodigioso, santificado, regenerado, inspirado, iluminado, bento, converso, celeste, divino, divinal, etéreo, místico, beatífico, monoteísta, beato, confessional

pintura ***Subst.*** óleo, desenho, perspectiva, escorço, pinacoteca, cenografia, escola, estilo, gênero, policromia, colorido, matiz, vagueza, sombreado, paleta, palheta, cavalete, tela, pincel, broxa, espátula, lápis, carvão, esfuminho, giz, pastel, empastamento, colorido, aquarela, carnação, verniz, aguada, guache, têmpera, quadratura, esmalte, mosaico, tapeçaria, iluminura, fotografia, heliografia, heliogravura, retrato, miniatura, perfil, gravura, litografia, quadro, painel, fresco, retábulo, estampa, obra-prima, cartão, gabinete, esboço, debuxo, perfil, bosquejo, campo, fundo, sombra, silhueta, fotógrafo, paisagem, marinha, vista, cenário, panorama ***V.*** pintar, debuxar, desenhar, estampar, esboçar, figurar, rabiscar, bosquejar, delinear, sombrear, lavrar, perfilar, tracejar, pincelar, panejar, riscar, empastar, colorir, envernizar, esmaltar, modelar, representar, acidentar, encarnar, fotografar ***Adj.*** pitoresco, pinturesco, pictórico, gráfico

pioramento ***Subst.*** piora, deterioração, avaria, aviltamento, desvalorização, rebaixamento, depreciação, declínio, decadência, refluxo, recuo, retrocesso, agravamento, caimento, recaída, abastardamento, degenerescência, degradação, podridão, apodrecimento, depravação, desmoralização, enfraquecimento, dano, perda, detrimento, desproveito, injúria, ultraje, ferida, estrago, desolação, lesão, perversão, prostituição, desbotamento, oxidação, polução, envenenamento, fermentação, contaminação, adulteração, desvirtuamento, erosão, minguante, declinação, baixa, decrepitude, perecimento, desmoronamento, dilapidação, alteração, vaivém, corrosão, mofo, cárie, caruncho, broca, cupim, ferrugem, marasmo, esgotamento, atrofia, colapso, desorganização, naufrágio, soçobro, tapera ***V.*** piorar, baixar, retrogradar, descer, baquear, despencar, degringolar, tresandar, derreter, falir, retroceder, desmoronar, desabar, quebrar, rachar, fender, aluir, descambar, decair, caducar, degenerar, desmentir, desbotar, desmerecer, mirrar, definhar, melar, apodrecer, avariar, bichar, cariar, carunchar, apodrecer, declinar, enferrujar, oxidar, fragmentar, vacilar, perecer, morrer, combalir, estrompar, arruinar, enfraquecer, socar, corroer, macular, manchar, infeccionar, eivar, contaminar, empestar, envenenar, carcomer, roer, onerar, sobrecarregar, corromper, abastardar, adulterar, ulcerar, poluir, empanar, depravar, viciar, inquinar, safar, desclassificar, iscar, desnaturalizar, prostituir, deflorar, desvirginar, desvirtuar, desnaturar, perverter, relaxar, agravar, assanhar, sujar, enfezar, danar, prejudicar, desgastar, lamber, contagiar, desmoralizar, brutalizar, barbarizar, enervar, danificar, estropear, injuriar, devastar, estragar, dilacerar, lacerar, dilapidar, esfarrapar, assolar, despovoar, depredar, desolar, roubar, apunhalar, esfaquear, ferir, golpear, mutilar, amputar, desfigurar, deturpar, falsear, decompor, enguiçar, putrefazer, putrificar, desflorar, murchar, estiolar, fanar, desorganizar, desmantelar, desarvorar, desmastrear, desarranjar, rebaixar ***Adj.*** piorado, depreciado, pejorativo, imperfeito, seco, mirrado, pútrido, putrefato, putrefativo, putrescente, putrefaciente, morrinhento, decadente, decaído, gasto, corrido, safado, puído, safo, surrado, choco, corrompido, corrupto, podre, carcomido, chocho, murcho, sanioso, combalido, inutilizado, desvirtuado, exausto, retrógrado, deletério, degenerado, pior, desarranjado, desafinado, velho, roçado, passado, abalado, cadavérico, acabado, enferrujado

planeza ***Subst.*** lisura, terraplenagem, lhanura, planura, chapa, lâmina, espelho, prato, mesa, lençol, planície, planalto, chapada, mesa, meseta, platô, tabuleiro, socalco, terrapleno ***V.*** aplanar, respaldar, alisar, terraplenar, planificar, aplainar, rasar, igualar, rasourar, espalmar, aterrar ***Adj.*** plano, chão, liso, raso, horizontal, terraplenado

planície ***Subst.*** platô, mesa, chã, planura, chapada, chapadão, campo, estepe, tundra, pampa, lhanos, charneca, savana, esplanada, páramo, chão, veiga, vargedo, campina, logradouro, planalto, sertão, caatinga, campanha, prado, pradaria, pasto, pastagem, ameijoada, clareira, relva, tabuleiro, descampado ***V.*** arrelvar ***Adj.*** campestre, campesino, rural, aluvial, varzino, relvado

plano ***Subst.*** esquema, desenho, projeto, *design*, arquitetura, traçado, proposta, sugestão, resolução, opinião, alvitre, precaução, premeditação, tenção, sistema, organização, investigação, informação, esboço, traço, borrão, minuta, rascunho, esqueleto, arcabouço, carcaça, anteprojeto, bosquejo, delineamento, cópia, prova, planilha, cronograma, revisão, programa, plataforma, prognóstico, prospecto, protocolo, cartaz, cardápio, papel, método, recurso, previsão, estatística, invenção, elaboração, expediente, receita, fórmula, segredo, artifício, descoberta, estratégia, ardil, estratagema, alternativa, escapatória, trunfo, medida, passo, golpe, acompanhamento, adaptação, intriga, teia, cabala, mexerico, (bras.) milongas, enredo, trapalhada, tramoia, armadilha, arapuca, malha, meada, trama, conciliábulo, conspiração, conluio, conchavo, conjuração, urdidura, maquinação, entrecho, estratégico, estrategista, planejador, projetista, arquiteto, empreiteiro, artista, promotor, organizador, conspirador, conjurado, mexeriqueiro, intrigante ***V.*** planejar, desenhar, bosquejar, formar, compor, imaginar, idear, idealizar, excogitar, fantasiar, esboçar, arquitetar, fabricar, maquinar, forjar, cunhar, inventar, fingir, preparar, projetar, chocar, atentar, delinear, traçar, tramar, preconceber, premeditar, preestabelecer, predeterminar, manobrar, engendrar, tecer, deitar, sonhar, guisar, concertar, preconceber, preparar, urdir, fiar, conjurar, minar, enredar, mexericar, cabalar, conspirar, intrigar, sistematizar, organizar, arranjar, dirigir ***Adj.*** planejado, estratégico, tático

plebeísmo (Atenção! Vários dos análogos de 'plebeísmo' podem ter caráter pejorativo, e, com tal sentido, devem ser evitados.) ***Subst.*** democracia, camada, categoria, condição, proletariado, vulgo, plebe, zé-povinho, poviléu, enxurrada, gentinha, gentalha, ralé, escória, choldra, (p. us.) vulgata, burguesia, mediania, burguês, camponês, campônio, labrego, aldeão, vilão, moleque, mestiço, garoto, escarro, mequetrefe, ganhador, lixeiro, sebeiro, lacaio, maroto, maltrapilho, farroupilha, indivíduo, sujeito, tipo, mariola, sacripanta, madraço, (fam.) sanfona, malandro, mandrião, vadio, valdevinos, cafajeste, salafrário, sendeiro, rústico, desgraçado, infeliz, mendigo, pedinte, côdea, pastel, rodilha, homúnculo, pigmeu, joão-ninguém, zé-ninguém, trolha, borra-botas, trapeiro, democrata, plebeu, republicano, democracia ***V.*** ser plebeu ***Adj.*** plebeu, rústico, vilão, ignóbil, desgraçado, mesquinho, baixo, vil, soez, insignificante, desqualificado, reles, pequeno, catingueiro, ínfimo, obscuro, humilde, desconhecido, ignorado, medíocre, pífio, chué, pulha, rústico, incivilizado, fajuto, grosseiro, bárbaro, inculto, rasteiro, rastejante, proletário, burguês, aburguesado

pluralidade ***Subst.*** multiplicidade, diversidade, variedade, quantidade, profusão, maioria, multidão, sem-número, magote ***V.*** pluralizar, multiplicar, variegar ***Adj.*** plural, múltiplo, multíplice ***Pron.*** alguns, poucos, muitos, diversos

pobreza ***Subst.*** penúria, carência, inópia, escassez, precisão, míngua, aperto, pauperismo, desamparo, necessidade, (bras.) pindaíba, apuro, extremidade, miséria, transe, angústia, privação, lazeira, prontidão, sufoco, agrura, modéstia, mendicância, insolvência, pobre, pobretão, mendigo, indigente, miserável, joão-ninguém, necessitado, pobre-diabo, roto, esfarrapado, maltrapilho, (reg.) pilão, pelintra, valdevinos, pinga, destituído ***V.*** precisar, falir, quebrar, decair, mendigar, viver em apuros, passar necessidade, viver na pindaíba, viver abaixo da linha de pobreza, estar limpo, estar a nenhum, empobrecer, tosquiar, arruinar, depauperar ***Adj.*** pobre, indigente, arruinado, falido, quebrado, necessitado, mesquinho, minguado, pronto, insolvente, faminto, pobretão, miserável, roto, modesto, coitado, desgraçado, desvalido, desprotegido, infeliz, esquecido, desamparado, abandonado ***Adv.*** com uma mão atrás e outra na frente, à míngua, a nenhum

poder ***Subst.*** potência, potencialidade, potestade, intensidade, força, energia, ascendência, domínio, controle, predominação, predominância, predomínio, supremacia, hegemonia, onipotência, prepotência, vigor, vitalidade, habilidade, capacidade, dom, competência, eficácia, eficiência, validez, validade, habilitação, influência, autorização, pressão, elasticidade, tensão, gravidade, eletricidade, magnetismo, atração universal, atração terrestre, gravitação, dinâmica, fricção, sucção, braço, capacidade, virtude, particularidade, propriedade, atributo, apanágio, dote, prenda, dom, condão, privilégio, suscetibilidade ***V.*** poder, ter a faca e o queijo na mão, ser capaz de, competir, caber, dar poder, capacitar, habilitar, petrechar, investir, revestir, armar, fortalecer, compelir, magnetizar, eletrizar, galvanizar ***Adj.*** poderoso, pujante, vigoroso, potente, potencial, dominante, preponderante, capaz, eficaz, eficiente, operoso, ativo, pronto, válido, infalível, seguro, eficiente, bom, excelente, adequado, competente, onipotente, intenso, influente, produtivo

poesia ***Subst.*** Parnaso, Egéria, prosódia, rima, harmonia, assonância, poemeto, poema, rapsódia, carne, ode, ode moral, idílio, écloga, pastoral, ditirambo, redondilhas, bucólica, soneto, rondó, madrigal, cançoneta, elegia, hino, canção, balada, cântico, trova, lundu, lamentação, epitáfio, copla, nênia, cantata, epitalâmio, acróstico, silva, mote, glosa, improviso, estrambote, quinteto, sextilha, setilha, nona, silo, sátira, paródia, estribilho, refrão, lírica, ópera, zarzuela, antologia, música, invocação, verso destemperado, verso manco, canto, dístico, verso, linha, quadra, terceto, quarteto, quinteto, estrofe, estância, rima, cadência, ritmo, pé, medida, metro, métrica, acento, acentuação, antepasto, jambo, molosso, hexâmetro, verso alexandrino, elegia, poeta, laureado, cantor, bardo, trovador, rapsodo, rapsodista, cíclico, menestrel, lírico, seresteiro, improvisador, repentista, cisne, versificador, sonetista, poetastro, poetaço, versejador, versista, licença, lira, inspiração, estro, plectro ***V.*** poetar, poetizar, versejar, versificar, versar, compor, rimar, tanger, decantar, celebrar, cantar, metrificar, parodiar ***Adj.*** poético, lírico, melodioso, harmonioso, doce, ritmado, cadenciado, épico, heptassílabo, hendecassílabo, esdrúxulo, homérico, camoniano

posse ***Subst.*** possessão, propriedade, tenência, pertinência, ocupação, dependência, secularização, socialização, retenção, monopólio, estanque, privilégio, domínio, usucapião, controle, disposição, disponibilização, aquisição, compra, obtenção, apropriação, herança, reversão, senhorio, escritura, usufruto, desfrute ***V.*** possuir, ter, haver, lograr, ocupar, desfrutar, usufruir, dominar, gozar, fruir, herdar, receber, obter, ter, açambarcar, monopolizar, atravessar, conquistar, apreender, usurpar, arrebatar, confiscar, capturar, tirar, roubar, extorquir, pegar, levar, pertencer, competir, corresponder, investir em posse, empossar, encabeçar ***Adj.*** possessor, participante, meu, teu, seu, nosso, vosso, minha, possessivo, próprio, senhorial, carregado, dotado, cheio, possuído

possibilidade ***Subst.*** potencialidade, virtualidade, praticabilidade, viabilidade, factibilidade, exequibilidade, contingência, acaso ***V.*** admitir, comportar, parecer, possibilitar, viabilizar, facilitar ***Adj.*** possível, factível, exequível, concebível, admissível, crível, compatível, praticável, virtual, realizável, viável, executável, acessível, transponível, explorável, navegável, superável, verificável, atingível, natural, discutível, permissível ***Adv.*** talvez, quiçá, acaso

possuidor ***Subst.*** possessor, proprietário, dono, senhor, ocupante, titular, posseiro, usuário, usucapiente, sesmeiro, usufrutuário, proprietário, senhorio, morgado, detentor, meeiro, locador, arrendatário, locatário, sublocatário, locador, caseiro, granjeiro, feitor, fazendeiro, armador, estancieiro, beneficiário, enfiteuta, donatário, concessionário, depositário, credor, hipotecário, presuntivo, herdeiro, delfim ***Adj.*** proprietário, senhoril, senhorial

posteridade ***Subst.*** varonia, progênie, progenitura, descendência, sucessão, prole, ramo, família, produto, fruto, semente, ninhada, bisneto, trineto, tetraneto, filho, órfão, primogênito, unigênito, bastardo, póstumo, morgado, herdeiro presuntivo, rebento, gomo, renovo, vergôntea, ramo, galho, ramificação, infante, epígono, ninhada, filharada, filiação, primogenitura ***V.*** descender, suceder, provir, proceder, perfilhar ***Adj.*** primogênito, póstero, futuro, filial, descendente, bastardo

posterioridade ***Subst.*** ulterioridade, continuidade, sucessão, continuação, posição, superveniência, sucessor, resto, sobrevivência, caçula ***V.*** seguir, vir depois, ir depois, sobrevir, sobreviver ***Adj.*** seguinte, imediato, ulterior, póstero, posterior, consecutivo, pospositivo, pós-diluviano, póstumo, futuro, superveniente, sobrevivente, supérstite, passante ***Adv.*** depois, desde

potencial de guerra ***Subst.*** armas, armamento, bagagem, armadura, munição, pólvora, chumbo, cartucheira, cartuchame, bala, granada, obus, projétil, bomba, metralha, explosivo, dinamite, petardo, torpedo, espada, espata, gládio, baioneta, sabre, chanfalho, cimitarra, catana, punhal, adaga, canivete, folha, lâmina, faca, aço, navalha, estoque, florete, alabarda, machado, machadinha, tridente, estilete, lança, hasta, pique, clava, maça, maço, pau, porrete, cacete, moca, bastão, chicote, cassetete, arrocho, bordão, varapau, cajado, vara, vareta, chibata, bengala, pica-pau, pistola, carabina, espingarda, garrucha, escopeta, mosquete, mosquetão, fuzil, rifle, trabuco, parabélum, catatau, artilharia, bronze, canhão, bateria, morteiro, metralhadora, artilharia, canhão, míssil, míssil balístico, metralhadora, escopeta, clavina, mosquetaria, pistola, revólver, bazuca, cloro, napalm, vírus, armas químicas, antraz, armas biológicas, armas nucleares, avião de caça, bombardeiro, VANT (Veículo Aéreo Não Tripulado), drone, satélite, bomba, radar, torpedo, submarino, torpedeiro, contratorpedeiro, mina, corveta, destróier, cruzador, encouraçado, porta-aviões, míssil, tanque, trabuco, zarabatana, besta, catapulta, bodoque, torpedo, lança, dardo, seta, chuço, ferrão, arpão, fisga, carreta ***V.*** calibrar ***Adj.*** mortífero

pouquidade ***Subst.*** punhado, parcimônia, escassez, carência, inópia, raridade, escolta, patrulha, destacamento, vazante, minoria, menoridade, grupo, troco, punhado, magote, limitação, restrição, abatimento, deserção, emigração, êxodo, ceifa, rarefação, eliminação, abandono ***V.*** minguar, escassear, rarear, rarefazer, desertar, restringir, limitar, reduzir, decrescer, ceifar, despovoar, eliminar, dizimar, afinar, enfraquecer ***Adj.*** pouco, escasso, raro, rarefeito, isolado, esparso, disperso, espalhado, perdido, diminuto, parcimonioso, parco, minguado, enfraquecido

pouquidão ***Subst.*** pequenez, mediocridade, insignificância, irrelevância, modéstia, parcimônia, escassez, carência, penúria, inópia, angústia, estreiteza, moderação, pobreza, miséria, mínimo, ponto, partícula, corpúsculo, sinal, pinta, mancha, nódoa, vislumbre, verniz, centelha, faísca, pontinha, sombra, grão, grânulo, glóbulo, pastilha, mínimo, sorvo, pitada, tinta, gota, baga, bago, pingo, pinga, borrifo, lambisco, dedada, miséria, mica, tintura, remendo, semente, bocado, lambujem, fragmento, retalho, nesga, estilhaço, lasca, farrapo, trapo, vintém, resquício, vestígio, fatia, dedal, quinhão, parcela, cabelo, torrão, colher, punhado, fração, bagatela, ninharia, nonada, átimo, raio, aparência ***V.*** diminuir, contrair, escassear, carecer ***Adj.*** pouco, escasso, parco, mínimo, exíguo, insuficiente, irrisório, minguado, modesto, módico, diminuto, diminutivo, restrito, miúdo, desprezível, vil, baixo, tênue, débil, frágil, delgado, leve, limitado, inapreciável, algum, medíocre, sofrível, tolerável, meão, vazante, moderado, ínfimo, infinitesimal, sutil, miserável, homeopático, mero, simples ***Adv.*** mal, pouco, sequer, quase, apenas, absolutamente, não

prazer (ver tb. *fruição*) ***Subst.*** gozo, fruição, refrigério, ação, satisfação, regalo, deleite, ação, maná, néctar, gosto, sabor, contentamento, sedução, complacência, agrado, bem, comodidade, almofada, volúpia, orgasmo, lubricidade, erotismo, lascívia, libidinagem, sensualidade, sensualismo, desejo, tesão, luxúria, sadismo, masoquismo, fetichismo, *hobby*, alegria, júbilo, galhardia, vivacidade, gáudio, regozijo, pasto, aleluia, felicidade, ventura, dita, bênção, sorriso, beatitude, beatificação, bem-aventurança, encanto, transporte, êxtase, enlevo, alienação, arrebatamento, arroubo, paraíso, éden, animação, entusiasmo, lua de mel ***V.*** degustar, gozar, fruir, desfrutar, lograr, passar, usufruir, saborear, prelibar, pascer, pastar, espairecer, jubilar ***Adj.*** prazeroso, satisfeito, feliz, ditoso, bendito, venturoso, bem-aventurado, beato, beatífico, abençoado, beatificado, afortunado, bem-nascido, próspero, feliz, alegre, folgazão, fausto, galhardo, radiante, risonho, exultante, esfuziante, contente, encantado, deslumbrado, extasiado, absorto, enlevado, entusiasmado, subjugado, vencido, fascinado, rendido, cativo, extático, pasmado, boquiaberto, indolor, puro, paradisíaco, róseo, cerúleo, voluptuoso, lúbrico, erótico, libidinoso, lascivo, sensual, luxurioso

precedência ***Subst.*** guia, superioridade, importância, véspera, preferência, antecedência, precursor, primado, primazia, primogenitura, preeminência, prioridade, chefia, precessão, anteposição, alvorada ***V.*** preceder, vir antes, precursar, madrugar, capitanear, chefiar, desvirginar, introduzir, antecipar, priorizar, antepor, preluzir, prefixar, prepor, preestabelecer, preludiar, prefaciar ***Adj.*** precedente, passado, último, findo, prévio, prior, predito, referido, primeiro, primaz, primitivo, primevo, primordial, precursor, prepositivo, preveniente, liminar, preliminar, preparatório, vestibular, introdutivo, introdutório, inaugural, penúltimo, antepenúltimo, primário, transato ***Adv.*** antes, primeiro, primo, acima

preceito ***Subst.*** diretriz, norma, princípio, ensinamento, lei, lema, (fig.) bandeira, determinação, lição, divisa, legenda, regra, dito, instituto, ditame, guia, cânon, decisão, regulamento, regimento, prescrição, indicação, exemplo, doutrina, disposição, disposto, ordem, mandamento, cláusula, condição, receita, máxima, sistema, processo, regime, lei, código, direção, ato, estatuto, compromisso, regulação, instrução, roteiro, fórmula, formulário, técnica, ordem ***Adj.*** preceitual, normal, doutrinário, regimental, estatutário

precessão (marchando na frente) ***Subst.*** direção, condução, liderança, vanguarda, anteposição, precedência, prioridade, dianteira, mão, precursor, pioneiro, guia, líder, abre-alas, descobridor, desbravador, batedor, inventor, condutor, cruciferário ***V.*** estar na vanguarda, ir na frente, guiar, puxar, caminhar à frente, preceder, desbravar, comandar, chefiar, capitanear, conduzir, liderar, rebocar ***Adj.*** condutor, dianteiro, vanguardeiro, líder, guieiro, pioneiro, rebocador ***Adv.*** adiante

preço ***Subst.*** importe, custo, custa, feitio, pedido, aluguel, porte, frete, carreto, equivalente, avaliação, cotação, rasa, sobrepreço, superfaturamento, tarifário, imposto, taxa, tarifa, imposição, tributo, ônus, gravame, cota, quota, participação, encargo, finta, capitação, alvitre, derrama, quinto, quarteirão, finta, dízimo, décima, pedágio, resgate, pauta, corretagem, comissão, foro, arrendamento, reajuste, indexação, inflação, deflação, valor, avaliação, pechincha, achado, almotacé ***V.*** apreçar, cotizar, cotar, cobrar, exigir, levar, pedir, encabeçar, maquiar, penhorar, custar, valer, equivaler, regular, chegar, avaliar, reputar, estimar, pechinchar, regatear, negociar, fintar, superfaturar, espremer, escorchar, esfolar, gravar, coletar, tributar ***Adj.*** caro, exorbitante, inacessível, escorchante, barato, acessível, astronômico, mercenário, venal, vendível, *ad valorem*, líquido

precursor ***Subst.*** prenunciador, antecessor, predecessor, antepassado, antecedente, precedente, ascendente, vanguardeiro, pioneiro, dianteiro, introdutor, primogênito, arauto, porta-voz, núncio, guia, dianteira, vedeta, guieiro, batedor, bandeirante, matalote, estreante, (fam.) debutante, introdução, prefácio, prólogo, preâmbulo, advertência, exórdio, primórdio, cabeça, cabeçalho, título, frontispício, fachada, portada, frontaria, preparativo, prelúdio, premissa, primícias, predição, profecia, prognóstico, presságio, prefixo ***Adj.*** precursor, inaugural, preliminar, precedente, vanguardeiro, antecipatório

predeterminação ***Subst.*** prevenção, premeditação, predefinição, preconceito, conchavo, intenção, projeto, predestinação, vocação ***V.*** predeterminar, predefinir, premeditar, prefixar, preconceber, predestinar, talhar, prevenir, preparar, chocar, incubar, predispor ***Adj.*** preconcebido, intencionado, deliberado, combinado, refletido, propositado ***Adv.*** adrede

predição ***Subst.*** prenúncio, prenunciação, anúncio, programa, premonição, aviso, prognóstico, horóscopo, profecia, vaticinação, presságio, augúrio, previsão, agouro, auspício, predefinição, prefiguração, natividade, buena-dicha, adivinhação, intuição, necromancia, figuração ***V.*** predizer, prognosticar, profetizar, oracular, vaticinar, fazer o horóscopo de alguém, tirar o horóscopo de alguém, agourar, adivinhar, acertar, penetrar, aconselhar, prevenir, pressagiar, anunciar, prenunciar, prefigurar, predefinir, pressentir, prever, significar, introduzir, ameaçar, inocular, aumentar ***Adj.*** profético, fatídico, divinatório, vaticinador, prenunciativo, oracular, sibilino, ominoso, sinistro, esquerdo, agourento, pressago, previsto, inspirado, iluminado, iluminista

---

Formas de adivinhação (do nome para a descrição) AEROMANCIA: adivinhação pelos sinais e observação do ar ALECTOROMANCIA: adivinhação por meio de um galo ALEUROMANCIA: adivinhação pela farinha de trigo ALFITOMANCIA: adivinhação pela farinha de trigo ANTRACOMANCIA: adivinhação pelo carvão incandescente ANTROPOMANCIA: adivinhação pelas vísceras humanas ANTROPOSCOPIA: adivinhação pelas manifestações exteriores, pelas aparências do homem APANTOMANCIA: adivinhação pelas coisas que se apresentam subitamente ARIOLOMANCIA: adivinhação por meio de ídolos ARITMANCIA OU ARITMOMANCIA: adivinhação pelos números ARUSPÍCIO: adivinhação pelas entranhas de animais AUSPÍCIO: adivinhação por vista, número ou voo das aves AXINOMANCIA: adivinhação por um machado BACTROMANCIA: adivinhação pelas varinhas BELOMANCIA: adivinhação pelas setas BIBLIOMANCIA: adivinhação abrindo-se um livro ao acaso BOTANOMANCIA: adivinhação pelas ervas CAPNOMANCIA: adivinhação pelo fumo que se erguia do altar em que se queimavam as vítimas CARTOMANCIA: adivinhação por meio de cartas CATOPTROMANCIA: adivinhação por meio de espelho CEFALOMANCIA: adivinhação pela cabeça de um burro CEROMANCIA: adivinhação por meio de cera derretida lançada n'água gota a gota CLEROMANCIA:

adivinhação lançando dados ou tirando sortes CLIDOMANCIA: adivinhação por uma chave presa a uma bíblia COSCINOMANCIA: adivinhação pela agitação de uma peneira, de um crivo CRANIOMANCIA: arte de adivinhar as disposições morais de uma pessoa pelo exame da sua cabeça ou crânio CRITOMANCIA: adivinhação por meio de cevada CRISTALOMANCIA adivinhação por meio de um espelho ou de qualquer objeto de cristal DACTILOMANCIA: adivinhação pelos dedos ou pelos anéis do dedo ENOMANCIA: adivinhação pela substância ou cor do vinho GASTROMANCIA: adivinhação por meio do reflexo da luz de duas velas na água contida num vaso bojudo GELOSCOPIA: determinação do caráter pelo modo de rir GENETLIOLOGIA: adivinhação pela observação dos astros no ato do nascimento GEOMANCIA: adivinhação por meio de círculos ou por figuras feitas na terra **ou** adivinhação por meio de pó de terra lançado numa mesa GIROMANCIA: adivinhação por meio de voltas rápidas num círculo até cair atordoado em cima de letras dispostas ao acaso, das quais se tiravam presságios HALOMANCIA: adivinhação pelo sal HIDROMANCIA: adivinhação pela água HIEROMANCIA OU HIEROSCOPIA: o mesmo que aruspício ICTIOMANCIA: adivinhação pelas entranhas dos peixes IGNISPÍCIO: adivinhação pelo fogo LAMPADOMANCIA: adivinhação pelas cores e movimentos de uma lâmpada LITOMANCIA: adivinhação pelas pedras preciosas METEOROMANCIA: adivinhação pelos meteoros METOPOSCOPIA: adivinhação pelas feições de uma pessoa MIOMANCIA: adivinhação pelos ratos NEFELEMANCIA: adivinhação pelas nuvens OFIOMANCIA: adivinhação pelas serpentes ONICOMANCIA: adivinhação pelas unhas refletindo os raios solares ONIROMANCIA: adivinhação pelos sonhos ONOMANCIA, NOMANCIA, ONOMATOMANCIA: adivinhação pelas letras do nome ORNITOMANCIA OU ORNITOSCOPIA: adivinhação pelo voo ou canto das aves PEGOMANCIA: adivinhação pelo movimento da água das fontes PIROMANCIA: adivinhação pelo fogo PSICOMANCIA: adivinhação pelos espíritos QUIROMANCIA: adivinhação pelas linhas da palma da mão RABDOMANCIA: adivinhação por uma varinha SIDEROMANCIA: adivinhação pelo ferro em brasa, sobre o qual se lançava palha para se observar as figuras resultantes das faíscas ou das cinzas SORTILÉGIO: adivinhação por meio de sortes TEOMANCIA: adivinhação por suposta inspiração divina ou pelo nome de Deus TIROMANCIA: adivinhação por meio do queijo

Formas de adivinhação (da descrição para o nome) ARTE DE INTERPRETAR OS SONHOS: onirocricia, oniromancia, onirocrítica ADIVINHAÇÃO PELO SOL, PELA LUA, PELAS ESTRELAS: astrologia, horoscopia, nairangia CIÊNCIAS DOS ARÚSPICES: aruspicinia, aruspicação, aruspicismo, aruspicina LUGAR DE PREDIÇÃO: ádito, auguratório, mantéu, trípode, trípoda, língula

---

preparação ***Subst.*** provimento, preparativo, apresto, armação, instrução, provisão, diligência, providência, preparo, preparatório, manobra, exercício, montagem, precaução, prevenção, previdência, previsão, planejamento, ensaio, habilitação, arrumação, licença, adaptação, equipamento, armamento, enxoval, estratégia, método, cronograma, projeção, simulação, teste, prospecção, análise, madureza, amadurecimento, maturidade, evolução, elaboração, digestão, gestação, choco, alicerce, degrau, escora, capacitação, instrução, seleção, aprendizado, tirocínio, noviciado, tempero, cultura, amanho, aradura, arrancada, semeadura, terraplenagem, nivelamento, maturidade, madureza, prontidão, técnico, pioneiro, dianteiro, precursor ***V.*** preparar, aperceber, aprontar, aviar, aprestar, manobrar, prevenir, concertar, sanar, arrumar, improvisar, predispor, preestabelecer, providenciar, projetar, programar, planejar, rasgar, semear, desbravar, limpar, adubar, fertilizar, estrumar, amanhar, roçar, capinar, predispor, manipular, engatilhar, escorvar, encordoar, talhar, desbastar, aparar, gastar, aplainar, lapidar, moldar, aparelhar, elaborar, estercar, maturar, chocar, incubar, cozinhar, digerir, aferventar, confeccionar, charquear, equipar, tripular, armar, mastrear, aprestar, guarnecer, aguerrir, apetrechar, petrechar, municiar, habilitar, escalonar, reparar, prover, munir, acondicionar, lustrar, polir, escovar, lubrificar, afiar, amolar, afinar, ajustar, ajaezar, montar, encordoar, curtir, surrar, treinar, acostumar, habilitar, adestrar, matraquear, ensaiar, guardar, armar, prover, nidificar, economizar, chulear, pespontar, coser, alinhavar, pronto, antecipar ***Adj.*** iminente, ameaçador, cauteloso, acautelado, providente, preparativo, preparatório, incoativo, pronto, acabado, maduro, sazonado, feito, elaborado, vigilante, fabril

presa ***Subst.*** despojo, butim, ralé, saque, pilhagem, espólio, muamba, produto ***V.*** apresar, saquear, pilhar ***Adj.*** manubial

presença ***Subst.*** existência, comparecimento, assiduidade, ocupação, posse, detenção, penetração, invasão, visita, estada, estadia, permanência, onipresença, espectador, ocular ***V.*** assistir, comparecer, decorar, permanecer, presenciar, visitar, jazer, povoar, habitar, ocupar, residir, morar, estar, viver, coabitar, conviver, parar, acoitar, passear, infestar, encher, apinhar, transbordar, invadir, entupir, obstruir, penetrar ***Adj.*** presente, assíduo, ocular, visual, ocupante, ubíquo, onipresente, onividente, povoado, populoso, habitado ***Adv.*** aqui, aí, cá, acolá ***Prep.*** onde, ante, perante

preservação ***Subst.*** conservação, imunidade, resguardo, defesa, mitridatismo, armazenagem, manutenção, suporte, sustentação, custeio, conservantismo, proteção, defesa, salvaguarda, preservativo, salmoura, álcool, quarentena, vacina, vacinação, desinfecção, silo ***V.*** preservar, manter, guardar, sustentar, suportar, comportar, cultivar, nutrir, entreter, salvar, salvaguardar, agasalhar, resguardar, amparar, abrigar, guardar, cuidar, proteger, imunizar, vacinar, defender, reservar, respeitar, poupar, embalsamar, secar, curar, salgar, olear, envernizar, engarrafar, enlatar, armazenar ***Adj.*** preservativo, conservante, conservador, inviolado, ileso, incólume, poupado, respeitado, imune, indene, inteiro, íntegro, intangível

preso ***Subst.*** prisioneiro, escravo, cativo, detento, detido, recluso, condenado, presidiário, grilheta ***V.*** estar preso ***Adj.*** algemado, acorrentado, amarrado, encarcerado

pressa ***Subst.*** urgência, açodamento, premência, despacho, aceleração, precipitação, afogadilho, ímpeto, arrebatamento, rapidez, violência, sofreguidão, impaciência, fula, nervosismo, afã, ânsia, bulício ***V.*** apressar, afadigar, avivar, açodar, ativar, apressurar, acelerar, aguçar, aproximar, adiantar, precipitar, antecipar, abreviar, urgir, expedir, despachar ***Adj.*** apressado, lampeiro, lesto, impaciente, brusco, precipitado, lépido, furioso, impetuoso, inquieto, fogoso, arrebatado, desabalado, repentino, nervoso, febril, violento, sôfrego, insofrido, alvoroçado, desenfreado, infrene, pressuroso, fogoso, ligeiro, prestes, pronto, expedito, urgente ***Adv.*** depressa, rápido, à toda, num abrir e fechar de olhos, sem mais tardar

presteza ***Subst.*** prontidão, ligeireza, agilidade, madrugada, pontualidade, brevidade, instantaneidade, prematuridade, precipitação, antecipação, adiantamento, apressamento, sofreguidão, impaciência, nervosismo, açodamento, urgência ***V.*** antecipar, encurtar, abreviar, apressar, precipitar, adiantar, ativar, açodar, madrugar ***Adj.*** presto, ágil, lépido, tempestivo, pontual, pronto, prematuro, imaturo, precipitado, precoce, preveniente, temporão, verde, repentino, inesperado, imediato, breve, rápido ***Adv.*** cedo, logo, prestes

pretidão ***Subst.*** negrura, negridão, negrume, trevas, lividez, lusco-fusco, escuridão, azeviche, ébano, carvão, tição, café, breu, piche, fuligem, corvo, urubu, (gír.) vicente, melanina, pigmento, nanquim, negro, preto, afro-brasileiro, mulato, etíope, hotentote, africano, tisna ***V.*** pretejar, enegrecer, tisnar, denegrir, calcinar, carbonizar, enfarruscar, escurecer, obscurecer, brear, defumar ***Adj.*** preto, negro, afro, fuliginoso, breado, fusco, obscuro, etíope, hotentote, africano, retinto, lúrido, moreno, triguenho, amorenado, amulatado, pardo, noturno

previdência ***Subst.*** sagacidade, antecipação, adivinhação, providência, precaução, prudência, cautela, previsão, presciência, premeditação, prevenção, prejulgamento, suspeita, desconfiança, pressentimento, presságio, profecia, augúrio, agouro, prenúncio, correio, sentimento, presunção, palpite, rebate, prospecto, perspectiva, antegozo, prelibação, barômetro, prognóstico, diagnóstico, núncio ***V.*** prever, calcular, entrever, antever, prenunciar, pressagiar, intuir, prometer, adivinhar, antecipar, predizer, prevenir, precaver, acautelar, conjecturar, pressentir, sentir, agourar, prognosticar, diagnosticar, calcular, desconfiar, pressupor, prelibar, antegozar, afofar ***Adj.*** presciente, clarividente, sagaz, expectante, barométrico, providente, pressago, intuitivo, mensageiro, portador ***Adv.*** de antemão, por via das dúvidas

prioridade ***Subst.*** primado, antecedência, preferência, antecipação, primazia, anterioridade, precedência, preexistência, precessão, precursor, passado, primícias, primogenitura, preposição, prelibação, prévia, antegozo, vigília, véspera, antevéspera, tríduo, setenário, novena, advento, quaresma, noivado ***V.*** priorizar, dar preferência a, preceder, antecipar, anteceder, anunciar, prognosticar, predizer, preexistir, raiar, despontar, alvorecer, pressagiar, madrugar, prepor, inaugurar, antegozar, prelibar, desvirginar ***Adj.*** prioritário, preferencial, prévio, primeiro, primo, antecedente, antecipado, preparatório, preliminar, liminar, primário, anterior, preexistente, primitivo, primordial, primevo, já, acima, supracitado, predito ***Adv.*** antes, ante, primeiro

prisão (meios de constrangimento) ***Subst.*** cárcere, calabouço, jaça, masmorra, penitenciária, detenção, enxovia, xilindró, arrecadação, presídio, xadrez, cubículo, estado-maior, solitária, estação, retenção, fortaleza, torre, casinha, cadeia, casamata, clausura, cela, limoeiro, gaiola, capoeira, curral, redil, estrebaria, (bras.) torçal, presépio, covil, antro, jaula, harém, senzala, manilha, corrente, (bras.) tronco, cepo, pelourinho, adobe, pega, grilheta, braga, camisa, camisola, jugo, canga, cofo, mordaça, açaimo, focinheira, cabresto, coleira, cabeção, barbicacho, brida, rédea, liame, vínculo, peia, laço, muçurana, ferrolho, chave, cadeado, grade, muralha, parede, internação, reclusão, confinamento, gueto ***V.*** aprisionar, prender, encarcerar, deter, (gír.) encanar ***Adj.*** carcerário, presidiário

probabilidade ***Subst.*** possibilidade, admissibilidade, plausibilidade, aparência, perspectiva, racionalidade, parecença, viso, vislumbre, presunção, evidência circunstancial, credibilidade, evidência favorável, evidência razoável, prospecto, alternativa, expectativa ***V.*** ser provável, dever, implicar, parecer, aguardar, pressupor ***Adj.*** provável, verossímil, alvissareiro, opinativo, esperável, esperançoso, plausível, especioso, ostensivo, razoável, racional, crível, presumível, presuntivo, aparente, natural

probidade ***Subst.*** honradez, integridade, retidão, brio, pundonor, capacidade, correção, dignidade, hombridade, honradez, honestidade, lisura, pontualidade, fé, honra, rigor, seriedade, limpeza, exatidão, justiça, justeza, imparcialidade, austeridade, têmpera, lhaneza, virtude, direitura, moralidade, moralismo, constância, fidelidade, lealdade, franqueza, sinceridade, grandeza, (fig.) arminho, candor, candura, candidez, alteza, veracidade, compostura, decência, decoro, seriedade, pejo, pudor, recato, reserva, temor, pontualidade, resguardo, coerência, congruência, altivez, timbre, respeitabilidade, venerabilidade, invulnerabilidade, generosidade, magnanimidade, gentileza, amabilidade, zelo ***V.*** ser honrado, ter caráter, respeitar-se, prezar-se, ter dignidade ***Adj.*** honrado, digno, íntegro, correto, respeitável, liso, probo, idôneo, honesto, decente, veraz, virtuoso, justo, reto, imparcial, insuspeito, desinteressado, excelente, desapaixonado, (fig.) impecável, (fig.) intocável, escrupuloso, impoluto, insuspeito, capaz, fidedigno, sério, imarcescível, austero, inflexível, decente, inabalável, fiel, leal, insubornável, inconquistável, franco, direto, lhano, verdadeiro, cândido, sincero, formoso, perfeito, espartano, inteiriço, consciencioso, escrupuloso, religioso, decoroso, pontual, atilado, inquebrantável, altivo, respeitável, venerando, coerente, congruente, limpo, inocente, puro, irrepreensível, imaculado, ilibado, impoluto, inatacável, intangível, acreditado, prezado, cavalheiresco, galhardo, brioso, galante, notável, bem-visto, distinto, magnânimo, generoso, gentil, amável, zeloso, diligente, cuidadoso, eminente, insigne, considerado, assinalado, distinto ***Adv.*** de boa-fé

prodigalidade (exagerada) ***Subst.*** dissipação, desbaratamento, extravagância, malbarato, esbanjamento, desgoverno, descomedimento, desperdício, desregramento, malversação, dilapidação, esbulho, corrupção, desvio, desfalque, superfaturamento, farra, imprevidência, estroinice, desatino, ralo, dispêndio, profusão, esbanjador, gastador, perdulário, pródigo, gafanhoto, imprevidente, sumidouro ***V.*** malversar, desfalcar, subtrair, surrupiar, desviar, queimar, esbanjar, absorver, derreter, gastar, varrer, limpar, secar, superfaturar, corromper, prodigalizar, desgovernar, malbaratar, desbaratar, desperdiçar, extenuar, queimar, esbanjar, dissipar, alagar, descomedir-se, derramar ***Adj.*** pródigo, dadivoso, perdulário, manirroto, imprevidente, desgovernado, desregrado, descomedido, extravagante, liberal, desgovernado, desequilibrado, insensato, corrupto ***Adv.*** sem peso nem medida, aos montes

prodígio ***Subst.*** curiosidade, raridade, portento, enlevo, maravilha, espetáculo, fenômeno, assombro, coisa nunca vista, coisa do arco-da-velha, oitava maravilha do mundo, aborto, abismo, milagre, grandeza, sublimidade, leão, espetáculo, sinal, monstro, bomba, meteoro, trovão, corisco, raio

produção ***Subst.*** produtividade, fertilidade, geração, criação, elaboração, formação, construção, fábrica, fabrico, fatura, feitura, confecção, artifício, manufatura, edificação, arquitetura, multiplicação, fundação, edificação, organização, ereção, cunhagem, fundição, estabelecimento, instituição, artefato, primícias, peça, execução, feitio, acabamento, fornada, novidade, florescência, choco, desova, parto, nascimento, secundinas, puerpério, gravidez, prenhez, obstetrícia, placenta, geração, evolução, desenvolvimento, crescimento, procriação, reprodução, progênie, prole, fecundação, pólen, esperma, sêmen, semente, autoria, paternidade, biogênese, puericultura, publicação, obra, produto, fruto, trabalho, edifício, construção, estrutura, flor, messe ***V.*** produzir, criar, render, aparecer, realizar, operar, obrar, fazer, causar, formar, manufaturar, instaurar, brotar, levantar, erguer, erigir, construir, edificar, fabricar, inventar, multiplicar, preparar, tecer, forjar, urdir, fundir, cunhar, entalhar, esculpir, cinzelar, estabelecer, instituir, fundar, constituir, povoar, dotar, enriquecer, ornar, compor, organizar, confeccionar, aviar, concluir, medrar, crescer, florir, florescer, florear, reflorescer, desabrochar, acarretar, suscitar, abotoar, frutificar, desabotoar, pulular, chocar, incubar, desovar, parir, conceber, trazer, gerar, procriar, fecundar, perpetuar, multiplicar, alastrar, medrar, prosperar ***Adj.*** produtor, produtivo, manufatureiro, genitor, genital, reprodutivo, prolífico, fecundo, gerador, geratriz, criador, criativo, formador, genético, seminal, reprodutor, afrodisíaco, fértil, profícuo, prolífero, puérpera, puerperal, parturiente, frutuoso, gestante, grávida, prenhe, coberta, arquitetônico, manufatureiro

produtividade ***Subst.*** fertilidade, proficuidade, fecundidade, feracidade, exuberância, vigor, viço, pujança, uberdade, exuberante, sombra, louçania, riqueza, opulência, fecundação, fertilização, multiplicação, propagação, criação, procriação, proliferação, eugenia, afrodisia, prenhez, fartura, abundância, vigor, viço, seiva, coelho, rato, hidra, aquário, húmus, protoplasma, oásis ***V.*** produzir, abundar, medrar, crescer, florescer, florir, pulular, proliferar, transbordar, frutificar, emprenhar, procriar, impregnar, fecundar, semear, gerar, acasalar, fertilizar, adubar, render, produzir, desenvolver, juntar ***Adj.*** produtivo, prolífico, prolífero, profícuo, fértil, feraz, rico, fecundo, dadivoso, bom, abençoado, privilegiado, frutuoso, luxuriante, opulento, verdejante, loução, florescente, pujante, soberbo, cheio, opimo, excelente, farto, úbere, frondoso, inexaurível, pingue, inexaurível, inesgotável, castiço, generativo, primípara, produtor, proveitoso, poedeira, afrodisíaco, piscoso

produtor ***Subst.*** produção, semeador, sementeiro, causador, motor, motriz, promotor, gerador, móbil, criador, pai, genitor, construtor, inventor, descobridor, autor, artífice, arquiteto, fundador, iniciador, proclamador, obreiro, fator, romeiro, organizador, fabricante, alma

proficiente ***Subst.*** perito, técnico, conhecedor, entendido, mestre, veterano, autoridade, ás, bamba, protagonista, faz-tudo, gênio, equilibrista, luminar, luzeiro, político, tático, estrategista *Adj.* versado, competente, eficiente, eficaz, apto, tarimbado,

profundidade *Subst.* profundas, profundeza, fundo, fundura, depressão, voragem, mergulho, pego, pélago, abisso, perau, abismo, precipício, despenhadeiro, fosso, cova, buraco, cratera, poço, cisterna, oceano, madre, leito, sonda, sondagem *V.* aprofundar, mergulhar, abismar, fundar, afundar, cavoucar, cavar, escavar, sondar, submergir *Adj.* profundo, fundo, cavo, sepultado, submerso, subaquático, submarino, subterrâneo, insondável, impenetrável, inatingível, inacessível, abismal, abissal, côncavo *Adv.* no fundo, nas entranhas

progressão (movimento para frente) *Subst.* progresso, marcha, avanço, avançamento, adiantamento, desenvolvimento, evolução, impulso, marcha, surto, melhoria, melhoramento *V.* avançar, progredir, evoluir, desenvolver(-se), ganhar terreno, arrancar, prosseguir, surdir, proceder, andar, marchar, investir, postergar, pospor, invadir, penetrar, comer, devorar, salvar *Adj.* progressivo, desenvolvido, progressista, evolutivo, vitorioso, triunfante

proibição *Subst.* defesa, inibição, impedimento, parada, vedação, veto, indeferimento, recusa, interdito, interdição, oposição, suspensão, arresto, embargo, empate, proscrição, excomunhão, restrição, obstrução, coima, tabu, cerceamento, empecilho *V.* proibir, inibir, tomar, vetar, negar, denegar, vedar, parar, bloquear, estorvar, baldar, tolher, proscrever, cercear, amputar, excluir, trancar, aferrolhar, multar, restringir, coibir, frustrar, conter, refrear, estancar, limitar, circunscrever, sustar, interditar, interceptar, embargar, tolher, impedir, obstruir, reprovar, boicotar *Adj.* proibitivo, proibitório, inibitório, restritivo, exclusivo, defeso, interdito, ilegal *Adv.* proibitivamente, de forma alguma, não

prolação (som repetido e prolongado) *Subst.* rufo, repicagem, bimbalhar, rataplã, tique-taque, ruge-ruge, trilo, trinado, gorjeio, ramerrão, algazarra, cachoeira, charivari, zumbido, zoada, zunido, marulho, pulsação, besouro, eco, matraca, realejo, bulício *V.* rufar, ecoar, tamborilar, trovejar, toar, rimbombar, ribombar, trovoar, retumbar, retinir, ronronar, repicar, badalar, bimbalhar, tocar, tanger, tagarelar, sapatear, dançar, gorjear, trilar, trinar, tremer, zunir, tilintar, murmurejar *Adj.* monótono, invariável, repetitivo, contínuo, prolongado, tonante, retumbante, troante

prolixidade *Subst.* difusão, redundância, extensão, alongamento, largueza, latitude, amplificação, ampliação, verbosidade, psitacismo, verbosidade, verborragia, palavreado, palanfrório, palavrório, ladainha, lenga-lenga, tautologia, pleonasmo, polissíndeto, exuberância, redundância, circunlóquio, rodeio, preâmbulo, excursão, divagação, circunlocução, perífrase, episódio, expletivo *V.* descomedir-se, discorrer, discursar, desenvolver, perifrasear, ampliar, descaroçar, divagar, circunvagar, saltitar, repisar, alongar-se, espraiar-se. repetir(-se), insistir, prolongar, protrair, perorar, pormenorizar, detalhar, destrinçar *Adj.* difuso, profuso, palavroso, verboso, verborrágico, minucioso, prolixo, copioso, exuberante, redundante, pleonástico, comprido, asiático, perifrástico, rançoso, episódico, retórico, minucioso, minudente, particular, miúdo, infindável *Adv.* com todas as letras, com todos os efes e erres, por extenso

promessa *Subst.* proposta, palavra, fé, juramento, jura, compromisso, promissão, jura, protesto, profissão, asseveração, empenho, penhor, segurança, garantia, proposta, voto, promitente *V.* prometer, garantir, asseverar, penhorar, protestar, professar, assegurar, afiançar, jurar, apalavrar, ajuramentar, afiançar *Adj.* promissor, votivo, afiançado, prometido, juramento, apalavrado, combinado

propriedade *Subst.* posse, recursos, possessão, senhorio, domínio, colônia, direito, título, dote, apanágio, herança, legítima, monte, espólio, inventário, patrimônio, legado, ativo, bens, haveres, pertences, meios, recursos, riqueza, dinheiro, morgado, feudo, haveres, fazenda, estância, sítio, latifúndio, benfeitoria, herdade, quinta, chácara, granja, casa, prédio, imóvel, gleba, mobiliário, mobiliária, baixela, instrumento, impedimento, bagagem, território, domínio, estado, reino, principado, capitania, sesmaria, dependência, anexo, enxoval, equipamento, acervo, cabedal, tesouro, fortuna, crédito, dívida *V.* possuir, ter, receber, herdar, aforar, alugar, locar, comprar, entesourar *Adj.* proprietário, urbano, rústico, rural, feudal, mobiliário, imobiliário, patrimonial, dotal, perpétuo

propulsão (movimento comunicado a um objeto situado na frente) *Subst.* impulsão, ímpeto, empuxo, projeção, vasculho, ejaculação, ejeção, dejeção, arremesso, descarga, tiro, repelão, detonação, bala, chumbo, disco, martelo, dardo, flecha, atirador *V.* impelir, impulsionar, propulsar, projetar, propelir, arremessar, alijar, jogar, atirar, arrojar, lançar, enviar, empurrar, disparar, soltar, ejacular, descarregar, catapultar, despedir, expedir, remeter, soprar, vibrar, coriscar, fulminar, dardejar, apedrejar, desfechar, detonar, explodir, varrer, vasculhar, escovar, movimentar, repelir *Adj.* impulsor, impulsivo, propulsor, propelente, balístico, missivo, ejaculatório

prosa *Subst.* prosaísmo, prosador, prosista *V.* prosar *Adj.* prosaico, branco, solto

prosperidade *Subst.* bonança, riqueza, bem-estar, contentamento, satisfação, ventura, opulência, fartura, sucesso, avanço, dita, fortuna, felicidade, uberdade, bem-aventurança, bafejo, cornucópia, independência financeira, abastança, fartura, apogeu, esplendor, felizardo *V.* prosperar, medrar, progredir, avançar, desenvolver, florescer, florir, crescer, frutificar, beatificar, glorificar, felicitar *Adj.* próspero, fausto, feliz, florescente, afortunado, venturoso, bem-nascido, ditoso, auspicioso, prometedor, promissor, propício, providente, providencial, risonho, sorridente, favorável, notável, esplêndido, esplendoroso, bonançoso, bem-aventurado, agradável, áureo, róseo, cor-de-rosa *Adv.* de vento em popa

protótipo (coisa que serve de cópia) *Subst.* arquétipo, tipo, original, autógrafo, norma, minuta, rascunho, exemplo, paradigma, modelo, traslado, padrão, craveira, molde, amostra, figurino, croqui, natural, chavão, maquete, texto, matriz, protoplasma, cunho, regra *V.* servir de modelo *Adj.* prototípico, arquetípico, modelar, exemplar, normal

provisão *Subst.* refresco, abastecimento, fornecimento, provimento, aprovisionamento, subvenção, matalotagem, sustento, reserva, víveres, viático, recursos, reforço, comissariado, sortimento, montaria, remonta, reforma, posta, suprimento, aguada, recruta, entrega, frete, abastecedor, despenseiro, chaveiro, comissário, vendeiro *V.* prover, sortir, abastecer, abarrotar, refazer, provisionar, rechear, aprovisionar, fornecer, guarnecer, munir, armar, tripular, reabastecer, repor, ministrar, suprir, forragear, remediar, recrutar, armazenar, entregar, fretar, fazer mochila, fornecer água, refrescar ***Adj.*** fornido provido, provisional, suprido

proximidade ***Subst.*** propinquidade, vizinhança, adjacências, periélio, perigeu, redondezas, arredores, porta, subúrbio, circunvizinhança, fronteira, orla, cercania, logradouro, espectador, vizinho ***V.*** abordar, convergir ***Adj.*** próximo, vizinho, propínquo, contíguo, adjacente ***Adv.*** perto, nos arredores, aqui

pseudorrevelação ***Subst.*** confucionismo, teogonia, zoroastrismo

---

Fundadores de religião OS FUNDADORES: Jesus Cristo, Moisés, Buda, Zoroastro, Confúcio, Maomé, Augusto Comte (religião da Humanidade, não teológica), Calvino, Lutero, Henrique VIII

Ídolos antigos OS ÍDOLOS: bezerro de ouro, Baal, Moloque

---

publicidade ***Subst.*** divulgação, difusão, disseminação, *marketing*, propaganda, anúncio, reclame, anunciante,exposição, visibilidade, exibição, publicação, editoração, propagação, derrama, circulação, curso, promulgação, transmissão, edição, pronunciamento, notoriedade, grito, barulho, imprensa, veículo, mídia, prelo, jornal, periódico, (depr.) papelucho, (depr.) pasquim, (depr.) jornaleco, corsário, gazeta, folha, hebdomadário, semanário, matutino, vespertino, diário, mensário, (depr.) pastelão, revista, fôlder, pôster, encarte, folheto, panfleto, volante, rádio, televisão, videoclipe, internet, publicador, publicitário, marqueteiro, jornalismo, periodismo, redação, redator, circular, carta, manifesto, cartaz, *outdoor*, *display*, exibidor, boletim, encíclica, informação, gazetilha, local, editorial, jornalista, colaborador ***V.*** publicar, estampar, dar, espalhar, devassar, divulgar, propalar, disseminar, semear, difundir, propagar, inocular, revelar, noticiar, comunicar, apregoar, proclamar, vulgarizar, expor, enunciar, emitir, editar, editorar, expedir, arengar, anunciar, apregoar, trombetear, derramar, circular, sair, publicar, andar, correr, circular, vogar, tornar notório ***Adj.*** (gír.) badalado, corrente, público, publicitário, conhecido, solene, manifesto, patente, difundido, flagrante, exotérico, anunciante, editor, editorial

pulverização ***Subst.*** eflorescência, pó, amido, poeira, areia, poeirada, cimento, calhau, serradura, serragem, farelo, lasca, brita, cascalho, farinha, carolo, arenito, migalha, semente, saibro, pevide, sêmen, grão, granito, grânulo, grumo, limalha, raspa, raspadura, apara, resíduo, detrito, entulho, escória, precipitado, caspa, carepa, poejo, pólvora, esmeril, flóculo, floco, felpa, fubá, polvilho, moedura, moagem, trituração, esmigalhamento, contusão, raladura, trituração, pisa, pisadura, pisadela, fricção, atrito, limagem, camba, grosa, ralo, ralador, lima, pilão, almofariz, monjolo, morteiro, engenho, moenda, pulverizador, triturador ***V.*** pulverizar, transformar, triturar, granular, moer, remoer, machucar, limar, desbastar, esmagar, rapar, raspar, rascar, desgastar, ralar, esborrachar, esmiuçar, esmigalhar, esfacelar, quebrar, trilhar, esfarelar, pisar, macerar, repisar, contundir, britar, pilar, esboroar, polvilhar, salpicar, empoar, empoeirar ***Adj.*** pulverizador, pulverulento, pulvéreo, poeirento, granuloso, granulado, farinhento, empoeirado, arenoso, caspento, molar, frágil, moente

punição ***Subst.*** castigo, ensino, correção, emenda, lição, lembrete, preço, escarmento, corretivo, sova, surra, coça, repreensão, admoestação, advertência, bronca, carraspana, chamada, dura, escovadela, folia, flagelo, disciplina, processo, cominação, penalidade, excomunhão, retribuição, desforra, raio, cautério, açoite, prisão, degredo, exílio, banimento, desterro, expulsão, demissão, galés, manopla, palmada, coque, chapeleta, pontapé, bolacha, bolachada, cachação, sopapo, pescoção, cascudo, bochecha, tapa-olhos, tapa, bofetão, tabefe, (pop.) estampilha, estalo, bordoada, pancada, pranchada, sova, tunda, pancadaria, paulada, chinelada, porretada, maçada, carolo, cacholeta, surra, pisa, (pop.) malha, coça, (bras.) sapeca, tosa, sacudidela, chibatada, vergalhada, chicotada, murro, soco, punhada, demissão, suspensão, repreensão, remoção, multa, tortura, suplício, tormento, linchamento, execução, enforcamento, decapitação, degolação, garrote, crucificação, martírio, afogamento, haraquiri, fuzilamento ***V.*** punir, castigar, justiçar, corrigir, ferir, fulminar, perseguir, escarmentar, ensinar, bater, varejar, flagelar, lanhar, açoitar, verberar, fustigar, surrar, vergastar, bater, espancar, maçar, sovar, agredir, vergalhar, chicotear, chibatar, derrear, esquadrilhar, descadeirar, desancar, atiçar, coçar, esmurrar, esbofetear, apedrejar, lapidar, golpear, supliciar, executar, eletrocutar, enforcar, laçar, guilhotinar, decapitar, degolar, esquartejar, fuzilar, linchar, apuar, melar, crucificar, desautorar, excomungar, banir, pronunciar, condenar, exilar, desterrar, expatriar, proscrever, expulsar, despedir, demitir, exonerar, despojar, multar, remoer, suspender, transferir ***Adj.*** punitivo, corretivo, correcional, penal, cominatório, cominativo, punível

pureza ***Subst.*** honestidade, inocência, recato, candidez, (poét.) candor, candura, castidade, virgindade, limpeza, limpidez, virtude, decoro, decência, honra, resguardo, pudicícia, pudor, modéstia, simplicidade, celibato, melindre, pejo, vergonha, continência, recolhimento, melindre, singeleza, platonismo, transparência, temperança, respeitabilidade, vestal, virgem, moça, donzela, menina, senhorita, palmito, hímen, (bras.) cabaço ***V.*** manter-se casto, abster-se ***Adj.*** puro, cândido, casto, celibatário, recatado, pudendo, pudente, pudico, honesto, inocente, virginal, vestal, decoroso, decente, digno, continente, virtuoso, honrado, platônico, angélico, angelical, infantil, branco, alvo, imaculado, inviolado, límpido, novato, simples, ingênuo, inexperiente

qQ

quadriseção (divisão em quatro partes) ***Subst.*** quarto, quartel, quadrante ***V.*** esquartejar, quadricular ***Adj.*** tetrâmero, quadriculado

quadruplicação ***Subst.*** quádruplo ***V.*** quadruplicar ***Adj.*** redobro, quadruplicado, quaternário

qualidades ***Subst.*** ética, retidão, integridade, caráter, maneiras, alma, sentimentos, atributo, apanágio, partilha, disposição, propensão, jeito, gênio, índole, fígado, ânimo, feição, interior, natureza, veia, inclinação, dom, privilégio, sentimento, natureza, espírito, têmpera, temperamento, quilate, idiossincrasia, suscetibilidade, preferência, predileção, queda, pendor, predisposição, inclinação, gosto, cadência, vocação, humor, astral, simpatia, peito, coração, cérebro, vísceras, entranhas, consciência, íntimo, âmago, paixão, furor, avidez, sofreguidão, fome, gana, anseio, ânsia ***V.*** propender, ser dotado de qualidades, ter o dom de, sobressair ***Adj.*** caracterizado, formado, vazado, disposto, predisposto, propenso, inclinado, imbuído, saturado, cheio, transido, possuído, inato, íntimo, encarniçado, entranhado, figadal, genial, idiossincrásico

quantidade ***Subst.*** plenitude, pujança, intensidade, tamanho, grandeza, volume, extensão, amplitude, magnitude, vastidão, abundância, soma, montante, cabedal, acervo, importância, quantia, medida, força, massa, maciço, quantum, auge, raia, matemática, bocado, colherada, medida, carregação, remessa, rosal, estoque, partida, carregamento, fornada, quinhão, lote, pinga, dose, data, manilha, punhado, feixe, gavela, paveia, braçada, pacote ***V.*** quantificar ***Adj.*** quantitativo, qualquer, pouco ***Adv.*** quanto

quaternidade ***Subst.*** quatro, quadrado, quadratura, quadriga, quadrilha, quadrículo, quadra ***V.*** quadrar, quadricular ***Adj.*** quadrático, quaternal, quatro

rR

raciocínio ***Subst.*** senso, critério, racionalismo, intelecção, indução, dedução, generalização, moral, moralidade, debate, questão, tese, comentário, análise, reflexão, ventilação, interrogação, inquirição, entendimento, compreensão, percepção, argumentação, dialética, lógica, coerência, pendência, controvérsia, discussão, polêmica, torneio, debate, certame, querela, altercação, contestação, disputa, contenção, contenda, parlenda, síntese, análise, argumento, razão, alegação, prova, arrazoado, discurso, exposição, sermão, conferência, lema, assunção, postulado, princípio, base, proposição, teorema, teoria, corolário, armas, silogismo, dilema, racionalista, lógico, dialeto, pensador, questionador, polemista, debatedor, causídico, cientista, teórico, filósofo, moralista ***V.*** raciocinar, filosofar, argumentar, discutir, debater, analisar, induzir, intuir, deduzir, concluir, disputar, altercar, arrazoar, argumentar, discorrer, exibir, sintetizar, comentar, moralizar, espiritualizar, considerar, discutir, digladiar, tratar, perceber, captar, entender, compreender, discernir, agitar, ventilar, questionar, apreciar, contender, batalhar, insistir, martelar, inferir ***Adj.*** racional, racionalista, dialético, polêmico, discursivo, razoável, lógico, producente, verdadeiro, plausível, procedente, são, válido, sólido, robusto, consistente, coerente, científico, concludente, conclusivo, decisivo, correto, irrepreensível, indestrutível, positivo, inconcusso, incontestável, indiscutível, iniludível, fecundo, belo, luminoso, brilhante, insofismável, irretorquível, irrecusável, irreplicável, forte, vigoroso, fulminante, enérgico, potente, inteligente, importante ***Adv.*** pois, logo, daí, donde, enfim, afinal, destarte, assim, entretanto, *a priori*, pelo visto ***Conj.*** porque, portanto

ralidade ***Subst.*** raridade, fineza, sutileza, transparência, escassez, porosidade, compressibilidade, rarefação, dilatação, inflação, expansão, tufo ***V.*** rarefazer, adelgaçar, desengrossar, rarear, dilatar, desbastar, sutilizar, expandir, afinar, descongestionar ***Adj.*** raro, ralo, tênue, vaporoso, diáfano, delgado, fino, rarefeito, poroso, transparente, translúcido, frágil, ligeiro, leve, fraco, sutil, compressível

reação ao discurso ***V.*** acudir ao apelo (v. resposta)

recaída ***Subst.*** reincidência, contumácia, recidiva, agravamento ***V.*** recair, reincidir, recalcitrar, respingar, retrogradar, recrudescer, encruar, piorar, refluir ***Adj.*** relapso, reincidente, contumaz, recidivo

recebimento ***Subst.*** percepção, percebimento, aceitação, aceite, acolhimento, admissão, embolso, recebedor, delegado, mandatário, herdeiro, destinatário, donatário, concessionário, beneficiado, depositário, beneficiário, pensionário, pensionista, mendigo, coletor, cobrador, receptor, pedinte, esmoler ***V.*** receber, aceitar, tomar, obter, levar, haver, alcançar, conseguir, coletar, acolher, agasalhar, recolher, angariar, arrecadar, apanhar, admitir, receptar, caber, embolsar, cobrar, reembolsar, vencer, ganhar, perceber, recolher, herdar, aumentar ***Adj.*** recipiente, receptor, dado

receita ***Subst.*** rendimento, faturamento, insumo, entrada, renda, censo, fruto, foro, margem, resultado, reembolso, benefício, produto, ganho, achega, subsídio, percepção, cobrança, aluguel, prêmio, pensão, censo, mesada, pitança, remuneração, soldo, salário, honorários, pró-labore, sabidos, montepio, dotação, emolumento, pingadeira ***V.*** receber, arrecadar, levantar, coletar, cobrar, perceber, auferir, ganhar, tirar, arrancar, tomar, render, produzir, dar, pingar, trazer lucro, aproveitar, lucrar, ter ***Adj.*** lucrativo, rendoso, polpudo, pingue, rico, opimo, proveitoso

recepção (movimento para dentro, ativamente) ***Subst.*** admissão, acolhida, acolhimento, introdução, agasalho, abrigo, importação, ingestão, reabsorção, absorção, assimilação, absorvência, chupão, ingurgitamento, inalação, inspiração, aspiração, sorvedura, sorvo, hausto, comida, bebida, inserção, penetração, aquisição ***V.*** admitir, receber, acolher, agasalhar, abrigar, asilar, acoitar, introduzir, importar, inalar, tragar, absorver, reabsorver, fungar, cheirar, aspirar, haurir, puxar, embeber, chupar, repassar, inspirar, tomar, mamar, chuchar, comer, beber, engolir, deglutir ***Adj.*** admissível, absorvente, aspirante, chupão, voraz, pantagruélico, faminto, guloso

receptáculo ***Subst.*** conceptáculo, receptor, receptador, recipiente, repositório, recebedor, coletor, captador, continente, contêiner, reservatório, tanque, compartimento, alcova, cela, célula, câmara, antecâmara, aposento, quarto, camarinha, beliche, camarim, camarote, escritório, vestíbulo, andar, sala, salão, locutório, parlatório, grade, galeria, gabinete, reservado, cenáculo, refeitório, bexiga, estábulo, concavidade, estômago, bucho, papo, moela, barriga, bojo, ventre, ventrículo, seio, útero, madre, matriz, cofre, burra, rouparia, prateleira, caixa, caixão, caixote, gaveta, estojo, invólucro, coldre, bainha, saco, sacola, surrão, alforje, merendeira, marmita, bornal, embornal, maleta, cabide, mala, mochila, canastra, baú, valise, posta, carteiro, cesto, cesta, samburá, corbelha, cabaz, condessa, balaio, giga, amassadeira, vaso, vasilha, lata, jarra, louça, porcelana, faiança, tabuleiro, bandeja, salva, açafate, escarradeira, maceta, bolso, redoma, relicário, sacrário, santuário, edícula, nicho, escrínio, cálice, vaso, tacha, tacho, tina, cuba, bacia, bota, garrafa, garrafão, frasco, pipeta, proveta, ânfora, cântaro, moringue, bilha, botija, balde, concha, tarro, jarro, jarra, caldeira, pipa, borracha, cantil, tigela, escudela, cratera, pichel, taça, caneca, saleiro, salseiro, cabaça, cabaço, cumbuca, ferrado, pote, talha, odre, canjirão, boião, retorta, chaleira, copo, púcaro, cuia, xícara, chávena, panela, caçarola, marmita, terrina, prato, travessa, pires, cadinho, crisol, bátega, bateia, urinol, mictório, sumidouro, penico, camareiro, comadre ***V.*** captar, receber, receptar, coletar, angariar, ter, conter, encerrar, guardar, abrigar, arrecadar, trazer ***Adj.*** capsular, ventricular, vesicular, celular, receptor, ventral, abdominal

recife (fontes de perigos) ***Subst.*** rochedo, baixio, formiga, coral, alfaque, escolho, penhasco, vau, cratera, despenhadeiro, garganta, sorvedouro, vórtice, precipício, voragem, sumidouro, barranco, cilada, antro, recôncavo, covil, armadilha, abismo, pego, cachoeira, corredeira, rebojo, torvelinho, fervedouro, maresia, salto, redemoinho, procela, borrasca, tempestade, temporal, furacão, tufão, ciclone, tornado, dilúvio, enchente, terremoto, erupção, turbulência, despressurização, imprudência, alcoolismo, imperícia, neblina, desatenção, imprevidência, criminalidade, tráfico, corrupção, vício, toxicomania, miséria, exploração, desemprego, geringonça, hidra

reclusão ***Subst.*** clausura, segregação, recolhimento, retraimento, esquivança, incomunicabilidade, misantropia, isolamento, apartamento, penumbra, retiro, ermo, soledade, retiro, retirada, solidão, cela, ermida, convento, refúgio, rincão, recanto, cenóbio, desterro, degredo, exclusão, excomunhão, banimento, ostracismo, proscrição, deserção, desolação, deserto, desapego, desprendimento, eremita, anacoreta, solitário, monge, cenobita, troglodita, ruralista, bufo, (burl.) morcego, exilado, proscrito, pária, mágico, mocambo, misantropo, taciturno, (fig.) mocho, (fig.) urso, emigrado ***V.*** esquecer, abandonar, excomungar, exilar, banir, proscrever, expatriar, desterrar, foragir-se, despovoar, devastar ***Adj.*** sozinho, solitário, arredio, esquivo, afastado, arisco, separado, recolhido, recluso, incomunicável, retraído, só, isolado, insociável, intratável, inacessível, inabordável, fugitivo, borralheiro, inóspito, misantropo, abandonado, despovoado, inabitado, retirado, afastado, inabitável, ermo, proscrito, degredado, foragido, forasteiro

recompensa ***Subst.*** preço, juro, interesse, remuneração, retribuição, bolo, prêmio, galardão, concessão, mercê, paga, salário, pagamento, indenização, compensação, reparação, desagravo, reconhecimento, peita, resgate, carceragem, retorno, safra, soldo, soldada, féria, jornal, salário, estipêndio, honorários, dotação, subsídio, diária, sabidos, bônus, custas, espórtula, benesse, caravela, luvas, imposto, dízima, quinto, aluguel, comissão, gratificação, louro, láurea, acesso, promoção, louvor, elogio ***V.*** recompensar, dignar-se, galardoar, remunerar, engrinaldar, premiar, compensar, indenizar, gratificar, estipendiar, prendar, reparar, desagravar, ressarcir, retribuir, resgatar, laurear, condecorar, agraciar, promover, conceder, dar, obter ***Adj.*** remunerador, remuneratório, compensador, compensatório, confortador, reparador ***Adv.*** em paga de

recuo ***Subst.*** recuada, retirada, volta, retorno, refluxo, retroação, retrocesso, salto, ricochete, chapeleta, repercussão, respingo, reverberação, reflexão, reflexo, reação, eco, resistência, repulsa, devolução ***V.*** recuar, retroceder, evacuar, refluir, ricochetear, voltar, regressar, reagir, repercutir, ressaltar, repelir, respingar, refletir, propulsar, rebater, devolver, atrasar, retirar, recalcitrar ***Adj.*** reflexo, regressivo, reacionário, recalcitrante, retroativo, reativo, reagente

recusa ***Subst.*** rejeição, repulsa, repulsão, rechaço, devolução, repúdio, aversão, desconformidade, desaprovação, negativa, negação, denegação, não, indeferimento, insucesso, queda, negaça, regateio, recusa peremptória, recusa glacial, esquivança, abnegação, protesto, renúncia, revogação ***V.*** recusar, vetar, regatear, repelir, denegar, negar, refutar, menear, cabecear, desatender, refugar, repugnar, devolver, enjeitar, recambiar, ser surdo a, desentender, desconversar, desperceber, objetar, questionar, resistir, obviar, protestar, preterir, dissentir, indeferir ***Adj.*** recusável, repulso ***Adv.*** não, em absoluto, de modo algum

redundância ***Subst.*** superabundância, sobrepujança, sobrepujamento, demasia, disponibilidade, excrescência, excesso, luxo, exuberância, orgia, bacanal, profusão, pletora, hidropisia, ingurgitamento, congestão, apoplexia, abarrotamento, saciedade, aluvião, cheia, transbordamento, enchente, dilúvio, inundação, avalanche, acumulação, monte, atravancamento, multidão, carga, sobrecarga, sobrepeso, excesso, cogulo, sobra, remanescente, excedente, restante, duplicata, triplicata, expletivo, luxúria, descomedimento, intemperança, prodigalidade, exorbitância, hipertrofia, indigestão, repetição, pleonasmo, tautologia, prolixidade, verborragia ***V.*** superabundar, sobrar, formigar, regurgitar, exorbitar, extravasar, transcender, sobrecarregar, gravar, fartar, cevar, congestionar, ingurgitar, empanzinar, empanturrar, cogular, acogular, atochar, atulhar, abarrotar, inundar, encharcar, alagar, submergir, atestar, acavalar, acumular, saturar, impregnar, obstruir, pejar, saciar, locupletar, rechear, sufocar, asfixiar, abafar, empilhar, prodigalizar, exagerar ***Adj.*** redundante, pleonástico, tautológico, demasiado, exuberante, prolixo, verborrágico, inúmero, abundante, copioso, profundo, intruso, excessivo, sobejo, nímio, repleto, apinhado, profuso, demasiado, sobrado, pródigo, exorbitante, extravagante, estrambótico, transbordante, farto, cheio, atulhado, entulhado, pejado, congestionado, obeso, túrgido, pletórico, prenhe, repleto, diluviano, recheado, atestado, congestionado, apoplético, ocioso, inútil, imoderado, descomedido, desmedido, desmarcado, desnecessário, escusado, restante, suplementar, disponível, extranumerário, adicional, expletivo, extraordinário ***Adv.*** sobremaneira

refrigerador ***Subst.*** geleira, geladeira, frigorífico, *freezer*, sorvete, gelado, picolé, sacolé, raspadinha, refresco, limonada, sangria, refrigerante

refúgio (meios de segurança) ***Subst.*** santuário, tugúrio, recolhimento, retiro, valhacouto, esconderijo, couto, guarida, fortaleza, baluarte, cidadela, forte, casamata, trincheira, paládio, chave, prisão, asilo, abrigo, franquia, guarida, porto, pouso, ancoradouro, abrigo, dique, molhe, cais, paredão, muralha, quebra-mar, recôncavo, cobertura, abrigo, guarda-fogo, manícula, biombo, anteparo, antolhos, manto, escolta, guarda-costas, proteção, égide, escudo, armadura, elmo, blindagem, guarda-chuva, guarda-sol, escudo, pala, vigilante, sentinela, vigia, patrulha, parede, suporte, obstáculo, válvula, salva-vidas, salvo-conduto, passaporte, seguro, polícia, guarnição, patrulha ***V.*** refugiar-se, acorrer, acudir

refutação ***Subst.*** negação, contradição, resposta cabal, invalidação, pulverização, desmentido, denegação ***V.*** refutar, confutar, negar, denegar, rejeitar, desaprovar, rebater, objetar, replicar, contrariar, desmentir, treplicar, instar, dirimir, anular, invalidar, desbaratar, britar, derrocar, abater, subverter, arrasar, silenciar, atalhar, desancar, vencer, esmagar, triturar, pulverizar, impugnar, embaçar, confundir, desmascarar, achatar, amolgar, encravar, contraditar, contestar, rechaçar, fechar, cerrar ***Adj.*** contraditório, contestatório, contundente, desorientado, atordoado, engasgado, embatucado, perturbado, perplexo

região (espaço definido) ***Subst.*** esfera, área, reino, hemisfério, círculo, território, departamento, comarca, distrito, município, estado, país, continente, mundo, principado, grão-ducado, condado, império, sultanato, província, cantão, governo, arredondamento, capitania, paróquia, freguesia, curato, comuna, ducado, circunscrição, diocese, arcebispado, patriarcado, arena, bairro, recinto, gleba, lote, latifúndio, nesga, sesmaria, pátio, átrio, vestíbulo, cerrado, torrão, lugar, jeira, quintal, peristilo, adro, clima, coutada, valado, zona, meridiano, latitude, equador ***Adj.*** territorial, local, paroquial, provincial, imperial, ducal, reinol, regional, longitudinal, hemisférico

registrador ***Subst.*** inventariante, notário, escrivão, tabelião, escrevente, escriturário, amanuense, oficial, secretário, primeiro-ministro, chanceler, escriba, guarda-livros, arquivista, analista, historiador, cronista, historiógrafo, hagiógrafo, cronógrafo, biógrafo, jornalista, antiquário, folclorista, colecionador, digitador, taquígrafo, gravador, filmadora

registro ***Subst.*** tombo, tombamento, traço, vestígio, reflexo, sinal, relíquia, restos, cicatriz, gilvaz, pegada, rasto, rastro, rabeira, marca, esteira, indício, pista, trilha, monumento, escudo, armorial, laje, pedra, placa, chapa, troféu, obelisco, agulha, pilar, coluna, memorial, testemunha, medalha, termo, marco, pilastra, nota, apontamento, verbete, minuta, esboço, rascunho, relação, agenda, catálogo, códice, cadastro, entrada, inscrição, lançamento, assentamento, memória, memorando, relatório, endosso, cópia, duplicata, rótulo, dístico, arquivo, letreiro, emblema, depoimento, certificado, protocolo, carteira, manual, formulário, pasta, coletânea, folclore, enxerto, seleta, antologia, cartapácio, calhamaço, papeleira, secretária, imprensa, gazeta, jornal, folha, revista, panfleto, magazine, almanaque, calendário, efeméride, roteiro, razão, diário, borrador, catálogo, arquivo, traça, estatística, recenseamento, ata, autos, processo, crônica, mote, legenda, convenção, história, biografia, necrológio, hagiografia, martirológio, hinário, cartório, arrolamento, inventário, averbamento, cartela, assinatura, anotação, assento, cota, nota, marca, cédula ***V.*** registrar, encabeçar, tombar, arrolar, assentar, lançar, escrever, exarar, escriturar, averbar, titular, gravar, lavrar, inscrever, anotar, notar, chancelar, protocolar, transcrever, marcar, inventariar, arquivar, matricular, incluir, alistar, relacionar, autuar, catalogar ***Adj.*** registrado, arrolado, adscrito, figurado

regozijo (manifestações de prazer) ***Subst.*** alacridade, gáudio, exultação, júbilo, festividade, fanfarra, triunfo, comemoração, gala, parabéns, festas, aleluia, hosana, declamação, passeata, carreata, frêmito, salva, girândola, rojão, foguete, fogueira, luminária, riso, sorriso, hilaridade, risada, fluxo, maracá, salva, Momo ***V.*** comemorar, festejar, celebrar, agradecer, dançar, brincar, saltar, saracotear, cantar, chilrear, saltitar, deitar, rir, sorrir, gargalhar, chocalhar, galhofar, patuscar, gracejar, folgar ***Adj.*** exultante, triunfante, laudatório, risonho, sorridente, risível, radiante, comemorativo, festivo

regressão (movimento para trás) ***Subst.*** retrocesso, retroação, volta, involução, ricochete, chapeleta, recuo, recuada, retirada, debandada, contramarcha, regresso, retorno, retraimento, retração, refluxo, ressalto, baixa-mar, vazante, tergiversação, retrospecto ***V.*** recuar, acuar, retroceder, retrogradar, retroagir, tresandar, reverter, voltar, volver, retornar, regressar, revirar, ressaltar, ricochetear, evacuar, repatriar, ceder, refluir, rebaixar, repuxar, repercutir, refletir, recambiar, devolver, rebater, reverberar *Adj.* retrógrado, retroativo, retrospectivo, regressivo, reflexo, retraído, reverso, reversível *Adv.* a contrapelo, ao revés, ao arrepio

regularidade *Subst.* normalidade, harmonia, regra, proporção, ordem, medida, compasso, ritmo, batuta, proporcionalidade, constância, pontualidade, rigorosidade, método, observância, atenção, rotina, uso, usança, costume, ramerrão, mesmice, fórmula, chapa, código, preceito, praxe, estilo, formalidade, ritual, regimento, roteiro, ditame, analogia, padrão, paradigma, modelo, calibrador, exemplo, precedente, princípio, conformidade, teorema, axioma, provérbio, norma, teor, esteira, bitola, craveira, natureza, postulado, preceituário *Adj.* regular, uniforme, corriqueiro, costumeiro, cediço, habitual, usual, banal, comum, óbvio, ordinário, trivial, vulgar, constante, proporcional, harmônico, normal, normativo, inalterável, imutável, permanente, eterno, sacrossanto, sagrado, metódico, sistemático *Adv.* por via de regra, sem exceção

rejeição *Subst.* rechaço, recusa, repulsa, repúdio, repulsão, exclusão, abominação, banimento, proscrição, eliminação, menosprezo, opugnação, aversão, desprezo, execração, ojeriza, quizila, repugnância *V.* rejeitar, repelir, repudiar, repugnar, abandonar, excetuar, excluir, refugar, desamparar, desacompanhar, derrotar, enjeitar, menosprezar, desprezar, desdenhar, excluir, varrer, banir, proscrever, atirar, arremessar, mandar, romper, recusar, negar, depurar, enjeitar *Adj.* rejeitado, derrotado, repulso *Adv.* não

relação *Subst.* encadeamento, conexão, ligação, plexo, filiação, dependência, vinculação, condicionamento, conotação, interdependência, subordinação, correlação, mutualidade, concatenação, analogia, semelhança, parentesco, aliança, associação, aproximação, correspondência, comparação, cotejo, confronto, proporção, razão, vínculo, liame, ligação, nexo, elo, cadeia, equação, alusão, referência *V.* conectar, tocar, respeitar, concernir, versar, interessar, afetar, depender, encadear, concatenar, associar, aliar, comparar, cotejar, ligar, equacionar, adequar, prender, correlacionar, referir, aludir *Adj.* relativo, relacional, análogo, analógico, concernente, respeitante, referente, alusivo, pertinente, conexo, preso, atado, associado, aliado, casado, dependente, subordinante, subordinado, filial, correlato, interdependente, cognato, propínquo, respectivo, proporcional, comparável, homólogo, subordinativo, semelhante, harmônico, compatível, correspondente, equivalente, condizente

remédio *Subst.* medicação, medicamento, infusão, mezinha, panaceia, preparado, produto farmacêutico, socorro, curativo, assistência, analgésico, antídoto, tóxico, contraveneno, profilaxia, antisséptico, corretivo, lenitivo, lenimento, reconstituinte, tônico, sedativo, calmante, vacina, soro, paliativo, placebo, peitoral, vermicida, vermífugo, antipirético, febrífugo, específico, emético, farmacologia, injeção, cura, genérico, droga, poção, beberagem, bebida, xarope, dose, pílula, comprimido, drágea, cápsula, tablete, lambedor, bochecho, tisana, receita, prescrição, fórmula, elixir, cordial, pomada, óleo, loção, cosmético, emplastro, cataplasma, embrocação, linimento, sinapismo, inalação, clister, ajuda, purgante, minorativo, laxante, cirurgia, transplante, compressa, ligadura, tratamento, cura, curativo, resguardo, dieta, dietético, sangria, bicha, sanguessuga, dietética, farmácia, botica, terapêutica, posologia, homeopatia, alopatia, tratamento, terapia, terapêutica, radioterapia, hidroterapia, hidroterapêutica, medicina, odontologia, obstetrícia, hospital, clínica, policlínica, enfermaria, ambulatório, emergência, UPA, asilo, nosocômio, leprosário, lazareto, ambulância, dispensário, sanatório, hospício, manicômio, consultório, médico, terapeuta, clínico, doutor, físico, especialista, cirurgião, operador, charlatão, bento, curandeiro, magarefe, dentista, oculista, alopata, homeopata, alienista, pedicuro, operador, parteiro, parteira, (pop.) comadre, farmacêutico, químico, boticário, dentista ***V.*** aplicar, administrar, medicar, pensar, curar, atalhar, sanar, enxaropar, depurar, impedir, aliviar, restaurar, socorrer, intervir, anestesiar, operar, sangrar ***Adj.*** reparador, restaurador, fortificante, curativo, corretivo, paliativo, medicamentoso, medicinal, profilático, médico, terapêutico, clínico, cirúrgico, profilático, preventivo, paregórico, tônico, cordial, peitoral, balsâmico, antiespasmódico, anódino, hipnótico, narcótico, soporífero, sedativo, calmante, lenitivo, emoliente, purgativo, revulsivo, catártico, depurativo, detergente, péptico, estomacal, desinfetante, antisséptico, antipirético, febrífugo, antifebril, vermicida, vermífugo, traumático, dietético, nutriente, nutritivo, antialérgico, anticoagulante, anti-histamínico, antitetânico, emético, curável, alopático, homeopático, hospitalar, obstetrício, obstétrico, odontálgico, depilatório

---

Especialidades médicas NOMES DE ESPECIALIDADES: alergologia, anatomia patológica, andrologia, anestesiologia, angiologia, cancerologia, cardiologia, cirurgia bucomaxilofacial, cirurgia cardiovascular, cirurugia de cabeça e pescoço, cirurgia do aparelho digestivo, cirurgia pediátrica, cirurgia torácica, clínica médica, dermatologia, endocrinologia, epidemiologia, estomatologia, gastroenterologia, geriatria, ginecologia, hematologia, hepatologia, imunologia, infectologia, mastologia, medicina de emergêncina, medicina de família e comunidade, medicina de transplantes, medicina do trabalho, medicina do tráfego, medicina intensiva, medicina legal, medicina nuclear, nefrologia, neonatologia, neurocirurgia, neurologia, obstetrícia, oftalmologia, oncologia, ortopedia, otorrinolaringologia, patologia clínica, pediatria, pneumologia, podologia, proctologia, psiquiatria, radiologia, reumatologia, traumatologia, urologia, acupuntura médica, ecologia médica, ergometria, foniatria, genética médica, hansenologia, medicina da conservação, medicina da dor, medicina física e reabilitação, medicina ortomolecular, medicina preventiva e social, nutrologia, patologia clínica, psicoterapia, radiologia e diagnóstico por imagem, sexologia *Exames médicos* NOMES DE EXAMES MÉDICOS: angiocoronariografia, antibiograma, anuscopia, aortografia, biópsia, broncoscopia, cardiotocografia, citometria de fluxo, colangiopancreatografia endoscópica retrógrada, colonoscopia, colposcopia, coprocultura, densitometria óssea, doppler, ecografia, eletrocardiograma, eletroencefalografia, eletronistagmografia, enteroscopia, esofagogastroduodenoscopia, fetoscopia, felbotomia, glicosimetria, hemograma, laringoscopia, lipidograma, microscopia de RMN, mielografia, nasofaringoscopia, PET-CT, punção lombar, ressonância magnética, retossigmoidoscopia, testes vários, tomografia computadorizada, tomografia por emissão de pósitrons, ultrassonografia, uranálise, urografia

---

remendão ***Subst.*** desmiolado, estouvado, imbecil, trapalhão, desastrado, lapão, lorpa, bruto, selvagem, brutamontes, desajeitado, fedelho, podão, doidivanas, mofino, emplastro, cavouqueiro, pexote, noviço, novato, praticante, principiante, aprendiz, recruta, tabaréu, trolha, borra-botas

---

Termos pejorativos PEJORATIVO DE ADVOGADO: chicaneiro, chicanista, leguleio, legulejo, pegas, rábula, rabulista PEJORATIVO DE ALFAIATE: albardeiro, remendão, remendeiro PEJORATIVO DE BARBEIRO: barbeirola, fígaro, esfola-caras, sarrafaçal PEJORATIVO DE CAIXEIRO: marçano PEJORATIVO DE CARPINTEIRO: rapa-tábuas, sarrafaçal PEJORATIVO DE CAVALEIRO: batissela, maturrango, maturrengo PEJORATIVO DE CHOFER OU MOTORISTA: barbeiro PEJORATIVO DE CIRURGIÃO: magarefe, carniceiro PEJORATIVO DE COMEDIANTE: cabotino, pataqueiro PEJORATIVO DE COMERCIANTE: adelo, belchior, bufarinheiro, chatim, ferro-velho, mercatudo, tarega, traficante, trapeiro, zangão, zângano PEJORATIVO DE CRÍTICO: criticastro, critiqueiro, palmatória do mundo, tesoura, zoilo PEJORATIVO DE DENTISTA: tiradente, saca-molas PEJORATIVO DE ESCRITOR: borrador, escrevedor, escrevinhador, foliculário, aretino, plagiário, rabiscador, plumitivo, escriba PEJORATIVO DE JOGADOR: batoteiro, patinho, pato, patoteiro, pexote, peru, sapo PEJORATIVO DE JORNALISTA: foliculário, periodiqueiro, plumitivo, pasquineiro PEJORATIVO DE LIVREIRO: alfarrabista, caca-sebo, caga-sebo, sebo PEJORATIVO DE MÉDICO: bento, benzedeiro, benzedor, carimbamba, charlata, charlatão, curandeiro, doutor da mula ruça, jalapeiro, matassão, matassano, medicastro, mediquito, mezinheiro, raizeiro PEJORATIVO DE OFICIAL MECÂNICO: albardeiro, aldravão, chamborreirão, sarrafaçal, verrumão PEJORATIVO DE PEDREIRO: trolha PEJORATIVO DE FARMACÊUTICO: boticário, farmacopola PEJORATIVO DE PINTOR: borrador, borra-tintas, caiador, mamarracho, pinta-monos PEJORATIVO DE POETA: poetastro PEJORATIVO DE POLÍTICO: politicote, politicão, politiquete, politiqueiro PEJORATIVO DE SACRISTÃO: chupa-galhetas PEJORATIVO DE SAPATEIRO: chumeco, remendão, remendeiro PEJORATIVO DE SOLDADO OU MILITAR: bisonho, galucho, recruta, meganha, milico PEJORATIVO DE VETERINÁRIO: alveitar

---

renitência ***Subst.*** reação, dificuldade, oposição, insubmissão, embate, insurreição, rebeldia, relutância, repugnância, antagonismo, rejeição, recalcitrância, rebelião, teimosia, arruaça, repulsa, repulsão, rechaço, recusa, desobediência, protesto, greve, parede, levantamento, motim, desordem ***V.*** resistir, pugnar, relutar, protestar, repugnar, suportar, aturar, perseverar, suster, bracejar, enfrentar, respingar, recalcitrar, defrontar, encarar, afrontar, arrostar, pinotear, estrebuchar, espernear, repelir, rebater, varrer ***Adj.*** resistente, renitente, recalcitrante, relutante, repulsivo, indisciplinado, indomável, obstinado, inabalável, insubmisso, rebelde, perseverante, altivo, brioso, reagente, corajoso

repetição ***Subst.*** repetência, reiteração, iteração, bis, eco, *replay*, renovação, sucessão, proliferação, multiplicação, insistência, persistência, reprodução, duplicação, período, eco, estribilho, refrão, bordão, chavão, ramerrão, chapa, ladainha, cantilena, aliteração, tautologia, ritmo, monotonia, papagaio, fonógrafo, nova ***V.*** repetir, iterar, reiterar, ecoar, retumbar, bisar, moer, remoer, corvejar, renovar, reproduzir, relembrar, redizer, multiplicar, proliferar, refletir, repisar, teimar, insistir, mascar, mastigar, redizer, redobrar, amiudar, remedar, macaquear, imitar, papaguear, recapitular, reaparecer, apoquentar, causticar ***Adj.*** repetitivo, falado, batido, sovado, velho, rançoso, corriqueiro, habitual, repetente, incessante, miúdo, contínuo, ininterrupto, monótono, sonolento, iterativo, reiterativo, predito, idêntico ***Adv.*** amiúde, ainda, bis

réplica (evidência da parte adversa) ***Subst.*** protesto, contraprova, resposta, desmentido, contestação, refutação, negação, contencioso, contradita, contradição, objeção, observação, ponderação, vindicação, contraposição ***V.*** contrabalançar, contrapor, contradizer, objetar, contestar, desmentir, obtemperar, retrucar, rebater, opor, refutar, reclamar, atenuar, contender, desconversar ***Adj.*** contraditório, contestador, contestatório, inautêntico

repouso ***Subst.*** remanso, resfôlego, sossego, quietude, paz, quietação, descanso, sueto, assento, fôlego, folga, alívio, folgança, sono, remanso, respiro, parada, interrupção, trégua, domingo, feriado, licença, dispensa, ócio, ociosidade, inação, vagar, lazer, recreação, pousada, albergaria, pouso, solidão, recolhimento, retiro, pousio, sesta, vilegiatura ***V.*** repousar, descansar, relaxar, sossegar, ter descanso, folgar, quietar, aquietar, recrear, pascer, resfolegar, afrouxar, pausar, pousar, tirar, respirar, veranear ***Adj.*** remansoso, descansado, folgado, poupado, fresco

representação ***Subst.*** imitação, ilustração, delineamento, pintura, imagem, símbolo, retrato, efígie, camafeu, iconografia, desenho, arte, belas-artes, estatuária, escultura, gravura, fotografia, filme, videoteipe, radiografia, logotipo, logomarca, holograma, holografia, telefoto, personificação, corporificação, encarnação, drama, cena, teatro, cinema, quadro, estampa, esboço, risco, esboço, painel, retábulo, cópia, reprodução fiel, ícone, retrato, semelhança, reprodução, similaridade, figura, boneca, boneco, escorço, figurino, manequim, modelo, padrão, títere, polichinelo, fantoche, estátua, estatueta, lapidária, diagrama, ideograma, monograma, símbolo, marca, signo, cartografia, mapa, planta, carta, atlas, mapa-múndi, projeção, elevação, gráfico, contorno, esquema, plástica ***V.*** representar, delinear, pintar, riscar, traçar, tracejar, desenhar, bosquejar, esboçar, bordar, lavrar, retratar, fotografar, filmar, gravar, televisionar, estampar, figurar, radiografar, incorporar, encarnar, corporificar, configurar, descrever, copiar, modelar, moldar, plasmar, adornar, ilustrar, simbolizar, traduzir, definir, imitar ***Adj.*** representativo, ilustrativo, figurativo, fac-similar, gráfico, esquemático, lapidário

reprodução ***Subst.*** renovação, restauração, reimpressão, recomposição, reconstrução, revivificação, revivescência, regeneração, renascimento, renascença, apoteose, ressuscitação, ressurreição, reanimação, clonagem, clone, Fênix, multiplicação, proliferação ***V.*** reproduzir, recriar, regenerar, restaurar, reviver, revivescer, ressuscitar, ressurgir, reanimar, multiplicar, clonar, repetir, reconstruir, reedificar, renascer, recompor, reconstituir, reorganizar, reimprimir, renovar, reeditar, revivificar, reaparecer, reerguer ***Adj.*** renascente, revivescente

reprovação ***Subst.*** desaprovação, rejeição, depreciação, aversão, repulsão, repulsa, ódio, desgosto, censura, detração, denunciação, condenação, ostracismo, ponderação, observação, crítica, objeção, oposição, criticismo, sarcasmo, protesto, representação, celeuma, sátira, cavilação, mordacidade, repreensão, reprimenda, bronca, chamada, sarabanda, lição, anátema, advertência, aviso, censura, dura, escovadela, escova, vaia, chega, dardo, reproche, queixa, lembrete, lembrança, apóstrofe, ralho, ralhação, mercurial, invectiva, monitória, chá, verberação, responso, glosa, sabonete, sabão, carranca, cenho, bote, diatribe, tira, catilinária, clamor, vociferação, gritaria, assobio, sibilação, vitupério, recriminação, sermão, esporada, maldição ***V.*** desaprovar, reprovar, desgostar, desapoiar, lamentar, condenar, fulminar, desautorizar, desfavorecer, objetar, opor, vaiar, criticar, censurar, depreciar, proscrever, anatematizar, vergastar, combater, condenar, glosar, repelir, afugentar, escorraçar, conculcar, espezinhar, depreciar, deslustrar, enxovalhar, condenar, censurar, verberar, culpar, arrazoar, tachar, reprochar, ensaboar, advertir, admoestar, estranhar, avisar, exprobrar, inculpar, incriminar, increpar, ralhar, invectivar, gritar, xingar, injuriar, escarrapachar, impugnar, afrontar, castigar, corrigir, satirizar, desancar, sovar, bater, descompor, maltratar, estigmatizar, recriminar, protestar, execrar, vituperar, apostrofar, excomungar, delirar, trovejar, fulminar, exclamar, protestar, deblaterar, assobiar, apupar, espernear, detratar, inabilitar, carimbar, escandalizar, chocar, ferir, revoltar, repugnar ***Adj.*** reprovador, desaprovador, afrontoso, condenatório, fulminante, denunciativo, abusivo, vilipendioso, difamatório, satírico, sarcástico, sardônico, mordaz, picante, cáustico, causticante, cínico, cortante, pungente, aguçado, severo, duro, áspero, fastidioso, censurável, criticável, abominável, condenável, odioso, repugnante, inaceitável, lastimável, repreensível, indigno, vergonhoso, escandaloso, inclassificável, inqualificável, inconfessável, ruim, vicioso, torpe, soez, nefando, execrável, reprovado ***Interj.*** sem meias palavras, sem perdão

repulsão (movimento de, ativamente) ***Subst.*** repulsa, expulsão, rejeição, rechaço, afastamento, abdução ***V.*** repelir, rechaçar, enxotar, escorraçar, afugentar, expulsar, limpar, rejeitar, sanear, rebater, ricochetear, cuspir, abduzir, afastar, expurgar, devolver, refugar, rejeitar ***Adj.*** repelente, repulsivo, centrífugo, abdutor

resfriamento ***Subst.*** refrigeração, refrescamento, refresco, refrigerante, arrefecimento, esfriamento, congelamento, congelação, gelo, solidificação, limonada, sorvete, picolé, raspadinha, extintor, bombeiro, abano, leque, ventilador, ar-refrigerado, ar-condicionado, refrigerador, *freezer*, geladeira, asbesto, amianto ***V.*** refrescar, esfriar, resfriar, refrigerar, arrefecer, abanar, ventilar, climatizar, apagar, gear, enregelar, gelar, congelar, regelar, nevar, petrificar, sestear, destemperar, veranear ***Adj.*** fresco, aprazível, frigorífico, refrigerante, incombustível, antipirético, antitérmico

resignação ***Subst.*** retirada, abdicação, demissão, renúncia, desistência, abandono, acomodação, conformidade, conformação, perjúrio, retratação, abstenção ***V.*** resignar, renunciar, abandonar, abdicar, aceitar, abjurar, perjurar, retratar, ab-rogar, desertar ***Adj.*** resignatário, demissionário

resina ***Subst.*** goma, laca, goma-arábica, âmbar, pez, breu, alcatrão, terebintina, gema, graxa, mirra, incenso ***V.*** envernizar, untar, iscar ***Adj.*** resinoso, gumífero, píceo

resistência ***Subst.*** reação, renitência, insubmissão, oposição, contraposição, contrariedade, choque, colisão, embate, encontro, conflito, enfrentamento, confronto, interferência, relutância, rebeldia, parede, insurreição, greve, atrito, reação, retroação, recuo, contrapeso, neutralização, repressão, obstáculo, firmeza, durabilidade, estoicismo ***V.*** resistir, ferir, ofender, repugnar, colidir, chocar, abalroar, contrariar, ir de encontro, impedir, restringir, recuar, desmanchar, desmantelar, neutralizar, contrabalançar, comprimir, atrofiar, sufocar, abafar ***Adj.*** resistente, insubmisso, antagônico, adverso, inabalável, inconciliável, chocante, renitente, reacionário ***Adv.*** contra

resolução ***Subst.*** tenção, deliberação, decisão, determinação, propósito, inexorabilidade, vontade inquebrantável, liberdade, intenção, ação, fortaleza, energia, virilidade, varonilidade, vigor, coragem, audácia, ardor, segurança, ânimo, solidez, açodamento, domínio, posse, governo, autocontrole, perseverança, tenacidade, leão, ânimo, espírito ***V.*** assumir, querer, resolver, decidir, formar, pronunciar-se, concluir, fixar, selar, perseverar, timbrar, caprichar ***Adj.*** resolvido, resoluto, decidido, valoroso, deliberado, afoito, corajoso, assentado, (fam.) testo, feito, definitivo, peremptório, formal, decisivo, seguro, firme, férreo, enérgico, varonil, viril, inteiro, íntegro, inexorável, implacável, inconcusso, inabalável, inflexível, obstinado, brônzeo, indomável, invencível, inconquistável, ardoroso, refletido, ponderado, determinado

respeito ***Subst.*** respeitabilidade, consideração, atenção, cortesia, deferência, acatamento, veneração, decoro, interesse, resguardo, cautela, honra, estima, conceito, apreço, altar, veneração, culto, admiração, dedicação, devoção, aprovação, contemplação, homenagem, fidelidade, lealdade, obediência, genuflexão, honras, incenso, preito, reverência, prostração, cumprimento, mesura, vênia, salamaleque, inclinação, saudação, beija-mão, beija-pé, barretada, continência, desfile, recomendações, respeitos ***V.*** respeitar, prezar, acatar, admirar, reverenciar, tributar, reverenciar, considerar, homenagear, glorificar, prestigiar, venerar, contemplar, inspirar respeito, infundir respeito, impor respeito, granjear respeito, desagravar ***Adj.*** respeitoso, decoroso, reverente, submisso, honesto, humilde, obsequioso, cerimonioso, reverendo, mesureiro, venerável, devoto, considerado, prestigioso, bem-visto, benquisto, colendo, estimado, apreciado, conceituado, graduado, eminente, augusto, grande, sacrossanto, sacro, sagrado, santo, respeitável, distinto, honorável ***Adv.*** com o maior respeito, com elevado apreço

resposta ***Subst.*** réplica, (fam.) troco, contradita, objeção, tréplica, eco, desmentido, decisão, reação, contramedida, protesto, contestação, refutação, descoberta, soltura, solução, confirmação, aplauso, aceitação, aprovação, oráculo ***V.*** responder, solucionar, solver, resolver, tornar, retrucar, observar, replicar, ponderar, retorquir, atalhar, objetar, obtemperar, contestar, refutar, protestar, rebater, treplicar, ecoar, interromper, aceitar, aplaudir, aprovar, descobrir, explicar, solucionar, decifrar, satisfazer, decidir ***Adj.*** conclusivo, reativo, contestador, contestatório, refutatório, replicante

ressentimento ***Subst.*** desprazer, animosidade, raiva, zanga, cólera, ira, fúria, sanha, sentimento, mágoa, descontentamento, despeito, apuração, repulsão, furor, escândalo, borrasca, quizília, arrufo, amuo, (bras.) calundu, pesar, virulência, amargura, acrimônia, azedume, ofensa, aspereza, bile, irascibilidade, vingança, excitação, assomo, ebulição, paixão, acesso, fermento, fermentação, explosão, estouro, paroxismo, tempestade, desespero, violência, arrebatamento, escuma, carranca, cenho, (fig.) pantera, (fig.) fera, (fig.) jararaca ***V.*** resmungar, regougar, estourar, fumar, fumegar, expectorar, prorromper, espinotear, sapatear, chamejar, chispar, rabear, embirrar, bravejar, esbravejar, chispar, (fam.) chiar, afrontar, envenenar, enfurecer, provocar, arreliar, enjoar, azedar, despeitar, indignar, picar, agravar, exacerbar, acirrar, açular, provocar, escandalizar, enfezar, irritar, irar ***Adj.*** zangado, (bras.) queimado, queixoso, ressentido, afrontado, abespinhado, colérico, raivoso, escabreado, enfezado, aceso, irado, iroso, renhido, encarniçado, rabugento, impaciente, danado, rábido, irritado, enfurecido, furioso, furibundo, iracundo, severo, chamejante, violento, ressentido, indignado, possesso, louco, desvairado, endiabrado, endemoninhado, encapetado, carrancudo, trombudo, fero, (fam.) fulo, (pop.) escamado, afrontoso, ignominioso, irritante, provocante

ressonância ***Subst.*** retumbância, eco, repercussão, rimbombo, reflexão, reprodução, baixo, barítono, contralto ***V.*** ecoar, ressoar, ressonar, soar, responder, retinir, retumbar, reboar, ribombar, rimbombar, repercutir, reverberar, refletir, devolver, reproduzir, repetir ***Adj.*** ressonante, profundo, cavo, cavernoso, sepulcral, múltiplo

restauração ***Subst.*** devolução, reintegração, reposição, reabilitação, restabelecimento, reerguimento, reconstrução, reconstituição, reprodução, renovação, reparo, recuperação, revivescência, revivificação, ressurreição, ressurgimento, ressuscitação, reanimação, Fênix, rejuvenescimento, renascença, regeneração, reformação, reforma, convalescença, cicatrização, resfriamento, cura, retificação, desinfecção, conserto, reação, redenção, restituição, lenitivo, reconquista, retomada, remendão, restaurador, reparador ***V.*** restaurar, reviver, revivescer, sobreviver, ressurgir, reaparecer, rejuvenescer, remoçar, readquirir, ganhar, convalescer, arribar, cicatrizar, restituir, reparar, restabelecer, reconstituir, reconstruir, devolver, recuperar, recobrar, reconquistar, retomar, desdar, reorganizar, reformar, reintegrar, repor, reinstalar, reembolsar, reedificar, recompor, renovar, inovar, regenerar, amalhar, redimir, resgatar, libertar, curar, debelar, remediar, sanar, medicar, benzer, ressuscitar, reviver, reanimar, reproduzir, reintegrar, reconduzir, recrutar, retificar, corrigir, emendar, reparar, retocar, consertar, renovar, remendar, remontar, cerzir, estancar, calafetar, arrumar, reabilitar, ilibar ***Adj.*** restaurador, redivivo, convalescente, recuperável, reversível

restituição ***Subst.*** reversão, devolução, retorno, volta, entrega, restauração, reintegração, recuperação, reabilitação, volta, indenização, desembargo, redenção, repatriação, recobro, resgate, retomada ***V.*** restituir, retornar, entregar, tornar, devolver, reconduzir, render, repor, recambiar, restaurar, reembolsar, indenizar, restabelecer, reintegrar, resgatar, reabilitar, remeter, vomitar, retribuir, repatriar, redimir, resgatar, recuperar, reaver, reverter, desembargar ***Adj.*** restituidor, restituível, recuperatório

resto (coisa restante) ***Subst.*** excedente, excesso, remanescente, ensancha, diferença, resíduo, resquício, fragmento, coto, toco, barra, fezes, varredura, lixo, rabeira, restolho, relíquia, magma, impureza, sedimento, aluvião, sarro, refugo, rebotalho, cinzas, destroços, ossada, esqueleto, caveira, saldo, escória, complemento, sobressalente, sobrevivente, gato ***V.*** restar, ficar, sobrar, remanescer, sobreviver, subsistir, sobejar ***Adj.*** restante, remanescente, residual, sedimentar, sobrevivente, subsistente, excedente, passante, líquido, supérfluo, abandonado

restrição ***Subst.*** obstrução, inibição, cerceamento, tolhimento, compressão, repressão, constrangimento, paradeiro, disciplina, moderação, austeridade, controle, condicionamento, protecionismo, captura, engaiolamento, encarceramento, reclusão, internação, detenção, limbo, cativeiro, bloqueio, cerco, prisão, custódia, guarda, arrecadação, vigilância, protetorado, bridão, freio, embaraço, óbice, estorvo, empeço, proteção, monopólio, proibição, prisioneiro, senzala ***V.*** restringir, limitar, delimitar, enquadrar, encurtar, amputar, marcar, condicionar, contingenciar, conter, reter, refrear, tolher, bordar, senhorear, subjugar, coagir, coarctar, controlar, sujeitar, constranger, cercear, inibir, comprimir, conter, deter, impedir, circunscrever, cingir, encerrar, conservar, coibir, sofrear, reprimir, agrilhoar, encadear, suster, arrecadar, pegar, segurar, abafar, sufocar, conter, reter, represar, açudar, esmagar, prensar, encadear, amarrar, algemar, entravar, amordaçar, acorrentar, maniatar, manietar, ajoujar, sujeitar, serrilhar, aferrolhar, segurar, encaixotar, enclausurar, arrolhar, encurralar, engarrafar, murar, emparedar, entaipar, filar, aprisionar, empresar, fisgar, encarcerar, segurar, prender, segregar, custodiar, cativar, trancafiar, meter, enjaular, capturar, arrestar, asilar, internar, açambarcar, monopolizar, atravessar, atracar, enfeixar ***Adj.*** restrito, restritivo, constrangido, forçado, incomunicável, preso, estanque, seguro, inibitório, restritivo, condicional, contingencial, dependente

retaguarda ***Subst.*** costas, lombada, dorso, verso, avesso, costado, lanterna, fundo, fundilho, occipício, nuca, cogote, toutiço, gorja, cachaço, cerviz, espinhaço, calcanhar, uropígio, garupa, anca, cadeiras, lombo, culatra, bumbum, assento, traseira, ânus, reto, rabadilha, rabada, cauda, rabo, fundilho, alcatra, tarso, rabeira, rabicho, coice, rins, rabiça, fundo, retaguarda, reverso, estibordo, rasto, esteira, pegada, encalço, séquito, comitiva ***V.*** ficar para trás, fechar a raia, ser o lanterna ***Adj.*** posterior, traseiro, último, caudal, urodelo, lombar, dorsal, retal, anal, rabudo

retaliação ***Subst.*** represália, réplica, revanche, revide, contramedida, contragolpe, desforra, desforço, contracorrente, contradita, contraprova, retribuição, pena, vindita, vendeta, vingança, compensação, reação ***V.*** retaliar, revidar, desafrontar, retorquir, replicar, retrucar, retribuir, corresponder, recambiar, reconvir, quitar ***Adj.*** recíproco, mútuo ***Adv.*** em represália, olho por olho, dente por dente

retenção ***Subst.*** preensão, guarda, vigilância, custódia, penhora, detenção, controle, tenacidade, bloqueio, incomunicabilidade, indisponibilidade, armas, punho, tentáculo, fórceps, pinça, alicate ***V.*** reter, segurar, pegar, aprisionar, prear, brecar, prender, aferrar, enclausurar, emparedar, confinar, filar, fisgar, agarrar, tomar, sobraçar, arrecadar, deter, empunhar, represar, arpoar, ocupar, conservar, empolgar, cativar, aprisionar, obstruir, bloquear, reservar, monopolizar, amarrar ***Adj.*** monopolizador, tenaz, detentor, antenado, digitado, incomunicável, inalienável, intransferível, intransmissível, invendível

retirada (movimento de) ***Subst.*** fuga, deserção, abandono, afastamento, retrocesso, partida, recuo, debandada ***V.*** largar, deixar, evitar, desamparar, debandar, abandonar, ausentar-se ***Adj.*** retirante, fugitivo, arredio, afastado

reunião ***Subst.*** concentração, agrupamento, grupo, coleção, jogo, série, repertório, pecúlio, coligação, compilação, codificação, complexo, bando, leva, recrutamento, colheita, ajuntamento, agregação, agregado, cúmulo, rima, montão, concorrência, afluência, concurso, pinha, congregação, conjunto, união, convergência, confluência, afluxo, comício, junta, congresso, sínodo, concílio, convenção, conciliábulo, pandemônio, conclave, consistório, bordel, companhia, esquadra, exército, multidão, sorte, sortimento, congestão, enchente, dilúvio, conglomerado, conglomeração, acumulação, quantidade, arquipélago, feixe, trouxa, pacote, embrulho, maçaroca, braçada, maço, paveia, gavela, grei, rebanho, montanha, acervo, coletânea, antologia, museu, código, constelação, plêiade, enchente, barafunda, acúmulo, armada, esquadra, hoste, enfiada, baixela, braçada, capítulo, cavalgada, colunata, choldra, junta, colmeia, cordoalha, corja, fauna, girândola, herbário, enxárcia, júri, lote, canalha, malta, malandragem, matula, montão, oviário, ruma, trindade, quarteto, trinca, rancho, rebanho, mulherio, resma, turbilhão, turno ***V.*** reunir, grupar, agrupar, juntar, ajuntar, coordenar, coadunar, incorporar, colocar, congregar, coligar, aglomerar, conglomerar, concentrar, englobar, agremiar, convocar, colecionar, respigar, coligir, recolher, codificar, amontoar, acumular, entesourar, estocar, enxamear, formigar, inçar, abundar, conglobar, amontoar, encastelar, empilhar, acavalar, enfeixar, apinhar, encher, abarrotar, atestar, cooptar, agregar, justapor, entrouxar, acondicionar, empacotar, embrulhar, arregimentar, associar, consorciar, irmanar, arrebanhar, somar, premer ***Adj.*** compacto, apertado, cheio, denso, repleto, apinhado, abarrotado, prenhe, populoso, cumulativo, agregativo, coletor, gregário ***Adv.*** em bando, em grupo

revelação (em geral, segundo o conceito religioso ocidental) ***Subst.*** apostolado, Bíblia, Pentateuco, Êxodo, Torá, Passional, apocalipse, Talmude, evangelista, apóstolo, discípulo, santo, vaticinador ***Adj.*** bíblico, sagrado, inspirado, profético, evangélico, apostólico, talmúdico, canônico, oracular, fatídico

reversão ***Subst.*** volta, regresso, retrocesso, involução, revulsão, reversibilidade, inversão, regresso, recuo, restauração, recaída, contramarcha ***V.*** reverter, recuar, regressar, retroceder, involuir, remoçar ***Adj.*** regressivo, reversível, revulsivo, reacionário, retrógrado

revigoramento (recuperação de forças) ***Subst.*** reanimação, tonificação, restabelecimento, refeição, restauração, reconquista, recobro, revivescência, refresco, regalo, alívio ***V.*** fortalecer, arejar, veranear, recuperar, cobrar, recobrar, reconquistar, refazer, restaurar, espairecer, melhorar, respirar, resfolegar ***Adj.*** revigorado, refeito, folgado

revogação ***Subst.*** nulificação, cancelamento, rescisão, desajuste, encampação, cassação, desfazimento, prescrição, nulidade, invalidação, demissão, dispensa, remoção, despedida, deposição, destituição, abolição, supressão, dissolução, proscrição, revogatória, repúdio, reconsideração, retratação, distrato ***V.*** ab-rogar, revogar, tornar, anular, reconsiderar, nulificar, invalidar, cancelar, destruir, suprimir, abolir, proscrever, prescrever, cassar, quebrar, rescindir, impugnar, rasgar, dissolver, encampar, derrogar, caducar, distratar, desmandar, desencomendar, desaconselhar, retroagir, desajustar, exonerar, dispensar, desencaixar, desonerar, licenciar, despejar, desempregar, desengajar, depor, destituir, expulsar, enxotar, destronar, desempoleirar, excomungar, repudiar, desquitar, arrancar ***Adj.*** retroativo, rescisório, anulador, revogatório

revolução (mudança súbita ou violenta) ***Subst.*** derrocada, conflagração, incêndio, subversão, desmoronamento, viravolta, reviravolta, soçobro, trambolhão, cambalhota, crise, peripécia, mudança radical, reversão, salto, mergulho, imersão, choque, explosão, espasmo, convulsão, revulsão, tempestade, ciclone, grisu, furacão, vendaval, tornado, lufada, terremoto, sismo, cataclismo, dilúvio ***V.*** revolucionar, transformar, convulsionar, revolver, subverter, transmudar, derrocar, remodelar, revirar, soçobrar, submergir, afundar, ruir ***Adj.*** revolucionário, subversivo, sísmico, ciclônico, radical

ridicularia ***Subst.*** ridículo, extravagância, excentricidade, esquisitice, pieguice, farsa, comédia, disparate, monstruosidade, iguaria, petisco, penetra, bandalho, piegas, totó, jarra, caricatura, ludíbrio, bonifrate ***V.*** ser ridículo, ridicularizar(-se) ***Adj.*** ridículo, risível, cômico, engraçado, pícaro, picaresco, impagável, desfrutável, grotesco, carnavalesco, bufo, excêntrico, picaresco, presumido, rato, burlesco, simiesco, indecente, irrisório, chulo, caricato, caricaturesco, cafona, careta, brega, desfrutável, piegas, tolo, pretensioso, afetado, divertido, estapafúrdio, espalhafatoso, mirabolante, extravagante, monstruoso, absurdo, bombástico, pândego, tragicômico, derrisório

ridiculização ***Subst.*** derrisão, risota, irrisão, causticidade, jogo, momo, escárnio, escarnecimento, escarninho, galhofa, chacota, matraca, judiaria, mofa, apodo, alfinetada, sotaque, troça, desfrute, gracejo, caçoada, gozação, brincadeira, moca, chocarrice, joguete, debique, motejo, investida, sarcasmo, seta, chalaça, dardo, piada, mote, motete, anexim, mordedura, malícia, bisca, picuinha, chá, burla, sátira, silo, paródia, caricatura, pasquim, fantasia, enterro, travesti, epigrama ***V.*** ridicularizar, ludibriar, galhofar, desfrutar, zombar, gozar, mofar, judiar, gracejar, empulhar, burlar, achincalhar, escarnecer, matraquear, motejar, troçar, empulhar, criticar, chacotear, caçoar, sacanear, fustigar, investir, satirizar, parodiar, fantasiar ***Adj.*** derrisório, sarcástico, lépido, trocista, piadista, gozador, zombeteiro, galhofeiro, espirituoso, escarninho, sacana, picante, cáustico, mordente, graçola, chocarreiro, chalaceiro, bexiguento

rigidez ***Subst.*** dureza, firmeza, renitência, resiliência, inflexibilidade, têmpera, calosidade, rigor, resistência, endurecimento, enrijecimento, petrificação, vitrificação, solidificação, ossificação, calcificação, tesão, ancilose, artrose, tensão, pedra, penha, penhasco, fraga, seixo, pedregulho, globo, calhau, rebolo, mármore, rocha, rochedo, feldspato, granito, cantaria, alvenaria, pederneira, penedo, penedia, pedreira, cristal, quartzo, diamante, basalto, bronze, aço, cartilagem, osso, ferro, bloco, concreto, cimento, aroeira, cerne ***V.*** enrijecer, ser rígido, endurecer, empedrar, empedernir, enrijar, encruar, fossilizar, petrificar, ossificar, calcificar, cristalizar, acerar, tesar, retesar, inteiriçar, anquilosar, calejar ***Adj.*** rígido, rijo, duro, maciço, resistente, forte, inflexível, inteiriço, teso, inquebrantável, firme, roqueiro, córneo, êneo, brônzeo, ósseo, ossificado, cartilaginoso, granítico, pétreo, diamantino, megalítico, pedroso, marmóreo, pedregoso, hirto, impenetrável, invulnerável, indestrutível, inabalável, esticado, tenso, retesado, indigesto

rio (líquido em movimento) ***Subst.*** água viva, água corrente, água doce, borbotão, cachão, repuxo, escoamento, jorro, esguicho, bica, nascente, estuário, foz, delta, jato, jacto, golfada, mãe-d'água, tromba-d'água, catadupa, catarata, cascata, levada, salto, cachoeira, corredeira, caudal, cataclismo, cheia, enchente, inundação, dilúvio, chuva, (pop.) rega, garoa, relento, sereno, orvalho, rocio, chuvisco, aguaceiro, gotejar, gota, peneira, pancada, corda, chuvarada, temporal, tempestade, salseiro, chuveiro, corrente, correnteza, curso, influxo, fluxo, afluência, fluência, fluidez, maré, ressaca, caudal, torrente, olheiro, ribeira, fonte, chafariz, arroio, ribeiro, córrego, ribeirinho, manancial, matriz, riacho, braço, enxurrada, lava, lavada, afluente, tributário, contribuinte, vassalo, súdito, aliado, onda, remoinho, sorvedouro, vórtice, turbilhão, voragem, vaga, vagalhão, carneiro, carneirada, mareta, saca, maresia, preamar, baixa-mar, vazante, macaréu, pororoca, chapeleta, aguagem, transbordamento, confluência, reunião, junção, barra, ligação, juntura, comporta, represa, eclusa, hidráulica, potamografia, hidrometria, pluviometria, udômetro, irrigação, alagamento, bomba, nora, cegonha, regador, seringa ***V.*** correr, fluir, passar, derivar, ondear, rebentar, refluir, ir, deslizar, vazar, esguichar, jorrar, espirrar, repuxar, chapinhar, borbotar, nascer, manar, brotar, escorrer, gotejar, golfar, pingar, porejar, destilar, filtrar, transbordar, regurgitar, abundar, regar, encharcar, inundar, alagar, lançar, deitar, botar, entornar, despejar, sair, espargir, infundir, marulhar, irrigar, sangrar, molhar, chover, pingar, chuviscar, peneirar, estagnar, represar, obstruir ***Adj.*** fluente, fluido, diluente, afluente, correntio, corrente, fluminense, chuvoso, pluvial, pluvioso, ribeirinho, justafluvial, caudaloso, grande, grosso, soberbo, revolto, caudal, torrencial, cabedal, principal, tempestuoso, piscoso, venoso, venífluo

riqueza ***Subst.*** fartura, abundância, superabundância, opulência, uberdade, grandeza, abastança, independência, solvência, cabedal, bens, temporalidade, provisão, dote, pensão, meios, recursos, posses, propriedade, renda, Peru, dinheiro, caroço, nababo, plutocrata, milionário, ricaço, banqueiro, arquimilionário, multimilionário, plutocracia, elite ***V.*** ajuntar, enricar, enriquecer, rechear, cevar, prosperar, entesourar ***Adj.*** rico, ricaço, opulento, endinheirado, independente, abastado, abonado, suntuoso, régio, principesco, nababesco, magnífico, aurífero, diamantífero, opimo

risco ***Subst.*** perigo, ameaça, pique, ponto, contingência, eventualidade, suscetibilidade, probabilidade, sujeição ***V.*** arriscar-se, aventurar-se, expor-se, sujeitar-se ***Adj.*** arriscado, perigoso, ameaçador, periclitante, exposto, sujeito, contingente, aleatório, eventual, acidental, possível, provável

rito ***Subst.*** ritual, cerimônia, cerimonial, observância, prática, formulário, solenidade, gala, festividade, função, serviço, ministério, catequese, pregação, sermão, prédica, homilia, pastoral, batismo, crisma, confirmação, *bar-mitsvá*, sagração, ordenação, confissão, excomunhão, eucaristia, hóstia, comunhão, angélico, pão, missa, introito, ofertório, prefácio, consagração, consubstanciação, transubstanciação, lavabo, ablução, extrema-unção, viático, canonização, glorificação, sagração, graças, maceração, mortificação, turíbulo, aspersão, símbolo, relíquia, sudário, rosário, terço, relicário, madeiro, cruz, cruzeiro, crucifixo, imagem, patuá, breve, verônica, ritual, cânon, liturgia, rubrica, missal, legenda, legendário, breviário, vesperal, formulário, martirológio, responso, hinário, gradual, pontifical, racional, ritualismo, festa ***V.*** oficiar, imolar, sacrificar, pontificar, batizar, (fig.) borrifar, crismar, benzer, bendizer, sagrar, ungir, sacramentar, consagrar, confessar, circuncisão, epifania, endoenças, lava-pés, páscoa, Pentecoste, ascensão, advento, Natal, Iom Kipur, autos, marujada ***V.*** comungar, pastorear, apascentar, bispar, instruir, evangelizar, catequizar, imolar, sacrificar, transubstanciar, consumir, aspergir, penitenciar, pregar, predicar, abençoar, excomungar, absolver, reconciliar, sacramentar, canonizar, beatificar, glorificar, exorcizar ***Adj.*** ritual, ritualista, ritualístico, cerimonial, batismal, eucarístico, quaresmal, pascal, crucial, cruciforme, bento, sagrado, sacro, sacramentado

rotação ***Subst.*** revolução, giro, circulação, volta, volteio, roda, circunvolução, pirueta, reviravolta, rodopio, turbilhão, remoinho, vórtice, sorvedouro, voragem, ciclone, tornado, torvelinho, parafuso, hélice, turbina, moinho, pião, pitorra, tufão, furacão, calandra, fuso, eixo, bilro, pivô, diâmetro, coiceira, dobradiça, carrossel, roda, volante, ventilador, ventoinha ***V.*** rolar, rodar, girar, bolear, rebolar, voltear, revolutear, redemoinhar, turbinar, rodopiar ***Adj.*** rotativo, rotatório, vertiginoso

roxo ***Subst.*** violeta, púrpura, ametista, lilás, perpétua, cobalto, lividez ***V.*** roxear ***Adj.*** purpúreo, purpurino, arroxeado, violáceo, violeta, lilás, lúrido, lívido, arroxeado

ruindade (capacidade para produzir o mal) ***Subst.*** ofensa, impiedade, maldade, malquerer, virulência, crueldade, aversão, ódio, rancor, malefício, perversidade, raio, ciclone, furacão, terremoto, vandalismo, destruição, perdição, ruína, morte, cratera, precipício, perversidade, veneno, hidrofobia, carcoma, insídia, sinistro, quebranto, vexame, tormento, repugnância, abuso, opressão, perseguição, ultraje, assalto, violência, seta, defeito, vício, verminose, culpa, depravação, prejuízo, lama, lodo, vasa, fezes, fel, amargor, rigidez, monturo ***V.*** infligir dano, causar dano, danificar, prejudicar, lesar, estiolar, combalir, ferir, golpear, escalavrar, estragar, arruinar, transviar, magoar, infamar, ultrajar, desarvorar, agravar, perder, devastar, assolar, oprimir, onerar, carregar, perseguir, preterir, atropelar, pisar, maltratar, torturar, vexar, sobrecarregar, vitimar, esmagar, machucar, empestar, torturar, seviciar, molestar, danar, abusar, ofender, espezinhar, amesquinhar, declinar, abater, rebaixar, macular, esbofetear, espancar, violentar, esfaquear, apunhalar, desgraçar, ultrajar, escorchar, arranhar, destruir, roubar, flechar, retalhar, envenenar, infernar, infestar, apoquentar, gangrenar, perverter, viciar, corromper, abalar, perpetrar, revoltar, repugnar, manchar ***Adj.*** malévolo, cruel, perverso, ofensivo, nocivo, venenoso, lamentável, prejudicial, molesto, ruim, péssimo, mau, ruinoso, calamitoso, sinistro, fatal, amaldiçoado, maldito, desastroso, deletério, malfeitor, malfazejo, maléfico, maligno, nefasto, reverso, danoso, daninho, pernicioso, feio, inimigo, maldoso, desvantajoso, devastador, destruidor, infeliz, oneroso, gravoso, ofensor, fastidioso, intolerável, desastrado, tendencioso, corruptor, virulento, irrespirável, venenoso, mortal, insanável, horrível, horripilante, horrendo, horroroso, tempestuoso, terrível, pavoroso, apavorante, tétrico, terrificante, medonho, acintoso, cruel, trágico, atroz, tenebroso, inominável, pecaminoso, insano, criminoso, vergonhoso, repugnante, vexatório, lesivo, vil, baixo, ignóbil, monstruoso, miserável, nefando, desprezível, soez, abjeto, tirânico, infame, mesquinho, chocante, suspeitoso, comprometedor, podre, defeituoso, empeço, deplorável, imperdoável, lamentável, feio, inclassificável, condenável, desbragado, inqualificável, indigno, punível, inconfessável, repreensível, odioso, detestável, abominável, subversivo, execrável, ominoso, ultrajante, sombrio, perigoso, aziago, insidioso, inominável, infernal, mefistofélico, demoníaco, inconveniente, indiscutível, inaproveitável, pesado, incômodo, molesto, chinfrim, reles, soez, incompetente, irremediável, fatídico, trágico, sórdido, bruto, imundo, repelente, pejorativo, safado, incômodo, incomodativo

sS

sábio ***Subst.*** pensador, arguto, atilado, douto, entendido, erudito, esclarecido, ilustrado, instruído, letrado, fetiche, oráculo, autoridade, luminar, luzeiro, águia, sabido, sagaz, protótipo, modelo, mentor, super-homem, perito, feiticeiro, pedante ***Adj.*** venerável, venerado, emérito

sabor ***Subst.*** gosto, regalo, gulodice, acepipe, guisado, quitute, petisco, pitéu, especialidade, néctar, manjar, ambrosia, maná, aperitivo, antepasto ***V.*** aguçar o apetite, deleitar, desenfastiar, apetecer, lamber, apreciar, saborear, abocanhar ***Adj.*** saboroso, sápido, bom, gostoso, excelente, supimpa, esplêndido, opíparo, lauto, magnífico, delicioso, delicado, mimoso, apetecível, apetitoso, esquisito, rico, suculento, tenro, agradável

saciedade ***Subst.*** fartura, fastio, satisfação, saturação, enchimento, enfarte, pejamento, aborrecimento, tédio ***V.*** saciar, locupletar, fartar, enfartar, entupir, pejar, encher, dessedentar, empanturrar, empanzinar, abarrotar, satisfazer, impregnar, saturar ***Adj.*** farto, repleto, empanturrado, saciável

salto ***Subst.*** pulo, pincho, pinote, galão, corcovo, curveta, upa, safanão, rabanada, cabriola, tranco, guinada, travessura, cambalhota, solavanco, reviravolta, veado, canguru, onça, cabra, cabrito, rã, gafanhoto, pulga, saltador ***V.*** saltar, pular, saltitar, piruetar, cabriolar, corcovear, caracolar, curvetear, dançar, espernear ***Adj.*** saltitante, saltador

salubridade ***Subst.*** higiene, sanidade, oxigenado, ar puro, ar tonificante, ar livre, oxigênio, saneamento, vilegiatura, spa, sanatório ***V.*** tonificar, oxigenar, revigorar, arejar, salubrificar, sanear, purificar, desinfeccionar ***Adj.*** salubre, saudável, ameno, aprazível, favorável, salutar, hígido, abençoado, são, benéfico, excelente, sanitário, sadio, remoçado, fortificante, privilegiado, tonificante, oxigenado, puro, tônico, revigorante, nutritivo, inócuo, inocente, inofensivo, brando, benigno, restaurador, útil

sanidade ***Subst.*** racionalidade, sobriedade, equilíbrio, moderação, lucidez, cachimônia, sagacidade, perspicácia, percepção, lume, tino, uso ***V.*** desenlouquecer, desensandecer, desendoidecer, estar em pleno uso das faculdades mentais, estar em seu juízo ***Adj.*** são, racional, razoável, equilibrado, ajuizado, normal, arrazoado, criterioso, refletido, ponderado, sensato, sóbrio, comedido, contido

satã (espírito maléfico) ***Subst.*** Lúcifer, Belzebu, diabrete, diacho, imundo, maligno, tinhoso, cão-tinhoso, demo, belzebu, mofino, capeta, tição, rabudo, careca, coxo, demo, diabo, labrego, satanismo ***V.*** satanizar, demonizar, infernizar ***Adj.*** diabólico, demoníaco, satânico, infernal

saudade ***Subst.*** lembrança, pesar, mágoa, soledade, reminiscência, queixume, gemido, lamento, soluço, nostalgia, banzo, recordação *V.* lamentar, lembrar, evocar, deplorar, chorar *Adj.* nostálgico, saudoso, suspiroso, magoado, terno, comovente, evocativo

saúde *Subst.* sanidade, vigor, louçania, força, robustez, tonicidade, euforia *V.* gozar, convalescer, melhorar, curar, fortalecer, salvar, curar, tratar, medicar, assistir, remediar, cuidar, enfermar *Adj.* são, sadio, escorreito, válido, galhardo, robusto, vigoroso, forte, belo, sarado, jovem, corado, florido, loução, hígido

secular *Subst.* rebanho, grei, grêmio, confraria, irmandade, sodalício, corporação, congregação, corista, chantre, temporalidade, secularidade, secularização, leigo, paroquiano, diocesano, oblato, confesso, catecúmeno, conversa, sacristão, acólito, ajudante, sineiro, fiel, caudatário *V.* secularizar, laicizar *Adj.* secular, leigo, laico, civil, mundano, temporal, profano

secura *Subst.* sequidão, aridez, deserto, esterilidade, seca, estiagem, estio, desaguadouro, esgoto, secante, coradouro, encerado, oleado, poncho *V.* secar, desertificar, enxugar, detergir, despejar, desaguar, estancar, esgotar, desempoçar, mirrar, ressequir, ressecar, dessecar, corar, crestar, drenar, estiar *Adj.* seco, enxuto, estanque, árido, desértico, inóspito, estéril, murcho, sequioso, ressecado, secativo, secante

segredo *Subst.* sigilo, reserva, silêncio, mistério, segredo tumular, arcano, secreto, sombra, ádito, manha, enigma, quebra-cabeça, quebradeira, charada, logogrifo, cifra, grifo, anagrama, esfinge, labirinto, dédalo, meandro, problema, paradoxo, ininteligibilidade, charadista *V.* segredar, confidenciar, cochichar, sussurrar, ciciar, reservar *Adj.* arcano, secreto, confidencial, reservado, restrito, cifrado

segurança *Subst.* seguridade, garantia, paládio, salvaguarda, firmeza, asilo, guarida, abrigo, resguardo, invulnerabilidade, bafejo, defesa, arrimo, âncora, manto, amparo, escora, encosto, seguro, guarda, égide, escudo, fortaleza, muralha, sombra, vigilância, policiamento, fiscalização, tutela, patronato, custódia, defesa, auspícios, preservação, salvo-conduto, escolta, comboio, escudo, sentinela, Deus, nume, anjo da guarda, padroeiro, protetor, defensor, campeão, paladino, salvador, redentor, padrinho, patrono, paraninfo, guardador, guarda-costas, rafeiro, cão, guardião, aio, tutor, policial, sentinela, guarnição, vigia, guarda-noturno, vigilante, guarnição, polícia, âncora, precaução, cautela, prudência, previdência, prevenção, quarentena, lazareto, euforia, tranquilidade, paz, confiança, bem-estar *V.* segurar, assegurar, garantir, acautelar, prevenir, proteger, guardar, vigiar, tutelar, defender, escudar, amparar, salvaguardar, ressalvar, garantir, preservar, livrar, salvar, remir, redimir, aconchegar, agasalhar, acolher, recolher, acoitar, homiziar, refugiar-se, abrigar, defender, livrar, custodiar, aceirar, acobertar, esconder, encobrir, encouraçar, cobrir, apadrinhar, flanquear, escoltar, comboiar, guarnecer, vigiar, patrulhar, policiar, rondar *Adj.* seguro, sossegado, protegido, tranquilo, sorridente, confiante, salvo, escudado, invulnerável, inatacável, imperdível, intangível, inexpugnável, inconquistável, protetor, defensor, redentor, salvador, tutelar, custódio, preventivo, preservativo, policial

sem significação *Subst.* garatuja, embrulhada, confusão, (fam.) lona, lenga-lenga, aranzel, cantilena, absurdo, redundância, algaravia, declamação, léria, palavrório, palavreado, futilidade, frivolidade, banalidade, vulgaridade, trivialidade, ouropel, tagarelice, prolixidade, palanfrório, parola, baboseira, blá-blá-blá, vacuidade, palavrada, fanfarronada, entulho, lixo, xaropada, disparate, expletivo, pleonasmo ***V.*** tagarelar, garatujar, declamar, frasear ***Adj.*** desconexo, descosido, incoerente, frívolo, fútil, trivial, chocho, banal, chato, oco, vazio, balofo, fraco, desbotado, incolor, pálido, descorado, corriqueiro, inexpressivo, prolixo, palavroso, repetitivo, berrante, redundante, fumacento, fantasmagórico, inexpressivo, tácito, retórico, indefinível, incomunicável, irrelevante

semelhança ***Subst.*** analogia, similaridade, similitude, imitação, parecença, vislumbre, afinidade, conformidade, parentesco, relação, proporcionalidade, aproximação, vizinhança, paralelismo, conexão, aliança, paridade, propinquidade, reminiscência, aliteração, rima, trocadilho, irmandade, repetição, identidade, uniformidade, isomeria, imagem, retrato, fotografia, cópia, réplica, símile, companheiro, par, duplo, sósia, clone, similar, igualha, arremedo, simulacro, miniatura ***V.*** imitar, lembrar, arremedar, parecer, toar, soar, frisar, roçar, oscular ***Adj.*** semelhante, análogo, (poét.) símil, quejando, parecido, outro que tal, próprio, segundo, novo, gêmeo, trigêmeo, parente, par, similar, mesmo, congênere, paralelo, homólogo, parônimo, aproximado, próximo, vizinho, proporcional, isômero ***Adv.*** tal qual, como

semitransparência ***Subst.*** translucidez, opalescência, lactescência, gaze, musselina, cassa, tule, filó, pérola ***V.*** perlar ***Adj.*** semitransparente, búzio, opalescente, opalino, lácteo, leitoso

sensibilidade (Sensibilidade [tb. física]) ***Subst.*** hipersensibilidade, sensação, receptividade, acuidade, percebimento, passibilidade, impressão, sentido, prurido, comichão, sensitiva, mimosa ***V.*** sentir, experimentar, perceber, notar, aguçar, sensibilizar, impressionar, abalar, chocar, excitar, avivar, provocar, espicaçar, comichar, coçar, picar ***Adj.*** sensível, sensitivo, estético, passível, impressionável, receptivo, perceptível, perceptivo, sutil, sensório, agudo, vivo, penetrante, chocante, impressionante, impressionável, sensibilizador, sensibilizante

sensualista ***Subst.*** sibarita, sátrapa, voluptuoso, epicurista, libertino, hedonista, sentina

sentimento ***Subst.*** sofrimento, tolerância, experiência, prova, correspondência, simpatia, impressão, abalo, mossa, tranco, inspiração, afeição, afetividade, emoção, sensação, conturbação, perturbação, ardor, fogo, zelo, calor, veemência, força, unção, fervor, cordialidade, animação, ímpeto, arrebatamento, entrega, impetuosidade, entusiasmo, vibração, verve, furor, fanatismo, partidarismo, enlevo, arroubo, rubor, pejo, vergonha, calafrio, estremeção, estremecimento, frêmito, abalo, choque, sobressalto, agitação, palpitação, tique-taque, baque, tremor, arquejo, atrapalhação, confusão, perturbação, vozearia, fermento, efervescência, palidez ***V.*** sentir, perceber, experimentar, gozar, sofrer, acariciar, nutrir um sentimento, corresponder, vibrar, sofrer, padecer, provar, suportar, libar, tragar, tolerar, aturar, curtir, arrostar, afrontar, desafiar, corar, empalidecer, hesitar, ofegar, arquejar, arfar, fremir, palpitar, tremer, enfiar, estremecer, vibrar, transtornar, atravessar o coração, varar o coração ***Adj.*** sensível, sensório, sensorial, sensitivo, emotivo, emocional, receptivo, ardente, vivo, forte, intenso, veemente, instante, patético, agudo, acerbo, penetrante, incisivo, cortante, pungente, picante, enérgico, ativo, cáustico, sincero, ávido, ansioso, ofegante, arfante, trêmulo, férvido, fervente, zeloso, caloroso, apaixonado, cordial, entusiasta, entusiástico, ardente, fogoso, ardoroso, devotado, extremoso, afetuoso, desvelado, dominante, avassalador, empolgante, absorvente, rábido, raivoso, febril, fanático, histérico, epiléptico, impressionante, trágico, dramático, patético, poético, comovente, comovedor, eletrizante, esfuziante, palpitante, arrebatador, impressionado, sensibilizado, abalado, tocado, empolgado, trabalhado, preso, sedento, cevado, enlevado, arrebatado, inflamado, tonto, extático, absorto, perdido, transido

sequência ***Subst.*** consecução, sucesso, ulterioridade, continuação, continuidade, enfiada, subordinação, futuro ***V.*** suceder, sobrevir, encerrar, fechar, substituir, pospor, apensar ***Adj.*** seguinte, futuro, vindouro, imediato, consecutivo, conseguinte, sucessivo, decorrente, seguido, ulterior, abaixo-assinado, alternado, último, póstero, pospositivo

servilismo ***Subst.*** pequenez, baixeza, indignidade, abjeção, sordidez, torpeza, humilhação, submissão, pusilanimidade, incondicionalidade, amém, subserviência, bajulação, puxa-saquismo, condescendência, prostração, genuflexão, rebaixamento, rastejamento, humildade, mesura, salamaleque, salame, rapapé, curvatura, rastejo, parasita, sapo, ordenança, sendeiro, lacaio, sabujo, capacho, farejador, bajulador, lambedor, cortesão, caudatário, carneiro, instrumento, rebanho ***V.*** bajular, cortejar, rastejar, colear ***Adj.*** servil, puxa-saco, rasteiro, rastejante, capacho, abjeto, poltrão, invertebrado, babão, desfibrado, pusilânime, agachado, acachapado, submisso, subalterno, obsequioso, incondicional, rafeiro, disciplinado, sabujo, vil, desprezível, asqueroso, repugnante, torpe, indigno, nojento, leproso, ignóbil, baixo, despudorado, melífluo, dócil, humilde, obediente, untuoso, meloso, açucarado, flexível, manejável, parasítico, manso, mesureiro, flexível

servo ***Subst.*** sujeito, vassalo, dependente, familiar, servidor, súdito, subordinado, sequaz, assecla, subalterno, inferior, mercenário, assalariado, subsidiado, pajem, valete, criado, preposto, encarregado, cliente, moço, doméstico, contínuo, bói, servente, lacaio, paquete, serviçal, empregado, funcionário, estagiário, caudatário, curumim, copeiro, andador, comitiva, acompanhamento, séquito, estado-maior, corte, ministério, clientela, criadagem, escudeiro, aio, atabaque, garçom, ordenança, satélite, cavalariço, mensageiro, pegureiro, vaqueiro, peão, caseiro, mordomo, castelão, camareiro, secretário, assistente, amanuense, escriturário, auxiliar, agente, (fam.) sopeira, confidente, mucama, aia, moça, criadeira, açafate, copeiro, cocheiro, escravo, cativo, odalisca, sultana, vilão, leigo, pensionário, pensionista, parasita, valido, protegido, pupila, menor, capanga, jagunço, libré, escravidão ***V.*** servir, assalariar, alugar, ajustar, subsidiar, estipendiar, engajar ***Adj.*** servil, serviçal, servidor, servo, mercenário

sibilação (som sibilante) ***Subst.*** sibilo, apito, assobio, silvo, zumbido, estridor, espirro, serpente, bala ***V.*** assobiar, sibilar, silvar, apitar, zunir, esfuziar, fungar, espirrar, chiar ***Adj.*** sibilante, assobiante, silvante

significação ***Subst.*** significado, sentido, definição, expressão, acepção, conotação, denotação, inteligência, importância, vivacidade, luminosidade, alcance, espírito, força, colorido, doutrina, desígnio, intento, teor, alvo, escopo, semântica, semiologia, matéria, assunto, tema, pasto, argumento, conteúdo, texto, substância, essência, letra, contexto, contextura, conceito, enredo, literalidade, representação, tradução, alusão, sinônimo ***V.*** significar, exprimir, importar, traduzir, lembrar, representar, expressar, indicar, denotar, conotar, simbolizar, anunciar, equivaler, respirar, dizer, aludir, envolver, declarar, exemplificar, definir ***Adj.*** significativo, semântico, significante, expressivo, vívido, sugestivo, ilustrativo, forte, vigoroso, denotativo, alusivo, referente, incisivo, inteligível, literal, implícito, explícito substancial ***Adv.*** *lato sensu*, *stricto sensu*

sílaba ***Subst.*** palavra, diagrama, termo, tetragrama, nome, substantivo, adjetivo, frase, verbo, raiz, tema, afixo, prefixo, sufixo, soletração, silabação, etimologia, monossílabo, dissílabo, trissílabo, tetrassílabo, hexassílabo, pentassílabo, polissílabo, octossílabo, dicionário, léxico, vocabulário, índice, glossário, tesouro, repositório, terminologia, lexicografia, lexicologia ***V.*** silabar, soletrar ***Adj.*** verbal, silábico, ortográfico, cognato, parônimo, onomatopeico, lexicológico, lexicográfico, lexical, temático, monossilábico, pentassilábico, polissilábico, esdrúxulo

silêncio ***Subst.*** cala, calada, remanso, sossego, quietação, quietude, quietismo, paz, tranquilidade, serenidade, placidez, mansidão, mudez, mutismo, afonia ***V.*** silenciar, emudecer, parar, calar ***Adj.*** silencioso, (poét.) silente, calado, soturno, sutil, tranquilo, sossegado, manso, quieto, mudo, inaudível, átono, afônico, sufocado, insonoro ***Adv.*** na moita, à socapa, de mansinho, na surdina

simetria (Regularidade de forma) ***Subst.*** conformidade, perfeição, beleza, proporcionalidade, regularidade, harmonia, acordo, ordem, correção, equilíbrio, uniformidade, paralelismo, centralidade, ramificação, bifurcação, forquilha ***Adj.*** simétrico, belo, clássico, severo, casto, modelar, gentil, irrepreensível, proporcional, compassado, frondoso, copado

simplicidade ***Subst.*** descomplicação, lhanura, lhaneza, singeleza, pureza, nudez, limpeza, austeridade, severidade, desguarnecimento, decência, frugalidade, modéstia, compostura, naturalidade, naturalismo, realidade, realismo, desalinho, desarranjo, desafetação, desdém, pobreza, sobriedade, humildade, moderação, parcimônia, sensatez ***V.*** simplificar, descomplicar, desataviar, desemoldurar, desencaixar, desenquadrar, desenfeitar, despir, desarmar, desnudar, descortinar, desguarnecer, desflorar, desmanchar, desalinhar ***Adj.*** simples, natural, singelo, lhano, severo, seco, nu, desnudo, desguarnecido, despretensioso, puro, limpo, raso, modesto, escolástico, humilde, pobre, caseiro, decente, casto, sóbrio, liso, decente ***Adv.*** (gír.)sem frescura, sem mais aquela

sinais característicos do homem ***Subst.*** sinais

Lista de sinais característicos do homem AURÍCOMO: de cabelos dourados AURICRINANTE OU AURICRINITO: de trança dourada BANGUELA OU ANODONTE: desdentado BARBAÇUDO: que tem muita barba BARBADO: com barba BARBIFEITO: de barba feita BARBINEGRO: de barba negra BARBIPOENTE: a quem a barba aponta BARBIRRUIVO: que tem a barba ruiva BELFO: que tem o beiço inferior pendente ou muito mais grosso que o superior BEIÇUDO: de beiços grossos CAPRIBARBUDO: que tem barbas como o bode CARINEGRO: trigueiro CARRANCUDO, TROMBUDO OU FOCINHUDO: de cara feia ou de rosto sombrio e carregado CIANOFTALMO: que tem olhos azuis COXO: que manqueja, claudica, **ou** a que falta perna ou pé ESPADAÚDO: encorpado, largo das espáduas GEBOSO: corcovado, maltrajado GUEDELHUDO OU GADELHUDO: cabeludo **ou** de cabelo desgrenhado e comprido LAMPINHO: que não tem barba LIPOSO: que tem remela LOURAÇA: pessoa que tem o cabelo de um louro deslavado MAMALHUDO: de mamas grandes MAMUDO: que tem grandes mamas MANETA: pessoa a quem falta um braço **ou** que tem uma das mãos cortada MANICURTO: das mãos curtas MÃOZUDO: de mãos grandes MELANÓCOMO: de cabelo escuro MELANOPE: de olhos negros OLHINEGRO: de olhos negros OLHIZARCO OU ZARCO: de olhos azuis-claros OLHUDO: de olhos grandes PENCUDO: de nariz grande PEPOLIM (ANT.): o mesmo que coxo PERNIABERTO: de pernas abertas PERNALTO, PERNALTEIRO OU PERNALTUDO: de pernas altas PERNEGUDO: de pernas grandes PERNICURTO: de pernas curtas PERNILONGO: de pernas longas PERNIQUEBRADO: de perna quebrada PERNITORTO: de pernas tortas PESCOÇUDO: de pescoço grosso PESTANUDO: de grandes pestanas PRÓGNATO: que tem as maxilas alongadas e proeminentes PEZUDO: de pés grandes RAMALHUDO: de grandes pestanas REBARBATIVO: que parece ter duas barbas (queixo) por estar muito gordo REMELGADO: que tem o bordo da pálpebra revirado SEXDIGITAL OU SEXDIGITÁRIO: que tem seis dedos TESTUDO: de testa grande VENTRUDO OU VENTRIPOTENTE: barrigudo VERRUCÍFERO, VERRUGOSO OU VERRUGUENTO: que tem verrugas VESGO OU ESTRÁBICO: zarolho ZAMBRO OU CAMBAIO: de pernas tortas

---

sincronismo ***Subst.*** paralelismo, coexistência, concorrência, junção, simultaneidade, concomitância, contemporaneidade ***V.*** sincronizar, conciliar, conjugar, coexistir, concorrer, acompanhar, coincidir ***Adj.*** síncrono, sincrônico, simultâneo, isócrono, coexistente, conjunto, coincidente, concomitante, concorrente, coetâneo, contemporâneo, coevo, paralelo, rítmico, ritmado ***Adv.*** junto, *pari passu*, apenas, mal, quando

singeleza (ausência de mistura) ***Subst.*** simplicidade, clareza, castidade, autenticidade, eliminação, peneiramento, purificação, limpeza, filtração, filtragem, coador, filtro, retorta, cadinho, crisol, ouro, corpo ***V.*** simplificar, joeirar, cirandar, coar, purificar, clarear, clarificar, refinar, isolar ***Adj.*** simples, puro, indivisível, extremo, genuíno, legítimo, maciço, autêntico, indecomponível, límpido, claro, elementar, uniforme, impoluto, transparente, diáfano, casto, castiço, lídimo, exclusivo, mero

singularidade ***Subst.*** unidade, individualidade, unicidade, parte, zero, menoridade ***V.*** singularizar ***Adj.*** singular, um, único, unitário, quebrado, negativo, solteiro

sinistra ***Subst.*** (pop.) canhota, canha, canhoto, bombordo ***Adj.*** sinistro, canho, canhoto, esquerdo, sestro

sinuosidade (circularidade complexa) ***Subst.*** tortuosidade, recorte, involução, quebrada, onda, ondulação, enleio, meandro, circuito, trança, viravolta, reviravolta, rodeio, labirinto, dédalo, torção, torcedura, reticulação, espiral, rosca, filete, caracol, cóclea, espira, hélice, circunvolução, parafuso, saca-rolhas, trepadeira, torcicolo, rolo, cacho, canudo, sifão, serpente, solenoide, voluta, gavinha, bicha, serpentina ***V.*** serpentear, ondear, ondular, colear, ziguezaguear, voltear, girar, entrelaçar, enovelar, enrolar, entretecer, enroscar, entrançar, arrolar, torcer, retorcer, enrugar, enrodilhar, caracolar, espiralar, frisar, encrespar, encaracolar, encarapinhar, dentear, recortar, acidentar, raiar, estriar ***Adj.*** serpenteante, sinuoso, tortuoso, oblíquo, torto, ondeado, onduloso, ondeante, ondulado, anelado, acidentado, irregular, montanhoso, desigual, circular, serpentiforme, serpentino, salomônico, vermiforme, vermicular, lombrical, espiralado, helicoidal, turbinado, intrincado, emaranhado, complexo, peristáltico

situação ***Subst.*** posição, colocação, localização, topografia, localidade, *status*, latitude, longitude, altitude, condição, local, posto, atitude, pose, postura, lugar, sítio, estação, paradeiro, cabeça, quartel-general, topografia, geografia, topologia, toponímia, topônimo ***V.*** ficar, demorar, pousar, repousar, jazer ***Adj.*** situado, sito, assento, posto, localizado, plantado

sobriedade ***Subst.*** simplicidade, lhaneza, singeleza, objetividade, comedimento, despojamento, secura, rigidez, severidade, austeridade, frugalidade, desafetação, naturalidade, nitidez ***V.*** ir direto à questão, ir aos fatos ***Adj.*** sóbrio, singelo, severo, lapidar, seco, despojado, discreto, casto, puro, culto, fluente, natural, desataviado, nativo, familiar, chão, correntio, nítido, límpido, polido

sociabilidade ***Subst.*** camaradagem, coleguismo, convívio, convivência, relação, tato, comunicação, jovialidade, intimidade, festança, bulício, folguedo, contato, hospitalidade, agasalho, acolhimento, hospedagem, mesura, vênia, saudação, salvação, recomendações, saudades, lembranças, cordialidade, alegria, urbanidade, afabilidade, civilidade, cortesia, fraternidade, intimidade, sociedade, ambiente, regaço, seio, grêmio, reunião, tertúlia, serão, sarau, consoada, noitada, balada, cabeceira, trato, intercurso, intercâmbio, visita, entrevista, brinde, ágape, convidado, conviva, anfitrião ***V.*** receber, conviver, visitar, rodear, recolher, acolher, albergar, aposentar, alojar, hospedar, agasalhar, presentear, obsequiar, saudar, salvar, cumprimentar, reunir, socializar, internacionalizar ***Adj.*** sociável, acessível, expansivo, apresentável, comunicativo, cortês, folgazão, afável, cavalheiro, tratável, democrático, popular, desembaraçado, extrovertido, prosador, insinuante, jovial, hospitaleiro, social, internacional, gregário

sofrimento ***Subst.*** padecimento, martírio, dor, pena, mal, amargura, tortura, suplício, desgosto, dissabor, aflição, angústia, desprazer, displicência, agro, náusea, desconforto, desconsolo, contrariedade, consternação, transtorno, pesar, mal-estar, apoquentação, inquietação, vexame, vexação, ralação, descontentamento, abatimento, enfado, horror, tortura, crueldade, rigor, irritação, agrura, aperto, consumição, mortificação, atribulação, ansiedade, desassossego, fogo, formigueiro, inquietação, preocupação, prova, picadela, flagelo, castigo, peste, pesadelo, perseguição, adversidade, provação, transe, choque, golpe, tristeza, lazeira, fardo, carga, cruz, via-sacra, calvário, abatimento, prostração, desgraça, amargura, infelicidade, desdita, desventura, miséria, infortúnio, desolação, tragédia, drama, nojo, luto, desespero, extremidade, apuro, agonia, vasca, purgatório, inferno, adversidade, sofredor, mártir, vítima, náufrago, presa, desgraçado, infeliz, mesquinho ***V.*** sofrer, sentir, gemer, passar, padecer, experimentar, suportar, amargar, sangrar, penar, queixar-se ***Adj.*** sofredor, choroso, perturbado, oprimido, atormentado, acidentado, lastimoso, lastimável, atribulado, quebrantado, vitimado, triste, desgostoso, pesaroso, desgraçado, desventurado, desafortunado, desinfeliz, desditoso, malfadado, infeliz, inditoso, infausto, desolado, consternado, miserável, amofinado, arrastado, aflito, murcho, abatido, desconsolado, mofino, desassossegado, intranquilo, ansioso, descontente, aborrecido, perdido, desesperado, horrorizado

solecismo ***Subst.*** barbarismo, incorreção, escorregadela, erro, disparate, asneira, bundo, quimbundo, silabada, palmar ***V.*** mascar, ofender, desrespeitar, barbarizar, desrespeitar ***Adj.*** incorreto

som de coisas ***Subst.*** som, barulho

Som de coisas ÁGUA: ***Subst.*** glu-glu, chape, marulho, marulhada, fola, gorgolhão ou gorgolão, gorgolejo ***V.*** borborinhar, borbulhar, cachoar, escachoar, cantar, chofrar, gorgolar, gorgolejar, mugir, gorgolhar, chuchurrear, murmulhar, murmurar, murmurejar, retrincar, retumbar, roncar, rumorejar, sussurrar, trapejar, trepidar, zoar ALIMENTOS AO FOGO: ***Subst.*** rechino, chito, chiada, chiadeira ***V.*** chiar, escachoar, grugrulhar, papujar, rebentar, rechiar, rechinar ANDAR DE ANIMAIS: ***Subst.*** estrupido, estropeada, galope, trote, tropel, estrompido, estrépido, catrapós ou catrapus, rastejo ***V.*** estropear, patejar, galopear, galopar, estrepitar, restolhar, tropear, trotear, trotar ÁRVORE: ***Subst.*** murmulho, murmúrio, cicio, sussurro, farfalho ***V.*** ciciar, chuaiar, farfalhar, frondejar, murmulhar, murmurejar, ramalhar, sussurrar APITO: ***Subst.*** trilo, assobio, assovio, apito ***V.*** trilar, assobiar, assoviar, apitar AUTOMÓVEL: ***Subst.*** fon-fon, buzina, ronco ***V.*** fonfonar, buzinar, roncar, cantar (pneus, ao derrapar) ASAS: ***Subst.*** frêmito, ruflo, adejo, bater ***V.*** flaflar, frufrulhar, rufar, ruflar, adejar, bater BALA: ***V.*** assobiar, sibilar, silvar, zunir, esfuziar BEIJO: ***Subst.*** estalido, estalo ***V.*** chuchurrear, estalar BOMBA: ***Subst.*** ribombo, estrondo ***V.*** estalar, estourar, estralar, estralejar, estalejar, explodir, rebentar, ribombar, estrondear CAMPAINHA: ***Subst.*** campainhada, telim, tlim ***V.*** tanger, tintinar, tilintar, tiritir CANHÃO: ***Subst.*** atroada, trom, trono, estrondo, ribombo, ribombar, troar ***V.*** atroar, ecoar, retumbar, ribombar, soar, troar, tronar CARRO DE BOIS: ***Subst.*** rodar, chiar, chio ***V.*** cantar, chiar, guinchar, rinchar CHICOTE: ***Subst.*** estalo, estalar ***V.*** estalar, estalidar, estalejar COPOS: ***Subst.*** tinido ***V.*** retinir, tilintar, tinir, triscar COISAS INVISÍVEIS: ***Subst.*** acusma, acusmata ***Adj.*** acusmático DEDOS: ***Subst.*** estalo, estalar ***V.*** estrincar, estalar DENTES: ***Subst.*** frendor, bater, rangido ***V.*** bater, ranger, craquejar, estarrincar, fender, tatalar, rilhar, estalar ESPINGARDA: ***Subst.*** chapejar, fazer chape ESPORAS: ***Subst.*** retinim, tinido ***V.*** guisalhar, tinir, retinir ***Adj.*** retininte FERRO: ***Subst.*** retinim, tinido, retintim, trape-zape ***V.*** restrugir, retinir, tinir ***Adj.*** retininte FLECHA: ***V.*** rechinir, sibilar, silvar, zenir, zunir FOGO: ***Subst.*** estalo, estalar, crepitação ***V.*** respingar, crepitar, decrepitar, espirrar, estalar, estralar, fremir, zoar FOGUETE: ***Subst.*** foguetada, foguetório, foguetaria, rojão ***V.*** esfuziar, espipocar, espocar, estalir, estourar, estralar, estralejar, estrugir, papocar, pipocar, popocar, restrugir, rechinar FOLE: ***V.*** arquejar, ofegar, resfolgar, resfolegar MÁQUINA DE COSTURA: ***V.*** ruidar, sussurrar, taralhar MAR: ***Subst.*** marulho, marulhada *V.* bramar, bramir, escachoar, estourar, estrepitar, fragorar, fremir, rouquejar, rugir, troar, soluçar ***Adj.*** marulhoso MOEDA: ***Subst.*** tilim, tinido ***V.*** tilintar, tinir, fazer tilim, trincolejar PALMAS: ***V.*** estalar, estrugir, ressoar, soar, vibrar, estrepitar PENA DE ESCREVER: ***V.*** ranger, rangir PORTA: ***V.*** bater, chiar, ranger, rodar, tatalar RELÓGIO: ***Subst.*** tique-taque, pancada, batida ***V.*** tiquetaquear, bater, dar, soar REMO: ***Subst.*** tefe-tefe ***V.*** trapejar RESPIRAÇÃO: ***Subst.*** rala, frieira, recolho, ronco, roncaria, ronca, roncada, roncura, ronqueira, rouquido, cascalheira, estertor, ofego, arquejo, arfada, arfadura, arfagem, resfolgo, resfolego ***V.*** roncar, ronquejar, ofegar, arquejar, arfar, resfolegar RISADA: ***Subst.*** casquinada, gargalhada ***V.*** casquinar, cascalhar, cacarejar, gargalhar, esfuziar, estalar, estrugir, explodir ROUPA: ***Subst.*** fru-fru, frolo, ruge-ruge ***V.*** aflar, farfalhar, ruflar, roçagar SAPATOS: ***Subst.*** sapatela, rangedeira ***V.*** chiar, ranger, rinchar, ringir SERRA: ***V.*** esfuziar, ralhar, rascar, rechinar, zinir SETA: ***V.*** rechinir, sibilar, silvar, zenir, zunir SINO: ***Subst.*** bimbalhada, bimbalhar, badalar, repique, repinique, pancada, tão babalão ***V.*** badalar, badalejar, bimbalhar, carrilhonar, dobrar, repinicar, repicar, tangir, tanger, tocar, tintinabular, tintinar, zoar, tocar a finados SOM (EQUIPAMENTO, SISTEMA): ***Subst.*** som, reprodução ***V.*** tocar, soar, reproduzir ***Adj.*** estereofônico, estéreo, quadrifônico, *surround*, de alta fidelidade TAMBOR: ***Subst.*** rufo, repique, redobre, rufar, rataplã, rataplão, ratantã, tarapantão, floreio, alvorada ***V.*** rufar TEMPESTADE: ***Subst.*** fragor, rugido, trovão ***V.*** bramar, bramir, fremir, rebramar, rebramir, roncar, ronquejar, rouquejar, rugir, troar, trovoar, trovejar; TIRO: ***Subst.*** estampido, estrompido, detonação, disparo, descarga, canhonaço, tiroteio, fuzilada, fuzilaria, tum, bangue-bangue, metralha ***V.*** detonar, explodir, disparar, pipocar, restrugir, ecoar, metralhar TROMBETA: ***Subst.*** clangor, toque, tirintintim, retintim, tarará ***V.*** clangorar, clangorejar, ressoar, retinir, trombetear, fanfarrar TROVÃO: ***Subst.*** rebombo, rimbombo ***V.*** atroar, bramar, bramir, ecoar, estalar, estourar, estrondejar, rebramar, reboar, ressoar, retumbar, ribombar, rimbombar, rolar, roncar, ronquejar, toar, tonitroar, troar, tronar, trovoar, trovejar, troviscar VELAS, BANDEIRAS: ***V.*** trapear, trapejar, drapejar VENTO: ***Subst.*** assobio, silvo, sussurro, uivo ***V.*** aflar, assobiar, barulhar, borborinhar, bramar, bramir, bravejar, bravear, ciciar, escarcear, esfuziar, estrepitar, gemer, guaiar, mugir, murmurar, rebramar, rugir, rugitar, rumorejar, sibilar, siflar, silvar, suspirar, sussurrar, uivar, ulular, urrar, zimbrar, zoar, zunir TREM: ***Subst.*** traque-traque, silvo, arquejo, resfolgo ***V.*** apitar, arquejar, resfolegar, resfolgar, ruidar, silvar

---

som ***Subst.*** barulho, barulheira, bulha, burburinho, ruído, rumor, estalo, sonido, estalido, alento, voz, vozerio, acentuação, grito, zoada, zoeira, algazarra, gritaria, balbúrdia, clamor, estardalhaço, tumulto, vibração, tom, cadência, sonoridade, ressonância, eco, timbre, órgão, fonação, fonema, fonética, fonologia, harmonia ***V.*** soar, toar, triscar, bater, vibrar, ressoar, retumbar, ribombar, ecoar ***Adj.*** soante, sônico, sonante, barulhento, ruidoso, sonoro, sonoroso, retumbante, estrondoso, audível, distinto, fônico, fonético

sombra ***Subst.*** guarda-chuva, guarda-sol, sombreiro, sombrinha, cortina, árvore, abajur, cortinado, névoa, nevoeiro, pala ***V.***

sombrear, encobrir, assombrar, cair a sombra, anuviar, toldar, turvar, obscurecer, enevoar, velar, escurecer, empanar ***Adj.*** sombrio, sombroso, umbroso, enevoado, nevoento, brumoso, nebuloso, anuviado, nublado, copado, frondoso, túrbido

sovinaria ***Subst.*** mesquinhez, mesquinharia, sordidez, sovinice, tenacidade, aperto, usura, pequenez, estreiteza, ambição, miséria, gana, esganação, avidez, ganância, cupidez, logro, ágio, vilania, avarento, miserável, sovina, vinagre, bufo, abutre, urubu, usurário, foca, agiota, harpia, vilão, sorrelfa, mirra, fuinha, pão-duro, somítico, catinga, morrinha, muquirana ***V.*** mesquinhar, assovinar-se, amesquinhar-se, agiotar, usurar, catingar ***Adj.*** avarento, miserável, avaro, agarrado, ávido, mesquinho, sovina, tenaz, ambicioso, vilão, ganancioso, insaciável, cúpido, pantagruélico, interesseiro, ignóbil, curto, sórdido, seguro, usurário, mesquinho, tacanho, mofino, ridículo

subida (movimento para cima) ***Subst.*** ascensão, ascendência, assunção, escalada, elevação, alçamento, crescimento, aclive, colina, escada, elevador, foguete, balão, aeroplano, trepadeira, pássaro, repuxo ***V.*** subir, sobrenadar, ascender, remontar, espiralar, sobrepujar, vingar, escalar, galgar, culminar, assaltar, adejar, remar, revolutear, esvoaçar, repuxar, boiar, emergir, cavalgar ***Adj.*** ascendente, ascensional, flutuante, volante

submissão ***Subst.*** subjugação, capitulação, entrega, redução, rendição, subordinação, resignação, conformidade, apatia, acatamento, jugo, sujeição, obediência, homenagem, vassalagem, preito, genuflexão, prostração, humilhação, humildade, docilidade ***V.*** sucumbir, capitular, genufletir, preitear, patear, obedecer, amolecer, submeter-se, sujeitar-se, abater-se, curvar-se, entregar-se, dar a palma, morder o pó, render-se, pedir quartel ***Adj.*** resignado, prostrado, rastejante, humilhado, oprimido, flexível, vencido, rendido, subjugado, subordinado, entregue, sujeito, batido, ferido, derrotado, indefeso, insustentável, indefensável, humilde

substancialidade ***Subst.*** materialidade, concretude, ente, personalidade, pessoa, coisa, objeto, artigo, massa, sangue, algo, existência, alguém, individualidade, entidade, criatura, corpo, matéria, essência, quinta-essência, osso, organismo, hipóstase, consubstanciação, corporificação, universo, galáxia, planeta ***V.*** corporificar, consubstanciar, encarnar ***Adj.*** substantivo, substancial, pessoal, corpóreo, corporal, tangível, palpável, ponderável, somático, objetivo, essencial, precípuo, sólido, consistente, maciço, massudo, basto, cerrado, compacto, sólido

substituição (mudança de uma coisa por outra) ***Subst.*** mudança, alternativa, alternância, viravolta, fluxo, revezamento, comutação, rendição, suplantação, substituto, estepe, reserva, serventuário, imediato, vice-presidente, subdiretor, subchefe, subcomissário, suplente, sucessor, sucedâneo, lugar-tenente, duplo, representante, palimpsesto, ***V.*** substituir, sub-rogar, substabelecer, suplantar, render, resgatar, compensar ***Adj.*** substituto, substituível, suplente, delegado, sucedâneo

subtração ***Subst.*** diminuição, dedução, remoção, ablação, eliminação, supressão, abstração, mutilação, corte, poda, rescisão, encurtamento, minuendo, subtraendo, diminuendo ***V.*** subtrair, diminuir, suprimir, descontar, deduzir, abater, retirar, excluir, desfalcar, cortar, podar, separar, aparar, remover, mutilar, amputar, truncar, decepar, dizimar, limar, desgastar, cercear, castrar, eliminar, suprimir, desguarnecer, coarctar, circunscrever, privar, diminuir, encurtar ***Adj.*** subtraído, privado, circunscrito ***Adv.*** sem, exceto, afora, exclusive, restrição, salvo

sucedâneo ***Subst.*** substituto, deputado, estepe, reserva, regra-três

sucessão (marchando atrás) ***Subst.*** continuação, prolongamento, persecução, perseguição, rastejo, posposição, cauda, rabeira, retaguarda, garupa, acompanhamento, escolta, sequaz, caudatário, satélite, lanterna, sombra, séquito, cortejo, comitiva, ordenança, comboio, esteira, coice, sucessor ***V.*** seguir, acompanhar, rastrear, rastejar, perseguir, comboiar, escoltar, tanger, tocar ***Adj.*** sequaz, seguidor, acompanhador, subsequente ***Adv.*** atrás, após

sucesso ***Subst.*** êxito, supremacia, felicidade, fortuna, salvamento, dita, ventura, consecução, vitória, milagre, trunfo, prêmio, proveito, troféu, ascendência, superioridade, mestria, conquista, vantagem, acerto, palma, louros, proficiência, conquistador, vencedor ***V.*** suceder, conseguir, lograr, fazer, haver, obter, alcançar, realizar, conquistar, vencer, forçar, ganhar, prosperar, lucrar, triunfar, vencer, amolgar, render, subjugar, bater, destroçar, senhorear, derruir, derrocar, superar, rechaçar, desbaratar, sobrelevar, sobrepujar, domar, submeter, jugular, destroçar, remediar, debelar, sujeitar, frustrar, inutilizar, aniquilar, abater, romper, burlar, escalar, suplantar, conculcar, envolver, furar, confundir, obstruir, torpedear, vitimar, desbloquear, superar, contornar, pegar, aproveitar, frutificar ***Adj.*** bem-sucedido, pujante, próspero, triunfante, prevalente, invicto, invencível, vitorioso, predominante, imperdível, ditoso, feliz, certeiro, embalado

sucessor ***Subst.*** substituto, sucedâneo, herdeiro, descendência, progênie, retaguarda, comitiva, séquito, cortejo, acompanhamento, escolta, sequaz, caudatário, satélite, ordenança, sombra, guarda, sufixo, cauda, esteira, cola, coice, apêndice, posfácio, pós-escrito, apostila, fecho, epílogo, peroração, codicilo, prole, secundinas, póstero, posteridade, dependência, desenlace, desfecho, conclusão, remate, solução, fim, sobremesa, apoteose, assinatura ***V.*** suceder, substituir, render, advir, continuar ***Adj.*** sucessório, póstero, posterior, futuro, seguinte, ulterior, vindouro

suficiência ***Subst.*** satisfação, enchimento, plenitude, abastança, multiplicidade, saciedade, influxo, força, fluxo, manancial, fonte, fluência, afluência, fartura, amplitude, opulência, provisão, quantidade, número, cópia, profusão, pujança, prodigalidade, orgia, fertilidade, exuberância, apojadura, riqueza, utopia, cornucópia, abundância, mina, transbordamento, cheia, preamar, sortimento, recheio, soma, chuva, mata, série, rosário, ordem, mola, montão, floresta, selva, torrente, enfiada, infinidade, fula, monturo, pilha, monte, roda, chuveiro, oceano, pélago, manancial, rio, saraivada, saraiva, mancheia, enxurrada, rima, ruma, viveiro, enxame, plêiade, constelação, galeria, braçada, avalanche, alude, colar, encadeado ***V.*** bastar, satisfazer, abundar, formigar, enxamear, ferver, fervilhar, regurgitar, fartar, pulular, chover, sobrar, atestar, encher, rolar ***Adj.*** suficiente, bastante, razoável, aceitável, sofrível, tolerável, adequado, proporcionado, satisfatório, regular, tangível, sensível, medido, temperado, moderado, amplo, abundante, opimo, torrencial, multíplice, variado, pleno, grosso, lauto, rico, copioso, amazônico, opíparo, repleto, rico, pujante, inesgotável, inextinguível, inexaurível, pejado, atravancado, farto, liberal, dadivoso, generoso, grande, intenso, ilimitado, numeroso, inumerável, sobejo, fecundo, irrestrito, desmedido, imoderado, pródigo, luxuriante, opulento, infindo, pingue, gordo, suculento, polposo, pesado, assoberbado, ilustrado, maciço, fecundo, repleto, vibrante, prenhe, abarrotado, palpitante, transbordante, eivado, verminado, atestado ***Adv.*** assaz, bastante, muito, *ad libitum*

sujeição ***Subst.*** obediência, respeito, acatamento, retenção, jugo, dependência, submissão, subordinação, escravidão, escravização, subjugação, cativeiro, cadeia, servidão, escravatura, feudalismo, tutela, vassalagem, preito, contingência, constrangimento, opressão, jugo, obediência, senzala ***V.*** servir, obedecer, amansar, domar, reter, sujeitar, compulsar, compelir, forçar, oprimir, refrear, subjugar, jugular, submeter, tutelar, controlar, conquistar, vincular, vencer, obrigar, escravizar, acorrentar, agrilhoar, cativar, senhorear, dominar ***Adj.*** sujeito, submisso, dependente, encabeçado, subordinado, subalterno, feudal, escravo, cativo, constrangido, efeminado, pisado, parasítico

sujidade ***Subst.*** porcaria, porqueira, desasseio, impureza, sordidez, repugnância, imundície, caca, esterqueira, contaminação, poluição, turvação, mancha, nódoa, deterioração, putrefação, supuração, sânie, corrupção, decomposição, caspa, borrão, apodrecimento, mofo, sito, mosto, muco, mucosidade, coriza, ranho, remela, sebo, carda, porco, porcalhão, taberneiro, surrão, besuntão, côdea, esterco, garra, lamaçal, pântano, atoleiro, tijuco, lama, lodo, vasa, limo, fumo, fuligem, escória, borra, fezes, resíduo, sedimento, sarro, fécula, pé, repositório, detrito, escuma, rabeira, cinzas, assento, pus, vurmo, saburra, borra, cisco, lixão, vísceras, cadáver, humor, escara, supuração, excremento, estrume, esterco, (bras.) carniça, monturo, paul, latrina, sentina, cloaca, retrete, privada, secreta, casinha, estrumeira, esterqueira, chiqueiro, pocilga, piolheira, camareiro, penico, urinol, mictório, atascadeiro, tremedal, vazadouro, lameiro, escarradeira, cavalariça, cocheira, estrebaria, pulguedo, mosca, varejeira, percevejo, carrapato, lêndea, piolho, carango, curral, bodega ***V.*** encardir, sujar, inquinar, infectar, infestar, enfumaçar, enodoar, manchar, macular, empoeirar, borrar, lambuzar, enlambuzar, jorrar, besuntar, enegrecer, denegrir, enfarruscar, enxovalhar, conspurcar, enlamear, poluir, engordurar, emporcalhar, contaminar, toldar, turvar, enlamear, atolar, chafurdar, encharcar, corromper, feder, putrefazer, purgar, putrificar, apodrecer, mofar, babar, repugnar ***Adj.*** sujo, gordo, porco, marrano, imundo, seboso, sebáceo, sebento, negligente, sórdido, hediondo, esquálido, pustuloso, pustulento, caspento, piolhento, sanioso, ranhoso, vurmoso, lodoso, pulguento, relaxado, desgrenhado, pútrido, podre, impuro, ofensivo, abominável, nefando, grosseiro, bestial, anti-higiênico, bolorento, barroso, barrento, ferrugento, rançoso, purulento, remelento, excrementício, crapuloso, obsceno, túrbido, escuso, escabroso, repelente, nauseabundo, repugnante, nojento, asqueroso

sulco ***Subst.*** carril, vestígio, rego, curso, incisão, estria, traço, fenda, racha, greta, corte, rasgo, rasgão, rasgadura, canal, goteira, vala, ravina, fosso, marra, calha, sarjeta ***V.*** sulcar, estriar, raiar, arar, talar, lavrar, arreganhar, gretar, fender, rasgar, arranhar, gravar, esculpir, frisar ***Adj.*** sulcado, listrado

superioridade ***Subst.*** excelência, maioria, melhoria, grandeza, predomínio, predominação, preponderância, soberania, hegemonia, primado, primazia, prevalência, suplantação, superação, reino, reinado, império, domínio, liderança, supremacia, preeminência, vantagem, vitória, cetro, unicidade, requinte, quinta-essência, culminância, suprassumo, máximo, clímax, zênite, transcendência, excesso, avanço, dianteira, vanguarda, rei, rainha, generalíssimo, príncipe, deus, princesa, prócer, potentado, líder, águia, leão ***V.*** superar, exceder, transcender, vencer, sobrepujar, ultrapassar, eclipsar, ofuscar, obumbrar, preponderar, imperar, reinar, desbancar, prevalecer, suplantar, dominar, primar, cobrir, liderar, sobressair, preluzir, aumentar, requintar, culminar, sobrelevar, preterir, preferir, empanar, encarecer, privilegiar ***Adj.*** superior, supremo, maior, mor, primeiro, supino, distinto, soberano, absoluto, sumo, preeminente, primacial, prevalente, dominador, dominante, principal, essencial, preponderante, poderoso, importante, excelente, excelso, único, excepcional, invulgar, privilegiado, inimitável, invencível, invicto, inigualável, inconfundível, incomparável, inexcedível, insuperável, luz, grandeza, soberano, transcendente, transcendental, sobranceiro, culminante, superlativo, insubstituível, peregrino, raro ***Adv.*** sobretudo (A superioridade indica-se também colocando a preposição *de* entre um subst. no singular e o mesmo subst. no plural. Exs.: *a rosa das rosas*, *o livro dos livros*, etc. Para os adjs. a superioridade indica-se antepondo-se-lhes a expressão 'o mais' e pospondo-se-lhes a preposição *de*. Exs.: *o mais rico de*, *o mais belo de*, ou então antepondo ao adj., e mesmo ao verbo, o prefixo per. Exs.: *pertênue*, *perlouvar*, *perluzir*).

suporte ***Subst.*** sustentáculo, apoio, descanso, amparo, arrimo, firmamento, fundamento, alicerce, baluarte, base, escora, pontalete, forquilha, fulcro, palafita, assento, repouso, coluna, pilar, pé, pilastra, cipó, tirante, poste, esteio, estaca, peanha, pedestal, soco, plinto, ábaco, caçamba, estribo, eixo, cachorro, contraforte, encosto, tronco, talo, caule, haste, colmo, andador, bandoleira, talabarte, tiracolo, boldrié, suspensório, andaime, cadafalso, cavilha, escápula, gancho, bengala, bastão, bordão, varapau, cajado, báculo, pau, vara, umbral, balaústre, balaustrada, estiva, latada, caniçada, trave, madeiro, viga, vigamento, barrote, larva, cepo, caramanchão, escalão, degrau, sola, pé, perna, tíbia, fêmur, pernil, vértebra, espinhaço, arcabouço, esqueleto, armação, carcaça, ossada, ossatura, estrado, tarimba, aparador, bandeja, tabuleiro, prateleira, tripé, assento, trono, sólio, divã, odalisca, banco, talho, arquibancada, cadeira, sofá, canapé, poltrona, espreguiçadeira, escabelo, tamborete, mesa, cama, maca, leito, catre, enxerga, enxergão, marquesa, rede, palanquim, colchão, coxim, travesseiro, cabeceira, almofada, chumaço, respaldo, espalda, espaldar, braço, liteira, maca, padiola, esquife, genuflexório, selim, sela, cangalha, albarda, regaço, colo, Atlas, Hércules ***V.*** suportar, repuxar, suster, sustentar, amparar, apoiar, sopesar, carregar, segurar, trazer, sobraçar, jazer, repousar, descansar, cavalgar, escorar, fincar ***Adj.*** fundamental, básico, basilar, colunar, pedunculado

suposição ***Subst.*** assunção, postulação, condição, pressuposição, hipótese, cogitação, esmo, suposto, pressuposto, postulado, prognóstico, teoria, princípio, elementos, proposição, premissa, tese, teorema, prognóstico, suspeita, inspiração, ideal, bafo, adivinhação, desconfiança, suspeita, alusão, assomo, insinuação, palpite, pressentimento, pancada, sugestão, fantasia, previdência, especulação ***V.*** supor, subentender, achar, prever, assentar, desconfiar, julgar, suspeitar, adivinhar, teorizar, admitir, conceder, presumir, palpitar, cuidar, imaginar, pensar, pressupor, prefigurar, presumir, cogitar, figurar, assumir, querer, fantasiar, especular, parafusar, crer, inventar, fabular, fingir, lembrar, sugerir, propor, alvitrar, aventar, indigitar, suscitar, imaginar, fantasiar, emitir, sugestionar, aludir, insinuar, incutir ***Adj.*** suposto, dado, pretenso, pressuposto, admitido, gratuito, especulativo, teórico, teorético, hipotético, ideal, figurado, imaginável, presumível, presuntivo, putativo, sugestivo ***Adv.*** no pressuposto de, caso, se, na hipótese de, por hipótese

supressão (ausência de registro) ***Subst.*** emenda, rasura, cancelamento, raspadura, raspagem, apagamento, baixa, saída, descarga, raspadeira, borracha ***V.*** suprimir, apagar, rasurar, deletar, obliterar, safar, comer, omitir, pular, saltar, delir, riscar, cancelar, eliminar, limpar, desvanecer, riscar, raspar, descarregar, arrancar, sonegar, trancar ***Adj.*** suprimido, deletado, esgotado, esparso

surdez ***Subst.*** deficiência auditiva, atordoamento ***V.*** desperceber, desentender, atordoar, aturdir ***Adj.*** deficiente auditivo, surdo, mouco, surdo-mudo, inaudível, imperceptível

surpresa ***Subst.*** decepção, espanto, súbito, imprevisto, estouro, estampido, pancada, choque, admiração, bomba, raio, irrupção, ímpeto, assalto, rebate, susto, atordoamento, perplexidade, assombro, estupor, espanto, estupefação, choque, sobressalto, pânico, palidez ***V.*** empalidecer, sobrevir, irromper, rebentar, arrebentar, explodir, estourar, cair, prorromper, relampejar, pegar desprevenido, pilhar, colher, surpreender, saltear, apanhar, assustar, espantar, estupefazer, eletrizar, aturdir, atordoar, sobressaltar, assaltar, bestializar, bestificar, atrapalhar, desorientar, desnortear, confundir, petrificar ***Adj.*** surpreendente, espantoso, inesperado, inopinado, súbito, imprevisto, acidental, improviso, improvisado, impensado, inabitual, desacostumado, fortuito, intempestivo, prematuro, adventício, antecipado, extraordinário, inaudito, brusco, despreparado, desprevenido, perplexo, estupefacto, boquiaberto, aturdido, desguarnecido, desprovido, desapercebido, descalço ***Adv.*** de surpresa, de supetão, de golpe, de improviso, quando menos se esperava

sussurro (som fraco) ***Subst.*** cochicho, balbucio, ruído, matinada, cicio, murmúrio, fôlego, suspiro, respiração, arquejo, zumbido, zoada, ruge-ruge, rumor, rumorejo, resfôlego, estalido, gemido, eco, reverberação, tilintar, microfonia ***V.*** sussurrar, murmurejar, rumorejar, cochichar, tugir, boquejar, enrouquecer, segredar, ciciar, regougar, resmungar, rezar, suspirar, gemer, rosnar, mastigar, arquejar, ofegar, tinir, tilintar, balbuciar, bafejar, frufrulhar, farfalhar, ruflar ***Adj.*** inaudível, indistinto, vago, confuso, brando, baixo, fraco, débil, surdo, cavernoso, cavo, rouco, sufocado, abafado, apertado, sussurrante, suave, sumido, desmaiado, murmurante ***Adv.*** em surdina, à meia-voz, entredentes

tT

taciturnidade ***Subst.*** mudez, silêncio, reserva, laconismo, calada, impenetrabilidade, desconfiança, prudência, retração, retraimento, introversão, concentração, bonzo, mocho, misantropo ***V.*** arrolhar, cerrar, desconversar ***Adj.*** taciturno, silencioso, calado, mudo, sorumbático, macambúzio, mocho, lacônico, introvertido, discreto, reservado, retraído, fechado, impenetrável, insondável, concentrado, desconfiado, suspeitoso, misantropo, insociável ***Adv.*** sem dizer palavra

tamanho ***Subst.*** grandeza, enormidade, formato, magnitude, proporção, dimensão, extensão, volume, vulto, grossura, espessura, profundidade, largura, quantidade, espaço, amplidão, amplitude, vastidão, estatura, capacidade, porte, tonelagem, calibre, lotação, dilatação, corpulência, corpanzil, obesidade, enxúndia, gordura, papada, carnosidade, robustez, musculatura, monstruosidade, força, titã, Atlas, monstro, Ciclope, ogro, girafa, baleia, cachalote, cetáceo, golfinho, leviatã, elefante, mamute, hipopótamo, anta, tapir, touro, colosso, mastodonte, galalau, machão, granadeiro, brutamontes, filisteu, texugo, matrona, virago, pandorga, pantufa, latagão, montanha, muralha, monte, mole, oceano ***V.*** avultar, engrandecer, agigantar-se, crescer ***Adj.*** grande, colossal, alto, crescido, graúdo, gigante, ciclópico, imenso, titânico, volumoso, desproporcionado, disforme, vultoso, descomedido, descomunal, bruto, considerável, mirabolante, macroscópico, amplo, espaçoso, poderoso, sobranceiro, grosso, massudo, farto, nédio, nutrido, corpulento, robusto, atarracado, rechonchudo, redondo, cheio, forte, roliço, obeso, rotundo, pesado, repolhudo, reforçado, arredondado, socado, luzidio, rijo, musculoso, carnoso, carnudo, espadaúdo, imenso, vasto, estupendo, descomunal, desmarcado, desmedido, monstruoso, enorme, agigantado, amazônico, astronômico, gigantesco, ciclópico, túmido

tapador ***Subst.*** tampa, tampão, cavilha, testo, tapa, bucha, rolha, bujão, batoque, êmbolo, pistão, torneira, chumaço, mecha, luto, torniquete, coberta, comporta, represa, açude, dique, doca, eclusa, taramela, própole, pregoeiro, porteiro, chaveiro, claviculário, bedel, arqueiro, vigia, calafate ***V.*** tapar, obliterar, obstruir

tarde ***Subst.*** crepúsculo, pôr do sol, arrebol, vésper, véspera, ave-maria, Trindade, noitinha, *happy hour*, meia-noite ***V.*** morrer o dia, entardecer, anoitecer, entenebrecer, escurecer, estrelar, librar, pestanejar, tremeluzir, pratear ***Adj.*** vesperal, vespertino, crepuscular, pós-meridiano, noturno, tenebroso

tato ***Subst.*** tatilidade, apalpação, palpação, apalpadela, manipulação, digitação, dígito, dedo, índex, mínimo, mindinho, médio, indicador, fura-bolos, polegar, garra, antena ***V.*** tatear, apalpar, palpar, passar, manipular, manejar, menear, manusear, mexer, bulir, apanhar, pegar, segurar, sentir ***Adj.*** tátil, tangível, palpável, maneiro, manual

temeridade ***Subst.*** impetuosidade, afoiteza, segurança, seguridade, imprudência, ardor, loucura, desatino, irreflexão, insipiência, inadvertência, audácia, arrojo, atrevimento, ímpeto, enfrentamento, desafio, arrancada, precipitação, aceleração, descuido, quixotada, quixotismo, louco, desatinado, mata-mouros, ferrabrás, duelista, brigão, espadachim, aventureiro ***V.*** descomedir-se, ousar, atrever-se, arriscar(-se), desprecatar-se ***Adj.*** impetuoso, fogoso, ardoroso, ardente, insofrido, imprudente, arrojado, audacioso, insensato, incauto, descuidado, caloroso, vivaz, precipitado, arrebatado, desatinado, impulsivo, desvairado, incontido, inadvertido, impaciente, estouvado, indiscreto, inconsiderado, insipiente, desassisado, desconcertado

temperança ***Subst.*** continência, moderação, comedimento, sobriedade, abstinência, privação, abnegação, morigeração, frugalidade, vegetarianismo, sobriedade, respeitabilidade, virtude, honra, castidade, virgindade, estoicismo, vegetariano, faquir, abstêmio ***V.*** abster-se, comedir-se, regrar-se, lambiscar, debicar, paparicar ***Adj.*** sóbrio, espartano, sério, frugal, parco, moderado, regrado, contido, parcimonioso, modesto, abstinente, continente, imaculado, intacto, abstêmio, impoluto, recatado, pudico, respeitável, santo, biqueiro, comedido, regular, metódico, morigerado, prudente, refreado, reprimido, vegetariano, virginal, virtuoso

tempero ***Subst.*** lardo, condimento, adubo, sal, mostarda, pimenta, maionese, refogado, especiaria, cebola, coentro, salsa, colorau, conserva, azeite, tomate ***V.*** temperar, condimentar, azeitar, guisar, refogar ***Adj.*** temperado, condimentado, refogado

templo ***Subst.*** catedral, sé, matriz, basílica, abadia, ermida, capela, santuário, oratório, edícula, díptero, repositório, mesquita, igreja, sinagoga, caaba, pagode, Olimpo, Parnaso, ádito, cibório, redoma, sacrário, naveta, nave, ogiva, cruzeiro, sacristia, cripta, adro, batistério, coro, rosácea, pálio, umbela, altar, nicho, peanha, retábulo, dossel, Calvário, cálice, pátena, banco, fonte, piscina, coxia, genuflexório, púlpito, galheta, caldeirinha, campanário, torre, minarete, sacristia, cruz, imagem, estátua, quadro, estampa, sudário, relicário, sino, carrilhão, campa, campainha, sineta, convento, mosteiro, claustro

tempo ***Subst.*** duração, período, decurso, transcurso, prazo, fase, estação, temporada, quadra, comenos, entremeio, ínterim, intervalo, mediação, intermitência, interstício, interregno, entreato, trégua, era, época, ocasião, sazão, idade, estádio, ano, data, átimo ***V.*** durar, datar, continuar, remanescer, persistir, perdurar, perpassar, marcar, fixar, determinar, precisar, encher, passar, gastar, consumir, matar, correr, decorrer, transcorrer, passar, voar ***Adj.*** atemporal, temporal, perene, eterno, durável, momentâneo, efêmero ***Adv.*** sempre, durante, quando, então, sempre, até, entrementes

tempo diferente (tempo diferente do presente) ***Subst.*** anacronismo, diacronismo, extemporalidade, assincronismo ***Adj.*** aorístico ***Conj.*** então, quando ***Adv.*** então, quando

tempo presente ***Subst.*** atualidade ***V.*** atualizar ***Adj.*** presente, atual, corrente, fluente, andante, reinante, existente, contemporâneo, hodierno, este, recente, vigente ***Adv.*** agora, já, hoje

tenacidade ***Subst.*** resistência, resiliência, durabilidade, invariabilidade, dureza, firmeza, fortaleza, solidez, consistência, coesão, obstinação, couro, cartilagem ***Adj.*** tenaz, forte, resiliente, obstinado, duro, firme, fixo, consistente, coeso, dúctil, resistente, fibroso, filamentoso, coriáceo, durável, inquebrável, inquebrantável, invariável, sólido, granítico

tendência ***Subst.*** aptidão, ralé, propensão, queda, gênio, bossa, pendor, jeito, pendência, disposição, predisposição, inclinação, vocação, suscetibilidade, possibilidade, qualidade, caráter, natureza, temperamento, idiossincrasia, estro, veia, humor, maneiras, queda, utilidade, serventia, subserviência ***V.*** tender, propender, convergir, contribuir, conduzir, descambar, gravitar, prometer, convergir ***Adj.*** tendente, conducente, útil, subsidiário, propenso

teologia ***Subst.*** teosofia, divindade, hagiografia, martirológio, dogma, monoteísmo, religião, denominação, seita, rito, credo, teólogo, religioso, sectário, adepto ***Adj.*** escolar, teológico, religioso, sectário, monoteísta

tergiversação ***Subst.*** funambulismo, sinuosidade, oportunismo, dimorfismo, mimetismo, retratação, abandono, apostasia, escapatória, evasiva, transigência, capitulação, defecção, abandono, desemperro, conversão, recuo, retirada, revogação, mudança, reviravolta, malabarismo, arrependimento, evolução, vacilação, ressaca, flutuação, versatilidade, maleabilidade, contemporização, equilíbrio, volteio, adesismo, vira-casaca, adesista, perjuro, apóstata, renegado, bandeirinha, prosélito, fugitivo, desertor, trânsfuga, catecúmeno, evolucionista, prófugo, oportunista, anfíbio, palaciano, cata-vento, camaleão, ambidestro, equilibrista, transformista, arlequim, malabarista, borboleta, inconfidente ***V.*** tergiversar, cambiar, ladear, retratar, abjurar, perjurar, arrenegar, renegar, desertar, ceder, pactuar, transigir, recuar, capitular, evoluir, arrepender-se, ceder, aderir, reconsiderar ***Adj.*** versátil, cambiante, vário, volúvel, volante, oportunista, movediço, tergiversador, sinuoso, prófugo, desertor, apóstata, inconfidente, dúctil, maleável, bajulador, melífluo, ambidestro, revogatório, reacionário

termo (período de duração) ***Subst.*** posto, posição, pé, situação, fase, etapa, passo, grau, escala, trâmite, elo, ponto, altura, degrau, *status*, dignidade, período, curso, estação, lance, quadra, condição, classificação, nível, categoria, série, estado, plano, lugar ***V.*** ocupar (certa posição ou cargo), terminar

termômetro ***Subst.*** pirômetro

terra ***Subst.*** solo, chão, terreno, continente, território, região, país, península, delta, cabo, pontal, promontório, istmo, planalto, planura, chapada, xerografia, costa, borda, termo, praia, margem, beira, beirada, lado, falésia, riba, ribanceira, ribeira, barranco, marinha, mangue, litoral, ribamar, beira-mar, oásis, clareira, subsolo, gleba, lote, torrão, gupiara, barro, argila, greda, marga, monte, montanha, cordilheira, colina, coxia, cerro, morro, outeiro, serra, duna, rosca, penedo, penedia, penha, penhasco, despenhadeiro, desfiladeiro, restinga, barroco, cascalho, gnaisse, propriedade ***V.*** desembarcar, aterrar, aterrissar ***Adj.*** terrestre, terráqueo, terreno, térreo, terreal, telúrico, continental, litoral, marginal, ribeirinho, justafluvial, aluvial, terreno, mundial, territorial, peninsular, penhascoso, pedregoso

tesouraria ***Subst.*** pagadoria, tesouro, arca, banco, erário, finanças, fisco, burra, almoxarifado, bolsa, contadoria, recebedoria *Adj.* bancário

tesoureiro *Subst.* pagador, claviculário, bolsa, mordomo, depositário, banqueiro, caixa, guarda-livros, fiel, esmoler, cambista, almoxarife, (bras.) marchante, financeiro, financista, economista, fazendário, cobrador, contador

textura *Subst.* contextura, tessitura, trama, urdidura, tecido, organismo, organização, traça, anatomia, temperamento, armação, ossada, ossatura, esqueleto, arcabouço, roca, carcaça, molde, cambota, modelo, fabrico, construção, vigamento, travejamento, estrutura, cavername, colmeia, mecanismo, arquitetura, estratificação, substância, matéria, elemento, parênquima, tecido *V.* estruturar, tramar, urdir, armar *Adj.* estrutural, orgânico, anatômico, histológico, têxtil, fino, delicado, delgado, sutil, fibroso, membranoso, áspero, macio

tirania (abuso ou demasia do poder) *Subst.* severidade, opressão, albarda, rigidez, austeridade, intolerância, coação, rispidez, aspereza, inflexibilidade, inexorabilidade, arrogância, prepotência, rigor, rigorismo, rolha, opressão, perseguição, arrocho, constrangimento, intransigência, mordaça, despotismo, ditadura, arbitrariedade, violência, atropelo, usurpação, pressão, capricho, puritanismo, exclusivismo, autocracia, reação, terrorismo, inquisição, inclemência, tirano, déspota, autocrata, ditador, opressor, inquisidor, harpia, abutre, mando, sátrapa, terrorista, soma, soberano, cacique, soba, régulo, usurpador, mandarim, Catão, sultão, (depr.) puritano, avassalador, reacionário, esbirro, carrasco, verdugo, assecla, satélite *V.* usurpar, violar, algemar, aferrolhar, tiranizar, infelicitar, albardar, flagelar, oprimir, aperrear, acabrunhar, esmagar, vexar, atropelar, espezinhar, humilhar, prensar, sufocar, acorrentar, constranger, coagir, descomedir-se, suplantar, suprimir, perseguir *Adj.* tirano, ditatorial, draconiano, severo, ríspido, rigoroso, restrito, estrito, apertado, rígido, duro, acerbo, exigente, impertinente, austero, inexorável, inflexível, impenitente, intransigente, peremptório, formal, agro, rude, desabrido, compressor, drástico, violento, exclusivo, tirânico, despótico, inclemente, intolerante, implacável, desabusado, agressivo, bárbaro, inquisitorial, férreo, ferrenho, sombrio, terrífico, terrificante, absoluto, reacionário, arbitrário, ilegal, antidemocrático, absoluto, vexatório, opressor, opressivo, desapiedado, perverso, altivo, arrogante, puritano, desordenado, descomedido, impopular, imoderado, desastrado, oprimido, asfixiado, humilhado

título *Subst.* honras, distinção, mercê, posto, hierarquia, patente, dignidade, cargo, tratamento, decoração, grau, santidade, excelência, majestade, magnificência, alteza, eminência, preeminência, graça, paternidade, maternidade, beatitude, grandeza, tio, senhoria, caridade, reverendíssima, senhor, tu, você, vossemecê, mister, *monsieur*, madame, doutor, monsenhor, visconde, conde, condessa, barão, baronesa, duque, lorde, comendador, tosão, frei, dom, reverendo, sóror, condecoração, comenda, (pop.) placa, hábito, crachá, fita, (burl.) bentinho, louro, grinalda, palma, galardão, estrela, coroa, cetro, cocar, pluma, roseta, libré, púrpura, sotaina, burel, armas, escudo, brasão, recompensa *Adj.* colendo, reverendo, venerando, excelentíssimo, meritíssimo, magnífico

todo *Subst.* totalidade, conjunto, íntegra, somatório, integridade, total, inteireza, plenitude, completude, coletividade, universalidade, unidade, todo, tudo, um, agregado, complexo, soma, bolo, massa, corpo, tronco, esqueleto, armação, ossada, ossatura, arcabouço, estrutura ***V.*** formar, constituir, integrar, integralizar, arredondar, completar, complementar, inteirar, inteiriçar, unificar, totalizar ***Adj.*** todo, total, íntegro, integral, inteiro, global, completo, um, uno, indiviso, inconsútil, irrestrito, perfeito, indivisível, inquebrável, inseparável, indecomponível, indissolúvel

tolerância ***Subst.*** suavidade, cordura, prudência, moderação, brandura, doçura, liberalidade, magnanimidade, misericórdia, liberalismo, remissão, indulgência, mansuetude, complacência, condescendência, transigência, pluralismo, coexistência, abertura, graça, serenidade, quartel, favor, mercê, contemplação, clemência, moderação, benefício, obrigação ***V.*** tolerar, moderar, transigir, condescender, esquecer, indultar, perdoar, aliviar, desoprimir, desobrigar, permitir, suportar, relevar, reportar, moderar, relaxar, atenuar, poupar ***Adj.*** tolerante, transigente, complacente, condescendente, indulgente, benigno, obsequioso, clemente, magnânimo, generoso, liberal, avançado, equânime, moderado, reto, imparcial, temperado, suave, brando, manso, doce, misericordioso, republicano, legal

tolo (muitos dos termos seguintes têm conotação pejorativa) ***Subst.*** idiota, pedante, lâmina, nabo, estúpido, imbecil, idiota, acéfalo, (fam.) burro, marmanjo, piegas, jumento, camelo, asno, abestalhado, abobado, abobalhado, parvo, cretino, paspalho, paspalhão, panaca, apatetado, apalermado, pachola, tapado, cascavel, bruto, bardo, toleirão, cepo, irresponsável, pacóvio, bobo, boboca, animal, criançola, bufão, madeiro, mono, banana, babaca, babaquara, palerma, lorpa, mané, basbaque, cavalgadura, capadócio, estúpido, sandeu, paspalho, paspalhão, polichinelo, papelão, maluco, brutamontes, lorpa, quadrúpede, máquina, pedra, ingênuo, beócio, papalvo, labrego, pelego, lapão, fátuo, cevado, néscio, truão, papa-moscas, boca-aberta, pato, patola, tareco, doidivanas, charro, babão, simplório, ingênuo, simples ***Adj.*** escurril (A maioria dos substantivos listados tem função adjetiva.)

tópico ***Subst.*** alimento, assunto, pasto, matéria, tema, ponto, texto, objeto, sujeito, conteúdo, teor, termo, item, caso, alvo, intriga, enredo, entrecho, ação, nó, tese, questão, argumento, sentido, noção, resolução, título, capítulo, caso, proposição, teorema, problema, campo ***V.*** fundar, constar, rezar, tratar, conter, versar ***Adj.*** considerado, dominante

trabalho (também negócio) ***Subst.*** coisa, cuidado, ocupação, trabalho, trabalheira, ministério, posto, emprego, posição, afazeres, faina, agenda, tarefa, penso, obra, comissão, missão, projeto, plano, incumbência, encargo, encomenda, lugar, dever, obrigação, mercadologia, *marketing*, papel, função, atribuição, exercício, tirocínio, prática, repartição, ramo, esfera, órbita, setor, província, campo, profissão, ofício, arte, mister, função, especialidade, sujeição, empresa, ônus, gravame, vocação, carreira, ambição, serviço, comércio, indústria, financiamento, custo, margem, rentabilidade, lucro, déficit, balanço, crédito, débito, operação, investimento, custeio, otimização, reciclagem, informatização, automação, estruturação, logística, planejamento, estratégia, aperfeiçoamento, especialização, estímulo, incentivo, participação, dinâmica, metodologia, organização, organograma, cronograma, planilha, cronograma *V.* negociar, empresar, empreender, empregar, despender, gastar, abraçar carreira, adotar carreira, realizar, gerenciar, administrar, conduzir, efetuar, servir, comerciar, agenciar, sinalizar, clinicar, advogar, professar, assumir, avocar *Adj.* atarefado, profissional, oficial, empregatício, funcional

tração (movimento comunicado a um objeto situado atrás) ***Subst.*** retração, puxão, puxada, arrasto, arrastamento, arrancada, arranque, arrastão, reboque, toa, trator, locomotiva, rebocador *V.* tracionar, puxar, tirar, repuxar, arrastar, carrear, atrair, rojar, movimentar, mover, rebocar, bolear *Adj.* rebocador

transcursão (movimento para além da meta) ***Subst.*** transcurso, transgressão, traspasse, trespasse, usurpação, exorbitância, descomedimento, excesso, imperialismo, infração, violação, transcendência, transbordo, sobrepujamento, ultrapassagem *V.* transgredir, transcorrer, traspassar, vingar, sobressaltar, transpor, pular, saltar, galgar, ultrapassar, varar, infringir, romper, arrombar, desmedir-se, transbordar, exorbitar, cavalgar, superar, forçar, violentar, invadir, usurpar *Adj.* transcendente, exorbitante, imperialista

transferência ***Subst.*** transplante, transposição, remoção, deslocamento, transporte, transportação, decantação, muda, mudança, deportação, condução, abdução, adução, expulsão, extradição, contágio, contaminação, transmissão, trânsito, transição, decantação, porte, ondulação, transmigração, transposição, metátese, translação, traspasse, trasladação, transfusão, tração, tráfego, carreto, frete, porte *V.* transferir, remover, afastar, transmitir, transportar, transplantar, decantar, veicular, desalojar, deslocar, remeter, expedir, transpor, trasladar, versar, escoar, mudar, baldear, carrear, carregar, recovar, levar, conduzir, portar, demover, enviar, remeter, transmigrar, contagiar, contaminar, propagar, extraditar, expulsar, banir, exilar, desligar, delegar, consignar, arrastar *Adj.* movediço, mutável, amovível, removível, portátil, leve, contagioso, comunicável, gestatório

transgressão (falta de cumprimento de dever) ***Subst.*** falta, pecado, inobservância, negligência, impontualidade, desídia, infração, desobediência, violação, quebrantamento, cábula, quebra, quebramento, contravenção, falha *V.* violar, infringir, prevaricar, sonegar, negligenciar, abandonar, repudiar, escapar *Adj.* transgressor, negligente, desidioso, cabuloso, displicente, descuidado, desatento

transigência (ausência de perseguição) ***Subst.*** abstenção, esquivança, inação, neutralidade, condescendência, acomodação, inércia, omissão, indolência, tibieza, fuga, fugida, evasão, escapada, escapadela, fugacidade, debandada, partida, rejeição, retirada, arranque, arrancada, disparo, disparada, parasita, vagabundo, desertor, fugitivo, fujão, refugiado, homiziado, emigrado, foragido, perseguido *V.* transigir, condescender, refugiar-se, foragir-se, prevenir, poupar, quitar, impedir, atalhar, recuar, abalar, estourar, azular, desaparecer, (burl.) escafeder-se, escapar, debandar, desertar, ausentar-se, escapar, abandonar, rejeitar *Adj.* fugitivo, fugaz, fujão, fugidio, foragido, prófugo, emigrado, homiziado, tímido, timorato, bravio, arisco, esquivo, refratário, arredio

transitoriedade (curta duração) ***Subst.*** efemeridade, temporalidade, perecibilidade, fugacidade, brevidade, presteza, perecimento, instante, prontidão, interregno, sonho, meteoro, velocidade, instantaneidade, mutabilidade, átimo ***V.*** passar, voar, galopar, fugir, correr, evaporar, murchar, desbotar, perecer, encurtar, abreviar, apressar, adiantar, antecipar, acelerar ***Adj.*** transitório, passadiço, (poét.) lábil, volante, frágil, precário, contingente, provisório, interino, fluxo, passageiro, momentâneo, instantâneo, temporal, temporário, precipitado, fugitivo, célere, espasmódico, episódico, efêmero, decíduo, perecível, perecedouro, mortal, extemporâneo, sumário, apressado, repentino, lesto, pronto, finito, perfunctório, melindroso, amovível

transmissão (de propriedade) ***Subst.*** transporte, alienação, doação, sublocação, arrendamento, subarrendamento, traspasse, aforamento, venda, substituição, sucessão, reversão ***V.*** transferir, alienar, sublocar, sub-rogar, transmitir, negociar, doar, ceder, vender, arrendar, aforar, deserdar, desapossar, substituir, destituir ***Adj.*** transferível, negociável, vendível

transparência ***Subst.*** limpidez, nitidez, translucidez, diafaneidade, lucidez, clareza, serenidade, pureza, claridade, vidro, cristal, linfa, água, atmosfera ***V.*** vazar, transluzir, transparecer ***Adj.*** transparente, limpo, límpido, translúcido, vítreo, lúcido, diáfano, cristalino, claro, puro, sereno, vaporoso, isotrópico, desvelado, especular

trialidade ***Subst.*** triplicata, trinômio, tripé, trempe, tríade, trindade, trilogia, trinca, três, terceto, terno, trigêmeo, cubo, triplicata, tricampeão ***Adj.*** três, trino, trinômio, terno, terciário, tritongo, trinervado, trissílabo

tribunal ***Subst.*** judicatura, juízo, auditoria, divã, municipalidade, chancelaria, penitenciária, cúria, rota

triplicação ***Subst.*** triplo, triplicidade, triplicata ***V.*** triplicar, cubar ***Adj.*** triplo, triplicado, tríplice, ternário

trisseção (divisão em três partes) ***Subst.*** tripartição, terço ***V.*** terçar, tripartir ***Adj.*** terço, terceiro, trigêmino, tricúspide, tricorne, trissílabo, trinervado

tristeza ***Subst.*** caimento, depressão, acabrunhamento, prostração, abatimento, quebradeira, desconforto, desalento, desconsolo, desânimo, atimia, quebramento, quebranto, desconsolo, insatisfação, desolação, amargura, consternação, amuo, enfado, tédio, marasmo, aborrecimento, desgosto, nostalgia, saudade, pena, pesar, sentimento, mágoa, hipocondria, misantropia, neurastenia, pessimismo, derrotismo, meditação, cisma, desespero, gravidade, seriedade, focinheira, tromba, cenho, misantropia, pessimismo, derrotismo, pessimista, hipocondríaco, misantropo, agrura, dissabor, luto, desilusão, insucesso, depressão, bipolaridade ***V.*** lamentar, chorar, sentir, desanimar, cismar, meditar, sucumbir, desencorajar, nublar, desolar, abater, combalir, emburrar, amuar, deprimir, desprestigiar, enlutar, consternar, contristar, resfriar, gelar, penalizar, entristecer, sombrear, toldar, desconsolar, enevoar, anuviar ***Adj.*** triste, desfalecido, prostrado, aflito, macerado, desolado, acabrunhado, melancólico, deprimido, sombrio, torvo, nebuloso, hipocondríaco, escuro, amargurado, arrasado, penalizado, vencido, apreensivo, pensativo, murcho, cabisbaixo, macambúzio, neurastênico, bilioso, saturnino, sentimental, meditativo, imaginativo, carrancudo, desconsolado, inconsolável, irremediável, abandonado, desolado, desamparado, perdido, desanimado, macilento, dorido, magoado, lacrimoso, ressabiado, pesaroso, sentido, desalentado, consternado, tristonho, oprimido, impressionável, soturno, desgostoso, meditabundo, rabugento, amuado, enfadonho, sério, grave, solene, circunspecto, severo, tétrico, fúnebre, funéreo, negro, lutuoso, plangente

troca (mudança dupla ou recíproca) ***Subst.*** escambo, permuta, permutação, mútuo, revezamento, rodízio, retorno, viravolta, intercâmbio, cambalacho, contradança, quadrilha, câmbio, comutação, barganha, reciprocidade, mutualidade, transposição, gangorra ***V.*** trocar, permutar, cambar, cambiar, substituir, barganhar, retribuir, devolver, recambiar, destrocar, desdar, retaliar ***Adj.*** recíproco, mútuo, comunicativo, intercorrente, alternado, alternativo, rotativo

troféu ***Subst.*** medalha, prêmio, louro, laurel, láurea, palma, coroa, grinalda, mural, insígnia, condecoração, monumento, aparato, escalpo, presa

uU

umidade ***Subst.*** humor, lentidão, umectação, relento, cacimba, orvalho, rocio, sereno, zimbro, chuvisco, aguagem, rega, aspersão, molhadela, vegetação, verdura, sombra, mofo, bolor, higrômetro, higroscópio ***V.*** umedecer, molhar, ensopar, aguar, umectar, rorejar, orvalhar, chuviscar, salpicar, aspergir, borrifar, espargir, embeber, refrescar, saturar, gotejar, regar, difundir, pulverizar, transpirar ***Adj.*** úmido, umectante, aquoso, rorejante, lento, suculento, sumarento, enlameado, salpicado, lamacento, pantanoso

uniformidade ***Subst.*** igualdade, constância, permanência, regularidade, invariabilidade, conformidade, consistência, harmonia, congruência, rotina, ramerrão, mesmice, monotonia ***V.*** uniformizar, assimilar, nivelar, homogeneizar, aplainar, terraplenar ***Adj.*** uniforme, igual, monótono, liso, constante, regular, invariável, inalterável, imutável, inteiriço, inconsútil, monocórdio ***Adv.*** sempre, sem exceção

universo ***Subst.*** cosmos, macrocosmo, criação, natura, natureza, esfera, música das esferas, céu, firmamento, páramo, éter, infinito, Lua, astro, nebulosa, Sol, Apolo, hélio, astro, planeta, satélite, cromosfera, auréola, coroa, astro, luzeiro, luminar, Vênus, Vésper, Lúcifer, cometa, satélite, constelação, zodíaco, Centauro, Escorpião, meteorito, bólide, neolítico, corisco, meteoro, equador, meridiano, equinócio, solstício, eclíptica, órbita, astronomia, uranografia, uranologia, polografia, cosmologia, cosmogonia, astrônomo, Newton, Galileu, astrometria, astrologia, meteorologia ***Adj.*** cósmico, galáctico, espacial, intergaláctico, interplanetário, interestelar, mundano, terráqueo, terreno, térreo, terrestre, telúrico, sublunar, geocêntrico, heliocêntrico, solar, lunar, estrelado, estelar, sideral, astral, meteórico, planetário, etéreo

untuosidade ***Subst.*** lubricidade, unção, oleosidade, gordura, banha, sebo, lubrificação ***Adj.*** untuoso, oleaginoso, oleoso, sebáceo, gordo, gorduroso, graxo, ceroso, céreo, saponáceo, ceruminoso, pingue, escorregadio, adiposo, petrolífero

uso ***Subst.*** usabilidade, usança, emprego, prática, aplicação, manuseio, manipulação, meneio, praxe, rotina, empirismo, sistema, exercício, aplicação, aplicabilidade, manejo, consumo, agência, usufruto, utilidade, gozo, proveito, vantagem, hábito, costume, tradição, utilização, serviço, serventia, moda, tirocínio, dedicação, consagração ***V.*** usar, gastar, despender, aplicar, manejar, versar, manusear, manipular, menear, exercer, empregar, despejar, aplicar, recorrer, auferir, aproveitar, vigorar, viger, trabalhar, praticar, manejar, empunhar, tratar, compulsar, executar, exercitar, experimentar, trazer, levar, utilizar, usufruir, gozar, evocar, dedicar, consagrar, votar, desfrutar, feitorizar ***Adj.*** útil, usável, apro-

veitável, disponível, comum, safado, gasto, surrado, safo, batido, vigente
utilidade ***Subst.*** usabilidade, eficácia, eficiência, necessidade, aptidão, proficiência, proficuidade, preciosidade, serviço, instrumentalidade, favor, favorecimento, amizade, uso, lucro, proveito, préstimo, vantagem, apreço, benefício, bem, comodidade, fruto, serventia, serviço, auxílio, aplicação, conveniência, interesse, emprego, aplicabilidade, valor, valia, valimento, produtividade, utilitarismo ***V.*** prestar, aproveitar, utilizar, empregar, dar proveito, fundir, frutificar, servir, convir, luzir, importar, lucrar, beneficiar, socorrer, auxiliar, remunerar, ajudar ***Adj.*** útil, necessário, proveitoso, instrumental, precioso, inapreciável, frutuoso, profícuo, positivo, utilitário, proficiente, propício, precioso, benéfico, lucrativo, cômodo, saudável, aproveitável, rendoso, remuneratório, remunerador, valioso, válido, prolífico, prestimoso, prestativo, serviçal, são, solícito, ganancioso, subordinado, tendente, auxiliar, adequado, compatível, eficiente, eficaz, vantajoso, operoso, efetivo, conveniente, aplicável, pronto, maneiro, tangível, adaptável

vV

vagareza ***Subst.*** lentidão, lerdeza, vagar, sossego, moleza, morosidade, pachorra, sonolência, retardamento, cera, lassidão, arrastamento, rastejo, preguiça, rojão, manqueira, mansidão, chouto, trote, mandrião, trambolhão, tartaruga, cágado, caracol, lesma, jabuti, tartaruga, caranguejo ***V.*** engatinhar, rastejar, mandriar, arrastar, coxear, claudicar, mancar, manquejar, vacilar, amortecer, afrouxar, diminuir, compassar, refrear, diminuir ***Adj.*** vagaroso, lento, lerdo, ronceiro, demorado, moroso, manso, sereno, tardo, tardio, remisso, paulatino, frouxo, serôdio, pausado, compassado, descansado, pesado, grave, sonolento, letárgico, moderado, arrastado, pesado, preguiçoso, pachorrento, rasteiro, gradual, insensível, imperceptível, lânguido, langoroso, trôpego, claudicante, coxo, derreado ***Adv.*** piano, *adagio*, largo, passo a passo, devagar, aos poucos

vaidade ***Subst.*** flato, jactância, tesão, ostentação, bazófia, prosápia, inflação, convencimento, afetação, imodéstia, alarde, ufania, vanglória, inchaço, inchação, desvanecimento, gabolice, ares, pretensão, presunção, proa, poeira, megalomania, maneirismo, egoísmo, esnobismo, orgulho, petulância, exibicionismo, denguice, pedantismo, peru, presumido, impostor, parlapatão, sirigaita, Narciso ***V.*** presumir, jactar-se, alardear, pregar, enfunar, desvanecer, assoprar, lisonjear, embalar, elogiar ***Adj.*** vaidoso, afetado, convencido, fátuo, desvanecido, fofo, balofo, cabotino, prosa, ufano, pretensioso, presunçoso, besta, vão, pedante, presumido, jactancioso, vanglorioso, obstinado, opiniático, opinioso, soberbo, megalomaníaco, exibicionista, lampeiro, impostor, imodesto, espalhafatoso

vaporização ***Subst.*** aeração, evaporação, sublimação, exalação, emanação, miasma, volatilidade, vaporizador, retorta ***V.*** vaporizar, gaseificar, volatilizar, sublimar, evaporar, destilar, fumar, fumegar, desinfetar, defumar ***Adj.*** volatilizado, sublimado, volátil, vaporizador

variedade ***Subst.*** inovação, novação, novidade, diversidade, alteração, modificação, mudança, salada, mosaico, sortimento, oásis, divergência, desvio, aberração, flexão, declinação ***V.*** variar, variegar, desviar, inovar, fazer, modificar, alterar, diversificar, flexionar, sortir ***Adj.*** variado, variegado, sortido, sorteado, vário, divergente, biforme, multiforme, multifário, mosaico, heterogêneo

variegação ***Subst.*** matiz, gradação, degradê, nuança, cromatismo, policromia, combinação, mescla, sortimento, listra, beta, opalescência, furta-cor, tulipa, íris, arco-íris, pavão, borboleta, camaleão, zebra, leopardo, madrepérola, mármore, jaspe, ônix, nácar, xadrez, remendo, mosaico, arlequim, cromática, tatuagem

V. variegar, cambiar, irisar, matizar, esmaltar, listar, listrar, marchetar, remendar, raiar, rajar, salpicar, sarapintar, mosquear, zebrar, tingir, mesclar, pintalgar, pontilhar, macular, manchar, tatuar, espargir, bordar, crivar, entrançar, entretecer, variar, graduar, colorir, borrifar ***Adj.*** variado, vário, bicolor, tricolor, multicolor, salpicado, malhado, cromático, cambiante, furta-cor, opalino, opalescente, prismático, nacarado, remendado, zebrado, malhado, pampa, raiado, rajado, riscado, listrado, pontilhado, polvilhado, picado, sardento, venoso

vau (pouca profundidade) ***Subst.*** rasura, parcel, baixio, arranhadura, arranhão, sulco, raspagem, raspadura ***V.*** vadear, arranhar, escalavrar, raspar, rasar, tangenciar, nivelar, escoriar, esfolar, escarvar ***Adj.*** raso, superficial, perscrutável, penetrável

vegetabilidade ***Subst.*** vegetação ***V.*** vegetalizar ***Adj.*** fértil, verde-escuro

vegetal ***Subst.*** vegetação, flora, verdura, sombra, planta, legume, árvore, arvoredo, garrancho, arbusto, bambu, lenho, taboca, taquara, subarbusto, trepadeira, madressilva, gramínea, cereal, macega, relvado, reflorescimento, rebento, vergôntea, renovo, floresta, selva, mato, mata, capoeira, bosque, balsa, matagal, restinga, grenha, brenha, sarça, robledo, caatinga, alameda, seringal, bambual, campina, aipim, mandioca, tundra, estepe, pampa, pradaria, prado, várzea, savana, jardim, parque, pasto, pastagem, tapeçaria, alcatifa, alfombra, cizânia, angiosperma, caniço, cogumelo, líquen, musgo, nenúfar, limo, bolor, videira, parreira, vide, sarmento, folhagem, fronde, ramaria, ramada, ramagem, galho, folha, flor, florescência, groselheira, pujança, viço, herbário ***V.*** abrir, brotar, desabrochar, ostentar, grelar, germinar, florear, florescer, florir, reflorescer, copar, arborizar, abotoar ***Adj.*** vegetal, herbáceo, herbóreo, herbífero, herbívoro, botânico, silvestre, arbóreo, florestal, relvoso, verdoso, verdejante, verde, perene, floral, florido, reflorescente, frondoso, copado, espesso, galhudo, umbroso, musgoso, leguminoso, rústico, rural, campesino, campestre

---

Adjetivos referentes a vegetais ACALICINO OU ACÁLICE: sem cálice ALBICAULE: de tronco branco ALBIFLOR: de flores brancas ASPERMO: que não dá semente ATEMPADO: designativo da vinha que vingou BASINÉRVEO: diz-se das folhas cujas nervuras partem da base BIFLORO: de duas flores, **ou** de grupos de duas flores BÍFERO: que dá fruto duas vezes no ano BIFOLIADO: de duas folhas BILIGULADO: dividido em duas lígulas BIPÉTALO: o mesmo que dipétalo CALICIADO: provido de cálice CALICINAL: relativo ao cálice das flores CALICULADO: de pequeno cálice CAULESCENTE: que tem caule CAULÍFERO: o mesmo que caulescente CAULIFLORO: diz-se do vegetal de flores no caule CESPITOSO: diz-se do vegetal cuja raiz lança vários troncos CONÍFERO: cujo fruto é de forma cônica CORDIFOLIADO: que tem folhas em forma de coração DECÍDUO: que cai depois de murcho (cálice das flores) DEISCENTE: diz-se do fruto que se abre espontaneamente para deixar cair a semente DELTOCARPO: de frutos triangulares DICOTILEDÔNEO: que tem dois cotilédones DÍDIMO: designativo dos órgãos vegetais que têm duas partes simétricas DIPÉTALO: de duas pétalas DIPLOSTÊMONE: diz-se da flor em que o número de estames é duplo do das pétalas ENTÓFITO: que se desenvolve no próprio tecido de uma planta EPICAULE: diz-se do vegetal parasita que cresce no caule de outros vegetais EPICLINO: diz-se do órgão que está colocado sobre o receptáculo da flor EPÍFITO: diz-se dos vegetais que vivem fixados sobre outros, mas não parasitas EVALVE: que não se abre (fruto) FRONDÍPARO: diz-se das flores que produzem folhas GIMNANTO: cujas flores são desprovidas de invólucro GINANDRO: cujos estames estão inseridos nos pistilos GLOBÍFERO: que dá frutos arredondados GLOBIFLORO: que dá flores globosas HETEROCARPO: que produz flores ou frutos de diferente natureza HETEROFILO: diz-se das plantas cujas folhas são de forma e grandeza diversas HETERÓGAMO OU HETEROGÂMICO: que tem flores masculinas e femininas HETEROPÉTALO: de pétalas desiguais HIPODÉRMICO: que cresce sob a epiderme dos vegetais HIPOPÉTALO: de pétalas insertas no ovário HISPÉRIDE: designativo de frutos carnosos como a laranja HISTERANTO: diz-se das plantas cujas flores aparecem depois das folhas INCONHO: diz-se do fruto naturalmente unido a outro INDEISCENTE: o mesmo que evalve LATERIFÓLIO: que nasce ao lado das folhas LEGUMINOSO: que frutifica em vagem LOCULICIDA: diz-se da deiscência longitudinal, abrindo-se cada lóculo separadamente LOMENTÁCEO: cortado de espaço a espaço por articulações (fruto ou folha de leguminosas) LONGILOBADO: dividido em lóbulos alongados LONGIPÉTALO: de pétalas longas MACRORRIZO: de grandes raízes MACROSTILO: de estiletes compridos MASCARINO: diz-se das flores e corolas que têm o aspecto de máscara MASCULIFLORO: de flores masculinas MELANANTO: de flores negras MELANOCARPO: de fruto negro MICRANTO: de flores pequenas MICROFILO: de folhas pequenas MICROPÉTALO: de pétalas pequenas MONADELFO: cujos estames estão reunidos num só fascículo MONÂNDRICO OU MONANDRO: de um só estame MONANTO: de uma só flor MONOCARPIANO OU MONOCÁRPICO: que dá fruto ou flor só uma vez MONOCARPO: que só tem um fruto MONOFILO: de uma só folha MONÓFITO: que abrange só uma espécie PRIMÍPARA: designativo da fêmea que tem o primeiro parto MONÓGAMO: diz-se do capítulo que contém somente flores unissexuais MONÓGINO: cujas flores só têm um pistilo MONOICO: diz-se das plantas que no mesmo pé têm separadas as flores masculinas e femininas MONOPÉTALO: de uma só pétala MONOSPERMO: que contém uma só semente MONÓSPORO: que tem um só corpo reprodutor MONOSSÉPALO: de uma só sépala MONOSTILO: diz-se do gineceu que só tem um estilete MULTIAXÍFERO: de muitos eixos MULTICAPSULAR: diz-se do fruto que tem muitas cápsulas MULTICAULE: diz-se da planta de cuja raiz brotam muitos caules MULTIFLORO: de muitas flores MULTINÉRVEO: de muitas nervuras (folhas) NEPÁCEO: diz-se da raiz que se parece com a cabeça de nabo NUCULÂNEO: diz-se do fruto que tem muitas sementes distintas, como a nêspera OBTUSADA: diz-se da folha arredondada na extremidade OCTANDRO: de oito estames livres (flor) OCTÓFIDO: fendido em oito partes OCTOFILO: de oito folhas OCTÓGINO: de oito pistilos OCTOPÉTALO: de oito pétalas OCTOSSÉPALO: de oito sépalas OLEÍFERO: oleificante ou oleígeno que produz óleo OLEIFOLEADO: que tem folhas semelhantes às da oliveira PALEÁCEO: que é da natureza da palha; diz-se de órgãos providos de palha PALMATINÉRVEO: que tem nervuras em forma de palha PECIOLADO: que tem pecíolo PEDICULADO: ligado por pedículo ou a pedículo PELICULAR: designativo do perispermo formado de uma lâmina delgada PENINÉRVEO OU PENINERVADO: cuja nervura principal se ramifica em nervuras secundárias, dispostas como as barbas de uma pena PENTAPÉTALO: de cinco pétalas distintas (corola) PENTASSÉPALO: diz-se do cálice de cinco sépalas PEPONÍDEO: diz-se do fruto de mesocarpo volumoso e carnudo e grande cavidade cheia de placentas com muitas sementes PERIPTERADO: diz-se do fruto ou do grão cercado por uma expansão membranosa, como asa PERISPÉRMICO: que tem perispermo ou albume PERSONADA: diz--se da corola cujo aspecto lembra um focinho PETALADO: que tem pétalas POLIACANTO: de muitos espinhos POLIADELFO: designativo dos estames soldados pelos seus filetes em mais de dois fascículos POLIANDRO: de mais de doze estames, todos livres entre si POLIANTO: que tem ou produz muitas flores POLICARPO: que tem ou produz muitos frutos POLICLADO: que dá um número de ramos superior ao normal POLIFILO: formado de muitas folhas ou folíolos POLÍFITO: designativo de gênero que abrange muitas plantas POLÍGINO: que tem muitos pistilos em cada flor POLÍNICO OU POLINÍFERO: que contém pólen POLINOSO: coberto de pó amarelo semelhante a pólen POLIPÉTALO: de muitas pétalas (corola) POLIPÓDIO: de muitos pés POLIRRIZO: de muitas raízes POLISPERMO: de muitas sementes e grãos POMÁCEO: cujos frutos são pomos PORTULACÁCEO: relativo à beldroega QUADERNADO: designativo das folhas ou flores dispostas quatro a quatro na haste da planta QUADRICAPSULAR: que tem quatro cápsulas QUINQUEFOLIADO: de cinco folhas QUINQUEVALVULAR: que tem cinco válvulas RABISSECO: que não dá fruto; estéril RACEMADO: que tem cachos ou grãos dispostos em forma de cacho RADICIFLORO: cujas flores brotam da raiz RADICIFORME: semelhante a uma raiz RADICOSO: que tem muitas raízes RETINÉRVEO: de nervuras reticulares RIZANTO: diz-se das plantas cujas flores ou pedúnculos nascem da raiz RIZOCÁRPICO: diz-se dos vegetais de cuja raiz brotam anualmente novos caules herbáceos RIZOFILO: cujas folhas produzem raízes RIZÓFORO: que tem raízes RUPESTRE: que cresce sobre rochedos SACARÍFERO: que produz açúcar SACELIFORME: com a forma de pequeno saco SANJOANEIRO: que se colhe pelo S. João SARCOSPERMO: de sementes carnudas SATIVO: que se semeia ou cultiva SAXÁTIL: que cresce entre pedras SEGETAL: que cresce nas searas ou relativo às searas SEMINÍFERO: diz-se dos septos das válvulas quando os grãos aderem a eles; que tem ou produz sementes SILICÍCOLA: diz-se das plantas que crescem nos terrenos silicosos SINCOTILEDÔNEO: diz-se do vegetal cujos cotilédones estão reunidos num só corpo SOBREFOLIÁCEO: que está sobre as folhas ou aderente a elas TAURÍFERO: em que pascem os touros TENUIFLORO: de flores pequenas TENUIFOLIADO: de folhas pequenas TETRACÁRPICO: que tem quatro frutos TETRAPÉTALO: que tem quatro pétalas TETRASSÉPALO: que tem quatro sépalas (cálice) TETRÁPTERO: que tem quatro apêndices em forma de asa TRIÂNDRIO, TRIÂNDRICO OU TRIANDRO: de três estames livres entre si TRICAPSULAR: de três cápsulas TRICELULAR: de três células TRIFLORO: de três flores TRIFOLIADO: de três folhas TRÍGINO: de três carpelos TRINERVADO OU TRINÉRVEO: de três nervos ou nervuras TRIPÉTALO: de três pétalas TRISPERMO: de três sementes TRISTAMINÍFERO: de três estames UMBELADO OU

UMBELÍFERO: com flores dispostas em umbela UMBRACULIFORME: que tem forma de umbela UMBRÍCOLA: que vive nas sombras UNGUICULADO: que termina em forma de unha (pétala) UNINÉRVEO OU UNINERVADO: que só tem uma nervura sem ramificação (folha) UNIPÉTALO: de uma só pétala UNISSEXUADO: de um só sexo UNIVALVE: diz-se do fruto que se abre de um só lado URNÍGERO: que tem urna ou cápsula em forma de urna VARUDA: diz-se da árvore cujo tronco é direito e comprido VERMICULADO: diz-se de órgão que apresenta saliências em forma de vermes VERNANTE: que floresce ou rebenta na primavera VINÍFERO: que produz vinho VITÍFERO: coberto de videira XANTORRIZO: de raízes amarelas XANTOSPERMO: de sementes amarelas XERÓFITO: designativo dos vegetais próprios de lugares secos XILOCARPO: diz-se das árvores de frutos duros ou lenhosos; fruto duro ou lenhoso XISTOCARPO: diz-se dos frutos que se abrem fendendo-se

---

veículo (terrestre) ***Subst.*** viatura, viação, transporte, condução, carreto, vagão, vagonete, comboio, caravana, carro, galera, carroça, carroção, zorra, trenó, carril, pontão, cadeirinha, liteira, palanquim, serpentina, padiola, maca, monociclo, velocípede, bicicleta, motocicleta, motoneta, triciclo, tandem, carrossel, montanha-russa, carruagem, sege, cabriolé, vitória, caleche, berlinda, trenó, quadriga, bonde, diligência, calhambeque, andor, charola, automóvel, auto, táxi, ônibus, micro-ônibus, caminhonete, jipe, utilitário, picape, van, furgão, caminhão, carreta, limusine, ambulância, trem, expresso, rápido, litorina, metrô, trem-bala ***Adj.*** rodoviário, ferroviário, veicular, automotivo, automobilístico, utilitário

velhaco ***Subst.*** espertalhão, biltre, bigorrilha, gabiru, bandalho, batoteiro, vendilhão, traste, patife, cafajeste, borra-botas, salafrário, bilontra, pulha, rês, embusteiro, enganador, mariola, magano, marmanjo, (bras.) capadócio, sabujo, gajo, pássaro, melro, trampolineiro, safardana, safado, sacripanta, tranca, cachorro, sendeiro, caloteiro, covarde, capacho, vira-casaca, burlão, bonifrate, prevaricador, explorador, (bras.) coleira, peculatário, estelionatário, traidor, entregador, Judas, traiçoeiro, conspirador, crocodilo, delator, perjuro, inconfidente, velhacada ***V.*** acanalhar-se, velhacar ***Adj.*** brejeiro, maroto

velharia ***Subst.*** velhada, idade, antiguidade, maturidade, decadência, declínio, ocaso, poente, senilidade, primogenitura, vetustez, veteranice, envelhecimento, ranço, pré-história, arcaísmo, anta, fóssil, pátina, bolor, mofo, limo, ruína, tapera, tradição, prescrição, lenda, imobilismo ***V.*** envelhecer, decair, declinar, descambar, enferrujar, oxidar, carunchar, (bras.) bichar, carcomer, murchar, desbotar, fanar, apodrecer, estiolar, combalir, desmerecer, piorar, mirrar, definhar, deteriorar, pender, vacilar ***Adj.*** velho, vetusto, antigo, antiquário, antiquado, fóssil, rançoso, ruim, imemorável, imemorial, desusado, venerável, venerando, superado, ultrapassado, ferrugento, enferrujado, primitivo, inicial, primevo, estragado, carunchoso, carcomido, (bras.) bichado, bolorento, prisco, diluviano, antediluviano, pré-histórico, fabuloso, nebuloso, patriarcal, neolítico, secular, milenário, arcaico, clássico, medieval, histórico, seiscentista, quinhentista, ancestral, ancião, faraônico, gasto, surrado, longínquo, remoto, tradicional, legendário, habitual, entranhado, inveterado, arraigado, acentuado, decadente, corriqueiro, vulgar, comum, batido

velhice ***Subst.*** senilidade, caduquice, decrepitude, maturidade, outono, canície, neve, fraqueza, menopausa, velho, macróbio ***V.*** envelhecer, ficar, carunchar, caducar, encanecer, nevar, ruçar, rabujar ***Adj.*** velho, idoso, antigo, ancião, vetusto, senil, anil, caduco, decrépito, valetudinário, envelhecido, avançado, pesado, sexagenário, setuagenário, octogenário, nonagenário, velhusco, trôpego, trêmulo, alquebrado, caquético, quebrantado, abatido, venerando, patriarcal, matronal, jubilado, reformado, aposentado, emérito, longevo, reumático, rabugento, ancestral, sênior

velocidade ***Subst.*** ligeireza, presteza, rapidez, destreza, agilidade, desfilada, fugacidade, pernada, aceleração, precipitação, corrida, galope, galopada, disparada, fuga, vertigem, pensamento, relâmpago, raio, luz, eletricidade, vento, bala, foguete, míssil, jato, bólide, flecha, seta, dardo, mercúrio, azougue, telégrafo, torrente, tufão, ventania, águia, lince, guepardo, antílope, corcel, gazela, veado, galgo, lebre, corça, esquilo, expresso, Mercúrio ***V.*** correr, disparar, voar, arremeter, chispar, zunir, atropelar, fugir, saltar, pular, trotar, galopar, ir, desembestar, alargar, acelerar, apressar, precipitar, avivar, esporear ***Adj.*** veloz, rápido, prestes, arrebatado, célere, ligeiro, apressado, ágil, (poét.) rapto, desabalado, impetuoso, violento, presto, correntio, andador, vivo, esperto, expedito, expresso, ativo, voador, volante, trotador, galopante, voante, elétrico, telegráfico, fugaz, fugidio, fugitivo, vertiginoso, infernal, entontecedor, estonteante, desabrido, louco ***Adv.*** rápido, depressa, à toda

venda ***Subst.*** vazão, saída, extração, exportação, alienação, oferta, leilão, praça, vendedor, exportador, mercador, pregoeiro, leiloeiro ***V.*** vender, alienar, alhear, impingir, negociar, oferecer, ofertar, comerciar, comercializar, disponibilizar, lançar, fornecer, colocar, distribuir, exportar, mascatear, revender, leiloar, fiar ***Adj.*** vendível, vendável, negociável, disponível ***Adv.*** fiado, parcelado

veneno ***Subst.*** peçonha, tóxico, droga, envenenamento, intoxicação, toxemia, peste, maldição, desgraça, flagelo, tara, sofrimento, aguilhão, espinho, acúleo, dente, dardo, sarça, espinheiro, urtiga, toxina, vírus, arsênico, estricnina, miasma, nitrogênio, malária, impaludismo, peste, cicuta, beladona, coxo, secreção, curare, ofidismo, ferrugem, gusano, cupim, caruncho, cárie, podridão, cancro, torpedo ***V.*** envenenar, toxicar, intoxicar, corroer, impaludar, minar ***Adj.*** pernicioso, venenoso, virulento, peçonhento, pestífero

vento (ar em movimento) ***Subst.*** ar, sopro, bafo, insuflação, baforada, monção, zéfiro, frescor, brisa, aragem, hálito, viração, aura, assopradela, abano, bafejo, lufada, tufão, tornado, rabanada, ventania, rajada, ciclone, furacão, vórtice, turbilhão, tempestade, pampeiro, vendaval, procela, tormenta, tornado, rolo, remoinho, redemoinho, borrasca, ventosidade, flatulência, aerodinâmica, anemômetro, cata-vento, biruta, grimpa, insuflação, inflação, ventilação, espirro, soluço, resfôlego, respiração, bufo, alento, fôlego, (pop.) bofes, fole, leque, ventarola, abano, chaminé, ventilador ***V.*** ventar, soprar, assoprar, varrer, bafejar, arejar, ventilar, refrescar, perpassar, agitar, fustigar, varejar, varrer, encrespar, brincar, ondear, empolar, soluçar, gemer, sibilar, rugir, suspirar, uivar, assobiar, ulular, vassourar, desgrenhar, respirar, resfolegar, ofegar, arfar, arquejar, bafejar, abanar, insuflar, espirrar, tossir, pigarrear, bufar, inflar ***Adj.*** ventoso, flatulento, ofegante, tempestuoso, proceloso, fervente, agreste, brando, sereno, alísio, travessão, ventilado, arejado

veracidade ***Subst.*** sinceridade, veridicidade, autenticidade, confiança, franqueza, lisura, verdade, fidedignidade, candura, candidez, lhaneza, honestidade, fidelidade, pureza, exatidão ***V.*** falar, dizer, cultuar, mostrar, elucidar, desmistificar, desmascarar, desvendar, desmentir, desenganar, desiludir ***Adj.*** verdadeiro, autêntico, certo, exato, cristalino, inequívoco, incontestável, deveras, veraz, vero, verídico, lídimo, factual, real, honesto, escrupuloso, leal, dedicado, probo, sério, lhano, sincero, cândido, puro, reto, límpido, pio, fidedigno, expansivo, amigo, consciencioso, imaculado, intemerato, insuspeito, incorruptível ***Adv.*** de coração, de corpo e alma, para valer

verde ***Subst.*** verdor, verdura, verde-garrafa, berilo, oliva, azeitona, esmeralda, clorofila ***V.*** verdejar, verdecer, enverdecer, colorir, esverdear ***Adj.*** verde, glauco, esverdeado, esmeraldino, verdejante, verde-escuro, verde-mar, verde-garrafa, verdoso, verdoengo, oliváceo, salso, fresco, auriverde

vermelhidão ***Subst.*** rubor, sanguíneo, arrebol, carmim, laca, carnação, cor-de-rosa, damasco, escarlate, escarlatina, rubi, carbúnculo, rosa, coral, sangue, romã, tomate, cereja, groselha, cochonilha, pimentão, rubrica, lacre, zarcão, vermelhão, nácar, purpurina, begônia, presunto, campeche ***V.*** corar, tauxiar, enrubescer, afoguear, encarniçar, ruborizar, iluminar, abrasar, inflamar, nacarar, encarnar, adamascar, congestionar ***Adj.*** vermelho, avermelhado, ruivo, rufo, sanguinolento, sanguíneo, ígneo, purpúreo, purpurino, rosa, rosáceo, róseo, rosado, encarnado, encarniçado, corado, flagrante, afogueado, congestionado, rubicundo, rubro, incandescente, encarnado, escarlate, nacarado, coralino, carmim, granadino, groselha, adamascado

verticalidade ***Subst.*** normalidade, ereção, aprumo, perpendicularidade, normal, prumada, cateto, altura, mediatriz, parede, paredão, muralha, despenhadeiro, falésia, estalagmite, esquadria, prumo, poste, seno ***V.*** perfilar, aprumar, desencostar, erigir, arrepiar, ouriçar, esquadrejar ***Adj.*** vertical, aprumado, direito, espigado, reto, ereto, erétil, empinado, escarpado, íngreme, empertigado, teso, perpendicular, normal, retangular

viajante ***Subst.*** itinerante, caminhante, passageiro, andarilho, peão, escoteiro, turista, excursionista, alpinista, explorador, mateiro, aventureiro, expedicionário, embarcadiço, peregrino, romeiro, vagabundo, vagamundo, prófugo, passeante, passeador, caminheiro, transeunte, pedestre, infante, nômade, cavaleiro, amazona, ginete, andante, paladino, montanhês, sonâmbulo, emigrante, emigrado, refugiado, retirante, imigrante, foragido, exilado, ET, extraterrestre, alienígena, forasteiro, desconhecido, adventício, garimpeiro, correio, carteiro, mensageiro, ciclista, carroceiro, carreiro, carreteiro, chofer, motorista, cocheiro, maquinista, foguista, postilhão, jóquei, boleeiro, estafeta, motorneiro, motociclista, guia, aeronauta, aviador, comitiva, caravana, cavalgada, préstito, procissão, séquito, cortejo, coluna, piquete ***V.*** viajar, excursionar, perambular, vagamundear, fazer turismo ***Adj.*** viajado, escoteiro

vida ***Subst.*** existência, vitalismo, vitalidade, vitalização, sopro, aura, animação, respiração, fôlego, bafo, hálito, resfôlego, vivificação, revivificação, existência, fio, teia, estame, nascedouro, nascença, nascimento, biologia ***V.*** viver, vivenciar, respirar, vegetar, palpitar, nascer, procriar, animar, vivificar, vitalizar ***Adj.*** vivo, vivente, palpitante, quente, animado, ativo, nato, natal, vital

vigor (também de expressão) ***Subst.*** poder, energia, vibratilidade, vitalidade, força, audácia, arrojo, arroubo, fogo, ardor, fervor, ânimo, vida, pujança, dinamismo, impulso, elã, ímpeto, entusiasmo, adrenalina, causticidade, gravidade, exuberância, virulência, veemência, elevação, sublimidade, majestade, nobreza, severidade, fidalguia, antítese, energia ***V.*** revigorar, fortalecer, energizar, dinamizar, acerar ***Adj.*** vigoroso, ardente, candente, impetuoso, nervoso, vibrátil, incisivo, nobre, impressionante, eletrizante, instigante, enérgico, cortante, caloroso, vivo, animado, brilhante, cintilante, pitoresco, empolgante, atrevido, arrojado, acrimonioso, picante, mordaz, sentencioso, conceituoso, grave, elevado, grandioso, sublime, majestoso, celso, altivo, altaneiro, nobre, rebuscado, opulento, loução, veemente, ágil, castiço, perfeito, harmonioso, apaixonado, arrebatador, poético

vínculo ***Subst.*** ligação, laço, laçada, trena, nó, nódulo, atadura, liga, ligamento, ligadura, conectivo, conjunção, jugo, canga, conexão, junção, risca, traço de união, travessão, cópula, intermédio, parêntese, istmo, dobradiça, engonço, gonzo, raiz, tendão, junta, articulação, corrente, cadeia, corda, cordel, cordão, barbante, fita, alamar, cabo, camelo, corda, correia, embira, amarra, correão, grilheta, cabeçada, rabicho, retranca, atadura, cinto, faixa, banda, cilha, alça, fecho, alfinete, grampo, pino, prego, tacha, cravo, cavilha, chaveta, tarraxa, parafuso, taramela, fechadura, botão, percevejo, colchete, broche, liga, presilha, engate, ferrolho, carmona, bedelho, abraçadeira, anzol, gato, arpão, gancho, trave, cimento, terra, aglomerado, betume, grude, cola, malta, solda, visgo, barro, lacre, ponte, pinguela, viaduto ***V.*** ligar, pendurar, grudar, colar, vincular, lacrar ***Adj.*** vinculado, pegadiço, viscoso, glutinoso, visguento

vingança ***Subst.*** revanche, represália, revide, vindita, revindita, castigo, desabafo, desagravo, retaliação, desforra, desforço, despique, inexorabilidade, malevolência, vingador ***V.*** vingar, despicar, punir, desenlamear, revidar, retaliar, desentaipar ***Adj.*** vingativo, vingador, rancoroso, odiento, desapiedado, inexorável, roedor

violência ***Subst.*** agressividade, imoderação, brutalidade, intensidade, veemência, impetuosidade, enfurecimento, fúria, força, poder, ímpeto, furor, loucura, insânia, braveza, desespero, cólera, ira, raiva, rancor, fervor, açodamento, arrebatamento, efervescência, ebulição, fervura, turbulência, fragor, tumulto, confusão, algazarra, severidade, fereza, ferocidade, embravecimento, assanhamento, sanha, rompante, exacerbação, irritação, desvairamento, insânia, acesso, paroxismo, vasca, orgasmo, ultraje, arranco, choque, abalo, espasmo, convulsão, histerismo, tremor, inquietação, erupção, irrupção, explosão, arrebentação, rompante, estouro, salto, descarga, detonação, conflagração, incêndio, tumulto, fermento, tempestade, borrasca, procela, fervedouro, furacão, redemoinho, trovão, trovoada, sideração, raio, dragão, tigre, pantera, onça, megera, louco, tresloucado ***V.*** violentar, agredir, achacar, investir, assaltar, acometer, fremir, bramir, bramar, bradar, redemoinhar, espinotear, espernear, ferver, bravejar, esbravejar, embravecer, derrubar, vociferar, estalar, desencadear, explodir, estourar, rebentar, detonar, arrebentar, soltar os cachorros, tumultuar, arrombar, romper, despedaçar, espatifar, descomedir-se, irromper, desmedir-se, desesperar, destampar, desgrenhar, destelhar, despir, aguçar, agitar, acelerar, excitar, incitar, avivar, urgir, estimular, irritar, inflamar, acender, fomentar, agravar, piorar, exasperar, enfurecer, exacerbar, encarniçar, desatinar, revolucionar, enlouquecer, desvairar, conflagrar, incendiar, atiçar, açular ***Adj.*** violento, agressivo, imoderado, desabrido, desfeito, protervo, veemente, quente, agudo, afiado, penetrante, áspero, rude, cortante, arrogante, brusco, impertinente, impetuoso, tormentoso, turbulento, irrequieto, desordenado, agitado, convulso, estrondoso, louco, raivoso, revolto, tumultuoso, tumultuário, descabelado, estrepitoso, ruidoso, proceloso, tempestuoso, extravagante, encrespado, crespo, cavado, irado, iracundo, endiabrado, aloprado, endemoniado, voraz, sôfrego, indócil, irrefreável, indômito, indomável, insofrido, frenético, desatinado, desvairado, enfurecido, bravo, bravio, ferino, titânico, selvagem, insano, desesperado, furioso, enfurecido, irritado, histérico, iroso, assanhado, embravecido, exacerbado, aceso, medonho, fogoso, acalorado, renhido, encarniçado, fero, feroz, grosso, empolado, imane, indomado, irreprimível, incoercível, inextinto, inextinguível, insaciável, ignífero, desenfreado, incontido, infrene, ingovernável, insubmisso, obstinado, incontrolável, implacável, irremediável, intolerável, espasmódico, convulsivo, epiléptico, explosivo, detonante, forte, febril, tonante, arrebatado, desabusado, férvido, inquieto, agitado, impaciente, sísmico ***Adv.*** à força, de roldão, de assalto, à ponta de espada

virtude ***Subst.*** moral, moralidade, idoneidade, valor, qualidade, nobreza, heroísmo, hombridade, cavalheirismo, merecimento, crédito, benemerência, temperança, beneficência, castidade, reformatório ***V.*** ser virtuoso, edificar, morigerar, educar, renascer, rejuvenescer ***Adj.*** virtuoso, bom, santo, escorreito, exemplar, modelar, puro, inocente, idôneo, confiável, meritório, intemerato, impoluto, morigerado, bem-comportado, bem-intencionado, austero, espartano, impecável, correto, ilibado, imaculado, venerável, sagrado, insuspeito, excelso, irrepreensível, honesto, preclaro, belo, nobre, generoso, cândido, benemérito, angélico, angelical, seráfico, bem-aventurado, sem-par, divino, salutar, moralizador, edificante

visão ***Subst.*** vista, óptica, olhar, relance, olhada, espiada, namoro, contemplação, exame, inspeção, guarda, introversão, reconhecimento, observação, espionagem, teatro, tablado, palanque, anfiteatro, observatório, mirante, miramar, terraço, arena, meta, horizonte, periscópio, paisagem, perspectiva, panorama, cenário, órgão, úvea, retina, pupila, íris, córnea, conjuntiva, esclerótica, retina, mácula, humor aquoso, cristalino, supercílio, sobrancelha, sobrolho, discernimento, perspicácia, perspicuidade, águia, falcão, gato, onça, lince, hipermetropia, miopia, estigmatismo, estrabismo, jacaré, sucuri, basilisco, oculista, oftalmologia, oftalmologista ***V.*** ver, mirar, contemplar, olhar, observar, relancear, lobrigar, bispar, divisar, avistar, entrever, vislumbrar, descobrir, alcançar, descortinar, presenciar, assistir, reconhecer, encarar, fitar, espreitar, testemunhar, reconhecer, admirar, enxergar, discernir, perceber, notar, distinguir, espiar, espionar, deitar, pregar, namorar, passear o olhar, ter vista de, perlustrar, manusear ***Adj.*** visual, ocular, óptico, oftálmico, visível, retiniano

visão imperfeita ***Subst.*** miopia, hipermetropia, astigmatismo, daltonismo, macropia, estrabismo, retinite, névoa, escotoma, belida, fotofobia, oftalmia, oftalgia, oculista, oftalmologista, aparição, visão, miragem, sombra, espectro, fantasma, (pop.) medo, fogo-fátuo, míope ***V.*** olhar de soslaio, entrever, lobrigar, vislumbrar, pestanejar, piscar ***Adj.*** míope, catacego, torto, vesgo, oblíquo, lusco, zarolho, monóculo, estrábico, albino, visionário, vidente

---

Ilusão, efeitos de óptica NOMES DE ILUSÃO DE ÓPTICA: ilusão de óptica, artifício óptico, *deceptio visus*, engana-vista, *trompe l'oeil*, ilusão, prestigiação, prestidigitação, manigância, prestígio, passe-passe, ilusionismo, fotopsia, artes de berliques e berloques, anamorfose, palingenesia, imagem virtual, reflexo especular

---

visibilidade ***Subst.*** limpidez, nitidez, translucidez, transparência, distinção, aparecimento, exposição, manifestação, evidência, nascimento, levantamento, emergência, serenidade, pureza ***V.*** ser visível, aparecer, ressurgir, apontar, nascer, brotar, aflorar, brilhar, iluminar, irromper, surgir, surdir, emergir, raiar, assomar, entreabrir, desvelar, limpar, transluzir, transparecer, alvejar, florescer, figurar, reaparecer, renascer, avultar, sobressair, realçar ***Adj.*** visível, perceptível, perspícuo, aparente, transparente, apreciável, sensível, reconhecível, claro, distinto, saliente, limpo, límpido, translúcido, puro, cristalino, sereno, evidente, palpável, lúcido, definido, nítido, tangível, marcado, conspícuo, estereoscópico, panorâmico

vontade ***Subst.*** espontaneidade, querer, desejo, anseio, volição, anelo, aspiração, ideal, gana, fantasia, critério, gosto, veleidade, alvedrio, arbítrio, alvitre, liberdade, discrição, voluntariedade, prazer, bel-prazer, talante, sabor, capricho, assomo, ímpeto, agrado, aprazimento, consentimento, permissão, tolerância, propósito, desígnio, intenção, tenção, intuito, predeterminação, decisão, firmeza, objetivo, mira, autocontrole, insistência, resistência ***V.*** querer, desejar, tencionar, almejar, ansiar, anelar, objetivar, perseverar, insistir, agir ***Adj.*** voluntário, volitivo, voluntarioso, livre, opcional, discricionário, intencional, proposital, caprichoso, facultativo, permissível, espontâneo, propenso, perseverante, insistente, determinado, resoluto, autoritário ***Adv.*** *ad libitum*, *ad nutum*,

voz ***Subst.*** garganta, entoação, entonação, tom, timbre, som, fonação, vocalização, grito, fala, comunicação verbal, exclamação, ejaculação, vociferação, enunciação, clareza, nitidez, pureza, dicção, elocução, murmúrio, sussurro, cochicho, acento, acentuação, fraseado, ênfase, sotaque, homonímia, homofonia, paronímia, ventriloquia, polifonia, eufonia, fonética, fonologia, vozerio, alarido, burburinho, gritaria, algazarra, babel, falatório ***V.*** proferir, pronunciar, recitar, dizer, falar, enunciar, articular, gritar, soltar a voz, gemer, regougar, resmungar, balbuciar, praticar, soluçar, sussurrar, zurrar, berrar, sublinhar, aspirar, (depr.) esgoelar, expectorar, desembuchar, expor, discorrer, explanar, vocalizar ***Adj.*** vocal, fônico, fonético, oral, ejaculatório, verbal, articulado, distinto, estentóreo, retumbante, tônico, predominante, homófono

zZ

zero ***Subst.*** nada, cifra, ninguém, patavina, nenhum

zoologia (ciência dos animais) ***Subst.*** zootecnia, zootaxia, zoogeografia, morfologia, zoomorfismo, antropologia, mastologia, ornitologia, ictiologia, entomologia, helmintologia, herpetologia, paleontologia, taxidermia, entomologista ***V.*** zoografar ***Adj.*** zoológico

ÍNDICE

A

abandonar partida
abandonar reclusão
abandonar rejeição
abandonar resignação
abandonar retirada
abandonar transgressão
abandonar transigência
abandono desamparo
abandono desprezo
abandono desuso
abandono isenção
abandono isolamento
abandono negligência
abandono partida
abandono pouquidade
abandono resignação
abandono retirada
abandono tergiversação
abano oscilação
abano resfriamento
abano vento
abarcar circunjacência
abarcar composição
abarcar inclusão
abarrotado completamento
abarrotado reunião
abarrotado suficiência
abarrotamento redundância
abarrotar completamento
abarrotar multidão
abarrotar provisão
abarrotar redundância
abarrotar reunião
abarrotar saciedade
abastado riqueza
abastança completamento
abastança prosperidade
abastança riqueza
abastança suficiência
abastardamento pioramento
abastardar infamação
abastardar pioramento
abastecedor provisão
abastecer provisão
abastecido provisão
abastecimento depósito
abastecimento mercadoria
abastecimento provisão
abate desconto
abater depreciação
abater depressão
abater desconto
abater destruição
abater desvio
abater difamação
abater fraqueza
abater homicídio
abater horizontalidade
abater impotência
abater medo
abater moderação
abater refutação
abater ruindade
abater subtração
abater sucesso
abater tristeza
abater-se submissão
abatido desinteresse
abatido fraqueza
abatido humildade
abatido inatividade
abatido sofrimento
abatido velhice
abatimento baixexa
abatimento depressão
abatimento desamparo
abatimento desconto
abatimento desesperança
abatimento desinteresse
abatimento diminuição
abatimento fadiga
abatimento fraqueza
abatimento hipocondria
abatimento homicídio
abatimento impotência
abatimento malevolência
abatimento pouquidade
abatimento sofrimento
abatimento tristeza
abatinar-se batina
abaulado convexidade
abaulado curvatura
abaular convexidade
abaular curvatura
abdicação anarquia
abdicação desamparo
abdicação resignação
abdicar abandono de propriedade
abdicar anarquia
abdicar desamparo
abdicar resignação
abdome convexidade
abdominal assimetria
abdominal partes do corpo humano
abdominal receptáculo
abdução apropriação
abdução repulsão
abdução transferência
abdutor repulsão
abduzir repulsão
abecedário começo
abecedário letra
abelha agente
abelha atividade
abelha-mestra astúcia
abelhudice curiosidade
abelhudo atividade
abelhudo curiosidade
abencerragem nobreza
abençoado aprovação
abençoado bondade
abençoado deleite
abençoado oportunidade
abençoado prazer
abençoado produtividade
abençoado salubridade
abençoar aprovação
abençoar deleite
abençoar divindade
abençoar rito
aberração angularidade
aberração desconformidade
aberração desvio
aberração divergência
aberração variedade
aberrante desconformidade
aberrante divergência
aberrante erro
aberrante inconveniência
aberta abertura
aberta intervalo
aberta investigação
aberta oportunidade
aberto abertura
aberto candura
aberto inteligibilidade
aberto intervalo
abertura boa vontade
abertura borda
abertura começo
abertura descontinuidade
abertura disjunção
abertura intervalo
abertura liberdade
abertura libertação
abertura manifestação

abertura música
abertura passagem
abertura tolerância
abespinhado ressentimento
abespinhar descontentamento
abespinhar dolorimento
abestalhado imbecilidade
abestalhado tolo
abicar direção
abilolado louco
abiscoitar aquisição
abiscoitar furto
abismal intervalo
abismal profundidade
abismar admiração
abismar destruição
abismar profundidade
abismo espaço
abismo intervalo
abismo oceano
abismo prodígio
abismo profundidade
abismo recife
abissal intervalo
abissal oceano
abissal profundidade
abisso profundidade
abjeção desonestidade
abjeção infamação
abjeção servilismo
abjeto covardia
abjeto desonestidade
abjeto desprezo
abjeto desvirtude
abjeto dolorimento
abjeto infamação
abjeto insignificância
abjeto ruindade
abjeto servilismo
abjurar negação
abjurar resignação
abjurar tergiversação
ablação apropriação
ablação concisão
ablação subtração
ablução limpeza
ablução rito
abnegação altruísmo
abnegação benevolência
abnegação recusa
abnegação temperança
abnegado altruísmo
abnegar desuso
abnegar-se altruísmo
abóbada céu
abóbada convexidade
abóbada cume
abóbada curvatura
abobado imbecilidade
abobado tolo
abobalhado tolo
abóbora esfericidade
abocanhar difamação
abocanhar dor
abocanhar sabor
aboletar localização
abolição destruição
abolição libertação
abolição revogação
abolicionismo libertação
abolicionista libertação
abolir desuso
abolir revogação
abominação aversão
abominação ódio
abominação rejeição
abominar aversão
abominar maldição
abominar ódio
abominável aversão
abominável desvirtude
abominável dolorimento
abominável infamação
abominável ódio
abominável reprovação
abominável ruindade
abominável sujidade
abonação afirmação
abonação fiança
abonado riqueza
abonador fiança
abonador indicação
abonar empréstimo
abonar evidência
abonecado pequenez
abono aprovação
abono despesa
abono empréstimo
abono evidência
abono fiança
abordagem ataque
abordar aproximação
abordar ataque
abordar chegada
abordar cortesia
abordar proximidade
aborígine causa
aborígine habitante
aborrecer amargura
aborrecer aversão
aborrecer descontentamento
aborrecer dolorimento
aborrecer enfado
aborrecido aversão
aborrecido descontentamento
aborrecido dolorimento
aborrecido ódio
aborrecido sofrimento
aborrecimento aversão
aborrecimento descontentamento
aborrecimento discórdia
aborrecimento enfado
aborrecimento inimizade
aborrecimento má vontade
aborrecimento ódio
aborrecimento saciedade
aborrecimento tristeza
abortar despreparo
abortar improdutividade
abortar insucesso
abortivo despreparo
abortivo insucesso
abortivo inutilidade
aborto despreparo
aborto insucesso
aborto prodígio
abotoar fechamento
abotoar junção
abotoar produção
abotoar vegetal
abracadabra encantamento
abraçadeira vínculo
abraçar carreira trabalho
abraçar carícias
abraçar circunjacência
abraçar circunscrição
abraçar coesão
abraçar composição
abraçar consentimento
abraçar cortesia
abraçar crença
abraçar escolha
abraçar inclusão
abraçar junção

abraço cortesia
abraço deleite
abrandamento justificação
abrandamento moderação
abrandar alívio
abrandar atenuação
abrandar diminuição
abrandar flexibilidade
abrandar imobilidade
abrandar justificação
abrandar moderação
abrangência espaço
abranger circunjacência
abranger composição
abranger inteligibilidade
abrasador calor
abrasar aquecimento
abrasar excitação
abrasar motivo
abrasar vermelhidão
abre-alas frente
abre-alas precessão
ab-reptício loucura
abreviação compêndio
abreviação concisão
abreviação encurtamento
abreviado encurtamento
abreviar compêndio
abreviar compêndio
abreviar diminuição
abreviar encurtamento
abreviar pressa
abreviar presteza
abreviar transitoriedade
abreviatura compêndio
abreviatura encurtamento
abridor artista
abrigado defesa
abrigar força
abrigar preservação
abrigar recepção
abrigar receptáculo
abrigar segurança
abrigo defesa
abrigo esconderijo
abrigo localização
abrigo morada
abrigo recepção
abrigo refúgio
abrigo segurança
abrilhantar fama
abrilhantar importância
abrilhantar luz
abrilhantar ornamento
abrir abertura
abrir começo
abrir concavidade
abrir contabilidade
abrir disjunção
abrir indicação
abrir investigação
abrir liberalidade
abrir manifestação
abrir vegetal
abrir passagem passagem
abrir picada passagem
ab-rogar desamparo
ab-rogar inexistência
ab-rogar resignação
ab-rogar revogação
abrolho agudeza
abroquelar cobertura
abroquelar defesa
abscesso convexidade
abscesso doença
absenteísmo ausência
absinto amargura
absinto dolorimento
absinto embriaguez
absolutamente grandeza
absolutamente pouquidão
absolutismo autoridade
absoluto afirmação
absoluto autoridade
absoluto certeza
absoluto completamento
absoluto direito
absoluto existência
absoluto grandeza
absoluto infinidade
absoluto liberdade
absoluto superioridade
absoluto tirania
absoluto tirania
absolver absolvição
absolver certeza
absolver inocência
absolver justiça
absolver justificação
absolver libertação
absolver perdão
absolver permissão
absolver rito
absolvição isenção
absolvição justificação
absolvição libertação
absolvição perdão
absolvido absolvição
absorção combinação
absorção desatenção
absorção destruição
absorção recepção
absorto admiração
absorto atenção
absorto prazer
absorto sentimento
absorvência combinação
absorvência recepção
absorvente atenção
absorvente deleite
absorvente importância
absorvente necessidade
absorvente recepção
absorvente sentimento
absorver apropriação
absorver atenção
absorver combinação
absorver comida
absorver deleite
absorver desatenção
absorver excitação
absorver necessidade
absorver obstinação
absorver pensamento
absorver prodigalidade
absorver recepção
abstêmio abstemia
abstêmio temperança
abstenção desuso
abstenção inação
abstenção resignação
abster-se abstenção
abster-se pureza
abster-se temperança
abstinência ascetismo
abstinência culto
abstinência desuso
abstinência expiação
abstinência temperança
abstinência alimentar jejum
abstinente abstemia
abstinente heterodoxia
abstinente temperança
abstração apropriação
abstração desatenção
abstração disjunção
abstração esquecimento
abstração incompreensão
abstração pensamento

abstração subtração
abstracionismo artes
abstrato desatenção
abstrato generalidade
abstrato imaterialidade
abstrato incompreensão
abstrato inexistência
abstrato ininteligibilidade
absurdo absurdo
absurdo capricho
absurdo ilegalidade
absurdo impossibilidade
absurdo impropriedade
absurdo injustiça
absurdo irracionalidade
absurdo ridicularia
absurdo sem significação
abulia imobilidade
abulia inexcitabilidade
abulia insensibilidade
abulia loucura
abúlico desamparo
abúlico imobilidade
abúlico indiferença
abundância completamento
abundância grandeza
abundância produtividade
abundância quantidade
abundância riqueza
abundância suficiência
abundante completamento
abundante grandeza
abundante multidão
abundante redundância
abundante suficiência
abundar produtividade
abundar reunião
abundar rio
abundar suficiência
aburguesado plebeísmo
abusão bruxaria
abusão mentira
abusar ilegalidade
abusar intemperança
abusar ruindade
abusivo ameaça
abusivo ilegalidade
abusivo inconveniência
abusivo mau uso
abusivo reprovação
abuso culpa
abuso dolorimento
abuso exagero
abuso impureza
abuso injustiça
abuso interpretação errônea
abuso mau uso
abuso ruindade
abutre gula
abutre homem ruim
abutre homicídio
abutre malfeitor
abutre sovinaria
abutre tirania
acabado acabamento
acabado grandeza
acabado insucesso
acabado perfeição
acabado pioramento
acabado preparação
acabamento fim
acabamento perfeição
acabamento produção
acabar acabamento
acabar conduta
acabar desaparecimento
acabar fim
acabrunhado hipocondria
acabrunhado tristeza
acabrunhamento descontentamento
acabrunhamento desesperança
acabrunhamento tristeza
acabrunhar dolorimento
acabrunhar tirania
achapado servilismo
academia escola
acadêmico discípulo
acadêmico douto
acadêmico elegância
acadêmico ensino
acadêmico escola
açafate receptáculo
açafate servo
açafrão amarelo
açaimo prisão
acaipirado imbecilidade
acalcanhar depreciação
acalcanhar desprezo
acalcanhar inobservância
acalentar alívio
acalentar carícias
acalentar moderação
acalentar músico
acalentar pacificação
acalmar alívio
acalmar dissuasão
acalmar imobilidade
acalmar moderação
acalmar pacificação
acalorado excitação
acalorado violência
acalorar excitação
acamado doença
acamaradar-se amigo
açambarcar posse
açambarcar restrição
acampamento divertimento
acampamento localização
acampamento morada
acampar chegada
acampar localização
acanalhar infamação
acanalhar-se velhaco
acanelado castanho
acanhado desonestidade
acanhado economia
acanhado inabilidade
acanhado injustiça
acanhado insuficiência
acanhado irresolução
acanhado medo
acanhado modéstia
acanhado obliquidade
acanhado pequenez
acanhamento desvirtude
acanhamento humildade
acanhamento imbecilidade
acanhamento inabilidade
acanhamento modéstia
acanhamento pequenez
acanhar contração
acanhar depreciação
acanhar diminuição
acanhar estreiteza
acanhar-se modéstia
ação agência
ação artes
ação contenda
ação coragem
ação demanda
ação empreendimento
ação guerra
ação impulso
ação influência
ação motivo

ação prazer
ação resolução
ação tópico
acareação comparação
acarear comparação
acarear evidência
acariciar auxílio
acariciar carícias
acariciar crença
acariciar moderação
acariciar sentimento
acariciar uma ideia pensamento
acarinhar carícias
acarretar causa
acarretar produção
acasalar casamento
acasalar dualidade
acasalar junção
acasalar produtividade
acaso ausência de motivo
acaso eventualidade
acaso possibilidade
acastanhado castanho
acatamento inferioridade
acatamento obediência
acatamento observância
acatamento respeito
acatamento submissão
acatamento sujeição
acatar obediência
acatar observância
acatar respeito
acautelado cautela
acautelado cuidado
acautelado preparação
acautelar advertência
acautelar conselho²
acautelar cuidado
acautelar estorvo
acautelar previdência
acautelar segurança
acavalar depósito
acavalar redundância
acavalar reunião
aceder assentimento
aceder consentimento
acefalia anarquia
acéfalo anarquia
acéfalo ignorância
acéfalo tolo
aceirar circunscrição
aceirar segurança
aceiro agente
aceiro circunscrição
aceitação amizade
aceitação aprovação
aceitação assentimento
aceitação consentimento
aceitação recebimento
aceitação resposta
aceitante pagamento
aceitar apropriação
aceitar assentimento
aceitar consentimento
aceitar crença
aceitar fiança
aceitar inclusão
aceitar interpretação
aceitar recebimento
aceitar resignação
aceitar resposta
aceitável contentamento
aceitável crença
aceitável justiça
aceitável suficiência
aceite fiança
aceite pagamento
aceite recebimento
aceito certeza
aceito hábito
aceleração movimento
aceleração pressa
aceleração temeridade
aceleração velocidade
acelerar agência
acelerar excitação
acelerar pressa
acelerar transitoriedade
acelerar velocidade
acelerar violência
acenar atenção
acenar indicação
acendedor motivo
acender aquecimento
acender calor
acender causa
acender desejo
acender excitação
acender violência
aceno indicação
aceno oferta
acento indicação
acento melodia
acento poesia
acento voz
acentuação poesia
acentuação som
acentuação voz
acentuado manifestação
acentuado velharia
acentuar afirmação
acentuar atenção
acentuar escrita
acentuar importância
acentuar indicação
acentuar letra
acepção interpretação
acepção significação
acepipe sabor
acerar agudeza
acerar rigidez
acerar vigor
acerbo amargura
acerbo azedume
acerbo descortesia
acerbo despreparo
acerbo dolorimento
acerbo energia
acerbo inclemência
acerbo insalubridade
acerbo malevolência
acerbo sentimento
acerbo tirania
acertado conveniência
acertar acordo
acertar contrato
acertar eventualidade
acertar identidade
acertar predição
acerto contrato
acerto conveniência
acerto habilidade
acerto irracionalidade
acerto oportunidade
acerto sucesso
acervo grandeza
acervo livro
acervo propriedade
acervo quantidade
acervo reunião
aceso aquecimento
aceso excitação
aceso ressentimento
aceso violência
acessar aproximação
acessível abertura
acessível aproximação
acessível barateza

acessível boa vontade
acessível cortesia
acessível facilidade
acessível possibilidade
acessível preço
acessível sociabilidade
acesso amizade
acesso aproximação
acesso doença
acesso Ímpeto
acesso irregularidade
acesso melhoramento
acesso recompensa
acesso ressentimento
acesso violência
acessório acompanhamento
acessório adjunto
acessório auxílio
acessório insignificância
acético azedume
acetileno gás
acetinado lisura
acetinar lisura
acha combustível
achacar doença
achacar violência
achado aquisição
achado barateza
achado bem
achado descoberta
achado preço
achadouro descoberta
achaque desvirtude
achaque doença
achar aquisição
achar descoberta
achar interpretação
achar suposição
achar natural expectação
achatado embotamento
achatamento embotamento
achatar amorfia
achatar contração
achatar encurtamento
achatar flexibilidade
achatar gravidade
achatar refutação
achega adjunto
achega agricultura
achega auxílio
achega despesa
achega receita
achincalhar desrespeito
achincalhar humildade
achincalhar infamação
achincalhar malevolência
achincalhar ridicularização
acicate agudeza
acicate excitação
acicate motivo
acidentado altura
acidentado aspereza
acidentado diversidade
acidentado eventualidade
acidentado perigo
acidentado sinuosidade
acidentado sofrimento
acidental casualidade
acidental circunstância
acidental eventualidade
acidental extrinsecabilidade
acidental risco
acidental surpresa
acidentar pintura
acidentar sinuosidade
acidente acaso
acidente adversidade
acidente diversidade
acidente dolorimento
acidente eventualidade
acidente extrinsecabilidade
acidente inoportunidade
acidente insucesso
acidente mal
acidez amargura
acidez azedume
acidez picante
ácido azedume
ácido gás
ácido picante
acima altura
acima precedência
acima prioridade
acinte desrespeito
acinte dolorimento
acinte malevolência
acintoso dolorimento
acintoso ruindade
acinzentado pardo
acinzentar acromatismo
acinzentar pardo
acionar agência
acionar agente
acionar demanda
acionar indicação
acionar movimento
acionário participação
acionista participação
acirrar causa
acirrar excitação
acirrar motivo
acirrar ressentimento
aclamação aprovação
aclamação assentimento
aclamação comissão
aclamação fama
aclamar aprovação
aclamar comissão
aclamar escolha
aclaramento interpretação
aclarar brancura
aclarar inteligibilidade
aclarar interpretação
aclarar luz
aclarar manifestação
aclimação domesticação
aclimatação hábito
aclimatar domesticação
aclimatar hábito
aclive obliquidade
aclive subida
acme cume
aço força
aço potencial de guerra
aço rigidez
acobertar cobertura
acobertar desinformação
acobertar segurança
acobreado alaranjado
acobreado castanho
açodamento atividade
açodamento pressa
açodamento presteza
açodamento resolução
açodamento violência
açodar motivo
açodar pressa
açodar presteza
acogular conteúdo
acogular redundância
açoitar dor
acoitar presença
açoitar punição
acoitar recepção
acoitar segurança
açoite azorrague
açoite dor

açoite punição
acolá distância
acolá presença
acolchoado flexibilidade
acolchoado forro
acolchoar conteúdo
acolchoar flexibilidade
acolchoar forro
acolhedor consentimento
acolher recebimento
acolher recepção
acolher segurança
acolher sociabilidade
acolhida recepção
acolhimento aprovação
acolhimento cortesia
acolhimento localização
acolhimento recebimento
acolhimento recepção
acolhimento sociabilidade
acólito auxiliar
acólito secular
acometer ataque
acometer doença
acometer ímpeto
acometer violência
acometida ataque
acomodação acordo
acomodação compromisso
acomodação localização
acomodação ordem
acomodação pacificação
acomodação resignação
acomodação transigência
acomodado compromisso
acomodado concórdia
acomodado inatividade
acomodar acordo
acomodar compromisso
acomodar concórdia
acomodar localização
acomodar pacificação
acompadrar-se amigo
acompanhador sucessão
acompanhamento adição
acompanhamento adjunto
acompanhamento artes
acompanhamento enterro
acompanhamento música
acompanhamento plano
acompanhamento servo
acompanhamento sucessão
acompanhamento sucessor
acompanhar acompanhamento
acompanhar assentimento
acompanhar concorrência
acompanhar hábito
acompanhar moda
acompanhar músico
acompanhar sincronismo
acompanhar sucessão
aconchegar carícias
aconchegar segurança
acondicionar conteúdo
acondicionar depósito
acondicionar preparação
acondicionar reunião
aconselhar advertência
aconselhar conselho[2]
aconselhar motivo
aconselhar predição
aconselhável conselho[2]
aconselhável conveniência
acontecer casualidade
acontecer eventualidade
acontecimento eventualidade
acoplamento junção
acoplar junção
açorda comida
açorda covardia
acordado cuidado
acordado melodia
acordar uma dúvida descrença
acordar assentimento
acordar atividade
acordar concórdia
acordar consentimento
acordar contrato
acordar excitação
acordar informação
acorde concórdia
acorde contrato
acorde melodia
acorde música
acordo assentimento
acordo compromisso
acordo concórdia
acordo concorrência
acordo conformidade
acordo consentimento
acordo contrato
acordo legalidade
acordo pacificação
acordo simetria
acoroçoar auxílio
acoroçoar coragem
acoroçoar excitação
acoroçoar motivo
acorrentado preso
acorrentar junção
acorrentar restrição
acorrentar sujeição
acorrentar tirania
acorrer aproximação
acorrer auxílio
acorrer perigo
acorrer refúgio
acossar ataque
acossar malevolência
acossar perseguição
acostumado hábito
acostumar desinteresse
acostumar hábito
acostumar preparação
acotovelamento multidão
acotovelar indicação
açougue desordem
açougue homicídio
acre amargura
acre azedume
acre descortesia
acre irascibilidade
acre picante
acreditado crença
acreditado fama
acreditado probidade
acreditar comissão
acreditar crédito
acreditar crença
acreditar deputado
acrescentar adição
acrescentar adjunto
acrescentar aumento
acrescentar exagero
acrescer adição
acréscimo adjunto
acrílico artes
acrimônia amargura
acrimônia contenda
acrimônia descortesia
acrimônia energia
acrimônia ódio
acrimônia picante
acrimônia ressentimento
acrimonioso descortesia
acrimonioso ódio

acrimonioso picante
acrimonioso vigor
acro azedume
acro fragilidade
acrobacia força
acrobata drama
acrobático drama
acromático acromatismo
acromático conhecimento
acrópole defesa
acróstico espírito
acróstico letra
acróstico poesia
acuar regressão
açúcar doçura
açúcar humildade
açucarado deleite
açucarado inexcitabilidade
açucarado lisonja
açucarado servilismo
açucarar doçura
açucareiro doçura
açudar estorvo
açudar fechamento
açudar restrição
açude cerca
açude golfo
açude tapador
acudir ao apelo reação ao discurso
acudir defesa
acudir refúgio
acuidade agudeza
acuidade inteligência
acuidade sensibilidade
açulamento excitação
açulamento motivo
açular excitação
açular motivo
açular ressentimento
açular violência
acúleo agudeza
acúleo dolorimento
acúleo dor
acúleo motivo
acúleo penitência
acúleo veneno
acumulação depósito
acumulação redundância
acumulação reunião
acumular aquisição
acumular aumento
acumular depósito
acumular redundância
acumular reunião
acúmulo reunião
acupuntura abertura
acurado perfeição
acusado acusação
acusado condenação
acusador acusação
acusador difamador
acusar acusação
acusar advogado
acusar atribuição
acusar condenação
acusar informação
acusar justiça
acusatório acusação
acústico audição
acutangular angularidade
acutângulo angularidade
ad hoc acordo
ad hoc conveniência
ad hoc oportunidade
ad instar conformidade
ad valorem preço
ad libitum boa vontade
ad libitum suficiência
ad libitum vontade
ad nutum vontade
ad referendum investigação
ad rem oportunidade
adaga agudeza
adaga potencial de guerra
adágio máxima
adágio melodia
adagio vagareza
adamascado vermelhidão
adamascar vermelhidão
adaptação acordo
adaptação conformidade
adaptação conveniência
adaptação conversão
adaptação plano
adaptação preparação
adaptar acordo
adaptável utilidade
adega depósito
adejar altura
adejar ameaça
adejar circuição
adejar destino
adejar movimento
adejar navegação
adejar perigo
adejar subida
adejo navegação
adelgaçar agudeza
adelgaçar economia
adelgaçar realidade
ademanes moda
adendo adjunto
adensar densidade
adepto amigo
adepto assentimento
adepto auxiliar
adepto discípulo
adepto teologia
adequação combinação
adequação concórdia
adequação conformidade
adequado acordo
adequado conformidade
adequado conveniência
adequado oportunidade
adequado poder
adequado suficiência
adequado utilidade
adequar acordo
adequar habilidade
adequar igualdade
adequar relação
adequar-se conformidade
adereçar beleza
adereçar ornamento
adereços instrumento
aderência coesão
aderência consentimento
aderência contiguidade
aderência identidade
aderente auxiliar
aderente coesão
aderir aprovação
aderir assentimento
aderir coesão
aderir contiguidade
aderir densidade
aderir hábito
aderir partido
aderir perseverança
aderir tergiversação
adernar mergulho
adesão assentimento
adesão atração
adesão coesão
adesão consentimento
adesão obediência
adesão observância

adesismo tergiversação
adesista tergiversação
adesivo coesão
adestrador mestre
adestrar domesticação
adestrar ensino
adestrar habilidade
adestrar hábito
adestrar preparação
adiamento demora
adiamento não acabamento
adiantado atividade
adiantamento despesa
adiantamento empréstimo
adiantamento estudo
adiantamento evolução
adiantamento melhoramento
adiantamento presteza
adiantamento progressão
adiantar afirmação
adiantar auxílio
adiantar despesa
adiantar empréstimo
adiantar evolução
adiantar pressa
adiantar presteza
adiantar transitoriedade
adiante futuro
adiante precessão
adiar demora
adiar não acabamento
adiável inconveniência
adiável insignificância
adição aquisição
adição aumento
adicional adição
adicional adjunto
adicional aumento
adicional redundância
adicionar adição
adicionar adjunto
adido adição
adido adjunto
adido consignatário
adimensional inextensão
adimensionalidade inextensão
adimplemento dívida
adimplemento observância
adimplente dívida
adimplente pagamento
ádipe óleo
adiposo partes do corpo humano
adiposo untuosidade
adir adição
aditamento adição
aditamento adjunto
aditivo adjunto
ádito aproximação
ádito começo
ádito ingressão
ádito intervalo
ádito segredo
ádito templo
adivinhação bruxaria
adivinhação equívoco
adivinhação irracionalidade
adivinhação predição
adivinhação previdência
adivinhação suposição
adivinhar predição
adivinhar previdência
adivinhar suposição
adivinho feiticeiro
adjacências proximidade
adjacente proximidade
adjetivar gramática
adjetivo adição
adjetivo adjunto
adjetivo sílaba
adjudicação apropriação
adjudicar juiz
adjunto auxiliar
adjunto contiguidade
administração agência
administração autoridade
administração conduta
administração cuidado
administração gestão
administração oficina
administrador diretor
administrar autoridade
administrar auxílio
administrar gestão
administrar remédio
administrar trabalho
administrativo autoridade
administrativo jurisdição
admiração amor
admiração aprovação
admiração deleite
admiração respeito
admiração surpresa
admirador adulador
admirador amigo
admirador amor
admirador desejo
admirador espectador
admirar admiração
admirar aprovação
admirar respeito
admirar visão
admirável bondade
admirável desconformidade
admirável ornamento
admissão aproximação
admissão assentimento
admissão composição
admissão estudo
admissão evidência
admissão inclusão
admissão recebimento
admissão recepção
admissibilidade acordo
admissibilidade probabilidade
admissível acordo
admissível justiça
admissível possibilidade
admissível recepção
admitido certeza
admitido conformidade
admitido hábito
admitido suposição
admitir acordo
admitir aprovação
admitir assentimento
admitir composição
admitir composição
admitir consentimento
admitir crença
admitir exposição
admitir inclusão
admitir permissão
admitir possibilidade
admitir recebimento
admitir recepção
admitir suposição
admoestação advertência
admoestação conselho²
admoestação informação
admoestação punição
admoestar conselho²
admoestar reprovação
admonitório conselho²
adobe material

adobe prisão
adoçamento alívio
adoçamento atenuação
adoçamento doçura
adoçante doçura
adoção aprovação
adoção filantropia
adoçar alívio
adoçar atenuação
adoçar deleite
adoçar doçura
adocicado doçura
adocicar doçura
adoecer doença
adoentado doença
adoidado imbecilidade
adoidado louco
adoidado loucura
adolescência fêmea
adolescente adolescência
adolescente fêmea
adolescente infante
Adônis beleza
Adônis janota
adoração amor
adoração carícias
adoração culto
adorado benevolência
adorar amor
adorável amor
adorável beleza
adorável deleite
adormecimento impalpabilidade
adormecimento inatividade
adormecimento insensibilidade
adornar beleza
adornar ornamento
adornar representação
adorno adjunto
adorno borda
adorno fama
adorno indumentária
adorno ornamento
adotar aprovação
adotar assentimento
adotar auxílio
adotar consanguinidade
adotar crença
adotar escolha
adotar carreira trabalho
adotivo localização
adrado difamação
adrede intenção
adrede predeterminação
adrenalina vigor
adro borda
adro região
adro templo
adstringência azedume
adstringência contração
adstringente amargura
adstringente azedume
adstringente contração
adstringir energia
adstringir obrigatoriedade
adstrito registro
aduana mercado
adubar agricultura
adubar auxílio
adubar mistura
adubar picante
adubar preparação
adubar produtividade
adubo agricultura
adubo mistura
adubo tempero
adução atração
adução transferência
adufar músico
adulação desonestidade
adulação falsidade
adulação lisonja
adular carícias
adular deleite
adular lisonja
adulteração mistura
adulteração pioramento
adulterar falsidade
adulterar interpretação errônea
adulterar mau uso
adulterar mentira
adulterar mistura
adulterar pioramento
adultério impureza
adúltero impureza
adúltero libertino
adulto adolescência
adulto macho
adunco angularidade
adunco curvatura
adurir aquecimento
adutor atração
aduzir atração
aduzir evidência
aduzir manifestação
aduzir pensamento
adventício alheamento
adventício casualidade
adventício chegada
adventício circunstância
adventício eventualidade
adventício extrinsecabilidade
adventício surpresa
adventício viajante
advento aparecimento
advento chegada
advento começo
advento culto
advento eventualidade
advento prioridade
advento rito
adversário dissentimento
adversário inimigo
adversário inimizade
adversário oponente
adversário oposição
adversidade mal
adversidade sofrimento
adverso adversidade
adverso aversão
adverso contenda
adverso contraste
adverso inimigo
adverso inimizade
adverso mal
adverso oponente
adverso oposição
adverso resistência
advertência atenção
advertência conselho[2]
advertência dissuasão
advertência indicação
advertência memória
advertência precursor
advertência punição
advertência reprovação
advertir advertência
advertir conselho[2]
advertir dissuasão
advertir reprovação
advir adição
advir efeito
advir sucessor
advocatício advogado
advogado amigo

advogado auxiliar
advogado justificação
advogar advogado
advogar conselho[2]
advogar justiça
advogar justificação
advogar motivo
advogar trabalho
aeração vaporização
aéreo ar
aéreo imaginação
aéreo ininteligibilidade
aéreo irracionalidade
aéreo leveza
aéreo nave
aerícola navegação
aerobata imaginação
aeróbio navegação
aerodinâmica gás
aerodinâmica vento
aerodinâmico gás
aerofagia ar
aerografia ar
aerômetro ar
aeromoço equipagem
aeronauta equipagem
aeronauta viajante
aeronáutica navegação
aeronáutico nave
aeronáutico navegação
aeronave combatente
aeronave nave
aeronave navegação
aeroplano combatente
aeroplano nave
aeroplano subida
aeroporto chegada
aeroporto partida
aeroposta mensageiro
aeróstato combatente
aeróstato esfericidade
aeróstato nave
afã atividade
afã cuidado
afã desejo
afã esforço
afã fadiga
afã pressa
afabilidade benevolência
afabilidade cortesia
afabilidade humildade
afabilidade sociabilidade
afadigado fadiga
afadigar pressa
afagar auxílio
afagar carícias
afago motivo
afaimar jejum
afamado fama
afanar furto
afasia afonia
afastado ausência
afastado distância
afastado passado
afastado reclusão
afastado retirada
afastamento ausência
afastamento desinformação
afastamento desvio
afastamento disjunção
afastamento dispersão
afastamento distância
afastamento isolamento
afastamento repulsão
afastamento retirada
afastar deslocação
afastar disjunção
afastar dispensa
afastar incompreensão
afastar intervalo
afastar omissão
afastar repulsão
afastar transferência
afável benevolência
afável carícias
afável cortesia
afável sociabilidade
afazer hábito
afazeres eventualidade
afazeres trabalho
afeição amizade
afeição amor
afeição sentimento
afeiçoado amigo
afeiçoar forma
afeito hábito
afélio distância
afeminado covardia
aférese concisão
aférese diminuição
aférese encurtamento
aferição comparação
aferição medida
aferir comparação
aferir medida
aferrar dolorimento
aferrar junção
aferrar retenção
aferrolhar absurdo
aferrolhar depósito
aferrolhar desinformação
aferrolhar economia
aferrolhar estorvo
aferrolhar fechamento
aferrolhar junção
aferrolhar proibição
aferrolhar restrição
aferrolhar tirania
aferventar preparação
afervorar excitação
afetação vaidade
afetado afetação
afetado floreio
afetado ridicularia
afetado vaidade
afetar dolorimento
afetar excitação
afetar falsidade
afetar relação
afetividade sentimento
afetivo benevolência
afetivo cortesia
afetivo interesse
afeto amizade
afeto amor
afeto deleite
afetuoso amizade
afetuoso amor
afetuoso benevolência
afetuoso carícias
afetuoso interesse
afetuoso sentimento
afiação agudeza
afiado agudeza
afiado energia
afiado violência
afiançado promessa
afiançar afirmação
afiançar certeza
afiançar crédito
afiançar fiança
afiançar promessa
afiar agudeza
afiar dolorimento
afiar melhoramento
afiar preparação
afidalgar nobreza
afigurar forma
afilhado auxiliar

afilhado favorito
afilhado infante
afiliação atribuição
afim auxiliar
afim comparação
afim consanguinidade
afinado melodia
afinal demora
afinal fim
afinal raciocínio
afinar concórdia
afinar contração
afinar contração
afinar melodia
afinar música
afinar pouquidade
afinar preparação
afinar realidade
afincar perseverança
afinco perseverança
afinidade amizade
afinidade classe
afinidade combinação
afinidade comparação
afinidade concórdia
afinidade consanguinidade
afinidade semelhança
afirmação informação
afirmar afirmação
afirmar assentimento
afirmativa afirmação
afirmativo afirmação
afirmativo assentimento
afivelar fechamento
afixar adição
afixar adjunto
afixo adjunto
afixo sílaba
aflição adversidade
aflição descontentamento
aflição dolorimento
aflição sofrimento
afligir dolorimento
afligir dor
afligir perigo
aflito sofrimento
aflito tristeza
afloramento aparecimento
aflorar começo
aflorar egressão
aflorar exposição
aflorar horizontalidade
aflorar leveza
aflorar manifestação
aflorar navegação
aflorar visibilidade
afluência aproximação
afluência reunião
afluência rio
afluência suficiência
afluente aproximação
afluente rio
afluir aproximação
afluir convergência
afluxo reunião
afobação atividade
afobado atividade
afofar agricultura
afofar flexibilidade
afofar previdência
afogadilho pressa
afogado calor
afogador circunferência
afogamento homicídio
afogamento punição
afogar afonia
afogar estorvo
afogar homicídio
afogar inserção
afogar mergulho
afogueado vermelhidão
afoguear aquecimento
afoguear vermelhidão
afoitar coragem
afoitar motivo
afoiteza coragem
afoiteza temeridade
afoito coragem
afoito resolução
afonia silêncio
afônico afonia
afônico silêncio
afora adição
afora dispensa
afora omissão
afora subtração
aforamento fiança
aforamento transmissão
aforar empréstimo
aforar fiança
aforar propriedade
aforar transmissão
aforismo máxima
aforístico máxima
aformosear beleza
aformosear estudo
aformosear floreio
aformosear ornamento
aforrar libertação
afortunado acordo
afortunado bem
afortunado bondade
afortunado prazer
afortunado prosperidade
afoxé música
afrescar frescura
afresco artes
africano habitante
africano pretidão
afro pretidão
afro-brasileiro pretidão
afrodisia produtividade
afrodisíaco energia
afrodisíaco excitação
afrodisíaco impureza
afrodisíaco motivo
afrodisíaco produção
afrodisíaco produtividade
afronta desrespeito
afronta infamação
afronta insolência
afronta mal
afronta malevolência
afrontado ressentimento
afrontar coragem
afrontar desafio
afrontar desrespeito
afrontar dificuldade
afrontar evidência
afrontar fadiga
afrontar inexcitabilidade
afrontar insolência
afrontar malevolência
afrontar oposição
afrontar permanência
afrontar renitência
afrontar reprovação
afrontar ressentimento
afrontar sentimento
afrontoso descortesia
afrontoso desonestidade
afrontoso desrespeito
afrontoso difamação
afrontoso infamação
afrontoso injustiça
afrontoso insolência
afrontoso reprovação
afrontoso ressentimento
afrouxamento moderação

afrouxar atenuação
afrouxar desamparo
afrouxar diminuição
afrouxar disjunção
afrouxar fraqueza
afrouxar incoesão
afrouxar moderação
afrouxar repouso
afrouxar vagareza
afugentar aversão
afugentar desatenção
afugentar dolorimento
afugentar expulsão
afugentar incompreensão
afugentar reprovação
afugentar repulsão
afundamento concavidade
afundamento mergulho
afundar ataque
afundar descida
afundar desinformação
afundar gravidade
afundar inserção
afundar mergulho
afundar profundidade
afundar revolução
afunilado abertura
afunilamento estreiteza
afunilar abertura
afunilar agudeza
afunilar estreiteza
agachado baixexa
agachado encurtamento
agachado humildade
agachado pequenez
agachado servilismo
agachamento covardia
agachamento depressão
ágape sociabilidade
agarrado coesão
agarrado contiguidade
agarrado sovinaria
agarramento amor
agarramento apropriação
agarrar apropriação
agarrar contenda
agarrar junção
agarrar retenção
agasalhado fruição
agasalhar aprovação
agasalhar carícias
agasalhar cobertura
agasalhar cortesia
agasalhar localização
agasalhar preservação
agasalhar recebimento
agasalhar recepção
agasalhar segurança
agasalhar sociabilidade
agasalho aprovação
agasalho calor
agasalho indumentária
agasalho localização
agasalho morada
agasalho recepção
agasalho sociabilidade
agastar enfado
ágata ornamento
agência ação
agência aquisição
agência atividade
agência comissão
agência empreendimento
agência instrumentalidade
agência permuta
agência uso
agencial agente
agenciar ação
agenciar agente
agenciar contrato
agenciar permuta
agenciar trabalho
agenda lista
agenda registro
agenda trabalho
agente auxiliar
agente causa
agente consignatário
agente instrumentalidade
agente motivo
agente servo
agigantado força
agigantado tamanho
agigantar(-se) tamanho
ágil alegria
ágil atividade
ágil habilidade
ágil movimento
ágil presteza
ágil velocidade
ágil vigor
agilidade atividade
agilidade facilidade
agilidade presteza
agilidade velocidade
ágio aquisição
ágio desconto
ágio empréstimo
ágio sovinaria
agiota empréstimo
agiota sovinaria
agiotagem dívida
agiotagem empréstimo
agiotagem permuta
agiotar sovinaria
agir ação
agir agência
agir agente
agir conduta
agir motivo
agir vontade
agitação atividade
agitação desordem
agitação energia
agitação esforço
agitação excitabilidade
agitação excitação
agitação movimento
agitação mutabilidade
agitação oscilação
agitação sentimento
agitado atividade
agitado excitabilidade
agitado mutabilidade
agitado perigo
agitado violência
agitador desobediência
agitador motivo
agitar agitação
agitar desobediência
agitar excitabilidade
agitar excitação
agitar incerteza
agitar indicação
agitar investigação
agitar mistura
agitar pendura
agitar raciocínio
agitar vento
agitar violência
agitar uma questão descrença
agito atividade
agito excitação
aglomeração coesão
aglomerado coesão
aglomerado densidade
aglomerado vínculo
aglomerar reunião

aglutinação adição
aglutinação coesão
aglutinação combinação
aglutinação densidade
aglutinação identidade
aglutinante coesão
aglutinar adição
aglutinar coesão
aglutinar densidade
agnosticismo irreligião
agnóstico irreligião
agonia agitação
agonia desesperança
agonia dor
agonia excitabilidade
agonia fim
agonia morte
agonia sofrimento
agoniar amargura
agoniar dolorimento
agonizante doença
agonizante meia-luz
agonizante morte
agonizar fim
agonizar meia-luz
agonizar morte
agora tempo presente
agorafobia medo
agourar agouro
agourar predição
agourar previdência
agourento agouro
agourento predição
agouro predição
agouro previdência
agraciar divindade
agraciar recompensa
agradar auxílio
agradar contentamento
agradar cortesia
agradar deleite
agradar desejo
agradar lisonja
agradável bondade
agradável cortesia
agradável deleite
agradável desejo
agradável divertimento
agradável facilidade
agradável frescura
agradável fruição
agradável prosperidade
agradável sabor
agradecer culto
agradecer gratidão
agradecer regozijo
agradecido gratidão
agradecimento gratidão
agrado consentimento
agrado contentamento
agrado cortesia
agrado deleite
agrado desejo
agrado prazer
agrado vontade
agrandar grande
agrário agricultura
agravamento agravação
agravamento aumento
agravamento pioramento
agravamento recaída
agravante agravação
agravante direito
agravante dolorimento
agravar agravação
agravar aumento
agravar dificuldade
agravar dolorimento
agravar exagero
agravar pioramento
agravar ressentimento
agravar ruindade
agravar violência
agravo demanda
agravo descontentamento
agravo infamação
agredir ataque
agredir desrespeito
agredir guerra
agredir punição
agredir violência
agregação coesão
agregação reunião
agregado acompanhamento
agregado adjunto
agregado reunião
agregado todo
agregar adição
agregar junção
agregar reunião
agregativo reunião
agremiação partido
agremiar reunião
agremiar-se partido
agressão acusação
agressão ataque
agressão desrespeito
agressão guerra
agressão malevolência
agressividade difamação
agressividade violência
agressivo ataque
agressivo descortesia
agressivo desrespeito
agressivo inimizade
agressivo oposição
agressivo tirania
agressivo violência
agressor ataque
agressor combatente
agressor difamador
agreste amorfia
agreste aspereza
agreste descortesia
agreste deselegância
agreste despreparo
agreste diversidade
agreste frio
agreste improdutividade
agreste mau gosto
agreste obliquidade
agreste vento
agrícola agricultura
agricultor agricultura
agricultor habitante
agrilhoar junção
agrilhoar restrição
agrilhoar sujeição
agrimensor agente
agrimensor medida
agro agricultura
agro aspereza
agro azedume
agro descortesia
agro obliquidade
agro sofrimento
agro tirania
agronomia agricultura
agrônomo douto
agrupamento arranjo
agrupamento combinação
agrupamento reunião
agrupar arranjo
agrupar reunião
agrura descontentamento
agrura dificuldade
agrura dolorimento
agrura perigo

agrura pobreza
agrura sofrimento
agrura tristeza
água provisão
água transparêcia
água com açúcar interesse
água corrente rio
água doce rio
água viva rio
aguaceiro rio
aguacento água
aguada cor
aguada pintura
aguada provisão
água-de-colônia fragrância
aguado dolorimento
aguado frouxidão
aguado insipidez
água-forte gravura
água-furtada cume
água-furtada morada
aguagem rio
aguagem umidade
água-marinha azul
aguar água
aguar desejo
aguar insipidez
aguar mistura
aguar umidade
aguardar demora
aguardar expectativa
aguardar inação
aguardar observância
aguardar probabilidade
aguardente embriaguez
águas luz
aguçado agudeza
aguçado energia
aguçado reprovação
aguçamento agudeza
aguçar agudeza
aguçar atividade
aguçar excitação
aguçar motivo
aguçar pressa
aguçar sensibilidade
aguçar violência
aguçar o apetite sabor
agudeza energia
agudeza espírito
agudeza estridor
agudeza grandeza
agudeza grau
agudeza inteligência
agudo agudeza
agudo audição
agudo barulho
agudo dolorimento
agudo dor
agudo energia
agudo estridor
agudo grandeza
agudo música
agudo obliquidade
agudo sensibilidade
agudo sentimento
agudo violência
aguerrido guerra
aguerrir desinteresse
aguerrir hábito
aguerrir preparação
águia indicação
águia inteligência
águia sábio
águia superioridade
águia velocidade
águia visão
aguilhão agudeza
aguilhão dolorimento
aguilhão dor
aguilhão motivo
aguilhão veneno
aguilhoada dor
aguilhoamento motivo
aguilhoar excitação
aguilhoar motivo
agulha agudeza
agulha altura
agulha cume
agulha perfurador
agulha registro
agulhada dor
agulheiro agente
aí animal
ai lamentação
aí presença
aia servo
ainda repetição
aio carcereiro
aio mestre
aio segurança
aio servo
aipim vegetal
airoso beleza
airoso fama
airoso moda
ajaezar beleza
ajaezar cobertura
ajaezar indumentária
ajaezar ornamento
ajaezar preparação
ajardinar agricultura
ajardinar ornamento
ajeitar acordo
ajeitar forma
ajoujar dualidade
ajoujar gravidade
ajoujar junção
ajoujar restrição
ajoujo dualidade
ajoujo mistura
ajuda auxiliar
ajuda auxílio
ajuda benevolência
ajuda filantropia
ajuda remédio
ajudante auxiliar
ajudante auxílio
ajudante secular
ajudar auxílio
ajudar benevolência
ajudar concorrência
ajudar facilidade
ajudar utilidade
ajuizado cautela
ajuizado inteligência
ajuizado sanidade
ajuntamento reunião
ajuntar adição
ajuntar adjunto
ajuntar aquisição
ajuntar economia
ajuntar mistura
ajuntar reunião
ajuntar riqueza
ajuramentar comissão
ajuramentar promessa
ajustamento acordo
ajustamento conformidade
ajustamento igualdade
ajustar acordo
ajustar compromisso
ajustar contrato
ajustar identidade
ajustar pagamento
ajustar preparação
ajustar servo
ajuste acordo
ajuste compromisso

ajuste contrato
ajuste pacificação
ala combatente
ala continuidade
Alá divindade
Alá júpiter
alabarda potencial de guerra
álacre alegria
álacre cor
alacridade alegria
alacridade atividade
alacridade boa vontade
alacridade regozijo
alado navegação
alagadiço pântano
alagado pântano
alagamento rio
alagar água
alagar destruição
alagar prodigalidade
alagar redundância
alagar rio
alamar vínculo
alambicado afetação
alambicado orgulho
alambrado cerca
alambrar cerca
alambre amarelo
alambre astúcia
alameda morada
alameda passadouro
alameda vegetal
alão animal
alar altura
alar continuidade
alaranjado alaranjado
alaranjado amarelo
alarde jactância
alarde ostentação
alarde vaidade
alardear afetação
alardear exagero
alardear jactância
alardear vaidade
alargar disjunção
alargar liberalidade
alargar velocidade
alarido barulho
alarido desordem
alarido discórdia
alarido grito
alarido voz
alarmante medo
alarmante perigo
alarmar advertência
alarmar alarma
alarmar excitação
alarme admiração
alarme grito
alastrar cobertura
alastrar dispersão
alastrar produção
alavanca causa
alavanca elevação
alavanca impulso
alavanca influência
alavanca instrumento
alazão carregador
albarda dolorimento
albarda instrumento
albarda suporte
albarda tirania
albardar fraude
albardar inabilidade
albardar tirania
albarrã altura
albergar localização
albergar sociabilidade
albergaria morada
albergaria repouso
albergue morada
albergueiro amigo
albinismo acromatismo
albino visão imperfeita
albor manhã
albornoz indumentária
álbum compêndio
álbum livro
álbum memória
albumina meio líquido
albuminoso meio líquido
alça doação
alça vínculo
alcácer morada
alcácer nobreza
alçada autoridade
alçada direito
alcaide amo
alcaide jurisdição
alcaide mercadoria
alcaide nobreza
alçamento elevação
alçamento subida
alcançar aquisição
alcançar chegada
alcançar inteligibilidade
alcançar recebimento
alcançar sucesso
alcançar visão
alcance espaço
alcance furto
alcance grau
alcance importância
alcance insolvência
alcance significação
alcantil agudeza
alcantil altura
alcantil cume
alcantil obliquidade
alcantilado angularidade
alcantilado obliquidade
alçapão abertura
alçapão fraude
alçaprema elevação
alçaprema extração
alçaprema fraude
alçaprema instrumento
alçar aprovação
alçar elevação
alcatifa cobertura
alcatifa flexibilidade
alcatifa vegetal
alcatra retaguarda
alcatrão resina
alcatraz animal
alce animal
álcool combustível
álcool embriaguez
álcool preservação
alcoólatra embriaguez
alcoólico embriaguez
alcoolismo embriaguez
alcoolismo recife
Alcorão crença
alcova esconderijo
alcova receptáculo
alcoveto libertino
alcovitaria impureza
alcoviteira libertino
alcoviteirice impureza
alcoviteiro homem ruim
alcoviteiro instrumentalidade
alcoviteiro libertino
alcunha desrespeito
alcunha nomenclatura
alcunhar apelido
alcunhar desrespeito

alcunhar nomenclatura
aldeão descortesia
aldeão habitante
aldeão plebeísmo
aldeia morada
aldraba pendura
álea morada
aleatório casualidade
aleatório eventualidade
aleatório futuro
aleatório incerteza
aleatório risco
alegação afirmação
alegação justificação
alegação raciocínio
alegar afirmação
alegar alegação
alegar evidência
alegoria comparação
alegoria equívoco
alegoria metáfora
alegórico comparação
alegórico equívoco
alegórico inexistência
alegórico metáfora
alegorizar equívoco
alegrar alegria
alegrar auxílio
alegrar deleite
alegre alegria
alegre contentamento
alegre cor
alegre deleite
alegre loquacidade
alegre ornamento
alegre prazer
alegria contentamento
alegria esperança
alegria prazer
alegria sociabilidade
aleijado impotência
aleijão fealdade
aleijar dor
aleijar fraqueza
aleijar impotência
aleitar auxílio
aleitar comida
aleivosia desonestidade
aleivosia difamação
aleivosia falsidade
aleluia culto
aleluia prazer
aleluia regozijo
além distância
alentar motivo
alento auxílio
alento excitação
alento motivo
alento som
alento vento
alerta conselho²
alexandrino poesia
alfa começo
alfabetação arranjo
alfabetar arranjo
alfabetar letra
alfabético letra
alfabetização ensino
alfabeto começo
alfabeto letra
alfaia bondade
alfaia instrumento
alfaia ornamento
alfaiataria oficina
alfaiate agente
alfaiate indumentária
alfândega mercado
alfaque ilha
alfaque recife
alfarrábio livro
alfarrabista livro
alfarrabista mercador
alfarrabista obstinação
alfavaca fragrância
alfazema fragrância
alferes amo
alfim demora
alfinetada dor
alfinetada espírito
alfinetada ridicularização
alfinete agudeza
alfinete insignificância
alfinete vínculo
alfombra cobertura
alfombra vegetal
alforje doação
alforje receptáculo
alforria libertação
alforriar libertação
algaravia absurdo
algaravia loquacidade
algaravia neologismo
algaravia sem significação
algarismo indicação
algarismo número
algazarra barulho
algazarra contenda
algazarra desordem
algazarra discórdia
algazarra prolação
algazarra som
algazarra violência
algazarra voz
álgebra numeração
algébrico numeração
algemado preso
algemar junção
algemar obrigatoriedade
algemar restrição
algemar tirania
algidez frio
álgido frio
algo matéria
algo mercadoria
algo parte
algo substancialidade
algologia botânica
algoritmo numeração
algoz azorrague
algoz homem ruim
algoz homicídio
algoz inclemência
algoz malevolência
algoz malfeitor
alguém humanidade
alguém substancialidade
algum pouquidão
alguns numerais cardinais
alguns pluralidade
algures espaço
alhear deleite
alhear desatenção
alhear venda
alheio alheamento
alheio desatenção
alheio extrinsecabilidade
alheio perda
alho fedor
alho picante
alhures espaço
aliado concórdia
aliado cooperação
aliado relação
aliado rio
aliança acordo
aliança amizade
aliança coesão
aliança concórdia
aliança concorrência

aliança consanguinidade
aliança cooperação
aliança indicação
aliança junção
aliança partido
aliança relação
aliança semelhança
aliar casamento
aliar junção
aliar relação
aliás dessemelhança
álibi alegação
alicate retenção
alicerçar base
alicerçar evidência
alicerçar força
alicerce base
alicerce causa
alicerce estabilidade
alicerce preparação
alicerce suporte
aliciamento atração
aliciamento motivo
aliciar atração
aliciar guerra
aliciar motivo
alienação abandono (de propriedade)
alienação alheamento
alienação inexcitabilidade
alienação prazer
alienação transmissão
alienação venda
alienado louco
alienado loucura
alienar admiração
alienar perda
alienar transmissão
alienar venda
alienígena alheamento
alienígena descostume
alienígena habitante
alienígena viajante
alienista douto
alienista remédio
aligátor animal
aligátor malfeitor
alijar impulso
alijar leveza
alijar propulsão
alimentação auxílio
alimentação comida
alimentício comida
alimento bondade
alimento comida
alimento gula
alimento tópico
alínea condições
alínea contrato
alinhado bom gosto
alinhado inteligência
alinhado moda
alinhamento continuidade
alinhamento direção
alinhamento direitura
alinhamento ordem
alinhar arranjo
alinhar continuidade
alinhar direitura
alinhar escrita
alinhar ornamento
alinhavar inabilidade
alinhavar junção
alinhavar preparação
alinho cuidado
alinho limpeza
alinho ornamento
alíquota número
alíquota parte
alisar carícias
alisar horizontalidade
alisar lisura
alísio vento
alistamento inclusão
alistar inclusão
alistar lista
alistar motivo
alistar registro
aliteração floreio
aliteração repetição
aliteração semelhança
aliviado alívio
aliviar alívio
aliviar clemência
aliviar contentamento
aliviar facilidade
aliviar isenção
aliviar remédio
aliviar tolerância
alívio divertimento
alívio isenção
alívio moderação
alívio repouso
alívio revigoramento
alma coragem
alma habitante
alma humanidade
alma importância
alma intelecto
alma inteligência
alma interioridade
alma intrinsecabilidade
alma medo
alma meio
alma motivo
alma produtor
alma qualidades
almanaque cronometria
almanaque registro
almejar desejo
almejar vontade
almirantado combatente
almirante amo
almíscar fragrância
almíscar meio líquido
almoçar comida
almoço comida
almocreve carregador
almocreve mercador
almofada flexibilidade
almofada ornamento
almofada prazer
almofada suporte
almofadinha janota
almofadinha moda
almofariz pulverização
almotacé preço
almotolia lubrificação
almoxarifado depósito
almoxarifado tesouraria
almoxarife tesoureiro
alocução discurso
alojamento localização
alojar localização
alojar sociabilidade
alongado distância
alongamento comprimento
alongamento demora
alongamento dilatação
alongamento prolixidade
alongar comprimento
alongar diuturnidade
alongar-se prolixidade
alopata remédio
alopatia remédio
alopático remédio
alopecia despimento
aloprado louco
aloprado violência

alourado alaranjado
alourado amarelo
alpendre morada
alpinista viajante
alpino altura
alquebrado fadiga
alquebrado fraqueza
alquebrado impotência
alquebrado velhice
alquebrar fraqueza
alqueire grandeza
alqueire medida
alta aumento
alta carestia
altaneiro altura
altaneiro orgulho
altaneiro vigor
altar respeito
altar templo
altear carestia
altear elevação
altear fama
alteração falsidade
alteração mudança
alteração pioramento
alteração variedade
alterado ceticismo
alterado desobediência
alterar amorfia
alterar desarranjo
alterar desobediência
alterar falsidade
alterar interpretação errônea
alterar mentira
alterar mudança
alterar variedade
altercação contenda
altercação desacordo
altercação inimizade
altercação raciocínio
altercar raciocínio
alternado correlação
alternado sequência
alternado troca
alternância substituição
alternar descontinuidade
alternar inversão
alternar mutabilidade
alternar oscilação
alternativa escolha
alternativa irresolução
alternativa periodicidade
alternativa plano
alternativa probabilidade
alternativa substituição
alternativo troca
alteza altura
alteza bondade
alteza probidade
alteza título
altissonante barulho
altissonante floreio
altíssono floreio
altitude altura
altitude medida
altitude situação
altivez insolência
altivez orgulho
altivez probidade
altivo altura
altivo desobediência
altivo insolência
altivo orgulho
altivo probidade
altivo re nitência
altivo tirania
altivo vigor
alto adolescência
alto altura
alto barulho
alto bondade
alto carestia
alto cume
alto dificuldade
alto distância
alto elegância
alto embriaguez
alto estridor
alto fama
alto grandeza
alto grito
alto importância
alto música
alto tamanho
Alto lá! advertência
alto-relevo convexidade
alto-relevo escrita
altruísmo benevolência
altruísmo bondade
altruísmo filantropia
altruísta altruísmo
altruísta benevolência
altruísta benfeitor
altruísta bondade
altruísta clemência
altruísta filantropia
altruístico altruísmo
altura cume
altura direitura
altura fama
altura grau
altura medida
altura termo
altura verticalidade
aluado louco
aluado loucura
alucinação erro
alucinação excitabilidade
alucinação imaginação
alucinação loucura
alucinado excitação
alucinado louco
alucinado loucura
alucinar excitabilidade
alucinar excitação
alucinar loucura
alude suficiência
aludir indicação
aludir relação
aludir significação
aludir suposição
alugar empenhamento
alugar empréstimo
alugar fiança
alugar propriedade
alugar servo
aluguel fiança
aluguel preço
aluguel receita
aluguel recompensa
aluir fraqueza
aluir mutabilidade
aluir oscilação
aluir pioramento
alumiar ensino
alumiar inteligibilidade
alumiar luz
aluminar azedume
aluno discípulo
alusão espírito
alusão evidência
alusão indicação
alusão informação
alusão latência
alusão metáfora
alusão relação
alusão significação
alusão suposição

alusivo latência
alusivo metáfora
alusivo relação
alusivo significação
aluvial horizontalidade
aluvial planície
aluvial terra
aluvião redundância
aluvião resto
alva batina
alva manhã
alva meia-luz
alvacento acromatismo
alvacento brancura
alvadio brancura
alvadio pardo
alvaiade brancura
alvará comando
alvedrio vontade
alvejar ataque
alvejar brancura
alvejar direção
alvejar existência
alvejar intenção
alvejar perseguição
alvejar visibilidade
alvenaria densidade
alvenaria material
alvenaria rigidez
alveolar concavidade
alvéolo concavidade
alvião agricultura
alvião agudeza
alvissareiro esperança
alvissareiro informação
alvissareiro probabilidade
alvitrar conselho[2]
alvitrar informação
alvitrar memória
alvitrar suposição
alvitre crença
alvitre memória
alvitre notícia
alvitre plano
alvitre preço
alvitre vontade
alvo brancura
alvo chegada
alvo direção
alvo intenção
alvo pureza
alvo significação
alvo tópico
alvor brancura
alvor manhã
alvorada adolescência
alvorada celebração
alvorada começo
alvorada manhã
alvorada precedência
alvorecer luz
alvorecer manhã
alvorecer prioridade
alvoroçado excitação
alvoroçado pressa
alvoroçar desobediência
alvoroçar excitação
alvoroçar medo
alvoroço barulho
alvoroço desobediência
alvoroço desordem
alvoroço discórdia
alvoroço medo
alvoroço perigo
alvura brancura
ama carcereiro
ama infância
amabilidade carícias
amabilidade cortesia
amabilidade deleite
amabilidade probidade
amaciamento alívio
amaciar domesticação
amaciar flexibilidade
amaciar lisura
amaciar lubrificação
amaciar moderação
amado amor
amado favorito
amador amor
amador bom gosto
amador desejo
amador douto
amadurar acabamento
amadurecimento preparação
âmago centralidade
âmago importância
âmago interioridade
âmago intrinsecabilidade
âmago meio
âmago qualidades
amainar alívio
amainar diminuição
amainar fraqueza
amainar imobilidade
amainar inexcitabilidade
amainar moderação
amaldiçoado desvirtude
amaldiçoado impiedade
amaldiçoado insalubridade
amaldiçoado maldição
amaldiçoado ruindade
amaldiçoar maldição
amálgama combinação
amálgama mistura
amalgamar combinação
amalgamar mistura
amalhar domesticação
amalhar restauração
amalucado louco
amalucado loucura
amamentação auxílio
amamentar auxílio
amamentar comida
amamentar infância
amancebar-se impureza
amanhã demora
amanhã futuro
amanhar agricultura
amanhar preparação
amanhecer atividade
amanhecer manhã
amanho agricultura
amanho preparação
amansar alívio
amansar domesticação
amansar ensino
amansar hábito
amansar humildade
amansar sujeição
amante amor
amante libertino
amanteigado flexibilidade
amanuense auxiliar
amanuense escrita
amanuense imitação
amanuense registrador
amanuense servo
amar amizade
amar amor
amarelado amarelo
amarelar amarelo
amarelar covardia
amarelo amarelo
amarfanhar dobra
amargar amargura
amargar azedume
amargar sofrimento

amargo adversidade
amargo amargura
amargo azedume
amargo dolorimento
amargo hipocondria
amargo ódio
amargo picante
amargor amargura
amargor azedume
amargor ruindade
amargura azedume
amargura descontentamento
amargura ódio
amargura ressentimento
amargura sofrimento
amargura tristeza
amargurado hipocondria
amargurado perigo
amargurado tristeza
amargurar azedume
amargurar dolorimento
amarílis fragrância
amarra vínculo
amarração junção
amarração localização
amarrado preso
amarrar junção
amarrar localização
amarrar restrição
amarrar retenção
amarrotamento dobra
amarrotar aspereza
amarrotar contração
amarrotar dobra
ama-seca mestre
amasiar-se impureza
amassadeira receptáculo
amassar flexibilidade
amassar mistura
amatutado imbecilidade
amatutado mau gosto
amável amor
amável benevolência
amável carícias
amável cortesia
amável probidade
amavios encantamento
amazona fêmea
amazona viajante
amazônico suficiência
amazônico tamanho
âmbar amarelo
âmbar resina
ambição carestia
ambição desejo
ambição intenção
ambição motivo
ambição sovinaria
ambição trabalho
ambicionar desejo
ambicionar intenção
ambicioso egoísmo
ambicioso sovinaria
ambidestro destra
ambidestro habilidade
ambidestro tergiversação
ambiental circunjacência
ambiente circunjacência
ambiente música
ambiente sociabilidade
ambigrama dualidade
ambíguo desinformação
ambíguo equívoco
ambíguo imprecisão
ambíguo incerteza
ambíguo ininteligibilidade
ambíguo interpretação errônea
âmbito arena
âmbito atividade
âmbito contorno
âmbito espaço
âmbito grau
ambivalência irresolução
ambos dualidade
ambrosia comida
ambrosia sabor
ambulacro agricultura
ambulância remédio
ambulância veículo
ambulante locomoção
ambulante mutabilidade
ambulatório locomoção
ambulatório movimento
ambulatório remédio
ameaça desafio
ameaça maldição
ameaça perigo
ameaça risco
ameaçador agouro
ameaçador ameaça
ameaçador desesperança
ameaçador fanfarrão
ameaçador inimizade
ameaçador medo
ameaçador perigo
ameaçador preparação
ameaçador risco
ameaçar advertência
ameaçar ameaça
ameaçar desafio
ameaçar destino
ameaçar maldição
ameaçar medo
ameaçar perigo
ameaçar predição
amealhar aquisição
amealhar partilha
ameba pequenez
amedrontar ameaça
amedrontar dolorimento
amedrontar medo
ameia altura
ameia defesa
ameia encaixe
ameijoada domesticação
ameijoada planície
ameixa doçura
Amém! assentimento
amém servilismo
amêndoa centralidade
amenidade cortesia
amenidade deleite
amenizar alívio
amenizar atenuação
amenizar deleite
amenizar moderação
ameno deleite
ameno elegância
ameno frescura
ameno melodia
ameno salubridade
amentar bruxaria
amentar loucura
amentar memória
americano habitante
amerissar navegação
amesquinhar depreciação
amesquinhar difamação
amesquinhar humildade
amesquinhar malevolência
amesquinhar ruindade
amesquinhar-se sovinaria
amestrado habilidade
amestrar domesticação
amestrar ensino
amestrar habilidade
ametista ornamento

ametista roxo
amianto resfriamento
Amida Júpiter
amido pulverização
amigável amizade
amigável amor
amigável benevolência
amigável concórdia
amigável humildade
amígdala canal de respiração
amigo adulador
amigo alívio
amigo amizade
amigo amor
amigo auxiliar
amigo concórdia
amigo obediência
amigo veracidade
amimar carícias
amimar lisonja
amistoso amizade
amistoso benevolência
amistoso concórdia
amiudado frequência
amiudar aumento
amiudar frequência
amiudar repetição
amiudar(-se) pequenez
amiúde frequência
amiúde repetição
amizade concórdia
amizade deleite
amizade paz
amizade utilidade
amnésia esquecimento
amo diretor
amo macho
amofinação adversidade
amofinado sofrimento
amofinar dolorimento
amolação agudeza
amolador agudeza
amolar agudeza
amolar enfado
amolar preparação
amoldar acordo
amoldar ensino
amoldar flexibilidade
amoldar forma
amoldar hábito
amolecer clemência
amolecer consentimento
amolecer flexibilidade
amolecer fraqueza
amolecer irresolução
amolecer submissão
amolecimento inércia
amolgar amorfia
amolgar concavidade
amolgar contração
amolgar embotamento
amolgar flexibilidade
amolgar refutação
amolgar sucesso
amontoado grandeza
amontoado indiscriminação
amontoar aquisição
amontoar compêndio
amontoar conteúdo
amontoar depósito
amontoar economia
amontoar evidência
amontoar exagero
amontoar reunião
amor amizade
amor aprovação
amor benevolência
amor carícias
amor concórdia
amor deleite
amor desejo
amor favorito
amoral desvirtude
amoral impropriedade
amoralidade desvirtude
amordaçar afonia
amordaçar impotência
amordaçar restrição
amorenado pretidão
amorfo amorfia
amorfo assimetria
amorfo desconformidade
amoroso amor
amoroso carícias
amoroso drama
amor-próprio orgulho
amortalhar absurdo
amortalhar cadáver
amortalhar cobertura
amortalhar descrença
amortalhar desinformação
amortecer alívio
amortecer desinteresse
amortecer dissuasão
amortecer meia-luz
amortecer moderação
amortecer vagareza
amortecimento insensibilidade
amortização pagamento
amortizar desinteresse
amortizar pagamento
amostra indicação
amostra manifestação
amostra ostentação
amostra protótipo
amotinar desobediência
amovível transferência
amovível transitoriedade
amparar auxílio
amparar defesa
amparar preservação
amparar segurança
amparar suporte
amparo alívio
amparo auxílio
amparo benevolência
amparo defesa
amparo influência
amparo segurança
amparo suporte
amplexo carícias
ampliação aumento
ampliação dilatação
ampliação prolixidade
ampliar aumento
ampliar espaço
ampliar interpretação
ampliar prolixidade
amplidão espaço
amplidão grandeza
amplidão infinidade
amplidão liberdade
amplidão tamanho
amplificação aumento
amplificação dilatação
amplificação exageração
amplificação metáfora
amplificação prolixidade
amplificar exagero
amplificar interpretação
amplitude espaço
amplitude grau
amplitude largura
amplitude quantidade
amplitude suficiência
amplitude tamanho
amplo espaço

amplo generalidade
amplo grandeza
amplo largura
amplo suficiência
amplo tamanho
ampulheta cronometria
amputação amorfia
amputação diminuição
amputação encurtamento
amputar amorfia
amputar diminuição
amputar disjunção
amputar dor
amputar pioramento
amputar proibição
amputar restrição
amputar subtração
amuado descontentamento
amuado tristeza
amuar dolorimento
amuar tristeza
amulatado castanho
amulatado pretidão
amuleto encantamento
amuleto motivo
amulherar-se fêmea
amuo ressentimento
amuo tristeza
anabatismo heterodoxia
anabatista heterodoxia
anacoluto descontinuidade
anacoluto metáfora
anaconda malfeitor
anacoreta ascetismo
anacoreta reclusão
anacrônico anacronismo
anacrônico erro
anacrônico inoportunidade
anacronismo inoportunidade
anacronismo tempo diferente
anáfora metáfora
anagrama equívoco
anagrama espírito
anagrama letra
anagrama segredo
anágua indumentária
anais cronometria
anais descrição
anal retaguarda
analfabeto ignorância
analfabeto ignorante
analgesia insensibilidade
analgésico insensibilidade
analgésico remédio
analisar decomposição
analisar investigação
analisar raciocínio
análise arranjo
análise atenção
análise compêndio
análise decomposição
análise dissertação
análise ideia
análise investigação
análise numeração
análise preparação
análise raciocínio
analista cronometria
analista douto
analista experiência
analista investigação
analista registrador
analítico decomposição
analítico experiência
analítico investigação
analítico numeração
analogia comparação
analogia concórdia
analogia conformidade
analogia imitação
analogia interpretação
analogia regularidade
analogia relação
analogia semelhança
analógico metáfora
analógico relação
análogo comparação
análogo relação
análogo semelhança
anamnese memória
anamnese metáfora
anão pequenez
anarquia desordem
anárquico anarquia
anárquico desordem
anarquismo anarquia
anarquista desobediência
anarquista destruidor
anarquista dissentimento
anarquista malfeitor
anarquista misantropia
anarquização desarranjo
anátema dolorimento
anátema maldição
anátema reprovação
anatematizar difamação
anatematizar maldição
anatematizar reprovação
anatomia disjunção
anatomia investigação
anatomia organização
anatomia textura
anatômico partes do corpo humano
anatômico textura
anatomista experiência
anatomista investigação
anavalhar abertura
anavalhar agudeza
anavalhar ataque
anca lateralidade
anca retaguarda
ancestral ancião
ancestral ascendência
ancestral passado
ancestral velharia
ancestral velhice
ancião clerezia
ancião velharia
ancião velhice
ancilose rigidez
ancinho agricultura
ancinho agudeza
ancinho limpeza
âncora esperança
âncora localização
âncora partida
âncora segurança
ancoradouro chegada
ancoradouro golfo
ancoradouro localização
ancoradouro refúgio
ancorar chegada
ancorar localização
ancorar perseverança
andaço doença
andada locomoção
andador locomoção
andador servo
andador suporte
andador velocidade
andadura movimento
andaime suporte
andamento continuidade
andamento melodia
andança locomoção
andante locomoção

andante melodia
andante movimento
andante música
andante tempo presente
andante viajante
andar camada
andar contentamento
andar ensaio
andar movimento
andar progressão
andar publicidade
andar receptáculo
andar desconfiado descrença
andar do tempo curso
andar tudo desorganizado desordem
andarilho viajante
andor veículo
andrajo indumentária
androginia hermafrodismo
andrógino desconformidade
andrógino hermafrodismo
anedota descrição
anedotário descrição
anedótico descrição
anel circunferência
anel insígnia
anel junção
anel ornamento
anelado sinuosidade
anelar desejo
anelar fadiga
anelar vontade
anelasticidade falta de elasticidade
anelo vontade
anemia doença
anemia fraqueza
anemia impotência
anemia insuficiência
anêmico doença
anêmico fraqueza
anêmico frouxidão
anêmico insuficiência
anemômetro ar
anemômetro medida
anemômetro vento
anêmona beleza
anestesia insensibilidade
anestesiar insensibilidade
anestesiar remédio
aneurisma convexidade
aneurisma dilatação
anexação adição
anexação inclusão
anexação junção
anexar adição
anexar adjunto
anexar junção
anexim máxima
anexim ridicularização
anexo adição
anexo adjunto
anexo correspondência
anexo junção
anexo livro
anexo propriedade
anfíbio desconformidade
anfíbio tergiversação
anfiteatro arena
anfiteatro drama
anfiteatro escola
anfiteatro visão
anfitrião amigo
anfitrião conselho[1]
anfitrião divertimento
anfitrião sociabilidade
ânfora receptáculo
angariação aquisição
angariar aquisição
angariar guerra
angariar motivo
angariar pedido
angariar recebimento
angariar receptáculo
angelical pureza
angelical virtude
angélico amor
angélico beleza
angélico maria
angélico melodia
angélico pureza
angélico rito
angélico virtude
angiosperma vegetal
anglicanismo heterodoxia
anglicano heterodoxia
anglicismo neologismo
angra concavidade
angu desordem
angulação obliquidade
angular angularidade
ângulo angularidade
ângulo obliquidade
anguloso angularidade
angústia desesperança
angústia dolorimento
angústia dor
angústia estreiteza
angústia insuficiência
angústia perigo
angústia pobreza
angústia pouquidão
angústia sofrimento
angustiante perigo
angustiar dolorimento
angustiar perigo
anil ancião
anil azul
anil velhice
anilado azul
animação alegria
animação alívio
animação artes
animação atividade
animação contentamento
animação excitação
animação motivo
animação movimento
animação prazer
animação sentimento
animação vida
animado esperança
animado floreio
animado vida
animado vigor
animador carícias
animal animal
animal descortesia
animal ignorante
animal tolo
animalesco animal
animalidade intemperança
animalismo animal
animalismo intemperança
animalizar animal
animar alegria
animar auxílio
animar coragem
animar excitação
animar motivo
animar vida
anímico estado
anímico imaterialidade
anímico intelecto
anímico intrinsecabilidade
animismo intelecto

ânimo coragem
ânimo intelecto
ânimo intenção
ânimo qualidades
ânimo resolução
ânimo vigor
animosidade aversão
animosidade discórdia
animosidade excitabilidade
animosidade inimizade
animosidade ódio
animosidade ressentimento
aninhar localização
aniquilação destruição
aniquilamento destruição
aniquilamento inexistência
aniquilamento malevolência
aniquilar inexistência
aniquilar insubstancialidade
aniquilar sucesso
anistia perdão
anistiar perdão
aniversariar celebração
aniversário celebração
aniversário divertimento
aniversário periodicidade
anjinho cadáver
anjinho infante
anjo amor
anjo beleza
anjo homem bom
anjo infante
anjo inocência
anjo maria
anjo da guarda segurança
ano período
ano tempo
anódino alívio
anódino bondade
anódino frouxidão
anódino impotência
anódino indiferença
anódino insensibilidade
anódino insignificância
anódino inutilidade
anódino moderação
anódino remédio
anoitecer meia-luz
anoitecer obscuridade
anoitecer tarde
anomalia desconformidade
anomalia desordem
anomalia especialidade
anômalo capricho
anômalo desconformidade
anômalo descostume
anômalo desordem
anonimato difamação
anônimo apelido
anorexia indiferença
anormal admiração
anormal assimetria
anormal desconformidade
anormal descostume
anormal desordem
anormal diversidade
anormal irregularidade
anormal loucura
anormalidade desconformidade
anormalidade descostume
anormalidade diversidade
anormalidade ilegalidade
anormalidade irregularidade
anotação indicação
anotação interpretação
anotação registro
anotar dissertação
anotar interpretação
anotar registro
anquilosar rigidez
anseio desejo
anseio qualidades
anseio vontade
ânsia amargura
ânsia curiosidade
ânsia desejo
ânsia pressa
ânsia qualidades
ansiar amargura
ansiar aversão
ansiar dolorimento
ansiar vontade
ânsias enfado
ânsias expulsão
ansiedade desejo
ansiedade medo
ansiedade sofrimento
ansioso desejo
ansioso sentimento
ansioso sofrimento
anspeçada amo
anta tamanho
anta velharia
antagônico contraposição
antagônico contraste
antagônico desacordo
antagônico inimigo
antagônico inimizade
antagônico não relação
antagônico resistência
antagonismo contenda
antagonismo contraste
antagonismo desacordo
antagonismo discórdia
antagonismo dissentimento
antagonismo inimizade
antagonismo inveja
antagonismo oposição
antagonismo renitência
antagonista combatente
antagonista contenda
antagonista inimigo
antagonista inimizade
antagonista oponente
antagonizar oponente
antártico circunferência
ante presença
ante prioridade
antecâmara receptáculo
antecedência precedência
antecedência prioridade
antecedente passado
antecedente precursor
antecedente prioridade
anteceder prioridade
antecessor precursor
antecipação despesa
antecipação expectativa
antecipação presteza
antecipação previdência
antecipação prioridade
antecipado prioridade
antecipado surpresa
antecipar anacronismo
antecipar expectativa
antecipar futuro
antecipar precedência
antecipar preparação
antecipar pressa
antecipar presteza
antecipar previdência
antecipar prioridade
antecipar transitoriedade
antecipatório precursor

antedata anacronismo
antedatado anacronismo
antedatar anacronismo
antediluviano velharia
antegozar expectativa
antegozar previdência
antegozar prioridade
antegozo previdência
antegozo prioridade
antemeridiano manhã
antena tato
antenado atenção
antenado retenção
anteparo defesa
anteparo refúgio
antepassado ancião
antepassado precursor
antepassados ascendência
antepasto poesia
antepasto sabor
antepenúltimo fim
antepenúltimo precedência
antepor adjunto
antepor amor
antepor escolha
antepor precedência
anteposição escolha
anteposição precedência
anteposição precessão
anteprojeto plano
anterior frente
anterior passado
anterior prioridade
anterioridade frente
anterioridade prioridade
antes negação
antes precedência
antes prioridade
antes do tempo despreparo
antever expectativa
antever previdência
antevéspera prioridade
antialérgico remédio
anticlerical heterodoxia
anticlerical impiedade
anticlerical misantropia
anticoagulante remédio
anticristo heterodoxia
antidemocrático tirania
antídoto remédio
antiespasmódico remédio
antifebril remédio
antífona culto
antífona música
antífrase contraste
antífrase metáfora
antífrase neologismo
antigamente passado
antigo mau gosto
antigo passado
antigo velharia
antigo velhice
antiguidade passado
antiguidade velharia
anti-higiênico sujidade
anti-histamínico remédio
antílope velocidade
antipatia fealdade
antipatia inimizade
antipatia má vontade
antipatia ódio
antipático aversão
antipático descortesia
antipático fealdade
antipático não relação
antipático ódio
antipatizar inimizade
antipatriótico misantropia
antipedagógico desensino
antipirético remédio
antipirético resfriamento
antípoda contraste
antiquado velharia
antiquário douto
antiquário passado
antiquário registrador
antiquário velharia
antisséptico remédio
antitérmico resfriamento
antítese contraposição
antítese floreio
antítese inversão
antítese oposição
antítese vigor
antitetânico remédio
antolhar-se manifestação
antolhos esconderijo
antolhos meia-luz
antolhos refúgio
antologia compêndio
antologia livro
antologia poesia
antologia registro
antologia reunião
antonímia contraste
antonímia nomenclatura
antônimo contraste
antônimo nomenclatura
antraz convexidade
antraz doença
antraz potencial de guerra
antro concavidade
antro esconderijo
antro foco
antro morada
antro prisão
antro recife
antropófago comida
antropófago homicídio
antropófago malfeitor
antropologia zoologia
antropológico humanidade
antropólogo douto
antropomorfismo heterodoxia
antropomorfo animal
anual periodicidade
anual período
anuário cronometria
anuário livro
anuência assentimento
anuência consentimento
anuente assentimento
anuidade despesa
anuidade parte
anuir assentimento
anuir consentimento
anuir obediência
anuir permissão
anulador revogação
anular circunferência
anular compensação
anular desamparo
anular destruição
anular inexistência
anular inobservância
anular inutilidade
anular refutação
anular revogação
anunciação informação
anunciante advertência
anunciante publicidade
anunciar informação
anunciar oferta
anunciar predição
anunciar prioridade
anunciar publicidade
anunciar significação
anúncio advertência

anúncio indicação
anúncio informação
anúncio predição
anúncio publicidade
ânus retaguarda
anuviado sombra
anuviar obscuridade
anuviar sombra
anuviar tristeza
anverso frente
anzol motivo
anzol perseguição
anzol vínculo
ao ar livre exterioridade
ao arrepio regressão
ao comprido comprimento
ao revés inversão
ao revés regressão
aorístico tempo diferente
aorta conduto
aos montes prodigalidade
aos poucos vagareza
aos trancos e barrancos dificuldade
apadrinhar auxílio
apadrinhar segurança
apagamento destruição
apagamento supressão
apagar desaparecimento
apagar destruição
apagar resfriamento
apagar supressão
apaixonado amor
apaixonado desejo
apaixonado exagero
apaixonado excitabilidade
apaixonado excitação
apaixonado interesse
apaixonado obliquidade
apaixonado sentimento
apaixonado vigor
apaixonante amor
apaixonar excitação
apaixonar obstinação
apalavrado contrato
apalavrado promessa
apalavrar contrato
apalavrar promessa
apalermado imbecilidade
apalermado tolo
apalpação tato
apalpadela ensaio
apalpadela tato
apalpar cautela
apalpar ensaio
apalpar experiência
apalpar investigação
apalpar tato
apanágio intrinsecabilidade
apanágio poder
apanágio propriedade
apanágio qualidades
apanhado compêndio
apanhado concisão
apanhado crença
apanhado dobra
apanhar apropriação
apanhar aquisição
apanhar dobra
apanhar escolha
apanhar fraude
apanhar inteligência
apanhar inteligibilidade
apanhar melhoramento
apanhar recebimento
apanhar surpresa
apanhar tato
apara camada
apara encurtamento
apara parte
apara pulverização
aparador suporte
aparar agudeza
aparar carícias
aparar contração
aparar encurtamento
aparar preparação
aparar subtração
aparato aparecimento
aparato continuidade
aparato instrumento
aparato manifestação
aparato ornamento
aparato ostentação
aparato troféu
aparatoso cor
aparatoso ornamento
aparatoso ostentação
aparecer aparecimento
aparecer começo
aparecer egressão
aparecer existência
aparecer manhã
aparecer produção
aparecer visibilidade
aparecimento começo
aparecimento visibilidade
aparelhado compulsoriedade
aparelhagem instrumento
aparelhar forma
aparelhar ornamento
aparelhar preparação
aparelho instrumentalidade
aparelho instrumento
aparência alegação
aparência aparecimento
aparência exterioridade
aparência extrinsecabilidade
aparência forma
aparência pouquidão
aparência probabilidade
aparentado consanguinidade
aparentar aparecimento
aparentar consanguinidade
aparentar falsidade
aparente aparecimento
aparente extrinsecabilidade
aparente falsidade
aparente fraude
aparente manifestação
aparente probabilidade
aparente visibilidade
aparentemente certeza
aparição aparecimento
aparição demônio
aparição medo
aparição visão imperfeita
apartação disjunção
apartação isolamento
apartamento disjunção
apartamento dispersão
apartamento divórcio
apartamento isolamento
apartamento morada
apartamento reclusão
apartar descostume
apartar disjunção
apartar dissuasão
apartar escolha
apartar isolamento
aparte alocução
aparte descontinuidade
aparte interjacência
apartear alocução
apartear descontinuidade
apascentar contentamento

apascentar domesticação
apascentar rito
apatetado desatenção
apatetado impotência
apatetado loucura
apatetado tolo
apatia alheamento
apatia desamparo
apatia desinteresse
apatia expectação
apatia fraqueza
apatia imobilidade
apatia impotência
apatia inação
apatia inatividade
apatia indiferença
apatia inércia
apatia inexcitabilidade
apatia negligência
apatia submissão
apático desamparo
apático desinteresse
apático imobilidade
apático inatividade
apático indiferença
apático negligência
apavorado medo
apavorante dolorimento
apavorante fealdade
apavorante loucura
apavorante medo
apavorante ruindade
apavorar medo
apaziguador mediação
apaziguador moderação
apaziguador pacificação
apaziguamento moderação
apaziguamento pacificação
apaziguar inexcitabilidade
apaziguar moderação
apaziguar pacificação
apaziguar paz
apear anarquia
apear humildade
apedrejamento difamação
apedrejar ataque
apedrejar desrespeito
apedrejar malevolência
apedrejar propulsão
apedrejar punição
apegado contiguidade
apegar estorvo
apegar mergulho
apego amor
apego egoísmo
apego obstinação
apego perseverança
apelação demanda
apelação dissentimento
apelante acusação
apelante direito
apelante dissentimento
apelante peticionário
apelar dissentimento
apelar pedido
apelativo nomenclatura
apelidar apelido
apelidar desrespeito
apelidar nomenclatura
apelido desrespeito
apelido nomenclatura
apelo alocução
apelo necessidade
apelo pedido
apenas imperfeição
apenas pouquidão
apenas sincronismo
apêndice adjunto
apêndice insignificância
apêndice livro
apêndice pendura
apêndice sucessor
apensão pendura
apensar adição
apensar adjunto
apensar pendura
apensar sequência
apenso adição
apenso adjunto
apenso adjunto
apenso pendura
apequenar depreciação
apequenar(-se) pequenez
aperceber preparação
aperfeiçoamento melhoramento
aperfeiçoamento perfeição
aperfeiçoamento trabalho
aperfeiçoar acabamento
aperfeiçoar melhoramento
aperfeiçoar perfeição
aperitivo comida
aperitivo excitação
aperitivo motivo
aperitivo picante
aperitivo sabor
aperreação dolorimento
aperrear dolorimento
aperrear tirania
apertado circunscrição
apertado contração
apertado dívida
apertado estreiteza
apertado interjacência
apertado reunião
apertado sussurro
apertado tirania
apertar ataque
apertar carícias
apertar circunscrição
apertar contração
apertar depressão
apertar dificuldade
apertar diminuição
apertar dolorimento
apertar economia
apertar estreiteza
apertar malevolência
apertar obrigatoriedade
aperto adversidade
aperto circunstância
aperto contração
aperto dificuldade
aperto estreiteza
aperto grau
aperto junção
aperto multidão
aperto perigo
aperto pobreza
aperto sofrimento
aperto sovinaria
apetecer desejo
apetecer inveja
apetecer sabor
apetecível desejo
apetecível inveja
apetecível sabor
apetência desejo
apetite comida
apetite desejo
apetite egoísmo
apetitoso desejo
apetitoso excitação
apetitoso sabor
apetrechar força
apetrechar preparação
apiário domesticação
ápice cume
ápice grau

ápice indicação
ápice instantaneidade
ápice melhoramento
apícola domesticação
apicultura domesticação
apiedar clemência
apimentar energia
apimentar motivo
apimentar picante
apinhado redundância
apinhado reunião
apinhar completamento
apinhar multidão
apinhar presença
apinhar reunião
apitar estridor
apitar perigo
apitar sibilação
apito estridor
apito sibilação
aplacar alívio
aplacar moderação
aplacar pacificação
aplainamento lisura
aplainar facilidade
aplainar preparação
aplainar uniformidade
aplanar facilidade
aplanar horizontalidade
aplanar interpretação
aplanar lisura
aplanar moderação
aplaudir aprovação
aplaudir resposta
aplauso resposta
aplicabilidade acordo
aplicabilidade uso
aplicabilidade utilidade
aplicação uso
aplicação uso
aplicação utilidade
aplicado atenção
aplicado atividade
aplicado cuidado
aplicado estudo
aplicar cobertura
aplicar conselho[2]
aplicar despesa
aplicar impulso
aplicar remédio
aplicar uso
aplicar uso
aplicar atenção pensamento
aplicável acordo
aplicável utilidade
apocalipse ininteligibilidade
apocalipse revelação
apocalíptico imprecisão
apocalíptico ininteligibilidade
apócope concisão
apócope diminuição
apócope encurtamento
apócrifo erro
apócrifo fraude
apócrifo incerteza
apodo apelido
apodo ridicularização
apodrecer imobilidade
apodrecer inação
apodrecer pioramento
apodrecer sujidade
apodrecer velharia
apodrecimento pioramento
apodrecimento sujidade
apófise base
apófise convexidade
apogeu cume
apogeu distância
apogeu fama
apogeu grau
apogeu prosperidade
Apoiado! assentimento
apoiado base
apoiar aprovação
apoiar auxílio
apoiar conselho[2]
apoiar evidência
apoiar suporte
apoio assentimento
apoio auxílio
apoio base
apoio cooperação
apoio evidência
apoio obediência
apoio suporte
apojadura suficiência
apólice dinheiro
apolíneo beleza
Apolo beleza
Apolo corpos luminosos
Apolo músico
Apolo universo
apologético alegação
apologético aprovação
apologético justificação
apologia alegação
apologia aprovação
apologia expiação
apologia justificação
apologia penitência
apologista adulador
apologista justificação
apólogo descrição
apólogo ensino
apólogo metáfora
apontador diretor
apontador drama
apontamento memória
apontamento registro
apontar agudeza
apontar atenção
apontar conselho[2]
apontar direção
apontar egressão
apontar indicação
apontar informação
apontar intenção
apontar visibilidade
apoplético redundância
apoplexia impotência
apoplexia redundância
apoquentação enfado
apoquentação sofrimento
apoquentar ataque
apoquentar descontentamento
apoquentar dolorimento
apoquentar enfado
apoquentar repetição
apoquentar ruindade
aporrinhar descontentamento
aporrinhar dolorimento
aportar chegada
aportar navegação
aportuguesar gramática
aportuguesar neologismo
após sucessão
aposentado velhice
aposentadoria inação
aposentadoria localização
aposentar localização
aposentar sociabilidade
aposento receptáculo
aposta casualidade
aposta experiência
apostar acaso

apostar experiência
apostar igualdade
apostasia desobediência
apostasia desonestidade
apostasia heterodoxia
apostasia impiedade
apostasia tergiversação
apóstata heterodoxia
apóstata tergiversação
apostila adjunto
apostila interpretação
apostila sucessor
aposto adição
aposto adjunto
aposto inversão
aposto nomenclatura
apostolado altruísmo
apostolado ensino
apostolado revelação
apostólico cargos da Igreja
apostólico revelação
apóstolo auxiliar
apóstolo benfeitor
apóstolo discípulo
apóstolo homem bom
apóstolo mensageiro
apóstolo mestre
apóstolo revelação
apostrofar alocução
apostrofar metáfora
apostrofar reprovação
apóstrofe alocução
apóstrofe metáfora
apóstrofe monólogo
apóstrofe reprovação
apoteose aprovação
apoteose céu
apoteose fama
apoteose fim
apoteose idolatria
apoteose reprodução
apoteose sucessor
apoteótico aprovação
aprazer contentamento
aprazer deleite
aprazimento alegria
aprazimento assentimento
aprazimento consentimento
aprazimento contentamento
aprazimento deleite
aprazimento desejo
aprazimento vontade
aprazível beleza
aprazível deleite
aprazível resfriamento
aprazível salubridade
apreçar amizade
apreçar aprovação
apreçar importância
apreçar preço
apreciação aprovação
apreciação conhecimento
apreciação medida
apreciado respeito
apreciar amizade
apreciar aprovação
apreciar bom gosto
apreciar conhecimento
apreciar desejo
apreciar fruição
apreciar intelecto
apreciar investigação
apreciar medida
apreciar pensamento
apreciar raciocínio
apreciar sabor
apreciável aprovação
apreciável inveja
apreciável medida
apreciável visibilidade
apreço amizade
apreço aprovação
apreço atenção
apreço deleite
apreço fama
apreço importância
apreço respeito
apreço utilidade
apreender apropriação
apreender aquisição
apreender conhecimento
apreender inteligibilidade
apreender penalidade
apreender posse
apreensão apropriação
apreensão aquisição
apreensão conhecimento
apreensão desatenção
apreensão ideia
apreensão medo
apreensão penalidade
apreensivo medo
apreensivo tristeza
apregoar aprovação
apregoar conselho[2]
apregoar grito
apregoar publicidade
aprender conhecimento
aprender escola
aprender estudo
aprender informação
aprender memória
aprendiz discípulo
aprendiz ignorante
aprendiz remendão
aprendizado ensino
aprendizado estudo
aprendizado preparação
aprendizagem ensaio
aprendizagem estudo
aprendizagem experiência
apresar presa
apresentação amizade
apresentação manifestação
apresentação oferta
apresentar aparecimento
apresentar doação
apresentar escolha
apresentar evidência
apresentar informação
apresentar manifestação
apresentar oferta
apresentável sociabilidade
apressado atividade
apressado excitabilidade
apressado pressa
apressado transitoriedade
apressado velocidade
apressamento presteza
apressar agência
apressar auxílio
apressar excitação
apressar motivo
apressar perseguição
apressar pressa
apressar presteza
apressar secura
apressar transitoriedade
apressar velocidade
apressurar pressa
aprestar preparação
apresto preparação
aprestos instrumento
aprimorado espírito
aprimorado habilidade
aprimorado melhoramento
aprimorado moda

aprimoramento melhoramento
aprimorar melhoramento
aprimorar ornamento
aprimorar perfeição
aprisionar apropriação
aprisionar prisão
aprisionar restrição
aprisionar retenção
aproar aproximação
aproar direção
aprobativo assentimento
aprobatório aprovação
aprofundar aumento
aprofundar concavidade
aprofundar dissertação
aprofundar profundidade
aprontar composição
aprontar fim
aprontar preparação
apropriação furto
apropriação posse
apropriado acordo
apropriado conveniência
apropriado direito
apropriado ornamento
apropriar acordo
apropriar aquisição
aprovação assentimento
aprovação consentimento
aprovação permissão
aprovação respeito
aprovação resposta
aprovar aprovação
aprovar assentimento
aprovar consentimento
aprovar resposta
aproveitamento estudo
aproveitar aquisição
aproveitar bondade
aproveitar divertimento
aproveitar receita
aproveitar sucesso
aproveitar uso
aproveitar utilidade
aproveitável uso
aproveitável utilidade
aprovisionamento provisão
aprovisionar provisão
aproximação amizade
aproximação amizade
aproximação concórdia
aproximação relação
aproximação semelhança
aproximado semelhança
aproximar pressa
aproximativo aproximação
aprumado verticalidade
aprumar verticalidade
aprumo beleza
aprumo inteligência
aprumo moda
aprumo orgulho
aprumo verticalidade
aptidão acordo
aptidão boa vontade
aptidão estudo
aptidão habilidade
aptidão tendência
aptidão utilidade
apto estudo
apto inteligência
apto proficiente
apuar punição
apunhalar abertura
apunhalar dolorimento
apunhalar homicídio
apunhalar pioramento
apunhalar ruindade
apupar desrespeito
apupar grito
apupar reprovação
apuração aversão
apuração escolha
apuração pagamento
apuração ressentimento
apurado bom gosto
apurado conhecimento
apurado elegância
apurado insuficiência
apurado perfeição
apurado perigo
apurar aumento
apurar bom gosto
apurar descoberta
apurar elegância
apurar escolha
apurar investigação
apurar limpeza
apurar melhoramento
apurar numeração
apurar perfeição
apuro afetação
apuro beleza
apuro bom gosto
apuro cuidado
apuro dificuldade
apuro elegância
apuro floreio
apuro melhoramento
apuro moda
apuro necessidade
apuro perfeição
apuro pobreza
apuro sofrimento
aquarela artes
aquarela cor
aquarela pintura
aquário depósito
aquário domesticação
aquário produtividade
aquartelar localização
aquático água
aquático golfo
aquático navegação
aquático oceano
aquecedor aquecimento
aquecer aquecimento
aquecer calor
aquecer excitação
aquecimento excitação
aqueduto conduto
aquele distância
aquele especialidade
aqui presença
aqui proximidade
aquiescência aprovação
aquiescência assentimento
aquiescência consentimento
aquiescência obediência
aquiescer assentimento
aquiescer consentimento
aquiescer obediência
aquietar dissuasão
aquietar imobilidade
aquietar inexcitabilidade
aquietar moderação
aquietar pacificação
aquietar paz
aquietar repouso
aquilatar comparação
aquilatar gravidade
aquilatar importância
aquilatar investigação
aquilatar medida
aquilatar melhoramento
aquilatar perfeição
aquilino angularidade

aquilino curvatura
aquinhoamento partilha
aquinhoar doação
aquinhoar partilha
aquisição compra
aquisição posse
aquisição recepção
aquisitivo aquisição
aquoso água
aquoso fluidez
aquoso umidade
ar aparecimento
ar gás
ar leveza
ar moda
ar vento
ar livre salubridade
ar puro salubridade
ar tonificante salubridade
arábico número
aracnídeo animal
arado agricultura
arado agudeza
aradura preparação
aragem corrente
aragem frescura
aragem vento
arame dinheiro
arame filamento
aranha homem ruim
aranzel absurdo
aranzel alocução
aranzel loquacidade
aranzel sem significação
araponga estridor
arapuca astúcia
arapuca fraude
arapuca plano
arar agricultura
arar navegação
arar sulco
arara discípulo
arara drama
arara mentira
arauto informação
arauto mensageiro
arauto precursor
arável agricultura
arbitrador juiz
arbitrariedade desconformidade
arbitrariedade ilegalidade
arbitrariedade tirania
arbitrário desconformidade
arbitrário ilegalidade
arbitrário insolência
arbitrário irracionalidade
arbitrário liberdade
arbitrário não relação
arbitrário obliquidade de julgamento
arbitrário tirania
arbítrio autoridade
arbítrio meios
arbítrio obliquidade de julgamento
arbítrio vontade
árbitro juiz
arbóreo vegetal
arborizar agricultura
arborizar vegetal
arbusto vegetal
arca depósito
arca morada
arca tesouraria
arcabouço cadáver
arcabouço plano
arcabouço suporte
arcabouço textura
arcabouço todo
arcada abertura
arcada convexidade
arcada curvatura
arcada enfado
arcaico neologismo
arcaico velharia
arcaísmo desuso
arcaísmo neologismo
arcaísmo passado
arcaísmo velharia
arcanjo beleza
arcanjo maria
arcano desinformação
arcano segredo
arcar dificuldade
arcebispado cargos da Igreja
arcebispado região
arcebispo clerezia
archete enterro
archote combustível
archote corpos luminosos
arco circunferência
arco concavidade
arco convexidade
arco curvatura
arco-íris esperança
arco-íris pacificação
arco-íris variegação
ar-condicionado resfriamento
ardência aquecimento
ardência calor
ardência excitabilidade
ardência picante
ardente aquecimento
ardente atividade
ardente atividade
ardente calor
ardente culto
ardente curiosidade
ardente excitabilidade
ardente expectativa
ardente interesse
ardente picante
ardente sentimento
ardente temeridade
ardente vigor
ardentemente calor
arder aquecimento
arder calor
arder energia
arder guerra
arder luz
arder picante
ardido coragem
ardil astúcia
ardil falsidade
ardil fraude
ardil irracionalidade
ardil plano
ardiloso astúcia
ardiloso falsidade
ardiloso fraude
ardor amor
ardor atividade
ardor calor
ardor desejo
ardor energia
ardor excitabilidade
ardor perseverança
ardor picante
ardor resolução
ardor sentimento
ardor temeridade
ardor vigor
ardoroso amigo
ardoroso guerra
ardoroso perseverança

ardoroso resolução
ardoroso sentimento
ardoroso temeridade
ardósia camada
ardósia cobertura
ardósia escrita
árduo dificuldade
árduo obliquidade
área circunferência
área espaço
área região
areal improdutividade
arear atrito
arear limpeza
areia imbecilidade
areia material
areia pulverização
arejado vento
arejar abertura
arejar ar
arejar limpeza
arejar revigoramento
arejar salubridade
arejar vento
arena divertimento
arena região
arena visão
arenga alocução
arenga discórdia
arenga loquacidade
arengar discórdia
arengar discurso
arengar publicidade
arenito pulverização
arenoso improdutividade
arenoso pulverização
ares afetação
ares jactância
ares vaidade
aresta angularidade
aresta dificuldade
arfagem fadiga
arfagem oscilação
arfante fadiga
arfante oscilação
arfante sentimento
arfar oscilação
arfar sentimento
arfar vento
argamassa comida
argamassa material
argênteo brancura
argênteo luz
argentino brancura
argentino luz
argentino melodia
argila cadáver
argila flexibilidade
argila fragilidade
argila material
argila terra
argiloso flexibilidade
argola circunferência
argola ornamento
argonauta equipagem
argúcia espírito
argúcia inteligência
argúcia irracionalidade
argumentação alegação
argumentação raciocínio
argumentar raciocínio
argumento alegação
argumento demonstração
argumento máxima
argumento raciocínio
argumento significação
argumento tópico
arguto cuidado
arguto inteligência
arguto sábio
ária música
aridez chateza
aridez desinteresse
aridez enfado
aridez improdutividade
aridez secura
árido enfado
árido improdutividade
árido secura
arisco aspereza
arisco descortesia
arisco despreparo
arisco modéstia
arisco mutabilidade
arisco reclusão
arisco transigência
aristocracia autoridade
aristocracia moda
aristocracia nobreza
aristocrata nobreza
aristocrático nobreza
aritmética numeração
arlequim drama
arlequim humorista
arlequim mutabilidade
arlequim tergiversação
arlequim variegação
armação astúcia
armação defesa
armação forma
armação preparação
armação suporte
armação textura
armação todo
armada combatente
armada nave
armada reunião
armadilha astúcia
armadilha desonestidade
armadilha falsidade
armadilha fraude
armadilha homicídio
armadilha perigo
armadilha perseguição
armadilha plano
armadilha recife
armador possuidor
armadura defesa
armadura potencial de guerra
armadura refúgio
armamento guerra
armamento potencial de guerra
armamento preparação
armar contenda
armar defesa
armar força
armar guerra
armar instrumento
armar ornamento
armar poder
armar preparação
armar provisão
armar textura
armarinho depósito
armarinho mercado
armas biológicas guerra
armas biológicas potencial de guerra
armas de destruição em massa guerra
armas nucleares guerra
armas nucleares potencial de guerra
armas químicas guerra
armas químicas potencial de guerra
armas agudeza

armas combatente
armas defesa
armas guerra
armas indicação
armas insígnia
armas instrumento
armas lamentação
armas meios
armas potencial de guerra
armas raciocínio
armas retenção
armas título
armazém depósito
armazém mercado
armazenagem depósito
armazenagem preservação
armazenar depósito
armazenar memória
armazenar preservação
armazenar provisão
armeiro agente
arminho brancura
arminho insígnia
arminho ornamento
arminho probidade
armistício cessação
armistício pacificação
armorial indicação
armorial nobreza
armorial registro
aro circunferência
aroeira força
aroeira rigidez
aroma efeito
aroma fragrância
aroma odor
aromático fragrância
aromático odor
aromatização fragrância
aromatizar fragrância
arpão agudeza
arpão perseguição
arpão potencial de guerra
arpão vínculo
arpejar músico
arpejo melodia
arpoar ataque
arpoar junção
arpoar retenção
arqueado angularidade
arqueado convexidade
arqueado curvatura
arquear concavidade
arquear convexidade
arquear medida
arqueiro combatente
arqueiro tapador
arquejante fadiga
arquejante oscilação
arquejar fadiga
arquejar oscilação
arquejar sentimento
arquejar sussurro
arquejar vento
arquejo fadiga
arquejo morte
arquejo sentimento
arquejo sussurro
arqueografia passado
arqueologia passado
arqueólogo douto
arquetípico protótipo
arquétipo medida
arquétipo perfeição
arquétipo protótipo
arquiatro diretor
arquibancada suporte
arquidiocese cargos da Igreja
arquiduque amo
arquimilionário riqueza
arquipélago ilha
arquipélago reunião
arquitetar imaginação
arquitetar plano
arquiteto agente
arquiteto artista
arquiteto diretor
arquiteto plano
arquiteto produtor
arquitetônico produção
arquitetura ornamento
arquitetura plano
arquitetura produção
arquitetura textura
arquitrave altura
arquivar desinformação
arquivar desuso
arquivar memória
arquivar registro
arquivista registrador
arquivo depósito
arquivo memória
arquivo registro
arraia limite
arraial divertimento
arraial localização
arraial morada
arraiano limite
arraigado diuturnidade
arraigado estabilidade
arraigado interioridade
arraigado intrinsecabilidade
arraigado obstinação
arraigado velharia
arraigar diuturnidade
arraigar localização
arrais diretor
arrais equipagem
arrancada ataque
arrancada contenda
arrancada impulso
arrancada preparação
arrancada temeridade
arrancada tração
arrancada transigência
arrancar apropriação
arrancar descoberta
arrancar destruição
arrancar dor
arrancar extração
arrancar morte
arrancar partida
arrancar progressão
arrancar receita
arrancar revogação
arrancar supressão
arranca-rabo contenda
arranca-rabo discórdia
arranca-rabo inimizade
arranco extração
arranco fadiga
arranco ímpeto
arranco impulso
arranco morte
arranco violência
arranha-céu altura
arranha-céu morada
arranhadura atrito
arranhadura mal
arranhadura vau
arranhão atrito
arranhão vau
arranhar atrito
arranhar comichão
arranhar contenda
arranhar dissonância
arranhar ignorância

arranhar ruindade
arranhar sulco
arranhar vau
arranjado arranjo
arranjador artes
arranjador música
arranjar acordo
arranjar aquisição
arranjar arranjo
arranjar compromisso
arranjar músico
arranjar plano
arranjo aquisição
arranjo artes
arranjo contrato
arranjo economia
arranjo expiação
arranjo número
arranjo ordem
arranjo pacificação
arranque extração
arranque impulso
arranque tração
arranque transigência
arrasado fadiga
arrasado tristeza
arrasador destruidor
arrasamento destruição
arrasar depressão
arrasar desrespeito
arrasar destruição
arrasar humildade
arrasar refutação
arraso depressão
arrastado demora
arrastado humildade
arrastado sofrimento
arrastado vagareza
arrastamento tração
arrastamento vagareza
arrastão tração
arrasta-pé divertimento
arrastar atração
arrastar compulsoriedade
arrastar interpretação errônea
arrastar motivo
arrastar obrigatoriedade
arrastar tração
arrastar transferência
arrastar vagareza
arrasto carregador
arrasto tração
arrazoado alegação
arrazoado alocução
arrazoado dissertação
arrazoado inteligência
arrazoado justificação
arrazoado média
arrazoado raciocínio
arrazoado sanidade
arrazoar evidência
arrazoar justificação
arrazoar raciocínio
arrazoar reprovação
arreamento instrumento
arreamento ornamento
arrear cobertura
arrear depressão
arrear dissuasão
arrear fadiga
arrear indumentária
arrear ornamento
arrebanhar agricultura
arrebanhar apropriação
arrebanhar domesticação
arrebanhar reunião
arrebatado admiração
arrebatado desatenção
arrebatado desejo
arrebatado excitabilidade
arrebatado excitação
arrebatado ímpeto
arrebatado inabilidade
arrebatado irascibilidade
arrebatado obliquidade
arrebatado pressa
arrebatado sentimento
arrebatado temeridade
arrebatado velocidade
arrebatado violência
arrebatador sentimento
arrebatador vigor
arrebatamento admiração
arrebatamento atividade
arrebatamento compulsoriedade
arrebatamento excitabilidade
arrebatamento excitação
arrebatamento hipocondria
arrebatamento ímpeto
arrebatamento irascibilidade
arrebatamento ódio
arrebatamento prazer
arrebatamento pressa
arrebatamento ressentimento
arrebatamento sentimento
arrebatamento violência
arrebatar admiração
arrebatar apropriação
arrebatar atenção
arrebatar deleite
arrebatar discurso
arrebatar excitação
arrebatar furto
arrebatar influência
arrebatar melodia
arrebatar posse
arrebentação agitação
arrebentação estalo
arrebentação violência
arrebentar disjunção
arrebentar estalo
arrebentar fragilidade
arrebentar impulso
arrebentar surpresa
arrebentar violência
arrebitar curvatura
arrebite infante
arrebol manhã
arrebol tarde
arrebol vermelhidão
arrecadação comando
arrecadação depósito
arrecadação prisão
arrecadação restrição
arrecadar aquisição
arrecadar comando
arrecadar depósito
arrecadar recebimento
arrecadar receita
arrecadar receptáculo
arrecadar restrição
arrecadar retenção
arredar deslocação
arredar disjunção
arredio reclusão
arredio retirada
arredio transigência
arredondado curvatura
arredondado embotamento
arredondado esfericidade
arredondado tamanho
arredondamento esfericidade
arredondamento região

arredondar circunferência
arredondar convexidade
arredondar curvatura
arredondar escrita
arredondar esfericidade
arredondar forma
arredondar todo
arredor proximidade
arredores circunjacência
arredores morada
arredores proximidade
arrefecer desinteresse
arrefecer diminuição
arrefecer frescura
arrefecer inatividade
arrefecer inexcitabilidade
arrefecer infamação
arrefecer moderação
arrefecer resfriamento
arrefecimento resfriamento
ar-refrigerado resfriamento
arregaçar dobra
arregalar atenção
arreganhar abertura
arreganhar sulco
arregimentar arranjo
arregimentar guerra
arregimentar reunião
arreio indumentária
arreio ornamento
arreitado moda
arrelia agouro
arrelia descontentamento
arrelia discórdia
arrelia inimizade
arreliar descontentamento
arreliar discórdia
arreliar ressentimento
arrelvar planície
arrematação compra
arrematar acabamento
arrematar compra
arrematar fim
arremate acabamento
arremate fim
arremedar imitação
arremedar semelhança
arremedo imitação
arremedo inexistência
arremedo semelhança
arremessar impulso
arremessar propulsão
arremessar rejeição
arremesso ameaça
arremesso ataque
arremesso impulso
arremesso propulsão
arremeter velocidade
arremetida ataque
arremetida coragem
arrendador crédito
arrendamento fiança
arrendamento preço
arrendamento transmissão
arrendar agricultura
arrendar empenhamento
arrendar empréstimo
arrendar fiança
arrendar transmissão
arrendatário empenhamento
arrendatário habitante
arrendatário possuidor
arrenegar maldição
arrenegar ódio
arrenegar tergiversação
arrepender-se penitência
arrepender-se tergiversação
arrependido penitência
arrependimento desamparo
arrependimento tergiversação
arrepiado aspereza
arrepiado mau gosto
arrepiante medo
arrepiar agudeza
arrepiar aspereza
arrepiar dolorimento
arrepiar inversão
arrepiar medo
arrepiar verticalidade
arrepio aspereza
arrepio frio
arrestar demanda
arrestar direito
arrestar restrição
arresto apropriação
arresto proibição
arrevesado apelido
arribação chegada
arribar chegada
arribar restauração
arrimo auxílio
arrimo segurança
arrimo suporte
arriscado coragem
arriscado perigo
arriscado risco
arriscar acaso
arriscar crença
arriscar ensaio
arriscar perigo
arriscar-se risco
arriscar(-se) temeridade
arritmia agitação
arritmia irregularidade
arrítmico agitação
arrítmico irregularidade
arroba grandeza
arroba gravidade
arrochar junção
arrocho potencial de guerra
arrocho tirania
arrogância afetação
arrogância desrespeito
arrogância insolência
arrogância orgulho
arrogância tirania
arrogante coragem
arrogante descortesia
arrogante desobediência
arrogante desprezo
arrogante insolência
arrogante orgulho
arrogante ostentação
arrogante tirania
arrogante violência
arrogar apropriação
arrogar direito
arroio rio
arrojado coragem
arrojado perigo
arrojado temeridade
arrojado vigor
arrojar propulsão
arrojo coragem
arrojo insolência
arrojo temeridade
arrojo vigor
arrolado registro
arrolamento lista
arrolamento registro
arrolar inclusão
arrolar lista
arrolar músico
arrolar registro
arrolar sinuosidade
arrolhar afonia

arrolhar fechamento
arrolhar restrição
arrolhar taciturnidade
arromba música
arrombar abertura
arrombar inserção
arrombar malevolência
arrombar transcursão
arrombar violência
arrostar contenda
arrostar coragem
arrostar desafio
arrostar inexcitabilidade
arrostar renitência
arrostar sentimento
arrotar gás
arrotar jactância
arroto expulsão
arroubo ímpeto
arroubo prazer
arroubo sentimento
arroubo vigor
arroxeado roxo
arruaça contenda
arruaça desobediência
arruaça renitência
arruaçar contenda
arruaceiro contenda
arruaceiro desobediência
arruamento continuidade
arruamento morada
arruda amargura
arrufo aspereza
arrufo descontentamento
arrufo ressentimento
arruinado insolvência
arruinado insucesso
arruinado pobreza
arruinamento destruição
arruinamento insucesso
arruinar destruição
arruinar doença
arruinar insucesso
arruinar mau uso
arruinar pioramento
arruinar pobreza
arruinar ruindade
arrulho carícias
arrulho música
arrumação arranjo
arrumação composição
arrumação localização
arrumação preparação
arrumar localização
arrumar ordem
arrumar preparação
arrumar restauração
arsenal depósito
arsenal oficina
arsênico veneno
arte astúcia
arte deleite
arte habilidade
arte representação
arte trabalho
artefato fraude
artefato produção
arteiro astúcia
arteiro falsidade
artéria conduto
artéria morada
artéria passadouro
arterial conduto
arterial partes do corpo humano
artesão ornamento
Ártico frio
ártico frio
articulação angularidade
articulação discurso
articulação dobra
articulação junção
articulação parte
articulação vínculo
articulado acusação
articulado justificação
articulado voz
articular discurso
articular junção
articular voz
articulista livro
artífice produtor
artificial deselegância
artificial extrinsecabilidade
artificial fraude
artifício astúcia
artifício falsidade
artifício fraude
artifício habilidade
artifício meios
artifício plano
artifício produção
artificioso astúcia
artificioso habilidade
artigo condições
artigo contrato
artigo dissertação
artigo livro
artigo matéria
artigo parte
artigo substancialidade
artilharia ataque
artilharia barulho
artilharia combatente
artilharia guerra
artilharia potencial de guerra
artilheiro combatente
artimanha falsidade
artimanha fraude
artimanha irracionalidade
artimanha obliquidade
artista agente
artista drama
artista plano
artístico beleza
artístico bom gosto
artístico habilidade
artrose doença
artrose rigidez
arvorar autoridade
arvorar elevação
árvore ascendência
árvore sombra
árvore vegetal
arvoredo vegetal
ás proficiente
às apalpadelas ensaio
às cegas ignorância
às claras manufestação
às escuras ignorância
às ocultas invisibilidade
asa instrumento
asa navegação
asbesto resfriamento
ascendência autoridade
ascendência causa
ascendência importância
ascendência influência
ascendência motivo
ascendência poder
ascendência subida
ascendência sucesso
ascendente ascendência
ascendente obliquidade
ascendente precursor
ascendente subida
ascender altura
ascender autoridade

ascender elevação
ascender subida
ascensão aumento
ascensão autoridade
ascensão comissão
ascensão elevação
ascensão fama
ascensão medida
ascensão melhoramento
ascensão movimento
ascensão rito
ascensão subida
ascensional subida
ascese ascetismo
asceta ascetismo
ascético ascetismo
asco aversão
asco inimizade
asfaltar cobertura
asfalto lisura
asfixia homicídio
asfixiado tirania
asfixiante calor
asfixiar afonia
asfixiar estorvo
asfixiar incerteza
asfixiar redundância
asiático floreio
asiático habitante
asiático inatividade
asiático ostentação
asiático prolixidade
asilar recepção
asilar restrição
asilo filantropia
asilo refúgio
asilo remédio
asilo segurança
asma doença
asneira absurdo
asneira erro
asneira impureza
asneira solecismo
asno carregador
asno tolo
aspa azorrague
aspartame doçura
aspas imitação
aspecto aparecimento
aspecto estado
aspecto forma
aspecto indicação
aspecto intrinsecabilidade
aspereza descortesia
aspereza diversidade
aspereza energia
aspereza estridor
aspereza frio
aspereza irascibilidade
aspereza ressentimento
aspereza tirania
aspergir água
aspergir mistura
aspergir rito
aspergir umidade
áspero afonia
áspero amorfia
áspero aspereza
áspero azedume
áspero descortesia
áspero despreparo
áspero dificuldade
áspero diversidade
áspero dolorimento
áspero energia
áspero estridor
áspero frio
áspero ininteligibilidade
áspero insalubridade
áspero picante
áspero reprovação
áspero textura
áspero violência
aspersão água
aspersão rito
aspersão umidade
aspersor água
aspiração amor
aspiração desejo
aspiração esperança
aspiração gagueira
aspiração recepção
aspiração vontade
aspirante amo
aspirante combatente
aspirante desejo
aspirante peticionário
aspirante recepção
aspirar comida
aspirar elevação
aspirar gagueira
aspirar recepção
aspirar voz
asqueroso aversão
asqueroso desonestidade
asqueroso desprezo
asqueroso dolorimento
asqueroso fealdade
asqueroso impureza
asqueroso infamação
asqueroso ódio
asqueroso servilismo
asqueroso sujidade
assalariado servo
assalariar servo
assaltante ataque
assaltante combatente
assaltante ladrão
assaltante oponente
assaltar apropriação
assaltar dolorimento
assaltar furto
assaltar subida
assaltar surpresa
assaltar violência
assalto ataque
assalto divertimento
assalto furto
assalto pedido
assalto ruindade
assalto surpresa
assanhado excitabilidade
assanhado violência
assanhamento excitabilidade
assanhamento violência
assanhar aumento
assanhar excitação
assanhar pioramento
assar aquecimento
assassinar homicídio
assassinato homicídio
assassínio homicídio
assassino destruidor
assassino homem ruim
assassino homicídio
assassino malevolência
assassino malfeitor
assaz suficiência
asseado limpeza
asseado perfeição
assear limpeza
assear ornamento
assecla auxiliar
assecla instrumentalidade
assecla servo
assecla tirania
assediar ataque
assediar investigação

assediar pedido
assédio ataque
assédio investigação
assédio pedido
assegurar afirmação
assegurar certeza
assegurar promessa
assegurar segurança
asseio limpeza
assenhorear conhecimento
assentado cautela
assentado imobilidade
assentado resolução
assentamento registro
assentar acordo
assentar base
assentar contrato
assentar dor
assentar impulso
assentar localização
assentar registro
assentar suposição
assentimento acordo
assentimento boa vontade
assentimento concorrência
assentimento consentimento
assentimento crença
assentimento permissão
assentir assentimento
assentir concórdia
assentir consentimento
assento base
assento inteligência
assento morada
assento registro
assento repouso
assento retaguarda
assento situação
assento sujidade
assento suporte
assepsia limpeza
asserção afirmação
assertiva afirmação
assertivo afirmação
asserto afirmação
assessor auxiliar
assessor juiz
assessorar conselho²
assessoria conselho²
assestar apropriação
asseveração afirmação
asseveração evidência
asseveração promessa
asseverar afirmação
asseverar certeza
asseverar promessa
assexuado desconformidade
assexuado matéria
assexual matéria
assiduidade atividade
assiduidade dever
assiduidade diuturnidade
assiduidade frequência
assiduidade hábito
assiduidade periodicidade
assiduidade perseverança
assiduidade presença
assíduo atividade
assíduo dever
assíduo diuturnidade
assíduo estudo
assíduo frequência
assíduo hábito
assíduo perseverança
assíduo presença
assim raciocínio
assimetria desigualdade
assimetria desordem
assimétrico assimetria
assimétrico desconformidade
assimétrico desigualdade
assimétrico desordem
assimilação acordo
assimilação combinação
assimilação conversão
assimilação cooperação
assimilação imitação
assimilação inteligência
assimilação recepção
assimilar conversão
assimilar estudo
assimilar uniformidade
assinalado fama
assinalado grandeza
assinalado importância
assinalado mancha
assinalado probidade
assinalar advertência
assinalar atribuição
assinalar celebração
assinalar comando
assinalar demora
assinalar especialidade
assinalar fama
assinalar importância
assinalar indicação
assinalar mancha
assinante participação
assinar comando
assinar contrato
assinar cronometria
assinar dever
assinar escrita
assinar indicação
assinatura contrato
assinatura evidência
assinatura indicação
assinatura registro
assinatura sucessor
assincronismo tempo diferente
assistência atividade
assistência auxílio
assistência espectador
assistência remédio
assistência social filantropia
assistente auxiliar
assistente espectador
assistente juiz
assistente servo
assistir auxílio
assistir presença
assistir saúde
assistir visão
assoalhamento exposição
assoalhar camada
assoalhar cobertura
assoalhar exposição
assoalhar horizontalidade
assoalho camada
assoberbado atividade
assoberbado suficiência
assoberbar altura
assoberbar dificuldade
assoberbar insolência
assobiante sibilação
assobiar desrespeito
assobiar reprovação
assobiar sibilação
assobiar vento
assobio reprovação
assobio sibilação
associação acompanhamento
associação cooperação

associação junção
associação partido
associação pensamento
associação relação
associado acompanhamento
associado amigo
associado auxiliar
associado partido
associado relação
associar junção
associar mistura
associar relação
associar reunião
assolar ataque
assolar furto
assolar homicídio
assolar insalubridade
assolar pioramento
assolar ruindade
assomar aparecimento
assomar começo
assomar cume
assomar manifestação
assomar motivo
assomar visibilidade
assombração medo
assombrado admiração
assombrado ceticismo
assombrado demônio
assombrado embriaguez
assombrar admiração
assombrar ameaça
assombrar difamação
assombrar medo
assombrar obscuridade
assombrar sombra
assombro admiração
assombro prodígio
assombro surpresa
assombroso admiração
assomo excitabilidade
assomo ímpeto
assomo indicação
assomo irascibilidade
assomo ressentimento
assomo suposição
assomo vontade
assonância melodia
assonância poesia
assopradela vento
assoprar desinformação
assoprar dilatação
assoprar vaidade
assoprar vento
assorear estorvo
assovinar-se sovinaria
assumido compromisso
assumir autoridade
assumir direito
assumir resolução
assumir suposição
assumir trabalho
assunção conversão
assunção esperança
assunção melhoramento
assunção raciocínio
assunção subida
assunção suposição
assuntar atenção
assunto investigação
assunto significação
assunto tópico
assustadiço medo
assustado medo
assustador dolorimento
assustador medo
assustar ameaça
assustar medo
assustar surpresa
asterisco atenção
asterisco indicação
astigmatismo visão imperfeita
astral qualidades
astral universo
astro beleza
astro corpos luminosos
astro esfericidade
astro fama
astro universo
astrolábio medida
astrologia bruxaria
astrologia universo
astrólogo feiticeiro
astrólogo oráculo
astrometria medida
astrometria universo
astronauta descostume
astronauta equipagem
astronomia universo
astronômico carestia
astronômico preço
astronômico tamanho
astrônomo douto
astrônomo espectador
astrônomo universo
astúcia falsidade
astúcia habilidade
astúcia irracionalidade
astúcia obliquidade
astucioso astúcia
astuto astúcia
astuto habilidade
astuto inteligência
ata descrição
ata registro
atabalhoadamente desordem
atabalhoado desatenção
atabalhoado desordem
atabaque mestre
atabaque servo
atacadista mercador
atacante ataque
atacante oponente
atacar ataque
atacar desrespeito
atacar doença
atacar junção
atacar negação
atacar oposição
atado imbecilidade
atado irresolução
atado junção
atado modéstia
atado relação
atadura cobertura
atadura junção
atadura vínculo
atadura vínculo
atalaia advertência
atalaia cume
atalhar descontinuidade
atalhar destruição
atalhar diminuição
atalhar encurtamento
atalhar incerteza
atalhar melhoramento
atalhar refutação
atalhar remédio
atalhar resposta
atalhar transigência
atalho encurtamento
atalho estorvo
atalho meação
atalho passadouro
atapetar cobertura
atapetar ornamento

ataque acusação
ataque desrespeito
ataque discórdia
ataque doença
ataque doença
ataque malevolência
atar estabilidade
atar junção
atarefado atividade
atarefado trabalho
atarracado tamanho
atarraxar obrigatoriedade
atascadeiro pântano
atascadeiro sujidade
ataúde enterro
atavismo intrinsecabilidade
atazanar descontentamento
atazanar dolorimento
até distância
até tempo
até não mais poder esforço
atear aquecimento
atear aumento
atear calor
atear causa
atear energia
atear excitação
ateísmo heterodoxia
ateísmo irreligião
ateliê oficina
atemorizar medo
atemporal tempo
atenção cautela
atenção cortesia
atenção cuidado
atenção deleite
atenção inteligência
atenção observância
atenção regularidade
atenção respeito
atencioso atenção
atencioso carícias
atencioso cortesia
atender atenção
atender audição
atender consentimento
atender observância
atendimento consentimento
ateneu escola
atentado ataque
atentado culpa
atentado ilegalidade
atentar atenção
atentar culpa
atentar empreendimento
atentar intenção
atentar pensamento
atentar plano
atentatório culpa
atentatório ódio
atento admiração
atento advertência
atento atenção
atento boa vontade
atento cortesia
atento cuidado
atento estudo
atento investigação
atenuação alívio
atenuação diminuição
atenuação fraqueza
atenuação justificação
atenuante atenuação
atenuante justificação
atenuar alívio
atenuar atenuação
atenuar contração
atenuar diminuição
atenuar fraqueza
atenuar justificação
atenuar melhoramento
atenuar moderação
atenuar perdão
atenuar réplica
atenuar tolerância
aterrar chegada
aterrar depressão
aterrar horizontalidade
aterrar medo
aterrar terra
aterrissar navegação
aterrissar terra
aterro horizontalidade
aterrorizado medo
aterrorizar demônio
aterrorizar medo
atestado completamento
atestado evidência
atestado indicação
atestado manifestação
atestado redundância
atestado suficiência
atestar afirmação
atestar certeza
atestar completamento
atestar conteúdo
atestar depósito
atestar evidência
atestar indicação
atestar manifestação
atestar redundância
atestar reunião
atestar suficiência
ateu irreligião
atiçador contenda
atiçador fornalha
atiçador motivo
atiçar aquecimento
atiçar excitação
atiçar motivo
atiçar punição
atiçar violência
atilado espírito
atilado habilidade
atilado inteligência
atilado probidade
atilado sábio
atilamento habilidade
atilamento inteligência
atilamento perfeição
atilar acabamento
atimia tristeza
átimo instantaneidade
átimo pouquidão
átimo tempo
átimo transitoriedade
atinar descoberta
atinar irracionalidade
atingir chegada
atingir impulso
atingir sucesso
atingível cortesia
atingível inteligibilidade
atingível possibilidade
atípico generalidade
atirador combatente
atirador propulsão
atirar abandono de propriedade
atirar ataque
atirar desafio
atirar homicídio
atirar impulso
atirar investigação
atirar propulsão
atirar rejeição
atirar a luva descrença

atitude aparecimento
atitude circunstância
atitude conduta
atitude forma
atitude situação
ativar agência
ativar atividade
ativar energia
ativar excitação
ativar pressa
ativar presteza
atividade agência
atividade cuidado
atividade energia
atividade habilidade
atividade perseverança
atividade mental pensamento
ativo ação
ativo atenção
ativo atividade
ativo cuidado
ativo dever
ativo energia
ativo esforço
ativo existência
ativo habilidade
ativo inteligência
ativo picante
ativo poder
ativo propriedade
ativo sentimento
ativo velocidade
ativo vida
Atlas força
atlas representação
Atlas suporte
Atlas tamanho
atleta auxiliar
atleta combatente
atleta defesa
atleta força
atlético força
atletismo contenda
atletismo divertimento
atletismo força
atmosfera ar
atmosfera circunjacência
atmosfera transparêcia
atmosférico ar
atmosférico azul
atmosférico circunjacência
ato ação
ato comando
ato drama
ato fiança
ato investigação
ato preceito
atoalhar cobertura
atocaiar esconderijo
atocaiar fraude
atochar inserção
atochar junção
atochar redundância
atolado imbecilidade
atolar água
atolar insucesso
atolar sujidade
atoleiro dificuldade
atoleiro golfo
atoleiro infamação
atoleiro sujidade
atômico pequenez
átomo componente
átomo inextensão
átomo leveza
átomo matéria
átomo pequenez
atônito admiração
átono silêncio
ator afetação
ator agente
ator drama
ator enganador
ator intérprete
atordoado admiração
atordoado ceticismo
atordoado desatenção
atordoado refutação
atordoamento admiração
atordoamento barulho
atordoamento insensibilidade
atordoamento loucura
atordoamento surdez
atordoamento surpresa
atordoar admiração
atordoar barulho
atordoar estridor
atordoar pedido
atordoar surdez
atordoar surpresa
atormentado sofrimento
atormentar dificuldade
atormentar dolorimento
atormentar dor
atormentar incerteza
atormentar malevolência
atracação chegada
atração terrestre poder
atração amor
atração deleite
atração desejo
atração impulso
atração influência
atração motivo
atracar chegada
atracar junção
atracar localização
atracar navegação
atracar pedido
atracar restrição
atraente atração
atraente beleza
atraente deleite
atraente desejo
atraiçoar exposição
atrair amor
atrair atração
atrair beleza
atrair desejo
atrair fraude
atrair gravidade
atrair motivo
atrair tração
atrapalhação desatenção
atrapalhação dificuldade
atrapalhação excitabilidade
atrapalhação modéstia
atrapalhação sentimento
atrapalhado desatenção
atrapalhar admiração
atrapalhar desarranjo
atrapalhar dificuldade
atrapalhar excitação
atrapalhar incerteza
atrapalhar surpresa
atrapalhar(-se) inabilidade
atrás passado
atrás sucessão
atrasado ignorância
atrasado insolvência
atrasar demora
atrasar diuturnidade
atrasar recuo
atraso demora
atraso dívida
atraso ignorância
atrativo atração

atrativo beleza
atrativo deleite
atrativo motivo
atrativos carícias
atrativos motivo
atravancado inconveniência
atravancado suficiência
atravancamento redundância
atravancar estorvo
atravessador egoísmo
atravessador mercador
atravessador passagem
atravessamento obliquidade
atravessamento passagem
atravessar abertura
atravessar cruzamento
atravessar descontinuidade
atravessar estorvo
atravessar interjacência
atravessar locomoção
atravessar obliquidade
atravessar passagem
atravessar posse
atravessar restrição
atravessar o coração sentimento
atrelar junção
atrelar motivo
atrever-se coragem
atrever-se desafio
atrever-se insolência
atrever-se perigo
atrever-se temeridade
atrevido coragem
atrevido insolência
atrevido vigor
atrevimento insolência
atrevimento temeridade
atribuição autoridade
atribuição direito
atribuição trabalho
atribuir atribuição
atribuir importância
atribulação adversidade
atribulação dificuldade
atribulação dolorimento
atribulação sofrimento
atribulado sofrimento
atributivo atribuição
atributo intrinsecabilidade
atributo poder
atributo qualidades
atrição atrito
atrição penitência
átrio borda
átrio começo
átrio região
atrito contraste
atrito discórdia
atrito dissentimento
atrito inimizade
atrito oposição
atrito pulverização
atrito resistência
atriz drama
atrocidade desvirtude
atrocidade inclemência
atrocidade malevolência
atrofia contração
atrofia doença
atrofia fraqueza
atrofia pioramento
atrofiado pequenez
atrofiar contração
atrofiar depreciação
atrofiar encurtamento
atrofiar fraqueza
atrofiar ignorância
atrofiar pequenez
atrofiar resistência
atropelado desordem
atropelar desprezo
atropelar impropriedade
atropelar impulso
atropelar inobservância
atropelar ruindade
atropelar tirania
atropelar velocidade
atropelo desprezo
atropelo impropriedade
atropelo injustiça
atropelo tirania
atroz adversidade
atroz desvirtude
atroz dolorimento
atroz inclemência
atroz malevolência
atroz ruindade
atuação ação
atuação artes
atuação conduta
atuação influência
atual tempo presente
atualidade existência
atualidade tempo presente
atualizar novidade
atualizar tempo presente
atuante agência
atuante agente
atuar ação
atuar agência
atuar conduta
atuar energia
atuar motivo
atulhado redundância
atulhar completamento
atulhar conteúdo
atulhar densidade
atulhar depósito
atulhar redundância
aturar diuturnidade
aturar perseverança
aturar renitência
aturar sentimento
aturdido admiração
aturdido desatenção
aturdido surpresa
aturdimento barulho
aturdimento insensibilidade
aturdir admiração
aturdir barulho
aturdir desatenção
aturdir insensibilidade
aturdir loucura
aturdir surdez
aturdir surpresa
audácia coragem
audácia insolência
audácia resolução
audácia temeridade
audácia vigor
audacioso coragem
audacioso perigo
audacioso temeridade
audaz coragem
audiência audição
audiência palestra
audiologia audição
audiólogo audição
audiometria audição
auditivo audição
auditivo partes do corpo humano
auditor gestão
auditor juiz
auditoria gestão

auditoria tribunal
auditório audição
auditório drama
auditório espectador
audível audição
audível som
auê barulho
auê contenda
auê desordem
auê grito
auferir aquisição
auferir receita
auferir uso
auge cume
auge grau
auge perfeição
auge quantidade
augúrio agouro
augúrio predição
augúrio previdência
augusto altura
augusto fama
augusto nobreza
augusto ostentação
augusto respeito
aula escola
aula palestra
aumentar aumento
aumentar contabilidade
aumentar dilatação
aumentar grandeza
aumentar melhoramento
aumentar predição
aumentar recebimento
aumentar superioridade
aumentativo aumento
aumento adjunto
aumento dilatação
aumento melhoramento
aura corrente
aura fama
aura frescura
aura vento
aura vida
áureo amarelo
áureo bondade
áureo elegância
áureo prosperidade
auréola circunferência
auréola circunjacência
auréola fama
auréola luz
auréola universo
aurícula audição
aurífero dinheiro
aurífero riqueza
auriverde verde
aurora começo
aurora corpos luminosos
aurora luz
aurora austral corpos luminosos
aurora boreal corpos luminosos
aurora polar corpos luminosos
auscultação audição
ausência desprovimento
ausentar-se ausência
ausentar-se partida
ausentar-se retirada
ausentar-se transigência
ausente ausência
ausente incompreensão
ausente insensibilidade
auspício agouro
auspício predição
auspícios influência
auspícios segurança
auspicioso esperança
auspicioso oportunidade
auspicioso prosperidade
austeridade amargura
austeridade ascetismo
austeridade descortesia
austeridade moderação
austeridade probidade
austeridade restrição
austeridade simplicidade
austeridade sobriedade
austeridade tirania
austero amargura
austero ascetismo
austero descortesia
austero dificuldade
austero moderação
austero probidade
austero tirania
austero virtude
autenticação evidência
autenticação fiança
autenticado legalidade
autenticar direito
autenticar evidência
autenticar legalidade
autenticidade singeleza
autenticidade veracidade
autêntico certeza
autêntico imitação
autêntico singeleza
autêntico veracidade
auto veículo
autobiografia descrição
autocontrole resolução
autocontrole vontade
autocracia autoridade
autocracia tirania
autocrata amo
autocrata tirania
autóctone começo
autóctone habitante
autodidata estudo
autodidata mestre
autoflagelar-se ascetismo
autografar escrita
autografar imitação
autógrafo indicação
autógrafo protótipo
automação trabalho
automático ausência de motivo
automático compulsoriedade
autômato ingênuo
autômato irresolução
automobilístico veículo
automotivo veículo
automóvel veículo
autônomo liberdade
autópsia disjunção
autópsia enterro
autor acusação
autor demanda
autor livro
autor motivo
autor produtor
autoria ascendência
autoria produção
autoridade amo
autoridade autoridade
autoridade direito
autoridade diretor
autoridade evidência
autoridade influência
autoridade proficiente
autoridade sábio
autoritário autoridade
autoritário obstinação
autoritário vontade

autoritarismo autoridade
autorização assentimento
autorização comissão
autorização direito
autorização fiança
autorização permissão
autorização poder
autorizado certeza
autorizado direito
autorizar aprovação
autorizar direito
autorizar justificação
autorizar permissão
autos demanda
autos legalidade
autos lista
autos registro
autos rito
autuar depósito
autuar registro
auxiliar agente
auxiliar auxílio
auxiliar benevolência
auxiliar facilidade
auxiliar servo
auxiliar utilidade
auxílio benevolência
auxílio concorrência
auxílio defesa
auxílio filantropia
auxílio instrumentalidade
auxílio meios
auxílio utilidade
avacalhar infamação
aval dinheiro
aval fiança
avalanche descida
avalanche multidão
avalanche redundância
avalanche suficiência
avaliação medida
avaliação preço
avaliar medida
avaliar numeração
avaliar pensamento
avaliar preço
avançado convexidade
avançado tolerância
avançado velhice
avançamento convexidade
avançamento progressão
avançar afirmação
avançar ataque
avançar aumento
avançar convexidade
avançar curso
avançar evidência
avançar informação
avançar progressão
avançar prosperidade
avanço apropriação
avanço aquisição
avanço empréstimo
avanço evolução
avanço progressão
avanço prosperidade
avanço superioridade
avantajar bondade
avantajar melhoramento
avarento sovinaria
avarento sovinaria
avareza economia
avaria mal
avaria pioramento
avariar pioramento
avaro insignificância
avaro insuficiência
avaro sovinaria
avassalador sentimento
avassalador tirania
ave animal
avelã castanho
aveludado flexibilidade
ave-maria tarde
avenida abertura
avenida agricultura
avenida continuidade
avenida morada
avenida passadouro
avental defesa
avental indumentária
avental limpeza
aventar suposição
aventura artes
aventura casualidade
aventura ensaio
aventura eventualidade
aventura perseguição
aventurar-se risco
aventureiro casualidade
aventureiro coragem
aventureiro enganador
aventureiro experiência
aventureiro perigo
aventureiro temeridade
aventureiro viajante
aventuroso coragem
aventuroso perigo
averbamento registro
averbar desrespeito
averbar registro
averiguação investigação
averiguar investigação
avermelhado vermelhidão
aversão má vontade
aversão recusa
aversão rejeição
aversão reprovação
aversão ruindade
avesso aversão
avesso contraste
avesso dissuasão
avesso erro
avesso inimigo
avesso inversão
avesso má vontade
avesso oposição
avesso retaguarda
aviação guerra
aviação navegação
aviador equipagem
aviador viajante
aviamento indumentária
avião combatente
avião fêmea
avião nave
avião de caça potencial de guerra
aviar acabamento
aviar ação
aviar composição
aviar dificuldade
aviar preparação
aviar produção
aviário domesticação
avícula animal
avicultura domesticação
avidez comida
avidez desejo
avidez excitabilidade
avidez gula
avidez qualidades
avidez sovinaria
ávido boa vontade
ávido desejo
ávido gula
ávido sentimento
ávido sovinaria
aviltamento covardia

aviltamento difamação
aviltamento humildade
aviltamento infamação
aviltamento pioramento
aviltante depreciação
aviltante dolorimento
aviltante infamação
aviltar depreciação
aviltar desconto
aviltar desrespeito
aviltar difamação
aviltar infamação
aviltar mancha
aviltar mau uso
avinagrado azedume
avinagrado embriaguez
avinhado embriaguez
avinhar embriaguez
avisado advertência
avisado cautela
avisado conveniência
avisado inteligência
avisar advertência
avisar alarma
avisar informação
avisar reprovação
aviso advertência
aviso cautela
aviso conselho[2]
aviso informação
aviso memória
aviso notícia
aviso perigo
aviso predição
aviso reprovação
avistar inteligência
avistar visão
avivar dissensões discórdia
avivar agravação
avivar aumento
avivar cor
avivar excitação
avivar imitação
avivar pressa
avivar sensibilidade
avivar velocidade
avivar violência
avô ancião
avô ascendência
avó consanguinidade
avoado capricho
avocar comando
avocar direito
avocar empreendimento
avocar trabalho
avolumar estorvo
avulso disjunção
avulso dispersão
avulso extração
avulso incerteza
avulso irracionalidade
avulso isolamento
avulso não relação
avultar aumento
avultar convexidade
avultar escrita
avultar exageração
avultar exagero
avultar grandeza
avultar importância
avultar tamanho
avultar visibilidade
axioma máxima
axioma regularidade
azado habilidade
azado oportunidade
azáfama atividade
azáfama desordem
azáfama esforço
azáfama movimento
azar casualidade
azar mal
azarar desejo
azarento adversidade
azedar agravação
azedar azedume
azedar ressentimento
azedia azedume
azedo amargura
azedo azedume
azedo picante
azedume amargura
azedume discórdia
azedume irascibilidade
azedume ódio
azedume ressentimento
azeitar lubrificação
azeitar tempero
azeite óleo
azeite tempero
azeitona verde
azeviche pretidão
aziago adversidade
aziago ruindade
azimute angularidade
aziúme azedume
azo alegação
azo oportunidade
azougue atividade
azougue energia
azougue velocidade
azucrinante grito
azucrinar descontentamento
azucrinar dolorimento
azul ar
azul azul
azulado azul
azulado distância
azulão azul
azular azul
azular transigência
azul-claro azul
azulejar azul
azulejo azul
azulejo cobertura
azul-marinho azul
azul-piscina azul

B

baba excreção
babaca ingênuo
babaca tolo
babado borda
babado adjunto
babado exagero
babador infância
babão admiração
babão amor
babão servilismo
babão tolo
babaquara habitante
babaquara anarquia
babaquara tolo
babar água
babar gagueira
babar sujidade
Babel desordem
babel mistura
babel indiscriminação
Babel ininteligibilidade
Babel linguagem
Babel neologismo
babel voz
babélico mistura
babosa amargura
baboseira absurdo

baboseira sem significação
bacalhau azorrague
bacalhau libertino
bacanal embriaguez
bacanal impureza
bacanal intemperança
bacanal redundância
bacharelado fama
bacharelar irracionalidade
bacharelar loquacidade
bacia concavidade
bacia receptáculo
baço acromatismo
baço castanho
baço interioridade
baço meia-luz
baço opacidade
bacon óleo
bactéria pequenez
báculo suporte
báculo batina
badalado publicidade
badalar prolação
badalo pendura
baderna anarquia
badulaque insignificância
badulaque inutilidade
bafafá desordem
bafejar sussurro
bafejar vento
bafejar auxílio
bafejo vento
bafejo auxílio
bafejo prosperidade
bafejo segurança
bafo água
bafo vento
bafo vida
bafo inteligência
bafo mentira
bafo motivo
bafo suposição
baforada vento
baforada jactância
baga pouquidão
bagagem gravidade
bagagem potencial de guerra
bagagem propriedade
bagatela insubstancialidade
bagatela pouquidão
bagatela barateza
bagatela insignificância
bago esfericidade
bago pouquidão
bago dinheiro
bagulho dinheiro
bagunça desarranjo
bagunça desordem
bagunçado desarranjo
bagunçado desordem
bagunçar desarranjo
bagunçar desordem
baía concavidade
baia domesticação
baía golfo
baião música
baião divertimento
bailado drama
bailar oscilação
bailar divertimento
bailarino drama
baile celebração
baile divertimento
baile drama
bainha borda
bainha cobertura
bainha receptáculo
baioneta perfurador
baioneta potencial de guerra
bairrismo especialidade
bairrismo filantropia
bairro morada
bairro região
baitola hermafrodismo
baiúca embriaguez
baixa depressão
baixa diminuição
baixa barateza
baixa conselho[1]
baixa pioramento
baixa supressão
baixa-mar baixeza
baixa-mar regressão
baixa-mar rio
baixar baixeza
baixar descida
baixar diminuição
baixar barateza
baixar legalidade
baixar pioramento
baixar portaria comando
baixar programa informação
baixaria desonestidade
baixela reunião
baixela propriedade
baixeza pequenez
baixeza inferioridade
baixeza barateza
baixeza covardia
baixeza desonestidade
baixeza humildade
baixeza infamação
baixeza lisonja
baixeza servilismo
baixio ilha
baixio vau
baixio recife
baixo assimetria
baixo baixeza
baixo música
baixo pequenez
baixo ressonância
baixo sussurro
baixo pouquidão
baixo covardia
baixo desonestidade
baixo desprezo
baixo desvirtude
baixo neologismo
baixo plebeísmo
baixo ruindade
baixo servilismo
baixo-relevo escrita
bajulação lisonja
bajulação servilismo
bajulador adulador
bajulador lisonja
bajulador servilismo
bajulador tergiversação
bajular lisonja
bajular servilismo
bala doçura
bala propulsão
bala sibilação
bala velocidade
bala potencial de guerra
balaço ataque
balada música
balada música
balada divertimento
balada poesia
balada sociabilidade
balaio receptáculo
balança gravidade
balançar oscilação

balançar pendura
balançar igualdade
balançar comparação
balançar irresolução
balanceado oscilação
balanceamento oscilação
balancear oscilação
balancear pendura
balancear igualdade
balancear numeração
balancear comparação
balancear contabilidade
balancear irresolução
balancete contabilidade
balancim oscilação
balanço oscilação
balanço pendura
balanço contabilidade
balanço trabalho
balão esfericidade
balão nave
balão subida
balaustrada cerca
balaustrada suporte
balaustrada defesa
balaústre cerca
balaústre suporte
balbuciante infante
balbuciante gagueira
balbuciar sussurro
balbuciar infância
balbuciar gagueira
balbuciar ignorância
balbuciar voz
balbucio sussurro
balbúrdia barulho
balbúrdia grito
balbúrdia som
balbúrdia desordem
balbúrdia incerteza
balcão convexidade
balcão morada
balcão drama
balcão permuta
baldado insucesso
baldado inutilidade
baldaquino insígnia
baldar estorvo
baldar insucesso
baldar inutilidade
baldar proibição
balde receptáculo
baldear transferência
baldio improdutividade
baldio despreparo
baldio inutilidade
balé música
balé artes
baleeira nave
baleia oceano
baleia tamanho
balela mentira
balela notícia
balística guerra
balístico propulsão
baliza direção
baliza limite
baliza fim
baliza indicação
balizar circunscrição
balizar limite
balizar medida
balneário água
balofo assimetria
balofo dilatação
balofo flexibilidade
balofo falsidade
balofo orgulho
balofo sem significação
balofo vaidade
balonismo divertimento
balsa cerca
balsa nave
balsa vegetal
balsâmico fragrância
balsâmico odor
balsâmico alívio
balsâmico inatividade
balsâmico remédio
bálsamo fragrância
bálsamo alívio
baluarte suporte
baluarte defesa
baluarte refúgio
bamba diretor
bamba proficiente
bambambã diretor
bambear flexibilidade
bambear disjunção
bambear irresolução
bambo falta de elasticidade
bambo flexibilidade
bambo disjunção
bambo incoesão
bambolê circunferência
bambolear oscilação
bamboleio oscilação
bambu flexibilidade
bambu vegetal
bambual vegetal
banal regularidade
banal conhecimento
banal expectação
banal frouxidão
banal hábito
banal imbecilidade
banal inatividade
banal insignificância
banal mau gosto
banal sem significação
banalidade chateza
banalidade frouxidão
banalidade imbecilidade
banalidade insignificância
banalidade mau gosto
banalidade mediocridade
banalidade sem significação
banalizar hábito
banana desrespeito
banana irresolução
banana tolo
bananal agricultura
bancada conselho[1]
bancar falsidade
bancário tesouraria
bancarrota insolvência
bancarrota insucesso
bancarrota insucesso
banco suporte
banco crédito
banco templo
banco tesouraria
banda circunferência
banda direção
banda filamento
banda impulso
banda instrumentos musicais
banda lateralidade
banda música
banda música
banda vínculo
banda indicação
banda insígnia
banda partido
bandalheira desonestidade
bandalho impureza
bandalho janota

bandalho mau gosto
bandalho ridicularia
bandalho velhaco
bandarilha agudeza
bandarilheiro combatente
bandeira ar
bandeira autoridade
bandeira combatente
bandeira crença
bandeira indicação
bandeira insígnia
bandeira partido
bandeira preceito
bandeirante precursor
bandeirinha tergiversação
bandeirola indicação
bandeirola ornamento
bandeja receptáculo
bandeja suporte
bandido homem ruim
bandido ladrão
bandido malevolência
banditismo malevolência
bando classe
bando comando
bando multidão
bando reunião
bando informação
bando partido
bandoleira suporte
bandoleiro amor
bandoleiro enganador
bandoleiro ladrão
bangalô morada
banha óleo
banha untuosidade
banhar água
banhar contiguidade
banheira água
banheiro limpeza
banho água
banho mergulho
banho limpeza
banimento deslocação
banimento dispensa
banimento expulsão
banimento omissão
banimento punição
banimento reclusão
banimento rejeição
banir expulsão
banir transferência
banir destruição
banir dispensa
banir omissão
banir punição
banir reclusão
banir rejeição
banqueiro dinheiro
banqueiro riqueza
banqueiro tesoureiro
banqueta defesa
banquete fruição
banquetear intemperança
banzé desordem
banzé desobediência
banzé divertimento
banzo saudade
baque descida
baque estalo
baque não ressonância
baque adversidade
baque insucesso
baque sentimento
baquear morte
baquear adversidade
baquear insucesso
baquear pioramento
bar morada
bar embriaguez
bar mercado
barafunda desordem
barafunda reunião
baralhar desarranjo
baralhar mistura
barão nobreza
barão título
baratear inferioridade
baratear barateza
baratear depreciação
baratear desconto
baratear difamação
barateiro barateza
barateiro mercador
baratinado louco
barato inferioridade
barato barateza
barato facilidade
barato insignificância
barato preço
barba aspereza
barba macho
barba adolescência
barba-azul casamento
Barba-Azul libertino
barbada facilidade
barbado aspereza
barbado macho
barbado adolescência
barbante filamento
barbante vínculo
barbárie descortesia
barbárie malevolência
barbarismo alheamento
barbarismo descortesia
barbarismo deselegância
barbarismo erro
barbarismo mau gosto
barbarismo neologismo
barbarismo solecismo
barbarizar pioramento
barbarizar solecismo
bárbaro amorfia
bárbaro deselegância
bárbaro despreparo
bárbaro inclemência
bárbaro malevolência
bárbaro malfeitor
bárbaro mau gosto
bárbaro neologismo
bárbaro plebeísmo
bárbaro tirania
barbatana elasticidade
barbear contração
barbear encurtamento
barbeiragem inabilidade
barbeiro agente
barbeiro frio
barbeiro malfeitor
barbicacho estorvo
barbicacho prisão
barbirruivo adolescência
barbitúrico insensibilidade
barbudo aspereza
barbudo macho
barbudo adolescência
barca nave
barca passadouro
barcarola música
barco nave
bardo cerca
bardo poesia
bardo tolo
barganha troca
barganha aquisição
barganha contrato
barganha desonestidade
barganha permuta
barganhar correlação

barganhar troca
barganhar contrato
barganhar permuta
bário flexibilidade
barítono música
barítono ressonância
bar-mitzvá rito
barométrico previdência
barômetro ar
barômetro advertência
barômetro medida
barômetro previdência
baronesa nobreza
baronesa título
barqueiro equipagem
barra borda
barra comprimento
barra golfo
barra limite
barra rio
barra fim
barra força
barra resto
barra divertimento
barra estorvo
barra instrumento
barraca cobertura
barraca morada
barracão morada
barraco morada
barrado circunscrição
barragem cerca
barragem estorvo
barranco concavidade
barranco terra
barranco estorvo
barranco recife
barrar cobertura
barrar dispensa
barrar fechamento
barrar omissão
barrar estorvo
barreira cerca
barreira limite
barreira defesa
barreira estorvo
barreiro golfo
barrela liquefação
barrela limpeza
barrento meio líquido
barrento sujidade
barretada cortesia
barretada respeito
barrete indumentária
barrete batina
barrete defesa
barrete insígnia
barricada cerca
barricada defesa
barriga convexidade
barriga receptáculo
barriga notícia
barrigudo assimetria
barrigudo convexidade
barrigudo dilatação
barrigudo fealdade
barril esfericidade
barro flexibilidade
barro meio líquido
barro terra
barro vínculo
barro insignificância
barro material
barroca altura
barroca concavidade
barroco altura
barroco música
barroco terra
barroco afetação
barroco ornamento
barroso flexibilidade
barroso sujidade
barrote suporte
barulheira barulho
barulheira grito
barulheira som
barulhento barulho
barulhento grito
barulhento som
barulhento contenda
barulhento excitabilidade
barulho grito
barulho som de coisas
barulho som
barulho atividade
barulho contenda
barulho publicidade
basalto rigidez
basbaque tolo
base baixeza
base direitura
base suporte
base causa
base componente
base número
base crença
base motivo
base raciocínio
baseado evidência
basear base
basear evidência
básico base
básico suporte
básico intrinsecabilidade
básico importância
básico necessidade
basilar base
basilar suporte
basilar importância
basilar necessidade
basílica templo
basilisco visão
basilisco desconformidade
basilisco malfeitor
bastante grandeza
bastante suficiência
bastão suporte
bastão potencial de guerra
bastar suficiência
bastardo posteridade
bastardo fraude
bastardo impropriedade
bastardo letra
bastidor drama
basto densidade
basto encurtamento
basto multidão
basto substancialidade
bata indumentária
batalha contenda
batalha guerra
batalhação esforço
batalhação obstinação
batalhador auxiliar
batalhador combatente
batalhador contenda
batalhador esforço
batalhador guerra
batalhão multidão
batalhão combatente
batalhar contenda
batalhar esforço
batalhar guerra
batalhar raciocínio
batata convexidade
batata fealdade
batata mentira
bate-boca discórdia
bate-boca inimizade

batedor frente
batedor precessão
batedor precursor
batedor advertência
batedor mensageiro
bátega receptáculo
bateia receptáculo
batel nave
batelada conteúdo
batente começo
bater impulso
bater som
bater cronometria
bater mistura
bater ataque
bater punição
bater reprovação
bater sucesso
bater com o nariz no chão horizontalidade
bater o coração esperança
bateria ataque
bateria combatente
bateria defesa
bateria potencial de guerra
batida hábito
batida perseguição
batido conformidade
batido repetição
batido velharia
batido insignificância
batido inutilidade
batido submissão
batido uso
batismal rito
batismo nomenclatura
batismo rito
batista heterodoxia
batistério templo
batizar nomenclatura
batizar rito
batoque pequenez
batoque tapador
batoque escapatória
batota desvirtude
batota falsidade
batota fraude
batoteiro casualidade
batoteiro velhaco
batráquio adulador
batucada música
batucar impulso
batucar divertimento
batuque impureza
batuta melodia
batuta regularidade
batuta autoridade
batuta gestão
baú receptáculo
baunilha fragrância
bazar mercado
bazófia exageração
bazófia jactância
bazófia vaidade
bazofiar exageração
bazofiar jactância
bazofiar orgulho
bazuca potencial de guerra
beatice impiedade
beatificação piedade
beatificação prazer
beatificado prazer
beatificar aprovação
beatificar deleite
beatificar prosperidade
beatificar rito
beatífico piedade
beatífico prazer
beatitude prazer
beatitude título
beato carola
beato maria
beato piedade
beato prazer
bebê infante
bebedeira embriaguez
bebedor embriaguez
bebedouro foco
beber comida
beber recepção
beber embriaguez
beber estudo
beberagem comida
beberagem remédio
bebericar comida
beberrão embriaguez
bebes comida
bebida comida
bebida recepção
bebida remédio
bebum embriaguez
beca insígnia
beco abertura
beco morada
beco passadouro
bedel tapador
bedel jurisdição
bedelho infante
bedelho vínculo
beduíno descortesia
begônia vermelhidão
beiço borda
beiço convexidade
beiço pendura
beiçola pendura
beiçudo assimetria
beiçudo convexidade
beiçudo fealdade
beija-flor animal
beija-flor beleza
beija-mão respeito
beija-pé respeito
beijar contiguidade
beijar carícias
beijar cortesia
beijo contiguidade
beijo carícias
beijo cortesia
beijo deleite
beijoca carícias
beijocar carícias
beijoqueiro amor
beijoqueiro carícias
beijoqueiro cortesia
beira borda
beira contiguidade
beira terra
beirada borda
beirada terra
beirada começo
beiral borda
beira-mar borda
beira-mar terra
beirar futuro
beisebol divertimento
beladona veneno
belas-artes bom gosto
belas-artes representação
beldade fêmea
beldade beleza
beleguim jurisdição
beleza simetria
beleza deleite
beleza elegância
beliche receptáculo
belicismo guerra
bélico combatente
bélico guerra
belicosamente oposição

belicoso contenda
belicoso guerra
belida visão imperfeita
beligerância contenda
beligerante combatente
beligerante contenda
beligerante guerra
beliscão dor
beliscão motivo
beliscar excitação
beliscar motivo
belisco dor
belo altruísmo
belo aquisição
belo beleza
belo bondade
belo deleite
belo fruição
belo melodia
belo raciocínio
belo saúde
belo simetria
belo virtude
bel-prazer vontade
beltrano humanidade
beltrano generalidade
Belzebu satã
belzebu satã
bem amor
bem aprovação
bem assentimento
bem bem
bem bondade
bem certeza
bem favorito
bem habilidade
bem prazer
bem utilidade
bem-acabado elegância
bem-amado amor
bem-amado favorito
bem-aventurado maria
bem-aventurado prazer
bem-aventurado prosperidade
bem-aventurado virtude
bem-aventurança céu
bem-aventurança prazer
bem-aventurança prosperidade
bem-comportado virtude
bem-disposto contentamento
bem-dotado beleza
bem-educado cortesia
bem-estar bem
bem-estar prosperidade
bem-estar segurança
bem-humorado benevolência
bem-intencionado benevolência
bem-intencionado bondade
bem-intencionado virtude
bem-nascido prazer
bem-nascido prosperidade
bem-parecido beleza
bem-posto beleza
bem-sucedido sucesso
bem-visto amor
bem-visto benevolência
bem-visto probidade
bem-visto respeito
bemol melodia
bênção aprovação
bênção bem
bênção bondade
bênção gratidão
bênção prazer
bendito aprovação
bendito prazer
bendizer aprovação
bendizer culto
bendizer rito
beneditino clerezia
beneditino douto
beneficência benevolência
beneficência bondade
beneficência virtude
beneficente benevolência
beneficiação melhoramento
beneficiado recebimento
beneficiar auxílio
beneficiar benevolência
beneficiar bondade
beneficiar melhoramento
beneficiar utilidade
beneficiário clerezia
beneficiário possuidor
beneficiário recebimento
benefício aquisição
benefício auxílio
benefício bem
benefício doação
benefício melhoramento
benefício receita
benefício tolerância
benefício utilidade
benéfico bondade
benéfico salubridade
benéfico utilidade
benemerência benevolência
benemerência fama
benemerência filantropia
benemerência virtude
benemérito benfeitor
benemérito fama
benemérito filantropia
benemérito homem bom
benemérito virtude
beneplácito aprovação
beneplácito assentimento
beneplácito consentimento
beneplácito permissão
benesse doação
benesse recompensa
benevolência altruísmo
benevolência amor
benevolência bondade
benevolência clemência
benevolência cortesia
benevolência filantropia
benevolente benevolência
benevolente bondade
benevolente permissão
benévolo benevolência
benévolo bondade
benévolo paz
benfazejo benevolência
benfazejo bondade
benfeitor benevolência
benfeitor homem bom
benfeitoria propriedade
bengala suporte
bengala potencial de guerra
benigno frescura
benigno moderação
benigno benevolência
benigno boa vontade
benigno bondade
benigno clemência
benigno cortesia
benigno humildade
benigno salubridade
benigno tolerância
Benjamim favorito
benquerença amor

benquerença benevolência
benquisto amizade
benquisto amor
benquisto benevolência
benquisto respeito
bens meios
bens mercadoria
bens propriedade
bens riqueza
bentinho batina
bentinho título
bento piedade
bento remédio
bento rito
benzedeiro feiticeiro
benzedura bruxaria
benzedura encantamento
benzer restauração
benzer rito
benzina óleo
beócio tolo
bequadro melodia
beque convexidade
berço morada
berço causa
berço nobreza
bergamota fragrância
bergantim nave
beribéri doença
berilo verde
berlinda veículo
bernarda desobediência
berne doença
berrante cor
berrante contraste
berrante deselegância
berrante sem significação
berrar grito
berrar discurso
berrar voz
berreiro grito
berro grito
besouro prolação
besta animal
besta carregador
besta ignorante
besta insolência
besta orgulho
besta potencial de guerra
besta vaidade
besta-fera homem ruim
besteirol anedota
besteirol artes
besteirol drama
bestial absurdo
bestial animal
bestial descortesia
bestial imbecilidade
bestial impureza
bestial intemperança
bestial sujidade
bestialidade imbecilidade
bestializar admiração
bestializar desatenção
bestializar imbecilidade
bestializar insensibilidade
bestializar surpresa
bestiário combatente
bestificado impotência
bestificado insucesso
bestificar admiração
bestificar desatenção
bestificar imbecilidade
bestificar surpresa
bestunto intelecto
besuntão mau gosto
besuntão sujidade
besuntar cobertura
besuntar lubrificação
besuntar sujidade
beta variegação
beta depósito
betume vínculo
bexiga receptáculo
bexiga anedota
bexiga mancha
bexigueiro divertimento
bexigueiro espírito
bexiguento mancha
bexiguento ridicularização
bibelô beleza
Bíblia crença
Bíblia revelação
bíblico revelação
bibliófilo livro
bibliografia livro
bibliógrafo livro
bibliomania conhecimento
bibliomania livro
bibliomaníaco conhecimento
bibliomaníaco douto
bibliotecário livro
biblioteconomia livro
bibliotecônomo livro
biboca esconderijo
biboca estorvo
bica conduto
bica egressão
bica rio
bicada dor
bicampeão dualidade
bicanca convexidade
bicanca fealdade
bicar dor
bicar embriaguez
bicha animal
bicha hermafrodismo
bicha sinuosidade
bicha irascibilidade
bicha malfeitor
bicha remédio
bichado velharia
bichano animal
bichar velharia
bichar pioramento
bicho animal
bicho carregador
bicho-carpinteiro destruidor
bicicleta veículo
bico agudeza
bico cume
bicolor variegação
bicôncavo instrumentos de óptica
biconvexo instrumentos de óptica
bicudo agudeza
bicudo angularidade
bicudo estreiteza
bicudo dificuldade
bienal periodicidade
biênio período
bífido bissecção
bifocal instrumentos de óptica
biforme multiformidade
biforme variedade
bifurcação angularidade
bifurcação simetria
bifurcação bissecção
bifurcado angularidade
bifurcado bissecção
bifurcar angularidade
bifurcar bissecção
bigamia casamento
bígamo casamento
bigode aspereza

bigode adolescência
bigodear fraude
bigorna audição
bigorrilha velhaco
bijuteria ornamento
bilateral correlação
bilateral contrato
bile irascibilidade
bile ressentimento
bilha receptáculo
bilhão numerais cardinais
bilhar divertimento
bilhete localização
bilhete correspondência
bilhete indicação
bilionésimo numerais ordinais
bilioso irascibilidade
bilioso tristeza
bilontra libertino
bilontra velhaco
bilontragem desonestidade
bilontragem impureza
bilro pequenez
bilro rotação
biltre desonestidade
biltre homem ruim
biltre velhaco
bímano humanidade
bimbalhar prolação
bimensal periodicidade
bimestral periodicidade
bimotor nave
binário melodia
binário dualidade
bingo divertimento
binocular instrumentos de óptica
binóculo instrumentos de óptica
binômio dualidade
biogênese produção
biografar descrição
biografia descrição
biografia registro
biográfico descrição
biógrafo descrição
biógrafo livro
biógrafo registrador
biologia vida
biologista douto
biomassa combustível
biombo esconderijo
biombo refúgio
bipartição bissecção
bipartido bissecção
bipartir bissecção
bípede humanidade
biplano nave
biplano combatente
bipolar louco
bipolaridade loucura
bipolaridade tristeza
biqueira agudeza
biqueiro temperança
biquíni indumentária
birosca embriaguez
birra aversão
birra discórdia
birra obstinação
birrento dolorimento
birrento hipocondria
birrento obstinação
biruta louco
biruta vento
bis duplicação
bis repetição
bisar duplicação
bisar repetição
bisavô ancião
bisavô ascendência
bisavó consanguinidade
bisavô consanguinidade
bisbilhotar curiosidade
bisbilhotar notícia
bisbilhotar palestra
bisbilhoteiro curiosidade
bisbilhoteiro informação
bisbilhoteiro investigação
bisbilhoteiro notícia
bisbilhoteiro palestra
bisbilhotice curiosidade
bisbilhotice exposição
bisbilhotice palestra
bisca divertimento
bisca homem ruim
bisca ridicularização
biscate aquisição
biscate libertino
bisel obliquidade
bisel escrita
bisnaga água
bisneta consanguinidade
bisneto consanguinidade
bisneto posteridade
bispado cargos da Igreja
bispar visão
bispar cargos da Igreja
bispar furto
bispar rito
bispo aquecimento
bispo clerezia
bispo clerezia
bissemanal periodicidade
bissetriz direitura
bissetriz bissecção
bissetriz meio
bissexto interjacência
bissexual hermafrodismo
bissexualidade hermafrodismo
bisturi abertura
bisturi agudeza
bitoca carícias
bitola grau
bitola regularidade
bitola medida
bivaque imobilidade
bivaque localização
bivaque morada
bizantino insignificância
bizantino irracionalidade
bizarria altruísmo
bizarria beleza
bizarria bom gosto
bizarria coragem
bizarria doação
bizarria jactância
bizarria liberalidade
bizarro altruísmo
bizarro beleza
bizarro benevolência
bizarro coragem
bizarro doação
bizarro jactância
bizarro liberalidade
blá-blá-blá sem significação
blasfemar impiedade
blasfêmia impiedade
blasfemo impiedade
blasonar jactância
blasonar ostentação
blazer indumentária
blefar falsidade
blefe fraude
blindado cobertura
blindado defesa
blindado guerra

blindado desinteresse
blindagem defesa
blindagem refúgio
blindar cobertura
blindar defesa
bloco densidade
bloco rigidez
bloco estorvo
bloco partido
blog informação
bloquear fechamento
bloquear isolamento
bloquear ataque
bloquear proibição
bloquear retenção
bloqueio fechamento
bloqueio isolamento
bloqueio ataque
bloqueio restrição
bloqueio retenção
blu ray descrição
blusa indumentária
boa malfeitor
boa-fé ingênuo
boateiro curiosidade
boateiro notícia
boato informação
boato mentira
boato palestra
bobagem absurdo
bobear inoportunidade
bobear absurdo
bobear imbecilidade
bobo humorista
bobo ingênuo
bobo tolo
boboca ingênuo
boboca tolo
boca abertura
boca borda
boca comida
boca egressão
boca frente
boca golfo
boca ingressão
boca-aberta tolo
bocado pouquidão
bocado quantidade
bocaina concavidade
bocal abertura
boçal ignorante
boçal imbecilidade
boçal ingênuo
boçalidade imbecilidade
bocar comida
bocarra abertura
bocejar abertura
bocejar intervalo
bocejar enfado
bocejar inatividade
bocejo abertura
bocejo inatividade
bochecha punição
bochecho remédio
bochechudo assimetria
bochorno calor
bócio convexidade
boda casamento
bode animal
bode macho
bode fealdade
bodega embriaguez
bodega mercado
bodega sujidade
bodoque potencial de guerra
bodum fedor
boemia divertimento
boêmia inatividade
boêmia intemperança
boêmio divertimento
boêmio inatividade
bofe interioridade
bofes canal de respiração
bofes vento
bofetão impulso
bofetão punição
boi animal
bói servo
boiadeiro domesticação
boião receptáculo
boiar comida
boiar leveza
boiar oscilação
boiar subida
boiar ininteligibilidade
boiar irresolução
boicotar astúcia
boicotar proibição
boina indumentária
boiola hermafrodismo
bojo convexidade
bojo receptáculo
bola esfericidade
bola intelecto
bola inutilidade
bolacha punição
bolachada punição
bolada dinheiro
bolboso convexidade
bolboso esfericidade
bolchevismo autoridade
bolchevismo irreligião
bolchevista autoridade
bolchevista irreligião
boldrié circunferência
boldrié contorno
boldrié suporte
boleado esfericidade
bolear esfericidade
bolear rotação
bolear tração
bolear gestão
boleeiro viajante
boleeiro diretor
bolero indumentária
bolero música
bolero divertimento
boletim correspondência
boletim notícia
boletim publicidade
boleto localização
bolha aquecimento
bolha convexidade
bolha esfericidade
bolha leveza
bólide universo
bólide velocidade
bolinar navegação
bolinar impureza
bolo comida
bolo densidade
bolo doçura
bolo todo
bolo erro
bolo recompensa
bolor fedor
bolor umidade
bolor vegetal
bolor velharia
bolorento opacidade
bolorento velharia
bolorento sujidade
bolsa dinheiro
bolsa doação
bolsa economia
bolsa tesouraria
bolsa tesoureiro
bolsão concavidade

bolsinho dinheiro
bolsinho economia
bolso receptáculo
bolso dinheiro
bom sabor
bom completamento
bom poder
bom produtividade
bom aprovação
bom bem
bom benevolência
bom bondade
bom virtude
bom senso inteligência
bomba rio
bomba ataque
bomba potencial de guerra
bomba prodígio
bomba surpresa
bombardear ataque
bombardear guerra
bombardear investigação
bombardeio ataque
bombardeio guerra
bombardeira encaixe
bombardeira combatente
bombardeira defesa
bombardeiro nave
bombardeiro ataque
bombardeiro combatente
bombardeiro potencial de guerra
bombástico deselegância
bombástico exagero
bombástico ridicularia
bombear esfericidade
bombear ataque
bombeiro resfriamento
bombeiro advertência
bombeiro mensageiro
bombordo lateralidade
bombordo sinistra
bom-caráter bondade
bom-tom bom gosto
bonachão alegria
bonachão benevolência
bonachão candura
bonachão inexcitabilidade
bonachão ingênuo
bonachão paz
bonachão permissão
bonacheirão benevolência
bonacheirão candura
bonacheirão inexcitabilidade
bonacheirão modéstia
bonacheirão paz
bonacheirão permissão
bonança moderação
bonança alívio
bonança imobilidade
bonança paz
bonança prosperidade
bonançoso moderação
bonançoso imobilidade
bonançoso inexcitabilidade
bonançoso paz
bonançoso prosperidade
bondade benevolência
bondade cortesia
bondade deleite
bondade divindade
bondade liberalidade
bonde veículo
bondoso benevolência
bondoso bondade
bondoso clemência
boneca divertimento
boneca janota
boneca representação
boneco divertimento
boneco drama
boneco ingênuo
boneco janota
boneco representação
bonificação melhoramento
bonificar melhoramento
bonifrate drama
bonifrate irresolução
bonifrate janota
bonifrate ridicularia
bonifrate velhaco
boniteza beleza
bonito afetação
bonito altruísmo
bonito beleza
bonito bondade
bonomia benevolência
bonomia candura
bonomia credulidade
bonomia modéstia
bônus doação
bônus recompensa
bonzo clerezia
bonzo enganador
bonzo taciturnidade
boqueirão morada
boquejar abertura
boquejar músico
boquejar sussurro
boquejar enfado
boquejar inatividade
boquejar informação
boquiaberto admiração
boquiaberto curiosidade
boquiaberto desatenção
boquiaberto prazer
boquiaberto surpresa
boquilha picante
boquinha carícias
boquirroto loquacidade
borboleta pequenez
borboleta variegação
borboleta irresolução
borboleta tergiversação
borboletear agitação
borboletear locomoção
borboletear desatenção
borboletear imaginação
borboletear inatividade
borbotão impulso
borbotão rio
borbotar rio
borbulha aquecimento
borbulha bolha
borbulha convexidade
borbulha desvirtude
borbulha mancha
borbulhar agitação
borbulhar bolha
borbulhar convexidade
borbulhar egressão
borda lateralidade
borda terra
borda começo
borda fim
bordado adjunto
bordão impulso
bordão suporte
bordão repetição
bordão auxílio
bordão potencial de guerra
bordar circunjacência
bordar circunscrição
bordar variegação
bordar adjunto
bordar exagero
bordar falsidade
bordar ornamento

bordar representação
bordar restrição
bordejar desvio
bordejar direção
bordejar navegação
bordejar mudança
bordejar embriaguez
bordel morada
bordel reunião
bordel impureza
bordo borda
bordoada dor
bordoada impulso
bordoada punição
boreal frio
borla insígnia
borla insolvência
bornal receptáculo
borra sujidade
borra-botas inutilidade
borra-botas plebeísmo
borra-botas remendão
borra-botas velhaco
borracha elasticidade
borracha receptáculo
borracha material
borracha supressão
borracheiro oficina
borracho embriaguez
borracho embriaguez
borrachudo esfericidade
borrador lista
borrador arremedo
borrador contabilidade
borrador livro
borrador registro
borralheiro reclusão
borralho aquecimento
borralho fornalha
borrão arremedo
borrão descrição
borrão desvirtude
borrão infamação
borrão mancha
borrão plano
borrão sujidade
borrar expulsão
borrar arremedo
borrar escrita
borrar mancha
borrar sujidade
borrasca vento
borrasca violência
borrasca dificuldade
borrasca dolorimento
borrasca excitabilidade
borrasca recife
borrasca ressentimento
borrifar umidade
borrifar variegação
borrifar dispersão
borrifar mistura
borrifar rito
borrifo pouquidão
borzeguim indumentária
bóson matéria
bosque vegetal
bosquejar forma
bosquejar compêndio
bosquejar descrição
bosquejar divertimento
bosquejar pintura
bosquejar plano
bosquejar representação
bosquejo pintura
bosquejo plano
bossa convexidade
bossa intrinsecabilidade
bossa tendência
bossa habilidade
bota indumentária
bota receptáculo
bota-fora partida
botânica organização
botânico botânica
botânico vegetal
botânico douto
botanizar botânica
botão convexidade
botão esfericidade
botão pequenez
botão causa
botão começo
botão vínculo
botão insignificância
botar embotamento
botar rio
bote impulso
bote nave
bote ataque
bote furto
bote reprovação
botequim embriaguez
botequim mercado
botica remédio
boticão extração
boticário remédio
botija receptáculo
boto embotamento
boto insensibilidade
boto clerezia
boto imbecilidade
botocudo ignorante
botoeira abertura
botox forro
botulismo doença
bovídeo animal
box contenda
boxeador combatente
braça comprimento
braçada comprimento
braçada quantidade
braçada reunião
braçada suficiência
braçal agente
braçal instrumento
bracejar agitação
bracejar navegação
bracejar indicação
bracejar renitência
bracelete circunferência
bracelete ornamento
braço rio
braço suporte
braço força
braço parte
braço poder
braço autoridade
braço instrumentalidade
braço instrumento
bradar barulho
bradar grito
bradar violência
bradar oposição
bradar pedido
bradipepsia doença
brado grito
brado pedido
brado angustiado lamentação
brado ardente lamentação
braga indumentária
braga prisão
brâmane ascetismo
brâmane clerezia
brâmane heterodoxia
bramanismo heterodoxia
bramar barulho
bramar violência

bramir grito
bramir violência
branco brancura
branco incompreensão
branco prosa
branco pureza
brandir agitação
brandir ataque
brando acromatismo
brando flexibilidade
brando frescura
brando insipidez
brando melodia
brando sussurro
brando vento
brando inércia
brando moderação
brando boa vontade
brando deleite
brando elegância
brando salubridade
brando tolerância
brandura moderação
brandura boa vontade
brandura humildade
brandura inexcitabilidade
brandura motivo
brandura tolerância
branquear brancura
branquear cobertura
branquear limpeza
branquial canal de respiração
braquigrafia concisão
braquigrafia escrita
braquilogia concisão
brasa calor
brasão fama
brasão indicação
brasão nobreza
brasão título
braseiro fornalha
brasileirismo neologismo
brasileiro habitante
bravata ameaça
bravata exageração
bravata jactância
bravatear exageração
bravatear jactância
bravejar violência
bravejar ressentimento
braveza violência
braveza coragem
bravio violência
bravio despreparo
bravio desprovimento
bravio transigência
bravo homicídio
bravo violência
bravo coragem
bravo despreparo
bravo malevolência
bravura música
bravura coragem
breado pretidão
brear cobertura
brear pretidão
breca dor
breca malevolência
brecar retenção
brecha abertura
brecha intervalo
brecha imperfeição
brecha insuficiência
brecha oportunidade
brega mau gosto
brega ridicularia
breguice mau gosto
brejeiro alegria
brejeiro desonestidade
brejeiro homem ruim
brejeiro impureza
brejeiro inatividade
brejeiro velhaco
brejo pântano
brenha vegetal
brenha ininteligibilidade
breu pretidão
breu resina
breve encurtamento
breve leveza
breve melodia
breve presteza
breve compêndio
breve concisão
breve correspondência
breve rito
breviário compêndio
breviário culto
breviário rito
brevidade encurtamento
brevidade pequenez
brevidade presteza
brevidade transitoriedade
brevidade concisão
brida prisão
bridão restrição
bridge divertimento
briga inimizade
brigada multidão
brigada amo
brigada combatente
brigadeiro amo
brigão combatente
brigão contenda
brigão desobediência
brigão fanfarrão
brigão homem ruim
brigão malfeitor
brigão temeridade
brigar discórdia
brigar inimigo
brigue nave
briguento contenda
briguento discórdia
brilhante cor
brilhante luz
brilhante luz
brilhante alegria
brilhante beleza
brilhante bondade
brilhante esperança
brilhante espírito
brilhante fama
brilhante inteligência
brilhante ornamento
brilhante ostentação
brilhante raciocínio
brilhante vigor
brilhantismo luz
brilhantismo fama
brilhantismo ostentação
brilhar luz
brilhar visibilidade
brilhar manhã
brilhar beleza
brilhar fama
brilhar importância
brilho cor
brilho luz
brilho conhecimento
brilho dever
brilho fama
brilho frase
brilho força
brilho importância
brincadeira espírito
brincadeira ridicularização
brincalhão alegria

brincalhão alegria
brincalhão divertimento
brincalhão espírito
brincalhão humorista
brincar agitação
brincar vento
brincar alegria
brincar divertimento
brincar espírito
brincar negligência
brincar ornamento
brincar regozijo
brinco pendura
brinco beleza
brinco divertimento
brinco doação
brinco espírito
brinco ornamento
brindar cortesia
brindar doação
brindar oferta
brinde barateza
brinde doação
brinde oferta
brinde sociabilidade
brinquedo insignificância
brio coragem
brio liberalidade
brio orgulho
brio probidade
brioso altruísmo
brioso coragem
brioso fama
brioso liberalidade
brioso orgulho
brioso probidade
brioso renitência
brisa ar
brisa corrente
brisa frescura
brisa vento
brita pulverização
britador perfurador
britar pulverização
britar inobservância
britar refutação
broca abertura
broca perfurador
broca destruição
broca destruidor
broca malfeitor
broca pioramento
brocado cruzamento
brocado ornamento
brocar abertura
brocardo máxima
brochar junção
broche vínculo
broche ornamento
brochura livro
bródio divertimento
bronca punição
bronca reprovação
bronco aspereza
bronco assimetria
bronco embotamento
bronco ignorância
bronco imbecilidade
bronco incompreensão
bronco mau gosto
broncocele convexidade
bronquite doença
bronze rigidez
bronze escrita
bronze potencial de guerra
bronzeado castanho
bronzear castanho
brônzeo castanho
brônzeo rigidez
brônzeo insensibilidade
brônzeo perseverança
brônzeo resolução
broquear abertura
brotar egressão
brotar rio
brotar vegetal
brotar visibilidade
brotar causa
brotar começo
brotar efeito
brotar eventualidade
brotar produção
brotar exposição
broxa pintura
bruaca ancião
bruaca libertino
brucelose doença
bruma bolha
bruma incerteza
brumoso bolha
brumoso frio
brumoso sombra
brumoso futuro
brumoso incerteza
brunidor lisura
brunidura lisura
brunir atrito
brunir lisura
brunir melhoramento
bruscamente agitação
brusco meia-luz
brusco instantaneidade
brusco violência
brusco descortesia
brusco ímpeto
brusco pressa
brusco surpresa
brutal descortesia
brutal dolorimento
brutal imbecilidade
brutal inclemência
brutal malevolência
brutalidade violência
brutalidade descortesia
brutalidade malevolência
brutalidade mau gosto
brutalizar desvirtude
brutalizar insensibilidade
brutalizar pioramento
brutamontes tamanho
brutamontes descortesia
brutamontes mau gosto
brutamontes remendão
brutamontes tolo
bruto amorfia
bruto animal
bruto não organização
bruto tamanho
bruto completamento
bruto descortesia
bruto despreparo
bruto excitabilidade
bruto imbecilidade
bruto malevolência
bruto malfeitor
bruto remendão
bruto ruindade
bruto tolo
bruxa fealdade
bruxa feiticeiro
bruxa homem ruim
bruxa malfeitor
bruxa medo
bruxa oráculo
bruxo feiticeiro
bruxulear meia-luz
bucal abertura
bucha tapador
buchada enfado

bucho receptáculo
buço aspereza
buço adolescência
bucólica poesia
bucólico domesticação
bucólico beleza
bucólico candura
bucólico concórdia
bucólico modéstia
budismo heterodoxia
budista heterodoxia
bueiro conduto
buena-dicha predição
bufão anedota
bufão drama
bufão humorista
bufão jactância
bufão tolo
bufar vento
bufar descontentamento
bufar jactância
bufarinheiro mercador
bufo vento
bufo drama
bufo humorista
bufo investigação
bufo jurisdição
bufo reclusão
bufo ridicularia
bufo sovinaria
bugalho esfericidade
bugiganga insignificância
bugiganga mau gosto
bugio animal
bugio imitação
bugio anedota
bujão gás
bujão tapador
bula comando
bula mentira
buldogue animal
bulevar morada
bulha barulho
bulha grito
bulha som
bulha contenda
bulha discórdia
bulício prolação
bulício atividade
bulício desobediência
bulício pressa
bulício sociabilidade
buliçoso movimento
buliçoso atividade
buliçoso discórdia
buliçoso excitabilidade
bulir movimento
bulir tato
bullying desrespeito
bumbum retaguarda
bundo solecismo
buquê fragrância
buraco abertura
buraco concavidade
buraco morada
buraco profundidade
buraco deficiência
buraco divertimento
buraco esconderijo
buraco imperfeição
buraco insuficiência
burburinho barulho
burburinho grito
burburinho som
burburinho voz
burel batina
burel título
burgo circunjacência
burgomestre amo
burgomestre juiz
burguês habitante
burguês descortesia
burguês mau gosto
burguês plebeísmo
burguesia plebeísmo
buril gravura
burilar floreio
burilar gravura
burilar memória
burilar perfeição
buriti fragilidade
buriti fraqueza
burla inexistência
burla absurdo
burla falsidade
burla fraude
burla insucesso
burla ridicularização
burlão enganador
burlão falsidade
burlão velhaco
burlar falsidade
burlar fraude
burlar insucesso
burlar ridicularização
burlar sucesso
burlesco imbecilidade
burlesco insignificância
burlesco ridicularia
burleta drama
burocracia autoridade
burocracia hábito
burocrata diretor
burocrata hábito
burra carregador
burra fêmea
burra receptáculo
burra tesouraria
burrada imbecilidade
burrice hipocondria
burrice ignorância
burrice imbecilidade
burrice obstinação
burro carregador
burro macho
burro pardo
burro clerezia
burro ignorante
burro imbecilidade
burro interpretação
burro tolo
busca curiosidade
busca ensaio
busca investigação
busca pedido
busca perseguição
buscar aproximação
buscar direção
buscar ensaio
buscar esforço
buscar expectativa
buscar pedido
bússola direção
bússola localização
bússola gestão
bússola fama
bússola indicação
bússola medida
bustiê indumentária
butano gás
butim aquisição
butim presa
butique indumentária
buzina fanfarrão
buzina guerra
buzina mensageiro
buzinar grito
buzinar músico
buzinar exposição

búzio meia-luz
búzio mergulho
búzio semitransparência
búzio divertimento
búzio guerra

C

cá presença
caaba templo
caatinga improdutividade
caatinga planície
caatinga vegetal
cabaça receptáculo
cabaço pureza
cabaço receptáculo
cabal acabamento
cabal afirmação
cabal completamento
cabal manifestação
cabala bruxaria
cabala cooperação
cabala encantamento
cabala interpretação
cabala latência
cabala partido
cabala pedido
cabala plano
cabalar bruxaria
cabalar pedido
cabalar plano
cabalista enganador
cabalista escolha
cabalista feiticeiro
cabalista oráculo
cabalista peticionário
cabalístico bruxaria
cabalístico desinformação
cabalmente completamento
cabana morada
cabaz receptáculo
cabeça amo
cabeça cume
cabeça diretor
cabeça gestão
cabeça humanidade
cabeça intelecto
cabeça motivo
cabeça precursor
cabeça situação
cabeçada desvirtude
cabeçada vínculo
cabeça-dura obstinação
cabeçalho começo
cabeçalho indicação
cabeçalho livro
cabeçalho precursor
cabeção prisão
cabecear recusa
cabeceira altura
cabeceira causa
cabeceira começo
cabeceira sociabilidade
cabeceira suporte
cabecilha diretor
cabeço cume
cabeçorra intelecto
cabeçudo imbecilidade
cabeçudo obliquidade
cabeçudo obstinação
cabedal matéria
cabedal material
cabedal mercadoria
cabedal propriedade
cabedal quantidade
cabedal rio
cabedal riqueza
cabeleira aspereza
cabeleira embriaguez
cabeleira indumentária
cabelo aspereza
cabelo filamento
cabelo pouquidão
cabeludo aspereza
caber acaso
caber acordo
caber poder
cabide pendura
cabide receptáculo
cabidela desordem
cabidela mistura
cabido amizade
cabido cargos da Igreja
cabido conselho[1]
cabido conveniência
cabido justiça
cabilda ascendência
cabilda classe
cabimento conveniência
cabimento oportunidade
cabisbaixo tristeza
cabível conveniência
cabível justiça
cabo altura
cabo amo
cabo borda
cabo convexidade
cabo diretor
cabo fim
cabo instrumento
cabo terra
cabo vínculo
caboclo mistura
cabograma notícia
cabotagem navegação
cabotinismo jactância
cabotino drama
cabotino insolência
cabotino jactância
cabotino orgulho
cabotino vaidade
cabra fêmea
cabra irascibilidade
cabra libertino
cabra salto
cabra-cega divertimento
cabrão animal
cabrão infante
cabrão libertino
cábrea elevação
cabreiro domesticação
cabresto animal
cabresto prisão
cabril altura
cabril domesticação
cabriola inversão
cabriola libertino
cabriola salto
cabriolar inversão
cabriolar salto
cabriolé veículo
cabrito infante
cabrito salto
cabuchão agudeza
cábula discípulo
cábula inatividade
cábula transgressão
cabular inatividade
cabuloso transgressão
caca sujidade
caçada homicídio
caçada perseguição
caçador combatente
caçador homicídio
caçamba suporte
caçanje neologismo
caçapo animal

caçapo pequenez
caçar homicídio
caçar investigação
caçar perseguição
cacarejar loquacidade
caçarola fornalha
caçarola receptáculo
cacauicultura agricultura
cacetada ataque
cacete chateza
cacete impulso
cacete potencial de guerra
caceteação enfado
cachaça desejo
cachaça embriaguez
cachação punição
cachaceiro embriaguez
cachaço insolência
cachaço macho
cachaço retaguarda
cachalote tamanho
cachão rio
cache depósito
cachecol aquecimento
cachecol cobertura
cachecol indumentária
cachimbada picante
cachimbar picante
cachimbo picante
cachimônia intelecto
cachimônia memória
cachimônia sanidade
cacho sinuosidade
cachoeira água
cachoeira dificuldade
cachoeira estorvo
cachoeira prolação
cachoeira recife
cachoeira rio
cachola intelecto
cacholeta punição
cachorra irascibilidade
cachorrada perseguição
cachorrice desonestidade
cachorro animal
cachorro desonestidade
cachorro homem ruim
cachorro irascibilidade
cachorro suporte
cachorro velhaco
cacimba depósito
cacimba umidade
cacique amo
cacique diretor
cacique influência
cacique tirania
caco intelecto
caçoada divertimento
caçoada espírito
caçoada ridicularização
caçoar espírito
caçoar ridicularização
cacoete desejo
cacoete hábito
cacófato dissonância
cacofonia deselegância
cacofonia dissonância
cacofonia estridor
cacofônico estridor
caçula infante
caçula posterioridade
cada especialidade
cada generalidade
cada vez mais aumento
cadafalso azorrague
cadafalso suporte
cadarço filamento
cadastral lista
cadastral medida
cadastrar medida
cadastro lista
cadastro medida
cadastro numeração
cadastro registro
cadáver impotência
cadáver sujidade
cadavérico acromatismo
cadavérico assimetria
cadavérico cadáver
cadavérico fealdade
cadavérico pioramento
cadeado fechamento
cadeado prisão
cadeia continuidade
cadeia cruzamento
cadeia medida
cadeia ornamento
cadeia prisão
cadeia relação
cadeia sujeição
cadeia vínculo
cadeira escola
cadeira insígnia
cadeira suporte
cadeiras drama
cadeiras lateralidade
cadeiras retaguarda
cadeirinha veículo
cadela fêmea
cadela libertino
cadência descida
cadência elegância
cadência movimento
cadência música
cadência ordem
cadência oscilação
cadência periodicidade
cadência poesia
cadência qualidades
cadência som
cadenciado elegância
cadenciado melodia
cadenciado periodicidade
cadenciado poesia
cadenciar oscilação
cadenciar periodicidade
cadente descida
caderneta livro
caderneta memória
caderno numerais cardinais
caderno livro
cadete amo
cadete combatente
cadete infante
cadinho conversão
cadinho experiência
cadinho fornalha
cadinho meios
cadinho receptáculo
cadinho singeleza
caducar impropriedade
caducar pioramento
caducar revogação
caducar velhice
caduceu encantamento
caduceu insígnia
caduco descida
caduco velhice
caduquice velhice
cafajestada desonestidade
cafajeste homem ruim
cafajeste plebeísmo
cafajeste velhaco
café comida
café pretidão
cafeicultura agricultura
cafeteira fornalha
cafezal agricultura
cafofo morada

cafona mau gosto
cafona ridicularia
cafonice mau gosto
cafre ignorante
cáften homem ruim
cáften malfeitor
cafua esconderijo
cafua morada
cafundó distância
cafuné carícias
cafuné moderação
cagaço medo
cágado astúcia
cágado vagareza
cagar expulsão
caiação brancura
caiação cobertura
caiar arremedo
caiar brancura
caiar cobertura
caiar desinformação
caiar limpeza
caiar ornamento
cãibra dor
caiçara ancião
caiçara habitante
caimento descida
caimento obliquidade
caimento pioramento
caimento tristeza
caipira ingênuo
caipirinha embriaguez
caipora adversidade
caipora demônio
caipora medo
caíque nave
cair acaso
cair apropriação
cair chegada
cair descida
cair erro
cair fraqueza
cair insucesso
cair pendura
cair surpresa
cair a sombra sombra
cair em omisso penalidade
cair no esquecimento esquecimento
cais chegada
cais refúgio
caixa receptáculo
caixa tesoureiro
caixão enterro
caixão receptáculo
caixeiro consignatário
caixeiro contabilidade
caixilho borda
caixilho cerca
caixote receptáculo
cajadada ataque
cajadada dor
cajadada impulso
cajado batina
cajado impulso
cajado potencial de guerra
cajado suporte
cal brancura
cal material
cala astúcia
cala conduto
cala experiência
cala golfo
cala silêncio
calabouço prisão
calada silêncio
calada taciturnidade
calado afonia
calado silêncio
calado taciturnidade
calafate tapador
calafetar fechamento
calafetar restauração
calafrio doença
calafrio medo
calafrio sentimento
calamidade adversidade
calamidade dolorimento
calamidade mal
calamitoso adversidade
calamitoso dolorimento
calamitoso homem ruim
calamitoso mal
calamitoso malevolência
calamitoso ruindade
calandra lisura
calandra rotação
calandrar lisura
calão linguagem
calão mau gosto
calão neologismo
calão nomenclatura
calar afonia
calar inserção
calar silêncio
calçada passadouro
calçado indumentária
calçamento cobertura
calcanhar baixexa
calcanhar retaguarda
calção indumentária
calcar base
calçar cobertura
calcar contração
calcar densidade
calcar depressão
calcar impulso
calçar indumentária
calcar inobservância
calceta azorrague
calceteiro agente
calcificação rigidez
calcificar rigidez
calcinar aquecimento
calcinar pretidão
calcinha indumentária
calço instrumento
calço junção
calcografia gravura
calculadora instrumento
calculadora numeração
calcular intenção
calcular medida
calcular numeração
calcular previdência
calculista egoísmo
calculista numeração
cálculo cautela
cálculo certeza
cálculo expectativa
cálculo investigação
cálculo medida
cálculo numeração
calda aquecimento
calda doçura
caldear aquecimento
caldear esforço
caldear mistura
caldeira agricultura
caldeira baixexa
caldeira fornalha
caldeira golfo
caldeira oficina
caldeira receptáculo
caldeirada conteúdo
caldeirada desordem
caldeirão conversão
caldeirão fornalha
caldeirão mistura

caldeirão oficina
caldeireiro agente
caldeirinha templo
caldo comida
caldo fluidez
caldo meio líquido
caleche veículo
calefação aquecimento
calejado desinteresse
calejar desinteresse
calejar inexcitabilidade
calejar rigidez
calendário cronometria
calendário lista
calendário registro
calendário ateniense cronometria
calendário gregoriano cronometria
calendário israelita cronometria
calha conduto
calha sulco
calhamaço ancião
calhamaço fealdade
calhamaço livro
calhamaço registro
calhambeque nave
calhambeque veículo
calhar conveniência
calhar eventualidade
calhau pulverização
calhau rigidez
calibrador agricultura
calibrador grau
calibrador medida
calibrador regularidade
calibrar medida
calibrar potencial de guerra
calibre abertura
calibre classe
calibre grau
calibre inteligência
calibre largura
calibre medida
calibre tamanho
caliça insignificância
caliça inutilidade
cálice concavidade
cálice receptáculo
cálice templo
cálido calor
cálido excitabilidade
califa amo
califa clerezia
califado autoridade
caligrafia escrita
caligrafia letra
calígrafo escrita
calma altruísmo
calma calor
calma cautela
calma cessação
calma coragem
calma crença
calma demonstração
calma imobilidade
calma inexcitabilidade
calma inteligência
calma moderação
calma paz
calma permanência
calmante alívio
calmante alívio
calmante cessação
calmante moderação
calmante remédio
calmaria calor
calmaria imobilidade
calmaria insignificância
calmaria permanência
calmo calor
calmo cautela
calmo coragem
calmo imobilidade
calmo inexcitabilidade
calmo moderação
calmo paz
calombo convexidade
calor amor
calor atividade
calor esperança
calor excitabilidade
calor influência
calor sentimento
caloria calor
calórico calor
calorífero calor
calorífero fornalha
calorimetria calor
calorosamente calor
caloroso calor
caloroso carícias
caloroso excitação
caloroso interesse
caloroso sentimento
caloroso temeridade
caloroso vigor
calosidade convexidade
calosidade desinteresse
calosidade rigidez
calota batina
calota esfericidade
calota parte
calote dívida
calote insolvência
calotear desonestidade
calotear dívida
calotear insolvência
caloteiro insolvência
caloteiro velhaco
calouro discípulo
calouro inabilidade
calouro infante
calundu irascibilidade
calundu ressentimento
calunga animal
calúnia difamação
calúnia malevolência
caluniador difamador
caluniar difamação
caluniar malevolência
calunioso difamação
calva mentira
Calvário fim
calvário sofrimento
Calvário templo
calvície despimento
calvinismo heterodoxia
calvinista heterodoxia
calvo despimento
calvo fealdade
calvo lisura
cama esconderijo
cama suporte
camada parte
camada plebeísmo
camafeu ancião
camafeu escrita
camafeu fealdade
camafeu ornamento
camafeu representação
camaleão multiformidade
camaleão mutabilidade
camaleão tergiversação
camaleão variegação
câmara receptáculo
camarada amigo
camaradagem amizade

camaradagem sociabilidade
camarariamente interioridade
camareiro receptáculo
camareiro servo
camareiro sujidade
camarim drama
camarim receptáculo
camarinha receptáculo
camarote receptáculo
camartelo destruidor
camartelo impulso
camba pulverização
cambado assimetria
cambaio assimetria
cambaio curvatura
cambalacho cooperação
cambalacho desonestidade
cambalacho falsidade
cambalacho fraude
cambalacho troca
cambaleante irresolução
cambalear agitação
cambalear embriaguez
cambalear fraqueza
cambalear oscilação
cambaleio oscilação
cambalhota descida
cambalhota inversão
cambalhota revolução
cambalhota salto
cambeta assimetria
cambiante tergiversação
cambiante variegação
cambiar cor
cambiar diversidade
cambiar permuta
cambiar tergiversação
cambiar troca
cambiar variegação
câmbio dinheiro
câmbio permuta
câmbio troca
cambista dinheiro
cambista mercador
cambista tesoureiro
cambota forma
cambota textura
camelo carregador
camelo filamento
camelo ignorante
camelô mercador
camelo tolo
camelo vínculo
camerlengo amo
caminhada locomoção
caminhada movimento
caminhante viajante
caminhão veículo
caminhar à frente precessão
caminhar locomoção
caminheiro insignificância
caminheiro locomoção
caminheiro viajante
caminho abertura
caminho direção
caminho egressão
caminho escapatória
caminho ingressão
caminho passadouro
caminho resvaladiço desensino
caminho resvaladiço dificuldade
caminho tortuoso desensino
caminho tortuoso dificuldade
caminhonete veículo
camisa indumentária
camisa prisão
camisa de onze varas dificuldade
camiseta indumentária
camisola indumentária
camisola prisão
camoniano poesia
camorra partido
campa alarma
campa enterro
campa templo
campainha templo
campanário agudeza
campanário altura
campanário cooperação
campanário templo
campanha ataque
campanha contenda
campanha espaço
campanha guerra
campanha oposição
campanha planície
campaniforme concavidade
campaniforme esfericidade
campanudo esfericidade
campeador combatente
campeador defesa
campeão auxiliar
campeão carregador
campeão combatente
campeão defesa
campeão deputado
campeão fama
campeão influência
campeão segurança
campear importância
campear investigação
campear ostentação
campear perseguição
campeche vermelhidão
campeiro agricultura
campeiro domesticação
campeiro largura
campeonato contenda
campesino agricultura
campesino planície
campesino vegetal
campestre agricultura
campestre planície
campestre vegetal
campina planície
campina vegetal
camping divertimento
campo agricultura
campo arena
campo espaço
campo morada
campo pintura
campo planície
campo tópico
campo trabalho
camponês agricultura
camponês habitante
camponês plebeísmo
campônio habitante
campônio plebeísmo
camuflagem desinformação
camuflagem invisibilidade
camuflar desinformação
camuflar invisibilidade
camundongo animal
canal abertura
canal auxiliar
canal conduto
canal estreiteza
canal instrumentalidade
canal mediação

canal passadouro
canal passadouro
canal sulco
canalha desonestidade
canalha homem ruim
canalha reunião
canalhice desonestidade
canalizar conduto
canapé suporte
canário músico
canastra receptáculo
canavial agricultura
cancã divertimento
cancã impureza
canção música
canção poesia
cancela abertura
cancelamento revogação
cancelamento supressão
cancelar deficiência
cancelar revogação
cancelar supressão
câncer mal
canceroso doença
cancha arena
cancioneiro compêndio
cançoneta música
cançoneta poesia
cancro dolorimento
cancro mal
cancro veneno
candeeiro corpos luminosos
candeia corpos luminosos
candeia moda
candelabro corpos luminosos
candente calor
candente energia
candente vigor
candidato desejo
candidato peticionário
candidatura oferta
candidez brancura
candidez candura
candidez inocência
candidez probidade
candidez pureza
candidez veracidade
candidíase doença
cândido bondade
cândido brancura
cândido candura
cândido inocência
cândido probidade
cândido pureza
cândido veracidade
cândido virtude
candomblé idolatria
candonga fraude
candonga furto
candonga lisonja
candor brancura
candor probidade
candor pureza
candura brancura
candura credulidade
candura ingênuo
candura manifestação
candura probidade
candura pureza
candura veracidade
caneca receptáculo
caneco embriaguez
canela castanho
caneta escrita
canga prisão
canga vínculo
cangaceiro fanfarrão
cangaceiro homem ruim
cangalha indumentária
cangalha suporte
canguru salto
canha sinistra
cânhamo filamento
canhão ancião
canhão ataque
canhão barulho
canhão fealdade
canhão libertino
canhão potencial de guerra
canhestro inabilidade
canho sinistra
canhonaço ataque
canhonear ataque
canhonear guerra
canhoneira combatente
canhota sinistra
canhoto inabilidade
canhoto inconveniência
canhoto sinistra
canibal homem ruim
canibal malfeitor
canibalesco malevolência
canibalismo desvirtude
canibalismo malevolência
caniçada suporte
canície velhice
caniço flexibilidade
caniço fragilidade
caniço vegetal
canícula calor
canicular calor
canicultura domesticação
canil domesticação
canil morada
canivete agudeza
canivete potencial de guerra
canja comida
canjica embriaguez
canjirão receptáculo
cano abertura
cano conduto
canoa nave
canoagem água
canoagem divertimento
cânon legalidade
cânon ortodoxia
cânon preceito
cânon rito
canonicato cargos da Igreja
canônico cargos da Igreja
canônico conformidade
canônico revelação
canonisa clerezia
canonização fama
canonização idolatria
canonização rito
canonizar direito
canonizar exageração
canonizar fama
canonizar rito
canonizável aprovação
canoro melodia
canoro músico
cansaço desamparo
cansaço esforço
cansaço fadiga
cansado fraqueza
cansado improdutividade
cansar dolorimento
cansar enfado
cansar fadiga
cansativo dificuldade
canseira atividade
canseira dificuldade
canseira esforço
canseira fadiga

cantante músico
cantão circunjacência
cantão região
cantar músico
cantar poesia
cantar regozijo
cantaria escrita
cantaria rigidez
cantárida energia
cantárida excitação
cântaro receptáculo
cantarolar dissonância
cantarolar músico
cantata música
cantata poesia
canteiro agricultura
cântico música
cântico poesia
cantiga música
cantil receptáculo
cantilena enfado
cantilena falsidade
cantilena fraude
cantilena hábito
cantilena música
cantilena repetição
cantilena sem significação
cantina depósito
cantina morada
canto culto
canto música
canto parte
canto poesia
cantochão culto
cantochão hábito
cantochão música
cantor drama
cantor músico
cantor poesia
cantoria música
canudo abertura
canudo conduto
canudo esfericidade
canudo fraude
canudo mercadoria
canudo passadouro
canudo sinuosidade
cânula egressão
canutilho ornamento
canzoada perseguição
cão animal
cão homem ruim
cão insolvência
cão macho
cão malfeitor
cão segurança
cão-tinhoso satã
caos desordem
caótico anarquia
caótico desarranjo
caótico desordem
capa alegação
capa batina
capa camada
capa cobertura
capa cobertura
capa defesa
capa indumentária
capacete defesa
capacete indumentária
capacho adulador
capacho cruzamento
capacho homem ruim
capacho lisonja
capacho servilismo
capacho velhaco
capacidade acordo
capacidade conhecimento
capacidade douto
capacidade espaço
capacidade facilidade
capacidade força
capacidade habilidade
capacidade inteligência
capacidade intrinsecabilidade
capacidade poder
capacidade probidade
capacidade tamanho
capacitação preparação
capacitar crença
capacitar habilidade
capacitar motivo
capacitar poder
capadócio tolo
capadócio velhaco
capanga agente
capanga combatente
capanga servo
capar agricultura
capar impotência
capatazia gestão
capaz habilidade
capaz poder
capaz probidade
capcioso astúcia
capcioso fraude
capcioso irracionalidade
capear cobertura
capear desinformação
capear falsidade
capear indicação
capela cobertura
capela indicação
capela ornamento
capela templo
capelania cargos da Igreja
capelão clerezia
capelo batina
capelo cobertura
capelo indumentária
capelo insígnia
capelo lamentação
capenga não acabamento
capeta demônio
capeta satã
capiau habitante
capilar estreiteza
capilar filamento
capilé doçura
capinar deficiência
capinar dispensa
capinar limpeza
capinar omissão
capinar preparação
capista artista
capitação numeração
capitação preço
capital autoridade
capital bondade
capital cume
capital dinheiro
capital dívida
capital foco
capital importância
capital morada
capitalismo autoridade
capitalista empréstimo
capitalista mercador
capitalizar depósito
capitanear gestão
capitanear precedência
capitanear precessão
capitania autoridade
capitania gestão
capitania propriedade
capitania região
capitão amo
capitão diretor

capitel cume
capitoso embriaguez
capitoso energia
capitoso excitação
capitoso obstinação
capitulação submissão
capitulação tergiversação
capitular acusação
capitular arranjo
capitular cargos da Igreja
capitular contrato
capitular descrição
capitular dissertação
capitular informação
capitular letra
capitular lisonja
capitular submissão
capitular tergiversação
capítulo acusação
capítulo cargos da Igreja
capítulo livro
capítulo parte
capítulo reunião
capítulo tópico
capivara fedor
capoeira defesa
capoeira domesticação
capoeira ladrão
capoeira música
capoeira prisão
capoeira vegetal
capota cobertura
capote alegação
capote esconderijo
capote indumentária
caprichar boa vontade
caprichar cuidado
caprichar perfeição
caprichar resolução
capricho absurdo
capricho ausência de motivo
capricho cuidado
capricho desejo
capricho imaginação
capricho música
capricho obliquidade
capricho perfeição
capricho tirania
capricho vontade
caprichosamente grandeza
caprichoso capricho
caprichoso cuidado
caprichoso desconformidade
caprichoso descontinuidade
caprichoso dever
caprichoso ilegalidade
caprichoso imaginação
caprichoso infrequência
caprichoso injustiça
caprichoso irregularidade
caprichoso irresolução
caprichoso loucura
caprichoso mutabilidade
caprichoso obliquidade
caprichoso obstinação
caprichoso vontade
cápsula cobertura
cápsula remédio
capsular cobertura
capsular receptáculo
captação aquisição
captador receptáculo
captar aquisição
captar atração
captar conduto
captar crença
captar inteligência
captar motivo
captar raciocínio
captar receptáculo
captor apropriação
captor ladrão
captura apropriação
captura aquisição
captura restrição
capturar apropriação
capturar posse
capturar restrição
capuchinho clerezia
capuchinho homem bom
capulho cobertura
capuz cobertura
capuz indumentária
caquético velhice
caquexia doença
caquexia fraqueza
cara aparecimento
cara enganador
cara exterioridade
cara frente
cara insolência
carabina potencial de guerra
carabineiro combatente
caracol sinuosidade
caracol vagareza
caracolar circuição
caracolar salto
caracolar sinuosidade
caractere letra
característica especialidade
característica indicação
característico especialidade
característico indicação
característico intrinsecabilidade
caracterização drama
caracterização especialidade
caracterizado qualidades
caracterizar descrição
caracterizar especialidade
caracterizar nomenclatura
caradura insolência
caradurismo insolência
caramanchão suporte
carambola impulso
carambola perseguição
carambolar fraude
caramelar cobertura
caramelo densidade
caramelo doçura
caramelo frio
caraminguá dinheiro
caraminhola aspereza
caraminhola mentira
carango combatente
carango sujidade
caranguejo irresolução
caranguejo vagareza
caranguejola fragilidade
carantonha alegação
carantonha esconderijo
carantonha frente
carão fealdade
carão frente
carapinha aspereza
carapuça indumentária
caráter classe
caráter estado
caráter intrinsecabilidade
caráter letra
caráter qualidades
caráter tendência
caravana acompanhamento
caravana continuidade

caravana locomoção
caravana veículo
caravana viajante
caravela doação
caravela nave
caravela recompensa
carbônico combustível
carbonífero combustível
carbonização aquecimento
carbonizar aquecimento
carbonizar destruição
carbonizar pretidão
carbúnculo convexidade
carbúnculo ornamento
carbúnculo vermelhidão
carcaça ancião
carcaça cadáver
carcaça estreiteza
carcaça fealdade
carcaça plano
carcaça suporte
carcaça textura
carceragem despesa
carceragem penalidade
carceragem recompensa
carcerário prisão
cárcere morada
cárcere prisão
carcereiro azorrague
carcoma destruidor
carcoma malfeitor
carcoma penitência
carcoma ruindade
carcomer destruição
carcomer energia
carcomer pioramento
carcomer velharia
carcomido pioramento
carcomido velharia
carda sujidade
cardápio comida
cardápio lista
cardápio plano
cardar arranjo
cardar carestia
cardar furto
cardar melhoramento
cardíaco partes do corpo humano
cardigã aquecimento
cardigã indumentária
cardinalício cargos da Igreja
cardinalício clerezia
cardo agudeza
cardume multidão
careca despimento
careca satã
carecer deficiência
carecer insignificância
carecer insuficiência
carecer necessidade
carecer pouquidão
careiro carestia
carência deficiência
carência desprovimento
carência inexistência
carência insuficiência
carência necessidade
carência pobreza
carência pouquidade
carência pouquidão
carente descrença
carente insuficiência
carepa lisura
carepa pulverização
carestia insuficiência
careta afetação
careta anedota
careta desrespeito
careta esconderijo
careta fealdade
careta mau gosto
careta ridicularia
caretice mau gosto
carga acusação
carga ataque
carga conteúdo
carga dolorimento
carga gravidade
carga mercadoria
carga redundância
carga sofrimento
cargo agência
cargo autoridade
cargo título
cargueiro carregador
cariar pioramento
caricato ridicularia
caricatura arremedo
caricatura cópia
caricatura exagero
caricatura ridicularia
caricatura ridicularização
caricatural arremedo
caricaturar arremedo
caricaturesco ridicularia
carícia deleite
carícia fruição
carícia motivo
caridade auxílio
caridade benevolência
caridade bondade
caridade clemência
caridade doação
caridade título
caridoso benevolência
caridoso benfeitor
caridoso bondade
caridoso clemência
caridoso doação
caridoso filantropia
caridoso homem bom
cárie destruição
cárie destruidor
cárie doença
cárie pioramento
cárie veneno
carimbar indicação
carimbar reprovação
carimbo contrato
carimbo indicação
carinho amor
carinho atenção
carinho atividade
carinho cuidado
carinho deleite
carinhoso carícias
cariocinese duplicação
carisma divindade
carisma piedade
caritativo benevolência
caritativo doação
carmelita clerezia
carmelitano clerezia
carmim vermelhidão
carmona vínculo
carnação cor
carnação pintura
carnação vermelhidão
carnal animal
carnal consanguinidade
carnal irreligião
carnalidade impureza
carnalidade intemperança
carnaval desordem
carnaval divertimento
carnaval intemperança
carnaval interpretação errônea

carnavalesco ridicularia
carne consanguinidade
carne humanidade
carne impureza
carne matéria
carne poesia
carneirada bolha
carneirada rio
carneiro animal
carneiro bolha
carneiro impulso
carneiro macho
carneiro rio
carneiro rio
carneiro servilismo
carniça fedor
carniça homicídio
carniça sujidade
carniceiro comida
carniceiro homicídio
carniceiro malevolência
carnificina homicídio
carnívoro comida
carnosidade pasta
carnosidade tamanho
carnoso força
carnoso pasta
carnoso tamanho
carnudo força
carnudo pasta
carnudo tamanho
caro amor
caro benevolência
caro carestia
caro despesa
caro preço
caroável amizade
caroável amor
caroço centralidade
caroço dinheiro
caroço importância
caroço pequenez
caroço riqueza
carola intelecto
carolice impiedade
carolice piedade
carolo centralidade
carolo dor
carolo pulverização
carolo punição
carótida conduto
carpinteiro agente
carpir lamentação
carqueja combustível
carquilha dobra
carrada conteúdo
carranca descontentamento
carranca descortesia
carranca encantamento
carranca fealdade
carranca frente
carranca irascibilidade
carranca reprovação
carranca ressentimento
carrancudo descontentamento
carrancudo fealdade
carrancudo ressentimento
carrancudo tristeza
carrapato acompanhamento
carrapato inatividade
carrapato pequenez
carrapato sujidade
carrascal improdutividade
carrasco azorrague
carrasco homem ruim
carrasco homicídio
carrasco malevolência
carrasco malfeitor
carrasco tirania
carraspana embriaguez
carraspana punição
carrear tração
carrear transferência
carreata regozijo
carregação conteúdo
carregação grandeza
carregação gravidade
carregação quantidade
carregado conteúdo
carregado cor
carregado gravidade
carregado meia-luz
carregado posse
carregamento conteúdo
carregamento grandeza
carregamento gravidade
carregamento quantidade
carregar apropriação
carregar aumento
carregar carregador
carregar completamento
carregar conteúdo
carregar gravidade
carregar localização
carregar ruindade
carregar suporte
carregar transferência
carregável leveza
carreira conduta
carreira continuidade
carreira locomoção
carreira movimento
carreira trabalho
carreiro passadouro
carreiro viajante
carreta potencial de guerra
carreta veículo
carreteira passadouro
carreteiro viajante
carretilha instrumento
carreto movimento
carreto preço
carreto transferência
carreto veículo
carril passadouro
carril sulco
carril veículo
carrilhão templo
carro veículo
carroça veículo
carroçada conteúdo
carroção veículo
carroceiro descortesia
carroceiro mau gosto
carroceiro viajante
carrossel rotação
carrossel veículo
carruagem veículo
carta contrato
carta indicação
carta legalidade
carta localização
carta notícia
carta publicidade
carta representação
cartão correspondência
cartão indicação
cartão pintura
cartão-postal correspondência
cartapácio correspondência
cartapácio livro
cartapácio registro
cartas divertimento
cartaz fama
cartaz livro

cartaz plano
cartaz publicidade
carteira crédito
carteira dinheiro
carteira memória
carteira registro
carteiro receptáculo
carteiro viajante
cartel desafio
cartel indicação
cartela registro
cartilagem densidade
cartilagem rigidez
cartilagem tenacidade
cartilaginoso rigidez
cartilha ensino
cartografia representação
cartola indumentária
cartomante oráculo
cartório registro
cartuchame potencial de guerra
cartucheira agudeza
cartucheira potencial de guerra
cartusiano clerezia
cartuxo clerezia
carunchar pioramento
carunchar velharia
carunchar velhice
caruncho destruidor
caruncho malfeitor
caruncho pioramento
caruncho veneno
carunchoso velharia
carvalho altura
carvalho fama
carvalho força
carvão aquecimento
carvão combustível
carvão opacidade
carvão pintura
carvão pretidão
casa ascendência
casa chegada
casa conselho[1]
casa drama
casa morada
casa partido
casa propriedade
casa da morte enterro
casaca habitante
casaca indumentária
casacão indumentária
casaco aquecimento
casaco indumentária
casado casamento
casado correlação
casado hábito
casado relação
casadouro adolescência
casadouro casamento
casadouro celibato
casal casamento
casal dualidade
casamata defesa
casamata morada
casamata prisão
casamata refúgio
casamenteiro casamento
casamento combinação
casamento junção
casar casamento
casar combinação
casar dualidade
casar junção
casar mistura
casario morada
casca camada
casca cobertura
casca exterioridade
casca extrinsecabilidade
casca importância
cascabulho inutilidade
cascalho pulverização
cascalho terra
cascão cobertura
cascão descortesia
cascata água
cascata ancião
cascata fealdade
cascata rio
cascavel homem ruim
cascavel irascibilidade
cascavel louco
cascavel malfeitor
cascavel tolo
casco intelecto
cascudo aspereza
cascudo cobertura
cascudo desinteresse
cascudo punição
casebre morada
caseiro inteligibilidade
caseiro morada
caseiro possuidor
caseiro servo
caseiro simplicidade
casinha prisão
casinha sujidade
casinhola morada
casmurrice obstinação
casmurro obstinação
caso amor
caso circunstância
caso gramática
caso suposição
caso tópico
casório casamento
caspa pulverização
caspa sujidade
caspento pulverização
caspento sujidade
casquento cobertura
casquinha extrinsecabilidade
cassa semitransparência
cassação revogação
cassar disjunção
cassar revogação
cassetete potencial de guerra
cassino foco
cassino morada
casta ascendência
casta classe
casta consanguinidade
casta humanidade
castanho castanho
castelão amo
castelão carcereiro
castelão jurisdição
castelão servo
castelo defesa
castelo morada
castelo nobreza
castiçal corpos luminosos
castiço bom gosto
castiço bondade
castiço elegância
castiço gramática
castiço perfeição
castiço produtividade
castiço singeleza
castiço vigor
castidade inocência
castidade pureza
castidade singeleza
castidade temperança

castidade virtude
castificar-se ascetismo
castigado elegância
castigado gramática
castigar ataque
castigar humildade
castigar moderação
castigar punição
castigar reprovação
castigo expiação
castigo penalidade
castigo punição
castigo sofrimento
castigo vingança
casto bom gosto
casto perfeição
casto simetria
casto simplicidade
casto singeleza
casto sobriedade
castor indumentária
castrar encurtamento
castrar impotência
castrar subtração
castrense guerra
casual casualidade
casual eventualidade
casualidade adversidade
casualidade eventualidade
casualidade homicídio
casualidade mal
casula batina
casulo cobertura
cata escolha
cata investigação
catacego visão imperfeita
cataclismo destruidor
cataclismo dolorimento
cataclismo mal
cataclismo revolução
cataclismo rio
catacrese interpretação errônea
catacrese linguagem
catacrese metáfora
catacumba enterro
catadupa rio
catadura aparecimento
catafalco enterro
catalepsia imobilidade
catalepsia insensibilidade
catálise decomposição
catalítico decomposição
catalogação arranjo
catalogar arranjo
catalogar registro
catálogo lista
catálogo registro
catálogo registro
catamarã nave
catana potencial de guerra
Catão homem bom
Catão tirania
cataplasma cobertura
cataplasma fraqueza
cataplasma remédio
cataplasmar alívio
catapulta potencial de guerra
catapultar propulsão
catar escolha
catarata água
catarata rio
catarro excreção
catártico limpeza
catártico remédio
catástrofe acabamento
catástrofe adversidade
catástrofe dolorimento
catástrofe fim
catástrofe mal
catastrófico mal
catatau ancião
catatau pequenez
catatau potencial de guerra
catatônico imobilidade
catatônico insensibilidade
cata-vento ar
cata-vento indicação
cata-vento tergiversação
cata-vento vento
catecismo crença
catecismo investigação
catecismo ortodoxia
catecismo piedade
catecúmeno auxiliar
catecúmeno discípulo
catecúmeno secular
catecúmeno tergiversação
cátedra escola
cátedra insígnia
catedral templo
catedrático mestre
categoria circunstância
categoria classe
categoria estado
categoria plebeísmo
categoria termo
categórico afirmação
categórico certeza
categórico demonstração
categorizar arranjo
catenária curvatura
catequese ensino
catequese investigação
catequese rito
catequista investigação
catequista mestre
catequizador mestre
catequizar demonstração
catequizar investigação
catequizar ortodoxia
catequizar piedade
catequizar rito
cateretê divertimento
cateto verticalidade
catilinária acusação
catilinária reprovação
catimbau anedota
catinga fedor
catinga sovinaria
catingar fedor
catingar sovinaria
catingueiro fedor
catingueiro plebeísmo
catinguento fedor
catita beleza
catita janota
cativante amor
cativante beleza
cativante deleite
cativar amor
cativar atenção
cativar beleza
cativar deleite
cativar gratidão
cativar influência
cativar motivo
cativar restrição
cativar retenção
cativar sujeição
cativeiro restrição
cativeiro sujeição
cativo acromatismo
cativo gratidão
cativo insignificância
cativo obediência
cativo prazer
cativo preso

cativo servo
cativo sujeição
catolicidade generalidade
catolicidade ortodoxia
catolicismo generalidade
catolicismo ortodoxia
católico clemência
católico generalidade
católico heterodoxia
católico piedade
católico piedade
catraia libertino
catre suporte
catuaba excitação
caturra obstinação
caturrice espírito
caturrice obstinação
caução crédito
caução evidência
caução fiança
caucho elasticidade
caucionado fiança
caucionar empréstimo
caucionar fiança
cauda adjunto
cauda fim
cauda pendura
cauda retaguarda
cauda sucessão
cauda sucessor
caudal fim
caudal retaguarda
caudal rio
caudaloso rio
caudatário secular
caudatário servilismo
caudatário servo
caudatário sucessão
caudatário sucessor
caudilho amo
caudilho diretor
caudilho fama
caule suporte
causa agência
causa demanda
causador motivo
causador produtor
causal causa
causalidade causa
causar causa
causar produção
causar dano ruindade
causar tropeço estorvo
causar uma dúvida descrença
causídico advogado
causídico jurisdição
causídico raciocínio
causticante calor
causticante dolorimento
causticante reprovação
causticar aquecimento
causticar dolorimento
causticar energia
causticar malevolência
causticar repetição
causticidade aquecimento
causticidade energia
causticidade malevolência
causticidade ridicularização
causticidade vigor
cáustico aquecimento
cáustico dolorimento
cáustico energia
cáustico reprovação
cáustico ridicularização
cáustico sentimento
cautela advertência
cautela cuidado
cautela previdência
cautela respeito
cautela segurança
cauteloso advertência
cauteloso cautela
cauteloso inteligência
cauteloso preparação
cautério aquecimento
cautério dolorimento
cautério punição
cauterizar aquecimento
cauterizar insensibilidade
cava baixexa
cava concavidade
cava conduto
cavaco combustível
cavaco palestra
cavado abertura
cavado concavidade
cavado violência
cavador agricultura
cavalar carregador
cavalaria combatente
cavalaria coragem
cavalaria filantropia
cavalaria guerra
cavalariça domesticação
cavalariça morada
cavalariça sujidade
cavalariço servo
cavaleiro combatente
cavaleiro macho
cavaleiro viajante
cavalete azorrague
cavalete pintura
cavalgada continuidade
cavalgada reunião
cavalgada viajante
cavalgadura carregador
cavalgadura ignorante
cavalgadura tolo
cavalgar altura
cavalgar locomoção
cavalgar perseguição
cavalgar subida
cavalgar suporte
cavalgar transcursão
cavalheiresco altruísmo
cavalheiresco benevolência
cavalheiresco bom gosto
cavalheiresco cortesia
cavalheiresco filantropia
cavalheiresco moda
cavalheiresco probidade
cavalheirismo benevolência
cavalheirismo cortesia
cavalheirismo inexcitabilidade
cavalheirismo liberalidade
cavalheirismo virtude
cavalheiro altruísmo
cavalheiro benevolência
cavalheiro cortesia
cavalheiro doação
cavalheiro humanidade
cavalheiro liberalidade
cavalheiro macho
cavalheiro nobreza
cavalheiro sociabilidade
cavalo animal
cavalo carregador
cavalo macho
cavaquear palestra
cavaqueira palestra
cavaquista irascibilidade
cavar abertura
cavar agricultura
cavar concavidade
cavar profundidade
cavatina música

caveira cadáver
caveira estreiteza
caveira intelecto
caveira resto
caverna concavidade
caverna esconderijo
cavername cadáver
cavername textura
cavernoso afonia
cavernoso concavidade
cavernoso estridor
cavernoso ressonância
cavernoso sussurro
caviar picante
cavidade angularidade
cavidade concavidade
cavilação astúcia
cavilação fraude
cavilação irracionalidade
cavilação reprovação
cavilha suporte
cavilha tapador
cavilha vínculo
caviloso astúcia
caviloso falsidade
caviloso fraude
caviloso irracionalidade
cavo afonia
cavo concavidade
cavo estridor
cavo profundidade
cavo ressonância
cavo sussurro
cavoucar concavidade
cavoucar profundidade
cavouqueiro remendão
caxambu divertimento
caxias atividade
Caxias mediação
caxumba convexidade
CD descrição
cear comida
cebola cronometria
cebola esfericidade
cebola fedor
cebola fraqueza
cebola tempero
ceder abandono de propriedade
ceder assentimento
ceder consentimento
ceder doação
ceder flexibilidade
ceder fraqueza
ceder lisonja
ceder regressão
ceder tergiversação
ceder transmissão
cediço conformidade
cediço regularidade
cedilha escrita
cedilha indicação
cedilhar escrita
cedilhar indicação
cedo demais despreparo
cedo presteza
cédula dinheiro
cédula lista
cédula memória
cédula registro
cefálico intelecto
cegar cegueira
cegar embotamento
cegar luz
cegar obstinação
cega-rega animal
cega-rega divertimento
cega-rega loquacidade
cego cegueira
cego compulsoriedade
cego desatenção
cego desinteresse
cego embotamento
cego ignorância
cego incredulidade
cegonha instrumento
cegonha rio
cegueira excitabilidade
cegueira ignorância
cegueira obliquidade
cegueira obstinação
ceia comida
ceifa agricultura
ceifa aquisição
ceifa bem
ceifa efeito
ceifa pouquidade
ceifar agricultura
ceifar aquisição
ceifar ceticismo
ceifar depressão
ceifar encurtamento
ceifar homicídio
ceifar pouquidade
ceitil insignificância
cela prisão
cela receptáculo
cela reclusão
celebrante clerezia
celebrar aprovação
celebrar celebração
celebrar poesia
celebrar regozijo
célebre fama
celebridade celebração
celebridade fama
celebrizar fama
celeiro depósito
celeiro morada
celerado desvirtude
celerado homem ruim
celerado malevolência
celerado malfeitor
célere transitoriedade
célere velocidade
celeste bondade
celeste céu
celeste deleite
celeste divindade
celeste perfeição
celeste piedade
celestial bondade
celestial céu
celestial deleite
celestial divindade
celestial perfeição
celeuma desordem
celeuma grito
celeuma reprovação
celibatário celibato
celibatário pureza
celibato pureza
celso altruísmo
celso altura
celso beleza
celso bondade
celso fama
celso perfeição
celso vigor
célula componente
célula intervalo
célula receptáculo
celular concavidade
celular correspondência
celular informação
celular instrumento
celular mensageiro
celular receptáculo
celuliforme concavidade

cem numerais cardinais
cemiterial enterro
cemitério enterro
cemitério fim
cemitério insalubridade
cemitério lugar
cena aparecimento
cena beleza
cena drama
cena representação
cenáculo foco
cenáculo partido
cenáculo receptáculo
cenário aparecimento
cenário arena
cenário beleza
cenário comida
cenário drama
cenário pintura
cenário visão
cenho descontentamento
cenho reprovação
cenho ressentimento
cenho tristeza
cênico drama
cenóbio reclusão
cenobita clerezia
cenobita reclusão
cenografia artes
cenografia drama
cenografia pintura
cenógrafo artista
cenotáfio enterro
censo lista
censo medida
censo receita
censor bom gosto
censor difamador
censura reprovação
censurar reprovação
censurável culpa
censurável desvirtude
censurável erro
censurável injustiça
censurável reprovação
centauro desconformidade
Centauro universo
centavo dinheiro
centavo numerais ordinais
centelha calor
centelha corpos luminosos
centelha habilidade
centelha luz
centelha pouquidão
centena numerais cardinais
centenário ancião
centenário celebração
centenário numerais cardinais
centenário divertimento
centenário periodicidade
centenário periodicidade
centenário período
centesimal numerais cardinais
centesimal numerais ordinais
centésimo numerais ordinais
centímano desconformidade
cento numerais cardinais
centopeia ancião
central centralidade
central foco
central importância
central interioridade
central meio
centralidade simetria
centralização centralidade
centralizar autoridade
centralizar centralidade
centralizar combinação
centralizar convergência
centralizar interioridade
centrar centralidade
centrífugo centralidade
centrífugo divergência
centrífugo repulsão
centrípeto centralidade
centrípeto convergência
centro centralidade
centro foco
centro meio
centuplicar numerais cardinais
cêntuplo numerais cardinais
centúria numerais cardinais
centúria combatente
centúria multidão
centúria parte
centúria período
centurião amo
cepilho lisura
cepo ignorante
cepo inatividade
cepo prisão
cepo suporte
cepo tolo
cepticismo descrença
cepticismo incredulidade
céptico descrença
céptico heterodoxia
céptico incredulidade
céptico irreligião
cera demora
cera flexibilidade
cera meio líquido
cera óleo
cera vagareza
cerâmica aquecimento
cerâmica escrita
cerâmico escrita
ceramista artista
cerca circunscrição
cerca contorno
cercado cerca
cercadura borda
cercadura circunscrição
cercadura ornamento
cercania proximidade
cercar ataque
cercar cerca
cercar circunjacência
cercar defesa
cercar fechamento
cerce baixexa
cerceamento proibição
cerceamento restrição
cercear depressão
cercear destruição
cercear diminuição
cercear encurtamento
cercear proibição
cercear restrição
cercear subtração
cerco arena
cerco ataque
cerco fechamento
cerco restrição
cerdo animal
cereal vegetal
cerebelo intelecto
cerebral intelecto
cerebral partes do corpo humano
cérebro humanidade
cérebro intelecto

cérebro inteligência
cérebro qualidades
cereja vermelhidão
céreo acromatismo
céreo untuosidade
cerimônia celebração
cerimônia cortesia
cerimônia culto
cerimônia ostentação
cerimônia rito
cerimonial afetação
cerimonial cortesia
cerimonial informação
cerimonial ostentação
cerimonial rito
cerimonioso afetação
cerimonioso cortesia
cerimonioso respeito
cerne força
cerne meio
cerne rigidez
cerol óleo
ceroso untuosidade
ceroula indumentária
cerração bolha
cerração incerteza
cerração obscuridade
cerrado cerca
cerrado cor
cerrado densidade
cerrado fechamento
cerrado ininteligibilidade
cerrado multidão
cerrado obscuridade
cerrado região
cerrado substancialidade
cerrar os olhos desatenção
cerrar acabamento
cerrar cooperação
cerrar densidade
cerrar desinformação
cerrar fechamento
cerrar fim
cerrar refutação
cerrar taciturnidade
cerro altura
cerro terra
certame contenda
certame discórdia
certame raciocínio
certamente consentimento
certeiro certeza
certeiro sucesso
certeza afirmação
certeza crença
certeza inteligibilidade
certidão certeza
certidão evidência
certificado evidência
certificado fiança
certificado indicação
certificado registro
certificar afirmação
certificar certeza
certificar evidência
certificar informação
certificativo evidência
certo afirmação
certo certeza
certo consentimento
certo crença
certo especialidade
certo facilidade
certo frequência
certo inteligência
certo veracidade
cerúleo azul
cerúleo prazer
cerume meio líquido
ceruminoso untuosidade
cerveja comida
cerveja embriaguez
cervejaria morada
cervical partes do corpo humano
cerviz estreiteza
cerviz retaguarda
cervo animal
cerzidor livro
cerzir junção
cerzir mistura
cerzir restauração
cessação morte
cessão abandono de propriedade
cessão consentimento
cessão desamparo
cessão doação
cessão isenção
cessar cessação
cessar descontinuidade
cessar descostume
cessar fim
cessar-fogo pacificação
cesta receptáculo
cesto defesa
cesto receptáculo
cetáceo tamanho
cetim lisura
cetinoso flexibilidade
cetinoso lisura
cetro autoridade
cetro insígnia
cetro nobreza
cetro superioridade
cetro título
céu ar
céu azul
céu compulsoriedade
céu morada
céu universo
ceva hábito
cevado excitação
cevado sentimento
cevado tolo
cevar comida
cevar fraude
cevar hábito
cevar motivo
cevar redundância
cevar riqueza
chá comida
chã planície
chá reprovação
chá ridicularização
chacal malfeitor
chácara morada
chácara propriedade
chacina homicídio
chacinado estreiteza
chacinador homicídio
chacinar homicídio
chacota ridicularização
chacotear espírito
chacotear ridicularização
chafariz rio
chafurdar sujidade
chaga desvirtude
chaga doença
chaga dolorimento
chaga dor
chaga mal
chagado desvirtude
chagado infamação
chalaça anedota
chalaça divertimento
chalaça ridicularização
chalaceiro ridicularização
chalé morada

chaleira fornalha
chaleira receptáculo
chaleirar lisonja
chalrear loquacidade
chalupa combatente
chalupa nave
chama alaranjado
chama calor
chama excitabilidade
chama motivo
chamada combustível
chamada indicação
chamada numeração
chamada punição
chamada reprovação
chamado comando
chamado dever
chamalote lisura
chamar atração
chamar comando
chamar divindade
chamar nomenclatura
chamar numeração
chamariz fraude
chamariz motivo
chamejante excitação
chamejante luz
chamejante ressentimento
chamejar calor
chamejar excitabilidade
chamejar excitação
chamejar luz
chamejar ressentimento
chaminé abertura
chaminé canal de respiração
chaminé fornalha
chaminé vento
chamuscadela aquecimento
chamuscar aquecimento
chamusco aquecimento
chanca base
chanca indumentária
chance oportunidade
chancela contrato
chancela cópia
chancela indicação
chancelar contrato
chancelar indicação
chancelar registro
chancelaria tribunal
chanceler amo
chanceler deputado
chanceler juiz
chanceler registrador
chanfalho potencial de guerra
chanfrado concavidade
chanfrado curvatura
chanfradura concavidade
chanfradura obliquidade
chanfrar concavidade
chanfrar contração
chanfro concavidade
chanfro encaixe
chanfro escrita
chantagem aquisição
chantagem furto
chantagista ladrão
chantre secular
chão base
chão candura
chão cortesia
chão inteligibilidade
chão lisura
chão modéstia
chão planície
chão sobriedade
chão terra
chapa camada
chapa forma
chapa gravura
chapa indicação
chapa registro
chapa regularidade
chapa repetição
chapada planície
chapada terra
chapadão planície
chapado completamento
chapado desonestidade
chapado habilidade
chapado ignorante
chapado manifestação
chapado perfeição
chapar horizontalidade
chapar indicação
chapear amorfia
chapear camada
chapear cobertura
chapeleiro agente
chapeleiro indumentária
chapeleta punição
chapeleta recuo
chapeleta regressão
chapeleta rio
chapéu indumentária
chapinhar agitação
chapinhar água
chapinhar rio
charada absurdo
charada divertimento
charada espírito
charada ininteligibilidade
charada segredo
charadista humorista
charadista ininteligibilidade
charadista segredo
charanga barulho
charanga música
charão cobertura
charco golfo
charco pântano
charivari barulho
charivari desordem
charivari dissonância
charivari grito
charivari prolação
charlador loquacidade
charlar loquacidade
charlatanesco inabilidade
charlatanice fraude
charlatanice ignorância
charlatanice irracionalidade
charlatanismo afetação
charlatanismo falsidade
charlatanismo ignorância
charlatanismo inabilidade
charlatanismo irracionalidade
charlatanismo jactância
charlatão afetação
charlatão enganador
charlatão fraude
charlatão ignorante
charlatão remédio
charneca espaço
charneca improdutividade
charneca planície
charola veículo
charquear preparação
charro descortesia
charro imbecilidade
charro mau gosto
charro tolo
charrua agricultura
charrua agudeza

charuto castanho
charuto picante
chat correspondência
chat mensageiro
chata nave
chateação descontentamento
chateação enfado
chatear enfado
chatice chateza
chatice enfado
chato chateza
chato deselegância
chato embotamento
chato encurtamento
chato enfado
chato frouxidão
chato horizontalidade
chato sem significação
chauvinismo jactância
chauvinista filantropia
chavão hábito
chavão homem bom
chavão importância
chavão protótipo
chavão repetição
chave causa
chave fechamento
chave importância
chave insígnia
chave instrumentalidade
chave interpretação
chave melodia
chave prisão
chave refúgio
chaveco nave
chaveiro carcereiro
chaveiro provisão
chaveiro tapador
chavelho agudeza
chavelho impureza
chávena concavidade
chávena receptáculo
chaveta vínculo
chefatura autoridade
chefe amo
chefe diretor
chefe fama
chefe importância
chefia amo
chefia autoridade
chefia gestão
chefia precedência
chefiar gestão
chefiar precedência
chefiar precessão
chega reprovação
chegada cessação
chegada futuro
chegado consanguinidade
chegança contiguidade
chegança demanda
chegar chegada
chegar conhecimento
chegar futuro
chegar informação
chegar preço
chegar a uma conclusão julgamento
cheia grandeza
cheia multidão
cheia redundância
cheia rio
cheia suficiência
cheio barulho
cheio completamento
cheio conteúdo
cheio dificuldade
cheio dilatação
cheio grandeza
cheio multidão
cheio posse
cheio produtividade
cheio qualidades
cheio redundância
cheio reunião
cheio tamanho
cheirar a cueiros infante
cheirar fragrância
cheirar investigação
cheirar odor
cheirar recepção
cheiro conhecimento
cheiro fragrância
cheiro odor
cheiroso fragrância
cheiroso odor
cheque dinheiro
cheque dolorimento
chiadeira estridor
chiar estridor
chiar ressentimento
chiar sibilação
chibata azorrague
chibata flexibilidade
chibata potencial de guerra
chibatada punição
chibatar punição
chibatear ataque
chicana astúcia
chicana fraude
chicana irracionalidade
chicana obliquidade
chicaneiro advogado
chicaneiro discórdia
chicaneiro irracionalidade
chicanista advogado
chicória irascibilidade
chicotada punição
chicote azorrague
chicote potencial de guerra
chicotear impulso
chicotear motivo
chicotear punição
chifre agudeza
chifre defesa
chifre impureza
chilique impotência
chilrear estridor
chilrear regozijo
chilro insipidez
chimarrão comida
chimpanzé fealdade
china dinheiro
chinchar aquisição
chinchila fealdade
chinela indumentária
chinelada punição
chinelo indumentária
chinfrim desordem
chinfrim grito
chinfrim insignificância
chinfrim inutilidade
chinfrim ruindade
chinó indumentária
chio estridor
chique beleza
chiqueiro fraude
chiqueiro morada
chiqueiro sujidade
chispa calor
chispa corpos luminosos
chispa luz
chispar luz
chispar ressentimento
chispar ressentimento
chispar velocidade
chispe indumentária
chiste espírito

chocalhar agitação
chocalhar exposição
chocalhar loquacidade
chocalhar regozijo
chocalho notícia
chocante contraste
chocante desacordo
chocante dolorimento
chocante fealdade
chocante inconveniência
chocante infamação
chocante mau gosto
chocante mau gosto
chocante ódio
chocante resistência
chocante ruindade
chocante sensibilidade
chocar aversão
chocar contraste
chocar desacordo
chocar discórdia
chocar dolorimento
chocar excitação
chocar impulso
chocar latência
chocar plano
chocar predeterminação
chocar preparação
chocar produção
chocar reprovação
chocar resistência
chocar sensibilidade
chocarreiro drama
chocarreiro espírito
chocarreiro humorista
chocarreiro ridicularização
chocarrice absurdo
chocarrice anedota
chocarrice chateza
chocarrice divertimento
chocarrice espírito
chocarrice mau gosto
chocarrice ridicularização
chocho carícias
chocho chateza
chocho deselegância
chocho enfado
chocho fraqueza
chocho frouxidão
chocho inferioridade
chocho insignificância
chocho insuficiência
chocho inutilidade
chocho irracionalidade
chocho pioramento
chocho sem significação
choco insucesso
choco não acabamento
choco pioramento
choco preparação
choco produção
chocolate castanho
chocolate comida
chofer viajante
choldra desordem
choldra plebeísmo
choldra reunião
chopada divertimento
choque agitação
choque contiguidade
choque contraste
choque desacordo
choque dificuldade
choque discórdia
choque impulso
choque oposição
choque resistência
choque revolução
choque sentimento
choque sofrimento
choque surpresa
choque violência
choradeira interesse
choradeira pedido
choramingar hipocondria
choramingar interesse
choramingar lamentação
choramingas interesse
chorão interesse
chorão peticionário
chorar lamentação
chorar lamentação
chorar músico
chorar pedido
chorar saudade
chorar tristeza
chorinho música
choro lamentação
choro música
choroso sofrimento
chorrilho continuidade
choupana morada
chouto agitação
chouto vagareza
chover rio
chover suficiência
chover no molhado frouxidão
chuchar aquisição
chuchar infância
chuchar recepção
chuço agudeza
chuço potencial de guerra
chué enfado
chué estreiteza
chué inferioridade
chué insignificância
chué insipidez
chué mau gosto
chué plebeísmo
chula divertimento
chulé fedor
chulear junção
chulear preparação
chuleio junção
chulo deselegância
chulo mau gosto
chulo neologismo
chulo ridicularia
chumaço conteúdo
chumaço flexibilidade
chumaço forro
chumaço suporte
chumaço tapador
chumbada ataque
chumbado embriaguez
chumbar fechamento
chumbar gravidade
chumbar junção
chumbar localização
chumbo gravidade
chumbo inteligência
chumbo potencial de guerra
chumbo propulsão
chupão canal de respiração
chupão carícias
chupão recepção
chupar apropriação
chupar aquisição
chupar carestia
chupar comida
chupar embriaguez
chupar inatividade
chupar recepção
chupeta abertura
chusma equipagem
chusma multidão
chusma partido

chute experiência
chuva descida
chuva rio
chuva suficiência
chuvarada rio
chuveiro rio
chuveiro suficiência
chuviscar rio
chuviscar umidade
chuvisco rio
chuvisco umidade
chuvoso rio
cianirrostro azul
ciano azul
cianose azul
cibório templo
cica amargura
cica azedume
cicatriz indicação
cicatriz mancha
cicatriz registro
cicatrização restauração
cicatrizar alívio
cicatrizar fechamento
cicatrizar mancha
cicatrizar melhoramento
cicatrizar restauração
Cícero discurso
cícero impressão
cicerone intérprete
ciciar gagueira
ciciar segredo
ciciar sussurro
cicio gagueira
cicio sussurro
cíclico periodicidade
cíclico período
cíclico poesia
ciclismo divertimento
ciclista viajante
ciclo circunferência
ciclo ordem
ciclo periodicidade
ciclômetro circunferência
ciclone recife
ciclone revolução
ciclone rotação
ciclone ruindade
ciclone vento
ciclônico revolução
ciclope desconformidade
Ciclope força
Ciclope ingênuo
Ciclope tamanho
ciclópico força
ciclópico grandeza
ciclópico importância
ciclópico tamanho
cíclotron matéria
cicuta veneno
cidadão habitante
cidadão humanidade
cidadão liberdade
cidadão macho
cidade morada
cidade dos mortos enterro
cidadela defesa
cidadela foco
cidadela refúgio
cidra amarelo
cidra embriaguez
ciência conhecimento
ciência estudo
ciência habilidade
cientificar informação
científico conformidade
científico habilidade
científico raciocínio
cientista douto
cientista douto
cientista raciocínio
cifra compêndio
cifra dinheiro
cifra indicação
cifra insignificância
cifra interpretação
cifra letra
cifra número
cifra segredo
cifra zero
cifrado segredo
cifrão indicação
cifrão número
cifrar compêndio
cigano enganador
cigano fraude
cigarra animal
cigarrilha picante
cigarro picante
cilada astúcia
cilada desonestidade
cilada falsidade
cilada fraude
cilada homicídio
cilada perigo
cilada recife
cilha vínculo
cilício dor
cilício expiação
cilíndrico esfericidade
cilindro esfericidade
cílio filamento
cimalha altura
cimalha cume
cimalha indicação
cimeira agudeza
cimeira defesa
cimeira indicação
cimeiro altura
cimentado concórdia
cimentar coesão
cimentar força
cimentar junção
cimento material
cimento pulverização
cimento rigidez
cimento vínculo
cimitarra potencial de guerra
cimo cume
cincada erro
cindir bissecção
cinegética perseguição
cinejornal informação
cinema artes
cinema divertimento
cinema informação
cinema representação
cinerário cadáver
cinerário enterro
cinéreo pardo
cinética movimento
cingir circunjacência
cingir circunscrição
cingir indumentária
cingir junção
cingir restrição
cínico ascetismo
cínico desinteresse
cínico desonestidade
cínico desprezo
cínico difamação
cínico difamador
cínico impureza
cínico insolência
cínico misantropia
cínico reprovação
cinismo ascetismo
cinismo desonestidade

cinismo equívoco
cinismo insolência
cinismo insolência
cinografia animal
cinta circunferência
cinta contorno
cinta estreiteza
cinta indumentária
cintar circunscrição
cintar contração
cintilação luz
cintilante cor
cintilante elegância
cintilante luz
cintilante vigor
cintilar luz
cinto cerca
cinto circunferência
cinto indumentária
cinto vínculo
cintura estreiteza
cinturão circunferência
cinturão contorno
cinturão indumentária
cinza aquecimento
cinzas cadáver
cinzas resto
cinzas sujidade
cinzel gravura
cinzel perfurador
cinzelar escrita
cinzelar gravura
cinzelar perfeição
cinzelar produção
cio impureza
cioso ciúme
cioso cuidado
cipó azorrague
cipó flexibilidade
cipó suporte
cipoal cruzamento
cipoal desordem
cipoal desordem
cipoal dificuldade
cipreste enterro
cipreste lamentação
ciranda discriminação
ciranda divertimento
ciranda limpeza
cirandar discriminação
cirandar escolha
cirandar singeleza
cirandinha divertimento
circense divertimento
circo arena
circo artes
circo drama
circuito cerca
circuito circuição
circuito circunjacência
circuito contorno
circuito desvio
circuito locomoção
circuito mutabilidade
circuito periodicidade
circuito sinuosidade
circulação circuição
circulação despesa
circulação publicidade
circulação rotação
circulante circuição
circular circuição
circular circunferência
circular circunjacência
circular correspondência
circular curvatura
circular dinheiro
circular esfericidade
circular notícia
circular publicidade
circular sinuosidade
circularidade circunferência
círculo arena
círculo circuição
círculo circunjacência
círculo contorno
círculo estado
círculo região
circum-navegação circuição
circum-navegação navegação
circum-navegar circuição
circuncisão rito
circundar circuição
circundar circuito
circundar circunferência
circundar circunjacência
circundar circunscrição
circundar contorno
circundar curvatura
circunferência borda
circunferência circuição
circunferência contorno
circunflexo angularidade
circunflexo circuição
circunlocução prolixidade
circunlóquio circuito
circunlóquio irracionalidade
circunlóquio prolixidade
circunscrever circunscrição
circunscrever diminuição
circunscrever encurtamento
circunscrever insuficiência
circunscrever interioridade
circunscrever proibição
circunscrever restrição
circunscrever subtração
circunscrição região
circunscrito circunscrição
circunscrito subtração
circunspecção cautela
circunspecção cuidado
circunspecto cautela
circunspecto inexcitabilidade
circunspecto tristeza
circunstância oportunidade
circunstancial circunstância
circunstancial eventualidade
circunstancial evidência
circunstante circunjacência
circunstante espectador
circunvagar circuição
circunvagar locomoção
circunvagar movimento
circunvagar prolixidade
circunvizinhança circunjacência
circunvizinhança contiguidade
circunvizinhança proximidade
circunvizinho circunjacência
circunvizinho contiguidade
circunvolução rotação
circunvolução sinuosidade
círio corpos luminosos
círio locomoção
cirro bolha
cirrose dilatação
cirurgia abertura
cirurgia remédio
cirurgião remédio
cirúrgico remédio
cisão discórdia
cisão disjunção
cisão dissentimento
ciscar agricultura

cisco inutilidade
cisco sujidade
cisma capricho
cisma capricho
cisma discórdia
cisma dissentimento
cisma heterodoxia
cisma imaginação
cisma obstinação
cisma pensamento
cisma tristeza
cismado obstinação
cismar imaginação
cismar obstinação
cismar pensamento
cismar tristeza
cisne brancura
cisne discurso
cisne poesia
cisplatino habitante
cisterna abertura
cisterna depósito
cisterna golfo
cisterna profundidade
cistite doença
citação comando
citação conformidade
citação demanda
citação evidência
citação imitação
citadino habitante
citadino morada
citar comando
citar conformidade
citar demanda
citar evidência
cítrico azedume
citricultura agricultura
citrino amarelo
ciúme descrença
ciúme inveja
ciumeira ciúme
ciumento ciúme
cível legalidade
cívico filantropia
cívico humanidade
civil cortesia
civil humanidade
civil interioridade
civil secular
civilidade cortesia
civilidade sociabilidade
civilista advogado
civilização melhoramento
civilizado cortesia
civilizar ensino
civilizar melhoramento
civismo filantropia
cizânia contenda
cizânia discórdia
cizânia inimizade
cizânia mal
cizânia vegetal
clã partido
clamar grito
clamar lamentação
clamar necessidade
clamar oposição
clamar pedido
clamor grito
clamor lamentação
clamor necessidade
clamor pedido
clamor penitência
clamor reprovação
clamor som
clamoroso desvirtude
clamoroso excitabilidade
clamoroso grito
clamoroso injustiça
clamoroso lamentação
clamoroso pedido
clandestino invisibilidade
clangor barulho
claque drama
claque partido
clara meio líquido
clarão esperança
clarão luz
clarão meia-luz
clarear inteligibilidade
clarear limpeza
clarear luz
clarear manhã
clarear singeleza
clareira abertura para passagem da luz
clareira abertura
clareira concavidade
clareira disjunção
clareira planície
clareira terra
clarejar luz
clareza inteligibilidade
clareza singeleza
clareza transparêcia
clareza voz
claridade luz
claridade transparêcia
clarificar inteligibilidade
clarificar interpretação
clarificar limpeza
clarificar singeleza
clarim guerra
clarinada alarma
clarividente inteligência
clarividente previdência
claro afirmação
claro certeza
claro fama
claro informação
claro inteligibilidade
claro luz
claro manifestação
claro singeleza
claro transparêcia
claro visibilidade
claro-escuro manhã
claro-escuro meia-luz
classicismo bom gosto
classicismo elegância
clássico bom gosto
clássico elegância
clássico gramática
clássico hábito
clássico simetria
clássico velharia
classificação arranjo
classificação ordem
classificação termo
classificado arranjo
classificar arranjo
classificar crença
classificar discriminação
classificar inclusão
classificar inteligibilidade
claudicante esquecimento
claudicante incerteza
claudicante vagareza
claudicar desvirtude
claudicar erro
claudicar falsidade
claudicar fraqueza
claudicar obliquidade
claudicar vagareza
claustro templo
claustrofobia medo
cláusula condições
cláusula contrato

cláusula frase
cláusula intenção
cláusula livro
cláusula parte
cláusula preceito
clausura prisão
clausura reclusão
clava impulso
clava potencial de guerra
claviculário tapador
claviculário tesoureiro
clavina potencial de guerra
clemência benevolência
clemência filantropia
clemência tolerância
clemente benevolência
clemente clemência
clemente tolerância
clepsidra cronometria
cleptomania desejo
cleptomania furto
cleptomania loucura
cleptomaníaco ladrão
cleptomaníaco louco
clericalismo autoridade
clericalismo cargos da Igreja
clericalismo piedade
clérigo clerezia
clero clerezia
cliente comissão
cliente compra
cliente doença
cliente servo
clientela compra
clientela justificação
clientela servo
clima ar
clima região
climático mutabilidade
climatizar resfriamento
climatologia ar
clímax cume
clímax superioridade
clínica remédio
clinicar trabalho
clínico remédio
clique partido
clister remédio
cloaca conduto
cloaca fedor
cloaca sujidade
clonagem reprodução
clonar duplicação
clonar imitação
clonar reprodução
clone duplicação
clone repropdução
clone semelhança
cloro potencial de guerra
clorofila verde
clorofórmio insensibilidade
clorose doença
clube deputado
clube foco
clube morada
coabitar acompanhamento
coabitar contiguidade
coabitar impureza
coabitar presença
coação obrigatoriedade
coação tirania
coadjutor auxiliar
coadjutor cooperação
coadjuvante auxiliar
coadjuvante auxílio
coadjuvante cooperação
coadjuvar cooperação
coador singeleza
coadunar acordo
coadunar reunião
coagir obrigatoriedade
coagir restrição
coagir tirania
coagulação densidade
coagular densidade
coágulo densidade
coalescer coesão
coalhada densidade
coalhada pasta
coalhado densidade
coalhado meio líquido
coalhar acordo
coalhar densidade
coalheira densidade
coalho acordo
coalho concórdia
coalho densidade
coalho economia
coalho pasta
coar pureza
coar singeleza
coarctar contração
coarctar diminuição
coarctar encurtamento
coarctar restrição
coarctar subtração
coautor acusação
coautor auxiliar
coautoria cooperação
cobaia animal
cobaia experiência
cobalto roxo
cobarde fraqueza
coberta cobertura
coberta cume
coberta produção
coberta tapador
coberto invisibilidade
coberto latência
cobertor aquecimento
cobertor cobertura
cobertura esconderijo
cobertura refúgio
cobiça desejo
cobiça egoísmo
cobiça inveja
cobiçar desejo
cobiçar inveja
cobiçoso desejo
cobiçoso inveja
cobra homem ruim
cobra irascibilidade
cobra malfeitor
cobrador recebimento
cobrador tesoureiro
cobrança comando
cobrança receita
cobrar aquisição
cobrar comando
cobrar exigência
cobrar preço
cobrar recebimento
cobrar receita
cobrar revigoramento
cobre alaranjado
cobre dinheiro
cobres dinheiro
cobrir cobertura
cobrir compensação
cobrir desinformação
cobrir segurança
cobrir superioridade
cobro cessação
coca indumentária
coca medo
coça punição
cocaína insensibilidade
coçar atrito

coçar comichão
cocar cuidado
cocar indicação
cocar ornamento
coçar punição
coçar sensibilidade
cocar título
cocção aquecimento
coceira comichão
coche enterro
cocheira domesticação
cocheira morada
cocheira sujidade
cocheiro diretor
cocheiro mau gosto
cocheiro servo
cocheiro viajante
cochichar informação
cochichar segredo
cochichar sussurro
cochicho gagueira
cochicho sussurro
cochicho voz
cochilar erro
cochilar inatividade
cochilo erro
cochonilha vermelhidão
cóclea abertura
cóclea audição
cóclea sinuosidade
cocô excreção
cocuruto cume
côdea cobertura
côdea ignorância
côdea plebeísmo
côdea sujidade
códice livro
códice registro
codicilo fiança
codicilo sucessor
codificação reunião
codificar legalidade
codificar reunião
código interpretação
código legalidade
código linguagem
código livro
código preceito
código regularidade
código reunião
coeficiente acompanhamento
coeficiente número
coelheira morada
coelho animal
coelho produtividade
coentro tempero
coerção obrigatoriedade
coercitivo obrigatoriedade
coercivo obrigatoriedade
coerência coesão
coerência probidade
coerência raciocínio
coerente acordo
coerente densidade
coerente probidade
coerente raciocínio
coesão assentimento
coesão densidade
coesão tenacidade
coeso assentimento
coeso concórdia
coeso densidade
coeso tenacidade
coestaduano amigo
coestaduano habitante
coetâneo sincronismo
coevo sincronismo
coexistência acompanhamento
coexistência contiguidade
coexistência existência
coexistência paralelismo
coexistência sincronismo
coexistência tolerância
coexistente acompanhamento
coexistente sincronismo
coexistir acompanhamento
coexistir contiguidade
coexistir sincronismo
cofo indumentária
cofo prisão
cofre economia
cofre receptáculo
cogitação imaginação
cogitação pensamento
cogitação suposição
cogitar imaginação
cogitar intenção
cogitar pensamento
cogitar suposição
cognato consanguinidade
cognato relação
cognato sílaba
cognição conhecimento
cognição estudo
cognição informação
cognitivo conhecimento
cognome apelido
cognome nomenclatura
cognominar apelido
cognominar nomenclatura
cognoscível conhecimento
cogote retaguarda
cogular redundância
cogulo completamento
cogulo redundância
cogumelo vegetal
coibir proibição
coibir restrição
coice ataque
coice impulso
coice retaguarda
coice sucessão
coice sucessor
coiceira ingratidão
coiceira junção
coiceira rotação
coifa cruzamento
coifa indumentária
coima penalidade
coima proibição
coimar penalidade
coincidência contiguidade
coincidência identidade
coincidente sincronismo
coincidir identidade
coincidir sincronismo
coisa eventualidade
coisa matéria
coisa substancialidade
coisa trabalho
coisa do arco-da-velha prodígio
coisa-feita bruxaria
coisa nunca vista prodígio
coitado adversidade
coitado pobreza
cola meio líquido
cola sucessor
cola vínculo
colaboração auxílio
colaboração concorrência
colaboração cooperação
colaborador agente
colaborador auxiliar
colaborador livro
colaborador publicidade

colaborar ação
colaborar auxílio
colaborar cooperação
colação comida
colaço consanguinidade
colagem artes
colagem junção
colapso fadiga
colapso impotência
colapso insucesso
colapso pioramento
colar circunferência
colar comissão
colar junção
colar ornamento
colar suficiência
colar vínculo
colarinho circunferência
colarinho indumentária
colateral consanguinidade
colateral lateralidade
colateral paralelismo
colcha aquecimento
colcha cobertura
colchão suporte
colcheia melodia
colchete vínculo
coldre libertino
coldre receptáculo
colear dissentimento
colear interjacência
colear servilismo
colear sinuosidade
coleção livro
coleção reunião
colecionador registrador
colecionar reunião
colega acompanhamento
colega amigo
colega auxiliar
colega discípulo
colegiado discípulo
colegial discípulo
colegial ensino
colegial escola
colégio ensino
colégio escola
coleguismo amizade
coleguismo cooperação
coleguismo sociabilidade
coleira circunferência
coleira prisão
coleira velhaco
colendo respeito
colendo título
cólera doença
cólera ódio
cólera ressentimento
cólera violência
colérico contenda
colérico irascibilidade
colérico ressentimento
coleta aquisição
coleta culto
coleta despesa
coleta pedido
coletânea compêndio
coletânea registro
coletânea reunião
coletar aquisição
coletar evidência
coletar medida
coletar pedido
coletar preço
coletar recebimento
coletar receita
coletar receptáculo
colete indumentária
coletividade humanidade
coletividade todo
coletivismo autoridade
coletivo generalidade
coletivo humanidade
coletor jurisdição
coletor recebimento
coletor receptáculo
coletor reunião
colheita agricultura
colheita aquisição
colheita bem
colheita depósito
colheita efeito
colheita reunião
colheitadeira agricultura
colher proveito habilidade
colher agricultura
colher apropriação
colher aquisição
colher escolha
colher estudo
colher melhoramento
colher moderação
colher pedido
colher pouquidão
colher surpresa
colherada quantidade
colibri animal
cólica dor
colidir contraste
colidir desacordo
colidir dessemelhança
colidir discórdia
colidir impulso
colidir resistência
coligação concorrência
coligação cooperação
coligação partido
coligação reunião
coligado auxiliar
coligar reunião
colimar direção
colina altura
colina subida
colina terra
colisão contenda
colisão contraste
colisão desacordo
colisão discórdia
colisão impulso
colisão oposição
colisão resistência
Coliseu arena
collant indumentária
colmar completamento
colmar cume
colmar fim
colmeeiro domesticação
colmeia domesticação
colmeia morada
colmeia oficina
colmeia reunião
colmeia textura
colmo cobertura
colmo suporte
colo estreiteza
colo suporte
colocação arranjo
colocação localização
colocação situação
colocar arranjo
colocar comissão
colocar localização
colocar reunião
colocar venda
cologaritmo número
coloidal meio líquido
colombina drama
colônia humanidade
colônia localização

colônia propriedade
colonização localização
colonizador habitante
colonizar habitante
colonizar localização
colono agricultura
colono habitante
coloquial palestra
colóquio palestra
coloração cor
colorar cor
colorau tempero
colorear cor
colorear falsidade
colorido cor
colorido cor
colorido exagero
colorido fraude
colorido pintura
colorido significação
colorir alegação
colorir cor
colorir deleite
colorir exagero
colorir falsidade
colorir floreio
colorir justificação
colorir mistura
colorir motivo
colorir pintura
colorir variegação
colorir verde
colorista artista
colorista livro
colossal comprimento
colossal grandeza
colossal multidão
colossal tamanho
colosso altura
colosso fama
colosso importância
colosso tamanho
colostomia abertura
colostro meio líquido
columbário enterro
coluna altura
coluna combatente
coluna continuidade
coluna esfericidade
coluna fama
coluna impressão
coluna registro
coluna suporte
coluna viajante
colunar esfericidade
colunar suporte
colunata continuidade
colunata reunião
com estupidez descortesia
com mão de mestre habilidade
com moderação inexcitabilidade
com parcimônia modéstia
com reservas descrença
com todas as forças esforço
com todas as letras prolixidade
com todos os efes e erres prolixidade
com uma mão atrás e outra na frente pobreza
coma aspereza
coma cessação
coma desinteresse
coma doença
coma inatividade
comadre amigo
comadre fornalha
comadre homem ruim
comadre receptáculo
comadre remédio
comandante amo
comandante diretor
comandar autoridade
comandar comando
comandar gestão
comandar precessão
comando autoridade
comando gestão
comarca região
comatoso morte
combalido fraqueza
combalido impotência
combalido inatividade
combalido pioramento
combalir doença
combalir fraqueza
combalir impotência
combalir pioramento
combalir ruindade
combalir tristeza
combalir velharia
combate contenda
combate guerra
combatente contenda
combatente força
combatente guerra
combatente oponente
combater contenda
combater guerra
combater reprovação
combatividade contenda
combatividade guerra
combativo combatente
combativo contenda
combativo guerra
combinação acordo
combinação arranjo
combinação comparação
combinação composição
combinação compromisso
combinação contrato
combinação cooperação
combinação indumentária
combinação mistura
combinação número
combinação pacificação
combinação variegação
combinado assentimento
combinado combinação
combinado concorrência
combinado predeterminação
combinado promessa
combinar assentimento
combinar combinação
combinar compromisso
combinar concórdia
combinar condições
combinar contrato
combinar cooperação
combinar junção
combinar mistura
comboiar segurança
comboiar sucessão
comboio depósito
comboio segurança
comboio sucessão
comboio veículo
comburente aquecimento
combustão guerra
combustível aquecimento
combustível gás
combustível material
começar começo
começar existência
comédia anedota

comédia artes
comédia drama
comédia falsidade
comédia insignificância
comédia mentira
comédia ridicularia
comediante afetação
comediante drama
comediante enganador
comediante humorista
comedido arranjo
comedido ascetismo
comedido cautela
comedido concisão
comedido economia
comedido humildade
comedido inteligência
comedido moderação
comedido modéstia
comedido sanidade
comedido temperança
comedimento abstemia
comedimento humildade
comedimento inteligência
comedimento moderação
comedimento modéstia
comedimento sobriedade
comedimento temperança
comediógrafo drama
comedir alívio
comedir-se temperança
comemoração celebração
comemoração regozijo
comemorar fama
comemorar memória
comemorar regozijo
comemorativo celebração
comemorativo regozijo
comenda insígnia
comenda título
comendador título
comenos oportunidade
comenos tempo
comensal amigo
comensal divertimento
comensurável medida
comensurável numeração
comensurável número
comentar dissertação
comentar interpretação
comentar raciocínio
comentário interpretação
comentário raciocínio
comentarista notícia
comer comida
comer deficiência
comer destruição
comer furto
comer ingênuo
comer progressão
comer recepção
comer supressão
comercial crédito
comercial desconto
comercial permuta
comercializar venda
comerciante mercador
comerciar permuta
comerciar trabalho
comerciar venda
comércio palestra
comércio permuta
comércio trabalho
comes comida
comestíveis comida
comestível comida
cometa consignatário
cometa universo
cometer ação
cometer ataque
cometer comissão
cometer empreendimento
cometimento ataque
cometimento empreendimento
comezaina comida
comezaina divertimento
comezinho clareza
comezinho comida
comezinho inteligibilidade
comichão desejo
comichão sensibilidade
comichar comichão
comichar sensibilidade
comicidade espírito
comício conselho[1]
comício reunião
cômico drama
cômico humorista
cômico ridicularia
comida recepção
comilança comida
comilão gula
cominação ameaça
cominação comandno
cominação maldição
cominação punição
cominar ameaça
cominar comando
cominativo ameaça
cominativo comando
cominativo punição
cominatório ameaça
cominatório comando
cominatório punição
comiseração clemência
comissão conselho[1]
comissão desconto
comissão preço
comissão recompensa
comissão tabalho
comissariado comida
comissariado provisão
comissário comissão
comissário consignatário
comissário deputado
comissário mercador
comissário provisão
comissionado comissão
comissionar comissão
comissura intervalo
comissura junção
comitê conselho[1]
comitente comissão
comitiva acompanhamento
comitiva continuidade
comitiva locomoção
comitiva ostentação
comitiva partido
comitiva retaguarda
comitiva servo
comitiva sucessão
comitiva sucessor
comitiva viajante
commodity dinheiro
como semelhança
como de costume hábito
como de praxe hábito
comodatário empenhamento
comodato empréstimo
comodidade fruição
comodidade utilidade
comodismo egoísmo
comodista egoísmo
cômodo acordo
cômodo conveniência
cômodo fruição
cômodo utilidade

comodoro amo
comovedor sentimento
comovente excitação
comovente importância
comovente saudade
comovente sentimento
comover excitação
comover gratidão
comover influência
comover melodia
compactação compêndio
compactação contração
compactação densidade
compactar compêndio
compactar concisão
compactar contração
compactar densidade
compacto coesão
compacto concisão
compacto concórdia
compacto contração
compacto contrato
compacto densidade
compacto encurtamento
compacto isolamento
compacto junção
compacto multidão
compacto reunião
compacto substancialidade
compactuar cooperação
compadre amigo
compadrio amizade
compadrio desonestidade
compadrio injustiça
compadrio obliquidade
compaixão clemência
companheira casamento
companheirismo amizade
companheiro acompanhamento
companheiro auxiliar
companheiro casamento
companheiro igualdade
companheiro semelhança
companheiro inseparável amigo
companhia acompanhamento
companhia combatente
companhia cooperação
companhia drama
companhia equipagem
companhia partido
companhia reunião
comparação medida
comparação relação
comparador comparação
comparar comparação
comparar relação
comparativo comparação
comparativo grau
comparável relação
comparecer oferta
comparecer presença
comparecimento presença
comparsa auxiliar
comparsa cooperação
comparsa drama
compartilhamento partilha
compartilhar ação
compartilhar assentimento
compartilhar condolência
compartilhar cooperação
compartilhar crença
compartilhar participação
compartilhar partilha
compartimento morada
compartimento parte
compartimento partilha
compartimento receptáculo
compartir condolência
compartir cooperação
compartir participação
compartir partilha
compassado melodia
compassado moderação
compassado oscilação
compassado periodicidade
compassado simetria
compassado vagareza
compassar forma
compassar moderação
compassar oscilação
compassar vagareza
compassivo benevolência
compassivo clemência
compassivo condolência
compasso artes
compasso circunferência
compasso gestão
compasso medida
compasso melodia
compasso ordem
compasso periodicidade
compasso regularidade
compatibilidade acordo
compatibilidade combinação
compatibilidade correlação
compatível acordo
compatível conveniência
compatível correlação
compatível possibilidade
compatível relação
compatível utilidade
compatriota amigo
compatriota habitante
compatriota humanidade
compelir compulsoriedade
compelir dever
compelir obrigatoriedade
compelir poder
compelir sujeição
compendiar compêndio
compendiar encurtamento
compêndio contração
compêndio lista
compêndio livro
compenetrado credulidade
compenetrar motivo
compensação compromisso
compensação expiação
compensação pagamento
compensação recompensa
compensação retaliação
compensador aquisição
compensador compensação
compensador recompensa
compensar compensação
compensar expiação
compensar igualdade
compensar recompensa
compensar substituição
compensatório compromisso
compensatório recompensa
competência autoridade
competência conhecimento
competência contenda
competência direito
competência habilidade
competência oposição
competência poder
competente acordo
competente conhecimento
competente conveniência
competente douto
competente especialidade

competente habilidade
competente legalidade
competente poder
competente proficiente
competição contenda
competição oposição
competidor combatente
competidor contenda
competidor igualdade
competidor inimigo
competidor oponente
competir bondade
competir contenda
competir dever
competir fama
competir igualdade
competir oponente
competir poder
competir posse
compilação livro
compilação reunião
compilador livro
complacência benevolência
complacência boa vontade
complacência clemência
complacência contentamento
complacência cortesia
complacência filantropia
complacência obediência
complacência prazer
complacência tolerância
complacente auxílio
complacente benevolência
complacente boa vontade
complacente clemência
complacente consentimento
complacente humildade
complacente inexcitabilidade
complacente obediência
complacente permissão
complacente tolerância
compleição aparecimento
compleição exterioridade
compleição forma
compleição matéria
complementação completamento
complementar acabamento
complementar adjunto
complementar completamento
complementar número
complementar todo
complemento acabamento
complemento adição
complemento adjunto
complemento completamento
complemento resto
completar acabamento
completar adjunto
completar completamento
completar fim
completar todo
completo acabamento
completo completamento
completo grandeza
completo manifestação
completo perfeição
completo silêncio
completo todo
completude todo
complexidade desordem
complexidade imprecisão
complexidade ininteligibilidade
complexo dificuldade
complexo número
complexo reunião
complexo sinuosidade
complexo todo
complicação agravação
complicação desordem
complicação dificuldade
complicado desordem
complicado dificuldade
complicado imprecisão
complicador dificuldade
complicar agravação
complicar desarranjo
complicar desensino
complicar dificuldade
complicar estorvo
complicar ininteligibilidade
componente composição
componente parte
compor combinação
compor componente
compor composição
compor compromisso
compor escrita
compor impressão
compor mistura
compor música
compor pacificação
compor plano
compor poesia
compor produção
comporta cerca
comporta conduto
comporta egressão
comporta rio
comporta tapador
comportamento conduta
comportamento humanidade
comportar composição
comportar permissão
comportar possibilidade
comportar preservação
composição arranjo
composição artes
composição combinação
composição compromisso
composição concórdia
composição expiação
composição gramática
composição inclusão
composição intrinsecabilidade
composição música
composição pacificação
compositor artes
compositor impressão
compositor livro
compositor melodia
compositor música
composta número
composto altura
composto combinação
composto composição
composto inexcitabilidade
composto inteligência
composto modéstia
compostura candura
compostura cautela
compostura falsidade
compostura humildade
compostura inexcitabilidade
compostura inteligência
compostura moderação
compostura probidade
compostura simplicidade
compra aquisição
compra despesa
compra posse

comprador compra
comprador mercado
comprar aquisição
comprar compra
comprar doação
comprar propriedade
comprável compra
comprável desonestidade
comprazer auxílio
comprazer consentimento
comprazer deleite
compreender circunjacência
compreender composição
compreender conhecimento
compreender inclusão
compreender informação
compreender inteligência
compreender inteligibilidade
compreender interpretação
compreender latência
compreender raciocínio
compreensão composição
compreensão conhecimento
compreensão inclusão
compreensão intelecto
compreensão inteligência
compreensão raciocínio
compreensível inteligibilidade
compreensível manifestação
compressa remédio
compressão compêndio
compressão concisão
compressão contração
compressão restrição
compressibilidade contração
compressibilidade realidade
compressível realidade
compressor inserção
compressor tirania
comprido comprimento
comprido prolixidade
comprimido circunscrição
comprimido interjacência
comprimido junção
comprimido remédio
comprimir circunscrição
comprimir contração
comprimir densidade
comprimir depressão
comprimir economia
comprimir encurtamento
comprimir estreiteza
comprimir flexibilidade
comprimir gravidade
comprimir inserção
comprimir resistência
comprimir restrição
comprobatório evidência
comprometedor ruindade
comprometer acusação
comprometer agravação
comprometer dificuldade
comprometer infamação
comprometer malevolência
comprometer mancha
comprometer mau uso
comprometer perigo
comprometimento compromisso
comprometimento obliquidade
compromisso afirmação
compromisso autoridade
compromisso compensação
compromisso condições
compromisso contrato
compromisso dever
compromisso dívida
compromisso empreendimento
compromisso fiança
compromisso insolvência
compromisso meação
compromisso média
compromisso pacificação
compromisso preceito
compromisso promessa
comprovação demonstração
comprovação evidência
comprovante demonstração
comprovar demonstração
compulsão compulsoriedade
compulsão obrigatoriedade
compulsar atenção
compulsar compulsoriedade
compulsar estudo
compulsar investigação
compulsar sujeição
compulsar uso
compulsivo obrigatoriedade
compulsório comando
compulsório compulsoriedade
compulsório dever
compulsório obrigatoriedade
compunção penitência
compungir dolorimento
computação impressão
computação numeração
computador escrita
computador informação
computador instrumento
computador numeração
computar numeração
cômputo medida
cômputo numeração
comum conhecimento
comum enfado
comum expectação
comum frequência
comum frouxidão
comum generalidade
comum hábito
comum inferioridade
comum insignificância
comum regularidade
comum uso
comum velharia
comum de dois hermafrodismo
comum de dois multiformidade
comuna região
comungante culto
comungar crença
comungar culto
comungar rito
comunhão concórdia
comunhão participação
comunhão partido
comunhão rito
comunicabilidade informação
comunicabilidade manifestação
comunicação amizade

comunicação junção
comunicação manifestação
comunicação notícia
comunicação participação
comunicação sociabilidade
comunicação verbal voz
comunicado notícia
comunicador informação
comunicante correspondência
comunicar doação
comunicar informação
comunicar notícia
comunicar publicidade
comunicativo cortesia
comunicativo sociabilidade
comunicativo troca
comunicável transferência
comunidade humanidade
comunidade identidade
comunidade partido
comunismo autoridade
comunista autoridade
comutação compensação
comutação compromisso
comutação perdão
comutação permuta
comutação substituição
comutação troca
comutar compromisso
comutar perdão
comutar permuta
concatenação continuidade
concatenação junção
concatenação relação
concatenar relação
concavidade depressão
concavidade receptáculo
côncavo concavidade
côncavo profundidade
conceber começo
conceber conhecimento
conceber crença
conceber descoberta
conceber imaginação
conceber produção
concebível inteligibilidade
concebível possibilidade
conceder consentimento
conceder doação
conceder exposição
conceder oferta
conceder permissão
conceder recompensa
conceder suposição
conceito compêndio
conceito crença
conceito efeito
conceito espírito
conceito fama
conceito ideia
conceito informação
conceito intelecto
conceito máxima
conceito respeito
conceito significação
conceituado fama
conceituado importância
conceituado respeito
conceitual ideia
conceituoso espírito
conceituoso floreio
conceituoso melodia
conceituoso vigor
concentração centralidade
concentração combinação
concentração concorrência
concentração convergência
concentração reunião
concentração taciturnidade
concentrado atenção
concentrado taciturnidade
concentrar centralidade
concentrar compêndio
concentrar convergência
concentrar densidade
concentrar reunião
concentricidade centralidade
concêntrico centralidade
concepção conhecimento
concepção crença
concepção ideia
concepção imaginação
concepção intelecto
conceptáculo receptáculo
concernente correlação
concernente relação
concernir relação
concertar assentimento
concertar comparação
concertar concórdia
concertar contrato
concertar plano
concertar preparação
concertista melodia
concerto acordo
concerto assentimento
concerto coesão
concerto concórdia
concerto contrato
concerto cooperação
concerto melodia
concerto música
concerto músico
concessão consentimento
concessão doação
concessão permissão
concessão recompensa
concessionário possuidor
concessionário recebimento
concessivo permissão
concessor doação
concha curvatura
concha receptáculo
conchavo contrato
conchavo cooperação
conchavo plano
conchavo predeterminação
concidadão humanidade
conciliábulo conselho[1]
conciliábulo falsidade
conciliábulo plano
conciliábulo reunião
conciliação compromisso
conciliação concórdia
conciliação expiação
conciliação pacificação
conciliação perdão
conciliador mediação
conciliador perdão
conciliar conselho[1]
conciliar contentamento
conciliar pacificação
conciliar sincronismo
conciliatório atenuação
conciliatório concórdia
conciliatório contentamento
conciliatório pacificação
conciliatório perdão
concílio cargos da Igreja
concílio conselho[1]
concílio reunião
concisamente concisão
concisão encurtamento
conciso compêndio
conciso concisão

concitar desafio
concitar excitação
concitar motivo
conclamar aprovação
conclamar assentimento
conclamar exposição
conclave cargos da Igreja
conclave conselho[1]
conclave reunião
concludente demonstração
concludente raciocínio
concluir acabamento
concluir fim
concluir interpretação
concluir produção
concluir raciocínio
concluir resolução
conclusão acabamento
conclusão demonstração
conclusão fim
conclusão interpretação
conclusão máxima
conclusão sucessor
conclusivo acabamento
conclusivo interpretação
conclusivo raciocínio
conclusivo resposta
concomitância acompanhamento
concomitância cooperação
concomitância paralelismo
concomitância sincronismo
concomitante acompanhamento
concomitante sincronismo
concordância acordo
concordância coesão
concordância consentimento
concordância gramática
concordância melodia
concordante acordo
concordante assentimento
concordar acordo
concordar assentimento
concordar boa vontade
concordar concórdia
concordar consentimento
concordar permissão
concordata contrato
concordata insolvência
concorde acordo
concorde assentimento
concorde concórdia
concórdia assentimento
concórdia cooperação
concórdia melodia
concorrência acordo
concorrência aproximação
concorrência centralidade
concorrência convergência
concorrência cooperação
concorrência inveja
concorrência obliquidade
concorrência reunião
concorrência sincronismo
concorrente aproximação
concorrente concorrência
concorrente convergência
concorrente desejo
concorrente dissentimento
concorrente inimigo
concorrente sincronismo
concorrer assentimento
concorrer convergência
concorrer cooperação
concorrer desejo
concorrer inimigo
concorrer sincronismo
concreção coesão
concreção densidade
concretar densidade
concretização existência
concretizar densidade
concretizar especialidade
concretizar matéria
concreto densidade
concreto especialidade
concreto existência
concreto matéria
concreto material
concreto rigidez
concretude substancialidade
concubina libertino
concubinato impureza
conculcar desprezo
conculcar infamação
conculcar inobservância
conculcar reprovação
conculcar sucesso
concupiscência desejo
concupiscência egoísmo
concupiscência fruição
concupiscência impureza
concupiscente impureza
concurso auxílio
concurso concorrência
concurso contenda
concurso convergência
concurso cooperação
concurso reunião
concussão apropriação
concussão desonestidade
concussão furto
concussão impulso
condado nobreza
condado região
condão habilidade
condão poder
conde nobreza
conde título
condecoração insígnia
condecoração título
condecoração troféu
condecorar recompensa
condenação acusação
condenação destruição
condenação reprovação
condenado compulsoriedade
condenado condenação
condenado erro
condenado homem ruim
condenado impiedade
condenado preso
condenar compulsoriedade
condenar condenação
condenar justiça
condenar oposição
condenar punição
condenar reprovação
condenatório condenação
condenatório reprovação
condenável desvirtude
condenável infamação
condenável reprovação
condenável ruindade
condenável ruindade
condensação contração
condensação densidade
condensação liquefação
condensação meio líquido
condensado contração
condensar compêndio
condensar concisão
condensar contração
condensar densidade
condensar diminuição

condensar liquefação
condensar meio líquido
condescendência benevolência
condescendência boa vontade
condescendência clemência
condescendência consentimento
condescendência cortesia
condescendência humildade
condescendência inação
condescendência obediência
condescendência permissão
condescendência servilismo
condescendência tolerância
condescendência transigência
condescendente benevolência
condescendente consentimento
condescendente humildade
condescendente obediência
condescendente permissão
condescendente tolerância
condescender assentimento
condescender boa vontade
condescender consentimento
condescender irresolução
condescender tolerância
condescender transigência
condessa nobreza
condessa receptáculo
condessa título
condição social nobreza
condição atenuação
condição circunstância
condição classe
condição contrato
condição estado
condição eventualidade
condição fama
condição plebeísmo
condição preceito
condição situação
condição suposição
condição termo
condicional atenuação
condicional circunstância
condicional condições
condicional estado
condicional restrição
condicionamento relação
condicionamento restrição
condicionar atenuação
condicionar condições
condicionar restrição
condigno acordo
condigno direito
condimentar picante
condimentar tempero
condimento tempero
condimentoso picante
condiscípulo acompanhamento
condiscípulo amigo
condiscípulo discípulo
condizente relação
condizer acordo
condizer acordo
condizer conveniência
condoer clemência
condoer dolorimento
condoído clemência
condolência clemência
condolência congratulação
condolências lamentação
condolente condolência
condomínio morada
condomínio participação
condômino participação
condoreiro floreio
condução gestão
condução precessão
condução transferência
condução veículo
conducente tendência
conduta habilidade
conduto egressão
conduto ingressão
conduto passagem
condutor carregador
condutor diretor
condutor fama
condutor limite
condutor precessão
conduzir conduta
conduzir conduto
conduzir fama
conduzir frente
conduzir gestão
conduzir precessão
conduzir tendência
conduzir trabalho
conduzir transferência
cone agudeza
cone esfericidade
conectar relação
conectivo junção
conectivo vínculo
cônego clerezia
conexão atribuição
conexão coesão
conexão consanguinidade
conexão continuidade
conexão junção
conexão relação
conexão semelhança
conexão vínculo
conexo relação
confabulação palestra
confabular palestra
confecção composição
confecção produção
confeccionar composição
confeccionar mistura
confeccionar preparação
confeccionar produção
confederação cooperação
confederação partido
confederado auxiliar
confederar cooperação
confeitar deleite
confeitar doçura
confeitar fraude
confeitaria oficina
confeito doçura
conferência alocução
conferência comparação
conferência conselho[1]
conferência conselho[2]
conferência discurso
conferência dissertação
conferência ensino
conferência mediação
conferência palestra
conferência partido
conferência raciocínio
conferenciar conselho[2]
conferenciar palestra

conferencista discurso
conferente discurso
conferir comparação
conferir conselho[2]
conferir doação
conferir palestra
confessar afirmação
confessar assentimento
confessar exposição
confessar obrigatoriedade
confessar rito
confessional piedade
confesso clerezia
confesso culpa
confesso manifestação
confesso secular
confessor clerezia
confessor investigação
confessor maria
confiabilidade crença
confiado afirmação
confiado coragem
confiado crença
confiado esperança
confiado insolência
confiança amizade
confiança aprovação
confiança candura
confiança certeza
confiança coragem
confiança crédito
confiança crença
confiança esperança
confiança expectativa
confiança segurança
confiança veracidade
confiante coragem
confiante credulidade
confiante crença
confiante esperança
confiante expectativa
confiante segurança
confiar candura
confiar comissão
confiar credulidade
confiar crença
confiar doação
confiar esperança
confiar informação
confiável amizade
confiável candura
confiável virtude
confidencial desinformação
confidencial segredo
confidenciar informação
confidenciar segredo
confidente amizade
confidente auxiliar
confidente servo
configuração aparecimento
configuração composição
configuração estado
configuração exterioridade
configuração forma
configurar forma
configurar representação
confinamento circunscrição
confinamento prisão
confinar atenuação
confinar circunscrição
confinar contiguidade
confinar isolamento
confinar retenção
confins circunjacência
confins distância
confins limite
confirmação afirmação
confirmação assentimento
confirmação consentimento
confirmação demonstração
confirmação evidência
confirmação resposta
confirmação rito
confirmar afirmação
confirmar aprovação
confirmar assentimento
confirmar contrato
confirmar evidência
confiscar apropriação
confiscar condenação
confiscar direito
confiscar penalidade
confiscar posse
confissão assentimento
confissão exposição
confissão penitência
confissão rito
conflagração aquecimento
conflagração desobediência
conflagração guerra
conflagração revolução
conflagração violência
conflagrar desobediência
conflagrar guerra
conflagrar violência
conflitante contraposição
conflitante contraste
conflitante inimigo
conflitar dissentimento
conflito contenda
conflito contraste
conflito desacordo
conflito discórdia
conflito dissentimento
conflito guerra
conflito oposição
conflito resistência
conflituoso desacordo
confluência aproximação
confluência concorrência
confluência convergência
confluência reunião
confluência rio
confluente aproximação
confluente concorrência
confluente convergência
confluir aproximação
confluir concorrência
confluir convergência
conformação conformidade
conformação forma
conformação resignação
conformado irresolução
conformar acordo
conformar forma
conformar hábito
conforme acordo
conforme assentimento
conforme conformidade
conforme conveniência
conforme hábito
conforme inexcitabilidade
conforme intenção
conformidade acordo
conformidade concórdia
conformidade hábito
conformidade inexcitabilidade
conformidade ordem
conformidade regularidade
conformidade resignação
conformidade semelhança
conformidade simetria
conformidade submissão
conformidade uniformidade
confortador recompensa
confortar alívio
confortar clemência

confortar força
confortável deleite
confortável fruição
conforto alívio
conforto bem
conforto deleite
conforto fruição
confrade amigo
confrade auxiliar
confrade igualdade
confranger dolorimento
confranger obrigatoriedade
confraria partido
confraria secular
confraternização amizade
confraternizar amizade
confraternizar concórdia
confraternizar pacificação
confrontação comparação
confrontação contiguidade
confrontar comparação
confrontar contiguidade
confrontar dissentimento
confrontar frente
confronto contenda
confronto desacordo
confronto discórdia
confronto dissentimento
confronto inimizade
confronto relação
confronto resistência
confucionismo heterodoxia
confucionismo pseudorrevelação
confucionista heterodoxia
confundir cruzamento
confundir desarranjo
confundir desatenção
confundir erro
confundir gratidão
confundir humildade
confundir incerteza
confundir indiscriminação
confundir ininteligibilidade
confundir refutação
confundir sucesso
confundir surpresa
confusão agitação
confusão desarranjo
confusão desatenção
confusão excitabilidade
confusão incerteza
confusão indiscriminação
confusão inimizade
confusão ininteligibilidade
confusão mistura
confusão sem significação
confusão sentimento
confusão violência
confuso desordem
confuso humildade
confuso imprecisão
confuso incerteza
confuso indiscriminação
confuso ininteligibilidade
confuso invisibilidade
confuso meia-luz
confuso mistura
confuso sussurro
confutar refutação
congelação resfriamento
congelado frio
congelamento frio
congelamento resfriamento
congelar densidade
congelar fluidez
congelar resfriamento
congeminar duplicação
congênere classe
congênere semelhança
congênito causa
congênito intrinsecabilidade
congestão redundância
congestão reunião
congestionado completamento
congestionado redundância
congestionado vermelhidão
congestionar completamento
congestionar redundância
congestionar vermelhidão
conglobar reunião
conglomeração reunião
conglomerado densidade
conglomerado reunião
conglomerar densidade
conglomerar reunião
congraçar pacificação
congratulatório congratulação
congregação concorrência
congregação conselho[1]
congregação convergência
congregação escola
congregação reunião
congregação secular
congregar combinação
congregar reunião
congressista deputado
congresso conselho[1]
congresso convergência
Congresso legalidade
congresso reunião
congruência acordo
congruência conformidade
congruência conveniência
congruência probidade
congruência uniformidade
congruente acordo
congruente concórdia
congruente conveniência
congruente probidade
conhaque embriaguez
conhecedor douto
conhecedor proficiente
conhecer conhecimento
conhecer descoberta
conhecer impureza
conhecido amigo
conhecido conhecimento
conhecido facilidade
conhecido fama
conhecido habilidade
conhecido influência
conhecido publicidade
conhecimento amizade
conhecimento ignorância
conhecimento informação
conhecimento completo conhecimento
conhecimento enciclopédico conhecimento
conhecimento imenso conhecimento
conhecimento sólido conhecimento
conhecimento variado conhecimento
conhecimentos habilidade
cônico agudeza
cônico esfericidade
conivência cooperação
conivência culpa
conivência permissão
conivente anarquia
conivente auxiliar

conivente cooperação
conivente culpa
conivente permissão
conjectural incerteza
conjecturar previdência
conjugação cooperação
conjugação gramática
conjugado junção
conjugal casamento
conjugar cooperação
conjugar gramática
conjugar junção
conjugar sincronismo
conjugável gramática
cônjuge casamento
conjunção acordo
conjunção contiguidade
conjunção junção
conjunção periodicidade
conjunção vínculo
conjuntiva visão
conjuntivo junção
conjuntivo melodia
conjunto artes
conjunto indumentária
conjunto junção
conjunto reunião
conjunto sincronismo
conjunto todo
conjuntura circunstância
conjuntura eventualidade
conjuntura oportunidade
conjuração cooperação
conjuração deprecação
conjuração plano
conjurado bruxaria
conjurado enganador
conjurado plano
conjurar bruxaria
conjurar cooperação
conjurar pedido
conjurar plano
conluiar contrato
conluio contrato
conluio desonestidade
conluio falsidade
conluio partido
conluio plano
conotação relação
conotação significação
conotar indicação
conotar significação
conotativo indicação
conquanto compensação
conquista aquisição
conquista sucesso
conquistador amor
conquistador deleite
conquistador guerra
conquistador libertino
conquistador sucesso
conquistar aquisição
conquistar crença
conquistar impropriedade
conquistar melhoramento
conquistar motivo
conquistar posse
conquistar sucesso
conquistar sujeição
consagração aprovação
consagração fama
consagração piedade
consagração rito
consagração uso
consagrar aprovação
consagrar cargos da Igreja
consagrar celebração
consagrar doação
consagrar fama
consagrar rito
consagrar uso
consciência dever
consciência intelecto
consciência qualidades
consciencioso dever
consciencioso justiça
consciencioso observância
consciencioso probidade
consciencioso veracidade
consciente cautela
conscientizar melhoramento
conscrição obrigatoriedade
conscrito combatente
conscrito conselho[1]
conscrito obrigatoriedade
consecução aquisição
consecução continuidade
consecução sequência
consecução sucesso
consecutivo continuidade
consecutivo posterioridade
consecutivo sequência
conseguinte sequência
conseguir acabamento
conseguir aquisição
conseguir recebimento
conseguir sucesso
conselheiro advogado
conselheiro amigo
conselheiro conselho[1]
conselheiro conselho[2]
conselheiro diretor
conselho advertência
conselho informação
conselho motivo
conselho notícia
consenso assentimento
consenso consentimento
consentâneo acordo
consentâneo conveniência
consentido consentimento
consentimento assentimento
consentimento obediência
consentimento permissão
consentimento vontade
consentimento tácito permissão
consentir assentimento
consentir consentimento
consentir motivo
consentir permissão
consertar arranjo
consertar melhoramento
consertar restauração
conserto melhoramento
conserto restauração
conserva tempero
conservação permanência
conservação preservação
conservador autoridade
conservador inexcitabilidade
conservador paz
conservador preservação
conservante preservação
conservantismo conformidade
conservantismo permanência
conservantismo preservação
conservar agência
conservar continuação
conservar memória
conservar restrição
conservar retenção
conservatório depósito

conservatório escola
conservatório filantropia
consideração alegação
consideração amizade
consideração atenção
consideração cautela
consideração deleite
consideração fama
consideração ideia
consideração importância
consideração motivo
consideração pensamento
consideração respeito
considerado probidade
considerado respeito
considerado tópico
considerar amizade
considerar atenção
considerar cautela
considerar crença
considerar investigação
considerar raciocínio
considerar respeito
considerável grandeza
considerável importância
considerável tamanho
consignação doação
consignar afirmação
consignar comissão
consignar memória
consignar transferência
consistência acordo
consistência densidade
consistência estabilidade
consistência perseverança
consistência tenacidade
consistência uniformidade
consistente estabilidade
consistente raciocínio
consistente substancialidade
consistente tenacidade
consistir combinação
consistir compêndio
consistir composição
consistório cargos da Igreja
consistório conselho[1]
consistório reunião
consoada comida
consoada jejum
consoada sociabilidade
consoante acordo
consoante conformidade
consoante letra
consolação alívio
consolação condolência
consolação divindade
consolar alívio
consolar clemência
consolar condolência
consolidar combinação
consolidar densidade
consolidar força
consolo alívio
consolo bem
consommé comida
consonância acordo
consonância amizade
consonância concórdia
consonância melodia
consorciar casamento
consorciar combinação
consorciar mistura
consorciar pacificação
consorciar reunião
consórcio casamento
consórcio combinação
consórcio cooperação
consorte acompanhamento
consorte auxiliar
consorte casamento
conspícuo fama
conspícuo manifestação
conspícuo visibilidade
conspiração cooperação
conspiração partido
conspiração plano
conspirador auxiliar
conspirador plano
conspirador velhaco
conspirar cooperação
conspirar plano
conspurcar difamação
conspurcar impureza
conspurcar infamação
conspurcar mancha
conspurcar sujidade
constância amor
constância atividade
constância continuação
constância continuidade
constância estabilidade
constância frequência
constância obediência
constância obstinação
constância permanência
constância perseverança
constância probidade
constância regularidade
constância uniformidade
constante amor
constante assentimento
constante continuidade
constante diuturnidade
constante estabilidade
constante frequência
constante intrinsecabilidade
constante permanência
constante perseverança
constante regularidade
constante uniformidade
constar combinação
constar notícia
constar tópico
constatação demonstração
constelação corpos luminosos
constelação fama
constelação reunião
constelação suficiência
constelação universo
consternação condolência
consternação descontentamento
consternação medo
consternação sofrimento
consternação tristeza
consternado penitência
consternado sofrimento
consternado tristeza
consternar dolorimento
consternar medo
consternar tristeza
constitucional direito
constitucional legalidade
constitucionalismo legalidade
constitucionalista advogado
constituição composição
constituição estado
constituição intrinsecabilidade
constituição legalidade
constituinte comissão
constituinte componente
constituinte composição
constituinte conselho[1]

constituinte deputado
constituir componente
constituir composição
constituir produção
constituir todo
constitutivo componente
constitutivo composição
constitutivo intrinsecabilidade
constranger dever
constranger estorvo
constranger obrigatoriedade
constranger restrição
constranger tirania
constrangido deselegância
constrangido restrição
constrangido sujeição
constrangimento estorvo
constrangimento má vontade
constrangimento obrigatoriedade
constrangimento restrição
constrangimento sujeição
constrangimento tirania
constrição contração
constrição descontentamento
constringir contração
construção forma
construção interpretação
construção produção
construção textura
construir forma
construir produção
construtor agente
construtor produtor
consubstanciação identidade
consubstanciação rito
consubstanciação substancialidade
consubstanciar identidade
consubstanciar substancialidade
consuetudinário hábito
cônsul amo
cônsul consignatário
cônsul deputado
consulado autoridade
consular autoridade
consular deputado
consulente conselho[2]
consulta conselho[2]
consulta descrença
consultar auxílio
consultar conselho[2]
consultar escolha
consultor conselho[2]
consultório remédio
consumação acabamento
consumação casamento
consumação fim
consumado acabamento
consumado completamento
consumado manifestação
consumado perfeição
consumar acabamento
consumar fim
consumição esbanjamento
consumição sofrimento
consumidor compra
consumir atrito
consumir comida
consumir compra
consumir despesa
consumir destruição
consumir esbanjamento
consumir rito
consumir tempo
consumo compra
consumo despesa
consumo esbanjamento
consumo uso
conta esfericidade
conta expectativa
conta lista
conta numeração
contábil contabilidade
contabilista contabilidade
contador contabilidade
contador indicação
contador informação
contador tesoureiro
contadoria tesouraria
contagiar dispersão
contagiar insalubridade
contagiar pioramento
contagiar transferência
contágio dispersão
contágio insalubridade
contágio transferência
contagioso dispersão
contagioso doença
contagioso insalubridade
contagioso transferência
contaminação dispersão
contaminação infamação
contaminação insalubridade
contaminação pioramento
contaminação sujidade
contaminação transferência
contaminar doença
contaminar insalubridade
contaminar pioramento
contaminar sujidade
contaminar transferência
contar descrição
contar inclusão
contar medida
contar numeração
contato com livros estudo
contato conhecimento
contato contiguidade
contato influência
contato sociabilidade
contêiner receptáculo
contemplação admiração
contemplação ascetismo
contemplação carícias
contemplação desatenção
contemplação expectativa
contemplação intenção
contemplação pensamento
contemplação respeito
contemplação tolerância
contemplação visão
contemplar admiração
contemplar carícias
contemplar espectador
contemplar expectativa
contemplar pensamento
contemplar respeito
contemplar visão
contemplativo imaterialidade
contemplativo memória
contemplativo pensamento
contemporaneidade sincronismo
contemporâneo sincronismo
contemporâneo tempo presente
contemporização astúcia
contemporização inação

contemporização irresolução
contemporização moderação
contemporização tergiversação
contemporizar abstenção
contemporizar astúcia
contemporizar atenuação
contemporizar conformidade
contemporizar demora
contemporizar inação
contemporizar inexcitabilidade
contemporizar irresolução
contemporizar moderação
contenção contenda
contenção demanda
contenção economia
contenção esforço
contenção humildade
contenção inveja
contenção modéstia
contenção raciocínio
contencioso demanda
contencioso discórdia
contencioso incerteza
contencioso réplica
contenda desacordo
contenda discórdia
contenda dissentimento
contenda guerra
contenda inimizade
contenda raciocínio
contender contenda
contender demanda
contender discórdia
contender igualdade
contender inimigo
contender oponente
contender raciocínio
contender réplica
contendor contenda
contendor demanda
contendor demanda
contendor dissentimento
contendor inveja
contendor oponente
contensão atenção
contentamento alegria
contentamento prazer
contentamento prosperidade
contentar contentamento
contentar deleite
contente assentimento
contente boa vontade
contente contentamento
contente inexcitabilidade
contente prazer
contento contentamento
contento desejo
conter cessação
conter circunjacência
conter composição
conter economia
conter inclusão
conter inexcitabilidade
conter moderação
conter proibição
conter receptáculo
conter restrição
conter tópico
conterrâneo amigo
conterrâneo humanidade
contestação demanda
contestação discórdia
contestação negação
contestação raciocínio
contestação réplica
contestação resposta
contestador descostume
contestador desobediência
contestador oponente
contestador réplica
contestador resposta
contestar contenda
contestar descrença
contestar desobediência
contestar dissentimento
contestar negação
contestar oposição
contestar refutação
contestar réplica
contestar resposta
contestatório descostume
contestatório negação
contestatório oposição
contestatório refutação
contestatório réplica
conteste assentimento
conteste evidência
conteúdo compêndio
conteúdo componente
conteúdo interioridade
conteúdo significação
conteúdo tópico
contexto acompanhamento
contexto circunstância
contexto cruzamento
contexto intrinsecabilidade
contexto significação
contextura acompanhamento
contextura cruzamento
contextura estado
contextura intrinsecabilidade
contextura significação
contextura textura
contido ascetismo
contido moderação
contido modéstia
contido sanidade
contido temperança
contíguo proximidade
continência moderação
continência pureza
continência respeito
continência temperança
continental terra
continente composição
continente pureza
continente receptáculo
continente região
continente temperança
continente terra
contingência acaso
contingência circunstância
contingência eventualidade
contingência incerteza
contingência possibilidade
contingência risco
contingência sujeição
contingencial restrição
contingenciar restrição
contingente acaso
contingente adjunto
contingente circunstância
contingente combatente
contingente despesa
contingente eventualidade
contingente incerteza
contingente infrequência
contingente partilha
contingente risco
contingente transitoriedade
continuação adjunto

continuação continuidade
continuação perseverança
continuação posterioridade
continuação sucessão
continuamente continuidade
continuar continuação
continuar continuidade
continuar perseverança
continuar sucessor
continuar tempo
continuidade continuação
continuidade eternidade
continuidade frequência
continuidade posterioridade
continuidade sequência
contínuo continuidade
contínuo diuturnidade
contínuo frequência
contínuo mensageiro
contínuo permanência
contínuo perseverança
contínuo prolação
contínuo repetição
contínuo servo
contista livro
conto numerais cardinais
conto descrição
conto descrição
contorção amorfia
contorção assimetria
contorcer amorfia
contorcer assimetria
contornar circuição
contornar circunjacência
contornar circunscrição
contornar contorno
contornar curvatura
contornar desvio
contornar lateralidade
contornar sucesso
contorno aparecimento
contorno circunjacência
contorno representação
contra contraste
contra oposição
contra resistência
contra-atacar defesa
contra-ataque defesa
contrabalançar compensação
contrabalançar igualdade
contrabalançar réplica
contrabalançar resistência
contrabandear furto
contrabandear ilegalidade
contrabandista ladrão
contrabando furto
contrabando ilegalidade
contrabando ingressão
contração combinação
contração compêndio
contração diminuição
contração encurtamento
contração estreiteza
contracorrente contraposição
contracorrente retaliação
contracosta contraposição
contradança desordem
contradança divertimento
contradança troca
contradição contraste
contradição desacordo
contradição dissentimento
contradição irracionalidade
contradição negação
contradição oposição
contradição refutação
contradição réplica
contradita negação
contradita oposição
contradita réplica
contradita resposta
contradita retaliação
contraditar contraposição
contraditar contraste
contraditar dissentimento
contraditar negação
contraditar oposição
contraditar refutação
contraditório contraposição
contraditório contraste
contraditório irracionalidade
contraditório negação
contraditório oposição
contraditório refutação
contraditório réplica
contradizer desacordo
contradizer discórdia
contradizer dissentimento
contradizer negação
contradizer oposição
contradizer réplica
contraente casamento
contraente contrato
contrafação cópia
contrafação falsidade
contrafação fraude
contrafação imitação
contrafazer falsidade
contrafazer imitação
contrafé demanda
contrafeito descontentamento
contrafeito fealdade
contrafeito modéstia
contraforte altura
contraforte defesa
contraforte suporte
contragolpe oposição
contragolpe retaliação
contraído pequenez
contrair aquisição
contrair contração
contrair diminuição
contrair dobra
contrair encurtamento
contrair hábito
contrair pouquidão
contralto música
contralto ressonância
contramarcha regressão
contramarcha reversão
contramedida resposta
contramedida retaliação
contramestre diretor
contramestre equipagem
contraparente consanguinidade
contrapé acompanhamento
contrapé auxiliar
contrapeso desigualdade
contrapeso estorvo
contrapeso gravidade
contrapeso resistência
contraponto artes
contraponto melodia
contrapor comparação
contrapor contraposição
contrapor oposição
contrapor réplica
contraposição contraste
contraposição inversão
contraposição réplica
contraposição resistência
contraproducente inocuidade

contraproducente insucesso
contrapropaganda desensino
contraprova experiência
contraprova indicação
contraprova réplica
contraprova retaliação
contrariado hipocondria
contrariado má vontade
contrariar contraste
contrariar desacordo
contrariar dificuldade
contrariar discórdia
contrariar dissuasão
contrariar dolorimento
contrariar estorvo
contrariar inimigo
contrariar insucesso
contrariar negação
contrariar oposição
contrariar refutação
contrariar resistência
contrariedade contraste
contrariedade descontentamento
contrariedade dificuldade
contrariedade dolorimento
contrariedade inimizade
contrariedade insucesso
contrariedade mal
contrariedade resistência
contrariedade sofrimento
contrário contraposição
contrário contraste
contrário desacordo
contrário dissentimento
contrário inimizade
contrário inversão
contrário má vontade
contrário oposição
contrastar comparação
contrastar contraposição
contrastar contraste
contrastar desacordo
contrastar descrença
contrastar dessemelhança
contrastar diferença
contrastar negação
contraste comparação
contraste contraposição
contraste dessemelhança
contraste oposição
contratante consignatário
contratante contrato
contratar condições
contratar contrato
contratar empreendimento
contratar permuta
contratempo acaso
contratempo dificuldade
contratempo dolorimento
contratempo estorvo
contratempo inoportunidade
contratempo perigo
contrátil contração
contrato acordo
contrato legalidade
contratorpedeiro nave
contratorpedeiro potencial de guerra
contratual contrato
contravenção ilegalidade
contravenção inobservância
contravenção negação
contravenção oposição
contravenção transgressão
contraveneno remédio
contraventor desobediência
contraventor ilegalidade
contraventor inobservância
contraventor inobservância
contribuição adição
contribuição auxílio
contribuição cooperação
contribuição despesa
contribuição doação
contribuinte auxílio
contribuinte doação
contribuinte pagamento
contribuinte rio
contribuir ação
contribuir auxílio
contribuir causa
contribuir concorrência
contribuir cooperação
contribuir despesa
contribuir doação
contribuir filantropia
contribuir tendência
contributivo auxílio
contributivo concorrência
contrição expiação
contrição penitência
contristar dolorimento
contristar tristeza
controlado moderação
controlar economia
controlar restrição
controlar sujeição
controle economia
controle gestão
controle inexcitabilidade
controle inteligência
controle moderação
controle poder
controle posse
controle restrição
controle retenção
controvérsia contenda
controvérsia desacordo
controvérsia discórdia
controvérsia dissentimento
controvérsia raciocínio
controverso descrença
controverso incerteza
controverter descrença
controvertido interpretação errônea
contudo compensação
contudo dessemelhança
contumácia desobediência
contumácia impenitência
contumácia obstinação
contumácia recaída
contumaz desobediência
contumaz obstinação
contumaz recaída
contundente dor
contundente refutação
contundir dolorimento
contundir dor
contundir pulverização
conturbação desobediência
conturbação sentimento
conturbado loucura
contusão dor
contusão mal
contusão pulverização
conúbio casamento
convalescença melhoramento
convalescente restauração
convalescer restauração
convalescer saúde
convenção compromisso
convenção conselho[1]

convenção contrato
convenção pacificação
convenção registro
convenção reunião
convencer crença
convencer demonstração
convencer ensino
convencer influência
convencer motivo
convencido crença
convencido insolência
convencido vaidade
convencimento crença
convencimento motivo
convencimento vaidade
convencional contrato
convencionar condições
convencionar contrato
conveniência acordo
conveniência moda
conveniência oportunidade
conveniência utilidade
conveniente acordo
conveniente conveniência
conveniente habilidade
conveniente inteligência
conveniente necessidade
conveniente oportunidade
conveniente utilidade
convênio acordo
convênio contrato
convento reclusão
convento templo
conventual cargos da Igreja
conventual clerezia
convergência aproximação
convergência centralidade
convergência concorrência
convergência reunião
convergente aproximação
convergente concorrência
convergente convergência
convergir aproximação
convergir atração
convergir centralidade
convergir concorrência
convergir convergência
convergir proximidade
convergir tendência
conversa notícia
conversa palestra
conversa secular
conversação discurso
conversação palestra
conversador loquacidade
conversador notícia
conversador palestra
conversão piedade
conversão tergiversação
conversar carícias
conversar conselho[2]
conversar investigação
conversar loquacidade
conversar palestra
conversível conversão
conversível igualdade
converso piedade
converter piedade
convertível conversão
convés cume
convexo convexidade
convicção certeza
convicção crença
convicção demonstração
convicção esperança
convicção motivo
convicto certeza
convicto crença
convicto manifestação
convidado divertimento
convidado sociabilidade
convidar oferta
convidativo motivo
convincente crença
convir acordo
convir assentimento
convir compromisso
convir consentimento
convir conveniência
convir dever
convir permissão
convir utilidade
convite doação
convite oferta
convite pedido
conviva amigo
conviva divertimento
conviva sociabilidade
convivência amizade
convivência humanidade
convivência palestra
convivência sociabilidade
conviver acompanhamento
conviver amizade
conviver presença
conviver sociabilidade
convívio amizade
convívio divertimento
convívio sociabilidade
convocação comando
convocação insolvência
convocar comando
convocar reunião
convulsão agitação
convulsão desordem
convulsão dor
convulsão revolução
convulsão violência
convulsionar agitação
convulsionar desarranjo
convulsionar dolorimento
convulsionar revolução
convulsivo agitação
convulsivo violência
convulso agitação
convulso excitabilidade
convulso medo
convulso violência
coonestar alegação
coonestar falsidade
coonestar justificação
cooperação acordo
cooperação concorrência
cooperação participação
cooperador agente
cooperador auxiliar
cooperador cooperação
cooperar ação
cooperar cooperação
cooperativa cooperação
cooperativa filantropia
cooperativismo concorrência
cooperativismo participação
cooperativo cooperação
cooptação escolha
cooptação extrinsecabilidade
cooptação motivo
cooptar atração
cooptar extrinsecabilidade
cooptar motivo
cooptar partido
cooptar reunião
coordenação arranjo
coordenação igualdade
coordenação ordem
coordenar arranjo

coordenar gestão
coordenar reunião
coorte combatente
copa cume
copa depósito
copa instrumento
copado aspereza
copado simetria
copado sombra
copado vegetal
copar convexidade
copar vegetal
coparticipação participação
coparticipar participação
copeiro servo
copeiro servo
cópia fraude
cópia imitação
cópia plano
cópia registro
cópia representação
cópia semelhança
cópia suficiência
copiar escrita
copiar imitação
copiar morada
copiar representação
copidesque impressão
copidesque livro
copiloto equipagem
copioso completamento
copioso multidão
copioso prolixidade
copioso redundância
copioso suficiência
copista escrita
copista imitação
copla poesia
copo concavidade
copo embriaguez
copo receptáculo
copropriedade participação
coproprietário participação
cópula impureza
cópula junção
cópula vínculo
copular impureza
copular junção
coque aquecimento
coque ataque
coque combustível
coque dor
coque punição
coqueiral agricultura
coquetel comida
coquetel embriaguez
coquetismo lisonja
coquetismo moda
cor alegação
cor aparecimento
cor falsidade
coração centralidade
coração favorito
coração humanidade
coração importância
coração intelecto
coração intrinsecabilidade
coração meio
coração qualidades
coração do inverno frio
corado saúde
corado vermelhidão
coradouro secura
coragem insolência
coragem perseverança
coragem resolução
corajoso coragem
corajoso renitência
corajoso resolução
coral música
coral ornamento
coral recife
coral vermelhidão
coralino vermelhidão
corar cor
corar humildade
corar modéstia
corar secura
corar sentimento
corar vermelhidão
corbelha casamento
corbelha receptáculo
corça fêmea
corça velocidade
corcel carregador
corcel velocidade
corcova convexidade
Corcovado altura
corcovado assimetria
corcovado convexidade
corcovado curvatura
corcovear salto
corcovo altura
corcovo salto
corcunda assimetria
corcunda convexidade
corda azorrague
corda comprimento
corda direitura
corda filamento
corda melodia
corda rio
corda vínculo
cordão continuidade
cordão filamento
cordão vínculo
cordato boa vontade
cordato cautela
cordato inexcitabilidade
cordato inteligência
cordeiro animal
cordeiro homem bom
cordeiro inocência
cordel vínculo
cor-de-rosa prosperidade
cor-de-rosa vermelhidão
cordial amizade
cordial amor
cordial boa vontade
cordial carícias
cordial deleite
cordial fruição
cordial picante
cordial remédio
cordial sentimento
cordialidade amizade
cordialidade boa vontade
cordialidade sentimento
cordialidade sociabilidade
cordilheira altura
cordilheira terra
cordoalha reunião
cordura benevolência
cordura boa vontade
cordura cautela
cordura humildade
cordura tolerância
coreografia artes
corer mundo locomoção
coriáceo tenacidade
coriscar luz
coriscar propulsão
corisco corpos luminosos
corisco prodígio
corisco universo
corista músico
corista secular
coriza excreção
coriza sujidade

corja reunião
cornada ataque
cornada impulso
córnea visão
cornear impureza
córneo rigidez
corneta guerra
corneta músico
corneteiro músico
cornífero agudeza
cornija altura
corno agudeza
corno impureza
cornucópia bondade
cornucópia prosperidade
cornucópia suficiência
cornudo agudeza
coro artes
coro assentimento
coro música
coro músico
coro templo
coroa cume
coroa dinheiro
coroa insígnia
coroa ornamento
coroa título
coroa troféu
coroa universo
coroação autoridade
coroação celebração
coroação comissão
coroamento acabamento
coroar acabamento
coroar circunjacência
coroar comissão
coroar cume
coroar fama
coroar fim
corolário efeito
corolário raciocínio
coronel amo
coronel diretor
coronel influência
corpanzil força
corpanzil largura
corpanzil tamanho
corpete indumentária
corpo cadáver
corpo combatente
corpo forma
corpo importância
corpo matéria
corpo partido
corpo singeleza
corpo substancialidade
corpo todo
corporação jurisdição
corporação partido
corporação secular
corporal matéria
corporal substancialidade
corporativismo obliquidade
corpóreo matéria
corpóreo substancialidade
corporificação existência
corporificação representação
corporificação substancialidade
corporificar matéria
corporificar representação
corporificar substancialidade
corpulência força
corpulência largura
corpulência tamanho
corpulento força
corpulento tamanho
corpúsculo leveza
corpúsculo pouquidão
correão vínculo
correção bom gosto
correção dever
correção elegância
correção melhoramento
correção ordem
correção perfeição
correção probidade
correção punição
correção simetria
correcional punição
corredeira recife
corredeira rio
corrediço facilidade
corrediço lisura
corrediço mutabilidade
corredor abertura
corredor comprimento
corredor estreiteza
corredor passadouro
corregedor amo
corregedor diretor
corregedor juiz
córrego rio
correia azorrague
correia vínculo
correio carregador
correio mensageiro
correio previdência
correio viajante
correlação relação
correlacionar correlação
correlacionar relação
correlato correlação
correlato relação
correligionário amigo
correligionário assentimento
correligionário auxiliar
corrente assentimento
corrente conhecimento
corrente continuidade
corrente curso
corrente eventualidade
corrente existência
corrente hábito
corrente inteligibilidade
corrente movimento
corrente notícia
corrente prisão
corrente publicidade
corrente rio
corrente tempo presente
corrente vínculo
correnteza continuidade
correnteza rio
correntio certeza
correntio conformidade
correntio facilidade
correntio insignificância
correntio rio
correntio sobriedade
correntio velocidade
correr do tempo curso
correr atividade
correr dinheiro
correr eventualidade
correr existência
correr movimento
correr navegação
correr notícia
correr publicidade
correr rio
correr tempo
correr transitoriedade
correr velocidade
correria ataque
correria guerra
correspondência acordo

correspondência conformidade
correspondência ordem
correspondência relação
correspondência sentimento
correspondente acordo
correspondente correlação
correspondente correspondência
correspondente informação
correspondente livro
correspondente relação
corresponder acordo
corresponder boa vontade
corresponder conveniência
corresponder igualdade
corresponder obediência
corresponder ordem
corresponder posse
corresponder retaliação
corresponder sentimento
corretagem permuta
corretagem preço
corretivo melhoramento
corretivo punição
corretivo remédio
correto aprovação
correto conveniência
correto direito
correto gramática
correto melhoramento
correto probidade
correto raciocínio
correto virtude
corretor consignatário
corretor mercador
corrida contenda
corrida curso
corrida divertimento
corrida movimento
corrida perseguição
corrida velocidade
corrido hábito
corrido humildade
corrido pioramento
corrigenda erro
corrigir exatidão
corrigir exposição
corrigir moderação
corrigir perfeição
corrigir punição
corrigir reprovação
corrigir restauração
corrilho conselho[1]
corrimento excreção
corriqueiro chateza
corriqueiro conformidade
corriqueiro conhecimento
corriqueiro expectação
corriqueiro hábito
corriqueiro insignificância
corriqueiro regularidade
corriqueiro repetição
corriqueiro sem significação
corriqueiro velharia
corroboração assentimento
corroboração consentimento
corroboração evidência
corroborar aprovação
corroborar assentimento
corroborar evidência
corroer energia
corroer pioramento
corroer veneno
corromper compra
corromper contabilidade
corromper desonestidade
corromper desvirtude
corromper impureza
corromper infamação
corromper insalubridade
corromper mau uso
corromper motivo
corromper pioramento
corromper prodigalidade
corromper ruindade
corromper sujidade
corrompido desvirtude
corrompido impureza
corrompido pioramento
corrosão pioramento
corrosivo aquecimento
corrosivo energia
corrupção aquisição
corrupção desonestidade
corrupção desvirtude
corrupção furto
corrupção ilegalidade
corrupção influência
corrupção malevolência
corrupção motivo
corrupção obliquidade
corrupção prodigalidade
corrupção recife
corrupção sujidade
corruptela neologismo
corrupto desonestidade
corrupto desvirtude
corrupto furto
corrupto ladrão
corrupto pioramento
corrupto prodigalidade
corruptor ladrão
corruptor ruindade
corsário combatente
corsário ladrão
corsário publicidade
corso arena
corso furto
corso navegação
cortado descontinuidade
cortado disjunção
cortado parte
cortante afirmação
cortante agudeza
cortante concisão
cortante dolorimento
cortante energia
cortante estridor
cortante frio
cortante reprovação
cortante sentimento
cortante vigor
cortante violência
cortar cessação
cortar cruzamento
cortar deficiência
cortar descontinuidade
cortar destruição
cortar disjunção
cortar dispensa
cortar encaixe
cortar encurtamento
cortar escrita
cortar forma
cortar navegação
cortar omissão
cortar parte
cortar passagem
cortar subtração
corte agudeza
corte autoridade
corte carícias
corte cruzamento
corte descontinuidade
corte dispensa
corte domesticação
corte encaixe

corte encurtamento
corte escrita
corte forma
corte instrumento
corte intervalo
corte moda
corte morada
corte nobreza
corte omissão
corte passadouro
corte passagem
corte servo
corte subtração
corte sulco
cortejador amor
cortejar carícias
cortejar cortesia
cortejar desejo
cortejar lisonja
cortejar servilismo
cortejo acompanhamento
cortejo adjunto
cortejo continuidade
cortejo enterro
cortejo ostentação
cortejo sucessão
cortejo sucessor
cortejo viajante
cortês benevolência
cortês cortesia
cortês moda
cortês sociabilidade
cortesã libertino
cortesã nobreza
cortesão adulador
cortesão lisonja
cortesão nobreza
cortesão servilismo
cortesia cortesia
cortesia depressão
cortesia respeito
cortesia sociabilidade
córtex cobertura
córtex exterioridade
cortiça leveza
cortiço domesticação
cortiço morada
cortina esconderijo
cortina pendura
cortina sombra
cortinado pendura
cortinado sombra
coruja agouro
coruja ancião
coruja fealdade
corvejar repetição
corveta combatente
corveta nave
corveta potencial de guerra
corvo clerezia
corvo pretidão
cós circunferência
cós economia
coser junção
coser preparação
cosmético óleo
cosmético ornamento
cosmético pasta
cosmético remédio
cósmico universo
cosmogonia universo
cosmologia universo
cosmonauta equipagem
cosmonave nave
cosmopolita filantropia
cosmopolita generalidade
cosmopolita humanidade
cosmopolita morada
cosmopolitismo filantropia
cosmopolitismo generalidade
cosmos universo
cosseno obliquidade
costa borda
costa lateralidade
costa obliquidade
costa terra
costado ascendência
costado lateralidade
costado retaguarda
costas retaguarda
costear lateralidade
costear navegação
costear paralelismo
costeiro borda
costeiro lateralidade
costeiro obliquidade
costeiro paralelismo
costela casamento
costela lateralidade
costume conduta
costume hábito
costume moda
costume regularidade
costume uso
costume imemorial hábito
costume natural hábito
costume tradicional hábito
costume velho hábito
costumeiro hábito
costumeiro regularidade
costura junção
costurar junção
costureiro agente
cota pagamento
cota preço
cota registro
cotação amizade
cotação importância
cotação preço
cotar indicação
cotar medida
cotar preço
cotejar comparação
cotejar relação
cotejo comparação
cotejo relação
cotidiano hábito
cotizar pagamento
cotizar preço
cotó agudeza
cotó amor
coto corpos luminosos
coto parte
cotó pequenez
coto resto
cotonicultura agricultura
cotovelada impulso
cotovelada indicação
cotovelo angularidade
cotovelo dobra
coturno drama
coturno indumentária
couraça cobertura
couraça defesa
couraçado combatente
couraçado guerra
couraçado nave
couraçar defesa
couro agudeza
couro cobertura
couro libertino
couro tenacidade
coutada morada
coutada região
couto refúgio
cova abertura
cova concavidade
cova encaixe

cova enterro
cova esconderijo
cova morada
cova profundidade
côvado comprimento
covarde covardia
covarde irresolução
covarde medo
covarde velhaco
covardia irresolução
covardia malevolência
covardia medo
coveiro enterro
coveiro morada
covil esconderijo
covil foco
covil impureza
covil morada
covil prisão
covil recife
covinha concavidade
covo concavidade
coxalgia dor
coxear fraqueza
coxear imperfeição
coxear inabilidade
coxear insucesso
coxear vagareza
coxia morada
coxia passadouro
coxia templo
coxia terra
coxim suporte
coxo assimetria
coxo deselegância
coxo doença
coxo fraqueza
coxo imperfeição
coxo impotência
coxo injustiça
coxo insucesso
coxo satã
coxo vagareza
coxo veneno
cozer aquecimento
cozido comida
cozinhar preparação
crachá título
craniano intelecto
crânio intelecto
crápula desonestidade
crápula impureza
crápula intemperança
crapuloso impureza
crapuloso intemperança
crapuloso sujidade
crase combinação
crase compêndio
crase composição
crase encurtamento
crase intrinsecabilidade
crasear escrita
crasso densidade
crasso ignorante
crasso mau gosto
crasso meio líquido
cratera concavidade
cratera depósito
cratera mal
cratera profundidade
cratera receptáculo
cratera recife
cratera ruindade
cravação junção
cravar circunscrição
cravar comida
cravar inserção
cravar junção
craveira grau
craveira medida
craveira protótipo
craveira regularidade
cravejar encaixe
cravejar inserção
cravista músico
cravo picante
cravo vínculo
creche filantropia
credencial comissão
credencial evidência
credibilidade crença
credibilidade probabilidade
creditar contabilidade
creditar crédito
creditício crédito
crédito aprovação
crédito autoridade
crédito contabilidade
crédito crença
crédito dinheiro
crédito dívida
crédito fama
crédito fiança
crédito influência
crédito propriedade
crédito trabalho
crédito virtude
crédito agrícola crédito
crédito industrial crédito
credo afirmação
credo crença
credo teologia
credor crédito
credor empréstimo
credor possuidor
crédulo credulidade
crédulo crença
crédulo ingênuo
crédulo obliquidade
cremação aquecimento
cremalheira pendura
cremar aquecimento
cremar cadáver
cremar enterro
crematório enterro
creme amarelo
creme bondade
creme cobertura
creme meio líquido
creme óleo
cremoso meio líquido
crendice credulidade
crente carola
crente ortodoxia
crente piedade
crepe lamentação
crépido aspereza
crepitação estalo
crepitar estalo
crepitoso estalo
crepuscular meia-luz
crepuscular tarde
crepúsculo fim
crepúsculo morte
crepúsculo tarde
crer crença
crer suposição
crer piamente credulidade
crescendo música
crescente aumento
crescente curvatura
crescente indicação
crescentemente aumento
crescer aumento
crescer dilatação
crescer existência
crescer melhoramento
crescer mudança
crescer produção

crescer produtividade
crescer prosperidade
crescer tamanho
crescido adolescência
crescido altura
crescido grandeza
crescido multidão
crescido tamanho
crescimento aumento
crescimento dilatação
crescimento produção
crescimento subida
crespo aspereza
crespo floreio
crespo violência
crestar aquecimento
crestar castanho
crestar ceticismo
crestar destruição
crestar furto
crestar secura
cretino imbecilidade
cretino tolo
cria infante
criação animal
criação descoberta
criação domesticação
criação efeito
criação ensino
criação imaginação
criação produção
criação produtividade
criação universo
criadagem servo
criadeira infância
criadeira servo
criado agente
criado auxiliar
criado consignatário
criado instrumentalidade
criado servo
criador domesticação
criador produção
criador produtor
criança infante
criança pequenez
criançada imbecilidade
criancice imbecilidade
criançola infante
criançola tolo
criar causa
criar divindade
criar domesticação
criar imaginação
criar localização
criar produção
criatividade inteligência
criativo imaginação
criativo inteligência
criativo produção
criatura efeito
criatura favorito
criatura humanidade
criatura infante
criatura substancialidade
crime culpa
crime desvirtude
crime ilegalidade
crime impropriedade
crime perigo
criminal ilegalidade
criminalidade culpa
criminalidade recife
criminoso acusação
criminoso condenação
criminoso culpa
criminoso desvirtude
criminoso homem ruim
criminoso ilegalidade ruim
criminoso ruindade
crina aspereza
cripta enterro
cripta esconderijo
cripta templo
criptografia desinformação
críquete divertimento
crisálida conversão
crisálida latência
crisálida pequenez
crise circunstância
crise dificuldade
crise eventualidade
crise ímpeto
crise oportunidade
crise perigo
crise revolução
crisma nomenclatura
crisma rito
crismar apelido
crismar nomenclatura
crismar rito
crisol conversão
crisol experiência
crisol meios
crisol receptáculo
crisol singeleza
crisólita ornamento
crisólita perfeição
crisólito perfeição
crisóstomo discurso
crispar aspereza
crispar contração
crista cume
crista pendura
cristal fragilidade
cristal rigidez
cristal transparêcia
cristalino densidade
cristalino inteligibilidade
cristalino melodia
cristalino transparêcia
cristalino veracidade
cristalino visão
cristalino visibilidade
cristalização densidade
cristalizar densidade
cristalizar não organização
cristalizar rigidez
cristalizável densidade
cristandade ortodoxia
cristão clemência
cristão heterodoxia
cristão piedade
cristianismo ortodoxia
Cristo inocência
critério evidência
critério experiência
critério ordem
critério organização
critério raciocínio
critério vontade
criterioso arranjo
criterioso inteligência
criterioso sanidade
crítica acusação
crítica discriminação
crítica dissertação
crítica reprovação
criticar bom gosto
criticar reprovação
criticar ridicularização
criticável erro
criticável incerteza
criticável reprovação
criticismo dissertação
criticismo reprovação
crítico bom gosto
crítico circunstância
crítico difamador

crítico perigo
crivar abertura
crivar variegação
crível crença
crível probabilidade
crivo abertura
crivo discriminação
crivo limpeza
crocodilo malfeitor
crocodilo velhaco
cromar cobertura
cromática variegação
cromático cor
cromático melodia
cromático variegação
cromatismo cor
cromatismo variegação
cromografia gravura
cromosfera universo
crônica cronometria
crônica descrição
crônica notícia
crônica registro
cronista cronometria
cronista registrador
cronográfico cronometria
cronógrafo cronometria
cronógrafo registrador
cronograma cronometria
cronograma plano
cronograma preparação
cronograma trabalho
cronologia cronometria
cronológico cronometria
cronometrar cronometria
cronométrico cronometria
cronômetro cronometria
croqui protótipo
crosta camada
crosta cobertura
crosta extrinsecabilidade
cru cor
cru despreparo
cru inabilidade
cru inclemência
cru material
cru novidade
crucial cruzamento
crucial rito
cruciante dolorimento
cruciar dolorimento
cruciar dor
cruciferário auxiliar
cruciferário precessão
crucificação dor
crucificação punição
crucificar dor
crucificar punição
crucifixão dor
crucifixo rito
cruciforme cruzamento
cruciforme rito
crudívoro comida
cruel adversidade
cruel compulsoriedade
cruel dolorimento
cruel dor
cruel homicídio
cruel inclemência
cruel malevolência
cruel ruindade
crueldade homicídio
crueldade inclemência
crueldade malevolência
crueldade ruindade
crueldade sofrimento
cruento homicídio
crustáceo animal
crustáceo cobertura
cruz adversidade
cruz azorrague
cruz batina
cruz cruzamento
cruz gravidade
cruz indicação
cruz rito
cruz sofrimento
cruz templo
cruzada ataque
cruzada guerra
cruzado combatente
cruzado dinheiro
cruzado impulso
cruzador combatente
cruzador guerra
cruzador nave
cruzador potencial de guerra
cruzamento mistura
cruzamento passagem
cruzar cruzamento
cruzar indiscriminação
cruzar locomoção
cruzar mistura
cruzar navegação
cruzar passagem
cruzar os braços abstenção
cruzeiro dinheiro
cruzeiro navegação
cruzeiro rito
cruzeiro templo
cruzeta cruzamento
cruzetado cruzamento
cuba nobreza
cuba receptáculo
cubagem medida
cubar medida
cubar triplicação
cúbico angularidade
cubículo morada
cubículo prisão
cubismo artes
cubo amo
cubo angularidade
cubo número
cubo trialidade
cuca ancião
cuca comida
cuca fealdade
cueca música
cueiro indumentária
cueiro infância
cuia receptáculo
Cuidado! advertência
cuidado aprovação
cuidado atenção
cuidado atividade
cuidado cautela
cuidado observância
cuidado trabalho
cuidadoso atenção
cuidadoso boa vontade
cuidadoso cautela
cuidadoso cuidado
cuidadoso desejo
cuidadoso probidade
cuidar cuidado
cuidar preservação
cuidar saúde
cuidar suposição
cujo amor
culatra retaguarda
culminância cume
culminância superioridade
culminante superioridade
culminar acabamento
culminar altura
culminar cume
culminar subida

culminar superioridade
culpa condenação
culpa ruindade
culpabilidade acusação
culpabilidade culpa
culpado acusação
culpado condenação
culpado culpa
culpado desvirtude
culpado homem ruim
culpar acusação
culpar atribuição
culpar culpa
culpar reprovação
culposo culpa
cultivador agricultura
cultivar ação
cultivar agricultura
cultivar auxílio
cultivar continuação
cultivar observância
cultivar preservação
cultivo agricultura
culto bom gosto
culto conhecimento
culto elegância
culto espírito
culto fama
culto respeito
culto sobriedade
cultor agricultura
cultor culto
cultor desejo
cultor douto
cultor observância
cultuar amor
cultuar culto
cultuar veracidade
cultura agricultura
cultura bom gosto
cultura conduta
cultura conhecimento
cultura estudo
cultura humanidade
cultura melhoramento
cultura preparação
cultural humanidade
cumbuca receptáculo
cume agudeza
cume altura
cumeada cume
cumeeira cume
cúmplice acompanhamento
cúmplice acusação
cúmplice agente
cúmplice auxiliar
cumpliciar agente
cumplicidade cooperação
cumplicidade culpa
cumplicidade permissão
cumpridor dever
cumprimentar congratulação
cumprimentar cortesia
cumprimentar sociabilidade
cumprimento dever
cumprimento obediência
cumprimento observância
cumprimento respeito
cumprir acabamento
cumprir ação
cumprir comando
cumprir conduta
cumprir dever
cumprir obediência
cumprir observância
cumulativo reunião
cúmulo aumento
cúmulo bolha
cúmulo cume
cúmulo reunião
cuneiforme angularidade
cunha agudeza
cunha instrumento
cunha interjacência
cunhagem produção
cunhar dinheiro
cunhar imaginação
cunhar importância
cunhar interjacência
cunhar plano
cunhar produção
cunho estado
cunho frente
cunho grau
cunho indicação
cunho protótipo
cunicultura domesticação
cupão dinheiro
cupidez desejo
cupidez egoísmo
cupidez sovinaria
cupidinoso amor
cupidinoso desejo
cupidinoso egoísmo
Cupido amor
Cupido beleza
cúpido impureza
cúpido intemperança
cúpido sovinaria
cupim destruidor
cupim malfeitor
cupim pioramento
cupim veneno
cupom dinheiro
cúpula convexidade
cúpula cume
cura clerezia
cura remédio
cura restauração
curador consignatário
curandeiro conselho[2]
curandeiro enganador
curandeiro feiticeiro
curandeiro remédio
curar melhoramento
curar preservação
curar remédio
curar restauração
curar saúde
curare veneno
curativo alívio
curativo remédio
curato cargos da Igreja
curato região
curau habitante
curável doença
curável esperança
curável extrinsecabilidade
curável remédio
cúria conselho[1]
cúria tribunal
curiosidade desejo
curiosidade expectativa
curiosidade prodígio
curioso bom gosto
curioso curiosidade
curioso desconformidade
curioso desejo
curioso douto
curioso expectativa
curioso investigação
curral cerca
curral domesticação
curral morada
curral prisão
curral sujidade
currar malevolência

cursar escola
cursivo curso
cursivo letra
curso direção
curso ensino
curso locomoção
curso movimento
curso publicidade
curso rio
curso sulco
curso termo
cursor mensageiro
curtição fruição
curtir desinteresse
curtir divertimento
curtir fruição
curtir preparação
curtir sentimento
curtir submissão
curto concisão
curto encurtamento
curto ignorância
curto imbecilidade
curto pequenez
curto sovinaria
curumim servo
curupira demônio
curva angularidade
curva circuição
curva circuito
curva curvatura
curva obliquidade
curvar amorfia
curvar angularidade
curvar curvatura
curvar flexibilidade
curvas desvirtude
curvatura angularidade
curvatura concavidade
curvatura desvio
curvatura servilismo
curveta circuição
curveta salto
curvetear oscilação
curvetear salto
curvilíneo angularidade
curvilíneo circuição
curvilíneo curvatura
curvo angularidade
curvo assimetria
curvo curvatura
cúspide agudeza
cuspidela expulsão
cuspidura expulsão
cuspilhar desrespeito
cuspilhar expulsão
cuspinhar desrespeito
cuspinhar expulsão
cuspinhar malevolência
cuspir desrespeito
cuspir expulsão
cuspir impulso
cuspir malevolência
cuspir repulsão
cuspo excreção
custa despesa
custa preço
custar preço
custas despesa
custas recompensa
custear pagamento
custeio despesa
custeio pagamento
custeio preservação
custeio trabalho
custo despesa
custo dificuldade
custo preço
custo trabalho
custódia restrição
custódia retenção
custódia segurança
custodiar restrição
custodiar segurança
custódio segurança
custoso carestia
custoso dificuldade
custoso ostentação
cutâneo cobertura
cutâneo exterioridade
cutelaria agudeza
cutelo agudeza
cutícula cobertura
cutilada ataque
cutilada dolorimento
cutilada dor
cutilada mal
cútis exterioridade
czar amo
czarina amo

D

display publicidade
dactilografar escrita
dádiva aquisição
dádiva doação
dádiva oferta
dadivoso doação
dadivoso liberalidade
dadivoso prodigalidade
dadivoso produtividade
dadivoso suficiência
dado barateza
dado circunstância
dado cortesia
dado hábito
dado permissão
dado recebimento
dado suposição
daí atribuição
daí efeito
daí raciocínio
daltonismo visão imperfeita
dama fêmea
damas divertimento
damasco vermelhidão
danado homem ruim
danado ressentimento
danar loucura
danar pioramento
danar ruindade
dança artes
dança divertimento
dança oscilação
dançar agitação
dançar desvio
dançar divertimento
dançar prolação
dançar regozijo
dançar salto
dançarino drama
danificado mancha
danificar pioramento
danificar ruindade
daninho malevolência
daninho ruindade
dano culpa
dano mal
dano pioramento
danoso adversidade
danoso dolorimento
danoso mal
danoso malevolência
danoso ruindade
dantes passado
dantesco grandeza
dantesco inferno

dantesco medo
dar acabamento
dar ação
dar afirmação
dar atenção
dar auxílio
dar causa
dar consentimento
dar crença
dar doação
dar interpretação
dar movimento
dar nomenclatura
dar oferta
dar publicidade
dar receita
dar recompensa
dar à liberdade libertação
dar a palma submissão
dar com a língua nos dentes exposição
dar gato por lebre fraude
dar horas cronometria
dar importância importância
dar impulso impulso
dar margem a facilidade
dar motivo causa
dar nome fama
dar ocasião causa
dar poder a poder
dar preferência a prioridade
dar proveito utilidade
dar quebra insignificância
dar razão causa
dar sentido analógico metáfora
dar sentido metafórico metáfora
dar um fim fim
dardejante luz
dardejar divergência
dardejar dolorimento
dardejar dor
dardejar expulsão
dardejar luz
dardejar propulsão
dardo agudeza
dardo dolorimento
dardo potencial de guerra
dardo propulsão
dardo reprovação
dardo ridicularização
dardo velocidade
dardo veneno
darwinismo matéria
data parte
data partilha
data quantidade
data tempo
datar cronometria
datar tempo
de vontade
de antemão previdêcia
de assalto violência
de boa-fé probidade
de cabeça erguida orgulho
de cabeça para baixo inversão
de cambulhada desordem
de coração veracidade
de corpo e alma esforço
de corpo e alma veracidade
de fato exatidão
de fato existência
de forma alguma proibição
de golpe surpresa
de grande monta importância
de grande repercussão importância
de grande significação importância
de jure direito
de jure legalidade
de leve leveza
de mansinho silêncio
de modo algum recusa
de modo cabal evidência
de passagem passadouro
de pernas para o ar inversão
de ponta-cabeça inversão
de quando em quando descontinuidade
de quando em quando infrequência
de regra hábito
de roldão violência
de soslaio obliquidade
de soslaio visão imperfeita
de supetão surpresa
de surpresa surpresa
de uma tirada continuidade
de vento em popa prosperidade
de vez em quando infrequência
deão clerezia
debaixo baixeza
debalde inocuidade
debalde insucesso
debalde inutilidade
debandada divergência
debandada escapatória
debandada regressão
debandada retirada
debandada transigência
debandar disjunção
debandar dispersão
debandar escapatória
debandar retirada
debandar transigência
debate discórdia
debate palestra
debate raciocínio
debatedor raciocínio
debater contenda
debater raciocínio
debelar cessação
debelar destruição
debelar inexcitabilidade
debelar moderação
debelar restauração
debelar sucesso
debênture crédito
debênture dinheiro
debicar comida
debicar temperança
débil fragilidade
débil fraqueza
débil meia-luz
débil pouquidão
débil sussurro
debilidade estreiteza
debilidade fraqueza
debilitação fraqueza
debilitado fraqueza
debilitado inatividade
debilitar fraqueza
debique ridicularização
debitar contabilidade
debitar crédito
débito contabilidade
débito dívida
débito trabalho
deblaterar oposição
deblaterar reprovação
debochado intemperança

debochado libertino
deboche desvirtude
debruar adjunto
debruar circunscrição
debruar ornamento
debrum adjunto
debrum borda
debulhar contração
debulhar investigação
debutante precursor
debuxar arremedo
debuxar descrição
debuxar pintura
debuxo descrição
debuxo pintura
década numerais cardinais
década período
decadência descida
decadência diminuição
decadência doença
decadência fraqueza
decadência impiedade
decadência pioramento
decadência velharia
decadente fraqueza
decadente pioramento
decadente velharia
decágono angularidade
decaído pioramento
decair adversidade
decair diminuição
decair pioramento
decair pobreza
decair velharia
decálogo crença
decálogo dever
decálogo ortodoxia
decalque imitação
decâmetro medida
decano amo
decano mestre
decantação transferência
decantar aprovação
decantar celebração
decantar fama
decantar poesia
decantar transferência
decapitação homicídio
decapitação punição
decapitar amorfia
decapitar punição
decenal período
decência moda
decência probidade
decência pureza
decência simplicidade
decêndio período
decênio período
decente acordo
decente conveniência
decente direito
decente probidade
decente pureza
decente simplicidade
decepar amorfia
decepar dor
decepar encurtamento
decepar impotência
decepar subtração
decepção ceticismo
decepção descontentamento
decepção desesperança
decepção expectação
decepção falsidade
decepção insucesso
decepção surpresa
decepção cruel ceticismo
decepção dolorosa ceticismo
decepção triste ceticismo
decepcionar ceticismo
decididamente grandeza
decidido afirmação
decidido boa vontade
decidido certeza
decidido grandeza
decidido resolução
decidir causa
decidir influência
decidir juiz
decidir resolução
decidir resposta
decíduo descida
decíduo transitoriedade
decifrar descoberta
decifrar interpretação
decifrar resposta
décima numerais ordinais
décima preço
decimal numerais cardinais
decímetro medida
décimo numerais ordinais
decisão intenção
decisão preceito
decisão resolução
decisão resposta
decisão vontade
decisivo afirmação
decisivo certeza
decisivo comando
decisivo demonstração
decisivo grandeza
decisivo raciocínio
decisivo resolução
declamação discurso
declamação floreio
declamação regozijo
declamação sem significação
declamar discurso
declamar sem significação
declamatório discurso
declamatório loquacidade
declaração afirmação
declaração crença
declaração exposição
declarante informação
declarar afirmação
declarar significação
declarativo afirmação
declaratório frase
declinação descida
declinação desvio
declinação diminuição
declinação direção
declinação gramática
declinação medida
declinação obliquidade
declinação pioramento
declinação variedade
declinante diminuição
declinar adversidade
declinar descida
declinar desvio
declinar diminuição
declinar fraqueza
declinar gramática
declinar obliquidade
declinar pioramento
declinar ruindade
declinar velharia
declínio diminuição
declínio fraqueza
declínio pioramento
declínio velharia
declive curvatura
declive obliquidade
declive obliquidade

decodificação interpretação
decolar navegação
decomponível mistura
decompor decomposição
decompor parte
decompor pioramento
decomposição sujidade
decomposto decomposição
decoração ornamento
decoração título
decorador ornamento
decorar estudo
decorar memória
decorar ornamento
decorar presença
decorativo ornamento
decoro conveniência
decoro inteligência
decoro moda
decoro probidade
decoro pureza
decoro respeito
decoroso acordo
decoroso conveniência
decoroso direito
decoroso justiça
decoroso probidade
decoroso pureza
decoroso respeito
decorrente sequência
decorrer curso
decorrer tempo
decorrer do tempo curso
decorrido passado
decotar encurtamento
decote despimento
decrépito fraqueza
decrépito velhice
decrepitude fraqueza
decrepitude impotência
decrepitude pioramento
decrepitude velhice
decrescente diminuição
decrescer contração
decrescer diminuição
decrescer pouquidade
decréscimo diminuição
decréscimo perda
decretar autoridade
decretar dinheiro
decretar juiz
decretar legalidade
decreto comando
decreto legalidade
decreto-lei legalidade
decúbito horizontalidade
decuplicar numerais cardinais
decurso curso
decurso tempo
dedada pouquidão
dedal pouquidão
dédalo desordem
dédalo dificuldade
dédalo ininteligibilidade
dédalo segredo
dédalo sinuosidade
dedicação altruísmo
dedicação amizade
dedicação amor
dedicação atividade
dedicação culto
dedicação dever
dedicação esforço
dedicação fama
dedicação obediência
dedicação perseverança
dedicação respeito
dedicação uso
dedicado amigo
dedicado amor
dedicado esforço
dedicado hábito
dedicado obediência
dedicado perseverança
dedicado veracidade
dedicar celebração
dedicar culto
dedicar doação
dedicar fama
dedicar oferta
dedicar uso
dedicatória doação
dedicatório informação
dedignar-se insolência
dedilhar músico
dedo tato
dedo-duro informação
dedução desconto
dedução interpretação
dedução raciocínio
dedução subtração
dedutivo evidência
dedutivo interpretação
deduzir desconto
deduzir interpretação
deduzir raciocínio
deduzir subtração
defasado inoportunidade
defecar excreção
defecar expulsão
defecar limpeza
defecção desamparo
defecção desobediência
defecção tergiversação
defectivo deficiência
defectivo imperfeição
defeito assimetria
defeito deficiência
defeito desvirtude
defeito imperfeição
defeito ruindade
defeituoso amorfia
defeituoso assimetria
defeituoso deficiência
defeituoso imperfeição
defeituoso inferioridade
defeituoso ruindade
defender advogado
defender afirmação
defender aprovação
defender auxílio
defender benevolência
defender defesa
defender estorvo
defender evidência
defender força
defender justiça
defender justificação
defender preservação
defender segurança
defendido defesa
defensável defesa
defensável justificação
defensiva defesa
defensivo combatente
defensivo defesa
defensivo justificação
defensor advogado
defensor combatente
defensor defesa
defensor justificação
defensor segurança
deferência obediência
deferência respeito
deferimento consentimento
deferimento permissão
deferir assentimento
deferir consentimento

deferir permissão
defesa justificação
defesa preservação
defesa proibição
defesa segurança
defeso proibição
deficiência falta
deficiência imperfeição
deficiência inferioridade
deficiência insuficiência
deficiência intervalo
deficiência auditiva surdez
deficiente deficiência
deficiente ignorância
deficiente auditivo surdez
deficit deficiência
déficit dívida
déficit trabalho
deficitário deficiência
deficitário insuficiência
definhado insuficiência
definhado pequenez
definhamento contração
definhamento doença
definhamento lamentação
definhar contração
definhar diminuição
definhar fraqueza
definhar pioramento
definhar velharia
definição interpretação
definição significação
definido certeza
definido limite
definido manifestação
definido visibilidade
definir certeza
definir ensino
definir indicação
definir interpretação
definir nomenclatura
definir representação
definir significação
definitivo afirmação
definitivo fim
definitivo resolução
deflação preço
deflagração aquecimento
deflagrar aquecimento
deflexão curvatura
deflexão desvio
defloramento impureza
deflorar escolha
deflorar expectativa
deflorar impureza
deflorar pioramento
defluxo excreção
deformação assimetria
deformação mancha
deformado arremedo
deformar amorfia
deformar assimetria
deformar depreciação
deformidade amorfia
deformidade assimetria
deformidade desconformidade
deformidade desvirtude
deformidade fealdade
deformidade mancha
defraudação furto
defraudar fraude
defraudar furto
defraudar ilegalidade
defrontar contraposição
defrontar renitência
defumar limpeza
defumar pretidão
defumar vaporização
defunto passado
degelar aquecimento
degelar calor
degelar liquefação
degelo liquefação
degeneração infamação
degenerado desvirtude
degenerado impureza
degenerado intemperança
degenerado pioramento
degenerar desonestidade
degenerar improdutividade
degenerar pioramento
degenerescência pioramento
deglutir comida
deglutir destruição
deglutir recepção
degola homicídio
degolação homicídio
degolação punição
degolar destruição
degolar punição
degradação humildade
degradação impureza
degradação infamação
degradação pioramento
degradante desvirtude
degradê cor
degradê variegação
degrau instrumentalidade
degrau preparação
degrau suporte
degrau termo
degredado reclusão
degredo punição
degredo reclusão
degringolada insucesso
degringolar pioramento
degustação comida
degustação fruição
degustação gosto
degustar comida
degustar gosto
degustar prazer
deidade beleza
deísmo heterodoxia
deísmo irreligião
deísta piedade
deitar acaso
deitar atribuição
deitar bruxaria
deitar esquecimento
deitar influência
deitar localização
deitar plano
deitar regozijo
deitar rio
deitar visão
deitar âncora chegada
deixa doação
deixa indicação
deixar abandono de propriedade
deixar desamparo
deixar fiança
deixar partida
deixar retirada
deixar transparecer manifestação
dejeção excreção
dejeção propulsão
dejetar expulsão
delação acusação
delatar exposição
delatar informação
delator acusação
delator informação
delator velhaco
delegação comissão

delegação deputado
delegado comissão
delegado consignatário
delegado deputado
delegado recebimento
delegado substituição
delegar comissão
delegar transferência
deleitar alegria
deleitar contentamento
deleitar deleite
deleitar sabor
deleitável deleite
deleite contentamento
deleite fruição
deletado supressão
deletar supressão
deletério insalubridade
deletério pioramento
deletério ruindade
delével esquecimento
delfim possuidor
delgado estreiteza
delgado fragilidade
delgado fraqueza
delgado pouquidão
delgado realidade
delgado textura
deliberação pensamento
deliberação resolução
deliberado predeterminação
deliberado resolução
deliberar autoridade
deliberar pensamento
deliberativo pensamento
delicadeza beleza
delicadeza bom gosto
delicadeza cortesia
delicadeza deleite
delicadeza dificuldade
delicadeza elegância
delicadeza fragilidade
delicadeza fraqueza
delicadeza moderação
delicado beleza
delicado benevolência
delicado bom gosto
delicado carícias
delicado concisão
delicado cortesia
delicado deleite
delicado dificuldade
delicado elegância
delicado estreiteza
delicado fragilidade
delicado fraqueza
delicado interesse
delicado melodia
delicado sabor
delicado textura
delícia fruição
deliciar deleite
delicioso bondade
delicioso deleite
delicioso frescura
delicioso fruição
delicioso gosto
delicioso sabor
delimitar circunscrição
delimitar limite
delimitar restrição
delineamento contorno
delineamento plano
delineamento representação
delinear circunscrição
delinear forma
delinear indicação
delinear pintura
delinear plano
delinear representação
delinquir culpa
delíquio fadiga
delíquio impotência
delir liquefação
delir supressão
delirante excitabilidade
delirante excitação
delirante loucura
delirar excitabilidade
delirar imbecilidade
delirar loucura
delirar reprovação
delírio agitação
delírio erro
delírio excitabilidade
delírio loucura
delito culpa
delonga demora
delonga diuturnidade
delonga ócio
delongar demora
delta golfo
delta rio
delta terra
demagogia anarquia
demagogia autoridade
demagógico anarquia
demagógico desobediência
demagógico excitabilidade
demagogo desobediência
demagogo diretor
demagogo filantropia
demagogo oponente
demais adição
demanda contenda
demandar demanda
demandar direção
demandar investigação
demandar necessidade
demandar pedido
demão auxílio
demão camada
demão cobertura
demarcação circunscrição
demarcar circunscrição
demarcar discriminação
demarcar limite
demasia intemperança
demasia mau uso
demasia redundância
demasiado inutilidade
demasiado redundância
demasiado redundância
demência imbecilidade
demência loucura
demente desatenção
demente louco
demente loucura
demérito desvirtude
demérito impropriedade
demérito infamação
demissão anarquia
demissão dispensa
demissão exclusão
demissão omissão
demissão punição
demissão resignação
demissão revogação
demissionário resignação
demitido dispensa
demitido exclusão
demitido omissão
demitir anarquia
demitir dispensa
demitir exclusão
demitir omissão
demitir punição

demiúrgico júpiter
demo astúcia
demo contenda
demo fanfarrão
demo irascibilidade
demo satã
demo satã
democracia autoridade
democracia liberdade
democracia modéstia
democracia plebeísmo
democrata plebeísmo
democrático autoridade
democrático liberdade
democrático modéstia
democrático sociabilidade
demografia medida
demolição destruição
demolir depressão
demolir destruição
demoníaco demônio
demoníaco desvirtude
demoníaco excitação
demoníaco loucura
demoníaco malevolência
demoníaco ruindade
demoníaco satã
demonizar satã
demonologia demônio
demonomania bruxaria
demonomania loucura
demonstração evidência
demonstração manifestação
demonstração ostentação
demonstrar demonstração
demonstrar evidência
demonstrar justificação
demonstrar numeração
demonstrativo demonstração
demonstrativo indicação
demonstrativo manifestação
demora diuturnidade
demora imobilidade
demora ócio
demorado atenção
demorado demora
demorado diuturnidade
demorado vagareza
demorar cessação
demorar diuturnidade
demorar situação
demover deslocação
demover dissuasão
demover transferência
dendrolatria idolatria
dendrologia botânica
denegação negação
denegação recusa
denegação refutação
denegar negação
denegar proibição
denegar recusa
denegar refutação
denegrir depreciação
denegrir difamação
denegrir mancha
denegrir obscuridade
denegrir pretidão
denegrir sujidade
dengoso afetação
dengue afetação
dengue doença
denguice afetação
denguice vaidade
denodado atividade
denodado coragem
denominação classe
denominação indicação
denominação nomenclatura
denominação teologia
denominador nomenclatura
denominador número
denominar nomenclatura
denominativo nomenclatura
denotação significação
denotar evidência
denotar indicação
denotar significação
denotativo indicação
denotativo significação
densidade contração
densidade gravidade
densidade meio líquido
denso densidade
denso multidão
denso reunião
dentado agudeza
dentado angularidade
dentado encaixe
dental letra
dentar comida
dentar contenda
dentar dor
dentar encaixe
dente convexidade
dente gosto
dente veneno
dentear encaixe
dentear sinuosidade
denticulado agudeza
denticulado angularidade
denticulado encaixe
dentículo encaixe
dentista extração
dentista remédio
dentista remédio
dentro interioridade
dentuça fealdade
denúncia acusação
denúncia informação
denunciação acusação
denunciação exposição
denunciação reprovação
denunciador acusação
denunciante acusação
denunciante informação
denunciar acusação
denunciar exposição
denunciar informação
denunciativo reprovação
departamento atividade
departamento região
depauperar apropriação
depauperar fraqueza
depauperar pobreza
depenar apropriação
depenar carestia
depenar despimento
depenar extração
depenar furto
dependência componente
dependência efeito
dependência inferioridade
dependência parte
dependência posse
dependência propriedade
dependência relação
dependência sucessor
dependência sujeição
dependente auxílio
dependente condições
dependente relação
dependente restrição
dependente servo
dependente sujeição

depender efeito
depender relação
dependurar pendura
depenicar comida
depenicar extração
deperecer fraqueza
depilar despimento
depilatório despimento
depilatório remédio
deploração lamentação
deplorar lamentação
deplorar má vontade
deplorar saudade
deplorável adversidade
deplorável desvirtude
deplorável dolorimento
deplorável ruindade
depoente evidência
depoimento afirmação
depoimento evidência
depoimento registro
depois futuro
depois posterioridade
depor afirmação
depor anarquia
depor doação
depor evidência
depor revogação
deportação expulsão
deportação transferência
deportar expulsão
deposição anarquia
deposição revogação
depositar aquisição
depositar depósito
depositar empréstimo
depositar localização
depositário amigo
depositário carcereiro
depositário consignatário
depositário possuidor
depositário recebimento
depositário tesoureiro
depósito densidade
depósito despesa
depósito fiança
depravação desvirtude
depravação impureza
depravação pioramento
depravação ruindade
depravar pioramento
deprecar clemência
deprecar deprecação
deprecar juiz
deprecar lamentação
depreciação barateza
depreciação desconto
depreciação desprezo
depreciação difamação
depreciação diminuição
depreciação inferioridade
depreciação pioramento
depreciação reprovação
depreciado pioramento
depreciar depreciação
depreciar desconto
depreciar desprezo
depreciar inferioridade
depreciar obliquidade
depreciar reprovação
depreciativo difamação
depreciativo interpretação errônea
depredação furto
depredar amorfia
depredar furto
depredar pioramento
depreender conhecimento
depreender informação
depressa pressa
depressa velocidade
depressão concavidade
depressão desesperança
depressão fraqueza
depressão profundidade
depressão tristeza
depressivo hipocondria
depressor dolorimento
deprimente depreciação
deprimente difamação
deprimente infamação
deprimido hipocondria
deprimido tristeza
deprimir baixeza
deprimir concavidade
deprimir depreciação
deprimir depressão
deprimir desprezo
deprimir infamação
deprimir mau uso
deprimir tristeza
depurar discriminação
depurar limpeza
depurar rejeição
depurar remédio
depurativo remédio
deputação comissão
deputação consignatário
deputado agente
deputado autoridade
deputado sucedâneo
deputar comissão
deputar deputado
derivação efeito
derivação gramática
derivada número
derivado efeito
derivar aquisição
derivar efeito
derivar rio
derivativo efeito
derma cobertura
dermatologia cobertura
derradeiro fim
derradeiro inferioridade
derradeiro passado
derrama dispersão
derrama loucura
derrama preço
derrama publicidade
derramamento liquefação
derramar dispersão
derramar ensino
derramar esbanjamento
derramar expulsão
derramar interpretação
derramar prodigalidade
derramar publicidade
derreado fadiga
derreado fraqueza
derreado impotência
derreado vagareza
derrear difamação
derrear fraqueza
derrear malevolência
derrear punição
derredor circunjacência
derredor contorno
derreter aquecimento
derreter conversão
derreter pioramento
derreter prodigalidade
derretido amor
derretido fluidez
derretimento amor
derretimento liquefação
derrisão desrespeito
derrisão ridicularização
derrisório desprezo

derrisório ridicularia
derrisório ridicularização
derrocada descida
derrocada destruição
derrocada insucesso
derrocada mal
derrocada revolução
derrocar depressão
derrocar destruição
derrocar insucesso
derrocar refutação
derrocar revolução
derrocar sucesso
derrogar revogação
derrota destruição
derrota direção
derrota inferioridade
derrota insucesso
derrota locomoção
derrota navegação
derrotado insucesso
derrotado rejeição
derrotado submissão
derrotar destruição
derrotar estorvo
derrotar oposição
derrotar rejeição
derrotismo descontentamento
derrotismo desesperança
derrotismo misantropia
derrotismo tristeza
derrotista descontentamento
derrotista descontentamento
derrotista difamador
derrotista misantropia
derrotista oponente
derrubada agricultura
derrubada depressão
derrubar depressão
derrubar destruição
derrubar impotência
derrubar violência
derruir depressão
derruir destruição
derruir sucesso
desabafar abertura
desabafo candura
desabafo manifestação
desabafo vingança
desabalado excitabilidade
desabalado grandeza
desabalado pressa
desabalado velocidade
desabamento descida
desabar amorfia
desabar pioramento
desabituar descostume
desabonar infamação
desabono infamação
desabotoar abertura
desabotoar disjunção
desabotoar evolução
desabotoar produção
desabrido descortesia
desabrido deselegância
desabrido estridor
desabrido frio
desabrido irascibilidade
desabrido tirania
desabrido velocidade
desabrido violência
desabrigado abertura
desabrigado impotência
desabrigado perigo
desabrigar deslocação
desabrigar impotência
desabrigar perigo
desabrigo perigo
desabrochar abertura
desabrochar disjunção
desabrochar produção
desabrochar vegetal
desabusado coragem
desabusado descostume
desabusado fanfarrão
desabusado incredulidade
desabusado injustiça
desabusado insolência
desabusado tirania
desabusado violência
desacatar desrespeito
desacato desrespeito
desacato infamação
desacertar erro
desacertar mau uso
desacerto absurdo
desacerto erro
desacerto inabilidade
desacerto mau uso
desacomodar desarranjo
desacomodar deslocação
desacompanhado disjunção
desacompanhado isolamento
desacompanhar desamparo
desacompanhar dissentimento
desacompanhar indiferença
desacompanhar isolamento
desacompanhar rejeição
desaconselhar dissuasão
desaconselhar revogação
desaconselhável desacordo
desacordado insensibilidade
desacordo desconformidade
desacordo desigualdade
desacordo desordem
desacordo dessemelhança
desacordo diferença
desacordo discórdia
desacordo dissentimento
desacordo dissonância
desacordo impotência
desacordo negação
desacorrentar disjunção
desacorrentar libertação
desacostumado surpresa
desacostumar descostume
desacreditado desonestidade
desacreditado imbecilidade
desacreditado infamação
desacreditado insolvência
desacreditado mentira
desacreditar descrença
desacreditar difamação
desacreditar infamação
desacreditar insolência
desacreditar insolvência
desafeição desprezo
desafeição indiferença
desafeição inimizade
desafeição ódio
desafeiçoar amorfia
desafeiçoar inimizade
desafeito descostume
desaferrar dissuasão
desaferrar partida
desaferrolhar libertação
desafetação candura

desafetação modéstia
desafetação simplicidade
desafetação sobriedade
desafeto inimigo
desafeto inimizade
desafeto oposição
desafiador ameaça
desafiador combatente
desafiador desafio
desafiador desejo
desafiador fanfarrão
desafiante desafio
desafiar ameaça
desafiar coragem
desafiar desafio
desafiar descrença
desafiar desejo
desafiar desobediência
desafiar direito
desafiar embotamento
desafiar permanência
desafiar sentimento
desafinação desacordo
desafinação discórdia
desafinação dissentimento
desafinação dissonância
desafinado desacordo
desafinado discórdia
desafinado estridor
desafinado pioramento
desafinar desacordo
desafinar dissentimento
desafinar dissonância
desafio ameaça
desafio investigação
desafio temeridade
desafogar alívio
desafogar facilidade
desafogar libertação
desafogar melhoramento
desafogo alívio
desafogo inexcitabilidade
desaforado insolência
desaforar impropriedade
desaforo desrespeito
desaforo insolência
desafortunado adversidade
desafortunado insucesso
desafortunado lamentação
desafortunado sofrimento
desafrontar alívio
desafrontar retaliação
desagasalhado impotência
deságio desconto
desagradar amargura
desagradar dolorimento
desagradável amargura
desagradável aversão
desagradável dissonância
desagradável dolorimento
desagradável enfado
desagradável estorvo
desagradável fealdade
desagradável fedor
desagradável frio
desagradável inoportunidade
desagradável ódio
desagrado descontentamento
desagrado ódio
desagravar diminuição
desagravar expiação
desagravar recompensa
desagravar respeito
desagravo expiação
desagravo recompensa
desagravo vingança
desagregação decomposição
desagregação disjunção
desagregado decomposição
desagregado incoesão
desagregar decomposição
desagregar disjunção
desaguadouro secura
desaguar expulsão
desaguar fim
desaguar secura
desaguisado contenda
desaguisado discórdia
desaguisado injustiça
desaire ceticismo
desaire chateza
desaire inconveniência
desaire infamação
desaire mau gosto
desairoso fealdade
desairoso inconveniência
desairoso infamação
desajeitado dificuldade
desajeitado dolorimento
desajeitado fealdade
desajeitado inabilidade
desajeitado inconveniência
desajeitado mau gosto
desajeitado remendão
desajuizado imbecilidade
desajustar disjunção
desajustar revogação
desajuste revogação
desalentado desamparo
desalentado fadiga
desalentado insucesso
desalentado lamentação
desalentado tristeza
desalento desamparo
desalento desesperança
desalento dissuasão
desalento fraqueza
desalento tristeza
desalinhado deselegância
desalinhado frouxidão
desalinhado mau gosto
desalinhar simplicidade
desalinhavar disjunção
desalinho deselegância
desalinho desordem
desalinho despreparo
desalinho excitabilidade
desalinho mau gosto
desalinho simplicidade
desalmado homicídio
desalmado inclemência
desalmado malevolência
desalojar deslocação
desalojar expulsão
desalojar transferência
desamarrar desembaraçamento
desamarrar disjunção
desamarrotar lisura
desambição altruísmo
desambição indiferença
desambição modéstia
desambientado não relação
desamor desamparo
desamor desprezo
desamor inimizade
desamor malevolência
desamor ódio
desamparado impotência
desamparado isolamento
desamparado ódio
desamparado perigo
desamparado pobreza
desamparado tristeza
desamparar desamparo

desamparar impotência
desamparar malevolência
desamparar rejeição
desamparar retirada
desamparo perigo
desamparo pobreza
desancar malevolência
desancar punição
desancar refutação
desancar reprovação
desanimado desamparo
desanimado desinteresse
desanimado insucesso
desanimado tristeza
desanimador dolorimento
desanimar descontentamento
desanimar dissuasão
desanimar inatividade
desanimar medo
desanimar tristeza
desânimo desamparo
desânimo desesperança
desânimo fraqueza
desânimo impotência
desânimo inação
desânimo tristeza
desanuviar alívio
desanuviar deleite
desanuviar interpretação
desanuviar luz
desapaixonado desinteresse
desapaixonado inexcitabilidade
desapaixonado justiça
desapaixonado probidade
desaparafusar evolução
desaparecer desaparecimento
desaparecer esquecimento
desaparecer falta
desaparecer fim
desaparecer inexistência
desaparecer insubstancialidade
desaparecer morte
desaparecer transigência
desaparecido desaparecimento
desaparecido perda
desaparecimento inexistência
desaparecimento invisibilidade
desaparecimento morte
desaparecimento perda
desapartar disjunção
desapartar pacificação
desapegado altruísmo
desapegar-se altruísmo
desapego altruísmo
desapego desamparo
desapego desprezo
desapego indiferença
desapego reclusão
desaperceber despreparo
desaperceber insuficiência
desapercebido despreparo
desapercebido negligência
desapercebido perigo
desapercebido surpresa
desapertar desembaraçamento
desapertar disjunção
desapertar divórcio
desapertar incoesão
desapiedado inclemência
desapiedado tirania
desapiedado vingança
desapoiar reprovação
desapontado ceticismo
desapontamento ceticismo
desapontamento descontentamento
desapontar ceticismo
desapontar descontentamento
desapossar apropriação
desapossar impropriedade
desapossar transmissão
desapreço depreciação
desapreço desprezo
desaprender esquecimento
desapropriação apropriação
desapropriar apropriação
desaprovação dissentimento
desaprovação infamação
desaprovação recusa
desaprovação reprovação
desaprovador reprovação
desaprovar condenação
desaprovar negação
desaprovar refutação
desaprovar reprovação
desaproveitar desamparo
desaproveitar desuso
desaproveitar esbanjamento
desaproveitar inutilidade
desarmamento pacificação
desarmar amorfia
desarmar clemência
desarmar contentamento
desarmar conversão
desarmar decomposição
desarmar destruição
desarmar dispersão
desarmar dissuasão
desarmar evolução
desarmar impotência
desarmar insucesso
desarmar pacificação
desarmar parte
desarmar perigo
desarmar simplicidade
desarmonia contraste
desarmonia desacordo
desarmonia discórdia
desarmonia dissentimento
desarmonia inimizade
desarmônico assimetria
desarmônico dissentimento
desarmonizar desacordo
desarraigar descostume
desarraigar destruição
desarraigar expulsão
desarraigar extração
desarranjado desarranjo
desarranjado desordem
desarranjado pioramento
desarranjar desacordo
desarranjar desarranjo
desarranjar insucesso
desarranjar pioramento
desarranjo desordem
desarranjo despreparo
desarranjo discórdia
desarranjo simplicidade
desarrazoado absurdo
desarrazoado erro
desarrazoado imbecilidade
desarrazoado impossibilidade
desarrazoado incerteza
desarrazoado injustiça
desarrazoado irracionalidade

desarrazoado loucura
desarrazoado obliquidade
desarrazoar incerteza
desarrear despimento
desarrimo desamparo
desarrimo perigo
desarrochar disjunção
desarrolhar abertura
desarrumação desarranjo
desarrumar desarranjo
desarticulação decomposição
desarticulação disjunção
desarticular amorfia
desarticular disjunção
desarvorado desvio
desarvorado excitação
desarvorado imbecilidade
desarvorado inabilidade
desarvorado loucura
desarvorar desarranjo
desarvorar destruição
desarvorar inutilidade
desarvorar pioramento
desarvorar ruindade
desasado impotência
desasseio sujidade
desassisado inabilidade
desassisado temeridade
desassociar disjunção
desassociar não relação
desassombrado coragem
desassombrado facilidade
desassombrar deleite
desassombrar interpretação
desassombro candura
desassombro coragem
desassossegado movimento
desassossegado sofrimento
desassossegar dolorimento
desassossego excitabilidade
desassossego medo
desassossego movimento
desassossego mutabilidade
desassossego perigo
desassossego sofrimento
desastrado adversidade
desastrado inabilidade
desastrado inconveniência
desastrado insucesso
desastrado remendão
desastrado ruindade
desastrado tirania
desastre adversidade
desastre dolorimento
desastre homicídio
desastre inabilidade
desastre insucesso
desastre mal
desastroso adversidade
desastroso dolorimento
desastroso imbecilidade
desastroso inconveniência
desastroso inoportunidade
desastroso insucesso
desastroso mal
desastroso ruindade
desatar disjunção
desatar facilidade
desatar libertação
desatarraxar evolução
desataviado despreparo
desataviado sobriedade
desataviar deselegância
desataviar simplicidade
desatenção desamparo
desatenção descortesia
desatenção desrespeito
desatenção negligência
desatenção recife
desatencioso descortesia
desatencioso desrespeito
desatender desatenção
desatender desprezo
desatender desrespeito
desatender negligência
desatender recusa
desatentar desatenção
desatentar negligência
desatento desatenção
desatento transgressão
desatinado desatenção
desatinado inabilidade
desatinado loucura
desatinado obliquidade
desatinado temeridade
desatinado violência
desatinar excitabilidade
desatinar impropriedade
desatinar inabilidade
desatinar injustiça
desatinar loucura
desatinar violência
desatino erro
desatino imbecilidade
desatino inabilidade
desatino loucura
desatino malevolência
desatino mau uso
desatino obliquidade
desatino prodigalidade
desatino temeridade
desatolar expulsão
desatolar extração
desatracar disjunção
desatracar partida
desatravancar facilidade
desatrelar disjunção
desatrelar divórcio
desatrelar libertação
desautorar desobediência
desautorar desrespeito
desautorar infamação
desautorar punição
desautorizar infamação
desautorizar reprovação
desavença contenda
desavença desacordo
desavença dessemelhança
desavença discórdia
desavença dissentimento
desavença inimizade
desavergonhado desonestidade
desavergonhado desvirtude
desavergonhado insolência
desavergonhado intemperança
desavindo discórdia
desavindo inimigo
desavir inimigo
desavisado imbecilidade
desazado inabilidade
desbancar superioridade
desbaratado insucesso
desbaratamento destruição
desbaratamento esbanjamento
desbaratamento prodigalidade
desbaratar destruição
desbaratar esbanjamento

desbaratar prodigalidade
desbaratar refutação
desbaratar sucesso
desbarrancar concavidade
desbastar agricultura
desbastar agudeza
desbastar contração
desbastar encurtamento
desbastar ensino
desbastar forma
desbastar perfeição
desbastar preparação
desbastar pulverização
desbastar realidade
desbaste agricultura
desbeiçar amorfia
desbloquear abertura
desbloquear desembaraçamento
desbloquear pacificação
desbloquear sucesso
desbocado desobediência
desbocado desvirtude
desbocado impureza
desbotado acromatismo
desbotado frouxidão
desbotado sem significação
desbotamento acromatismo
desbotamento pioramento
desbotar acromatismo
desbotar atenuação
desbotar meia-luz
desbotar pioramento
desbotar transitoriedade
desbotar velharia
desbragado insolência
desbragado intemperança
desbragado ruindade
desbravador frente
desbravador precessão
desbravar abertura
desbravar agricultura
desbravar descoberta
desbravar domesticação
desbravar ensino
desbravar precessão
desbravar preparação
descabelado grandeza
descabelado violência
descaber inconveniência
descaber injustiça
descaber inoportunidade
descabido desacordo
descabido inconveniência
descabido injustiça
descabido injustiça
descadeirar amorfia
descadeirar punição
descaída descida
descaída desvirtude
descaída erro
descaída imbecilidade
descair descida
descair desvio
descair impotência
descair moderação
descair obliquidade
descalabro adversidade
descalabro mal
descalçar despimento
descalço despimento
descalço perigo
descalço surpresa
descambar obliquidade
descambar pioramento
descambar tendência
descambar velharia
descaminho desaparecimento
descaminho desvio
descaminho furto
descaminho perda
descampado abertura
descampado espaço
descampado planície
descansado inatividade
descansado inexcitabilidade
descansado moderação
descansado paz
descansado repouso
descansado vagareza
descansar contiguidade
descansar enterro
descansar imobilidade
descansar ócio
descansar repouso
descansar suporte
descanso alívio
descanso cessação
descanso imobilidade
descanso ócio
descanso repouso
descanso suporte
descaracterizar generalidade
descarado descortesia
descarado desonestidade
descarado desvirtude
descarado homem ruim
descarado impureza
descarado insolência
descarado manifestação
descaramento desonestidade
descaramento insolência
descarga ataque
descarga estalo
descarga excreção
descarga expulsão
descarga fiança
descarga justificação
descarga pagamento
descarga propulsão
descarga supressão
descarga violência
descarnado assimetria
descarnado estreiteza
descarnar decomposição
descarnar investigação
descaro insolência
descaroçar extração
descaroçar interpretação
descaroçar prolixidade
descarregado facilidade
descarregar alívio
descarregar deslocação
descarregar desvio
descarregar estalo
descarregar expulsão
descarregar expulsão
descarregar facilidade
descarregar isenção
descarregar leveza
descarregar propulsão
descarregar supressão
descarrilar desarranjo
descarrilar loucura
descartar exclusão
descartável exclusão
descarte abandono de propriedade
descarte desinformação
descarte exclusão
descarte irracionalidade
descasado isolamento
descasado não relação
descasar disjunção
descasar divórcio

descasar isolamento
descascamento despimento
descascar encurtamento
descascar limpeza
descaso desamparo
descaso desinteresse
descaso desprezo
descaso desrespeito
descaso esquecimento
descaso indiferença
descavalgar descida
descavalgar impulso
descendência continuidade
descendência posteridade
descendência sucessor
descendente descida
descendente obliquidade
descendente posteridade
descender descida
descender efeito
descender posteridade
descenso depressão
descenso descida
descentralização anarquia
descentralizar decomposição
descentralizar dispersão
descentrar divergência
descer chegada
descer depressão
descer descida
descer diminuição
descer gravidade
descer pioramento
descerrar abertura
descerrar exposição
descerrar manifestação
descida chegada
descida depressão
descida diminuição
descida dinheiro
descida movimento
descida obliquidade
desclassificação impotência
desclassificado homem ruim
desclassificar desarranjo
desclassificar infamação
desclassificar pioramento
descoberta conhecimento
descoberta plano
descoberta resposta
descoberto aparecimento
descoberto manifestação
descobridor precessão
descobridor produtor
descobrimento descoberta
descobrir abertura
descobrir conhecimento
descobrir descoberta
descobrir despimento
descobrir exposição
descobrir interpretação
descobrir resposta
descobrir visão
descoco absurdo
descoco insolência
descolar incoesão
descoloração acromatismo
descolorar acromatismo
descolorar atenuação
descolorir acromatismo
descolorir atenuação
descomedido carestia
descomedido desconformidade
descomedido excitabilidade
descomedido grandeza
descomedido impureza
descomedido prodigalidade
descomedido redundância
descomedido tamanho
descomedido tirania
descomedimento anarquia
descomedimento intemperança
descomedimento malevolência
descomedimento prodigalidade
descomedimento redundância
descomedimento transcursão
descomedir-se absurdo
descomedir-se anarquia
descomedir-se excitabilidade
descomedir-se ilegalidade
descomedir-se impureza
descomedir-se loquacidade
descomedir-se mau uso
descomedir-se prodigalidade
descomedir-se prolixidade
descomedir-se temeridade
descomedir-se tirania
descomedir-se violência
descompasso assimetria
descompasso assimetria
descompasso desacordo
descompasso desconformidade
descompasso desordem
descomplicação simplicidade
descomplicar simplicidade
descompor desarranjo
descompor despimento
descompor discórdia
descompor reprovação
descomposto deselegância
descompostura negligência
descompromisso inobservância
descomunal grandeza
descomunal tamanho
descomunal tamanho
desconcentração desatenção
desconcentrado desatenção
desconcentrar dispersão
desconcentrar divergência
desconcertado inconveniência
desconcertado temeridade
desconcertante desacordo
desconcertante desconformidade
desconcertar absurdo
desconcertar ceticismo
desconcertar desacordo
desconcertar descontentamento
desconcertar desesperança
desconcertar discórdia
desconcertar insucesso
desconcerto absurdo
desconcerto desacordo
desconcerto discórdia
desconcerto inimizade
desconcerto intemperança
desconchavo absurdo
desconexo absurdo

desconexo disjunção
desconexo irracionalidade
desconexo não relação
desconexo sem significação
desconfiado descrença
desconfiado incredulidade
desconfiado interesse
desconfiado irascibilidade
desconfiado irresolução
desconfiado medo
desconfiado modéstia
desconfiado taciturnidade
desconfiança ciúme
desconfiança descrença
desconfiança incerteza
desconfiança incredulidade
desconfiança irresolução
desconfiança má vontade
desconfiança medo
desconfiança perigo
desconfiança previdência
desconfiança suposição
desconfiança taciturnidade
desconfiar ciúme
desconfiar descrença
desconfiar incerteza
desconfiar previdência
desconfiar suposição
desconforme amorfia
desconforme contraste
desconforme desacordo
desconforme desconformidade
desconforme desigualdade
desconforme diferença
desconforme não relação
desconformidade desacordo
desconformidade dissentimento
desconformidade não relação
desconformidade recusa
desconfortável inconveniência
desconforto dor
desconforto sofrimento
desconforto tristeza
descongelar aquecimento
descongelar liquefação
descongestionar deslocação
descongestionar realidade
desconhecer ignorância
desconhecer ingratidão
desconhecer negação
desconhecido alheamento
desconhecido apelido
desconhecido futuro
desconhecido ignorância
desconhecido inexistência
desconhecido ingratidão
desconhecido invisibilidade
desconhecido latência
desconhecido novidade
desconhecido plebeísmo
desconhecido viajante
desconhecimento desinformação
desconhecimento ignorância
desconhecimento inexistência
desconhecimento ingratidão
desconjuntado assimetria
desconjuntado disjunção
desconjuntado impotência
desconjuntar desarranjo
desconjuntar disjunção
desconsideração desprezo
desconsideração desrespeito
desconsideração exclusão
desconsideração infamação
desconsiderado exclusão
desconsiderar depreciação
desconsiderar desatenção
desconsiderar exclusão
desconsiderar exclusão
desconsiderar indiferença
desconsolado chateza
desconsolado frouxidão
desconsolado insipidez
desconsolado sofrimento
desconsolado tristeza
desconsolar dolorimento
desconsolar tristeza
desconsolo descontentamento
desconsolo sofrimento
desconsolo tristeza
descontado desconto
descontar desconto
descontar desprezo
descontar subtração
descontentamento dissentimento
descontentamento ressentimento
descontentamento sofrimento
descontentar descontentamento
descontente descontentamento
descontente dissentimento
descontente dissentimento
descontente irascibilidade
descontente sofrimento
descontinuado cessação
descontinuidade disjunção
descontinuidade intervalo
descontínuo descontinuidade
descontínuo disjunção
descontínuo infrequência
desconto atenuação
descontrolado irregularidade
descontrole carestia
desconversa escapatória
desconversar descontinuidade
desconversar incuriosidade
desconversar recusa
desconversar réplica
desconversar taciturnidade
descorado acromatismo
descorado frouxidão
descorado meia-luz
descorado sem significação
descoramento acromatismo
descorar acromatismo
descorar meia-luz
descorçoar dissuasão
descoroçoar dissuasão
descortês descortesia
descortês desrespeito
descortês mau gosto
descortesia desrespeito
descortesmente descortesia
descortinar descoberta
descortinar inteligência
descortinar simplicidade
descortinar visão
descoser disjunção
descosido não relação

descosido sem significação
descosturar disjunção
descrédito descrença
descrédito desonestidade
descrédito infamação
descrença ceticismo
descrença incredulidade
descrença irreligião
descrente ceticismo
descrente descrença
descrente impiedade
descrente irreligião
descrer descrença
descrer impiedade
descrer irreligião
descrever descrição
descrever informação
descrever representação
descrição classe
descrição informação
descriminar absolvição
descriminar bom gosto
descritível descrição
descritivo descrição
descruzar evolução
descuidado desamparo
descuidado desatenção
descuidado deselegância
descuidado esquecimento
descuidado imbecilidade
descuidado indiferença
descuidado negligência
descuidado temeridade
descuidado transgressão
descuidar desamparo
descuido desatenção
descuido erro
descuido negligência
descuido temeridade
desculpa alegação
desculpa atenuação
desculpa irracionalidade
desculpa perdão
desculpar absolvição
desculpar atenuação
desculpar justificação
desculpar perdão
descumprimento desobediência
descumprimento inobservância
descumprimento insolvência
descumprir desobediência
descumprir inobservância
descumprir negligência
descurar desprezo
descurar desuso
descurar inobservância
descurar não acabamento
desdar aquisição
desdar restauração
desdar troca
desde posterioridade
desdém desinteresse
desdém desprezo
desdém incuriosidade
desdém indiferença
desdém insolência
desdém ódio
desdém orgulho
desdém simplicidade
desdenhar desprezo
desdenhar desrespeito
desdenhar indiferença
desdenhar insolência
desdenhar negligência
desdenhar orgulho
desdenhar rejeição
desdenhoso desprezo
desdenhoso desrespeito
desdenhoso insolência
desdenhoso orgulho
desdentado fealdade
desdita adversidade
desdita insucesso
desdita sofrimento
desditoso adversidade
desditoso sofrimento
desdobramento aumento
desdobramento evolução
desdobrar direitura
desdobrar dispersão
desdobrar evolução
desdobrar interpretação
desdourar depreciação
desdourar difamação
desdourar infamação
desdouro depreciação
desdouro difamação
desdouro infamação
deseducar desensino
desejar amor
desejar desejo
desejar intenção
desejar necessidade
desejar vontade
desejável conveniência
desejável desejo
desejo fruição
desejo impureza
desejo intenção
desejo necessidade
desejo pedido
desejo vontade
deselegância chateza
deselegância descortesia
deselegância fealdade
deselegância mau gosto
deselegante chateza
deselegante descortesia
deselegante deselegância
deselegante fealdade
deselegante indumentária
deselegante inferioridade
deselegante mau gosto
desembaçar cor
desembainhar despimento
desembalar expulsão
desembaraçado atividade
desembaraçado cortesia
desembaraçado habilidade
desembaraçado liberdade
desembaraçado pagamento
desembaraçado sociabilidade
desembaraçamento extração
desembaraçar arranjo
desembaraçar desembaraçamento
desembaraçar desembaraçamento
desembaraçar disjunção
desembaraçar evolução
desembaraçar facilidade
desembaraçar libertação
desembaraço atividade
desembaraço facilidade
desembaralhar arranjo
desembarcar chegada
desembarcar terra
desembargador juiz
desembargador justiça
desembargador legalidade
desembargar legalidade
desembargar restituição
desembargo empenhamento

desembargo restituição
desembarque chegada
desembestado excitabilidade
desembestar agitação
desembestar impulso
desembestar velocidade
desembocadura fim
desembocar fim
desembolsar despesa
desembolsar pagamento
desembolso despesa
desembolso pagamento
desembrulhar despimento
desembrulhar evolução
desembrulhar expulsão
desembrulhar facilidade
desembrulhar inteligibilidade
desembrulhar interpretação
desembuchar facilidade
desembuchar manifestação
desembuchar voz
desemoldurar simplicidade
desempacotar expulsão
desemparelhar dessemelhança
desemparelhar disjunção
desemparelhar isolamento
desempatar desigualdade
desempatar escolha
desempenado beleza
desempenhar ação
desempenhar agência
desempenhar conduta
desempenhar pagamento
desempenho ação
desempenho agência
desempenho dever
desempenho drama
desempenho observância
desemperrar dissuasão
desemperrar lubrificação
desemperro tergiversação
desempilhar disjunção
desempoar limpeza
desempoçar secura
desempoleirar anarquia
desempoleirar revogação
desempregado desuso
desempregado inação
desempregar anarquia
desempregar revogação
desemprego recife
desenastrar disjunção
desencabeçar dissuasão
desencabrestar libertação
desencadear disjunção
desencadear excitação
desencadear libertação
desencadear violência
desencaixar anarquia
desencaixar disjunção
desencaixar expulsão
desencaixar mentira
desencaixar revogação
desencaixar simplicidade
desencaixotar expulsão
desencalacrar desembaraçamento
desencalhar desembaraçamento
desencalhar desembaraçamento
desencalhe facilidade
desencaminhamento desonestidade
desencaminhar desatenção
desencaminhar desensino
desencaminhar erro
desencaminhar fraude
desencaminhar impureza
desencaminhar perda
desencanar desvio
desencantado frouxidão
desencantar bruxaria
desencantar descoberta
desencantar dissuasão
desencanto chateza
desencanto descoberta
desencarcerar libertação
desencardir limpeza
desencarnado imaterialidade
desencasquetar dissuasão
desencastoar disjunção
desencomendar deprecação
desencomendar revogação
desencontrado dissentimento
desencontrar falta
desencontro desacordo
desencontro desvio
desencontro diferença
desencontro dissentimento
desencontro inimizade
desencorajar dissuasão
desencorajar tristeza
desencordoar inutilidade
desencostar verticalidade
desencovar deslocação
desencovar enterro
desencovar exposição
desencovar expulsão
desencovar perseguição
desencravar desembaraçamento
desencravar expulsão
desencravar extração
desencravar facilidade
desencrespar lisura
desencurvar direitura
desendoidecer sanidade
desenfado divertimento
desenfaixar despimento
desenfardar expulsão
desenfastiar alívio
desenfastiar deleite
desenfastiar excitação
desenfastiar sabor
desenfeitar simplicidade
desenfeitiçar bruxaria
desenferrujar ensino
desenferrujar melhoramento
desenfiar defesa
desenfiar disjunção
desenfiar evolução
desenfreado anarquia
desenfreado desobediência
desenfreado excitabilidade
desenfreado pressa
desenfreado violência
desenfurnar deslocação
desengaiolar libertação
desengajar revogação
desenganado morte
desenganar ceticismo
desenganar desesperança
desenganar dissuasão
desenganar exposição
desenganar informação
desenganar veracidade
desengano ceticismo
desengano desesperança
desengano dissuasão
desengano exposição

desengano insucesso
desengarrafar expulsão
desengatilhar estalo
desengatilhar evolução
desengonçado desconformidade
desengonçado fealdade
desengonçado impotência
desengonçar amorfia
desengordurar limpeza
desengraçado chateza
desengraçado enfado
desengraçado fealdade
desengraçado frouxidão
desengraçado insipidez
desengraçado mau gosto
desengrossar agudeza
desengrossar estreiteza
desengrossar realidade
desenhar forma
desenhar pintura
desenhar plano
desenhar representação
desenhista artista
desenho artes
desenho artes
desenho pintura
desenho plano
desenho representação
desenlaçar desamparo
desenlaçar desembaraçamento
desenlaçar evolução
desenlaçar facilidade
desenlaçar interpretação
desenlace acabamento
desenlace efeito
desenlace exposição
desenlace fim
desenlace morte
desenlace sucessor
desenlamear limpeza
desenlamear vingança
desenlouquecer sanidade
desenovelar evolução
desenquadrar simplicidade
desenrascar arranjo
desenrascar inteligibilidade
desenredar decomposição
desenredar descoberta
desenredar desembaraçamento
desenredar facilidade
desenredar inteligibilidade
desenredar interpretação
desenrolar decomposição
desenrolar eventualidade
desenrolar evolução
desenrolar exposição
desenrolar indicação
desenrolar interpretação
desenrolar manifestação
desenroscar evolução
desenrugar lisura
desensacar expulsão
desensacar extração
desensandecer sanidade
desentaipar libertação
desentaipar vingança
desentalar desembaraçamento
desentalar facilidade
desentalar libertação
desentediar divertimento
desentender ignorância
desentender ininteligibilidade
desentender recusa
desentender surdez
desentendido ignorante
desentendimento contenda
desenterrar descoberta
desenterrar enterro
desenterrar exposição
desenterrar expulsão
desenterrar investigação
desenterrar novidade
desenterrar passado
desentoar desacordo
desentoar dissentimento
desentoar dissonância
desentocar deslocação
desentorpecer atividade
desentorpecer energia
desentorpecer força
desentorpecer lubrificação
desentortar direitura
desentranhar descoberta
desentranhar exposição
desentranhar expulsão
desentupir abertura
desentupir facilidade
desenvernizar despimento
desenvolto atividade
desenvolto desonestidade
desenvolto impureza
desenvolto intemperança
desenvoltura alegria
desenvoltura atividade
desenvoltura desonestidade
desenvoltura impureza
desenvoltura insolência
desenvoltura intemperança
desenvolver ensino
desenvolver generalidade
desenvolver interpretação
desenvolver produtividade
desenvolver prolixidade
desenvolver prosperidade
desenvolver(-se) progressão
desenvolvido adolescência
desenvolvido grandeza
desenvolvido progressão
desenvolvimento comprimento
desenvolvimento conversão
desenvolvimento dilatação
desenvolvimento efeito
desenvolvimento evolução
desenvolvimento interpretação
desenvolvimento melhoramento
desenvolvimento produção
desenvolvimento progressão
desenxabido chateza
desenxabido deselegância
desenxabido dolorimento
desenxabido enfado
desenxabido frouxidão
desenxabido insipidez
desenxabido mau gosto
desenxabimento insipidez
desequilibrado inabilidade
desequilibrado louco
desequilibrado prodigalidade
desequilibrar assimetria
desequilibrar desigualdade
desequilíbrio loucura
deserção desamparo
deserção escapatória
deserção pouquidade
deserção reclusão
deserção retirada

deserdado perda
deserdar apropriação
deserdar dispensa
deserdar omissão
deserdar transmissão
desertar desamparo
desertar inexistência
desertar pouquidade
desertar resignação
desertar tergiversação
desertar transigência
desértico improdutividade
desértico secura
desertificação improdutividade
desertificar improdutividade
desertificar secura
deserto ausência
deserto ausência
deserto espaço
deserto improdutividade
deserto lugar
deserto reclusão
deserto secura
desertor desobediência
desertor tergiversação
desertor transigência
desesperação desesperança
desesperado barulho
desesperado desesperança
desesperado dificuldade
desesperado excitação
desesperado loucura
desesperado sofrimento
desesperado violência
desesperador desesperança
desesperador impossibilidade
desesperança ceticismo
desesperar ceticismo
desesperar desesperança
desesperar violência
desespero desesperança
desespero ressentimento
desespero sofrimento
desespero tristeza
desespero violência
desestimular ausência de motivo
desestimular dissuasão
desestímulo dissuasão
desfaçado insolência
desfaçamento insolência
desfaçar-se insolência
desfaçatez desonestidade
desfaçatez insolência
desfalcar deficiência
desfalcar furto
desfalcar insuficiência
desfalcar prodigalidade
desfalcar subtração
desfalecer acromatismo
desfalecer fadiga
desfalecer fraqueza
desfalecer impotência
desfalecer medo
desfalecer meia-luz
desfalecido morte
desfalecido tristeza
desfalecimento desamparo
desfalecimento desinteresse
desfalecimento fraqueza
desfalecimento impotência
desfalecimento inatividade
desfalque deficiência
desfalque diminuição
desfalque furto
desfalque perda
desfalque prodigalidade
desfastio alegria
desfastio aversão
desfavor desprezo
desfavor infamação
desfavor ódio
desfavor oposição
desfavorável estorvo
desfavorável inimigo
desfavorável má vontade
desfavorável oposição
desfavorecer estorvo
desfavorecer insucesso
desfavorecer oposição
desfavorecer reprovação
desfavorecido fealdade
desfavorecido improdutividade
desfazimento revogação
desfechar abertura
desfechar discurso
desfechar estalo
desfechar fim
desfechar impulso
desfechar propulsão
desfecho acabamento
desfecho efeito
desfecho fim
desfecho morte
desfecho sucessor
desfeita desrespeito
desfeita discórdia
desfeita infamação
desfeitear desrespeito
desfeito estreiteza
desfeito insucesso
desfeito violência
desferir ação
desferir impulso
desferir músico
desferir partida
desfiar descrição
desfiar filamento
desfibrado covardia
desfibrado impotência
desfibrado irresolução
desfibrado servilismo
desfibramento covardia
desfibrar filamento
desfibrar impotência
desfibrar investigação
desfiguração amorfia
desfiguração falsidade
desfiguração interpretação errônea
desfigurado interpretação errônea
desfiguramento amorfia
desfiguramento arremedo
desfiguramento fealdade
desfigurar amorfia
desfigurar arremedo
desfigurar depreciação
desfigurar falsidade
desfigurar fealdade
desfigurar mancha
desfigurar mau uso
desfigurar mentira
desfigurar pioramento
desfilada velocidade
desfiladeiro dificuldade
desfiladeiro estreiteza
desfiladeiro passadouro
desfiladeiro terra
desfilar continuidade
desfilar locomoção
desfilar moda

desfilar movimento
desfile locomoção
desfile respeito
desfloração impureza
desflorar deselegância
desflorar impureza
desflorar pioramento
desflorar simplicidade
desfolhação despimento
desfolhar contração
desfolhar despimento
desforço retaliação
desforço vingança
desforra punição
desforra retaliação
desforra vingança
desfraldar indicação
desfrutar fruição
desfrutar inatividade
desfrutar posse
desfrutar ridicularização
desfrutar uso
desfrutável ridicularia
desfrute fruição
desfrute posse
desfrute ridicularização
desgalhar disjunção
desgalhar encurtamento
desgarrado desconformidade
desgarrado dispersão
desgarrado impureza
desgarrado melodia
desgarrar desvio
desgastar atrito
desgastar contração
desgastar pioramento
desgastar pulverização
desgastar subtração
desgaste atrito
desgelar aquecimento
desgelar liquefação
desgostar aversão
desgostar descontentamento
desgostar enfado
desgostar má vontade
desgostar reprovação
desgosto aversão
desgosto descontentamento
desgosto enfado
desgosto inimizade
desgosto reprovação
desgosto sofrimento
desgosto tristeza
desgostoso aversão
desgostoso descontentamento
desgostoso sofrimento
desgostoso tristeza
desgovernado prodigalidade
desgovernar anarquia
desgovernar esbanjamento
desgovernar prodigalidade
desgoverno anarquia
desgoverno desordem
desgoverno desvio
desgoverno intemperança
desgoverno prodigalidade
desgraça dolorimento
desgraça mal
desgraça sofrimento
desgraça veneno
desgraçado adversidade
desgraçado dolorimento
desgraçado maldição
desgraçado plebeísmo
desgraçado pobreza
desgraçado sofrimento
desgraçar adversidade
desgraçar infamação
desgraçar ruindade
desgracioso amorfia
desgracioso chateza
desgracioso descortesia
desgramado maldição
desgrenhado aspereza
desgrenhado deselegância
desgrenhado mau gosto
desgrenhado sujidade
desgrenhar aspereza
desgrenhar cruzamento
desgrenhar vento
desgrenhar violência
desgrudar disjunção
desgrudar incoesão
desguarnecer apropriação
desguarnecer esbanjamento
desguarnecer impotência
desguarnecer perigo
desguarnecer simplicidade
desguarnecer subtração
desguarnecido insuficiência
desguarnecido perigo
desguarnecido simplicidade
desguarnecido surpresa
desguarnecimento simplicidade
desiderato desejo
desiderato intenção
desiderato investigação
desídia inatividade
desídia negligência
desídia transgressão
desidioso inatividade
desidioso transgressão
design artes
design plano
designação classe
designação comando
designação comissão
designação escolha
designação nomenclatura
designar comissão
designar cronometria
designar escolha
designar escolha
designar especialidade
designar indicação
designar nomenclatura
designativo indicação
designer artista
desígnio desejo
desígnio direção
desígnio intenção
desígnio significação
desígnio vontade
desigual aspereza
desigual desacordo
desigual desigualdade
desigual dessemelhança
desigual diferença
desigual diversidade
desigual injustiça
desigual mutabilidade
desigual sinuosidade
desigualar desigualdade
desigualdade aspereza
desigualdade contraste
desigualdade desacordo
desigualdade dessemelhança
desigualdade diferença
desigualdade diversidade
desigualdade injustiça

desiludido insucesso
desiludir ceticismo
desiludir desesperança
desiludir dissuasão
desiludir exposição
desiludir informação
desiludir veracidade
desilusão ceticismo
desilusão erro
desilusão insucesso
desilusão tristeza
desimpedido abertura
desimpedido facilidade
desimpedido isenção
desimpedido liberdade
desimpedido lubrificação
desimpedimento liberdade
desimpedir abertura
desimpedir facilidade
desimpedir libertação
desimportante desprezo
desinclinação aversão
desinclinação má vontade
desincompatibilizar acordo
desincompatibilizar pacificação
desincorporar decomposição
desinência cessação
desinência fim
desinfecção limpeza
desinfecção preservação
desinfecção restauração
desinfeccionar limpeza
desinfeccionar salubridade
desinfeliz maldição
desinfeliz sofrimento
desinfestar desembaraçamento
desinfetante limpeza
desinfetante remédio
desinfetar vaporização
desinflamar contração
desinformação ignorância
desinformado desinformação
desinformado ignorância
desinformar desinformação
desinquietação mutabilidade
desinquietar dolorimento
desinquieto atividade
desinquieto movimento
desintegração disjunção
desintegrar disjunção
desintegrar não relação
desinteligência contenda
desinteligência dissentimento
desinteligência inimizade
desinteressado altruísmo
desinteressado barateza
desinteressado desinteresse
desinteressado incuriosidade
desinteressado indiferença
desinteressado justiça
desinteressado probidade
desinteressante chateza
desinteressante enfado
desinteressante fealdade
desinteressante insignificância
desinteressante insipidez
desinteressar chateza
desinteressar-se incuriosidade
desinteresse desamparo
desinteresse desprezo
desinteresse expectação
desinteresse incuriosidade
desinteresse indiferença
desintumescer contração
desintumescer deslocação
desirmanado isolamento
desirmanar desigualdade
desirmanar disjunção
desirmanar isolamento
desistência cessação
desistência desamparo
desistência insucesso
desistência resignação
desistente desamparo
desistir abandono de propriedade
desistir cessação
desistir covardia
desistir desamparo
desjeito inabilidade
desjejum comida
deslacrar abertura
deslanchar começo
deslavado acromatismo
deslavado insipidez
deslavado insolência
desleal desamparo
desleal desonestidade
desleal falsidade
deslealdade desamparo
deslealdade desonestidade
deslealdade falsidade
deslealdade inobservância
desleixado desamparo
desleixado frouxidão
desleixado negligência
desleixar desamparo
desleixo desamparo
desleixo despreparo
desleixo indiferença
desleixo negligência
deslembrado desatenção
deslembrado esquecimento
deslembrança esquecimento
deslembrar esquecimento
desligado desatenção
desligado insensibilidade
desligado não relação
desligamento desatenção
desligamento disjunção
desligamento inexcitabilidade
desligamento não relação
desligar absolvição
desligar isenção
desligar não relação
desligar transferência
deslindar descoberta
deslindar interpretação
deslindar investigação
deslinde interpretação
deslizamento movimento
deslizar curso
deslizar movimento
deslizar rio
deslize desonestidade
deslize desvirtude
deslize erro
deslocado desacordo
deslocamento movimento
deslocamento mudança
deslocamento transferência
deslocar anarquia
deslocar desarranjo
deslocar deslocação
deslocar disjunção
deslocar transferência

desmoronar amorfia
desmoronar depressão
desmoronar destruição
desmoronar insucesso
desmoronar pioramento
desmotivado erro
desmotivar ausência de motivo
desmunhecar hermafrodismo
desnacionalização impropriedade
desnacionalizar descostume
desnacionalizar impropriedade
desnatar agitação
desnatar meio líquido
desnaturado homem ruim
desnaturado improbabilidade
desnaturado inclemência
desnaturado malevolência
desnaturalização impropriedade
desnaturalizar impropriedade
desnaturalizar pioramento
desnaturar conversão
desnaturar depreciação
desnaturar falsidade
desnaturar interpretação errônea
desnaturar irracionalidade
desnaturar mau uso
desnaturar pioramento
desnecessário inconveniência
desnecessário inocuidade
desnecessário inutilidade
desnecessário redundância
desnível altura
desnivelar altura
desnivelar desigualdade
desnorteado ceticismo
desnorteado desvio
desnorteado exagero
desnorteado inabilidade
desnorteado obliquidade
desnorteamento desvio
desnorteamento inabilidade
desnortear desensino
desnortear erro
desnortear excitação
desnortear incerteza
desnortear loucura
desnortear surpresa
desnudado perda
desnudamento despimento
desnudar descoberta
desnudar despimento
desnudar exposição
desnudar manifestação
desnudar simplicidade
desnudo despimento
desnudo improdutividade
desnudo simplicidade
desobedecer desobediência
desobedecer ilegalidade
desobedecer inobservância
desobediência anarquia
desobediência ilegalidade
desobediência inobservância
desobediência renitência
desobediência transgressão
desobediente desobediência
desobediente impenitência
desobediente má vontade
desobrigar disjunção
desobrigar libertação
desobrigar tolerância
desobstrução facilidade
desobstruir abertura
desobstruir facilidade
desocupação abandono de propriedade
desocupação inação
desocupação partida
desocupado ausência
desocupado inação
desocupado inatividade
desocupado incompreensão
desocupar abandono de propriedade
desocupar partida
desolação descontentamento
desolação destruição
desolação improdutividade
desolação isolamento
desolação pioramento
desolação reclusão
desolação sofrimento
desolação tristeza
desolado improdutividade
desolado isolamento
desolado sofrimento
desolado tristeza
desolado tristeza
desolador dolorimento
desolar destruição
desolar malevolência
desolar pioramento
desolar tristeza
desoneração libertação
desonerar expulsão
desonerar leveza
desonerar revogação
desonestidade falsidade
desonestidade impureza
desonesto desonestidade
desonesto desvirtude
desonesto falsidade
desonesto furto
desonesto impureza
desonra desonestidade
desonra desrespeito
desonra desvirtude
desonra impureza
desonra infamação
desonra insolvência
desonrado insolvência
desonrar desrespeito
desonrar impureza
desonrar infamação
desonrar insolvência
desonroso desvirtude
desonroso infamação
desopilar alívio
desopilar facilidade
desopressão alívio
desopressão libertação
desoprimir alívio
desoprimir libertação
desoprimir tolerância
desordeiro combatente
desordeiro contenda
desordeiro contenda
desordeiro desobediência
desordeiro discórdia
desordeiro fanfarrão
desordeiro homem ruim
desordeiro malfeitor

desordem agitação
desordem amorfia
desordem contenda
desordem desobediência
desordem discórdia
desordem excitabilidade
desordem indiscriminação
desordem renitência
desordenado agitação
desordenado desordem
desordenado grandeza
desordenado impureza
desordenado irregularidade
desordenado tirania
desordenado violência
desordenar desarranjo
desordenar desordem
desorganização desarranjo
desorganização despreparo
desorganização pioramento
desorganizado despreparo
desorganizado loucura
desorganizar desarranjo
desorganizar desordem
desorganizar destruição
desorganizar pioramento
desorientação desatenção
desorientação desensino
desorientação desvio
desorientação excitabilidade
desorientação inabilidade
desorientação irresolução
desorientado ceticismo
desorientado desvio
desorientado imbecilidade
desorientado inabilidade
desorientado irresolução
desorientado louco
desorientado loucura
desorientado refutação
desorientar ceticismo
desorientar desatenção
desorientar desensino
desorientar erro
desorientar incerteza
desorientar ininteligibilidade
desorientar irracionalidade
desorientar loucura
desorientar surpresa
desossar extração
desova egressão
desova produção
desovar produção
despachado atividade
despachar acabamento
despachar ação
despachar autoridade
despachar comissão
despachar consentimento
despachar doação
despachar homicídio
despachar pressa
despacho acabamento
despacho atividade
despacho comando
despacho correspondência
despacho notícia
despacho pressa
desparafusar evolução
despautério absurdo
despautério erro
despautério imbecilidade
despedaçamento destruição
despedaçar destruição
despedaçar disjunção
despedaçar dolorimento
despedaçar fragilidade
despedaçar violência
despedida fim
despedida partida
despedida revogação
despedir expulsão
despedir impulso
despedir propulsão
despedir punição
despegar incoesão
despeitado descontentamento
despeitado malevolência
despeitado ódio
despeitar inveja
despeitar ressentimento
despeito descontentamento
despeito descortesia
despeito inveja
despeito obliquidade
despeito ressentimento
despejado insolência
despejar deficiência
despejar esbanjamento
despejar expulsão
despejar facilidade
despejar revogação
despejar rio
despejar secura
despejar uso
despejo expulsão
despejo insolência
despencar descida
despencar pioramento
despender compra
despender despesa
despender doação
despender liberalidade
despender trabalho
despender uso
despendurar evolução
despenhadeiro intervalo
despenhadeiro obliquidade
despenhadeiro profundidade
despenhadeiro recife
despenhadeiro terra
despenhadeiro verticalidade
despensa depósito
despenseiro provisão
despenteado mau gosto
despentear aspereza
despentear cruzamento
desperceber desatenção
desperceber recusa
desperceber surdez
despercebido invisibilidade
desperdiçar esbanjamento
desperdiçar mau uso
desperdiçar perda
desperdiçar prodigalidade
desperdício dispersão
desperdício esbanjamento
desperdício mau uso
desperdício prodigalidade
despersuadir dissuasão
despertador cronometria
despertar atenção
despertar atividade
despertar causa
despertar excitação
despertar motivo
despicar vingança
despiciendo desprezo
despiciendo insignificância
despido insuficiência
despido perda

despique vingança
despir apropriação
despir despimento
despir despreparo
despir exposição
despir simplicidade
despir violência
desplante insolência
desplumar despimento
despojado altruísmo
despojado humildade
despojado perda
despojado sobriedade
despojamento altruísmo
despojamento despreparo
despojamento humildade
despojamento modéstia
despojamento perda
despojamento sobriedade
despojar apropriação
despojar furto
despojar impropriedade
despojar punição
despojo facilidade
despojo presa
despolpar despimento
despoluir limpeza
despontar começo
despontar embotamento
despontar manhã
despontar prioridade
desposar casamento
déspota amo
déspota tirania
despótico ilegalidade
despótico tirania
despotismo ilegalidade
despotismo influência
despotismo tirania
despovoado ausência
despovoado reclusão
despovoar ausência
despovoar destruição
despovoar expulsão
despovoar homicídio
despovoar insalubridade
despovoar pioramento
despovoar pouquidade
despovoar reclusão
desprazer aversão
desprazer descontentamento
desprazer dolorimento
desprazer enfado
desprazer ressentimento
desprazer sofrimento
desprecatar-se negligência
desprecatar-se temeridade
despregar evolução
despregar extração
desprender incoesão
desprender libertação
desprender partida
desprender-se altruísmo
desprendido indiferença
desprendimento altruísmo
desprendimento filantropia
desprendimento indiferença
desprendimento reclusão
despreocupação altruísmo
despreocupação deleite
despreocupação indiferença
despreocupação inexcitabilidade
despreocupado altruísmo
despreparado despreparo
despreparado surpresa
despressurização recife
desprestigiar depreciação
desprestigiar desrespeito
desprestigiar infamação
desprestigiar mau uso
desprestigiar tristeza
desprestígio desrespeito
desprestígio inocuidade
despretensão altruísmo
despretensão indiferença
despretensão modéstia
despretensioso candura
despretensioso humildade
despretensioso indiferença
despretensioso modéstia
despretensioso simplicidade
desprevenido justiça
desprevenido negligência
desprevenido perigo
desprevenido surpresa
desprezar aversão
desprezar deficiência
desprezar depreciação
desprezar desprezo
desprezar desrespeito
desprezar desuso
desprezar dispensa
desprezar esbanjamento
desprezar ilegalidade
desprezar impiedade
desprezar inexcitabilidade
desprezar inobservância
desprezar insolência
desprezar omissão
desprezar rejeição
desprezível covardia
desprezível desonestidade
desprezível desprezo
desprezível desvirtude
desprezível inferioridade
desprezível insignificância
desprezível pouquidão
desprezível ruindade
desprezível servilismo
desprezo pela lei ilegalidade
desprezo inimizade
desprezo inobservância
desprezo rejeição
desprimor chateza
desprimor descortesia
desprimor deselegância
desprimor fealdade
desprimor imperfeição
desprimor mau gosto
desprimor medo
desprimorar depreciação
desprimorar deselegância
desprimorar imperfeição
desprimoroso fealdade
desprimoroso imperfeição
desprimoroso inferioridade
desproporção assimetria
desproporção desacordo
desproporção desigualdade
desproporcionado amorfia
desproporcionado desacordo
desproporcionado desconformidade
desproporcionado desigualdade
desproporcionado fealdade
desproporcionado tamanho
desproporcional assimetria
despropositado absurdo
despropositado carestia
despropositado erro
despropositado grandeza

despropositado inoportunidade
despropositado irracionalidade
despropositar absurdo
despropositar inoportunidade
despropósito absurdo
despropósito inabilidade
desproteger desamparo
desproteger impotência
desproteger perigo
desprotegido impotência
desprotegido ódio
desprotegido perigo
desprotegido pobreza
desproveito esbanjamento
desproveito mal
desproveito pioramento
desprover deficiência
desprover esbanjamento
desprover insuficiência
desprovido despreparo
desprovido insuficiência
desprovido perda
desprovido surpresa
despudor desonestidade
despudor impureza
despudor insolência
despudorado desonestidade
despudorado desvirtude
despudorado impureza
despudorado intemperança
despudorado servilismo
desqualificado desonestidade
desqualificado plebeísmo
desquitado casamento
desquitar descostume
desquitar divórcio
desquitar revogação
desregrado desvirtude
desregrado esbanjamento
desregrado inconveniência
desregrado intemperança
desregrado prodigalidade
desregramento anarquia
desregramento desvirtude
desregramento impureza
desregramento inabilidade
desregramento intemperança
desregramento prodigalidade
desrespeitar desobediência
desrespeitar desrespeito
desrespeitar ilegalidade
desrespeitar impiedade
desrespeitar infamação
desrespeitar injustiça
desrespeitar solecismo
desrespeito descortesia
desrespeito desobediência
desrespeito ilegalidade
desrespeito inobservância
desrespeitosamente descortesia
dessabor insipidez
dessecar desinteresse
dessecar secura
dessedentar comida
dessedentar saciedade
dessemelhança desigualdade
dessemelhança diferença
dessemelhante desigualdade
dessemelhante dessemelhança
dessemelhante diferença
dessentir insensibilidade
desserviço desensino
desserviço inabilidade
desserviço inutilidade
desserviço mal
desserviço mau uso
desservir autoridade
desservir desensino
desservir inabilidade
desservir inutilidade
desservir mau uso
dessoldar incoesão
dessorar fluidez
dessorar liquefação
destabocado desonestidade
destabocado imbecilidade
destabocado impureza
destabocado loucura
destacamento combatente
destacamento disjunção
destacamento pouquidade
destacar incoesão
destacar isolamento
destampar abertura
destampar violência
destampatório absurdo
destampatório barulho
destampatório contenda
destapar abertura
destarte raciocínio
destelhar despimento
destelhar violência
destemer coragem
destemido coragem
destemor coragem
destemperado dissonância
destemperado frio
destemperado imbecilidade
destemperado insolência
destemperança frio
destemperança intemperança
destemperar absurdo
destemperar dissonância
destemperar estridor
destemperar fraqueza
destemperar insipidez
destemperar loucura
destemperar resfriamento
destempero absurdo
destempero capricho
destempero excreção
destempero frio
destempero inoportunidade
destempero intemperança
destempero mutabilidade
desterrar punição
desterrar reclusão
desterro punição
desterro reclusão
destilador fornalha
destilar egressão
destilar limpeza
destilar rio
destilar vaporização
destinar compulsoriedade
destinar intenção
destinatário correspondência
destinatário recebimento
destingir acromatismo
destino casualidade
destino acaso
destino chegada
destino compulsoriedade

destino expectativa
destino fim
destino futuro
destino intenção
destituição revogação
destituído insuficiência
destituído pobreza
destituir apropriação
destituir impropriedade
destituir insuficiência
destituir revogação
destituir transmissão
destoante desacordo
destoante deselegante
destoante dissentimento
destoante irracionalidade
destoar contraste
destoar desacordo
destoar deselegância
destoar dessemelhança
destoar diferença
destoar dissentimento
destoar dissonância
destocar acabamento
destorcer direitura
destorcer evolução
destrançar evolução
destrançar facilidade
destravar disjunção
destravar facilidade
destreza astúcia
destreza atividade
destreza facilidade
destreza habilidade
destreza velocidade
destrinçar decomposição
destrinçar descoberta
destrinçar ensino
destrinçar inteligibilidade
destrinçar interpretação
destrinçar investigação
destrinçar partilha
destrinçar prolixidade
destrinchar interpretação
destrinchar investigação
destro atividade
destro destra
destro habilidade
destroçar destruição
destroçar esbanjamento
destroçar sucesso
destrocar troca
destroços resto
destróier guerra
destróier nave
destróier potencial de guerra
destronar anarquia
destronar revogação
destroncar amorfia
destroncar disjunção
destroncar encurtamento
destruição adversidade
destruição destruidor
destruição inexistência
destruição ruindade
destruidor destruição
destruidor insalubridade
destruidor malevolência
destruidor malfeitor
destruidor ruindade
destruir ceticismo
destruir destruição
destruir desuso
destruir homicídio
destruir inação
destruir insucesso
destruir malevolência
destruir mudança
destruir revogação
destruir ruindade
destrutível esquecimento
destrutível fragilidade
destrutível irracionalidade
destrutivo destruição
desumanidade inclemência
desumanidade malevolência
desumano adversidade
desumano dolorimento
desumano dor
desumano inclemência
desumano malevolência
desunir desacordo
desunir discórdia
desunir disjunção
desunir divórcio
desunir isolamento
desusado desconformidade
desusado descostume
desusado desuso
desusado neologismo
desusado velharia
desusar descostume
desusar descostume
desusar desuso
desuso desamparo
desuso descostume
desuso inutilidade
desvairado excitabilidade
desvairado excitação
desvairado louco
desvairado loucura
desvairado obliquidade
desvairado ressentimento
desvairado temeridade
desvairado violência
desvairamento capricho
desvairamento violência
desvairar excitabilidade
desvairar loucura
desvairar obstinação
desvairar violência
desvalia infamação
desvalia inutilidade
desvalido adversidade
desvalido infamação
desvalido pobreza
desvalor covardia
desvalor depreciação
desvalor inutilidade
desvalorização barateza
desvalorização depreciação
desvalorização desconto
desvalorização dinheiro
desvalorização inferioridade
desvalorização pioramento
desvalorizar desconto
desvalorizar inferioridade
desvanecer gratidão
desvanecer supressão
desvanecer vaidade
desvanecido acromatismo
desvanecido vaidade
desvanecimento desaparecimento
desvanecimento vaidade
desvantagem inferioridade
desvantagem mal
desvantagem perda
desvantajoso inconveniência
desvantajoso ruindade
desvão esconderijo
desvão intervalo
desvario excitabilidade
desvario loucura
desvario obliquidade

desvelado amor
desvelado atenção
desvelado atividade
desvelado carícias
desvelado cuidado
desvelado manifestação
desvelado perseverança
desvelado sentimento
desvelado transparêcia
desvelar despimento
desvelar exposição
desvelar visibilidade
desvelo atividade
desvelo cuidado
desvendar descoberta
desvendar exposição
desvendar veracidade
desventura adversidade
desventura insucesso
desventura mal
desventura sofrimento
desventurado adversidade
desventurado sofrimento
desvestir despimento
desviado desvio
desviar desatenção
desviar deslocação
desviar dispensa
desviar estorvo
desviar furto
desviar mudança
desviar omissão
desviar prodigalidade
desviar variedade
desvinculação não relação
desvinculado não relação
desvincular disjunção
desvincular libertação
desvincular não relação
desvio circuito
desvio curvatura
desvio desconformidade
desvio desvirtude
desvio divergência
desvio falta
desvio mudança
desvio perda
desvio prodigalidade
desvio variedade
desvirar evolução
desvirginar impureza
desvirginar pioramento
desvirginar precedência
desvirginar prioridade
desvirtuado pioramento
desvirtuamento depreciação
desvirtuamento obliquidade
desvirtuamento pioramento
desvirtuar depreciação
desvirtuar infamação
desvirtuar interpretação errônea
desvirtuar irracionalidade
desvirtuar obliquidade
desvirtuar pioramento
detalhadamente descrição
detalhar descrição
detalhar especialidade
detalhar informação
detalhar prolixidade
detalhe cuidado
detenção demora
detenção presença
detenção prisão
detenção restrição
detenção retenção
detento preso
detentor carcereiro
detentor possuidor
detentor retenção
deter cessação
deter demora
deter estorvo
deter imobilidade
deter oposição
deter prisão
deter restrição
deter retenção
detergente limpeza
detergente limpeza
detergente remédio
detergir secura
deterioração diminuição
deterioração pioramento
deterioração sujidade
deteriorar velharia
determinação comando
determinação conselho[2]
determinação intenção
determinação preceito
determinação resolução
determinado certeza
determinado conhecimento
determinado especialidade
determinado intenção
determinado resolução
determinado vontade
determinador comando
determinante comando
determinante número
determinar atribuição
determinar certeza
determinar comando
determinar especialidade
determinar tempo
determinismo compulsoriedade
determinista compulsoriedade
detestar aversão
detestar maldição
detestar ódio
detestável aversão
detestável desvirtude
detestável dolorimento
detestável ódio
detestável ruindade
detido acusação
detido demora
detido preso
detonação estalo
detonação propulsão
detonação violência
detonante violência
detonar estalo
detonar propulsão
detonar violência
detração depreciação
detração difamação
detração reprovação
detrair difamação
detratar depreciação
detratar reprovação
detrator difamação
detrator difamador
detrimento mal
detrimento pioramento
detrito pulverização
detrito sujidade
deturpação mau uso
deturpar arremedo
deturpar falsidade
deturpar interpretação errônea
deturpar mau uso
deturpar mentira

deturpar pioramento
Deus divindade
deus favorito
Deus perfeição
Deus segurança
deus superioridade
deusa amor
deusa beleza
deusa júpiter
devagar vagareza
devanear desatenção
devanear imaginação
devaneio capricho
devaneio desatenção
devaneio esperança
devaneio imaginação
devaneio insubstancialidade
devaneio pensamento
devassa investigação
devassar conhecimento
devassar exposição
devassar falta de elasticidade
devassar flexibilidade
devassar impureza
devassar investigação
devassar publicidade
devassidão impureza
devassidão intemperança
devasso desvirtude
devasso impureza
devasso intemperança
devasso libertino
devastação ataque
devastação destruição
devastação furto
devastador ruindade
devastar ataque
devastar furto
devastar homicídio
devastar insalubridade
devastar malevolência
devastar pioramento
devastar reclusão
devastar ruindade
devedor dinheiro
devedor dívida
devedor empenhamento
devedor insolvência
dever dever
dever dívida
dever ensino
dever gratidão
dever probabilidade
dever trabalho
deveras grandeza
deveras veracidade
devido conveniência
devido dever
devido direito
devido legalidade
devoção amor
devoção carícias
devoção culto
devoção respeito
devolução recuo
devolução recusa
devolução restauração
devolução restituição
devoluto abandono de propriedade
devoluto desprovimento
devolver doação
devolver evolução
devolver recuo
devolver recusa
devolver regressão
devolver repulsão
devolver ressonância
devolver restauração
devolver restituição
devolver troca
devorador desejo
devorador destruidor
devorar apropriação
devorar comida
devorar destruição
devorar dolorimento
devorar esbanjamento
devorar estudo
devorar gula
devorar progressão
devotado amor
devotado obediência
devotado perseverança
devotado sentimento
devotar doação
devotar oferta
devoto amigo
devoto carola
devoto desejo
devoto piedade
devoto respeito
dez numerais cardinais
dezena numerais cardinais
dezesseis numerais cardinais
dia luz
dia período
dia a dia frequência
diabo satã
diabólico desvirtude
diabólico malevolência
diabólico satã
diabrete infante
diabrete satã
diabrura alegria
diabrura bruxaria
diabrura divertimento
diacho satã
diaconato cargos da Igreja
diácono clerezia
diacrítico indicação
diacronismo tempo diferente
diadema circunferência
diadema insígnia
diadema nobreza
diadema ornamento
diafaneidade inteligibilidade
diafaneidade transparência
diáfano inteligibilidade
diáfano realidade
diáfano singeleza
diáfano transparêcia
diafragma interjacência
diafragma meio
diagnosticar especialidade
diagnosticar previdência
diagnóstico experiência
diagnóstico indicação
diagnóstico previdência
diagonal obliquidade
diagrama representação
diagrama sílaba
diagramação impressão
diagramador artista
diagramador escrita
diagramador impressão
diagramador livro
dial periodicidade
dialética investigação
dialética raciocínio
dialético linguagem
dialético raciocínio
dialeto linguagem
dialeto neologismo

dialeto raciocínio
diálise decomposição
dialogal palestra
dialogar palestra
diálogo dualidade
diálogo palestra
diamante força
diamante luz
diamante ornamento
diamante rigidez
diamantífero riqueza
diamantino bondade
diamantino força
diamantino inclemência
diamantino rigidez
diâmetro comprimento
diâmetro direitura
diâmetro largura
diâmetro rotação
dianteira começo
dianteira frente
dianteira precessão
dianteira precursor
dianteira superioridade
dianteiro frente
dianteiro precessão
dianteiro precursor
dianteiro preparação
diapasão melodia
diária despesa
diária recompensa
diário contabilidade
diário cronometria
diário descrição
diário frequência
diário hábito
diário lista
diário livro
diário periodicidade
diário período
diário publicidade
diário registro
diarista agente
diástole aumento
diástole dilatação
diástole oscilação
diatérmico aquecimento
diatônico melodia
diatribe contenda
diatribe reprovação
dicção voz
dicionário informação
dicionário livro
dicionário sílaba
dicionarista douto
dicionarista livro
dicionarizar arranjo
dicotomia bissecção
dicotômico bissecção
dictério espírito
didática ensino
didático ensino
didático estudo
diedro angularidade
dielétrico isolamento
dieta conselho[1]
dieta remédio
dietética remédio
dietético remédio
difamador difamação
difamador difamador
difamar difamação
difamar infamação
difamatório reprovação
diferença desigualdade
diferença dessemelhança
diferença dissentimento
diferença número
diferença resto
diferençar diferença
diferençar discriminação
diferenças discórdia
diferenciação discriminação
diferencial número
diferenciar discriminação
diferente desigualdade
diferente diferença
diferente disjunção
diferente especialidade
diferente não relação
diferir demora
diferir dessemelhança
diferir diferença
diferir dissentimento
difícil dificuldade
difícil fechamento
difícil obliquidade
difícil perigo
dificuldade estorvo
dificuldade renitência
dificultar dificuldade
dificultar má vontade
dificultoso dificuldade
difração desvio
difração divergência
difundido publicidade
difundir dispersão
difundir publicidade
difundir umidade
difusão aumento
difusão dispersão
difusão divergência
difusão mistura
difusão prolixidade
difusão publicidade
difuso comprimento
difuso dispersão
difuso prolixidade
digerir comida
digerir conversão
digerir estudo
digerir pensamento
digerir preparação
digestão preparação
digesto compêndio
digitação impressão
digitação tato
digitado agudeza
digitado escrita
digitado retenção
digitador escrita
digitador impressão
digitador registrador
digitar escrita
digitiforme agudeza
dígito tato
digladiar contenda
digladiar raciocínio
dignar-se benevolência
dignar-se boa vontade
dignar-se consentimento
dignar-se cortesia
dignar-se humildade
dignar-se permissão
dignar-se recompensa
dignidade cargos da Igreja
dignidade fama
dignidade inteligência
dignidade nobreza
dignidade orgulho
dignidade probidade
dignidade termo
dignidade título
dignificação fama
dignificante altruísmo
dignificante fama
dignificar bondade
dignificar fama
digno crença

digno direito
digno fama
digno probidade
digno pureza
digressão desvio
digressão distância
dilação demora
dilacerante dolorimento
dilacerar destruição
dilacerar diminuição
dilacerar disjunção
dilacerar dor
dilacerar fragilidade
dilacerar pioramento
dilapidação desonestidade
dilapidação esbanjamento
dilapidação furto
dilapidação pioramento
dilapidação prodigalidade
dilapidar desonestidade
dilapidar esbanjamento
dilapidar furto
dilapidar pioramento
dilatação aquecimento
dilatação aumento
dilatação diuturnidade
dilatação realidade
dilatação tamanho
dilatado dilatação
dilatado diuturnidade
dilatado espaço
dilatar comprimento
dilatar convexidade
dilatar demora
dilatar dilatação
dilatar diuturnidade
dilatar realidade
dileção amor
dilema dificuldade
dilema escolha
dilema incerteza
dilema raciocínio
diletante bom gosto
diletante douto
diletantismo bom gosto
diletantismo conhecimento
dileto amor
dileto favorito
diligência atividade
diligência boa vontade
diligência dever
diligência esforço
diligência investigação
diligência preparação
diligência veículo
diligenciar esforço
diligente atenção
diligente atividade
diligente dever
diligente probidade
diluente água
diluente rio
diluição liquefação
diluir combinação
diluir esbanjamento
diluviano redundância
diluviano velharia
dilúvio grandeza
dilúvio multidão
dilúvio recife
dilúvio redundância
dilúvio reunião
dilúvio revolução
dilúvio rio
dimanar efeito
dimensão tamanho
dimensionar medida
diminuendo música
diminuendo número
diminuendo subtração
diminuição contração
diminuição desconto
diminuição encurtamento
diminuição fraqueza
diminuição perda
diminuição subtração
diminuidor número
diminuir alívio
diminuir contração
diminuir depreciação
diminuir desconto
diminuir diminuição
diminuir economia
diminuir encurtamento
diminuir inferioridade
diminuir infrequência
diminuir insuficiência
diminuir justificação
diminuir moderação
diminuir pequenez
diminuir pouquidão
diminuir subtração
diminuir vagareza
diminuir vagareza
diminutivo pequenez
diminutivo pouquidão
diminuto deficiência
diminuto diminuição
diminuto insignificância
diminuto insuficiência
diminuto melodia
diminuto pouquidade
diminuto pouquidão
dimorfismo equívoco
dimorfismo tergiversação
dinâmica força
dinâmica poder
dinâmica trabalho
dinâmico ação
dinâmico atividade
dinâmico esforço
dinâmico força
dinâmico impulso
dinâmico movimento
dinamismo atividade
dinamismo energia
dinamismo impulso
dinamismo vigor
dinamitar destruição
dinamite destruidor
dinamite potencial de guerra
dinamizar energia
dinamizar vigor
dinamômetro força
dinamômetro medida
dinastia autoridade
dinheirama dinheiro
dinheirão dinheiro
dinheiro propriedade
dinheiro riqueza
diocesano cargos da Igreja
diocesano clerezia
diocesano secular
diocese cargos da Igreja
diocese região
dionisíaca intemperança
diploma comissão
diploma evidência
diplomacia astúcia
diplomacia contrato
diplomacia habilidade
diplomacia mediação
diplomado conhecimento
diplomar escola
diplomata astúcia
diplomata consignatário
diplomata mediação
diplomata mensageiro

diplomático astúcia
diplomático cautela
dipsomania desejo
dipsomania loucura
díptero templo
dique cerca
dique cessação
dique defesa
dique estorvo
dique golfo
dique refúgio
dique tapador
direção aproximação
direção artes
direção comando
direção direitura
direção ensino
direção gestão
direção indicação
direção preceito
direção precessão
direcional gestão
direcionar gestão
direcionável gestão
direita destra
direita direitura
direita lateralidade
direiteza direitura
direito autoridade
direito destra
direito direitura
direito justiça
direito propriedade
direito canônico autoridade
direito civil autoridade
direito eclesiástico autoridade
direitura probidade
diretiva comando
diretivo gestão
direto direitura
direto impulso
direto meação
direto probidade
diretor amo
diretor gestão
diretor mestre
diretoria gestão
diretório conselho[1]
diretório lista
diretriz conduta
diretriz direção
diretriz preceito
dirigente diretor
dirigir autoridade
dirigir auxílio
dirigir conduta
dirigir ensino
dirigir equipagem
dirigir escrita
dirigir gestão
dirigir plano
dirigível combatente
dirigível nave
dirimente atenuação
dirimir destruição
dirimir inteligibilidade
dirimir refutação
discente discípulo
discente mestre
discernimento discriminação
discernimento intelecto
discernimento inteligência
discernimento visão
discernir conhecimento
discernir discriminação
discernir intelecto
discernir inteligibilidade
discernir raciocínio
discernir visão
disciplina ascetismo
disciplina cooperação
disciplina culto
disciplina dever
disciplina ensino
disciplina expiação
disciplina obediência
disciplina observância
disciplina ordem
disciplina punição
disciplina restrição
disciplinado ascetismo
disciplinado boa vontade
disciplinado guerra
disciplinado obediência
disciplinado servilismo
disciplinar ensino
disciplinar melhoramento
disciplinar ordem
disciplinas dor
disciplinas ensino
discípulo revelação
disco artes
disco circunferência
disco descrição
disco divertimento
disco exterioridade
disco música
disco propulsão
discordância desacordo
discordância diferença
discordância discórdia
discordância dissentimento
discordância dissonância
discordância oposição
discordante contraste
discordante desacordo
discordante discórdia
discordante inimigo
discordante não relação
discordar dessemelhança
discordar discórdia
discordar dissentimento
discordar dissonância
discordar má vontade
discorde contraste
discorde desacordo
discorde diferença
discorde discórdia
discorde dissentimento
discórdia inimizade
discorrer discurso
discorrer dissertação
discorrer ensino
discorrer evidência
discorrer prolixidade
discorrer raciocínio
discorrer voz
discrepância desacordo
discrepância dessemelhança
discrepância discórdia
discrepância dissentimento
discrepância irracionalidade
discrepância oposição
discrepante desacordo
discrepante diferença
discrepar dessemelhança
discrepar diferença
discrepar dissentimento
discrepar oposição
discreto cautela
discreto incuriosidade
discreto inteligência
discreto sobriedade
discreto taciturnidade
discrição desinformação

discrição incuriosidade
discrição inexcitabilidade
discrição inteligência
discrição vontade
discricionário escolha
discricionário ilegalidade
discricionário impropriedade
discricionário insolência
discricionário obliquidade
discricionário vontade
discriminação diferença
discriminação exclusão
discriminação inteligência
discriminador discriminação
discriminar desigualdade
discriminar discriminação
discriminar escolha
discriminar exclusão
discriminar inteligência
discriminatório discriminação
discursar alocução
discursar discurso
discursar dissertação
discursar ensino
discursar prolixidade
discursivo discurso
discursivo dissertação
discursivo raciocínio
discurso alocução
discurso discurso
discurso dissertação
discurso ensino
discurso linguagem
discurso raciocínio
discussão discórdia
discussão dissertação
discussão investigação
discussão palestra
discussão raciocínio
discutir descrença
discutir dissertação
discutir inimigo
discutir justificação
discutir pensamento
discutir raciocínio
discutível descrença
discutível incerteza
discutível irracionalidade
discutível possibilidade
disenteria excreção
disfarçado falsidade
disfarçar atenuação
disfarçar desinformação
disfarçar falsidade
disfarçar-se esconderijo
disfarce alegação
disfarce desinformação
disfarce esconderijo
disfarce fraude
disfarce mentira
disforme amorfia
disforme assimetria
disforme fealdade
disforme tamanho
disjunção decomposição
disjunção desacordo
disjunção descontinuidade
disjunção dispersão
disjunção incoesão
disjunção isolamento
disjungir disjunção
dislalia gagueira
dislate absurdo
dislexia gagueira
disosmia anosmia
díspar contraste
díspar dessemelhança
díspar diferença
díspar isolamento
disparada transigência
disparada velocidade
disparar estalo
disparar impulso
disparar propulsão
disparar velocidade
disparatado ilegalidade
disparatado imbecilidade
disparatado inoportunidade
disparatado irracionalidade
disparate absurdo
disparate erro
disparate irracionalidade
disparate ridicularia
disparate sem significação
disparate solecismo
disparidade contraste
disparidade desacordo
disparidade desigualdade
disparidade diferença
disparo estalo
disparo impulso
disparo transigência
dispêndio despesa
dispêndio prodigalidade
dispendioso carestia
dispendioso despesa
dispensa exclusão
dispensa inação
dispensa isenção
dispensa omissão
dispensa repouso
dispensa revogação
dispensado dispensa
dispensado isenção
dispensado omissão
dispensar benevolência
dispensar deficiência
dispensar desuso
dispensar dispensa
dispensar doação
dispensar exclusão
dispensar isenção
dispensar omissão
dispensar perdão
dispensar revogação
dispensário filantropia
dispensário remédio
dispensável insignificância
dispensável inutilidade
dispepsia doença
dispéptico doença
dispersão aumento
dispersão cor
dispersão decomposição
dispersão disjunção
dispersão divergência
dispersão esbanjamento
dispersão luz
dispersar deslocação
dispersar destruição
dispersar disjunção
dispersar dispersão
dispersar divergência
dispersar esbanjamento
disperso disjunção
disperso dispensa
disperso dispersão
disperso divergência
disperso infrequência
disperso omissão
disperso pouquidade
displicência aversão
displicência desamparo
displicência desatenção
displicência descontentamento

displicência desinteresse
displicência despreparo
displicência desprezo
displicência enfado
displicência incuriosidade
displicência indiferença
displicência sofrimento
displicente aversão
displicente desamparo
displicente desatenção
displicente dolorimento
displicente transgressão
disponibilidade redundância
disponibilização posse
disponibilizar doação
disponibilizar oferta
disponibilizar venda
disponível depósito
disponível permuta
disponível redundância
disponível uso
disponível venda
dispor de meios meios
dispor arranjo
dispor hábito
dispor localização
dispor ordem
disposição boa vontade
disposição circunstância
disposição contrato
disposição estado
disposição forma
disposição intrinsecabilidade
disposição localização
disposição ordem
disposição posse
disposição preceito
disposição qualidades
disposição tendência
dispositivo comando
dispositivo condições
dispositivo instrumentalidade
dispositivo instrumento
disposto atividade
disposto boa vontade
disposto preceito
disposto qualidades
disputa demanda
disputa desacordo
disputa discórdia
disputa raciocínio
disputar bondade
disputar contenda
disputar descrença
disputar discórdia
disputar inimigo
disputar raciocínio
disruptivo destruição
dissabor aversão
dissabor descontentamento
dissabor dolorimento
dissabor sofrimento
dissabor tristeza
dissecação decomposição
dissecação disjunção
dissecação investigação
dissecar decomposição
dissecar disjunção
dissecar investigação
disseminação dispersão
disseminação ensino
disseminação publicidade
disseminar dispersão
disseminar ensino
disseminar exposição
disseminar publicidade
dissensão contenda
dissensão dessemelhança
dissensão discórdia
dissentir desacordo
dissentir descrença
dissentir discórdia
dissentir dissentimento
dissentir má vontade
dissentir recusa
dissertar dissertação
dissertar loquacidade
dissertativo dissertação
dissidência desacordo
dissidência discórdia
dissidência dissentimento
dissidência partido
dissidente descontentamento
dissidente discórdia
dissidente dissentimento
dissidente heterodoxia
dissidente oponente
dissídio dissentimento
dissílabo sílaba
dissimulação astúcia
dissimulação desonestidade
dissimulado astúcia
dissimulado desinformação
dissimulado fraude
dissimulado latência
dissimular astúcia
dissimular falsidade
dissimular fraude
dissipação dispersão
dissipação esbanjamento
dissipação fruição
dissipação intemperança
dissipação prodigalidade
dissipar do pensamento desatenção
dissipar certeza
dissipar destruição
dissipar esbanjamento
dissipar incompreensão
dissipar perda
dissipar prodigalidade
dissipar-se insubstancialidade
dissociação não relação
dissociar não relação
dissolução decomposição
dissolução destruição
dissolução liquefação
dissolução morte
dissolução revogação
dissolúvel disjunção
dissolver decomposição
dissolver destruição
dissolver dispersão
dissolver liquefação
dissolver revogação
dissonância aversão
dissonância desacordo
dissonância discórdia
dissonância dissentimento
dissonância estridor
dissonante desacordo
dissonante dissentimento
dissonante dissonância
dissuadir conselho[2]
dissuadir dissuasão
dissuadir informação
dissuasivo dissuasão
dissuasório conselho[2]
dissuasório dissuasão
distância comprimento
distanciado distância
distanciamento disjunção
distanciamento dispersão

distanciar disjunção
distanciar dispensa
distanciar dispersão
distanciar omissão
distante consanguinidade
distante distância
distante passado
distar distância
distensão dilatação
dístico poesia
dístico registro
distinção sutil diferença
distinção bom gosto
distinção contraste
distinção diferença
distinção discriminação
distinção escolha
distinção fama
distinção inteligibilidade
distinção moda
distinção nobreza
distinção título
distinção visibilidade
distinguir benevolência
distinguir discriminação
distinguir especialidade
distinguir gratidão
distinguir inteligibilidade
distinguir visão
distintivo discriminação
distintivo especialidade
distintivo especialidade
distintivo estado
distintivo indicação
distintivo insígnia
distinto afirmação
distinto bom gosto
distinto dessemelhança
distinto discriminação
distinto disjunção
distinto fama
distinto inteligibilidade
distinto isolamento
distinto manifestação
distinto moda
distinto não relação
distinto nobreza
distinto probidade
distinto respeito
distinto som
distinto superioridade
distinto visibilidade
distinto voz
distorção arremedo
distorção desconformidade
distorção desvio
distorção interpretação errônea
distorção irracionalidade
distorção obliquidade
distração desamparo
distração desatenção
distração divertimento
distrair desatenção
distratar revogação
distrato revogação
distribuição arranjo
distribuição disjunção
distribuição dispersão
distribuição doação
distribuição partilha
distribuidor livro
distribuir arranjo
distribuir doação
distribuir partilha
distribuir venda
distrito circunjacência
distrito parte
distrito região
distúrbio desarranjo
dita acaso
dita compulsoriedade
dita destino
dita prazer
dita prosperidade
dita sucesso
ditado máxima
ditador amo
ditador malfeitor
ditador tirania
ditadura autoridade
ditadura tirania
ditame comando
ditame motivo
ditame preceito
ditame regularidade
ditar comando
ditar motivo
ditatorial autoridade
ditatorial insolência
ditatorial tirania
ditirambo poesia
dito afirmação
dito frase
dito máxima
dito preceito
ditongo letra
ditoso deleite
ditoso oportunidade
ditoso prazer
ditoso prosperidade
ditoso sucesso
diurno periodicidade
diuturno diuturnidade
diva beleza
divã conselho[1]
divã insígnia
diva júpiter
divã suporte
divã tribunal
divagação prolixidade
divagar locomoção
divagar movimento
divagar prolixidade
divergência contenda
divergência contraste
divergência desacordo
divergência desconformidade
divergência dessemelhança
divergência desvio
divergência diferença
divergência discórdia
divergência dispersão
divergência dissentimento
divergência oposição
divergência variedade
divergente contraste
divergente diferença
divergente discórdia
divergente dispersão
divergente dissentimento
divergente dissentimento
divergente divergência
divergente instrumentos de óptica
divergente variedade
divergir contraste
divergir desacordo
divergir descrença
divergir dessemelhança
divergir diferença
divergir discórdia
divergir dissentimento
divergir divergência
diversão alegria
diversão desvio
diversão divertimento
diversão mudança

diversidade contraste
diversidade dessemelhança
diversidade diferença
diversidade multiformidade
diversidade não relação
diversidade pluralidade
diversidade variedade
diversificar dessemelhança
diversificar diferença
diversificar diversidade
diversificar mudança
diversificar mutabilidade
diversificar variedade
diverso diferença
diverso disjunção
diverso diversidade
diverso multiformidade
diversos multidão
diversos pluralidade
divertido alegria
divertido divertimento
divertido ridicularia
divertimento deleite
divertimento drama
divertimento música
divertir divertimento
dívida compromisso
dívida dinheiro
dívida propriedade
dividendo número
dividendo partilha
dividir bissecção
dividir circunscrição
dividir discórdia
dividir interjacência
dividir numeração
divinal céu
divinal divindade
divinal piedade
divinatório oráculo
divinatório predição
divindade beleza
divindade teologia
divinização céu
divinização fama
divinização idolatria
divinizar exageração
divinizar fama
divinizar idolatria
divino admiração
divino deleite
divino divindade
divino fama
divino perfeição
divino piedade
divino virtude
divisa crença
divisa indicação
divisa limite
divisa preceito
divisão classe
divisão combatente
divisão discórdia
divisão disjunção
divisão interjacência
divisão multidão
divisão numeração
divisão parte
divisão partilha
divisar limite
divisar visão
divisas indicação
divisas insígnia
divisional parte
divisionário dinheiro
divisionário parte
divisor número
divisória cerca
divisória interjacência
divorciado casamento
divorciado divórcio
divorciado isolamento
divorciar disjunção
divórcio alheamento
divórcio casamento
divórcio desacordo
divórcio disjunção
divórcio dispensa
divórcio dispersão
divórcio inobservância
divórcio omissão
divulgação descrição
divulgação exposição
divulgação informação
divulgação publicidade
divulgador notícia
divulgar afirmação
divulgar exposição
divulgar informação
divulgar notícia
divulgar publicidade
dizer disparates absurdo
dizer descrição
dizer discurso
dizer indicação
dizer informação
dizer significação
dizer veracidade
dizer voz
dízima numerais ordinais
dízima recompensa
dizimar fraqueza
dizimar homicídio
dizimar numerais ordinais
dizimar pouquidade
dizimar subtração
dízimo despesa
dízimo preço
dó clemência
dó lamentação
do alto de seus coturnos orgulho
doação transmissão
doador doação
doar doação
doar filantropia
doar transmissão
dobar circuição
dobra angularidade
dobra curvatura
dobradiça rotação
dobradiça vínculo
dobrado dobra
dobrado duplicação
dobradura dobra
dobradura duplicação
dobrar circuição
dobrar cruzamento
dobrar curvatura
dobrar dobra
dobrar duplicação
dobre enganador
dobre equívoco
dobre incerteza
dobre ininteligibilidade
dobro duplicação
doca chegada
doca partida
doca tapador
doce beleza
doce bondade
doce carícias
doce deleite
doce doçura
doce elegância
doce frescura
doce fruição
doce manhã
doce melodia

doce poesia
doce tolerância
docência escola
docente mestre
dócil boa vontade
dócil estudo
dócil facilidade
dócil inexcitabilidade
dócil obediência
dócil servilismo
docilidade boa vontade
docilidade cortesia
docilidade estudo
docilidade obediência
docilidade observância
docilidade submissão
docimasia experiência
documentação evidência
documental evidência
documentar evidência
documentário informação
doçura boa vontade
doçura deleite
doçura fruição
doçura melodia
doçura tolerância
dodecaedro angularidade
dodecagonal angularidade
dodói dor
doença dor
doença mal
doente doença
doente fraqueza
doentio doença
doentio insalubridade
dogma certeza
dogma crença
dogma teologia
dogmático afirmação
dogmático obliquidade
dogmático obstinação
dogmatismo afetação
dogmatismo afirmação
dogmatismo certeza
dogmatismo insolência
dogmatismo irracionalidade
dogmatismo obliquidade
dogmatismo obstinação
dogmatismo religioso ortodoxia
doidivanas capricho
doidivanas louco
doidivanas remendão
doidivanas tolo
doido amor
doido desatenção
doido louco
doido loucura
dois dualidade
dois duplicação
dólar dinheiro
dolente dor
dolente lamentação
dolo desonestidade
dolo fraude
dolo guerra
dolorido dolorimento
dolorido dor
doloroso dolorimento
doloroso dor
doloroso grandeza
doloso desonestidade
doloso falsidade
doloso fraude
dom bem
dom doação
dom habilidade
dom intrinsecabilidade
dom poder
dom qualidades
dom título
domador domesticação
domador mestre
domar destruição
domar domesticação
domar sucesso
domar sujeição
domesticar domesticação
domesticar hábito
domesticável domesticação
domesticável obediência
doméstico domesticação
doméstico habitante
doméstico interioridade
doméstico moderação
doméstico morada
doméstico servo
domiciliar localização
domicílio localização
domicílio morada
dominação autoridade
dominação influência
dominador amo
dominador superioridade
dominante altura
dominante assentimento
dominante autoridade
dominante hábito
dominante importância
dominante influência
dominante melodia
dominante notícia
dominante permanência
dominante poder
dominante sentimento
dominante superioridade
dominante tópico
dominar altura
dominar atenção
dominar autoridade
dominar conhecimento
dominar existência
dominar generalidade
dominar gestão
dominar influência
dominar motivo
dominar posse
dominar sujeição
dominar superioridade
domingo repouso
dominical divindade
dominical periodicidade
dominicano clerezia
domínio arena
domínio autoridade
domínio gestão
domínio influência
domínio poder
domínio posse
domínio propriedade
domínio resolução
domínio superioridade
dominó divertimento
dominó drama
dominó esconderijo
domo cume
dona diretor
dona fêmea
donaire beleza
donaire elegância
donaire espírito
donatário doação
donatário possuidor
donatário recebimento
donativo despesa
donativo doação
donativo filantropia
donativo oferta

donde raciocínio
doninha fedor
dono possuidor
donzela fêmea
donzela infante
donzela pureza
dor dolorimento
dor sofrimento
dor cruciante dor
dor lancinante dor
dor penetrante dor
doravante futuro
dorido clemência
dorido dolorimento
dorido dor
dorido tristeza
dormência insensibilidade
dormida inatividade
dormida morada
dorminhoco inatividade
dormir demora
dormir imobilidade
dormir inatividade
dormir latência
dormir negligência
dormir permanência
dormitar inatividade
dorsal fim
dorsal partes do corpo humano
dorsal retaguarda
dorso retaguarda
dosar mistura
dose parte
dose quantidade
dose remédio
dossel cobertura
dossel insígnia
dossel templo
dotação doação
dotação receita
dotação recompensa
dotado posse
dotal propriedade
dotar doação
dotar produção
dote doação
dote poder
dote propriedade
dote riqueza
dourado alaranjado
dourado amarelo
dourado bondade
dourar alaranjado
dourar amarelo
dourar cobertura
dourar exageração
dourar irracionalidade
dourar ornamento
douto conhecimento
douto sábio
doutor advogado
doutor douto
doutor remédio
doutor título
doutorado escola
doutoral afirmação
doutoral orgulho
doutoramento fama
doutorando discípulo
doutrina conhecimento
doutrina preceito
doutrina significação
doutrinação ensino
doutrinar conselho[2]
doutrinar ensino
doutrinar mestre
doutrinário afetação
doutrinário douto
doutrinário ensino
doutrinário preceito
doze numerais cardinais
dracma dinheiro
draconiano malevolência
draconiano tirania
draga instrumento
dragão desconformidade
dragão homem ruim
dragão irascibilidade
dragão violência
drágea remédio
drama artes
drama mal
drama representação
drama sofrimento
dramático drama
dramático ostentação
dramático sentimento
dramatizar drama
dramatizar excitação
dramaturgia artes
dramaturgia drama
dramaturgo drama
drapejar pendura
drástico energia
drástico tirania
drenar esbanjamento
drenar expulsão
drenar secura
droga componente
droga insignificância
droga remédio
droga veneno
dromedário carregador
drone potencial de guerra
drope doçura
druida clerezia
dual dualidade
dualismo dualidade
dualismo heterodoxia
dualista dualidade
dubiedade anarquia
dubiedade irresolução
ducado dinheiro
ducado região
ducal região
ducentésimo numerais ordinais
ducha água
dúctil boa vontade
dúctil elasticidade
dúctil elegância
dúctil flexibilidade
dúctil irresolução
dúctil obediência
dúctil tenacidade
dúctil tergiversação
ductilidade elasticidade
ducto abertura
ducto conduto
ducto oscilação
duelista combatente
duelista fanfarrão
duelista temeridade
duelo contenda
duende demônio
duende desconformidade
duende júpiter
duende pequenez
dueto artes
dueto dualidade
dueto música
dulcificar doçura
dulçor doçura
dulçoroso deleite
dulçoroso doçura
duna convexidade
duna terra
duo dualidade

duo música
duodécimo livro
duodécimo numerais ordinais
duplicação aumento
duplicação repetição
duplicar aumento
duplicar duplicação
duplicata cópia
duplicata crédito
duplicata dívida
duplicata dualidade
duplicata indicação
duplicata redundância
duplicata registro
dúplice desonestidade
dúplice dualidade
dúplice duplicação
dúplice falsidade
duplicidade astúcia
duplicidade desonestidade
duplicidade dualidade
duplicidade falsidade
duplo dualidade
duplo duplicação
duplo semelhança
duplo substituição
duque nobreza
duque título
dura compulsoriedade
dura punição
dura reprovação
durabilidade diuturnidade
durabilidade resistência
durabilidade tenacidade
duração diuturnidade
duração tempo
duradouro diuturnidade
duradouro eternidade
duradouro memória
durante diuturnidade
durante tempo
durar diuturnidade
durar força
durar permanência
durar tempo
durável diuturnidade
durável força
durável tempo
durável tenacidade
dureza densidade
dureza deselegância
dureza rigidez
dureza tenacidade
duro ascetismo
duro deselegância
duro dificuldade
duro dolorimento
duro inclemência
duro insensibilidade
duro malevolência
duro ódio
duro reprovação
duro rigidez
duro tenacidade
duro tirania
duto conduto
duto egressão
dúvida incerteza
dúvida irresolução
duvidar ciúme
duvidar descrença
duvidar incerteza
duvidar irreligião
duvidoso dificuldade
duvidoso incerteza
duvidoso infrequência
duvidoso investigação
duvidoso irregularidade
duvidoso irresolução
duvidoso meia-luz
duzentos numerais cardinais
dúzia numerais cardinais
DVD descrição

E

e adição
ébano pretidão
e-book livro
ébrio embriaguez
ebulição agitação
ebulição aquecimento
ebulição bolha
ebulição desordem
ebulição energia
ebulição excitabilidade
ebulição ressentimento
ebulição violência
ebuliente excitação
ebúrneo brancura
eclesiástico cargos da Igreja
eclesiástico clerezia
eclético escolha
ecletismo compromisso
ecletismo escolha
ecletismo heterodoxia
ecletismo meação
ecletismo média
ecletismo mistura
eclipsar fama
eclipsar infamação
eclipsar obscuridade
eclipsar superioridade
eclipse desamparo
eclipse desaparecimento
eclipse desarranjo
eclipse descontinuidade
eclipse obscuridade
eclíptica universo
écloga poesia
eclusa cerca
eclusa golfo
eclusa rio
eclusa tapador
eco cópia
eco efeito
eco imitação
eco influência
eco prolação
eco recuo
eco repetição
eco resposta
eco ressonância
eco som
eco sussurro
ecoar imitação
ecoar prolação
ecoar repetição
ecoar resposta
ecoar ressonância
ecoar som
economia conduta
economia ordem
economias depósito
economias economia
economista tesoureiro
economizar aquisição
economizar depósito
economizar economia
economizar encurtamento
economizar preparação
ecônomo diretor
ectoplasma imaterialidade
ecumênico generalidade
edaz desejo

ejacular expulsão
ejacular propulsão
ejaculatório propulsão
ejaculatório voz
ejeção expulsão
ejeção extração
ejeção propulsão
ejetar expulsão
ejetor expulsão
ela fêmea
elã ímpeto
elã vigor
elaboração melhoramento
elaboração plano
elaboração preparação
elaboração produção
elaborado preparação
elaborar acabamento
elaborar preparação
elastecer elasticidade
elasticidade energia
elasticidade flexibilidade
elasticidade força
elasticidade poder
elástico desonestidade
elástico elasticidade
elástico equívoco
elástico flexibilidade
elástico gás
elastificar elasticidade
ele macho
electro música
elefante carregador
elefante tamanho
elefantino brancura
elefantino carregador
elefantino doença
elegância beleza
elegância bom gosto
elegância espírito
elegância moda
elegante beleza
elegante bom gosto
elegante elegância
elegante espírito
elegante indumentária
elegante moda
eleger divindade
eleger escolha
elegia enterro
elegia lamentação
elegia poesia
eleição comissão
eleição compulsoriedade
eleição escolha
eleito favorito
eleito piedade
eleito piedade
eleitor amo
eleitor comissão
eleitor escolha
eleitorado escolha
eleitoral escolha
elementar singeleza
elemento causa
elemento componente
elemento matéria
elemento oceano
elemento parte
elemento textura
elementos mistura
elementos suposição
elenco classe
elenco drama
elenco lista
elenco partido
eletivo escolha
eletricidade poder
eletricidade velocidade
elétrico excitabilidade
elétrico instantaneidade
elétrico velocidade
eletrizante sentimento
eletrizante vigor
eletrizar admiração
eletrizar excitação
eletrizar influência
eletrizar poder
eletrizar surpresa
eletrocutar punição
eletrólise decomposição
eletrolítico decomposição
elétron matéria
eletrônica música
eletrotermia calor
elevação altura
elevação autoridade
elevação beleza
elevação bondade
elevação convexidade
elevação cume
elevação fama
elevação grau
elevação melhoramento
elevação representação
elevação subida
elevação vigor
elevado altruísmo
elevado altura
elevado beleza
elevado bondade
elevado carestia
elevado elevação
elevado fama
elevado passadouro
elevado vigor
elevador elevação
elevador passadouro
elevador subida
elevar aumento
elevar bondade
elevar elevação
elevar fama
elidir encurtamento
eliminação destruição
eliminação dispensa
eliminação exclusão
eliminação extração
eliminação omissão
eliminação pouquidade
eliminação rejeição
eliminação singeleza
eliminação subtração
eliminado dispensa
eliminado omissão
eliminador dispensa
eliminador omissão
eliminar deficiência
eliminar destruição
eliminar dispensa
eliminar exclusão
eliminar expulsão
eliminar homicídio
eliminar omissão
eliminar pouquidade
eliminar subtração
eliminar supressão
eliminatório dispensa
eliminatório omissão
elipse circunferência
elipse concisão
elipse encurtamento
elíptico circunferência
elíptico concisão
elíptico metáfora
elisão deficiência
elisão disjunção
elisão encurtamento
elite bondade

elite nobreza
elite riqueza
élitro cobertura
elixir encantamento
elixir remédio
elmo defesa
elmo refúgio
elo circunferência
elo junção
elo relação
elo termo
elocução estilo
elocução voz
elogiar aprovação
elogiar lisonja
elogiar vaidade
elogio aprovação
elogio deleite
elogio recompensa
eloquência discurso
eloquente discurso
elucidação exposição
elucidação interpretação
elucidar evidência
elucidar inteligibilidade
elucidar interpretação
elucidar veracidade
elucidário dissertação
elucidário inteligibilidade
elucidativo interpretação
elucubração pensamento
em absoluto recusa
e-mail correspondência
e-mail informação
e-mail localização
e-mail mensageiro
em consequência de efeito
em consequência motivo
em desavença discórdia
em desespero de causa desesperança
em direito legalidade
em litígio discórdia
em marcha movimento
em paga de recompensa
em particular especialidade
em pelo despimento
em primeira mão novidade
em rateio partilha
em recurso extremo desesperança
em resumo concisão
em segredo desinformação
em surdina sussurro
em trajes de Adão despimento
em tandem comprimento
em trânsito passadouro
em vão insucesso
em vão inutilidade
emagrecer contração
emagrecer fraqueza
emanação egressão
emanação excreção
emanação fragrância
emanação odor
emanação vaporização
emanar causa
emanar efeito
emanar egressão
emanar fragrância
emancipar facilidade
emanente efeito
emanente egressão
emaranhado dificuldade
emaranhado ininteligibilidade
emaranhado sinuosidade
emaranhar aspereza
emaranhar dificuldade
emaranhar estorvo
emaranhar junção
emassar cobertura
emassar meio líquido
embaçado acromatismo
embaçado fraude
embaçamento admiração
embaçar depreciação
embaçar fraude
embaçar meia-luz
embaçar refutação
embainhar circunscrição
embainhar dobra
embaixada comissão
embaixada consignatário
embaixador consignatário
embaixador mensageiro
embalado sucesso
embalagem circunscrição
embalagem localização
embalar carícias
embalar conteúdo
embalar moderação
embalar oscilação
embalar vaidade
embalsamar cadáver
embalsamar enterro
embalsamar fragrância
embalsamar preservação
embandeirar ornamento
embaraçado dificuldade
embaraçado impotência
embaraçado irresolução
embaraçar admiração
embaraçar cruzamento
embaraçar dificuldade
embaraçar estorvo
embaraçar incerteza
embaraçar inconveniência
embaraçar insucesso
embaraçar investigação
embaraço circunstância
embaraço dificuldade
embaraço estorvo
embaraço excitabilidade
embaraço incerteza
embaraço insucesso
embaraço irresolução
embaraço restrição
embaraçoso desordem
embaraçoso dificuldade
embaraçoso estorvo
embaraçoso inconveniência
embaraçoso ininteligibilidade
embaralhar desarranjo
embaralhar desensino
embaralhar indiscriminação
embaralhar ininteligibilidade
embaralhar mistura
embarcação nave
embarcadiço equipagem
embarcadiço viajante
embarcadouro partida
embarcar partida
embargante direito
embargar apropriação
embargar demanda
embargar direito
embargar estorvo
embargar proibição
embargo apropriação
embargo estorvo
embargo imobilidade
embargo proibição
embarque partida
embasbacar admiração

embasbacar ininteligibilidade
embasbacar irresolução
embate contiguidade
embate contraste
embate desacordo
embate discórdia
embate guerra
embate oposição
embate renitência
embate resistência
embatucado ceticismo
embatucado refutação
embatucar ininteligibilidade
embebedar embriaguez
embebedar insensibilidade
embeber inserção
embeber mistura
embeber recepção
embeber umidade
embeiçado desejo
embelezado floreio
embelezamento beleza
embelezamento floreio
embelezamento ornamento
embelezar beleza
embelezar deleite
embelezar floreio
embelezar melhoramento
embelezar ornamento
embevecer deleite
embevecido admiração
embevecimento admiração
embicar agudeza
embicar imobilidade
embira vínculo
embirrar descontentamento
embirrar obstinação
embirrar ressentimento
emblema indicação
emblema registro
emblemático indicação
embocadura fim
embocadura golfo
embocar cobertura
embocar fim
embocar músico
emboço cobertura
êmbolo tapador
embolsar apropriação
embolsar conteúdo
embolsar pagamento
embolsar recebimento
embolso pagamento
embolso recebimento
embora atenuação
embora compensação
emborcar comida
emborcar inversão
embornal receptáculo
emborrascar obscuridade
emboscada desonestidade
emboscada fraude
emboscada homicídio
emboscada perigo
emboscar-se esconderijo
embotado inércia
embotamento desinteresse
embotamento inércia
embotamento inexcitabilidade
embotar desinteresse
embotar embotamento
embotar impotência
embotar insensibilidade
embotar moderação
embranquecer brancura
embravecer violência
embravecido violência
embravecimento violência
embrear cobertura
embriagado embriaguez
embriagador deleite
embriagar excitação
embriaguez comida
embrião causa
embrião começo
embrionário causa
embrionário começo
embrionário despreparo
embrionário pequenez
embrocação remédio
embromação astúcia
embromação circuito
embromação falsidade
embromar desonestidade
embromar falsidade
embrulhada desordem
embrulhada dificuldade
embrulhada discórdia
embrulhada mistura
embrulhada sem significação
embrulhado ininteligibilidade
embrulhar circunjacência
embrulhar conteúdo
embrulhar estorvo
embrulhar falsidade
embrulhar fraude
embrulhar interpretação errônea
embrulhar junção
embrulhar reunião
embrulho grandeza
embrulho reunião
embrutecer desensino
embrutecer ignorância
embrutecer imbecilidade
embrutecer insensibilidade
embuço esconderijo
emburrar imbecilidade
emburrar tristeza
embuste astúcia
embuste desonestidade
embuste falsidade
embuste fraude
embuste mentira
embusteiro astúcia
embusteiro enganador
embusteiro fraude
embusteiro ladrão
embusteiro velhaco
embutir cobertura
embutir encaixe
embutir gula
embutir inserção
embutir interjacência
embutir junção
emenda melhoramento
emenda penalidade
emenda punição
emenda supressão
emendar melhoramento
emendar restauração
ementa compêndio
ementa culto
ementa lista
ementa memória
emergência circunstância
emergência dificuldade
emergência egressão
emergência eventualidade
emergência remédio
emergência visibilidade
emergente egressão
emergir aparecimento
emergir convexidade

emergir egressão
emergir navegação
emergir subida
emergir visibilidade
emérito conhecimento
emérito douto
emérito fama
emérito sábio
emérito velhice
emersão egressão
emético energia
emético remédio
emigração egressão
emigração locomoção
emigração pouquidade
emigrado dissentimento
emigrado habitante
emigrado reclusão
emigrado transigência
emigrado viajante
emigrante alheamento
emigrante egressão
emigrante locomoção
emigrante viajante
emigrar egressão
emigrar locomoção
emigratório locomoção
eminência altura
eminência fama
eminência importância
eminência título
eminente altura
eminente conhecimento
eminente fama
eminente importância
eminente probidade
eminente respeito
emir amo
emir nobreza
emissão divergência
emissão egressão
emissão expulsão
emissário consignatário
emissário informação
emissário mensageiro
emitente expulsão
emitir dinheiro
emitir discurso
emitir divergência
emitir expulsão
emitir publicidade
emitir suposição
emoção excitabilidade
emoção sentimento
emocional sentimento
emocionante interesse
emoldurar circunjacência
emoldurar circunscrição
emoldurar contorno
emoliente moderação
emoliente remédio
emolumento receita
emotivo interesse
emotivo sentimento
empacar conteúdo
empacar estorvo
empacar falta
empacotamento localização
empacotar cobertura
empacotar conteúdo
empacotar reunião
empada comida
empada desordem
empada mistura
empáfia ignorância
empáfia insolência
empáfia orgulho
empalhar forro
empalidecer acromatismo
empalidecer amarelo
empalidecer medo
empalidecer meia-luz
empalidecer sentimento
empalidecer surpresa
empalmar apropriação
empalmar astúcia
empalmar conteúdo
empalmar fraude
empalmar furto
empanada meia-luz
empanado mancha
empanar mancha
empanar meia-luz
empanar pioramento
empanar sombra
empanar superioridade
empanturrado completamento
empanturrado saciedade
empanturrar completamento
empanturrar redundância
empanturrar saciedade
empanturrar-se gula
empanzinar redundância
empanzinar saciedade
empanzinar-se gula
empapar água
empapar ensino
empapuçado doença
emparedar circunscrição
emparedar restrição
emparedar retenção
emparelhado acompanhamento
emparelhamento junção
emparelhar dualidade
emparelhar igualdade
empastamento pintura
empastar cobertura
empastar meio líquido
empastar pintura
empatado abstenção
empatar abstenção
empatar demora
empatar despesa
empatar economia
empatar estorvo
empatar oposição
empate abstenção
empate igualdade
empate irresolução
empate penalidade
empate proibição
empatia amizade
empecilho estorvo
empecilho proibição
empeço estorvo
empeço restrição
empeço ruindade
empedernir impenitência
empedernir inclemência
empedernir insensibilidade
empedernir rigidez
empedrar cobertura
empedrar impenitência
empedrar rigidez
empena lateralidade
empenar amorfia
empenar indumentária
empenhado crédito
empenhado empreendimento
empenhar empenhamento
empenhar fiança
empenho atividade
empenho crédito
empenho cuidado
empenho curiosidade

empenho desejo
empenho empenhamento
empenho esforço
empenho fiança
empenho intenção
empenho pedido
empenho promessa
emperrado deselegância
emperrado estabilidade
emperramento deselegância
emperramento estabilidade
emperramento obstinação
emperrar atrito
emperrar deselegância
emperrar estabilidade
emperrar estorvo
emperrar falta
emperrar imobilidade
empertigado verticalidade
empestado insalubridade
empestar desvirtude
empestar dolorimento
empestar insalubridade
empestar pioramento
empestar ruindade
empetecado janota
empilhar aquisição
empilhar depósito
empilhar exagero
empilhar redundância
empilhar reunião
empinado insolência
empinado verticalidade
empinar altura
empinar comida
empinar obliquidade
empírico ensaio
empírico experiência
empírico inabilidade
empírico irracionalidade
empirismo ensaio
empirismo experiência
empirismo irracionalidade
empirismo uso
emplastrar cobertura
emplastro arremedo
emplastro cobertura
emplastro inutilidade
emplastro remédio
emplastro remendão
empoado orgulho
empoar cobertura
empoar pulverização
empobrecer apropriação
empobrecer esbanjamento
empobrecer improdutividade
empobrecer pobreza
empobrecimento diminuição
empoçar água
empoçar pântano
empoeirado pulverização
empoeirar pulverização
empoeirar sujidade
empola aquecimento
empola bolha
empola convexidade
empola mancha
empolado afetação
empolado deselegância
empolado floreio
empolado orgulho
empolado violência
empolamento floreio
empolar bolha
empolar floreio
empolar vento
empoleirado localização
empolgado desejo
empolgado sentimento
empolgante atenção
empolgante deleite
empolgante importância
empolgante sentimento
empolgante vigor
empolgar apropriação
empolgar atenção
empolgar crença
empolgar deleite
empolgar ensino
empolgar excitação
empolgar importância
empolgar influência
empolgar obstinação
empolgar retenção
emporcalhar desrespeito
emporcalhar infamação
emporcalhar mancha
emporcalhar sujidade
empório foco
empório mercado
empossar comissão
empossar posse
empreendedor empreendimento
empreender agência
empreender agente
empreender começo
empreender empreendimento
empreender ensaio
empreender perseguição
empreender trabalho
empreendimento agência
empregado consignatário
empregado diretor
empregado servo
empregar comissão
empregar despesa
empregar empréstimo
empregar localização
empregar permuta
empregar trabalho
empregar uso
empregar utilidade
empregatício trabalho
emprego trabalho
emprego uso
emprego utilidade
empreitada empreendimento
empreiteiro agente
empreiteiro mercador
empreiteiro plano
emprenhar produtividade
empresa ação
empresa agência
empresa empreendimento
empresa intenção
empresa perseguição
empresa trabalho
empresar restrição
empresar trabalho
empresário atividade
empresário drama
emprestado extrinsecabilidade
emprestar empréstimo
emproado orgulho
empulhar desonestidade
empulhar falsidade
empulhar fraude
empulhar ridicularização
empunhar empreendimento
empunhar retenção
empunhar uso
empunhar as rédeas de gestão

empurrar impulso
empurrar inserção
empurrar propulsão
empuxo impulso
empuxo propulsão
emudecer afonia
emudecer silêncio
emulação contenda
emulação inveja
emulação oposição
emulador inimigo
emular contenda
emular imitação
êmulo igualdade
êmulo inimigo
êmulo inveja
êmulo oponente
êmulo oposição
emulsão meio líquido
enaltecer aprovação
enaltecer bondade
enaltecer exageração
enamorado amor
enamorado desejo
enamorado melodia
encabeçado sujeição
encabeçar melhoramento
encabeçar posse
encabeçar preço
encabeçar registro
encadeado suficiência
encadeamento acompanhamento
encadeamento acordo
encadeamento continuidade
encadeamento relação
encadear continuidade
encadear deleite
encadear junção
encadear passagem
encadear relação
encadear restrição
encadernação cobertura
encadernador livro
encadernar junção
encaixar cobertura
encaixar encaixe
encaixar inserção
encaixar interjacência
encaixar junção
encaixe abertura
encaixe base
encaixe junção
encaixotar cobertura
encaixotar conteúdo
encaixotar depósito
encaixotar enterro
encaixotar junção
encaixotar memória
encaixotar restrição
encalacrar acusação
encalacrar malevolência
encalço indicação
encalço investigação
encalço perseguição
encalço retaguarda
encalhado insucesso
encalhar estorvo
encalhar falta
encalhar incerteza
encalhar insucesso
encalhe insucesso
encaminhar arranjo
encaminhar auxílio
encaminhar conselho[2]
encaminhar ensino
encaminhar gestão
encaminhar indicação
encampação revogação
encampar revogação
encanamento conduto
encanar prisão
encanecer pardo
encanecer velhice
encantado desejo
encantado encantamento
encantado feiticeiro
encantado motivo
encantado prazer
encantador amor
encantador beleza
encantador deleite
encantador melodia
encantamento admiração
encantar admiração
encantar amor
encantar beleza
encantar bruxaria
encantar deleite
encantar encantamento
encantar importância
encantatório encantamento
encanto beleza
encanto deleite
encanto divertimento
encanto fruição
encanto influência
encanto motivo
encapar cobertura
encapetado ressentimento
encapotado desinformação
encapotado falsidade
encapotado indumentária
encapotar cobertura
encapotar desinformação
encapotar falsidade
encapuchado ininteligibilidade
encapuzar cobertura
encaracolar aspereza
encaracolar sinuosidade
encarapinhar densidade
encarapinhar sinuosidade
encarar coragem
encarar desafio
encarar renitência
encarar visão
encarcerado penalidade
encarcerado preso
encarceramento restrição
encarcerar circunscrição
encarcerar prisão
encarcerar restrição
encardir sujidade
encarecer aprovação
encarecer carestia
encarecer exageração
encarecer exagero
encarecer superioridade
encarecimento aumento
encarecimento carestia
encarecimento exageração
encargo comissão
encargo despesa
encargo estorvo
encargo preço
encargo trabalho
encarnação intrinsecabilidade
encarnação representação
encarnado intrinsecabilidade
encarnado luz
encarnado vermelhidão
encarnado vermelhidão
encarnar hábito
encarnar indicação
encarnar matéria

encarnar pintura
encarnar representação
encarnar substancialidade
encarnar vermelhidão
encarniçado excitabilidade
encarniçado excitação
encarniçado força
encarniçado grandeza
encarniçado homicídio
encarniçado inclemência
encarniçado obstinação
encarniçado ódio
encarniçado qualidades
encarniçado ressentimento
encarniçado vermelhidão
encarniçado violência
encarniçar excitação
encarniçar hábito
encarniçar motivo
encarniçar vermelhidão
encarniçar violência
encarquilhar dobra
encarregado servo
encarregar comissão
encarreirar arranjo
encarreirar gestão
encartar escola
encarte livro
encarte publicidade
encasquetar motivo
encastelar defesa
encastelar depósito
encastelar reunião
encastoar junção
encéfalo intelecto
encenação aparecimento
encenação drama
encenação ostentação
encenar drama
encerado cobertura
encerado enterro
encerado óleo
encerado secura
encerar cobertura
encerar lubrificação
encerrar acabamento
encerrar circunjacência
encerrar composição
encerrar desinformação
encerrar fechamento
encerrar invisibilidade
encerrar latência
encerrar receptáculo
encerrar restrição
encerrar sequência
encetamento começo
encetar começo
encetar empreendimento
encharcado pântano
encharcar água
encharcar pântano
encharcar redundância
encharcar rio
encharcar sujidade
enchente grandeza
enchente multidão
enchente recife
enchente redundância
enchente reunião
enchente rio
encher compensação
encher completamento
encher conteúdo
encher depósito
encher descontentamento
encher dolorimento
encher enfado
encher estorvo
encher forro
encher imaginação
encher inação
encher ingressão
encher inserção
encher multidão
encher presença
encher reunião
encher saciedade
encher suficiência
encher tempo
enchido forro
enchimento completamento
enchimento conteúdo
enchimento forro
enchimento saciedade
enchimento suficiência
encíclica correspondência
encíclica ensino
encíclica publicidade
enciclopédia conhecimento
enciclopédia informação
enciclopédico generalidade
enciclopedista livro
encilhar indumentária
encimar cume
enciumado ciúme
enclausurar restrição
enclausurar retenção
encoberto desinformação
encoberto invisibilidade
encoberto latência
encobrir desinformação
encobrir falsidade
encobrir fraude
encobrir invisibilidade
encobrir segurança
encobrir sombra
encolerizar dolorimento
encolher pequenez
encolhido baixeza
encolhido estreiteza
encolhido frio
encolhido humildade
encolhido insuficiência
encolhido modéstia
encomenda comissão
encomenda trabalho
encomendação morte
encomendar comando
encomendar comissão
encomiar aprovação
encômio aprovação
encompridar comprimento
encompridar exagero
encontradiço frequência
encontrão impulso
encontrar acaso
encontrar aquisição
encontrar convergência
encontrar descoberta
encontrar eventualidade
encontro acaso
encontro amizade
encontro angularidade
encontro contenda
encontro contiguidade
encontro convergência
encontro descoberta
encontro impulso
encontro resistência
encorajamento alívio
encorajamento motivo
encorajar aprovação
encorajar auxílio
encorajar coragem
encorajar excitação
encorajar motivo
encordoar preparação
encorpar densidade

encorpar meio líquido
encosta obliquidade
encostado obliquidade
encostar obliquidade
encosto auxílio
encosto segurança
encosto suporte
encouraçado combatente
encouraçado defesa
encouraçado nave
encouraçado potencial de guerra
encouraçar defesa
encouraçar desinteresse
encouraçar segurança
encovado estreiteza
encovar desinformação
encravar contiguidade
encravar fraude
encravar impotência
encravar inserção
encravar malevolência
encravar refutação
encrenca desordem
encrenqueiro contenda
encrespado convexidade
encrespado violência
encrespar aspereza
encrespar diversidade
encrespar dobra
encrespar sinuosidade
encrespar vento
encruado dificuldade
encruado insucesso
encruar estabilidade
encruar impenitência
encruar insensibilidade
encruar recaída
encruar rigidez
encruzilhada bissecção
encruzilhada cruzamento
encurralar ataque
encurralar domesticação
encurralar restrição
encurtamento compêndio
encurtamento diminuição
encurtamento subtração
encurtar amorfia
encurtar apropriação
encurtar concisão
encurtar contração
encurtar diminuição
encurtar economia
encurtar encurtamento
encurtar insuficiência
encurtar presteza
encurtar restrição
encurtar subtração
encurtar transitoriedade
encurvado curvatura
encurvar curvatura
endemia doença
endemia frequência
endemia insalubridade
endêmico continuidade
endêmico doença
endêmico especialidade
endêmico frequência
endêmico insalubridade
endêmico interioridade
endemoniado violência
endemoninhado desvirtude
endemoninhado excitabilidade
endemoninhado loucura
endemoninhado malevolência
endemoninhado ressentimento
endereçar direção
endereçar escrita
endereço direção
endereço indicação
endereço indicação
endereço localização
endereço morada
endeusar aprovação
endeusar exageração
endeusar fama
endeusar idolatria
endiabrado astúcia
endiabrado excitabilidade
endiabrado loucura
endiabrado malevolência
endiabrado ressentimento
endiabrado violência
endinheirado riqueza
endireitar arranjo
endireitar direitura
endireitar melhoramento
endividar gratidão
endocarpo centralidade
endoenças rito
endoidecer loucura
endoscópio investigação
endossar aprovação
endossar assentimento
endossar contrato
endossar dinheiro
endossar evidência
endossar fiança
endosso assentimento
endosso dinheiro
endosso fiança
endosso indicação
endosso registro
endurecer desinteresse
endurecer estabilidade
endurecer força
endurecer impenitência
endurecer rigidez
endurecimento impenitência
endurecimento impiedade
endurecimento rigidez
eneágono angularidade
enegrecer aquecimento
enegrecer difamação
enegrecer infamação
enegrecer obscuridade
enegrecer pretidão
enegrecer sujidade
êneo diuturnidade
êneo força
êneo insensibilidade
êneo rigidez
energético energia
energia atividade
energia coragem
energia esforço
energia força
energia intrinsecabilidade
energia poder
energia resolução
energia vigor
enérgico barulho
enérgico concisão
enérgico energia
enérgico excitação
enérgico força
enérgico raciocínio
enérgico resolução
enérgico sentimento
enérgico vigor
energizar energia
energizar vigor
energúmeno exagero
energúmeno homem ruim
energúmeno impiedade

energúmeno loquacidade
energúmeno louco
energúmeno obliquidade
energúmeno obstinação
enervar fraqueza
enervar impotência
enervar pioramento
enésimo numerais ordinais
enevoado bolha
enevoado ininteligibilidade
enevoado invisibilidade
enevoado meia-luz
enevoado obscuridade
enevoado opacidade
enevoado sombra
enevoar obscuridade
enevoar sombra
enevoar tristeza
enfadar descontentamento
enfadar dolorimento
enfadar enfado
enfado descontentamento
enfado fadiga
enfado má vontade
enfado sofrimento
enfado tristeza
enfadonho chateza
enfadonho dificuldade
enfadonho dolorimento
enfadonho enfado
enfadonho expectação
enfadonho tristeza
enfaixar cobertura
enfaixar indumentária
enfaixar infância
enfaro amargura
enfaro enfado
enfarruscar pretidão
enfarruscar sujidade
enfartar estorvo
enfartar fechamento
enfartar saciedade
enfarte estorvo
enfarte fechamento
enfarte saciedade
ênfase afirmação
ênfase floreio
ênfase importância
ênfase voz
enfastiar dolorimento
enfastiar enfado
enfático afirmação
enfático elegância
enfático floreio
enfático frouxidão
enfear fealdade
enfear mancha
enfeitado moda
enfeitar beleza
enfeitar exagero
enfeitar falsidade
enfeitar ornamento
enfeite adjunto
enfeite borda
enfeite indumentária
enfeite ornamento
enfeitiçado encantamento
enfeitiçado feiticeiro
enfeitiçar amor
enfeitiçar bruxaria
enfeitiçar deleite
enfeitiçar encantamento
enfeitiçar excitação
enfeitiçar feiticeiro
enfeixar convergência
enfeixar junção
enfeixar restrição
enfeixar reunião
enfermar doença
enfermar saúde
enfermaria remédio
enfermiço doença
enfermidade desvirtude
enfermidade doença
enfermidade fraqueza
enfermidade mal
enfermo doença
enfermo fraqueza
enferrujado inatividade
enferrujado pioramento
enferrujado velharia
enferrujar pioramento
enferrujar velharia
enfezado contração
enfezado insignificância
enfezado insuficiência
enfezado irascibilidade
enfezado pequenez
enfezado ressentimento
enfezamento fraqueza
enfezar contração
enfezar fraqueza
enfezar hipocondria
enfezar pioramento
enfezar ressentimento
enfiada continuidade
enfiada reunião
enfiada sequência
enfiada suficiência
enfiar abertura
enfiar indumentária
enfiar inserção
enfiar passagem
enfiar sentimento
enfim concisão
enfim demora
enfim raciocínio
enfiteuta possuidor
enforcamento punição
enforcar barateza
enforcar homicídio
enforcar punição
enfraquecer apropriação
enfraquecer diminuição
enfraquecer fadiga
enfraquecer fraqueza
enfraquecer justificação
enfraquecer moderação
enfraquecer pioramento
enfraquecer pouquidade
enfraquecido impotência
enfraquecido inatividade
enfraquecido pouquidade
enfraquecimento diminuição
enfraquecimento fraqueza
enfraquecimento pioramento
enfrentamento desafio
enfrentamento discórdia
enfrentamento resistência
enfrentamento temeridade
enfrentar contenda
enfrentar coragem
enfrentar desafio
enfrentar frente
enfrentar oponente
enfrentar oposição
enfrentar renitência
enfronhado conhecimento
enfronhar ensino
enfumaçar sujidade
enfunado convexidade
enfunado dilatação
enfunar vaidade
enfurecer excitação
enfurecer ressentimento
enfurecer violência
enfurecido ressentimento

enfurecido violência
enfurecimento excitabilidade
enfurecimento violência
enfurnado desinformação
enfurnar desinformação
enfurnar localização
engabelar fraude
engaiolado circunscrição
engaiolamento restrição
engajamento contrato
engajar guerra
engajar servo
engalanar beleza
engalanar floreio
engalanar ornamento
engalanar ostentação
engambelar desonestidade
enganação falsidade
enganação ostentação
enganado fraude
enganador astúcia
enganador erro
enganador falsidade
enganador fraude
enganador mentira
enganador velhaco
enganar astúcia
enganar desensino
enganar desinformação
enganar erro
enganar falsidade
enganar fraude
engano astúcia
engano erro
engano falsidade
engano imaginação
engano incerteza
engano insucesso
enganoso astúcia
enganoso erro
enganoso falsidade
enganoso fraude
enganoso irracionalidade
engarrafar conteúdo
engarrafar depósito
engarrafar desinformação
engarrafar estreiteza
engarrafar memória
engarrafar preservação
engarrafar restrição
engasgado ceticismo
engasgado refutação
engasgar estorvo
engasgar incerteza
engasgo afonia
engasgo dificuldade
engasgo gagueira
engastar encaixe
engastar junção
engaste encaixe
engate vínculo
engatilhar preparação
engatinhar vagareza
engavetar depósito
engendrar causa
engendrar fraude
engendrar imaginação
engendrar plano
engenheiro agente
engenheiro combatente
engenheiro douto
engenheiro medida
engenho astúcia
engenho douto
engenho habilidade
engenho imaginação
engenho instrumento
engenho inteligência
engenho pulverização
engenhoca astúcia
engenhoca fraude
engenhoso astúcia
engenhoso habilidade
engenhoso imaginação
engessar brancura
engessar cobertura
englobar adição
englobar junção
englobar mistura
englobar reunião
engodo astúcia
engodo desonestidade
engodo doação
engodo fraude
engodo motivo
engolir comida
engolir desprezo
engolir destruição
engolir esbanjamento
engolir recepção
engomado janota
engomar lisura
engonçar encaixe
engonçar junção
engonço vínculo
engordar comida
engordar dilatação
engordar melhoramento
engordurar lubrificação
engordurar sujidade
engraçado alegria
engraçado deleite
engraçado desconformidade
engraçado espírito
engraçado ridicularia
engrandecer aprovação
engrandecer aumento
engrandecer bondade
engrandecer culto
engrandecer exagero
engrandecer fama
engrandecer tamanho
engrandecimento aumento
engrandecimento dilatação
engrandecimento exageração
engrandecimento fama
engraxar lubrificação
engraxate adulador
engraxate limpeza
engrenar encaixe
engrinaldar ornamento
engrinaldar recompensa
engrolado despreparo
engrolar aquecimento
engrolar falsidade
engrolar gagueira
engrolar não acabamento
engrossamento lisonja
engrossar adição
engrossar aumento
engrossar densidade
engrossar dilatação
engrossar lisonja
engrupir desonestidade
engrupir falsidade
enguiçar bruxaria
enguiçar pioramento
enguiço bruxaria
enguiço desesperança
enguiço fealdade
enguiço infante
engulhar amargura
engulhar aversão
engulhar expulsão
engulho amargura
engulho aversão

engulho desejo
engulho enfado
enigma absurdo
enigma equívoco
enigma segredo
enigmático desinformação
enigmático incerteza
enigmático ininteligibilidade
enjaular restrição
enjeitado abandono de propriedade
enjeitado aquisição
enjeitar abandono de propriedade
enjeitar aversão
enjeitar desamparo
enjeitar desprezo
enjeitar recusa
enjeitar rejeição
enjoado aversão
enjoado chateza
enjoar amargura
enjoar aversão
enjoar dolorimento
enjoar enfado
enjoar ressentimento
enjoativo amargura
enjoativo aversão
enjoativo dolorimento
enjoativo enfado
enjoativo picante
enlaçamento cruzamento
enlaçar cruzamento
enlaçar junção
enlace junção
enlambuzar sujidade
enlameado pântano
enlameado umidade
enlamear difamação
enlamear infamação
enlamear malevolência
enlamear sujidade
enlanguescer fraqueza
enlanguescer inatividade
enlatar preservação
enleado irresolução
enlear cruzamento
enlear incerteza
enlear ininteligibilidade
enlear junção
enleio admiração
enleio desatenção
enleio dificuldade
enleio incerteza
enleio irresolução
enleio sinuosidade
enlevado admiração
enlevado atenção
enlevado pensamento
enlevado prazer
enlevado sentimento
enlevamento amor
enlevamento excitação
enlevar atenção
enlevar beleza
enlevar deleite
enlevar excitação
enlevar importância
enlevar melodia
enlevo admiração
enlevo amor
enlevo contentamento
enlevo desatenção
enlevo desejo
enlevo favorito
enlevo prazer
enlevo prodígio
enlevo sentimento
enlouquecer loucura
enlouquecer violência
enlouquecido louco
enluarado meia-luz
enlutado lamentação
enlutar dolorimento
enlutar homicídio
enlutar tristeza
enobrecer bondade
enobrecer exageração
enobrecer fama
enobrecer melhoramento
enobrecer nobreza
enobrecimento fama
enodoar depreciação
enodoar difamação
enodoar infamação
enodoar mancha
enodoar sujidade
enófilo embriaguez
enojar amargura
enojar aversão
enojar dolorimento
enojar enfado
enorme grandeza
enorme multidão
enorme tamanho
enormidade absurdo
enormidade culpa
enormidade erro
enormidade grandeza
enormidade tamanho
enovelar cruzamento
enovelar sinuosidade
enquadrar circunscrição
enquadrar restrição
enquistado circunscrição
enrabichar estorvo
enrascada dificuldade
enrascada perigo
enrascar acusação
enredado junção
enredar astúcia
enredar cruzamento
enredar desarranjo
enredar estorvo
enredar incerteza
enredar junção
enredar mistura
enredar notícia
enredar plano
enredo astúcia
enredo cruzamento
enredo falsidade
enredo fraude
enredo malevolência
enredo notícia
enredo palestra
enredo plano
enredo significação
enredo tópico
enregelado frio
enregelado insensibilidade
enregelado morte
enregelar resfriamento
enricar aumento
enricar riqueza
enrijar força
enrijar rigidez
enrijecer força
enrijecer rigidez
enrijecimento rigidez
enriquecer aumento
enriquecer bondade
enriquecer ensino
enriquecer inclusão
enriquecer melhoramento
enriquecer ornamento
enriquecer produção
enriquecer riqueza

enriquecimento melhoramento
enrodilhar circuição
enrodilhar sinuosidade
enrolar cobertura
enrolar cruzamento
enrolar curvatura
enrolar fraude
enrolar junção
enrolar sinuosidade
enroscado obliquidade
enroscar circuição
enroscar cruzamento
enroscar dobra
enroscar sinuosidade
enroupar cobertura
enrouquecer afonia
enrouquecer sussurro
enrubescer vermelhidão
enrubescer-se modéstia
enrugamento dobra
enrugar aspereza
enrugar diversidade
enrugar dobra
enrugar sinuosidade
ensaboado limpeza
ensaboar limpeza
ensaboar lubrificação
ensaboar reprovação
ensacar apropriação
ensacar aquisição
ensacar conteúdo
ensacar depósito
ensaiar drama
ensaiar ensaio
ensaiar estudo
ensaiar experiência
ensaiar preparação
ensaio dissertação
ensaio estudo
ensaio experiência
ensaio preparação
ensancha liberdade
ensancha oportunidade
ensancha resto
ensandecer imbecilidade
ensandecer loucura
ensarilhar cruzamento
enseada concavidade
enseada golfo
enseada intervalo
ensebar lubrificação
ensejar oportunidade
ensejo oportunidade
ensimesmado interioridade
ensimesmado modéstia
ensinamento ensino
ensinamento preceito
ensinar ensino
ensinar escola
ensinar hábito
ensinar informação
ensinar mestre
ensinar punição
ensino defeituoso desensino
ensino ineficiente desensino
ensino conselho[2]
ensino punição
ensoberbecer orgulho
ensopar água
ensopar inserção
ensopar umidade
ensurdecer barulho
entabular arranjo
entabular auxílio
entabular começo
entaipar cobertura
entaipar restrição
entalar dificuldade
entalar estreiteza
entalhado encaixe
entalhador artista
entalhador gravura
entalhadura convexidade
entalhadura encaixe
entalhadura gravura
entalhar cobertura
entalhar encaixe
entalhar escrita
entalhar forma
entalhar gravura
entalhar produção
entalhe encaixe
entalhe escrita
entalhe indicação
entalho angularidade
entalho concavidade
entalho escrita
entalho gravura
então tempo diferente
então tempo
entardecer inoportunidade
entardecer tarde
ente existência
ente substancialidade
entediar aversão
entediar enfado
entender conhecimento
entender gestão
entender inteligibilidade
entender pensamento
entender raciocínio
entendido bom gosto
entendido conhecimento
entendido douto
entendido proficiente
entendido sábio
entendimento concórdia
entendimento intelecto
entendimento inteligência
entendimento raciocínio
entenebrecer tarde
enternecedor carícias
enternecedor deleite
enternecedor melodia
enternecer clemência
enternecer excitação
enternecimento clemência
enternecimento condolência
enternecimento dolorimento
enterramento enterro
enterrar desinformação
enterrar enterro
enterrar homicídio
enterrar inserção
enterro ridicularização
entesourar economia
entesourar memória
entesourar propriedade
entesourar reunião
entesourar riqueza
entidade substancialidade
entoação melodia
entoação voz
entoamento melodia
entoar melodia
entoar músico
entocar desinformação
entojo enfado
entojo ódio
entomologia zoologia
entomologista zoologia
entonação voz
entono orgulho
entontecedor velocidade

entontecer agitação
entontecer embriaguez
entontecer impotência
entontecer loucura
entornar comida
entornar embriaguez
entornar esbanjamento
entornar expulsão
entornar intemperança
entornar inversão
entornar rio
entorno circunjacência
entorno contiguidade
entorpecente insensibilidade
entorpecer desinteresse
entorpecer estorvo
entorpecer fraqueza
entorpecer inércia
entorpecer moderação
entorpecido desinteresse
entorpecido inatividade
entorpecimento desinteresse
entorpecimento inatividade
entortar obliquidade
entrada abertura
entrada aproximação
entrada borda
entrada começo
entrada comida
entrada ingressão
entrada intervalo
entrada oportunidade
entrada receita
entrada registro
entrançar cruzamento
entrançar junção
entrançar sinuosidade
entrançar variegação
entranha amizade
entranha amor
entranhado força
entranhado grandeza
entranhado qualidades
entranhado velharia
entranhar interioridade
entranhas intrinsecabilidade
entranhas qualidades
entrante ingressão
entrar no armário hermafrodismo
entrar ingressão
entravar estorvo
entravar restrição
entrave estorvo
entredentes sussurro
entre interjacência
entreaberto abertura
entreaberto intervalo
entreabrir abertura
entreabrir intervalo
entreabrir visibilidade
entreato descontinuidade
entreato drama
entreato tempo
entrecasca interioridade
entrecerrar desinformação
entrecho drama
entrecho plano
entrecho tópico
entrecortado descontinuidade
entrecortar cruzamento
entrecortar descontinuidade
entrecortar interjacência
entrega abandono de propriedade
entrega doação
entrega provisão
entrega restituição
entrega sentimento
entrega submissão
entregador velhaco
entregar abandono de propriedade
entregar desonestidade
entregar doação
entregar provisão
entregar restituição
entregar-se submissão
entregue doação
entregue submissão
entrelaçamento conformidade
entrelaçamento cruzamento
entrelaçar cruzamento
entrelaçar mistura
entrelaçar sinuosidade
entrelinha desinformação
entrelinha dissertação
entrelinha interjacência
entrelinha latência
entrelinhar escrita
entrelinhar intervalo
entreluzir meia-luz
entremear cruzamento
entremear descontinuidade
entremear interjacência
entremear intervalo
entremear mistura
entremeio cruzamento
entremeio interjacência
entremeio intervalo
entremeio tempo
entrementes compensação
entrementes tempo
entremostrar aparecimento
entreouvir audição
entrepernas cruzamento
entreposto depósito
entreposto mercado
entretanto compensação
entretanto raciocínio
entretecer cruzamento
entretecer junção
entretecer mistura
entretecer sinuosidade
entretecer variegação
entretela forro
entretenimento divertimento
entreter alívio
entreter contentamento
entreter demora
entreter divertimento
entreter preservação
entrevado impotência
entrevar impotência
entrever expectativa
entrever previdência
entrever visão imperfeita
entrever visão
entrevero discórdia
entrevista palestra
entrevista sociabilidade
entrincheirado defesa
entrincheiramento defesa
entrincheirar defesa
entristecer dolorimento
entristecer tristeza
entroncar atribuição
entroncar inserção
entroncar interjacência
entronização comissão
entronização fama
entronizar fama

entropia calor
entrosar encaixe
entrouxar reunião
entrudo divertimento
entulhado redundância
entulhar completamento
entulhar conteúdo
entulhar depósito
entulhar estorvo
entulho estorvo
entulho inutilidade
entulho pulverização
entulho sem significação
entupimento estorvo
entupir completamento
entupir conteúdo
entupir depósito
entupir estorvo
entupir inserção
entupir presença
entupir saciedade
entusiasmado prazer
entusiasmar deleite
entusiasmar excitabilidade
entusiasmar influência
entusiasmar motivo
entusiasmo admiração
entusiasmo atividade
entusiasmo esperança
entusiasmo prazer
entusiasmo sentimento
entusiasmo vigor
entusiasta adulador
entusiasta esperança
entusiasta interesse
entusiasta obstinação
entusiasta sentimento
entusiástico esperança
entusiástico excitabilidade
entusiástico imaginação
entusiástico sentimento
enumeração lista
enumerar descrição
enumerar inclusão
enumerar informação
enunciação voz
enunciado frase
enunciar afirmação
enunciar discurso
enunciar frase
enunciar investigação
enunciar publicidade
enunciar voz
enurese doença
envasilhar conteúdo
envelhecer desuso
envelhecer velharia
envelhecer velhice
envelhecido velhice
envelhecimento velharia
envelope cobertura
envenenado doença
envenenado dolorimento
envenenado insalubridade
envenenamento pioramento
envenenamento veneno
envenenar agravação
envenenar insalubridade
envenenar interpretação errônea
envenenar mau uso
envenenar pioramento
envenenar ressentimento
envenenar ruindade
envenenar veneno
enverdecer verde
enveredar autoridade
envergadura largura
envergar curvatura
envergar indumentária
envergonhado humildade
envergonhado ingênuo
envergonhado modéstia
envergonhar-se modéstia
envernizado embriaguez
envernizar cobertura
envernizar falsidade
envernizar irracionalidade
envernizar justificação
envernizar lisura
envernizar ornamento
envernizar pintura
envernizar preservação
envernizar resina
enviado consignatário
enviado deputado
enviado mensageiro
enviar comissão
enviar doação
enviar propulsão
enviar transferência
envidraçar cobertura
envidraçar meia-luz
enviesar obliquidade
envilecer infamação
envilecimento infamação
enviuvar divórcio
enviuvar homicídio
enviuvar isolamento
envolto desordem
envolto lamentação
envoltório cerca
envoltório cobertura
envolvente elegância
envolver acusação
envolver causa
envolver circunjacência
envolver circunscrição
envolver cobertura
envolver composição
envolver evidência
envolver latência
envolver mistura
envolver significação
envolver sucesso
envolvido mistura
envolvimento atividade
envolvimento cooperação
enxada agricultura
enxada agudeza
enxadão agudeza
enxadrezar cruzamento
enxaguar limpeza
enxame continuidade
enxame multidão
enxame suficiência
enxamear multidão
enxamear reunião
enxamear suficiência
enxaqueca doença
enxárcia reunião
enxaropar remédio
enxerga suporte
enxergão suporte
enxergar descoberta
enxergar visão
enxerido desacordo
enxerido interjacência
enxertado desacordo
enxertado extrinsecabilidade
enxertado hábito
enxertar adição
enxertar agricultura
enxertar ensino
enxertar inserção
enxertar localização
enxerto extrinsecabilidade

enxerto inserção
enxerto registro
enxofre amarelo
enxofre combustível
enxotar inoportunidade
enxotar repulsão
enxotar revogação
enxoval indumentária
enxoval preparação
enxoval propriedade
enxovalhar desrespeito
enxovalhar difamação
enxovalhar dolorimento
enxovalhar infamação
enxovalhar reprovação
enxovalhar sujidade
enxovia prisão
enxugar secura
enxúndia tamanho
enxurrada plebeísmo
enxurrada rio
enxurrada suficiência
enxuto desinteresse
enxuto secura
epacta período
epiceno hermafrodismo
epiceno multiformidade
épico artes
épico descrição
épico fama
épico poesia
epicurismo intemperança
epicurista divertimento
epicurista gula
epicurista sensualista
epidemia doença
epidemia generalidade
epidêmico descontinuidade
epidêmico dispersão
epidêmico doença
epidêmico generalidade
epidêmico insalubridade
epiderme cobertura
epiderme exterioridade
epidérmico exterioridade
epifania rito
epígono posteridade
epígrafe indicação
epígrafe nomenclatura
epigrama espírito
epigrama ridicularização
epilepsia excitabilidade
epiléptico agitação
epiléptico excitabilidade
epiléptico ímpeto
epiléptico sentimento
epiléptico violência
epílogo acabamento
epílogo compêndio
epílogo drama
epílogo efeito
epílogo exposição
epílogo fim
epílogo sucessor
episcopal cargos da Igreja
episódico infrequência
episódico interjacência
episódico não relação
episódico prolixidade
episódico transitoriedade
episódio descontinuidade
episódio eventualidade
episódio interjacência
episódio parte
episódio prolixidade
epístola correspondência
epístola ensino
epistolar correspondência
epitáfio enterro
epitáfio poesia
epitalâmio casamento
epitalâmio poesia
epíteto adjunto
epíteto apelido
epíteto desrespeito
epíteto nomenclatura
epítome compêndio
epítome concisão
epítome pequenez
epizootia doença
epizootia domesticação
época tempo
epóxi camada
equação compensação
equação igualdade
equação número
equação relação
equacionar relação
equador calor
equador circunferência
equador meio
equador região
equador universo
equânime inexcitabilidade
equânime perdão
equânime tolerância
equidistância paralelismo
equidistante meio
equidistante paralelismo
equidistar meio
equidistar paralelismo
equilibrado moderação
equilibrado sanidade
equilibrar compensação
equilibrar igualdade
equilíbrio bom gosto
equilíbrio cautela
equilíbrio compensação
equilíbrio igualdade
equilíbrio mediocridade
equilíbrio sanidade
equilíbrio simetria
equilíbrio tergiversação
equilibrista drama
equilibrista proficiente
equilibrista tergiversação
equimose dor
equinócio universo
equipagem instrumento
equipamento instrumentalidade
equipamento instrumento
equipamento preparação
equipamento propriedade
equipar equipagem
equipar indumentária
equipar preparação
equiparar comparação
equiparar igualdade
equitação locomoção
equivalência compensação
equivalência igualdade
equivalente compensação
equivalente igualdade
equivalente interpretação
equivalente preço
equivalente relação
equivaler preço
equivaler significação
equivocação irracionalidade
equivocar falsidade
equivocar incerteza
equivocar irracionalidade
equivocar-se equívoco
equívoco descrença
equívoco desinformação
equívoco discórdia
equívoco equívoco

equívoco erro
equívoco falsidade
equívoco impureza
equívoco incerteza
equívoco irracionalidade
equívoco obliquidade
era cronometria
era tempo
erário tesouraria
ereção elevação
ereção impureza
ereção produção
ereção verticalidade
eremita ascetismo
eremita reclusão
erétil elevação
erétil verticalidade
ereto elevação
ereto verticalidade
erguer discurso
erguer elevação
erguer grito
erguer melhoramento
erguer produção
erguimento elevação
erguimento melhoramento
eriçado agudeza
eriçado aspereza
eriçado dificuldade
eriçar agudeza
eriçar aspereza
erigir altura
erigir elevação
erigir produção
erigir verticalidade
ermida reclusão
ermida templo
ermo ausência
ermo reclusão
erodir não organização
erosão energia
erosão pioramento
erosivo aquecimento
erosivo energia
erótico amor
erótico impureza
erótico prazer
erotismo prazer
erradicação extração
erradicar extração
erradio desvio
erradio disjunção
erradio dispersão
erradio isolamento
erradio locomoção
erradio movimento
erradio mutabilidade
errado erro
errado ingênuo
errado interpretação errônea
errado inversão
errante deslocação
errante desvio
errante dispersão
errante locomoção
errante movimento
errante mutabilidade
errar desvio
errar desvirtude
errar erro
errar ininteligibilidade
errar interpretação errônea
errar obliquidade
errata erro
erro culpa
erro desvio
erro desvirtude
erro heterodoxia
erro insucesso
erro solecismo
erro grosseiro erro
erro imperdoável erro
erro injustificável erro
erro material erro
erro supino erro
errôneo erro
eructação expulsão
erudição conhecimento
erudição estudo
erudição linguagem
eruditismo conhecimento
erudito douto
erudito sábio
erupção egressão
erupção recife
erupção violência
erva dinheiro
erva imperfeição
esbaldar-se divertimento
esbandalhar destruição
esbandalhar disjunção
esbanjador esbanjamento
esbanjador prodigalidade
esbanjamento dispersão
esbanjamento prodigalidade
esbanjar diminuição
esbanjar esbanjamento
esbanjar prodigalidade
esbarrar cessação
esbarrar impulso
esbelto beleza
esbirro jurisdição
esbirro tirania
esboçado deficiência
esboçado não acabamento
esboçar forma
esboçar pintura
esboçar plano
esboçar representação
esboço aparecimento
esboço compêndio
esboço descrição
esboço dissertação
esboço forma
esboço não acabamento
esboço pintura
esboço plano
esboço registro
esboço representação
esbofetear ataque
esbofetear contenda
esbofetear punição
esbofetear ruindade
esboroar ceticismo
esboroar depressão
esboroar descida
esboroar destruição
esboroar disjunção
esboroar pulverização
esborrachar destruição
esborrachar disjunção
esborrachar fragilidade
esborrachar pulverização
esbranquiçado acromatismo
esbranquiçado brancura
esbravejar barulho
esbravejar excitabilidade
esbravejar grito
esbravejar ressentimento
esbravejar violência
esbugalhado convexidade
esbulhar apropriação
esbulhar impropriedade
esbulho furto
esbulho perda
esbulho prodigalidade
esburacado abertura

esburacar concavidade
escabeche picante
escabelo suporte
escabreado ressentimento
escabroso desvirtude
escabroso diversidade
escabroso obliquidade
escabroso sujidade
escada elevação
escada passadouro
escada subida
escadaria elevação
escadaria passadouro
escafandro investigação
escafandro mergulho
escafeder-se desaparecimento
escafeder-se escapatória
escafeder-se partida
escafeder-se transigência
escala continuidade
escala medida
escala melodia
escala termo
escala cromática melodia
escala diatônica melodia
escalada ataque
escalada elevação
escalada subida
escalador ataque
escalão suporte
escalar comissão
escalar elevação
escalar furto
escalar subida
escalar sucesso
escalavrar amorfia
escalavrar aspereza
escalavrar atrito
escalavrar despimento
escalavrar dolorimento
escalavrar ruindade
escalavrar vau
escaldado ceticismo
escaldado penitência
escaldar aquecimento
escaler nave
escalonar forma
escalonar preparação
escalpelar abertura
escalpelar investigação
escalpelo agudeza
escalpelo investigação
escalpo troféu
escalvado despimento
escalvado improdutividade
escalvado lisura
escama camada
escamação despimento
escamado camada
escamado cobertura
escamado ressentimento
escamar despimento
escambar permuta
escambar troca
escambo permuta
escambo troca
escamoso aspereza
escamoso camada
escamoso cobertura
escamoteação astúcia
escamoteação falsidade
escamoteação fraude
escamoteação furto
escamoteação habilidade
escamotear astúcia
escamotear fraude
escamotear furto
escancarado aparecimento
escancarado candura
escancarado exposição
escancarar abertura
escancarar exposição
escancarar intervalo
escandalizar descontentamento
escandalizar desvirtude
escandalizar malevolência
escandalizar reprovação
escandalizar ressentimento
escândalo desvirtude
escândalo discórdia
escândalo dolorimento
escândalo infamação
escândalo mau uso
escândalo notícia
escândalo palestra
escândalo ressentimento
escandaloso desvirtude
escandaloso grandeza
escandaloso impureza
escandaloso infamação
escandaloso mau uso
escandaloso ostentação
escandaloso reprovação
escaneado escrita
escaneamento impressão
escâner impressão
escangalhar destruição
escangalhar disjunção
escanhoar acabamento
escanhoar lisura
escanifrado assimetria
escanifrado estreiteza
escaninho esconderijo
escaninho interioridade
escanzelado assimetria
escapada escapatória
escapada transigência
escapadela capricho
escapadela divertimento
escapadela escapatória
escapadela transigência
escapadiço escapatória
escapar esquecimento
escapar exposição
escapar insignificância
escapar transgressão
escapar transigência
escapatória alegação
escapatória irracionalidade
escapatória justificação
escapatória mentira
escapatória plano
escapatória tergiversação
escape escapatória
escápula convexidade
escápula suporte
escapulário batina
escapulir libertação
escara sujidade
escarafunchar investigação
escaramuça contenda
escaramuça discórdia
escaramuça guerra
escaramuçar contenda
escarcéu barulho
escarcéu desordem
escarcéu grito
escarcéu oceano
escarcéu oposição
escarlate vermelhidão
escarlatina doença
escarlatina vermelhidão
escarmentar punição
escarmento ceticismo
escarmento insucesso
escarmento punição
escarnecer desrespeito

escarnecer ridicularização
escarnecimento ridicularização
escarninho desprezo
escarninho ridicularização
escárnio desprezo
escárnio infamação
escárnio ridicularização
escarpa altura
escarpa defesa
escarpa obliquidade
escarpado obliquidade
escarpado verticalidade
escarpim indumentária
escarradeira receptáculo
escarradeira sujidade
escarrapachar reprovação
escarrar expulsão
escarro excreção
escarro expulsão
escarro plebeísmo
escarvar abertura
escarvar encaixe
escarvar vau
escassear deficiência
escassear diminuição
escassear infrequência
escassear insuficiência
escassear pouquidade
escassear pouquidão
escassez deficiência
escassez diminuição
escassez falta
escassez infrequência
escassez insuficiência
escassez pobreza
escassez pouquidade
escassez pouquidão
escassez realidade
escasso encurtamento
escasso ignorância
escasso infrequência
escasso insuficiência
escasso pouquidade
escasso pouquidão
escatologia fim
escavação abertura
escavação encaixe
escavação investigação
escavado concavidade
escavador investigação
escavar abertura
escavar agricultura
escavar concavidade
escavar investigação
escavar profundidade
esclarecedor evidência
esclarecedor informação
esclarecer certeza
esclarecer evidência
esclarecer informação
esclarecer inteligibilidade
esclarecer interpretação
esclarecido conhecimento
esclarecido sábio
esclarecimento conhecimento
esclarecimento informação
esclarecimento interpretação
esclerótica visão
escoadouro conduto
escoadouro egressão
escoamento esbanjamento
escoamento expulsão
escoamento rio
escoar esbanjamento
escoar transferência
escoicear ataque
escoicear ignorância
escoicear impulso
escoimado inocência
escoimar absolvição
escoimar inocência
escoimar melhoramento
escoimar perfeição
escol bondade
escol moda
escol perfeição
escola classe
escola crença
escola ensino
escola pintura
escolar discípulo
escolar ensino
escolar escola
escolar infante
escolar teologia
escolástico conhecimento
escolástico douto
escolástico ensino
escolástico escola
escolástico estudo
escolástico intérprete
escolástico simplicidade
escolher comissão
escolher conduta
escolher cronometria
escolher deputado
escolher escolha
escolhido bondade
escolhido nobreza
escolho ilha
escolho perigo
escolho recife
escolta acompanhamento
escolta carcereiro
escolta combatente
escolta pouquidade
escolta refúgio
escolta segurança
escolta sucessão
escolta sucessor
escoltar lateralidade
escoltar segurança
escoltar sucessão
esconder desinformação
esconder segurança
esconderijo desaparecimento
esconderijo desinformação
esconderijo lugar
esconderijo refúgio
esconder-se esconderijo
escondido desinformação
escondido invisibilidade
esconjuração deprecação
esconjurar bruxaria
esconjurar encantamento
esconjurar maldição
esconjuro bruxaria
esconjuro encantamento
esconjuro fraude
esconso angularidade
esconso esconderijo
esconso injustiça
esconso obliquidade
escopeta potencial de guerra
escopo grau
escopo intenção
escopo significação
escopro gravura
escopro perfurador
escora auxílio
escora defesa
escora preparação
escora segurança
escora suporte

escorar auxílio
escorar suporte
escorchante preço
escorchar atrito
escorchar furto
escorchar preço
escorchar ruindade
escorço compêndio
escorço encurtamento
escorço pintura
escorço representação
escória plebeísmo
escória pulverização
escória resto
escória sujidade
escoriação atrito
escoriação despimento
escoriar atrito
escoriar despimento
escoriar vau
escorpião malfeitor
Escorpião universo
escorraçar aversão
escorraçar desprezo
escorraçar divertimento
escorraçar dolorimento
escorraçar malevolência
escorraçar reprovação
escorraçar repulsão
escorregadela culpa
escorregadela descida
escorregadela desvirtude
escorregadela erro
escorregadela insucesso
escorregadela solecismo
escorregadio lisura
escorregadio lubrificação
escorregadio obliquidade
escorregadio perigo
escorregadio untuosidade
escorregão impureza
escorregar descida
escorregar desvirtude
escorregar erro
escorregar insucesso
escorregar movimento
escorreito elegância
escorreito gramática
escorreito saúde
escorreito virtude
escorrer fluidez
escorrer rio
escorvar preparação
escoteiro viajante
escotilha abertura
escotoma visão imperfeita
escova aspereza
escova limpeza
escova reprovação
escovadela punição
escovadela reprovação
escovar atrito
escovar expulsão
escovar limpeza
escovar melhoramento
escovar preparação
escovar propulsão
escravatura sujeição
escravidão malevolência
escravidão servo
escravidão sujeição
escravização sujeição
escravizar sujeição
escravo preso
escravo servo
escravo sujeição
escrevente escrita
escrevente imitação
escrevente registrador
escrever correspondência
escrever dissertação
escrever escrita
escrever informação
escrever registro
escrevinhador escrita
escrevinhador livro
escrevinhar escrita
escriba advogado
escriba clerezia
escriba escrita
escriba registrador
escrínio receptáculo
escrita indicação
escrito livro
escritor livro
escritório receptáculo
escritura evidência
escritura fiança
escritura posse
escrituração contabilidade
escriturar contabilidade
escriturar escrita
escriturar registro
escriturário registrador
escriturário servo
escrivaninha escrita
escrivão advogado
escrivão escrita
escrivão registrador
escroque ladrão
escrúpulo atenção
escrúpulo cuidado
escrúpulo descrença
escrúpulo má vontade
escrúpulo medo
escrúpulo observância
escrupuloso cuidado
escrupuloso dever
escrupuloso incredulidade
escrupuloso investigação
escrupuloso justiça
escrupuloso má vontade
escrupuloso observância
escrupuloso probidade
escrupuloso veracidade
escrutar atenção
escrutar conhecimento
escrutar curiosidade
escrutar investigação
escrutinador investigação
escrutinar atenção
escrutinar escolha
escrutínio escolha
escrutínio investigação
escudado defesa
escudado segurança
escudar defesa
escudar segurança
escudeiro nobreza
escudeiro servo
escudela concavidade
escudela receptáculo
escudo defesa
escudo dinheiro
escudo indicação
escudo nobreza
escudo refúgio
escudo registro
escudo segurança
escudo título
esculpir escrita
esculpir forma
esculpir gravura
esculpir produção
esculpir sulco
escultor artista
escultura artes
escultura representação
escultural beleza

escultural escrita
escuma bolha
escuma insignificância
escuma ressentimento
escuma sujidade
escumar agitação
escumar bolha
escumilha ornamento
escuna nave
escurecer esquecimento
escurecer ininteligibilidade
escurecer meia-luz
escurecer obscuridade
escurecer pretidão
escurecer sombra
escurecer tarde
escureza obscuridade
escuridão cegueira
escuridão ignorância
escuridão meia-luz
escuridão obscuridade
escuridão pretidão
escuro desinformação
escuro fealdade
escuro ininteligibilidade
escuro latência
escuro meia-luz
escuro obscuridade
escuro opacidade
escuro tristeza
escurril tolo
escusa alegação
escusa condições
escusa justificação
escusa perdão
escusado inutilidade
escusado redundância
escusar absolvição
escusar justificação
escusável justificação
escuso sujidade
escutar atenção
escutar audição
esdrúxulo capricho
esdrúxulo desconformidade
esdrúxulo irregularidade
esdrúxulo mutabilidade
esdrúxulo poesia
esdrúxulo sílaba
esfacelamento decomposição
esfacelamento discórdia
esfacelar disjunção
esfacelar fragilidade
esfacelar inação
esfacelar pulverização
esfaimado desejo
esfaimado estreiteza
esfaimado gula
esfaimado insuficiência
esfalfado fadiga
esfalfar fadiga
esfalfar impotência
esfaquear abertura
esfaquear homicídio
esfaquear pioramento
esfaquear ruindade
esfarelar pulverização
esfarrapado despimento
esfarrapado insignificância
esfarrapado pobreza
esfarrapar destruição
esfarrapar disjunção
esfarrapar pioramento
esfera arena
esfera atividade
esfera esfericidade
esfera estado
esfera grau
esfera região
esfera trabalho
esfera universo
esfinge desconformidade
esfinge ininteligibilidade
Esfinge oráculo
esfinge segredo
esfolar apropriação
esfolar atrito
esfolar carestia
esfolar despimento
esfolar dor
esfolar furto
esfolar preço
esfolar vau
esfoliação camada
esfomeado estreiteza
esfomeado jejum
esforçado coragem
esforçado dever
esforçado esforço
esforçado perseverança
esforço agência
esforço atividade
esforço energia
esfrangalhar fragilidade
esfrega atrito
esfregação atrito
esfregão atrito
esfregar atrito
esfregar cobertura
esfregar limpeza
esfregar memória
esfriamento dissuasão
esfriamento frio
esfriamento resfriamento
esfriar dissuasão
esfriar moderação
esfriar resfriamento
esfuminho pintura
esfuziante prazer
esfuziante sentimento
esfuziar sibilação
esfuzilar luz
esgalgado estreiteza
esganação sovinaria
esganado gula
esganar homicídio
esganiçado estridor
esganiçado gagueira
esgar fealdade
esgaravatador limpeza
esgaravatar escolha
esgaravatar investigação
esgaravatar limpeza
esgarçar abertura
esgarçar disjunção
esgazear acromatismo
esgazear admiração
esgoelar grito
esgoelar voz
esgotado inexistência
esgotado supressão
esgotamento esbanjamento
esgotamento fadiga
esgotamento impotência
esgotamento pioramento
esgotar deficiência
esgotar egressão
esgotar esbanjamento
esgotar fadiga
esgotar secura
esgoto conduto
esgoto expulsão
esgoto limpeza
esgoto secura
esgrima contenda
esgrimir ataque

esgrimir contenda
esgrimista combatente
esguelha obliquidade
esguichar expulsão
esguichar fluidez
esguichar rio
esguicho água
esguicho rio
esguio altura
esguio comprimento
esguio estreiteza
esmaecer acromatismo
esmagador força
esmagador gravidade
esmagar amorfia
esmagar destruição
esmagar dolorimento
esmagar fragilidade
esmagar gravidade
esmagar humildade
esmagar pulverização
esmagar refutação
esmagar restrição
esmagar ruindade
esmagar tirania
esmaltar cobertura
esmaltar ornamento
esmaltar pintura
esmaltar variegação
esmalte cobertura
esmalte extrinsecabilidade
esmalte ornamento
esmalte pintura
esmerado bom gosto
esmerado conhecimento
esmerado moda
esmerado perfeição
esmeralda ornamento
esmeralda verde
esmeraldino verde
esmerar elegância
esmerar perfeição
esmeril agudeza
esmeril lisura
esmeril pulverização
esmerilar agudeza
esmerilar atrito
esmerilar investigação
esmerilar lisura
esmerilar melhoramento
esmerilhar atrito
esmerilhar investigação
esmerilhar lisura
esmero bom gosto
esmero cuidado
esmero elegância
esmero perfeição
esmigalhamento pulverização
esmigalhar amorfia
esmigalhar destruição
esmigalhar dor
esmigalhar fragilidade
esmigalhar parte
esmigalhar pulverização
esmiuçar atenção
esmiuçar interpretação
esmiuçar investigação
esmiuçar pulverização
esmo suposição
esmola benevolência
esmola doação
esmola insuficiência
esmolar benevolência
esmolar culto
esmolar doação
esmolar pedido
esmoler doação
esmoler homem bom
esmoler peticionário
esmoler recebimento
esmoler tesoureiro
esmorecer desamparo
esmorecer dissuasão
esmorecer meia-luz
esmorecer morte
esmorecido inação
esmorecido morte
esmorecimento desamparo
esmorecimento dissuasão
esmurrar ataque
esmurrar contenda
esmurrar impulso
esmurrar punição
esnobe hábito
esnobismo capricho
esnobismo hábito
esnobismo vaidade
esotérico bruxaria
esotérico desinformação
esotérico equívoco
esotérico especialidade
esoterismo especialidade
espaçado intervalo
espaçamento intervalo
espaçar demora
espaçar diuturnidade
espaçar espaço
espaçar infrequência
espaçar intervalo
espacejar espaço
espacejar intervalo
espacial distância
espacial universo
espaço ar
espaço distância
espaço grau
espaço intervalo
espaço melodia
espaço tamanho
espaço ilimitado espaço
espaço livre espaço
espaçonave nave
espaçoso espaço
espaçoso largura
espaçoso tamanho
espada guerra
espada obrigatoriedade
espada perfurador
espada potencial de guerra
espadachim combatente
espadachim desobediência
espadachim fanfarrão
espadachim temeridade
espadaúdo força
espadaúdo tamanho
espádua convexidade
espairecer alívio
espairecer divertimento
espairecer prazer
espairecer revigoramento
espairecimento divertimento
espalda convexidade
espalda suporte
espaldar defesa
espaldar suporte
espalhado incoesão
espalhado pouquidade
espalhafatar mau gosto
espalhafato agitação
espalhafato barulho
espalhafato desordem
espalhafato exagero
espalhafato jactância
espalhafato ostentação
espalhafatoso afetação
espalhafatoso exagero
espalhafatoso excitabilidade

espalhafatoso jactância
espalhafatoso obliquidade
espalhafatoso ostentação
espalhafatoso ridicularia
espalhafatoso vaidade
espalhamento disjunção
espalhamento dispersão
espalhar aumento
espalhar disjunção
espalhar dispersão
espalhar divergência
espalhar publicidade
espalmar amorfia
espalmar lisura
espanador limpeza
espanar expulsão
espanar limpeza
espancar punição
espancar ruindade
espantadiço excitabilidade
espantadiço medo
espantado admiração
espantado ceticismo
espantalho alarma
espantalho fealdade
espantalho inatividade
espantalho mau gosto
espantalho medo
espantar admiração
espantar excitação
espantar surpresa
espanto admiração
espanto medo
espanto surpresa
espantoso admiração
espantoso dolorimento
espantoso surpresa
esparadrapo alívio
espargimento dispersão
espargir cobertura
espargir dispersão
espargir rio
espargir umidade
espargir variegação
esparrela astúcia
esparrela fraude
esparso descontinuidade
esparso disjunção
esparso dispersão
esparso isolamento
esparso pouquidade
esparso supressão
espartano ascetismo
espartano probidade
espartano temperança
espartano virtude
espartilho indumentária
espasmo agitação
espasmo dor
espasmo irregularidade
espasmo revolução
espasmo violência
espasmódico agitação
espasmódico descontinuidade
espasmódico instantaneidade
espasmódico irregularidade
espasmódico mutabilidade
espasmódico transitoriedade
espasmódico violência
espata potencial de guerra
espatifar disjunção
espatifar fragilidade
espatifar violência
espátula pintura
espavento jactância
espavento medo
espavento ostentação
espaventoso ostentação
espavorido medo
espavorir medo
especial bondade
especial especialidade
especial intrinsecabilidade
especialidade bondade
especialidade intrinsecabilidade
especialidade sabor
especialidade trabalho
especialista douto
especialista remédio
especialização trabalho
especializar informação
especializar nomenclatura
especiaria tempero
espécie classe
espécie dinheiro
espécie estado
especificação descrição
especificação informação
especificar descrição
especificar discriminação
especificar especialidade
especificar informação
especificar nomenclatura
especificidade especialidade
específico especialidade
específico remédio
espécime conformidade
especioso erro
especioso fraude
especioso irracionalidade
especioso probabilidade
espectador presença
espectador proximidade
espectro cor
espectro demônio
espectro fealdade
espectro imaterialidade
espectro insubstancialidade
espectro júpiter
espectro luz
espectro medo
espectro visão imperfeita
especulação casualidade
especulação ensaio
especulação experiência
especulação pensamento
especulação permuta
especulação suposição
especulador mercador
especular acaso
especular ensaio
especular investigação
especular pensamento
especular permuta
especular suposição
especular transparêcia
especulativo pensamento
especulativo permuta
especulativo suposição
espéculo instrumentos de óptica
espéculo perfurador
espelhar imitação
espelhar luz
espelho homem bom
espelho instrumentos de óptica
espelho lisura
espelho perfeição
espelunca furto
espelunca morada
espera demora
espera expectativa

esperado expectativa
esperança crença
esperança expectativa
esperançoso esperança
esperançoso habilidade
esperançoso probabilidade
esperar demora
esperar desejo
esperar esperança
esperar expectação
esperar expectativa
esperar inação
esperável esperança
esperável probabilidade
esperma produção
espermacete óleo
espernear agitação
espernear descontentamento
espernear lamentação
espernear renitência
espernear reprovação
espernear salto
espernear violência
espertalhão astúcia
espertalhão velhaco
esperteza astúcia
esperteza atividade
esperteza fraude
esperteza habilidade
esperteza inteligência
esperto astúcia
esperto atividade
esperto energia
esperto excitabilidade
esperto habilidade
esperto inteligência
esperto velocidade
espessar densidade
espessar opacidade
espesso densidade
espesso meio líquido
espesso obscuridade
espesso opacidade
espesso vegetal
espessura densidade
espessura largura
espessura meio líquido
espessura opacidade
espessura tamanho
espetacular ostentação
espetáculo anedota
espetáculo aparecimento
espetáculo drama
espetáculo ostentação
espetáculo prodígio
espetaculoso beleza
espetaculoso ostentação
espetada ataque
espetada dor
espetado aspereza
espetar abertura
espetar ataque
espetar dor
espetar homicídio
espetar passagem
espeto agudeza
espeto estorvo
espevitado afetação
espevitado insolência
espezinhar desprezo
espezinhar dolorimento
espezinhar humildade
espezinhar infamação
espezinhar insolência
espezinhar malevolência
espezinhar reprovação
espezinhar ruindade
espezinhar tirania
espia advertência
espia enganador
espiada visão
espião advertência
espião curiosidade
espião informação
espião investigação
espião mensageiro
espiar espectador
espiar visão
espicaçar dor
espicaçar excitação
espicaçar motivo
espicaçar sensibilidade
espichar abertura
espichar comprimento
espichar elasticidade
espichar exagero
espichar morte
espicular agudeza
espiga agudeza
espiga enfado
espigado adolescência
espigado verticalidade
espigão agudeza
espigão altura
espinafre estreiteza
espingarda potencial de guerra
espinha agudeza
espinha dificuldade
espinha estreiteza
espinhaço altura
espinhaço cume
espinhaço retaguarda
espinhaço suporte
espinhar aspereza
espinheiro veneno
espinhento aspereza
espinho agudeza
espinho dificuldade
espinho dolorimento
espinho dor
espinho veneno
espinhoso agudeza
espinhoso aspereza
espinhoso dificuldade
espinotear agitação
espinotear ressentimento
espinotear violência
espionagem investigação
espionagem visão
espionar espectador
espionar investigação
espionar visão
espira sinuosidade
espiral sinuosidade
espiralado sinuosidade
espiralar sinuosidade
espiralar subida
espírita heterodoxia
espírita irreligião
espiritismo bruxaria
espiritismo heterodoxia
espírito atividade
espírito benfeitor
espírito cadáver
espírito demônio
espírito divertimento
espírito ideia
espírito intelecto
espírito inteligência
espírito intrinsecabilidade
espírito medo
espírito qualidades
espírito resolução
espírito significação
espiritual divindade
espiritual insubstancialidade

espiritual intelecto
espiritual piedade
espiritualidade imaterialidade
espiritualismo imaterialidade
espiritualismo intelecto
espiritualista imaterialidade
espiritualista irreligião
espiritualizar imaterialidade
espiritualizar raciocínio
espirituoso alegria
espirituoso energia
espirituoso espírito
espirituoso humorista
espirituoso picante
espirituoso ridicularização
espirrar fluidez
espirrar rio
espirrar sibilação
espirrar vento
espirro sibilação
espirro vento
esplanada planície
esplêndido beleza
esplêndido bondade
esplêndido fama
esplêndido ornamento
esplêndido prosperidade
esplêndido sabor
esplendor beleza
esplendor fama
esplendor grandeza
esplendor luz
esplendor ostentação
esplendor prosperidade
esplendoroso beleza
esplendoroso prosperidade
espoleta auxiliar
espoleta combustível
espoleta ingênuo
espoliação furto
espoliação perda
espoliado perda
espoliar apropriação
espoliar furto
espólio presa
espólio propriedade
esponja embriaguez
esponja limpeza
esponjoso abertura
esponjoso concavidade
esponjoso flexibilidade
esponjoso leveza
esponsais casamento
espontaneidade candura
espontaneidade despreparo
espontaneidade vontade
espontâneo candura
espontâneo despreparo
espontâneo elegância
espontâneo ímpeto
espontâneo irracionalidade
espontâneo liberdade
espontâneo vontade
espora agudeza
espora motivo
esporada motivo
esporada reprovação
esporádico desacordo
esporádico descontinuidade
esporádico disjunção
esporádico dispersão
esporádico infrequência
esporádico não relação
esporear excitação
esporear motivo
esporear velocidade
esporte divertimento
espórtula doação
espórtula recompensa
esposa acompanhamento
esposa casamento
esposa fêmea
esposar auxílio
esposar casamento
esposar cooperação
esposar crença
esposar escolha
esposo amor
esposo casamento
espraiar-se prolixidade
espreguiçadeira ócio
espreguiçadeira suporte
espreitar atenção
espreitar cuidado
espreitar espectador
espreitar expectativa
espreitar latência
espreitar visão
espremer contração
espremer extração
espremer investigação
espremer preço
espuma bolha
espuma leveza
espumante bolha
espumante embriaguez
espumante excitação
espumar bolha
espumar excitação
espumoso bolha
espumoso excitação
espúrio anarquia
espúrio erro
espúrio falsidade
espúrio fraude
espúrio impropriedade
esquadra combatente
esquadra deputado
esquadra nave
esquadra reunião
esquadrão combatente
esquadrão multidão
esquadrejar forma
esquadrejar verticalidade
esquadria verticalidade
esquadrilha combatente
esquadrilha nave
esquadrilhar dispensa
esquadrilhar dispersão
esquadrilhar omissão
esquadrilhar punição
esquadrinhar atenção
esquadrinhar cuidado
esquadrinhar investigação
esquadro angularidade
esquálido assimetria
esquálido estreiteza
esquálido fealdade
esquálido insuficiência
esquálido sujidade
esquartejar destruição
esquartejar disjunção
esquartejar homicídio
esquartejar parte
esquartejar punição
esquartejar quadriseção
esquecer deficiência
esquecer esquecimento
esquecer negligência
esquecer perdão
esquecer reclusão
esquecer tolerância
esquecido desamparo

esquecido desatenção
esquecido esquecimento
esquecido insensibilidade
esquecido passado
esquecido pobreza
esquecimento desuso
esquecimento insensibilidade
esquecimento perdão
esqueite divertimento
esquelético assimetria
esquelético cadáver
esquelético estreiteza
esqueleto cadáver
esqueleto estreiteza
esqueleto plano
esqueleto resto
esqueleto suporte
esqueleto textura
esqueleto todo
esquema arranjo
esquema plano
esquema representação
esquemático representação
esquentado contenda
esquentar aquecimento
esquentar excitação
esquerda lateralidade
esquerdo agouro
esquerdo predição
esquerdo sinistra
esquife enterro
esquife nave
esquife suporte
esquilo velocidade
esquina angularidade
esquisitice capricho
esquisitice ridicularia
esquisito alheamento
esquisito bondade
esquisito capricho
esquisito desconformidade
esquisito sabor
esquivança desprezo
esquivança isenção
esquivança modéstia
esquivança reclusão
esquivança recusa
esquivança transigência
esquivo ausência
esquivo aversão
esquivo má vontade
esquivo modéstia
esquivo mutabilidade
esquivo reclusão
esquivo transigência
esquizofrenia loucura
esquizofrênico louco
essa enterro
essência fragrância
essência interioridade
essência intrinsecabilidade
essência matéria
essência motivo
essência odor
essência significação
essência substancialidade
essencial base
essencial bondade
essencial componente
essencial estado
essencial grandeza
essencial importância
essencial intrinsecabilidade
essencial necessidade
essencial substancialidade
essencial superioridade
estabelecer leis gestão
estabelecer comando
estabelecer cooperação
estabelecer evidência
estabelecer juiz
estabelecer produção
estabelecido assentimento
estabelecido crença
estabelecido hábito
estabelecido permanência
estabelecimento consentimento
estabelecimento localização
estabelecimento partido
estabelecimento produção
estabilidade existência
estabilidade permanência
estabilização dinheiro
estabular domesticação
estábulo domesticação
estábulo morada
estábulo receptáculo
estaca imobilidade
estaca suporte
estacada arena
estacada cerca
estacada defesa
estação partida
estação prisão
estação situação
estação tempo
estação termo
estacar cessação
estacar descontinuidade
estacar imobilidade
estacaria cerca
estacionamento deficiência
estacionamento falta
estacionar chegada
estacionar imobilidade
estacionar localização
estacionar permanência
estacionário estabilidade
estacionário imobilidade
estacionário permanência
estada presença
estadia presença
estádio arena
estádio divertimento
estádio tempo
estado autoridade
estado circunstância
estado fama
estado propriedade
estado região
estado termo
estado-maior amo
estado-maior conselho[1]
estado-maior prisão
estado-maior servo
estafa esforço
estafa fadiga
estafar fadiga
estafermo assimetria
estafermo estorvo
estafermo inutilidade
estafeta mensageiro
estafeta viajante
estagiário discípulo
estagiário servo
estágio estudo
estágio experiência
estagnação cessação
estagnação imobilidade
estagnação inação
estagnação inatividade
estagnação pântano
estagnação permanência
estagnado imobilidade
estagnado pântano
estagnado permanência

estagnar água
estagnar imobilidade
estagnar pântano
estagnar rio
estalactite pendura
estalagem localização
estalagem morada
estalagmite verticalidade
estalante estalo
estalar chegada
estalar começo
estalar disjunção
estalar estalo
estalar guerra
estalar violência
estaleiro oficina
estalido som
estalido sussurro
estalo punição
estalo som
estame filamento
estame vida
estampa beleza
estampa forma
estampa gravura
estampa indicação
estampa indicação
estampa ornamento
estampa pintura
estampa representação
estampa templo
estampagem gravura
estampar descrição
estampar forma
estampar gravura
estampar indicação
estampar memória
estampar pintura
estampar publicidade
estampar representação
estampido barulho
estampido estalo
estampido surpresa
estampilha contrato
estampilha fiança
estampilha punição
estancar proibição
estancar restauração
estancar secura
estância morada
estância poesia
estância propriedade
estancieiro possuidor
estandarte indicação
estandarte insígnia
estanhar cobertura
estanque posse
estanque restrição
estanque secura
estapafúrdio absurdo
estapafúrdio capricho
estapafúrdio desconformidade
estapafúrdio exagero
estapafúrdio imbecilidade
estapafúrdio ridicularia
estar existência
estar expectativa
estar presença
estar à espera expectativa
estar à frente de gestão
estar atento cuidado
estar contíguo contiguidade
estar em apuros dificuldade
estar em maus lençóis inabilidade
estar em ordem ordem
estar em pleno uso das faculdades mentais sanidade
estar em seu juízo sanidade
estar implicado culpa
estar latente latência
estar limpo limpeza
estar limpo pobreza
estar na lembrança memória
estar na obscuridade infamação
estar na vanguarda precessão
estar no sangue intrinsicabilidade
estar preso preso
estar recalcado latência
estar rouco afonia
estar sequioso desejo
estar subentendido latência
estar tudo às avessas desordem
estar vigilante cuidado
estardalhaço barulho
estardalhaço exagero
estardalhaço jactância
estardalhaço ostentação
estardalhaço som
estarrecer excitação
estarrecer medo
estatelado admiração
estatelado imobilidade
estático desinteresse
estático imobilidade
estatística contabilidade
estatística lista
estatística medida
estatística numeração
estatística plano
estatística registro
estatístico numeração
estátua altura
estátua celebração
estátua escrita
estátua imobilidade
estátua representação
estátua templo
estatuária escrita
estatuária representação
estatuário artista
estatueta escrita
estatueta representação
estatuir comando
estatura altura
estatura classe
estatura tamanho
estatutário preceito
estatuto comando
estatuto preceito
estável mercado
estável permanência
este especialidade
este tempo presente
esteio auxílio
esteio defesa
esteio fama
esteio justificação
esteio suporte
esteira cruzamento
esteira passadouro
esteira registro
esteira regularidade
esteira retaguarda
esteira sucessão
esteira sucessor
estelar universo
esteliforme agudeza
estelionatário ladrão
estelionatário velhaco

estelionato desonestidade
estelionato furto
estelionato ilegalidade
estender auxílio
estender comprimento
estender oferta
estendido comprimento
estendido horizontalidade
estenografar escrita
estenografia escrita
estenográfico latência
estenose estreiteza
estentóreo barulho
estentóreo voz
estepe planície
estepe substituição
estepe sucedâneo
estepe vegetal
estercar agricultura
estercar preparação
esterco sujidade
estéreo instrumento
estereoscópico instrumentos de óptica
estereoscópico visibilidade
estereoscópio instrumentos de óptica
estereotipagem gravura
estereotipagem impressão
estereotipar gravura
estereotipar impressão
estereotipar indicação
estereotipia gravura
estereotipia impressão
estereótipo gravura
estéril improdutividade
estéril inutilidade
estéril secura
esterilidade improdutividade
esterilidade inutilidade
esterilidade secura
esterilização improdutividade
esterilizar imbecilidade
esterlino dinheiro
esterqueira sujidade
estertor morte
esteta livro
estética beleza
estética bom gosto
estético beleza
estético bom gosto
estético sensibilidade
estetoscópio investigação
estévia doçura
estiagem calor
estiagem secura
estiar secura
estibordo destra
estibordo lateralidade
estibordo retaguarda
esticada comprimento
esticado rigidez
esticar comprimento
esticar direitura
esticar elasticidade
estigial inferno
estigma infamação
estigma mancha
estigmatismo visão
estigmatizar acusação
estigmatizar difamação
estigmatizar infamação
estigmatizar mancha
estigmatizar reprovação
estilete gravura
estilete perfurador
estilete potencial de guerra
estilhaçar filamento
estilhaçar fragilidade
estilhaçar parte
estilhaço pouquidão
estilista elegância
estilista livro
estilístico estilo
estilizar estilo
estilo cronometria
estilo estado
estilo moda
estilo pintura
estilo regularidade
estiloso estilo
estima amizade
estima aprovação
estima fama
estima respeito
estimação aprovação
estimação importância
estimado amizade
estimado respeito
estimar amizade
estimar amor
estimar aprovação
estimar crença
estimar discriminação
estimar medida
estimar preço
estimativa discriminação
estimativa medida
estimativo medida
estimulação excitação
estimulação memória
estimulação picante
estimulante energia
estimulante excitação
estimulante motivo
estimulante picante
estimular energia
estimular excitação
estimular motivo
estimular picante
estimular violência
estímulo conselho²
estímulo motivo
estímulo trabalho
estio secura
estiolamento acromatismo
estiolamento fraqueza
estiolar acromatismo
estiolar contração
estiolar pioramento
estiolar ruindade
estiolar velharia
estipendiar recompensa
estipendiar servo
estipêndio despesa
estipêndio recompensa
estipulação contrato
estipular condições
estipular contrato
estipular cronometria
estirada comprimento
estirada locomoção
estirão comprimento
estirão continuidade
estirão distância
estirão locomoção
estirão parte
estirar comprimento
estirpe ascendência
estirpe causa
estirpe classe
estirpe consanguinidade
estirpe nobreza
estiva suporte
estivador carregador
estival calor
estivar carregador

estocada ataque
estocada impulso
estocar reunião
estofa classe
estofa forro
estofar conteúdo
estofar flexibilidade
estofar forro
estoicismo altruísmo
estoicismo inexcitabilidade
estoicismo resistência
estoicismo temperança
estojo receptáculo
estola indumentária
estomacal amargura
estomacal partes do corpo humano
estomacal remédio
estômago comida
estômago interioridade
estômago receptáculo
estonteado admiração
estonteado barulho
estonteado desatenção
estonteado inabilidade
estonteado loucura
estonteante velocidade
estontear admiração
estontear desatenção
estontear embriaguez
estontear insensibilidade
estontear loucura
estopa filamento
estopa forro
estopada enfado
estopim combustível
estoque agudeza
estoque depósito
estoque dinheiro
estoque grandeza
estoque mercadoria
estoque potencial de guerra
estoque quantidade
estore meia-luz
estornar contabilidade
estornar despimento
estorno contabilidade
estorricar aquecimento
estorvar dificuldade
estorvar estorvo
estorvar oposição
estorvar proibição
estorvo descontinuidade
estorvo restrição
estourar chegada
estourar estalo
estourar excitabilidade
estourar instantaneidade
estourar ressentimento
estourar surpresa
estourar transigência
estourar violência
estouro barulho
estouro estalo
estouro instantaneidade
estouro ressentimento
estouro surpresa
estouro violência
estouvado capricho
estouvado desatenção
estouvado imbecilidade
estouvado inabilidade
estouvado remendão
estouvado temeridade
estouvamento desatenção
estouvamento inabilidade
estouvamento inoportunidade
estrábico visão imperfeita
estrabismo visão imperfeita
estrabismo visão
estraçalhar disjunção
estrada direção
estrada passadouro
estrado drama
estrado horizontalidade
estrado suporte
estragado velharia
estragar pioramento
estragar ruindade
estrago destruição
estrago mal
estrago pioramento
estrambote poesia
estrambótico absurdo
estrambótico capricho
estrambótico desconformidade
estrambótico exagero
estrambótico redundância
estrangeirismo alheamento
estrangeirismo neologismo
estrangeiro alheamento
estrangeiro habitante
estrangulação homicídio
estrangular estreiteza
estrangular homicídio
estrangular impotência
estranhamento inimizade
estranhar admiração
estranhar dissentimento
estranhar reprovação
estranheza admiração
estranheza ceticismo
estranho alheamento
estranho capricho
estranho desconformidade
estranho distância
estranho extrinsecabilidade
estranho não relação
estratagema astúcia
estratagema conduta
estratagema falsidade
estratagema guerra
estratagema habilidade
estratagema plano
estratégia astúcia
estratégia conduta
estratégia falsidade
estratégia guerra
estratégia intenção
estratégia plano
estratégia preparação
estratégia trabalho
estratégico astúcia
estratégico combatente
estratégico falsidade
estratégico guerra
estratégico plano
estrategista enganador
estrategista plano
estrategista proficiente
estratificação camada
estratificação textura
estratificar camada
estrato bolha
estrato camada
estrato horizontalidade
estratosfera ar
estreante discípulo
estreante drama
estreante precursor
estrear drama
estrebaria domesticação
estrebaria morada
estrebaria prisão
estrebaria sujidade
estrebuchar agitação

estrebuchar renitência
estreitamento estreiteza
estreitar carícias
estreitar circunscrição
estreitar contração
estreitar densidade
estreitar diminuição
estreitar encurtamento
estreitar estreiteza
estreitar força
estreiteza amizade
estreiteza economia
estreiteza insuficiência
estreiteza pequenez
estreiteza pouquidão
estreiteza sovinaria
estreito concisão
estreito dificuldade
estreito estreiteza
estreito golfo
estreito intervalo
estreito obliquidade
estreito passadouro
estreito pequenez
estreito perigo
estrela acaso
estrela carregador
estrela compulsoriedade
estrela corpos luminosos
estrela drama
estrela título
estrelado agudeza
estrelado universo
estrelar fama
estrelar luz
estrelar tarde
estremeção medo
estremeção sentimento
estremecer agitação
estremecer amor
estremecer comichão
estremecer sentimento
estremecido amor
estremecimento agitação
estremecimento amor
estremecimento excitabilidade
estremecimento excitação
estremecimento sentimento
estremunhar excitação
estrênuo atividade
estrênuo coragem
estrênuo perseverança
estrepar dor
estrepe agudeza
estrépito barulho
estrepitoso barulho
estrepitoso grandeza
estrepitoso violência
estria agudeza
estria demônio
estria malfeitor
estria sulco
estriar sinuosidade
estriar sulco
estribilho poesia
estribilho repetição
estribo audição
estribo suporte
estricnina veneno
estridente barulho
estridente estridor
estridente grito
estridor sibilação
estridular barulho
estridular estridor
estrídulo barulho
estrídulo estridor
estripar extração
estripar homicídio
estrito conformidade
estrito tirania
estro poesia
estro tendência
estrofe parte
estrofe poesia
estroinice capricho
estroinice divertimento
estroinice inabilidade
estroinice prodigalidade
estrompar destruição
estrompar pioramento
estrondo barulho
estrondo estalo
estrondoso barulho
estrondoso som
estrondoso violência
estropear gagueira
estropear ignorância
estropear impotência
estropear interpretação errônea
estropear pioramento
estropiar encurtamento
estropiar fadiga
estropiar mau uso
estropício mal
estrugir barulho
estrumar agricultura
estrumar preparação
estrume agricultura
estrume sujidade
estrumeira sujidade
estrutura arranjo
estrutura estado
estrutura forma
estrutura produção
estrutura textura
estrutura todo
estruturação trabalho
estruturado organização
estrutural estado
estrutural textura
estruturar textura
estuário fim
estuário golfo
estuário rio
estudante discípulo
estudante estudo
estudante infante
estudantil discípulo
estudar conhecimento
estudar estudo
estudar investigação
estúdio oficina
estudioso atenção
estudioso douto
estudioso estudo
estudioso pensamento
estudo atenção
estudo conhecimento
estudo dissertação
estudo pensamento
estufa agricultura
estufa fornalha
estufado comida
estufar conteúdo
estugar motivo
estultice imbecilidade
estultícia absurdo
estultícia imbecilidade
estulto imbecilidade
estupefação admiração
estupefação inexcitabilidade
estupefação surpresa
estupefaciente admiração
estupefaciente insensibilidade

estupefacto admiração
estupefacto surpresa
estupefazer surpresa
estupendo admiração
estupendo bondade
estupendo grandeza
estupendo importância
estupendo tamanho
estupidez chateza
estupidez ignorância
estupidez imbecilidade
estupidez inabilidade
estupidificar ignorância
estupidificar imbecilidade
estupidificar insensibilidade
estúpido chateza
estúpido descortesia
estúpido enfado
estúpido ignorância
estúpido imbecilidade
estúpido inabilidade
estúpido incompreensão
estúpido obliquidade
estúpido tolo
estupor admiração
estupor fealdade
estupor impotência
estupor surpresa
estuporar admiração
estuprar impureza
estuprar malevolência
estupro ilegalidade
estupro impureza
estupro inserção
estupro malevolência
estuque cobertura
esturro aquecimento
esvaecer acromatismo
esvaecer fraqueza
esvaecer-se insubstancialidade
esvaziar ausência
esvaziar deficiência
esvaziar deslocação
esvaziar esbanjamento
esvaziar expulsão
esverdeado verde
esverdear verde
esvoaçante leveza
esvoaçar altura
esvoaçar ameaça
esvoaçar circuição
esvoaçar destino
esvoaçar leveza
esvoaçar movimento
esvoaçar navegação
esvoaçar subida
ET viajante
etapa termo
etc. aumento
éter gás
éter insensibilidade
éter leveza
éter universo
etéreo altura
etéreo céu
etéreo gás
etéreo imaginação
etéreo imaterialidade
etéreo insubstancialidade
etéreo leveza
etéreo piedade
etéreo universo
eternidade diuturnidade
eternidade divindade
eternidade morte
eternizar eternidade
eterno estabilidade
eterno eternidade
eterno memória
eterno regularidade
eterno sentimento
eterno tempo
ética conduta
ética humanidade
ética qualidades
ético dever
étimo causa
etimologia atribuição
etimologia sílaba
etiologia atribuição
etiologia conhecimento
etíope pretidão
etiqueta hábito
etiqueta indicação
etiqueta moda
etiqueta ostentação
etiquetar indicação
etnia humanidade
étnico especialidade
étnico heterodoxia
etnografia humanidade
etnologia humanidade
etologia humanidade
etos conduta
eu imaterialidade
eucaristia rito
eucarístico rito
eufemismo atenuação
eufemismo bom gosto
eufemismo deselegância
eufemismo floreio
eufemismo latência
eufemismo linguagem
eufemismo metáfora
eufonia elegância
eufonia melodia
eufonia voz
eufônico elegância
euforia contentamento
euforia fruição
euforia saúde
euforia segurança
eugenia produtividade
euro dinheiro
europeu habitante
eutanásia morte
evacuar abandono de propriedade
evacuar excreção
evacuar expulsão
evacuar partida
evacuar recuo
evacuar regressão
evalve fechamento
evangelho bondade
evangelho certeza
evangélico carola
evangélico heterodoxia
evangélico revelação
evangelista revelação
evangelizar ensino
evangelizar rito
evaporação desaparecimento
evaporação egressão
evaporação vaporização
evaporar expulsão
evaporar fim
evaporar fluidez
evaporar transitoriedade
evaporar vaporização
evaporar-se insubstancialidade
evasão alegação
evasão esbanjamento
evasão escapatória
evasão falsidade

evasão inobservância
evasão transigência
evasiva alegação
evasiva astúcia
evasiva atenuação
evasiva desinformação
evasiva escapatória
evasiva falsidade
evasiva irracionalidade
evasiva mentira
evasiva tergiversação
evasivo desinformação
evasivo falsidade
evasivo irracionalidade
evento eventualidade
eventual casualidade
eventual circunstância
eventual eventualidade
eventual futuro
eventual infrequência
eventual risco
eventualidade acaso
eventualidade futuro
eventualidade infrequência
eventualidade risco
evidência demonstração
evidência indicação
evidência manifestação
evidência visibilidade
evidência circunstancial probabilidade
evidência favorável probabilidade
evidência razoável probabilidade
evidenciar certeza
evidenciar demonstração
evidenciar evidência
evidenciar inteligibilidade
evidenciar manifestação
evidente aparecimento
evidente certeza
evidente demonstração
evidente evidência
evidente inteligibilidade
evidente manifestação
evidente visibilidade
evisceração expulsão
eviscerar disjunção
eviscerar expulsão
eviscerar extração
evitar advertência
evitar escapatória
evitar estorvo
evitar má vontade
evitar negligência
evitar retirada
evocação memória
evocar causa
evocar memória
evocar pedido
evocar saudade
evocar uso
evocativo memória
evocativo saudade
evolução ação
evolução circuição
evolução conversão
evolução conversão
evolução melhoramento
evolução movimento
evolução mudança
evolução navegação
evolução preparação
evolução produção
evolução progressão
evolução tergiversação
evolucionista tergiversação
evoluir conversão
evoluir descostume
evoluir evolução
evoluir progressão
evoluir tergiversação
evolutivo evolução
evolutivo progressão
exacerbação aumento
exacerbação violência
exacerbado violência
exacerbar agravação
exacerbar atividade
exacerbar aumento
exacerbar ressentimento
exacerbar violência
exagerado afetação
exagerado exageração
exagerado mau gosto
exagerar arremedo
exagerar aumento
exagerar exageração
exagerar exagero
exagerar falsidade
exagerar lisonja
exagerar redundância
exagero absurdo
exagero agravação
exagero arremedo
exagero falsidade
exagero floreio
exagero imaginação
exagero interpretação errônea
exagero jactância
exagero mentira
exalação excreção
exalação odor
exalação vaporização
exalar egressão
exalar expulsão
exalar odor
exaltação elevação
exaltação exageração
exaltação excitabilidade
exaltação fama
exaltado excitação
exaltado louco
exaltado loucura
exaltar aprovação
exaltar culto
exaltar elevação
exaltar exageração
exaltar exagero
exaltar fama
exame atenção
exame dissertação
exame evidência
exame investigação
exame visão
exame laboratorial investigação
examinar atenção
examinar experiência
examinar investigação
examinar numeração
exangue fraqueza
exânime impotência
exânime morte
exarar escrita
exarar indicação
exarar registro
exasperar dolorimento
exasperar violência
exatidão clareza
exatidão conveniência
exatidão cuidado
exatidão existência
exatidão probidade
exatidão veracidade
exato certeza
exato clareza

exato concisão
exato cópia
exato direito
exato existência
exato imitação
exato observância
exato veracidade
exaurir apropriação
exaurir canal de respiração
exaurir deficiência
exaurir esbanjamento
exaurir fadiga
exaurir fraqueza
exaurir improdutividade
exaustão egressão
exaustão fadiga
exaustão impotência
exaustivo completamento
exaustivo dificuldade
exaustivo fadiga
exaustivo gravidade
exausto fadiga
exausto impotência
exausto improdutividade
exausto inexistência
exausto insuficiência
exausto pioramento
exaustor canal de respiração
exceção atenuação
exceção desconformidade
exceção descostume
exceção dispensa
exceção diversidade
exceção omissão
excedente redundância
excedente resto
exceder bondade
exceder fama
exceder superioridade
excelência bom gosto
excelência bondade
excelência habilidade
excelência lamentação
excelência perfeição
excelência superioridade
excelência título
excelente bondade
excelente oportunidade
excelente poder
excelente probidade
excelente produtividade
excelente sabor
excelente salubridade
excelente superioridade
excelentíssimo título
exceler bondade
excelso altura
excelso beleza
excelso divindade
excelso elegância
excelso elevação
excelso fama
excelso superioridade
excelso virtude
excentricidade capricho
excentricidade desconformidade
excentricidade especialidade
excentricidade exterioridade
excentricidade imbecilidade
excentricidade loucura
excentricidade ridicularia
excêntrico desacordo
excêntrico desconformidade
excêntrico exterioridade
excêntrico irregularidade
excêntrico loucura
excêntrico obliquidade
excêntrico ridicularia
excepcional desacordo
excepcional desconformidade
excepcional descostume
excepcional importância
excepcional multidão
excepcional originalidade
excepcional superioridade
excepcionalidade desconformidade
excepcionalmente diversidade
excerto compêndio
excerto extração
excessivo exagero
excessivo grandeza
excessivo multidão
excessivo redundância
excesso exagero
excesso malevolência
excesso número
excesso redundância
excesso resto
excesso superioridade
excesso transcursão
exceto dispensa
exceto omissão
exceto subtração
excetuar deficiência
excetuar discriminação
excetuar dispensa
excetuar omissão
excetuar rejeição
excitação energia
excitação excitabilidade
excitação fruição
excitação motivo
excitação mutabilidade
excitação ressentimento
excitante desejo
excitante energia
excitante excitação
excitante motivo
excitar atenção
excitar causa
excitar desejo
excitar energia
excitar excitação
excitar motivo
excitar sensibilidade
excitar violência
excitável excitabilidade
excitável interesse
excitável irascibilidade
exclamação voz
exclamar grito
exclamar reprovação
excluído dispensa
excluído exclusão
excluído omissão
excluir dispensa
excluir exclusão
excluir omissão
excluir proibição
excluir rejeição
excluir subtração
exclusão reclusão
exclusão rejeição
exclusive dispensa
exclusive exclusão
exclusive omissão
exclusive subtração
exclusivismo tirania
exclusivo atenção
exclusivo desconformidade

exclusivo dispensa
exclusivo especialidade
exclusivo exclusão
exclusivo omissão
exclusivo proibição
exclusivo singeleza
exclusivo tirania
excogitar imaginação
excogitar pensamento
excogitar plano
excomungação maldição
excomungado impiedade
excomungado maldição
excomungar maldição
excomungar punição
excomungar reclusão
excomungar reprovação
excomungar revogação
excomungar rito
excomunhão maldição
excomunhão proibição
excomunhão punição
excomunhão reclusão
excomunhão rito
excreção egressão
excrementício excreção
excrementício sujidade
excremento excreção
excremento sujidade
excrescência convexidade
excrescência mancha
excrescência redundância
excretar excreção
excretar expulsão
excretor excreção
excruciante dolorimento
excruciante dor
excursão ataque
excursão divertimento
excursão locomoção
excursão prolixidade
excursionar locomoção
excursionar viajante
excursionista viajante
execração aversão
execração maldição
execração rejeição
execrando acusação
execrar aversão
execrar reprovação
execrável aversão
execrável desvirtude
execrável dolorimento
execrável ódio
execrável reprovação
execrável ruindade
execução acabamento
execução ação
execução conduta
execução dever
execução drama
execução efeito
execução músico
execução observância
execução produção
execução punição
executar acabamento
executar ação
executar agência
executar apropriação
executar conduta
executar músico
executar observância
executar perseguição
executar punição
executar uso
executável possibilidade
executivo amo
executivo autoridade
executivo gestão
executivo jurisdição
executor agente
executor azorrague
executor consignatário
executor homicídio
executor instrumentalidade
exegese interpretação
exegeta intérprete
exemplar conformidade
exemplar impressão
exemplar indicação
exemplar perfeição
exemplar protótipo
exemplar virtude
exemplificação conformidade
exemplificação especialidade
exemplificação interpretação
exemplificar conformidade
exemplificar especialidade
exemplificar inteligibilidade
exemplificar interpretação
exemplificar significação
exemplo conformidade
exemplo fama
exemplo preceito
exemplo protótipo
exemplo regularidade
exéquias enterro
exequibilidade possibilidade
exequível possibilidade
exercer ação
exercer agência
exercer influência
exercer uso
exercício ação
exercício agência
exercício atividade
exercício ensino
exercício ensino
exercício esforço
exercício preparação
exercício trabalho
exercício uso
exercitar ação
exercitar domesticação
exercitar ensino
exercitar habilidade
exercitar uso
exército combatente
exército guerra
exército multidão
exército reunião
exibição aparecimento
exibição manifestação
exibição ostentação
exibição publicidade
exibicionismo ostentação
exibicionismo vaidade
exibicionista ostentação
exibicionista vaidade
exibidor publicidade
exibir aparecimento
exibir evidência
exibir manifestação
exibir raciocínio
exigência comando
exigência desejo
exigência hipocondria
exigência insuficiência
exigência necessidade
exigente descontentamento
exigente desejo
exigente necessidade
exigente tirania

exigir atenção
exigir comando
exigir desafio
exigir dever
exigir direito
exigir exigência
exigir ininteligibilidade
exigir necessidade
exigir preço
exíguo pouquidão
exilado egressão
exilado reclusão
exilado viajante
exilar deslocação
exilar punição
exilar reclusão
exilar transferência
exílio deslocação
exílio dispensa
exílio omissão
exílio punição
exímio bondade
exímio habilidade
exímio perfeição
eximir desembaraçamento
eximir isenção
eximir permissão
existência conduta
existência eventualidade
existência período
existência presença
existência substancialidade
existência vida
existencial existência
existente tempo presente
Existir existência
êxito acabamento
êxito deleite
êxito desaparecimento
êxito efeito
êxito egressão
êxito partida
êxito sucesso
êxodo drama
êxodo partida
êxodo pouquidade
Êxodo revelação
exonerar anarquia
exonerar dispensa
exonerar expulsão
exonerar justificação
exonerar omissão
exonerar punição
exonerar revogação
exorar pedido
exorbitância carestia
exorbitância redundância
exorbitância transcursão
exorbitante carestia
exorbitante despesa
exorbitante preço
exorbitante redundância
exorbitante transcursão
exorbitar desobediência
exorbitar desvio
exorbitar exageração
exorbitar ilegalidade
exorbitar mau uso
exorbitar redundância
exorbitar transcursão
exorcismo deprecação
exorcismo encantamento
exorcizar encantamento
exorcizar rito
exórdio começo
exórdio discurso
exórdio precursor
exortar advertência
exortar discurso
exortar pedido
exotérico conhecimento
exotérico generalidade
exotérico manifestação
exotérico publicidade
exótico alheamento
exótico capricho
exótico desacordo
exótico desconformidade
exótico não relação
expandir realidade
expansão aumento
expansão dilatação
expansão exagero
expansão manifestação
expansão realidade
expansivo alegria
expansivo dilatação
expansivo exposição
expansivo loquacidade
expansivo palestra
expansivo sociabilidade
expansivo veracidade
expatriar punição
expatriar reclusão
expectante expectativa
expectante previdência
expectativa probabilidade
expectativa ardente expectativa
expectativa confiante expectativa
expectativa premente expectativa
expectoração doença
expectorar expulsão
expectorar ressentimento
expectorar voz
expedição ataque
expedição atividade
expedição divergência
expedição guerra
expedição locomoção
expedicionário viajante
expediente meios
expediente plano
expedir portaria comando
expedir correspondência
expedir pressa
expedir propulsão
expedir publicidade
expedir transferência
expedito atividade
expedito pressa
expedito velocidade
expelir destruição
expelir expulsão
expelir do pensamento desatenção
experiência demonstração
experiência investigação
experiência sentimento
experimental ensaio
experimental experiência
experimental música
experimentar conhecimento
experimentar dolorimento
experimentar dor
experimentar ensaio
experimentar eventualidade
experimentar experiência
experimentar sensibilidade
experimentar sentimento
experimentar sofrimento
experimentar uso
experimento experiência
expiação divindade
expiação penitência

expiar divindade
expiar expiação
expiatório expiação
expiração fim
expirar curso
expirar fim
expirar morte
explanar ensino
explanar voz
expletivo prolixidade
expletivo redundância
expletivo sem significação
explicação atribuição
explicação ensino
explicação interpretação
explicar atribuição
explicar descoberta
explicar ensino
explicar frase
explicar inteligibilidade
explicar interpretação
explicar resposta
explicativo especialidade
explicativo interpretação
explícito afirmação
explícito certeza
explícito clareza
explícito informação
explícito inteligibilidade
explícito manifestação
explícito significação
explodir começo
explodir energia
explodir estalo
explodir excitabilidade
explodir instantaneidade
explodir insucesso
explodir propulsão
explodir surpresa
explodir violência
exploração carestia
exploração investigação
exploração mau uso
exploração perseguição
exploração recife
explorador advertência
explorador carestia
explorador enganador
explorador ladrão
explorador mensageiro
explorador velhaco
explorador viajante
explorar apropriação
explorar carestia
explorar ensaio
explorar experiência
explorar investigação
explorar mau uso
explorar permuta
explorável possibilidade
explosão barulho
explosão estalo
explosão excitabilidade
explosão instantaneidade
explosão insucesso
explosão ressentimento
explosão revolução
explosão violência
explosível estalo
explosivo perigo
explosivo potencial de guerra
explosivo violência
expoente grau
expoente indicação
expoente número
exponencial indicação
exponencial número
expor afirmação
expor alegação
expor alocução
expor descrição
expor dissertação
expor evidência
expor exposição
expor exterioridade
expor informação
expor interpretação
expor manifestação
expor publicidade
expor voz
expor-se risco
exportação egressão
exportação extração
exportação venda
exportador venda
exportar venda
exposição aparecimento
exposição compêndio
exposição dissertação
exposição informação
exposição interpretação
exposição manifestação
exposição ostentação
exposição perigo
exposição publicidade
exposição raciocínio
exposição visibilidade
expositivo informação
expositor informação
expositor inteligibilidade
expositor intérprete
expositor mestre
exposto exposição
exposto exterioridade
exposto impotência
exposto manifestação
exposto risco
expressão aparecimento
expressão frase
expressão linguagem
expressão manifestação
expressão músico
expressão nomenclatura
expressão significação
expressar exterioridade
expressar frase
expressar indicação
expressar significação
expressionismo artes
expressividade elegância
expressivo cor
expressivo cortesia
expressivo informação
expressivo significação
expresso afirmação
expresso frase
expresso intenção
expresso manifestação
expresso veículo
expresso velocidade
exprimir discurso
exprimir frase
exprimir indicação
exprimir informação
exprimir significação
exprimir(-se) linguagem
exprobrar dissuasão
exprobrar reprovação
expropriação abandono de propriedade
expropriação apropriação
expropriar apropriação
expulsão deslocação
expulsão dispensa
expulsão egressão
expulsão exclusão
expulsão excreção
expulsão omissão

expulsão punição
expulsão repulsão
expulsão transferência
expulsar deficiência
expulsar dispensa
expulsar exclusão
expulsar omissão
expulsar punição
expulsar repulsão
expulsar revogação
expulsar transferência
expurgação limpeza
expurgar expulsão
expurgar limpeza
expurgar melhoramento
expurgar repulsão
exsudação egressão
exsudação excreção
exsudar egressão
êxtase admiração
êxtase amor
êxtase excitação
êxtase fruição
êxtase imaginação
extasiado admiração
extasiado atenção
extasiado prazer
extasiar admiração
extasiar deleite
extático admiração
extático prazer
extático sentimento
extemporalidade tempo diferente
extemporaneidade anacronismo
extemporâneo anacronismo
extemporâneo despreparo
extemporâneo ímpeto
extemporâneo inoportunidade
extemporâneo transitoriedade
extensão comprimento
extensão dilatação
extensão distância
extensão espaço
extensão grandeza
extensão grau
extensão prolixidade
extensão quantidade
extensão tamanho
extensibilidade flexibilidade
extensível elasticidade
extensível matéria
extensivo largura
extenso comprimento
extenso espaço
extenso grandeza
extenso largura
extenuação diminuição
extenuação fadiga
extenuação impotência
extenuação justificação
extenuar fadiga
extenuar prodigalidade
exterior aparecimento
exterior exterioridade
exterioridade alheamento
exterioridade aparecimento
exterioridade falsidade
exteriorizar exposição
exteriorizar exterioridade
exterminação extração
exterminar destruição
exterminar homicídio
extermínio destruição
extermínio homicídio
externar exposição
externar exterioridade
externato escola
externo discípulo
externo exterioridade
externo extrinsecabilidade
extinção destruição
extinção inexistência
extinguir destruição
extinguir homicídio
extinguir inexistência
extinguível esquecimento
extinguível extrinsecabilidade
extinguível fragilidade
extinto inexistência
extinto morte
extinto passado
extintor destruidor
extintor resfriamento
extirpar destruição
extirpar dispensa
extirpar extração
extirpar omissão
extorquir apropriação
extorquir aquisição
extorquir carestia
extorquir extração
extorquir obrigatoriedade
extorquir posse
extorsão apropriação
extorsão aquisição
extorsão carestia
extorsão dívida
extorsão extração
extorsivo carestia
extra adição
extração destruição
extração venda
extradição expulsão
extradição transferência
extraditar transferência
extrair descoberta
extrair extração
extrajudicial ilegalidade
extrajudiciário ilegalidade
extramuros exterioridade
extranatural demônio
extranatural imaterialidade
extranumerário adjunto
extranumerário redundância
extraordinário admiração
extraordinário beleza
extraordinário bondade
extraordinário capricho
extraordinário desconformidade
extraordinário descostume
extraordinário grandeza
extraordinário importância
extraordinário redundância
extraordinário surpresa
extrapolar exagero
extrapolar excitabilidade
extrapolar fama
extrapolar impropriedade
extraterrestre descostume
extraterrestre habitante
extraterrestre viajante
extraterritorial exterioridade
extrato compêndio
extrato odor
extravagância capricho
extravagância carestia
extravagância desconformidade
extravagância imaginação

extravagância imbecilidade
extravagância obliquidade
extravagância prodigalidade
extravagância ridicularia
extravagante absurdo
extravagante afetação
extravagante capricho
extravagante carestia
extravagante cor
extravagante desacordo
extravagante desconformidade
extravagante esbanjamento
extravagante exagero
extravagante excitabilidade
extravagante floreio
extravagante grandeza
extravagante imaginação
extravagante impossibilidade
extravagante irregularidade
extravagante louco
extravagante loucura
extravagante mau gosto
extravagante prodigalidade
extravagante redundância
extravagante ridicularia
extravagante violência
extravasar redundância
extraviar desvio
extraviar erro
extraviar impureza
extraviar perda
extravio desaparecimento
extravio desvio
extravio perda
extremado excitabilidade
extremar circunscrição
extremar discriminação
extremar disjunção
extrema-unção rito
extremidade borda
extremidade cume
extremidade limite
extremidade pobreza
extremidade sofrimento
extremismo advertência
extremista misantropia
extremo borda
extremo fim
extremo grandeza
extremo singeleza
extremoso amor
extremoso benevolência
extremoso carícias
extremoso sentimento
extrínseco exterioridade
extrínseco extrinsecabilidade
extroversão egressão
extrovertido cortesia
extrovertido sociabilidade
extrusão egressão
extrusão expulsão
exuberância produtividade
exuberância prolixidade
exuberância redundância
exuberância suficiência
exuberância vigor
exuberante multidão
exuberante produtividade
exuberante prolixidade
exuberante redundância
exultação alegria
exultação jactância
exultação regozijo
exultante contentamento
exultante esperança
exultante jactância
exultante prazer
exultante regozijo
exultar alegria
exumar enterro
exumar exposição
exumar expulsão
exumar investigação
exumar novidade
exumar passado

F

fábrica oficina
fábrica produção
fabricação composição
fabricação falsidade
fabricação mentira
fabricante agente
fabricante produtor
fabricar agricultura
fabricar causa
fabricar composição
fabricar falsidade
fabricar imaginação
fabricar mentira
fabricar plano
fabricar produção
fabrico agricultura
fabrico produção
fabrico textura
fabril preparação
fábula descrição
fábula erro
fábula inexistência
fábula insubstancialidade
fábula mentira
fábula metáfora
fabulação mentira
fabular imaginação
fabular mentira
fabular suposição
fabulista descrição
fabulista enganador
fabulista imaginação
fabulista livro
fabuloso exagero
fabuloso grandeza
fabuloso imaginação
fabuloso inexistência
fabuloso mentira
fabuloso velharia
faca agudeza
faca carregador
faca potencial de guerra
façanha ação
façanha contenda
façanha desvirtude
façanhoso admiração
facão ladrão
facção partido
faccioso discórdia
faccioso injustiça
face aparecimento
face exterioridade
face frente
facebook mensageiro
facécia espírito
faceiro afetação
faceiro amor
faceiro imbecilidade
faceiro janota
fachada exterioridade
fachada frente
fachada precursor
facho combustível
facho corpos luminosos
facho excitabilidade

facho indicação
facial frente
fácil boa vontade
fácil candura
fácil credulidade
fácil desatenção
fácil facilidade
fácil inteligibilidade
facilidade cortesia
facilidade habilidade
facilitar auxílio
facilitar doação
facilitar facilidade
facilitar oportunidade
facilitar possibilidade
facínora desvirtude
facínora homem ruim
facínora malevolência
facínora malfeitor
fac-similar cópia
fac-similar imitação
fac-similar representação
fac-símile cópia
fac-símile identidade
fac-símile imitação
factibilidade possibilidade
factível facilidade
factível permissão
factível possibilidade
factual veracidade
faculdade direito
faculdade ensino
faculdade escola
faculdade habilidade
faculdade oportunidade
faculdade permissão
facultar doação
facultar facilidade
facultar oferta
facultar oportunidade
facultar permissão
facultativo liberdade
facultativo permissão
facultativo vontade
facúndia discurso
fadário acaso
fadário compulsoriedade
fadiga atividade
fadiga enfado
fadista homem ruim
fadista inatividade
fadista libertino
fado acaso
fado compulsoriedade
fado destino
fado impureza
fado música
fagueiro carícias
fagueiro contentamento
fagueiro deleite
fagueiro esperança
fagulha calor
fagulha corpos luminosos
fagulha luz
faiança escrita
faiança mau gosto
faiança receptáculo
faina atividade
faina esforço
faina trabalho
faísca calor
faísca corpos luminosos
faísca luz
faísca pouquidão
faiscação perseguição
faiscar excitação
faiscar investigação
faiscar luz
faixa circunferência
faixa filamento
faixa pequenez
faixa vínculo
fajuto inferioridade
fajuto plebeísmo
fala alocução
fala discurso
fala frase
fala grito
fala linguagem
fala palestra
fala voz
falácia erro
falácia falsidade
falácia fraude
falácia grito
falácia irracionalidade
falácia notícia
falácia palestra
falacioso falsidade
falacioso loquacidade
falado celebração
falado discurso
falado repetição
falador difamação
falador difamador
falador loquacidade
falange combatente
falange multidão
falange partido
falar discurso
falar evidência
falar indicação
falar manifestação
falar veracidade
falar voz
falar a mesma língua linguagem
falar à toa loquacidade
falastrão loquacidade
falatório curiosidade
falatório loquacidade
falatório notícia
falatório palestra
falatório voz
falaz astúcia
falaz erro
falaz falsidade
falaz fraude
falaz irracionalidade
falcão malfeitor
falcão visão
falcatrua astúcia
falcatrua fraude
falda base
falecer insuficiência
falecer morte
falecido morte
falecido passado
falecimento insuficiência
falecimento morte
falência insolvência
falência insucesso
falésia terra
falésia verticalidade
falha abertura
falha culpa
falha deficiência
falha descontinuidade
falha desvirtude
falha erro
falha inexistência
falha intervalo
falha mancha
falha negligência
falha transgressão
falhado descontinuidade
falhar ceticismo
falhar erro
falhar ininteligibilidade

falhar insucesso
falhar intervalo
falhar inutilidade
falhar negligência
falho deficiência
falho imperfeição
falho insucesso
falho negligência
falibilidade erro
falibilidade incerteza
falido dívida
falido insolvência
falido insucesso
falido inutilidade
falido pobreza
falir insolvência
falir insucesso
falir insuficiência
falir pioramento
falir pobreza
falível descrença
falível esquecimento
falível incerteza
falível irracionalidade
falsário enganador
falsear desonestidade
falsear falsidade
falsear interpretação errônea
falsear pioramento
falsete afonia
falsete gagueira
falsidade desonestidade
falsidade fraude
falsidade mentira
falsidade ideológica falsidade
falsificação falsidade
falsificação fraude
falsificação imitação
falsificação mentira
falsificação mistura
falsificar contabilidade
falsificar erro
falsificar falsidade
falsificar mistura
falso desonestidade
falso erro
falso falsidade
falso impropriedade
falso inexistência
falso irracionalidade
falso mentira
falta ausência
falta cegueira
falta culpa
falta deficiência
falta desejo
falta desvirtude
falta dívida
falta erro
falta inexistência
falta insucesso
falta insuficiência
falta necessidade
falta negação
falta negligência
falta transgressão
faltar ausência
faltar deficiência
faltar inobservância
faltar insuficiência
falto insuficiência
faltoso ausência
faltoso culpa
faltoso imperfeição
fama aprovação
fama notícia
famélico desejo
famélico jejum
famigerado fama
família ascendência
família classe
família consanguinidade
família posteridade
familiar amigo
familiar amizade
familiar ascendência
familiar clareza
familiar conhecimento
familiar consanguinidade
familiar cortesia
familiar domesticação
familiar hábito
familiar interioridade
familiar morada
familiar servo
familiar sobriedade
familiaridade conhecimento
familiarizar desinteresse
familiarizar ensino
familiarizar hábito
faminto desejo
faminto estreiteza
faminto excitabilidade
faminto insuficiência
faminto jejum
faminto pobreza
faminto recepção
famoso admiração
famoso bondade
famoso fama
fanar acromatismo
fanar pioramento
fanar velharia
fanático carola
fanático certeza
fanático excitabilidade
fanático impiedade
fanático louco
fanático loucura
fanático obliquidade
fanático obstinação
fanático sentimento
fanatismo credulidade
fanatismo excitabilidade
fanatismo heterodoxia
fanatismo impiedade
fanatismo loucura
fanatismo obliquidade
fanatismo obstinação
fanatismo sentimento
fanchono libertino
fandango divertimento
fandango drama
fandango música
fanfarra barulho
fanfarra instrumentos musicais
fanfarra música
fanfarra regozijo
fanfarrão combatente
fanfarrão homem ruim
fanfarrão jactância
fanfarronada jactância
fanfarronada sem significação
fanfarronice exageração
fanfarronice jactância
fanho gagueira
fanhoso gagueira
faniquito impotência
fantasia capricho
fantasia cópia
fantasia desejo
fantasia esconderijo
fantasia esperança
fantasia imaginação

fantasia indumentária
fantasia inexistência
fantasia música
fantasia ridicularização
fantasia suposição
fantasia vontade
fantasiar esperança
fantasiar imaginação
fantasiar plano
fantasiar ridicularização
fantasiar suposição
fantasioso imaginação
fantasioso inexistência
fantasma alarma
fantasma demônio
fantasma estreiteza
fantasma imaginação
fantasma imaterialidade
fantasma insubstancialidade
fantasma visão imperfeita
fantasmagoria aparecimento
fantasmagoria arremedo
fantasmagoria imaginação
fantasmagoria inexistência
fantasmagoria insubstancialidade
fantasmagórico aparecimento
fantasmagórico erro
fantasmagórico imaginação
fantasmagórico imaterialidade
fantasmagórico inexistência
fantasmagórico insubstancialidade
fantasmagórico sem significação
fantástico absurdo
fantástico admiração
fantástico capricho
fantástico desconformidade
fantástico grandeza
fantástico imaginação
fantástico imaterialidade
fantástico impossibilidade
fantástico inexistência
fantoche irresolução
fantoche pequenez
fantoche representação
faquir clerezia
faquir insensibilidade
faquir temperança
faquirismo insensibilidade
faraônico velharia
farda indumentária
farda insígnia
fardo adversidade
fardo dolorimento
fardo grandeza
fardo gravidade
fardo sofrimento
farejador astúcia
farejador odor
farejador servilismo
farejar descoberta
farejar informação
farejar investigação
farejar odor
farejo odor
farelo insignificância
farelo jactância
farelo pulverização
farfalhar loquacidade
farfalhar sussurro
faringite doença
farinha pulverização
farinhento pulverização
fariseu carola
fariseu enganador
fariseu homem ruim
fariseu impiedade
farmacêutico remédio
farmácia remédio
farmacologia remédio
farnel comida
faro odor
farofeiro fanfarrão
farol advertência
farol direção
farol fama
farol influência
faroleiro fanfarrão
faroleiro jactância
farpa agudeza
farpado agudeza
farra divertimento
farra embriaguez
farra impureza
farra intemperança
farra prodigalidade
farrancho divertimento
farrapo inutilidade
farrapo pouquidão
farrear divertimento
farripas aspereza
farripas despimento
farrista divertimento
farromba fanfarrão
farroupilha plebeísmo
farsa absurdo
farsa anedota
farsa arremedo
farsa artes
farsa drama
farsa espírito
farsa falsidade
farsa inexistência
farsa mentira
farsa ridicularia
farsante drama
farsante enganador
farsante humorista
farsante jactância
farsista alegria
farsista drama
farta demonstração
fartar completamento
fartar enfado
fartar redundância
fartar saciedade
fartar suficiência
farto aversão
farto comida
farto densidade
farto produtividade
farto redundância
farto saciedade
farto suficiência
farto tamanho
fartum fedor
fartura grandeza
fartura produtividade
fartura prosperidade
fartura riqueza
fartura saciedade
fartura suficiência
fascículo livro
fascinação admiração
fascinação atração
fascinação deleite
fascinação desejo
fascinação excitabilidade
fascinação influência
fascinação motivo
fascinado excitabilidade
fascinado prazer

fascinante amor
fascinar admiração
fascinar atração
fascinar beleza
fascinar bruxaria
fascinar deleite
fascinar excitação
fascinar influência
fascinar motivo
fascínio atração
fascínio deleite
fascínio influência
fascínio motivo
fascismo autoridade
fase circunstância
fase conversão
fase periodicidade
fase tempo
fase termo
fasquiar camada
fastidioso aversão
fastidioso chateza
fastidioso dolorimento
fastidioso esforço
fastidioso frouxidão
fastidioso reprovação
fastidioso ruindade
fastio aversão
fastio enfado
fastio indiferença
fastio saciedade
fastos fama
fatal certeza
fatal compulsoriedade
fatal desesperança
fatal dolorimento
fatal estabilidade
fatal homicídio
fatal inoportunidade
fatal ruindade
fatalidade adversidade
fatalidade casualidade
fatalidade compulsoriedade
fatalidade destino
fatalidade homicídio
fatalismo adversidade
fatalismo compulsoriedade
fatalista compulsoriedade
fatia aquisição
fatia parte
fatia pouquidão
fatídico ameaça
fatídico homicídio
fatídico predição
fatídico revelação
fatídico ruindade
fatigado fadiga
fatigante dificuldade
fatigante enfado
fatigante esforço
fatigante fadiga
fatigante gravidade
fatigante obliquidade
fatigar dolorimento
fatigar fadiga
fatiota indumentária
fato eventualidade
fato existência
fato indumentária
fator agente
fator causa
fator componente
fator número
fator parte
fator produtor
fátuo orgulho
fátuo tolo
fátuo vaidade
fatura acabamento
fatura lista
fatura produção
faturamento receita
faturar lista
fauce abertura
fauce borda
fauna animal
fauna reunião
fausto beleza
fausto ostentação
fausto prazer
fausto prosperidade
faviforme abertura
favor atenção
favor autoridade
favor auxílio
favor bem
favor correspondência
favor cortesia
favor deleite
favor doação
favor fama
favor gratidão
favor permissão
favor tolerância
favor utilidade
favorável amigo
favorável auxílio
favorável boa vontade
favorável bondade
favorável conveniência
favorável oportunidade
favorável prosperidade
favorável salubridade
favorecer aprovação
favorecer auxílio
favorecer deleite
favorecer exageração
favorecer facilidade
favorecer impropriedade
favorecer liberalidade
favorecer permissão
favorecimento auxílio
favorecimento utilidade
favoritismo injustiça
favoritismo obliquidade
favorito amor
favorito deleite
faxina combustível
faxina destruição
faxina limpeza
fazenda localização
fazenda matéria
fazenda mercadoria
fazenda propriedade
fazendário tesoureiro
fazendeiro agricultura
fazendeiro habitante
fazendeiro possuidor
fazer acabamento
fazer ação
fazer composição
fazer demonstração
fazer igualdade
fazer pedido
fazer produção
fazer sucesso
fazer variedade
fazer disparates absurdo
fazer exibição ostentação
fazer feitiço feiticeiro
fazer justiça justiça
fazer leis legalidade
fazer mochila provisão
fazer o horóscopo de alguém predição
fazer rancho cooperação
fazer reconhecimento investigação

fazer sociedade cooperação
fazer turismo viajante
fazer um fim fim
faz-tudo agente
faz-tudo atividade
faz-tudo proficiente
fé inabalável crença
fé crédito
fé crença
fé expiação
fé piedade
fé probidade
fé promessa
fealdade assimetria
fealdade culpa
fealdade desonestidade
febre calor
febre desejo
febre doença
febre excitabilidade
febrífugo remédio
febril atividade
febril excitabilidade
febril excitação
febril pressa
febril sentimento
febril violência
fechado circunscrição
fechado densidade
fechado desinformação
fechado desinteresse
fechado obscuridade
fechado taciturnidade
fechadura fechamento
fechadura vínculo
fechar os olhos desatenção
fechar acabamento
fechar acabamento
fechar cegueira
fechar circunscrição
fechar cooperação
fechar descortesia
fechar estorvo
fechar fechamento
fechar fim
fechar refutação
fechar sequência
fecho acabamento
fecho fim
fecho indicação
fecho sucessor
fecho vínculo
fécula sujidade
fecundação produção
fecundação produtividade
fecundar ensino
fecundar produção
fecundar produtividade
fecundidade produtividade
fecundo imaginação
fecundo inteligência
fecundo inteligência
fecundo produção
fecundo produtividade
fecundo raciocínio
fecundo suficiência
fedegoso fedor
fedelho infante
fedelho remendão
feder aversão
feder dolorimento
feder enfado
feder fedor
feder sujidade
federação cooperação
federação partido
federal cooperação
federal partido
federalismo autoridade
federalizar cooperação
federativo autoridade
federativo partido
fedorento fedor
feérico beleza
feição alegria
feição aparecimento
feição benevolência
feição classe
feição forma
feição indicação
feição intrinsecabilidade
feição qualidades
feijoada comida
feio amorfia
feio assimetria
feio dolorimento
feio fealdade
feio infamação
feio ruindade
feira aparecimento
feira foco
feira mercado
feira permuta
feirante mercador
feitiçaria amor
feitiçaria bruxaria
feitiçaria feiticeiro
feiticeiro amor
feiticeiro beleza
feiticeiro bruxaria
feiticeiro deleite
feiticeiro feiticeiro
feiticeiro oráculo
feiticeiro sábio
feitiço deleite
feitiço divertimento
feitiço encantamento
feitiço motivo
feitio ação
feitio aparecimento
feitio classe
feitio estado
feitio forma
feitio frase
feitio preço
feitio produção
feito ação
feito clerezia
feito composição
feito empreendimento
feito habilidade
feito preparação
feito resolução
feitor agente
feitor diretor
feitor mercador
feitor possuidor
feitoria gestão
feitorizar gestão
feitorizar uso
feitura acabamento
feitura forma
feitura produção
feixe depósito
feixe quantidade
feixe reunião
fel amargura
fel irascibilidade
fel mal
fel malevolência
fel ódio
fel ruindade
feldspato rigidez
felicidade bem
felicidade casualidade
felicidade contentamento
felicidade fruição
felicidade prosperidade
felicidade sucesso

felicitação congratulação
felicitar congratulação
felicitar prosperidade
felídeo animal
felino animal
felino astúcia
felino desinformação
felino falsidade
feliz acordo
feliz alegria
feliz bem
feliz contentamento
feliz conveniência
feliz elegância
feliz fruição
feliz prosperidade
feliz sucesso
felizardo prosperidade
felonia culpa
felonia desobediência
felonia desonestidade
felonia inclemência
felpa leveza
felpa pulverização
felpudo aspereza
felpudo flexibilidade
fêmea libertino
fêmeo fêmea
feminilidade fêmea
feminilidade fraqueza
feminino fêmea
feminismo fêmea
feminizar fêmea
fêmur suporte
fenda abertura
fenda descontinuidade
fenda disjunção
fenda sulco
fender bissecção
fender disjunção
fender fragilidade
fender intervalo
fender navegação
fender pioramento
fender sulco
fenecer fim
fenecer morte
fenecimento fim
fenecimento morte
fênix bondade
fênix desconformidade
fênix perfeição
Fênix reprodução
Fênix restauração
fenomenal admiração
fenomenal desconformidade
fenomenal grandeza
fenômeno aparecimento
fenômeno desconformidade
fenômeno eventualidade
fenômeno infrequência
fenômeno prodígio
fera animal
fera homem ruim
fera irascibilidade
fera malfeitor
fera ressentimento
feracidade produtividade
feraz produtividade
féretro enterro
fereza inclemência
fereza malevolência
fereza violência
féria período
féria recompensa
feriado celebração
feriado divertimento
feriado importância
feriado repouso
férias cessação
férias divertimento
ferida abertura
ferida doença
ferida dolorimento
ferida dor
ferida interesse
ferida mal
ferida pioramento
ferido ingratidão
ferido submissão
ferino espírito
ferino malevolência
ferino violência
ferir ataque
ferir atenção
ferir dissertação
ferir dolorimento
ferir dor
ferir estridor
ferir excitação
ferir impulso
ferir músico
ferir pioramento
ferir punição
ferir reprovação
ferir resistência
ferir ruindade
fermentação bolha
fermentação desordem
fermentação energia
fermentação excitabilidade
fermentação pioramento
fermentação ressentimento
fermentar agitação
fermentar bolha
fermento bolha
fermento componente
fermento energia
fermento excitabilidade
fermento ressentimento
fermento sentimento
fermento violência
fero despreparo
fero dolorimento
fero estridor
fero excitação
fero grandeza
fero inclemência
fero malevolência
fero ressentimento
fero violência
ferocidade excitabilidade
ferocidade inclemência
ferocidade insolência
ferocidade malevolência
ferocidade violência
feroz coragem
feroz despreparo
feroz excitabilidade
feroz excitação
feroz fealdade
feroz inclemência
feroz loucura
feroz malevolência
feroz violência
ferrabrás fanfarrão
ferrabrás jactância
ferrabrás temeridade
ferrado receptáculo
ferradura curvatura
ferrageiro mercador
ferragista mercador
ferramenta instrumentalidade
ferramenta instrumento
ferrão agudeza
ferrão dor

ferrão motivo
ferrão potencial de guerra
ferrar aquecimento
ferrar indicação
ferraria oficina
ferreiro agente
ferrenho excitação
ferrenho obstinação
ferrenho ódio
ferrenho tirania
férreo força
férreo junção
férreo obstinação
férreo resolução
férreo tirania
ferrete apelido
ferrete azorrague
ferrete infamação
ferrete nomenclatura
ferro força
ferro rigidez
ferroada dor
ferroar dor
ferrolho fechamento
ferrolho prisão
ferrolho vínculo
ferro-velho mercador
ferro-velho mercadoria
ferrovia passadouro
ferroviário veículo
ferrugem castanho
ferrugem pioramento
ferrugem veneno
ferrugento sujidade
ferrugento velharia
fértil agricultura
fértil produção
fértil produtividade
fértil vegetabilidade
fertilidade produção
fertilidade produtividade
fertilidade suficiência
fertilização produtividade
fertilizar agricultura
fertilizar preparação
fertilizar produtividade
férula autoridade
fervedouro agitação
fervedouro aquecimento
fervedouro desobediência
fervedouro excitabilidade
fervedouro recife
fervedouro violência
fervente agitação
fervente atividade
fervente calor
fervente excitabilidade
fervente excitação
fervente sentimento
fervente vento
ferver agitação
ferver aquecimento
ferver bolha
ferver calor
ferver suficiência
ferver violência
férvido amor
férvido atividade
férvido calor
férvido culto
férvido excitabilidade
férvido excitação
férvido sentimento
férvido violência
fervilhamento excitação
fervilhamento mutabilidade
fervilhante excitação
fervilhante multidão
fervilhar aquecimento
fervilhar atividade
fervilhar bolha
fervilhar grandeza
fervilhar suficiência
fervor amor
fervor aquecimento
fervor atividade
fervor calor
fervor culto
fervor desejo
fervor excitabilidade
fervor sentimento
fervor vigor
fervor violência
fervura agitação
fervura aquecimento
fervura bolha
fervura violência
festa celebração
festa divertimento
festa ostentação
festa rito
festança divertimento
festança sociabilidade
festão abertura
festão ornamento
festas carícias
festas doação
festas periodicidade
festas regozijo
festeiro alegria
festeiro divertimento
festejar carícias
festejar celebração
festejar regozijo
festejo divertimento
festim comida
festim divertimento
festim fruição
festival divertimento
festividade celebração
festividade regozijo
festividade rito
festivo alegria
festivo divertimento
festivo fruição
festivo regozijo
fetiche encantamento
fetiche favorito
fetiche idolatria
fetiche sábio
fetichismo idolatria
fetichismo prazer
fetichista heterodoxia
fetidez fedor
fétido dolorimento
fétido fedor
feto começo
feudal propriedade
feudal sujeição
feudalismo autoridade
feudalismo sujeição
feudo propriedade
fezes excreção
fezes resto
fezes ruindade
fezes sujidade
fiado crédito
fiado filamento
fiado insolvência
fiado venda
fiador evidência
fiador fiança
fiador indicação
fiança crédito
fiança empenhamento
fiança evidência
fiar crédito
fiar fiança
fiar filamento

fiar plano
fiar venda
fiasco insucesso
fibra filamento
fibroso filamento
fibroso tenacidade
fibroso textura
fíbula filamento
ficar acordo
ficar carícias
ficar causa
ficar conversão
ficar diuturnidade
ficar estabilidade
ficar ininteligibilidade
ficar observância
ficar permanência
ficar resto
ficar situação
ficar velhice
ficar a nenhum pobreza
ficar a pão e água abstemia
ficar baço ceticismo
ficar boquiaberto ceticismo
ficar de luto lamentação
ficar em cima do muro inexcitabilidade
ficar imóvel imobilidade
ficar na frente frente
ficar na lembrança memória
ficar rouco afonia
ficção artes
ficção falsidade
ficção imaginação
ficção inexistência
ficção mentira
ficha dinheiro
fictício falsidade
fictício fraude
fictício imaginação
fictício inexistência
fictício mentira
fidalgaria nobreza
fidalgo cortesia
fidalgo elegância
fidalgo nobreza
fidalguia altruísmo
fidalguia inexcitabilidade
fidalguia moda
fidalguia nobreza
fidalguia vigor
fidedignidade veracidade
fidedigno certeza
fidedigno crença
fidedigno imitação
fidedigno probidade
fidedigno veracidade
fidelidade amizade
fidelidade deleite
fidelidade dever
fidelidade obediência
fidelidade perseverança
fidelidade probidade
fidelidade respeito
fidelidade veracidade
fidúcia crédito
fidúcia crença
fidúcia esperança
fiducial crença
fiduciário crença
fiduciário dinheiro
fiéis piedade
fiel amigo
fiel amizade
fiel cópia
fiel crença
fiel descrição
fiel imitação
fiel obediência
fiel observância
fiel ortodoxia
fiel piedade
fiel probidade
fiel secular
fiel tesoureiro
fielmente descrição
figa encantamento
figa insignificância
figadal inimizade
figadal qualidades
fígado qualidades
figura drama
figura exterioridade
figura forma
figura humanidade
figura melodia
figura representação
figuração exterioridade
figuração predição
figurado equívoco
figurado imaginação
figurado metáfora
figurado registro
figurado suposição
figurante drama
figurão amo
figurão diretor
figurão importância
figurão nobreza
figurar fama
figurar imaginação
figurar indicação
figurar metáfora
figurar pintura
figurar representação
figurar suposição
figurar visibilidade
figurativo floreio
figurativo indicação
figurativo representação
figurino artes
figurino moda
figurino protótipo
figurino representação
fila combatente
fila continuidade
filaça filamento
filactério máxima
filamentar filamento
filamentoso filamento
filamentoso tenacidade
filante picante
filantropia auxílio
filantropia benevolência
filantropia bondade
filantropia doação
filantrópico doação
filantrópico filantropia
filantropo altruísmo
filantropo bondade
filantropo filantropia
filantropo homem bom
filão depósito
filar aquisição
filar motivo
filar pedido
filar restrição
filar retenção
filarmônica música
filé desejo
fileira ordem
filete borda
filete filamento
filete sinuosidade
filha carícias
filha consanguinidade
filharada infante
filharada posteridade
filho consanguinidade

filho infância
filho infante
filho posteridade
filhote infante
filiação atribuição
filiação consanguinidade
filiação posteridade
filiação relação
filial adjunto
filial parte
filial posteridade
filial relação
filiar atribuição
filiforme estreiteza
filiforme filamento
filigrana cruzamento
filigrana ornamento
filisteu tamanho
filmadora instrumento
filmadora registrador
filmar descrição
filmar representação
filme descrição
filme representação
filó semitransparência
filologia gramática
filologia linguagem
filosofar conhecimento
filosofar raciocínio
filosofia conhecimento
filosófico inexcitabilidade
filosófico pensamento
filósofo douto
filósofo raciocínio
filtração singeleza
filtragem singeleza
filtrar rio
filtro conversão
filtro egressão
filtro encantamento
filtro limpeza
filtro singeleza
fim borda
fim cessação
fim compulsoriedade
fim cume
fim desejo
fim intenção
fim morte
fim sucessor
fímbria borda
finado morte
final acabamento
final fim
finalidade desejo
finalidade direção
finalidade intenção
finalização acabamento
finalização fim
finalizar acabamento
finalizar fim
finanças contabilidade
finanças tesouraria
financeira crédito
financeiro contabilidade
financeiro dinheiro
financeiro tesoureiro
financial dinheiro
financiamento trabalho
financiar doação
financista contabilidade
financista tesoureiro
fincar impulso
fincar inserção
fincar junção
fincar suporte
findar curso
findar fim
findar inexistência
findo fim
findo passado
findo precedência
fineza benevolência
fineza bom gosto
fineza carícias
fineza cortesia
fineza deleite
fineza estreiteza
fineza realidade
fingido astúcia
fingido desonestidade
fingido erro
fingido falsidade
fingido impiedade
fingido inexistência
fingido mentira
fingimento arremedo
fingimento desonestidade
fingimento falsidade
fingimento imitação
fingir falsidade
fingir imitação
fingir plano
fingir suposição
finito transitoriedade
finitude inexistência
fino agudeza
fino amor
fino astúcia
fino audição
fino bom gosto
fino bondade
fino concisão
fino deleite
fino elegância
fino estreiteza
fino estridor
fino fragilidade
fino fraqueza
fino habilidade
fino insuficiência
fino inteligência
fino leveza
fino perfeição
fino realidade
fino textura
finório astúcia
finta preço
fintar insolvência
fintar preço
finura astúcia
finura beleza
finura bom gosto
finura elegância
finura espírito
finura estreiteza
finura habilidade
finura inteligência
fio agudeza
fio filamento
fio fraqueza
fio instrumento
fio interpretação
fio vida
fiorde golfo
firma contrato
firma indicação
firma partido
firmamento céu
firmamento morada
firmamento suporte
firmamento universo
firmar base
firmar certeza
firmar contrato
firmar escrita
firmar estabilidade
firmar evidência
firme continuação

firme coragem
firme densidade
firme estabilidade
firme imobilidade
firme inteligência
firme junção
firme obstinação
firme perseverança
firme resolução
firme rigidez
firme tenacidade
firmeza força
firmeza certeza
firmeza continuação
firmeza estabilidade
firmeza permanência
firmeza perseverança
firmeza resistência
firmeza rigidez
firmeza segurança
firmeza tenacidade
firmeza vontade
fiscal amo
fiscal contabilidade
fiscal dinheiro
fiscal diretor
fiscalização atenção
fiscalização autoridade
fiscalização gestão
fiscalização segurança
fiscalizar atenção
fiscalizar gestão
fiscalizar investigação
fisco tesouraria
fisga abertura
fisga disjunção
fisga perseguição
fisga potencial de guerra
fisgada dor
fisgar apropriação
fisgar conhecimento
fisgar inteligência
fisgar inteligibilidade
fisgar restrição
fisgar retenção
físico douto
físico matéria
físico remédio
fisiologia organização
fisiológico partes do corpo humano
fisiologismo obliquidade
fisionomia aparecimento
fisionomia frente
fisionomia indicação
fisionomia intrinsecabilidade
fissura abertura
fissura intervalo
fístula abertura
fístula doença
fístula indicação
fistulado abertura
fita filamento
fita título
fita vínculo
fitar atenção
fitar curiosidade
fitar visão
fito atenção
fito desejo
fito direção
fito intenção
fitologia botânica
fixação excitabilidade
fixação localização
fixação obliquidade
fixação obstinação
fixar atenção
fixar cronometria
fixar localização
fixar memória
fixar resolução
fixar tempo
fixo cor
fixo estabilidade
fixo hábito
fixo imobilidade
fixo junção
fixo permanência
fixo tenacidade
flacidez desvirtude
flacidez flexibilidade
flacidez fraqueza
flacidez insuficiência
flácido falta de elasticidade
flácido flexibilidade
flácido fraqueza
flagelar dolorimento
flagelar malevolência
flagelar punição
flagelar tirania
flagelar-se ascetismo
flagelo azorrague
flagelo doença
flagelo dolorimento
flagelo infamação
flagelo mal
flagelo punição
flagelo sofrimento
flagelo veneno
flagrante calor
flagrante manifestação
flagrante publicidade
flagrante vermelhidão
flama calor
flama excitabilidade
flamejante excitação
flamejar luz
flamenco música
flâmula indicação
flanar inatividade
flanco lateralidade
flanela aquecimento
flanquear ataque
flanquear defesa
flanquear lateralidade
flanquear segurança
flash informação
flato gás
flato vaidade
flatulência fedor
flatulência gás
flatulência vento
flatulento ar
flatulento gás
flatulento vento
flautista músico
flecha agudeza
flecha altura
flecha direção
flecha indicação
flecha perfurador
flecha propulsão
flecha velocidade
flechada mal
flechar passagem
flechar ruindade
flerte amor
fleuma desinteresse
fleuma inexcitabilidade
fleuma meio líquido
fleumático desinteresse
fleumático indiferença
fleumático inexcitabilidade
flexão curvatura
flexão desvio
flexão dobra
flexão gramática

flexão variedade
flexibilizar flexibilidade
flexibilizar libertação
flexionar variedade
flexível boa vontade
flexível flexibilidade
flexível irresolução
flexível obediência
flexível servilismo
flexível submissão
flexor curvatura
floco bolha
floco camada
floco pulverização
flóculo pulverização
flor beleza
flor bondade
flor nobreza
flor perfeição
flor produção
flor vegetal
flor da idade infância
flora botânica
flora vegetal
floral vegetal
florão gravura
florão ornamento
floreado floreio
florear cobertura
florear discurso
florear exagero
florear fama
florear floreio
florear ornamento
florear produção
florear vegetal
floreio habilidade
florescência força
florescência produção
florescência vegetal
florescente produtividade
florescente prosperidade
florescer beleza
florescer existência
florescer fama
florescer produção
florescer produtividade
florescer prosperidade
florescer vegetal
florescer visibilidade
floresta multidão
floresta suficiência
floresta vegetal
florestal vegetal
florete agudeza
florete perfurador
florete potencial de guerra
floricultor agricultura
floricultura agricultura
florido cor
florido esperança
florido floreio
florido ornamento
florido saúde
florido vegetal
florim dinheiro
florir produção
florir produtividade
florir prosperidade
florir vegetal
flotilha combatente
flotilha nave
fluência elegância
fluência loquacidade
fluência rio
fluência suficiência
fluente discurso
fluente elegância
fluente loquacidade
fluente rio
fluente sobriedade
fluente tempo presente
fluidez clareza
fluidez elegância
fluidez rio
fluidificação liquefação
fluidificar fluidez
fluido elegância
fluido fluidez
fluido gás
fluido rio
fluir corrente
fluir excitação
fluir rio
fluminense rio
fluorescente corpos luminosos
flutuação irregularidade
flutuação irresolução
flutuação leveza
flutuação mutabilidade
flutuação oscilação
flutuação tergiversação
flutuador leveza
flutuante irresolução
flutuante mutabilidade
flutuante navegação
flutuante notícia
flutuante subida
flutuar incerteza
flutuar irresolução
flutuar leveza
flutuar mutabilidade
flutuar navegação
flutuar oscilação
fluxo de pensamentos pensamento
fluxo aumento
fluxo conversão
fluxo liquefação
fluxo regozijo
fluxo rio
fluxo substituição
fluxo suficiência
fluxo transitoriedade
fobia aversão
fobia inimizade
fobia medo
fobia ódio
foca sovinaria
focal foco
focalização convergência
focalizar atenção
focalizar centralidade
focalizar convergência
focalizar importância
focalizar manifestação
focinheira descortesia
focinheira prisão
focinheira tristeza
focinho abertura
focinho convexidade
focinho frente
foco causa
foco oficina
fofice elasticidade
fofo dilatação
fofo elasticidade
fofo flexibilidade
fofo orgulho
fofo vaidade
fofoca notícia
fofoca palestra
fofocagem notícia
fofocar notícia
fofoqueiro difamador
fogacho calor
fogacho corpos luminosos
fogacho irascibilidade

fogão aquecimento
fogão fornalha
fogareiro fornalha
fogaréu calor
fogaréu corpos luminosos
fogaréu ornamento
fogo aquecimento
fogo ataque
fogo atividade
fogo calor
fogo embriaguez
fogo excitabilidade
fogo luz
fogo morada
fogo sentimento
fogo sofrimento
fogo vigor
fogo convergente guerra
fogo de santelmo corpos luminosos
fogo-fátuo corpos luminosos
fogo-fátuo insubstancialidade
fogo-fátuo luz
fogo-fátuo visão imperfeita
fogo rolante guerra
fogoso atividade
fogoso coragem
fogoso excitabilidade
fogoso interesse
fogoso irascibilidade
fogoso pressa
fogoso sentimento
fogoso temeridade
fogoso violência
fogueira advertência
fogueira aquecimento
fogueira calor
fogueira celebração
fogueira corpos luminosos
fogueira divertimento
fogueira excitabilidade
fogueira fornalha
fogueira indicação
fogueira mal
fogueira regozijo
foguete calor
foguete guerra
foguete indicação
foguete irresolução
foguete nave
foguete regozijo
foguete subida
foguete velocidade
foguista agente
foguista viajante
foiçar agricultura
foiçar encurtamento
foice agricultura
foice agudeza
foice destruidor
foice morte
folclore compêndio
folclore júpiter
folclore registro
folclorista registrador
fôlder publicidade
fole vento
fôlego repouso
fôlego sussurro
fôlego vento
fôlego vida
folga cessação
folga inatividade
folga ócio
folga repouso
folgado alegria
folgado contentamento
folgado fruição
folgado inação
folgado largura
folgado repouso
folgado revigoramento
folgança alegria
folgança divertimento
folgança repouso
folgar alegria
folgar divertimento
folgar ócio
folgar regozijo
folgar repouso
folgazão alegria
folgazão divertimento
folgazão espírito
folgazão movimento
folgazão prazer
folgazão sociabilidade
folguedo divertimento
folguedo sociabilidade
folha camada
folha livro
folha parte
folha partilha
folha potencial de guerra
folha publicidade
folha registro
folha vegetal
folhagem vegetal
folheado camada
folheado cobertura
folheado cobertura
folhear atenção
folhear camada
folhear cobertura
folhear estudo
folhetim livro
folheto correspondência
folheto livro
folheto publicidade
folhinha cronometria
folhudo aspereza
folhudo camada
folia divertimento
folia intemperança
folia punição
folículo camada
fólio livro
fome desejo
fome insuficiência
fome qualidades
fomentar alívio
fomentar atrito
fomentar causa
fomentar excitação
fomentar motivo
fomentar violência
fomento auxílio
fomento evolução
fomento excitação
fonação som
fonação voz
fonema letra
fonema som
fonética gramática
fonética letra
fonética som
fonética voz
fonético discurso
fonético som
fonético voz
fônico som
fônico voz
fonoaudiologia audição
fonoaudiólogo audição
fonógrafo audição
fonógrafo repetição
fonologia gramática
fonologia som

fonologia voz
fonte causa
fonte começo
fonte depósito
fonte lateralidade
fonte rio
fonte suficiência
fonte templo
fora ausência
fora desconformidade
fora dispensa
fora exterioridade
fora omissão
fora de hora inoportunidade
foragido deslocação
foragido reclusão
foragido transigência
foragido viajante
foragir-se egressão
foragir-se reclusão
foragir-se transigência
forasteiro alheamento
forasteiro não relação
forasteiro reclusão
forasteiro viajante
força muscular força
força agência
força animal
força autoridade
força azorrague
força cor
força energia
força esforço
força grandeza
força grau
força impulso
força intrinsecabilidade
força motivo
força necessidade
força obrigatoriedade
força pendura
força poder
força quantidade
força saúde
força sentimento
força significação
força suficiência
força tamanho
força vigor
força violência
forçado afetação
forçado angularidade
forçado azorrague
forçado bissecção
forçado compulsoriedade
forçado deselegância
forçado homem ruim
forçado interpretação errônea
forçado não relação
forçado restrição
forçar agência
forçar dever
forçar esforço
forçar impureza
forçar interpretação errônea
forçar motivo
forçar obrigatoriedade
forçar sucesso
forçar sujeição
forçar transcursão
fórceps extração
fórceps retenção
forçoso compulsoriedade
forçoso força
forense advogado
forense jurisdição
forja conversão
forja fornalha
forja oficina
forjador de palavras neologismo
forjar aquecimento
forjar esforço
forjar falsidade
forjar mentira
forjar plano
forjar produção
forma estilo
formação composição
formação forma
formação produção
formado composição
formado qualidades
formador mestre
formador produção
formal afirmação
formal certeza
formal conformidade
formal estado
formal forma
formal manifestação
formal obrigatoriedade
formal resolução
formal tirania
formal de partilha partilha
formalidade afetação
formalidade hábito
formalidade legalidade
formalidade moda
formalidade ostentação
formalidade regularidade
formalismo afetação
formalismo impiedade
formalismo moda
formalizar forma
formão lisura
formão perfurador
formar arranjo
formar componente
formar composição
formar ensino
formar forma
formar ordem
formar partido
formar plano
formar produção
formar resolução
formar todo
formativo forma
formato estado
formato forma
formato tamanho
formatura comissão
formidável dificuldade
formidável dolorimento
formidável esforço
formidável grandeza
formidável medo
formiga agente
formiga economia
formiga pequenez
formiga recife
formigamento comichão
formigar comichão
formigar multidão
formigar redundância
formigar reunião
formigar suficiência
formigueiro comichão
formigueiro multidão
formigueiro sofrimento
formoso beleza
formoso deleite
formoso inteligência
formoso melodia
formoso probidade

formosura beleza
formosura bondade
fórmula legalidade
fórmula máxima
fórmula número
fórmula plano
fórmula preceito
fórmula regularidade
fórmula remédio
formular comando
formular escrita
formular informação
formular legalidade
formulário culto
formulário preceito
formulário registro
formulário rito
fornada produção
fornada quantidade
fornalha aquecimento
fornalha calor
fornecedor drama
fornecer doação
fornecer provisão
fornecer venda
fornecer água provisão
fornecimento provisão
fornido força
fornido provisão
fornilho fornalha
forno aquecimento
forno calor
forno fornalha
forno crematório enterro
foro despesa
foro jurisdição
foro preço
foro receita
forquilha angularidade
forquilha bissecção
forquilha simetria
forquilha suporte
forra forro
forragear agricultura
forragear escolha
forragear furto
forragear imitação
forragear investigação
forragear provisão
forrageiro ladrão
forragem mistura
forrar cobertura
forrar economia
forrar forro
forrar libertação
forró artes
forro cobertura
forró divertimento
forro libertação
forró música
forrobodó divertimento
fortalecer cooperação
fortalecer coragem
fortalecer defesa
fortalecer divindade
fortalecer energia
fortalecer evidência
fortalecer força
fortalecer melhoramento
fortalecer poder
fortalecer revigoramento
fortalecer saúde
fortalecer vigor
fortaleza coragem
fortaleza defesa
fortaleza força
fortaleza perseverança
fortaleza prisão
fortaleza refúgio
fortaleza resolução
fortaleza segurança
fortaleza tenacidade
forte atividade
forte barulho
forte concisão
forte cor
forte coragem
forte crença
forte defesa
forte dificuldade
forte energia
forte esforço
forte excitabilidade
forte força
forte grandeza
forte inexcitabilidade
forte inteligência
forte melodia
forte perseverança
forte picante
forte raciocínio
forte refúgio
forte rigidez
forte saúde
forte sentimento
forte significação
forte tamanho
forte tenacidade
forte violência
fortificação defesa
fortificante força
fortificante remédio
fortificante salubridade
fortificar coragem
fortificar defesa
fortificar força
fortim defesa
fortuito eventualidade
fortuito extrinsecabilidade
fortuito surpresa
fortuna compulsoriedade
fortuna destino
fortuna perigo
fortuna propriedade
fortuna prosperidade
fortuna sucesso
fórum conselho[1]
fórum de discussão mensageiro
fosco acromatismo
fosco meia-luz
fosco opacidade
fosforescência meia-luz
fosforescente corpos luminosos
fosforescente luz
fossa concavidade
fossa golfo
fóssil inutilidade
fóssil velharia
fossilizar rigidez
fosso cerca
fosso conduto
fosso defesa
fosso estreiteza
fosso golfo
fosso intervalo
fosso profundidade
fosso sulco
fotocomposição impressão
fotoelétrico corpos luminosos
fotofobia visão imperfeita
fotogênico luz
fotografar imitação
fotografar pintura
fotografar representação
fotografia artes
fotografia descrição

fotografia luz
fotografia pintura
fotografia representação
fotografia semelhança
fotográfico luz
fotógrafo artista
fotógrafo imitação
fotógrafo pintura
fotolito impressão
fotômetro luz
foz angularidade
foz fim
foz golfo
foz rio
fracalhão covardia
fracalhão fraqueza
fração número
fração parte
fração partido
fração pouquidão
fração decimal número
fração ordinária número
fracassar erro
fracassar falta
fracassar insucesso
fracasso adversidade
fracasso barulho
fracasso esquecimento
fracasso estalo
fracasso insucesso
fracionar disjunção
fracionar parte
fracionário parte
fraco anarquia
fraco covardia
fraco desamparo
fraco doença
fraco fêmea
fraco fragilidade
fraco fraqueza
fraco frouxidão
fraco insignificância
fraco insuficiência
fraco irracionalidade
fraco irresolução
fraco medo
fraco meia-luz
fraco moderação
fraco pequenez
fraco perigo
fraco realidade
fraco sem significação
fraco sussurro
frade clerezia
fraga altura
fraga rigidez
fragata atividade
fragata combatente
fragata força
fragata janota
fragata nave
frágil fêmea
frágil fragilidade
frágil fraqueza
frágil imperfeição
frágil insignificância
frágil irracionalidade
frágil irresolução
frágil pouquidão
frágil pulverização
frágil realidade
frágil transitoriedade
fragilidade desvirtude
fragilidade fraqueza
fragilidade mutabilidade
fragilizar fragilidade
fragmentação discórdia
fragmentado disjunção
fragmentar descontinuidade
fragmentar fragilidade
fragmentar pioramento
fragmentário parte
fragmento compêndio
fragmento componente
fragmento parte
fragmento pequenez
fragmento pouquidão
fragmento resto
fragor barulho
fragor estalo
fragor violência
fragoroso barulho
fragrância odor
fragrante fragrância
fragrante fruição
fragrante odor
frajola janota
fralda adjunto
fralda base
fralda pendura
francês habitante
franco afirmação
franco boa vontade
franco candura
franco cortesia
franco dinheiro
franco doação
franco liberalidade
franco manifestação
franco probidade
franco-atirador combatente
frangalho indumentária
frango infante
frango macho
frangote infante
franja borda
franja exagero
franja ornamento
franquear abertura
franquear facilidade
franquear isenção
franqueza candura
franqueza exposição
franqueza isenção
franqueza liberalidade
franqueza manifestação
franqueza probidade
franqueza veracidade
franquia abertura
franquia direito
franquia isenção
franquia liberdade
franquia pagamento
franquia refúgio
franzido dobra
franzino estreiteza
franzino fraqueza
franzir aspereza
franzir contração
franzir dobra
fraque indumentária
fraquear diminuição
fraquear fraqueza
fraquejar diminuição
fraquejar fraqueza
fraquejar irresolução
fraqueza covardia
fraqueza desvirtude
fraqueza imperfeição
fraqueza impotência
fraqueza irresolução
fraqueza velhice
frasal frase
frasco receptáculo
frase linguagem
frase metáfora
frase sílaba
fraseado frase

fraseado voz
frasear frase
frasear sem significação
fraseologia estilo
fraseologia floreio
fraseologia frase
fraseologia linguagem
fraternal amizade
fraternal amor
fraternal benevolência
fraternal carícias
fraternal concórdia
fraternidade amizade
fraternidade concórdia
fraternidade consanguinidade
fraternidade filantropia
fraternidade humanidade
fraternidade sociabilidade
fraterno amizade
fraterno benevolência
fraterno concórdia
fratricida homicídio
fratricídio homicídio
fraturar disjunção
fraudador enganador
fraudador fraude
fraudador ladrão
fraudar falsidade
fraudar furto
fraudar insucesso
fraude astúcia
fraude desonestidade
fraude falsidade
fraude furto
fraude ilegalidade
fraudulento aquisição
fraudulento astúcia
fraudulento desonestidade
fraudulento falsidade
fraudulento fraude
fraudulento ilegalidade
freezer refrigerador
freezer resfriamento
freguês auxiliar
freguês compra
freguês homem ruim
freguesia cargos da Igreja
freguesia região
frei título
freio autoridade
freio dissuasão
freio restrição
fremir barulho
fremir oscilação
fremir sentimento
fremir violência
frêmito agitação
frêmito barulho
frêmito excitabilidade
frêmito excitação
frêmito regozijo
frêmito sentimento
frenesi atividade
frenesi capricho
frenesi enfado
frenesi excitabilidade
frenesi imaginação
frenesi loucura
frenético excitação
frenético irascibilidade
frenético loucura
frenético violência
frente exterioridade
fresa lisura
fresco cautela
fresco frescura
fresco impureza
fresco memória
fresco novidade
fresco pintura
fresco repouso
fresco resfriamento
fresco verde
frescor alívio
frescor beleza
frescor cor
frescor frescura
frescor moderação
frescor vento
frescura desinteresse
frescura indiferença
frescura inexcitabilidade
frescura novidade
fresta abertura para passagem da luz
fresta abertura
fresta canal de respiração
fresta descontinuidade
fresta intervalo
fretar provisão
frete movimento
frete preço
frete provisão
frete transferência
frevo música
fria existência
friagem frio
frialdade descortesia
frialdade desinteresse
frialdade frio
frialdade improdutividade
frialdade indiferença
frialdade negligência
fricção atrito
fricção poder
fricção pulverização
friccionar atrito
frieira gula
frieza acromatismo
frieza desinteresse
frieza desprezo
frieza frio
frieza frouxidão
frieza indiferença
frieza inexcitabilidade
frigideira fornalha
frigidez desprezo
frigidez frio
frígido frio
frígido indiferença
frígido irresolução
frigir aquecimento
frigir jactância
frigorífico refrigerador
frigorífico resfriamento
frincha abertura
frincha disjunção
frincha intervalo
frio acromatismo
frio arremedo
frio desinteresse
frio dolorimento
frio fraqueza
frio frio
frio frouxidão
frio indiferença
frio inércia
frio inércia
frio inexcitabilidade
frio insipidez
frio morte
friorento frio
frisa drama
frisar acordo
frisar atenção
frisar semelhança
frisar sinuosidade
frisar sulco

friso altura
friso borda
friso cume
fritada comida
fritar aquecimento
fritura comida
friúra frio
frivolidade capricho
frivolidade insignificância
frivolidade inutilidade
frivolidade sem significação
frívolo absurdo
frívolo imbecilidade
frívolo insignificância
frívolo inutilidade
frívolo irracionalidade
frívolo irresolução
frívolo sem significação
fronde vegetal
frondoso produtividade
frondoso simetria
frondoso sombra
frondoso vegetal
fronha cobertura
frontal batina
frontal cerca
frontal estorvo
frontal exterioridade
frontal frente
frontão cume
frontaria exterioridade
frontaria frente
frontaria precursor
fronte frente
fronteira borda
fronteira circunjacência
fronteira circunscrição
fronteira começo
fronteira contiguidade
fronteira fim
fronteira limite
fronteira proximidade
fronteiriço borda
fronteiriço contiguidade
fronteiriço limite
fronteiro borda
fronteiro contraposição
fronteiro limite
frontispício exterioridade
frontispício frente
frontispício precursor
frota combatente
frota multidão
frouxo anarquia
frouxo desinteresse
frouxo disjunção
frouxo doença
frouxo falta de elasticidade
frouxo frouxidão
frouxo incoesão
frouxo inércia
frouxo insuficiência
frouxo irracionalidade
frouxo irresolução
frouxo largura
frouxo má vontade
frouxo meia-luz
frouxo negligência
frouxo vagareza
frufrulhar sussurro
frugal economia
frugal temperança
frugalidade economia
frugalidade humildade
frugalidade modéstia
frugalidade simplicidade
frugalidade sobriedade
frugalidade temperança
fruição prazer
fruir fruição
fruir posse
frustração ceticismo
frustração desesperança
frustração expectação
frustração insucesso
frustrado insucesso
frustrante insucesso
frustrar ceticismo
frustrar estorvo
frustrar fraude
frustrar insucesso
frustrar inutilidade
frustrar proibição
frustrar sucesso
fruticultor agricultura
fruticultura agricultura
frutificar melhoramento
frutificar produção
frutificar produtividade
frutificar prosperidade
frutificar sucesso
frutificar utilidade
fruto bem
fruto efeito
fruto posteridade
fruto produção
fruto receita
fruto utilidade
frutuoso produção
frutuoso produtividade
frutuoso utilidade
fubá pulverização
fuçar curiosidade
fuças frente
fuga alegação
fuga dispersão
fuga escapatória
fuga mentira
fuga música
fuga ócio
fuga partida
fuga retirada
fuga transigência
fuga velocidade
fugacidade instantaneidade
fugacidade transigência
fugacidade transitoriedade
fugacidade velocidade
fugaz instantaneidade
fugaz mutabilidade
fugaz transigência
fugaz velocidade
fugida alegação
fugida escapatória
fugida mentira
fugida transigência
fugidio despreparo
fugidio mutabilidade
fugidio transigência
fugidio velocidade
fugir covardia
fugir curso
fugir desacordo
fugir desaparecimento
fugir escapatória
fugir esquecimento
fugir libertação
fugir movimento
fugir transitoriedade
fugir velocidade
fugitivo desobediência
fugitivo escapatória
fugitivo mutabilidade
fugitivo reclusão
fugitivo retirada
fugitivo tergiversação
fugitivo transigência
fugitivo transitoriedade

fugitivo velocidade
fuinha curiosidade
fuinha fedor
fuinha sovinaria
fujão covardia
fujão transigência
fula pressa
fula suficiência
fulano alheamento
fulano generalidade
fulano humanidade
fulcro suporte
fulgente luz
fúlgido luz
fulgir luz
fulgor esperança
fulgor luz
fulgurar fama
fulgurar luz
fuligem pretidão
fuligem sujidade
fuliginoso opacidade
fuliginoso pretidão
fulminado insucesso
fulminante demonstração
fulminante destruição
fulminante dolorimento
fulminante instantaneidade
fulminante raciocínio
fulminante reprovação
fulminar ameaça
fulminar barulho
fulminar condenação
fulminar estalo
fulminar luz
fulminar propulsão
fulminar punição
fulminar reprovação
fulo acromatismo
fulo amarelo
fulo ressentimento
fumaça afetação
fumaça efeito
fumaça picante
fumaceira gás
fumacento sem significação
fumante bolha
fumante picante
fumar picante
fumar ressentimento
fumar vaporização
fumarola gás
fumegante calor
fumegante excitação
fumegante latência
fumegar aquecimento
fumegar bolha
fumegar calor
fumegar latência
fumegar ressentimento
fumegar vaporização
fumicultura agricultura
fumigar limpeza
fumo aquecimento
fumo bolha
fumo efeito
fumo gás
fumo insubstancialidade
fumo inutilidade
fumo lamentação
fumo sujidade
funambulismo divertimento
funambulismo tergiversação
função agência
função cargos da Igreja
função dever
função divertimento
função efeito
função número
função rito
função trabalho
funcional importância
funcional trabalho
funcionar ação
funcionar instrumento
funcionário consignatário
funcionário diretor
funcionário servo
fundação produção
fundado base
fundado evidência
fundador produtor
fundamental base
fundamental causa
fundamental estado
fundamental importância
fundamental intrinsecabilidade
fundamental necessidade
fundamental suporte
fundamentalismo religioso ortodoxia
fundamentar base
fundamentar evidência
fundamento base
fundamento causa
fundamento motivo
fundamento suporte
fundar começo
fundar localização
fundar produção
fundar profundidade
fundar tópico
fundear chegada
fundear imobilidade
fundear localização
fundiário agricultura
fundição aquecimento
fundição oficina
fundição produção
fundilho retaguarda
fundir aquecimento
fundir combinação
fundir conversão
fundir forma
fundir junção
fundir mistura
fundir produção
fundir utilidade
fundo base
fundo depósito
fundo dor
fundo estabilidade
fundo fim
fundo interioridade
fundo intrinsecabilidade
fundo pintura
fundo profundidade
fundo retaguarda
fundos dinheiro
fundura conhecimento
fundura grandeza
fundura grau
fundura profundidade
fúnebre enterro
fúnebre lamentação
fúnebre morte
fúnebre tristeza
funeral dolorimento
funeral enterro
funéreo dolorimento
funéreo enterro
funéreo lamentação
funéreo morte
funéreo tristeza
funesto adversidade
funesto dolorimento
funesto homicídio

funesto inclemência
funesto inoportunidade
funesto insucesso
fungar descontentamento
fungar grito
fungar recepção
fungar sibilação
fungo convexidade
funicular curvatura
funicular elevação
funil abertura
funil concavidade
funil conduto
funil embriaguez
funil esfericidade
funil estreiteza
funilaria oficina
funileiro agente
funk divertimento
funk música
fura-bolos tato
furacão adversidade
furacão destruidor
furacão recife
furacão revolução
furacão rotação
furacão ruindade
furacão vento
furacão violência
furador agudeza
furador perfurador
furão atividade
furar abertura
furar inserção
furar insucesso
furar sucesso
furgão veículo
fúria excitabilidade
fúria fanfarrão
fúria loucura
fúria ódio
fúria ressentimento
fúria violência
furibundo loucura
furibundo ressentimento
furioso excitabilidade
furioso loucura
furioso pressa
furioso ressentimento
furioso violência
furna concavidade
furna esconderijo
furna morada
furo abertura
furo grau
furor desejo
furor excitabilidade
furor loucura
furor qualidades
furor ressentimento
furor sentimento
furor violência
furta-cor variegação
furtar aquisição
furtar furto
furtar ladrão
furtivamente desinformação
furtivo astúcia
furtivo desinformação
furtivo latência
furto apropriação
furto aquisição
furto desinformação
furto fraude
furto ilegalidade
furúnculo doença
fusa melodia
fusão aquecimento
fusão combinação
fusão cooperação
fusão junção
fusão liquefação
fusão mistura
fusco castanho
fusco pretidão
fusibilidade aquecimento
fusível conversão
fusível liquefação
fuso rotação
fustigar dor
fustigar punição
fustigar ridicularização
fustigar vento
futebol divertimento
fútil absurdo
fútil chateza
fútil imbecilidade
fútil impotência
fútil inatividade
fútil indiferença
fútil insignificância
fútil inutilidade
fútil sem significação
futilidade imbecilidade
futilidade insignificância
futilidade insubstancialidade
futilidade sem significação
futrica insignificância
futricar permuta
futurismo afetação
futuro destino
futuro futuro
futuro posteridade
futuro posterioridade
futuro sequência
futuro sucessor
fuxico notícia
fuzil potencial de guerra
fuzilamento homicídio
fuzilamento punição
fuzilar divergência
fuzilar excitação
fuzilar homicídio
fuzilar luz
fuzilar punição
fuzilaria ataque
fuzileiro combatente

G

gabar aprovação
gabardine indumentária
gabarola fanfarrão
gabarola jactância
gabinete autoridade
gabinete conselho[1]
gabinete oficina
gabinete pintura
gabinete receptáculo
gabiru velhaco
gabola jactância
gabola orgulho
gabolice jactância
gabolice vaidade
gadanho agricultura
gado animal
gafanhoto destruidor
gafanhoto estreiteza
gafanhoto prodigalidade
gafanhoto salto
gafe inoportunidade
gafieira artes
gafieira divertimento
gaforinha aspereza
gago gagueira
gaio alegria

gaio astúcia
gaio carregador
gaio habilidade
gaiola domesticação
gaiola prisão
gaita dinheiro
gaita divertimento
gaiteiro contentamento
gaiteiro divertimento
gaiteiro moda
gaiteiro músico
gajo astúcia
gajo velhaco
galã amor
gala divertimento
galã drama
gala ostentação
gala regozijo
gala rito
galáctico universo
galactófago comida
galactóforo excreção
galalau tamanho
galante beleza
galante deleite
galante moda
galante probidade
galantear carícias
galantear espírito
galantear ornamento
galanteio amor
galanteio cortesia
galão filamento
galão indicação
galão ornamento
galão salto
galardão fama
galardão recompensa
galardão título
galardoar recompensa
galáxia substancialidade
galé azorrague
galé nave
galeão combatente
galeão nave
galego mau gosto
galeota nave
galera combatente
galera nave
galera veículo
galeria abertura
galeria depósito
galeria drama
galeria morada
galeria passadouro
galeria receptáculo
galeria suficiência
galés penalidade
galés punição
galgar autoridade
galgar direitura
galgar subida
galgar transcursão
galgo animal
galgo velocidade
galhada bissecção
galhardete indicação
galhardete ornamento
galhardia beleza
galhardia coragem
galhardia liberalidade
galhardia moda
galhardia prazer
galhardo beleza
galhardo bondade
galhardo coragem
galhardo fama
galhardo liberalidade
galhardo prazer
galhardo probidade
galhardo saúde
galheta templo
galho parte
galho posteridade
galho vegetal
galhofa alegria
galhofa espírito
galhofa ridicularização
galhofar alegria
galhofar espírito
galhofar regozijo
galhofar ridicularização
galhofeiro alegria
galhofeiro humorista
galhofeiro ridicularização
galhudo bissecção
galhudo vegetal
galicismo neologismo
Galileu universo
galinha fêmea
galinheiro drama
galinheiro morada
galo convexidade
galo macho
galocha indumentária
galopada velocidade
galopante velocidade
galopar transitoriedade
galopar velocidade
galope divertimento
galope velocidade
galpão depósito
galvanizar excitação
galvanizar poder
gama continuidade
gama cor
gama diferença
gama melodia
gamado desejo
gamão divertimento
gambá animal
gambá fedor
gambiarra discórdia
gambiarra drama
gambito astúcia
gambito fraude
gana desejo
gana excitabilidade
gana má vontade
gana ódio
gana qualidades
gana sovinaria
gana vontade
ganância aquisição
ganância carestia
ganância desejo
ganância dívida
ganância egoísmo
ganância sovinaria
ganancioso carestia
ganancioso egoísmo
ganancioso sovinaria
ganancioso utilidade
gancho suporte
gancho vínculo
gandaia inatividade
gandaia intemperança
gandula inatividade
gangorra oscilação
gangorra troca
gangrena desvirtude
gangrena mal
gangrenar ruindade
ganhador plebeísmo
ganha-pão agente
ganha-pão meios
ganhar aquisição
ganhar chegada
ganhar chegada

ganhar motivo
ganhar recebimento
ganhar receita
ganhar restauração
ganhar sucesso
ganhar terreno progressão
ganhar vulto aumento
ganho aquisição
ganho bem
ganho receita
ganido estridor
ganso macho
garanhão carregador
garanhão libertino
garanhão macho
garantia certeza
garantia crédito
garantia deleite
garantia direito
garantia empenhamento
garantia evidência
garantia fiança
garantia promessa
garantia segurança
garantido direito
garantir afirmação
garantir autoridade
garantir certeza
garantir crença
garantir evidência
garantir fiança
garantir permissão
garantir promessa
garantir segurança
garapa doçura
garatuja arremedo
garatuja indicação
garatuja sem significação
garatujar arremedo
garatujar escrita
garatujar sem significação
garbo bom gosto
garbo indumentária
garbo moda
garboso beleza
garça brancura
garçom servo
gare partida
garfada aquisição
garfo angularidade
garfo azorrague
garfo bissecção
garfo inserção
gargalhada alegria
gargalhada divertimento
gargalhar regozijo
gargalo abertura
gargalo estreiteza
garganta abertura
garganta barulho
garganta canal de respiração
garganta estreiteza
garganta fanfarrão
garganta intervalo
garganta recife
garganta voz
gargantilha circunferência
gargantilha ornamento
gargarejar água
gargarejar gagueira
garimpar investigação
garimpeiro investigação
garimpeiro viajante
garoa rio
garotada mau gosto
garotice mau gosto
garoto inatividade
garoto infante
garoto pequenez
garoto plebeísmo
garra tato
garrafa embriaguez
garrafa receptáculo
garrafada conteúdo
garrafal letra
garrafão receptáculo
garrancho vegetal
garrar desvio
garridice beleza
garridice moda
garridice ornamento
garrido alegria
garrido beleza
garrido cor
garrido moda
garrido ornamento
garrido ostentação
garrir-se mau gosto
garrote animal
garrote azorrague
garrote homicídio
garrote punição
garrucha azorrague
garrucha potencial de guerra
garrulice alegria
garrulice loquacidade
gárrulo alegria
gárrulo loquacidade
gárrulo músico
garupa retaguarda
garupa sucessão
gás combustível
gás corpos luminosos
gás fluidez
gaseificado bolha
gaseificar bolha
gaseificar gás
gaseificar vaporização
gasogênio gás
gasolina combustível
gasolina óleo
gasômetro gás
gasoso bolha
gasoso gás
gastador esbanjamento
gastador prodigalidade
gastar contração
gastar despesa
gastar destruição
gastar esbanjamento
gastar fraqueza
gastar inutilidade
gastar preparação
gastar prodigalidade
gastar tempo
gastar trabalho
gastar uso
gasto despesa
gasto esbanjamento
gasto fadiga
gasto fraqueza
gasto pioramento
gasto uso
gasto velharia
gastralgia dor
gastrite doença
gastronomia comida
gastronomia fruição
gastronomia gula
gastrônomo gula
gata beleza
gata fêmea
gatil domesticação
gatil morada
gatilho instrumento
gato animal
gato beleza

gato macho
gato resto
gato vínculo
gato visão
gato-sapato divertimento
gatunagem furto
gatunar furto
gatuno furto
gatuno ladrão
gauchada jactância
gaúcho domesticação
gaudério inatividade
gáudio alegria
gáudio prazer
gáudio regozijo
gávea altura
gavela quantidade
gavela reunião
gaveta receptáculo
gavião malfeitor
gavinha filamento
gavinha sinuosidade
gay hermafrodismo
gaze semitransparência
gazela inocência
gazela velocidade
gazeta publicidade
gazeta registro
gazetear inatividade
gazeteiro curiosidade
gazeteiro inatividade
gazeteiro livro
gazeteiro notícia
gazetilha livro
gazetilha publicidade
gazua ataque
gazua furto
gazua instrumentalidade
gazua instrumento
geada frio
gear resfriamento
geena inferno
geladeira refrigerador
geladeira resfriamento
gelado brancura
gelado desinteresse
gelado frio
gelado indiferença
gelado refrigerador
gelar medo
gelar resfriamento
gelar tristeza
gelatina meio líquido
gelatinoso meio líquido
geleira frio
geleira refrigerador
gélido desinteresse
gélido frio
gélido morte
gelo desinteresse
gelo frio
gelo indiferença
gelo resfriamento
gelosia abertura para passagem da luz
gelosia abertura
gelosia esconderijo
gema amarelo
gema bondade
gema causa
gema centralidade
gema interioridade
gema ornamento
gema resina
gêmeo acompanhamento
gêmeo consanguinidade
gêmeo identidade
gêmeo semelhança
gêmeos dualidade
gemer afirmação
gemer dor
gemer gravidade
gemer lamentação
gemer sofrimento
gemer sussurro
gemer vento
gemer voz
gemido dor
gemido lamentação
gemido saudade
gemido sussurro
geminado duplicação
genealogia classe
genealogia continuidade
genealógico ascendência
genebra embriaguez
general amo
generalato cargos da Igreja
generalidade compêndio
generalidade média
generalíssimo amo
generalíssimo superioridade
generalização raciocínio
generalizar generalidade
generativo produtividade
genérico generalidade
genérico remédio
gênero classe
gênero estilo
gênero gramática
gênero pintura
gêneros mercadoria
generosidade altruísmo
generosidade benevolência
generosidade deleite
generosidade doação
generosidade filantropia
generosidade inexcitabilidade
generosidade liberalidade
generosidade perdão
generosidade probidade
generoso altruísmo
generoso benevolência
generoso benfeitor
generoso coragem
generoso doação
generoso filantropia
generoso liberalidade
generoso probidade
generoso suficiência
generoso tolerância
generoso virtude
geneticista douto
genético produção
genial alegria
genial fruição
genial habilidade
genial inteligência
genial qualidades
genialidade boa vontade
gênio benfeitor
gênio douto
gênio estado
gênio habilidade
gênio intelecto
gênio inteligência
gênio intrinsecabilidade
gênio proficiente
gênio qualidades
gênio tendência
genioso irascibilidade
genital partes do corpo humano
genital produção
genitor ascendência
genitor produção
genitor produtor

genocida guerra
gentalha plebeísmo
gente classe
gente humanidade
gente partido
gentil beleza
gentil bom gosto
gentil cortesia
gentil liberalidade
gentil moda
gentil moderação
gentil nobreza
gentil probidade
gentil simetria
gentileza atenção
gentileza beleza
gentileza coragem
gentileza cortesia
gentileza liberalidade
gentileza moda
gentileza probidade
gentílico heterodoxia
gentílico irreligião
gentílico nomenclatura
gentinha plebeísmo
gentio heterodoxia
gentio irreligião
genuflectir culto
genufletir submissão
genuflexão cortesia
genuflexão culto
genuflexão depressão
genuflexão respeito
genuflexão servilismo
genuflexão submissão
genuflexório suporte
genuflexório templo
genuíno imitação
genuíno singeleza
geocêntrico egoísmo
geocêntrico universo
geodesia medida
geografia situação
geologia não organização
geológico não organização
geometria medida
georama aparecimento
geração ascendência
geração causa
geração classe
geração consanguinidade
geração humanidade
geração período
geração produção
gerador ascendência
gerador produção
gerador produtor
geral clerezia
geral dispersão
geral hábito
gerar uma dúvida descrença
gerar causa
gerar imaginação
gerar produção
gerar produtividade
gerativo causa
geratriz produção
gerência agência
gerência conduta
gerência gestão
gerencial gestão
gerenciar economia
gerenciar gestão
gerenciar trabalho
gerente consignatário
gerente diretor
gerente drama
gerente gestão
geringonça fragilidade
geringonça ininteligibilidade
geringonça neologismo
geringonça recife
gerir gestão
germanismo afetação
germanismo neologismo
germano consanguinidade
germinar vegetal
gesso brancura
gestação preparação
gestante produção
gestão conduta
gestatório transferência
gesticular drama
gesticular indicação
gesto ação
gesto indicação
gesto informação
gesto linguagem
giba convexidade
gibão indumentária
giga receptáculo
gigante força
gigante importância
gigante tamanho
gigantesco admiração
gigantesco altura
gigantesco grandeza
gigantesco tamanho
gilete hermafrodismo
gilvaz mancha
gilvaz registro
ginasial discípulo
ginasial ensino
ginasial escola
ginásio ensino
ginásio escola
ginasta drama
ginasta mestre
ginástica contenda
ginástica divertimento
ginástica ensino
ginástica esforço
ginástica força
gineceu fêmea
gineceu morada
ginecologia fêmea
ginete animal
ginete carregador
ginete viajante
ginga navegação
gingar afetação
gingar navegação
ginseng excitação
gira louco
girafa tamanho
girândola corpos luminosos
girândola regozijo
girândola reunião
girar circuição
girar desvio
girar dinheiro
girar inversão
girar mudança
girar mutabilidade
girar permuta
girar rotação
girar sinuosidade
giratório movimento
gíria astúcia
gíria deselegância
gíria linguagem
gíria neologismo
giro circuição
giro circuito
giro divertimento
giro locomoção

giro periodicidade
giro rotação
giz pintura
glabro despimento
glabro lisura
glaçar cobertura
glace cobertura
glacê cobertura
glacial desinteresse
glacial dolorimento
glacial frio
glacial frouxidão
glacial indiferença
glaciário frio
gladiador combatente
gladiador força
gládio guerra
gládio potencial de guerra
glandular partes do corpo humano
glauco verde
glaucoma doença
gleba partilha
gleba propriedade
gleba região
gleba terra
glicerina óleo
global todo
globo esfericidade
globo rigidez
globoso esfericidade
globular esfericidade
glóbulo esfericidade
glóbulo pequenez
glóbulo pouquidão
glória alegria
glória culto
glória divindade
glória fama
glória luz
glória ostentação
glorificação culto
glorificação fama
glorificação idolatria
glorificação jactância
glorificação rito
glorificar aprovação
glorificar culto
glorificar deleite
glorificar divindade
glorificar fama
glorificar prosperidade
glorificar respeito
glorificar rito
glorioso fama
glosa interpretação
glosa poesia
glosa reprovação
glosar deficiência
glosar dispensa
glosar dissertação
glosar interpretação
glosar omissão
glosar reprovação
glossário inteligibilidade
glossário lista
glossário livro
glossário sílaba
glutão gula
glutinoso coesão
glutinoso meio líquido
glutinoso vínculo
glutonaria comida
glutonaria gula
gnaisse terra
gnomo cronometria
gnomo demônio
gnomo desconformidade
gnose conhecimento
gnosticismo heterodoxia
gnosticismo impiedade
gnóstico heterodoxia
gnóstico impiedade
goela abertura
goela barulho
goela borda
goela comida
goela fanfarrão
goela intervalo
gogo meio líquido
goiva agudeza
goiva lisura
goiva perfurador
goivo lamentação
gola dobra
gole comida
gole parte
golfada rio
golfar egressão
golfar expulsão
golfar rio
golfinho oceano
golfinho tamanho
golfo concavidade
golfo intervalo
golpe ação
golpe ataque
golpe ceticismo
golpe destruição
golpe dolorimento
golpe dor
golpe impulso
golpe insucesso
golpe mal
golpe plano
golpe sofrimento
golpear ataque
golpear descrença
golpear dolorimento
golpear impulso
golpear pioramento
golpear punição
golpear ruindade
goma amarelo
goma resina
goma-arábica resina
gomo parte
gomo posteridade
gôndola nave
gondoleiro equipagem
gonzo junção
gonzo vínculo
gorar insucesso
gordo comida
gordo grandeza
gordo suficiência
gordo sujidade
gordo untuosidade
gordura óleo
gordura tamanho
gordura untuosidade
gorduroso untuosidade
gorgulho pequenez
gorila animal
gorja canal de respiração
gorja retaguarda
gorjear músico
gorjear prolação
gorjeio prolação
gorjeta doação
gorjeta motivo
gorro indumentária
gosma excreção
gosma meio líquido
gosmento meio líquido
gostar bom gosto
gostar gosto
gosto bom gosto
gosto cuidado

gosto desejo
gosto discriminação
gosto habilidade
gosto prazer
gosto qualidades
gosto sabor
gosto vontade
gostoso contentamento
gostoso deleite
gostoso fruição
gostoso gosto
gostoso sabor
gota doença
gota esfericidade
gota pouquidão
gota rio
gota a gota parte
goteira cobertura
goteira conduto
goteira sulco
gotejar descida
gotejar egressão
gotejar rio
gotejar umidade
gótico amorfia
gótico letra
gótico mau gosto
governador amo
governador carcereiro
governador diretor
governamental autoridade
governamental gestão
governanta carcereiro
governanta diretor
governanta economia
governanta mestre
governante amo
governante autoridade
governar autoridade
governar divindade
governar gestão
governar influência
governar inteligência
governável facilidade
governável obediência
governo amo
governo autoridade
governo ensino
governo gestão
governo influência
governo região
governo resolução
gozação desrespeito
gozação ridicularização
gozador alegria
gozador ridicularização
gozar aquisição
gozar fruição
gozar posse
gozar ridicularização
gozar saúde
gozar sentimento
gozar uso
gozo alegria
gozo animal
gozo contentamento
gozo fruição
gozo prazer
gozo uso
gozoso contentamento
gozoso deleite
GPS descrição
GPS gestão
GPS localização
grã nobreza
graça beleza
graça bem
graça bom gosto
graça clemência
graça divertimento
graça doação
graça elegância
graça nomenclatura
graça perdão
graça permissão
graça piedade
graça título
graça tolerância
graças culto
graças gratidão
graças rito
gracejar alegria
gracejar espírito
gracejar regozijo
gracejar ridicularização
gracejo anedota
gracejo divertimento
gracejo espírito
gracejo ridicularização
grácil beleza
grácil estreiteza
grácil fraqueza
gracinha anedota
graciosidade barateza
graciosidade elegância
gracioso barateza
gracioso beleza
gracioso boa vontade
gracioso divertimento
gracioso espírito
gracioso humorista
graçola anedota
graçola chateza
graçola espírito
graçola ridicularização
gradação continuidade
gradação cor
gradação diferença
gradação grau
gradação ordem
gradação variegação
gradar grau
gradativo continuidade
gradativo grau
gradativo ordem
grade agricultura
grade cerca
grade cruzamento
grade prisão
grade receptáculo
gradear agricultura
grado grau
grado importância
grado nobreza
graduação arranjo
graduação autoridade
graduação classe
graduação comparação
graduação estado
graduação medida
graduação ordem
graduado comissão
graduado conhecimento
graduado douto
graduado fama
graduado importância
graduado ordem
graduado respeito
gradual continuidade
gradual grau
gradual ordem
gradual rito
gradual vagareza
graduar acordo
graduar grau
graduar medida
graduar variegação
grafar escrita
gráfica livro

gráfico descrição
gráfico escrita
gráfico inteligibilidade
gráfico pintura
gráfico representação
gralha agouro
gralha animal
gralha loquacidade
grama gravidade
gramar comida
gramática ensino
gramatical gramática
gramático douto
gramático gramática
gramínea vegetal
grampar junção
grampo vínculo
grana dinheiro
granada potencial de guerra
granadeiro combatente
granadeiro força
granadeiro tamanho
granadino vermelhidão
grande adolescência
grande altruísmo
grande altura
grande bondade
grande comprimento
grande conhecimento
grande coragem
grande desconformidade
grande diuturnidade
grande divindade
grande dolorimento
grande espaço
grande fama
grande habilidade
grande importância
grande infinidade
grande largura
grande nobreza
grande respeito
grande rio
grande suficiência
grande tamanho
grandeza beleza
grandeza espaço
grandeza fama
grandeza grau
grandeza importância
grandeza liberalidade
grandeza nobreza
grandeza ostentação
grandeza probidade
grandeza prodígio
grandeza quantidade
grandeza riqueza
grandeza superioridade
grandeza tamanho
grandeza título
grandíloquo discurso
grandiosidade beleza
grandiosidade bondade
grandioso admiração
grandioso altruísmo
grandioso beleza
grandioso bondade
grandioso fama
grandioso grandeza
grandioso ostentação
grandioso vigor
granel depósito
granel impressão
granítico escrita
granítico rigidez
granítico tenacidade
granito escrita
granito estabilidade
granito força
granito pulverização
granito rigidez
granívoro comida
granizo frio
granja morada
granja propriedade
granjear nome fama
granjear agricultura
granjear aquisição
granjear carícias
granjear lisonja
granjear respeito
granjeio agricultura
granjeio aquisição
granjeiro agricultura
granjeiro possuidor
granulado pulverização
granular esfericidade
granular pequenez
granular pulverização
grânulo aspereza
grânulo pouquidão
grânulo pulverização
granuloso densidade
granuloso pulverização
grão centralidade
grão nobreza
grão pouquidão
grão pulverização
grão-ducado região
grão-mestre diretor
grão-vizir amo
grasnada grito
grasnar estridor
grassar aumento
grassar dispersão
grassar insalubridade
grassar multidão
gratificação doação
gratificação gratidão
gratificação recompensa
gratificar contentamento
gratificar doação
gratificar recompensa
grátis doação
grátis insolvência
grátis liberdade
grato conveniência
grato deleite
grato gratidão
gratuitamente insolvência
gratuito altruísmo
gratuito barateza
gratuito boa vontade
gratuito irracionalidade
gratuito liberdade
gratuito suposição
gratulatório congratulação
gratulatório gratidão
grau classe
grau energia
grau fama
grau ordem
grau termo
grau título
graúdo grandeza
graúdo importância
graúdo nobreza
graúdo tamanho
gravação descrição
gravação escrita
gravação impressão
gravação malevolência
gravador artista
gravador instrumento
gravador registrador
gravame comissão
gravame despesa
gravame dolorimento

gravame estorvo
gravame mal
gravame preço
gravame trabalho
gravar descrição
gravar dificuldade
gravar dolorimento
gravar ensino
gravar escrita
gravar fama
gravar gravura
gravar indicação
gravar malevolência
gravar memória
gravar preço
gravar redundância
gravar registro
gravar representação
gravar sulco
gravata indumentária
grave audição
grave chateza
grave dolorimento
grave gravidade
grave importância
grave inexcitabilidade
grave inteligência
grave modéstia
grave música
grave perigo
grave tristeza
grave vagareza
grave vigor
graveto combustível
grávida produção
gravidade atração
gravidade cautela
gravidade energia
gravidade grandeza
gravidade importância
gravidade inteligência
gravidade modéstia
gravidade perigo
gravidade poder
gravidade tristeza
gravidade vigor
gravidez produção
grávido gravidade
gravitação gravidade
gravitação poder
gravitacional gravidade
gravitar aproximação
gravitar descida
gravitar gravidade
gravitar tendência
gravoso dolorimento
gravoso ruindade
gravura artes
gravura ornamento
gravura pintura
gravura representação
graxa resina
graxo óleo
graxo untuosidade
greda flexibilidade
greda terra
gregário reunião
gregário sociabilidade
grego ininteligibilidade
grei animal
grei classe
grei partido
grei reunião
grei secular
grelar vegetal
grelha azorrague
grelha cruzamento
grelha fornalha
grelhar aquecimento
grelhar calor
grelhar dor
grelo causa
grelo filamento
grêmio foco
grêmio interioridade
grêmio partido
grêmio secular
grêmio sociabilidade
grenha aspereza
grenha desordem
grenha despreparo
grenha vegetal
greta abertura
greta disjunção
greta intervalo
greta sulco
gretar intervalo
gretar sulco
greve renitência
grevista desobediência
grifar importância
grifo desconformidade
grifo equívoco
grifo indicação
grifo ininteligibilidade
grifo letra
grifo segredo
grilheta azorrague
grilheta homem ruim
grilheta preso
grilheta prisão
grilheta vínculo
grimpa ar
grimpa cume
grimpa mutabilidade
grimpa vento
grimpar descortesia
grimpar insolência
grinalda circunferência
grinalda compêndio
grinalda indicação
grinalda insígnia
grinalda ornamento
grinalda título
grinalda troféu
gringo alheamento
gripe doença
gris pardo
grisalho pardo
griséu pardo
grisu gás
grisu revolução
grita notícia
gritante desconformidade
gritante erro
gritante grito
gritante necessidade
gritar barulho
gritar estridor
gritar excitabilidade
gritar grito
gritar lamentação
gritar pedido
gritar reprovação
gritar voz
gritaria barulho
gritaria discórdia
gritaria grito
gritaria reprovação
gritaria som
gritaria voz
grito barulho
grito indicação
grito penitência
grito publicidade
grito som
grito voz
grogue embriaguez
grosa pulverização

groselha vermelhidão
groselheira vegetal
grosseiro aspereza
grosseiro assimetria
grosseiro descortesia
grosseiro deselegância
grosseiro despreparo
grosseiro embotamento
grosseiro erro
grosseiro fealdade
grosseiro imbecilidade
grosseiro imperfeição
grosseiro impureza
grosseiro insolência
grosseiro mau gosto
grosseiro neologismo
grosseiro plebeísmo
grosseiro sujidade
grosseria chateza
grosseria descortesia
grosseria insolência
grosseria mau gosto
grosso barulho
grosso densidade
grosso descortesia
grosso dilatação
grosso dilatação
grosso embotamento
grosso grandeza
grosso largura
grosso mau gosto
grosso rio
grosso suficiência
grosso tamanho
grosso violência
grossura chateza
grossura densidade
grossura tamanho
grotesco desconformidade
grotesco deselegância
grotesco insignificância
grotesco ridicularia
grua elevação
grudar acordo
grudar junção
grudar vínculo
grude meio líquido
grude vínculo
grudento coesão
grumete amo
grumo densidade
grumo pasta
grumo pulverização
grupar reunião
grupo classe
grupo partido
grupo pouquidade
grupo reunião
gruta concavidade
gruta esconderijo
grutesco esconderijo
guache artes
guache cor
guache pintura
guapo beleza
guapo coragem
guaraná excitação
guarda advertência
guarda atenção
guarda auxiliar
guarda carcereiro
guarda cuidado
guarda defesa
guarda indicação
guarda livro
guarda restrição
guarda retenção
guarda segurança
guarda sucessor
guarda visão
guarda-chuva cobertura
guarda-chuva refúgio
guarda-chuva sombra
guarda-costas acompanhamento
guarda-costas combatente
guarda-costas defesa
guarda-costas refúgio
guarda-costas segurança
guardador carcereiro
guardador defesa
guardador segurança
guarda-fogo refúgio
guarda-livros contabilidade
guarda-livros registrador
guarda-livros tesoureiro
guarda-marinha amo
guarda-mor amo
guarda-mor carcereiro
guarda-mor diretor
guarda-mor jurisdição
guarda-noturno segurança
guarda-pó indumentária
guardar cuidado
guardar depósito
guardar domesticação
guardar economia
guardar memória
guardar observância
guardar preparação
guardar preservação
guardar receptáculo
guardar segurança
guarda-roupa indumentária
guarda-sol cobertura
guarda-sol refúgio
guarda-sol sombra
guardião carcereiro
guardião clerezia
guardião deputado
guardião segurança
guarida defesa
guarida esconderijo
guarida justificação
guarida refúgio
guarida segurança
guarita esconderijo
guarnecer circunscrição
guarnecer cobertura
guarnecer equipagem
guarnecer força
guarnecer força
guarnecer ornamento
guarnecer preparação
guarnecer provisão
guarnecer segurança
guarnição borda
guarnição combatente
guarnição equipagem
guarnição marinheiro
guarnição ornamento
guarnição refúgio
guarnição segurança
guedelha aspereza
guepardo velocidade
guerra civil guerra
guerra oposição
guerrear contenda
guerrear guerra
guerrear malevolência
guerrear oposição
guerreiro combatente
guerreiro contenda
guerreiro coragem
guerreiro guerra
guerrilha combatente
guerrilha contenda
guerrilha ladrão
guerrilheiro combatente

gueto isolamento
gueto prisão
guia carregador
guia conselho²
guia ensino
guia frente
guia gestão
guia indicação
guia influência
guia informação
guia intérprete
guia locomoção
guia mestre
guia precedência
guia preceito
guia precessão
guia precursor
guia viajante
guião indicação
guiar benevolência
guiar conselho²
guiar ensino
guiar frente
guiar gestão
guiar precessão
guichê abertura
guieiro precessão
guieiro precursor
guilhotina azorrague
guilhotinar homicídio
guilhotinar punição
guinada desvio
guinada dor
guinada salto
guinar desvio
guinchar barulho
guinchar estridor
guinchar grito
guincho estridor
guindar altura
guindar elevação
guindaste elevação
guinéu dinheiro
guisa celebração
guisa passadouro
guisado comida
guisado sabor
guisar auxílio
guisar plano
guisar tempero
guitarrista músico
gula comida
gula intemperança
gulodice comida
gulodice deleite
gulodice gula
gulodice sabor
guloseima comida
guloseima deleite
guloso gula
guloso recepção
gume agudeza
gume energia
gumífero resina
gupiara terra
guri infante
gurizada infante
gusano destruidor
gusano pequenez
gusano veneno
gustação gosto
gustativo gosto
gustativo partes do corpo humano
gutural gagueira
gutural letra

H

habeas corpus libertação
hábil acordo
hábil astúcia
hábil cautela
hábil habilidade
hábil inteligência
hábil oportunidade
habilidade conduta
habilidade estudo
habilidade intelecto
habilidade inteligência
habilidade poder
habilidoso habilidade
habilitação conhecimento
habilitação habilidade
habilitação legalidade
habilitação poder
habilitação preparação
habilitações habilidade
habilitado conhecimento
habilitado legalidade
habilitar habilidade
habilitar poder
habilitar preparação
habitação localização
habitação morada
habitacional morada
habitáculo morada
habitado presença
habitar habitante
habitar localização
habitar morada
habitar presença
hábito estado
hábito frequência
hábito indicação
hábito insígnia
hábito intrinsecabilidade
hábito passadouro
hábito título
hábito uso
hábito arraigado hábito
hábito inveterado hábito
habitual conformidade
habitual expectação
habitual generalidade
habitual hábito
habitual regularidade
habitual repetição
habitual velharia
habituar desinteresse
habituar ensino
habituar hábito
hagiografia registro
hagiografia teologia
hagiógrafo registrador
haja o que houver destino
haliêutico perseguição
hálito vento
hálito vida
halitose fedor
halo circunjacência
halo fama
halo luz
halterofilismo força
handicap contenda
hangar depósito
hangar morada
haplologia concisão
haplologia diminuição
happy hour divertimento
happy hour tarde
haraquiri punição
harém fêmea
harém impureza
harém morada
harém prisão
harmonia acordo

harmonia artes
harmonia assentimento
harmonia coesão
harmonia concórdia
harmonia conformidade
harmonia melodia
harmonia música
harmonia ordem
harmonia paz
harmonia periodicidade
harmonia poesia
harmonia regularidade
harmonia simetria
harmonia som
harmonia uniformidade
harmônico acordo
harmônico concórdia
harmônico melodia
harmônico regularidade
harmônico relação
harmonioso acordo
harmonioso arranjo
harmonioso concórdia
harmonioso melodia
harmonioso música
harmonioso perfeição
harmonioso poesia
harmonioso vigor
harmonizar compromisso
harmonizar melodia
harmonizar pacificação
harpia apropriação
harpia demônio
harpia homem ruim
harpia ladrão
harpia malfeitor
harpia sovinaria
harpia tirania
harpista músico
hasta potencial de guerra
haste instrumento
haste suporte
hasteamento elevação
hastear altura
hastear elevação
haurir comida
haurir odor
haurir recepção
hausto comida
hausto recepção
havana castanho
havana picante
haver eventualidade
haver existência
haver posse
haver recebimento
haver sucesso
haveres meios
haveres propriedade
haveres propriedade
haxixe excitação
hebdomadário livro
hebdomadário periodicidade
hebdomadário publicidade
hebraico ininteligibilidade
hebraico linguagem
hebreu heterodoxia
hecatombe numerais cardinais
hecatombe dolorimento
hecatombe homicídio
hecatombe idolatria
hectare medida
hediondo desvirtude
hediondo dolorimento
hediondo fealdade
hediondo impureza
hediondo medo
hediondo sujidade
hedonismo intemperança
hedonista sensualista
hegemonia autoridade
hegemonia gestão
hegemonia influência
hegemonia motivo
hegemonia poder
hegemonia superioridade
hegemônico influência
hégira cronometria
hégira partida
helenismo neologismo
helenista douto
hélice nave
hélice navegação
hélice rotação
hélice sinuosidade
helicoidal sinuosidade
helicóptero guerra
helicóptero nave
hélio universo
heliocêntrico universo
heliografia cópia
heliografia imitação
heliografia luz
heliografia pintura
heliográfico luz
heliogravura pintura
heliotrópio fragrância
heliotrópio ornamento
helmintologia zoologia
hematose liquefação
hemiplegia impotência
hemiplégico impotência
hemisférico esfericidade
hemisférico região
hemisfério esfericidade
hemisfério região
hemorrágico excreção
hendecágono angularidade
hendecassílabo poesia
hepático partes do corpo humano
hepatite amarelo
hepatite doença
heptaedro angularidade
heptágono angularidade
heptassílabo poesia
heráldica indicação
herança aquisição
herança doação
herança futuro
herança posse
herança propriedade
herbáceo vegetal
herbário botânica
herbário reunião
herbário vegetal
herbífero vegetal
herbívoro comida
herbívoro vegetal
herbóreo vegetal
herborizar botânica
hercúleo dificuldade
hercúleo esforço
hercúleo força
Hércules força
Hércules suporte
herdade propriedade
herdar aquisição
herdar doação
herdar posse
herdar propriedade
herdar recebimento
herdeiro possuidor
herdeiro recebimento
herdeiro sucessor
herdeiro presuntivo posteridade

hereditariedade intrinsecabilidade
hereditário efeito
hereditário intrinsecabilidade
herege heterodoxia
herege incredulidade
herege irreligião
heresia absurdo
heresia erro
heresia heterodoxia
heresia impiedade
herético erro
herético heterodoxia
herma celebração
hermafrodita desconformidade
hermafrodita hermafrodismo
hermafroditismo hermafrodismo
hermeneuta intérprete
hermenêutica interpretação
hermenêutica legalidade
hérnia doença
herói coragem
herói drama
herói fama
herói homem bom
herói importância
herói influência
heroísmo ação
heroísmo altruísmo
heroísmo coragem
heroísmo virtude
herpes doença
herpetologia zoologia
hesitação aversão
hesitação gagueira
hesitação incerteza
hesitação irresolução
hesitação má vontade
hesitante irresolução
hesitante má vontade
hesitar descrença
hesitar inabilidade
hesitar incerteza
hesitar insucesso
hesitar irresolução
hesitar sentimento
heterodoxia ortodoxia
heterogeneidade dessemelhança
heterogeneidade diferença
heterogeneidade diversidade
heterogeneidade mistura
heterogeneidade não relação
heterogêneo contraste
heterogêneo desacordo
heterogêneo desconformidade
heterogêneo dessemelhança
heterogêneo diferença
heterogêneo diversidade
heterogêneo mistura
heterogêneo multiformidade
heterogêneo não relação
heterogêneo variedade
heteromaquia contenda
heteronímia nomenclatura
heterônimo apelido
heterônimo nomenclatura
hexaédrico angularidade
hexaedro angularidade
hexagonal angularidade
hexágono angularidade
hexâmetro poesia
hexassílabo sílaba
hiato abertura
hiato deselegância
hiato dissonância
hiato intervalo
hibernação estabilidade
hibernação insensibilidade
hibernal frio
hibernar insensibilidade
híbrido desacordo
híbrido desconformidade
híbrido mistura
híbrido neologismo
hidra desconformidade
hidra destruidor
hidra malfeitor
hidra produtividade
hidra recife
hidráulica rio
hidroavião nave
hidrofobia aversão
hidrofobia loucura
hidrofobia ruindade
hidrófobo loucura
hidrogenar gás
hidrogênio gás
hidrografia oceano
hidrográfico oceano
hidromassagem água
hidrometria rio
hidropisia dilatação
hidropisia redundância
hidroplano combatente
hidrosfera oceano
hidroterapêutica remédio
hidroterapia água
hidroterapia remédio
hierarquia autoridade
hierarquia classe
hierarquia nobreza
hierarquia título
hierárquico autoridade
hierárquico cargos da Igreja
hierárquico nobreza
hígido salubridade
hígido saúde
higiene limpeza
higiene salubridade
higienizar limpeza
higrômetro umidade
higroscópio umidade
hilariante alegria
hilariante deleite
hilariante gás
hilaridade alegria
hilaridade regozijo
hilogenia matéria
hímen pureza
himeneu casamento
hinário registro
hinário rito
hinduísmo heterodoxia
hino aprovação
hino culto
hino música
hino poesia
hiperatividade movimento
hiperativo movimento
hipérbato floreio
hipérbato ininteligibilidade
hipérbato inversão
hipérbato metáfora
hipérbole curvatura
hipérbole exageração
hipérbole exagero
hiperbólico curvatura
hiperbólico exagero
hiperbólico floreio

hipermetropia visão imperfeita
hipermetropia visão
hiperplasia doença
hipersensibilidade excitabilidade
hipersensibilidade sensibilidade
hipersensível excitabilidade
hipertireodismo doença
hipertrofia aumento
hipertrofia dilatação
hipertrofia redundância
hipertrofiado dilatação
hip-hop divertimento
hipismo divertimento
hipnótico inatividade
hipnótico insensibilidade
hipnótico moderação
hipnótico remédio
hipnotismo inatividade
hipnotizar excitação
hipocampo desconformidade
hipocondria doença
hipocondria loucura
hipocondria tristeza
hipocondríaco doença
hipocondríaco hipocondria
hipocondríaco louco
hipocondríaco tristeza
hipocôndrio lateralidade
hipocrisia falsidade
hipocrisia fraude
hipocrisia mentira
hipócrita enganador
hipócrita falsidade
hipócrita impiedade
hipócrita obliquidade
hipódromo arena
hipódromo divertimento
hipódromo drama
hipopótamo descortesia
hipopótamo fealdade
hipopótamo tamanho
hipóstase substancialidade
hipoteca crédito
hipoteca empréstimo
hipoteca fiança
hipotecar fiança
hipotecário possuidor
hipotenusa obliquidade
hipótese atribuição
hipótese conhecimento
hipótese incerteza
hipótese suposição
hipotético atenuação
hipotético incerteza
hipotético inexistência
hipotético suposição
hirsuto aspereza
hirsuto mau gosto
hirto aspereza
hirto comprimento
hirto imobilidade
hirto morte
hirto rigidez
híspido aspereza
hissope água
histeria capricho
histeria loucura
histérico capricho
histérico excitabilidade
histérico excitação
histérico sentimento
histérico violência
histerismo capricho
histerismo excitabilidade
histerismo loucura
histerismo violência
histológico partes do corpo humano
histológico textura
história amor
história descrição
história mentira
história registro
historiador douto
historiador registrador
historiar descrição
historiar ornamento
histórico descrição
histórico fama
histórico velharia
historieta descrição
historiografia descrição
historiógrafo registrador
histrião drama
histrião homem ruim
histrião humorista
hobby prazer
hodierno novidade
hodierno tempo presente
hodômetro comprimento
hoje tempo presente
Holocausto dolorimento
holocausto expiação
holocausto homicídio
holocausto idolatria
holografia artes
holografia representação
holograma representação
hombridade macho
hombridade orgulho
hombridade probidade
hombridade virtude
homem equipagem
homem humanidade
homem macho
homenagear celebração
homenagear fama
homenagear respeito
homenagem aprovação
homenagem culto
homenagem respeito
homenagem submissão
homeopata remédio
homeopatia remédio
homeopático pequenez
homeopático pouquidão
homeopático remédio
homérico fama
homérico poesia
homicida homicídio
homicida malevolência
homicídio ilegalidade
homilia alocução
homilia culto
homilia dissertação
homilia rito
homiziado transigência
homiziar desinformação
homiziar segurança
homizio furto
homofonia equívoco
homofonia melodia
homofonia voz
homófono equívoco
homófono melodia
homófono nomenclatura
homófono voz
homogeneizar uniformidade
homógrafo equívoco
homógrafo nomenclatura
homólogo relação
homólogo semelhança
homonímia equívoco

homonímia nomenclatura
homonímia voz
homônimo equívoco
homônimo nomenclatura
homossexual hermafrodismo
homossexualidade hermafrodismo
homossexualismo hermafrodismo
homúnculo pequenez
homúnculo plebeísmo
honestidade candura
honestidade probidade
honestidade pureza
honestidade veracidade
honesto candura
honesto cortesia
honesto direito
honesto fama
honesto informação
honesto inocência
honesto investigação
honesto probidade
honesto pureza
honesto respeito
honesto veracidade
honesto virtude
honorário despesa
honorários receita
honorários recompensa
honorável respeito
honorífico barateza
honorífico fama
honra fama
honra probidade
honra pureza
honra respeito
honra temperança
honradez probidade
honrado fama
honrado observância
honrado probidade
honrado pureza
honrar aprovação
honrar celebração
honrar fama
honrar fiança
honrar gratidão
honrar pagamento
honras aprovação
honras fama
honras respeito
honras título
honroso fama
hora música
hora período
horário periodicidade
horário período
horda ascendência
horda multidão
horda partido
horizontal baixeza
horizontal horizontalidade
horizontal lisura
horizontalidade baixeza
horizonte expectativa
horizonte futuro
horizonte horizontalidade
horizonte visão
horóscopo acaso
horóscopo futuro
horóscopo predição
horrendo desconformidade
horrendo desvirtude
horrendo dolorimento
horrendo fealdade
horrendo grandeza
horrendo medo
horrendo ruindade
horripilante dolorimento
horripilante fealdade
horripilante medo
horripilante ruindade
horripilar dolorimento
horripilar medo
horrível dificuldade
horrível fealdade
horrível ruindade
horror aversão
horror medo
horror ódio
horror sofrimento
horrorizado medo
horrorizado sofrimento
horrorizar dolorimento
horrorizar medo
horroroso dolorimento
horroroso fealdade
horroroso medo
horroroso ruindade
horta agricultura
horta lugar
hortelão agricultura
horticultor agricultura
horticultura agricultura
hortigranjeiro agricultura
horto botânica
hosana aprovação
hosana culto
hosana regozijo
hospedagem localização
hospedagem morada
hospedagem sociabilidade
hospedar localização
hospedar sociabilidade
hospedaria morada
hóspede amigo
hóspede habitante
hospedeiro cortesia
hospício remédio
hospital benevolência
hospital filantropia
hospital remédio
hospitalar remédio
hospitaleiro benevolência
hospitaleiro sociabilidade
hospitalidade liberalidade
hospitalidade sociabilidade
hospitalizar localização
hoste multidão
hoste reunião
hóstia camada
hóstia rito
hostil aversão
hostil contraste
hostil desacordo
hostil inimigo
hostil inimizade
hostil ódio
hostilidade inimizade
hostilidade oposição
hostilizar inimigo
hostilizar inimizade
hostilizar oposição
hostilmente oposição
hotel morada
hotentote pretidão
hulha combustível
humanidade benevolência
humanidade clemência
humanidade filantropia
humanidades ensino
humanidades linguagem
humanismo humanidade
humanista douto
humanista humanidade
humanista mestre
humanitário benevolência

humanitário filantropia
humanitário humanidade
humanizar clemência
humanizar humanidade
humanizar matéria
humano benevolência
humano clemência
humano humanidade
humildade cortesia
humildade modéstia
humildade piedade
humildade servilismo
humildade simplicidade
humildade submissão
humilde humildade
humilde modéstia
humilde obediência
humilde piedade
humilde plebeísmo
humilde respeito
humilde servilismo
humilde simplicidade
humilde submissão
humilhação humildade
humilhação infamação
humilhação inferioridade
humilhação malevolência
humilhação servilismo
humilhação submissão
humilhado humildade
humilhado submissão
humilhado tirania
humilhante humildade
humilhante infamação
humilhar humildade
humilhar infamação
humilhar inferioridade
humilhar insolência
humilhar malevolência
humilhar tirania
humor aquoso visão
humor boa vontade
humor capricho
humor deleite
humor espírito
humor fluidez
humor intrinsecabilidade
humor pualidades
humor sujidade
humor tendência
humor umidade
humorismo espírito
humorista espírito
humorístico espírito
húmus produtividade

I

iaiá carícias
iate nave
iatismo água
iatismo divertimento
iatrogenia doença
iatrogênico doença
içar altura
içar elevação
içar indicação
icho discípulo
ícone fama
ícone indicação
ícone representação
iconoclasta destruidor
iconoclasta malfeitor
iconografia indicação
iconografia representação
icosaedro angularidade
icterícia amarelo
ictiologia zoologia
ida locomoção
idade diuturnidade
idade período
idade tempo
idade velharia
idade juvenil infância
ideal completamento
ideal desejo
ideal grandeza
ideal ideia
ideal imaginação
ideal imaterialidade
ideal insubstancialidade
ideal perfeição
ideal suposição
ideal vontade
idealismo imaginação
idealismo insubstancialidade
idealismo intelecto
idealista imaginação
idealização imaginação
idealização pensamento
idealizar ideia
idealizar imaginação
idealizar pensamento
idealizar plano
idear alegação
idear ideia
idear imaginação
idear plano
ideário ideia
ideável ideia
ideia conselho[2]
ideia intelecto
ideia inteligência
ideia intenção
idêntico identidade
idêntico igualdade
idêntico repetição
identidade amizade
identidade concórdia
identidade igualdade
identidade semelhança
identificação amizade
identificação comparação
identificação concórdia
identificação identidade
identificado identidade
identificar comparação
identificar descoberta
identificar identidade
ideograma escrita
ideograma frase
ideograma representação
ideologia imaginação
ideologia intelecto
ideológico imaginação
idílico imaginação
idílio amor
idílio carícias
idílio imaginação
idílio poesia
idiolatria egoísmo
idioma frase
idioma linguagem
idiomático especialidade
idiomático frase
idiomático linguagem
idiossincrasia aversão
idiossincrasia desconformidade
idiossincrasia especialidade
idiossincrasia intrinsecabilidade
idiossincrasia má vontade
idiossincrasia obliquidade
idiossincrasia qualidades
idiossincrasia tendência

idiossincrásico intrinsecabilidade
idiossincrásico qualidades
idiota credulidade
idiota imbecilidade
idiota louco
idiota tolo
idiotia imbecilidade
idiotice imbecilidade
idiotismo doença
idiotismo especialidade
idiotismo frase
idiotismo imbecilidade
ido desaparecimento
ido passado
idólatra heterodoxia
idólatra idolatria
idolatrar amor
idolatrar idolatria
idolatria amor
ídolo amor
ídolo desejo
ídolo favorito
ídolo idolatria
idoneidade virtude
idôneo acordo
idôneo fiança
idôneo habilidade
idôneo probidade
idôneo virtude
idoso ancião
idoso macho
idoso velhice
Iemanjá oceano
igara nave
igarité nave
ignaro ignorância
ignaro imbecilidade
ignavo covardia
ignavo inatividade
ignavo má vontade
ígneo calor
ígneo vermelhidão
ignição calor
ignífero calor
ignífero violência
ignóbil covardia
ignóbil desonestidade
ignóbil desvirtude
ignóbil egoísmo
ignóbil insignificância
ignóbil plebeísmo
ignóbil ruindade
ignóbil servilismo
ignóbil sovinaria
ignomínia infamação
ignominioso desonestidade
ignominioso desvirtude
ignominioso infamação
ignominioso ressentimento
ignorado incerteza
ignorado infamação
ignorado latência
ignorado plebeísmo
ignorância desinformação
ignorância inabilidade
ignorância obliquidade
ignorante ignorância
ignorante inabilidade
ignorar ignorância
ignorar incredulidade
ignorar indiferença
ignorar insuficiência
ignorar negação
ignoto desinformação
ignoto ignorância
ignoto latência
igreja templo
igrejinha fraude
igrejinha partido
igual identidade
igual igualdade
igual lisura
igual uniformidade
igualar acordo
igualar comparação
igualar horizontalidade
igualar igualdade
igualar lisura
igualdade abstenção
igualdade identidade
igualdade uniformidade
igualha classe
igualha semelhança
igualitarismo indiscriminação
iguaria comida
iguaria ridicularia
ilação desinformação
ilação interpretação
ilegal desconformidade
ilegal erro
ilegal ilegalidade
ilegal impropriedade
ilegal injustiça
ilegal proibição
ilegal tirania
ilegalidade impropriedade
ilegalidade inobservância
ilegítimo anarquia
ilegítimo erro
ilegítimo fraude
ilegítimo ilegalidade
ilegítimo impropriedade
ilegível ininteligibilidade
ileso escapatória
ileso perfeição
ileso permanência
ileso preservação
iletrado ignorância
iletrado ignorante
ilhal lateralidade
ilhar disjunção
ilhar ilha
ilhar isolamento
ilharga lateralidade
ilhéu habitante
ilhéu ilha
ilhó abertura
ilhota ilha
ilibado probidade
ilibado virtude
ilibar justificação
ilibar restauração
ilícito impropriedade
ilimitado abertura
ilimitado grandeza
ilimitado liberdade
ilimitado suficiência
ilógico absurdo
ilógico erro
ilógico irracionalidade
iludir desonestidade
iludir erro
iludir falsidade
iludir fraude
iludir insucesso
iludir irracionalidade
iluminação artes
iluminação celebração
iluminação conhecimento
iluminação corpos luminosos
iluminação gravura
iluminado conhecimento
iluminado cor
iluminado douto
iluminado fama
iluminado piedade

iluminado predição
iluminar cor
iluminar corpos luminosos
iluminar ensino
iluminar fama
iluminar inteligibilidade
iluminar luz
iluminar ornamento
iluminar vermelhidão
iluminar visibilidade
iluminista conhecimento
iluminista predição
iluminura pintura
ilusão erro
ilusão esperança
ilusão expectativa
ilusão falsidade
ilusão inexistência
ilusão insucesso
ilusório erro
ilusório fraude
ilusório imaginação
ilusório inobservância
ilusório irracionalidade
ilustração conformidade
ilustração conhecimento
ilustração dissertação
ilustração gravura
ilustração interpretação
ilustração ornamento
ilustração representação
ilustrado conhecimento
ilustrado douto
ilustrado fama
ilustrado sábio
ilustrado suficiência
ilustrador artista
ilustrar conformidade
ilustrar fama
ilustrar inteligibilidade
ilustrar interpretação
ilustrar representação
ilustrativo conformidade
ilustrativo especialidade
ilustrativo informação
ilustrativo interpretação
ilustrativo representação
ilustrativo significação
ilustre fama
ilustre importância
imã amo
ímã atração
imã clerezia
ímã desejo
ímã motivo
imaculado beleza
imaculado brancura
imaculado fama
imaculado inocência
imaculado limpeza
imaculado maria
imaculado perfeição
imaculado probidade
imaculado pureza
imaculado temperança
imaculado veracidade
imaculado virtude
imagem aparecimento
imagem beleza
imagem cópia
imagem exterioridade
imagem forma
imagem ideia
imagem representação
imagem rito
imagem semelhança
imagem templo
imaginação mentira
imaginação ativa imaginação
imaginação brilhante imaginação
imaginação fértil imaginação
imaginação impressionável imaginação
imaginação viva imaginação
imaginar ideia
imaginar imaginação
imaginar pensamento
imaginar plano
imaginar suposição
imaginário artista
imaginário capricho
imaginário erro
imaginário imaginação
imaginário inexistência
imaginário mentira
imaginário número
imaginativo imaginação
imaginativo tristeza
imaginável suposição
imaginoso capricho
imaginoso descrença
imaginoso floreio
imaginoso imaginação
imaginoso improbabilidade
imaginoso inteligência
imane grandeza
imane inclemência
imane infinidade
imane malevolência
imane violência
imanência permanência
imanente diuturnidade
imanente intrinsecabilidade
imanente permanência
imarcescível eternidade
imarcescível probidade
imaterial imaterialidade
imaterial inexistência
imaterial insignificância
imaterial insubstancialidade
imaterial intelecto
imaterialidade insubstancialidade
imaturidade deficiência
imaturidade despreparo
imaturidade imperfeição
imaturo despreparo
imaturo inoportunidade
imaturo não acabamento
imaturo novidade
imaturo presteza
imbecil imbecilidade
imbecil ingênuo
imbecil remendão
imbecil tolo
imbecilidade impotência
imbecilidade loucura
imbele fraqueza
imbele impotência
imbele medo
imberbe infância
imberbe infante
imbricar cobertura
imbuído crença
imbuído qualidades
imbuir completamento
imbuir conselho[2]
imbuir ensino
imbuir inserção
imbuir motivo
imediação contiguidade
imediações circunjacência
imediatismo instantaneidade

imediato diretor
imediato equipagem
imediato instantaneidade
imediato posterioridade
imediato presteza
imediato sequência
imediato substituição
imemorável velharia
imemorial velharia
imensidade espaço
imensidade grandeza
imensidade infinidade
imensidão grandeza
imensidão infinidade
imenso espaço
imenso grandeza
imenso infinidade
imenso multidão
imenso tamanho
imensurável infinidade
imensurável número
imerecido impropriedade
imerecido injustiça
imergir água
imergir ingressão
imergir inserção
imergir mergulho
imérito impropriedade
imérito injustiça
imérito inocência
imersão água
imersão inserção
imersão mergulho
imersão revolução
imerso desatenção
imerso desinformação
imerso mergulho
imigração ingressão
imigração locomoção
imigrante alheamento
imigrante habitante
imigrante ingressão
imigrante locomoção
imigrante viajante
imigrar ingressão
imigrar locomoção
imigratório locomoção
iminente aproximação
iminente destino
iminente futuro
iminente preparação
imiscível alheamento
imiscível dessemelhança
imiscuir-se atividade
imiscuir-se interjacência
imitação mistura
imitação representação
imitação semelhança
imitado imitação
imitador imitação
imitar imitação
imitar repetição
imitar representação
imitar semelhança
imo interioridade
imo intrinsecabilidade
imobiliário propriedade
imobilidade estabilidade
imobilidade insensibilidade
imobilismo estabilidade
imobilismo imobilidade
imobilismo permanência
imobilismo velharia
imobilização imobilidade
imobilizar inatividade
imoderação intemperança
imoderação violência
imoderado excitabilidade
imoderado redundância
imoderado suficiência
imoderado tirania
imoderado violência
imodéstia orgulho
imodéstia vaidade
imodesto afetação
imodesto impureza
imodesto insolência
imodesto jactância
imodesto orgulho
imodesto vaidade
imolar doação
imolar homicídio
imolar idolatria
imolar rito
imoral desprezo
imoral desvirtude
imoral impureza
imoral injustiça
imoralidade desonestidade
imoralidade desvirtude
imorredouro continuação
imorredouro eternidade
imortal eternidade
imortal fama
imortalidade eternidade
imortalidade fama
imortalização eternidade
imortalização fama
imortalizar eternidade
imortalizar fama
imóvel admiração
imóvel desinteresse
imóvel estabilidade
imóvel imobilidade
imóvel inatividade
imóvel medo
imóvel moderação
imóvel morada
imóvel propriedade
impaciência capricho
impaciência excitabilidade
impaciência hipocondria
impaciência pressa
impaciência presteza
impaciente atividade
impaciente desesperança
impaciente excitabilidade
impaciente expectativa
impaciente irascibilidade
impaciente movimento
impaciente pressa
impaciente ressentimento
impaciente temeridade
impaciente violência
impactar admiração
impagável admiração
impagável bondade
impagável ridicularia
impalpável impalpabilidade
impalpável insubstancialidade
impalpável pequenez
impaludar veneno
impaludismo insalubridade
impaludismo veneno
ímpar admiração
ímpar disjunção
ímpar isolamento
ímpar não relação
imparcial crença
imparcial inteligência
imparcial justiça
imparcial média
imparcial probidade
imparcial tolerância
imparcialidade justiça
imparcialidade probidade
impassibilidade desinteresse

impassibilidade expectação
impassibilidade imobilidade
impassibilidade inatividade
impassibilidade indiferença
impassibilidade inexcitabilidade
impassível desinteresse
impassível imobilidade
impassível indiferença
impassível inércia
impassível inexcitabilidade
impassível moderação
impatriótico misantropia
impávido coragem
impávido inexcitabilidade
impecável aprovação
impecável inocência
impecável justiça
impecável perfeição
impecável probidade
impecável virtude
impedimento casamento
impedimento estorvo
impedimento proibição
impedimento propriedade
impedir estorvo
impedir impossibilidade
impedir proibição
impedir remédio
impedir resistência
impedir restrição
impedir transigência
impeditivo estorvo
impelir impulso
impelir motivo
impelir movimento
impelir obrigatoriedade
impelir propulsão
impenetrabilidade densidade
impenetrabilidade ininteligibilidade
impenetrabilidade taciturnidade
impenetrável densidade
impenetrável desordem
impenetrável fechamento
impenetrável ininteligibilidade
impenetrável insensibilidade
impenetrável profundidade
impenetrável rigidez
impenetrável taciturnidade
impenitência obstinação
impenitente impenitência
impenitente obstinação
impenitente tirania
impensado compulsoriedade
impensado imbecilidade
impensado ímpeto
impensado incompreensão
impensado surpresa
imperador amo
imperar comando
imperar existência
imperar generalidade
imperar influência
imperar superioridade
imperativo certeza
imperativo comando
imperativo dever
imperatriz amo
imperceptibilidade impalpabilidade
imperceptibilidade invisibilidade
imperceptível impalpabilidade
imperceptível ininteligibilidade
imperceptível invisibilidade
imperceptível não ressonância
imperceptível surdez
imperceptível vagareza
imperdível fama
imperdível intrinsecabilidade
imperdível segurança
imperdível sucesso
imperdoável acusação
imperdoável desvirtude
imperdoável erro
imperdoável ruindade
imperecedouro eternidade
imperecível divindade
imperecível estabilidade
imperecível eternidade
imperecível existência
imperecível fama
imperecível junção
imperfectível imperfeição
imperfeição assimetria
imperfeição deficiência
imperfeição deselegância
imperfeição desvirtude
imperfeição erro
imperfeição falta
imperfeição inferioridade
imperfeição insuficiência
imperfeito arremedo
imperfeito cópia
imperfeito deficiência
imperfeito ignorância
imperfeito imperfeição
imperfeito inferioridade
imperfeito insuficiência
imperfeito mancha
imperfeito pioramento
imperial autoridade
imperial região
imperialismo transcursão
imperícia ignorância
imperícia inabilidade
imperícia recife
império autoridade
império comando
império influência
império necessidade
império obrigatoriedade
império região
império superioridade
imperiosidade necessidade
imperioso autoridade
imperioso comando
imperioso compulsoriedade
imperioso dever
imperioso influência
imperioso insolência
imperioso necessidade
imperioso obrigatoriedade
imperioso orgulho
imperito ignorância
imperito inabilidade
impermeabilidade densidade
impermeabilidade fechamento
impermeabilidade matéria
impermeável densidade
impermeável indumentária
imperscrutável desinformação
imperscrutável ininteligibilidade

impersistente mutabilidade
impertérrito coragem
impertérrito observância
impertinência capricho
impertinência enfado
impertinência hipocondria
impertinência inoportunidade
impertinência não relação
impertinência pedido
impertinente dolorimento
impertinente fanfarrão
impertinente inoportunidade
impertinente insolência
impertinente tirania
impertinente violência
imperturbável coragem
imperturbável desinteresse
imperturbável inexcitabilidade
imperturbável moderação
impessoal imaterialidade
impessoalidade generalidade
impetigo doença
ímpeto compulsoriedade
ímpeto impulso
ímpeto pressa
ímpeto propulsão
ímpeto sentimento
ímpeto surpresa
ímpeto temeridade
ímpeto vigor
ímpeto violência
ímpeto vontade
impetrar pedido
impetuosidade atividade
impetuosidade coragem
impetuosidade excitabilidade
impetuosidade impulso
impetuosidade sentimento
impetuosidade temeridade
impetuosidade violência
impetuoso energia
impetuoso excitabilidade
impetuoso ímpeto
impetuoso necessidade
impetuoso pressa
impetuoso temeridade
impetuoso velocidade
impetuoso vigor
impetuoso violência
impiedade inclemência
impiedade malevolência
impiedade ruindade
impiedoso irascibilidade
impiedoso malevolência
impingir doação
impingir enfado
impingir mentira
impingir obrigatoriedade
impingir venda
ímpio impiedade
ímpio irreligião
ímpio malevolência
implacável compulsoriedade
implacável dolorimento
implacável inclemência
implacável ódio
implacável resolução
implacável tirania
implacável violência
implantação ensino
implantação inserção
implantar indicação
implantar inserção
implantar localização
implante ensino
implante inserção
implausibilidade improbabilidade
implausível improbabilidade
implemento instrumento
implemento observância
implicação contraste
implicação cruzamento
implicação desacordo
implicação dissentimento
implicação latência
implicação negação
implicância aversão
implicância contraste
implicância desacordo
implicância dificuldade
implicância discórdia
implicância dissentimento
implicância hipocondria
implicância má vontade
implicante descontentamento
implicante dificuldade
implicante oposição
implicar acusação
implicar causa
implicar compulsoriedade
implicar discórdia
implicar evidência
implicar hipocondria
implicar latência
implicar probabilidade
implícito latência
implícito significação
implorar desejo
implorar pedido
implume despimento
implume infante
impolidez descortesia
impolido descortesia
impolido despreparo
impolido diversidade
impoluto beleza
impoluto inocência
impoluto probidade
impoluto singeleza
impoluto temperança
impoluto virtude
imponderabilidade imaterialidade
imponderabilidade leveza
imponderado desatenção
imponderado imbecilidade
imponderado negligência
imponderável imaterialidade
imponderável insubstancialidade
imponderável irracionalidade
imponência beleza
imponência fama
imponência importância
imponência insolência
imponência orgulho
imponência ostentação
imponente admiração
imponente altura
imponente beleza
imponente excitação
imponente grandeza
imponente importância
imponente ostentação
impontual ausência
impontual demora
impontual irregularidade
impontualidade inobservância

impontualidade irregularidade
impontualidade transgressão
impopular aversão
impopular dolorimento
impopular infamação
impopular tirania
impopularidade infamação
impopularidade ódio
impor atenção
impor comando
impor inserção
impor necessidade
impor obrigatoriedade
impor penalidade
impor respeito
importação recepção
importado alheamento
importador compra
importância aquisição
importância dinheiro
importância fama
importância grandeza
importância influência
importância precedência
importância quantidade
importância significação
importante excitação
importante grandeza
importante importância
importante influência
importante nobreza
importante raciocínio
importante superioridade
importar causa
importar compra
importar dever
importar importância
importar latência
importar recepção
importar significação
importar utilidade
importe despesa
importe preço
importunar dolorimento
importunar enfado
importunar pedido
importuno dolorimento
importuno enfado
importuno estorvo
importuno pedido
imposição comando
imposição impropriedade
imposição necessidade
imposição obrigatoriedade
imposição preço
impossibilidade estorvo
impossibilidade improbabilidade
impossibilitar estorvo
impossibilitar impossibilidade
impossibilitar impotência
impossível carestia
impossível dificuldade
impossível dolorimento
impossível impossibilidade
impossível número
imposto despesa
imposto estorvo
imposto preço
imposto recompensa
impostor combatente
impostor enganador
impostor falsidade
impostor fanfarrão
impostor insolência
impostor jactância
impostor orgulho
impostor vaidade
impostura astúcia
impostura falsidade
impostura fraude
impostura insolência
impostura jactância
impostura mentira
impostura orgulho
impotável amargura
impotência improdutividade
impotência inocuidade
impotência insucesso
impotente fraqueza
impotente impotência
impotente inocuidade
impotente insignificância
impotente inutilidade
impraticável desesperança
impraticável dificuldade
impraticável fechamento
impraticável impossibilidade
imprecação maldição
imprecação pedido
imprecar maldição
imprecar pedido
imprecisão incerteza
imprecisão indiscriminação
imprecisão irregularidade
impreciso desvio
impreciso generalidade
impreciso imprecisão
impreciso incerteza
impreciso indiscriminação
impreciso ininteligibilidade
impreciso invisibilidade
impregnar completamento
impregnar ensino
impregnar inserção
impregnar mistura
impregnar produtividade
impregnar redundância
impregnar saciedade
imprensa informação
imprensa publicidade
imprensa registro
imprensar densidade
imprensar gravidade
imprensar gravura
imprensar impressão
imprescindível necessidade
imprescritível direito
impressão escrita
impressão gravura
impressão ideia
impressão impressão
impressão indicação
impressão sensibilidade
impressão sentimento
impressionado sentimento
impressionante admiração
impressionante crença
impressionante grandeza
impressionante importância
impressionante manifestação
impressionante sensibilidade
impressionante sentimento
impressionante vigor
impressionar o pensamento pensamento
impressionar o pensamento pensamento
impressionar admiração
impressionar clemência
impressionar excitação

impressionar sensibilidade
impressionável crença
impressionável interesse
impressionável tristeza
impressionismo artes
impresso impressão
impresso livro
impressor impressão
impressor livro
imprestável impotência
imprestável insignificância
impreterível certeza
impreterível compulsoriedade
impreterível desesperança
imprevidência despreparo
imprevidência negligência
imprevidência prodigalidade
imprevidência recife
imprevidente despreparo
imprevidente negligência
imprevidente prodigalidade
imprevisão despreparo
imprevisão negligência
imprevisível casualidade
imprevisto casualidade
imprevisto despreparo
imprevisto ímpeto
imprevisto inoportunidade
imprevisto surpresa
imprimir dinheiro
imprimir gravura
imprimir impressão
imprimir indicação
imprimir memória
imprimir movimento
improbo dificuldade
improcedente erro
improcedente injustiça
improcedente irracionalidade
improcedente mentira
improdutivo improdutividade
improdutivo inutilidade
improferível impureza
improfícuo improdutividade
improfícuo insucesso
improfícuo inutilidade
impropério desrespeito
impropério infamação
impropério malevolência
impróprio desacordo
impróprio erro
impróprio extrinsecabilidade
impróprio imbecilidade
impróprio impropriedade
impróprio inabilidade
impróprio inconveniência
impróprio injustiça
impróprio inoportunidade
impróprio insalubridade
improrrogável certeza
improrrogável compulsoriedade
improrrogável desesperança
improvável impossibilidade
improvável improbabilidade
improvável infrequência
improvisação despreparo
improvisação ímpeto
improvisado despreparo
improvisado surpresa
improvisador discurso
improvisador enganador
improvisador humorista
improvisador ímpeto
improvisador poesia
improvisar despreparo
improvisar discurso
improvisar falsidade
improvisar imaginação
improvisar ímpeto
improvisar música
improvisar músico
improvisar preparação
improviso alocução
improviso poesia
improviso surpresa
imprudência culpa
imprudência desatenção
imprudência desvirtude
imprudência imbecilidade
imprudência inabilidade
imprudência negligência
imprudência recife
imprudência temeridade
imprudente desatenção
imprudente negligência
imprudente temeridade
impudência descortesia
impudência desonestidade
impudência insolência
impudente culpa
impudente descortesia
impudente desonestidade
impudente desvirtude
impudente fanfarrão
impudente impureza
impudente insolência
impudicícia impureza
impudico amor
impudico desonestidade
impudico desvirtude
impudico impureza
impudico libertino
impudor impureza
impudor insolência
impugnar ataque
impugnar negação
impugnar oposição
impugnar refutação
impugnar reprovação
impugnar revogação
impulsão ímpeto
impulsão impulso
impulsão motivo
impulsão propulsão
impulsionar aumento
impulsionar auxílio
impulsionar excitação
impulsionar impulso
impulsionar motivo
impulsionar movimento
impulsionar propulsão
impulsivo compulsoriedade
impulsivo excitabilidade
impulsivo ímpeto
impulsivo impulso
impulsivo motivo
impulsivo obliquidade
impulsivo propulsão
impulsivo temeridade
impulso capricho
impulso ímpeto
impulso motivo
impulso progressão
impulso vigor
impulsor impulso
impulsor motivo
impulsor propulsão
impune absolvição
impune escapatória
impune perdão
impureza heterodoxia

impureza mistura
impureza resto
impureza sujidade
impuro desonestidade
impuro desvirtude
impuro heterodoxia
impuro imperfeição
impuro impureza
impuro insalubridade
impuro mistura
impuro sujidade
imputar acusação
imputar atribuição
imputar difamação
imputar infamação
imputável acusação
imputável atribuição
imundície impureza
imundície sujidade
imundo desonestidade
imundo desvirtude
imundo impureza
imundo intemperança
imundo ruindade
imundo satã
imundo sujidade
imune barateza
imune isenção
imune preservação
imunidade direito
imunidade isenção
imunidade liberdade
imunidade preservação
imunizar preservação
imutabilidade divindade
imutabilidade estabilidade
imutabilidade obstinação
imutável continuidade
imutável diuturnidade
imutável estabilidade
imutável imobilidade
imutável intrinsecabilidade
imutável obstinação
imutável permanência
imutável perseverança
imutável regularidade
imutável uniformidade
inabalável coragem
inabalável estabilidade
inabalável incredulidade
inabalável inexcitabilidade
inabalável insensibilidade
inabalável junção
inabalável moderação
inabalável perseverança
inabalável probidade
inabalável renitência
inabalável resistência
inabalável resolução
inabalável rigidez
inábil impotência
inábil inabilidade
inabilitar impotência
inabilitar reprovação
inabitado ausência
inabitado desamparo
inabitado reclusão
inabitável ausência
inabitável insalubridade
inabitável reclusão
inabitual infrequência
inabitual surpresa
inabordável altura
inabordável descortesia
inabordável distância
inabordável impossibilidade
inabordável infinidade
inabordável ininteligibilidade
inabordável orgulho
inabordável reclusão
inacabado deficiência
inacabado não acabamento
inacabável eternidade
inacabável grandeza
inacabável infinidade
inação desinteresse
inação despreparo
inação impotência
inação inatividade
inação indiferença
inação inércia
inação inexcitabilidade
inação irresolução
inação moderação
inação negligência
inação ócio
inação repouso
inação transigência
inaceitável desacordo
inaceitável desprezo
inaceitável dispensa
inaceitável dolorimento
inaceitável erro
inaceitável injustiça
inaceitável irracionalidade
inaceitável omissão
inaceitável reprovação
inacessível descortesia
inacessível dificuldade
inacessível distância
inacessível falta
inacessível fechamento
inacessível impossibilidade
inacessível infinidade
inacessível orgulho
inacessível preço
inacessível profundidade
inacessível reclusão
inacreditável descrença
inacreditável impossibilidade
inacusável inocência
inadequação desconformidade
inadequado desacordo
inadequado impotência
inadequado impropriedade
inadequado inabilidade
inadequado inconveniência
inadequado insuficiência
inadiável certeza
inadiável compulsoriedade
inadimplência dívida
inadimplência insolvência
inadimplente dívida
inadimplente inobservância
inadimplente insolvência
inadmissível carestia
inadmissível desacordo
inadmissível dispensa
inadmissível dolorimento
inadmissível grandeza
inadmissível inconveniência
inadmissível intrinsecabilidade
inadmissível omissão
inadvertência desatenção
inadvertência despreparo
inadvertência erro
inadvertência temeridade
inadvertido desatenção
inadvertido despreparo
inadvertido temeridade
inalação recepção
inalação remédio
inalar odor

inalar recepção
inalienável direito
inalienável intrinsecabilidade
inalienável retenção
inalterado inexcitabilidade
inalterável estabilidade
inalterável indiferença
inalterável inexcitabilidade
inalterável intrinsecabilidade
inalterável moderação
inalterável periodicidade
inalterável permanência
inalterável perseverança
inalterável regularidade
inalterável uniformidade
inamovível direito
inamovível estabilidade
inamovível imobilidade
inane deficiência
inane insignificância
inane insubstancialidade
inane insuficiência
inane inutilidade
inane irracionalidade
inanição impotência
inanição insignificância
inanição insuficiência
inanimado fraqueza
inanimado inércia
inanimado morte
inanimado não organização
inapelável compulsoriedade
inapelável desesperança
inapetência desinteresse
inapetência indiferença
inapreciável bondade
inapreciável grandeza
inapreciável importância
inapreciável infinidade
inapreciável pequenez
inapreciável pouquidão
inapreciável utilidade
inaproveitado desuso
inaproveitável improdutividade
inaproveitável inconveniência
inaproveitável inutilidade
inaproveitável ruindade
inaptidão desacordo
inaptidão imbecilidade
inaptidão impotência
inaptidão inabilidade
inaptidão insuficiência
inapto insuficiência
inarrável admiração
inarrável grandeza
inarticulado afonia
inarticulado disjunção
inarticulado gagueira
inarticulado isolamento
inassimilável alheamento
inassimilável extrinsecabilidade
inatacável beleza
inatacável direito
inatacável perfeição
inatacável probidade
inatacável segurança
inatingível altura
inatingível descortesia
inatingível distância
inatingível impossibilidade
inatingível profundidade
inatividade desamparo
inatividade desatenção
inatividade fraqueza
inatividade inação
inatividade indiferença
inatividade inércia
inatividade negligência
inativo abstenção
inativo desinteresse
inativo imobilidade
inativo inabilidade
inativo inação
inativo inatividade
inativo indiferença
inativo inércia
inativo negligência
inato inexistência
inato intrinsecabilidade
inato qualidades
inaudito desconformidade
inaudito desinformação
inaudito dolorimento
inaudito grandeza
inaudito ignorância
inaudito improbabilidade
inaudito incerteza
inaudito latência
inaudito surpresa
inaudível afonia
inaudível não ressonância
inaudível silêncio
inaudível surdez
inaudível sussurro
inauguração celebração
inauguração começo
inauguração comissão
inaugural começo
inaugural precedência
inaugural precursor
inaugurar celebração
inaugurar começo
inaugurar prioridade
inautêntico falsidade
inautêntico fraude
inautêntico incerteza
inautêntico mentira
inautêntico réplica
inavegável fechamento
inavegável impossibilidade
inca amo
incabível desacordo
incalculável grandeza
incalculável infinidade
incandescência aquecimento
incandescência calor
incandescência excitabilidade
incandescente aquecimento
incandescente calor
incandescente excitabilidade
incandescente vermelhidão
incandescer aquecimento
incansável atividade
incansável diuturnidade
incansável esforço
incansável perseverança
incapacidade ignorância
incapacidade imbecilidade
incapacidade impossibilidade
incapacidade impotência
incapacidade impropriedade
incapacidade inabilidade
incapacidade insuficiência
incapacidade inutilidade
incapacitar impossibilidade
incapacitar impotência
incapaz imbecilidade

incapaz impotência
incapaz impropriedade
incapaz inabilidade
inçar completamento
inçar dispersão
inçar reunião
incaracterístico extrinsecabilidade
incauto negligência
incauto temeridade
incelença lamentação
incendiar aquecimento
incendiar calor
incendiar destruição
incendiar excitação
incendiar violência
incendiário calor
incendiário desobediência
incendiário destruidor
incendiário homem ruim
incendiário malevolência
incendiário malfeitor
incendiário misantropia
incendiário motivo
incêndio aquecimento
incêndio calor
incêndio destruição
incêndio dolorimento
incêndio guerra
incêndio luz
incêndio revolução
incêndio violência
incensar lisonja
incenso aprovação
incenso combustível
incenso culto
incenso lisonja
incenso resina
incenso respeito
incensurável inocência
incensurável justiça
incensurável perfeição
incentivar excitação
incentivo motivo
incentivo trabalho
incerteza imprecisão
incerteza ininteligibilidade
incerteza irregularidade
incerteza irresolução
incerto acaso
incerto futuro
incerto generalidade
incerto incerteza
incerto infrequência
incerto ininteligibilidade
incerto invisibilidade
incerto irregularidade
incerto irresolução
incerto meia-luz
incerto mutabilidade
incessante continuidade
incessante diuturnidade
incessante eternidade
incessante frequência
incessante perseverança
incessante repetição
incesto impureza
incestuoso impureza
inchação convexidade
inchação dilatação
inchação vaidade
inchaço convexidade
inchaço vaidade
inchar dilatação
inchar orgulho
incidental acaso
incidental eventualidade
incidente acaso
incidente eventualidade
incidir influência
incidir em omisso penalidade
incinerar aquecimento
incinerar destruição
incinerar enterro
incipiente começo
incisão abertura
incisão disjunção
incisão encaixe
incisão sulco
incisivo concisão
incisivo energia
incisivo sentimento
incisivo significação
incisivo vigor
inciso imprecisão
inciso parte
incitação desafio
incitação excitação
incitação motivo
incitar atenção
incitar desafio
incitar energia
incitar guerra
incitar motivo
incitar violência
incivil descortesia
incivil mau gosto
incivilizado descortesia
incivilizado despreparo
incivilizado plebeísmo
inclassificável impossibilidade
inclassificável reprovação
inclassificável ruindade
inclemência tirania
inclemente inclemência
inclemente tirania
inclinação amizade
inclinação amor
inclinação boa vontade
inclinação desejo
inclinação escolha
inclinação estado
inclinação habilidade
inclinação intrinsecabilidade
inclinação qualidades
inclinação respeito
inclinação tendência
inclinado motivo
inclinado qualidades
inclinar amor
ínclito fama
Incluído inclusão
incluído latência
incluir composição
incluir inclusão
incluir registro
inclusão composição
inclusive adição
inclusive inclusão
inclusivo componente
inclusivo inclusão
incluso inclusão
incoação começo
incoativo começo
incoativo preparação
incoercível liberdade
incoercível violência
incoerente absurdo
incoerente desacordo
incoerente imbecilidade
incoerente incoesão
incoerente irracionalidade
incoerente não relação
incoerente sem significação
incógnita desinformação
incógnito ignorância

incógnito latência
incognoscível ininteligibilidade
íncola habitante
incolor abstenção
incolor acromatismo
incolor deselegância
incolor frouxidão
incolor irresolução
incolor meia-luz
incolor sem significação
incólume perfeição
incólume permanência
incólume preservação
incombustível resfriamento
incomensurável infinidade
incomensurável não relação
incomensurável número
incomodar dolorimento
incomodar enfado
incomodar estridor
incomodativo dolorimento
incomodativo ruindade
incomodidade dolorimento
incomodidade estorvo
incômodo desacordo
incômodo dificuldade
incômodo doença
incômodo dolorimento
incômodo enfado
incômodo enfado
incômodo estorvo
incômodo gravidade
incômodo inconveniência
incômodo ruindade
incomparável admiração
incomparável bondade
incomparável contraste
incomparável dessemelhança
incomparável não relação
incomparável perfeição
incomparável superioridade
incompatibilidade inconveniência
incompatibilidade inimizade
incompatibilidade oposição
incompatível inconveniência
incompatível inimizade
incompatível não relação
incompetência ignorância
incompetência impotência
incompetência impropriedade
incompetência inabilidade
incompetência insuficiência
incompetente ignorância
incompetente impotência
incompetente impropriedade
incompetente inabilidade
incompetente inutilidade
incompetente ruindade
incompleto deficiência
incompleto despreparo
incompleto imperfeição
incompleto insucesso
incompleto não acabamento
incompletude falta
incompletude não acabamento
incomum desconformidade
incomunicabilidade desinformação
incomunicabilidade disjunção
incomunicabilidade isolamento
incomunicabilidade reclusão
incomunicabilidade retenção
incomunicável disjunção
incomunicável isolamento
incomunicável reclusão
incomunicável restrição
incomunicável retenção
incomunicável sem significação
incomutável desvirtude
incomutável estabilidade
inconcebível admiração
inconcebível beleza
inconcebível desconformidade
inconcebível descrença
inconcebível impossibilidade
inconcebível improbabilidade
inconcebível ininteligibilidade
inconciliável absurdo
inconciliável desacordo
inconciliável inimigo
inconciliável inimizade
inconciliável não relação
inconciliável resistência
inconcludente irracionalidade
inconclusivo irracionalidade
inconcluso não acabamento
inconcusso estabilidade
inconcusso inocência
inconcusso perfeição
inconcusso perseverança
inconcusso raciocínio
inconcusso resolução
incondicional barateza
incondicional completamento
incondicional consentimento
incondicional ímpeto
incondicional liberdade
incondicional permissão
incondicional servilismo
incondicionalidade liberdade
incondicionalidade servilismo
inconfessável desinformação
inconfessável reprovação
inconfessável ruindade
inconfidência desobediência
inconfidência desonestidade
inconfidência exposição
inconfidente desobediência
inconfidente desonestidade
inconfidente exposição
inconfidente tergiversação
inconfidente velhaco
inconformado incerteza
inconformidade desigualdade
inconformidade dissentimento
inconformidade diversidade

incrédulo irreligião
incrementado melhoramento
incrementar aumento
incrementar melhoramento
incremento aumento
incremento dilatação
incremento grande
incremento melhoramento
increpação acusação
increpar acusação
increpar reprovação
incréu descrença
incriminação acusação
incriminar acusação
incriminar atribuição
incriminar reprovação
incrível desconformidade
incrível descostume
incrível grandeza
incrível importância
incrível impossibilidade
incrível improbabilidade
incruento paz
incrustação cobertura
incrustação inserção
incrustação ornamento
incrustar interioridade
incrustar ornamento
incubar falsidade
incubar intenção
incubar latência
incubar predeterminação
incubar preparação
incubar produção
inculca curiosidade
inculca informação
inculca investigação
inculcar conselho[2]
inculcar ensino
inculcar exagero
inculcar exposição
inculcar indicação
inculcar informação
inculcar motivo
inculpabilidade inocência
inculpado inocência
inculpar acusação
inculpar culpa
inculpar reprovação
inculpável inocência
inculto aspereza
inculto descortesia
inculto deselegância
inculto ignorância
inculto inação
inculto mau gosto
inculto plebeísmo
incultura despreparo
incultura ignorância
incumbência comissão
incumbência dever
incumbência trabalho
incumbir comissão
incunábulo causa
incunábulo começo
incunábulo livro
incurável compulsoriedade
incurável desesperança
incurável doença
incurável intrinsecabilidade
incúria desamparo
incúria despreparo
incursão ataque
incursão furto
incursão ingressão
incurso condenação
incurso culpa
incurso penalidade
incutir ensino
incutir inserção
incutir suposição
indagação curiosidade
indagação dissertação
indagação investigação
indagar curiosidade
indagar investigação
indébito impropriedade
indecência desvirtude
indecência impureza
indecência inconveniência
indecente desvirtude
indecente impropriedade
indecente impureza
indecente inconveniência
indecente infamação
indecente injustiça
indecente mau gosto
indecente ridicularia
indecifrável admiração
indecifrável ininteligibilidade
indecisão irresolução
indecisão má vontade
indecisão média
indeciso desvio
indeciso incerteza
indeciso não acabamento
indeclinável compulsoriedade
indeclinável estabilidade
indeclinável permanência
indecomponível estabilidade
indecomponível singeleza
indecomponível todo
indecoroso desvirtude
indecoroso impropriedade
indecoroso impureza
indecoroso infamação
indecoroso mau gosto
indefectível certeza
indefectível eternidade
indefectível perfeição
indefensável acusação
indefensável culpa
indefensável impotência
indefensável perigo
indefensável submissão
indefenso impotência
indeferimento proibição
indeferimento recusa
indeferir recusa
indefeso impotência
indefeso perigo
indefeso submissão
indefesso atividade
indefesso continuidade
indefesso esforço
indefesso perseverança
indefinição abstenção
indefinição ininteligibilidade
indefinido abstenção
indefinido acaso
indefinido imaginação
indefinido incerteza
indefinido infinidade
indefinido invisibilidade
indefinível imaginação
indefinível sem significação
indeiscente fechamento
indelével estabilidade
indelével fama
indelével indicação
indelével memória
indelicadeza descortesia
indelicado descortesia
indelicado inconveniência

indelicado mau gosto
indemonstrável irracionalidade
indene preservação
indenização compensação
indenização expiação
indenização recompensa
indenização restituição
indenizar compensação
indenizar expiação
indenizar pagamento
indenizar recompensa
indenizar restituição
independência financeira prosperidade
independência dissentimento
independência isenção
independência liberdade
independência não relação
independência riqueza
independente heterodoxia
independente liberdade
independente riqueza
independer não relação
indescritível admiração
indescritível beleza
indescritível desconformidade
indescritível medo
indesculpável acusação
indesculpável desvirtude
indesculpável infamação
indesejabilidade inconveniência
indesejado indiferença
indesejável alheamento
indesejável desacordo
indesejável desonestidade
indesejável desprezo
indesejável dolorimento
indesejável estorvo
indesejável imbecilidade
indesejável inconveniência
indesejável indiferença
indesejável inutilidade
indesejável malfeitor
indestrutibilidade densidade
indestrutível estabilidade
indestrutível eternidade
indestrutível junção
indestrutível memória
indestrutível perseverança
indestrutível raciocínio
indestrutível rigidez
indeterminação acaso
indeterminação incerteza
indeterminação indiscriminação
indeterminação irresolução
indeterminado acaso
indeterminado curso
indeterminado desvio
indeterminado generalidade
indeterminado incerteza
indeterminado indiscriminação
indeterminado ininteligibilidade
indeterminado investigação
indevassável desinformação
indevassável fechamento
indevassável infinidade
indevido erro
indevido ilegalidade
indevido impropriedade
indevido inconveniência
índex indicação
índex tato
indexação carestia
indexação preço
indicação atenção
indicação comando
indicação conselho[2]
indicação evidência
indicação nomenclatura
indicação período
indicação preceito
indicador evidência
indicador indicação
indicador tato
indicar atribuição
indicar conselho[2]
indicar especialidade
indicar evidência
indicar indicação
indicar significação
indicativo evidência
indicativo indicação
indicativo intrinsecabilidade
índice indicação
índice lista
índice livro
índice medida
índice número
índice sílaba
indiciado acusação
indiciado condenação
indício indicação
indício registro
indiferença abstenção
indiferença alheamento
indiferença desamparo
indiferença desatenção
indiferença desinteresse
indiferença expectação
indiferença incuriosidade
indiferença inimizade
indiferença má vontade
indiferença negligência
indiferente desamparo
indiferente desatenção
indiferente desinteresse
indiferente incuriosidade
indiferente indiferença
indiferente inércia
indiferente inexcitabilidade
indiferente negligência
indígena habitante
indigente insignificância
indigente pobreza
indigestão redundância
indigesto aversão
indigesto desordem
indigesto despreparo
indigesto enfado
indigesto fealdade
indigesto rigidez
indigitado indicação
indigitar atenção
indigitar conselho[2]
indigitar indicação
indigitar informação
indigitar suposição
indignado ressentimento
indignar ressentimento
indignidade desonestidade
indignidade desrespeito
indignidade desvirtude
indignidade infamação
indignidade servilismo
indigno covardia
indigno desonestidade
indigno desvirtude
indigno impropriedade

indigno inabilidade
indigno inconveniência
indigno infamação
indigno reprovação
indigno ruindade
indigno servilismo
índigo azul
indireto circuito
indireto desvio
indireto irracionalidade
indireto latência
indiscernibilidade invisibilidade
indisciplina anarquia
indisciplina desobediência
indisciplina desordem
indisciplina despreparo
indisciplina desvirtude
indisciplinado anarquia
indisciplinado contenda
indisciplinado desobediência
indisciplinado liberdade
indisciplinado obstinação
indisciplinado renitência
indisciplinável desobediência
indisciplinável excitabilidade
indisciplinável impenitência
indisciplinável liberdade
indiscreto curiosidade
indiscreto imbecilidade
indiscreto investigação
indiscreto loquacidade
indiscreto temeridade
indiscrição imbecilidade
indiscrição negligência
indiscrição palestra
indiscriminado casualidade
indiscriminado desordem
indiscriminado incerteza
indiscriminado indiscriminação
indiscriminado mistura
indiscriminado multiformidade
indiscutível certeza
indiscutível dever
indiscutível existência
indiscutível inutilidade
indiscutível raciocínio
indiscutível ruindade
indisfarçável manifestação
indispensabilidade necessidade
indispensável certeza
indispensável componente
indispensável compulsoriedade
indispensável estabilidade
indispensável hábito
indispensável importância
indispensável necessidade
indisponibilidade retenção
indisponível compulsoriedade
indispor descontentamento
indispor dissuasão
indisposição discórdia
indisposição doença
indisposição inimizade
indisposto discórdia
indisposto doença
indisposto hipocondria
indisposto inimizade
indisposto má vontade
indisputável certeza
indissolubilidade densidade
indissolubilidade junção
indissolúvel continuação
indissolúvel continuidade
indissolúvel densidade
indissolúvel junção
indissolúvel todo
indistinguível indiscriminação
indistinguível invisibilidade
indistinto abstenção
indistinto identidade
indistinto incerteza
indistinto indiscriminação
indistinto ininteligibilidade
indistinto invisibilidade
indistinto multiformidade
indistinto sussurro
inditoso sofrimento
individual especialidade
individual humanidade
individual indicação
individual isolamento
individualidade desconformidade
individualidade especialidade
individualidade originalidade
individualidade singularidade
individualidade substancialidade
individualismo egoísmo
individualismo misantropia
individualista egoísmo
individualizar especialidade
individualizar nomenclatura
indivíduo humanidade
indivíduo isolamento
indivíduo macho
indivíduo plebeísmo
indivisibilidade densidade
indivisível densidade
indivisível estabilidade
indivisível indiscriminação
indivisível singeleza
indivisível todo
indiviso completamento
indiviso indiscriminação
indiviso participação
indiviso todo
indizível admiração
indizível ininteligibilidade
indócil desobediência
indócil dificuldade
indócil impenitência
indócil má vontade
indócil violência
indocilidade desobediência
indocilidade impenitência
indocilidade impotência
indocilidade obstinação
índole estado
índole intrinsecabilidade
índole qualidades
indolência desinteresse
indolência impotência
indolência inação
indolência inatividade
indolência inércia
indolência negligência
indolência transigência
indolente desinteresse
indolente inatividade
indolente inércia
indolente negligência
indolor insensibilidade
indolor prazer

indomado força
indomado mau gosto
indomado violência
indomável coragem
indomável desobediência
indomável dificuldade
indomável excitabilidade
indomável força
indomável guerra
indomável mau gosto
indomável perseverança
indomável renitência
indomável resolução
indomável violência
indômito coragem
indômito despreparo
indômito guerra
indômito mau gosto
indômito orgulho
indômito violência
indubitável afirmação
indubitável certeza
indução investigação
indução motivo
indução raciocínio
indulgência benevolência
indulgência boa vontade
indulgência clemência
indulgência filantropia
indulgência perdão
indulgência permissão
indulgência tolerância
indulgente benevolência
indulgente boa vontade
indulgente bondade
indulgente clemência
indulgente consentimento
indulgente inexcitabilidade
indulgente perdão
indulgente permissão
indulgente tolerância
indultar perdão
indultar tolerância
indulto perdão
indulto permissão
indumentária estilo
indumentária exterioridade
indumentária extrinsecabilidade
indumento cobertura
indumento estilo
indumento indumentária
indústria astúcia
indústria atividade
indústria habilidade
indústria trabalho
industrial agente
industriar habilidade
industrioso atividade
industrioso desonestidade
industrioso esforço
industrioso habilidade
industrioso perseverança
indutivo motivo
indutor motivo
induzir causa
induzir conselho[2]
induzir deleite
induzir fraude
induzir influência
induzir motivo
induzir raciocínio
inebriante deleite
inebriante embriaguez
inebriar deleite
ineditismo originalidade
inédito dessemelhança
inédito ignorância
inédito latência
inédito novidade
inédito originalidade
inefável admiração
inefável deleite
ineficaz desacordo
ineficaz impotência
ineficaz inconveniência
ineficaz inércia
ineficaz inocuidade
ineficaz insucesso
ineficaz insuficiência
ineficaz inutilidade
ineficaz irracionalidade
ineficiente impotência
ineficiente inércia
ineficiente inutilidade
ineficiente irracionalidade
inegável certeza
inelasticidade falta de elasticidade
inelutável certeza
inelutável compulsoriedade
inenarrável admiração
inenarrável desconformidade
inenarrável grandeza
inépcia absurdo
inépcia imbecilidade
inépcia impotência
inépcia inabilidade
inepto desacordo
inepto imbecilidade
inepto impotência
inepto inabilidade
inepto inconveniência
inepto inutilidade
inepto irracionalidade
inequação desigualdade
inequívoco afirmação
inequívoco certeza
inequívoco crença
inequívoco grandeza
inequívoco informação
inequívoco inteligibilidade
inequívoco veracidade
inércia ausência de motivo
inércia desinteresse
inércia imobilidade
inércia inabilidade
inércia inação
inércia inatividade
inércia indiferença
inércia inocuidade
inércia negligência
inércia permanência
inércia transigência
inerência intrinsecabilidade
inerente componente
inerente intrinsecabilidade
inerir intrinsecabilidade
inerme impotência
inerme perigo
inerte ausência de motivo
inerte desamparo
inerte desinteresse
inerte falta de elasticidade
inerte inabilidade
inerte inação
inerte indiferença
inerte inércia
inerte inocuidade
inerte morte
inerte obstinação
inervar força
inescrupuloso desonestidade
inescrutabilidade ininteligibilidade
inescrutável ininteligibilidade

inescusável acusação
inescusável compulsoriedade
inescusável necessidade
inesgotável eternidade
inesgotável força
inesgotável infinidade
inesgotável produtividade
inesgotável suficiência
inesperado admiração
inesperado ímpeto
inesperado presteza
inesperado surpresa
inesquecível beleza
inesquecível fama
inesquecível memória
inestimável bondade
inevitabilidade compulsoriedade
inevitável certeza
inevitável compulsoriedade
inevitável desesperança
inexatidão erro
inexatidão imprecisão
inexatidão inobservância
inexatidão mentira
inexato erro
inexato mentira
inexato negligência
inexaurível eternidade
inexaurível força
inexaurível infinidade
inexaurível produtividade
inexaurível suficiência
inexcedível perfeição
inexcedível superioridade
inexistência ausência
inexistente ausência
inexistente inexistência
inexorabilidade compulsoriedade
inexorabilidade inclemência
inexorabilidade resolução
inexorabilidade tirania
inexorabilidade vingança
inexorável compulsoriedade
inexorável desesperança
inexorável inclemência
inexorável insensibilidade
inexorável malevolência
inexorável obrigatoriedade
inexorável obstinação
inexorável ódio
inexorável resolução
inexorável tirania
inexorável vingança
inexperiência candura
inexperiência credulidade
inexperiência descostume
inexperiente candura
inexperiente credulidade
inexperiente descostume
inexperiente ignorante
inexperiente inabilidade
inexperiente infante
inexperiente ingênuo
inexperiente pureza
inexplicável admiração
inexplicável desconformidade
inexplicável infinidade
inexplicável ininteligibilidade
inexplorado ignorância
inexplorado novidade
inexplorado originalidade
inexpressivo acromatismo
inexpressivo frouxidão
inexpressivo sem significação
inexpugnável coragem
inexpugnável segurança
inextinguível estabilidade
inextinguível excitabilidade
inextinguível grandeza
inextinguível infinidade
inextinguível suficiência
inextinguível violência
inextinto existência
inextinto violência
inextirpável estabilidade
inextirpável força
inextirpável grandeza
inextirpável infinidade
inextirpável intrinsecabilidade
inextirpável memória
inextricável coesão
inextricável desordem
inextricável impossibilidade
infalível certeza
infalível compulsoriedade
infalível eternidade
infalível frequência
infalível permanência
infalível poder
infamar difamação
infamar ruindade
infame desonestidade
infame desvirtude
infame infamação
infame malevolência
infame ruindade
infâmia desonestidade
infâmia desvirtude
infâmia infamação
infância começo
infanta amo
infanta nobreza
infantaria combatente
infantaria guerra
infante combatente
infante fraqueza
infante infante
infante nobreza
infante posteridade
infante viajante
infanticida homicídio
infanticídio homicídio
infantil credulidade
infantil frouxidão
infantil imbecilidade
infantil infância
infantil infante
infantil pureza
infantilidade imbecilidade
infantilidade infância
infantilizar imbecilidade
infantilizar infante
infartar fechamento
infarto fechamento
infatigável atividade
infatigável perseverança
infausto adversidade
infausto dolorimento
infausto insucesso
infausto sofrimento
infecção doença
infecção fedor
infeccionar pioramento
infeccioso doença
infectar sujidade
infecto fedor
infecundidade improdutividade
infecundo improdutividade
infelicidade adversidade

infelicidade inabilidade
infelicidade mal
infelicidade sofrimento
infelicitar autoridade
infelicitar dolorimento
infelicitar tirania
infeliz adversidade
infeliz dolorimento
infeliz esquecimento
infeliz inconveniência
infeliz insignificância
infeliz insucesso
infeliz libertino
infeliz mal
infeliz maldição
infeliz plebeísmo
infeliz pobreza
infeliz ruindade
infeliz sofrimento
infenso desacordo
infenso inimizade
infenso má vontade
infenso ódio
infenso oposição
inferior baixeza
inferior combatente
inferior desigualdade
inferior imperfeição
inferior inferioridade
inferior servo
inferioridade desigualdade
inferioridade insuficiência
inferiorizar inferioridade
inferir interpretação
inferir raciocínio
infernal barulho
infernal desvirtude
infernal dolorimento
infernal inferno
infernal mal
infernal malevolência
infernal ruindade
infernal satã
infernal velocidade
infernar malevolência
infernar ruindade
infernizar dolorimento
infernizar satã
inferno sofrimento
infértil improdutividade
infértil inutilidade
infertilidade improdutividade
infestação ataque
infestação dolorimento
infestar destruição
infestar dispersão
infestar dolorimento
infestar presença
infestar ruindade
infestar sujidade
infidelidade desamparo
infidelidade desobediência
infidelidade desonestidade
infidelidade furto
infidelidade heterodoxia
infidelidade inobservância
infidelidade irreligião
infidelidade mentira
infidelidade mutabilidade
infiel desamparo
infiel desonestidade
infiel falsidade
infiel heterodoxia
infiel inobservância
infiel irreligião
infiel mentira
infiel mutabilidade
infiltração água
infiltração ensino
infiltração ingressão
infiltração interjacência
infiltração mistura
infiltração passagem
infiltrado ingressão
infiltrar ensino
infiltrar mistura
ínfimo base
ínfimo desonestidade
ínfimo infamação
ínfimo inferioridade
ínfimo insignificância
ínfimo pequenez
ínfimo plebeísmo
ínfimo pouquidão
infindável continuação
infindável eternidade
infindável infinidade
infindável prolixidade
infindo comprimento
infindo eternidade
infindo infinidade
infindo permanência
infindo suficiência
infinidade multidão
infinidade suficiência
infinitesimal número
infinitesimal pequenez
infinitesimal pouquidão
infinito divindade
infinito espaço
infinito eternidade
infinito grandeza
infinito infinidade
infinito número
infinito universo
infinitude infinidade
inflação aumento
inflação carestia
inflação dilatação
inflação preço
inflação realidade
inflação vaidade
inflação vento
inflacionar carestia
inflado dilatação
inflado exageração
inflado floreio
inflamação aquecimento
inflamação excitação
inflamado excitação
inflamado floreio
inflamado sentimento
inflamar agravação
inflamar calor
inflamar energia
inflamar excitação
inflamar motivo
inflamar vermelhidão
inflamar violência
inflamável aquecimento
inflar exageração
inflar vento
infletir curvatura
infletir desvio
inflexibilidade direitura
inflexibilidade inclemência
inflexibilidade obstinação
inflexibilidade rigidez
inflexibilidade tirania
inflexível estabilidade
inflexível falta de elasticidade
inflexível insensibilidade
inflexível obstinação
inflexível permanência
inflexível probidade
inflexível resolução
inflexível rigidez

inflexível tirania
infligir dano ruindade
infligir penalidade
influência agência
influência amor
influência autoridade
influência causa
influência fama
influência importância
influência mediação
influência motivo
influência poder
influenciar importância
influenciar influência
influenciar motivo
influente autoridade
influente importância
influente influência
influente poder
influir agência
influir causa
influir influência
influir motivo
influxo conversão
influxo influência
influxo ingressão
influxo motivo
influxo rio
influxo suficiência
informação conhecimento
informação exposição
informação notícia
informação plano
informação publicidade
informante informação
informante mensageiro
informar advertência
informar ensino
informar informação
informar notícia
informativo informação
informativo notícia
informatização trabalho
informe amorfia
informe assimetria
informe desconformidade
informe desordem
informe despreparo
informe informação
informe investigação
informe mau gosto
infortunado adversidade
infortunado dolorimento
infortúnio adversidade
infortúnio dolorimento
infortúnio insucesso
infortúnio mal
infortúnio sofrimento
infração desconformidade
infração desobediência
infração impropriedade
infração inobservância
infração transcursão
infração transgressão
infrene excitabilidade
infrene grandeza
infrene intemperança
infrene pressa
infrene violência
infringir desconformidade
infringir descostume
infringir desobediência
infringir ilegalidade
infringir impiedade
infringir impropriedade
infringir inobservância
infringir transcursão
infringir transgressão
infrutífero improdutividade
infrutífero insucesso
infrutífero inutilidade
infundado erro
infundado fraude
infundado inexistência
infundado injustiça
infundado irracionalidade
infundado mentira
infundir causa
infundir ensino
infundir inserção
infundir mistura
infundir respeito
infundir rio
infusão ingressão
infusão inserção
infusão liquefação
infusão mistura
infusão remédio
infusível densidade
infuso junção
ingente barulho
ingenuidade candura
ingenuidade credulidade
ingenuidade imbecilidade
ingenuidade ingênuo
ingênuo candura
ingênuo credulidade
ingênuo imbecilidade
ingênuo inabilidade
ingênuo infante
ingênuo pureza
ingênuo tolo
ingerência comida
ingerir comida
ingerir inserção
ingestão recepção
inglório dolorimento
inglório infamação
ingovernável desobediência
ingovernável dificuldade
ingovernável excitabilidade
ingovernável obstinação
ingovernável violência
ingratidão improdutividade
ingratidão injustiça
ingrato dificuldade
ingrato dolorimento
ingrato improdutividade
ingrato ingratidão
ingrato malevolência
ingrediente componente
ingrediente mistura
íngreme dificuldade
íngreme obliquidade
íngreme verticalidade
ingressar ingressão
ingresso ingressão
ingresso passagem
ingurgitamento estorvo
ingurgitamento recepção
ingurgitamento redundância
ingurgitar completamento
ingurgitar estorvo
ingurgitar redundância
inibição estorvo
inibição proibição
inibição restrição
inibir impossibilidade
inibir proibição
inibir restrição
inibitório estorvo
inibitório proibição
inibitório restrição
iniciação começo
iniciação ensino
iniciação inclusão

iniciado discípulo
iniciador mestre
iniciador produtor
inicial começo
inicial velharia
iniciar começo
iniciar ensino
iniciar inclusão
iniciar investigação
iniciativa ação
iniciativa atividade
iniciativa começo
iniciativa empreendimento
início começo
inidôneo desacordo
inigualável superioridade
iniludível astúcia
iniludível dever
iniludível inteligibilidade
iniludível manifestação
iniludível raciocínio
inimaginável admiração
inimaginável beleza
inimaginável desconformidade
inimaginável grandeza
inimaginável impossibilidade
inimaginável improbabilidade
inimicíssimo inimizade
inimigo contenda
inimigo destruidor
inimigo guerra
inimigo inimizade
inimigo má vontade
inimigo ódio
inimigo oponente
inimigo oposição
inimigo ruindade
inimitável bondade
inimitável perfeição
inimitável superioridade
inimizade aversão
inimizade discórdia
inimizade malevolência
inimizade ódio
inimizar inimigo
inimizar inimizade
ininteligibilidade segredo
ininteligível ininteligibilidade
ininterrupto continuação
ininterrupto continuidade
ininterrupto repetição
iníquo desvirtude
iníquo injustiça
iníquo malevolência
injeção ingressão
injeção inserção
injeção remédio
injetar água
injetar inserção
injunção comando
injunção conselho[2]
injunção motivo
injunção necessidade
injunção obrigatoriedade
injúria acusação
injúria ataque
injúria desrespeito
injúria difamação
injúria infamação
injúria mal
injúria pioramento
injuriante desrespeito
injuriante difamação
injuriar desrespeito
injuriar pioramento
injuriar reprovação
injustiça desonestidade
injustiça dolorimento
injustiça ingratidão
injustificado impropriedade
injustificado injustiça
injustificável acusação
injustificável desvirtude
injustificável erro
injustificável impropriedade
injustificável infamação
injustificável injustiça
injustificável malevolência
injusto desvirtude
injusto erro
injusto irracionalidade
inobservância desatenção
inobservância desobediência
inobservância desonestidade
inobservância ilegalidade
inobservância transgressão
inobservante inobservância
inocência bondade
inocência candura
inocência pureza
inocentado absolvição
inocentar inocência
inocentar justificação
inocente absolvição
inocente bondade
inocente candura
inocente impotência
inocente infância
inocente infante
inocente inocência
inocente probidade
inocente pureza
inocente salubridade
inocente virtude
inoculação ensino
inoculação ingressão
inoculação inserção
inocular ensino
inocular inserção
inocular localização
inocular motivo
inocular predição
inocular publicidade
inoculável ingressão
inócuo bondade
inócuo frouxidão
inócuo impotência
inócuo indiferença
inócuo inércia
inócuo inocuidade
inócuo insignificância
inócuo inutilidade
inócuo salubridade
inodoro anosmia
inofensivo bondade
inofensivo humildade
inofensivo impotência
inofensivo inércia
inofensivo inocência
inofensivo paz
inofensivo salubridade
inolvidável fama
inolvidável importância
inolvidável memória
inominado apelido
inominável dolorimento
inominável medo
inominável ruindade
inoperante inutilidade
inópia deficiência
inópia desvirtude
inópia insuficiência

inópia pobreza
inópia pouquidade
inópia pouquidão
inopinado casualidade
inopinado descostume
inopinado importância
inopinado impossibilidade
inopinado surpresa
inoportuno desacordo
inoportuno inconveniência
inoportuno inoportunidade
inoportuno irracionalidade
inorgânico extrinsecabilidade
inorgânico material
inorgânico não organização
inóspito ausência
inóspito improdutividade
inóspito insalubridade
inóspito reclusão
inóspito secura
inovação descostume
inovação mudança
inovação novidade
inovação originalidade
inovação variedade
inovador descostume
inovador novidade
inovar mudança
inovar novidade
inovar originalidade
inovar restauração
inovar variedade
inqualificável acusação
inqualificável desonestidade
inqualificável infamação
inqualificável medo
inqualificável reprovação
inqualificável ruindade
inquebrantável estabilidade
inquebrantável força
inquebrantável orgulho
inquebrantável perseverança
inquebrantável probidade
inquebrantável rigidez
inquebrantável tenacidade
inquebrável tenacidade
inquebrável todo
inquestionável certeza
inquestionável dever
inquestionável inteligibilidade
inquestionável manifestação
inquietação agitação
inquietação atividade
inquietação descontentamento
inquietação dolorimento
inquietação excitabilidade
inquietação medo
inquietação perigo
inquietação sofrimento
inquietação violência
inquietador medo
inquietador perigo
inquietar ataque
inquietar dolorimento
inquieto agitação
inquieto atividade
inquieto discórdia
inquieto excitabilidade
inquieto medo
inquieto movimento
inquieto oscilação
inquieto pressa
inquieto violência
inquilino habitante
inquinar acusação
inquinar pioramento
inquinar sujidade
inquirição investigação
inquirição raciocínio
inquiridor investigação
inquirir curiosidade
inquirir investigação
inquisição investigação
inquisição tirania
inquisidor investigação
inquisidor tirania
inquisitorial curiosidade
inquisitorial dor
inquisitorial investigação
inquisitorial jurisdição
inquisitorial tirania
insaciabilidade gula
insaciável curiosidade
insaciável desejo
insaciável força
insaciável sovinaria
insaciável violência
insalubre insalubridade
insanável desesperança
insanável perda
insanável ruindade
insânia imbecilidade
insânia loucura
insânia violência
insanidade imbecilidade
insanidade loucura
insano dificuldade
insano imbecilidade
insano louco
insano ruindade
insano violência
insatisfação advertência
insatisfação tristeza
insatisfeito descontentamento
insatisfeito desejo
insciente desinformação
insciente inabilidade
inscrever celebração
inscrever escrita
inscrever gravura
inscrever inclusão
inscrever registro
inscrição gravura
inscrição inclusão
inscrição indicação
inscrição registro
inscrito inclusão
insculpir gravura
insegurança incerteza
insegurança irresolução
insegurança perigo
inseguro incerteza
inseguro perigo
insensatez imbecilidade
insensatez loucura
insensato imbecilidade
insensato loucura
insensato prodigalidade
insensato temeridade
insensibilizar desinteresse
insensibilizar fraqueza
insensível desinteresse
insensível impalpabilidade
insensível inclemência
insensível inexcitabilidade
insensível invisibilidade
insensível malevolência
insensível vagareza
inseparável amizade
inseparável coesão
inseparável especialidade

inseparável junção
inseparável todo
insepulto cadáver
inserção adição
inserção interjacência
inserção localização
inserção mistura
inserção recepção
inserido inserção
inserir adição
inserir inserção
inserir interjacência
inserto inserção
inseticida homicídio
insetívoro comida
inseto pequenez
insídia astúcia
insídia difamação
insídia homicídio
insídia ruindade
insidioso astúcia
insidioso irracionalidade
insidioso latência
insidioso obliquidade
insidioso perigo
insidioso ruindade
insigne douto
insigne fama
insigne manifestação
insigne probidade
insígnia indicação
insígnia troféu
insignificância inferioridade
insignificância inutilidade
insignificância pequenez
insignificância pouquidão
insignificante desprezo
insignificante expectação
insignificante inferioridade
insignificante insignificância
insignificante plebeísmo
insinceridade falsidade
insincero desonestidade
insincero falsidade
insinuação conselho[2]
insinuação ensino
insinuação informação
insinuação interjacência
insinuação latência
insinuação metáfora
insinuação motivo
insinuação suposição
insinuante amor
insinuante cortesia
insinuante deleite
insinuante motivo
insinuante sociabilidade
insinuar conselho[2]
insinuar informação
insinuar inserção
insinuar memória
insinuar motivo
insinuar suposição
insípido chateza
insípido enfado
insípido indiferença
insípido insipidez
insipiência desinformação
insipiência ignorância
insipiência imbecilidade
insipiência loucura
insipiência temeridade
insipiente imbecilidade
insipiente impotência
insipiente loucura
insipiente temeridade
insistência frequência
insistência obstinação
insistência perseverança
insistência repetição
insistência vontade
insistente perseverança
insistente vontade
insistir atividade
insistir conselho[2]
insistir frequência
insistir motivo
insistir obstinação
insistir perseverança
insistir prolixidade
insistir raciocínio
insistir repetição
insistir vontade
insociável reclusão
insociável taciturnidade
insofismável afirmação
insofismável crença
insofismável raciocínio
insofrido atividade
insofrido contenda
insofrido excitabilidade
insofrido irascibilidade
insofrido movimento
insofrido pressa
insofrido temeridade
insofrido violência
insolação aquecimento
insolação calor
insolação loucura
insolência afetação
insolência descortesia
insolência descostume
insolência desobediência
insolência desrespeito
insolência injustiça
insolente descostume
insolente fanfarrão
insolente insolência
insolente mau gosto
insolente orgulho
insólito admiração
insólito desconformidade
insólito descostume
insolúvel densidade
insolúvel impossibilidade
insolúvel ininteligibilidade
insolúvel insolvência
insolvência dívida
insolvência insucesso
insolvência insuficiência
insolvência pobreza
insolvente dívida
insolvente insolvência
insolvente pobreza
insondável infinidade
insondável profundidade
insondável taciturnidade
insone cuidado
insônia atividade
insonoro dissonância
insonoro silêncio
insossar insipidez
insosso chateza
insosso dolorimento
insosso enfado
insosso frouxidão
insosso insipidez
inspeção atenção
inspeção investigação
inspeção visão
inspecionar atenção
inspecionar investigação
inspetor diretor
inspiração autoridade
inspiração divindade
inspiração excitação
inspiração imaginação
inspiração ímpeto

inspiração ingressão
inspiração inteligência
inspiração irracionalidade
inspiração motivo
inspiração piedade
inspiração poesia
inspiração recepção
inspiração sentimento
inspiração suposição
inspirado motivo
inspirado piedade
inspirado predição
inspirador auxiliar
inspirar causa
inspirar conselho²
inspirar ensino
inspirar excitação
inspirar motivo
inspirar recepção
inspirar respeito
instabilidade diversidade
instabilidade irresolução
instabilidade mutabilidade
instabilidade perigo
instalação arranjo
instalação autoridade
instalação começo
instalação comissão
instalação localização
instalar localização
instância motivo
instância pedido
instantaneidade presteza
instantaneidade transitoriedade
instantâneo instantaneidade
instantâneo transitoriedade
instante destino
instante excitação
instante instantaneidade
instante necessidade
instante pedido
instante período
instante sentimento
instante transitoriedade
instar destino
instar excitação
instar necessidade
instar refutação
instauração começo
instaurar começo
instaurar demanda
instaurar produção
instável incerteza
instável irresolução
instável locomoção
instável movimento
instável mudança
instável perigo
instigação conselho²
instigação desafio
instigação excitação
instigação motivo
instigador auxiliar
instigador motivo
instigante vigor
instigar conselho²
instigar crença
instigar desafio
instigar excitação
instigar motivo
instilar ensino
instilar inserção
instilar mistura
instilar motivo
instintivo compulsoriedade
instintivo ímpeto
instintivo irracionalidade
instinto animalidade
instinto compulsoriedade
instinto intelecto
instinto intrinsecabilidade
instinto irracionalidade
instituição partido
instituição produção
instituições legalidade
instituir causa
instituir comissão
instituir ensino
instituir produção
instituto escola
instituto partido
instituto preceito
instrução conhecimento
instrução ensino
instrução estudo
instrução preceito
instrução preparação
instrução elementar ensino
instrução profissional ensino
instrução rudimentar ensino
instrução superior ensino
instrução técnica ensino
instruído conhecimento
instruído sábio
instruir conselho²
instruir evidência
instruir informação
instruir rito
instrumental artes
instrumental auxílio
instrumental instrumentalidade
instrumental instrumento
instrumental instrumentos musicais
instrumental meios
instrumental música
instrumental utilidade
instrumentalidade agência
instrumentalidade utilidade
instrumentalizar instrumentalidade
instrumentalizar instrumento
instrumentar música
instrumentar músico
instrumentista melodia
instrumento auxiliar
instrumento fiança
instrumento instrumentalidade
instrumento irresolução
instrumento propriedade
instrumento servilismo
instrutivo ensino
instrutor ensino
instrutor mestre
insubmissão renitência
insubmisso desobediência
insubmisso dissentimento
insubmisso obstinação
insubmisso renitência
insubmisso violência
insubordinação anarquia
insubordinação desobediência
insubordinação não relação
insubordinado contenda
insubordinado desobediência
insubordinado obstinação
insubordinar desobediência
insubornável altruísmo
insubornável probidade

insubsistência erro
insubsistência inexistência
insubsistência mudança
insubsistente insignificância
insubsistente insubstancialidade
insubsistente irracionalidade
insubsistente mudança
insubstancial insubstancialidade
insubstituível importância
insubstituível necessidade
insubstituível perda
insubstituível superioridade
insucesso falta
insucesso impotência
insucesso inabilidade
insucesso inobservância
insucesso recusa
insucesso tristeza
insuficiência deficiência
insuficiência falta
insuficiência imbecilidade
insuficiência impotência
insuficiência inabilidade
insuficiente imperfeição
insuficiente impotência
insuficiente inabilidade
insuficiente insucesso
insuficiente insuficiência
insuficiente pouquidão
insuflação inserção
insuflação vento
insuflar inserção
insuflar motivo
insuflar vento
insulano habitante
insulano ilha
insular disjunção
insular ilha
insular isolamento
insular não relação
insulso chateza
insulso insipidez
insulso mau gosto
insultante desrespeito
insultante infamação
insultante ódio
insultar contenda
insultar descortesia
insultar desrespeito
insultar insolência
insulto desrespeito
insulto infamação
insultuoso desprezo
insultuoso desrespeito
insultuoso difamação
insultuoso ódio
insumo componente
insumo receita
insuperável impossibilidade
insuperável superioridade
insuportável amargura
insuportável aversão
insuportável carestia
insuportável desobediência
insuportável discórdia
insuportável dolorimento
insuportável enfado
insuportável grandeza
insuportável gravidade
insurgência desobediência
insurgente desobediência
insurrecional desobediência
insurreição desobediência
insurreição oposição
insurreição renitência
insurreição resistência
insurreto desobediência
insuscetível inexcitabilidade
insuspeição certeza
insuspeição crença
insuspeito crença
insuspeito esperança
insuspeito justiça
insuspeito probidade
insuspeito veracidade
insuspeito virtude
insustentável impotência
insustentável irracionalidade
insustentável perigo
insustentável submissão
intacto temperança
intangibilidade impalpabilidade
intangibilidade liberdade
intangibilidade pequenez
intangibilidade permanência
intangível direito
intangível imaterialidade
intangível impalpabilidade
intangível insubstancialidade
intangível latência
intangível observância
intangível pequenez
intangível permanência
intangível preservação
intangível probidade
intangível segurança
íntegra todo
integração completamento
integração inclusão
integrado inclusão
integral número
integral todo
integralização completamento
integralizar completamento
integralizar todo
integrante acabamento
integrante completamento
integrante componente
integrar acabamento
integrar completamento
integrar todo
integridade completamento
integridade justiça
integridade probidade
integridade qualidades
integridade todo
íntegro acabamento
íntegro completamento
íntegro continuidade
íntegro justiça
íntegro perfeição
íntegro preservação
íntegro probidade
íntegro resolução
íntegro todo
inteirar acabamento
inteirar completamento
inteirar informação
inteirar todo
inteireza completamento
inteireza justiça
inteireza todo
inteiriçar rigidez
inteiriçar todo
inteiriço continuidade
inteiriço junção
inteiriço probidade

inteiriço rigidez
inteiriço uniformidade
inteiro acabamento
inteiro completamento
inteiro continuidade
inteiro inexcitabilidade
inteiro preservação
inteiro resolução
inteiro todo
intelecção intelecto
intelecção raciocínio
intelectivo intelectual
intelecto inteligência
intelectual douto
intelectual intelecto
intelectual livro
intelectualidade intelecto
inteligência habilidade
inteligência imaterialidade
inteligência intelecto
inteligência interpretação
inteligência significação
inteligente cuidado
inteligente humanidade
inteligente raciocínio
inteligível audição
inteligível inteligibilidade
inteligível significação
intemerato veracidade
intemerato virtude
intemperança embriaguez
intemperança gula
intemperança redundância
intemperante impureza
intemperante intemperança
intempérie irregularidade
intempestividade anacronismo
intempestividade inoportunidade
intempestivo desacordo
intempestivo inoportunidade
intempestivo surpresa
intenção desejo
intenção direção
intenção motivo
intenção predeterminação
intenção resolução
intenção vontade
intencionado atribuição
intencionado predeterminação
intencional intenção
intencional vontade
intencionalidade intenção
intendente amo
intendente diretor
intendente jurisdição
intensidade energia
intensidade excitabilidade
intensidade grandeza
intensidade grau
intensidade poder
intensidade quantidade
intensidade violência
intensificação agravação
intensificar aumento
intensificar energia
intensivo energia
intenso atenção
intenso barulho
intenso calor
intenso cor
intenso energia
intenso excitabilidade
intenso grandeza
intenso poder
intenso sentimento
intenso suficiência
intentar empreendimento
intentar ensaio
intentar esforço
intentar intenção
intento intenção
intento significação
intentona desobediência
intentona ensaio
intercalação interjacência
intercalação mistura
intercalar inserção
intercalar interjacência
intercalar interjacência
intercâmbio correlação
intercâmbio permuta
intercâmbio sociabilidade
intercâmbio troca
interceder mediação
interceptar apropriação
interceptar descontinuidade
interceptar estorvo
interceptar proibição
intercessão culto
intercessão deprecação
intercessão divindade
intercessão pedido
intercessor advogado
intercessor deprecação
intercessor maria
intercessor mediação
intercessor peticionário
intercomunicação informação
intercontinental interjacência
intercorrente interjacência
intercorrente troca
intercurso amizade
intercurso sociabilidade
interdependência correlação
interdependência relação
interdependente correlação
interdependente relação
interdição impropriedade
interdição proibição
interditar impropriedade
interditar proibição
interdito impropriedade
interdito proibição
interessado desejo
interessado egoísmo
interessado peticionário
interessante amor
interessante deleite
interessante desconformidade
interessante importância
interessar deleite
interessar relação
interesse aquisição
interesse bem
interesse benevolência
interesse cuidado
interesse curiosidade
interesse egoísmo
interesse importância
interesse pedido
interesse recompensa
interesse respeito
interesse utilidade
interesseiro egoísmo
interesseiro falsidade
interesseiro sovinaria
interestadual interjacência
interestelar universo
interferência atividade

interromper interjacência
interromper intervalo
interromper não acabamento
interromper resposta
interrupção ausência
interrupção cessação
interrupção desamparo
interrupção desarranjo
interrupção descontinuidade
interrupção estorvo
interrupção intervalo
interrupção repouso
interrupto intervalo
interruptor descontinuidade
interseção cruzamento
intersticial interjacência
interstício intervalo
interstício tempo
intertropical interjacência
intervalado intervalo
intervalar descontinuidade
intervalar interjacência
intervalar intervalo
intervalo cessação
intervalo deficiência
intervalo descontinuidade
intervalo interioridade
intervalo melodia
intervalo tempo
intervenção instrumentalidade
intervenção interjacência
intervenção mediação
interveniente mediação
interventor consignatário
interventor diretor
interventor instrumentalidade
interventor interjacência
interventor mediação
intervir atividade
intervir descontinuidade
intervir estorvo
intervir eventualidade
intervir interjacência
intervir mediação
intervir remédio
intestinal partes do corpo humano
intestino interioridade
intimação comando
intimação demanda
intimação informação
intimar comando
intimar demanda
intimar informação
intimativa afirmação
intimativa atividade
intimativa comando
intimativa informação
intimativa insolência
intimativo afirmação
intimativo comando
intimidação ameaça
intimidação medo
intimidade amizade
intimidade amor
intimidade conhecimento
intimidade desinformação
intimidade interioridade
intimidade intrinsecabilidade
intimidade sociabilidade
intimidante ameaça
intimidar ameaça
intimidar dissuasão
íntimo amigo
íntimo desinformação
íntimo interioridade
íntimo intrinsecabilidade
íntimo junção
íntimo qualidades
intimorato coragem
intimorato observância
intitulação nomenclatura
intitular apelido
intitular nomenclatura
intocável probidade
intolerância aversão
intolerância excitabilidade
intolerância inclemência
intolerância malevolência
intolerância obstinação
intolerância tirania
intolerante insolência
intolerante malevolência
intolerante obliquidade
intolerante tirania
intolerável amargura
intolerável aversão
intolerável calor
intolerável deselegância
intolerável dolorimento
intolerável enfado
intolerável gravidade
intolerável insalubridade
intolerável ruindade
intolerável violência
intoxicação excitabilidade
intoxicação excitação
intoxicação veneno
intoxicar excitação
intoxicar insalubridade
intoxicar veneno
intracraniano interioridade
intraduzível ininteligibilidade
intragável aversão
intramuros interioridade
intranquilidade excitabilidade
intranquilidade medo
intranquilidade perigo
intranquilizador medo
intranquilo medo
intranquilo sofrimento
intransferível compulsoriedade
intransferível estabilidade
intransferível imobilidade
intransferível retenção
intransigência inclemência
intransigência malevolência
intransigência obstinação
intransigência tirania
intransigente observância
intransigente tirania
intransitável estorvo
intransitável fechamento
intransitável impossibilidade
intransmissível direito
intransmissível retenção
intransparência opacidade
intransponível altura
intransponível fechamento
intransponível impossibilidade
intraocular interioridade
intratável descortesia
intratável dificuldade
intratável impossibilidade
intratável inclemência
intratável insolência
intratável orgulho

intratável reclusão
intrepidez coragem
intrépido coragem
intrépido inexcitabilidade
intricar desarranjo
intricar incerteza
intriga fraude
intriga malevolência
intriga notícia
intriga palestra
intriga plano
intriga tópico
intrigante astúcia
intrigante desonestidade
intrigante homem ruim
intrigante plano
intrigar astúcia
intrigar fraude
intrigar incerteza
intrigar ininteligibilidade
intrigar notícia
intrigar plano
intrincado incerteza
intrincado sinuosidade
intrincamento desordem
intrínseco hábito
intrínseco interioridade
intrínseco intrinsecabilidade
introdução começo
introdução drama
introdução ingressão
introdução inserção
introdução música
introdução precursor
introdução recepção
introdutivo precedência
introdutor começo
introdutor precursor
introdutório precedência
introduzir adição
introduzir causa
introduzir ingressão
introduzir inserção
introduzir precedência
introduzir predição
introduzir recepção
introito começo
introito rito
intrometer inserção
intrometido alheamento
intrometido atividade
intrometido desacordo
intrometido ingressão
intrometido insolência
intrometido interjacência
intromissão atividade
intromissão ingressão
introspectivo interioridade
introspectivo pensamento
introversão inversão
introversão taciturnidade
introversão visão
introverter inversão
introvertido taciturnidade
intrujão alheamento
intrujão enganador
intrujão estorvo
intrujão fraude
intrujão inatividade
intrujão interjacência
intrujar desacordo
intrujar fraude
intrujice fraude
intrusão apropriação
intrusão desacordo
intrusão impropriedade
intrusão ingressão
intrusão inoportunidade
intrusão interjacência
intrusão não relação
intruso alheamento
intruso anarquia
intruso desacordo
intruso estorvo
intruso habitante
intruso ilegalidade
intruso impropriedade
intruso interjacência
intruso inutilidade
intruso redundância
intuição conhecimento
intuição intelecto
intuição irracionalidade
intuição predição
intuir previdência
intuir raciocínio
intuitivo certeza
intuitivo irracionalidade
intuitivo manifestação
intuitivo previdência
intuito direção
intuito intenção
intuito vontade
intumescência convexidade
intumescente dilatação
intumescer aumento
intumescer convexidade
intumescer dilatação
intumescido convexidade
intumescido dilatação
intumescido orgulho
intumescimento convexidade
intumescimento dilatação
inúbil infância
inumação inserção
inumanidade malevolência
inumano divindade
inumano malevolência
inumar enterro
inumar inserção
inumerável infinidade
inumerável multidão
inumerável suficiência
inúmero infinidade
inúmero multidão
inúmero redundância
inundação água
inundação redundância
inundação rio
inundante água
inundante ingressão
inundar água
inundar ingressão
inundar redundância
inundar rio
inusitado descostume
inusitado desuso
inusitado ignorância
inútil desuso
inútil imbecilidade
inútil inconveniência
inútil inocuidade
inútil insubstancialidade
inútil insucesso
inútil inutilidade
inútil redundância
inutilidade impotência
inutilização esbanjamento
inutilizado perda
inutilizado pioramento
inutilizar destruição
inutilizar impotência
inutilizar insucesso
inutilizar inutilidade
inutilizar sucesso
invadir apropriação
invadir ataque

invadir dispersão
invadir excitação
invadir guerra
invadir impropriedade
invadir ingressão
invadir inserção
invadir passagem
invadir presença
invadir progressão
invadir transcursão
invalidação refutação
invalidação revogação
invalidar impotência
invalidar impropriedade
invalidar inutilidade
invalidar negação
invalidar refutação
invalidar revogação
invalidez doença
invalidez fraqueza
invalidez impotência
inválido doença
inválido fraqueza
inválido ilegalidade
inválido impotência
inválido impropriedade
inválido irracionalidade
invariabilidade periodicidade
invariabilidade tenacidade
invariabilidade uniformidade
invariável certeza
invariável continuação
invariável continuidade
invariável estabilidade
invariável intrinsecabilidade
invariável permanência
invariável prolação
invariável tenacidade
invariável uniformidade
invasão ataque
invasão dispersão
invasão guerra
invasão impropriedade
invasão ingressão
invasão presença
invasivo ingressão
invasivo inimizade
invasor ataque
invasor ataque
invasor guerra
invasor ingressão
invectiva acusação
invectiva reprovação
invectivar discórdia
invectivar reprovação
inveja desejo
inveja malevolência
inveja obliquidade
invejado amor
invejar desejo
invejar inveja
invejável amor
invejável bondade
invejável deleite
invejável desejo
invejável grandeza
invejável inveja
invejoso descontentamento
invejoso desejo
invejoso difamação
invejoso inveja
invejoso ódio
invenção astúcia
invenção descoberta
invenção falsidade
invenção imaginação
invenção mentira
invenção plano
invencionice mentira
invencível altura
invencível compulsoriedade
invencível força
invencível grandeza
invencível guerra
invencível impossibilidade
invencível infinidade
invencível perseverança
invencível resolução
invencível sucesso
invencível superioridade
invendível barateza
invendível retenção
inventar descoberta
inventar falsidade
inventar imaginação
inventar mentira
inventar plano
inventar produção
inventar suposição
inventariante direito
inventariante registrador
inventariar numeração
inventariar registro
inventário lista
inventário propriedade
inventário registro
inventiva habilidade
inventiva imaginação
inventiva intelecto
inventividade inteligência
inventivo habilidade
inventivo imaginação
inventivo inteligência
inventivo pensamento
invento descoberta
inventor motivo
inventor precessão
inventor produtor
inverdade falsidade
inverdade fraude
inverdade mentira
inverídico erro
inverídico falsidade
inverídico fraude
inverificável impossibilidade
inverificável improbabilidade
inverificável infinidade
inverificável irracionalidade
invernada domesticação
invernada frio
invernal frio
invernar frio
inverno frio
invernoso frio
inverossímil absurdo
inverossímil desconformidade
inverossímil descrença
inverossímil impossibilidade
inverossímil improbabilidade
inverossimilhança dessemelhança
inverossimilhança impossibilidade
inverossimilhança improbabilidade
inverossimilhança mentira
inversão depressão
inversão floreio
inversão metáfora
inversão mudança

inversão reversão
inverso contraposição
inverso contraste
inverso inversão
invertebrado animal
invertebrado servilismo
inverter depressão
inverter inversão
invertido desordem
invertido inversão
investida ataque
investida empreendimento
investida ensaio
investida experiência
investida ridicularização
investidor empréstimo
investidor mercado
investidura comissão
investigação atenção
investigação curiosidade
investigação dissertação
investigação estudo
investigação plano
investigador curiosidade
investigador investigação
investigar atenção
investigar curiosidade
investigar investigação
investigativo investigação
investimento mercado
investimento trabalho
investir em posse posse
investir comissão
investir despesa
investir empréstimo
investir poder
investir progressão
investir ridicularização
investir violência
inveterado diuturnidade
inveterado estabilidade
inveterado obstinação
inveterado velharia
inviabilidade impossibilidade
inviabilizar impossibilidade
inviável impossibilidade
invicto força
invicto liberdade
invicto perseverança
invicto sucesso
invicto superioridade
ínvio dificuldade
ínvio espaço
ínvio fechamento
ínvio impossibilidade
inviolabilidade direito
inviolabilidade isenção
inviolado preservação
inviolado pureza
inviolável desinformação
inviolável direito
inviolável observância
inviolável permanência
invisibilidade latência
invisível distância
invisível divindade
invisível ignorância
invisível imaterialidade
invisível invisibilidade
invisível latência
invisível pequenez
invocação auxílio
invocação culto
invocação pedido
invocação poesia
invocar alocução
invocar culto
invocar pedido
invocativo culto
invocativo pedido
involução regressão
involução reversão
involução sinuosidade
invólucro camada
invólucro cobertura
invólucro receptáculo
involuir reversão
involuntário má vontade
invulgar admiração
invulgar bondade
invulgar desconformidade
invulgar descostume
invulgar fama
invulgar grandeza
invulgar importância
invulgar infrequência
invulgar superioridade
invulnerabilidade probidade
invulnerabilidade segurança
invulnerável rigidez
invulnerável segurança
ioiô carícias
iole nave
Iom Kipur jejum
Iom Kipur rito
ir continuação
ir oposição
ir rio
ir velocidade
ir ao encalço de perseguição
ir aos fatos sobriedade
ir com o nariz no chão horizontalidade
ir contra dissentimento
ir de encontro resistência
ir de queda em queda descida
ir depois posterioridade
ir direto à questão sobriedade
ir mais ou menos mediocridade
ir na frente precessão
ira excitabilidade
ira ódio
ira ressentimento
ira violência
iracúndia irascibilidade
iracúndia ódio
iracundo irascibilidade
iracundo ódio
iracundo ressentimento
iracundo violência
irado ressentimento
irado violência
irar ressentimento
irascibilidade excitabilidade
irascibilidade hipocondria
irascibilidade ressentimento
irascível excitabilidade
irascível irascibilidade
Íris auxiliar
Íris mediação
Íris mensageiro
íris ornamento
íris variegação
íris visão
irisar luz
irisar variegação
irmã clerezia
irmã consanguinidade
irmanado concorrência
irmanar amizade

irmanar dualidade
irmanar identidade
irmanar igualdade
irmanar junção
irmanar pacificação
irmanar reunião
irmandade amizade
irmandade consanguinidade
irmandade partido
irmandade secular
irmandade semelhança
irmão amigo
irmão clerezia
irmão consanguinidade
irmão igualdade
ironia equívoco
ironia espírito
ironia mentira
ironia metáfora
ironizar espírito
iroso irascibilidade
iroso ódio
iroso ressentimento
iroso violência
irracional absurdo
irracional imbecilidade
irracional impossibilidade
irracional incompreensão
irracional irracionalidade
irracional número
irracionalidade animalidade
irradiação divergência
irradiação luz
irradiante divergência
irradiar dispersão
irradiar divergência
irradiar luz
irreal erro
irreal imaginação
irreal imaterialidade
irreal inexistência
irreal mentira
irrealidade inexistência
irrealizável desesperança
irrealizável impossibilidade
irreconciliável desacordo
irreconciliável discórdia
irreconciliável inimizade
irrecuperável passado
irrecuperável perda
irrecusabilidade obrigatoriedade
irrecusável bondade
irrecusável desesperança
irrecusável justiça
irrecusável obrigatoriedade
irrecusável raciocínio
irredutibilidade estabilidade
irredutibilidade obstinação
irredutível estabilidade
irredutível força
irredutível observância
irredutível obstinação
irrefletido imbecilidade
irrefletido ímpeto
irrefletido inabilidade
irrefletido incompreensão
irrefletido negligência
irreflexão desatenção
irreflexão imbecilidade
irreflexão inabilidade
irreflexão incompreensão
irreflexão temeridade
irrefreável excitabilidade
irrefreável liberdade
irrefreável violência
irrefutável demonstração
irrefutável desesperança
irregular agitação
irregular descontinuidade
irregular desigualdade
irregular desordem
irregular diversidade
irregular ilegalidade
irregular injustiça
irregular irregularidade
irregular mau gosto
irregular mutabilidade
irregular sinuosidade
irregularidade desacordo
irregularidade desconformidade
irregularidade desigualdade
irregularidade desordem
irregularidade desvirtude
irregularidade diversidade
irregularidade imperfeição
irrelevância pouquidão
irrelevante sem significação
irreligioso irreligião
irremediável certeza
irremediável compulsoriedade
irremediável desesperança
irremediável estabilidade
irremediável impossibilidade
irremediável perda
irremediável ruindade
irremediável tristeza
irremediável violência
irremovível certeza
irremovível compulsoriedade
irremovível estabilidade
irremovível imobilidade
irreparável desesperança
irreparável perda
irreplicável certeza
irreplicável demonstração
irreplicável raciocínio
irrepreensível inocência
irrepreensível perfeição
irrepreensível probidade
irrepreensível raciocínio
irrepreensível simetria
irrepreensível virtude
irreprimível desesperança
irreprimível excitabilidade
irreprimível liberdade
irreprimível violência
irrequieto atividade
irrequieto desobediência
irrequieto discórdia
irrequieto excitabilidade
irrequieto locomoção
irrequieto movimento
irrequieto violência
irresistível beleza
irresistível certeza
irresistível compulsoriedade
irresistível deleite
irresistível desesperança
irresistível excitabilidade
irresistível força
irresolução incerteza
irresolução inércia
irresoluto anarquia
irresoluto inabilidade
irresoluto inatividade
irresoluto irresolução
irresolúvel impossibilidade
irrespirável insalubridade
irrespirável ruindade
irresponsabilidade isenção

irresponsável desamparo
irresponsável desvirtude
irresponsável imbecilidade
irresponsável isenção
irresponsável louco
irresponsável loucura
irresponsável tolo
irrestringível infinidade
irrestrito generalidade
irrestrito grandeza
irrestrito infinidade
irrestrito liberdade
irrestrito suficiência
irrestrito todo
irretorquível demonstração
irretorquível raciocínio
irretratável desesperança
irretratável estabilidade
irretratável imaterialidade
irretratável obstinação
irreverência desrespeito
irreverência impiedade
irreverente descortesia
irreverente desrespeito
irreverente impiedade
irreverente impureza
irreverente insolência
irrevogável compulsoriedade
irrevogável continuação
irrevogável desesperança
irrevogável direito
irrevogável estabilidade
irrigação agricultura
irrigação água
irrigação rio
irrigador água
irrigar agricultura
irrigar água
irrigar rio
irrisão desrespeito
irrisão ridicularização
irrisório erro
irrisório fraude
irrisório insignificância
irrisório irracionalidade
irrisório pequenez
irrisório pouquidão
irrisório ridicularia
irritabilidade irascibilidade
irritação agravação
irritação aumento
irritação excitação
irritação hipocondria
irritação irascibilidade
irritação ódio
irritação sofrimento
irritação violência
irritadiço descortesia
irritadiço irascibilidade
irritado ressentimento
irritado violência
irritante agravação
irritante dolorimento
irritante energia
irritante enfado
irritante excitação
irritante investigação
irritante ódio
irritante picante
irritante ressentimento
irritar descontentamento
irritar dolorimento
irritar energia
irritar enfado
irritar excitação
irritar motivo
irritar ressentimento
irritar violência
irritável irascibilidade
irromper começo
irromper egressão
irromper manifestação
irromper surpresa
irromper violência
irromper visibilidade
irrupção ataque
irrupção ingressão
irrupção surpresa
irrupção violência
isca combustível
isca doação
isca fraude
isca motivo
iscar fraude
iscar lubrificação
iscar pioramento
iscar resina
isenção justiça
isenção liberdade
isentar desembaraçamento
isentar isenção
isentar justificação
isento barateza
isento isenção
isento liberdade
islamismo heterodoxia
islamita heterodoxia
isobárico ar
isócrono sincronismo
isófono melodia
isolado descontinuidade
isolado disjunção
isolado disjunção
isolado estorvo
isolado infrequência
isolado isolamento
isolado pouquidade
isolado reclusão
isolador isolamento
isolamento desinformação
isolamento discriminação
isolamento disjunção
isolamento dispensa
isolamento reclusão
isolar discriminação
isolar disjunção
isolar fechamento
isolar isolamento
isolar não relação
isolar singeleza
isomeria semelhança
isômero forma
isômero semelhança
isonomia igualdade
isonomia justiça
isotérmico calor
isotrópico transparêcia
isqueiro combustível
ísquio lateralidade
israelita heterodoxia
istmo estreiteza
istmo terra
istmo vínculo
itálico impressão
itálico indicação
itálico letra
item adição
item condições
item contrato
item parte
item tópico
iteração perseverança
iteração repetição
iterar repetição
iterativo repetição
itinerante viajante
itinerário informação
itinerário locomoção

questão irritante dificuldade

J

já passado
já prioridade
já tempo presente
jabuti vagareza
jabuticabal agricultura
jaça imperfeição
jaça mancha
jaça prisão
jacaré amor
jacaré malfeitor
jacaré visão
jacente horizontalidade
jacente imobilidade
jacinto alaranjado
jacinto ornamento
jacobinismo misantropia
jacobino oponente
jactância afetação
jactância exagero
jactância orgulho
jactância vaidade
jactancioso fanfarrão
jactancioso insolência
jactancioso jactância
jactancioso orgulho
jactancioso vaidade
jactar-se jactância
jactar-se orgulho
jactar-se vaidade
jacto excreção
jacto ímpeto
jacto parte
jacto rio
jaculatória culto
jaez classe
jaez indumentária
jaguar malfeitor
jagunço auxiliar
jagunço combatente
jagunço malfeitor
jagunço servo
jamais importância
jamais negação
jamais nunca
jambo poesia
janeiro período
janela abertura para passagem da luz
janela abertura
jangadeiro equipagem
janota fanfarrão
janota jactância
janota moda
jantar comida
jaqueta indumentária
jaquetão indumentária
jararaca homem ruim
jararaca irascibilidade
jararaca malfeitor
jararaca ressentimento
jararacuçu malfeitor
jarda comprimento
jarda medida
jardim agricultura
jardim beleza
jardim divertimento
jardim lugar
jardim vegetal
jardinagem agricultura
jardinar divertimento
jardineira janota
jargão neologismo
jarra receptáculo
jarra receptáculo
jarra ridicularia
jarro receptáculo
jasmim brancura
jasmim fragrância
jaspe variegação
jato nave
jato rio
jato velocidade
jaula prisão
javali animal
jazer baixexa
jazer desuso
jazer enterro
jazer imobilidade
jazer latência
jazer morte
jazer presença
jazer situação
jazer suporte
jazida depósito
jazida imobilidade
jazida inexcitabilidade
jazigo depósito
jazigo enterro
jazz música
jeca agricultura
jeira região
jeito forma
jeito forma
jeito habilidade
jeito passadouro
jeito qualidades
jeito tendência
jeitoso habilidade
jejuar culto
jejuar expiação
jejuar jejum
jejum ascetismo
jejum culto
jejum expiação
jejuno insuficiência
jejuno jejum
Jeová divindade
jequitibá altura
jerico carregador
jesuíta enganador
jesuítico falsidade
jesuítico irracionalidade
Jesus divindade
jia fealdade
jiló amargura
jipe guerra
jipe veículo
joalheiro agente
joalheria oficina
joalheria ornamento
joão-ninguém inferioridade
joão-ninguém plebeísmo
joão-ninguém pobreza
jocosidade deleite
jocosidade divertimento
jocosidade espírito
jocoso alegria
jocoso espírito
joeira abertura
joeira discriminação
joeirar discriminação
joeirar dispensa
joeirar escolha
joeirar investigação
joeirar limpeza
joeirar melhoramento
joeirar omissão
joeirar singeleza
joelheira defesa
joelho angularidade
jogador casualidade
jogador homem ruim

junta conselho[1]
junta dobra
junta dualidade
junta junção
junta reunião
junta vínculo
juntar adição
juntar junção
juntar produtividade
juntar reunião
junto acompanhamento
junto adição
junto coesão
junto contiguidade
junto junção
junto sincronismo
juntura abertura
juntura junção
juntura rio
jura afirmação
jura maldição
jura promessa
jurado juiz
juramento afirmação
juramento promessa
jurar afirmação
jurar crença
jurar obediência
jurar promessa
júri reunião
jurídico advogado
jurídico jurisdição
jurídico legalidade
jurisconsulto advogado
jurisconsulto douto
jurisconsulto livro
jurisdição autoridade
jurisdição direito
jurisprudência direito
jurista advogado
jurista participação
juro recompensa
jusante baixexa
justa contenda
justa filamento
justafluvial rio
justafluvial terra
justapor adição
justapor adjunto
justapor contiguidade
justapor reunião
justaposição adição
justaposição contiguidade
justar ataque
justar contenda
justeza conveniência
justeza probidade
justiça divindade
justiça probidade
justiçar punição
justiceiro justiça
justificação absolvição
justificação alegação
justificação legalidade
justificação perdão
justificar absolvição
justificar aprovação
justificar atenuação
justificar divindade
justificar evidência
justificar justificação
justificar perdão
justificativa alegação
justificativa atenuação
justificativo justificação
justificável justiça
justo direito
justo homem bom
justo inteligência
justo justiça
justo legalidade
justo média
justo oportunidade
justo permissão
justo probidade
juvenil adolescência
juvenilidade adolescência
juvenilidade infância
juventude adolescência

K

kaiser amo
kit acompanhamento
kitesurf divertimento

L

labareda calor
labareda corpos luminosos
labareda excitabilidade
lábaro indicação
labéu apelido
labéu imperfeição
labéu infamação
labéu mancha
lábia astúcia
lábia fraude
lábia lisonja
labial borda
labial convexidade
labial letra
lábil incerteza
lábil lisura
lábil lubrificação
lábil mutabilidade
lábil perigo
lábil transitoriedade
lábio borda
lábio convexidade
labirinto audição
labirinto cruzamento
labirinto desordem
labirinto desvio
labirinto dificuldade
labirinto ininteligibilidade
labirinto segredo
labirinto sinuosidade
labor esforço
laborar ação
laborar agricultura
laborar esforço
laboratório oficina
laborioso ação
laborioso atividade
laborioso dificuldade
laborioso esforço
labrego agricultura
labrego descortesia
labrego habitante
labrego ignorância
labrego mau gosto
labrego plebeísmo
labrego satã
labrego tolo
labuta esforço
labutar ação
labutar atividade
labutar esforço
laca resina
laca vermelhidão
laçada junção
laçada ornamento
laçada vínculo
lacaio plebeísmo
lacaio servilismo
lacaio servo

laçar junção
laçar punição
laçaria ornamento
lacerar disjunção
lacerar dolorimento
lacerar fragilidade
lacerar pioramento
laço circunferência
laço fraude
laço ornamento
laço prisão
laço vínculo
lacônico taciturnidade
laconismo concisão
laconismo taciturnidade
lacrar fechamento
lacrar vínculo
lacrau malfeitor
lacre vermelhidão
lacre vínculo
lacrimejante lamentação
lacrimejar lamentação
lacrimoso clemência
lacrimoso interesse
lacrimoso lamentação
lacrimoso tristeza
lácteo brancura
lácteo meio líquido
lácteo semitransparência
lactescência semitransparência
lactífero meio líquido
lacuna concavidade
lacuna deficiência
lacuna erro
lacuna imperfeição
lacuna inexistência
lacuna insuficiência
lacuna intervalo
lacunar deficiência
lacunar imperfeição
lacunar intervalo
lacustre golfo
ladainha culto
ladainha hábito
ladainha prolixidade
ladainha repetição
ladear acompanhamento
ladear ataque
ladear irracionalidade
ladear lateralidade
ladear paralelismo
ladear tergiversação
ladeira obliquidade
ladino astúcia
ladino incredulidade
lado direitura
lado lateralidade
lado terra
ladrão homem ruim
ladrão malfeitor
ladrar ameaça
ladrar dissonância
ladrido difamação
ladrilhar cobertura
ladrilheiro agente
ladrilho camada
ladrilho cobertura
ladro deleite
ladro furto
ladroagem aquisição
ladroagem furto
ladroeira esconderijo
ladroeira furto
lagamar golfo
lagarta destruidor
lagartixa estreiteza
lagarto infante
lago golfo
lagoa golfo
lagoa pântano
lagoeiro pântano
lágrima lamentação
laguna golfo
laia classe
laicizar secular
laico impiedade
laico secular
laisser-faire inexcitabilidade
laivo mancha
laivos ignorância
laje camada
laje cobertura
laje registro
lajeado cobertura
lajedo cobertura
lama amo
lama meio líquido
lama pântano
lama ruindade
lama sujidade
lamaçal golfo
lamaçal pântano
lamaçal sujidade
lamacento meio líquido
lamacento opacidade
lamacento pântano
lamacento umidade
lambada desrespeito
lambada divertimento
lambada dor
lambada música
lambança palestra
lambão **esfomeado**
lambdacismo deselegância
lambedor doçura
lambedor remédio
lambedor servilismo
lamber afetação
lamber comida
lamber contiguidade
lamber fruição
lamber pioramento
lamber sabor
lambida comida
lambida divertimento
lambiscar comida
lambiscar temperança
lambisco pouquidão
lambujem comida
lambujem doação
lambujem fraude
lambujem ignorância
lambujem pouquidão
lambuzar sujidade
lameiro pântano
lameiro sujidade
lameliforme camada
lamentação condolência
lamentação poesia
lamentar condolência
lamentar lamentação
lamentar penitência
lamentar reprovação
lamentar saudade
lamentar tristeza
lamentável dolorimento
lamentável ruindade
lamento lamentação
lamento saudade
lamentoso lamentação
lâmina agudeza
lâmina agudeza
lâmina camada
lâmina instrumento
lâmina lisura
lâmina parte
lâmina potencial de guerra

lâmina tolo
laminação camada
laminado camada
laminar camada
lâmpada pendura
lampadário corpos luminosos
lampeiro despreparo
lampeiro moda
lampeiro pressa
lampeiro vaidade
lampejar luz
lampião corpos luminosos
lamúria fraude
lamúria lamentação
lamúria pedido
lamuriar lamentação
lamuriar pedido
lamuriento lamentação
lamuriento pedido
lamurioso pedido
lança agudeza
lança potencial de guerra
lançadeira oscilação
lançador compra
lançamento compra
lançamento contabilidade
lançamento impulso
lançamento navegação
lançamento novidade
lançamento registro
lançar atenção
lançar compra
lançar impulso
lançar influência
lançar investigação
lançar luz
lançar novidade
lançar oferta
lançar propulsão
lançar registro
lançar rio
lançar venda
lançar âncora imobilidade
lançar ferro imobilidade
lançar o pomo da discórdia discórdia
lance ação
lance circunstância
lance empreendimento
lance eventualidade
lance oportunidade
lance perigo
lance termo
lanceiro combatente
lanceolado agudeza
lanceta agudeza
lancetar abertura
lancetar dor
lancha nave
lanchar comida
lanche comida
lancinante dolorimento
lancinar dolorimento
lancinar dor
lanço astúcia
lanço compra
lanço impulso
lanço oferta
lanço parte
langor desinteresse
langor doença
langor fraqueza
langor inatividade
langor inércia
langor inexcitabilidade
langoroso fraqueza
langoroso inércia
langoroso vagareza
languescer desinteresse
languescer diminuição
languescer doença
languescer fadiga
languescer fraqueza
languescer inação
languidez desinteresse
languidez doença
languidez fraqueza
languidez frouxidão
languidez inatividade
languidez inércia
languidez inexcitabilidade
languidez lamentação
lânguido amor
lânguido desinteresse
lânguido fraqueza
lânguido frouxidão
lânguido inércia
lânguido vagareza
lanhar disjunção
lanhar dor
lanhar impulso
lanhar mau uso
lanhar punição
lanho disjunção
lanho dor
lanífero aspereza
lanifício oficina
lanígero aspereza
lanoso aspereza
lanterna abertura para passagem da luz
lanterna corpos luminosos
lanterna retaguarda
lanterna sucessão
lanterneiro agente
lanterneiro oficina
lanudo aspereza
lanugem adolescência
lanugem lisura
lapa concavidade
lapa esconderijo
lapão descortesia
lapão remendão
lapão tolo
láparo animal
laparoscopia abertura
laparotomia disjunção
lapidação ensino
lapidar ataque
lapidar bom gosto
lapidar concisão
lapidar ensino
lapidar forma
lapidar malevolência
lapidar melhoramento
lapidar perfeição
lapidar preparação
lapidar punição
lapidar sobriedade
lapidária representação
lapidário agente
lapidário artista
lapidário concisão
lapidário representação
lápide celebração
lápide enterro
lápis escrita
lápis pintura
lapso culpa
lapso desvirtude
lapso erro
lapso negligência
lapso de memória esquecimento
laquear cobertura
laquear junção
lar ascendência
lar chegada

lar imobilidade
lar morada
laranja alaranjado
laranja amarelo
laranjal agricultura
larápio ladrão
lardo óleo
lardo tempero
lareira aquecimento
lareira fornalha
lareira morada
larga abandono de propriedade
larga liberdade
largar abandono de propriedade
largar desamparo
largar discurso
largar doação
largar libertação
largar retirada
largo vagareza
largueza benevolência
largueza esbanjamento
largueza espaço
largueza largura
largueza liberalidade
largueza liberdade
largueza prolixidade
largura tamanho
laringe canal de respiração
laríngeo canal de respiração
laringoscópio investigação
larva infante
larva suporte
larvado loucura
larval medo
lasanha comida
lasca camada
lasca parte
lasca pouquidão
lasca pulverização
lascar filamento
lascar fragilidade
lascar parte
lascívia fruição
lascívia impureza
lascívia intemperança
lascivo alegria
lascivo desvirtude
lascivo impureza
lascivo prazer
laser luz
lassidão anarquia
lassidão desinteresse
lassidão fadiga
lassidão fraqueza
lassidão frouxidão
lassidão impotência
lassidão inação
lassidão inatividade
lassidão incoesão
lassidão inércia
lassidão inexcitabilidade
lassidão ócio
lassidão vagareza
lassitude desinteresse
lassitude fadiga
lasso anarquia
lasso disjunção
lasso fadiga
lasso falta de elasticidade
lasso flexibilidade
lasso fraqueza
lasso frouxidão
lasso impureza
lasso incoesão
lasso inércia
lástima clemência
lástima inutilidade
lástima lamentação
lastimar clemência
lastimável desvirtude
lastimável reprovação
lastimável sofrimento
lastimoso lamentação
lastimoso sofrimento
lastrar cobertura
lastro base
lastro comida
lastro compensação
lastro crédito
lastro dinheiro
lastro gravidade
lata camada
lata receptáculo
lata significação
latada desrespeito
latada suporte
latagão tamanho
latão luz
látego azorrague
látego motivo
latejamento oscilação
latejar oscilação
latejo oscilação
latente inércia
latente ininteligibilidade
latente invisibilidade
lateral lateralidade
látex meio líquido
latifúndio propriedade
latifúndio região
latim ininteligibilidade
latinista douto
latino elegância
latir ameaça
latitude espaço
latitude largura
latitude medida
latitude prolixidade
latitude região
latitude situação
lato generalidade
lato grandeza
lato largura
lato liberdade
lato sensu significação
latoaria oficina
latoeiro agente
latria culto
latrina sujidade
latrocínio apropriação
latrocínio furto
latrocínio ilegalidade
lauda livro
laudatório adulador
laudatório aprovação
laudatório regozijo
láurea fama
láurea recompensa
láurea troféu
laureado habilidade
laureado poesia
laurear aprovação
laurear fama
laurear ornamento
laurear recompensa
laurel fama
laurel troféu
láureo amarelo
láureo fama
laurívoro oráculo
lauto comida
lauto ostentação
lauto sabor
lauto suficiência
lava calor

lava excreção
lava meio líquido
lava rio
lavabo água
lavabo culto
lavabo rito
lavada rio
lavadeira limpeza
lavadura limpeza
lavagem limpeza
lavanda fragrância
lavanderia limpeza
lava-pés rito
lavar absolvição
lavar limpeza
lavatório limpeza
lavor cruzamento
lavor elegância
lavor escrita
lavor floreio
lavor ornamento
lavoura agricultura
lavra agricultura
lavrador agricultura
lavragem agricultura
lavrar agricultura
lavrar dinheiro
lavrar dispersão
lavrar escrita
lavrar esforço
lavrar indicação
lavrar insalubridade
lavrar ornamento
lavrar pintura
lavrar registro
lavrar representação
lavrar sulco
laxante remédio
laxo anarquia
laxo facilidade
laxo inércia
lazarento desvirtude
lazarento doença
lazareto remédio
lazareto segurança
lazeira dolorimento
lazeira mal
lazeira pobreza
lazeira sofrimento
lazeirento desvirtude
lazer ócio
lazer oportunidade
lazer repouso
leal amizade
leal candura
leal obediência
leal observância
leal perseverança
leal probidade
leal veracidade
lealdade amizade
lealdade candura
lealdade deleite
lealdade dever
lealdade obediência
lealdade observância
lealdade perseverança
lealdade probidade
lealdade respeito
leão animal
leão coragem
leão descortesia
leão fama
leão força
leão janota
leão prodígio
leão resolução
leão superioridade
lebracho animal
lebracho infante
lebrão animal
lebre animal
lebre velocidade
lebreiro animal
lebréu animal
lecionar ensino
ledo alegria
ledo contentamento
ledor mestre
legação comissão
legação doação
legado consignatário
legado doação
legado mensageiro
legado propriedade
legal direito
legal justiça
legal legalidade
legal permissão
legal tolerância
legalização legalidade
legalizado legalidade
legalizar direito
legalizar evidência
legalizar legalidade
legar comissão
legar doação
legenda descrição
legenda indicação
legenda mentira
legenda preceito
legenda registro
legenda rito
legendário descrição
legendário fama
legendário mentira
legendário rito
legendário velharia
legging indumentária
legião combatente
legião multidão
legião partido
legibilidade inteligibilidade
legionário auxiliar
legionário combatente
legislação direção
legislação legalidade
legislador deputado
legislador gestão
legislador legalidade
legislar autoridade
legislar legalidade
legislativo conselho[1]
legislativo gestão
legislativo legalidade
legislatório legalidade
legislatura legalidade
legista advogado
legítima propriedade
legitimação direito
legitimado consanguinidade
legitimado legalidade
legitimar direito
legitimar evidência
legitimar legalidade
legitimidade direito
legitimidade legalidade
legítimo consanguinidade
legítimo direito
legítimo elegância
legítimo justiça
legítimo legalidade
legítimo permissão
legítimo singeleza
legível inteligibilidade
légua comprimento
legume vegetal
leguminívoro comida

leguminoso vegetal
lei preceito
lei preceito
leigo alheamento
leigo ignorância
leigo ignorante
leigo secular
leigo servo
leilão venda
leiloar venda
leiloeiro consignatário
leiloeiro venda
leitão infante
leite brancura
leite meio líquido
leiteria morada
leito casamento
leito conduto
leito profundidade
leito suporte
leitor cargos da Igreja
leitor mestre
leitoso meio líquido
leitoso semitransparência
leitura conhecimento
leitura ensino
leitura estudo
leitura interpretação
lelé louco
lema crença
lema indicação
lema máxima
lema preceito
lema raciocínio
lembrança conselho[2]
lembrança doação
lembrança indicação
lembrança memória
lembrança reprovação
lembrança saudade
lembranças cortesia
lembranças sociabilidade
lembrar advertência
lembrar conselho[2]
lembrar informação
lembrar memória
lembrar saudade
lembrar semelhança
lembrar significação
lembrar suposição
lembrete memória
lembrete punição
lembrete reprovação
leme direção
leme gestão
leme insígnia
leme instrumento
lenço indumentária
lenço limpeza
lençol camada
lençol cobertura
lençol depósito
lenda imaginação
lenda mentira
lenda velharia
lendário fama
lêndea sujidade
lenga-lenga absurdo
lenga-lenga loquacidade
lenga-lenga prolixidade
lenga-lenga sem significação
lenha combustível
lenhador agente
lenhador agricultura
lenheiro agente
lenheiro agricultura
lenho vegetal
lenimento remédio
lenitivo alívio
lenitivo moderação
lenitivo remédio
lenitivo restauração
lenocínio impureza
lente instrumentos de óptica
lente mestre
lentejoula ornamento
lentidão inatividade
lentidão má vontade
lentidão umidade
lentidão vagareza
lento demora
lento inatividade
lento inércia
lento má vontade
lento meio líquido
lento moderação
lento umidade
lento vagareza
leoa fêmea
leoa homem ruim
leoa janota
leonino desonestidade
leonino fraude
leopardo variegação
lépido alegria
lépido atividade
lépido contentamento
lépido pressa
lépido presteza
lépido ridicularização
lepra dolorimento
lepra mal
leprosário remédio
leproso desvirtude
leproso doença
leproso servilismo
leque circunferência
leque resfriamento
leque vento
ler crença
ler estudo
ler interpretação
lerdeza ócio
lerdeza vagareza
lerdo demora
lerdo imbecilidade
lerdo inatividade
lerdo inércia
lerdo vagareza
léria mentira
léria sem significação
lesão doença
lesão impropriedade
lesão pioramento
lesar desonestidade
lesar fraude
lesar furto
lesar impropriedade
lesar malevolência
lesar ruindade
leseira impotência
leseira inércia
leseira ócio
lesivo mal
lesivo ruindade
lesma chateza
lesma inatividade
lesma vagareza
leso impotência
leso insensibilidade
leso louco
leso ócio
lesto energia
lesto pressa
lesto transitoriedade
letal homicídio
letal lamentação

letal morte
letargia desinteresse
letargia doença
letargia inação
letargia inatividade
letargia inércia
letargia insensibilidade
letárgico inação
letárgico inatividade
letárgico inércia
letárgico insensibilidade
letárgico vagareza
letargo desinteresse
letargo inação
letargo inatividade
letargo incerteza
letivo ensino
letra dinheiro
letra escrita
letra indicação
letra significação
letrado conhecimento
letrado douto
letrado sábio
letramento ensino
letras correspondência
letras linguagem
letreiro registro
léu oportunidade
leucemia doença
leva combatente
leva partida
leva reunião
levada rio
levadiço movimento
levantador desobediência
levantamento descrição
levantamento elevação
levantamento renitência
levantamento visibilidade
levantar altura
levantar aprovação
levantar causa
levantar elevação
levantar grito
levantar guerra
levantar investigação
levantar produção
levantar receita
levantar âncora partida
levante desobediência
levante direção
levantino direção
levantino habitante
levar a motivo
levar apropriação
levar aquisição
levar atenção
levar comida
levar erro
levar esbanjamento
levar furto
levar homicídio
levar indumentária
levar intenção
levar morte
levar necessidade
levar posse
levar preço
levar recebimento
levar transferência
levar uso
leve facilidade
leve incerteza
leve insignificância
leve leveza
leve pouquidão
leve realidade
leve transferência
levedar bolha
levedar dilatação
lêvedo bolha
levedura bolha
levedura componente
leveza desatenção
leveza elegância
leveza insignificância
leveza loquacidade
leviandade capricho
leviandade desatenção
leviandade irresolução
leviandade loquacidade
leviano desatenção
leviano irresolução
leviano loquacidade
leviatã oceano
leviatã tamanho
levita clerezia
levitação leveza
levitar leveza
lexical sílaba
léxico linguagem
léxico linguagem
léxico livro
léxico sílaba
lexicografia linguagem
lexicografia sílaba
lexicográfico sílaba
lexicógrafo douto
lexicógrafo livro
lexicologia sílaba
lexicológico sílaba
lhama carregador
lhaneza candura
lhaneza cortesia
lhaneza humildade
lhaneza probidade
lhaneza simplicidade
lhaneza sobriedade
lhaneza veracidade
lhano candura
lhano cortesia
lhano modéstia
lhano probidade
lhano simplicidade
lhano veracidade
lhanos planície
lhanura candura
lhanura cortesia
lhanura simplicidade
liame prisão
liame relação
libação comida
libação embriaguez
libar comida
libar embriaguez
libar gosto
libar sentimento
libelo acusação
libelo difamação
liberação fiança
liberação libertação
liberação pagamento
liberação permissão
liberal altruísmo
liberal autoridade
liberal liberalidade
liberal obliquidade
liberal permissão
liberal prodigalidade
liberal suficiência
liberal tolerância
liberalidade altruísmo
liberalidade benevolência
liberalidade doação
liberalidade tolerância
liberalismo desinteresse
liberalismo liberdade
liberalismo tolerância

liberalizar doação
liberalizar liberalidade
liberalizar libertação
liberar pagamento
liberdade anarquia
liberdade candura
liberdade direito
liberdade insolência
liberdade oportunidade
liberdade permissão
liberdade resolução
liberdade vontade
libertação desembaraçamento
libertação escapatória
libertador libertação
libertador libertação
libertar desembaraçamento
libertar facilidade
libertar liberdade
libertar libertação
libertar restauração
libertinagem impureza
libertinagem intemperança
libertino desvirtude
libertino homem ruim
libertino impureza
libertino intemperança
libertino sensualista
liberto liberdade
liberto libertação
libidinagem fruição
libidinagem impureza
libidinagem intemperança
libidinoso impureza
libidinoso liberino
libidinoso prazer
libra dinheiro
libra gravidade
librar base
librar navegação
librar oscilação
librar tarde
libré indicação
libré indumentária
libré servo
libré título
libretista música
libreto drama
libreto livro
liça arena
liça arena
liça contenda
lição ensino
lição estudo
lição preceito
lição punição
lição reprovação
licença anarquia
licença assentimento
licença consentimento
licença inação
licença isenção
licença oportunidade
licença permissão
licença poesia
licença preparação
licença repouso
licenciado douto
licenciado isenção
licenciar comissão
licenciar dispersão
licenciar permissão
licenciar revogação
licenciatura comissão
licenciosidade anarquia
licenciosidade impureza
licenciosidade intemperança
licencioso anarquia
licencioso impureza
licencioso intemperança
liceu escola
licitante compra
licitar compra
licitar oferta
lícito direito
lícito justiça
lícito legalidade
lícito permissão
licor comida
licor doçura
licor embriaguez
licor fluidez
licoroso energia
lida atividade
lida esforço
lidador combatente
lidador esforço
lidar atividade
lidar contenda
lidar esforço
lide atividade
lide contenda
lide esforço
lide guerra
líder diretor
líder fama
líder frente
líder influência
líder precessão
líder superioridade
liderança conduta
liderança gestão
liderança precessão
liderança superioridade
liderar fama
liderar frente
liderar precessão
liderar superioridade
lídimo elegância
lídimo gramática
lídimo justiça
lídimo legalidade
lídimo singeleza
lídimo veracidade
liga amizade
liga combinação
liga concórdia
liga cooperação
liga junção
liga mistura
liga partido
liga vínculo
ligação acordo
ligação amizade
ligação atribuição
ligação casamento
ligação concórdia
ligação cooperação
ligação junção
ligação relação
ligação rio
ligação vínculo
ligadura cobertura
ligadura junção
ligadura remédio
ligadura vínculo
ligamento amizade
ligamento junção
ligamento vínculo
ligar atribuição
ligar coesão
ligar importância
ligar junção
ligar mistura
ligar relação
ligar vínculo
ligeira azorrague

ligeireza imbecilidade
ligeireza leveza
ligeireza presteza
ligeireza velocidade
ligeiro acromatismo
ligeiro ignorância
ligeiro incerteza
ligeiro instantaneidade
ligeiro irresolução
ligeiro leveza
ligeiro pressa
ligeiro realidade
ligeiro velocidade
lilás roxo
lilás roxo
lima lisura
lima meio líquido
lima perfeição
lima pulverização
limagem atrito
limagem melhoramento
limagem perfeição
limagem pulverização
limalha pulverização
limão amarelo
limão azedume
limar acabamento
limar atrito
limar contração
limar elegância
limar ensino
limar lisura
limar melhoramento
limar perfeição
limar pulverização
limar subtração
limbo borda
limbo contorno
limbo inferno
limbo inutilidade
limbo restrição
limiar borda
limiar começo
liminar começo
liminar precedência
liminar prioridade
limitação atenuação
limitação circunscrição
limitação diminuição
limitação pouquidade
limitado insuficiência
limitado limite
limitado pequenez
limitado pouquidão
limitar atenuação
limitar circunscrição
limitar cronometria
limitar diminuição
limitar encurtamento
limitar insuficiência
limitar pouquidade
limitar proibição
limitar restrição
limite borda
limite circunjacência
limite completamento
limite contiguidade
limite fim
limite insuficiência
limite número
limítrofe circunjacência
limítrofe contiguidade
limítrofe limite
limo sujidade
limo vegetal
limo velharia
limoeiro prisão
limonada refrigerador
limonada resfriamento
limoso meio líquido
limpa agricultura
limpa furto
limpadela limpeza
limpador limpeza
limpadura limpeza
limpamento limpeza
limpar apropriação
limpar atrito
limpar destruição
limpar expulsão
limpar furto
limpar limpeza
limpar melhoramento
limpar perfeição
limpar preparação
limpar prodigalidade
limpar repulsão
limpar supressão
limpar visibilidade
limpeza cuidado
limpeza elegância
limpeza perfeição
limpeza probidade
limpeza simplicidade
limpeza singeleza
limpidez elegância
limpidez moderação
limpidez pureza
limpidez transparêcia
limpidez visibilidade
límpido bom gosto
límpido candura
límpido elegância
límpido inocência
límpido inteligibilidade
límpido singeleza
límpido sobriedade
límpido transparêcia
límpido veracidade
límpido visibilidade
limpo bondade
limpo inocência
limpo limpeza
limpo manifestação
limpo perfeição
limpo pobreza
limpo probidade
limpo simplicidade
limpo transparêcia
limpo visibilidade
limusine veículo
lince animal
lince velocidade
lince visão
linchamento punição
linchar punição
linde limite
lindeza beleza
lindo beleza
lindo deleite
lineamento aparecimento
lineamento comprimento
lineamento contorno
lineamento especialidade
lineamento forma
lineamento indicação
linfa água
linfa fluidez
linfa transparêcia
linfático água
língua gosto
língua linguagem
língua natural linguagem
língua original linguagem
língua vulgar linguagem
linguagem estilo
linguagem humanidade
linguagem indicação
linguagem irracionalidade

lingual discurso
lingual linguagem
linguarudo loquacidade
linguarudo notícia
linguístico linguagem
linha ascendência
linha classe
linha comprimento
linha conduta
linha continuidade
linha escrita
linha estreiteza
linha filamento
linha indicação
linha limite
linha poesia
linhagem ascendência
linhagem causa
linhagem classe
linhagem consanguinidade
linhagem continuidade
linhagem nobreza
linimento óleo
linimento remédio
linografia gravura
linotipia impressão
linotipo impressão
liquefazer aquecimento
liquefazer fluidez
liquefazer liquefação
liquefeito fluidez
liquefeito liquefação
líquen vegetal
liquidação acabamento
liquidação barateza
liquidação desconto
liquidação fiança
liquidação pagamento
liquidar barateza
liquidar descoberta
liquidar investigação
liquidar numeração
liquidar pagamento
liquidez certeza
liquidez fluidez
liquidificar liquefação
líquido certeza
líquido fluidez
líquido inteligibilidade
líquido preço
líquido resto
lira dinheiro
lira poesia
lírica poesia
lírico música
lírico poesia
lírio beleza
lírio brancura
lirismo excitabilidade
lirismo floreio
lirismo interesse
lis brancura
liso facilidade
liso horizontalidade
liso lisura
liso moderação
liso probidade
liso simplicidade
liso uniformidade
lisonja deleite
lisonja fraude
lisonjeador adulador
lisonjeador carícias
lisonjeador lisonja
lisonjear aprovação
lisonjear carícias
lisonjear contentamento
lisonjear deleite
lisonjear fraude
lisonjear vaidade
lisonjeiro adulador
lisonjeiro carícias
lisonjeiro esperança
lisonjeiro lisonja
lista classe
lista comida
lista comprimento
lista passadouro
listagem lista
listar lista
listar variegação
listra comprimento
listra estreiteza
listra variegação
listrado cruzamento
listrado sulco
listrado variegação
listrar variegação
lisura candura
lisura facilidade
lisura probidade
lisura veracidade
litania culto
liteira suporte
liteira veículo
literal imitação
literal interpretação
literal letra
literal manifestação
literalidade significação
literário linguagem
literato douto
literato livro
literatura artes
literatura conhecimento
literatura linguagem
litigante combatente
litigante demanda
litigar demanda
litigar discórdia
litigar oposição
litígio contenda
litígio demanda
litígio desacordo
litígio discórdia
litígio dissentimento
litígio inimizade
litigioso demanda
litigioso desacordo
litigioso discórdia
lítio brancura
lítio flexibilidade
litografar gravura
litografar imitação
litografia gravura
litografia pintura
litográfico gravura
litologia não organização
litólogo não organização
litoral borda
litoral terra
litorâneo borda
litorina veículo
litro medida
liturgia rito
lividez acromatismo
lividez azul
lividez pretidão
lividez roxo
lívido acromatismo
lívido azul
lívido pardo
lívido roxo
livralhada livro
livramento desembaraçamento
livramento libertação
livrar defesa
livrar desembaraçamento

livrar justificação
livrar libertação
livrar segurança
livraria livro
livre boa vontade
livre celibato
livre completamento
livre esperança
livre facilidade
livre impureza
livre inação
livre isenção
livre liberdade
livre libertação
livre lubrificação
livre perda
livre permissão
livre vontade
livre-arbítrio liberdade
livreiro livro
livremente liberdade
livresco livro
livro lista
livrório livro
lixa lisura
lixadeira lisura
lixão sujidade
lixar atrito
lixar lisura
lixeiro plebeísmo
lixívia limpeza
lixívia liquefação
lixo excreção
lixo inutilidade
lixo resto
lixo sem significação
lobby influência
lobinho convexidade
lobinho doença
lobisomem demônio
lobisomem desconformidade
lobisomem medo
lobista influência
lobo homem ruim
lobo pardo
lobo do mar equipagem
lôbrego dolorimento
lôbrego medo
lôbrego obscuridade
lobrigar intelecto
lobrigar visão
lobrigar visão imperfeita
loca esconderijo
locador possuidor
local descrição
local especialidade
local notícia
local publicidade
local região
local situação
localidade morada
localidade situação
localização circunstância
localização situação
localizado localização
localizado situação
localizar localização
loção limpeza
loção remédio
locar localização
locar propriedade
locatário habitante
locatário possuidor
locomoção movimento
locomotiva tração
locomotor locomoção
locomotor movimento
locomóvel locomoção
locomóvel movimento
locução discurso
locução frase
locução linguagem
locupletar aquisição
locupletar redundância
locupletar saciedade
locutório receptáculo
lodaçal impureza
lodaçal infamação
lodaçal pântano
lodo infamação
lodo meio líquido
lodo pântano
lodo ruindade
lodo sujidade
lodoso pântano
lodoso sujidade
logado atenção
logaritmo número
lógica fraude
lógica inteligência
lógica justiça
lógica raciocínio
lógico aprovação
lógico raciocínio
logística trabalho
logo atribuição
logo demonstração
logo futuro
logo instantaneidade
logo presteza
logo raciocínio
logogrifo espírito
logogrifo segredo
logomarca indicação
logomarca representação
logotipo indicação
logotipo representação
logradouro divertimento
logradouro morada
logradouro planície
logradouro proximidade
lograr aquisição
lograr fraude
lograr insolvência
lograr posse
lograr prazer
lograr sucesso
logro aquisição
logro astúcia
logro bem
logro insolvência
logro sovinaria
loja mercado
lojista mercador
lomba altura
lomba desinteresse
lombada altura
lombada cume
lombada obliquidade
lombada retaguarda
lombar partes do corpo humano
lombar retaguarda
lombeira desinteresse
lombeira inatividade
lombo lateralidade
lombo parte
lombo retaguarda
lombrical sinuosidade
lombriga doença
lona mentira
lona sem significação
longânime altruísmo
longânime consentimento
longânime inexcitabilidade
longânime perdão
longânime permissão
longanimidade altruísmo

longanimidade benevolência
longanimidade inexcitabilidade
longanimidade liberalidade
longanimidade perdão
longe diferença
longe distância
longevidade diuturnidade
longevo diuturnidade
longevo velhice
longínquo distância
longínquo passado
longínquo velharia
longitude comprimento
longitude medida
longitude situação
longitudinal comprimento
longitudinal região
longitudinalmente comprimento
longo comprimento
longo diuturnidade
lonjura distância
loquaz discurso
loquaz loquacidade
loquaz notícia
lorde nobreza
lorde título
lorota mentira
lorpa ignorância
lorpa imbecilidade
lorpa ingênuo
lorpa remendão
lorpa tolo
lorpa tolo
losango angularidade
lotação tamanho
lotado completamento
lotar acaso
lotar completamento
lotar medida
lote classe
lote partilha
lote quantidade
lote região
lote reunião
lote terra
loteria casualidade
loteria incerteza
loto divertimento
louça aquecimento
louça bondade
louça material
louça receptáculo
louçania beleza
louçania floreio
louçania força
louçania ostentação
louçania produtividade
louçania saúde
loução alegria
loução beleza
loução força
loução moda
loução ostentação
loução produtividade
loução saúde
loução vigor
louco alegria
louco amor
louco excitabilidade
louco excitação
louco imbecilidade
louco loucura
louco ressentimento
louco temeridade
louco velocidade
louco violência
loucura absurdo
loucura divertimento
loucura doença
loucura excitabilidade
loucura inabilidade
loucura temeridade
loucura violência
louro amarelo
louro loquacidade
louro recompensa
louro título
louro troféu
louros sucesso
lousa cobertura
lousa enterro
lousa lisura
lousa morada
lousa opacidade
louvação aprovação
louvação medida
louvado juiz
louvaminha aprovação
louvar aprovação
louvar culto
louvar lisonja
louvável aprovação
louvável bem
louvor culto
louvor gratidão
louvor recompensa
lua de mel prazer
lua impureza
lua mutabilidade
lua opacidade
Lua universo
luar luz
luar meia-luz
lubricidade desejo
lubricidade fruição
lubricidade impureza
lubricidade intemperança
lubricidade lubrificação
lubricidade untuosidade
lúbrico impureza
lúbrico intemperança
lúbrico lubrificação
lúbrico prazer
lubrificação untuosidade
lubrificante lubrificação
lubrificar facilidade
lubrificar lubrificação
lubrificar óleo
lubrificar preparação
lucarna abertura para passagem da luz
lucerna corpos luminosos
lucidez inteligência
lucidez inteligibilidade
lucidez luz
lucidez sanidade
lucidez transparêcia
lúcido clareza
lúcido inteligência
lúcido inteligibilidade
lúcido luz
lúcido transparêcia
lúcido visibilidade
Lúcifer satã
Lúcifer universo
lucrar aquisição
lucrar receita
lucrar sucesso
lucrar utilidade
lucrativo aquisição
lucrativo receita
lucrativo utilidade
lucro aquisição
lucro bem
lucro trabalho
lucro utilidade

lucubração atividade
lucubração pensamento
lucubrar curiosidade
ludibriar desonestidade
ludibriar falsidade
ludibriar fraude
ludibriar ridicularização
ludíbrio compulsoriedade
ludíbrio irresolução
ludíbrio ridicularia
lufada revolução
lufada vento
lufa-lufa movimento
lugar circunstância
lugar depósito
lugar fama
lugar ócio
lugar região
lugar situação
lugar termo
lugar trabalho
lugar-comum chateza
lugarejo morada
lugar-tenente deputado
lugar-tenente substituição
lúgubre dolorimento
lúgubre fealdade
lúgubre lamentação
lúgubre medo
lúgubre obscuridade
lumbago dor
lume calor
lume corpos luminosos
lume luz
lume sanidade
luminar corpos luminosos
luminar douto
luminar fama
luminar proficiente
luminar sábio
luminar universo
luminária corpos luminosos
luminária gestão
luminária mestre
luminária regozijo
luminosidade beleza
luminosidade inteligibilidade
luminosidade luz
luminosidade significação
luminoso beleza
luminoso corpos luminosos
luminoso ensino
luminoso fama
luminoso informação
luminoso inteligibilidade
luminoso luz
luminoso manifestação
luminoso raciocínio
lunação periodicidade
lunação período
lunar universo
lunático capricho
lunático excitabilidade
lunático louco
lunático loucura
lundu música
lundu poesia
lundum divertimento
luneta abertura para passagem da luz
luneta abertura
luneta azorrague
luneta instrumentos de óptica
luniforme curvatura
lupa instrumentos de óptica
lupanar fêmea
lupanar impureza
lura morada
lúrido acromatismo
lúrido amarelo
lúrido obscuridade
lúrido pretidão
lúrido roxo
lusco cegueira
lusco visão imperfeita
lusco-fusco meia-luz
lusco-fusco pardo
lusco-fusco pretidão
lustração expiação
lustração limpeza
lustral expiação
lustrar expiação
lustrar falsidade
lustrar irracionalidade
lustrar limpeza
lustrar lisura
lustrar lubrificação
lustrar melhoramento
lustrar preparação
lustre alegria
lustre corpos luminosos
lustre fama
lustre luz
lustro numerais cardinais
lustroso bondade
lustroso fama
lustroso lisura
lustroso lubrificação
lustroso luz
luta contenda
luta esforço
luta inveja
lutador atividade
lutador combatente
lutador esforço
lutador força
lutar atividade
lutar contenda
lutar dificuldade
lutar fechamento
lutar inimigo
lutar oposição
luteranismo heterodoxia
luterano heterodoxia
luto lamentação
luto sofrimento
luto tapador
luto tristeza
lutulento pântano
lutuoso lamentação
lutuoso tristeza
luva indumentária
luvas despesa
luvas doação
luvas recompensa
luxação deslocação
luxação disjunção
luxar disjunção
luxar moda
luxar ostentação
luxo força
luxo indumentária
luxo inutilidade
luxo ostentação
luxo redundância
luxuoso fruição
luxúria força
luxúria fruição
luxúria impureza
luxúria intemperança
luxúria redundância
luxuriante fruição
luxuriante produtividade
luxuriante suficiência
luxurioso fruição
luxurioso impureza

luxurioso intemperança
luxurioso liberino
luz certeza
luz conhecimento
luz corpos luminosos
luz ensino
luz informação
luz interpretação
luz superioridade
luz velocidade
luz amarela alarma
luz bruxuleante meia-luz
luz natural luz
luz solar luz
luz vermelha alarma
luzeiro corpos luminosos
luzeiro douto
luzeiro fama
luzeiro importância
luzeiro luz
luzeiro proficiente
luzeiro sábio
luzeiro universo
luzerna calor
luzerna luz
luzidio lisura
luzidio lubrificação
luzidio luz
luzidio ostentação
luzidio tamanho
luzido ostentação
luzimento luz
luzimento ostentação
luzir luz
luzir utilidade

M

maça potencial de guerra
maca suporte
maca veículo
macabro dolorimento
macabro homicídio
macabro loucura
macabro medo
macaca adversidade
macaca fealdade
macaco anedota
macaco animal
macaco astúcia
macaco elevação
macaco fealdade
macaco imitação
macaco impulso
macacoa doença
maçada enfado
maçada fraude
maçada punição
macadamizar cobertura
macadamizar lisura
macambúzio taciturnidade
macambúzio tristeza
maçante chateza
maçante enfado
macaqueação imitação
macaquear imitação
macaquear repetição
macaquice anedota
maçar dolorimento
maçar enfado
maçar punição
macaréu rio
maçarico infante
maçaroca reunião
macarronada comida
macarrônico neologismo
macega vegetal
maceração ascetismo
maceração expiação
maceração rito
macerado acromatismo
macerado estreiteza
macerado tristeza
macerar dolorimento
macerar dor
macerar pulverização
maceta lisura
maceta receptáculo
machadinha potencial de guerra
machado agudeza
machado azorrague
machado potencial de guerra
machão irascibilidade
machão macho
machão tamanho
machismo macho
macho força
macho libertino
macho macho
machucar amorfia
machucar dolorimento
machucar dor
machucar pulverização
machucar ruindade
maciço coesão
maciço completamento
maciço contração
maciço densidade
maciço encurtamento
maciço estabilidade
maciço gravidade
maciço isolamento
maciço junção
maciço quantidade
maciço rigidez
maciço singeleza
maciço substancialidade
maciço suficiência
maciez flexibilidade
macieza flexibilidade
macieza lisura
macieza lubrificação
macilento acromatismo
macilento amarelo
macilento assimetria
macilento estreiteza
macilento tristeza
macio deleite
macio flexibilidade
macio lubrificação
macio textura
maço casualidade
maço gravura
maço impulso
maço potencial de guerra
maço reunião
maçonaria cooperação
maçonaria desinformação
maçonaria ininteligibilidade
maçonaria partido
maçônico desinformação
maçônico ininteligibilidade
má-criação descortesia
má-criação insolência
macróbio ancião
macróbio diuturnidade
macróbio macho
macróbio velhice
macrocéfalo desconformidade
macrocosmo universo
macropia visão imperfeita
macroscópico tamanho
maçudo enfado
mácula imperfeição
mácula infamação

mácula mancha
mácula visão
maculado impiedade
maculado mancha
macular difamação
macular imperfeição
macular impureza
macular infamação
macular mancha
macular pioramento
macular ruindade
macular sujidade
macular variegação
macumbeiro feiticeiro
madama fêmea
madame casamento
madame libertino
madame título
madeira gravura
madeira material
madeiro gravidade
madeiro rito
madeiro suporte
madeiro tolo
madeixa aspereza
madeixa cruzamento
madeixa pendura
madona fêmea
Madona maria
madorna inatividade
madraço inatividade
madraço plebeísmo
madrasta ascendência
madrasta homem ruim
madre clerezia
madre conduto
madre diretor
madre interioridade
madre profundidade
madre receptáculo
madrepérola variegação
madressilva vegetal
madrigal cortesia
madrigal música
madrigal poesia
madrinha defesa
madrinha diretor
madrugada inoportunidade
madrugada manhã
madrugada presteza
madrugar atividade
madrugar começo
madrugar futuro
madrugar precedência
madrugar presteza
madrugar prioridade
madureza preparação
maduro cautela
maduro melhoramento
maduro oportunidade
maduro preparação
mãe ascendência
mãe benfeitor
mãe causa
mãe consanguinidade
Mãe Maria
mãe-d'água rio
mãe de santo clerezia
maestro melodia
maestro mestre
maestro música
má-fé desonestidade
mafioso homem ruim
mafioso malfeitor
maga feiticeiro
magano alegria
magano divertimento
magano homem ruim
magano impureza
magano velhaco
magarefe remédio
magazine livro
magazine registro
magia admiração
magia aparecimento
magia bruxaria
magia deleite
magia encantamento
magia fraude
magia influência
mágica feiticeiro
mágico admiração
mágico beleza
mágico bruxaria
mágico deleite
mágico demônio
mágico encantamento
mágico enganador
mágico feiticeiro
mágico oráculo
mágico reclusão
magistério escola
magistrado amo
magistrado douto
magistrado juiz
magistral bondade
magistral conhecimento
magistral mestre
magistral perfeição
magistrático juiz
magistratura autoridade
magma meio líquido
magma resto
Magna Carta contrato
magnanimidade altruísmo
magnanimidade benevolência
magnanimidade liberalidade
magnanimidade perdão
magnanimidade probidade
magnanimidade tolerância
magnânimo altruísmo
magnânimo benevolência
magnânimo bondade
magnânimo clemência
magnânimo filantropia
magnânimo inexcitabilidade
magnânimo liberalidade
magnânimo perdão
magnânimo probidade
magnânimo tolerância
magnata amo
magnata influência
magnata nobreza
magnético atração
magnetismo atração
magnetismo influência
magnetismo motivo
magnetismo poder
magnetizar atração
magnetizar autoridade
magnetizar bruxaria
magnetizar excitação
magnetizar influência
magnetizar motivo
magnetizar poder
magneto desejo
magneto motivo
magnetômetro atração
magnificação aprovação
magnificação aumento
magnificação dilatação
magnificar aprovação
magnificar aumento
magnificar bondade
magnificar culto
magnificar exagero

magnificar fama
magnificatório dilatação
magnificência beleza
magnificência grandeza
magnificência liberalidade
magnificência ostentação
magnificência título
magnificente beleza
magnificente ostentação
magnífico beleza
magnífico bondade
magnífico fama
magnífico liberalidade
magnífico ornamento
magnífico ostentação
magnífico riqueza
magnífico sabor
magnífico título
magnitude altura
magnitude grandeza
magnitude importância
magnitude quantidade
magnitude tamanho
magno importância
mago bruxaria
mago feiticeiro
mago heterodoxia
mago melodia
mágoa ressentimento
mágoa saudade
mágoa tristeza
magoado saudade
magoado tristeza
magoar dolorimento
magoar dor
magoar ruindade
magote combatente
magote pluralidade
magote pouquidade
magreza estreiteza
magreza insuficiência
magro assimetria
magro contração
magro deficiência
magro estreiteza
magro frouxidão
magro improdutividade
magro insuficiência
magro pequenez
maia janota
maionese comida
maionese desordem
maionese mistura
maionese tempero
maior grandeza
maior melodia
maior superioridade
maioral amo
maioral diretor
maioria multidão
maioria pluralidade
maioria superioridade
maioridade adolescência
mais adição
maitaca loquacidade
maître comida
maiúscula letra
majestade amo
majestade beleza
majestade divindade
majestade fama
majestade ostentação
majestade título
majestade vigor
majestático fama
majestático nobreza
majestoso admiração
majestoso altura
majestoso beleza
majestoso fama
majestoso nobreza
majestoso orgulho
majestoso ostentação
majestoso vigor
major amo
majoração aumento
majorar aumento
mal adversidade
mal dificuldade
mal doença
mal dor
mal imperfeição
mal impropriedade
mal intemperança
mal mal
mal malevolência
mal pouquidão
mal sincronismo
mal sofrimento
mala correspondência
mala mensageiro
mala receptáculo
malabarismo habilidade
malabarismo tergiversação
malabarista drama
malabarista tergiversação
mal-acabado imperfeição
mal-agradecido ingratidão
mal-ajambrado imperfeição
mal-ajambrado mau gosto
malandragem ladrão
malandragem reunião
malandrar furto
malandrino ladrão
malandro astúcia
malandro desonestidade
malandro inatividade
malandro ladrão
malandro plebeísmo
malária insalubridade
malária veneno
mal-aventurado adversidade
malbaratar barateza
malbaratar destruição
malbaratar esbanjamento
malbaratar inferioridade
malbaratar perda
malbaratar prodigalidade
malbarato barateza
malbarato desprezo
malbarato esbanjamento
malbarato perda
malbarato prodigalidade
malcheiroso fedor
malcriado descortesia
malcriado desobediência
malcriado estreiteza
malcriado irascibilidade
malcriado mau gosto
maldade malevolência
maldade obstinação
maldade ruindade
maldição adversidade
maldição dolorimento
maldição reprovação
maldição veneno
maldito desvirtude
maldito impiedade
maldito insalubridade
maldito maldição
maldito ruindade
maldizente difamação
maldizente difamador
maldizer difamação
maldizer maldição
maldoso injustiça
maldoso malevolência
maldoso ruindade

maleabilidade boa vontade
maleabilidade flexibilidade
maleabilidade tergiversação
maleável flexibilidade
maleável tergiversação
maledicência difamação
maledicência palestra
maledicente difamação
maledicente difamador
mal-educado descortesia
mal-educado desobediência
malefício encantamento
malefício mal
malefício malevolência
malefício ruindade
maléfico mal
maléfico malevolência
maléfico ruindade
maleita insalubridade
maleita medo
mal-encarado fealdade
mal-encarado malevolência
mal-entendido obliquidade
mal-estar adversidade
mal-estar descontentamento
mal-estar doença
mal-estar medo
mal-estar perigo
mal-estar sofrimento
maleta receptáculo
malevolência aversão
malevolência inimizade
malevolência vingança
malevolente malevolência
malévolo desvirtude
malévolo malevolência
malévolo ruindade
malfadado adversidade
malfadado desesperança
malfadado insucesso
malfadado perigo
malfadado sofrimento
malfadar adversidade
malfazejo malevolência
malfazejo ruindade
malfeito assimetria
malfeito desvirtude
malfeito fraude
malfeito imperfeição
malfeito impropriedade
malfeito injustiça
malfeito mau gosto
malfeitor homem ruim
malfeitor malevolência
malfeitor ruindade
malha abertura
malha cruzamento
malha dificuldade
malha insignificância
malha intervalo
malha mancha
malha morada
malha parte
malha plano
malha punição
malhação força
malhado força
malhado mancha
malhado variegação
malhão limite
malho astúcia
malho certeza
malho impulso
mal-humorado descortesia
mal-humorado doença
mal-humorado hipocondria
mal-humorado irascibilidade
malícia astúcia
malícia espírito
malícia fraude
malícia interpretação errônea
malícia malevolência
malícia ódio
malícia ridicularização
maliciar falsidade
maliciar interpretação errônea
malicioso astúcia
malicioso falsidade
malicioso impureza
malicioso interpretação errônea
malicioso malevolência
maligno astúcia
maligno interpretação errônea
maligno mal
maligno malevolência
maligno ruindade
maligno satã
mal-intencionado malevolência
malograr esbanjamento
malograr insucesso
malograr inutilidade
malogro ceticismo
malogro esbanjamento
malogro insucesso
malogro mal
malparado desesperança
malparado insolvência
malquerença aversão
malquerença discórdia
malquerença inimizade
malquerença malevolência
malquerença ódio
malquerer aversão
malquerer inimizade
malquerer ódio
malquerer ruindade
malquistar inimigo
malquisto inimizade
malquisto ódio
malsão doença
malsão insalubridade
malsinar depreciação
malsinar desesperança
malsinar difamação
malsinar informação
malsinar inimizade
malsinar interpretação errônea
malsinar mau uso
malsoante dissonância
malsoante estridor
malsoante impiedade
malsoante impureza
malsucedido insucesso
malta partido
malta reunião
malta vínculo
maltrapilho despimento
maltrapilho plebeísmo
maltrapilho pobreza
maltratar descortesia
maltratar desrespeito
maltratar dolorimento
maltratar dor
maltratar malevolência
maltratar reprovação
maltratar ruindade
maluco louco
maluco loucura
maluco tolo
maluqueira loucura

maluquice imbecilidade
maluquice loucura
malvado desvirtude
malvado homem ruim
malvado malevolência
malversação culpa
malversação esbanjamento
malversação furto
malversação prodigalidade
malversar desonestidade
malversar esbanjamento
malversar furto
malversar prodigalidade
malvisto desonestidade
malvisto desvirtude
malvisto ódio
mama convexidade
mamãe ascendência
mamão infante
mamar aquisição
mamar infância
mamar recepção
mamata inação
mameluco mistura
mamífero animal
mamífero convexidade
mamilo altura
mamilo convexidade
mamute tamanho
maná deleite
maná doçura
maná prazer
maná sabor
manancial causa
manancial começo
manancial depósito
manancial rio
manancial suficiência
manar efeito
manar egressão
manar inatividade
manar rio
mancar deficiência
mancar insucesso
mancar vagareza
mancebia adolescência
mancebia casamento
mancebia impureza
mancebo infante
mancha estreiteza
mancha golfo
mancha infamação
mancha pouquidão
mancha sujidade
manchado imperfeição
manchar impureza
manchar infamação
manchar mancha
manchar pioramento
manchar ruindade
manchar sujidade
manchar variegação
mancheia suficiência
manchete notícia
manco amorfia
manco deficiência
manco deselegância
manco ignorância
manco imbecilidade
manco imperfeição
manco impotência
manco injustiça
manco insucesso
mandachuva fama
mandado comando
mandado doação
mandamento comando
mandamento preceito
mandante amo
mandante diretor
mandão influência
mandar autoridade
mandar comando
mandar comissão
mandar divindade
mandar memória
mandar rejeição
mandarim amo
mandarim juiz
mandarim tirania
mandatário agente
mandatário consignatário
mandatário deputado
mandatário recebimento
mandato comando
mandato comissão
mandato permissão
mandíbula comida
mandinga encantamento
mandingar bruxaria
mandingar feiticeiro
mandingueiro feiticeiro
mandioca vegetal
mando autoridade
mando comando
mando gestão
mando tirania
mandrião inatividade
mandrião infância
mandrião plebeísmo
mandrião vagareza
mandriar inatividade
mandriar vagareza
mandril lisura
mané tolo
maneira classe
maneira estilo
maneira forma
maneira habilidade
maneira hábito
maneira interpretação
maneira meios
maneira moda
maneira passadouro
maneiras diversidade
maneiras moda
maneiras qualidades
maneiras tendência
maneirismo afetação
maneirismo especialidade
maneirismo vaidade
maneirista afetação
maneirista artista
maneiro domesticação
maneiro leveza
maneiro pequenez
maneiro tato
maneiro utilidade
maneiroso habilidade
manejar agitação
manejar oscilação
manejar tato
manejar uso
manejável boa vontade
manejável flexibilidade
manejável leveza
manejável servilismo
manejo guerra
manejo locomoção
manejo uso
manequim irresolução
manequim janota
manequim pequenez
manequim representação
maneta assimetria
maneta impotência
mangual impulso
mangue pântano
mangue terra

mangueira água
mangueira conduto
manha astúcia
manha capricho
manhã começo
manha doença
manha habilidade
manha imperfeição
manha segredo
manhã luminosa manhã
manhã radiante manhã
manhã radiosa manhã
manhoso astúcia
manhoso capricho
manhoso demora
manhoso fraude
mania capricho
mania desejo
mania loucura
mania obliquidade
maníaco imbecilidade
maníaco louco
maníaco loucura
maníaco obliquidade
maniatar impotência
maniatar junção
maniatar obrigatoriedade
maniatar restrição
manicômio remédio
manícula refúgio
manietar impotência
manietar junção
manietar restrição
manifestação aparecimento
manifestação egressão
manifestação visibilidade
manifestamente manifestação
manifestar manifestação
manifesto conhecimento
manifesto inteligibilidade
manifesto manifestação
manifesto publicidade
manilha circunferência
manilha conduto
manilha ornamento
manilha prisão
manilha quantidade
manipulação composição
manipulação conduta
manipulação tato
manipulação uso
manipular composição
manipular preparação
manipular tato
manipular uso
manirroto esbanjamento
manirroto prodigalidade
manivela elevação
manivela instrumento
manjar bondade
manjar comida
manjar deleite
manjar sabor
manjedoura domesticação
manobra ação
manobra astúcia
manobra fraude
manobra preparação
manobrar ação
manobrar astúcia
manobrar atividade
manobrar direção
manobrar esforço
manobrar plano
manobrar preparação
manobreiro astúcia
manopla assimetria
manopla azorrague
manopla defesa
manopla fealdade
manopla imperfeição
manopla indumentária
manopla punição
manqueira desvirtude
manqueira vagareza
manquejar vagareza
mansão morada
mansão nobreza
mansão dos justos céu
mansarda morada
mansidão boa vontade
mansidão humildade
mansidão inexcitabilidade
mansidão moderação
mansidão silêncio
mansidão vagareza
manso boa vontade
manso desinteresse
manso domesticação
manso humildade
manso inexcitabilidade
manso moderação
manso paz
manso servilismo
manso silêncio
manso tolerância
manso vagareza
mansuetude boa vontade
mansuetude cortesia
mansuetude humildade
mansuetude moderação
mansuetude tolerância
manta aquecimento
manta cobertura
manta divertimento
manteiga flexibilidade
manteiga interesse
manteiga óleo
mantenedor combatente
mantenedor doação
manter afirmação
manter agência
manter comida
manter despesa
manter preservação
manter-se casto pureza
mantilha indumentária
mantimentos comida
manto esconderijo
mantô indumentária
manto insígnia
manto nobreza
manto obscuridade
manto refúgio
manto segurança
manual compêndio
manual conselho[2]
manual informação
manual leveza
manual pequenez
manual registro
manual tato
manubial presa
manufatura oficina
manufatura produção
manufaturar produção
manufatureiro produção
manuscrito escrita
manusear atenção
manusear dobra
manusear investigação
manusear tato
manusear uso
manusear visão
manuseio uso
manutenção agência
manutenção comida
manutenção continuação

manutenção continuidade
manutenção despesa
manutenção gestão
manutenção permanência
manutenção preservação
manzorra assimetria
mão autoridade
mão camada
mão cobertura
mão humanidade
mão indicação
mão influência
mão instrumentalidade
mão livro
mão precessão
mão rio
mão-aberta esbanjamento
maometano heterodoxia
maometismo heterodoxia
mapa descrição
mapa informação
mapa localização
mapa representação
mapa-múndi representação
maquete protótipo
maquiagem artes
maquiagem extrinsecabilidade
maquiagem ostentação
maquiar furto
maquiar medida
maquiar preço
maquiavélico astúcia
maquiavélico desonestidade
maquiavélico falsidade
maquiavelismo astúcia
maquiavelismo desonestidade
maquiavelismo falsidade
maquiavelista astúcia
maquiavelista enganador
máquina instrumento
máquina tolo
maquinação astúcia
maquinação desonestidade
maquinação fraude
maquinação plano
maquinal ausência de motivo
maquinal compulsoriedade
maquinal ímpeto
maquinal instrumento
maquinar imaginação
maquinar plano
maquinaria instrumento
maquinismo instrumento
maquinista agente
maquinista drama
maquinista viajante
maracá guerra
maracá regozijo
maracanã loquacidade
maracatu música
maracutaia desonestidade
maracutaia fraude
marafona libertino
marajá amo
marasmo desinteresse
marasmo doença
marasmo expectação
marasmo hipocondria
marasmo impotência
marasmo inatividade
marasmo indiferença
marasmo inexcitabilidade
marasmo permanência
marasmo pioramento
marasmo tristeza
maravilha admiração
maravilha prodígio
maravilhar admiração
maravilhoso admiração
maravilhoso exagero
maravilhoso grandeza
marca estado
marca grau
marca importância
marca indicação
marca limite
marca registro
marca representação
marcação artes
marcação circunscrição
marcação direção
marcado afirmação
marcado compulsoriedade
marcado fama
marcado visibilidade
marcante fama
marcar circunscrição
marcar cronometria
marcar demora
marcar especialidade
marcar indicação
marcar intelecto
marcar mancha
marcar ornamento
marcar registro
marcar restrição
marcar tempo
marcha continuidade
marcha curso
marcha eventualidade
marcha locomoção
marcha movimento
marcha navegação
marcha progressão
marchante mercador
marchante tesoureiro
marchar locomoção
marchar partida
marchar progressão
marchetar cobertura
marchetar variegação
marciano habitante
marco dinheiro
marco gravidade
marco indicação
marco limite
marco registro
maré oportunidade
maré rio
marear depreciação
marear difamação
marear direção
marear enfado
marear meia-luz
marechal amo
maresia fedor
maresia recife
maresia rio
mareta rio
marfim brancura
marga agricultura
marga terra
margarina óleo
margear circunscrição
margear egressão
margear lateralidade
margear paralelismo
margem borda
margem causa
margem receita
margem terra
margem trabalho
marginal borda
marginal homem ruim
marginal lateralidade

marginal paralelismo
marginal terra
mariano maria
maricas covardia
maricas fraqueza
maricas libertino
maridança casamento
marido casamento
marido macho
marimbondo malfeitor
marinha borda
marinha combatente
marinha pintura
marinha terra
marinhagem equipagem
marinharia equipagem
marinharia navegação
marinheiro combatente
marinheiro equipagem
marinheiro navegação
marinho oceano
mariola agente
mariola homem ruim
mariola plebeísmo
mariola velhaco
mariposa libertino
mariposa ornamento
mariscar perseguição
marisco animal
marital casamento
marítimo navegação
marketing publicidade
marketing trabalho
marmanjo tolo
marmanjo velhaco
marmelada aquisição
marmelada doçura
marmita libertino
marmita receptáculo
marmita receptáculo
mármore desinteresse
mármore escrita
mármore indiferença
mármore rigidez
mármore variegação
marmóreo escrita
marmóreo insensibilidade
marmóreo malevolência
marmóreo rigidez
maromba dificuldade
marosca fraude
maroto desonestidade
maroto homem ruim
maroto plebeísmo
maroto velhaco
marquês nobreza
marquesa nobreza
marquesa suporte
marquesado nobreza
marqueteiro publicidade
marra conduto
marra impulso
marra sulco
marrano maldição
marrano sujidade
marrão animal
marrão impulso
marrão infante
marrão macho
marreco astúcia
marreco curvatura
marreta instrumento
marta embriaguez
Marte guerra
martelada impulso
martelar cronometria
martelar enfado
martelar impulso
martelar obstinação
martelar raciocínio
martelete impulso
martelete instrumento
martelo audição
martelo impulso
martelo instrumento
martelo propulsão
martinete impulso
martinete instrumento
mártir ascetismo
mártir homicídio
mártir maria
mártir sofrimento
martírio altruísmo
martírio ascetismo
martírio dolorimento
martírio dor
martírio homicídio
martírio punição
martírio sofrimento
martirizar dolorimento
martirizar dor
martirizar malevolência
martirológio registro
martirológio rito
martirológio teologia
maruja equipagem
marujada equipagem
marujada rito
marujo combatente
marujo equipagem
marujo navegação
marulhar barulho
marulhar rio
marulho prolação
marxista autoridade
mas dessemelhança
mas dificuldade
mas imperfeição
mascar comida
mascar escolha
mascar gagueira
mascar picante
mascar repetição
mascar solecismo
máscara alegação
máscara defesa
máscara desinformação
máscara drama
máscara esconderijo
mascarado anedota
mascarado drama
mascarado fraude
mascarar arremedo
mascarar desinformação
mascarar falsidade
mascarar justificação
mascate mercador
mascatear permuta
mascatear venda
masculinidade macho
masculinizar força
masculinizar macho
masculino coragem
masculino macho
másculo força
másculo macho
masmorra prisão
masoquismo impureza
masoquismo prazer
masoquista libertino
massa concavidade
massa densidade
massa grandeza
massa gravidade
massa humanidade
massa matéria
massa material
massa pasta
massa quantidade

massa substancialidade
massa todo
massacrar homicídio
massacre homicídio
masseter comida
massudo densidade
massudo deselegância
massudo frouxidão
massudo substancialidade
massudo tamanho
mastigação comida
mastigar comida
mastigar gagueira
mastigar investigação
mastigar repetição
mastigar sussurro
mastim animal
mastim difamador
mastim informação
mastodonte tamanho
mastoide convexidade
mastóideo convexidade
mastologia zoologia
mastrear preparação
mastro altura
mastro filamento
mastro indicação
masturbação fruição
masturbar impureza
mata multidão
mata suficiência
mata vegetal
mata-borrão escrita
matadouro homicídio
matadouro insalubridade
matagal ininteligibilidade
matagal vegetal
matalotagem desordem
matalotagem provisão
matalote amigo
matalote equipagem
matalote nave
matalote precursor
mata-mouros combatente
mata-mouros fanfarrão
mata-mouros malfeitor
mata-mouros temeridade
matança ataque
matança esforço
matar descoberta
matar dolorimento
matar dor
matar homicídio
matar insalubridade
matar tempo
matar de cansaço fadiga
mate acromatismo
mate comida
mateiro viajante
matemática certeza
matemática demonstração
matemática quantidade
matemático compulsoriedade
matemático douto
matemático numeração
matéria material
matéria significação
matéria substancialidade
matéria textura
matéria tópico
material chateza
material componente
material erro
material existência
material importância
material instrumento
material matéria
materialidade existência
materialidade imbecilidade
materialidade matéria
materialidade substancialidade
materialismo fruição
materialismo heterodoxia
materialismo irreligião
materialismo matéria
materialista irreligião
materialista matéria
materialização existência
materialização matéria
materializar matéria
matéria-prima componente
matéria-prima despreparo
matéria-prima matéria
matéria-prima material
maternal amor
maternal ascendência
maternal benevolência
maternal consanguinidade
maternidade ascendência
maternidade título
materno ascendência
materno consanguinidade
matilha partido
matilha perseguição
matinada barulho
matinada culto
matinada desordem
matinada grito
matinada manhã
matinada sussurro
matinal manhã
matiz aparecimento
matiz cor
matiz diferença
matiz pintura
matiz variegação
matizar cobertura
matizar cor
matizar floreio
matizar ornamento
matizar variegação
mato vegetal
matraca prolação
matraca ridicularização
matraquear desrespeito
matraquear ensaio
matraquear ensino
matraquear estridor
matraquear habilidade
matraquear preparação
matraquear ridicularização
matreiro habilidade
matriarca fêmea
matriarcado fêmea
matricida homicídio
matricídio homicídio
matrícula estudo
matrícula inclusão
matrícula ingressão
matricular registro
matrimonial casamento
matrimônio casamento
matrimônio mistura
matriz causa
matriz depósito
matriz forma
matriz interioridade
matriz número
matriz oficina
matriz protótipo
matriz receptáculo
matriz rio
matriz templo
matrona ancião
matrona casamento
matrona fêmea
matrona tamanho

matronal adolescência
matronal fêmea
matronal velhice
matula reunião
maturar melhoramento
maturar preparação
maturidade acabamento
maturidade adolescência
maturidade novidade
maturidade perfeição
maturidade preparação
maturidade velharia
maturidade velhice
Matusalém ancião
matutar pensamento
matutino manhã
matutino publicidade
mau desordem
mau dificuldade
mau dolorimento
mau impureza
mau ingratidão
mau irregularidade
mau mal
mau malevolência
mau ódio
mau ruindade
mau-caráter desonestidade
mau humor irascibilidade
mau-olhado encantamento
mausoléu enterro
mavioso carícias
mavioso deleite
mavioso melodia
maxila comida
máxima preceito
maximizar exageração
maximizar interpretação errônea
máximo cume
máximo importância
máximo superioridade
maxixe divertimento
maxixe impureza
maxixe música
mazela desvirtude
mazela dor
mazela infamação
mazurca divertimento
mazurca música
meação bissecção
meada cruzamento
meada desordem
meada plano
meado bissecção
mealheiro aquisição
mealheiro economia
mealheiro improdutividade
mealheiro inutilidade
meandro circuito
meandro ininteligibilidade
meandro segredo
meandro sinuosidade
meão meação
meão média
meão meio
meão pouquidão
mear bissecção
mear meação
mear média
mear numeração
meato abertura
meato conduto
mecânica força
mecânico agente
mecânico agente
mecânico compulsoriedade
mecânico instrumento
mecânico meios
mecanismo instrumento
mecanismo textura
Mecenas amigo
mecenas benfeitor
mecenas doação
Mecenas douto
mecha enfado
mecha tapador
medalha escrita
medalha indicação
medalha insígnia
medalha ornamento
medalha registro
medalha troféu
medalhão escrita
medalhão fama
medalhão inocuidade
medalhão nobreza
medalhão ornamento
média compromisso
mediação deprecação
mediação divindade
mediação instrumentalidade
mediação tempo
mediador advogado
mediador auxiliar
mediador instrumentalidade
mediador interjacência
mediador mediação
mediador mediação
mediana meação
mediana média
mediana meio
mediania inexcitabilidade
mediania plebeísmo
mediano compromisso
mediano inexcitabilidade
mediano meação
mediano média
mediano meio
mediante instrumentalidade
mediante melodia
mediar instrumentalidade
mediar interjacência
mediar mediação
mediar meio
mediatriz meio
mediatriz verticalidade
medicação remédio
medicamento remédio
medicamentoso remédio
medição medida
medição numeração
medicar remédio
medicar restauração
medicar saúde
medicável esperança
medicina remédio
medicinal remédio
médico conselho[2]
médico douto
médico remédio
medida grau
medida melodia
medida número
medida plano
medida poesia
medida quantidade
medida regularidade
medido conveniência
medido moderação
medido suficiência
medidor medida
medieval meio
medieval passado
medieval velharia
médio centralidade

médio meação
médio média
médio meio
médio tato
medíocre expectação
medíocre frouxidão
medíocre imbecilidade
medíocre imperfeição
medíocre inferioridade
medíocre insignificância
medíocre meação
medíocre média
medíocre plebeísmo
medíocre pouquidão
mediocridade inexcitabilidade
mediocridade meação
mediocridade média
mediocridade pouquidão
medir desafio
medir medida
medir moderação
medir movimento
medir numeração
medir pensamento
meditabundo desatenção
meditabundo pensamento
meditabundo tristeza
meditação ascetismo
meditação atenção
meditação tristeza
meditar culto
meditar intenção
meditar pensamento
meditar tristeza
meditativo dolorimento
meditativo pensamento
meditativo tristeza
meditável importância
meditável pensamento
mediterrâneo interjacência
mediterrâneo meio
médium feiticeiro
médium instrumentalidade
médium oráculo
medível medida
medo demônio
medo obliquidade
medo perigo
medo visão imperfeita
medonho barulho
medonho dolorimento
medonho fealdade
medonho medo
medonho ruindade
medonho violência
medrar aumento
medrar evolução
medrar existência
medrar melhoramento
medrar produção
medrar produtividade
medrar prosperidade
medroso covardia
medroso medo
medula importância
medula intrinsecabilidade
medula meio
medular interioridade
Medusa fealdade
meeiro bissecção
meeiro meio
meeiro participação
meeiro possuidor
mefistofélico desvirtude
mefistofélico malevolência
mefistofélico ruindade
megalítico rigidez
megalomania afetação
megalomania vaidade
megalomaníaco afetação
megalomaníaco vaidade
megalômano afetação
megera ascendência
megera homem ruim
megera violência
meia-água morada
meia-calça indumentária
meia-cana contorno
meia-noite tarde
meigo amor
meigo bondade
meigo carícias
meigo clemência
meigo humildade
meigo inexcitabilidade
meigo melodia
meigo moderação
meiguice boa vontade
meiguice humildade
meiguice motivo
meio bissecção
meio centralidade
meio circunjacência
meio instrumentalidade
meio meação
meio passadouro
meio-dia direção
meio-dia manhã
meios alegação
meios dinheiro
meios instrumentalidade
meios material
meios propriedade
meios riqueza
meiose bissecção
meio-tom cor
mel doçura
melaço doçura
melaço meio líquido
melado doçura
melado embriaguez
melancia esfericidade
melancolia hipocondria
melancólico chateza
melancólico dolorimento
melancólico enfado
melancólico hipocondria
melancólico lamentação
melancólico tristeza
melanina pretidão
melar doçura
melar pioramento
melar punição
melena aspereza
melhor aumento
melhor bondade
melhor melhoramento
melhora melhoramento
melhoramento bem
melhoramento progressão
melhorar alívio
melhorar bondade
melhorar descostume
melhorar ensino
melhorar melhoramento
melhorar perfeição
melhorar revigoramento
melhorar saúde
melhoria alívio
melhoria aumento
melhoria melhoramento
melhoria progressão
melhoria superioridade
meliante desonestidade
meliante inatividade
meliante ladrão
meliante libertino
melífero doçura

melífero lisonja
melífluo doçura
melífluo elegância
melífluo equívoco
melífluo falsidade
melífluo lisonja
melífluo melodia
melífluo servilismo
melífluo tergiversação
melindrar descontentamento
melindrar descortesia
melindrar dolorimento
melindre afetação
melindre cortesia
melindre discriminação
melindre doçura
melindre interesse
melindre pureza
melindroso covardia
melindroso dificuldade
melindroso incerteza
melindroso interesse
melindroso irascibilidade
melindroso macho
melindroso perigo
melindroso transitoriedade
melito doçura
melívoro comida
melodia artes
melódico melodia
melodioso deleite
melodioso fruição
melodioso melodia
melodioso poesia
melodrama drama
melodramático drama
melomania afetação
melomania melodia
melômano música
meloso servilismo
melro velhaco
membrana camada
membranoso textura
membro componente
membro instrumento
membro parte
memorando memória
memorando registro
memorar celebração
memorar memória
memorável fama
memorável importância
memorável memória
memória descrição
memória dissertação
memória fama
memória livro
memória registro
memória claudicante esquecimento
memória excelente memória
memória falível esquecimento
memória feliz memória
memória fiel memória
memória firme memória
memória infeliz esquecimento
memória tenaz memória
memorial descrição
memorial importância
memorial livro
memorial memória
memorial pedido
memorial registro
memorizar memória
menção informação
mencionar evidência
mencionar informação
mendaz falsidade
mendaz fraude
mendaz mentira
mendicância pedido
mendicância pobreza
mendicante pedido
mendicante peticionário
mendigar pedido
mendigar pobreza
mendigo peticionário
mendigo plebeísmo
mendigo pobreza
mendigo recebimento
menear afetação
menear agitação
menear oscilação
menear recusa
menear tato
menear uso
meneio afetação
meneio agitação
meneio astúcia
meneio indicação
meneio uso
menestrel músico
menestrel poesia
menina fêmea
menina infante
menina pureza
meninada infante
meningite doença
meninice imbecilidade
menino infante
menino macho
menisco instrumentos de óptica
menopausa velhice
menor infante
menor inferioridade
menor melodia
menor servo
menoridade infância
menoridade pouquidade
menoridade singularidade
menorragia excreção
menos ausência
menos dispensa
menos inferioridade
menos insuficiência
menos omissão
menoscabar desprezo
menoscabar difamação
menoscabar malevolência
menoscabo depreciação
menoscabo desprezo
menoscabo difamação
menosprezar depreciação
menosprezar infamação
menosprezar inobservância
menosprezar insolência
menosprezar rejeição
menosprezo depreciação
menosprezo desinteresse
menosprezo desprezo
menosprezo incuriosidade
menosprezo rejeição
mensageiro carregador
mensageiro consignatário
mensageiro informação
mensageiro previdência
mensageiro servo
mensageiro viajante
mensagem comando
mensagem correspondência
mensagem gratidão
mensagem notícia
mensal periodicidade

mensal período
mensalão aquisição
mensalão desonestidade
mensalão furto
mensalão influência
mensário comida
mensário publicidade
menstruação adolescência
menstruada adolescência
menstrual excreção
menstrual periodicidade
mênstruo excreção
mensurar medida
mensurável medida
mensurável número
mental intelecto
mentalidade intelecto
mentalidade pensamento
mente imaginação
mente intelecto
mente intenção
mentecapto imbecilidade
mentecapto loucura
mentir alegação
mentir ceticismo
mentir erro
mentir exagero
mentir falsidade
mentir fraude
mentir mentira
mentira astúcia
mentira inexistência
mentiroso enganador
mentiroso equívoco
mentiroso falsidade
mentiroso mentira
mento comida
mentor conselho[2]
mentor diretor
mentor fama
mentor intérprete
mentor mestre
mentor sábio
menu comida
mequetrefe atividade
mequetrefe plebeísmo
mercadejar desonestidade
mercadejar permuta
mercado foco
mercadologia trabalho
mercador venda
mercancia mercadoria
mercanciar permuta
mercante mercador
mercante permuta
mercantil egoísmo
mercantil permuta
mercantilismo egoísmo
mercantilismo obliquidade
mercantilismo permuta
mercê bem
mercê doação
mercê perdão
mercê permissão
mercê recompensa
mercê título
mercê tolerância
mercearia depósito
mercearia mercado
mercearia permuta
merceeiro mercador
mercenário agente
mercenário combatente
mercenário egoísmo
mercenário guerra
mercenário preço
mercenário servo
mercurial movimento
mercurial reprovação
mercúrio atividade
Mercúrio mensageiro
mercúrio mutabilidade
Mercúrio velocidade
merda fedor
merecer direito
merecer importância
merecer motivo
merecido justiça
merecimento bondade
merecimento direito
merecimento habilidade
merecimento importância
merecimento virtude
merenda comida
merendar comida
merendeira receptáculo
merengue música
meretrício impureza
meretrício libertino
meretriz libertino
mergulhão agricultura
mergulhão mergulho
mergulhar água
mergulhar descida
mergulhar desinformação
mergulhar inserção
mergulhar mergulho
mergulhar profundidade
mergulhia agricultura
mergulho profundidade
mergulho revolução
meridiano circunferência
meridiano cronometria
meridiano cume
meridiano manhã
meridiano região
meridiano universo
meridional direção
meritíssimo título
meritório aprovação
meritório virtude
mero alegação
mero imperfeição
mero isolamento
mero pouquidão
mero singeleza
mês periodicidade
mês período
mesa comida
mesa conselho[1]
mesa horizontalidade
mesa lisura
mesa planície
mesa suporte
mesada auxílio
mesada doação
mesada receita
mesa-redonda palestra
mesário conselho[1]
mesário diretor
mesário escolha
mescla combinação
mescla mistura
mescla variegação
mesclar cor
mesclar mistura
mesclar variegação
meseta altura
mesmerismo bruxaria
mesmice chateza
mesmice expectação
mesmice igualdade
mesmice permanência
mesmice regularidade
mesmice uniformidade
mesmo semelhança
mesocarpo interioridade
mesocarpo interjacência
mesóclise interjacência

méson matéria
mesopotâmico interjacência
mesopotâmico meio
mesquinhar sovinaria
mesquinharia insignificância
mesquinharia malevolência
mesquinharia sovinaria
mesquinhez desonestidade
mesquinhez imbecilidade
mesquinhez insignificância
mesquinhez sovinaria
mesquinho desonestidade
mesquinho egoísmo
mesquinho fraqueza
mesquinho homem ruim
mesquinho imbecilidade
mesquinho improdutividade
mesquinho insignificância
mesquinho pequenez
mesquinho plebeísmo
mesquinho pobreza
mesquinho ruindade
mesquinho sofrimento
mesquinho sovinaria
mesquita templo
messe agricultura
messe aquisição
messe bem
messe depósito
messe efeito
messe produção
messianismo excitabilidade
messias benfeitor
Messias divindade
mestiçagem mistura
mestiçamento mistura
mestiçar mistura
mestiço mistura
mestiço plebeísmo
mestrado ensino
mestrado escola
mestre bom gosto
mestre conselho[2]
mestre contabilidade
mestre diretor
mestre equipagem
mestre intérprete
mestre proficiente
mestria conhecimento
mestria habilidade
mestria sucesso
mesura cortesia
mesura lisonja
mesura respeito
mesura servilismo
mesura sociabilidade
mesureiro lisonja
mesureiro respeito
mesureiro servilismo
meta arena
meta chegada
meta desejo
meta fim
meta intenção
meta limite
meta visão
metabólico mudança
metabolismo mudança
metade bissecção
metade meação
metade meio
metade parte
metafísico ininteligibilidade
metafísico intelecto
metáfora indicação
metáfora linguagem
metafórico equívoco
metafórico metáfora
metal material
metal melodia
metal música
metalizar não organização
metalografia não organização
metalurgia não organização
metalúrgico não organização
metamorfose conversão
metamorfosear mudança
metanol combustível
metástase mudança
metátese inversão
metátese mudança
metátese transferência
metediço alheamento
metediço atividade
metediço curiosidade
metediço desacordo
metediço estorvo
metediço ingressão
metediço interjacência
meteórico universo
meteorismo dilatação
meteorismo gás
meteorito universo
meteoro corpos Luminosos
meteoro fama
meteoro prodígio
meteoro transitoriedade
meteoro universo
meteorologia ar
meteorologia universo
meteorológico ar
meteorologista douto
meter começo
meter depósito
meter empreendimento
meter indumentária
meter inserção
meter localização
meter restrição
meter os pés pelas mãos inabilidade
meter-se de permeio interjacência
meticulosidade atenção
meticulosidade cuidado
meticulosidade investigação
meticuloso atenção
meticuloso cuidado
meticuloso dever
meticuloso investigação
meticuloso medo
metido afetação
metido curiosidade
metido desacordo
metido insolência
metido interjacência
metódico arranjo
metódico cuidado
metódico inteligência
metódico ordem
metódico regularidade
metódico temperança
metodismo heterodoxia
metodista impiedade
metodizar arranjo
método conduta
método intenção
método ordem
método passadouro
método plano
método preparação
método regularidade
metodologia ensino

metodologia investigação
metodologia trabalho
metonímia linguagem
metonímia metáfora
metralgia dor
metralha meios
metralha mistura
metralha potencial de guerra
metralhada ataque
metralhadora potencial de guerra
metralhar ataque
métrica poesia
métrico medida
metrificar poesia
metro comprimento
metro medida
metro poesia
metrô veículo
metrologia medida
metrônomo melodia
metrópole autoridade
metrópole centralidade
metrópole foco
metrópole morada
metropolitano clerezia
metropolitano morada
metrorragia excreção
meu posse
mexer astúcia
mexer mistura
mexer tato
mexericar astúcia
mexericar malevolência
mexericar notícia
mexericar plano
mexerico astúcia
mexerico malevolência
mexerico notícia
mexerico plano
mexeriqueira homem ruim
mexeriqueiro astúcia
mexeriqueiro difamador
mexeriqueiro homem ruim
mexeriqueiro notícia
mexeriqueiro palestra
mexeriqueiro plano
mexilhão atividade
mezinha remédio
mialgia dor
miasma fedor
miasma insalubridade
miasma vaporização
miasma veneno
miau animal
mica camada
mica pouquidão
micado amo
miçanga insignificância
miçanga letra
miçanga ornamento
micareta divertimento
micetologia botânica
mico fealdade
micologia botânica
microbiano pequenez
micróbio pequenez
microcosmo humanidade
microcosmo pequenez
microfone audição
microfonia sussurro
micrômetro pequenez
mícron pequenez
micro-ondas fornalha
micro-ônibus veículo
microscópico instrumentos de óptica
microscópico pequenez
microscópio instrumentos de óptica
microscópio pequenez
mictório receptáculo
mictório sujidade
mídia publicidade
migalha parte
migalha pulverização
migração locomoção
migrante locomoção
migrar locomoção
migratório locomoção
miíase doença
mil numerais cardinais
milagre acaso
milagre desconformidade
milagre prodígio
milagre sucesso
milagreiro bruxaria
milagreiro feiticeiro
milagreiro maria
milagroso admiração
milagroso desconformidade
milagroso maria
milenar período
milenário velharia
milênio diuturnidade
milênio esperança
milênio futuro
milênio imaginação
milênio período
milésimo numerais ordinais
milha comprimento
milhafre ladrão
milhafre malfeitor
milhão numerais cardinais
milhar numerais cardinais
milhares multidão
milheiro numerais cardinais
milheiro multidão
milícia combatente
miliciano combatente
miliciano guerra
milimétrico pequenez
milionário riqueza
milionésimo numerais ordinais
militante combatente
militante guerra
militar combatente
militar contenda
militar guerra
militarismo autoridade
militarizado guerra
militarizar guerra
milonga música
milongas plano
mim imaterialidade
mimar carícias
mimeógrafo imitação
mimese imitação
mimese metáfora
mimetismo desinformação
mimetismo mutabilidade
mimetismo tergiversação
mímica drama
mímica indicação
mímica informação
mimo beleza
mimo deleite
mimo doação
mimo drama
mimo oferta
mimo perfeição
mimosa manhã
mimosa sensibilidade
mimosear carícias
mimosear doação
mimosear liberalidade

mimosear oferta
mimoso amor
mimoso beleza
mimoso bom gosto
mimoso bondade
mimoso covardia
mimoso deleite
mimoso estreiteza
mimoso favorito
mimoso flexibilidade
mimoso fraqueza
mimoso melodia
mimoso moderação
mimoso sabor
mina abertura
mina bem
mina concavidade
mina depósito
mina potencial de guerra
mina suficiência
minar abertura
minar astúcia
minar ataque
minar concavidade
minar defesa
minar destruição
minar dolorimento
minar estorvo
minar fraqueza
minar fraude
minar plano
minar veneno
minarete altura
minarete templo
mindinho tato
mineiro agente
mineiro depósito
mineral material
mineralogista douto
mineralogista não organização
mineralúrgico não organização
minerar esforço
minério material
mingau densidade
míngua deficiência
míngua diminuição
míngua imperfeição
míngua insuficiência
míngua perda
míngua pobreza
minguado ignorância
minguado insuficiência
minguado pequenez
minguado pobreza
minguado pouquidade
minguado pouquidão
minguante pioramento
minguar contração
minguar diminuição
minguar encurtamento
minguar infrequência
minguar insuficiência
minguar mudança
minguar pouquidade
minha posse
miniatura pintura
miniatura semelhança
miniaturista artista
miniaturizar contração
miniaturizar pequenez
mínima melodia
minimalismo artes
minimizado depreciação
minimizar pequenez
mínimo clerezia
mínimo inferioridade
mínimo insignificância
mínimo pequenez
mínimo pouquidão
mínimo tato
ministerial cargos da Igreja
ministerial conselho[1]
ministerial instrumentalidade
ministério cargos da Igreja
ministério clerezia
ministério rito
ministério servo
ministério trabalho
ministrador agente
ministrar comida
ministrar doação
ministrar oferta
ministrar provisão
ministro agente
ministro clerezia
ministro deputado
ministro diretor
ministro instrumentalidade
ministro juiz
ministro justiça
minoração diminuição
minoração moderação
minorar alívio
minorar atenuação
minorar contração
minorar diminuição
minorar leveza
minorar moderação
minorativo remédio
minoria descostume
minoria dissentimento
minoria inferioridade
minoria pouquidade
minuano frio
minúcia cuidado
minuciosidade atenção
minuciosidade cuidado
minucioso atenção
minucioso cuidado
minucioso descrição
minucioso prolixidade
minudente descrição
minudente prolixidade
minuendo número
minuendo subtração
minueto divertimento
minueto música
minúscula letra
minúsculo pequenez
minuta plano
minuta protótipo
minuta registro
minutar escrita
minuto instantaneidade
minuto período
miolo intelecto
miolo meio
míope ignorância
míope obliquidade
míope visão imperfeita
miopia ignorância
miopia imbecilidade
miopia visão imperfeita
miopia visão
mira desejo
mira direção
mira intenção
mira vontade
mirabolante admiração
mirabolante afetação
mirabolante desconformidade
mirabolante grandeza
mirabolante ridicularia
mirabolante tamanho
miraculoso admiração

miraculoso maria
miragem erro
miragem esperança
miragem imaginação
miragem insubstancialidade
miragem visão imperfeita
miramar altura
miramar visão
mirante altura
mirante cume
mirante visão
mirar atenção
mirar cuidado
mirar desejo
mirar direção
mirar visão
miríade numerais cardinais
miríade multidão
mirra culto
mirra estreiteza
mirra fragrância
mirra resina
mirra sovinaria
mirrado contração
mirrado estreiteza
mirrado insignificância
mirrado pequenez
mirrado pioramento
mirrar contração
mirrar estreiteza
mirrar pioramento
mirrar secura
mirrar velharia
misantropia hipocondria
misantropia reclusão
misantropia tristeza
misantropo misantropia
misantropo reclusão
misantropo reclusão
misantropo taciturnidade
misantropo tristeza
miscelânea desordem
miscelânea generalidade
miscibilidade combinação
miscível combinação
miscível mistura
miserável desonestidade
miserável dolorimento
miserável homem ruim
miserável infamação
miserável pobreza
miserável pouquidão
miserável ruindade
miserável sofrimento
miserável sovinaria
miséria infamação
miséria insignificância
miséria insolvência
miséria insuficiência
miséria mal
miséria pobreza
miséria pouquidão
miséria recife
miséria sofrimento
miséria sovinaria
misericórdia benevolência
misericórdia perdão
misericórdia tolerância
misericordioso benevolência
misericordioso bondade
misericordioso clemência
misericordioso divindade
misericordioso tolerância
misógino celibato
misoneísmo hábito
misoneísta hábito
missa culto
missa rito
missal rito
missão comissão
missão guerra
missão trabalho
míssil balístico potencial de guerra
míssil ataque
míssil guerra
míssil nave
míssil potencial de guerra
míssil velocidade
missionário clerezia
missionário mensageiro
missionário mestre
missiva correspondência
missivista correspondência
missivo propulsão
mister desejo
mister insuficiência
mister necessidade
mister título
mister trabalho
mistério ininteligibilidade
mistério interioridade
mistério invisibilidade
mistério latência
mistério segredo
misterioso admiração
misterioso desconformidade
misterioso desinformação
misterioso futuro
misterioso ignorância
misterioso incerteza
misterioso invisibilidade
mística piedade
misticismo piedade
místico bruxaria
místico desinformação
místico imaterialidade
místico incerteza
místico ininteligibilidade
místico piedade
mistificação desinformação
mistificação ininteligibilidade
mistificação irracionalidade
mistificador enganador
mistificador falsidade
mistificar desinformação
mistificar fraude
mistificar irracionalidade
misto angularidade
misto mistura
mistura casamento
mistura combinação
mistura composição
mistura indiscriminação
misturada desordem
misturada mistura
misturado indiscriminação
misturado mistura
misturar cruzamento
misturar desarranjo
misturar indiscriminação
misturar mistura
misturável mistura
mítico imaginação
mítico mentira
mitigar alívio
mitigar atenuação
mitigar diminuição
mitigar melhoramento
mitigar moderação
mito imaginação
mito inexistência
mito insubstancialidade
mito mentira
mitologia heterodoxia

mitologia júpiter
mitológico imaginação
mitológico inexistência
mitose duplicação
mitrado astúcia
mitrado clerezia
mitrado habilidade
mitridatismo preservação
miuçalha parte
miúdo frequência
miúdo hábito
miúdo investigação
miúdo pequenez
miúdo pouquidão
miúdo prolixidade
miúdo repetição
miúdos conteúdo
miúdos interioridade
mixórdia desarranjo
mixórdia desordem
mixórdia indiscriminação
mixórdia mistura
mnemônica memória
mnemônico memória
moagem pulverização
móbil causa
móbil movimento
móbil produtor
móbile pendura
mobília instrumento
mobiliária propriedade
mobiliário propriedade
mobilidade interesse
mobilidade movimento
mobilidade mutabilidade
mobilização comando
mobilização guerra
mobilizar influência
mobilizar movimento
moça fêmea
moca impulso
moca mentira
moca potencial de guerra
moça pureza
moca ridicularização
moça servo
mocambo esconderijo
mocambo morada
mocambo reclusão
moção movimento
moção oferta
mocassim indumentária
mocetão infante
mochila convexidade
mochila provisão
mochila receptáculo
mocho reclusão
mocho taciturnidade
mocidade adolescência
mocidade infância
mocidade novidade
moço celibato
moço infante
moço macho
moço servo
mocorongo mau gosto
moda artes
moda hábito
moda música
moda novidade
moda uso
modal circunstância
modal especialidade
modal estado
modal extrinsecabilidade
modal melodia
modalidade classe
modalidade estado
modalidade forma
modelador artista
modelar bondade
modelar conformidade
modelar escrita
modelar imitação
modelar indicação
modelar perfeição
modelar pintura
modelar protótipo
modelar representação
modelar simetria
modelar virtude
modelo conformidade
modelo fama
modelo forma
modelo homem bom
modelo indicação
modelo perfeição
modelo protótipo
modelo regularidade
modelo representação
modelo sábio
modelo textura
moderação diminuição
moderação humildade
moderação inexcitabilidade
moderação inteligência
moderação mediocridade
moderação modéstia
moderação pouquidão
moderação restrição
moderação sanidade
moderação simplicidade
moderação temperança
moderação tolerância
moderado compromisso
moderado economia
moderado frescura
moderado humildade
moderado inexcitabilidade
moderado inteligência
moderado média
moderado pouquidão
moderado suficiência
moderado temperança
moderado tolerância
moderado vagareza
moderador mediação
moderar alívio
moderar autoridade
moderar diminuição
moderar inexcitabilidade
moderar tolerância
modernice novidade
modernismo novidade
modernista novidade
modernizar novidade
moderno novidade
modéstia candura
modéstia depreciação
modéstia humildade
modéstia insignificância
modéstia moderação
modéstia pobreza
modéstia pouquidão
modéstia pureza
modéstia simplicidade
modesto candura
modesto concisão
modesto economia
modesto humildade
modesto imperfeição
modesto inexcitabilidade
modesto insignificância
modesto modéstia
modesto pobreza
modesto pouquidão
modesto simplicidade
modesto temperança
módico economia

módico insignificância
módico pouquidão
modificação atenuação
modificação diferença
modificação mudança
modificação variedade
modificar atenuação
modificar bondade
modificar moderação
modificar mudança
modificar variedade
modinha música
modismo especialidade
modista indumentária
modista moda
modo boa vontade
modo classe
modo estado
modo habilidade
modo hábito
modo mudança
modo passadouro
moeda corrente dinheiro
moeda dinheiro
moedeiro dinheiro
moedor enfado
moedura pulverização
moela receptáculo
moenda pulverização
moente pulverização
moer comida
moer dolorimento
moer enfado
moer pulverização
moer repetição
mofa desrespeito
mofa ridicularização
mofar desprezo
mofar desrespeito
mofar ridicularização
mofar sujidade
mofino adversidade
mofino desobediência
mofino remendão
mofino satã
mofino sofrimento
mofino sovinaria
mofo fedor
mofo pioramento
mofo sujidade
mofo umidade
mofo velharia
mogno castanho
moído doença
moído fadiga
moinho gula
moinho oficina
moinho rotação
moita esconderijo
moitão instrumento
mola elasticidade
mola força
mola instrumento
mola junção
mola suficiência
molambo indumentária
molar agudeza
molar credulidade
molar pulverização
moldar escrita
moldar forma
moldar preparação
moldar representação
moldável conversão
molde forma
molde protótipo
molde textura
moldura borda
moldura cerca
moldura contorno
moldurar ornamento
mole anarquia
mole covardia
mole facilidade
mole flexibilidade
mole fraqueza
mole grandeza
mole irresolução
mole tamanho
molécula componente
molécula matéria
molécula pequenez
molecular pequenez
moleira cume
moleirão covardia
moleiro agente
molenga inatividade
molenga irresolução
moleque desonestidade
moleque infante
moleque plebeísmo
molestar descontentamento
molestar doença
molestar dolorimento
molestar dor
molestar enfado
molestar impureza
molestar malevolência
molestar ruindade
moléstia doença
moléstia enfado
molesto dificuldade
molesto dolorimento
molesto enfado
molesto ruindade
moleza anarquia
moleza covardia
moleza facilidade
moleza fadiga
moleza inatividade
moleza intemperança
moleza perdão
moleza vagareza
molhadela água
molhadela umidade
molhar água
molhar rio
molhar umidade
molhe defesa
molhe refúgio
molosso animal
molosso poesia
molusco animal
momentâneo instantaneidade
momentâneo tempo
momentâneo transitoriedade
momento oportuno oportunidade
momentoso importância
momo afetação
momo drama
momo humorista
Momo regozijo
momo ridicularização
mônada afetação
mônada componente
monarca amo
monarquia autoridade
monárquico autoridade
monarquismo autoridade
monástico cargos da Igreja
monção oportunidade
monção vento
monera conversão
monera pequenez
monetário contabilidade

monetário dinheiro
monge clerezia
monge reclusão
monismo irreligião
monista irreligião
monitor combatente
monitor conselho[2]
monitor diretor
monitor instrumento
monitor mestre
monitor oráculo
monitória conselho[2]
monitória reprovação
monitório advertência
monjolo pulverização
mono anedota
mono animal
mono imitação
mono mercadoria
mono tolo
monociclo veículo
monocórdio uniformidade
monocromático cor
monóculo desconformidade
monóculo instrumentos de óptica
monóculo visão imperfeita
monódico monólogo
monogamia casamento
monógamo casamento
monografia descrição
monografia livro
monograma letra
monograma representação
monologar discurso
monologar monólogo
monológico monólogo
monólogo alocução
monólogo discurso
monólogo drama
monomotor nave
monoplano combatente
monoplano nave
monopólio divertimento
monopólio posse
monopólio restrição
monopolizador mercador
monopolizador retenção
monopolizar o pensamento pensamento
monopolizar atenção
monopolizar atração
monopolizar posse
monopolizar restrição
monopolizar retenção
monossilábico sílaba
monossílabo sílaba
monoteísmo ortodoxia
monoteísmo teologia
monoteísta piedade
monoteísta piedade
monoteísta teologia
monotonia deselegância
monotonia enfado
monotonia frouxidão
monotonia identidade
monotonia igualdade
monotonia repetição
monotonia uniformidade
monótono chateza
monótono continuidade
monótono enfado
monótono permanência
monótono prolação
monótono repetição
monótono uniformidade
monsenhor clerezia
monsenhor título
monsieur título
monstrengo fealdade
monstro assimetria
monstro desconformidade
monstro fealdade
monstro homem ruim
monstro malfeitor
monstro medo
monstro prodígio
monstro tamanho
monstruosidade absurdo
monstruosidade assimetria
monstruosidade culpa
monstruosidade desconformidade
monstruosidade erro
monstruosidade fealdade
monstruosidade ilegalidade
monstruosidade malfeitor
monstruosidade ridicularia
monstruosidade tamanho
monstruoso assimetria
monstruoso desconformidade
monstruoso dolorimento
monstruoso erro
monstruoso fealdade
monstruoso grandeza
monstruoso inclemência
monstruoso mau gosto
monstruoso ridicularia
monstruoso ruindade
monstruoso tamanho
monta dinheiro
monta oferta
montada carregador
montagem drama
montagem preparação
montanha altura
montanha divertimento
montanha estabilidade
montanha grandeza
montanha reunião
montanha tamanho
montanha terra
montanha-russa veículo
montanhês altura
montanhês despreparo
montanhês habitante
montanhês viajante
montanhismo divertimento
montanhoso altura
montanhoso aspereza
montanhoso sinuosidade
montante dinheiro
montante quantidade
montão desordem
montão grandeza
montão reunião
montão suficiência
montar instrumento
montar junção
montar locomoção
montar preparação
montaria carregador
montaria perseguição
montaria provisão
monte altura
monte grandeza
monte partilha
monte propriedade
monte redundância
monte suficiência
monte tamanho
monte terra
montepio empréstimo
montepio receita
montês altura
montesinho altura
montesinho habitante

montesino altura
montesino habitante
montículo altura
monturo grandeza
monturo homem ruim
monturo inutilidade
monturo ruindade
monturo suficiência
monturo sujidade
monumento altura
monumento enterro
monumento memória
monumento registro
monumento troféu
moquém fornalha
mor superioridade
mora demora
moradia morada
morador agricultura
morador habitante
moral dever
moral intelecto
moral raciocínio
moral virtude
moralidade bondade
moralidade dever
moralidade efeito
moralidade probidade
moralidade raciocínio
moralidade virtude
moralismo probidade
moralista raciocínio
moralizador virtude
moralizar ensino
moralizar melhoramento
moralizar raciocínio
morar na lembrança memória
morar habitante
morar morada
morar presença
moratória cessação
moratória demora
moratória dívida
moratória insolvência
moratório demora
morbidez desinteresse
morbidez doença
morbidez fraqueza
morbidez impotência
morbidez inatividade
morbidez inércia
morbidez insalubridade
mórbido doença
mórbido fraqueza
mórbido inatividade
mórbido inércia
mórbido insalubridade
morbo doença
morcego clerezia
morcego reclusão
mordaça prisão
mordaça tirania
mordacidade descortesia
mordacidade energia
mordacidade malevolência
mordacidade picante
mordacidade reprovação
mordaz descortesia
mordaz espírito
mordaz picante
mordaz reprovação
mordaz vigor
mordedura difamação
mordedura dor
mordedura ridicularização
mordente cor
mordente difamação
mordente dor
mordente energia
mordente picante
mordente ridicularização
morder aquecimento
morder comida
morder contenda
morder difamação
morder dolorimento
morder dor
morder empenhamento
morder gosto
morder motivo
morder o pó submissão
mordomo amo
mordomo servo
mordomo tesoureiro
moreno castanho
moreno mistura
moreno pretidão
morfético doença
morfina insensibilidade
morfologia forma
morfologia zoologia
morgado aquisição
morgado possuidor
morgado posteridade
morgado propriedade
morgue enterro
moribundo doença
moribundo morte
morigeração cortesia
morigeração temperança
morigerado inteligência
morigerado temperança
morigerado virtude
morigerar melhoramento
morigerar virtude
morim brancura
moringue receptáculo
mormaço calor
mormente escolha
mormente importância
mórmon casamento
mormonismo casamento
mormonismo heterodoxia
morno calor
morno enfado
morno inércia
morno meia-luz
morosidade má vontade
morosidade ócio
morosidade vagareza
moroso demora
moroso dificuldade
moroso má vontade
moroso ócio
moroso vagareza
morrão combustível
morrer acromatismo
morrer chegada
morrer desaparecimento
morrer esquecimento
morrer fim
morrer inexistência
morrer morte
morrer pioramento
morrer de cansaço fadiga
morrer o dia tarde
morrinha doença
morrinha enfado
morrinha fedor
morrinha sovinaria
morrinhento doença
morrinhento pioramento
morro altura
morro terra
mortal enfado
mortal grandeza
mortal homicídio
mortal humanidade

mortal insalubridade
mortal morte
mortal ruindade
mortal transitoriedade
mortalha enterro
mortalidade humanidade
mortandade homicídio
morte cessação
morte destruição
morte inexistência
morte ruindade
morteiro potencial de guerra
morteiro pulverização
mortiço meia-luz
mortífero guerra
mortífero homicídio
mortífero insalubridade
mortífero medo
mortífero morte
mortífero potencial de guerra
mortificação ascetismo
mortificação aversão
mortificação descontentamento
mortificação dolorimento
mortificação dor
mortificação expiação
mortificação humildade
mortificação rito
mortificação sofrimento
mortificar-se ascetismo
morto arremedo
morto desinteresse
morto homicídio
morto imobilidade
morto improdutividade
morto inércia
morto inexistência
morto insensibilidade
morto insucesso
morto morte
morto não ressonância
mortuário enterro
morubixaba amo
mosaico diversidade
mosaico heterodoxia
mosaico mistura
mosaico multiformidade
mosaico pintura
mosaico variedade
mosaico variegação
mosca adolescência
mosca enfado
mosca pequenez
mosca sujidade
moscado fragrância
mosqueado castanho
mosqueado mistura
mosqueado multiformidade
mosquear variegação
mosquetaço ataque
mosquetão potencial de guerra
mosquetaria ataque
mosquetaria potencial de guerra
mosquete potencial de guerra
mosqueteiro combatente
mosqueteiro defesa
mosquiteiro defesa
mosquiteiro esconderijo
mosquito pequenez
mossa concavidade
mossa dor
mossa encaixe
mossa indicação
mossa sentimento
mostarda picante
mostarda tempero
mosteiro templo
mosto sujidade
mostra aparecimento
mostrador frente
mostrador mercado
mostrar demonstração
mostrar evidência
mostrar indicação
mostrar informação
mostrar manifestação
mostrar veracidade
mostrengo fealdade
mostrengo inatividade
mostrengo inutilidade
mostruário mercado
mote espírito
mote indicação
mote poesia
mote registro
mote ridicularização
motejar espírito
motejar ridicularização
motejo espírito
motejo ridicularização
motete culto
motete espírito
motete ridicularização
moteto música
motilidade interesse
motim barulho
motim desobediência
motim desordem
motim discórdia
motim renitência
motivação motivo
motivar causa
motivar evidência
motivar motivo
motivo alegação
motivo causa
moto indicação
motocicleta veículo
motociclismo divertimento
motociclista viajante
motonáutica divertimento
motoneta veículo
motor motivo
motor movimento
motor produtor
motorista viajante
motorneiro viajante
motriz movimento
motriz produtor
mouco surdez
mourejar esforço
mouro atividade
movediço movimento
movediço mutabilidade
movediço tergiversação
movediço transferência
móvel motivo
móvel movimento
móvel mutabilidade
mover crença
mover influência
mover motivo
mover tração
movimentação ação
movimentação movimento
movimentar propulsão
movimentar tração
movimentar(-se) movimento
movimento agitação
movimento atividade
movimento mudança
movível movimento

município região
munificência altruísmo
munificência grandeza
munificência liberalidade
munificente altruísmo
munificente liberalidade
munir preparação
munir provisão
múon matéria
muque força
muquirana sovinaria
mural artes
mural troféu
muralha cerca
muralha defesa
muralha estorvo
muralha prisão
muralha refúgio
muralha segurança
muralha tamanho
muralha verticalidade
murar circunscrição
murar defesa
murar restrição
murça batina
murchar acromatismo
murchar contração
murchar dobra
murchar pioramento
murchar transitoriedade
murchar velharia
murcho contração
murcho fraqueza
murcho pioramento
murcho secura
murcho sofrimento
murcho tristeza
murmuração descontentamento
murmuração difamação
murmuração notícia
murmurante sussurro
murmurejar prolação
murmurejar sussurro
murmúrio notícia
murmúrio sussurro
murmúrio voz
muro cerca
muro defesa
murraça dor
murro ataque
murro dor
murro impulso
murro punição
murta amor
musculação força
muscular partes do corpo humano
musculatura força
musculatura tamanho
músculo força
musculoso força
musculoso pasta
musculoso tamanho
museu depósito
museu mistura
museu reunião
musgo vegetal
musgoso vegetal
música artes
música melodia
música poesia
música das esferas universo
música incidental música
música minimalista música
musicado melodia
musical artes
musical melodia
musical música
musical músico
músico artes
músico melodia
músico música
musicomania música
musicômano afetação
musicômano música
musicômano músico
musselina semitransparência
mutabilidade agitação
mutabilidade transitoriedade
mutação desamparo
mutação mudança
mutação mutabilidade
mutante mutabilidade
mutatis mutandi mudança
mutatório mutabilidade
mutável extrinsecabilidade
mutável movimento
mutável mudança
mutável mutabilidade
mutável transferência
mutilação amorfia
mutilação encurtamento
mutilação subtração
mutilado deficiência
mutilar amorfia
mutilar depreciação
mutilar diminuição
mutilar encurtamento
mutilar impotência
mutilar pioramento
mutilar subtração
mutismo afonia
mutismo desinformação
mutismo silêncio
mutreta astúcia
mutreta fraude
mutualidade correlação
mutualidade relação
mutualidade troca
mutuário empenhamento
mutum animal
mútuo correlação
mútuo empréstimo
mútuo retaliação
mútuo troca
muvuca grito
muxiba estreiteza

N

na calada da noite desinformação
na essência intrinsicabilidade
na hipótese de suposição
na marra ensaio
na marra força
na moita silêncio
na realidade existência
na surdina silêncio
na última moda moda
nababesco fruição
nababesco liberalidade
nababesco riqueza
nababo amo
nababo riqueza
nabo tolo
nação ascendência
nação classe
nação humanidade
nácar variegação
nácar vermelhidão
nacarado variegação
nacarado vermelhidão

nacarar vermelhidão
nacional despreparo
nacional habitante
nacional humanidade
nacional interioridade
nacionalidade humanidade
nacionalizar domesticação
nacionalizar generalidade
nacionalizar hábito
nada inexistência
nada insignificância
nada insubstancialidade
nada inutilidade
nada negação
nada zero
nada pretender altruísmo
nadar água
nadar interjacência
nadar navegação
nadir baixeza
nadir base
nado candura
nado intrinsecabilidade
nado navegação
nafta combustível
naipe classe
naja malfeitor
namorada amor
namorado amor
namorado deleite
namorado favorito
namorado macho
namorador amor
namorar carícias
namorar desejo
namorar visão
namoricar carícias
namoro amor
namoro carícias
namoro visão
nanar carícias
nanico pequenez
nanismo pequenez
nanquim pretidão
não descortesia
não pouquidão
não proibição
não recusa
não rejeição
não dar margem a dúvidas inteligibilidade
não dar ponto sem nó egoísmo
não haver motivo ausência de motivo
não haver razão ausência de motivo
não haver recurso desesperança
não pregar prego sem estopa egoísmo
não ter dono desprovimento
não ter fé descrença
não ter importância insignificância
não valer nada insignificância
napalm potencial de guerra
Narciso beleza
Narciso janota
Narciso vaidade
narcose insensibilidade
narcótico enfado
narcótico insensibilidade
narcótico remédio
narcotismo insensibilidade
narcotizar enfado
narcotizar insensibilidade
nardo fragrância
narigudo assimetria
narigudo convexidade
narigudo fealdade
narina odor
nariz astúcia
nariz convexidade
nariz odor
narração descrição
narrador informação
narrador notícia
narrar descrição
narrativa descrição
narrativa informação
narrativo descrição
nas entranhas profundidade
nasal assimetria
nasal gagueira
nasal letra
nasal partes do corpo humano
nasalar gagueira
nascedouro abertura
nascedouro causa
nascedouro começo
nascedouro vida
nascença causa
nascença começo
nascença vida
nascente altura
nascente começo
nascente direção
nascente rio
nascer aparecimento
nascer começo
nascer efeito
nascer egressão
nascer eventualidade
nascer rio
nascer vida
nascer visibilidade
nascimento causa
nascimento produção
nascimento vida
nascimento visibilidade
nascituro despreparo
nascituro infante
nata bondade
nata meio líquido
nata moda
nata nobreza
nata perfeição
natação divertimento
natação navegação
natal começo
Natal congratulação
natal habitante
Natal periodicidade
natal periodicidade
Natal rito
natal vida
natalício celebração
natalício periodicidade
natimorto cadáver
natividade começo
natividade predição
nativo candura
nativo despreparo
nativo efeito
nativo habitante
nativo intrinsecabilidade
nativo sobriedade
nato candura
nato intrinsecabilidade
nato vida
natura universo
natural candura
natural causa
natural compulsoriedade

natural conformidade
natural conveniência
natural despreparo
natural elegância
natural expectação
natural habitante
natural identidade
natural ímpeto
natural inteligibilidade
natural intrinsecabilidade
natural irracionalidade
natural linguagem
natural manifestação
natural periodicidade
natural probabilidade
natural protótipo
natural sobriedade
naturalidade candura
naturalidade conveniência
naturalidade despreparo
naturalidade simplicidade
naturalidade sobriedade
naturalismo despimento
naturalismo simplicidade
naturalista douto
naturalista organização
naturalização conformidade
naturalização conversão
naturalização localização
naturalmente efeito
natureza classe
natureza despreparo
natureza estado
natureza intrinsecabilidade
natureza qualidades
natureza regularidade
natureza tendência
natureza universo
natureza-morta artes
nau autoridade
nau nave
naufragar descida
naufragar mergulho
naufrágio destruição
naufrágio desvirtude
naufrágio falta
naufrágio insucesso
naufrágio pioramento
náufrago adversidade
náufrago sofrimento
náusea amargura
náusea aversão
náusea enfado
náusea sofrimento
nauseabundo amargura
nauseabundo aversão
nauseabundo dolorimento
nauseabundo enfado
nauseabundo fedor
nauseabundo sujidade
nauseante aversão
nausear amargura
nausear aversão
nausear enfado
nauta equipagem
náutica direção
náutica navegação
náutico navegação
naval navegação
navalha agudeza
navalha difamador
navalha frio
navalha potencial de guerra
navalhada dor
navalhar dolorimento
navalhar dor
navalhar frio
navalhar homicídio
nave centralidade
nave meio
nave templo
navegabilidade navegação
navegador equipagem
navegador navegação
navegante equuipagem
navegante navegação
navegar navegação
navegável possibilidade
naveta templo
naviforme nave
naviforme navegação
navio navegação
nazireu abstemia
nazireu ascetismo
nazismo autoridade
neblina bolha
neblina incerteza
neblina recife
nebulosa universo
nebulosidade bolha
nebulosidade ininteligibilidade
nebulosidade meia-luz
nebuloso bolha
nebuloso distância
nebuloso imprecisão
nebuloso incerteza
nebuloso ininteligibilidade
nebuloso invisibilidade
nebuloso sombra
nebuloso tristeza
nebuloso velharia
necedade absurdo
necedade ignorância
necedade imbecilidade
necessário compulsoriedade
necessário necessidade
necessário obrigatoriedade
necessário utilidade
necessidade desejo
necessidade insuficiência
necessidade obrigatoriedade
necessidade pobreza
necessidade utilidade
necessitado pobreza
necessitar insuficiência
necessitar necessidade
necessitar obrigatoriedade
necrófago comida
necrologia descrição
necrologia morte
necrológico descrição
necrológio alocução
necrológio descrição
necrológio enterro
necrológio lamentação
necrológio morte
necrológio registro
necromancia bruxaria
necromancia predição
necrópole enterro
necrópsia enterro
necroscopia cadáver
necroscopia enterro
necrotério enterro
néctar alívio
néctar doçura
néctar fruição
néctar sabor
nédio lisura
nédio tamanho
nefando acusação
nefando desvirtude
nefando impiedade
nefando infamação
nefando reprovação
nefando ruindade

nefando sujidade
nefasto adversidade
nefasto desesperança
nefasto dolorimento
nefasto inoportunidade
nefasto ruindade
nefelibata afetação
nefelibata imaginação
nefelibata neologismo
nefralgia dor
negaça fraude
negaça indicação
negaça motivo
negaça recusa
negação descrença
negação desinformação
negação inabilidade
negação inocuidade
negação recusa
negação refutação
negação réplica
negacear fraude
negacionista negação
negar descrença
negar dissentimento
negar irreligião
negar negação
negar proibição
negar recusa
negar refutação
negar rejeição
negar peremptoriamente negação
negativa negação
negativa recusa
negativo contraste
negativo dissentimento
negativo inexistência
negativo negação
negativo número
negativo singularidade
negligência demora
negligência depreciação
negligência desamparo
negligência despreparo
negligência desrespeito
negligência desuso
negligência inabilidade
negligência inação
negligência inobservância
negligência não acabamento
negligência transgressão
negligenciar deficiência
negligenciar depreciação
negligenciar desatenção
negligenciar desinformação
negligenciar desinteresse
negligenciar dispensa
negligenciar inobservância
negligenciar não acabamento
negligenciar negligência
negligenciar omissão
negligenciar perdão
negligenciar transgressão
negligente desamparo
negligente desatenção
negligente desinteresse
negligente imbecilidade
negligente inabilidade
negligente inércia
negligente mau gosto
negligente negligência
negligente sujidade
negligente transgressão
negociação contrato
negociação mediação
negociação permuta
negociador consignatário
negociador contrato
negociador mediação
negociador mercador
negociante mercador
negociar mediação
negociar permuta
negociar preço
negociar trabalho
negociar transmissão
negociar venda
negociata desonestidade
negociata furto
negociata permuta
negociável permuta
negociável transmissão
negociável venda
negócio ação
negócio empreendimento
negócio eventualidade
negócio permuta
negócio perseguição
negocista mercador
negocista permuta
negridão obscuridade
negridão pretidão
negrito impressão
negro adversidade
negro desvirtude
negro dolorimento
negro lamentação
negro medo
negro obscuridade
negro pretidão
negro tristeza
negrume obscuridade
negrume pretidão
negrura desvirtude
negrura obscuridade
negrura pretidão
nem negação
nenê infante
nenhum inexistência
nenhum zero
nênia lamentação
nênia poesia
nenúfar vegetal
neófito discípulo
neolítico universo
neolítico velharia
neoplasia doença
nepote favorito
nepotismo consanguinidade
nepotismo desonestidade
nepotismo egoísmo
nepotismo injustiça
nepotismo obliquidade
nereida júpiter
nereida oceano
nerval partes do corpo humano
nervo força
nervo motivo
nervosismo atividade
nervosismo loucura
nervosismo medo
nervosismo pressa
nervosismo presteza
nervoso excitabilidade
nervoso hipocondria
nervoso medo
nervoso movimento
nervoso partes do corpo humano
nervoso pressa
nervoso vigor
nescidade imbecilidade
néscio ignorância
néscio ignorante

néscio imbecilidade
néscio irracionalidade
néscio tolo
nesga parte
nesga pequenez
nesga pouquidão
nesga região
neta consanguinidade
neto consanguinidade
neto infância
neto limpeza
neto perfeição
netuniano oceano
Netuno oceano
neural partes do corpo humano
neuralgia dor
neurastenia hipocondria
neurastenia tristeza
neurastênico hipocondria
neurastênico irascibilidade
neurastênico tristeza
neurose loucura
neurótico louco
neutral abstenção
neutral indiferença
neutral paz
neutralidade abstenção
neutralidade desinteresse
neutralidade indiferença
neutralidade justiça
neutralidade meação
neutralidade média
neutralidade paz
neutralidade transigência
neutralização compensação
neutralização resistência
neutralizar compensação
neutralizar destruição
neutralizar resistência
neutro abstenção
neutro imaterialidade
neutro indiferença
neutro média
nevada frio
nevado altura
nevado brancura
nevar brancura
nevar frio
nevar resfriamento
nevar velhice
nevasca frio
neve brancura
neve frio
neve velhice
névoa bolha
névoa incerteza
névoa ininteligibilidade
névoa meia-luz
névoa sombra
névoa visão imperfeita
nevoeiro bolha
nevoeiro incerteza
nevoeiro ininteligibilidade
nevoeiro sombra
nevoento altura
nevoento bolha
nevoento frio
nevoento futuro
nevoento obscuridade
nevoento sombra
nevrose excitabilidade
nevrose hipocondria
Newton universo
nexo junção
nexo relação
nica enfado
nica insignificância
nica interesse
nicho concavidade
nicho intervalo
nicho receptáculo
nicho templo
nictofobia medo
nidificar localização
nidificar preparação
nigromancia bruxaria
niilismo inexistência
niilismo irreligião
nimbo bolha
nimbo fama
nimbo luz
nímio redundância
ninar alívio
ninar carícias
ninar moderação
ninfa beleza
ninfa fêmea
ninfa júpiter
ninfa oceano
ninfomania impureza
ninguém insubstancialidade
ninguém zero
ninhada morada
ninhada multidão
ninhada posteridade
ninharia pouquidão
ninho amor
ninho causa
ninho morada
níquel dinheiro
niquelar cobertura
nitidez luz
nitidez sobriedade
nitidez transparêcia
nitidez visibilidade
nitidez voz
nítido discriminação
nítido elegância
nítido inteligibilidade
nítido limpeza
nítido luz
nítido manifestação
nítido sobriedade
nítido visibilidade
nitro picante
nitrogênio veneno
nível horizontalidade
nível igualdade
nível termo
nivelamento igualdade
nivelamento preparação
nivelar depressão
nivelar destruição
nivelar igualdade
nivelar lisura
nivelar uniformidade
nivelar vau
níveo brancura
nó dificuldade
nó estorvo
nó importância
nó tópico
nó vínculo
no caso de eventualidade
no chute irracionalidade
no curso ordinário das coisas eventualidade
no fundo intrinsicabilidade
no fundo profundidade
no pressuposto de suposição
nobiliário nobreza
nobiliarquia nobreza
nobiliárquico nobreza
nobilitar bondade
nobilitar fama
nobilitar melhoramento

nobilitar nobreza
nobre altruísmo
nobre direito
nobre elegância
nobre fama
nobre importância
nobre justiça
nobre nobreza
nobre vigor
nobre virtude
nobreza beleza
nobreza bondade
nobreza elegância
nobreza vigor
nobreza virtude
noção conhecimento
noção ideia
noção tópico
nocional conhecimento
nocivo dolorimento
nocivo impropriedade
nocivo inoportunidade
nocivo insalubridade
nocivo malevolência
nocivo ruindade
nodo convexidade
nódoa imperfeição
nódoa infamação
nódoa mancha
nódoa pouquidão
nódoa sujidade
nodoso convexidade
nodoso dificuldade
nódulo convexidade
nódulo vínculo
noitada atividade
noitada divertimento
noitada sociabilidade
noite ignorância
noite incerteza
noite obscuridade
noitinha tarde
noiva amor
noiva casamento
noivado prioridade
noivar carícias
noivar casamento
noivo amor
noivo casamento
noivo macho
nojento amargura
nojento aversão
nojento desonestidade
nojento desprezo
nojento dolorimento
nojento fealdade
nojento fedor
nojento infamação
nojento ódio
nojento servilismo
nojento sujidade
nojo amargura
nojo aversão
nojo lamentação
nojo sofrimento
nômade locomoção
nômade viajante
nomadismo locomoção
nome fama
nome nobreza
nome nomenclatura
nome sílaba
nomeação comissão
nomeação nomenclatura
nomeada apelido
nomeada fama
nomeado consignatário
nomear apelido
nomear comissão
nomear deputado
nomear escolha
nomear especialidade
nomear nomenclatura
nomenclatura lista
nominal insubstancialidade
nominal nomenclatura
nominata nomenclatura
nominativo nomenclatura
nona poesia
nonada insignificância
nonada insubstancialidade
nonada pouquidão
nonagenário ancião
nonagenário velhice
nonagésimo numerais ordinais
noningentésimo numerais ordinais
nônio medida
nônio pequenez
nono numerais ordinais
nônuplo numerais cardinais
nora água
nora instrumento
nora rio
norma conduta
norma hábito
norma passadouro
norma preceito
norma protótipo
norma regularidade
normal conformidade
normal hábito
normal intrinsecabilidade
normal ordem
normal periodicidade
normal preceito
normal protótipo
normal regularidade
normal sanidade
normal verticalidade
normalidade regularidade
normalidade verticalidade
normalista mestre
normalizar arranjo
normalizar melhoramento
normativo regularidade
norte direção
norte lateralidade
nortear direção
nos arredores proximidade
nos cueiros infante
nos trinques moda
nosocômio remédio
nosofobia loucura
nosofobia medo
nosomania loucura
nosso posse
nostalgia saudade
nostalgia tristeza
nostálgico saudade
nota afirmação
nota atenção
nota dinheiro
nota fama
nota indicação
nota infamação
nota interpretação
nota memória
nota notícia
nota registro
notabilidade douto
notabilidade fama
notabilidade importância
notabilizar fama
notação melodia
notar intelecto
notar registro
notar sensibilidade

notar visão
notário advogado
notário escrita
notário registrador
notável admiração
notável fama
notável grandeza
notável manifestação
notável probidade
notável prosperidade
notícia conhecimento
notícia descrição
notícia informação
notícia memória
noticiador notícia
noticiar informação
noticiar notícia
noticiar publicidade
noticiário informação
noticiário notícia
noticiarista informação
noticiarista notícia
noticioso informação
noticioso notícia
notificação demanda
notificação informação
notificar demanda
notificar informação
notoriedade fama
notoriedade publicidade
notório certeza
notório conhecimento
notório fama
noturno locomoção
noturno movimento
noturno música
noturno obscuridade
noturno pretidão
noturno tarde
nova notícia
novação descostume
novação novidade
novação originalidade
novação variedade
novamente duplicação
novato descostume
novato despreparo
novato discípulo
novato inabilidade
novato infante
novato pureza
novato remendão
nove numerais cardinais
novel descostume
novel despreparo
novel inabilidade
novel novidade
novela descrição
novela mentira
noveleiro informação
noveleiro livro
novelista descrição
novelista livro
novelista notícia
novelo esfericidade
novelo interpretação
novena culto
novena período
novena prioridade
novênio período
noventa numerais cardinais
noviciado estudo
noviciado preparação
noviço discípulo
noviço ignorante
noviço inabilidade
noviço remendão
novidade desconformidade
novidade descostume
novidade dessemelhança
novidade diversidade
novidade notícia
novidade originalidade
novidade produção
novidade variedade
novidadeiro notícia
novilho infante
novo começo
novo descostume
novo dessemelhança
novo diferença
novo neologismo
novo novidade
novo originalidade
novo semelhança
novo-rico novidade
nu despimento
nu insuficiência
nu lisura
nu manifestação
nu perigo
nu simplicidade
nuança cor
nuança variegação
nuance diferença
nubente amor
nubente casamento
núbil adolescência
núbil casamento
nublado bolha
nublado ininteligibilidade
nublado lamentação
nublado meia-luz
nublado obscuridade
nublado opacidade
nublado sombra
nublar bolha
nublar cobertura
nublar dolorimento
nublar obscuridade
nublar tristeza
nuca retaguarda
núcleo causa
núcleo centralidade
núcleo importância
núcleo interioridade
núcleo meio
núcleo mercado
nudez simplicidade
nudismo despimento
nuga insignificância
nuga inutilidade
nulidade fama
nulidade ignorante
nulidade impropriedade
nulidade inexistência
nulidade inocuidade
nulidade inutilidade
nulidade revogação
nulificação compensação
nulificação revogação
nulificar compensação
nulificar inexistência
nulificar inobservância
nulificar revogação
nulo ilegalidade
nulo imbecilidade
nulo impotência
nulo impropriedade
nulo inabilidade
nulo inexistência
nulo inocuidade
nulo insubstancialidade
nulo irracionalidade
nulo número
num abrir e fechar de olhos pressa
nume júpiter
nume segurança

numeração medida
numerador número
numeral numeração
numeral número
numerar descrição
numerar exposição
numerar inclusão
numerar numeração
numerário dinheiro
numérico numeração
numérico número
número classe
número conselho[1]
número gramática
número grandeza
número livro
número melodia
número suficiência
número comensurável número
número decimal número
número fracionário número
número incomensurável número
número redondo número
numeroso força
numeroso grandeza
numeroso multidão
numeroso suficiência
nunca negação
núncio consignatário
núncio mensageiro
núncio precursor
núncio previdência
nuncupação nomenclatura
núpcias casamento
nutação irresolução
nutação oscilação
nutrição auxílio
nutrido tamanho
nutriente comida
nutriente remédio
nutrir aprovação
nutrir auxílio
nutrir comida
nutrir crença
nutrir ensino
nutrir força
nutrir preservação
nutrir aversão aversão
nutrir um sentimento sentimento
nutrir uma ideia pensamento
nutritivo comida
nutritivo remédio
nutritivo salubridade
nutriz carcereiro

O

o essencial importância
oásis alívio
oásis disjunção
oásis produtividade
oásis terra
oásis variedade
obcecação malevolência
obcecação obstinação
obcecado excitabilidade
obcecado imbecilidade
obcecado obliquidade
obcecar cegueira
obcecar imbecilidade
obcecar obstinação
obedecer boa vontade
obedecer conformidade
obedecer influência
obedecer obediência
obedecer observância
obedecer piedade
obedecer submissão
obedecer sujeição
obediência boa vontade
obediência dever
obediência observância
obediência respeito
obediência submissão
obediência sujeição
obediente boa vontade
obediente obediência
obediente servilismo
obelisco altura
obelisco celebração
obelisco registro
obesidade dilatação
obesidade tamanho
obeso assimetria
obeso redundância
obeso tamanho
óbice estorvo
óbice restrição
óbito morte
obituário descrição
obituário morte
objeção estorvo
objeção réplica
objeção reprovação
objeção resposta
objetar descrença
objetar dissentimento
objetar oposição
objetar recusa
objetar refutação
objetar réplica
objetar reprovação
objetar resposta
objetiva instrumentos de óptica
objetivar direção
objetivar inteligibilidade
objetivar intenção
objetivar interpretação
objetivar matéria
objetivar vontade
objetividade existência
objetividade extrinsecabilidade
objetividade sobriedade
objetivo desejo
objetivo direção
objetivo extrinsecabilidade
objetivo intenção
objetivo matéria
objetivo substancialidade
objetivo vontade
objeto causa
objeto intenção
objeto matéria
objeto substancialidade
objeto tópico
oblação culto
oblação doação
oblação oferta
oblato secular
obliquar obliquidade
oblíquo angularidade
oblíquo assimetria
oblíquo circuito
oblíquo curvatura
oblíquo desvio
oblíquo equívoco
oblíquo obliquidade
oblíquo sinuosidade
oblíquo visão imperfeita
obliterar esquecimento
obliterar supressão
obliterar tapador

oblongo circunferência
oblongo comprimento
oblongo esfericidade
obnubilado meia-luz
oboísta músico
óbolo doação
obra agência
obra astúcia
obra efeito
obra livro
obra produção
obra trabalho
obra-prima beleza
obra-prima perfeição
obra-prima pintura
obrar ação
obrar conduta
obrar expulsão
obrar produção
obreiro agente
obreiro produtor
obrigação auxílio
obrigação compromisso
obrigação compulsoriedade
obrigação condições
obrigação contrato
obrigação despesa
obrigação dever
obrigação dívida
obrigação doação
obrigação estorvo
obrigação fiança
obrigação gratidão
obrigação obrigatoriedade
obrigação tolerância
obrigação trabalho
obrigar compulsoriedade
obrigar dever
obrigar gratidão
obrigar obrigatoriedade
obrigar sujeição
obrigatoriedade compulsoriedade
obrigatório comando
obrigatório compulsoriedade
obrigatório dever
obrigatório obrigatoriedade
obscenidade impureza
obscenidade mau gosto
obsceno impureza
obsceno mau gosto
obsceno sujidade
obscurantismo ignorância
obscurantista ignorância
obscurecer desarranjo
obscurecer infamação
obscurecer ininteligibilidade
obscurecer meia-luz
obscurecer obscuridade
obscurecer pretidão
obscurecer sombra
obscurecimento cegueira
obscurecimento obscuridade
obscuridade humildade
obscuridade incerteza
obscuridade ininteligibilidade
obscuridade meia-luz
obscuridade opacidade
obscuro desinformação
obscuro humildade
obscuro ignorância
obscuro imperfeição
obscuro imprecisão
obscuro infamação
obscuro ininteligibilidade
obscuro invisibilidade
obscuro latência
obscuro opacidade
obscuro plebeísmo
obscuro pretidão
obsequiador doação
obsequiador liberalidade
obsequiar cortesia
obsequiar doação
obsequiar gratidão
obsequiar liberalidade
obsequiar oferta
obsequiar sociabilidade
obséquio bem
obséquio benevolência
obséquio cortesia
obséquio deleite
obséquio doação
obséquio permissão
obsequioso benevolência
obsequioso carícias
obsequioso permissão
obsequioso respeito
obsequioso servilismo
obsequioso tolerância
observação afirmação
observação atenção
observação cuidado
observação dever
observação erro
observação ideia
observação intelecto
observação investigação
observação réplica
observação reprovação
observação visão
observador atenção
observador espectador
observador investigação
observância ascetismo
observância conformidade
observância dever
observância hábito
observância regularidade
observância rito
observante dever
observar atenção
observar conformidade
observar dever
observar espectador
observar intelecto
observar investigação
observar observância
observar piedade
observar resposta
observar visão
observatório altura
observatório cuidado
observatório investigação
observatório visão
obsessão excitabilidade
obsessão loucura
obsessão obliquidade
obsessão obstinação
obsolescência desuso
obsoleto inutilidade
obsoleto neologismo
obstaculizar dificuldade
obstáculo estorvo
obstáculo refúgio
obstáculo resistência
obstáculo invencível estorvo
obstante estorvo
obstar dificuldade
obstar oposição
obstetrícia produção
obstetrícia remédio
obstetrício remédio

obstétrico remédio
obstinação estabilidade
obstinação hipocondria
obstinação impenitência
obstinação inatividade
obstinação permanência
obstinação tenacidade
obstinado dificuldade
obstinado dissuasão
obstinado estabilidade
obstinado má vontade
obstinado obstinação
obstinado renitência
obstinado resolução
obstinado tenacidade
obstinado vaidade
obstinado violência
obstinar(-se) obstinação
obstrução desobediência
obstrução estorvo
obstrução fechamento
obstrução proibição
obstrução restrição
obstrucionismo oposição
obstrucionista oponente
obstruir completamento
obstruir descontinuidade
obstruir desinformação
obstruir estorvo
obstruir presença
obstruir proibição
obstruir redundância
obstruir retenção
obstruir rio
obstruir sucesso
obstruir tapador
obstrutor estorvo
obstrutor oponente
obtemperar consentimento
obtemperar obediência
obtemperar réplica
obtemperar resposta
obtenção aquisição
obtenção posse
obter apropriação
obter aquisição
obter estudo
obter posse
obter recebimento
obter recompensa
obter sucesso
obturação fechamento
obturar fechamento
obtusângulo angularidade
obtusão embotamento
obtuso angularidade
obtuso desinteresse
obtuso embotamento
obtuso imbecilidade
obumbrar desinformação
obumbrar meia-luz
obumbrar obscuridade
obumbrar superioridade
obus potencial de guerra
obviar oposição
obviar recusa
obviedade expectação
óbvio certeza
óbvio expectação
óbvio inteligibilidade
óbvio manifestação
óbvio regularidade
ocasião causa
ocasião circunstância
ocasião ócio
ocasião tempo
ocasião desfavorável inoportunidade
ocasião favorável oportunidade
ocasião infeliz inoportunidade
ocasião propícia oportunidade
ocasional acaso
ocasional casualidade
ocasional circunstância
ocasional incerteza
ocasionar causa
ocaso cessação
ocaso desaparecimento
ocaso direção
ocaso fim
ocaso morte
ocaso velharia
occipício retaguarda
oceânico navegação
oceânico oceano
oceano multidão
oceano profundidade
oceano suficiência
oceano tamanho
oceanografia oceano
oceanográfico oceano
ocidental direção
ocidental distância
ocidental lateralidade
ocidente direção
ócio inação
ócio inatividade
ócio negligência
ócio repouso
ociosidade inação
ociosidade inatividade
ociosidade repouso
ocioso inação
ocioso inatividade
ocioso incompreensão
ocioso inconveniência
ocioso insignificância
ocioso inutilidade
ocioso ócio
ocioso redundância
oco chateza
oco deficiência
oco ignorância
oco insignificância
oco insubstancialidade
oco inutilidade
oco irracionalidade
oco sem significação
ocorrência eventualidade
ocorrer eventualidade
ocorrer existência
ocorrer memória
ocra alaranjado
ocra amarelo
ocra castanho
ocre amarelo
ocre castanho
octaédrico angularidade
octingentésimo numerais ordinais
octogenário ancião
octogenário velhice
octogésimo numerais ordinais
octogonal angularidade
octógono angularidade
octossílabo sílaba
óctuplo numerais cardinais
ocular instrumentos de óptica
ocular partes do corpo humano
ocular presença
ocular visão
oculista remédio
oculista visão imperfeita

oculista visão
óculo abertura
óculo canal de respiração
óculo circunferência
óculos instrumentos de óptica
ocultação astúcia
ocultação defesa
ocultação desaparecimento
ocultação desinformação
ocultação latência
ocultar desinformação
ocultar invisibilidade
ocultismo bruxaria
ocultista feiticeiro
oculto desinformação
oculto esconderijo
oculto ignorância
oculto ininteligibilidade
oculto invisibilidade
oculto latência
oculto latência
ocupação ação
ocupação conduta
ocupação guerra
ocupação posse
ocupação presença
ocupação trabalho
ocupado atividade
ocupante habitante
ocupante possuidor
ocupante presença
ocupar apropriação
ocupar atenção
ocupar autoridade
ocupar guerra
ocupar ingressão
ocupar posse
ocupar presença
ocupar retenção
ocupar (certa posição ou cargo) termo
ocupar espaço espaço
odalisca servo
odalisca suporte
ode moral poesia
ode poesia
odiar aversão
odiar ódio
odiento fealdade
odiento malevolência
odiento ódio
odiento vingança
ódio aversão
ódio discórdia
ódio inimizade
ódio malevolência
ódio obliquidade
ódio reprovação
ódio ruindade
odioso desvirtude
odioso dolorimento
odioso fealdade
odioso injustiça
odioso malevolência
odioso reprovação
odioso ruindade
odontagra dor
odontalgia dor
odontálgico dor
odontálgico remédio
odontologia remédio
odor fragrância
odorante fragrância
odorante odor
odorar odor
odorífero fragrância
odorífero odor
odorífico fragrância
odorífico odor
odre receptáculo
oeste lateralidade
ofegante sentimento
ofegante vento
ofegar fadiga
ofegar sentimento
ofegar sussurro
ofegar vento
ofender ataque
ofender descortesia
ofender dolorimento
ofender ilegalidade
ofender resistência
ofender ruindade
ofender solecismo
ofensa ataque
ofensa culpa
ofensa descontentamento
ofensa desobediência
ofensa desprezo
ofensa infamação
ofensa malevolência
ofensa ressentimento
ofensa ruindade
ofensiva ataque
ofensiva guerra
ofensivo ataque
ofensivo aversão
ofensivo combatente
ofensivo descortesia
ofensivo desprezo
ofensivo desrespeito
ofensivo difamação
ofensivo dolorimento
ofensivo ódio
ofensivo ruindade
ofensivo sujidade
ofensor ataque
ofensor ruindade
oferecer causa
oferecer doação
oferecer escolha
oferecer evidência
oferecer memória
oferecer oferta
oferecer venda
oferecido mercado
oferecimento oferta
oferenda doação
oferenda oferta
oferta barateza
oferta doação
oferta venda
ofertante oferta
ofertar venda
ofertório culto
ofertório oferta
ofertório rito
offset impressão
oficial agente
oficial amo
oficial autoridade
oficial certeza
oficial jurisdição
oficial registrador
oficial trabalho
oficialidade amo
oficiar correspondência
oficiar informação
oficiar rito
oficina conversão
oficina mecânica oficina
oficinal oficina
ofício agência
ofício cargos da Igreja
ofício correspondência
ofício intenção
ofício trabalho

oficioso altruísmo
oficioso atividade
oficioso autoridade
oficioso benevolência
oficioso boa vontade
oficioso cortesia
ofidismo veneno
ofsete impressão
oftalgia visão imperfeita
oftálmico visão
oftalmologia visão
oftalmologista visão imperfeita
oftalmologista visão
ofuscante cor
ofuscante luz
ofuscar cegueira
ofuscar depreciação
ofuscar desinformação
ofuscar interpretação errônea
ofuscar luz
ofuscar mau uso
ofuscar superioridade
ogiva curvatura
ogiva templo
ogival curvatura
ogro desconformidade
ogro fealdade
ogro medo
ogro tamanho
oitão lateralidade
oitava culto
oitava gravidade
oitava maravilha do mundo prodígio
oitavo livro
oitavo numerais ordinais
oitenta numerais cardinais
oitiva audição
oito numerais cardinais
ojeriza aversão
ojeriza rejeição
olaria aquecimento
olaria escrita
oleado cobertura
oleado óleo
oleado secura
oleaginoso untuosidade
olear lubrificação
olear óleo
olear preservação
oleicultura agricultura
olente fragrância
olente odor
óleo pintura
óleo remédio
oleosidade untuosidade
oleoso lisura
oleoso óleo
oleoso untuosidade
olfativo odor
olfativo partes do corpo humano
olfato discriminação
olfato odor
olhada visão
olhado bruxaria
olhado encantamento
olhar atenção
olhar crença
olhar cuidado
olhar indicação
olhar pensamento
olhar visão
olhar de soslaio visão imperfeita
olheiro espectador
olheiro informação
olheiro rio
olho atenção
olho de boi abertura para passagem da luz
olho de boi abertura
oligarca amo
oligarquia autoridade
olimpíada divertimento
olimpíada período
olimpíadas contenda
olímpico céu
olímpico fama
olímpico ostentação
Olimpo morada
Olimpo templo
oliva verde
oliváceo verde
olival agricultura
olivicultura agricultura
olor fragrância
olor odor
oloroso fragrância
olvidado esquecimento
olvidar esquecimento
olvido esquecimento
olvido indiferença
ombreira abertura
ombreira borda
ombreira começo
ombreira ingressão
ombro esforço
ombro força
ômega fim
omeleta comida
ominoso adversidade
ominoso ameaça
ominoso desvirtude
ominoso infamação
ominoso predição
ominoso ruindade
omissão culpa
omissão deficiência
omissão desinformação
omissão desuso
omissão erro
omissão exclusão
omissão imperfeição
omissão inexistência
omissão inobservância
omissão insucesso
omissão insuficiência
omissão transigência
omisso ausência
omisso exclusão
omisso incompreensão
omisso inexistência
omisso negligência
omitir deficiência
omitir dispensa
omitir encurtamento
omitir erro
omitir exclusão
omitir inobservância
omitir negligência
omitir omissão
omitir supressão
onanismo impureza
onça coragem
onça força
onça gravidade
onça malfeitor
onça salto
onça violência
onça visão
onda eventualidade
onda mutabilidade
onda oscilação
onda rio
onda sinuosidade
onde presença

ondeado sinuosidade
ondeante sinuosidade
ondear aspereza
ondear circuição
ondear curvatura
ondear mutabilidade
ondear oscilação
ondear rio
ondear sinuosidade
ondear vento
ondulação aspereza
ondulação diversidade
ondulação oscilação
ondulação sinuosidade
ondulação transferência
ondulado sinuosidade
ondulante agitação
ondular curvatura
ondular mutabilidade
ondular oscilação
ondular sinuosidade
onduloso sinuosidade
onerado dívida
onerar dificuldade
onerar dolorimento
onerar estorvo
onerar gravidade
onerar pioramento
onerar ruindade
oneroso carestia
oneroso dificuldade
oneroso dolorimento
oneroso estorvo
oneroso gravidade
oneroso ruindade
ônibus veículo
onipotência divindade
onipotência poder
onipotente compulsoriedade
Onipotente divindade
onipotente força
onipotente influência
onipotente poder
onipresença divindade
onipresença presença
onipresente divindade
onipresente manifestação
onipresente presença
onisciência conhecimento
onisciência divindade
onisciente conhecimento
onisciente divindade
onividente divindade
onividente presença
onívoro comida
onívoro desejo
ônix variegação
onomástico nomenclatura
onomatopaico neologismo
onomatopaico nomenclatura
onomatopeico sílaba
ontem passado
ônus comissão
ônus despesa
ônus dolorimento
ônus estorvo
ônus gravidade
ônus preço
ônus trabalho
onze numerais cardinais
opa batina
opacidade bolha
opaco densidade
opaco ininteligibilidade
opaco invisibilidade
opaco meia-luz
opaco obscuridade
opaco opacidade
opalescência semitransparência
opalescência variegação
opalescente semitransparência
opalescente variegação
opalino semitransparência
opalino variegação
opção escolha
opcional escolha
opcional vontade
ópera artes
ópera drama
ópera música
ópera poesia
operação ação
operação agência
operação dinheiro
operação guerra
operação permuta
operação trabalho
operacional agência
operador agente
operador remédio
operante ação
operante agência
operar agência
operar conduta
operar produção
operar remédio
operário agente
operculiforme fechamento
opereta drama
opereta música
operoso ação
operoso esforço
operoso poder
operoso utilidade
opimo aquisição
opimo bondade
opimo produtividade
opimo receita
opimo riqueza
opimo suficiência
opinar escolha
opinativo incerteza
opinativo irracionalidade
opinativo probabilidade
opinião crença
opinião ideia
opinião plano
opiniático obliquidade
opiniático obstinação
opiniático vaidade
opinioso obliquidade
opinioso obstinação
opinioso vaidade
ópio insensibilidade
opíparo comida
opíparo ostentação
opíparo sabor
opíparo suficiência
oponente inimigo
oponente negação
oponente oposição
opor comparação
opor estorvo
opor réplica
opor reprovação
opor(-se) oponente
opor(-se) oposição
oportunidade alegação
oportunidade circunstância
oportunidade conveniência
oportunismo conveniência
oportunismo tergiversação
oportunista egoísmo
oportunista tergiversação
oportuno acordo

oportuno conveniência
oportuno oportunidade
oposição contenda
oposição contraposição
oposição contraste
oposição desacordo
oposição desobediência
oposição dissentimento
oposição estorvo
oposição negação
oposição periodicidade
oposição proibição
oposição renitência
oposição reprovação
oposição resistência
opositor discórdia
opositor dissentimento
opositor estorvo
opositor inimigo
opositor oponente
opositor oposição
oposto contraposição
oposto contraste
oposto inimigo
oposto inimizade
oposto inversão
oposto oposição
opressão dolorimento
opressão dor
opressão ilegalidade
opressão impropriedade
opressão ruindade
opressão sujeição
opressão tirania
opressivo calor
opressivo dolorimento
opressivo força
opressivo tirania
opressor dolorimento
opressor guerra
opressor malevolência
opressor malfeitor
opressor tirania
oprimido impropriedade
oprimido sofrimento
oprimido submissão
oprimido tirania
oprimido tristeza
oprimir dolorimento
oprimir gravidade
oprimir obrigatoriedade
oprimir ruindade
oprimir sujeição
oprimir tirania
opróbrio infamação
optar escolha
optativo desejo
optativo escolha
óptica visão
óptico visão
opugnação oposição
opugnação rejeição
opugnar ataque
opugnar oposição
opulência bondade
opulência floreio
opulência ostentação
opulência produtividade
opulência prosperidade
opulência riqueza
opulência suficiência
opulento produtividade
opulento riqueza
opulento suficiência
opulento vigor
opúsculo livro
ora sim, ora não descontinuidade
oração alocução
oração culto
oração discurso
oração frase
oração pedido
oracular incerteza
oracular predição
oracular revelação
oráculo agouro
oráculo certeza
oráculo intérprete
oráculo mensageiro
oráculo resposta
oráculo sábio
orador discurso
orador intérprete
orago auxílio
orago oráculo
oral discurso
oral nomenclatura
oral partes do corpo humano
oral voz
orangotango animal
orar culto
orar discurso
oratório discurso
oratório música
oratório templo
orbe circunferência
orbe esfericidade
orbicular circunferência
orbicular esfericidade
órbita circuição
órbita circunferência
órbita conduta
órbita direção
órbita limite
órbita passadouro
órbita trabalho
órbita universo
orbitar circuição
orbitário concavidade
orçamento contabilidade
orçamento medida
ordeiro obediência
ordeiro paz
ordem classe
ordem cuidado
ordem dinheiro
ordem estado
ordem fama
ordem grau
ordem organização
ordem paz
ordem periodicidade
ordem preceito
ordem regularidade
ordem simetria
ordem suficiência
ordenação arranjo
ordenação cargos da Igreja
ordenação comando
ordenação comissão
ordenação legalidade
ordenação rito
ordenada medida
ordenada número
ordenado arranjo
ordenado compulsoriedade
ordenado despesa
ordenado direito
ordenado ordem
ordenamento arranjo
ordenança acompanhamento
ordenança comando
ordenança legalidade
ordenança servilismo
ordenança servo
ordenança sucessão

ordenança sucessor
ordenar arranjo
ordenar autoridade
ordenar comando
ordenar comissão
ordenar direito
ordenhar extração
ordinariamente grandeza
ordinário desonestidade
ordinário eventualidade
ordinário expectação
ordinário falsidade
ordinário hábito
ordinário imperfeição
ordinário inferioridade
ordinário insignificância
ordinário inutilidade
ordinário mau gosto
ordinário regularidade
orelha audição
orelhudo carregador
orelhudo imbecilidade
orelhudo obstinação
oreografia altura
oreográfico altura
orfanato desamparo
orfanato filantropia
orfandade desamparo
orfandade isolamento
órfão impotência
órfão infante
órfão isolamento
órfão posteridade
orfeão música
orgânico estado
orgânico intrinsecabilidade
orgânico material
orgânico organização
orgânico partes do corpo humano
orgânico textura
organismo substancialidade
organismo textura
organista músico
organização arranjo
organização composição
organização forma
organização matéria
organização plano
organização produção
organização textura
organização trabalho
organizado ordem
organizado organização
organizador livro
organizador plano
organizador produtor
organizar arranjo
organizar composição
organizar ordem
organizar plano
organizar produção
organograma trabalho
órgão discurso
órgão informação
órgão instrumentalidade
órgão intelecto
órgão intérprete
órgão livro
órgão mensageiro
órgão organização
órgão parte
órgão som
órgão visão
orgasmo fruição
orgasmo violência
orgástico deleite
orgia desordem
orgia embriaguez
orgia impureza
orgia redundância
orgia suficiência
orgíaco desordem
orgíaco intemperança
orgulhar orgulho
orgulho vaidade
orgulhoso desprezo
orgulhoso insolência
orgulhoso orgulho
orientação comando
orientação conduta
orientação ensino
orientação gestão
orientação indicação
orientador mestre
oriental direção
oriental distância
orientar arranjo
orientar ensino
orientar gestão
oriente direção
orifício abertura
orifício intervalo
origem causa
original capricho
original causa
original desconformidade
original dessemelhança
original imaginação
original indicação
original linguagem
original loucura
original originalidade
original protótipo
originar causa
originar começo
originário efeito
orizicultura agricultura
orla adjunto
orla borda
orla contorno
orla fim
orla pequenez
orla proximidade
orlar circunjacência
orlar circunscrição
orlar contorno
ornamentação ornamento
ornamental beleza
ornamental ornamento
ornamentar beleza
ornamentar fama
ornamentar ornamento
ornamento fama
ornar beleza
ornar floreio
ornar ornamento
ornar produção
ornato gravura
ornato ornamento
ornitologia zoologia
orogênico altura
orografia altura
orográfico altura
orquestra artes
orquestra drama
orquestra instrumentos musicais
orquestra melodia
orquestra música
orquestrar música
orquestrar músico
ortodoxo conformidade
ortodoxo ortodoxia
ortogonal angularidade
ortografia gramática
ortografia letra
ortográfico letra
ortográfico sílaba

ortopedista assimetria
orvalhar liquefação
orvalhar umidade
orvalho rio
orvalho umidade
oscilação mutabilidade
oscilação periodicidade
oscilante oscilação
oscilar desvio
oscilar irresolução
oscilar meia-luz
oscilar oscilação
oscilar pendura
oscilatório oscilação
oscular carícias
oscular contiguidade
oscular semelhança
ósculo carícias
ósculo contiguidade
ósculo cortesia
osga malfeitor
ossada cadáver
ossada resto
ossada suporte
ossada textura
ossada todo
ossário enterro
ossatura cadáver
ossatura suporte
ossatura textura
ossatura todo
ósseo rigidez
ossificação rigidez
ossificado rigidez
ossificar insensibilidade
ossificar rigidez
osso densidade
osso opacidade
osso rigidez
osso substancialidade
osso duro de roer dificuldade
ossuário enterro
ostensivo aparecimento
ostensivo manifestação
ostensivo probabilidade
ostentação afetação
ostentação aparecimento
ostentação importância
ostentação jactância
ostentação manifestação
ostentação orgulho
ostentação vaidade
ostentar manifestação
ostentar ostentação
ostentar vegetal
ostentoso floreio
ostentoso manifestação
ostentoso ostentação
osteoporose doença
ostracismo adversidade
ostracismo reclusão
ostracismo reprovação
otalgia dor
otálgico dor
otário ingênuo
otimismo alegria
otimismo esperança
otimismo exageração
otimista adulador
otimista alegria
otimista esperança
otimista exageração
otimização trabalho
ourela borda
ouriçar excitação
ouriçar verticalidade
ouriço agudeza
ouriço-cacheiro aspereza
ourives agente
ourivesaria oficina
ourivesaria ornamento
ouro alaranjado
ouro amarelo
ouro dinheiro
ouro luz
ouro singeleza
ouropel falsidade
ouropel fraude
ouropel insignificância
ouropel luz
ouropel mau gosto
ouropel ornamento
ouropel sem significação
ousadia coragem
ousadia insolência
ousado insolência
ousado perigo
ousar coragem
ousar temeridade
outdoor publicidade
outeiro altura
outeiro convexidade
outeiro terra
outono frescura
outono velhice
outorga doação
outorga permissão
outorgar doação
outorgar liberalidade
outorgar permissão
outrem humanidade
outro diferença
outro disjunção
outro que tal semelhança
outrossim adição
ouvido audição
ouvidor amo
ouvidor audição
ouvidor juiz
ouvinte audição
ouvinte discípulo
ouvir atenção
ouvir audição
ouvir informação
ovação aprovação
ovação celebração
ovação fama
ovado esfericidade
ovelha animal
ovelha fêmea
oviário infante
oviário reunião
ovil morada
ovinocultura domesticação
ovo causa
ovo começo
ovo esfericidade
ovulação egressão
ovular esfericidade
óvulo esfericidade
Oxalá júpiter
oxidação pioramento
oxidar pioramento
oxidar velharia
oxigenado salubridade
oxigenar bondade
oxigenar gás
oxigenar salubridade
oxigênio ar
oxigênio bondade
oxigênio gás
oxigênio salubridade

P

pá fornalha
pá limpeza

pabulagem jactância
pacato inexcitabilidade
pacato obediência
pacato paz
pachola humorista
pachola inatividade
pachola libertino
pachola tolo
pachorra demora
pachorra desinteresse
pachorra imobilidade
pachorra inatividade
pachorra inexcitabilidade
pachorra ócio
pachorra vagareza
pachorrento demora
pachorrento desinteresse
pachorrento inatividade
pachorrento inexcitabilidade
pachorrento ócio
pachorrento vagareza
paciência divertimento
paciência inexcitabilidade
paciência perseverança
pacientar inexcitabilidade
paciente azorrague
paciente condenação
paciente inexcitabilidade
paciente ingênuo
paciente paz
pacificação concórdia
pacificação moderação
pacificador mediação
pacificar dissuasão
pacificar moderação
pacificar pacificação
pacificar paz
pacífico boa vontade
pacífico inexcitabilidade
pacífico moderação
pacífico paz
paço morada
pacote grandeza
pacote quantidade
pacote reunião
pacóvio imbecilidade
pacóvio tolo
pacto acordo
pacto coesão
pacto compromisso
pacto contrato
pacto cooperação
pacto empreendimento
pacto pacificação
pacto partido
pactuar acordo
pactuar compromisso
pactuar contrato
pactuar cooperação
pactuar irresolução
pactuar tergiversação
padaria oficina
padecer doença
padecer dor
padecer sentimento
padecer sofrimento
padecimento descontentamento
padecimento doença
padecimento dor
padecimento mal
padecimento sofrimento
padeiro agente
padiola enterro
padiola suporte
padiola veículo
padrão classe
padrão conformidade
padrão forma
padrão grau
padrão limite
padrão medida
padrão perfeição
padrão protótipo
padrão regularidade
padrão representação
padrasto ascendência
padrinho auxiliar
padrinho benfeitor
padrinho casamento
padrinho defesa
padrinho espectador
padrinho segurança
padroeiro advogado
padroeiro auxiliar
padroeiro maria
padroeiro segurança
padronizar generalidade
paga pagamento
paga recompensa
pagador pagamento
pagador tesoureiro
pagadoria tesouraria
pagamento recompensa
paganismo idolatria
paganizar idolatria
paganizar irreligião
pagão apelido
pagão heterodoxia
pagão irreligião
pagar compra
pagar despesa
pagar pagamento
página impressão
página livro
página parte
paginação numeração
paginar impressão
paginar numeração
pago pagamento
pagode divertimento
pagode idolatria
pagode música
pagode templo
pai ascendência
pai benfeitor
pai consanguinidade
pai livro
pai produtor
pai de santo clerezia
painel descrição
painel palestra
painel pintura
painel representação
paio mistura
paiol depósito
pairar altura
pairar ameaça
pairar expectativa
pairar leveza
pairar movimento
pairar navegação
país região
país terra
paisagem aparecimento
paisagem artes
paisagem beleza
paisagem pintura
paisagem visão
paisagista artista
paixão amor
paixão desejo
paixão excitabilidade
paixão excitação
paixão injustiça
paixão obliquidade
paixão qualidades
paixão ressentimento

pajé amo
pajem defesa
pajem servo
pala batina
pala esconderijo
pala fraude
pala mentira
pala refúgio
pala sombra
palacete morada
palaciano adulador
palaciano lisonja
palaciano morada
palaciano nobreza
palaciano tergiversação
palácio morada
palácio nobreza
paladar discriminação
paladino combatente
paladino conhecimento
paladino coragem
paladino defesa
paladino segurança
paladino viajante
paládio refúgio
paládio segurança
palafita suporte
palanfrório irracionalidade
palanfrório loquacidade
palanfrório prolixidade
palanfrório sem significação
palanque drama
palanque visão
palanquim suporte
palanquim veículo
palatal gosto
palatino amo
palatino gosto
palatino nobreza
palato gosto
palavra afirmação
palavra linguagem
palavra promessa
palavra sílaba
palavrada impureza
palavrada jactância
palavrada sem significação
palavrão desrespeito
palavrão impureza
palavreado irracionalidade
palavreado loquacidade
palavreado neologismo
palavreado palestra
palavreado prolixidade
palavreado sem significação
palavrório loquacidade
palavrório prolixidade
palavrório sem significação
palavroso floreio
palavroso loquacidade
palavroso prolixidade
palavroso sem significação
palco arena
palco drama
paleografia linguagem
paleografia passado
paleologia linguagem
paleologia passado
paleontologia passado
paleontologia zoologia
palerma ignorante
palerma imbecilidade
palerma tolo
palestra arena
palestra discurso
palestra dissertação
palestra escola
palestra notícia
palestrante discurso
palestrar alocução
palestrar ensino
palestrar palestra
paleta forma
paleta pintura
paletó indumentária
palha insignificância
palha leveza
palhaçada anedota
palhaçada chateza
palhaçada drama
palhaçada espírito
palhaçada irracionalidade
palhaço alegria
palhaço anedota
palhaço drama
palhaço humorista
palhaço mau gosto
palheta pintura
palhoça morada
palhota morada
paliação alívio
paliação demora
paliação falsidade
paliação justificação
paliar alívio
paliar atenuação
paliar compromisso
paliar demora
paliar falsidade
paliar justificação
paliar melhoramento
paliar moderação
paliativo alívio
paliativo atenuação
paliativo demora
paliativo irracionalidade
paliativo justificação
paliativo moderação
paliativo remédio
paliçada arena
paliçada defesa
palidez acromatismo
palidez perigo
palidez sentimento
palidez surpresa
pálido acromatismo
pálido amarelo
pálido frouxidão
pálido meia-luz
pálido sem significação
palimpsesto substituição
palindromia inversão
palíndromo inversão
palíndromo neologismo
pálio cobertura
pálio templo
palitar limpeza
palito estreiteza
palma sucesso
palma título
palma troféu
palmada impulso
palmada punição
palmar conhecimento
palmar erro
palmar grandeza
palmar ignorância
palmar solecismo
palmatória corpos luminosos
palmatória erro
palmear aprovação
palmeira altura
palmilha baixeza
palmilhar locomoção
palmilhar movimento
palmípede animal

palmito pureza
palmo comprimento
palmo parte
palpação tato
palpar experiência
palpar tato
palpável demonstração
palpável existência
palpável exterioridade
palpável inteligibilidade
palpável manifestação
palpável matéria
palpável substancialidade
palpável tato
palpável visibilidade
pálpebra cobertura
palpitação dor
palpitação medo
palpitação sentimento
palpitante importância
palpitante novidade
palpitante oscilação
palpitante sentimento
palpitante suficiência
palpitante vida
palpitar existência
palpitar irracionalidade
palpitar oscilação
palpitar sentimento
palpitar suposição
palpitar vida
palpite experiência
palpite irracionalidade
palpite obliquidade
palpite previdência
palpite suposição
palra loquacidade
palrar gagueira
palrar loquacidade
palrar palestra
palrear palestra
palreiro loquacidade
palreiro notícia
palrice loquacidade
palude golfo
palude pântano
paludial pântano
paludoso insalubridade
paludoso pântano
palustre pântano
pampa mistura
pampa planície
pampa variegação
pampa vegetal
pampeiro vento
panaca credulidade
panaca ignorância
panaca imbecilidade
panaca tolo
panaceia insignificância
panaceia meios
panaceia remédio
panar cobertura
pança convexidade
panca instrumento
pancada ação
pancada ataque
pancada capricho
pancada descida
pancada dor
pancada estalo
pancada louco
pancada punição
pancada rio
pancada suposição
pancada surpresa
pancadaria instrumentos musicais
pancadaria música
pancadaria punição
pancreático partes do corpo humano
pançudo assimetria
pançudo dilatação
pançudo fealdade
pândega divertimento
pândego alegria
pândego divertimento
pândego ridicularia
pandemia generalidade
pandêmico generalidade
pandemônio cooperação
pandemônio desordem
pandemônio excitabilidade
pandemônio impureza
pandemônio incerteza
pandemônio inferno
pandemônio reunião
pando dilatação
pandorga música
pandorga tamanho
panegírico aprovação
panejar pintura
panela receptáculo
panelada conteúdo
panelinha classe
panelinha cooperação
panelinha partido
panfletário difamador
panfletista dissertação
panfletista livro
panfleto livro
panfleto publicidade
panfleto registro
pangaré carregador
pânico medo
pânico surpresa
panificar esforço
pano mancha
panorama aparecimento
panorama generalidade
panorama pintura
panorama visão
panorâmico generalidade
panorâmico visibilidade
pansofia conhecimento
pantagruélico desejo
pantagruélico gula
pantagruélico recepção
pantagruélico sovinaria
pantagruelismo gula
pantalha meia-luz
pantalonas indumentária
pantanal golfo
pantanal pântano
pântano golfo
pântano meio líquido
pântano sujidade
pantanoso pântano
pantanoso umidade
panteísmo irreligião
panteísta heterodoxia
panteísta irreligião
pantera coragem
pantera homem ruim
pantera malfeitor
pantera ressentimento
pantera violência
pantógrafo imitação
pantomima anedota
pantomima artes
pantomima drama
pantomima falsidade
pantomima fraude
pantomima indicação
pantomimeiro drama
pantomimeiro enganador
pantomina fraude
pantomina indicação

pantufa indumentária
pantufa janota
pantufa tamanho
panturrilha forro
pão candura
pão comida
Pão rito
pão-duro sovinaria
papa cobertura
papada tamanho
papado cargos da Igreja
papagaio dívida
papagaio imitação
papagaio loquacidade
papagaio repetição
papaguear imbecilidade
papaguear loquacidade
papaguear repetição
papai ascendência
papa-jantares acompanhamento
papa-jantares inatividade
papa-jantares inutilidade
papal cargos da Igreja
papal clerezia
papalino cargos da Igreja
papalvo ingênuo
papalvo tolo
papa-moscas tolo
papão gula
papão medo
papar comida
papar inatividade
paparicado favorito
paparicar comida
paparicar temperança
papear loquacidade
papear palestra
papeira convexidade
papéis evidência
papel brancura
papel cobertura
papel conduta
papel drama
papel escrita
papel evidência
papel fiança
papel livro
papel plano
papel trabalho
papelada evidência
papelão janota
papelão tolo
papelaria mercado
papeleira registro
papel-moeda dinheiro
papelucho publicidade
papiro escrita
papisa clerezia
papismo ortodoxia
papista carola
papo convexidade
papo receptáculo
papudo assimetria
papudo convexidade
paquerar desejo
paquete nave
paquete servo
paquiderme animal
paquiderme desinteresse
paquidérmico insensibilidade
paquímetro medida
par acompanhamento
par dualidade
par igualdade
par nobreza
par número
par semelhança
para todo o sempre eternidade
para valer veracidade
parabélum potencial de guerra
parabéns congratulação
parabéns regozijo
parábola curvatura
parábola descrição
parábola ensino
parábola metáfora
parabólico curvatura
parabólico metáfora
parada cessação
parada chegada
parada defesa
parada demora
parada descontinuidade
parada fim
parada imobilidade
parada inação
parada locomoção
parada ostentação
parada proibição
parada repouso
paradeiro cessação
paradeiro chegada
paradeiro fim
paradeiro morada
paradeiro restrição
paradeiro situação
paradigma forma
paradigma homem bom
paradigma perfeição
paradigma protótipo
paradigma regularidade
paradisíaco céu
paradisíaco deleite
paradisíaco prazer
parado imobilidade
parado moderação
paradouro chegada
paradoxal impossibilidade
paradoxal incerteza
paradoxal ininteligibilidade
paradoxo absurdo
paradoxo ininteligibilidade
paradoxo segredo
parafina óleo
parafinar lubrificação
paráfrase cópia
paráfrase frase
paráfrase imitação
paráfrase interpretação
parafrasear imitação
parafrasear interpretação
parafrástico imitação
parafrástico interpretação
parafusar curiosidade
parafusar imaginação
parafusar investigação
parafusar suposição
parafuso instrumento
parafuso rotação
parafuso sinuosidade
parafuso vínculo
paragem espaço
parágrafo condições
parágrafo contrato
parágrafo frase
parágrafo livro
parágrafo parte
Paraíso beleza
Paraíso céu
paraíso prazer
paralaxe distância
paralelepípedo angularidade
paralelismo acordo
paralelismo semelhança

paralelismo simetria
paralelismo sincronismo
paralelo circunferência
paralelo comparação
paralelo lateralidade
paralelo paralelismo
paralelo semelhança
paralelo sincronismo
paralelogramo angularidade
paralisação cessação
paralisação descontinuidade
paralisação imobilidade
paralisação inatividade
paralisado não acabamento
paralisar cessação
paralisar descontinuidade
paralisar impotência
paralisar inatividade
paralisar insensibilidade
paralisar não acabamento
paralisia desisnteresse
paralisia doença
paralisia imobilidade
paralisia impotência
paralisia indiferença
paralítico doença
paralítico fraqueza
paralítico impotência
paralogismo irracionalidade
paramentar beleza
paramentar ornamento
paramentar-se batina
paramentos batina
parâmetro número
páramo céu
páramo planície
páramo universo
paraninfar espectador
paraninfo casamento
paraninfo espectador
paraninfo segurança
parapeito defesa
parapeito estorvo
parar acabamento
parar cessação
parar chegada
parar defesa
parar fim
parar imobilidade
parar inação
parar presença
parar proibição
parar silêncio
parasita servo
parasita acompanhamento
parasita inatividade
parasita inutilidade
parasita servilismo
parasita transigência
parasítico apropriação
parasítico servilismo
parasítico sujeição
parasitismo inatividade
parati embriaguez
parca aquecimento
parceiro acompanhamento
parceiro amigo
parceiro auxiliar
parceiro cooperação
parceiro igualdade
parceiro participação
parcel vau
parcela número
parcela pagamento
parcela parte
parcela partilha
parcela pouquidão
parcelado crédito
parcelado disjunção
parcelado parte
parcelado venda
parcelar crédito
parcelar disjunção
parcelar parte
parcelar partilha
parceria acompanhamento
parceria cooperação
parceria participação
parcial auxiliar
parcial descontinuidade
parcial especialidade
parcial injustiça
parcial obliquidade
parcial parte
parcialidade classe
parcialidade desejo
parcialidade desigualdade
parcialidade injustiça
parcialidade obliquidade
parcialidade partido
parcimônia deficiência
parcimônia economia
parcimônia infrequência
parcimônia insuficiência
parcimônia moderação
parcimônia modéstia
parcimônia pouquidade
parcimônia pouquidão
parcimônia simplicidade
parcimonioso economia
parcimonioso pouquidade
parcimonioso temperança
parco economia
parco pouquidade
parco pouquidão
parco temperança
pardacento pardo
pardal macho
pardieiro morada
pardo mistura
pardo pretidão
parecença probabilidade
parecença semelhança
parecer aparecimento
parecer conselho[2]
parecer crença
parecer manifestação
parecer possibilidade
parecer probabilidade
parecer semelhança
parecido semelhança
paredão estorvo
paredão refúgio
paredão verticalidade
parede cerca
parede desobediência
parede estorvo
parede prisão
parede refúgio
parede renitência
parede resistência
parede verticalidade
paredro conselho[2]
paredro diretor
paregórico remédio
parelha dualidade
parelha igualdade
parelheiro carregador
parelho igualdade
parênquima matéria
parênquima textura
parente próximo consanguinidade
parente remoto consanguinidade
parente consanguinidade

parente semelhança
parentesco relação
parentesco semelhança
parêntese descontinuidade
parêntese dualidade
parêntese interjacência
parêntese não relação
parêntese vínculo
páreo contenda
páreo oposição
pari passu igualdade
pari passu sincronismo
pária reclusão
paridade acompanhamento
paridade conformidade
paridade dualidade
paridade igualdade
paridade semelhança
parietal lateralidade
parir expulsão
parir produção
parlamentar autoridade
parlamentar conveniência
parlamentar mediação
parlamentar mensageiro
parlamentarismo autoridade
parlamento conselho[1]
parlapatão fanfarrão
parlapatão jactância
parlapatão vaidade
parlapatice jactância
parlatório notícia
parlatório palestra
parlatório receptáculo
parlenda alocução
parlenda irracionalidade
parlenda loquacidade
parlenda raciocínio
parnaso compêndio
Parnaso morada
Parnaso poesia
Parnaso templo
pároco clerezia
paródia arremedo
paródia cópia
paródia imitação
paródia interpretação errônea
paródia poesia
paródia ridicularização
parodiar imitação
parodiar poesia
parodiar ridicularização
parola discurso
parola sem significação
parolar loquacidade
parolar palestra
paroleiro enganador
paroleiro loquacidade
paronímia nomenclatura
paronímia voz
parônimo nomenclatura
parônimo semelhança
parônimo sílaba
paróquia cargos da Igreja
paróquia região
paroquial cargos da Igreja
paroquial região
paroquiano cargos da Igreja
paroquiano habitante
paroquiano secular
paroxismo morte
paroxismo ressentimento
paroxismo violência
parque depósito
parque divertimento
parque morada
parque vegetal
parra jactância
parreira vegetal
parreiral agricultura
parricida homicídio
parricídio homicídio
parte acusação
parte componente
parte lateralidade
parte livro
parte número
parte partilha
parte singularidade
parteira instrumentalidade
parteira remédio
parteiro auxiliar
parteiro extração
parteiro remédio
partes habilidade
participação cooperação
participação informação
participação preço
participação trabalho
participante agente
participante cooperação
participante participação
participante posse
participar ação
participar advertência
participar cooperação
participar informação
participar participação
participativo auxílio
participativo cooperação
partícula matéria
partícula parte
partícula pouquidão
particular alheamento
particular descrição
particular desinformação
particular especialidade
particular infrequência
particular parte
particular prolixidade
particularidade atenção
particularidade circunstância
particularidade descrição
particularidade especialidade
particularidade intrinsecabilidade
particularidade originalidade
particularidade parte
particularidade poder
particularizar descrição
particularizar especialidade
particularizar informação
particularizar nomenclatura
partida desaparecimento
partida desrespeito
partida divertimento
partida mercadoria
partida morte
partida quantidade
partida retirada
partida transigência
partidário amigo
partidário assentimento
partidário auxiliar
partidário cooperação
partidário obliquidade
partidário partido
partidarismo cooperação
partidarismo excitabilidade
partidarismo obliquidade
partidarismo sentimento
partido crença
partido desaparecimento
partilha concórdia

partilha dispersão
partilha participação
partilha qualidades
partilhado partilha
partilhador partilha
partilhar assentimento
partilhar condolência
partilhar cooperação
partilhar disjunção
partilhar parte
partilhar participação
partilhar partilha
partir ausência
partir deslocação
partir efeito
partir fim
partir navegação
partir parte
partir partida
partir partilha
partitura música
parto efeito
parto egressão
parto produção
parturiente produção
parvo credulidade
parvo imbecilidade
parvo pequenez
parvo tolo
parvoíce imbecilidade
parvoíce insignificância
pascal periodicidade
pascal rito
pascer comida
pascer deleite
pascer divertimento
pascer domesticação
pascer prazer
pascer repouso
páscoa rito
pasmaceira admiração
pasmaceira imbecilidade
pasmaceira inação
pasmaceira inatividade
pasmaceira indiferença
pasmaceira inexcitabilidade
pasmado admiração
pasmado desatenção
pasmado prazer
pasmar admiração
pasmo admiração
paspalhão inutilidade
paspalhão tolo
paspalho inutilidade
paspalho medo
paspalho tolo
pasquim difamação
pasquim publicidade
pasquim ridicularização
pasquinar difamação
passada locomoção
passada movimento
passadiço abertura
passadiço passadouro
passadiço transitoriedade
passadio comida
passadismo passado
passadista passado
passado ceticismo
passado esquecimento
passado fim
passado passado
passado pioramento
passado precedência
passado prioridade
passageiro circunstância
passageiro espectador
passageiro instantaneidade
passageiro mutabilidade
passageiro negligência
passageiro transitoriedade
passageiro viajante
passagem abertura
passagem circunstância
passagem conversão
passagem curso
passagem eventualidade
passagem ingressão
passagem intervalo
passagem livro
passagem mudança
passagem parte
passagem passadouro
passamanaria oficina
passamanes filamento
passamanes ornamento
passamento morte
passante posterioridade
passante resto
passaporte comando
passaporte instrumentalidade
passaporte permissão
passaporte refúgio
passar compulsoriedade
passar desaparecimento
passar escolha
passar interpretação
passar mentira
passar morte
passar movimento
passar prazer
passar rio
passar sofrimento
passar tato
passar tempo
passar transitoriedade
passar necessidade pobreza
passar pela mente pensamento
passarada animal
passaredo animal
passarinhar perseguição
passarinheiro excitabilidade
passarinheiro perseguição
passarinho animal
passarinho astúcia
pássaro animal
pássaro subida
pássaro velhaco
passatempo divertimento
passatempo ócio
passável imperfeição
passe bruxaria
passe fraude
passe intervalo
passe permissão
passeador viajante
passeante inatividade
passeante viajante
passear divertimento
passear exposição
passear locomoção
passear ostentação
passear presença
passear a vista visão
passear o pensamento por pensamento
passeata locomoção
passeata regozijo
passeio divertimento
passeio locomoção
passeio morada
passeio ostentação
passeio passadouro

passibilidade sensibilidade
Passional revelação
passível mutabilidade
passível sensibilidade
passividade inação
passividade inércia
passividade obediência
passivo inação
passivo inércia
passivo obediência
passo ação
passo comprimento
passo estreiteza
passo eventualidade
passo golfo
passo grau
passo intervalo
passo locomoção
passo movimento
passo ordem
passo plano
passo termo
passo a passo vagareza
pasta autoridade
pasta depósito
pasta insígnia
pasta livro
pasta registro
pastagem planície
pastagem vegetal
pastar comida
pastar prazer
pastel comida
pastel desordem
pastel inatividade
pastel pintura
pastel plebeísmo
pastelão comida
pastelão publicidade
pastelaria oficina
pasteleiro agente
pastilha camada
pastilha pouquidão
pasto cerca
pasto comida
pasto planície
pasto prazer
pasto significação
pasto tópico
pasto vegetal
pastor carregador
pastor clerezia
pastor diretor
pastor domesticação
pastor macho
pastor mestre
pastoral agricultura
pastoral cargos da Igreja
pastoral comando
pastoral domesticação
pastoral música
pastoral poesia
pastoral rito
pastorear domesticação
pastorear rito
pastoril domesticação
pastoso meio líquido
pastoso pasta
pata base
patacão dinheiro
patada erro
patada imbecilidade
patada ingratidão
patagônio altura
patavina zero
patchuli fragrância
pateada desrespeito
patear desrespeito
patear impulso
patear insucesso
patear submissão
pátena batina
pátena templo
patente abertura
patente aparecimento
patente autoridade
patente candura
patente classe
patente comando
patente conhecimento
patente direito
patente inteligibilidade
patente manifestação
patente permissão
patente publicidade
patente título
patentear afirmação
patentear demonstração
patentear evidência
patentear exposição
patentear manifestação
paternal amor
paternal ascendência
paternal benevolência
paternal carícias
paternal consanguinidade
paternidade ascendência
paternidade causa
paternidade consanguinidade
paternidade produção
paternidade título
paterno ascendência
paterno consanguinidade
pateta credulidade
pateta imbecilidade
patético dolorimento
patético sentimento
patibular azorrague
patibular medo
patíbulo azorrague
patifaria desonestidade
patife desonestidade
patife homem ruim
patife velhaco
pátina velharia
patinação divertimento
patinhar água
patinho casualidade
pátio começo
pátio morada
pátio região
pato casualidade
pato macho
pato tolo
patoá neologismo
patola imbecilidade
patola tolo
patologista douto
patota casualidade
patranha fraude
patranha mentira
patranheiro enganador
patranheiro mentira
patrão amo
patrão auxiliar
patrão benfeitor
patrão defesa
patrão diretor
patrão macho
pátria causa
pátria começo
pátria morada
patriarca ancião
patriarca ascendência
patriarca macho
patriarcado cargos da Igreja
patriarcado macho
patriarcado região

patriarcal ascendência
patriarcal velharia
patriarcal velhice
patriciado nobreza
patrício amigo
patrício habitante
patrício nobreza
patrimonial propriedade
patrimônio propriedade
pátrio habitante
patrocinador advogado
patrocinador auxiliar
patrocinador defesa
patrocinador doação
patrocinador justificação
patrocinar advogado
patrocinar auxílio
patrocinar doação
patrocinar justificação
patronagem auxílio
patronato autoridade
patronato auxílio
patronato influência
patronato segurança
patronímico nomenclatura
patrono advogado
patrono amigo
patrono auxiliar
patrono benfeitor
patrono defesa
patrono justificação
patrono segurança
patrulha advertência
patrulha partido
patrulha pouquidade
patrulha refúgio
patrulhar segurança
patuá rito
patuscada divertimento
patuscar divertimento
patuscar regozijo
patusco alegria
patusco divertimento
patusco espírito
patusco humorista
pau azorrague
pau potencial de guerra
pau suporte
paul pântano
paul sujidade
paulada ataque
paulada dor
paulada punição
paulatino vagareza
pauperismo pobreza
paus dinheiro
pausa cessação
pausa descontinuidade
pausa imobilidade
pausa intervalo
pausa melodia
pausado vagareza
pausar demora
pausar descontinuidade
pausar repouso
pauta classe
pauta escrita
pauta lista
pauta melodia
pauta preço
pautar escrita
pavana divertimento
pavão beleza
pavão variegação
pavê doçura
paveia quantidade
paveia reunião
pávido medo
pavilhão audição
pavilhão cobertura
pavilhão indicação
pavilhão morada
pavio combustível
pavor aversão
pavor medo
pavoroso dolorimento
pavoroso medo
pavoroso ruindade
paxá fanfarrão
paxá jactância
paz amizade
paz concórdia
paz deleite
paz imobilidade
paz moderação
paz repouso
paz segurança
paz silêncio
pda instrumento
pé baixeza
pé base
pé causa
pé circunstância
pé comprimento
pé poesia
pé sujidade
pé suporte
pé suporte
pé termo
pé ante pé moderação
pé de boi hábito
pé de boi passado
pé de cabra furto
pé de galinha dobra
peanha suporte
peanha templo
peão domesticação
peão servo
peão viajante
pear estorvo
pear impotência
pear junção
peça drama
peça estorvo
peça falsidade
peça fraude
peça parte
peça produção
pecadilho culpa
pecadilho desvirtude
pecadilho insignificância
pecado culpa
pecado desvirtude
pecado impiedade
pecado impureza
pecado transgressão
pecador desvirtude
pecador homem ruim
pecador impiedade
pecador libertino
pecaminoso desvirtude
pecaminoso impureza
pecaminoso ruindade
pecar desvirtude
pecar impureza
pecar insucesso
pecha desvirtude
pecha imperfeição
pecha mancha
pechincha aquisição
pechincha barateza
pechincha bem
pechincha bondade
pechincha preço
pechinchar pedido
pechinchar preço
pechincheiro barateza
pechincheiro inatividade
pechisbeque falsidade

pechisbeque insignificância
pechisbeque mau gosto
peçonha veneno
peçonhento dolorimento
peçonhento insalubridade
peçonhento veneno
pecuária domesticação
peculatário ladrão
peculatário velhaco
peculato desonestidade
peculato furto
peculiar desconformidade
peculiar especialidade
peculiaridade desconformidade
peculiaridade diversidade
peculiaridade originalidade
pecúlio dinheiro
pecúlio economia
pecúlio grandeza
pecúlio lista
pecúlio reunião
pecúnia dinheiro
pecuniário dinheiro
pedaço parte
pedágio passagem
pedágio preço
pedagogia afetação
pedagogia ensino
pedagógico ensino
pedagógico estudo
pedagogo afetação
pedagogo douto
pedagogo mestre
pedal instrumento
pedante afetação
pedante ignorante
pedante jactância
pedante sábio
pedante tolo
pedante vaidade
pedantismo afetação
pedantismo ignorância
pedantismo orgulho
pedantismo vaidade
pederasta impureza
pederasta libertino
pederneira combustível
pederneira rigidez
pedestal base
pedestal celebração
pedestal suporte
pedestre combatente
pedestre locomoção
pedestre viajante
pedestrianismo locomoção
pedicuro remédio
pedido comando
pedido investigação
pedido preço
pedinchão pedido
pedinchão peticionário
pedinchar pedido
pedinte pedido
pedinte peticionário
pedinte plebeísmo
pedinte recebimento
pedir culto
pedir desejo
pedir motivo
pedir pedido
pedir perseguição
pedir preço
pedir permissão permissão
pedir quartel submissão
peditório pedido
pedofilia malevolência
pedófilo homem ruim
pedófilo malfeitor
pedra densidade
pedra enterro
pedra gravura
pedra material
pedra registro
pedra rigidez
pedra tolo
pedraria bondade
pedraria ornamento
pedregoso aspereza
pedregoso dificuldade
pedregoso rigidez
pedregoso terra
pedregulho rigidez
pedreira dificuldade
pedreira rigidez
pedreiro agente
pedroso rigidez
pedunculado pendura
pedunculado suporte
pega discórdia
pega fealdade
pega instrumento
pega libertino
pega loquacidade
pega prisão
pegada hábito
pegada indicação
pegada registro
pegada retaguarda
pegadiço coesão
pegadiço dispersão
pegadiço meio líquido
pegadiço vínculo
pegado coesão
pegado contiguidade
pegajoso coesão
pegajoso meio líquido
pegar aquisição
pegar atrito
pegar coesão
pegar contiguidade
pegar dispersão
pegar estorvo
pegar posse
pegar restrição
pegar retenção
pegar sucesso
pegar tato
pegar desprevenido surpresa
pego abertura
pego intervalo
pego oceano
pego profundidade
pego recife
pegureiro domesticação
pegureiro servo
peia instrumento
peia prisão
peidar gás
peido expulsão
peido fedor
peido gás
peita compensação
peita despesa
peita motivo
peita recompensa
peitar compra
peitar desonestidade
peitar doação
peitar motivo
peitar oferta
peito convexidade
peito frente
peito intelecto
peito interioridade
peito qualidades
peitoral remédio
peitoril defesa

peixão beleza
peixe animal
peixe notícia
pejado redundância
pejado suficiência
pejamento saciedade
pejar completamento
pejar estorvo
pejar irresolução
pejar redundância
pejar saciedade
pejo modéstia
pejo probidade
pejo pureza
pejo sentimento
pejorativo depreciação
pejorativo equívoco
pejorativo interpretação errônea
pejorativo pioramento
pejorativo ruindade
pejorativo, termos remendão
pelado despimento
pelagem cobertura
pelagem cores e sinais de bois
pélago intervalo
pélago multidão
pélago oceano
pélago profundidade
pélago suficiência
pelar carestia
pelar contração
pelar despimento
pelar encurtamento
pele aquecimento
pele camada
pele cobertura
pelego tolo
peleja contenda
peleja discórdia
pelejador contenda
pelejar guerra
pelerine indumentária
pelica lisura
pelicano animal
pelicano extração
película camada
pelintra janota
pelintra mau gosto
pelintra pobreza
pelo aspereza
pelo cobertura
pelo sim pelo não descrença
pelo visto raciocínio
pelota esfericidade
pelota nave
pelotão combatente
pelourinho azorrague
pelourinho prisão
pelúcia lisura
peludo cobertura
pelve concavidade
pélvico concavidade
pélvis concavidade
pena clemência
pena condenação
pena dificuldade
pena escrita
pena esforço
pena insignificância
pena leveza
pena livro
pena penalidade
pena retaliação
pena sofrimento
pena tristeza
penacho aspereza
penacho gestão
penacho indicação
penacho insígnia
penacho ornamento
penada escrita
penada indicação
penado aspereza
penal penalidade
penal punição
penalidade justiça
penalidade punição
penalizado clemência
penalizado penalidade
penalizado tristeza
penalizar clemência
penalizar dolorimento
penalizar justiça
penalizar tristeza
penar sofrimento
penca assimetria
penca convexidade
penca fealdade
pendência contenda
pendência demanda
pendência desacordo
pendência raciocínio
pendência tendência
pendenga contenda
pendenga discórdia
pendenga dissentimento
pendente altura
pendente atenção
pendente obliquidade
pendente pendura
pender destino
pender direção
pender efeito
pender escolha
pender fraqueza
pender futuro
pender obliquidade
pender velharia
pendor boa vontade
pendor desejo
pendor escolha
pendor habilidade
pendor intrinsecabilidade
pendor obliquidade
pendor qualidades
pendor tendência
pendular oscilação
pêndulo cronometria
pêndulo oscilação
pêndulo pendura
pendura corpos luminosos
pendurar crédito
pendurar fiança
pendurar pendura
pendurar vínculo
penduricalho pendura
penedia rigidez
penedia terra
penedo estabilidade
penedo imobilidade
penedo rigidez
penedo terra
peneira abertura
peneira discriminação
peneira limpeza
peneira rio
peneiração investigação
peneiração limpeza
peneiramento singeleza
peneirar discriminação
peneirar dispensa
peneirar escolha
peneirar investigação
peneirar limpeza
peneirar omissão
peneirar rio

penetra afetação
penetra insolência
penetra janota
penetra ridicularia
penetração abertura
penetração ingressão
penetração inteligência
penetração interjacência
penetração passagem
penetração presença
penetração recepção
penetrador inteligência
penetrante agudeza
penetrante barulho
penetrante cuidado
penetrante dolorimento
penetrante energia
penetrante estridor
penetrante frio
penetrante habilidade
penetrante ingressão
penetrante inteligência
penetrante sensibilidade
penetrante sentimento
penetrante violência
penetrar abertura
penetrar conhecimento
penetrar dor
penetrar excitação
penetrar influência
penetrar ingressão
penetrar inteligência
penetrar inteligibilidade
penetrar interjacência
penetrar interpretação
penetrar investigação
penetrar passagem
penetrar predição
penetrar presença
penetrar progressão
penetrável vau
penha altura
penha rigidez
penha terra
penhascal altura
penhasco altura
penhasco obliquidade
penhasco recife
penhasco rigidez
penhasco terra
penhascoso altura
penhascoso aspereza
penhascoso obliquidade
penhascoso perigo
penhascoso terra
penhoar indumentária
penhor crédito
penhor despesa
penhor empenhamento
penhor fiança
penhor promessa
penhora apropriação
penhora empréstimo
penhora retenção
penhorado gratidão
penhorar apropriação
penhorar empenhamento
penhorar fiança
penhorar gratidão
penhorar preço
penhorar promessa
penico receptáculo
penico sujidade
península terra
peninsular terra
penitência ascetismo
penitência culto
penitência expiação
penitencial expiação
penitencial penitência
penitenciar rito
penitenciária cargos da Igreja
penitenciária prisão
penitenciária tribunal
penitenciar-se penitência
penitente expiação
penitente penitência
penitente piedade
penoso dificuldade
penoso dolorimento
penoso esforço
penoso fadiga
penoso grandeza
pensado pensamento
pensador douto
pensador pensamento
pensador raciocínio
pensador sábio
pensamento atenção
pensamento cuidado
pensamento ideia
pensamento imaginação
pensamento velocidade
pensante conhecimento
pensante pensamento
pensão dificuldade
pensão doação
pensão esforço
pensão morada
pensão receita
pensão riqueza
pensar crença
pensar pensamento
pensar remédio
pensar suposição
pensativo desatenção
pensativo pensamento
pensativo tristeza
pênsil pendura
pensionar doação
pensionário recebimento
pensionário servo
pensionista recebimento
pensionista servo
penso comida
penso trabalho
pentadecágono angularidade
pentaedro angularidade
pentágono angularidade
pentagrama melodia
pentaneta consanguinidade
pentaneto consanguinidade
pentassilábico sílaba
pentassílabo sílaba
Pentateuco revelação
pentatlo contenda
pentavó consanguinidade
pente agudeza
pente limpeza
pente lisura
penteado indumentária
penteador cobertura
penteadura indumentária
penteadura limpeza
pentear limpeza
pentear lisura
Pentecoste rito
pente-fino ladrão
pentobarbital insensibilidade
penugem aspereza
penugem flexibilidade
penugem lisura
penúltimo fim
penúltimo precedência
penumbra meia-luz

penumbra reclusão
penúria insuficiência
penúria pobreza
penúria pouquidão
pepino humorista
pepita dinheiro
péptico remédio
pequenez desonestidade
pequenez economia
pequenez encurtamento
pequenez estreiteza
pequenez humildade
pequenez infância
pequenez inferioridade
pequenez insignificância
pequenez pouquidão
pequenez servilismo
pequenez sovinaria
pequenino infância
pequenino pequenez
pequeno desprezo
pequeno infância
pequeno infante
pequeno insignificância
pequeno insuficiência
pequeno pequenez
pequeno plebeísmo
pequerrucho infante
per se isolamento
perambulação locomoção
perambular locomoção
perambular viajante
perante presença
perau golfo
perau profundidade
percalço aquisição
percalço mal
perceber aquisição
perceber audição
perceber conhecimento
perceber descoberta
perceber inteligência
perceber inteligibilidade
perceber raciocínio
perceber recebimento
perceber receita
perceber sensibilidade
perceber sentimento
perceber visão
percebido cautela
percebimento intelecto
percebimento recebimento
percebimento sensibilidade
percentagem parte
percepção conhecimento
percepção ideia
percepção intelecto
percepção raciocínio
percepção recebimento
percepção receita
percepção sanidade
perceptível audição
perceptível inteligibilidade
perceptível sensibilidade
perceptível visibilidade
perceptivo ensino
perceptivo sensibilidade
percevejo fedor
percevejo sujidade
percevejo vínculo
percorrer atenção
percorrer movimento
percorrer passagem
percuciente impulso
percurso comprimento
percurso locomoção
percurso movimento
percussão impulso
percutir impulso
perda esbanjamento
perda fraqueza
perda imperfeição
perda mal
perda morte
perda pioramento
perdão absolvição
perder desuso
perder inoportunidade
perder perda
perder ruindade
perdição destruição
perdição impiedade
perdição infamação
perdição insucesso
perdição mal
perdição perda
perdição ruindade
perdido ausência
perdido desamparo
perdido desatenção
perdido desinformação
perdido deslocação
perdido desvio
perdido desvirtude
perdido disjunção
perdido distância
perdido excitação
perdido impureza
perdido inexistência
perdido infrequência
perdido insucesso
perdido isolamento
perdido medo
perdido pensamento
perdido perda
perdido perigo
perdido pouquidade
perdido sentimento
perdido sofrimento
perdido tristeza
perdigão macho
perdigoto excreção
perdigueiro animal
perdível extrinsecabilidade
perdível perda
perdoado perdão
perdoar absolvição
perdoar divindade
perdoar perdão
perdoar tolerância
perdoável insignificância
perdoável perdão
perdulário esbanjamento
perdulário prodigalidade
perdurar diuturnidade
perdurar eternidade
perdurar existência
perdurar tempo
perdurável diuturnidade
perdurável eternidade
perecedouro transitoriedade
perecer destruição
perecer fim
perecer inexistência
perecer morte
perecer pioramento
perecer transitoriedade
perecibilidade transitoriedade
perecimento pioramento
perecimento transitoriedade
perecível transitoriedade
peregrinação culto
peregrinação empreendimento
peregrinação locomoção
peregrinar culto

peregrinar movimento
peregrino admiração
peregrino alheamento
peregrino beleza
peregrino bondade
peregrino culto
peregrino desconformidade
peregrino descostume
peregrino grandeza
peregrino infrequência
peregrino piedade
peregrino superioridade
peregrino viajante
peremptório afirmação
peremptório autoridade
peremptório certeza
peremptório cessação
peremptório comando
peremptório dever
peremptório obrigatoriedade
peremptório resolução
peremptório tirania
perene continuidade
perene estabilidade
perene permanência
perene tempo
perene vegetal
perenidade continuidade
perenidade diuturnidade
perenidade eternidade
perfazer acabamento
perfazer completamento
perfazer dinheiro
perfazimento acabamento
perfazimento observância
perfeccionismo exigência
perfectibilidade perfeição
perfectível perfeição
perfeição beleza
perfeição bondade
perfeição completamento
perfeição divindade
perfeição elegância
perfeição frase
perfeição simetria
perfeito acabamento
perfeito acordo
perfeito aprovação
perfeito beleza
perfeito certeza
perfeito completamento
perfeito cópia
perfeito elegância
perfeito grandeza
perfeito habilidade
perfeito inocência
perfeito perfeição
perfeito probidade
perfeito todo
perfeito vigor
perfídia falsidade
pérfido desonestidade
pérfido falsidade
pérfido fraude
perfil aparecimento
perfil contorno
perfil descrição
perfil lateralidade
perfil pintura
perfilar arranjo
perfilar descrição
perfilar direitura
perfilar pintura
perfilar verticalidade
perfilhar consanguinidade
perfilhar crença
perfilhar escolha
perfilhar posteridade
perfumado fragrância
perfumador fragrância
perfumar fragrância
perfumaria fragrância
perfume fragrância
perfumoso fragrância
perfunctório deficiência
perfunctório ignorância
perfunctório negligência
perfunctório transitoriedade
perfurador instrumento
perfurar abertura
perfurar ingressão
perfurar passagem
pergaminho fiança
pergaminho nobreza
perguntador curiosidade
perguntador investigação
perguntar curiosidade
perguntar investigação
perícia estudo
perícia habilidade
perícia hábito
periclitante perigo
periclitante risco
periclitar perigo
periculosidade perigo
periélio proximidade
periferia borda
periferia circunjacência
periferia contorno
periférico contorno
perífrase apelido
perífrase nomenclatura
perífrase prolixidade
perifrasear prolixidade
perifrástico prolixidade
perigar perigo
perigeu proximidade
perigo risco
perigoso contenda
perigoso dificuldade
perigoso discórdia
perigoso dolorimento
perigoso homem ruim
perigoso malevolência
perigoso medo
perigoso perigo
perigoso risco
perigoso ruindade
perimetral contorno
perimétrico contorno
perímetro borda
perímetro circunjacência
perímetro contorno
perineal partes do corpo humano
periodicidade ordem
periodicidade período
periódico descontinuidade
periódico livro
periódico periodicidade
periódico publicidade
periodismo publicidade
período frase
período periodicidade
período repetição
período tempo
período termo
peripécia circunstância
peripécia eventualidade
peripécia revolução
périplo circuição
périplo descrição
périplo navegação
periquito loquacidade
periscópio instrumentos de óptica
periscópio visão

peristáltico descida
peristáltico sinuosidade
peristilo região
perito habilidade
perito juiz
perito proficiente
perito sábio
perjurar desonestidade
perjurar falsidade
perjurar resignação
perjurar tergiversação
perjúrio desonestidade
perjúrio falsidade
perjúrio resignação
perjuro desonestidade
perjuro enganador
perjuro falsidade
perjuro homem ruim
perjuro tergiversação
perjuro velhaco
perlar ornamento
perlar semitransparência
perlongar demora
perlongar lateralidade
perlustrar atenção
perlustrar investigação
perlustrar locomoção
perlustrar movimento
perlustrar visão
permanecer diuturnidade
permanecer existência
permanecer permanência
permanecer presença
permanecer parado imobilidade
permanência continuação
permanência diuturnidade
permanência estabilidade
permanência existência
permanência frequência
permanência inércia
permanência perseverança
permanência presença
permanência uniformidade
permanente continuidade
permanente diuturnidade
permanente estabilidade
permanente frequência
permanente hábito
permanente intrinsecabilidade
permanente permanência
permanente regularidade
permeabilidade abertura
permear interjacência
permear passagem
permeável abertura
permissão assentimento
permissão autoridade
permissão comissão
permissão facilidade
permissão permissão
permissão vontade
permissível direito
permissível justiça
permissível legalidade
permissível permissão
permissível possibilidade
permissível vontade
permissivo permissão
permitido direito
permitido justiça
permitido legalidade
permitido permissão
permitir assentimento
permitir consentimento
permitir exposição
permitir facilidade
permitir inexcitabilidade
permitir permissão
permitir tolerância
permuta correlação
permuta troca
permutação número
permutação troca
permutar correlação
permutar mudança
permutar numeração
permutar permuta
permutar troca
permutável correlação
permutável permuta
perna parte
perna suporte
pernada velocidade
pernalta assimetria
perneira defesa
pernicioso insalubridade
pernicioso mal
pernicioso malevolência
pernicioso ruindade
pernicioso veneno
pernil estreiteza
pernil suporte
pernilongo assimetria
pernilongo estreiteza
pernilongo imperfeição
pernoitar cessação
pernoitar chegada
pernóstico deselegância
pernóstico orgulho
pérola bondade
pérola brancura
pérola fama
pérola favorito
pérola homem bom
pérola ornamento
pérola semitransparência
perônio partes do corpo humano
peroração alocução
peroração discurso
peroração sucessor
perorar alocução
perorar discurso
perorar prolixidade
perpassar contiguidade
perpassar insignificância
perpassar movimento
perpassar passagem
perpassar tempo
perpassar vento
perpassar do tempo curso
perpendicular direitura
perpendicular verticalidade
perpendicularidade direitura
perpendicularidade verticalidade
perpetração ação
perpetrador agente
perpetrar ação
perpetrar ruindade
perpétua roxo
perpetuar continuação
perpetuar estabilidade
perpetuar fama
perpetuar produção
perpétuo continuidade
perpétuo estabilidade
perpétuo eternidade
perpétuo frequência
perpétuo infinidade
perpétuo propriedade
perplexidade admiração
perplexidade incerteza
perplexidade ininteligibilidade
perplexidade irresolução

perplexidade surpresa
perplexo admiração
perplexo desatenção
perplexo desejo
perplexo desordem
perplexo incerteza
perplexo refutação
perplexo surpresa
perquirição curiosidade
perquirição investigação
perquirir investigação
perrengue inatividade
perrengue obstinação
perro animal
perro obstinação
perscrutação investigação
perscrutador curiosidade
perscrutador inteligência
perscrutador investigação
perscrutar atenção
perscrutar curiosidade
perscrutar espectador
perscrutar investigação
perscrutável vau
persecução sucessão
persecutório perseguição
perseguição aproximação
perseguição dolorimento
perseguição impropriedade
perseguição investigação
perseguição ruindade
perseguição sofrimento
perseguição sucessão
perseguição tirania
perseguido impropriedade
perseguido ódio
perseguido transigência
perseguidor homem ruim
perseguidor inimigo
perseguidor malevolência
perseguidor malfeitor
perseguidor ódio
perseguidor perseguição
perseguir desrespeito
perseguir dolorimento
perseguir intenção
perseguir pedido
perseguir perseguição
perseguir punição
perseguir ruindade
perseguir sucessão
perseguir tirania
perseverança atividade
perseverança continuação
perseverança frequência
perseverança resolução
perseverante atividade
perseverante coragem
perseverante diuturnidade
perseverante renitência
perseverante vontade
perseverar atividade
perseverar continuação
perseverar esforço
perseverar perseverança
perseverar renitência
perseverar resolução
perseverar vontade
persignação culto
persignar-se culto
persistência continuação
persistência esforço
persistência estabilidade
persistência frequência
persistência impenitência
persistência obstinação
persistência permanência
persistência perseverança
persistência repetição
persistente continuação
persistente diuturnidade
persistente estabilidade
persistente frequência
persistente obstinação
persistente permanência
persistente perseverança
persistir atividade
persistir continuação
persistir diuturnidade
persistir estabilidade
persistir existência
persistir permanência
persistir perseverança
persistir tempo
persona grata favorito
personagem drama
personagem humanidade
personagem importância
personagem influência
personalidade especialidade
personalidade humanidade
personalidade imaterialidade
personalidade nobreza
personalidade substancialidade
personalismo especialidade
personalista egoísmo
personalizar desrespeito
personalizar especialidade
personalizar nomenclatura
personificação drama
personificação imitação
personificação metáfora
personificação representação
personificar drama
personificar especialidade
personificar indicação
personificar nomenclatura
perspectiva acaso
perspectiva aparecimento
perspectiva destino
perspectiva esperança
perspectiva expectativa
perspectiva pintura
perspectiva previdência
perspectiva probabilidade
perspectiva visão
perspicácia astúcia
perspicácia habilidade
perspicácia inteligência
perspicácia sanidade
perspicácia visão
perspicaz incredulidade
perspicaz inteligência
perspicuidade inteligibilidade
perspicuidade visão
perspícuo inteligibilidade
perspícuo visibilidade
persuadido crença
persuadir influência
persuadir motivo
persuadível boa vontade
persuasão boa vontade
persuasão conselho²
persuasão crença
persuasão ensino
persuasão motivo
persuasiva motivo
persuasivo crença
persuasivo motivo
persuasório crença
persuasório motivo
pertencer posse
pertences componente
pertences propriedade
pertinácia esforço

pertinácia impenitência
pertinácia obstinação
pertinácia perseverança
pertinaz obstinação
pertinaz perseverança
pertinência acordo
pertinência posse
pertinente acordo
pertinente relação
perto proximidade
perturbação agitação
perturbação cessação
perturbação desarranjo
perturbação desobediência
perturbação desordem
perturbação discórdia
perturbação energia
perturbação excitabilidade
perturbação excitação
perturbação sentimento
perturbação sentimento
perturbado ceticismo
perturbado refutação
perturbado sofrimento
perturbador desatenção
perturbar desarranjo
perturbar descontentamento
perturbar descontinuidade
perturbar discórdia
perturbar dolorimento
perturbar excitação
perturbar incerteza
perturbar inversão
perturbar loucura
perturbar malevolência
perturbar mudança
peru casualidade
Peru riqueza
peru vaidade
perua embriaguez
peruca indumentária
perversão desensino
perversão impiedade
perversão interpretação errônea
perversão mentira
perversão pioramento
perversidade hipocondria
perversidade ruindade
perverso desvirtude
perverso homem ruim
perverso ruindade
perverso tirania
perverter desarranjo
perverter desensino
perverter desvirtude
perverter falsidade
perverter infamação
perverter interpretação errônea
perverter irracionalidade
perverter mau uso
perverter pioramento
perverter ruindade
pervertido erro
pervertido impiedade
pervertido impureza
pesadelo dificuldade
pesadelo dolorimento
pesadelo dor
pesadelo estorvo
pesadelo imaginação
pesadelo medo
pesadelo sofrimento
pesado chateza
pesado descortesia
pesado deselegância
pesado dificuldade
pesado estorvo
pesado fealdade
pesado frouxidão
pesado grandeza
pesado inatividade
pesado inconveniência
pesado inércia
pesado matéria
pesado mau gosto
pesado ruindade
pesado suficiência
pesado tamanho
pesado vagareza
pesado velhice
pesagem gravidade
pesagem medida
pêsames condolência
pesar atenção
pesar clemência
pesar descontentamento
pesar dolorimento
pesar gravidade
pesar influência
pesar investigação
pesar medida
pesar motivo
pesar numeração
pesar penitência
pesar pensamento
pesar ressentimento
pesar saudade
pesar sofrimento
pesar tristeza
pesar na consciência penitência
pesaroso penitência
pesaroso sofrimento
pesaroso tristeza
pesca divertimento
pesca perseguição
pescador homicídio
pescador perseguição
pescar acaso
pescar experiência
pescar homicídio
pescar inteligência
pescar investigação
pescar perseguição
pescaria homicídio
pescaria perseguição
pescoção punição
pescoço estreiteza
peseta dinheiro
peso dinheiro
pespegar discurso
pespegar dor
pespegar enfado
pespegar fraude
pespegar impulso
pespegar mentira
pespontar preparação
pesponto junção
pesquisa atenção
pesquisa curiosidade
pesquisa ensino
pesquisa informação
pesquisa investigação
pesquisa perseguição
pesquisar curiosidade
pesquisar investigação
pessimismo depreciação
pessimismo descontentamento
pessimismo descrença
pessimismo desesperança
pessimismo misantropia
pessimismo tristeza
pessimista depreciação
pessimista descontentamento

pessimista difamador
pessimista tristeza
péssimo aversão
péssimo ódio
péssimo ruindade
pessoa habitante
pessoa humanidade
pessoa imaterialidade
pessoa substancialidade
pessoal especialidade
pessoal humanidade
pessoal substancialidade
pestana filamento
pestanejar agitação
pestanejar indicação
pestanejar meia-luz
pestanejar tarde
pestanejar visão imperfeita
peste doença
peste dolorimento
peste fedor
peste mal
peste sofrimento
peste veneno
pestífero insalubridade
pestífero veneno
pestilência doença
pestilência insalubridade
pestilento insalubridade
pétala parte
petardear destruição
petardo potencial de guerra
peteca divertimento
peteca irresolução
petição legalidade
petição pedido
petiscar aquecimento
petiscar comida
petiscar gosto
petisco afetação
petisco comida
petisco ridicularia
petisco sabor
petisqueira comida
petiz infante
petizada infante
petrechar poder
petrechar preparação
petrechos instrumento
pétreo inclemência
pétreo insensibilidade
pétreo rigidez
petrificação rigidez
petrificar admiração
petrificar excitação
petrificar insensibilidade
petrificar medo
petrificar não organização
petrificar resfriamento
petrificar rigidez
petrificar surpresa
petroleiro aquecimento
petroleiro desobediência
petroleiro destruidor
petróleo combustível
petróleo óleo
petrolífero untuosidade
petrologia não organização
petulância insolência
petulância irascibilidade
petulância vaidade
petulante insolência
pevide centralidade
pevide importância
pevide pequenez
pevide pulverização
pexote casualidade
pexote remendão
pez resina
piada anedota
piada espírito
piada ridicularização
piadista humorista
piadista ridicularização
pianista músico
piano melodia
piano moderação
piano vagareza
pião divertimento
pião rotação
piastra dinheiro
pica desejo
picada aspereza
picada cume
picada dor
picada mergulho
picada passadouro
picadeiro arena
picadela sofrimento
picadinho picante
picado comida
picado mancha
picado variegação
picadura dor
picante difamação
picante energia
picante excitação
picante picante
picante reprovação
picante ridicularização
picante sentimento
picante vigor
picão destruidor
picão impulso
pica-pau carregador
pica-pau potencial de guerra
picape veículo
picar abertura
picar ataque
picar comichão
picar dolorimento
picar dor
picar excitação
picar malevolência
picar mergulho
picar motivo
picar parte
picar picante
picar ressentimento
picar sensibilidade
picardia malevolência
picaresco deselegância
picaresco imbecilidade
picaresco ridicularia
picareta agudeza
picareta destruidor
picareta impulso
pícaro astúcia
pícaro desonestidade
pícaro malevolência
pícaro ridicularia
píceo resina
pichar desrespeito
piche pretidão
pichel receptáculo
pico altura
pico cume
pico picante
picolé refrigerador
picolé resfriamento
picote batina
pictórico pintura
picuinha desrespeito
picuinha malevolência
picuinha ridicularização
pidão peticionário
piedade bondade
piedade clemência

piedade filantropia
piedade lamentação
piedoso bondade
piedoso clemência
piedoso piedade
piegas afetação
piegas anedota
piegas favorito
piegas interesse
piegas ridicularia
piegas tolo
pieguice afetação
pieguice interesse
pieguice ridicularia
pierrô drama
pifão embriaguez
pífio enfado
pífio inferioridade
pífio insignificância
pífio insipidez
pífio inutilidade
pífio mau gosto
pífio plebeísmo
pigarrear vento
pigarro meio líquido
pigmentar cor
pigmento cor
pigmento pretidão
pigmeu ignorante
pigmeu pequenez
pigmeu plebeísmo
pijama indumentária
pilantra astúcia
pilantra desonestidade
pilantra homem ruim
pilão pobreza
pilão pulverização
pilar altura
pilar fama
pilar imobilidade
pilar pulverização
pilar registro
pilar suporte
pilastra ornamento
pilastra registro
pilastra suporte
pileque embriaguez
pilha grandeza
pilha suficiência
pilhagem aquisição
pilhagem furto
pilhagem presa
pilhar aquisição
pilhar furto
pilhar presa
pilhéria anedota
pilhéria divertimento
pilhéria espírito
pilhéria inexistência
pilhéria insignificância
pilheriar espírito
piloro abertura
pilotar equipagem
pilotar gestão
piloto combatente
piloto diretor
piloto equipagem
piloto informação
pílula esfericidade
pílula remédio
pimenta irascibilidade
pimenta picante
pimenta tempero
pimentão vermelhidão
pimpão fanfarrão
pimpão janota
pinacoteca pintura
pináculo cume
pináculo fama
pinça extração
pinça retenção
píncaro agudeza
píncaro altura
píncaro cume
píncaro fama
pincel artista
pincel pintura
pincelada ignorância
pincelar pintura
pincho salto
pindaíba pobreza
pinel louco
pinga embriaguez
pinga pobreza
pinga pouquidão
pinga quantidade
pingadeira aquisição
pingadeira despesa
pingadeira receita
pingar aquisição
pingar descida
pingar fluidez
pingar indicação
pingar receita
pingar rio
pingente ornamento
pingente pendura
pingo excreção
pingo indicação
pingo insignificância
pingo pequenez
pingo pouquidão
pinguço embriaguez
pingue aquisição
pingue comida
pingue grandeza
pingue produtividade
pingue receita
pingue suficiência
pingue untuosidade
pinguela passadouro
pinguela vínculo
pinha reunião
pino cume
pino vínculo
pinote salto
pinotear agitação
pinotear renitência
pinta exterioridade
pinta forma
pinta indicação
pinta pouquidão
pintado perfeição
pintalgar variegação
pintar cor
pintar descrição
pintar fraude
pintar ornamento
pintar pintura
pintar representação
pinto infante
pintor artista
pintura artes
pintura beleza
pintura cobertura
pintura cor
pintura descrição
pintura perfeição
pintura representação
pinturesco beleza
pinturesco pintura
pio bondade
pio clemência
pio piedade
pio veracidade
piolheira sujidade
piolhento sujidade
piolho sujidade
píon matéria

pioneiro frente
pioneiro mestre
pioneiro precessão
pioneiro precursor
pioneiro preparação
pior pioramento
piora agravação
piora pioramento
piorado pioramento
piorar agravação
piorar pioramento
piorar recaída
piorar velharia
piorar violência
piorra divertimento
pipa esfericidade
pipa largura
pipa pequenez
pipa receptáculo
piparote impulso
pipeta receptáculo
pique agudeza
pique mergulho
pique obstinação
pique picante
pique potencial de guerra
pique risco
piquenique divertimento
piquete advertência
piquete combatente
piquete defesa
piquete viajante
pira calor
pira experiência
pira fornalha
piração excitabilidade
piramidal agudeza
piramidal angularidade
pirâmide angularidade
piranha irascibilidade
pirar desaparecimento
pirata ladrão
piratagem furto
pirataria apropriação
pirataria furto
piratear furto
pires receptáculo
pirexia doença
pírico calor
pírico fornalha
piroca despimento
pirofobia medo
pirogravar gravura
pirogravura gravura
pirologia calor
piromania loucura
pirometria calor
pirômetro medida
pirômetro termômetro
pirotecnia artes
pirotecnia calor
pirotecnia ostentação
pirotécnico agente
pirotécnico calor
pirraça desrespeito
pirraça discórdia
pirraça dolorimento
pirraça malevolência
pirracento obliquidade
pirueta inversão
pirueta rotação
piruetar agitação
piruetar inversão
piruetar salto
pisa pulverização
pisa punição
pisadela pulverização
pisado sujeição
pisadura pulverização
pisar dolorimento
pisar dor
pisar hábito
pisar impulso
pisar locomoção
pisar malevolência
pisar pulverização
pisar ruindade
piscadela indicação
piscar visão imperfeita
piscatório perseguição
písceo perseguição
piscicultura domesticação
piscina arena
piscina depósito
piscina domesticação
piscina golfo
piscina templo
piscoso produtividade
piscoso rio
piso doação
pisotear dolorimento
pista arena
pista indicação
pista investigação
pista passadouro
pista perseguição
pista registro
pistão tapador
pistola potencial de guerra
pistolão influência
pitada pouquidão
pitança comida
pitança doação
pitança insuficiência
pitança receita
pitanga infante
pitar picante
piteira embriaguez
piteira picante
pitéu comida
pitéu sabor
Pítia oráculo
pito picante
píton feiticeiro
Pitonisa oráculo
pitoresco beleza
pitoresco divertimento
pitoresco elegância
pitoresco floreio
pitoresco pintura
pitoresco vigor
pitorra divertimento
pitorra largura
pitorra pequenez
pitorra rotação
pituíta excreção
pituíta fluidez
pituíta meio líquido
pituitária canal de respiração
pituitária odor
pituitário excreção
pituitário meio líquido
pivete fragrância
pivete infante
pivete ladrão
pivô junção
pivô rotação
pixaim aspereza
placa camada
placa celebração
placa dinheiro
placa indicação
placa registro
placa título
placebo remédio
placenta produção
placidez imobilidade
placidez inexcitabilidade

placidez moderação
placidez silêncio
plácido imobilidade
plácido inexcitabilidade
plácido moderação
plácido paz
plagiador imitação
plagiar imitação
plagiário empenhamento
plagiário imitação
plágio cópia
plágio empenhamento
plágio furto
plágio imitação
plaina lisura
planador nave
planalto altura
planalto planície
planalto terra
planejado plano
planejador plano
planejamento contabilidade
planejamento esperança
planejamento preparação
planejamento trabalho
planejar intenção
planejar plano
planejar preparação
planeta compulsoriedade
planeta esfericidade
planeta humanidade
planeta opacidade
planeta substancialidade
planeta universo
planetário humanidade
planetário universo
plangente lamentação
plangente tristeza
planície espaço
planície fama
planície horizontalidade
planície lugar
planilha contabilidade
planilha plano
planilha trabalho
plano conduta
plano horizontalidade
plano intenção
plano lisura
plano termo
plano trabalho
planta baixeza
planta base
planta informação
planta representação
planta vegetal
plantação inserção
plantação localização
plantado situação
plantar agricultura
planura altura
planura planície
planura terra
plasmar ensino
plasmar forma
plasmar imitação
plasmar representação
plástica forma
plástica representação
plasticidade elasticidade
plasticidade flexibilidade
plástico flexibilidade
plástico forma
plástico material
plástico mutabilidade
plastificar cobertura
plastificar lisura
plastrão defesa
plastrão indumentária
plataforma crença
plataforma escola
plataforma mediação
plataforma plano
platibanda ornamento
platina dinheiro
platinar brancura
platô altura
platô horizontalidade
platô planície
platônico inexcitabilidade
platônico pensamento
platônico pureza
platonismo inexcitabilidade
platonismo pensamento
platonismo pureza
plausibilidade acaso
plausibilidade probabilidade
plausível bondade
plausível direito
plausível justificação
plausível probabilidade
plausível raciocínio
plebe plebeísmo
plebeísmo deselegância
plebeísmo linguagem
plebeu plebeísmo
plebiscito escolha
plectro poesia
plêiade multidão
plêiade reunião
plêiade suficiência
pleiteante pedido
pleitear bondade
pleitear demanda
pleitear direito
pleitear evidência
pleitear pedido
pleito contenda
pleito demanda
pleito escolha
plenário completamento
plenário grandeza
plenilúnio periodicidade
plenipotenciário deputado
plenitude completamento
plenitude grandeza
plenitude grau
plenitude meio
plenitude perfeição
plenitude quantidade
plenitude suficiência
plenitude todo
plenitude do inverno frio
plenitude do verão calor
pleno completamento
pleno grandeza
pleno suficiência
pleonasmo prolixidade
pleonasmo redundância
pleonasmo sem significação
pleonástico prolixidade
pleonástico redundância
pletora redundância
pletórico redundância
plexo cruzamento
plexo relação
plica escrita
plicatura dobra
plinto base
plinto suporte
plissado dobra
plissar dobra
plissê dobra
pluma indicação
pluma leveza
pluma ornamento

pluma título
plumagem aspereza
plumagem ornamento
plúmbeo acromatismo
plúmbeo gravidade
plúmbeo inatividade
plúmbeo meia-luz
plúmbeo pardo
plúmeo ornamento
plumoso aspereza
plumoso ornamento
plural numerais cardinais
plural pluralidade
pluralidade multidão
pluralidade multiformidade
pluralismo tolerância
pluralizar aumento
pluralizar pluralidade
Plutão inferno
plutocracia riqueza
plutocrata riqueza
plutônico calor
plutônico inferno
plutônio combustível
pluvial rio
pluviometria rio
pluvioso rio
pneumatologia intelecto
pneumonia doença
pô! admiração
pó admiração
pó baixeza
pó cadáver
pó inutilidade
pó leveza
pó pequenez
pó pulverização
pobre adversidade
pobre frouxidão
pobre improdutividade
pobre insignificância
pobre insolvência
pobre insuficiência
pobre irracionalidade
pobre pobreza
pobre pobreza
pobre simplicidade
pobre-diabo pobreza
pobretão pobreza
pobreza insignificância
pobreza pouquidão
pobreza simplicidade
poça golfo
poça pântano
poção comida
poção remédio
pocilga morada
pocilga sujidade
poço abertura
poço depósito
poço golfo
poço profundidade
poda agricultura
poda encurtamento
poda subtração
podadeira agricultura
podadeira agudeza
podão agricultura
podão agudeza
podão ancião
podão fraqueza
podão remendão
podar agricultura
podar contração
podar diminuição
podar encurtamento
podar subtração
poder autoridade
poder direito
poder divindade
poder fama
poder força
poder grandeza
poder habilidade
poder importância
poder influência
poder intrinsecabilidade
poder poder
poder vigor
poder violência
poderes amo
poderio autoridade
poderio importância
poderio influência
poderoso barulho
poderoso energia
poderoso força
poderoso guerra
poderoso importância
poderoso influência
poderoso poder
poderoso superioridade
poderoso tamanho
podre desvirtude
podre fedor
podre impureza
podre insalubridade
podre insignificância
podre pioramento
podre ruindade
podre sujidade
podres desvirtude
podridão fedor
podridão impureza
podridão insalubridade
podridão pioramento
podridão veneno
poedeira produtividade
poeira baixeza
poeira inutilidade
poeira pulverização
poeira vaidade
poeirada pulverização
poeirento pulverização
poejo pulverização
poema fama
poema música
poema poesia
poemeto poesia
poente direção
poente velharia
poesia artes
poeta imaginação
poeta poesia
poetaço poesia
poetar poesia
poetastro afetação
poetastro poesia
poético beleza
poético imaginação
poético poesia
poético sentimento
poético vigor
poetizar imaginação
poetizar poesia
pois atribuição
pois raciocínio
polar centralidade
polaridade contraposição
polaridade direção
polaridade dualidade
polarização advertência
polarização oposição
polca divertimento
polca música
poldro carregador
poldro infante
polé azorrague

polé instrumento
polegar tato
poleiro altura
poleiro autoridade
polêmica contenda
polêmica raciocínio
polêmico discórdia
polêmico raciocínio
polemista combatente
polemista discórdia
polemista oponente
polemista raciocínio
pólen produção
poliandria casamento
polichinelo drama
polichinelo humorista
polichinelo irresolução
polichinelo representação
polichinelo tolo
polícia cuidado
polícia informação
polícia jurisdição
polícia refúgio
polícia segurança
policial artes
policial jurisdição
policial segurança
policiamento gestão
policiamento segurança
policiar cuidado
policiar melhoramento
policiar segurança
policlínica remédio
policromia pintura
policromia variegação
polidez cortesia
polidez moda
polido cortesia
polido elegância
polido espírito
polido sobriedade
polidura lisura
polífago gula
polifonia voz
poligamia casamento
polígamo casamento
poliglota conhecimento
poliglota douto
poligonal angularidade
polígono angularidade
poligrafia livro
polígrafo conhecimento
polígrafo livro
polimento bom gosto
polimento lisura
polimento ornamento
polimorfismo multiformidade
poliomielite doença
pólipo convexidade
polir acabamento
polir atrito
polir contração
polir elegância
polir irracionalidade
polir lisura
polir melhoramento
polir ornamento
polir perfeição
polir preparação
polissilábico sílaba
polissílabo sílaba
polissíndeto prolixidade
politeama drama
politécnico ensino
politécnico escola
politeísmo heterodoxia
politeísta heterodoxia
política astúcia
política autoridade
política conduta
política cortesia
politicagem obliquidade
politicar astúcia
politicar conduta
político astúcia
político cautela
político cortesia
político proficiente
politiqueiro astúcia
politiqueiro enganador
polo centralidade
polo cume
polo desejo
polo fim
polo foco
polografia universo
polpa pasta
polposo pasta
polposo suficiência
polpudo aquisição
polpudo flexibilidade
polpudo importância
polpudo pasta
polpudo receita
poltrão covardia
poltrão covardia
poltrão servilismo
poltrona suporte
polução pioramento
poluição desvirtude
poluição impureza
poluição infamação
poluição inobservância
poluição sujidade
poluir difamação
poluir impureza
poluir infamação
poluir mau uso
poluir pioramento
poluir sujidade
polvilhado variegação
polvilhar mancha
polvilhar pulverização
polvilho pulverização
pólvora potencial de guerra
pólvora pulverização
polvorosa atividade
polvorosa desordem
pomada mentira
pomada óleo
pomada remédio
pomar agricultura
pomba inocência
pombal morada
pombo carregador
pombo-correio mensageiro
pomicultor agricultura
pomo motivo
pomo da discórdia discórdia
pompa aparecimento
pompa beleza
pompa floreio
pompa ostentação
pompear beleza
pompear ornamento
pompear ostentação
pomposo beleza
pomposo ornamento
pomposo ostentação
ponche comida
ponche embriaguez
poncheira concavidade
poncheira embriaguez
poncho cobertura
poncho indumentária
poncho secura

ponderação atenção
ponderação cautela
ponderação gravidade
ponderação importância
ponderação inteligência
ponderação pensamento
ponderação réplica
ponderação reprovação
ponderado cautela
ponderado moderação
ponderado resolução
ponderado sanidade
ponderar alegação
ponderar atenção
ponderar cautela
ponderar investigação
ponderar pensamento
ponderar resposta
ponderável gravidade
ponderável matéria
ponderável substancialidade
ponderoso crença
ponderoso gravidade
ponderoso importância
pônei carregador
ponta agudeza
ponta borda
ponta cume
pontada dor
pontal terra
pontalete suporte
pontão nave
pontão passadouro
pontão veículo
pontapé acaso
pontapé dor
pontapé impulso
pontapé inoportunidade
pontapé mal
pontapé punição
pontaria ataque
pontaria direção
ponte vínculo
pontear junção
pontear luz
ponteira agudeza
ponteiro cronometria
ponteiro frente
ponteiro indicação
pontiagudo agudeza
pontiagudo estreiteza
pontifical batina
pontifical cargos da Igreja
pontifical clerezia
pontifical rito
pontificar conhecimento
pontificar rito
pontífice amo
pontífice clerezia
pontífice diretor
pontifício clerezia
pontilhado dificuldade
pontilhado erro
pontilhado variegação
pontilhar variegação
pontilhismo artes
pontinha discórdia
pontinha pouquidão
ponto artes
ponto circunstância
ponto drama
ponto fim
ponto grau
ponto indicação
ponto inextensão
ponto mancha
ponto pouquidão
ponto risco
ponto termo
ponto tópico
ponto e vírgula cessação
ponto e vírgula escrita
pontuação escrita
pontual dever
pontual observância
pontual periodicidade
pontual presteza
pontual probidade
pontualidade atividade
pontualidade dever
pontualidade frequência
pontualidade observância
pontualidade periodicidade
pontualidade presteza
pontualidade probidade
pontualidade regularidade
pontuar escrita
pontuar gramática
pontuar indicação
pontudo agudeza
pontudo descortesia
pop música
popa clerezia
popa frente
população habitante
população humanidade
popular aprovação
popular assentimento
popular benevolência
popular fama
popular influência
popular neologismo
popular sociabilidade
popularidade amor
popularidade aprovação
popularidade fama
popularizar deleite
popularizar exposição
popularizar fama
popularizar inteligibilidade
populoso multidão
populoso presença
populoso reunião
pôquer divertimento
pôr a limpo investigação
por alto ignorância
por atacado indiscriminação
por bem ou por mal força
pôr cobro cessação
pôr dique cessação
pôr do sol tarde
por extenso prolixidade
por fim fim
por força de efeito
por hipótese suposição
por intervalos descontinuidade
por oitiva informação
por palpite irracionalidade
por partes parte
por que instrumentalidade
por turno periodicidade
por um triz destino
por via das dúvidas previdência
por via de regra regularidade
porão baixeza
porão base
porca fêmea
porcalhão sujidade
porção parte
porção partilha
porcaria sujidade
porcelana aquecimento
porcelana escrita
porcelana receptáculo

porcentagem desconto
porciúncula parte
porco animal
porco impureza
porco intemperança
porco macho
porco sujidade
porco-espinho agudeza
porco-espinho irascibilidade
porejar egressão
porejar rio
porém compensação
porém dessemelhança
porém imperfeição
porfia contenda
porfia discórdia
porfia esforço
porfia obstinação
porfia perseverança
porfiar contenda
porfiar discórdia
porfiar esforço
pormenorização cuidado
pormenorizado cuidado
pormenorizar descrição
pormenorizar especialidade
pormenorizar informação
pormenorizar prolixidade
pornografia impureza
pornográfico impureza
pornógrafo libertino
poro abertura
poro conduto
pororoca rio
porosidade abertura
porosidade realidade
poroso abertura
poroso concavidade
poroso realidade
porquanto atribuição
porque raciocínio
porqueira sujidade
porquinho-da-índia animal
porrada impulso
porre embriaguez
porretada punição
porrete potencial de guerra
porta abertura
porta borda
porta ingressão
porta meios
porta passadouro
porta proximidade
porta-aviões combatente
porta-aviões guerra
porta-aviões potencial de guerra
porta-bandeira combatente
portada abertura
portada frente
portada precursor
portador carregador
portador mensageiro
portador previdência
porta-estandarte combatente
portal abertura
portal começo
portaló abertura
portaló começo
portanto atribuição
portanto demonstração
portanto motivo
portanto raciocínio
portão abertura
portão passadouro
portar carregador
portar transferência
portaria comando
porta-seios indumentária
portátil leveza
portátil pequenez
portátil transferência
porta-voz audição
porta-voz informação
porta-voz instrumentalidade
porta-voz intérprete
porta-voz notícia
porta-voz precursor
porte aparecimento
porte conduta
porte forma
porte importância
porte moda
porte preço
porte tamanho
porte transferência
porteira abertura
porteiro tapador
portento desconformidade
portento prodígio
portentoso admiração
pórtico abertura
pórtico borda
pórtico começo
porto golfo
porto partida
porto refúgio
português habitante
portunhol neologismo
porvir futuro
pós-diluviano posterioridade
pose afetação
pose aparecimento
pose forma
pose situação
pós-escrito sucessor
posfácio fim
posfácio sucessor
pós-graduação ensino
pós-graduação escola
posição aparecimento
posição autoridade
posição circunstância
posição combinação
posição estado
posição fama
posição forma
posição posterioridade
posição situação
posição termo
posição trabalho
posicionamento localização
positividade certeza
positividade existência
positivismo certeza
positivismo heterodoxia
positivismo irreligião
positivista irreligião
positivo afirmação
positivo conformidade
positivo crença
positivo existência
positivo grandeza
positivo mensageiro
positivo número
positivo raciocínio
positivo utilidade
pós-meridiano tarde
posologia remédio
pospor adjunto
pospor demora
pospor desprezo
pospor inobservância
pospor progressão
pospor sequência

posposição demora
posposição sucessão
pospositivo posterioridade
pospositivo sequência
posposto impropriedade
possante força
posse presença
posse propriedade
posse resolução
posseiro habitante
posseiro possuidor
posses meios
posses riqueza
possessão localização
possessão posse
possessão propriedade
possessivo posse
possesso desvirtude
possesso loucura
possesso ressentimento
possessor posse
possessor possuidor
possibilidade interesse
possibilidade probabilidade
possibilidade tendência
possibilitar possibilidade
possível casualidade
possível facilidade
possível possibilidade
possível risco
possuído posse
possuído qualidades
possuir autoridade
possuir conhecimento
possuir posse
possuir propriedade
post correspondência
post mensageiro
post notícia
posta jurisdição
posta mensageiro
posta parte
posta partilha
posta provisão
posta receptáculo
postal mensageiro
postar informação
postar localização
poste azorrague
poste suporte
poste verticalidade
pôster publicidade
postergação desconformidade
postergação desprezo
postergação impropriedade
postergação inobservância
postergar deficiência
postergar demora
postergar dispensa
postergar impropriedade
postergar inobservância
postergar irresolução
postergar negligência
postergar omissão
postergar progressão
posteridade futuro
posteridade sucessor
posterior fim
posterior posterioridade
posterior retaguarda
posterior sucessor
póstero futuro
póstero posteridade
póstero posterioridade
póstero sequência
póstero sucessor
postiço adjunto
postiço fraude
postigo abertura para passagem da luz
postigo abertura
postigo começo
postilhão mensageiro
postilhão viajante
posto autoridade
posto chegada
posto classe
posto estado
posto fama
posto localização
posto situação
posto termo
posto título
posto trabalho
postulação pedido
postulação suposição
postulado estudo
postulado raciocínio
postulado regularidade
postulado suposição
postulante clerezia
postulante pedido
postulante peticionário
postular pedido
póstumo demora
póstumo fim
póstumo posteridade
póstumo posterioridade
postura aparecimento
postura circunstância
postura conduta
postura forma
postura inexcitabilidade
postura legalidade
postura mau gosto
postura ornamento
postura situação
potamografia rio
potável água
potável comida
pote pequenez
pote receptáculo
potência força
potência grau
potência número
potência poder
potenciação numeração
potencial inexistência
potencial poder
potencialidade poder
potencialidade possibilidade
potentado amo
potentado influência
potentado nobreza
potentado superioridade
potente atividade
potente barulho
potente poder
potente raciocínio
potestade amo
Potestade divindade
potestade força
potestade poder
potranca infante
potro azorrague
potro infante
pouca-vergonha desonestidade
pouco insuficiência
pouco pouquidade
pouco pouquidão
pouco quantidade
pouco a pouco moderação
poucos pluralidade
poupado economia
poupado preservação

poupado repouso
poupança economia
poupar benevolência
poupar clemência
poupar concisão
poupar desuso
poupar economia
poupar preservação
poupar tolerância
poupar transigência
pousada imobilidade
pousada morada
pousada repouso
pousar cessação
pousar chegada
pousar localização
pousar navegação
pousar repouso
pousar situação
pousio agricultura
pousio repouso
pouso morada
pouso refúgio
pouso repouso
poviléu plebeísmo
povo habitante
povo humanidade
povo multidão
povoação morada
povoado morada
povoado presença
povoar completamento
povoar habitante
povoar localização
povoar presença
povoar produção
pôxa! admiração
praça combatente
praça mercado
praça morada
praça venda
pracista cortesia
pradaria planície
pradaria vegetal
prado agricultura
prado planície
prado vegetal
praga mal
praga maldição
pragana filamento
pragmático hábito
praia borda
praia divertimento
praia terra
prancha camada
prancha chegada
prancha passadouro
pranchada ataque
pranchada punição
pranteador lamentação
prantear lamentação
pranto lamentação
prata brancura
prata dinheiro
prateação brancura
prateado brancura
prateado pardo
pratear brancura
pratear cobertura
pratear luz
pratear ornamento
pratear tarde
prateleira receptáculo
prateleira suporte
prática ação
prática conduta
prática dever
prática discurso
prática ensino
prática hábito
prática observância
prática palestra
prática rito
prática trabalho
prática uso
praticabilidade facilidade
praticabilidade possibilidade
praticante agente
praticante discípulo
praticante ignorante
praticante observância
praticante piedade
praticante remendão
praticar o bem filantropia
praticar ação
praticar agência
praticar conformidade
praticar observância
praticar uso
praticar voz
praticável facilidade
praticável possibilidade
prático agente
prático equipagem
prático habilidade
prato comida
prato horizontalidade
prato receptáculo
praxe ação
praxe continuação
praxe hábito
praxe ostentação
praxe passadouro
praxe regularidade
praxe uso
prazenteiro alegria
prazenteiro contentamento
prazenteiro deleite
prazenteiro fruição
prazenteiro lisonja
prazer contentamento
prazer deleite
prazer intemperança
prazer vontade
prazeroso deleite
prazeroso fruição
prazo demora
prazo tempo
preamar água
preamar aumento
preamar completamento
preamar eventualidade
preamar multidão
preamar rio
preamar suficiência
preâmbulo precursor
preâmbulo prolixidade
prear furto
prear retenção
prebenda inação
precário deficiência
precário despreparo
precário dificuldade
precário imperfeição
precário incerteza
precário perigo
precário transitoriedade
precatado cautela
precatar advertência
precatório pedido
precaução cautela
precaução plano
precaução preparação
precaução previdência
precaução segurança
precaver advertência
precaver previdência
precavido cautela

precavido cuidado
prece culto
prece pedido
precedência fama
precedência precessão
precedência prioridade
precedente passado
precedente precedência
precedente precursor
precedente regularidade
preceder precedência
preceder precessão
preceder prioridade
preceito comando
preceito legalidade
preceito máxima
preceito regularidade
preceitual preceito
preceituar comando
preceituário compêndio
preceituário regularidade
preceptor mestre
precessão precedência
precessão prioridade
preciosidade bem
preciosidade utilidade
preciosismo afetação
precioso amor
precioso bondade
precioso humorista
precioso importância
precioso inveja
precioso utilidade
precipício intervalo
precipício profundidade
precipício recife
precipício ruindade
precipitação compulsoriedade
precipitação densidade
precipitação descida
precipitação imbecilidade
precipitação ímpeto
precipitação inoportunidade
precipitação mergulho
precipitação obliquidade
precipitação pressa
precipitação presteza
precipitação temeridade
precipitação velocidade
precipitado atividade
precipitado densidade
precipitado desatenção
precipitado imbecilidade
precipitado ímpeto
precipitado obliquidade
precipitado pressa
precipitado presteza
precipitado pulverização
precipitado temeridade
precipitado transitoriedade
precipitar densidade
precipitar malevolência
precipitar pressa
precipitar presteza
precipitar velocidade
precípuo importância
precípuo intrinsecabilidade
precípuo necessidade
precípuo participação
precípuo substancialidade
precisado insuficiência
precisão concisão
precisão insuficiência
precisão inteligibilidade
precisão necessidade
precisão observância
precisão pobreza
precisar certeza
precisar compêndio
precisar especialidade
precisar insuficiência
precisar necessidade
precisar pobreza
precisar tempo
preciso certeza
preciso compêndio
preciso concisão
preciso manifestação
preclaro beleza
preclaro conhecimento
preclaro fama
preclaro luz
preclaro virtude
preço bondade
preço despesa
preço punição
preço recompensa
precoce despreparo
precoce inoportunidade
precoce presteza
precocidade inoportunidade
preconceber obliquidade
preconceber plano
preconceber predeterminação
preconcebido atribuição
preconcebido predeterminação
preconceito capricho
preconceito discriminação
preconceito impiedade
preconceito obliquidade
preconceito predeterminação
preconização aprovação
preconizador informação
preconizar aprovação
preconizar conselho[2]
precursar precedência
precursor advertência
precursor agouro
precursor precedência
precursor precessão
precursor precursor
precursor preparação
precursor prioridade
predatório apropriação
predecessor precursor
predefinição predeterminação
predefinição predição
predefinir predeterminação
predefinir predição
predestinação compulsoriedade
predestinação predeterminação
predestinado bondade
predestinado libertino
predestinado maria
predestinar compulsoriedade
predestinar destino
predestinar divindade
predestinar predeterminação
predeterminação compulsoriedade
predeterminação divindade
predeterminação intenção
predeterminação vontade
predeterminado intenção
predeterminar compulsoriedade
predeterminar destino
predeterminar divindade

predeterminar plano
predeterminar predeterminação
prédica alocução
prédica ensino
prédica rito
predicado intrinsecabilidade
predição advertência
predição precursor
predicar conselho²
predicar discurso
predicar ensino
predicar rito
predicativo afirmação
predicatório aprovação
predileção amor
predileção desejo
predileção escolha
predileção qualidades
predileto amor
predileto escolha
predileto favorito
prédio morada
prédio propriedade
predispor motivo
predispor predeterminação
predispor preparação
predisposição boa vontade
predisposição intrinsecabilidade
predisposição qualidades
predisposição tendência
predisposto boa vontade
predisposto motivo
predisposto qualidades
predito precedência
predito prioridade
predito repetição
predizer predição
predizer previdência
predizer prioridade
predominação autoridade
predominação influência
predominação poder
predominação superioridade
predominância autoridade
predominância poder
predominante autoridade
predominante generalidade
predominante influência
predominante sucesso
predominante voz
predominar autoridade
predominar generalidade
predominar influência
predomínio autoridade
predomínio influência
predomínio poder
predomínio superioridade
preeminência autoridade
preeminência cume
preeminência fama
preeminência gestão
preeminência influência
preeminência nobreza
preeminência precedência
preeminência superioridade
preeminência título
preeminente fama
preeminente importância
preeminente superioridade
preenchimento acabamento
preenchimento ação
preenchimento completamento
preenchimento forro
preenchimento observância
preensão retenção
preestabelecer plano
preestabelecer precedência
preestabelecer preparação
preexistência prioridade
preexistente prioridade
preexistir prioridade
prefaciar aprovação
prefaciar assentimento
prefaciar escrita
prefaciar precedência
prefácio começo
prefácio precursor
prefácio rito
prefeito amo
prefeito deputado
prefeito diretor
prefeitura autoridade
preferência amor
preferência desejo
preferência escolha
preferência precedência
preferência prioridade
preferência qualidades
preferencial escolha
preferencial prioridade
preferido amor
preferido favorito
preferir amor
preferir desejo
preferir escolha
preferir superioridade
prefiguração imaginação
prefiguração predição
prefigurar imaginação
prefigurar predição
prefigurar suposição
prefixar adição
prefixar adjunto
prefixar precedência
prefixar predeterminação
prefixo adjunto
prefixo precursor
prefixo sílaba
prega dobra
pregação culto
pregação enfado
pregação ensino
pregação rito
pregado embriaguez
pregador clerezia
pregador discurso
pregador mestre
pregão casamento
pregão comando
pregão exposição
pregão informação
pregão mercado
pregar afirmação
pregar aprovação
pregar conselho²
pregar dobra
pregar ensino
pregar exposição
pregar fraude
pregar jactância
pregar junção
pregar rito
pregar vaidade
pregar visão
prego embriaguez
prego instrumento
prego vínculo
pregoeiro adulador
pregoeiro difamador
pregoeiro informação
pregoeiro mensageiro
pregoeiro tapador

pregoeiro venda
pregueado dobra
preguear dobra
preguiça animal
preguiça inação
preguiça inatividade
preguiça inércia
preguiça negligência
preguiça vagareza
preguiçoso desamparo
preguiçoso inatividade
preguiçoso inutilidade
preguiçoso moderação
preguiçoso vagareza
pré-história passado
pré-história velharia
pré-histórico velharia
preitear fama
preitear humildade
preitear submissão
preito aprovação
preito contrato
preito obediência
preito respeito
preito submissão
preito sujeição
prejudicado loucura
prejudicar desonestidade
prejudicar difamação
prejudicar fraqueza
prejudicar obliquidade
prejudicar pioramento
prejudicar ruindade
prejudicial adversidade
prejudicial dolorimento
prejudicial impropriedade
prejudicial malevolência
prejudicial ruindade
prejuízo insolvência
prejuízo mal
prejuízo perda
prejuízo ruindade
prejulgamento obliquidade
prejulgamento previdência
prejulgar obliquidade
prelado clerezia
prelatício cargos da Igreja
prelatício clerezia
prelazia cargos da Igreja
preleção alocução
preleção ensino
prelecionar discurso
prelecionar ensino
prelibação expectativa
prelibação previdência
prelibação prioridade
prelibar expectativa
prelibar gosto
prelibar prazer
prelibar previdência
prelibar prioridade
preliminar precedência
preliminar precursor
preliminar prioridade
prélio contenda
prelo impressão
prelo publicidade
preludiar música
preludiar precedência
prelúdio música
prelúdio precursor
preluzir luz
preluzir precedência
preluzir superioridade
prematuramente despreparo
prematuridade despreparo
prematuridade presteza
prematuro desacordo
prematuro despreparo
prematuro inoportunidade
prematuro presteza
prematuro surpresa
premeditação intenção
premeditação plano
premeditação predeterminação
premeditação previdência
premeditar intenção
premeditar plano
premeditar predeterminação
premência importância
premência influência
premência motivo
premência necessidade
premência obrigatoriedade
premência pressa
premente adversidade
premente expectativa
premente gravidade
premente obrigatoriedade
premer densidade
premer estreiteza
premer gravidade
premer reunião
premiado habilidade
premiar doação
premiar recompensa
prêmio aquisição
prêmio bem
prêmio receita
prêmio sucesso
prêmio troféu
premissa precursor
premissa suposição
premonição predição
premunir advertência
prenda doação
prenda habilidade
prenda oferta
prenda poder
prendado habilidade
prendar doação
prendar habilidade
prendar oferta
prendar recompensa
prender apropriação
prender atenção
prender atração
prender atribuição
prender atrito
prender casamento
prender deleite
prender estorvo
prender excitação
prender gratidão
prender junção
prender localização
prender prisão
prender relação
prender restrição
prender retenção
prenhe completamento
prenhe produção
prenhe redundância
prenhe reunião
prenhe suficiência
prenhez produção
prenhez produtividade
prenome nomenclatura
prensa impressão
prensa instrumento
prensar contração
prensar densidade
prensar gravidade
prensar restrição
prensar tirania
prenunciação predição

prenunciador precursor
prenunciar predição
prenunciar previdência
prenunciativo predição
prenúncio futuro
prenúncio predição
prenúncio previdência
preocupação desatenção
preocupação desejo
preocupação obstinação
preocupação sofrimento
preocupado atenção
preocupado desatenção
preocupar desatenção
preocupar dolorimento
preocupar obstinação
preparação arranjo
preparação ensino
preparação melodia
preparado combinação
preparado remédio
preparador mestre
preparar composição
preparar compulsoriedade
preparar facilidade
preparar mestre
preparar perfeição
preparar plano
preparar predeterminação
preparar preparação
preparar produção
preparativo precursor
preparativo preparação
preparatório precedência
preparatório preparação
preparatório prioridade
preparo composição
preparo conhecimento
preparo ensaio
preparo ensino
preparo preparação
preponderância autoridade
preponderância importância
preponderância influência
preponderância motivo
preponderância superioridade
preponderante autoridade
preponderante certeza
preponderante gravidade
preponderante importância
preponderante poder
preponderante superioridade
preponderar gravidade
preponderar importância
preponderar influência
preponderar motivo
preponderar obliquidade
preponderar superioridade
prepor adjunto
prepor contiguidade
prepor escolha
prepor precedência
prepor prioridade
preposição contiguidade
preposição prioridade
prepositivo precedência
preposto consignatário
preposto instrumentalidade
preposto servo
prepotência ilegalidade
prepotência influência
prepotência poder
prepotência tirania
prepotente influência
prepotente insolência
prerrogativa autoridade
prerrogativa direito
prerrogativa liberdade
presa agudeza
presa intenção
presa sofrimento
presa troféu
presbiteriano heterodoxia
presbítero clerezia
presciência previdência
presciente cautela
presciente previdência
prescindir dispensa
prescindir omissão
prescrever comando
prescrever conselho[2]
prescrever dever
prescrever direito
prescrever revogação
prescrição comando
prescrição hábito
prescrição impropriedade
prescrição preceito
prescrição remédio
prescrição revogação
prescrição velharia
prescritivo hábito
prescrito direito
prescrito impropriedade
presença aparecimento
presença conduta
presença existência
presença frente
presenciar presença
presenciar visão
presente auxílio
presente certeza
presente especialidade
presente manifestação
presente novidade
presente oferta
presente oportunidade
presente presença
presente tempo presente
presentear doação
presentear liberalidade
presentear oferta
presentear sociabilidade
presepada jactância
presépio domesticação
presépio morada
presépio prisão
preservação defesa
preservação divindade
preservação estabilidade
preservação permanência
preservação segurança
preservado permanência
preservar defesa
preservar divindade
preservar justificação
preservar preservação
preservar segurança
preservativo preservação
preservativo segurança
presidência autoridade
presidência gestão
presidencial autoridade
presidencialismo autoridade
presidente amo
presidente diretor
presidente legalidade
presidiário preso
presidiário prisão
presídio defesa
presídio prisão
presidir gestão
presilha vínculo
preso acusação
preso gratidão

preso hábito
preso junção
preso relação
preso restrição
preso sentimento
pressa adversidade
pressa atividade
pressagiar advertência
pressagiar agouro
pressagiar futuro
pressagiar predição
pressagiar previdência
pressagiar prioridade
presságio agouro
presságio futuro
presságio indicação
presságio perigo
presságio precursor
presságio predição
presságio previdência
pressago predição
pressago previdência
pressão energia
pressão gravidade
pressão ilegalidade
pressão influência
pressão necessidade
pressão poder
pressão tirania
pressentimento futuro
pressentimento informação
pressentimento irracionalidade
pressentimento obliquidade
pressentimento previdência
pressentimento suposição
pressentir (a voz de) audição
pressentir comichão
pressentir predição
pressentir previdência
pressupor previdência
pressupor probabilidade
pressupor suposição
pressuposição obliquidade
pressuposição suposição
pressuposto alegação
pressuposto intenção
pressuposto suposição
pressuroso atividade
pressuroso boa vontade
pressuroso cortesia
pressuroso movimento
pressuroso pressa
prestação despesa
prestação pagamento
prestação parte
prestamista crédito
prestamista empréstimo
prestar atenção audição
prestar auxílio
prestar doação
prestar utilidade
prestativo bondade
prestativo utilidade
prestes pressa
prestes presteza
prestes velocidade
presteza facilidade
presteza memória
presteza transitoriedade
presteza velocidade
prestidigitação bruxaria
prestidigitação falsidade
prestidigitação fraude
prestidigitação habilidade
prestidigitador enganador
prestigiar força
prestigiar respeito
prestígio amor
prestígio autoridade
prestígio encantamento
prestígio fama
prestígio influência
prestígio obliquidade
prestigioso bruxaria
prestigioso fraude
prestigioso importância
prestigioso influência
prestigioso respeito
préstimo auxílio
préstimo utilidade
prestimoso utilidade
préstito continuidade
préstito viajante
presto instantaneidade
presto melodia
presto música
presto presteza
presto velocidade
presumido afetação
presumido insolência
presumido obliquidade
presumido orgulho
presumido ridicularia
presumido vaidade
presumir crença
presumir imaginação
presumir incerteza
presumir insolência
presumir suposição
presumir vaidade
presumível probabilidade
presumível suposição
presunção crença
presunção esperança
presunção imaginação
presunção obliquidade
presunção orgulho
presunção previdência
presunção probabilidade
presunção vaidade
presunçoso afetação
presunçoso insolência
presunçoso orgulho
presunçoso vaidade
presuntivo direito
presuntivo possuidor
presuntivo probabilidade
presuntivo suposição
presunto vermelhidão
pretejar pretidão
pretendente amor
pretendente desejo
pretendente peticionário
pretender afirmação
pretender comando
pretender desejo
pretender direito
pretender intenção
pretensão afetação
pretensão desejo
pretensão direito
pretensão jactância
pretensão orgulho
pretensão pedido
pretensão vaidade
pretensioso afetação
pretensioso imbecilidade
pretensioso insignificância
pretensioso orgulho
pretensioso ridicularia
pretensioso vaidade
pretenso apelido
pretenso atribuição
pretenso falsidade
pretenso fraude
pretenso mentira

pretenso suposição
preterir aversão
preterir deficiência
preterir desamparo
preterir desprezo
preterir desuso
preterir negligência
preterir recusa
preterir ruindade
preterir superioridade
pretérito passado
pretextar alegação
pretextar atenuação
pretextar falsidade
pretexto alegação
pretexto atenuação
pretexto falsidade
pretexto mentira
preto obscuridade
preto pretidão
pretor juiz
pretoria jurisdição
prevalecente generalidade
prevalecente permanência
prevalecer existência
prevalecer generalidade
prevalecer influência
prevalecer moda
prevalecer superioridade
prevalência influência
prevalência superioridade
prevalente existência
prevalente influência
prevalente permanência
prevalente sucesso
prevalente superioridade
prevaricação desonestidade
prevaricação falsidade
prevaricador desonestidade
prevaricador desvirtude
prevaricador injustiça
prevaricador velhaco
prevaricar desonestidade
prevaricar falsidade
prevaricar impureza
prevaricar mau uso
prevaricar obliquidade
prevaricar transgressão
prevenção advertência
prevenção cautela
prevenção cuidado
prevenção discórdia
prevenção obliquidade
prevenção predeterminação
prevenção preparação
prevenção previdência
prevenção segurança
prevenido cautela
prevenido cuidado
prevenido discórdia
prevenido injustiça
prevenido medo
preveniente benevolência
preveniente precedência
preveniente presteza
prevenir advertência
prevenir cautela
prevenir conselho[2]
prevenir cuidado
prevenir informação
prevenir predeterminação
prevenir predição
prevenir preparação
prevenir previdência
prevenir segurança
prevenir transigência
preventivo advertência
preventivo alarma
preventivo conselho[2]
preventivo remédio
preventivo segurança
prever expectativa
prever futuro
prever inteligência
prever predição
prever previdência
prever suposição
prévia prioridade
previdência cautela
previdência expectativa
previdência preparação
previdência segurança
previdência suposição
previdente cautela
previdente economia
prévio precedência
prévio prioridade
previsão cautela
previsão contabilidade
previsão cuidado
previsão expectativa
previsão futuro
previsão inteligência
previsão plano
previsão predição
previsão preparação
previsão previdência
previsto atribuição
previsto expectativa
previsto predição
prezado amor
prezado probidade
prezar amizade
prezar respeito
prezar-se probidade
prima fêmea
prima período
primacial importância
primacial superioridade
primado cargos da Igreja
primado precedência
primado prioridade
primado superioridade
prima-irmã consanguinidade
primar bondade
primar esforço
primar importância
primar perfeição
primar superioridade
primário causa
primário começo
primário escola
primário importância
primário precedência
primário prioridade
prima-segunda consanguinidade
primata nobreza
primatas influência
prima-terceira consanguinidade
primavera frescura
primavera período
primaveril novidade
primaz clerezia
primaz precedência
primazia cargos da Igreja
primazia conhecimento
primazia fama
primazia precedência
primazia prioridade
primazia superioridade
primeiranista discípulo
primeiro começo
primeiro passado

primeiro precedência
primeiro prioridade
primeiro superioridade
primeiro-ministro registrador
primevo começo
primevo passado
primevo precedência
primevo prioridade
primevo velharia
primícias despesa
primícias doação
primícias efeito
primícias precursor
primícias prioridade
primícias produção
primípara produtividade
primitivismo despreparo
primitivo causa
primitivo começo
primitivo precedência
primitivo prioridade
primitivo velharia
primo bondade
primo começo
primo número
primo perfeição
primo precedência
primo prioridade
primogênito ancião
primogênito começo
primogênito infante
primogênito posteridade
primogênito precursor
primogenitura posteridade
primogenitura precedência
primogenitura prioridade
primogenitura velharia
primo-irmão consanguinidade
primor beleza
primor bom gosto
primor bondade
primor cuidado
primor elegância
primor perfeição
primordial causa
primordial começo
primordial importância
primordial precedência
primordial prioridade
primórdio causa
primórdio começo
primórdio precursor
primoroso beleza
primoroso elegância
primoroso perfeição
primo-segundo consanguinidade
primo-terceiro consanguinidade
princesa amo
princesa beleza
princesa nobreza
princesa superioridade
principado propriedade
principado região
principal cume
principal diretor
principal importância
principal limite
principal rio
principal superioridade
príncipe amo
príncipe nobreza
príncipe superioridade
principesco autoridade
principesco bondade
principesco fama
principesco fruição
principesco liberalidade
principesco nobreza
principesco riqueza
principiante começo
principiante descostume
principiante discípulo
principiante novidade
principiante remendão
principiar começo
princípio causa
princípio começo
princípio componente
princípio intrinsecabilidade
princípio motivo
princípio preceito
princípio raciocínio
princípio regularidade
princípio suposição
princípios conduta
princípios matéria
princípios máxima
prior clerezia
prior precedência
prioridade precedência
prioridade precessão
prioritário prioridade
priorizar precedência
priorizar prioridade
prisão condenação
prisão lugar
prisão punição
prisão refúgio
prisão restrição
prisco passado
prisco velharia
prisioneiro preso
prisioneiro restrição
prisma angularidade
prisma cor
prisma instrumentos de óptica
prismático cor
prismático instrumentos de óptica
prismático variegação
privação apropriação
privação deficiência
privação insuficiência
privação necessidade
privação perda
privação pobreza
privação temperança
privada sujidade
privado amizade
privado apropriação
privado especialidade
privado favorito
privado insuficiência
privado perda
privado subtração
privança amizade
privar amizade
privar estorvo
privar insuficiência
privar subtração
privativo apropriação
privativo especialidade
privativo intrinsecabilidade
privilegiado bondade
privilegiado direito
privilegiado fama
privilegiado isenção
privilegiado melodia
privilegiado permissão
privilegiado produtividade
privilegiado salubridade
privilegiado superioridade
privilegiar bondade
privilegiar desigualdade

privilegiar direito
privilegiar fama
privilegiar isenção
privilegiar melhoramento
privilegiar permissão
privilegiar superioridade
privilégio direito
privilégio liberdade
privilégio poder
privilégio posse
privilégio qualidades
proa jactância
proa orgulho
proa vaidade
proativo afirmação
probabilidade acaso
probabilidade risco
probatório demonstração
probatório experiência
probidade altruísmo
probidade dever
probidade fama
probidade inteligência
problema inexistência
problema ininteligibilidade
problema investigação
problema segredo
problema tópico
problemático descrença
problemático incerteza
problemático ininteligibilidade
probo fama
probo justiça
probo probidade
probo veracidade
procedência causa
procedente efeito
procedente raciocínio
proceder ação
proceder agência
proceder conduta
proceder efeito
proceder eventualidade
proceder posteridade
proceder progressão
procedimento demanda
procedimento eventualidade
procedimento hábito
procela agitação
procela recife
procela vento
procela violência
procelária advertência
proceloso adversidade
proceloso excitabilidade
proceloso perigo
proceloso vento
proceloso violência
prócer diretor
prócer fama
prócer superioridade
processar ação
processar advogado
processar demanda
processo acusação
processo conduta
processo demanda
processo legalidade
processo lista
processo meios
processo passadouro
processo preceito
processo punição
processo registro
procissão continuidade
procissão locomoção
procissão ostentação
procissão viajante
proclama casamento
proclama exposição
proclamação comissão
proclamação exposição
proclamador mensageiro
proclamador produtor
proclamar afirmação
proclamar aprovação
proclamar comissão
proclamar exageração
proclamar exposição
proclamar manifestação
proclamar publicidade
procrastinação demora
procrastinar demora
procrastinar não acabamento
procriação produção
procriação produtividade
procriar aumento
procriar causa
procriar produção
procriar produtividade
procriar vida
procura compra
procura ensaio
procura escolha
procura investigação
procuração comissão
procuração deputado
procurador advogado
procurador agente
procurador consignatário
procurador diretor
procurar advogado
procurar aproximação
procurar atração
procurar auxílio
procurar causa
procurar ensaio
procurar escolha
procurar expectativa
procurar experiência
procurar intenção
procurar investigação
procurar motivo
procurar oferta
procurar pedido
procurar perseguição
prodigalidade altruísmo
prodigalidade esbanjamento
prodigalidade liberalidade
prodigalidade redundância
prodigalidade suficiência
prodigalizar ação
prodigalizar doação
prodigalizar liberalidade
prodigalizar prodigalidade
prodigalizar redundância
prodígio desconformidade
prodigioso admiração
prodigioso grandeza
prodigioso impossibilidade
prodigioso piedade
pródigo benfeitor
pródigo esbanjamento
pródigo homem ruim
pródigo liberalidade
pródigo prodigalidade
pródigo redundância
pródigo suficiência
produção artes
produção causa
produção efeito
produção manifestação
produção produtor
producente raciocínio
produtividade produção

produtividade utilidade
produtivo aquisição
produtivo poder
produtivo produção
produtivo produtividade
produto aquisição
produto combinação
produto efeito
produto número
produto posteridade
produto presa
produto produção
produto receita
produto farmacêutico remédio
produtor agricultura
produtor livro
produtor produção
produtor produtividade
produzido indumentária
produzir afirmação
produzir bondade
produzir causa
produzir escrita
produzir evidência
produzir existência
produzir imaginação
produzir manifestação
produzir produção
produzir produtividade
produzir receita
proeminência altura
proeminência convexidade
proeminência cume
proeminente convexidade
proeminente fama
proeminente importância
proeminente manifestação
proeza ação
proeza coragem
proeza desvirtude
profanação desrespeito
profanação impiedade
profanação infamação
profanação mau uso
profanado impiedade
profanador impiedade
profanador inobservância
profanar impiedade
profanar infamação
profanar inobservância
profanar mau uso
profano alheamento
profano heterodoxia
profano ignorância
profano impiedade
profano irreligião
profano não relação
profano secular
profecia futuro
profecia precursor
profecia predição
profecia previdência
proferir afirmação
proferir autoridade
proferir discurso
proferir voz
professar afirmação
professar crença
professar ensino
professar observância
professar promessa
professar trabalho
professo clerezia
professo habilidade
professor douto
professor mestre
professorado escola
professoral mestre
profeta feiticeiro
profeta louco
profeta oráculo
profético predição
profético revelação
profetizar futuro
profetizar predição
proficiência conhecimento
proficiência habilidade
proficiência sucesso
proficiência utilidade
proficiente conhecimento
proficiente habilidade
proficiente utilidade
proficuidade produtividade
proficuidade utilidade
profícuo bondade
profícuo produção
profícuo produtividade
profícuo utilidade
profilático remédio
profilaxia remédio
profissão promessa
profissão trabalho
profissional agente
profissional habilidade
profissional trabalho
prófugo tergiversação
prófugo transigência
prófugo viajante
profundas inferno
profundas profundidade
profundeza ininteligibilidade
profundeza inteligência
profundeza interioridade
profundeza profundidade
profundidade grandeza
profundidade ininteligibilidade
profundidade tamanho
profundo abertura
profundo atenção
profundo barulho
profundo conhecimento
profundo força
profundo grandeza
profundo importância
profundo inferno
profundo ininteligibilidade
profundo oceano
profundo profundidade
profundo redundância
profundo ressonância
profusão grandeza
profusão liberalidade
profusão pluralidade
profusão prodigalidade
profusão redundância
profusão suficiência
profuso comprimento
profuso multidão
profuso prolixidade
profuso redundância
progênie ascendência
progênie posteridade
progênie produção
progênie sucessor
progenitor ascendência
progenitora ascendência
progenitura posteridade
prognatismo convexidade
prognosticar predição
prognosticar previdência
prognosticar prioridade
prognóstico advertência
prognóstico plano
prognóstico precursor
prognóstico predição
prognóstico previdência

prognóstico suposição
programa crença
programa instrumento
programa intenção
programa lista
programa plano
programa predição
programar preparação
progredir aumento
progredir continuação
progredir descostume
progredir estudo
progredir evolução
progredir progressão
progredir prosperidade
progressão aumento
progressão continuidade
progressão evolução
progressão movimento
progressão ordem
progressista descostume
progressista progressão
progressivo aumento
progressivo continuidade
progressivo evolução
progressivo grau
progressivo melhoramento
progressivo progressão
progresso aumento
progresso conhecimento
progresso continuação
progresso conversão
progresso curso
progresso estudo
progresso evolução
progresso melhoramento
progresso progressão
proibição restrição
proibido ilegalidade
proibir estorvo
proibir proibição
proibitivamente proibição
proibitivo proibição
proibitório proibição
projeção contabilidade
projeção convexidade
projeção impulso
projeção preparação
projeção propulsão
projeção representação
projetar impulso
projetar intenção
projetar interpretação
projetar plano
projetar preparação
projetar propulsão
projétil potencial de guerra
projetista plano
projeto gráfico livro
projeto arremedo
projeto esperança
projeto intenção
projeto plano
projeto predeterminação
projeto trabalho
pró-labore receita
prolação demora
prolação discurso
prole efeito
prole posteridade
prole produção
prole sucessor
proletariado plebeísmo
proletário plebeísmo
proliferação aumento
proliferação produtividade
proliferação repetição
proliferação reprodução
proliferar aumento
proliferar produtividade
proliferar repetição
prolífero produção
prolífero produtividade
prolífico produção
prolífico produtividade
prolífico utilidade
prolixidade floreio
prolixidade redundância
prolixidade sem significação
prolixo comprimento
prolixo floreio
prolixo loquacidade
prolixo prolixidade
prolixo redundância
prolixo sem significação
prólogo começo
prólogo drama
prólogo precursor
prolongação demora
prolongação diuturnidade
prolongado atenção
prolongado continuidade
prolongado demora
prolongado prolação
prolongamento adjunto
prolongamento comprimento
prolongamento continuidade
prolongamento sucessão
prolongar comprimento
prolongar continuidade
prolongar demora
prolongar diuturnidade
prolongar lateralidade
prolongar prolixidade
promessa contrato
promessa esperança
promessa oferta
prometedor esperança
prometedor habilidade
prometedor oportunidade
prometedor prosperidade
prometer afirmação
prometer condições
prometer consentimento
prometer esperança
prometer expectativa
prometer oferta
prometer previdência
prometer promessa
prometer tendência
prometido casamento
prometido promessa
promiscuidade desordem
promiscuidade indiscriminação
promiscuidade mistura
promíscuo casualidade
promíscuo desordem
promíscuo hermafrodismo
promíscuo invisibilidade
promíscuo mistura
promíscuo multiformidade
promissão promessa
promissor esperança
promissor habilidade
promissor oportunidade
promissor promessa
promissor prosperidade
promissória crédito
promissória dívida
promissória fiança
promitente esperança
promitente promessa
promoção ação
promoção melhoramento
promoção recompensa

promontório altura
promontório convexidade
promontório terra
promotor acusação
promotor agente
promotor motivo
promotor plano
promotor produtor
promover ação
promover autoridade
promover auxílio
promover causa
promover esforço
promover melhoramento
promover recompensa
promulgação legalidade
promulgação publicidade
promulgar exposição
promulgar legalidade
prontidão advertência
prontidão atividade
prontidão boa vontade
prontidão instantaneidade
prontidão memória
prontidão pobreza
prontidão preparação
prontidão presteza
prontidão transitoriedade
pronto agência
pronto atividade
pronto boa vontade
pronto candura
pronto expectativa
pronto habilidade
pronto indumentária
pronto instantaneidade
pronto inteligência
pronto pobreza
pronto poder
pronto preparação
pronto pressa
pronto presteza
pronto transitoriedade
pronto utilidade
prontuário depósito
prontuário informação
prontuário livro
pronunciado acusação
pronunciado manifestação
pronunciamento alocução
pronunciamento desobediência
pronunciamento exposição
pronunciamento publicidade
pronunciar afirmação
pronunciar autoridade
pronunciar demanda
pronunciar discurso
pronunciar exposição
pronunciar punição
pronunciar voz
pronunciar-se exposição
pronunciar-se resolução
propagação aumento
propagação dispersão
propagação produtividade
propagação publicidade
propagador informação
propagador mestre
propaganda crença
propaganda ensino
propaganda publicidade
propagandista adulador
propagandista mestre
propagar dispersão
propagar exposição
propagar generalidade
propagar passagem
propagar publicidade
propagar transferência
propalar exposição
propalar notícia
propalar publicidade
propelente propulsão
propelir impulso
propelir propulsão
propender boa vontade
propender obliquidade
propender qualidades
propender tendência
propensão boa vontade
propensão desejo
propensão obliquidade
propensão tendência
propenso amor
propenso auxílio
propenso boa vontade
propenso motivo
propenso qualidades
propenso tendência
propenso vontade
propiciação compensação
propiciação divindade
propiciação expiação
propiciação perdão
propiciar clemência
propiciar contentamento
propiciar divindade
propiciar expiação
propiciar inexcitabilidade
propiciar oferta
propiciar oportunidade
propiciar pacificação
propício acordo
propício auxílio
propício boa vontade
propício bondade
propício conveniência
propício oportunidade
propício prosperidade
propício utilidade
propina despesa
propina doação
propinquidade contiguidade
propinquidade futuro
propinquidade proximidade
propinquidade semelhança
propínquo contiguidade
propínquo futuro
propínquo proximidade
propínquo relação
própole tapador
proponente oferta
propor afirmação
propor conselho[2]
propor investigação
propor oferta
propor suposição
proporção conformidade
proporção grau
proporção importância
proporção número
proporção regularidade
proporção relação
proporção tamanho
proporcionado acordo
proporcionado suficiência
proporcional grau
proporcional número
proporcional regularidade
proporcional relação
proporcional semelhança
proporcional simetria
proporcionalidade ordem
proporcionalidade regularidade

proporcionalidade semelhança
proporcionalidade simetria
proporcionar acordo
proporcionar causa
proporcionar doação
proporcionar oferta
proporcionar oportunidade
proposição frase
proposição máxima
proposição oferta
proposição raciocínio
proposição suposição
proposição tópico
propositado atribuição
propositado predeterminação
proposital intenção
proposital vontade
propósito conduta
propósito direção
propósito intenção
propósito resolução
propósito vontade
proposta intenção
proposta oferta
proposta plano
proposta promessa
propriedade conveniência
propriedade lugar
propriedade morada
propriedade poder
propriedade posse
propriedade riqueza
propriedade terra
proprietário possuidor
proprietário propriedade
próprio conveniência
próprio dever
próprio especialidade
próprio habilidade
próprio mensageiro
próprio oportunidade
próprio posse
próprio semelhança
propugnação defesa
propugnar defesa
propugnar esforço
propugnar justificação
propulsar impulso
propulsar motivo
propulsar movimento
propulsar propulsão
propulsar recuo
propulsor navegação
propulsor propulsão
prorrogação demora
prorrogação diuturnidade
prorrogar demora
prorrogar diuturnidade
prorromper egressão
prorromper ressentimento
prorromper surpresa
prosa artes
prosa chateza
prosa ignorante
prosa jactância
prosa loquacidade
prosa orgulho
prosa palestra
prosa vaidade
prosador descrição
prosador livro
prosador prosa
prosador sociabilidade
prosaico chateza
prosaico enfado
prosaico frouxidão
prosaico imbecilidade
prosaico prosa
prosaísmo prosa
prosápia afetação
prosápia jactância
prosápia orgulho
prosápia vaidade
prosar prosa
proscênio arena
proscênio drama
proscênio frente
proscrever condenação
proscrever destruição
proscrever desuso
proscrever proibição
proscrever punição
proscrever reclusão
proscrever rejeição
proscrever reprovação
proscrever revogação
proscrição dispensa
proscrição maldição
proscrição omissão
proscrição proibição
proscrição reclusão
proscrição rejeição
proscrição revogação
proscrito homem ruim
proscrito reclusão
prosear loquacidade
proselitismo ensino
prosélito auxiliar
prosélito discípulo
prosélito piedade
prosélito tergiversação
prosista prosa
prosódia poesia
prospecção preparação
prospecto aparecimento
prospecto expectativa
prospecto lista
prospecto plano
prospecto previdência
prospecto probabilidade
prosperar bondade
prosperar melhoramento
prosperar produção
prosperar prosperidade
prosperar riqueza
prosperar sucesso
prosperidade aumento
prosperidade bem
prosperidade deleite
próspero bondade
próspero fruição
próspero prosperidade
próspero sucesso
prossecução continuidade
prosseguimento continuação
prosseguir ação
prosseguir continuação
prosseguir continuidade
prosseguir perseverança
prosseguir progressão
prosternação culto
prosternação depressão
prosternação humildade
prosternar baixeza
prostíbulo impureza
prostituição impureza
prostituição infamação
prostituição mau uso
prostituição pioramento
prostituir impureza
prostituir mau uso
prostituir pioramento
prostituta libertino
prostração depressão
prostração desinteresse
prostração destruição

prostração doença
prostração fadiga
prostração fraqueza
prostração hipocondria
prostração horizontalidade
prostração impotência
prostração irresolução
prostração respeito
prostração servilismo
prostração sofrimento
prostração submissão
prostração tristeza
prostrado baixeza
prostrado horizontalidade
prostrado submissão
prostrado tristeza
prostrar baixeza
prostrar depressão
prostrar fadiga
prostrar homicídio
prostrar horizontalidade
prostrar impotência
protagonista drama
protagonista motivo
protagonista proficiente
proteção autoridade
proteção auxílio
proteção bem
proteção benevolência
proteção defesa
proteção influência
proteção justificação
proteção preservação
proteção refúgio
proteção restrição
protecionismo restrição
proteger aprovação
proteger auxílio
proteger benevolência
proteger bondade
proteger cuidado
proteger defesa
proteger força
proteger justificação
proteger preservação
proteger segurança
protegido amigo
protegido defesa
protegido favorito
protegido segurança
protegido servo
protelar demora
protelatório demora
protervo insolência
protervo violência
prótese aumento
protestado insolvência
protestante dissentimento
protestante heterodoxia
protestantismo dissentimento
protestantismo heterodoxia
protestar afirmação
protestar deprecação
protestar dissentimento
protestar insolvência
protestar oposição
protestar promessa
protestar recusa
protestar renitência
protestar reprovação
protestar resposta
protesto afirmação
protesto descontentamento
protesto dissentimento
protesto inobservância
protesto negação
protesto promessa
protesto recusa
protesto renitência
protesto réplica
protesto reprovação
protesto resposta
protético aumento
protetor advogado
protetor amigo
protetor amo
protetor auxiliar
protetor benevolência
protetor benfeitor
protetor carcereiro
protetor defesa
protetor justificação
protetor segurança
protetorado autoridade
protetorado influência
protetorado restrição
protista pequenez
protocolar registro
protocolo contrato
protocolo moda
protocolo ostentação
protocolo plano
protocolo registro
próton matéria
protoplasma componente
protoplasma produtividade
protoplasma protótipo
prototípico protótipo
protótipo homem bom
protótipo perfeição
protótipo sábio
protraimento comprimento
protraimento diuturnidade
protrair comprimento
protrair demora
protrair diuturnidade
protrair extração
protrair prolixidade
protuberância altura
protuberância convexidade
protuberante convexidade
prova adversidade
prova demonstração
prova dificuldade
prova dolorimento
prova ensaio
prova evidência
prova experiência
prova gosto
prova gravura
prova impressão
prova indicação
prova investigação
prova plano
prova raciocínio
prova sentimento
prova sofrimento
provação adversidade
provação demonstração
provação dificuldade
provação dolorimento
provação sofrimento
provar comida
provar demonstração
provar desejo
provar ensaio
provar eventualidade
provar experiência
provar gosto
provar indicação
provar manifestação
provar numeração
provar sentimento
provável crença
provável esperança
provável frequência
provável probabilidade
provável risco

provecto conhecimento
provecto habilidade
provedor diretor
proveito bem
proveito sucesso
proveito uso
proveito utilidade
proveitoso aquisição
proveitoso bem
proveitoso bondade
proveitoso conveniência
proveitoso produtividade
proveitoso receita
proveitoso utilidade
proveniência causa
provento aquisição
prover cautela
prover cuidado
prover preparação
prover provisão
proverbial conhecimento
proverbial máxima
provérbio frase
provérbio máxima
provérbio regularidade
proveta receptáculo
Providência divindade
providência preparação
providência previdência
providencial acordo
providencial bondade
providencial compulsoriedade
providencial conveniência
providencial deleite
providencial oportunidade
providencial prosperidade
providenciar comando
providenciar preparação
provídente bondade
providente cuidado
providente economia
providente inteligência
providente oportunidade
providente preparação
providente previdência
providente prosperidade
provido provisão
provimento comissão
provimento preparação
provimento provisão
província morada
província parte
província região
província trabalho
provincial clerezia
provincial especialidade
provincial morada
provincial neologismo
provincial região
provincianismo especialidade
provincianismo gagueira
provincianismo hábito
provincianismo neologismo
provinciano habitante
provinciano mau gosto
provir efeito
provir posteridade
provisão comando
provisão comissão
provisão condições
provisão depósito
provisão meios
provisão mercadoria
provisão preparação
provisão riqueza
provisão suficiência
provisional comissão
provisional provisão
provisionar comissão
provisionar provisão
provisório circunstância
provisório condições
provisório incerteza
provisório transitoriedade
provocação carícias
provocação desafio
provocação desejo
provocação desrespeito
provocação excitação
provocação motivo
provocador carícias
provocador desafio
provocador desejo
provocador excitação
provocador motivo
provocante carícias
provocante deleite
provocante desafio
provocante desejo
provocante excitação
provocante impureza
provocante ódio
provocante ressentimento
provocar causa
provocar desafio
provocar desejo
provocar discórdia
provocar dolorimento
provocar excitação
provocar facilidade
provocar inimizade
provocar motivo
provocar ressentimento
provocar sensibilidade
provocativo carícias
provocativo deleite
provocativo desejo
provocativo excitação
provocativo motivo
proxeneta consignatário
proxeneta libertino
proxeneta mercador
proxenético mercador
proximidade contiguidade
proximidade futuro
próximo amigo
próximo destino
próximo futuro
próximo proximidade
próximo semelhança
prudência advertência
prudência cautela
prudência cuidado
prudência inexcitabilidade
prudência inteligência
prudência moderação
prudência previdência
prudência segurança
prudência taciturnidade
prudência tolerância
prudente cautela
prudente inteligência
prudente moderação
prudente paz
prudente temperança
prumada verticalidade
prumo cautela
prumo verticalidade
prurido comichão
prurido desejo
prurido excitabilidade
prurido ímpeto
prurido sensibilidade
pseudônimo apelido
pseudônimo neologismo
psicanálise intelecto
psicanalista douto

psicografia bruxaria
psicógrafo feiticeiro
psicologia intelecto
psicológico intelecto
psicólogo douto
psicólogo intelecto
psicometria intelecto
psicopata louco
psicopata malfeitor
psicopatia intelecto
psicopatia loucura
psicose intelecto
psicose loucura
psicótico louco
psique intelecto
psiquiatra douto
psiquiatria intelecto
psíquico intelecto
psiquismo imaterialidade
psiquismo intelecto
psitacismo deselegância
psitacismo loquacidade
psitacismo prolixidade
pua perfurador
puberdade adolescência
púbere adolescência
pubescência adolescência
pubescência lisura
pubescente adolescência
pubescente lisura
pubescer adolescência
publicação livro
publicação produção
publicação publicidade
publicador livro
publicador publicidade
publicar afirmação
publicar impressão
publicar publicidade
publicidade informação
publicidade manifestação
publicista advogado
publicista livro
publicitário publicidade
público audição
público conhecimento
público drama
público espectador
público filantropia
público humanidade
público manifestação
público publicidade
púcaro receptáculo
pudendo pureza
pudicícia pureza
pudico humildade
pudico modéstia
pudico pureza
pudico temperança
pudim comida
pudim doçura
pudim flexibilidade
pudim pasta
pudor interesse
pudor probidade
pudor pureza
puerícia infância
puericultura ensino
puericultura produção
pueril frouxidão
pueril imbecilidade
pueril infância
pueril infante
pueril irracionalidade
puerilidade infância
puerilidade insignificância
puerilizar infante
puérpera produção
puerperal produção
puerpério produção
púgil combatente
púgil contenda
púgil força
pugilato contenda
pugilismo divertimento
pugilista combatente
pugilista contenda
pugilista força
pugna contenda
pugnacidade contenda
pugnacidade coragem
pugnar contenda
pugnar discórdia
pugnar guerra
pugnar renitência
pugnaz contenda
pugnaz coragem
pugnaz irascibilidade
puído atrito
puído pioramento
puir atrito
puir lisura
pujança altura
pujança grandeza
pujança produtividade
pujança quantidade
pujança suficiência
pujança vegetal
pujança vigor
pujante altura
pujante coragem
pujante poder
pujante produtividade
pujante sucesso
pujante suficiência
pular deficiência
pular dispensa
pular negligência
pular omissão
pular salto
pular supressão
pular transcursão
pular velocidade
pulcritude beleza
pulcro beleza
pulga pequenez
pulga salto
pulgão destruidor
pulguedo sujidade
pulguento sujidade
pulha desonestidade
pulha infamação
pulha inferioridade
pulha insignificância
pulha mentira
pulha plebeísmo
pulha velhaco
pulmão barulho
pulmonar partes do corpo humano
pulo dispensa
pulo elasticidade
pulo omissão
pulo salto
pulôver aquecimento
pulôver indumentária
púlpito discurso
púlpito templo
pulsação oscilação
pulsação periodicidade
pulsação prolação
pulsante oscilação
pulseira circunferência
pulseira ornamento
pulso autoridade
pulso força
pulso oscilação
pulso periodicidade
pulular existência

pulular grandeza
pulular multidão
pulular produção
pulular produtividade
pulular suficiência
pulvéreo pulverização
pulverização agricultura
pulverização refutação
pulverizador água
pulverizador pulverização
pulverizar agricultura
pulverizar água
pulverizar disjunção
pulverizar dispersão
pulverizar fragilidade
pulverizar pulverização
pulverizar refutação
pulverizar umidade
pulverulento pulverização
pum fedor
punção abertura
punção gravura
punção investigação
punção perfurador
puncionar abertura
punctura dor
punctura gravura
pundonor probidade
punga furto
pungente agudeza
pungente dolorimento
pungente dor
pungente energia
pungente picante
pungente reprovação
pungente sentimento
pungimento penitência
pungir dolorimento
pungir dor
pungir exposição
pungir motivo
pungir picante
pungitivo dolorimento
pungitivo dor
pungitivo energia
punguista furto
punguista ladrão
punhada punição
punhado parte
punhado pouquidade
punhado pouquidão
punhado quantidade
punhal agudeza
punhal perfurador
punhal potencial de guerra
punhalada dolorimento
punho instrumento
punho retenção
punição condenação
púnico desonestidade
púnico irracionalidade
punir condenação
punir divindade
punir punição
punir vingança
punitivo punição
punível culpa
punível desvirtude
punível punição
punível ruindade
punk música
pupila infante
pupila servo
pupila visão
pupilar infante
pupilo amigo
pupilo discípulo
pupilo favorito
pupilo infante
pureza bom gosto
pureza candura
pureza elegância
pureza inocência
pureza limpeza
pureza perfeição
pureza simplicidade
pureza transparêcia
pureza veracidade
pureza visibilidade
pureza voz
purga limpeza
purgação expiação
purgação limpeza
purgante limpeza
purgante remédio
purgar expiação
purgar limpeza
purgar sujidade
purgativo expiação
purgativo limpeza
purgativo remédio
purgatório expiação
purgatório inferno
purgatório sofrimento
purificação expiação
purificação limpeza
purificação melhoramento
purificação singeleza
purificador limpeza
purificar expiação
purificar limpeza
purificar melhoramento
purificar salubridade
purificar singeleza
purificativo expiação
purificatório expiação
purismo afetação
purismo elegância
purista afetação
purista elegância
puritanismo afetação
puritanismo ascetismo
puritanismo heterodoxia
puritanismo impiedade
puritanismo tirania
puritano afetação
puritano ascetismo
puritano carola
puritano heterodoxia
puritano impiedade
puritano tirania
puro bom gosto
puro bondade
puro candura
puro culto
puro elegância
puro gramática
puro inocência
puro limpeza
puro perfeição
puro piedade
puro prazer
puro probidade
puro simplicidade
puro singeleza
puro sobriedade
puro transparêcia
puro veracidade
puro virtude
puro visibilidade
púrpura cargos da Igreja
púrpura insígnia
púrpura nobreza
púrpura roxo
púrpura título
purpúreo roxo
purpúreo vermelhidão
purpurina vermelhidão
purpurino roxo

purpurino vermelhidão
purulento sujidade
pururuca irascibilidade
pus fluidez
pus sujidade
pusilânime anarquia
pusilânime covardia
pusilânime medo
pusilânime servilismo
pusilanimidade anarquia
pusilanimidade covardia
pusilanimidade irresolução
pusilanimidade medo
pusilanimidade servilismo
pústula convexidade
pústula desonestidade
pústula doença
pústula homem ruim
pustulento sujidade
pustuloso sujidade
putativo atribuição
putativo crença
putativo suposição
putrefação fedor
putrefação insalubridade
putrefação sujidade
putrefaciente pioramento
putrefativo pioramento
putrefato pioramento
putrefazer fedor
putrefazer pioramento
putrefazer sujidade
putrescente pioramento
pútrido fedor
pútrido insalubridade
pútrido insignificância
pútrido pioramento
pútrido sujidade
putrificar fedor
putrificar pioramento
putrificar sujidade
puxada tração
puxado carestia
puxado moda
puxador ladrão
puxão extração
puxão impulso
puxão indicação
puxão tração
puxar atração
puxar carestia
puxar comprimento
puxar dor
puxar extração
puxar motivo
puxar precessão
puxar recepção
puxar tração
puxa-saco lisonja
puxa-saco servilismo
puxa-saquismo lisonja
puxa-saquismo servilismo
puxo dor

Q

quadra indicação
quadra poesia
quadra quaternidade
quadra tempo
quadrado angularidade
quadrado número
quadrado quaternidade
quadragésimo numerais ordinais
quadrangular angularidade
quadrângulo angularidade
quadrante circunferência
quadrante frente
quadrante parte
quadrante quadriseção
quadrar quaternidade
quadrático quaternidade
quadratim impressão
quadratura angularidade
quadratura pintura
quadratura quaternidade
quadriculado quadriseção
quadricular quadriseção
quadricular quaternidade
quadrículo quaternidade
quadriênio período
quadriga carregador
quadriga quaternidade
quadriga veículo
quadril lateralidade
quadrilátero angularidade
quadrilátero defesa
quadrilha combatente
quadrilha divertimento
quadrilha grandeza
quadrilha multidão
quadrilha oscilação
quadrilha partido
quadrilha quaternidade
quadrilha troca
quadrimestre período
quadrimotor nave
quadringentésimo numerais ordinais
quadro aparecimento
quadro artes
quadro borda
quadro classe
quadro descrição
quadro drama
quadro lista
quadro pintura
quadro representação
quadro templo
quadrúmano animal
quadrúpede animal
quadrúpede tolo
quadruplicação aumento
quadruplicado quadruplicação
quadruplicar aumento
quadruplicar quadruplicação
quádruplo quadruplicação
qual semelhança
qualidade classe
qualidade importância
qualidade intrinsecabilidade
qualidade nobreza
qualidade tendência
qualidade virtude
qualificação habilidade
qualificado acordo
qualificado fama
qualificado habilidade
qualificado importância
qualificar direito
qualificar fama
qualificar nomenclatura
qualitativo intrinsecabilidade
qualquer abstenção
qualquer acaso
qualquer generalidade
qualquer incerteza
qualquer quantidade
quando sincronismo
quando tempo diferente
quando tempo
quando menos se esperava surpresa

quantia dinheiro
quantia grandeza
quantia quantidade
quantidade grandeza
quantidade grau
quantidade pluralidade
quantidade reunião
quantidade suficiência
quantidade tamanho
quantificar quantidade
quantitativo grandeza
quantitativo quantidade
quanto quantidade
quantum partilha
quantum quantidade
quarenta numerais cardinais
quarentão ancião
quarentena numerais cardinais
quarentena período
quarentena preservação
quarentena segurança
quaresma jejum
quaresma prioridade
quaresmal jejum
quaresmal periodicidade
quaresmal rito
quark matéria
quartã insalubridade
quarteirão preço
quartel clemência
quartel morada
quartel período
quartel quadriseção
quartel tolerância
quartel-general autoridade
quartel-general centralidade
quartel-general convergência
quartel-general foco
quartel-general morada
quartel-general situação
quarteto artes
quarteto música
quarteto poesia
quarteto reunião
quartinho morada
quarto culto
quarto livro
quarto morada
quarto quadriseção
quarto receptáculo
quartzo rigidez
quase imperfeição
quase pouquidão
quaternal quaternidade
quaternário quadruplicação
quatorze numerais cardinais
quatro quaternidade
quê dificuldade
quebra descontinuidade
quebra discórdia
quebra disjunção
quebra humorista
quebra imperfeição
quebra inobservância
quebra insolvência
quebra obliquidade
quebra perda
quebra transgressão
quebra-cabeça dolorimento
quebra-cabeça investigação
quebra-cabeça segredo
quebrada aspereza
quebrada golfo
quebrada obliquidade
quebrada sinuosidade
quebradeira fadiga
quebradeira impotência
quebradeira insolvência
quebradeira segredo
quebradeira tristeza
quebradiço fragilidade
quebradiço fraqueza
quebrado circuito
quebrado fadiga
quebrado fraqueza
quebrado insolvência
quebrado pobreza
quebrado singularidade
quebra-luz meia-luz
quebra-mar estorvo
quebra-mar refúgio
quebramento fadiga
quebramento inobservância
quebramento transgressão
quebramento tristeza
quebrantado fadiga
quebrantado sofrimento
quebrantado velhice
quebrantamento impotência
quebrantamento inobservância
quebrantamento transgressão
quebrantar alívio
quebrantar atenuação
quebrantar fraqueza
quebrantar ilegalidade
quebrantar inobservância
quebranto bruxaria
quebranto desinteresse
quebranto encantamento
quebranto fraqueza
quebranto inatividade
quebranto inércia
quebranto influência
quebranto ruindade
quebranto tristeza
quebra-queixo picante
quebrar o sigilo exposição
quebrar acromatismo
quebrar cessação
quebrar desconformidade
quebrar desobediência
quebrar destruição
quebrar desvio
quebrar discurso
quebrar disjunção
quebrar fragilidade
quebrar inobservância
quebrar insolvência
quebrar inutilidade
quebrar libertação
quebrar luz
quebrar moderação
quebrar pioramento
quebrar pobreza
quebrar pulverização
quebrar revogação
quebrável fragilidade
queda adversidade
queda descida
queda desejo
queda destruição
queda desvirtude
queda diminuição
queda escolha
queda habilidade
queda impiedade
queda insucesso
queda intrinsecabilidade

queda qualidades
queda recusa
queda tendência
quedar imobilidade
quedar inação
quedar permanência
queijaria oficina
queijeira oficina
queijeiro agente
queijeiro habitante
queijo candura
queima aquecimento
queima barateza
queima energia
queimação aquecimento
queimação energia
queimada agricultura
queimada aquecimento
queimado ressentimento
queimadura aquecimento
queimadura calor
queimadura dor
queimar aquecimento
queimar barateza
queimar calor
queimar destruição
queimar dor
queimar energia
queimar picante
queimar prodigalidade
queixa acusação
queixa descontentamento
queixa dissuasão
queixa grito
queixa lamentação
queixa reprovação
queixada comida
queixar-se acusação
queixar-se atribuição
queixar-se descontentamento
queixar-se dissuasão
queixar-se lamentação
queixar-se sofrimento
queixo comida
queixoso acusação
queixoso descontentamento
queixoso direito
queixoso ressentimento
queixudo obstinação
queixume descontentamento
queixume lamentação
queixume saudade
quejando classe
quejando semelhança
quenga libertino
quente calor
quente excitação
quente fornalha
quente fruição
quente guerra
quente picante
quente vida
quente violência
quentemente calor
quentura calor
querela acusação
querela discórdia
querela lamentação
querela raciocínio
querelado acusação
querelante acusação
querelante direito
querelar acusação
querelar direito
querença amor
querença foco
querer boa vontade
querer comando
querer consentimento
querer crença
querer desejo
querer intenção
querer pedido
querer resolução
querer suposição
querer vontade
querido amor
querido benevolência
querido favorito
quermesse mercado
querosene combustível
querosene óleo
querubim amor
querubim beleza
querubim maria
quesito investigação
questão contenda
questão discórdia
questão investigação
questão raciocínio
questão tópico
questionador raciocínio
questionar descrença
questionar investigação
questionar negação
questionar raciocínio
questionar recusa
questionável descrença
questionável erro
questionável incerteza
quiçá incerteza
quiçá possibilidade
quiche comida
quietação imobilidade
quietação inação
quietação moderação
quietação repouso
quietação silêncio
quietar moderação
quietar repouso
quietismo desinteresse
quietismo imobilidade
quietismo silêncio
quieto imobilidade
quieto moderação
quieto paz
quieto silêncio
quietude imobilidade
quietude inatividade
quietude inexcitabilidade
quietude moderação
quietude paz
quietude permanência
quietude repouso
quietude silêncio
quilate bondade
quilate classe
quilate gravidade
quilate perfeição
quilate qualidades
quilo gravidade
quilogrâmetro força
quilombo esconderijo
quilombo morada
quilometragem medida
quilometrar medida
quilométrico comprimento
quilômetro comprimento
quilômetro grandeza
quimbundo solecismo
quimera absurdo
quimera desconformidade
quimera imaginação
quimera insubstancialidade
quimérico absurdo
quimérico admiração

quimérico imaginação
quimérico imaterialidade
quimérico inexistência
química conversão
química matéria
químico douto
químico remédio
quimo pasta
quina agudeza
quina angularidade
quindim carícias
quindim ornamento
quinhão parte
quinhão pouquidão
quinhão quantidade
quinhentismo estilo
quinhentismo passado
quinhentista velharia
quinquilharia divertimento
quinquilharia ornamento
quinta morada
quinta propriedade
quinta-essência intrinsecabilidade
quinta-essência leveza
quinta-essência odor
quinta-essência substancialidade
quinta-essência superioridade
quintal gravidade
quintal região
quintessência matéria
quintessência perfeição
quinteto artes
quinteto música
quinteto poesia
quinto numerais cardinais
quinto numerais ordinais
quinto preço
quinto recompensa
quintuplicação aumento
quintuplicar aumento
quintuplicar numerais cardinais
quíntuplo numerais cardinais
quinzena período
quinzenal período
quiosque mercado
quiromante oráculo
quisto alheamento
quisto amizade
quisto amor
quisto convexidade
quisto desacordo
quisto não relação
quitação abandono de propriedade
quitação expiação
quitação fiança
quitação pagamento
quitação perdão
quitanda mercado
quitandeiro mercador
quitar abandono de propriedade
quitar desamparo
quitar estorvo
quitar pagamento
quitar partida
quitar perda
quitar retaliação
quitar transigência
quite compensação
quite divórcio
quite pagamento
quitute comida
quitute sabor
quixotada jactância
quixotada temeridade
quixotesco imaginação
quixotesco inabilidade
quixotesco jactância
quixotismo excitabilidade
quixotismo jactância
quixotismo temeridade
quizila contenda
quizila desacordo
quizila descontentamento
quizila dissentimento
quizila rejeição
quizília aversão
quizília discórdia
quizília enfado
quizília inimizade
quizília ressentimento
quociente número
quota despesa
quota dinheiro
quota pagamento
quota partilha
quota preço
quotidiano frequência
quotidiano periodicidade
quotizar pagamento

R

rã salto
rabada retaguarda
rabadilha retaguarda
rabanada impulso
rabanada salto
rabanada vento
rabear ressentimento
rabeca músico
rabecão enterro
rabeira perseguição
rabeira registro
rabeira resto
rabeira retaguarda
rabeira sucessão
rabeira sujidade
rabi clerezia
rabiça agricultura
rabiça retaguarda
rabicho retaguarda
rabicho vínculo
rábido loucura
rábido ressentimento
rábido sentimento
rabino clerezia
rabiscador escrita
rabiscador livro
rabiscar arremedo
rabiscar escrita
rabiscar pintura
rabisco escrita
rabiscos escrita
rabo adjunto
rabo desvirtude
rabo fim
rabo pendura
rabo retaguarda
rabudo desonestidade
rabudo retaguarda
rabudo satã
rabugem capricho
rabugem hipocondria
rabugento capricho
rabugento descortesia
rabugento hipocondria
rabugento irascibilidade
rabugento ressentimento
rabugento tristeza
rabugento velhice
rabugice capricho
rabugice hipocondria
rabujar hipocondria

rabujar velhice
rábula advogado
rábula ignorante
raça ascendência
raça causa
raça classe
raça consanguinidade
raça continuidade
ração comida
ração parte
ração partilha
racha descontinuidade
racha intervalo
racha sulco
rachadura disjunção
rachadura imperfeição
rachadura insucesso
rachadura intervalo
rachar bissecção
rachar disjunção
rachar fragilidade
rachar pioramento
raciocinar intelecto
raciocinar raciocínio
raciocínio vicioso irracionalidade
raciocínio intelecto
raciocínio pensamento
racional intelecto
racional número
racional probabilidade
racional raciocínio
racional rito
racional sanidade
racionalidade intelecto
racionalidade probabilidade
racionalidade sanidade
racionalismo dissertação
racionalismo irreligião
racionalismo raciocínio
racionalista irreligião
racionalista raciocínio
radar defesa
radar guerra
radar potencial de guerra
radiação divergência
radiação luz
radiado divergência
radiador aquecimento
radiante beleza
radiante contentamento
radiante corpos luminosos
radiante divergência
radiante fama
radiante prazer
radiante regozijo
radiar divergência
radiar luz
radicação hábito
radicado estabilidade
radical causa
radical completamento
radical importância
radical intrinsecabilidade
radical número
radicalização advertência
radiciação numeração
radícula base
rádio instrumento
rádio mensageiro
rádio publicidade
radioatividade energia
radiografar investigação
radiografia representação
radiograma notícia
radioscopia investigação
radioscópico investigação
radioso alegria
radioso luz
radioterapia remédio
rafeiro animal
rafeiro difamador
rafeiro segurança
rafeiro servilismo
ragu comida
raia circunjacência
raia contenda
raia contiguidade
raia erro
raia indicação
raia limite
raia quantidade
raiado variegação
raiar começo
raiar luz
raiar manhã
raiar prioridade
raiar sinuosidade
raiar sulco
raiar variegação
raiar visibilidade
rainha amo
rainha superioridade
raio agudeza
raio atividade
raio comprimento
raio contenda
raio destruidor
raio direitura
raio esperança
raio instantaneidade
raio largura
raio luz
raio pouquidão
raio prodígio
raio punição
raio ruindade
raio surpresa
raio velocidade
raio violência
raio x investigação
raiva aversão
raiva excitabilidade
raiva loucura
raiva ódio
raiva ressentimento
raiva violência
raivoso excitação
raivoso irascibilidade
raivoso loucura
raivoso ódio
raivoso ressentimento
raivoso sentimento
raivoso violência
raiz baixeza
raiz base
raiz causa
raiz começo
raiz número
raiz sílaba
raiz vínculo
rajá amo
rajada adversidade
rajada excitabilidade
rajada vento
rajado variegação
rajar interjacência
rajar variegação
ralação dolorimento
ralação sofrimento
ralador pulverização
raladura dolorimento
raladura pulverização
ralar atrito
ralar dolorimento
ralar incerteza
ralar pulverização
ralé atividade

ralé plebeísmo
ralé presa
ralhação reprovação
ralhar reprovação
ralho jactância
ralho reprovação
ralo abertura
ralo prodigalidade
ralo pulverização
ralo realidade
rama impressão
ramada domesticação
Ramadã jejum
ramada vegetal
ramagem vegetal
ramal passadouro
ramalhete ornamento
ramaria vegetal
rameira libertino
ramerrão hábito
ramerrão prolação
ramerrão regularidade
ramerrão repetição
ramerrão uniformidade
ramificação bissecção
ramificação dispersão
ramificação divergência
ramificação numerais ordinais
ramificação posteridade
ramificação simetria
ramificar bissecção
ramificar numerais ordinais
ramificar parte
ramo alarma
ramo ascendência
ramo consanguinidade
ramo doença
ramo fragrância
ramo ornamento
ramo parte
ramo posteridade
ramo trabalho
rampa defesa
rampa drama
rampa obliquidade
rampa passadouro
rancheiro comida
rancho morada
rancho partido
rancho reunião
ranço amargura
ranço fedor
ranço velharia
rancor aversão
rancor malevolência
rancor ódio
rancor ruindade
rancor violência
rancoroso vingança
rançoso amargura
rançoso chateza
rançoso enfado
rançoso fedor
rançoso prolixidade
rançoso repetição
rançoso sujidade
rançoso velharia
rangido estridor
rangífer carregador
ranheta irascibilidade
ranho excreção
ranho sujidade
ranhoso sujidade
ranhura encaixe
ranicultura domesticação
rap divertimento
rap música
rapa divertimento
rapa gula
rapace apropriação
rapacidade apropriação
rapacidade desejo
rapadura doçura
rapagão infante
rapapé servilismo
rapar apropriação
rapar atrito
rapar contração
rapar furto
rapar homicídio
rapar pulverização
rapariga fêmea
rapariga infante
rapaz infante
rapaz macho
rapaziada divertimento
rapaziada infante
rapazola infante
rapé picante
rapel divertimento
rapidez instantaneidade
rapidez pressa
rapidez velocidade
rápido atividade
rápido instantaneidade
rápido pressa
rápido presteza
rápido veículo
rápido velocidade
rapina apropriação
rapina aquisição
rapina furto
rapinagem apropriação
rapinagem aquisição
rapinagem furto
rapinar apropriação
rapinar aquisição
rapinar furto
raposa animal
raposa astúcia
raposa fedor
raposia astúcia
raposino astúcia
raposo astúcia
rapsódia descontinuidade
rapsódia música
rapsódia parte
rapsodista poesia
rapsodo poesia
raptar furto
rapto apropriação
rapto discurso
rapto furto
rapto impureza
rapto velocidade
raptor ladrão
raquialgia dor
raquiano partes do corpo humano
raquidiano partes do corpo humano
raquítico encurtamento
raquítico fraqueza
raquítico imbecilidade
raquítico pequenez
raquitismo fraqueza
raquitismo ignorância
raquitismo pequenez
rarear deficiência
rarear imperfeição
rarear infrequência
rarear insuficiência
rarear pouquidade
rarear realidade
rarefação pouquidade
rarefação realidade
rarefazer pouquidade
rarefazer realidade

rarefeito pouquidade
rarefeito realidade
raridade infrequência
raridade pouquidade
raridade prodígio
raridade realidade
raro admiração
raro bondade
raro desconformidade
raro importância
raro infrequência
raro pouquidade
raro realidade
raro superioridade
rasa preço
rasar atrito
rasar contiguidade
rasar contração
rasar depressão
rasar medida
rasar navegação
rasar vau
rasca fraude
rasca partilha
rascante amargura
rascar atrito
rascar atrito
rascar parte
rascar pulverização
rascunhar escrita
rascunho despreparo
rascunho plano
rascunho protótipo
rascunho registro
rasgado espaço
rasgado grandeza
rasgadura abertura
rasgadura disjunção
rasgadura sulco
rasgão abertura
rasgão disjunção
rasgão inobservância
rasgão intervalo
rasgão sulco
rasgar abertura
rasgar desprezo
rasgar destruição
rasgar disjunção
rasgar dolorimento
rasgar dor
rasgar inobservância
rasgar intervalo
rasgar manhã
rasgar passagem
rasgar preparação
rasgar revogação
rasgar sulco
rasgo abertura
rasgo ação
rasgo benevolência
rasgo bondade
rasgo discurso
rasgo escrita
rasgo liberalidade
rasgo sulco
raso baixeza
raso ignorância
raso lisura
raso perda
raso simplicidade
raso vau
rasoura destruição
rasoura perdão
rasourar destruição
rasourar horizontalidade
rasourar igualdade
raspa parte
raspa pulverização
raspadeira limpeza
raspadeira supressão
raspadinha refrigerador
raspadinha resfriamento
raspadura pulverização
raspadura supressão
raspadura vau
raspagem atrito
raspagem supressão
raspagem vau
raspar atrito
raspar contração
raspar limpeza
raspar pulverização
raspar supressão
raspar vau
rasteira fraude
rasteira impulso
rasteiro baixeza
rasteiro chateza
rasteiro desonestidade
rasteiro frouxidão
rasteiro inatividade
rasteiro infamação
rasteiro plebeísmo
rasteiro servilismo
rasteiro vagareza
rastejamento servilismo
rastejante baixeza
rastejante chateza
rastejante desonestidade
rastejante inatividade
rastejante infamação
rastejante plebeísmo
rastejante servilismo
rastejante submissão
rastejar baixeza
rastejar chateza
rastejar investigação
rastejar perseguição
rastejar sequência
rastejar servilismo
rastejar vagareza
rastejo investigação
rastejo servilismo
rastejo sucessão
rastejo vagareza
rasto indicação
rasto perseguição
rasto registro
rasto retaguarda
rastrear investigação
rastrear sucessão
rastro perseguição
rastro registro
rasura imperfeição
rasura supressão
rasura vau
rasurar supressão
rata inoportunidade
rataplã prolação
ratazana anedota
ratazana fealdade
ratazana ladrão
ratear partilha
rateio partilha
rateiro animal
rateiro economia
rateiro perseguição
ratificação assentimento
ratificação consentimento
ratificação contrato
ratificação evidência
ratificar afirmação
ratificar assentimento
ratificar contrato
ratificar evidência
ratificar permissão
rato animal
rato capricho
rato ladrão

rato pardo
rato pequenez
rato produtividade
rato ridicularia
ratoeira fraude
rave música
ravina dobra
ravina sulco
razão causa
razão conhecimento
razão contabilidade
razão intelecto
razão inteligência
razão justiça
razão lista
razão motivo
razão notícia
razão oportunidade
razão raciocínio
razão registro
razão relação
razia ataque
razia destruição
razia furto
razoabilidade inteligência
razoável contentamento
razoável inteligência
razoável justiça
razoável moderação
razoável raciocínio
razoável sanidade
razoável suficiência
reabastecer provisão
reabilitação absolvição
reabilitação restauração
reabilitação restituição
reabilitar absolvição
reabilitar justificação
reabilitar restauração
reabilitar restituição
reabsorção recepção
reabsorver recepção
reação compensação
reação elasticidade
reação energia
reação oposição
reação recuo
reação renitência
reação resistência
reação resposta
reação restauração
reação retaliação
reação tirania
reacender motivo
reacionário recuo
reacionário resistência
reacionário reversão
reacionário tergiversação
reacionário tirania
readquirir aquisição
readquirir restauração
reafirmar afirmação
reagente compensação
reagente energia
reagente experiência
reagente recuo
reagente renitência
reagir compensação
reagir energia
reagir recuo
reajuste preço
real altruísmo
real autoridade
real certeza
real dinheiro
real existência
real número
real veracidade
realçar atenção
realçar aumento
realçar contraste
realçar convexidade
realçar exageração
realçar importância
realçar melhoramento
realçar visibilidade
realce aumento
realce fama
realce importância
realejo prolação
realeza autoridade
realeza beleza
realeza existência
realeza ostentação
realidade existência
realidade simplicidade
realidade fria existência
realidade indiscutível existência
realidade palpável existência
realismo autoridade
realismo simplicidade
realista autoridade
realização ação
realizador empreendimento
realizar acabamento
realizar ação
realizar agência
realizar conduta
realizar intelecto
realizar produção
realizar sucesso
realizar trabalho
realizável possibilidade
reanimação reprodução
reanimação restauração
reanimação revigoramento
reanimar coragem
reanimar esperança
reanimar excitação
reanimar força
reanimar reprodução
reanimar restauração
reaparecer aparecimento
reaparecer frequência
reaparecer repetição
reaparecer reprodução
reaparecer restauração
reaparecer visibilidade
reaparecimento aparecimento
reaparecimento frequência
reaquisição aquisição
reatar junção
reatividade interesse
reativo compensação
reativo energia
reativo experiência
reativo recuo
reativo resposta
reato condenação
reato dever
reato penitência
reator nave
reaver aquisição
reaver restituição
reavivar excitação
reavivar motivo
rebaixamento depressão
rebaixamento infamação
rebaixamento lisonja
rebaixamento pioramento
rebaixamento servilismo
rebaixar depressão
rebaixar humildade
rebaixar mau uso
rebaixar pioramento
rebaixar regressão

rebaixar ruindade
rebanho multidão
rebanho partido
rebanho reunião
rebanho secular
rebanho servilismo
rebarba encaixe
rebarba impressão
rebarbativo assimetria
rebarbativo chateza
rebarbativo fealdade
rebarbativo mau gosto
rebate advertência
rebate alarma
rebate ataque
rebate desconto
rebate excitação
rebate previdência
rebate surpresa
rebatedor mercador
rebater curvatura
rebater desconto
rebater negação
rebater oscilação
rebater recuo
rebater refutação
rebater regressão
rebater renitência
rebater réplica
rebater repulsão
rebater resposta
rebelar desobediência
rebelde combatente
rebelde desobediência
rebelde força
rebelde obstinação
rebelde renitência
rebeldia anarquia
rebeldia desobediência
rebeldia obstinação
rebeldia renitência
rebeldia resistência
rebelião desobediência
rebelião renitência
rebenque azorrague
rebentar aumento
rebentar chegada
rebentar efeito
rebentar egressão
rebentar estalo
rebentar exposição
rebentar fragilidade
rebentar rio
rebentar surpresa
rebentar violência
rebento causa
rebento começo
rebento efeito
rebento infante
rebento parte
rebento posteridade
rebento vegetal
rebitar embotamento
rebite curvatura
rebite embotamento
reboar ressonância
rebocador nave
rebocador precessão
rebocador tração
rebocar camada
rebocar precessão
rebocar tração
reboco camada
rebojo recife
rebolado agitação
rebolado esfericidade
rebolado oscilação
rebolar rotação
rebolo rigidez
reboque tração
rebordo borda
rebordosa desacordo
rebordosa discórdia
rebotalho insignificância
rebotalho inutilidade
rebotalho resto
rebrilhar luz
rebuçado cobertura
rebuçado desinformação
rebuçado falsidade
rebuçado perfeição
rebuçar atenuação
rebuçar desinformação
rebuço falsidade
rebuliço desordem
rebuscado afetação
rebuscado vigor
rebuscar curiosidade
rebuscar floreio
rebuscar investigação
recado comando
recado comissão
recado informação
recado notícia
recaída impenitência
recaída pioramento
recaída reversão
recair impenitência
recair recaída
recalcar densidade
recalcar desinformação
recalcar impulso
recalcar inexcitabilidade
recalcar latência
recalcitrância desobediência
recalcitrância resistência
recalcitrante desobediência
recalcitrante impenitência
recalcitrante obstinação
recalcitrante recuo
recalcitrante renitência
recalcitrar impenitência
recalcitrar impulso
recalcitrar obstinação
recalcitrar recaída
recalcitrar recuo
recalcitrar renitência
recambiar evolução
recambiar recusa
recambiar regressão
recambiar restituição
recambiar retaliação
recambiar troca
recamo floreio
recamo ornamento
recanto esconderijo
recanto reclusão
recapitulação descrição
recapitulação memória
recapitular compêndio
recapitular descrição
recapitular memória
recapitular repetição
recatado cautela
recatado humildade
recatado modéstia
recatado pureza
recatado temperança
recatar desinformação
recato cautela
recato desinformação
recato esconderijo
recato humildade
recato probidade
recato pureza
recear irresolução
recear medo
recebedor recebimento

recebedor receptáculo
recebedoria tesouraria
receber apropriação
receber aquisição
receber assentimento
receber casamento
receber cortesia
receber estudo
receber interpretação
receber obediência
receber posse
receber propriedade
receber recebimento
receber receita
receber recepção
receber receptáculo
receber sociabilidade
recebido aquisição
recebido assentimento
recebido certeza
recebido conformidade
recebido conhecimento
recebido crença
recebido hábito
recebimento aquisição
recebimento casamento
receio covardia
receio má vontade
receio medo
receio perigo
receita aquisição
receita conselho[2]
receita plano
receita preceito
receita remédio
receitar conselho[2]
receituário compêndio
recém-nascido infância
recém-nascido infante
recender odor
recenseamento medida
recenseamento numeração
recenseamento registro
recensear atenção
recensear investigação
recensear lista
recensear medida
recensear numeração
recente memória
recente passado
recente tempo presente
receoso medo
recepção apropriação
recepção aprovação
recepção chegada
recepção cortesia
recepção inclusão
receptador ladrão
receptador receptáculo
receptar desonestidade
receptar furto
receptar recebimento
receptar receptáculo
receptividade boa vontade
receptividade interesse
receptivo consentimento
receptivo interesse
receptivo sentimento
receptor recebimento
receptor receptáculo
recesso esconderijo
recesso interioridade
rechaçar destruição
rechaçar oposição
rechaçar refutação
rechaçar repulsão
rechaçar sucesso
rechaço recusa
rechaço rejeição
rechaço renitência
rechaço repulsão
recheado completamento
recheado redundância
rechear completamento
rechear conteúdo
rechear doação
rechear floreio
rechear forro
rechear provisão
rechear redundância
rechear riqueza
recheio comida
recheio conteúdo
recheio economia
recheio forro
recheio suficiência
rechonchudo tamanho
recibo fiança
recibo pagamento
reciclagem periodicidade
reciclagem trabalho
reciclar periodicidade
recidiva impenitência
recidiva recaída
recidivo impenitência
recidivo recaída
recife convexidade
recife estorvo
recife ilha
recinto morada
recinto região
recipiente recebimento
recipiente receptáculo
reciprocidade correlação
reciprocidade troca
recíproco correlação
recíproco retaliação
recíproco troca
récita drama
recitação descrição
recital música
recital músico
recitar descrição
recitar discurso
recitar voz
reclamação comando
reclamação dissentimento
reclamação dissuasão
reclamação necessidade
reclamação pedido
reclamante direito
reclamante peticionário
reclamar atenção
reclamar comando
reclamar descontentamento
reclamar direito
reclamar dissuasão
reclamar ininteligibilidade
reclamar necessidade
reclamar pedido
reclamar réplica
reclame publicidade
reclinação obliquidade
reclusão desinformação
reclusão prisão
reclusão restrição
recluso preso
recluso reclusão
recobrar aquisição
recobrar restauração
recobrar revigoramento
recobro aquisição
recobro restituição
recobro revigoramento
recolher aquisição
recolher benevolência
recolher escolha
recolher recebimento

recolher reunião
recolher segurança
recolher sociabilidade
recolhido latência
recolhido reclusão
recolhimento humildade
recolhimento modéstia
recolhimento pureza
recolhimento reclusão
recolhimento refúgio
recolhimento repouso
recomendação conselho²
recomendações cortesia
recomendações respeito
recomendações sociabilidade
recomendado amigo
recomendar benevolência
recomendar conselho²
recomendatório conselho²
recomendável aprovação
recompensa bem
recompensa compensação
recompensa gratidão
recompensa título
recompensar justiça
recompensar recompensa
recompor arranjo
recompor combinação
recompor composição
recompor forma
recompor pacificação
recompor reprodução
recompor restauração
recomposição combinação
recomposição concórdia
recomposição pacificação
recomposição reprodução
recôncavo concavidade
recôncavo golfo
recôncavo interioridade
recôncavo recife
recôncavo refúgio
reconciliação acordo
reconciliação expiação
reconciliação pacificação
reconciliar acordo
reconciliar contentamento
reconciliar pacificação
reconciliar rito
reconciliatório pacificação
recôndito esconderijo
recôndito ignorância
recôndito ininteligibilidade
recôndito interioridade
recôndito meio
recondução comissão
reconduzir restauração
reconduzir restituição
reconfortante alívio
reconfortante bondade
reconfortar alívio
reconforto alívio
recongraçar pacificação
reconhecer assentimento
reconhecer conhecimento
reconhecer descoberta
reconhecer evidência
reconhecer exposição
reconhecer gratidão
reconhecer memória
reconhecer permissão
reconhecer visão
reconhecer visão
reconhecer-se culpado penitência
reconhecido gratidão
reconhecido indicação
reconhecimento afirmação
reconhecimento assentimento
reconhecimento consentimento
reconhecimento exposição
reconhecimento gratidão
reconhecimento investigação
reconhecimento memória
reconhecimento observância
reconhecimento recompensa
reconhecimento visão
reconhecível inteligibilidade
reconhecível visibilidade
reconquista aquisição
reconquista restauração
reconquista revigoramento
reconquistar aquisição
reconquistar restauração
reconquistar revigoramento
reconsideração pensamento
reconsideração revogação
reconsiderar desamparo
reconsiderar revogação
reconsiderar tergiversação
reconstituição restauração
reconstituinte força
reconstituinte remédio
reconstituir composição
reconstituir força
reconstituir reprodução
reconstituir restauração
reconstrução reprodução
reconstrução restauração
reconstruir descrição
reconstruir reprodução
reconstruir restauração
recontar descrição
reconvir acusação
reconvir demanda
reconvir retaliação
recordação memória
recordação saudade
recordar memória
recordar dissensões discórdia
recorrência frequência
recorrente demanda
recorrente direito
recorrente dissentimento
recorrente frequência
recorrente peticionário
recorrer dissentimento
recorrer guerra
recorrer investigação
recorrer pedido
recorrer uso
recortar concavidade
recortar encaixe
recortar forma
recortar intervalo
recortar sinuosidade
recorte concavidade
recorte encaixe
recorte intervalo
recorte sinuosidade
recovar transferência
recreação divertimento
recreação repouso
recrear deleite
recrear repouso
recreativo deleite
recreativo divertimento
recreio divertimento
recreio ócio
recriar reprodução

recriminação acusação
recriminação justificação
recriminação reprovação
recriminador acusação
recriminar reprovação
recriminatório acusação
recrudescer aumento
recrudescer recaída
recrudescimento agravação
recrudescimento aumento
recruta combatente
recruta discípulo
recruta ingênuo
recruta provisão
recruta remendão
recrutador jurisdição
recrutamento reunião
recrutar aquisição
recrutar auxílio
recrutar força
recrutar guerra
recrutar inclusão
recrutar melhoramento
recrutar motivo
recrutar provisão
recrutar restauração
recuada recuo
recuada regressão
recuar covardia
recuar elasticidade
recuar recuo
recuar regressão
recuar resistência
recuar reversão
recuar tergiversação
recuar transigência
recuo concavidade
recuo pioramento
recuo regressão
recuo resistência
recuo retirada
recuo reversão
recuo tergiversação
recuperação apropriação
recuperação aquisição
recuperação restauração
recuperação restituição
recuperar apropriação
recuperar aquisição
recuperar compensação
recuperar restauração
recuperar restituição
recuperar revigoramento
recuperatório restituição
recuperável restauração
recurso auxílio
recurso demanda
recurso dissentimento
recurso plano
recursos alegação
recursos dinheiro
recursos meios
recursos propriedade
recursos provisão
recursos riqueza
recurvar curvatura
recurvo curvatura
recusa descortesia
recusa desobediência
recusa exclusão
recusa má vontade
recusa negação
recusa negação
recusa proibição
recusa rejeição
recusa renitência
recusa glacial recusa
recusa peremptória recusa
recusado exclusão
recusar aversão
recusar dispensa
recusar exclusão
recusar má vontade
recusar negação
recusar omissão
recusar recusa
recusar rejeição
recusar assentimento dissentimento
recusável recusa
redação estilo
redação publicidade
redar perseguição
redator impressão
redator livro
redator publicidade
rede astúcia
rede cruzamento
rede dificuldade
rede fraude
rede oscilação
rede pendura
rede perseguição
rede suporte
rédea autoridade
rédea estorvo
rédea gestão
rédea prisão
redemoinhar rotação
redemoinhar violência
redemoinho recife
redemoinho vento
redemoinho violência
redenção aquisição
redenção desembaraçamento
redenção divindade
redenção expiação
redenção libertação
redenção restauração
redenção restituição
redentor benfeitor
redentor libertação
redentor segurança
redentor segurança
redigir escrita
redil cerca
redil foco
redil morada
redil prisão
redimir absolvição
redimir desembaraçamento
redimir libertação
redimir melhoramento
redimir restauração
redimir restituição
redimir segurança
redimível desembaraçamento
redingote indumentária
redivivo fama
redivivo restauração
redizer afirmação
redizer repetição
redobramento aumento
redobramento duplicação
redobrar aumento
redobrar duplicação
redobrar repetição
redobro duplicação
redobro quadruplicação
redoma circunjacência
redoma egoísmo
redoma receptáculo
redoma templo
redondamente afirmação
redondamente completamento
redondamente grandeza

redondamente manifestação
redondeza circunjacência
redondezas proximidade
redondilhas poesia
redondo afirmação
redondo candura
redondo circunferência
redondo completamento
redondo curvatura
redondo encurtamento
redondo esfericidade
redondo manifestação
redondo tamanho
redor circunjacência
redrar agricultura
redução contração
redução conversão
redução desconto
redução diminuição
redução perda
redução submissão
redundância prolixidade
redundância sem significação
redundante prolixidade
redundante redundância
redundante sem significação
reduplicação duplicação
reduplicar duplicação
redutível conversão
redutível diminuição
redutível mutabilidade
reduto defesa
reduzido encurtamento
reduzido inferioridade
reduzir arranjo
reduzir compêndio
reduzir depressão
reduzir desconto
reduzir encurtamento
reduzir pouquidade
reedificar reprodução
reedificar restauração
reeditar reprodução
reeleger escolha
reeleição escolha
reembolsar pagamento
reembolsar recebimento
reembolsar restauração
reembolsar restituição
reembolso pagamento
reembolso receita
reencontro contenda
reentrada navegação
reentrância concavidade
reentrante angularidade
reentrante concavidade
reerguer reprodução
reerguimento restauração
refazer comida
refazer compensação
refazer força
refazer melhoramento
refazer provisão
refazer revigoramento
refazimento compensação
refeição comida
refeição revigoramento
refeito força
refeito revigoramento
refeitório receptáculo
refém fiança
referência atribuição
referência conselho²
referência evidência
referência indicação
referência informação
referência notícia
referência relação
referendar aprovação
referendar indicação
referendar legalidade
referente relação
referente significação
referido precedência
referimento descrição
referir atribuição
referir descrição
referir informação
referir relação
refestelar-se contentamento
refestelar-se fruição
refestelar-se inação
refestelar-se ócio
refil conteúdo
refinação limpeza
refinamento limpeza
refinamento melhoramento
refinamento perfeição
refinar aumento
refinar perfeição
refinar singeleza
refinaria limpeza
refinaria oficina
refletido cautela
refletido inteligência
refletido predeterminação
refletido resolução
refletido sanidade
refletir atenção
refletir cautela
refletir desvio
refletir imitação
refletir inteligência
refletir luz
refletir pensamento
refletir recuo
refletir regressão
refletir repetição
refletir ressonância
refletor instrumentos de óptica
reflexão ascetismo
reflexão atenção
reflexão cópia
reflexão dissertação
reflexão ideia
reflexão inteligência
reflexão luz
reflexão pensamento
reflexão raciocínio
reflexão recuo
reflexão ressonância
reflexivo correlação
reflexo conhecimento
reflexo cópia
reflexo correlação
reflexo efeito
reflexo elasticidade
reflexo luz
reflexo memória
reflexo recuo
reflexo registro
reflexo regressão
reflorescente vegetal
reflorescer melhoramento
reflorescer novidade
reflorescer produção
reflorescer vegetal
reflorescimento vegetal
refluir aproximação
refluir recaída
refluir recuo
refluir regressão
refluir rio
refluxo diminuição

refluxo pioramento
refluxo recuo
refluxo regressão
refogado tempero
refogar tempero
reforçado força
reforçado tamanho
reforçar aumento
reforçar auxílio
reforçar defesa
reforçar evidência
reforçar força
reforço adjunto
reforço aumento
reforço auxílio
reforço combatente
reforço material
reforço provisão
reforma conversão
Reforma heterodoxia
reforma inação
reforma melhoramento
reforma mudança
reforma provisão
reforma restauração
reformação restauração
reformado heterodoxia
reformado velhice
reformar conversão
reformar melhoramento
reformar restauração
reformatório melhoramento
reformatório virtude
refração desvio
refração luz
refrão máxima
refrão poesia
refrão repetição
refratário aversão
refratário desobediência
refratário má vontade
refratário obstinação
refratário transigência
refreado temperança
refrear atenuação
refrear dissuasão
refrear economia
refrear estorvo
refrear moderação
refrear oposição
refrear proibição
refrear restrição
refrear sujeição
refrear vagareza
refrega contenda
refrega discórdia
refrega esforço
refrega guerra
refrega inimizade
refregar contenda
refregar dobra
refregar guerra
refrescamento resfriamento
refrescante deleite
refrescante frescura
refrescar deleite
refrescar frescura
refrescar provisão
refrescar resfriamento
refrescar umidade
refrescar vento
refresco alívio
refresco provisão
refresco refrigerador
refresco resfriamento
refresco revigoramento
refrigeração insensibilidade
refrigeração resfriamento
refrigerador resfriamento
refrigerante comida
refrigerante deleite
refrigerante refrigerador
refrigerante resfriamento
refrigerar alívio
refrigerar resfriamento
refrigério alívio
refrigério moderação
refrigério prazer
refugar aversão
refugar deficiência
refugar desprezo
refugar dispensa
refugar expulsão
refugar omissão
refugar recusa
refugar rejeição
refugar repulsão
refugiado escapatória
refugiado transigência
refugiado viajante
refugiar-se desinformação
refugiar-se ingressão
refugiar-se refúgio
refugiar-se segurança
refugiar-se transigência
refúgio defesa
refúgio escapatória
refúgio esconderijo
refúgio justificação
refúgio meios
refúgio reclusão
refugo insignificância
refugo inutilidade
refugo resto
refulgência luz
refulgente luz
refulgir fama
refulgir luz
refutação exclusão
refutação negação
refutação réplica
refutação resposta
refutar descrença
refutar exclusão
refutar má vontade
refutar negação
refutar oposição
refutar recusa
refutar refutação
refutar réplica
refutar resposta
refutar veracidade
refutatório negação
rega água
rega rio
rega umidade
regaço interioridade
regaço ortodoxia
regaço partido
regaço sociabilidade
regaço suporte
regador água
regador rio
regadura água
regalar deleite
regalar doação
regalar oferta
regalia bem
regalia direito
regalia insígnia
regalia liberdade
regalo aquecimento
regalo contentamento
regalo deleite
regalo indumentária
regalo prazer
regalo revigoramento
regalo sabor
regar água

regar comida
regar rio
regar umidade
regata água
regata contenda
regatear compra
regatear depreciação
regatear doação
regatear economia
regatear má vontade
regatear preço
regatear recusa
regateio compra
regateio recusa
regelar resfriamento
regência autoridade
regência comissão
regência conduta
regência escola
regência gestão
regência gramática
regeneração divindade
regeneração melhoramento
regeneração piedade
regeneração reprodução
regeneração restauração
regenerado piedade
regenerar melhoramento
regenerar reprodução
regenerar restauração
regente amo
regente deputado
regente diretor
regente melodia
regente mestre
regente música
reger autoridade
reger ensino
reger gestão
reger influência
reger legalidade
reggae música
região atividade
região terra
regicida homicídio
regicídio homicídio
regime amo
regime autoridade
regime circunstância
regime conduta
regime preceito
regimental combatente
regimental preceito
regimento comando
regimento combatente
regimento gestão
regimento legalidade
regimento multidão
regimento preceito
regimento regularidade
régio autoridade
régio liberalidade
régio riqueza
regional especialidade
regional neologismo
regional região
regionalismo especialidade
regionalismo misantropia
regionalismo neologismo
regionalismo obliquidade
registrado registro
registrar arranjo
registrar cronometria
registrar memória
registrar registro
registro descrição
registro evidência
registro fiança
registro inclusão
registro lista
registro memória
rego conduto
rego sulco
regougar estridor
regougar gagueira
regougar ressentimento
regougar sussurro
regougar voz
regozijar deleite
regozijo alegria
regozijo contentamento
regozijo divertimento
regozijo prazer
regra cautela
regra conformidade
regra economia
regra ensino
regra hábito
regra ordem
regra preceito
regra protótipo
regra regularidade
regrado arranjo
regrado economia
regrado inteligência
regrado ordem
regrado periodicidade
regrado temperança
regrar arranjo
regrar autoridade
regrar economia
regrar escrita
regrar gestão
regrar-se temperança
regras correspondência
regras crença
regra-três sucedâneo
regressar recuo
regressar regressão
regressar reversão
regressivo recuo
regressivo regressão
regressivo reversão
regresso chegada
regresso regressão
regresso reversão
régua comprimento
régua escrita
régua medida
regulação preceito
regulado ordem
regulamentação legalidade
regulamentar arranjo
regulamentar direito
regulamentar legalidade
regulamento gestão
regulamento legalidade
regulamento preceito
regular arranjo
regular comando
regular completamento
regular conformidade
regular conveniência
regular dever
regular gestão
regular hábito
regular imperfeição
regular inteligência
regular oscilação
regular periodicidade
regular preço
regular regularidade
regular suficiência
regular temperança
regular uniformidade
regularidade acordo
regularidade dever
regularidade ordem
regularidade periodicidade

regularidade simetria
regularidade uniformidade
regularizar arranjo
regularizar legalidade
regularizar melhoramento
régulo influência
régulo tirania
regurgitar redundância
regurgitar rio
regurgitar suficiência
rei amo
rei nobreza
rei superioridade
reimpressão cópia
reimpressão impressão
reimpressão reprodução
reimprimir impressão
reimprimir reprodução
reinação divertimento
reinado autoridade
reinado influência
reinado superioridade
reinante autoridade
reinante influência
reinante tempo presente
reinar autoridade
reinar espírito
reinar existência
reinar generalidade
reinar gestão
reinar influência
reinar insalubridade
reinar moda
reinar superioridade
reincidência impenitência
reincidência obstinação
reincidência permanência
reincidência recaída
reincidente impenitência
reincidente obstinação
reincidente recaída
reincidir impenitência
reincidir recaída
reincorporar combinação
reino autoridade
reino propriedade
reino região
reino superioridade
reinol habitante
reinol região
reinstalar restauração
reintegração restauração
reintegração restituição
reintegrar restauração
reintegrar restituição
reiteração afirmação
reiteração frequência
reiteração repetição
reiterar afirmação
reiterar continuação
reiterar frequência
reiterar repetição
reiterativo repetição
reitor amo
reitor clerezia
reitor diretor
reitorado cargos da Igreja
reitorado gestão
reitoral insígnia
reitoria cargos da Igreja
reitoria gestão
reivindicação aquisição
reivindicação comando
reivindicador acusação
reivindicador direito
reivindicar aquisição
reivindicar comando
rejeição aversão
rejeição dispensa
rejeição dissentimento
rejeição exclusão
rejeição expulsão
rejeição inimizade
rejeição má vontade
rejeição negação
rejeição omissão
rejeição recusa
rejeição renitência
rejeição reprovação
rejeição repulsão
rejeição transigência
rejeitado rejeição
rejeitar aversão
rejeitar descrença
rejeitar desuso
rejeitar dispensa
rejeitar exclusão
rejeitar expulsão
rejeitar inimizade
rejeitar má vontade
rejeitar negação
rejeitar omissão
rejeitar refutação
rejeitar rejeição
rejeitar repulsão
rejeitar transigência
rejeitável impropriedade
rejubilar deleite
rejuvenescer adolescência
rejuvenescer melhoramento
rejuvenescer novidade
rejuvenescer restauração
rejuvenescer virtude
rejuvenescimento melhoramento
rejuvenescimento restauração
relação comparação
relação consanguinidade
relação descrição
relação lista
relação numeração
relação registro
relação semelhança
relação sociabilidade
relacional relação
relacionamento humanidade
relacionar atribuição
relacionar comparação
relacionar descrição
relacionar inclusão
relacionar registro
relacionar-se amigo
relações amizade
relações impureza
relações palestra
relâmpago corpos luminosos
relâmpago instantaneidade
relâmpago luz
relâmpago velocidade
relampaguear instantaneidade
relampaguear luz
relampear luz
relampejar luz
relampejar surpresa
relance instantaneidade
relance visão
relancear instantaneidade
relancear visão
relapso anarquia
relapso desamparo
relapso desobediência
relapso negligência
relapso obstinação
relapso recaída

relatar descrição
relatar informação
relatar juiz
relatar notícia
relativo extrinsecabilidade
relativo relação
relato descrição
relato notícia
relator informação
relator julgamento
relatório descrição
relatório registro
relaxado desinteresse
relaxado impureza
relaxado inabilidade
relaxado inércia
relaxado negligência
relaxado sujidade
relaxamento desamparo
relaxamento desvirtude
relaxamento inobservância
relaxamento negligência
relaxar desamparo
relaxar flexibilidade
relaxar fraqueza
relaxar incompreensão
relaxar isenção
relaxar moderação
relaxar perdão
relaxar pioramento
relaxar repouso
relaxar tolerância
relegado desuso
relegar deslocação
relegar expulsão
relembrar celebração
relembrar memória
relembrar repetição
relento rio
relento umidade
reles desprezo
reles enfado
reles frouxidão
reles infamação
reles inferioridade
reles insignificância
reles insipidez
reles inutilidade
reles mau gosto
reles plebeísmo
reles ruindade
relevado convexidade
relevância acordo
relevância importância
relevante importância
relevar alívio
relevar convexidade
relevar dever
relevar importância
relevar isenção
relevar necessidade
relevar perdão
relevar tolerância
relevo convexidade
relevo exterioridade
relevo fama
relevo importância
relha agudeza
relho azorrague
relicário receptáculo
relicário rito
relicário templo
religião piedade
religião teologia
religiosamente dever
religioso clemência
religioso clerezia
religioso dever
religioso observância
religioso piedade
religioso probidade
religioso teologia
relíquia bondade
relíquia memória
relíquia registro
relíquia resto
relíquia rito
relógio cronometria
relojoaria oficina
relojoeiro agente
relutância aversão
relutância desobediência
relutância dissuasão
relutância má vontade
relutância obstinação
relutância renitência
relutância resistência
relutante má vontade
relutante obstinação
relutante renitência
relutar aversão
relutar contenda
relutar má vontade
relutar obstinação
relutar renitência
reluzir fama
reluzir luz
relva planície
relvado planície
relvado vegetal
relvoso vegetal
remada navegação
remador equipagem
remanchar demora
remanchar inatividade
remanescente redundância
remanescente resto
remanescer resto
remanescer tempo
remanso golfo
remanso imobilidade
remanso inatividade
remanso moderação
remanso pântano
remanso paz
remanso repouso
remanso silêncio
remansoso imobilidade
remansoso inatividade
remansoso moderação
remansoso ócio
remansoso paz
remansoso repouso
remar altura
remar movimento
remar navegação
remar subida
rematado completamento
rematado loucura
rematado manifestação
rematado perfeição
rematar acabamento
rematar compra
rematar cume
rematar fim
remate acabamento
remate completamento
remate cume
remate efeito
remate fim
remate grau
remate limite
remate sucessor
remedar imitação
remedar repetição
remediar auxílio
remediar cautela
remediar justificação
remediar melhoramento

remediar provisão
remediar restauração
remediar saúde
remediar sucesso
remédio auxílio
remédio bem
remédio defesa
remédio descoberta
remédio meios
remela sujidade
remelento sujidade
rememoração celebração
rememoração memória
rememorar celebração
rememorar memória
rememorativo celebração
rememorativo memória
rememorável fama
remendado variegação
remendão indumentária
remendão mau gosto
remendão restauração
remendar inabilidade
remendar melhoramento
remendar mistura
remendar restauração
remendar variegação
remendo alegação
remendo arremedo
remendo descontinuidade
remendo inabilidade
remendo melhoramento
remendo parte
remendo pouquidão
remendo variegação
remessa grandeza
remessa pagamento
remessa quantidade
remetente correspondência
remeter assentimento
remeter comissão
remeter doação
remeter oferta
remeter propulsão
remeter restituição
remeter transferência
remexer agitação
remexer desarranjo
remexer influência
remexer investigação
remição desembaraçamento
remido desembaraçamento
rêmige equipagem
rêmige navegação
remígio direção
remígio navegação
reminiscência memória
reminiscência saudade
reminiscência semelhança
remir absolvição
remir desembaraçamento
remir divindade
remir expiação
remir libertação
remir melhoramento
remir pagamento
remir perdão
remir segurança
remissão anarquia
remissão cessação
remissão clemência
remissão fraqueza
remissão isenção
remissão libertação
remissão moderação
remissão tolerância
remissível perdão
remissivo mau uso
remissivo perdão
remisso demora
remisso inatividade
remisso inércia
remisso má vontade
remisso negligência
remisso vagareza
remitência descontinuidade
remitência periodicidade
remitente descontinuidade
remitente periodicidade
remitir alívio
remitir fraqueza
remitir pagamento
remitir perdão
remitir periodicidade
remo água
remo instrumento
remo navegação
remoçado salubridade
remoção deslocação
remoção disjunção
remoção extração
remoção punição
remoção revogação
remoção subtração
remoção transferência
remoçar adolescência
remoçar melhoramento
remoçar novidade
remoçar restauração
remoçar reversão
remodelar conversão
remodelar melhoramento
remodelar revolução
remoer comida
remoer enfado
remoer pensamento
remoer pulverização
remoer punição
remoer repetição
remoinhar desarranjo
remoinho rio
remoinho rotação
remoinho vento
remonta provisão
remontar atribuição
remontar elevação
remontar exageração
remontar melhoramento
remontar memória
remontar passado
remontar restauração
remontar subida
remorso má vontade
remorso penitência
remoto distância
remoto esquecimento
remoto latência
remoto passado
remoto velharia
remover deslocação
remover incompreensão
remover mudança
remover subtração
remover transferência
removível esperança
removível insignificância
removível transferência
remuneração pagamento
remuneração receita
remuneração recompensa
remunerador aquisição
remunerador pagamento
remunerador recompensa
remunerador utilidade
remunerar despesa
remunerar doação
remunerar pagamento
remunerar recompensa

remunerar utilidade
remuneratório pagamento
remuneratório recompensa
remuneratório utilidade
rena carregador
renal partes do corpo humano
renascença reprodução
renascença restauração
renascente reprodução
renascentista música
renascer começo
renascer frequência
renascer reprodução
renascer virtude
renascer visibilidade
renascimento reprodução
renda aquisição
renda borda
renda cruzamento
renda ornamento
renda receita
renda riqueza
rendar circunscrição
rendar ornamento
rendaria oficina
render aquisição
render doação
render excitação
render fadiga
render obrigatoriedade
render produção
render produtividade
render receita
render restituição
render substitiuição
render sucesso
render sucessor
render-se submissão
rendição libertação
rendição submissão
rendição substitiuição
rendido admiração
rendido amor
rendido fraqueza
rendido gratidão
rendido prazer
rendido submissão
rendilha cruzamento
rendilha ornamento
rendimento receita
rendoso aquisição
rendoso receita
rendoso utilidade
renegado heterodoxia
renegado malevolência
renegado tergiversação
renegar depreciação
renegar descrença
renegar desprezo
renegar impiedade
renegar irreligião
renegar maldição
renegar oposição
renegar tergiversação
renhido excitabilidade
renhido força
renhido grandeza
renhido obstinação
renhido ressentimento
renhido violência
renhir discórdia
renhir guerra
renhir obstinação
renitência desobediência
renitência impenitência
renitência má vontade
renitência obstinação
renitência resistência
renitência rigidez
renitente renitência
renitente resistência
renome aprovação
renome fama
renovação memória
renovação novidade
renovação repetição
renovação reprodução
renovação restauração
renovar celebração
renovar duplicação
renovar melhoramento
renovar memória
renovar novidade
renovar repetição
renovar reprodução
renovar restauração
renovo causa
renovo infante
renovo parte
renovo posteridade
renovo vegetal
renque continuidade
rentabilidade trabalho
rente baixeza
rente contiguidade
rente encurtamento
renúncia abandono de propriedade
renúncia altruísmo
renúncia anarquia
renúncia desamparo
renúncia isenção
renúncia negação
renúncia recusa
renúncia resignação
renunciar anarquia
renunciar desamparo
renunciar desuso
renunciar má vontade
renunciar resignação
reorganização melhoramento
reorganizar conversão
reorganizar melhoramento
reorganizar reprodução
reorganizar restauração
reparação compensação
reparação contenda
reparação curiosidade
reparação expiação
reparação recompensa
reparador expiação
reparador melhoramento
reparador recompensa
reparador remédio
reparador restauração
reparar atenção
reparar cautela
reparar compensação
reparar curiosidade
reparar defesa
reparar expiação
reparar melhoramento
reparar pensamento
reparar preparação
reparar recompensa
reparar restauração
reparável esperança
reparo atenção
reparo curiosidade
reparo defesa
reparo restauração
repartição partilha
repartição trabalho
repartidor partilha
repartir direito
repartir dispersão
repartir doação

repartir parte
repartir partilha
repassar estudo
repassar passagem
repassar recepção
repasse domesticação
repasto comida
repatriação ingressão
repatriação restituição
repatriar regressão
repatriar restituição
repelão ataque
repelão impulso
repelão propulsão
repelente aversão
repelente dolorimento
repelente impureza
repelente ódio
repelente repulsão
repelente ruindade
repelente sujidade
repelir aversão
repelir defesa
repelir dispensa
repelir expulsão
repelir má vontade
repelir omissão
repelir oposição
repelir propulsão
repelir recuo
repelir recusa
repelir rejeição
repelir renitência
repelir reprovação
repelir repulsão
repente capricho
repente espírito
repente excitabilidade
repente ímpeto
repente irascibilidade
repentino ímpeto
repentino instantaneidade
repentino pressa
repentino presteza
repentino transitoriedade
repentista humorista
repentista músico
repentista poesia
repercussão cópia
repercussão efeito
repercussão influência
repercussão recuo
repercussão ressonância
repercutir importância
repercutir recuo
repercutir regressão
repercutir ressonância
repertório cronometria
repertório depósito
repertório douto
repertório drama
repertório indicação
repertório lista
repertório reunião
repetência frequência
repetência repetição
repetente discípulo
repetente repetição
repetição continuação
repetição cópia
repetição frequência
repetição imitação
repetição redundância
repetição semelhança
repetido frequência
repetir adição
repetir dualidade
repetir duplicação
repetir enfado
repetir frequência
repetir imitação
repetir memória
repetir repetição
repetir reprodução
repetir ressonância
repetir(-se) prolixidade
repetitivo prolação
repetitivo repetição
repetitivo sem significação
repicagem prolação
repicar prolação
repiquete alarma
repiquete obliquidade
repisar enfado
repisar prolixidade
repisar pulverização
repisar repetição
replay repetição
repleto conteúdo
repleto multidão
repleto redundância
repleto reunião
repleto saciedade
repleto suficiência
réplica cópia
réplica espírito
réplica imitação
réplica justificação
réplica resposta
réplica retaliação
réplica semelhança
replicar espírito
replicar imitação
replicar refutação
replicar resposta
replicar retaliação
repolho esfericidade
repolho pequenez
repolhudo dilatação
repolhudo esfericidade
repolhudo tamanho
repor provisão
repor restauração
repor restituição
reportagem descrição
reportagem informação
reportagem notícia
reportar descrição
reportar inexcitabilidade
reportar notícia
reportar tolerância
repórter descrição
repórter informação
repórter livro
repórter mensageiro
repórter notícia
reposição localização
reposição restauração
repositório depósito
repositório receptáculo
repositório sílaba
repositório sujidade
repositório templo
repousar cessação
repousar enterro
repousar imobilidade
repousar ócio
repousar permanência
repousar repouso
repousar situação
repousar suporte
repouso alívio
repouso cessação
repouso inação
repouso inatividade
repouso inércia
repouso morte
repouso ócio
repouso permanência

repouso suporte
repreensão punição
repreensão reprovação
repreensível culpa
repreensível desvirtude
repreensível infamação
repreensível reprovação
repreensível ruindade
represa cerca
represa conduto
represa golfo
represa rio
represa tapador
represália retaliação
represália vingança
represar água
represar apropriação
represar cessação
represar estorvo
represar fechamento
represar inexcitabilidade
represar pântano
represar restrição
represar retenção
represar rio
representação drama
representação imitação
representação indicação
representação informação
representação reprovação
representação significação
representante agente
representante consignatário
representante deputado
representante substitiuição
representar advogado
representar comissão
representar descrição
representar drama
representar imitação
representar indicação
representar pintura
representar representação
representar significação
representativo autoridade
representativo indicação
representativo representação
repressão resistência
repressão restrição
reprimenda reprovação
reprimido temperança
reprimir atenuação
reprimir cessação
reprimir desinformação
reprimir estorvo
reprimir inexcitabilidade
reprimir moderação
reprimir oposição
reprimir restrição
réprobo desvirtude
réprobo homem ruim
réprobo impiedade
réprobo malevolência
reprochar reprovação
reproche reprovação
reprodução cópia
reprodução frequência
reprodução imitação
reprodução produção
reprodução repetição
reprodução representação
reprodução ressonância
reprodução restauração
reprodução fiel representação
reprodutivo produção
reprodutor macho
reprodutor produção
reproduzir escrita
reproduzir frequência
reproduzir imitação
reproduzir repetição
reproduzir reprodução
reproduzir ressonância
reproduzir restauração
reprovação desprezo
reprovado reprovação
reprovador difamador
reprovador reprovação
reprovar proibição
reprovar reprovação
reprovável desvirtude
réptil animal
repto desafio
república filantropia
república humanidade
republicano plebeísmo
republicano tolerância
repudiar aversão
repudiar desamparo
repudiar dissentimento
repudiar divórcio
repudiar negação
repudiar oposição
repudiar rejeição
repudiar revogação
repudiar transgressão
repúdio desamparo
repúdio dispensa
repúdio divórcio
repúdio inobservância
repúdio negação
repúdio omissão
repúdio recusa
repúdio rejeição
repúdio revogação
repugnância amargura
repugnância contraste
repugnância desacordo
repugnância má vontade
repugnância ódio
repugnância rejeição
repugnância renitência
repugnância ruindade
repugnância sujidade
repugnante aversão
repugnante desacordo
repugnante desonestidade
repugnante desprezo
repugnante desvirtude
repugnante dissuasão
repugnante dolorimento
repugnante fealdade
repugnante fedor
repugnante infamação
repugnante má vontade
repugnante ódio
repugnante reprovação
repugnante ruindade
repugnante servilismo
repugnante sujidade
repugnar amargura
repugnar aversão
repugnar desacordo
repugnar oposição
repugnar recusa
repugnar rejeição
repugnar renitência
repugnar reprovação
repugnar resistência
repugnar ruindade
repugnar sujidade
repulsa aversão
repulsa desprezo
repulsa inimizade
repulsa insucesso

repulsa má vontade
repulsa oposição
repulsa recuo
repulsa recusa
repulsa rejeição
repulsa renitência
repulsa reprovação
repulsa repulsão
repulsão aversão
repulsão expulsão
repulsão má vontade
repulsão oposição
repulsão recusa
repulsão rejeição
repulsão renitência
repulsão reprovação
repulsão ressentimento
repulsivo amargura
repulsivo aversão
repulsivo aversão
repulsivo dolorimento
repulsivo fealdade
repulsivo impureza
repulsivo ódio
repulsivo renitência
repulsivo repulsão
repulso recusa
repulso rejeição
reputação fama
reputado atribuição
reputar crença
reputar preço
repuxado moda
repuxar comprimento
repuxar regressão
repuxar rio
repuxar subida
repuxar suporte
repuxar tração
repuxo abertura
repuxo rio
repuxo subida
requebrado amor
requebrar afetação
requebrar carícias
requebrar oscilação
requebro agitação
requebro carícias
requebro indicação
requentar aquecimento
requentar calor
requerente pedido
requerente peticionário
requerer carícias
requerer comando
requerer necessidade
requerer pedido
requerimento legalidade
requerimento pedido
requintado afetação
requintado bom gosto
requintado manifestação
requintado moda
requintar perfeição
requintar superioridade
requinte afetação
requinte beleza
requinte bom gosto
requinte cuidado
requinte cume
requinte discriminação
requinte elegância
requinte intrinsecabilidade
requinte melhoramento
requinte perfeição
requinte superioridade
requisição comando
requisição pedido
requisitar comando
requisitar necessidade
requisitar pedido
requisito necessidade
requisitório investigação
rês animal
rês velhaco
rés do chão baixeza
rés do chão base
rés do chão morada
rescaldar aquecimento
rescaldo aquecimento
rescaldo fornalha
rescindir ilegalidade
rescindir revogação
rescisão disjunção
rescisão revogação
rescisão subtração
rescisório revogação
resenha descrição
resenha dissertação
resenha indicação
resenhar descrição
resenhar dissertação
resenhar informação
reserva cautela
reserva condições
reserva contrato
reserva demora
reserva depósito
reserva economia
reserva humildade
reserva inexcitabilidade
reserva inteligência
reserva modéstia
reserva probidade
reserva provisão
reserva segredo
reserva substitiuição
reserva sucedâneo
reserva taciturnidade
reservado cautela
reservado desinformação
reservado humildade
reservado receptáculo
reservado segredo
reservado taciturnidade
reservar cautela
reservar compulsoriedade
reservar desuso
reservar economia
reservar escolha
reservar expectativa
reservar intenção
reservar preservação
reservar retenção
reservar segredo
reservatório receptáculo
reservista combatente
resfolegar repouso
resfolegar revigoramento
resfolegar vento
resfôlego repouso
resfôlego sussurro
resfôlego vento
resfôlego vida
resfriado doença
resfriamento moderação
resfriamento restauração
resfriar dissuasão
resfriar inexcitabilidade
resfriar moderação
resfriar resfriamento
resfriar tristeza
resgatador libertação
resgatar absolvição
resgatar aquisição
resgatar desembaraçamento
resgatar divindade
resgatar esquecimento

resgatar expiação
resgatar isenção
resgatar libertação
resgatar memória
resgatar pagamento
resgatar permissão
resgatar recompensa
resgatar restauração
resgatar restituição
resgatar substitiuição
resgate absolvição
resgate compensação
resgate desembaraçamento
resgate expiação
resgate fiança
resgate isenção
resgate libertação
resgate pagamento
resgate perdão
resgate preço
resgate recompensa
resgate restituição
resguardar atenção
resguardar cuidado
resguardar defesa
resguardar frente
resguardar justificação
resguardar preservação
resguardo cautela
resguardo cuidado
resguardo defesa
resguardo preservação
resguardo probidade
resguardo pureza
resguardo remédio
resguardo respeito
resguardo segurança
residência morada
residencial morada
residente habitante
residir morada
residir presença
resíduo pulverização
resíduo resto
resíduo sujidade
resignação abandono de propriedade
resignação anarquia
resignação desamparo
resignação humildade
resignação inexcitabilidade
resignação obediência
resignação submissão
resignado humildade
resignado inexcitabilidade
resignado irresolução
resignado obediência
resignado submissão
resignar anarquia
resignar descontentamento
resignar resignação
resignatário resignação
resiliência elasticidade
resiliência rigidez
resiliência tenacidade
resiliente tenacidade
resinoso meio líquido
resinoso resina
resistência combatente
resistência densidade
resistência dificuldade
resistência estorvo
resistência força
resistência inimizade
resistência oposição
resistência permanência
resistência recuo
resistência rigidez
resistência tenacidade
resistência vontade
resistente densidade
resistente desobediência
resistente diuturnidade
resistente força
resistente obstinação
resistente oposição
resistente renitência
resistente resistência
resistente rigidez
resistente tenacidade
resistir defesa
resistir desobediência
resistir diuturnidade
resistir força
resistir oposição
resistir permanência
resistir recusa
resistir renitência
resistir resistência
resma livro
resma reunião
resmungão descontentamento
resmungão descortesia
resmungar descontentamento
resmungar descortesia
resmungar gagueira
resmungar ressentimento
resmungar sussurro
resmungar voz
resolução conversão
resolução coragem
resolução decomposição
resolução energia
resolução esforço
resolução intenção
resolução investigação
resolução pensamento
resolução plano
resolução tópico
resoluto coragem
resoluto obstinação
resoluto resolução
resoluto vontade
resolúvel conversão
resolver autoridade
resolver decomposição
resolver descoberta
resolver interpretação
resolver resolução
resolver resposta
resolvido contrato
resolvido resolução
respaldar horizontalidade
respaldar lisura
respaldo defesa
respaldo justificação
respaldo suporte
respectivo correlação
respectivo dever
respectivo especialidade
respectivo relação
respeitabilidade fama
respeitabilidade probidade
respeitabilidade pureza
respeitabilidade respeito
respeitabilidade temperança
respeitado desuso
respeitado importância
respeitado preservação
respeitador piedade
respeitante relação
respeitar benevolência
respeitar clemência
respeitar conformidade
respeitar frente
respeitar medo

respeitar obediência
respeitar observância
respeitar piedade
respeitar preservação
respeitar relação
respeitar respeito
respeitar-se probidade
respeitável admiração
respeitável fama
respeitável grandeza
respeitável importância
respeitável probidade
respeitável respeito
respeitável temperança
respeito amizade
respeito atenção
respeito causa
respeito cortesia
respeito deleite
respeito fama
respeito observância
respeito sujeição
respeitos respeito
respeitoso cortesia
respeitoso respeito
respigar aquisição
respigar escolha
respigar estudo
respigar reunião
respingar descortesia
respingar discórdia
respingar impenitência
respingar impulso
respingar recaída
respingar recuo
respingar renitência
respingo recuo
respiração sussurro
respiração vento
respiração vida
respiradouro abertura
respiradouro canal de respiração
respiradouro egressão
respiradouro escapatória
respirar evidência
respirar existência
respirar odor
respirar repouso
respirar revigoramento
respirar significação
respirar vento
respirar vida
respiratório partes do corpo humano
respiro abertura
respiro canal de respiração
respiro egressão
respiro insolvência
respiro repouso
resplandecência beleza
resplandecência luz
resplandecer fama
resplandecer luz
resplandecer manifestação
resplendor circunferência
resplendor fama
resplendor luz
resplendoroso luz
respondão descortesia
respondão fanfarrão
respondão irascibilidade
responder acordo
responder contraposição
responder frente
responder igualdade
responder resposta
responder ressonância
responsabilidade compromisso
responsabilidade culpa
responsabilidade dever
responsabilidade dívida
responsabilizar acusação
responsabilizar atribuição
responsável culpa
responsável dever
responsável fiança
responso bruxaria
responso culto
responso encantamento
responso reprovação
responso rito
resposta cabal refutação
resposta descoberta
resposta espírito
resposta interpretação
resposta réplica
resquício intervalo
resquício parte
resquício pouquidão
resquício resto
ressabiado astúcia
ressabiado descrença
ressabiado interesese
ressabiado irascibilidade
ressabiado medo
ressabiado tristeza
ressabiar amargura
ressabiar interesse
ressaca golfo
ressaca rio
ressaca tergiversação
ressaibo amargura
ressaibo gosto
ressaltar convexidade
ressaltar fama
ressaltar importância
ressaltar manifestação
ressaltar recuo
ressaltar regressão
ressalto convexidade
ressalto elasticidade
ressalto regressão
ressalva afirmação
ressalva condições
ressalva contrato
ressalva dispensa
ressalva erro
ressalva isenção
ressalva omissão
ressalvar condições
ressalvar isenção
ressalvar segurança
ressarcimento compensação
ressarcir compensação
ressarcir recompensa
ressecado secura
ressecar secura
ressentido descontentamento
ressentido interesse
ressentido ressentimento
ressentimento malevolência
ressentimento ódio
ressequir secura
ressoar barulho
ressoar informação
ressoar ressonância
ressoar som
ressonância barulho
ressonância deselegância
ressonância som
ressonância magnética investigação
ressonante ressonância
ressonar grito

ressonar inatividade
ressonar ressonância
ressudar egressão
ressurgimento restauração
ressurgir reprodução
ressurgir restauração
ressurgir visibilidade
ressurreição bondade
ressurreição céu
ressurreição descostume
ressurreição reprodução
ressurreição restauração
ressuscitação céu
ressuscitação memória
ressuscitação reprodução
ressuscitação restauração
ressuscitar memória
ressuscitar novidade
ressuscitar reprodução
ressuscitar restauração
restabelecer restauração
restabelecer restituição
restabelecimento restauração
restabelecimento revigoramento
restante redundância
restante resto
restar dívida
restar insuficiência
restar permanência
restar resto
restauração reprodução
restauração restituição
restauração reversão
restauração revigoramento
restaurador artista
restaurador remédio
restaurador restauração
restaurador salubridade
restaurante morada
restaurar remédio
restaurar reprodução
restaurar restauração
restaurar restituição
restaurar revigoramento
réstia continuidade
restinga terra
restinga vegetal
restituição pagamento
restituição restauração
restituidor restituição
restituir restauração
restituir restituição
resto insignificância
resto número
resto posterioridade
restolho barulho
restolho inutilidade
restolho resto
restos cadáver
restos inutilidade
restos registro
restrição atenuação
restrição compulsoriedade
restrição diminuição
restrição dispensa
restrição necessidade
restrição obrigatoriedade
restrição omissão
restrição oposição
restrição pouquidade
restrição proibição
restrição subtração
restringir atenuação
restringir circunscrição
restringir diminuição
restringir economia
restringir inexcitabilidade
restringir insuficiência
restringir moderação
restringir pouquidade
restringir proibição
restringir resistência
restringir restrição
restritivo proibição
restritivo restrição
restrito deficiência
restrito encurtamento
restrito pouquidão
restrito restrição
restrito segredo
restrito tirania
resultado acabamento
resultado aquisição
resultado combinação
resultado descoberta
resultado efeito
resultado número
resultado receita
resultante combinação
resultante efeito
resultar efeito
resumido concisão
resumir compêndio
resumir concisão
resumir diminuição
resumir encurtamento
resumo compêndio
resumo encurtamento
resvaladiço lisura
resvaladiço obliquidade
resvaladiço perigo
resvalar descida
resvalar movimento
retábulo descrição
retábulo pintura
retábulo representação
retábulo templo
retaguarda retaguarda
retaguarda sucessão
retaguarda sucessor
retal retaguarda
retalhar ataque
retalhar disjunção
retalhar dolorimento
retalhar dor
retalhar partilha
retalhar ruindade
retalho camada
retalho filamento
retalho parte
retalho pequenez
retalho pouquidão
retaliação compensação
retaliação vingança
retaliar retaliação
retaliar troca
retaliar vingança
retangular verticalidade
retângulo angularidade
retardado demora
retardamento demora
retardamento estorvo
retardamento vagareza
retardar demora
retardar diuturnidade
retardar estorvo
retardatário demora
retemperar aumento
retemperar força
retemperar melhoramento
retenção apropriação
retenção demora
retenção memória
retenção posse
retenção prisão
retenção sujeição
reter apropriação

reter aquisição
reter estorvo
reter memória
reter restrição
reter retenção
reter sujeição
retesado rigidez
retesar comprimento
retesar elasticidade
retesar rigidez
reticência não acabamento
retícula cruzamento
retícula instrumentos de óptica
reticulação cruzamento
reticulação sinuosidade
reticulado cruzamento
reticular cruzamento
retidão candura
retidão direitura
retidão justiça
retidão probidade
retidão qualidades
retificação restauração
retificar direitura
retificar melhoramento
retificar restauração
retilíneo direitura
retina visão
retiniano visão
retinir barulho
retinir prolação
retinir ressonância
retinite visão imperfeita
retinto pretidão
retirada desamparo
retirada escapatória
retirada partida
retirada reclusão
retirada recuo
retirada regressão
retirada resignação
retirada tergiversação
retirada transigência
retirado distância
retirado reclusão
retirante egressão
retirante retirada
retirante viajante
retirar diminuição
retirar inobservância
retirar recuo
retirar subtração
retiro culto
retiro desinformação
retiro esconderijo
retiro morada
retiro reclusão
retiro refúgio
retiro repouso
reto angularidade
reto candura
reto direitura
reto justiça
reto probidade
reto retaguarda
reto tolerância
reto veracidade
reto verticalidade
retocar acabamento
retocar elegância
retocar melhoramento
retocar perfeição
retocar restauração
retomada apropriação
retomada aquisição
retomada restauração
retomada restituição
retomar apropriação
retomar restauração
retoque perfeição
retorcer amorfia
retorcer interpretação errônea
retorcer sinuosidade
retorcido apelido
retórica discurso
retórica floreio
retórico discurso
retórico floreio
retórico loquacidade
retórico prolixidade
retórico sem significação
retornar regressão
retornar restituição
retorno circuição
retorno doação
retorno recompensa
retorno recuo
retorno regressão
retorno restituição
retorno troca
retorquir resposta
retorquir retaliação
retorta conversão
retorta fornalha
retorta oficina
retorta receptáculo
retorta singeleza
retorta vaporização
retração contração
retração desinformação
retração inação
retração regressão
retração taciturnidade
retração tração
retraído ausência
retraído modéstia
retraído reclusão
retraído regressão
retraído taciturnidade
retraimento concavidade
retraimento contração
retraimento humildade
retraimento modéstia
retraimento reclusão
retraimento regressão
retraimento taciturnidade
retrair contração
retrair desinformação
retrair passado
retranca vínculo
retratação desamparo
retratação descrença
retratação expiação
retratação negação
retratação penitência
retratação resignação
retratação revogação
retratação tergiversação
retratar descrição
retratar imitação
retratar representação
retratar resignação
retratar tergiversação
retratar-se penitência
retrátil contração
retratilidade contração
retratista artista
retrato artes
retrato cópia
retrato descrição
retrato imitação
retrato pintura
retrato representação
retrato representação
retrato semelhança
retreta comando
retrete esconderijo

retrete interioridade
retrete sujidade
retribuição compensação
retribuição gratidão
retribuição pagamento
retribuição punição
retribuição recompensa
retribuição retaliação
retribuir compensação
retribuir concórdia
retribuir doação
retribuir pagamento
retribuir recompensa
retribuir restituição
retribuir retaliação
retribuir troca
retriz direção
retroação recuo
retroação regressão
retroação resistência
retroagir passado
retroagir regressão
retroagir revogação
retroativo recuo
retroativo regressão
retroativo revogação
retroceder pioramento
retroceder recuo
retroceder regressão
retroceder reversão
retrocesso pioramento
retrocesso recuo
retrocesso regressão
retrocesso retirada
retrocesso reversão
retrogradar pioramento
retrogradar recaída
retrogradar regressão
retrógrado hábito
retrógrado obstinação
retrógrado passado
retrógrado pioramento
retrógrado regressão
retrógrado reversão
retrospectivo regressão
retrospecto memória
retrospecto passado
retrospecto regressão
retrucar réplica
retrucar resposta
retrucar retaliação
retumbância ressonância
retumbante barulho
retumbante floreio
retumbante grandeza
retumbante prolação
retumbante som
retumbante voz
retumbar prolação
retumbar repetição
retumbar ressonância
retumbar som
réu acusação
réu condenação
réu homem ruim
reumático dor
reumático velhice
reumatismo dor
reunião adição
reunião concórdia
reunião conselho[1]
reunião divertimento
reunião grandeza
reunião junção
reunião rio
reunião sociabilidade
reunir adição
reunir aquisição
reunir comando
reunir convergência
reunir junção
reunir pensamento
reunir reunião
reunir sociabilidade
revalidação direito
revalidar direito
revanche retaliação
revanche vingança
revel desobediência
revel obstinação
revelação demonstração
revelação descoberta
revelação exposição
revelação manifestação
revelador evidência
revelar descoberta
revelar evidência
revelar exposição
revelar informação
revelar manifestação
revelar publicidade
revelia desobediência
revendedor mercador
revender permuta
revender venda
rever atenção
reverberação recuo
reverberação sussurro
reverberante aquecimento
reverberante fornalha
reverberar luz
reverberar regressão
reverberar ressonância
revérbero fama
revérbero luz
reverência cortesia
reverência piedade
reverência respeito
reverenciar culto
reverenciar respeito
reverendíssima título
reverendo clerezia
reverendo respeito
reverendo título
reverente cortesia
reverente culto
reverente respeito
reversão posse
reversão restituição
reversão revolução
reversão transmissão
reversibilidade reversão
reversível inversão
reversível regressão
reversível restauração
reversível reversão
reverso contraposição
reverso contraste
reverso impureza
reverso inversão
reverso inversão
reverso obstinação
reverso oposição
reverso regressão
reverso retaguarda
reverso ruindade
reverter conversão
reverter regressão
reverter restituição
reverter reversão
revés adversidade
revés insucesso
revés mal
revestimento camada
revestimento cobertura
revestimento extrinsecabilidade
revestir alegação
revestir cobertura

revestir comissão
revestir poder
revezamento substitiuição
revezamento troca
revidar retaliação
revidar vingança
revide retaliação
revide vingança
revigorado revigoramento
revigorante salubridade
revigorar força
revigorar salubridade
revigorar vigor
revindita vingança
revirar amorfia
revirar curvatura
revirar evolução
revirar inversão
revirar regressão
revirar revolução
reviravolta destruição
reviravolta inversão
reviravolta mudança
reviravolta revolução
reviravolta rotação
reviravolta salto
reviravolta sinuosidade
reviravolta tergiversação
revisão impressão
revisão investigação
revisão melhoramento
revisão plano
revisor impressão
revisor investigação
revisor juiz
revisor livro
revista atenção
revista compêndio
revista drama
revista informação
revista investigação
revista livro
revista numeração
revista ostentação
revista publicidade
revista registro
revistar atenção
revistar investigação
reviver frequência
reviver reprodução
reviver restauração
revivescência reprodução
revivescência restauração
revivescência revigoramento
revivescente reprodução
revivescer reprodução
revivescer restauração
revivificação reprodução
revivificação restauração
revivificação vida
revivificar reprodução
revoar navegação
revogação destruição
revogação recusa
revogação tergiversação
revogar desamparo
revogar negação
revogar revogação
revogatória revogação
revogatório revogação
revogatório tergiversação
revolta desobediência
revolta má vontade
revoltado descontentamento
revoltado desobediência
revoltado dissentimento
revoltante dolorimento
revoltar dolorimento
revoltar reprovação
revoltar ruindade
revolto excitabilidade
revolto inversão
revolto rio
revolto violência
revoltoso desobediência
revolução desobediência
revolução periodicidade
revolução rotação
revolucionar desobediência
revolucionar inversão
revolucionar novidade
revolucionar revolução
revolucionar violência
revolucionário combatente
revolucionário descostume
revolucionário desobediência
revolucionário novidade
revolucionário originalidade
revolucionário revolução
revolutear rotação
revolutear subida
revolver agitação
revolver atividade
revolver desarranjo
revolver inversão
revolver investigação
revolver mistura
revólver potencial de guerra
revolver revolução
revulsão inversão
revulsão reversão
revulsão revolução
revulsivo energia
revulsivo remédio
revulsivo reversão
reza culto
rezador carola
rezador feiticeiro
rezador piedade
rezar culto
rezar sussurro
rezar tópico
riacho rio
riba obliquidade
riba terra
ribalta drama
ribamar terra
ribanceira terra
ribeira mercado
ribeira rio
ribeira terra
ribeirinho borda
ribeirinho circunjacência
ribeirinho golfo
ribeirinho rio
ribeirinho terra
ribeiro rio
ribombar barulho
ribombar prolação
ribombar ressonância
ribombar som
ribombo barulho
ricaço riqueza
rico beleza
rico carestia
rico comida
rico contentamento
rico fruição
rico ornamento
rico produtividade
rico receita
rico riqueza
rico sabor
rico suficiência

ricochete recuo
ricochete regressão
ricochetear evolução
ricochetear recuo
ricochetear regressão
ricochetear repulsão
ridicularizar depreciação
ridicularizar desrespeito
ridicularizar impiedade
ridicularizar ridicularização
ridicularizar(-se) ridicularia
ridículo absurdo
ridículo desrespeito
ridículo espírito
ridículo imbecilidade
ridículo insignificância
ridículo ridicularia
ridículo ridicularia
ridículo sovinaria
rifa casualidade
rifa incerteza
rifar acaso
rifle potencial de guerra
rigidez afetação
rigidez ascetismo
rigidez aspereza
rigidez descortesia
rigidez deselegância
rigidez estabilidade
rigidez ruindade
rigidez sobriedade
rigidez tirania
rígido afetação
rígido ascetismo
rígido aspereza
rígido conformidade
rígido dever
rígido falta de elasticidade
rígido inclemência
rígido rigidez
rígido tirania
rigor grau
rigor inclemência
rigor malevolência
rigor necessidade
rigor obrigatoriedade
rigor observância
rigor probidade
rigor rigidez
rigor sofrimento
rigor tirania
rigor do frio frio
rigor do verão calor
rigorismo afetação
rigorismo moda
rigorismo tirania
rigorista afetação
rigorista moda
rigorosidade regularidade
rigoroso autoridade
rigoroso conformidade
rigoroso energia
rigoroso inclemência
rigoroso observância
rigoroso tirania
rijo barulho
rijo energia
rijo rigidez
rijo tamanho
rilhar comida
rim lateralidade
rima abertura
rima grandeza
rima intervalo
rima poesia
rima reunião
rima semelhança
rima suficiência
rimar acordo
rimar poesia
rimbombar prolação
rimbombar ressonância
rimbombo ressonância
rincão reclusão
rinchar estridor
rinoceronte animal
rins retaguarda
rio suficiência
ripa camada
riqueza aquisição
riqueza bem
riqueza bondade
riqueza deleite
riqueza dinheiro
riqueza ostentação
riqueza produtividade
riqueza propriedade
riqueza prosperidade
riqueza suficiência
rir regozijo
risada regozijo
risca estreiteza
risca limite
risca vínculo
riscado variegação
riscar destruição
riscar escrita
riscar indicação
riscar pintura
riscar representação
riscar supressão
risco dobra
risco indicação
risco perigo
risco representação
risível espírito
risível insignificância
risível regozijo
risível ridicularia
riso alegria
riso regozijo
riso contrafeito ceticismo
risonho alegria
risonho deleite
risonho esperança
risonho prazer
risonho prosperidade
risonho regozijo
risota espírito
risota ridicularização
risoto comida
rispidez descortesia
rispidez tirania
ríspido descortesia
ríspido dolorimento
ríspido frio
ríspido malevolência
ríspido tirania
ritmado ordem
ritmado periodicidade
ritmado poesia
ritmado sincronismo
rítmico elegância
rítmico melodia
rítmico ordem
rítmico oscilação
rítmico periodicidade
rítmico sincronismo
ritmo artes
ritmo melodia
ritmo ordem
ritmo oscilação
ritmo periodicidade
ritmo poesia
ritmo regularidade
ritmo repetição
rito classe
rito comando
rito legalidade

rito teologia
ritual informação
ritual ostentação
ritual regularidade
ritual rito
ritualismo afetação
ritualismo heterodoxia
ritualismo ostentação
ritualismo rito
ritualista afetação
ritualista heterodoxia
ritualista ostentação
ritualista rito
ritualístico rito
rival combatente
rival contenda
rival desacordo
rival igualdade
rival inimigo
rival inimizade
rival inveja
rival oponente
rival oposição
rivalidade contenda
rivalidade discórdia
rivalidade igualdade
rivalidade inimizade
rivalidade inveja
rivalidade oposição
rivalizar ciúme
rivalizar contenda
rivalizar inimigo
rivalizar inimizade
rivalizar oponente
rixa contenda
rixa discórdia
rixa inimizade
rixa irascibilidade
rixar contenda
rixar discórdia
rizicultura agricultura
roaz comida
roaz malevolência
robe indumentária
roble altura
roble fama
robledo vegetal
robustecer evidência
robustecer força
robustez força
robustez saúde
robustez tamanho
robusto perseverança
robusto raciocínio
robusto saúde
robusto tamanho
roça agricultura
roca textura
roçado pioramento
roçador atrito
roçadura atrito
rocambolesco admiração
roçar agricultura
roçar atrito
roçar contiguidade
roçar depressão
roçar destruição
roçar encurtamento
roçar navegação
roçar preparação
roçar semelhança
roceiro habitante
rocha rigidez
rochedo altura
rochedo estabilidade
rochedo imobilidade
rochedo recife
rochedo rigidez
rocim carregador
rocio rio
rocio umidade
rock música
rococó mau gosto
roda circunferência
roda circunjacência
roda contorno
roda grandeza
roda rotação
roda rotação
roda suficiência
rodado circunferência
rodagem instrumento
rodapé baixeza
rodapé esconderijo
rodar circuição
rodar desvio
rodar horizontalidade
rodar mudança
rodar rotação
rodear amizade
rodear circuição
rodear circuito
rodear circunjacência
rodear circunscrição
rodear mutabilidade
rodear sociabilidade
rodeio circuito
rodeio escapatória
rodeio irracionalidade
rodeio mudança
rodeio prolixidade
rodeio sinuosidade
rodela circunferência
rodilha plebeísmo
rodízio periodicidade
rodízio troca
rodologia botânica
rodopiar mutabilidade
rodopiar rotação
rodopio circuição
rodopio circunferência
rodopio rotação
rodovia passadouro
rodoviário veículo
roedor dolorimento
roedor vingança
roedura atrito
roedura destruição
roer atrito
roer comida
roer destruição
roer dolorimento
roer embriaguez
roer energia
roer pioramento
rogar pedido
rogativa pedido
rogativo pedido
rogatória pedido
rogo pedido
rojão calor
rojão regozijo
rojão vagareza
rojar tração
rol classe
rol grandeza
rol lista
rola inocência
rolamento lubrificação
rolamento movimento
rolar carícias
rolar circuição
rolar descida
rolar interpretação
rolar pendura
rolar rotação
rolar suficiência
roldana impulso
roldana instrumento

roleta casualidade
roleta mentira
rolha homem ruim
rolha tapador
rolha tirania
roliço esfericidade
roliço tamanho
rolo aspereza
rolo contenda
rolo corpos luminosos
rolo esfericidade
rolo grandeza
rolo inimizade
rolo lista
rolo oceano
rolo sinuosidade
rolo vento
romã vermelhidão
romance absurdo
romance artes
romance descrição
romance imaginação
romance mentira
romancear descrição
romancear falsidade
romancear imaginação
romancear mentira
romancear neologismo
romancista descrição
romancista imaginação
romancista livro
romanesco admiração
romanesco imaginação
romanesco interesse
romano número
romântico imaginação
romântico interesse
romantismo imaginação
romaria culto
romaria locomoção
romaria multidão
rombiforme angularidade
rombo abertura
rombo angularidade
rombo embotamento
rombo furto
rombo imbecilidade
rombo intervalo
romboedro angularidade
romboide angularidade
romeiro culto
romeiro mestre
romeiro piedade
romeiro produtor
romeiro viajante
rompante excitabilidade
rompante ímpeto
rompante impulso
rompante insolência
rompante violência
romper abertura
romper agricultura
romper cessação
romper descontinuidade
romper disjunção
romper dor
romper inobservância
romper passagem
romper rejeição
romper sucesso
romper transcursão
romper violência
rompimento destruição
rompimento discórdia
rompimento disjunção
rompimento dissentimento
rompimento inimizade
ronca inatividade
ronca jactância
roncador fanfarrão
roncador jactância
roncar desafio
roncar grito
roncar inatividade
roncar jactância
ronceiro inatividade
ronceiro vagareza
ronco ameaça
ronco estridor
ronco inatividade
ronco jactância
ronda advertência
ronda circuição
rondar atenção
rondar circuição
rondar cuidado
rondar segurança
rondó música
rondó poesia
ronqueira estridor
ronronar prolação
roque música
roqueiro rigidez
rorejante umidade
rorejar umidade
rosa dos ventos localização
rosa beleza
rosa fragrância
rosa vermelhidão
rosácea templo
rosáceo vermelhidão
rosado vermelhidão
rosal grandeza
rosal quantidade
rosário circunferência
rosário continuidade
rosário grandeza
rosário rito
rosário suficiência
rosca astúcia
rosca sinuosidade
rosca terra
roseiral beleza
róseo bondade
róseo esperança
róseo prazer
róseo prosperidade
róseo vermelhidão
roseta azorrague
roseta expiação
roseta indicação
roseta ornamento
roseta título
rosmaninho fragrância
rosnar descortesia
rosnar estridor
rosnar gagueira
rosnar sussurro
rossio morada
rosto aparecimento
rosto frente
rostro escola
rota cargos da Igreja
rota contenda
rota direção
rota passadouro
rota tribunal
rotação circuição
rotação periodicidade
rotativa impressão
rotativo circuição
rotativo periodicidade
rotativo rotação
rotativo troca
rotatório rotação
roteiro descrição
roteiro direção
roteiro informação
roteiro locomoção

roteiro preceito
roteiro registro
roteiro regularidade
rotina conformidade
rotina continuação
rotina estabilidade
rotina expectação
rotina hábito
rotina irracionalidade
rotina ordem
rotina permanência
rotina regularidade
rotina uniformidade
rotina uso
rotineiro conformidade
rotineiro continuidade
rotineiro estabilidade
rotineiro hábito
rotineiro passado
roto abertura
roto dispersão
roto inobservância
roto insucesso
roto pobreza
rotogravura impressão
rótula abertura para passagem da luz
rótula abertura
rótula angularidade
rótula cruzamento
rótula junção
rotulado circunferência
rotular indicação
rotular nomenclatura
rótulo registro
rotunda esfericidade
rotunda morada
rotundo circunferência
rotundo esfericidade
rotundo tamanho
roubalheira aquisição
roubalheira furto
roubar aquisição
roubar desatenção
roubar furto
roubar ladrão
roubar pioramento
roubar posse
roubar ruindade
roubo aquisição
roubo furto
roubo ilegalidade
rouco afonia
rouco estridor
rouco sussurro
roufenho afonia
roufenho estridor
roufenho gagueira
roupa cobertura
roupa indumentária
roupagem estilo
roupagem exterioridade
roupagem extrinsecabilidade
roupagem indumentária
roupão indumentária
rouparia receptáculo
rouquejar afonia
rouquejar barulho
rouquejar estridor
rouquice afonia
rouquidão afonia
rouquidão gagueira
rouxinol músico
roxear roxo
rubéola doença
rubi ornamento
rubi vermelhidão
rubicundo vermelhidão
rublo dinheiro
rubor humildade
rubor modéstia
rubor sentimento
rubor vermelhidão
ruborizar vermelhidão
rubrica classe
rubrica indicação
rubrica nomenclatura
rubrica rito
rubrica vermelhidão
rubricar assentimento
rubricar escrita
rubricar legalidade
rubro homicídio
rubro vermelhidão
ruçar pardo
ruçar velhice
ruço pardo
rude amorfia
rude aspereza
rude despreparo
rude desrespeito
rude dificuldade
rude dolorimento
rude enfado
rude ignorância
rude imbecilidade
rude insalubridade
rude mau gosto
rude tirania
rude violência
rudeza aspereza
rudeza descortesia
rudeza imbecilidade
rudeza inutilidade
rudimentar começo
rudimentar despreparo
rudimentar imperfeição
rudimentar pequenez
rudimento causa
rudimento pequenez
rudimentos começo
rudimentos gramática
rudimentos ignorância
ruela morada
ruela passadouro
rufar dobra
rufar músico
rufar prolação
rufião contenda
rufião homem ruim
rufião libertino
rufião malfeitor
ruflar sussurro
rufo dobra
rufo lisura
rufo prolação
rufo vermelhidão
ruga dobra
ruge-ruge notícia
ruge-ruge prolação
ruge-ruge sussurro
rugido barulho
rugir barulho
rugir ostentação
rugir vento
rugosidade aspereza
rugosidade diversidade
rugoso aspereza
rugoso descortesia
rugoso dobra
ruído barulho
ruído fama
ruído ostentação
ruído som
ruído sussurro
ruidoso barulho
ruidoso excitabilidade
ruidoso grandeza

ruidoso importância
ruidoso ostentação
ruidoso som
ruidoso violência
ruim desordem
ruim desvirtude
ruim dificuldade
ruim dolorimento
ruim ingratidão
ruim insalubridade
ruim irregularidade
ruim mal
ruim malevolência
ruim ódio
ruim reprovação
ruim ruindade
ruim velharia
ruína adversidade
ruína destruição
ruína insolvência
ruína insucesso
ruína mal
ruína ruindade
ruína velharia
ruinoso adversidade
ruinoso dolorimento
ruinoso inoportunidade
ruinoso mal
ruinoso ruindade
ruir depressão
ruir descida
ruir revolução
ruivo vermelhidão
rum embriaguez
ruma grandeza
ruma reunião
ruma suficiência
rumba música
ruminação comida
ruminar comida
ruminar pensamento
rumo direção
rumo passadouro
rumor notícia
rumor som
rumor sussurro
rumorejar sussurro
rumorejo sussurro
ruptura destruição
ruptura disjunção
rural agricultura
rural morada
rural planície
rural vegetal
ruralista reclusão
rusga contenda
rusga discórdia
rusticidade descortesia
rusticidade despreparo
rusticidade mau gosto
rústico agricultura
rústico desconformidade
rústico descortesia
rústico despreparo
rústico habitante
rústico imbecilidade
rústico mau gosto
rústico morada
rústico plebeísmo
rústico propriedade
rústico vegetal
rutilação luz
rutilante luz
rutilar luz
rútilo luz

S

sabão ignorante
sabão óleo
sabão reprovação
sabático culto
sabatina curiosidade
sabatina ensino
sabatina estudo
sabatina investigação
sabatinar curiosidade
sabatinar investigação
sabedor douto
sabedoria conhecimento
sabedoria divindade
sabedoria habilidade
sabedoria intelecto
sabedoria inteligência
sabedoria justiça
saber conhecimento
saber gosto
saber habilidade
saber memória
sabiá músico
sabichão ignorante
sabido conhecimento
sabido sábio
sabidos receita
sabidos recompensa
sábio conhecimento
sábio douto
sábio inteligência
sabonete cronometria
sabonete reprovação
sabor fruição
sabor gosto
sabor vontade
saborear comida
saborear fruição
saborear gosto
saborear sabor
saboroso deleite
saboroso gosto
saboroso picante
saboroso sabor
sabotador destruidor
sabotar ataque
sabre potencial de guerra
sabujo animal
sabujo servilismo
sabujo velhaco
saburra sujidade
saca medida
saca rio
sacada convexidade
sacada morada
sacador dinheiro
sacana ridicularização
sacanear desrespeito
sacanear ridicularização
sacar aquisição
sacar dinheiro
sacar extração
sacar obrigatoriedade
sacaria alarma
sacarina doçura
saca-rolhas extração
saca-rolhas perfurador
saca-rolhas sinuosidade
sacarose doçura
sacerdócio altruísmo
sacerdócio bem
sacerdócio bondade
sacerdócio cargos da Igreja
sacerdócio clerezia
sacerdotal cargos da Igreja
sacerdotal clerezia
sacerdote benfeitor
sacerdote clerezia
sacerdote homem bom

sacho agricultura
sacho perfurador
saciar completamento
saciar deleite
saciar enfado
saciar redundância
saciar saciedade
saciável saciedade
saciedade completamento
saciedade enfado
saciedade redundância
saciedade suficiência
saci-pererê medo
saco furto
saco largura
saco receptáculo
sacola pedido
sacola receptáculo
sacolé refrigerador
sacolejar agitação
sacolejar oscilação
sacramentado rito
sacramental hábito
sacramental obrigatoriedade
sacramentar rito
sacrário bem
sacrário bondade
sacrário morada
sacrário receptáculo
sacrário templo
sacrificado insucesso
sacrificar culto
sacrificar despesa
sacrificar desprezo
sacrificar destruição
sacrificar doação
sacrificar expiação
sacrificar idolatria
sacrificar malevolência
sacrificar rito
sacrifício altruísmo
sacrifício culto
sacrifício destruição
sacrifício doação
sacrifício esbanjamento
sacrifício esforço
sacrifício expiação
sacrilégio desrespeito
sacrilégio impiedade
sacrilégio mal
sacrilégio mau uso
sacrílego desrespeito
sacrílego impiedade
sacripanta carola
sacripanta plebeísmo
sacripanta velhaco
sacristão auxiliar
sacristão secular
sacristia templo
sacro partes do corpo humano
sacro respeito
sacro rito
sacrossanto direito
sacrossanto divindade
sacrossanto fama
sacrossanto observância
sacrossanto piedade
sacrossanto regularidade
sacrossanto respeito
sacudida agitação
sacudidela agitação
sacudidela deslocação
sacudidela punição
sacudido excitabilidade
sacudir agitação
sacudir deslocação
sacudir excitação
sacudir expulsão
sacudir importância
sacudir impulso
sacudir oscilação
sadio bondade
sadio inteligência
sadio salubridade
sadio saúde
sadismo impureza
sadismo prazer
sadomasoquismo impureza
sadomasoquista libertino
safado descortesia
safado desonestidade
safado desvirtude
safado impureza
safado infamação
safado inferioridade
safado insolência
safado mau gosto
safado pioramento
safado ruindade
safado uso
safado velhaco
safanão extração
safanão impulso
safanão salto
safar desembaraçamento
safar extração
safar furto
safar pioramento
safar supressão
safardana desonestidade
safardana velhaco
sáfaro descortesia
sáfaro despreparo
sáfaro ignorância
sáfaro improdutividade
safena conduto
safira azul
safira ornamento
safo atividade
safo desembaraçamento
safo habilidade
safo pioramento
safo uso
safra agente
safra agricultura
safra aquisição
safra atividade
safra efeito
safra recompensa
saga descrição
saga feiticeiro
saga oráculo
sagacidade astúcia
sagacidade espírito
sagacidade habilidade
sagacidade inteligência
sagacidade previdência
sagacidade sanidade
sagaz astúcia
sagaz habilidade
sagaz inteligência
sagaz previdência
sagaz sábio
sagitário combatente
sagitário defesa
sagitário desconformidade
sagração autoridade
sagração comissão
sagração fama
sagração rito
sagrado direito
sagrado divindade
sagrado enterro
sagrado fama
sagrado observância
sagrado piedade

sagrado regularidade
sagrado respeito
sagrado revelação
sagrado rito
sagrado virtude
sagrar cargos da Igreja
sagrar comissão
sagrar doação
sagrar fama
sagrar rito
saguão borda
saguão começo
saguão morada
saia defesa
saia fêmea
saia indumentária
saião azorrague
saião insolência
saibro pulverização
saída alegação
saída desaparecimento
saída descoberta
saída despesa
saída egressão
saída escapatória
saída espírito
saída justificação
saída meios
saída partida
saída supressão
saída venda
saído convexidade
saimento enterro
sainete alívio
sainete atenuação
sainete doação
sainete dolorimento
sainete malevolência
saiote indumentária
sair convexidade
sair efeito
sair egressão
sair eventualidade
sair partida
sair publicidade
sair do armário hermafrodismo
sal espírito
sal importância
sal tempero
sala receptáculo
salada comida
salada desordem
salada mistura
salada variedade
saladeira comida
salafrário desonestidade
salafrário fraude
salafrário plebeísmo
salafrário velhaco
salamaleque respeito
salamaleque servilismo
salamandra desconformidade
salamandra fornalha
salame mistura
salame servilismo
salão receptáculo
salário despesa
salário receita
salário recompensa
salaz impureza
saldar pagamento
saldo crédito
saldo dinheiro
saldo resto
saleiro agudeza
saleiro receptáculo
salgado carestia
salgado espírito
salgado picante
salgar bruxaria
salgar carestia
salgar picante
salgar preservação
saliência convexidade
salientar atenção
saliente agudeza
saliente convexidade
saliente exterioridade
saliente fama
saliente importância
saliente manifestação
saliente visibilidade
salino picante
salitre picante
saliva excreção
saliva lubrificação
salivação excreção
salivar egressão
salivar expulsão
salmear frouxidão
salmo culto
salmo música
salmodiar frouxidão
salmoura picante
salmoura preservação
salobro amargura
salobro picante
salomônico sinuosidade
salpicado picante
salpicado umidade
salpicado variegação
salpicão mistura
salpicar dispersão
salpicar infamação
salpicar mancha
salpicar mistura
salpicar picante
salpicar pulverização
salpicar umidade
salpicar variegação
salsa artes
salsa música
salsa tempero
salseiro receptáculo
salseiro rio
salso picante
salso verde
saltado convexidade
saltador drama
saltador salto
saltar contentamento
saltar descida
saltar divertimento
saltar efeito
saltar negligência
saltar regozijo
saltar salto
saltar supressão
saltar transcursão
saltar velocidade
salteado descontinuidade
salteado disjunção
salteador combatente
salteador ladrão
saltear ataque
saltear doença
saltear furto
saltear surpresa
saltimbanco drama
saltimbanco enganador
saltimbanco humorista
saltitante atividade
saltitante salto
saltitar agitação
saltitar prolixidade
saltitar regozijo
saltitar salto

salto agitação
salto altura
salto dispensa
salto inversão
salto omissão
salto recife
salto recuo
salto revolução
salto rio
salto violência
salubre salubridade
salubrificar bondade
salubrificar melhoramento
salubrificar salubridade
salutar bondade
salutar salubridade
salutar virtude
salva celebração
salva condições
salva erro
salva estalo
salva receptáculo
salva regozijo
salvação desembaraçamento
salvação piedade
salvação sociabilidade
salvador benfeitor
salvador libertação
salvador segurança
salvaguarda benfeitor
salvaguarda preservação
salvaguarda segurança
salvaguardar bondade
salvaguardar preservação
salvaguardar segurança
salvamento sucesso
salvar auxílio
salvar benevolência
salvar condições
salvar cortesia
salvar desembaraçamento
salvar expiação
salvar preservação
salvar progressão
salvar saúde
salvar segurança
salvar sociabilidade
salva-vidas refúgio
salvo desembaraçamento
salvo dispensa
salvo omissão
salvo segurança
salvo subtração
salvo-conduto comando
salvo-conduto instrumentalidade
salvo-conduto permissão
salvo-conduto refúgio
salvo-conduto segurança
samaritano benfeitor
samaritano homem bom
samba divertimento
samba música
samba-canção música
sambar divertimento
sambenito azorrague
sambódromo arena
samburá receptáculo
sanar melhoramento
sanar preparação
sanar remédio
sanar restauração
sanatório remédio
sanatório salubridade
sanca cobertura
sanção aprovação
sanção direito
sanção penalidade
sanção permissão
sancionar aprovação
sancionar consentimento
sancionar legalidade
sancionar permissão
sandália indumentária
sândalo fragrância
sandeu imbecilidade
sandeu loucura
sandeu tolo
sandice absurdo
saneamento salubridade
sanear bondade
sanear dinheiro
sanear melhoramento
sanear repulsão
sanear salubridade
sanefa borda
sanefa ornamento
sanefa pendura
sanfona plebeísmo
sangradouro conduto
sangrar carestia
sangrar despesa
sangrar dolorimento
sangrar dor
sangrar empenhamento
sangrar remédio
sangrar rio
sangrar sofrimento
sangrento guerra
sangrento homicídio
sangria apropriação
sangria carestia
sangria embriaguez
sangria expulsão
sangria refrigerador
sangria remédio
sangue ascendência
sangue classe
sangue consanguinidade
sangue fluidez
sangue intrinsecabilidade
sangue motivo
sangue nobreza
sangue substancialidade
sangue vermelhidão
sangue-frio inexcitabilidade
sangueira homicídio
sanguessuga animal
sanguessuga embriaguez
sanguessuga remédio
sanguinário homicídio
sanguinário inclemência
sanguinário malevolência
sanguíneo excitabilidade
sanguíneo vermelhidão
sanguinolento homicídio
sanguinolento malevolência
sanguinolento vermelhidão
sanha ódio
sanha ressentimento
sanha violência
sanidade salubridade
sanidade saúde
sânie doença
sânie fluidez
sânie sujidade
sanioso pioramento
sanioso sujidade
sanitário salubridade
Sansão força
sânscrito linguagem
santão carola
santarrão carola
santarrão falsidade
santarrão piedade
santeiro artista

santeiro piedade
santidade divindade
santidade inocência
santidade piedade
santidade título
santificação divindade
santificação piedade
santificado piedade
santificar celebração
santificar direito
santificar divindade
santificar fama
santigar culto
santo divindade
santo guerra
santo homem bom
santo inocência
santo maria
santo piedade
santo respeito
santo revelação
santo temperança
santo virtude
santuário interioridade
santuário morada
santuário receptáculo
santuário refúgio
santuário templo
são bondade
são conformidade
são grandeza
são inteligência
são perfeição
são raciocínio
são salubridade
são sanidade
são saúde
são utilidade
sapa destruição
sapar ataque
sapar destruição
sapar fechamento
sapata base
sapata indumentária
sapatão hermafrodismo
sapataria indumentária
sapataria oficina
sapateado artes
sapateado divertimento
sapatear agitação
sapatear divertimento
sapatear prolação
sapatear ressentimento
sapateiro agente
sapateiro indumentária
sapato indumentária
sapeca amor
sapeca punição
sapecar aquecimento
sápido gosto
sápido sabor
sapiência conhecimento
sapiência divindade
sapiência informação
sapiente conhecimento
sapiente divindade
sapiente inteligência
sapo casualidade
sapo fealdade
sapo largura
sapo servilismo
saponáceo untuosidade
saque aquisição
saque dinheiro
saque furto
saque presa
saqueador ladrão
saquear aquisição
saquear furto
saquear presa
sarabanda divertimento
sarabanda reprovação
sarabatana instrumentalidade
sarabatana intérprete
sarabatana mensageiro
saracotear afetação
saracotear agitação
saracotear oscilação
saracotear regozijo
saracoteio agitação
saracoteio locomoção
saracoteio oscilação
sarado saúde
saraiva descida
saraiva frio
saraiva suficiência
saraivada ataque
saraivada grandeza
saraivada suficiência
saraivar frio
sarampo doença
sarapatel desordem
sarapintado mancha
sarapintar mancha
sarapintar variegação
sarau divertimento
sarau sociabilidade
sarça agudeza
sarça vegetal
sarça veneno
sarcasmo desrespeito
sarcasmo equívoco
sarcasmo espírito
sarcasmo reprovação
sarcasmo ridicularização
sarcástico desrespeito
sarcástico difamação
sarcástico equívoco
sarcástico espírito
sarcástico reprovação
sarcástico ridicularização
sarcófago enterro
sarcoma convexidade
sardento mancha
sardento variegação
sardo mancha
sardônico difamação
sardônico reprovação
sarilho atividade
sarilho elevação
sarilho instrumento
sarjeta conduto
sarjeta sulco
sarmento vegetal
sarnento doença
sarrafo camada
sarro resto
sarro sujidade
Satã demônio
Satanás demônio
satânico desvirtude
satânico malevolência
satânico satã
satanismo afetação
satanismo satã
satanizar satã
satélite acompanhamento
satélite auxiliar
satélite esfericidade
satélite gestão
satélite guerra
satélite potencial de guerra
satélite servo
satélite sucessão
satélite sucessor
satélite tirania
satélite universo
sátira poesia

sátira reprovação
sátira ridicularização
satírico difamação
satírico espírito
satírico reprovação
satirista difamador
satirizar reprovação
satirizar ridicularização
sátiro demônio
sátiro libertino
satisfação contenda
satisfação contentamento
satisfação dever
satisfação expiação
satisfação fruição
satisfação observância
satisfação prosperidade
satisfação saciedade
satisfação suficiência
satisfatório bondade
satisfatório contentamento
satisfatório crença
satisfatório deleite
satisfatório suficiência
satisfazer acabamento
satisfazer ação
satisfazer consentimento
satisfazer contentamento
satisfazer crença
satisfazer deleite
satisfazer pagamento
satisfazer permissão
satisfazer resposta
satisfazer saciedade
satisfazer suficiência
satisfeito boa vontade
satisfeito contentamento
satisfeito prazer
sátrapa amo
sátrapa sensualista
sátrapa tirania
saturação completamento
saturação saciedade
saturado completamento
saturado qualidades
saturar completamento
saturar mistura
saturar redundância
saturar saciedade
saturar umidade
saturnino tristeza
saturno calor
saudação alocução
saudação carícias
saudação congratulação
saudação cortesia
saudação respeito
saudação sociabilidade
saudade descontentamento
saudade tristeza
saudades ausência
saudades sociabilidade
saudar alocução
saudar celebração
saudar cortesia
saudar sociabilidade
saudável bondade
saudável salubridade
saudável utilidade
saúde bem
saudosista descontentamento
saudosista hábito
saudosista obstinação
saudosista passado
saudoso descontentamento
saudoso desejo
saudoso fama
saudoso morte
saudoso saudade
sauna fornalha
savana planície
savana vegetal
saveiro nave
savoir-faire inteligência
sazão tempo
sazonado oportunidade
sazonado preparação
scherzo música
se atenuação
se suposição
sé templo
seara agricultura
seara efeito
seara partido
sebáceo sujidade
sebáceo untuosidade
sebe cerca
sebe esconderijo
sebeiro plebeísmo
sebento sujidade
sebo livro
sebo mercado
sebo óleo
sebo sujidade
sebo untuosidade
seboso sujidade
seca calor
seca enfado
seca secura
secante cruzamento
secante direitura
secante enfado
secante passagem
secante secura
seção classe
seção livro
seção parte
secar apropriação
secar enfado
secar esbanjamento
secar preservação
secar prodigalidade
secar secura
secarrão descortesia
secativo secura
secessão disjunção
secessão dissentimento
secional parte
secionar cruzamento
secionar descontinuidade
secionar disjunção
secionar parte
seco afonia
seco chateza
seco descortesia
seco deselegância
seco desinteresse
seco enfado
seco estreiteza
seco estridor
seco inclemência
seco inexcitabilidade
seco insuficiência
seco pioramento
seco secura
seco simplicidade
seco sobriedade
secreção egressão
secreção excreção
secreção veneno
secreta dissertação
secreta sujidade
secreta tópico
secretária registro
secretariado conduta
secretariar escrita

secretário amo
secretário auxiliar
secretário consignatário
secretário escrita
secretário registrador
secretário servo
secreto desinformação
secreto esconderijo
secreto invisibilidade
secreto latência
secreto segredo
sectário auxiliar
sectário dissentimento
sectário heterodoxia
sectário teologia
sectarismo especialidade
sectarismo excitabilidade
sectarismo heterodoxia
sectarismo obliquidade de julgamento
secular heterodoxia
secular impiedade
secular irreligião
secular periodicidade
secular período
secular secular
secular velharia
secularidade secular
secularização posse
secularização secular
secularizar impiedade
secularizar irreligião
secularizar secular
século numerais cardinais
século diuturnidade
século período
secundar auxílio
secundar força
secundário escola
secundário imperfeição
secundário inferioridade
secundário insignificância
secundinas produção
secundinas sucessor
secura descortesia
secura inexcitabilidade
secura sobriedade
seda lisura
sedar moderação
sedar ostentação
sedativo alívio
sedativo inatividade
sedativo moderação
sedativo remédio
sedentário imobilidade
sedento desejo
sedento insuficiência
sedento sentimento
sedição desobediência
sedição discórdia
sedicioso desobediência
sedimentar resto
sedimento resto
sedimento sujidade
sedoso flexibilidade
sedoso lisura
sedução beleza
sedução deleite
sedução desejo
sedução fruição
sedução impureza
sedução motivo
sedução prazer
sedutor amor
sedutor beleza
sedutor deleite
sedutor desejo
sedutor falsidade
sedutor libertino
sedutor motivo
seduzido atenção
seduzir amor
seduzir beleza
seduzir deleite
seduzir desobediência
seduzir fraude
seduzir impureza
seduzir motivo
sega agricultura
segadeira agricultura
segadura agricultura
segar agricultura
segar depressão
segar encurtamento
sege veículo
segmentar parte
segmento parte
segredar carícias
segredar desinformação
segredar latência
segredar segredo
segredar sussurro
segredo desinformação
segredo dificuldade
segredo esconderijo
segredo ininteligibilidade
segredo interioridade
segredo interpretação
segredo invisibilidade
segredo latência
segredo meios
segredo motivo
segredo plano
segredo tumular segredo
segregação discriminação
segregação disjunção
segregação dispensa
segregação egressão
segregação exclusão
segregação excreção
segregação isolamento
segregação omissão
segregação reclusão
segregado desinformação
segregado discriminação
segregado isolamento
segregar deficiência
segregar discriminação
segregar disjunção
segregar dispensa
segregar egressão
segregar exclusão
segregar expulsão
segregar isolamento
segregar não relação
segregar omissão
segregar restrição
seguido assentimento
seguido continuidade
seguido sequência
seguidor auxiliar
seguidor heterodoxia
seguidor observância
seguidor perseguição
seguidor sucessão
seguimento continuidade
seguinte posterioridade
seguinte sequência
seguinte sucessor
seguir assentimento
seguir atenção
seguir continuação
seguir cuidado
seguir hábito
seguir moda
seguir observância
seguir perseguição
seguir posterioridade
seguir sucessão

seguir nos calcanhares de perseguição
segundo acordo
segundo conformidade
segundo diferença
segundo imperfeição
segundo inferioridade
segundo instantaneidade
segundo melodia
segundo período
segundo semelhança
segurador fiança
segurança afirmação
segurança cautela
segurança certeza
segurança crença
segurança deleite
segurança esperança
segurança estabilidade
segurança fiança
segurança promessa
segurança resolução
segurança temeridade
segurar afirmação
segurar apropriação
segurar aquisição
segurar certeza
segurar coesão
segurar fiança
segurar junção
segurar restrição
segurar retenção
segurar segurança
segurar suporte
segurar tato
segurar a barra inexcitabilidade
segurar as rédeas de gestão
seguridade afirmação
seguridade cautela
seguridade deleite
seguridade segurança
seguridade temeridade
seguro bondade
seguro cautela
seguro certeza
seguro contrato
seguro crença
seguro estabilidade
seguro fiança
seguro habilidade
seguro junção
seguro pendura
seguro perseverança
seguro poder
seguro refúgio
seguro resolução
seguro restrição
seguro segurança
seguro sovinaria
seio amizade
seio centralidade
seio concavidade
seio convexidade
seio esfericidade
seio golfo
seio interioridade
seio meio
seio partido
seio receptáculo
seio sociabilidade
seis numerais cardinais
seiscentismo estilo
seiscentismo passado
seiscentista velharia
seita classe
seita crença
seita teologia
seiva fluidez
seiva interioridade
seiva intrinsecabilidade
seiva produtividade
seixo rigidez
sela indumentária
sela suporte
selar acabamento
selar cobertura
selar contrato
selar evidência
selar fechamento
selar indicação
selar indumentária
selar legalidade
selar pagamento
selar resolução
seleção escolha
seleção preparação
selecionar escolha
selenita habitante
seleta compêndio
seleta mistura
seleta registro
seleto bondade
seleto escolha
seleto nobreza
selim indumentária
selim suporte
selo acabamento
selo contrato
selo estado
selo indicação
selo insígnia
selva multidão
selva suficiência
selva vegetal
selvagem coragem
selvagem descortesia
selvagem despreparo
selvagem excitação
selvagem fealdade
selvagem habitante
selvagem improdutividade
selvagem malevolência
selvagem malfeitor
selvagem mau gosto
selvagem remendão
selvagem violência
selvajaria descortesia
selvajaria malevolência
selvajaria mau gosto
selvático descortesia
selvático despreparo
selvático improdutividade
selvático mau gosto
sem ausência
sem subtração
sem a menor dúvida evidência
sem alarde modéstia
sem contradita certeza
sem disfarce manifestação
sem dizer palavra taciturnidade
sem exceção regularidade
sem exceção uniformidade
sem fim eternidade
sem frescura simplicidade
sem graça deselegante
sem mais aquela simplicidade
sem mais tardar pressa
sem meias palavras reprovação
sem perdão reprovação
sem peso nem medida prodigalidade
sem restrição necessidade
sem rodeios manifestação

sem sobressalto inexcitabilidade
sem tirar nem pôr identidade
semáfora linguagem
semáforo indicação
semanal periodicidade
semanal período
semanário livro
semanário publicidade
semantema linguagem
semântica linguagem
semântica significação
semântico linguagem
semântico significação
semblante aparecimento
semblante exterioridade
semblante frente
semblante intrinsecabilidade
sem-cerimônia insolência
semeador agricultura
semeador clerezia
semeador mestre
semeador produtor
semeadura agricultura
semeadura preparação
semear dissensões discórdia
semear agricultura
semear causa
semear dispersão
semear ensino
semear exposição
semear motivo
semear preparação
semear produtividade
semear publicidade
semelhança imitação
semelhança relação
semelhança representação
semelhante amigo
semelhante cópia
semelhante relação
semelhante semelhança
semelhar comparação
sêmen centralidade
sêmen meio líquido
sêmen produção
sêmen pulverização
semente causa
semente centralidade
semente começo
semente pequenez
semente posteridade
semente pouquidão
semente produção
semente pulverização
sementeira agricultura
sementeira ascendência
sementeira causa
sementeiro agricultura
sementeiro produtor
semestral periodicidade
semestral período
semestre período
semibreve melodia
semicircular curvatura
semicírculo circunferência
semicolcheia melodia
semideus coragem
semideus fama
semideus homem bom
semifusa melodia
semi-interno discípulo
semimorto meia-luz
semimorto morte
seminal causa
seminal produção
seminário depósito
seminário domesticação
seminário escola
seminarista discípulo
semínima melodia
seminu despimento
semiologia indicação
semiologia interpretação
semiologia significação
semiótica indicação
semiótica linguagem
semirreta direitura
semitom melodia
semitransparente semitransparência
semivivo morte
sem-número pluralidade
sem-par virtude
sempiterno divindade
sempiterno eternidade
sempre continuidade
sempre eternidade
sempre tempo
sempre uniformidade
sem-vergonha desonestidade
sem-vergonha impureza
sem-vergonhice desonestidade
sem-vergonhice insolência
Senado legalidade
senador conselho[1]
senão compensação
senão deficiência
senão dessemelhança
senão desvirtude
senão dificuldade
senão erro
senão imperfeição
senão mancha
senatorial conselho[1]
senda hábito
senda passadouro
sendeiro carregador
sendeiro plebeísmo
sendeiro servilismo
sendeiro velhaco
senegalesco calor
senha guerra
senhor amo
Senhor divindade
senhor humanidade
senhor macho
senhor nobreza
senhor possuidor
senhor título
senhora casamento
senhora fêmea
senhorear conhecimento
senhorear restrição
senhorear sucesso
senhorear sujeição
senhoria autoridade
senhoria título
senhorial nobreza
senhorial orgulho
senhorial posse
senhorial possuidor
senhoril beleza
senhoril orgulho
senhoril possuidor
senhorio autoridade
senhorio posse
senhorio possuidor
senhorio propriedade
senhorita pureza
senil velhice
senilidade velharia
senilidade velhice
sênior velhice

seno obliquidade
seno verticalidade
sensabor chateza
sensabor insipidez
sensaboria chateza
sensaboria discórdia
sensaboria frouxidão
sensaboria insipidez
sensação admiração
sensação sensibilidade
sensação sentimento
sensacional excitação
sensacional importância
sensatez simplicidade
sensato cautela
sensato humildade
sensato inteligência
sensato moderação
sensato sanidade
sensibilidade clemência
sensibilidade inteligência
sensibilizado sentimento
sensibilizador sensibilidade
sensibilizante sensibilidade
sensibilizar excitação
sensibilizar gratidão
sensibilizar interesse
sensitiva sensibilidade
sensitivo comichão
sensitivo dolorimento
sensitivo exageração
sensitivo interesse
sensitivo sentimento
sensível benevolência
sensível clemência
sensível comichão
sensível demonstração
sensível dolorimento
sensível grau
sensível interesse
sensível matéria
sensível obediência
sensível sentimento
sensível suficiência
sensível visibilidade
senso raciocínio
senso comum inteligência
sensorial intelecto
sensorial sentimento
sensório intelecto
sensório sensibilidade
sensório sentimento
sensual deleite
sensual fruição
sensual impureza
sensual intemperança
sensualidade desejo
sensualidade fruição
sensualidade impureza
sensualidade intemperança
sensualismo intemperança
sensualismo prazer
sentença afirmação
sentença comando
sentença frase
sentença justiça
sentença máxima
sentenciar compulsoriedade
sentenciar condenação
sentenciar destino
sentenciar juiz
sentencioso afirmação
sentencioso floreio
sentencioso máxima
sentencioso vigor
sentido atenção
sentido direção
sentido intelecto
sentido intenção
sentido sensibilidade
sentido significação
sentido tópico
sentido tristeza
sentimental afetação
sentimental interesse
sentimental tristeza
sentimentalidade interesse
sentimentalismo afetação
sentimentalismo interesse
sentimento dever
sentimento ideia
sentimento irracionalidade
sentimento previdência
sentimento qualidades
sentimento ressentimento
sentimento tristeza
sentimentos condolência
sentimentos qualidades
sentina impureza
sentina sensualista
sentina sujidade
sentinela advertência
sentinela carcereiro
sentinela refúgio
sentinela segurança
sentir audição
sentir crença
sentir inteligibilidade
sentir previdência
sentir sensibilidade
sentir sentimento
sentir sofrimento
sentir tato
sentir tristeza
sentir prazer fruição
senzala morada
senzala prisão
senzala restrição
senzala sujeição
separação ausência
separação casamento
separação discórdia
separação discriminação
separação disjunção
separação dispensa
separação dispersão
separação divergência
separação divórcio
separação incoesão
separação intervalo
separação isolamento
separação omissão
separado casamento
separado diferença
separado disjunção
separado dispersão
separado divórcio
separado reclusão
separador discriminação
separar bissecção
separar circunscrição
separar discórdia
separar discriminação
separar dispersão
separar divórcio
separar escolha
separar interjacência
separar intervalo
separar isolamento
separar não relação
separar subtração
separatismo misantropia
separatista desobediência
separatista dissentimento
separatista heterodoxia
sépia castanho
septicemia doença

septo interjacência
septuagésimo numerais ordinais
séptuor música
sepulcral afonia
sepulcral enterro
sepulcral ressonância
sepulcro enterro
sepulcro insalubridade
sepultado enterro
sepultado profundidade
sepultar desinformação
sepultar enterro
sepultar inserção
sepulto enterro
sepultura enterro
sepultura insalubridade
sequaz auxiliar
sequaz servo
sequaz sucessão
sequaz sucessor
sequer pouquidão
sequidão secura
sequioso curiosidade
sequioso insuficiência
sequioso secura
séquito acompanhamento
séquito benevolência
séquito locomoção
séquito partido
séquito retaguarda
séquito servo
séquito sucessão
séquito sucessor
séquito viajante
ser aparecimento
ser aspereza
ser existência
ser loucura
ser mediação
ser admitido inclusão
ser andrógino hermafrodismo
ser capaz de poder
ser caprichoso capricho
ser celibatário celibato
ser crédulo credulidade
ser correto aprovação
ser contíguo contiguidade
ser dirigido conformidade
ser dispensável inocuidade
ser dotado de qualidades qualidades
ser egoísta egoísmo
ser encarcerado penalidade
ser esférico esfericidade
ser guiado conformidade
ser homossexual hermafrodismo
ser honrado probidade
ser improvável improbabilidade
ser ineficaz inocuidade
ser infinito infinidade
ser insípido insipidez
ser invisível invisibilidade
ser irascível irascibilidade
ser irritadiço irascibilidade
ser limpo limpeza
ser livre liberdade
ser lógico aprovação
ser mediador mediação
ser modesto modéstia
ser natural expectação
ser nobre nobreza
ser nulo inocuidade
ser óbvio expectação
ser opaco opacidade
ser plebeu plebeísmo
ser preponderante influência
ser pródigo filantropia
ser provável probabilidade
ser ridículo ridicularia
ser rígido rigidez
ser solteiro celibato
ser surdo a recusa
ser teatro de arena
ser transexual hermafrodismo
ser uma segunda natureza intrinsicabilidade
ser visível visibilidade
ser virtuoso virtude
ser vizinho contiguidade
seráfico amor
seráfico deleite
seráfico maria
seráfico piedade
seráfico virtude
serafim amor
serafim beleza
serafim homem bom
serafim maria
serão divertimento
serão sociabilidade
sereia desconformidade
sereia feiticeiro
sereia fêmea
sereia júpiter
sereia motivo
sereia músico
sereia oceano
serenar diminuição
serenar inexcitabilidade
serenar moderação
serenar paz
serenata carícias
serenata música
serendipidade casualidade
serenidade cautela
serenidade imobilidade
serenidade inexcitabilidade
serenidade inteligência
serenidade justiça
serenidade moderação
serenidade silêncio
serenidade tolerância
serenidade transparêcia
serenidade visibilidade
sereno cautela
sereno contentamento
sereno coragem
sereno imobilidade
sereno inexcitabilidade
sereno moderação
sereno paz
sereno rio
sereno transparêcia
sereno umidade
sereno vagareza
sereno vento
sereno visibilidade
seresta divertimento
seresteiro poesia
seriado ordem
seriado periodicidade
serial continuidade
serial música
serial ordem
serial periodicidade
seríceo lisura
sericultor domesticação
série de pensamentos pensamento
série continuidade
série grandeza
série número

série ordem
série reunião
série suficiência
série termo
seriedade importância
seriedade inteligência
seriedade probidade
seriedade tristeza
serigrafia artes
serigrafia gravura
seringa água
seringa rio
seringal vegetal
seringueiro agricultura
sério atenção
sério dolorimento
sério importância
sério inteligência
sério probidade
sério temperança
sério tristeza
sério veracidade
sermão alocução
sermão culto
sermão raciocínio
sermão reprovação
sermão rito
serôdio demora
serôdio negligência
serôdio vagareza
serosidade água
serosidade fluidez
serpente ancião
serpente enganador
serpente fealdade
serpente homem ruim
serpente malfeitor
serpente sibilação
serpente sinuosidade
serpenteante sinuosidade
serpentear circuição
serpentear sinuosidade
serpentiforme sinuosidade
serpentina corpos luminosos
serpentina culto
serpentina sinuosidade
serpentina veículo
serpentino circuição
serpentino sinuosidade
serra agudeza
serra altura
serra encaixe
serra terra
serradura pulverização
serragem pulverização
serralharia oficina
serralheiro agente
serralheria oficina
serralho impureza
serrania altura
serrano aspereza
serrano habitante
serrar disjunção
serrar esforço
serraria oficina
serrilha borda
serrilhar ornamento
serrilhar restrição
serrote agudeza
sertanejo habitante
sertão despreparo
sertão interioridade
sertão meio
sertão planície
servente auxílio
servente servo
serventia abertura
serventia tendência
serventia uso
serventia utilidade
serventuário substituição
serviçal acompanhamento
serviçal atividade
serviçal auxílio
serviçal benevolência
serviçal cortesia
serviçal servo
serviçal utilidade
serviço abertura
serviço agência
serviço auxílio
serviço bem
serviço cortesia
serviço culto
serviço esforço
serviço gratidão
serviço rito
serviço trabalho
serviço uso
serviço utilidade
servidão abertura
servidão passadouro
servidão passagem
servidão sujeição
servidor auxiliar
servidor cortesia
servidor servo
servil adulador
servil humildade
servil imitação
servil lisonja
servil servilismo
servil servo
servilismo cópia
servilismo lisonja
servir de modelo protótipo
servir acordo
servir auxílio
servir servo
servir sujeição
servir trabalho
servir utilidade
servo servo
sesmaria despreparo
sesmaria propriedade
sesmaria região
sesmeiro possuidor
sessão conselho[1]
séssil coesão
sesta calor
sesta inatividade
sesta repouso
sestear resfriamento
sestro capricho
sestro compulsoriedade
sestro sinistra
sestroso capricho
seta agudeza
seta atenção
seta desrespeito
seta dolorimento
seta dor
seta indicação
seta perfurador
seta potencial de guerra
seta ridicularização
seta ruindade
seta velocidade
sete numerais cardinais
seteira abertura para passagem da luz
seteira defesa
seteira encaixe
setenário numerais cardinais
setenário culto
setenário período
setenário prioridade
setênio período

setenta numerais cardinais
setentrião direção
setentrião frio
setentrional direção
setentrional distância
setiforme numerais cardinais
setiforme lisura
setilha poesia
sétimo numerais cardinais
sétimo numerais ordinais
setingentésimo numerais ordinais
setor arena
setor circunferência
setor defesa
setor estado
setor parte
setor trabalho
setuagenário ancião
setuagenário velhice
seu posse
severidade descortesia
severidade dolorimento
severidade energia
severidade frio
severidade inclemência
severidade simplicidade
severidade sobriedade
severidade tirania
severidade vigor
severidade violência
severo ascetismo
severo autoridade
severo conformidade
severo dolorimento
severo dor
severo frio
severo importância
severo obstinação
severo reprovação
severo ressentimento
severo simetria
severo simplicidade
severo sobriedade
severo tirania
severo tristeza
seviciar dolorimento
seviciar dor
seviciar malevolência
seviciar ruindade
sevícias malevolência
sexagenário ancião
sexagenário velhice
sexagésimo numerais ordinais
sexcentésimo numerais ordinais
sexênio período
sexo classe
sexta período
sextante angularidade
sextante circunferência
sextante instrumentos de óptica
sextante numerais ordinais
sextavar angularidade
sexteto música
sextilha poesia
sexto numerais ordinais
sextuplicar aumento
sextuplicar numerais cardinais
sêxtuplo numerais cardinais
sezão insalubridade
sibarismo intemperança
sibarita sensualista
siberiano frio
sibila feiticeiro
sibila homem ruim
Sibila júpiter
Sibila oráculo
sibilação reprovação
sibilante sibilação
sibilar sibilação
sibilar vento
sibilino predição
sibilo sibilação
sicário homem ruim
sicário homicídio
sicrano generalidade
sicrano humanidade
sideração destruição
sideração homicídio
sideração impotência
sideração violência
sideral universo
siderurgia não organização
siderúrgico não organização
sifão água
sifão angularidade
sifão conduto
sifão sinuosidade
sífilis doença
sigilo segredo
sigiloso esconderijo
sigla letra
sigla linguagem
sigma letra
significação interpretação
significado interpretação
significado significação
significante significação
significar causa
significar demanda
significar frase
significar importância
significar indicação
significar informação
significar predição
significar significação
significativo importância
significativo interpretação
significativo significação
signo indicação
signo linguagem
signo representação
silabação sílaba
silabada erro
silabada solecismo
silabar estudo
silabar letra
silabar sílaba
silábico sílaba
silenciar afonia
silenciar impotência
silenciar refutação
silenciar silêncio
silêncio deficiência
silêncio desinformação
silêncio dispensa
silêncio imobilidade
silêncio omissão
silêncio segredo
silêncio taciturnidade
silencioso silêncio
silencioso taciturnidade
silente silêncio
silepse metáfora
silhueta contorno
silhueta existência
silhueta pintura
silicone forro
silo depósito
silo poesia
silo preservação
silo ridicularização

silogismo raciocínio
silva agudeza
silva expiação
silva poesia
silvante sibilação
silvar sibilação
silvestre agricultura
silvestre despreparo
silvestre mau gosto
silvestre vegetal
silvícola habitante
silvicultor agricultura
silvicultura agricultura
silvo sibilação
sim afirmação
sim boa vontade
simbólico equívoco
simbólico indicação
simbolismo culto
simbolismo indicação
simbolismo ininteligibilidade
simbolista ininteligibilidade
simbolização indicação
simbolizar indicação
simbolizar metáfora
simbolizar representação
simbolizar significação
símbolo indicação
símbolo linguagem
símbolo número
símbolo representação
símbolo rito
simetria beleza
simetria conformidade
simetria igualdade
simetria ordem
simetria periodicidade
simétrico contraposição
simétrico igualdade
simétrico ordem
simétrico simetria
simiesco fealdade
simiesco ridicularia
símil semelhança
similar identidade
similar semelhança
similaridade classe
similaridade igualdade
similaridade representação
similaridade semelhança
símile comparação
símile semelhança
similitude comparação
similitude conformidade
similitude igualdade
similitude semelhança
símio animal
símio imitação
simonia ilegalidade
simpatia amizade
simpatia amor
simpatia aprovação
simpatia benevolência
simpatia boa vontade
simpatia clemência
simpatia concórdia
simpatia condolência
simpatia desejo
simpatia escolha
simpatia influência
simpatia obliquidade
simpatia qualidades
simpatia sentimento
simpático amor
simpático beleza
simpático benevolência
simpático cortesia
simpático deleite
simpatizante amigo
simpatizante assentimento
simpatizante auxiliar
simpatizante benevolência
simpatizar condolência
simples candura
simples clareza
simples concisão
simples credulidade
simples facilidade
simples humildade
simples imbecilidade
simples ingênuo
simples inteligibilidade
simples isolamento
simples modéstia
simples ordem
simples pouquidão
simples simplicidade
simples singeleza
simples tolo
simplicidade candura
simplicidade credulidade
simplicidade despreparo
simplicidade humildade
simplicidade ignorância
simplicidade imbecilidade
simplicidade ingênuo
simplicidade inteligibilidade
simplicidade modéstia
simplicidade ordem
simplicidade singeleza
simplicidade sobriedade
simplificação arranjo
simplificação diminuição
simplificar arranjo
simplificar diminuição
simplificar inteligibilidade
simplificar simplicidade
simplificar singeleza
simplório imbecilidade
simplório ingênuo
simplório tolo
simulação falsidade
simulação imitação
simulação preparação
simulacro aparecimento
simulacro arremedo
simulacro cópia
simulacro falsidade
simulacro imitação
simulacro inexistência
simulacro semelhança
simulador enganador
simular falsidade
simular imitação
simultaneidade concorrência
simultaneidade paralelismo
simultaneidade sincronismo
simultâneo concorrência
simultâneo paralelismo
simultâneo sincronismo
sina compulsoriedade
sina destino
sina indicação
sinagoga intelecto
sinagoga templo
sinais sinais caracterísitcos do homem
sinal despesa
sinal fiança
sinal indicação
sinal linguagem
sinal mancha
sinal manifestação
sinal memória
sinal pouquidão

sinal prodígio
sinal registro
sinaleiro mensageiro
sinalização artes
sinalização indicação
sinalizar indicação
sinalizar trabalho
sinapismo remédio
sinceridade candura
sinceridade manifestação
sinceridade probidade
sinceridade veracidade
sincero candura
sincero carícias
sincero cortesia
sincero probidade
sincero sentimento
sincero veracidade
sincopado encurtamento
síncope concisão
síncope descontinuidade
síncope diminuição
síncope encurtamento
síncope impotência
síncope melodia
sincrético escolha
sincretismo compromisso
sincretismo desacordo
sincretismo escolha
sincretismo heterodoxia
sincretismo média
sincretismo mistura
sincrônico paralelismo
sincrônico sincronismo
sincronismo paralelismo
sincronizar acompanhamento
sincronizar dissertação
sincronizar sincronismo
síncrono sincronismo
sindicância investigação
sindicar curiosidade
sindicar investigação
sindicato conselho[1]
sindicato cooperação
sindicato partido
síndico amo
síndico investigação
síndico juiz
síndrome doença
sine die nunca
sinédoque metáfora
sinédrio clerezia
sinédrio conselho[1]
sineiro secular
sinergia concórdia
sinergia energia
sinestesia linguagem
sineta templo
sinete contrato
sinete indicação
sinete insígnia
sinfonia concórdia
sinfonia melodia
sinfonia música
sinfônica música
sinfônico melodia
singeleza candura
singeleza despreparo
singeleza humildade
singeleza inteligibilidade
singeleza modéstia
singeleza pureza
singeleza simplicidade
singeleza sobriedade
singelo bondade
singelo candura
singelo concisão
singelo despreparo
singelo facilidade
singelo humildade
singelo inteligibilidade
singelo manifestação
singelo modéstia
singelo simplicidade
singelo sobriedade
singradura partida
singrar partida
singular admiração
singular alheamento
singular bondade
singular capricho
singular desconformidade
singular fama
singular isolamento
singular loucura
singular originalidade
singular singularidade
singularidade alheamento
singularidade capricho
singularidade desconformidade
singularidade diversidade
singularidade especialidade
singularidade isolamento
singularidade loucura
singularidade originalidade
singularizar especialidade
singularizar singularidade
sinistro adversidade
sinistro agouro
sinistro ameaça
sinistro dolorimento
sinistro homicídio
sinistro inoportunidade
sinistro mal
sinistro medo
sinistro perigo
sinistro predição
sinistro ruindade
sinistro sinistra
sino indicação
sino templo
sínodo cargos da Igreja
sínodo conselho[1]
sínodo reunião
sinonímia identidade
sinônimo identidade
sinônimo igualdade
sinônimo interpretação
sinônimo significação
sinopse compêndio
sinopse lista
sinóptico compêndio
sinóvia meio líquido
sintático gramática
sintaxe arranjo
sintaxe gramática
sintaxe ordem
síntese combinação
síntese compêndio
síntese demonstração
síntese raciocínio
sintético combinação
sintético compêndio
sintetizar compêndio
sintetizar concisão
sintetizar raciocínio
sintoma advertência
sintoma doença
sintoma indicação
sintoma intrinsecabilidade
sintomatologia interpretação
sintonia atenção
sintonia concórdia
sintonizado atenção
sinuosidade circuito

sinuosidade curvatura
sinuosidade dobra
sinuosidade tergiversação
sinuoso circuição
sinuoso sinuosidade
sinuoso tergiversação
sinusite doença
sirena estridor
sirene alarma
sirene estridor
sirigaita vaidade
Sírio corpos luminosos
siroco calor
sísmico revolução
sísmico violência
sismo revolução
sismógrafo advertência
siso cautela
siso inteligência
sistema conduta
sistema conhecimento
sistema hábito
sistema ordem
sistema organização
sistema passadouro
sistema plano
sistema preceito
sistema uso
sistemático arranjo
sistemático frequência
sistemático obliquidade
sistemático ordem
sistemático organização
sistemático regularidade
sistematizar arranjo
sistematizar plano
sistêmico partes do corpo humano
sístole contração
sístole oscilação
sistólico contração
sisudez cautela
sisudez inexcitabilidade
sisudez inteligência
sisudeza inexcitabilidade
sisudo cautela
site informação
site localização
sitiante ataque
sitiar ataque
sitiar fechamento
sitiar pedido
sítio ataque
sítio fechamento
sítio morada
sítio propriedade
sítio situação
sito localização
sito situação
sito sujidade
situação acaso
situação circunstância
situação eventualidade
situação termo
situado localização
situado situação
situar localização
smartphone instrumento
smoking indumentária
SMS correspondência
só disjunção
só estorvo
só isolamento
só reclusão
soalheira calor
soalheira obliquidade
soalho base
soalho camada
soalho lisura
soante som
soar cronometria
soar notícia
soar ressonância
soar semelhança
soar som
sob baixeza
sob inferioridade
soba tirania
sobejar resto
sobejo redundância
sobejo suficiência
soberania autoridade
soberania divindade
soberania influência
soberania insolência
soberania superioridade
soberano amo
soberano autoridade
soberano beleza
soberano bondade
soberano dinheiro
soberano força
soberano influência
soberano liberdade
soberano superioridade
soberano tirania
soberba afetação
soberba insolência
soberba orgulho
soberbaço fanfarrão
soberbaço insolência
soberbaço orgulho
soberbete insolência
soberbete orgulho
soberbo altura
soberbo beleza
soberbo desprezo
soberbo fama
soberbo insolência
soberbo orgulho
soberbo ornamento
soberbo produtividade
soberbo rio
soberbo vaidade
sobra redundância
sobraçar retenção
sobraçar suporte
sobrado morada
sobrado redundância
sobranceiro altura
sobranceiro convexidade
sobranceiro inexcitabilidade
sobranceiro insolência
sobranceiro orgulho
sobranceiro superioridade
sobranceiro tamanho
sobrancelha curvatura
sobrancelha filamento
sobrancelha visão
sobranceria afetação
sobranceria insolência
sobranceria orgulho
sobrar altura
sobrar redundância
sobrar resto
sobrar suficiência
sobre altura
sobreaviso cautela
sobreaviso cuidado
sobrecapa cobertura
sobrecarga dolorimento
sobrecarga gravidade
sobrecarga redundância
sobrecarregado dívida
sobrecarregado fadiga
sobrecarregado gravidade
sobrecarregar dolorimento
sobrecarregar exagero

sobrecarregar mau uso
sobrecarregar memória
sobrecarregar pioramento
sobrecarregar redundância
sobrecarregar ruindade
sobrecarta cobertura
sobrecarta evidência
sobrecasaca indumentária
sobrecenho filamento
sobrecomum hermafrodismo
sobrecu adjunto
sobre-humano divindade
sobre-humano grandeza
sobre-humano imaterialidade
sobre-humano impossibilidade
sobre-humano perfeição
sobrejacente altura
sobrelevar altura
sobrelevar elevação
sobrelevar inexcitabilidade
sobrelevar sucesso
sobrelevar superioridade
sobreloja morada
sobremaneira grandeza
sobremaneira redundância
sobremesa comida
sobremesa fim
sobremesa sucessor
sobremodo grandeza
sobrenadar altura
sobrenadar leveza
sobrenadar subida
sobrenatural admiração
sobrenatural demônio
sobrenatural desconformidade
sobrenatural divindade
sobrenatural grandeza
sobrenatural imaterialidade
sobrenome nomenclatura
sobrepeliz batina
sobrepeliz cobertura
sobrepeso gravidade
sobrepeso redundância
sobrepor cobertura
sobrepor escolha
sobrepreço preço
sobrepujamento redundância
sobrepujamento transcursão
sobrepujança redundância
sobrepujar altura
sobrepujar cume
sobrepujar exagero
sobrepujar influência
sobrepujar subida
sobrepujar sucesso
sobrepujar superioridade
sobrescritar direção
sobrescritar escrita
sobrescrito direção
sobrescrito indicação
sobressair altura
sobressair convexidade
sobressair fama
sobressair importância
sobressair qualidades
sobressair superioridade
sobressair visibilidade
sobressalente depósito
sobressalente resto
sobressaltado medo
sobressaltar inobservância
sobressaltar medo
sobressaltar surpresa
sobressaltar transcursão
sobressalto dor
sobressalto estorvo
sobressalto medo
sobressalto perigo
sobressalto sentimento
sobressalto surpresa
sobrestimado exageração
sobrestimar exageração
sobretudo aquecimento
sobretudo escolha
sobretudo importância
sobretudo indumentária
sobretudo superioridade
sobrevir eventualidade
sobrevir posterioridade
sobrevir sequência
sobrevir surpresa
sobrevivência diuturnidade
sobrevivência permanência
sobrevivência posterioridade
sobrevivente diuturnidade
sobrevivente escapatória
sobrevivente permanência
sobrevivente posterioridade
sobrevivente resto
sobreviver diuturnidade
sobreviver escapatória
sobreviver permanência
sobreviver posterioridade
sobreviver restauração
sobreviver resto
sobriedade cautela
sobriedade elegância
sobriedade humildade
sobriedade inteligência
sobriedade moderação
sobriedade sanidade
sobriedade simplicidade
sobriedade temperança
sobrinha consanguinidade
sobrinha-bisneta consanguinidade
sobrinha-neta consanguinidade
sobrinha-trineta consanguinidade
sobrinho consanguinidade
sobrinho consanguinidade
sobrinho-bisneto consanguinidade
sobrinho-neto consanguinidade
sobrinho-trineto consanguinidade
sóbrio abstemia
sóbrio bom gosto
sóbrio cautela
sóbrio concisão
sóbrio inexcitabilidade
sóbrio inteligência
sóbrio moderação
sóbrio modéstia
sóbrio sanidade
sóbrio simplicidade
sóbrio sobriedade
sóbrio temperança
sobrolho curvatura
sobrolho visão
socado tamanho
soçaite nobreza
socalco cume
socapa astúcia
socapa fraude
socapa latência
socar contenda
socar inserção
socar pioramento

socavar astúcia
socavar concavidade
socavar fraude
social humanidade
social sociabilidade
socialismo autoridade
socialista autoridade
socialite nobreza
socialização posse
socializar sociabilidade
sociável mistura
sociável sociabilidade
sociedade concorrência
sociedade cooperação
sociedade humanidade
sociedade participação
sociedade partido
sociedade sociabilidade
societário auxiliar
societário participação
sócio acompanhamento
sócio amigo
sócio participação
sociologia filantropia
sociologia humanidade
sociológico humanidade
sociólogo douto
soco ataque
soco base
soco impulso
soco indumentária
soco punição
soco suporte
soçobrar descida
soçobrar destruição
soçobrar falta
soçobrar insucesso
soçobrar mergulho
soçobrar perigo
soçobrar revolução
soçobro adversidade
soçobro desesperança
soçobro perigo
soçobro pioramento
soçobro revolução
socorrer auxílio
socorrer benevolência
socorrer doação
socorrer remédio
socorrer utilidade
socorro auxílio
socorro benevolência
socorro filantropia
socorro remédio
sodalício amizade
sodalício partido
sodalício secular
sodômico impureza
sodomita libertino
soerguer elevação
soerguer melhoramento
soez desvirtude
soez infamação
soez inutilidade
soez mau gosto
soez plebeísmo
soez reprovação
soez ruindade
sofá suporte
sofisma absurdo
sofisma alegação
sofisma desensino
sofisma falsidade
sofisma imbecilidade
sofisma interpretação errônea
sofismar falsidade
sofismar interpretação errônea
sofismar irracionalidade
sofista douto
sofista enganador
sofisticação bom gosto
sofisticação irracionalidade
sofisticação melhoramento
sofisticado bom gosto
sofisticar irracionalidade
sofisticar mau uso
sofrear cautela
sofrear cessação
sofrear diminuição
sofrear moderação
sofrear restrição
sofredor sofrimento
sôfrego atividade
sôfrego desejo
sôfrego excitabilidade
sôfrego excitação
sôfrego gula
sôfrego movimento
sôfrego pressa
sôfrego violência
sofreguidão atividade
sofreguidão desejo
sofreguidão excitabilidade
sofreguidão gula
sofreguidão pressa
sofreguidão presteza
sofreguidão qualidades
sofrer doença
sofrer inexcitabilidade
sofrer influência
sofrer sentimento
sofrer sofrimento
sofrimento descontentamento
sofrimento doença
sofrimento dor
sofrimento sentimento
sofrimento veneno
sofrível bondade
sofrível contentamento
sofrível imperfeição
sofrível insignificância
sofrível meação
sofrível pouquidão
sofrível suficiência
sol amo
sol calor
Sol corpos luminosos
sol douto
sol esfericidade
sol fama
sol luz
Sol universo
sola baixeza
sola base
sola material
sola suporte
solapado desinformação
solapar astúcia
solapar concavidade
solapar desinformação
solapar destruição
solapar fraqueza
solapar fraude
solar morada
solar nobreza
solar universo
solário cronometria
solavanco agitação
solavanco dolorimento
solavanco salto
solda vínculo
soldada despesa
soldada recompensa
soldadesca combatente
soldadesca partido
soldado auxiliar

soldado combatente
soldado defesa
soldadura coesão
soldadura junção
soldagem coesão
soldo receita
soldo recompensa
solecismo deselegância
solecismo erro
solecismo irracionalidade
soledade reclusão
soledade saudade
soleira baixeza
soleira borda
soleira começo
solene afirmação
solene beleza
solene culto
solene importância
solene ostentação
solene publicidade
solene tristeza
solenidade celebração
solenidade culto
solenidade fama
solenidade importância
solenidade ostentação
solenidade rito
solenização celebração
solenizar celebração
solenoide sinuosidade
solerte astúcia
solerte fraude
solerte incredulidade
solerte inteligência
soletração letra
soletração sílaba
soletrar estudo
soletrar ignorância
soletrar interpretação
soletrar letra
soletrar sílaba
solfejar músico
solfejo música
solicitação atração
solicitação comando
solicitação conselho[2]
solicitação motivo
solicitação pedido
solicitador advogado
solicitador consignatário
solicitador peticionário
solicitante atração
solicitante desejo
solicitante pedido
solicitante peticionário
solicitar advogado
solicitar atenção
solicitar atração
solicitar comando
solicitar desejo
solicitar pedido
solicitar permissão
solícito atividade
solícito benevolência
solícito boa vontade
solícito carícias
solícito cortesia
solícito cuidado
solícito medo
solícito movimento
solícito utilidade
solidão desinformação
solidão espaço
solidão reclusão
solidão repouso
solidariedade assentimento
solidariedade completamento
solidariedade cooperação
solidariedade deleite
solidariedade humanidade
solidariedade participação
solidário assentimento
solidário auxílio
solidário cooperação
solidário participação
solidário partido
solidéu batina
solidéu indumentária
solidez certeza
solidez completamento
solidez densidade
solidez estabilidade
solidez força
solidez inteligência
solidez resolução
solidez tenacidade
solidificação densidade
solidificação resfriamento
solidificação rigidez
solidificar densidade
solidificar força
solidificar junção
sólido certeza
sólido completamento
sólido densidade
sólido diuturnidade
sólido estabilidade
sólido força
sólido junção
sólido perseverança
sólido raciocínio
sólido substancialidade
sólido tenacidade
solilóquio alocução
solilóquio discurso
solilóquio monólogo
sólio insígnia
sólio suporte
solípede animal
solista melodia
solista músico
solitária isolamento
solitária prisão
solitário ausência
solitário circunferência
solitário descontinuidade
solitário disjunção
solitário isolamento
solitário ornamento
solitário reclusão
solitário reclusão
solo artes
solo base
solo divertimento
solo música
solo terra
solstício universo
soltar discurso
soltar disjunção
soltar incoesão
soltar libertação
soltar partida
soltar permissão
soltar propulsão
soltar a voz voz
soltar os cachorros violência
solteirão ancião
solteirão celibato
solteiro celibato
solteiro disjunção
solteiro isolamento
solteiro singularidade
solto disjunção
solto impureza
solto incoesão

solto isenção
solto liberdade
solto libertação
solto não relação
solto prosa
soltura descoberta
soltura desembaraçamento
soltura doença
soltura excreção
soltura impureza
soltura insolência
soltura interpretação
soltura liberdade
soltura libertação
soltura resposta
solução descoberta
solução efeito
solução interpretação
solução liquefação
solução pagamento
solução resposta
solução sucessor
soluçar lamentação
soluçar vento
soluçar voz
solucionar descoberta
solucionar interpretação
solucionar resposta
soluço saudade
soluço vento
soluto disjunção
soluto fluidez
soluto incoesão
soluto isenção
soluto liberdade
solúvel conversão
solúvel fluidez
solúvel liquefação
solvável pagamento
solvência pagamento
solvência riqueza
solvente pagamento
solver descoberta
solver interpretação
solver liquefação
solver pagamento
solver resposta
som artes
som melodia
som passadouro
som som de coisas
som voz
soma adição
soma conhecimento
soma dinheiro
soma número
soma quantidade
soma suficiência
soma tirania
soma todo
somar adição
somar compêndio
somar encurtamento
somar igualdade
somar junção
somar numeração
somar reunião
somático matéria
somático substancialidade
somatório adição
somatório dinheiro
somatório numeração
somatório número
somatório todo
sombra acompanhamento
sombra cadáver
sombra cópia
sombra demônio
sombra esperança
sombra estreiteza
sombra ignorância
sombra imaginação
sombra imperfeição
sombra insubstancialidade
sombra medo
sombra meia-luz
sombra morte
sombra obscuridade
sombra pintura
sombra pouquidão
sombra produtividade
sombra segredo
sombra segurança
sombra sucessão
sombra sucessor
sombra umidade
sombra vegetal
sombra visão imperfeita
sombras desvirtude
sombreado meia-luz
sombreado pintura
sombrear cobertura
sombrear imperfeição
sombrear obscuridade
sombrear pintura
sombrear sombra
sombrear tristeza
sombreiro cobertura
sombreiro indumentária
sombreiro sombra
sombrinha cobertura
sombrinha sombra
sombrio adversidade
sombrio bolha
sombrio hipocondria
sombrio ininteligibilidade
sombrio lamentação
sombrio meia-luz
sombrio obscuridade
sombrio opacidade
sombrio pardo
sombrio ruindade
sombrio sombra
sombrio tirania
sombrio tristeza
sombroso sombra
somenos desigualdade
somenos imperfeição
somenos inferioridade
somenos insignificância
somente isolamento
somítico sovinaria
sonambulismo locomoção
sonâmbulo absurdo
sonâmbulo imaginação
sonâmbulo irracionalidade
sonâmbulo locomoção
sonâmbulo obscuridade
sonâmbulo viajante
sonância melodia
sonante barulho
sonante melodia
sonante som
sonata música
sonda investigação
sonda perfurador
sonda profundidade
sondagem curiosidade
sondagem ensaio
sondagem investigação
sondagem profundidade
sondar atenção
sondar conhecimento
sondar curiosidade
sondar ensaio
sondar experiência
sondar investigação
sondar medida
sondar profundidade

soneca inatividade
sonegação desinformação
sonegação insolvência
sonegar desinformação
sonegar furto
sonegar insolvência
sonegar supressão
sonegar transgressão
soneira desinteresse
soneira inatividade
sonetista poesia
soneto poesia
sonhador desatenção
sonhador imaginação
sonhar desatenção
sonhar esperança
sonhar imaginação
sonhar pensamento
sonhar plano
sonho desejo
sonho erro
sonho imaginação
sonho impossibilidade
sonho inatividade
sonho insignificância
sonho insubstancialidade
sonho transitoriedade
sônico som
sonífero chateza
sonífero enfado
sonífero inatividade
sonífero insensibilidade
sono desinteresse
sono inatividade
sono repouso
sonolência desinteresse
sonolência inatividade
sonolência vagareza
sonolento chateza
sonolento desatenção
sonolento inatividade
sonolento inércia
sonolento repetição
sonolento vagareza
sonoplastia artes
sonoridade melodia
sonoridade som
sonoro floreio
sonoro melodia
sonoro som
sonoroso barulho
sonoroso grandeza
sonoroso melodia
sonoroso som
sonsice astúcia
sonso astúcia
sonso fraude
sopa comida
sopa meio líquido
sopapo punição
sopé base
sopeira servo
sopesar economia
sopesar gravidade
sopesar pensamento
sopesar suporte
sopitado inatividade
sopitado latência
sopitar alívio
sopitar desinformação
sopitar inatividade
sopitar inexcitabilidade
sopitar latência
soporífero enfado
soporífero inatividade
soporífero remédio
soporífico enfado
soporífico inatividade
soprano música
soprar ar
soprar conselho²
soprar corrente
soprar discurso
soprar excitação
soprar existência
soprar expulsão
soprar informação
soprar propulsão
soprar vento
sopro ar
sopro egressão
sopro influência
sopro instantaneidade
sopro motivo
sopro vento
sopro vida
sordidez desonestidade
sordidez desvirtude
sordidez egoísmo
sordidez infamação
sordidez servilismo
sordidez sovinaria
sordidez sujidade
sórdido desvirtude
sórdido egoísmo
sórdido fealdade
sórdido impureza
sórdido infamação
sórdido insuficiência
sórdido ruindade
sórdido sovinaria
sórdido sujidade
soro água
soro fluidez
soro liquefação
soro remédio
sóror clerezia
sóror título
sorrateiramente desinformação
sorrateiro astúcia
sorrateiro desinformação
sorrelfa astúcia
sorrelfa fraude
sorrelfa latência
sorrelfa sovinaria
sorridente alegria
sorridente beleza
sorridente contentamento
sorridente esperança
sorridente inexcitabilidade
sorridente prosperidade
sorridente regozijo
sorridente segurança
sorrir alegria
sorrir carícias
sorrir existência
sorrir fruição
sorrir regozijo
sorriso fruição
sorriso regozijo
sorte adversidade
sorte casualidade
sorte classe
sorte compulsoriedade
sorte destino
sorte reunião
sorteado combatente
sorteado variedade
sortear acaso
sortear arranjo
sorteio casualidade
sorteio depósito
sortido variedade
sortilégio bruxaria
sortilégio casualidade
sortimento depósito
sortimento mercadoria
sortimento mistura

sortimento provisão
sortimento reunião
sortimento suficiência
sortimento variedade
sortimento variegação
sortir mistura
sortir provisão
sortir variedade
sorumbático taciturnidade
sorvedouro abertura
sorvedouro agitação
sorvedouro desaparecimento
sorvedouro intervalo
sorvedouro recife
sorvedouro rio
sorvedouro rotação
sorvedura recepção
sorvete refrigerador
sorvete resfriamento
sorvo comida
sorvo pouquidão
sorvo recepção
sósia semelhança
soslaio obliquidade
sossegado imobilidade
sossegado moderação
sossegado paz
sossegado segurança
sossegado silêncio
sossegar alívio
sossegar imobilidade
sossegar inatividade
sossegar inexcitabilidade
sossegar moderação
sossegar pacificação
sossegar repouso
sossego desinteresse
sossego imobilidade
sossego inexcitabilidade
sossego moderação
sossego paz
sossego repouso
sossego silêncio
sossego vagareza
sotaina batina
sotaina clerezia
sotaina indicação
sotaina título
sótão cume
sótão morada
sotaque gagueira
sotaque ridicularização
sotaque voz
soterrar cobertura
soterrar enterro
soturnidade hipocondria
soturno calor
soturno medo
soturno meia-luz
soturno obscuridade
soturno silêncio
soturno tristeza
sova punição
sovado repetição
sovar ataque
sovar contenda
sovar flexibilidade
sovar impulso
sovar mistura
sovar punição
sovar reprovação
sovela perfurador
sovina perfurador
sovina sovinaria
sovinice sovinaria
sozinho estorvo
sozinho isolamento
sozinho reclusão
spa salubridade
spot corpos luminosos
statu quo passado
statu quo permanência
status circunstância
status situação
status termo
stricto sensu significação
striptease despimento
suadouro calor
suadouro fornalha
suar atividade
suar calor
suar egressão
suar esforço
suar expulsão
suarento atividade
suasório crença
suasório motivo
suave amor
suave beleza
suave benevolência
suave bondade
suave deleite
suave elegância
suave facilidade
suave frescura
suave fruição
suave lubrificação
suave melodia
suave moderação
suave sussurro
suave tolerância
suavidade bom gosto
suavidade deleite
suavidade elegância
suavidade flexibilidade
suavidade fruição
suavidade humildade
suavidade lubrificação
suavidade melodia
suavidade moderação
suavidade tolerância
suavizante deleite
suavizar alívio
suavizar atenuação
suavizar deleite
suavizar leveza
suavizar moderação
subalimentado estreiteza
subalimentado jejum
subalterno combatente
subalterno inferioridade
subalterno servilismo
subalterno servo
subalterno sujeição
subaquático golfo
subaquático latência
subaquático mergulho
subaquático profundidade
subarbusto vegetal
subarrendamento transmissão
subarrendar fiança
subchefe substituição
subcomissário substituição
subcutâneo interioridade
subcutâneo latência
subcutâneo partes do corpo humano
subdelegação comissão
subdelegar comissão
subdiretor substituição
subdividir bissecção
subdividir parte
subdivisão bissecção
subdivisão disjunção
subdivisão parte
subdominante melodia
subentender interpretação

subentender suposição
subestimar depreciação
subida aumento
subida autoridade
subida dinheiro
subida elevação
subida fama
subida melhoramento
subida movimento
subida obliquidade
subido altruísta
subido carestia
subido elegância
subido fama
subido grandeza
subir aumento
subir carestia
subir drama
subir melhoramento
subir subida
subitâneo ímpeto
súbito instantaneidade
súbito surpresa
subjacente baixeza
subjetivar imaterialidade
subjetividade intrinsecabilidade
subjetivismo egoísmo
subjetivismo imaterialidade
subjetivo imaterialidade
subjetivo inexistência
subjetivo insubstancialidade
subjetivo intelecto
subjetivo intrinsecabilidade
subjugação excitação
subjugação submissão
subjugação sujeição
subjugado prazer
subjugado submissão
subjugar deleite
subjugar guerra
subjugar influência
subjugar moderação
subjugar motivo
subjugar restrição
subjugar sucesso
subjugar sujeição
subjuntivo adição
sublevação desobediência
sublevar desobediência
sublevar elevação
sublevar excitação
sublimação elevação
sublimação exageração
sublimação limpeza
sublimação vaporização
sublimado altura
sublimado elegância
sublimado fama
sublimado vaporização
sublimar altura
sublimar aprovação
sublimar densidade
sublimar elegância
sublimar elevação
sublimar exageração
sublimar fama
sublimar limpeza
sublimar perfeição
sublimar vaporização
sublime admiração
sublime altruísmo
sublime altura
sublime beleza
sublime bondade
sublime elegância
sublime elevação
sublime fama
sublime importância
sublime perfeição
sublime vigor
sublimidade altruísmo
sublimidade altura
sublimidade beleza
sublimidade bondade
sublimidade elegância
sublimidade elevação
sublimidade fama
sublimidade ostentação
sublimidade prodígio
sublimidade vigor
sublinhar atenção
sublinhar escrita
sublinhar importância
sublinhar voz
sublocação transmissão
sublocar fiança
sublocar transmissão
sublocatário possuidor
sublunar universo
submarino ataque
submarino combatente
submarino guerra
submarino mergulho
submarino nave
submarino oceano
submarino potencial de guerra
submarino profundidade
submergir água
submergir descida
submergir desinformação
submergir destruição
submergir inserção
submergir mergulho
submergir profundidade
submergir redundância
submergir revolução
submersão desinformação
submersão inserção
submersível mergulho
submerso água
submerso desinformação
submerso mergulho
submerso profundidade
submeter investigação
submeter moderação
submeter sucesso
submeter sujeição
submeter-se submissão
submissão boa vontade
submissão humildade
submissão inexcitabilidade
submissão inferioridade
submissão obediência
submissão servilismo
submissão sujeição
submisso boa vontade
submisso humildade
submisso inexcitabilidade
submisso obediência
submisso respeito
submisso servilismo
submisso sujeição
submúltiplo número
subordinação desigualdade
subordinação inferioridade
subordinação instrumentalidade
subordinação obediência
subordinação ordem
subordinação relação
subordinação sequência
subordinação submissão
subordinação sujeição
subordinado combatente
subordinado inferioridade
subordinado instrumentalidade

subordinado relação
subordinado servo
subordinado submissão
subordinado sujeição
subordinado utilidade
subordinante relação
subordinar desigualdade
subordinativo relação
suborno compensação
suborno compra
suborno doação
suborno motivo
suborno obliquidade
sub-repticiamente desinformação
sub-reptício aquisição
sub-reptício desinformação
sub-reptício furto
sub-reptício mentira
sub-rogar comissão
sub-rogar empréstimo
sub-rogar substituição
sub-rogar transmissão
subscrever aprovação
subscrever assentimento
subscrever auxílio
subscrever contrato
subscrever doação
subscrever escrita
subscrição doação
subscrição pedido
subscritor doação
subsequente sucessão
subserviência instrumentalidade
subserviência obliquidade
subserviência servilismo
subserviência tendência
subserviente instrumentalidade
subserviente obediência
subsidiado servo
subsidiar auxílio
subsidiar despesa
subsidiar doação
subsidiar pagamento
subsidiar servo
subsidiário auxílio
subsidiário tendência
subsídio auxílio
subsídio despesa
subsídio doação
subsídio receita
subsídio recompensa
subsistência comida
subsistência estabilidade
subsistência existência
subsistência permanência
subsistente resto
subsistir estabilidade
subsistir existência
subsistir permanência
subsistir resto
subsolo interioridade
subsolo terra
substabelecer substituição
substabelecimento comissão
substância compêndio
substância componente
substância concisão
substância importância
substância interioridade
substância intrinsecabilidade
substância matéria
substância odor
substância significação
substância textura
substancial comida
substancial densidade
substancial existência
substancial matéria
substancial significação
substancial substancialidade
substancialidade matéria
substancioso comida
substancioso evidência
substancioso informação
substantivar apelido
substantivar gramática
substantivo existência
substantivo nomenclatura
substantivo sílaba
substantivo substancialidade
substituição transamissão
substituir comissão
substituir compensação
substituir sequência
substituir substituição
substituir sucessor
substituir transmissão
substituir troca
substituível substituição
substituto deputado
substituto substituição
substituto sucedâneo
substituto sucessor
substrato interioridade
subterfúgio alegação
subterfúgio escapatória
subterfúgio falsidade
subterfúgio inobservância
subterfúgio mentira
subterfúgio obliquidade
subterrâneo concavidade
subterrâneo desinformação
subterrâneo esconderijo
subterrâneo latência
subterrâneo morada
subterrâneo profundidade
subtítulo livro
subtração apropriação
subtração diminuição
subtração furto
subtração numeração
subtração perda
subtraendo número
subtraendo subtração
subtraído subtração
subtrair apropriação
subtrair diminuição
subtrair furto
subtrair numeração
subtrair prodigalidade
subtrair subtração
suburbano circunjacência
suburbano morada
subúrbio circunjacência
subúrbio morada
subúrbio proximidade
subvenção auxílio
subvenção doação
subvenção provisão
subvencionar auxílio
subversão depressão
subversão desarranjo
subversão desobediência
subversão destruição
subversão inversão
subversão revolução
subversivo desobediência
subversivo destruição
subversivo inversão
subversivo medo
subversivo revolução
subversivo ruindade

subversor inversão
subverter depressão
subverter desarranjo
subverter desobediência
subverter destruição
subverter interpretação errônea
subverter inversão
subverter refutação
subverter revolução
sucção poder
sucedâneo substituição
sucedâneo sucessor
suceder eventualidade
suceder posteridade
suceder sequência
suceder sucessor
sucedido eventualidade
sucessão continuidade
sucessão doação
sucessão frequência
sucessão pensamento
sucessão posteridade
sucessão posterioridade
sucessão repetição
sucessão transmissão
sucessivo continuidade
sucessivo sequência
sucesso acabamento
sucesso bem
sucesso casualidade
sucesso deleite
sucesso empreendimento
sucesso eventualidade
sucesso prosperidade
sucesso sequência
sucessor posterioridade
sucessor substituição
sucessor sucessão
sucessório sucessor
súcia partido
sucinto compêndio
sucinto concisão
sucinto encurtamento
suco bondade
suco comida
suco fluidez
suco intrinsecabilidade
suco perfeição
suculento bondade
suculento comida
suculento fluidez
suculento meio líquido
suculento pasta
suculento sabor
suculento suficiência
suculento umidade
sucumbir descida
sucumbir desesperança
sucumbir fadiga
sucumbir impotência
sucumbir inobservância
sucumbir insucesso
sucumbir morte
sucumbir submissão
sucumbir tristeza
sucuri malfeitor
sucuri visão
sucursal adjunto
sucursal parte
sudário descrição
sudário enterro
sudário informação
sudário rito
sudário templo
súdito rio
súdito servo
sudorífero aquecimento
sudorífero calor
sudorífero egressão
sudorífero fornalha
sudorífico aquecimento
sudorífico egressão
suéter aquecimento
suéter indumentária
sueto ócio
sueto repouso
suficiência completamento
suficiência habilidade
suficiente habilidade
suficiente suficiência
sufixo adjunto
sufixo sílaba
sufixo sucessor
suflê comida
sufocação homicídio
sufocado silêncio
sufocado sussurro
sufocante calor
sufocante fedor
sufocar afonia
sufocar cessação
sufocar destruição
sufocar estorvo
sufocar fechamento
sufocar impotência
sufocar inexcitabilidade
sufocar moderação
sufocar redundância
sufocar resistência
sufocar restrição
sufocar tirania
sufoco dívida
sufoco pobreza
sufragar aprovação
sufragar enterro
sufrágio escolha
sugadouro apropriação
sugar apropriação
sugar aquisição
sugar comida
sugerir conselho²
sugerir imaginação
sugerir informação
sugerir investigação
sugerir memória
sugerir motivo
sugerir suposição
sugestão informação
sugestão motivo
sugestão plano
sugestão suposição
sugestionar bruxaria
sugestionar motivo
sugestionar suposição
sugestivo descrição
sugestivo importância
sugestivo memória
sugestivo significação
sugestivo suposição
suicídio homicídio
suíno animal
suinocultura domesticação
suíte música
sujar difamação
sujar infamação
sujar mancha
sujar pioramento
sujar sujidade
sujeição inexcitabilidade
sujeição inferioridade
sujeição insucesso
sujeição obediência
sujeição risco
sujeição submissão
sujeição trabalho
sujeitar restrição
sujeitar sucesso
sujeitar sujeição

sujeitar-se risco
sujeito dever
sujeito humanidade
sujeito imaterialidade
sujeito macho
sujeito obediência
sujeito plebeísmo
sujeito risco
sujeito servo
sujeito submissão
sujeito sujeição
sujeito tópico
sujidade negligência
sujidade opacidade
sujo despreparo
sujo desprezo
sujo impureza
sujo infamação
sujo mau gosto
sujo negligência
sujo opacidade
sujo sujidade
sul direção
sul lateralidade
sulcar navegação
sulcar sulco
sulco concavidade
sulco dobra
sulco intervalo
sulco vau
sulfuroso combustível
sultana amo
sultana servo
sultanato região
sultão libertino
sultão tirania
suma compêndio
suma descrição
sumarento fluidez
sumarento umidade
sumariar compêndio
sumário compêndio
sumário concisão
sumário descrição
sumário ilegalidade
sumário lista
sumário livro
sumário memória
sumário transitoriedade
sumiço desaparecimento
sumiço furto
sumiço inexistência
sumiço perda
sumidade cume
sumidade douto
sumidade fama
sumido ausência
sumido desinformação
sumido distância
sumido estreiteza
sumido invisibilidade
sumido sussurro
sumidouro conduto
sumidouro desaparecimento
sumidouro prodigalidade
sumidouro receptáculo
sumidouro recife
sumir desinformação
sumir destruição
sumir inexistência
sumo altura
sumo cume
sumo fluidez
sumo superioridade
súmula compêndio
súmula descrição
sunga indumentária
sunita heterodoxia
suntuário carestia
suntuário dinheiro
suntuário ostentação
suntuosidade beleza
suntuosidade ostentação
suntuoso beleza
suntuoso carestia
suntuoso cor
suntuoso despesa
suntuoso ornamento
suntuoso ostentação
suntuoso riqueza
suor egressão
superabundância redundância
superabundância riqueza
superabundar redundância
superação superioridade
superado velharia
superar destruição
superar sucesso
superar superioridade
superar transcursão
superável esperança
superável insignificância
superável possibilidade
superavit crédito
supercílio curvatura
supercílio visão
superfaturamento preço
superfaturamento prodigalidade
superfaturar preço
superfaturar prodigalidade
superficial deficiência
superficial exterioridade
superficial extrinsecabilidade
superficial ignorância
superficial insignificância
superficial negligência
superficial vau
superfície aparecimento
superfície espaço
superfície exterioridade
supérfluo inutilidade
supérfluo resto
super-homem fama
Super-Homem força
super-homem sábio
superintendência conduta
superintendência gestão
superintendente diretor
superintender gestão
superior amo
superior bondade
superior compulsoriedade
superior cume
superior desigualdade
superior diretor
superior fama
superior importância
superior superioridade
superiora diretor
superioridade bondade
superioridade desigualdade
superioridade importância
superioridade influência
superioridade precedência
superioridade sucesso
superlativo superioridade
superlotado completamento
superpor adição
superpor cobertura
superpor contiguidade
superposição adição
superposição cobertura
supersensível imaterialidade

superstição bruxaria
superstição credulidade
supersticioso credulidade
supersticioso heterodoxia
supersticioso observância
supérstite diuturnidade
supérstite permanência
supérstite posterioridade
superveniência posterioridade
superveniente posterioridade
supervisão gestão
supetão impulso
supimpa sabor
supino altura
supino erro
supino fama
supino horizontalidade
supino superioridade
suplantação substituição
suplantação superioridade
suplantar humildade
suplantar substituição
suplantar sucesso
suplantar superioridade
suplantar tirania
suplementar adição
suplementar adjunto
suplementar completamento
suplementar número
suplementar redundância
suplemento adição
suplemento adjunto
suplemento completamento
suplente deputado
suplente substituição
supletivo completamento
súplica culto
súplica motivo
súplica pedido
suplicante demanda
suplicante desejo
suplicante pedido
suplicante peticionário
suplicar pedido
súplice pedido
supliciado azorrague
supliciar dolorimento
supliciar punição
suplício dolorimento
suplício dor
suplício mal
suplício punição
suplício sofrimento
supor imaginação
supor incerteza
supor suposição
suportar agência
suportar clemência
suportar força
suportar inexcitabilidade
suportar permissão
suportar preservação
suportar renitência
suportar sentimento
suportar sofrimento
suportar suporte
suportar tolerância
suportável obediência
suporte auxílio
suporte influência
suporte instrumento
suporte justificação
suporte preservação
suporte refúgio
suposição incerteza
suposto atribuição
suposto falsidade
suposto fraude
suposto inexistência
suposto suposição
supracitado prioridade
suprassumo perfeição
suprassumo superioridade
supremacia autoridade
supremacia gestão
supremacia influência
supremacia motivo
supremacia poder
supremacia sucesso
supremacia superioridade
supremo autoridade
supremo bondade
supremo cume
supremo divindade
supremo fama
supremo importância
supremo superioridade
supressão deficiência
supressão desinformação
supressão destruição
supressão dispensa
supressão omissão
supressão revogação
supressão subtração
suprido provisão
suprimento adição
suprimento adjunto
suprimento empréstimo
suprimento provisão
suprimido supressão
suprimir compensação
suprimir deficiência
suprimir destruição
suprimir desuso
suprimir dispensa
suprimir encurtamento
suprimir impotência
suprimir inexistência
suprimir negligência
suprimir omissão
suprimir revogação
suprimir subtração
suprimir supressão
suprimir tirania
suprir adição
suprir auxílio
suprir cautela
suprir completamento
suprir provisão
supuração excreção
supuração sujidade
supurar excreção
surdina não ressonância
surdir efeito
surdir egressão
surdir navegação
surdir progressão
surdir visibilidade
surdo desatenção
surdo desinformação
surdo desinteresse
surdo letra
surdo não ressonância
surdo surdez
surdo sussurro
surdo-mudo afonia
surdo-mudo surdez
surfe divertimento
surgimento aparecimento
surgir aparecimento
surgir chegada
surgir começo
surgir egressão
surgir estorvo
surgir eventualidade

surgir manhã
surgir visibilidade
surpreendente admiração
surpreendente deleite
surpreendente grandeza
surpreendente surpresa
surpreender admiração
surpreender astúcia
surpreender deleite
surpreender surpresa
surpresa admiração
surpresa casualidade
surpresa ceticismo
surpreso admiração
surpreso ceticismo
surpreso desatenção
surpreso incerteza
surra punição
surrado pioramento
surrado uso
surrado velharia
surrão receptáculo
surrão sujidade
surrar preparação
surrar punição
surriada ataque
surriada bolha
surriada desrespeito
surrupiar furto
surrupiar prodigalidade
sursis desembaraçamento
sursis escapatória
sursis libertação
surtida ataque
surto aparecimento
surto manifestação
surto navegação
surto progressão
surucucu malfeitor
suscetibilidade irascibilidade
suscetibilidade motivo
suscetibilidade poder
suscetibilidade qualidades
suscetibilidade risco
suscetibilidade tendência
suscetível interesse
suscetível irascibilidade
suscitar causa
suscitar excitação
suscitar influência
suscitar investigação
suscitar motivo
suscitar produção
suscitar suposição
suscitar uma questão descrença
suserania autoridade
suserano amo
suserano autoridade
suspeição descrença
suspeição obliquidade
suspeita ciúme
suspeita conhecimento
suspeita descrença
suspeita incerteza
suspeita incredulidade
suspeita medo
suspeita previdência
suspeita suposição
suspeitar ciúme
suspeitar crença
suspeitar descrença
suspeitar incerteza
suspeitar suposição
suspeito acusação
suspeito incerteza
suspeito injustiça
suspeito insalubridade
suspeito medo
suspeitoso descrença
suspeitoso incredulidade
suspeitoso medo
suspeitoso ruindade
suspeitoso taciturnidade
suspender cessação
suspender descontinuidade
suspender elevação
suspender punição
suspensão cessação
suspensão desamparo
suspensão descontinuidade
suspensão expectativa
suspensão imobilidade
suspensão incerteza
suspensão insolvência
suspensão melodia
suspensão pendura
suspensão proibição
suspensão punição
suspense artes
suspensivo cessação
suspenso abstenção
suspenso altura
suspenso desatenção
suspenso imobilidade
suspenso incerteza
suspenso irresolução
suspenso pendura
suspensório suporte
suspicácia ciúme
suspicácia descrença
suspicácia incredulidade
suspicácia irresolução
suspicácia má vontade
suspicaz ciúme
suspicaz descrença
suspicaz injustiça
suspicaz irresolução
suspicaz má vontade
suspirar lamentação
suspirar sussurro
suspirar vento
suspiro lamentação
suspiro sussurro
suspiroso desejo
suspiroso saudade
sussurrante sussurro
sussurrar segredo
sussurrar sussurro
sussurrar voz
sussurro gagueira
sussurro notícia
sussurro voz
sustança comida
sustar cessação
sustar demora
sustar estorvo
sustar proibição
sustativo cessação
sustenido melodia
sustentação auxílio
sustentação comida
sustentação preservação
sustentáculo auxílio
sustentáculo suporte
sustentar afirmação
sustentar agência
sustentar aprovação
sustentar assentimento
sustentar auxílio
sustentar certeza
sustentar comida
sustentar continuação
sustentar despesa
sustentar direito
sustentar divindade

sustentar evidência
sustentar inexcitabilidade
sustentar justificação
sustentar preservação
sustentar suporte
sustento auxílio
sustento comida
sustento despesa
sustento provisão
suster inexcitabilidade
suster renitência
suster restrição
suster suporte
susto casualidade
susto medo
susto surpresa
sutache ornamento
sutiã indumentária
sutil astúcia
sutil habilidade
sutil imaterialidade
sutil inteligência
sutil irracionalidade
sutil leveza
sutil pouquidão
sutil realidade
sutil sensibilidade
sutil silêncio
sutil textura
sutileza astúcia
sutileza espírito
sutileza habilidade
sutileza inteligência
sutileza leveza
sutileza obliquidade
sutileza realidade
sutilizar irracionalidade
sutilizar realidade
sutura junção
suturar junção
swing música

T

taba morada
tabacaria mercado
tabagismo mau uso
tabagismo picante
tabaréu habitante
tabaréu remendão
tabefe punição
tabela classe
tabela lista
tabelar lista
tabelião advogado
tabelião registrador
taberneiro sujidade
tabique cerca
tablado arena
tablado drama
tablado escola
tablado visão
tablet instrumento
tablete remédio
taboca vegetal
tabu proibição
tábua camada
tábua lista
tábua opacidade
tabuado cerca
tabulado base
tabuleiro lisura
tabuleiro planície
tabuleiro receptáculo
tabuleiro suporte
tabuleta indicação
taça embriaguez
taça receptáculo
tacanho imbecilidade
tacanho insignificância
tacanho sovinaria
tacha desvirtude
tacha imperfeição
tacha mancha
tacha receptáculo
tacha vínculo
tachar apelido
tachar reprovação
tacho receptáculo
tácito latência
tácito sem significação
taciturno afonia
taciturno hipocondria
taciturno reclusão
taciturno taciturnidade
taco grandeza
taco parte
tafular janota
tagarela loquacidade
tagarela notícia
tagarelar exposição
tagarelar imbecilidade
tagarelar loquacidade
tagarelar palestra
tagarelar prolação
tagarelar sem significação
tagarelice discurso
tagarelice loquacidade
tagarelice notícia
tagarelice palestra
tagarelice sem significação
taipa cerca
tal especialidade
tal e qual igualdade
tal qual identidade
talabarte suporte
talante vontade
talão pagamento
talar destruição
talar furto
talar sulco
talássico oceano
talco falsidade
talco mau gosto
talento conhecimento
talento estudo
talento habilidade
talento intelecto
talento inteligência
talha receptáculo
talhada parte
talhadeira gravura
talhado acordo
talhado conveniência
talhador agudeza
talhador comida
talhar densidade
talhar escrita
talhar forma
talhar intervalo
talhar parte
talhar partilha
talhar predeterminação
talhar preparação
talhe aparecimento
talhe forma
talhe indicação
talher comida
talho encaixe
talho suporte
talismã encantamento
talismânico bruxaria
Talmude revelação
talmúdico irracionalidade
talmúdico revelação
talo suporte
talude defesa
talude obliquidade

taludo adolescência
taludo força
talvegue limite
talvez incerteza
talvez possibilidade
tamanco indumentária
tamanduá dificuldade
tamanho classe
tamanho comprimento
tamanho grandeza
tamanho quantidade
também adição
tambor esfericidade
tambor músico
tamborete suporte
tamborilar músico
tamborilar prolação
tampa tapador
tampado fechamento
tampão estorvo
tampão interjacência
tampão tapador
tandem comprimento
tandem veículo
tanga despimento
tanga indumentária
tangência contiguidade
tangenciar contiguidade
tangenciar navegação
tangenciar vau
tangente contiguidade
tangente direitura
tangente escapatória
tangente meios
tanger cronometria
tanger músico
tanger poesia
tanger prolação
tanger sucessão
tangibilidade matéria
tangível manifestação
tangível matéria
tangível substancialidade
tangível suficiência
tangível tato
tangível utilidade
tangível visibilidade
tango artes
tango música
tanino azedume
tanoaria oficina
tanoeiro agente
tanque ataque
tanque depósito
tanque golfo
tanque guerra
tanque potencial de guerra
tanque receptáculo
tantalização motivo
tanto grandeza
tapa punição
tapa tapador
tapado densidade
tapado ignorância
tapado imbecilidade
tapado tolo
tapagem esconderijo
tapagem estorvo
tapamento estorvo
tapamento fechamento
tapa-olhos punição
tapar cobertura
tapar desinformação
tapar tapador
tapear falsidade
tapeçaria cobertura
tapeçaria pintura
tapeçaria vegetal
tapera pioramento
tapera velharia
tapete base
tapete cobertura
tapete flexibilidade
tapete horizontalidade
tapir tamanho
tapuio habitante
tapume cerca
tapume esconderijo
taquara vegetal
taquigrafia escrita
taquigráfico escrita
taquígrafo registrador
tara desconto
tara diminuição
tara gravidade
tara imperfeição
tara intrinsecabilidade
tara veneno
tarado imperfeição
tarado loucura
taramela fechamento
taramela loquacidade
taramela tapador
taramela vínculo
tarantela divertimento
tarantela música
tarântula malfeitor
tarar desconto
tardança demora
tardar demora
tarde inoportunidade
tardio demora
tardio inoportunidade
tardio negligência
tardio vagareza
tardo demora
tardo inatividade
tardo ócio
tardo vagareza
tareco insignificância
tareco movimento
tareco tolo
tarefa comissão
tarefa dever
tarefa ensino
tarefa esforço
tarefa trabalho
tarefeiro agente
tarifa despesa
tarifa preço
tarifário preço
tarimba suporte
tarimbado proficiente
tarja borda
tarja lamentação
tarjar circunscrição
tarjar indicação
tarjar lamentação
tarrafa fraude
tarrafar perseguição
tarraxa vínculo
tarro receptáculo
tarso retaguarda
tartamudear gagueira
tartamudez gagueira
tartamudo gagueira
tartáreo inferno
tartárico inferno
tártaro gagueira
tartaruga ancião
tartaruga fealdade
tartaruga vagareza
tartufo carola
tartufo enganador
tartufo falsidade
tasca embriaguez
tasca mercado
tasca morada
tassalho parte

tatear ensaio
tatear experiência
tatear inabilidade
tatear incerteza
tatear investigação
tatear tato
tatibitate gagueira
tatibitate irresolução
tático combatente
tático guerra
tático plano
tático proficiente
tátil matéria
tátil tato
tatilidade tato
tato astúcia
tato bom gosto
tato discriminação
tato habilidade
tato inexcitabilidade
tato inteligência
tato sociabilidade
tatu divertimento
tatuagem variegação
tatuar variegação
tau batina
tau fim
taumaturgia bruxaria
taumaturgia divindade
taumaturgo bruxaria
taumaturgo divindade
taumaturgo feiticeiro
taumaturgo maria
tautologia prolixidade
tautologia redundância
tautologia repetição
tautológico redundância
tauxiar vermelhidão
taverna mercado
taverna morada
taverneiro mercador
taxa desconto
taxa despesa
taxa preço
taxar acusação
taxar comando
taxar desconto
taxar medida
taxativo afirmação
taxativo autoridade
taxativo certeza
taxativo comando
taxativo dever
taxativo obrigatoriedade
táxi veículo
taxidermia zoologia
taxímetro comprimento
tchutchuca beleza
tear oficina
teatral afetação
teatral drama
teatral ostentação
teatralidade ostentação
teatro artes
teatro drama
teatro foco
teatro representação
teatro visão
teca dinheiro
tecedura cruzamento
tecelão agente
tecer mistura
tecer plano
tecer produção
techno divertimento
techno música
tecido cruzamento
tecido textura
teclado escrita
teclado instrumento
técnica habilidade
técnica memória
técnica preceito
tecnicismo habilidade
técnico conformidade
técnico habilidade
técnico preparação
técnico proficiente
tecnologia neologismo
teco-teco nave
tédio aversão
tédio enfado
tédio má vontade
tédio saciedade
tédio tristeza
tedioso dificuldade
tedioso dolorimento
tedioso enfado
tegumentar cobertura
tegumento cobertura
teia arena
teia corpos luminosos
teia cruzamento
teia plano
teia vida
teia de Penélope inutilidade
teima desobediência
teimar obstinação
teimar repetição
teimosia credulidade
teimosia obstinação
teimosia renitência
teimoso diuturnidade
teimoso frequência
teimoso incredulidade
teimoso obliquidade
teimoso obstinação
teimoso perseverança
teísmo heterodoxia
teísmo irreligião
teísmo piedade
teísta ortodoxia
teísta piedade
tejadilho cobertura
tela cruzamento
tela pintura
telão drama
teleférico elevação
telefonar correspondência
telefonar informação
telefone audição
telefone instrumento
telefone mensageiro
telefonema correspondência
telefonema notícia
telefonia correspondência
telefônico correspondência
telefoto correspondência
telefoto representação
telegrafar correspondência
telegrafar informação
telegráfico correspondência
telegráfico mensageiro
telegráfico velocidade
telégrafo advertência
telégrafo mensageiro
telégrafo velocidade
telegrama correspondência
telegrama notícia
telejornal notícia
telejornalismo informação
telescópico distância
telescópico instrumentos de óptica
telescópico invisibilidade
telescópio instrumentos de óptica
teletipo correspondência

televisão informação
televisão instrumento
televisão publicidade
televisionar representação
telex mensageiro
telha capricho
telhado capricho
telhado cobertura
telheiro morada
telúrico terra
telúrico universo
tema dissertação
tema significação
tema sílaba
tema tópico
temático sílaba
temer medo
temerário absurdo
temerário medo
temerário obliquidade
temerário perigo
temeroso medo
temível medo
temor medo
temor perigo
temor probidade
têmpera classe
têmpera pintura
têmpera probidade
têmpera qualidades
têmpera rigidez
temperado frescura
temperado melodia
temperado moderação
temperado suficiência
temperado tolerância
temperamento combinação
temperamento intrinsecabilidade
temperamento melodia
temperamento qualidades
temperamento tendência
temperamento textura
temperança abstemia
temperança moderação
temperança pureza
temperança virtude
temperar tempero
temperatura circunstância
tempero adjunto
tempero mistura
tempero preparação
tempestade agitação
tempestade destruidor
tempestade excitabilidade
tempestade recife
tempestade ressentimento
tempestade revolução
tempestade rio
tempestade vento
tempestade violência
tempestividade oportunidade
tempestivo acordo
tempestivo oportunidade
tempestivo presteza
tempestuoso adversidade
tempestuoso perigo
tempestuoso rio
tempestuoso ruindade
tempestuoso vento
tempestuoso violência
tempo ar
tempo melodia
tempo ócio
tempo oportunidade
tempo inadequado inoportunidade
têmpora culto
têmpora lateralidade
temporada curso
temporada diuturnidade
temporada tempo
temporal agitação
temporal instantaneidade
temporal irreligião
temporal recife
temporal rio
temporal secular
temporal tempo
temporal transitoriedade
temporalidade riqueza
temporalidade secular
temporalidade transitoriedade
temporão desacordo
temporão despreparo
temporão inoportunidade
temporão presteza
temporário instantaneidade
temporário transitoriedade
tenacidade coesão
tenacidade força
tenacidade memória
tenacidade obstinação
tenacidade perseverança
tenacidade resolução
tenacidade retenção
tenacidade sovinaria
tenaz coesão
tenaz esforço
tenaz extração
tenaz obstinação
tenaz perseverança
tenaz retenção
tenaz sovinaria
tenaz tenacidade
tenção desejo
tenção direção
tenção intenção
tenção plano
tenção resolução
tenção vontade
tencionar intenção
tencionar vontade
tenda cobertura
tenda conversão
tenda embriaguez
tenda morada
tenda oficina
tendão força
tendão vínculo
tendência boa vontade
tendência escolha
tendência especialidade
tendência habilidade
tendência intenção
tendência intrinsecabilidade
tendencioso interpretação errônea
tendencioso malevolência
tendencioso ruindade
tendente tendência
tendente utilidade
tender aproximação
tender boa vontade
tênder depósito
tender direção
tênder nave
tender tendência
tendinha embriaguez
tenebroso adversidade
tenebroso dolorimento
tenebroso ignorância
tenebroso infamação
tenebroso ininteligibilidade

tenebroso medo
tenebroso obscuridade
tenebroso ruindade
tenebroso tarde
tenência hábito
tenência posse
tênis indumentária
tenor música
tenro flexibilidade
tenro fraqueza
tenro frescura
tenro sabor
tensão comprimento
tensão energia
tensão exagero
tensão força
tensão poder
tensão rigidez
tenso comprimento
tenso rigidez
tentação beleza
tentação desejo
tentação ensaio
tentação motivo
tentáculo meios
tentáculo retenção
tentame ensaio
tentar desejo
tentar dificuldade
tentar ensaio
tentar experiência
tentar perseguição
tentativa astúcia
tentativa ensaio
tentativa experiência
tentativo ensaio
tentativo experiência
tentear atenção
tentear experiência
tentear investigação
tento atenção
tento cuidado
tento intelecto
tento inteligência
tênue acromatismo
tênue estreiteza
tênue fragilidade
tênue fraqueza
tênue meia-luz
tênue pequenez
tênue pouquidão
tênue realidade
teocracia autoridade
teocracia cargos da Igreja
teocrático cargos da Igreja
teocrático irracionalidade
teogonia pseudorrevelação
teológico teologia
teólogo clerezia
teólogo teologia
teomante oráculo
teor estado
teor regularidade
teor significação
teor tópico
teorema máxima
teorema raciocínio
teorema regularidade
teorema suposição
teorema tópico
teorético suposição
teoria atribuição
teoria conhecimento
teoria crença
teoria ideia
teoria raciocínio
teoria suposição
teórico imaginação
teórico raciocínio
teórico suposição
teorista imaginação
teorizar arranjo
teorizar atribuição
teorizar suposição
teosofia bruxaria
teosofia teologia
teosófico bruxaria
teosofismo bruxaria
teosofismo irreligião
tepidez calor
tepidez frescura
tépido calor
tépido fruição
ter conhecimento
ter crença
ter posse
ter propriedade
ter receita
ter receptáculo
ter a faca e o queijo na mão poder
ter ânsias expulsão
ter aptidão habilidade
ter aspecto de aparecimento
ter aversão aversão
ter cabelo nas ventas irascibilidade
ter caráter probidade
ter cuidado cuidado
ter descanso repouso
ter dignidade probidade
ter meios meios
ter nojo aversão
ter o dom de qualidades
ter o leme na mão gestão
ter o rei na barriga orgulho
ter olho grande inveja
ter parcialidade obliquidade de julgamento
ter pavio curto irascibilidade
ter repentes irascibilidade
ter sangue azul nobreza
ter saudades passado
ter suspeitas descrença
ter uma decepção ceticismo
ter vista de visão
terapeuta remédio
terapêutica remédio
terapêutico remédio
terapia remédio
teratologia desconformidade
teratológico desconformidade
terça período
terçador combatente
terçar combinação
terçar cruzamento
terçar defesa
terçar trisseção
terceiro peticionário
terceiro trisseção
terceto poesia
terceto trialidade
terciário trialidade
terço continuidade
terço rito
terço trisseção
terebintina resina
tergiversação circuito
tergiversação irracionalidade
tergiversação regressão
tergiversador tergiversação
tergiversar covardia
tergiversar falsidade
tergiversar inobservância

tergiversar irracionalidade
tergiversar tergiversação
termal calor
termas fornalha
térmico calor
térmico fornalha
terminação acabamento
terminação fim
terminação limite
terminal chegada
terminal doença
terminal fim
terminal limite
terminal partida
terminante certeza
terminar acabamento
terminar fim
terminar termo
terminativo fim
término acabamento
término chegada
término fim
término limite
terminologia neologismo
terminologia sílaba
termo acabamento
termo chegada
termo circunstância
termo fim
termo grau
termo limite
termo nomenclatura
termo número
termo registro
termo sílaba
termo terra
termo tópico
termodinâmica calor
termômetro calor
termômetro medida
ternário melodia
ternário triplicação
terninho indumentária
terno alívio
terno amor
terno benevolência
terno bondade
terno carícias
terno clemência
terno deleite
terno indumentária
terno interesse
terno melodia
terno saudade
terno trialidade
ternura amor
ternura carícias
ternura clemência
ternura interesse
terra fria enterro
terra esfericidade
terra morada
terra vínculo
terraço horizontalidade
terraço visão
terracota aquecimento
terracota escrita
terraplenagem horizontalidade
terraplenagem preparação
terraplenar horizontalidade
terraplenar uniformidade
terrapleno horizontalidade
terráqueo humanidade
terráqueo terra
terráqueo universo
terreal irreligião
terreal terra
terreiro baixeza
terremoto destruidor
terremoto recife
terremoto revolução
terremoto ruindade
terreno terra
terreno universo
térreo acromatismo
térreo baixeza
térreo terra
térreo universo
terrestre terra
terrestre universo
terrificante dolorimento
terrificante medo
terrificante ruindade
terrificante tirania
terrificar medo
terrífico dolorimento
terrífico tirania
terrina receptáculo
territorial região
territorial terra
território propriedade
território região
território terra
terrível dolorimento
terrível dor
terrível grandeza
terrível medo
terrível ruindade
terror artes
terror medo
terrorismo medo
terrorismo tirania
terrorista destruidor
terrorista homem ruim
terrorista malevolência
terrorista malfeitor
terrorista misantropia
terrorista tirania
terso elegância
terso gramática
terso lisura
tertúlia divertimento
tertúlia embriaguez
tertúlia sociabilidade
tesão fruição
tesão impulso
tesão rigidez
tesão vaidade
tesar rigidez
tese dissertação
tese raciocínio
tese suposição
tese tópico
teso aspereza
teso comprimento
teso cume
teso rigidez
teso verticalidade
tesoura agudeza
tesoura difamador
tesourada difamação
tesourar deficiência
tesourar difamação
tesourar disjunção
tesourar dispensa
tesourar omissão
tesourar parte
tesoureiro consignatário
tesouro bem
tesouro bondade
tesouro depósito
tesouro dinheiro
tesouro propriedade
tesouro sílaba
tesouro tesouraria
tessitura cruzamento
tessitura textura

testa frente
testamenteiro consignatário
testamento fiança
testar doação
testar ensaio
testar experiência
teste ensaio
teste experiência
teste preparação
testemunha casamento
testemunha espectador
testemunha evidência
testemunha indicação
testemunha juiz
testemunha limite
testemunha registro
testemunhal evidência
testemunhar espectador
testemunhar evidência
testemunhar manifestação
testemunhar visão
testemunho afirmação
testemunho demonstração
testemunho evidência
testificação evidência
testificar evidência
testo resolução
testo tapador
tétano doença
teto morada
tetraédrico angularidade
tetraedro angularidade
tetrágono angularidade
tetragrama sílaba
tetrâmero quadriseção
tetraneta consanguinidade
tetraneto consanguinidade
tetraneto posteridade
tetrassílabo sílaba
tetravô ancião
tetravô ascendência
tetravó consanguinidade
tetravô consanguinidade
tétrico dolorimento
tétrico hipocondria
tétrico lamentação
tétrico medo
tétrico obscuridade
tétrico ruindade
tétrico tristeza
teu posse
têxtil cruzamento
têxtil textura
texto livro
texto protótipo
texto significação
texto tópico
textura estado
texugo largura
texugo tamanho
tez cobertura
tia consanguinidade
tia-avó consanguinidade
tia-bisavó consanguinidade
tiara batina
tiara cargos da Igreja
tiara insígnia
tiara ornamento
tia-trisavó consanguinidade
tíbia suporte
tibieza anarquia
tibieza covardia
tibieza desinteresse
tibieza fraqueza
tibieza inação
tibieza inatividade
tibieza transigência
tíbio desinteresse
tíbio irresolução
tíbio má vontade
tíbio negligência
tição combustível
tição pretidão
tição satã
tifo doença
tigela receptáculo
tigre coragem
tigre homem ruim
tigre malfeitor
tigre violência
tijolo aquecimento
tijolo camada
tijuco sujidade
til escrita
tilintar prolação
tilintar sussurro
timão infância
timbrar acusação
timbrar boa vontade
timbrar cuidado
timbrar esforço
timbrar indicação
timbrar orgulho
timbrar resolução
timbre cuidado
timbre indicação
timbre melodia
timbre probidade
timbre som
timbre voz
timidez humildade
timidez incerteza
timidez irresolução
timidez medo
timidez modéstia
tímido anarquia
tímido humildade
tímido inabilidade
tímido incerteza
tímido irresolução
tímido medo
tímido modéstia
tímido transigência
timoneiro amo
timoneiro diretor
timoneiro equipagem
timoneiro fama
timoneiro navegação
timorato dever
timorato inabilidade
timorato irresolução
timorato medo
timorato modéstia
timorato transigência
tímpano audição
tim-tim por tim-tim exatidão
tina receptáculo
tingir cor
tingir mistura
tingir variegação
tinha imperfeição
tinhoso satã
tinir barulho
tinir estridor
tinir sussurro
tino atenção
tino cautela
tino habilidade
tino intelecto
tino inteligência
tino irracionalidade
tino sanidade
tinta cor
tinta escrita
tinta pouquidão
tinteiro escrita
tinto cor

tinto infamação
tintura cor
tintura pouquidão
tinturaria cor
tintureiro cor
tio consanguinidade
tio título
tio-avô consanguinidade
tio-bisavô consanguinidade
tio-trisavô consanguinidade
tipicidade especialidade
típico conformidade
típico especialidade
típico indicação
típico metáfora
tipificação especialidade
tipificar especialidade
tipificar indicação
tipo classe
tipo forma
tipo humanidade
tipo indicação
tipo intrinsecabilidade
tipo letra
tipo macho
tipo plebeísmo
tipo protótipo
tipografia impressão
tipográfico impressão
tipógrafo impressão
tique dor
tique indicação
tique-taque oscilação
tique-taque prolação
tique-taque sentimento
tira estreiteza
tira filamento
tira parte
tira pequenez
tira reprovação
tiracolo suporte
tirana divertimento
tirana homem ruim
tirania mau uso
tirânico malevolência
tirânico ruindade
tirânico tirania
tiranizar tirania
tirano amo
tirano malevolência
tirano malfeitor
tirano tirania
tirante dispensa
tirante omissão
tirante suporte
tirar desconto
tirar descostume
tirar despimento
tirar destruição
tirar diminuição
tirar dispensa
tirar escrita
tirar extração
tirar furto
tirar insensibilidade
tirar medo
tirar músico
tirar omissão
tirar posse
tirar receita
tirar repouso
tirar tração
tirar o horóscopo de alguém predição
tirar proveito habilidade
tirar vantagem habilidade
tiritante frio
tiritar agitação
tiritar frio
tiro divertimento
tiro efeito
tiro estalo
tiro propulsão
tirocínio estudo
tirocínio preparação
tirocínio trabalho
tirocínio uso
tiroteio contenda
tiroteio discórdia
tisana remédio
tísico doença
tisna aquecimento
tisna pretidão
tisnadura aquecimento
tisnar aquecimento
tisnar infamação
tisnar mancha
tisnar pretidão
tisne infamação
tisne mancha
Titã demônio
titã elevação
Titã força
titã tamanho
titânico dificuldade
titânico esforço
titânico força
titânico tamanho
titânico violência
títere compulsoriedade
títere drama
títere ingênuo
títere irresolução
títere representação
titia ancião
titia celibato
titilação comichão
titilação fruição
titilar comichão
titubear descrença
titubear gagueira
titubear insucesso
titubear irresolução
titular deputado
titular mestre
titular nobreza
titular nomenclatura
titular possuidor
titular registro
título causa
título classe
título começo
título comissão
título direito
título evidência
título fiança
título indicação
título livro
título nomenclatura
título precursor
título propriedade
título tópico
toa tração
toada classe
toada hábito
toada melodia
toada música
toada notícia
toalete indumentária
toalha batina
toalha camada
toalha cobertura
toalha horizontalidade
toar prolação
toar semelhança
toar som
toca esconderijo

toca morada
tocado sentimento
tocador carregador
tocador músico
tocaiar esconderijo
tocaiar expectativa
tocante interesse
tocar acaso
tocar astúcia
tocar chegada
tocar clemência
tocar contiguidade
tocar cronometria
tocar dever
tocar dissertação
tocar excitação
tocar excitação
tocar futuro
tocar música
tocar músico
tocar prolação
tocar relação
tocar sucessão
tocar a finados enterro
tocata música
tocha combustível
tocha corpos luminosos
tocheiro corpos luminosos
toco parte
toco resto
todavia compensação
todavia dessemelhança
todo completamento
todo generalidade
todo todo
todos assentimento
todos generalidade
toga insígnia
togado douto
togado juiz
toicinho óleo
toldar cobertura
toldar desinformação
toldar ininteligibilidade
toldar obscuridade
toldar sombra
toldar sujidade
toldar tristeza
toldo cobertura
toleirão imbecilidade
toleirão tolo
tolerância anarquia
tolerância assentimento
tolerância benevolência
tolerância consentimento
tolerância humanidade
tolerância indiscriminação
tolerância inexcitabilidade
tolerância permissão
tolerância sentimento
tolerância vontade
tolerante benevolência
tolerante clemência
tolerante inexcitabilidade
tolerante perdão
tolerante permissão
tolerante tolerância
tolerar anarquia
tolerar assentimento
tolerar clemência
tolerar inexcitabilidade
tolerar perdão
tolerar permissão
tolerar sentimento
tolerar tolerância
tolerável bondade
tolerável contentamento
tolerável moderação
tolerável perdão
tolerável pouquidão
tolerável suficiência
tolher estorvo
tolher proibição
tolher restrição
tolhido frio
tolhido impotência
tolhido insensibilidade
tolhimento estorvo
tolhimento insensibilidade
tolhimento restrição
tolice absurdo
tolice imbecilidade
tolo absurdo
tolo credulidade
tolo ignorante
tolo imbecilidade
tolo ingênuo
tolo ridicularia
tom artes
tom cor
tom elasticidade
tom energia
tom estado
tom força
tom melodia
tom moda
tom música
tom som
tom voz
tomada abandono de propriedade
tomada apropriação
tomador apropriação
tomar aparecimento
tomar apropriação
tomar aquisição
tomar autoridade
tomar carícias
tomar casamento
tomar chegada
tomar comida
tomar conselho[2]
tomar consentimento
tomar empenhamento
tomar empreendimento
tomar escolha
tomar fiança
tomar furto
tomar interpretação
tomar proibição
tomar recebimento
tomar recepção
tomar retenção
tomar a direção gestão
tomar a frente frente
tomate tempero
tomate vermelhidão
tombadilho altura
tombamento registro
tombar depressão
tombar descida
tombar insucesso
tombar registro
tombo descida
tombo lista
tombo registro
tômbola casualidade
tômbola pedido
tomento filamento
tomentoso aspereza
tomo importância
tomo livro
tomografia investigação
tona exterioridade
tonalidade cor
tonalidade melodia
tonante barulho
Tonante júpiter
tonante prolação

tonante violência
tonelada grandeza
tonelagem tamanho
tônica letra
tônica melodia
tonicidade energia
tonicidade força
tonicidade saúde
tônico energia
tônico força
tônico remédio
tônico salubridade
tônico voz
tonificação revigoramento
tonificante bondade
tonificante força
tonificar força
tonificar salubridade
tono música
tonsurado clerezia
tonsurar apropriação
tonsurar cargos da Igreja
tonsurar comissão
tonsurar furto
tontear absurdo
tonto admiração
tonto barulho
tonto embriaguez
tonto imbecilidade
tonto insensibilidade
tonto loucura
tonto sentimento
tontura altura
tontura excitabilidade
tontura impotência
topada impulso
topar acaso
topar assentimento
topar descoberta
topar eventualidade
topar impulso
topázio amarelo
topázio ornamento
tope cume
tope impulso
tope indicação
tope ornamento
topete aspereza
topete insolência
tópico compêndio
tópico dissertação
topo cume
topografia descrição
topografia situação
topográfico medida
topógrafo medida
topologia situação
toponímia nomenclatura
toponímia situação
topônimo nomenclatura
topônimo situação
Torá revelação
torácico partes do corpo humano
torçal filamento
torçal ornamento
torçal prisão
torção sinuosidade
torcedor desejo
torcedura assimetria
torcedura circuição
torcedura imperfeição
torcedura interpretação errônea
torcedura irracionalidade
torcedura sinuosidade
torcer amorfia
torcer curvatura
torcer dor
torcer interpretação errônea
torcer irracionalidade
torcer sinuosidade
torcicolo equívoco
torcicolo sinuosidade
torcida combustível
torcido interpretação errônea
tordo músico
tormenta adversidade
tormenta agitação
tormenta vento
tormento dificuldade
tormento dolorimento
tormento dor
tormento mal
tormento punição
tormento ruindade
tormentoso dificuldade
tormentoso dolorimento
tormentoso dor
tormentoso violência
tornado recife
tornado revolução
tornado rotação
tornado vento
tornar assentimento
tornar resposta
tornar restituição
tornar impotente impotência
tornar notório publicidade
tornar sem efeito revogação
torneado beleza
torneado elegância
torneado melodia
tornear circuição
tornear circunjacência
tornear contenda
tornear contorno
tornear curvatura
tornear elegância
tornear esfericidade
tornear forma
tornear lisura
torneio contenda
torneio contorno
torneio divertimento
torneio elegância
torneio raciocínio
torneira abertura
torneira egressão
torneira tapador
torniquete azorrague
torniquete estorvo
torniquete indicação
torniquete tapador
torno lisura
tornozelo base
toro base
toro casamento
toro parte
torpe assimetria
torpe desonestidade
torpe desvirtude
torpe impureza
torpe infamação
torpe reprovação
torpe servilismo
torpedear ataque
torpedear sucesso
torpedeiro ataque
torpedeiro combatente
torpedeiro potencial de guerra
torpedo animal
torpedo ataque
torpedo correspondência
torpedo guerra

torpedo informação
torpedo potencial de guerra
torpedo veneno
torpeza desonestidade
torpeza impureza
torpeza servilismo
torpor desinteresse
torpor inatividade
torpor inércia
torradeira fornalha
torragem aquecimento
torrão pouquidão
torrão região
torrão terra
torrar aquecimento
torrar barateza
torrar obstinação
torre altura
torre estabilidade
torre prisão
torre templo
torreão altura
torrefação aquecimento
torrefato aquecimento
torrencial rio
torrencial suficiência
torrente rio
torrente suficiência
torrente velocidade
torresmo óleo
tórrido aquecimento
tórrido calor
torrificar aquecimento
torrinha altura
torrinha drama
torso altura
torta comida
torta doçura
torto assimetria
torto curvatura
torto erro
torto imperfeição
torto injustiça
torto interpretação errônea
torto inversão
torto irracionalidade
torto obliquidade
torto sinuosidade
torto visão imperfeita
tortuosidade circuito
tortuosidade desonestidade
tortuosidade obliquidade
tortuosidade sinuosidade
tortuoso desvio
tortuoso erro
tortuoso irracionalidade
tortuoso sinuosidade
tortura assimetria
tortura dolorimento
tortura dor
tortura mal
tortura punição
tortura sofrimento
torturar dolorimento
torturar dor
torturar malevolência
torturar ruindade
torvelinho recife
torvelinho rotação
torvo irascibilidade
torvo medo
torvo tristeza
tosa punição
tosão cobertura
tosão título
tosco amorfia
tosco aspereza
tosco despreparo
tosco frouxidão
tosco imperfeição
tosco inferioridade
tosco mau gosto
tosquia apropriação
tosquia carestia
tosquia encurtamento
tosquiador apropriação
tosquiador carestia
tosquiador ladrão
tosquiar carestia
tosquiar contração
tosquiar despimento
tosquiar encurtamento
tosquiar furto
tosquiar perda
tosquiar pobreza
tossir doença
tossir vento
tostão dinheiro
tostar aquecimento
total acabamento
total completamento
total dinheiro
total número
total todo
totalidade todo
totalitarismo autoridade
totalizar todo
totó animal
totó ridicularia
touca batina
touca infância
toucado indumentária
toucinho óleo
toupeira ancião
toupeira fealdade
toupeira hábito
toupeira ignorante
tourada contenda
tourear ataque
tourear desafio
tourear perseguição
toureiro combatente
toureiro força
touro animal
touro coragem
touro força
touro macho
touro tamanho
toutiço intelecto
toutiço retaguarda
toxemia veneno
toxicar veneno
tóxico insalubridade
tóxico picante
tóxico remédio
tóxico veneno
toxicomania recife
toxina veneno
toxoplasmose doença
trabalhado sentimento
trabalhador atividade
trabalhador esforço
trabalhador perseverança
trabalhão esforço
trabalhar ação
trabalhar atividade
trabalhar esforço
trabalhar uso
trabalheira atividade
trabalheira esforço
trabalheira trabalho
trabalho agência
trabalho dificuldade
trabalho efeito
trabalho fadiga
trabalho produção
trabalho braçal esforço
trabalho de Sísifo inutilidade

trabalho difícil esforço
trabalho exaustivo esforço
trabalho manual esforço
trabalho mecânico esforço
trabalho rude esforço
trabalho servil esforço
trabalhoso dificuldade
trabalhoso dolorimento
trabalhoso fadiga
trabalhoso obliquidade
trabuco picante
trabuco potencial de guerra
traça astúcia
traça destruidor
traça guerra
traça registro
traça textura
traçado descrição
traçado embriaguez
traçado plano
tração homem ruim
tração transferência
traçar escrita
traçar indicação
traçar plano
traçar representação
tracejar compêndio
tracejar descrição
tracejar indicação
tracejar pintura
tracejar representação
tracionar tração
traço aparecimento
traço comprimento
traço escrita
traço especialidade
traço plano
traço registro
traço sulco
traço de união vínculo
tracoma cegueira
tracoma doença
tradição conduta
tradição descrição
tradição hábito
tradição uso
tradição velharia
tradicional descrição
tradicional hábito
tradicional velharia
tradicionalismo estabilidade
tradicionalismo permanência
tradicionalista hábito
tradicionalista passado
trado perfurador
tradução significação
tradução literal interpretação
tradução servil interpretação
tradutor intérprete
traduzir efeito
traduzir frase
traduzir interpretação
traduzir representação
traduzir significação
trafegar ação
trafegar esforço
trafegar locomoção
trafegar permuta
tráfego atividade
tráfego esforço
tráfego locomoção
tráfego transferência
traficância desonestidade
traficância fraude
traficância furto
traficante homem ruim
traficante ladrão
traficante malevolência
traficante malfeitor
traficante mercador
traficar desonestidade
traficar furto
traficar permuta
tráfico ilegalidade
tráfico permuta
tráfico recife
tragar comida
tragar destruição
tragar recepção
tragar sentimento
tragédia dolorimento
tragédia drama
tragédia homicídio
tragédia mal
tragédia sofrimento
trágico ameaça
trágico drama
trágico homicídio
trágico mal
trágico ruindade
trágico sentimento
tragicomédia drama
tragicômico drama
tragicômico ridicularia
trago comida
trago parte
traição desobediência
traição desonestidade
traição homicídio
traiçoeiro astúcia
traiçoeiro desinformação
traiçoeiro desonestidade
traiçoeiro falsidade
traiçoeiro perigo
traiçoeiro velhaco
traidor desonestidade
traidor velhaco
traineira nave
trair desonestidade
trair manifestação
trajar indumentária
traje indumentária
trajeto locomoção
trajeto movimento
trajeto passadouro
trajetória conduta
trajetória direção
trajetória movimento
trajetória passadouro
trajo aparecimento
tralha cruzamento
tralha fraude
trama cooperação
trama cruzamento
trama filamento
trama fraude
trama plano
trama textura
tramar cooperação
tramar cruzamento
tramar falsidade
tramar plano
tramar textura
trambicar astúcia
trambique astúcia
trambique furto
trambique insolvência
trambiqueiro enganador
trambiqueiro insolvência
trambolhão adversidade
trambolhão descida
trambolhão inversão
trambolhão revolução
trambolhão vagareza
trambolho estorvo
trambolho gravidade

trambolho largura
trâmite passadouro
trâmite termo
trâmites meios
tramoia astúcia
tramoia cooperação
tramoia desonestidade
tramoia fraude
tramoia insolvência
tramoia plano
trampa fraude
trampolim drama
trampolina astúcia
trampolinagem astúcia
trampolinar fraude
trampolineiro desonestidade
trampolineiro enganador
trampolineiro fraude
trampolineiro velhaco
trança aspereza
trança cruzamento
tranca estorvo
tranca fechamento
trança pendura
trança sinuosidade
tranca velhaco
trançado cruzamento
trancado fechamento
trancafiar fechamento
trancafiar restrição
trancar fechamento
trancar proibição
trancar supressão
tranco salto
tranco sentimento
tranqueira estorvo
tranquilidade deleite
tranquilidade imobilidade
tranquilidade moderação
tranquilidade permanência
tranquilidade segurança
tranquilidade silêncio
tranquilização inexcitabilidade
tranquilização moderação
tranquilizador esperança
tranquilizar alívio
tranquilizar contentamento
tranquilizar inexcitabilidade
tranquilizar moderação
tranquilizar pacificação
tranquilizar paz
tranquilo imobilidade
tranquilo inexcitabilidade
tranquilo moderação
tranquilo ócio
tranquilo paz
tranquilo segurança
tranquilo silêncio
transação ação
transação contrato
transação eventualidade
transação permuta
transacionar contrato
transacionar permuta
transamazônico distância
transar carícias
transar impureza
transatlântico distância
transatlântico nave
transato fim
transato passado
transato precedência
transbordamento redundância
transbordamento rio
transbordamento suficiência
transbordante completamento
transbordante multidão
transbordante redundância
transbordante suficiência
transbordar egressão
transbordar excitabilidade
transbordar presença
transbordar produtividade
transbordar rio
transbordar transcursão
transbordo transcursão
transcendência superioridade
transcendência transcursão
transcendental generalidade
transcendental imaterialidade
transcendental ininteligibilidade
transcendental superioridade
transcendente dificuldade
transcendente fama
transcendente generalidade
transcendente ininteligibilidade
transcendente superioridade
transcendente transcursão
transcender generalidade
transcender grandeza
transcender redundância
transcender superioridade
transcontinental distância
transcorrente curso
transcorrer eventualidade
transcorrer tempo
transcorrer transcursão
transcorrer do tempo curso
transcorrido passado
transcrever imitação
transcrever registro
transcrição cópia
transcrição imitação
transcurso tempo
transcurso transcursão
transe adversidade
transe circunstância
transe dificuldade
transe inatividade
transe perigo
transe pobreza
transe sofrimento
transeunte espectador
transeunte locomoção
transeunte viajante
transexual hermafrodismo
transferidor angularidade
transferir demora
transferir deslocação
transferir doação
transferir punição
transferir transmissão
transferível transmissão
transfigurar mudança
transfixar abertura
transfixar passagem
transformação conversão
transformação melhoramento
transformação mudança
transformar mudança
transformar pulverização
transformar revolução
transformismo matéria
transformista drama
transformista matéria

transformista tergiversação
trânsfuga tergiversação
transfusão mistura
transfusão transferência
transgredir desconformidade
transgredir desobediência
transgredir ilegalidade
transgredir transcursão
transgressão culpa
transgressão desconformidade
transgressão desobediência
transgressão inobservância
transgressão transcursão
transgressor desobediência
transgressor inobservância
transgressor transgressão
transição conversão
transição movimento
transição mudança
transição transferência
transido excitação
transido medo
transido qualidades
transido sentimento
transigência benevolência
transigência compromisso
transigência consentimento
transigência pacificação
transigência tergiversação
transigência tolerância
transigente tolerância
transigir assentimento
transigir atenuação
transigir compromisso
transigir consentimento
transigir irresolução
transigir meação
transigir pacificação
transigir permissão
transigir tergiversação
transigir tolerância
transigir transigência
transitar movimento
transitar passagem
transitável abertura
trânsito angularidade
trânsito conversão
trânsito morte
trânsito movimento
trânsito passadouro
trânsito passagem
trânsito transferência
transitoriedade mutabilidade
transitório instantaneidade
transitório transitoriedade
translação céu
translação mudança
translação transferência
translato metáfora
translucidez semitransparência
translucidez transparêcia
translucidez visibilidade
translúcido opacidade
translúcido realidade
translúcido transparêcia
translúcido visibilidade
transluzir luz
transluzir transparêcia
transluzir visibilidade
transmigração céu
transmigração conversão
transmigração transferência
transmigrar transferência
transmissão ensino
transmissão passagem
transmissão publicidade
transmissão transferência
transmissibilidade mutabilidade
transmitir doação
transmitir doença
transmitir informação
transmitir transmissão
transmudação conversão
transmudar mudança
transmudar revolução
transoceânico distância
transparecer exposição
transparecer manifestação
transparecer transparêcia
transparecer visibilidade
transparência inteligibilidade
transparência manifestação
transparência pureza
transparência realidade
transparência visibilidade
transparente inteligibilidade
transparente realidade
transparente singeleza
transparente transparêcia
transparente visibilidade
transpassar passagem
transpiração egressão
transpiração excreção
transpirar calor
transpirar egressão
transpirar exposição
transpirar notícia
transpirar umidade
transplantar transferência
transplante remédio
transplante transferência
transponível possibilidade
transpor inversão
transpor transcursão
transpor transferência
transportação transferência
transportar conduto
transportar deleite
transportar transferência
transporte excitabilidade
transporte locomoção
transporte movimento
transporte prazer
transporte transferência
transporte transmissão
transporte veículo
transposição deslocação
transposição inversão
transposição transferência
transposição troca
transtornar amorfia
transtornar desarranjo
transtornar excitação
transtornar inversão
transtornar loucura
transtornar mau uso
transtornar sentimento
transtorno adversidade
transtorno ceticismo
transtorno desarranjo
transtorno desordem
transtorno dificuldade
transtorno insucesso
transtorno loucura
transtorno mal
transtorno sofrimento
transubstanciação mudança
transubstanciação rito
transubstanciar mudança

transubstanciar rito
transudação egressão
transudação passagem
transudar egressão
transversal cruzamento
transversal largura
transversal obliquidade
transversalidade obliquidade
transverso obliquidade
transviado desvio
transviar desvirtude
transviar impureza
transviar ruindade
trapaça astúcia
trapaça casualidade
trapaça desonestidade
trapaça fraude
trapacear falsidade
trapacear fraude
trapaceiro astúcia
trapaceiro desonestidade
trapaceiro enganador
trapaceiro fraude
trapaceiro insolvência
trapalhada desordem
trapalhada inabilidade
trapalhada plano
trapalhão despimento
trapalhão inabilidade
trapalhão mau gosto
trapalhão remendão
trapeiro inatividade
trapeiro mercador
trapeiro plebeísmo
trapézio drama
trapézio pendura
trapezoidal angularidade
trapiche depósito
trapiche instrumento
trapo indumentária
trapo inutilidade
trapo pouquidão
traque expulsão
traque fedor
traqueal canal de respiração
traquejar ensino
traquejar habilidade
traquejar perseguição
traqueostomia abertura
traquinagem alegria
traquinas atividade
traquinas excitabilidade
traquinas movimento
traquinice atividade
traquinice divertimento
traquinice movimento
traseira retaguarda
traseiro retaguarda
trasladação interpretação
trasladação transferência
trasladar interpretação
trasladar transferência
traslado cópia
traslado protótipo
traspassar abertura
traspassar dolorimento
traspassar dor
traspassar passagem
traspassar transcursão
traspasse morte
traspasse passagem
traspasse transcursão
traspasse transmissão
traste instrumento
traste velhaco
tratabilidade boa vontade
tratadista dissertação
tratadista livro
tratado contrato
tratado dissertação
tratado livro
tratado pacificação
tratamento conduta
tratamento remédio
tratamento título
tratante desonestidade
tratante fraude
tratante insolvência
tratar comida
tratar contrato
tratar dissertação
tratar permuta
tratar raciocínio
tratar saúde
tratar tópico
tratar uso
tratável cortesia
tratável facilidade
tratável sociabilidade
trato acordo
trato amizade
trato contrato
trato palestra
trato sociabilidade
trator agricultura
trator tração
tratos dor
trauma dolorimento
trauma dor
traumático dolorimento
traumático dor
traumático remédio
traumatismo dolorimento
traumatismo dor
trautear músico
travão estorvo
travão instrumento
travar ataque
travar junção
trave suporte
trave vínculo
travejamento textura
través obliquidade
travessa abertura
travessa agudeza
travessa comida
travessa morada
travessa passadouro
travessa receptáculo
travessão descontinuidade
travessão estorvo
travessão vento
travessão vínculo
travesseiro flexibilidade
travesseiro suporte
travessia locomoção
travessia navegação
travessura alegria
travessura astúcia
travessura atividade
travessura divertimento
travessura movimento
travessura salto
travesti cópia
travesti ridicularização
travo amargura
travo gosto
trazer aquisição
trazer causa
trazer crença
trazer efeito
trazer evidência
trazer indumentária
trazer manifestação
trazer oferta
trazer produção
trazer receptáculo

trazer suporte
trazer uso
trazer à cena aparecimento
trazer à memória memória
trazer lucro receita
trazer notícia informação
trazer pelo beiço autoridade
trecho compêndio
trecho intervalo
trecho livro
trecho parte
trêfego alegria
trêfego astúcia
trêfego atividade
trêfego contenda
trêfego desobediência
trêfego discórdia
trêfego movimento
trégua absolvição
trégua desembaraçamento
trégua mediação
trégua pacificação
trégua repouso
trégua tempo
treinador mestre
treinar domesticação
treinar ensino
treinar hábito
treinar preparação
treino ensaio
treino ensino
trejeito anedota
trejeito assimetria
trejeito indicação
trela loquacidade
trela palestra
trela permissão
trem comida
trem veículo
trem-bala veículo
trema escrita
trema indicação
tremedal sujidade
tremedeira covardia
tremelicar fraqueza
tremelicar frio
tremelicar medo
tremelique agitação
tremeluzente luz
tremeluzir luz
tremeluzir meia-luz
tremeluzir tarde
tremendo dolorimento
tremendo grandeza
tremendo medo
tremer agitação
tremer fraqueza
tremer frio
tremer meia-luz
tremer mutabilidade
tremer oscilação
tremer prolação
tremer sentimento
tremor agitação
tremor frio
tremor medo
tremor perigo
tremor sentimento
tremor violência
trempe fornalha
trempe trialidade
tremulante meia-luz
tremular altura
tremular irresolução
tremular meia-luz
tremular mutabilidade
tremular pendura
trêmulo agitação
trêmulo excitabilidade
trêmulo fraqueza
trêmulo frio
trêmulo gagueira
trêmulo medo
trêmulo meia-luz
trêmulo música
trêmulo sentimento
trêmulo velhice
tremura agitação
tremura frio
tremura perigo
trena vínculo
trenó veículo
trepadeira sinuosidade
trepadeira subida
trepadeira vegetal
trepanação abertura
trepanar abertura
trepidação agitação
trepidação excitabilidade
trepidar fraqueza
trepidar irresolução
trepidar medo
tréplica justificação
tréplica resposta
treplicar refutação
treplicar resposta
três trialidade
tresandar evolução
tresandar pioramento
tresandar regressão
tresler imbecilidade
tresloucado excitação
tresloucado louco
tresloucado loucura
tresloucado violência
tresmalhar desvio
tresmalho falta
tresnoitar atividade
tresnoitar excitabilidade
tresnoitar excitação
trespasse morte
trespasse transcursão
treta astúcia
treta falsidade
trevas cegueira
trevas ignorância
trevas latência
trevas obscuridade
trevas pretidão
trevo circuição
treze numerais cardinais
trezentos numerais cardinais
tríade trialidade
triangular angularidade
triatlo água
triatlo divertimento
tribo ascendência
tribo classe
tribo humanidade
tribuna discurso
tribuna escola
tribuna justiça
tribunal conselho[1]
tribunal jurisdição
tribunal justiça
tribuno discurso
tribuno juiz
tributar doação
tributar preço
tributar respeito
tributário obediência
tributário rio
tributo despesa
tributo doação
tributo obediência
tributo preço
trica irracionalidade

trica notícia
trica palestra
tricampeão trialidade
tricentésimo numerais ordinais
triciclo veículo
tricolor variegação
tricorne agudeza
tricorne trisseção
tricórnio indumentária
tricórnio insígnia
tricúspide agudeza
tricúspide trisseção
tridente agudeza
tridente insígnia
tridente oceano
tridente potencial de guerra
tríduo culto
tríduo período
tríduo prioridade
trienal periodicidade
trigal agricultura
trigêmeo acompanhamento
trigêmeo consanguinidade
trigêmeo semelhança
trigêmeo trialidade
trigêmino consanguinidade
trigêmino trisseção
trigonometria angularidade
trigonométrico numeração
trigueiro castanho
triguenho pretidão
trilar prolação
trilateral angularidade
trilateral lateralidade
trilátero angularidade
trilha passadouro
trilha perseguição
trilha registro
trilhão numerais cardinais
trilhar dor
trilhar investigação
trilhar locomoção
trilhar pulverização
trilho passadouro
trilo música
trilo prolação
trilogia drama
trilogia trialidade
trimensal periodicidade
trimestral periodicidade
trimestral período
trimestre período
trinado melodia
trinado música
trinado prolação
trinar músico
trinar prolação
trinca reunião
trinca trialidade
trincar comida
trinchante agudeza
trinchante energia
trinchar parte
trincheira refúgio
trinco fechamento
trindade reunião
Trindade tarde
trindade trialidade
trinervado trialidade
trinervado trisseção
trineta consanguinidade
trineto consanguinidade
trineto posteridade
trino trialidade
trinômio trialidade
trinque moda
trinta numerais cardinais
trintena numerais cardinais
trintena numerais ordinais
tripa interioridade
tripa notícia
tripartição trisseção
tripartir trisseção
tripé suporte
tripé trialidade
triplicação aumento
triplicado triplicação
triplicar aumento
triplicar triplicação
triplicata cópia
triplicata redundância
triplicata trialidade
triplicata triplicação
tríplice triplicação
triplicidade triplicação
triplo triplicação
tripudiar agitação
tripudiar desvirtude
tripudiar divertimento
tripudiar inferioridade
tripudiar insolência
tripúdio impureza
tripulação deputado
tripulação equipagem
tripulação habitante
tripulante equipagem
tripular direção
tripular equipagem
tripular preparação
tripular provisão
trisavô ancião
trisavô ascendência
trisavó consanguinidade
trisavô consanguinidade
triscar som
trissílabo sílaba
trissílabo trialidade
trissílabo trisseção
triste adversidade
triste dolorimento
triste enfado
triste lamentação
triste meia-luz
triste pardo
triste penitência
triste sofrimento
triste tristeza
tristeza descontentamento
tristeza hipocondria
tristeza sofrimento
tristonho lamentação
tristonho meia-luz
tristonho tristeza
triticultura agricultura
tritongo letra
tritongo trialidade
trituração comida
trituração pulverização
triturador pulverização
triturar comida
triturar destruição
triturar estudo
triturar fragilidade
triturar impulso
triturar pulverização
triturar refutação
triunfante progressão
triunfante regozijo
triunfante sucesso
triunfar sucesso
triunfo jactância
triunfo regozijo
triunviral amo
triunvirato autoridade
triúnviro amo
trivial conformidade
trivial conhecimento
trivial enfado

trivial expectação
trivial hábito
trivial imbecilidade
trivial insignificância
trivial mau gosto
trivial regularidade
trivial sem significação
trivialidade chateza
trivialidade insignificância
trivialidade mau gosto
trivialidade sem significação
triz instantaneidade
troada ataque
troante barulho
troante prolação
troar barulho
troça divertimento
troça espírito
troca permuta
troça ridicularização
trocadilho absurdo
trocadilho equívoco
trocadilho irracionalidade
trocadilho neologismo
trocadilho semelhança
trocado equívoco
trocar erro
trocar permuta
troçar ridicularização
trocar troca
trocista espírito
trocista humorista
trocista ridicularização
troco dinheiro
troco pouquidade
troco resposta
troféu celebração
troféu registro
troféu sucesso
troglodita descortesia
troglodita reclusão
trolha plebeísmo
trolha remendão
tromba agitação
tromba convexidade
tromba frente
tromba tristeza
tromba-d'água rio
trombeta guerra
trombeta mensageiro
trombeta músico
trombetear aprovação
trombetear barulho
trombetear exposição
trombetear fama
trombetear músico
trombetear publicidade
trombeteiro jactância
trombeteiro músico
trombudo descontentamento
trombudo fealdade
trombudo ressentimento
troncho amorfia
tronco amorfia
tronco ascendência
tronco azorrague
tronco causa
tronco começo
tronco prisão
tronco suporte
tronco todo
trono altura
trono barulho
trono insígnia
trono morada
trono suporte
tropa carregador
tropa multidão
tropa partido
tropeção descida
tropeção insucesso
tropeçar descida
tropeçar desvirtude
tropeçar dificuldade
tropeçar erro
tropeçar estorvo
tropeçar insucesso
tropeçar irresolução
tropeço estorvo
tropeço imperfeição
trôpego vagareza
trôpego velhice
tropelia astúcia
tropelia contenda
tropelia movimento
tropical calor
tropical interjacência
trópico calor
tropo metáfora
trotador carregador
trotador velocidade
trotar locomoção
trotar velocidade
trote vagareza
trouxa reunião
trova poesia
trovador poesia
trovão prodígio
trovão violência
trovejante barulho
trovejar ameaça
trovejar barulho
trovejar oposição
trovejar prolação
trovejar reprovação
trovoada violência
trovoar barulho
trovoar prolação
truão anedota
truão drama
truão humorista
truão tolo
trucidar homicídio
truculência malevolência
truculento malevolência
truncado amorfia
truncamento amorfia
truncar deficiência
truncar encurtamento
truncar falsidade
truncar mau uso
truncar parte
truncar subtração
trunfo importância
trunfo influência
trunfo perfeição
trunfo plano
trunfo sucesso
truque astúcia
truque fraude
tu título
tubagem conduto
tubarão ladrão
tuberculose doença
tuberculoso doença
tuberosidade convexidade
tuberoso convexidade
tubiforme conduto
tubo abertura
tubo conduto
tubulação conduto
tubular abertura
tubular conduto
tudo completamento
tudo favorito
tudo todo
tufão destruidor

tufão excitabilidade
tufão recife
tufão rotação
tufão velocidade
tufão vento
tufo altura
tufo realidade
tugir sussurro
tugúrio morada
tugúrio refúgio
tuim loquacidade
tule semitransparência
tulipa variegação
tumba adversidade
tumba enterro
tumefação dilatação
tumidez dilatação
túmido convexidade
túmido dilatação
túmido tamanho
tumor convexidade
tumor doença
tumular enterro
tumulto agitação
tumulto atividade
tumulto contenda
tumulto desobediência
tumulto desordem
tumulto discórdia
tumulto energia
tumulto excitabilidade
tumulto grito
tumulto som
tumulto violência
tumultuado desarranjo
tumultuar barulho
tumultuar violência
tumultuário desobediência
tumultuário desordem
tumultuário excitabilidade
tumultuário violência
tumultuoso desobediência
tumultuoso desordem
tumultuoso excitabilidade
tumultuoso violência
tuna inatividade
tunar inatividade
tunda punição
tundra planície
tundra vegetal
túnel abertura
túnel passadouro
Tupã júpiter
turba humanidade
turba multidão
turbante indumentária
túrbido desordem
túrbido excitação
túrbido obscuridade
túrbido opacidade
túrbido sombra
túrbido sujidade
turbilhão agitação
turbilhão reunião
turbilhão rio
turbilhão rotação
turbilhão vento
turbina instrumento
turbina rotação
turbinado sinuosidade
turbinagem forro
turbinar forro
turbinar rotação
turbulência agitação
turbulência desobediência
turbulência excitabilidade
turbulência recife
turbulência violência
turbulento contenda
turbulento desobediência
turbulento discórdia
turbulento excitabilidade
turbulento irascibilidade
turbulento violência
turco casamento
turfa combustível
turgidez convexidade
turgidez dilatação
turgidez floreio
túrgido convexidade
túrgido deselegância
túrgido dilatação
túrgido floreio
túrgido redundância
turibulário adulador
turibulário lisonja
turíbulo lisonja
turíbulo rito
turiferário adulador
turismo divertimento
turismo locomoção
turismo movimento
turista viajante
turma partido
turnê locomoção
turnê navegação
turno reunião
turpilóquio impureza
turquesa azul
turquesa ornamento
turra contenda
turra discórdia
turra obstinação
turrão obstinação
turrar obstinação
turuna contenda
turuna coragem
turvação opacidade
turvação sujidade
turvar excitação
turvar ininteligibilidade
turvar obscuridade
turvar opacidade
turvar sombra
turvar sujidade
tutela cuidado
tutela ensino
tutela segurança
tutela sujeição
tutelado infante
tutelar defesa
tutelar segurança
tutelar sujeição
tutor carcereiro
tutor mestre
tutor segurança
tutu medo
twitter divertimento

U

uau! admiração
uberdade produtividade
uberdade prosperidade
uberdade riqueza
úbere produtividade
ubíquo divindade
ubíquo presença
ucha depósito
udômetro rio
ufanar-se orgulho
ufania afetação
ufania orgulho
ufania vaidade
ufano fama
ufano jactância
ufano orgulho
ufano vaidade

uisqueria embriaguez
uivar estridor
uivar vento
uivo estridor
úlcera doença
úlcera dolorimento
úlcera dor
úlcera mal
ulceração dolorimento
ulceração malevolência
ulcerar dolorimento
ulcerar pioramento
ulceroso doença
ulemá clerezia
ulterior demora
ulterior futuro
ulterior posterioridade
ulterior sequência
ulterior sucessor
ulterioridade posterioridade
ulterioridade sequência
ultimação acabamento
ultimamente demora
ultimamente novidade
ultimamente passado
ultimar acabamento
ultimar fim
últimas circunstância
últimas fim
ultimato obrigatoriedade
último fim
último inferioridade
último morte
último novidade
último passado
último precedência
último retaguarda
último sequência
ultrajado ódio
ultrajante desrespeito
ultrajante difamação
ultrajante impiedade
ultrajante infamação
ultrajante ruindade
ultrajar desrespeito
ultrajar difamação
ultrajar impureza
ultrajar infamação
ultrajar malevolência
ultrajar ruindade
ultraje culpa
ultraje desrespeito
ultraje difamação
ultraje infamação
ultraje mal
ultraje malevolência
ultraje pioramento
ultraje ruindade
ultraje violência
ultraleve nave
ultramar azul
ultramarino distância
ultrapassado mau gosto
ultrapassado velharia
ultrapassagem transcursão
ultrapassar fraude
ultrapassar superioridade
ultrapassar transcursão
ululante lamentação
ulular vento
um isolamento
um singularidade
um todo
umbela cobertura
umbela templo
umbigada impulso
umbigo centralidade
umbigo meio
umbilical centralidade
umbral começo
umbral ingressão
umbral suporte
umbroso obscuridade
umbroso sombra
umbroso vegetal
umectação liquefação
umectação umidade
umectante umidade
umectar liquefação
umectar umidade
umedecer água
umedecer umidade
umidade meio líquido
úmido água
úmido umidade
unânime assentimento
unanimidade assentimento
unção divindade
unção excitação
unção lubrificação
unção piedade
unção sentimento
unção untuosidade
ungir comissão
ungir influência
ungir motivo
ungir rito
unhada dor
unhar contenda
unhar dor
união amizade
união casamento
união combinação
união concórdia
união concorrência
união convergência
união cooperação
união junção
união partido
união reunião
unicidade singularidade
unicidade superioridade
único desconformidade
único dessemelhança
único disjunção
único isolamento
único originalidade
único singularidade
único superioridade
unicolor cor
unicorne agudeza
unicórnio desconformidade
unidade assentimento
unidade completamento
unidade concórdia
unidade divindade
unidade generalidade
unidade isolamento
unidade medida
unidade parte
unidade singularidade
unidade todo
unido amizade
unido casamento
unido coesão
unido concórdia
unido concorrência
unido contiguidade
unido partido
unificação combinação
unificação convergência
unificação isolamento
unificar combinação
unificar generalidade
unificar todo
uniforme arranjo
uniforme generalidade
uniforme hermafrodismo

uniforme indicação
uniforme indumentária
uniforme lisura
uniforme ordem
uniforme periodicidade
uniforme permanência
uniforme regularidade
uniforme singeleza
uniforme uniformidade
uniformidade acordo
uniformidade generalidade
uniformidade semelhança
uniformidade simetria
uniformizado arranjo
uniformizar arranjo
uniformizar generalidade
uniformizar uniformidade
unigênito posteridade
unilateral contrato
unilateral obliquidade
unilateralidade obliquidade
unir adição
unir convergência
unir cooperação
unir densidade
unir junção
unir pacificação
unissexuado humanidade
unissonância acordo
unissonância assentimento
unissonância melodia
uníssono assentimento
uníssono melodia
unitário autoridade
unitário singularidade
unitivo junção
universal generalidade
universal humanidade
universalidade generalidade
universalidade todo
universalizar generalidade
universidade ensino
universidade escola
universitário ensino
universitário escola
universitário generalidade
universitário mestre
universo espaço
universo substancialidade
unívoco generalidade
unívoco inteligibilidade
uno isolamento
uno todo
untar cobertura
untar resina
untuosidade lubrificação
untuoso adulador
untuoso impiedade
untuoso lisonja
untuoso óleo
untuoso servilismo
untuoso untuosidade
UPA remédio
upa salto
upgrade melhoramento
urânio combustível
uranografia universo
uranologia universo
urbanidade cortesia
urbanidade deleite
urbanidade moda
urbanidade sociabilidade
urbano cortesia
urbano morada
urbano propriedade
urdidura cruzamento
urdidura malevolência
urdidura plano
urdidura textura
urdir cruzamento
urdir plano
urdir produção
urdir textura
urente aquecimento
urente calor
uretra conduto
urgência importância
urgência necessidade
urgência pressa
urgência presteza
urgente atividade
urgente necessidade
urgente pressa
urgir necessidade
urgir pedido
urgir perseguição
urgir pressa
urgir violência
urinar excreção
urinar expulsão
urinol receptáculo
urinol sujidade
urna enterro
urna escolha
urodelo desvirtude
urodelo retaguarda
urológico partes do corpo humano
uropígio adjunto
uropígio retaguarda
urso descortesia
urso discípulo
urso fealdade
urso reclusão
urtiga dor
urtiga inutilidade
urtiga veneno
urubu pretidão
urubu sovinaria
urucubaca adversidade
urucubaca inabilidade
urutu malfeitor
urzal improdutividade
usabilidade uso
usabilidade utilidade
usado conhecimento
usado hábito
usança hábito
usança regularidade
usança uso
usar esbanjamento
usar indumentária
usar uso
usável uso
uso hábito
uso moda
uso regularidade
uso sanidade
uso utilidade
usual certeza
usual conformidade
usual regularidade
usuário compra
usuário possuidor
usucapião posse
usucapiente possuidor
usucapir aquisição
usucapto aquisição
usufruir posse
usufruir prazer
usufruir uso
usufruir de aptidão para habilidade
usufruto posse
usufruto uso
usufrutuário habitante
usufrutuário possuidor
usura dívida

V

vagar ócio
vagar oportunidade
vagar repouso
vagar vagareza
vagar viajante
vagareza diuturnidade
vagareza ócio
vagaroso demora
vagaroso inatividade
vagaroso inércia
vagaroso irresolução
vagaroso negligência
vagaroso ócio
vagaroso vagareza
vagido lamentação
vagina conduto
vaginal conduto
vagir infância
vagir lamentação
vago ausência
vago desprovimento
vago desvio
vago generalidade
vago imaginação
vago imprecisão
vago incerteza
vago indiscriminação
vago ininteligibilidade
vago insuficiência
vago invisibilidade
vago sussurro
vagonete veículo
vaguear acaso
vaguear desvio
vaguear imaginação
vaguear locomoção
vagueza imprecisão
vagueza pintura
vaia descontentamento
vaia desrespeito
vaia dissentimento
vaia reprovação
vaiar desrespeito
vaiar reprovação
vaidade exageração
vaidade imbecilidade
vaidade inutilidade
vaidade jactância
vaidade orgulho
vaidoso jactância
vaidoso obliquidade
vaidoso orgulho
vaidoso vaidade
vaivém atividade
vaivém eventualidade
vaivém insucesso
vaivém movimento
vaivém oscilação
vaivém pioramento
vala conduto
vala golfo
vala sulco
valado cerca
valado circunscrição
valado conduto
valado região
valdevinos plebeísmo
valdevinos pobreza
vale concavidade
vale crédito
vale dinheiro
vale dívida
valentão combatente
valentão contenda
valentão fanfarrão
valentão jactância
valente combatente
valente coragem
valentia coragem
valentia jactância
valer benevolência
valer dinheiro
valer igualdade
valer preço
valeta cerca
valeta conduto
valete servo
valetudinário doença
valetudinário fraqueza
valetudinário velhice
valhacouto defesa
valhacouto esconderijo
valhacouto furto
valhacouto morada
valhacouto refúgio
valia bondade
valia utilidade
validade poder
validar evidência
validar legalidade
validez poder
valido amigo
valido amizade
válido energia
valido favorito
válido força
válido legalidade
válido poder
válido raciocínio
válido saúde
valido servo
válido utilidade
valimento autoridade
valimento importância
valimento influência
valimento utilidade
valioso grandeza
valioso importância
valioso utilidade
valise receptáculo
valor bondade
valor coragem
valor preço
valor utilidade
valor virtude
valorização melhoramento
valorizar bondade
valorizar carestia
valorizar melhoramento
valoroso atividade
valoroso coragem
valoroso força
valoroso guerra
valoroso resolução
valsa artes
valsa divertimento
valsa música
valsar divertimento
válvula refúgio
vampirismo apropriação
vampirismo bruxaria
vampirismo malevolência
vampiro demônio
vampiro ladrão
vampiro malfeitor
vampiro medo
van veículo
vandálico desrespeito
vandálico destruição
vandálico malevolência
vandálico mau gosto
vandalismo desrespeito
vandalismo destruição
vandalismo malevolência
vandalismo mau gosto
vandalismo ruindade
vândalo destruidor
vândalo homem ruim
vândalo malfeitor

varonilidade resolução
varredor limpeza
varredura limpeza
varredura resto
varrer apropriação
varrer destruição
varrer incompreensão
varrer limpeza
varrer prodigalidade
varrer propulsão
varrer rejeição
varrer renitência
varrer vento
varrer do pensamento desatenção
varrido loucura
várzea agricultura
várzea vegetal
varzino agricultura
varzino planície
vasa meio líquido
vasa ruindade
vasa sujidade
vasca excitabilidade
vasca fim
vasca morte
vasca sofrimento
vasca violência
vascolejar agitação
vascolejar desarranjo
vascolejar descontinuidade
vascolejar oscilação
vascular abertura
vasculhador investigação
vasculhar atenção
vasculhar investigação
vasculhar limpeza
vasculhar propulsão
vasculho limpeza
vasculho propulsão
vaselina lubrificação
vaselina óleo
vasilha receptáculo
vaso conduto
vaso receptáculo
vassalagem obediência
vassalagem submissão
vassalagem sujeição
vassalo habitante
vassalo rio
vassalo servo
vassoura limpeza
vassourar destruição
vassourar limpeza
vassourar vento
vastidão comprimento
vastidão espaço
vastidão grandeza
vastidão importância
vastidão quantidade
vastidão tamanho
vasto distância
vasto espaço
vasto grandeza
vasto largura
vasto tamanho
vatapá picante
Vaticano cargos da Igreja
vaticinação predição
vaticinador oráculo
vaticinador predição
vaticinador revelação
vaticinar agouro
vaticinar predição
vaticínio agouro
vau passadouro
vau recife
vazado qualidades
vazadouro sujidade
vazante baixeza
vazante diminuição
vazante insuficiência
vazante pouquidade
vazante pouquidão
vazante regressão
vazante rio
vazão venda
vazar concavidade
vazar expulsão
vazar rio
vazar transparêcia
vazio ausência
vazio concavidade
vazio deficiência
vazio falsidade
vazio fraude
vazio frouxidão
vazio ignorância
vazio imbecilidade
vazio insignificância
vazio insubstancialidade
vazio insuficiência
vazio inutilidade
vazio irracionalidade
vazio lateralidade
vazio sem significação
veado animal
veado macho
veado salto
veado velocidade
vedação fechamento
vedação proibição
vedar estorvo
vedar fechamento
vedar proibição
vedeta advertência
vedeta precursor
veemência atividade
veemência energia
veemência excitabilidade
veemência sentimento
veemência vigor
veemência violência
veemente excitabilidade
veemente excitação
veemente necessidade
veemente sentimento
veemente vigor
veemente violência
vegetação umidade
vegetação vegetabilidade
vegetação vegetal
vegetal material
vegetal óleo
vegetal vegetal
vegetalizar vegetabilidade
vegetante desinteresse
vegetar desinteresse
vegetar existência
vegetar inatividade
vegetar vida
vegetarianismo temperança
vegetariano comida
vegetariano temperança
vegetativo desinteresse
vegetativo inatividade
veia boa vontade
veia conduto
veia depósito
veia estreiteza
veia filamento
veia habilidade
veia qualidades
veia tendência
veicular conduto
veicular transferência
veicular veículo
veículo auxiliar

veículo instrumentalidade
veículo locomoção
veículo publicidade
veiga agricultura
veiga planície
veio depósito
veio intrinsecabilidade
veio necessidade
vela atividade
vela corpos luminosos
vela nave
vela navegação
velado desinformação
velado invisibilidade
velador cuidado
velamento desinformação
velar atividade
velar benevolência
velar cobertura
velar cuidado
velar culto
velar desinformação
velar excitabilidade
velar obscuridade
velar sombra
veleidade capricho
veleidade desejo
veleidade vontade
veleiro nave
velha fêmea
velhacada astúcia
velhacada falsidade
velhacada velhaco
velhacar velhaco
velhacaria astúcia
velhacaria desinformação
velhacaria desonestidade
velhacaria desvirtude
velhacaria falsidade
velhacaria fraude
velhacaria habilidade
velhaco astúcia
velhaco desonestidade
velhaco enganador
velhaco homem ruim
velhaco insolvência
velhada velharia
velho ancião
velho estabilidade
velho impotência
velho macho
velho pioramento
velho repetição
velho velharia
velho velhice
velhote ancião
velhusco ancião
velhusco velhice
velo aspereza
velo cobertura
velocidade movimento
velocidade transitoriedade
velocino cobertura
velocino desconformidade
velocípede veículo
velódromo arena
velório culto
veloso aspereza
veloz atividade
veloz instantaneidade
veloz velocidade
veludo flexibilidade
veludo fruição
veludo lisura
venal conduto
venal desonestidade
venal egoísmo
venal partes do corpo humano
venal preço
venatório perseguição
vencedor sucesso
vencer aquisição
vencer cessação
vencer facilidade
vencer inexcitabilidade
vencer locomoção
vencer moderação
vencer motivo
vencer movimento
vencer recebimento
vencer refutação
vencer sucesso
vencer sujeição
vencer superioridade
vencido fim
vencido insucesso
vencido irresolução
vencido prazer
vencido submissão
vencido tristeza
vencível desamparo
vencível impotência
venda cegueira
venda embriaguez
venda mercado
venda transmissão
vendaval adversidade
vendaval destruidor
vendaval revolução
vendaval vento
vendável venda
vendedor mercador
vendedor venda
vendeiro mercador
vendeiro provisão
vender barateza
vender permuta
vender transmissão
vender venda
vender gato por lebre fraude
vendeta retaliação
vendilhão mercador
vendilhão velhaco
vendível permuta
vendível preço
vendível transmissão
vendível venda
veneno destruidor
veneno homem ruim
veneno mal
veneno malevolência
veneno malfeitor
veneno ruindade
venenoso insalubridade
venenoso malevolência
venenoso ruindade
venenoso veneno
venera indicação
venerabilidade probidade
veneração culto
veneração respeito
venerado sábio
venerando fama
venerando probidade
venerando título
venerando velharia
venerando velhice
venerar respeito
venerável diretor
venerável fama
venerável maria
venerável respeito
venerável sábio
venerável velharia
venerável virtude
venéreo amor
venéreo impureza

veneta loucura
veneziana canal de respiração
veneziana esconderijo
veneziana meia-luz
vênia carícias
vênia cortesia
vênia depressão
vênia permissão
vênia respeito
vênia sociabilidade
venial inocência
venial insignificância
venial perdão
venífluo conduto
venífluo fluidez
venífluo rio
venoso conduto
venoso fluidez
venoso rio
venoso variegação
venta abertura
venta canal de respiração
ventania velocidade
ventania vento
ventar ar
ventar vento
ventarola vento
ventilação ar
ventilação investigação
ventilação raciocínio
ventilação vento
ventilado abertura
ventilado vento
ventilador canal de respiração
ventilador discriminação
ventilador resfriamento
ventilador rotação
ventilador vento
ventilar abertura
ventilar ar
ventilar canal de respiração
ventilar dissertação
ventilar investigação
ventilar limpeza
ventilar raciocínio
ventilar resfriamento
ventilar vento
vento ar
vento compulsoriedade
vento corrente
vento velocidade
ventoinha mutabilidade
ventoinha rotação
ventosidade expulsão
ventosidade fedor
ventosidade gás
ventosidade vento
ventoso ar
ventoso insolência
ventoso vento
ventral receptáculo
ventre causa
ventre convexidade
ventre interioridade
ventre receptáculo
ventricular receptáculo
ventrículo receptáculo
ventriloquia voz
ventrudo assimetria
ventrudo fealdade
ventura bem
ventura casualidade
ventura destino
ventura ensaio
ventura perigo
ventura prazer
ventura prosperidade
ventura sucesso
venturoso coragem
venturoso oportunidade
venturoso perigo
venturoso prazer
venturoso prosperidade
Vênus amor
Vênus beleza
Vênus universo
ver crença
ver visão
veracidade manifestação
veracidade probidade
veranear ócio
veranear repouso
veranear resfriamento
veranear revigoramento
verão calor
veraz probidade
veraz veracidade
verba dinheiro
verba memória
verba parte
verbal discurso
verbal nomenclatura
verbal sílaba
verbal voz
verbena fragrância
verberação reprovação
verberar punição
verberar reprovação
verbete lista
verbete memória
verbete parte
verbete registro
verbo alocução
verbo sílaba
verborragia discurso
verborragia prolixidade
verborragia redundância
verborrágico prolixidade
verborrágico redundância
verbosidade loquacidade
verbosidade prolixidade
verboso discurso
verboso loquacidade
verboso prolixidade
verdade crença
verdade divindade
verdade veracidade
verdade integral exposição
verdadeiro certeza
verdadeiro existência
verdadeiro ortodoxia
verdadeiro perigo
verdadeiro probidade
verdadeiro raciocínio
verdadeiro veracidade
verdadeirodireito
verde despreparo
verde ignorância
verde infante
verde inoportunidade
verde novidade
verde presteza
verde vegetal
verde verde
verdecer verde
verde-escuro vegetabilidade
verde-escuro verde
verde-garrafa verde
verdejante produtividade
verdejante vegetal
verdejante verde
verdejar verde
verde-mar verde
verdoengo despreparo
verdoengo não acabamento

verdoengo verde
verdor força
verdor verde
verdoso vegetal
verdoso verde
verdugo azorrague
verdugo homem ruim
verdugo homicídio
verdugo malfeitor
verdugo tirania
verdura adolescência
verdura força
verdura umidade
verdura vegetal
verdura verde
vereador amo
vereador diretor
vereador jurisdição
verear gestão
vereda abertura
vereda conduta
vereda passadouro
veredicto justiça
verga borda
verga flexibilidade
vergalhada ataque
vergalhada desonestidade
vergalhada punição
vergalhar punição
vergalho azorrague
vergão convexidade
vergão dor
vergar curvatura
vergar flexibilidade
vergar humildade
vergasta azorrague
vergastada dor
vergastar punição
vergastar reprovação
vergel agricultura
vergonha humildade
vergonha impureza
vergonha infamação
vergonha modéstia
vergonha pureza
vergonha sentimento
vergonhoso desvirtude
vergonhoso impureza
vergonhoso infamação
vergonhoso reprovação
vergonhoso ruindade
vergôntea consanguinidade
vergôntea infante
vergôntea parte
vergôntea posteridade
vergôntea vegetal
veridicidade veracidade
verídico veracidade
verificação experiência
verificação fiança
verificado certeza
verificado conhecimento
verificar demonstração
verificar descoberta
verificar escolha
verificar evidência
verificar experiência
verificável possibilidade
verme animal
verme pequenez
vermelhão vermelhidão
vermelho lista
vermelho vermelhidão
vermicida remédio
vermicular sinuosidade
vermiforme sinuosidade
vermífugo remédio
verminado suficiência
verminar dolorimento
verminose ruindade
vermute embriaguez
vernaculismo elegância
vernaculista elegância
vernáculo gramática
vernáculo interioridade
vernáculo linguagem
vernal novidade
verniz cobertura
verniz cortesia
verniz exterioridade
verniz extrinsecabilidade
verniz ignorância
verniz justificação
verniz óleo
verniz pintura
verniz pouquidão
vero veracidade
verônica frente
verônica rito
verossímil probabilidade
verruga convexidade
verrugoso assimetria
verruguento assimetria
verruma perfurador
versado conhecimento
versado habilidade
versado proficiente
versal letra
versalete impressão
versalete letra
versão interpretação
versar dissertação
versar estudo
versar poesia
versar relação
versar tópico
versar transferência
versar uso
versátil irresolução
versátil mutabilidade
versátil tergiversação
versatilidade irregularidade
versatilidade mutabilidade
versatilidade tergiversação
versejador poesia
versejar poesia
versículo parte
versificador poesia
versificar poesia
versista poesia
verso parte
verso poesia
verso retaguarda
verso alexandrino poesia
verso destemperado poesia
verso manco poesia
versus oposição
vértebra suporte
vertebrado animal
vertente obliquidade
vertical verticalidade
vértice angularidade
vértice cume
vertigem altura
vertigem excitabilidade
vertigem fadiga
vertigem impotência
vertigem loucura
vertigem velocidade
vertiginoso loucura
vertiginoso rotação
vertiginoso velocidade
verve imaginação
verve sentimento
vesânia loucura
vesânico loucura
vesano loucura
vesgo assimetria
vesgo injustiça

vesgo obliquidade
vesgo visão imperfeita
vesical convexidade
vesícula aquecimento
vesícula convexidade
vesícula esfericidade
vesicular abertura
vesicular convexidade
vesicular esfericidade
vesicular partes do corpo humano
vesicular receptáculo
vespa difamador
vespa irascibilidade
vespa malfeitor
vésper direção
vésper tarde
Vésper universo
véspera precedência
véspera prioridade
véspera tarde
vesperal rito
vesperal tarde
vésperas culto
vésperas período
vespertino publicidade
vespertino tarde
vestal clerezia
vestal pureza
véstia indumentária
vestibular precedência
vestíbulo audição
vestíbulo borda
vestíbulo começo
vestíbulo morada
vestíbulo receptáculo
vestíbulo região
vestido indumentária
vestidura indumentária
vestígio indicação
vestígio pouquidão
vestígio registro
vestígio sulco
vestimenta indumentária
vestir cobertura
vestir falsidade
vestir indumentária
vestuário aparecimento
vestuário extrinsecabilidade
vestuário indumentária
vetar proibição
vetar recusa
veteranice velharia
veterano ancião
veterano combatente
veterano discípulo
veterano proficiente
veterinária domesticação
veto proibição
vetor direção
vetor direitura
vetorial direção
vetustez velharia
vetusto passado
vetusto velharia
vetusto velhice
véu batina
véu desinformação
véu indicação
véu indumentária
véu obscuridade
vexação dolorimento
vexação sofrimento
vexame desrespeito
vexame humildade
vexame infamação
vexame malevolência
vexame ruindade
vexame sofrimento
vexaminoso difamação
vexar humildade
vexar malevolência
vexar ruindade
vexar tirania
vexatório dolorimento
vexatório humildade
vexatório ruindade
vexatório tirania
vez oportunidade
vez por outra infrequência
vezeiro impenitência
vezeiro obstinação
vezo desvirtude
vezo hábito
vezo moda
via direção
via passadouro
viabilidade possibilidade
viabilizar possibilidade
viação passadouro
viação veículo
viaduto passadouro
viaduto vínculo
viagem locomoção
viagem movimento
viajado locomoção
viajado viajante
viajante locomoção
viajar locomoção
viajar viajante
via-sacra sofrimento
viático comida
viático provisão
viático rito
viatura veículo
viável diuturnidade
viável possibilidade
víbora homem ruim
víbora irascibilidade
víbora malfeitor
vibração excitabilidade
vibração oscilação
vibração sentimento
vibração som
vibrante barulho
vibrante elegância
vibrante excitação
vibrante mutabilidade
vibrante oscilação
vibrante suficiência
vibrar agitação
vibrar cronometria
vibrar excitabilidade
vibrar existência
vibrar impulso
vibrar interesse
vibrar mutabilidade
vibrar oscilação
vibrar propulsão
vibrar sentimento
vibrar som
vibrátil elegância
vibrátil interesse
vibrátil mutabilidade
vibrátil vigor
vibratilidade vigor
vibratório mutabilidade
vibratório oscilação
vibrissas odor
vicarial cargos da Igreja
vicariato cargos da Igreja
vice-almirante amo
vicenal periodicidade
vicênio período
vicente animal
vicente pretidão
vicentino piedade
vice-presidente substitiuição

vice-rei amo
vice-rei comissão
vice-rei deputado
vice-versa contraste
viciado desvirtude
viciado insalubridade
viciar desvirtude
viciar insalubridade
viciar interpretação errônea
viciar pioramento
viciar ruindade
vicinal contiguidade
vicinal passadouro
vício desvirtude
vício erro
vício imperfeição
vício recife
vício ruindade
viciosidade desvirtude
vicioso acusação
vicioso reprovação
vicissitude acaso
vicissitude adversidade
vicissitude circunstância
vicissitude dificuldade
vicissitude eventualidade
vicissitude insucesso
vicissitude mutabilidade
viço força
viço produtividade
viço vegetal
vida atividade
vida causa
vida conduta
vida descrição
vida eventualidade
vida existência
vida vigor
vide vegetal
videira vegetal
vidência bruxaria
vidente espectador
vidente feiticeiro
vidente louco
vidente manifestação
vidente oráculo
vidente visão imperfeita
vídeo artes
videoclipe publicidade
videoteipe representação
vidraçaria mercado
vidrado acromatismo
vidrado desejo
vidrado meia-luz
vidrar cobertura
vidrar meia-luz
vidraria oficina
vidro fragilidade
vidro transparêcia
viela morada
viela passadouro
viga suporte
vigamento suporte
vigamento textura
vigário deputado
vigarista astúcia
vigarista ladrão
vigente legalidade
vigente tempo presente
vigente uso
viger direito
viger existência
viger legalidade
viger uso
vigia abertura para passagem da luz
vigia advertência
vigia carcereiro
vigia cautela
vigia cuidado
vigia espectador
vigia habitante
vigia refúgio
vigia segurança
vigia tapador
vigiar atenção
vigiar cuidado
vigiar expectativa
vigiar gestão
vigiar segurança
vigilância atenção
vigilância atividade
vigilância cautela
vigilância cuidado
vigilância defesa
vigilância inteligência
vigilância restrição
vigilância retenção
vigilância segurança
vigilante atenção
vigilante carcereiro
vigilante cuidado
vigilante inteligência
vigilante observância
vigilante preparação
vigilante refúgio
vigilante segurança
vigília atividade
vigília cuidado
vigília culto
vigília expectativa
vigília prioridade
vigor adolescência
vigor energia
vigor força
vigor poder
vigor produtividade
vigor resolução
vigor saúde
vigorar comissão
vigorar direito
vigorar existência
vigorar força
vigorar legalidade
vigorar uso
vigoroso concisão
vigoroso força
vigoroso poder
vigoroso raciocínio
vigoroso saúde
vigoroso significação
vigoroso vigor
vil metal dinheiro
vil covardia
vil desonestidade
vil desvirtude
vil infamação
vil insuficiência
vil plebeísmo
vil pouquidão
vil ruindade
vil servilismo
vila morada
vilania desonestidade
vilania sovinaria
vilão desonestidade
vilão desprezo
vilão desrespeito
vilão drama
vilão habitante
vilão homem ruim
vilão plebeísmo
vilão servo
vilão sovinaria
vilar morada
vilegiatura locomoção
vilegiatura repouso
vilegiatura salubridade
vileza desonestidade

virgem infante
virgem novidade
virgem originalidade
virgem pureza
virginal bondade
virginal pureza
virginal temperança
virgindade celibato
virgindade despreparo
virgindade inocência
virgindade pureza
virgindade temperança
vírgula cessação
viril adolescência
viril coragem
viril resolução
virilha angularidade
virilidade adolescência
virilidade coragem
virilidade força
virilidade resolução
virola circunferência
virola curvatura
virtual imaginação
virtual imaterialidade
virtual inexistência
virtual latência
virtual possibilidade
virtualidade possibilidade
virtude agência
virtude bem
virtude bondade
virtude intrinsecabilidade
virtude poder
virtude probidade
virtude pureza
virtude temperança
virtuose melodia
virtuose músico
virtuosidade bom gosto
virtuosidade músico
virtuoso bom gosto
virtuoso bondade
virtuoso inocência
virtuoso músico
virtuoso probidade
virtuoso pureza
virtuoso temperança
virtuoso virtude
virulência descortesia
virulência energia
virulência excitabilidade
virulência ódio
virulência ressentimento
virulência ruindade
virulência vigor
virulento insalubridade
virulento malevolência
virulento ruindade
virulento veneno
vírus doença
vírus potencial de guerra
vírus veneno
visão demônio
visão ideia
visão imaginação
visão insubstancialidade
visão visão imperfeita
visar direção
visar intenção
visceral interioridade
visceral intrinsecabilidade
vísceras interioridade
vísceras intrinsecabilidade
vísceras qualidades
vísceras sujidade
visco meio líquido
visco motivo
viscondado nobreza
visconde nobreza
visconde título
viscosidade coesão
viscosidade meio líquido
viscoso coesão
viscoso meio líquido
viscoso vínculo
viseira defesa
viseira esconderijo
visgo fraude
visgo meio líquido
visgo vínculo
visguento meio líquido
visguento vínculo
visibilidade matéria
visibilidade publicidade
visionário heterodoxia
visionário imaginação
visionário impossibilidade
visionário insubstancialidade
visionário louco
visionário loucura
visionário visão imperfeita
visita adolescência
visita excreção
visita presença
visita sociabilidade
visitador amigo
visitador diretor
visitador investigação
visitante amigo
visitar cortesia
visitar divindade
visitar presença
visitar sociabilidade
visível conhecimento
visível exterioridade
visível matéria
visível visão
visível visibilidade
vislumbrar meia-luz
vislumbrar visão imperfeita
vislumbrar visão
vislumbre aparecimento
vislumbre conhecimento
vislumbre ignorância
vislumbre meia-luz
vislumbre pouquidão
vislumbre probabilidade
vislumbre semelhança
viso aparecimento
viso cume
viso indicação
viso probabilidade
víspora acaso
víspora divertimento
vista aparecimento
vista crença
vista expectativa
vista intenção
vista pintura
vista visão
visto aprovação
visto indicação
visto raciocínio
vistoria investigação
vistoriar investigação
vistoso beleza
vistoso cor
vistoso deleite
vistoso novidade
vistoso ornamento
vistoso ostentação
visual partes do corpo humano
visual presença
visual visão
vital existência
vital importância

vital vida
vitaliciedade eternidade
vitalício continuidade
vitalício diuturnidade
vitalidade estabilidade
vitalidade força
vitalidade poder
vitalidade vida
vitalidade vigor
vitalismo vida
vitalização vida
vitalizar vida
vitelo infante
viticultor agricultura
viticultura agricultura
vítima adversidade
vítima azorrague
vítima condenação
vítima expiação
vítima homicídio
vítima ingênuo
vítima sofrimento
vitimado insucesso
vitimado sofrimento
vitimar homicídio
vitimar ruindade
vitimar sucesso
vitória sucesso
vitória superioridade
vitória veículo
vitorioso jactância
vitorioso progressão
vitorioso sucesso
vitral abertura para passagem da luz
vítreo fragilidade
vítreo lisura
vítreo meia-luz
vítreo transparêcia
vitrificação rigidez
vitrina mercado
vitualhas comida
vituperador difamador
vituperar depreciação
vituperar difamação
vituperar reprovação
vitupério depreciação
vitupério difamação
vitupério infamação
vitupério reprovação
viúva fêmea
viuvar divórcio
viuvez divórcio
viuvez isolamento
viúvo disjunção
viúvo divórcio
viúvo isolamento
viva representação
vivacidade alegria
vivacidade atividade
vivacidade beleza
vivacidade cor
vivacidade elegância
vivacidade inteligência
vivacidade interesse
vivacidade luz
vivacidade prazer
vivacidade significação
vivandeira mercador
vivar grito
vivaz alegria
vivaz atividade
vivaz interesse
vivaz temeridade
vivedouro diuturnidade
viveiro depósito
viveiro domesticação
viveiro golfo
viveiro morada
viveiro multidão
viveiro oficina
viveiro suficiência
vivência existência
vivenciar vida
vivenda conduta
vivenda morada
vivente existência
vivente humanidade
vivente organização
vivente vida
viver existência
viver fama
viver morada
viver presença
viver vida
viver abaixo da linha de pobreza pobreza
viver em apuros pobreza
viver em paz paz
viver na lembrança memória
viver na pindaíba pobreza
víveres comida
víveres material
víveres provisão
viveza atividade
viveza cor
vívido cor
vívido luz
vívido significação
vivificação vida
vivificar força
vivificar melhoramento
vivificar vida
vivissecção dor
vivissecção malevolência
vivo atividade
vivo cor
vivo dor
vivo energia
vivo espírito
vivo excitabilidade
vivo existência
vivo habilidade
vivo inteligência
vivo luz
vivo sensibilidade
vivo sentimento
vivo velocidade
vivo vida
vivo vigor
vivos borda
vizinhança amigo
vizinhança circunjacência
vizinhança contiguidade
vizinhança proximidade
vizinhança semelhança
vizinho amigo
vizinho contiguidade
vizinho proximidade
vizinho semelhança
vizir deputado
voador drama
voante velocidade
voar curso
voar fim
voar imaginação
voar leveza
voar movimento
voar partida
voar tempo
voar transitoriedade
voar velocidade
vocabulário inteligibilidade
vocabulário lista
vocabulário sílaba
vocação habilidade
vocação predeterminação
vocação qualidades

vocação tendência
vocação trabalho
vocal artes
vocal música
vocal voz
vocalista músico
vocalização voz
vocalizar músico
vocalizar voz
você título
vociferação barulho
vociferação grito
vociferação reprovação
vociferação voz
vociferante barulho
vociferar descontentamento
vociferar grito
vociferar pedido
vociferar violência
voejar navegação
voejar partida
voga exposição
voga fama
voga hábito
voga moda
vogal letra
vogar leveza
vogar notícia
vogar publicidade
volante irresolução
volante movimento
volante mutabilidade
volante nave
volante navegação
volante publicidade
volante rotação
volante subida
volante tergiversação
volante transitoriedade
volante velocidade
volátil gás
volátil leveza
volátil mercado
volátil mutabilidade
volátil vaporização
volatilidade gás
volatilidade leveza
volatilidade vaporização
volatilizado vaporização
volatilizar fim
volatilizar vaporização
vôlei divertimento
volição intenção
volição vontade
volitivo vontade
volta angularidade
volta chegada
volta circuição
volta circuito
volta compensação
volta curvatura
volta divertimento
volta locomoção
volta periodicidade
volta recuo
volta regressão
volta restituição
volta reversão
volta rotação
voltar compensação
voltar desvio
voltar frequência
voltar recuo
voltar regressão
voltarete divertimento
voltear circuição
voltear circuito
voltear desvio
voltear irresolução
voltear rotação
voltear sinuosidade
volteio circuição
volteio circuito
volteio rotação
volteio tergiversação
volubilidade desamparo
volubilidade loquacidade
volubilidade mutabilidade
volume grandeza
volume livro
volume quantidade
volume tamanho
volumoso tamanho
voluntariedade boa vontade
voluntariedade vontade
voluntário assentimento
voluntário boa vontade
voluntário combatente
voluntário vontade
voluntarioso obliquidade
voluntarioso obstinação
voluntarioso orgulho
voluntarioso vontade
volúpia fruição
volúpia intemperança
voluptuosidade fruição
voluptuosidade impureza
voluptuosidade intemperança
voluptuoso amor
voluptuoso deleite
voluptuoso fruição
voluptuoso impureza
voluptuoso intemperança
voluptuoso sensualista
voluta sinuosidade
volutear circuição
volúvel capricho
volúvel desamparo
volúvel irresolução
volúvel loquacidade
volúvel mudança
volúvel mutabilidade
volúvel tergiversação
volver investigação
volver regressão
volver do tempo curso
vomitar exposição
vomitar expulsão
vomitar informação
vomitar restituição
vômito expulsão
vomitório energia
vontade capricho
vontade desejo
vontade intenção
vontade motivo
vontade inquebrantável resolução
voracidade gula
voragem abertura
voragem agitação
voragem desaparecimento
voragem intervalo
voragem profundidade
voragem recife
voragem rio
voragem rotação
voraz desejo
voraz destruição
voraz recepção
voraz violência
vórtice recife
vórtice rio
vórtice rotação
vórtice vento
vossemecê título

W

X

Y

Z

zangado irascibilidade
zangado ressentimento
zangar descontentamento
zanzar inatividade
zarabatana potencial de guerra
zarcão vermelhidão
zarolho assimetria
zarolho visão imperfeita
zarpar navegação
zarpar partida
zarzuela drama
zarzuela música
zarzuela poesia
zebra variegação
zebrado variegação
zebrar variegação
zebu animal
zéfiro vento
zelar ciúme
zelar cuidado
zelar gestão
zelo atividade
zelo cuidado
zelo descrença
zelo desejo
zelo dever
zelo esforço
zelo observância
zelo probidade
zelo sentimento
zelos ciúme
zeloso atividade
zeloso ciúme
zeloso cuidado
zeloso desejo
zeloso dever
zeloso excitabilidade
zeloso probidade
zeloso sentimento
zelote auxiliar
zelote obstinação
zen inexcitabilidade
zen paz
zé-ninguém plebeísmo
zênite cume
zênite manhã
zênite superioridade
zepelim combatente
zepelim nave
zé-povinho plebeísmo
zero insignificância
zero insubstancialidade
zero singularidade
zeugma metáfora
ziguezaguear agitação
ziguezaguear angularidade
ziguezaguear circuição
ziguezaguear desvio
ziguezaguear irresolução
ziguezaguear sinuosidade
zimbório altura
zimbório convexidade
zimbro umidade
zincar cobertura
zoada barulho
zoada grito
zoada prolação
zoada som
zoada sussurro
zoar barulho
zodíaco contorno
zodíaco fama
zodíaco universo
zoeira barulho
zoeira grito
zoeira som
zombador impiedade
zombar espírito
zombar ridicularização
zombaria desrespeito
zombaria divertimento
zombaria impiedade
zombeteiro espírito
zombeteiro humorista
zombeteiro ridicularização
zona camada
zona circunferência
zona contorno
zona parte
zona região
zoofobia domesticação
zoogeografia zoologia
zoografar zoologia
zoolatria heterodoxia
zoolatria idolatria
zoologia organização
zoológico zoologia
zoomorfismo heterodoxia
zoomorfismo zoologia
zootaxia zoologia
zootecnia zoologia
zootécnico domesticação
zoroastrismo pseudorrevelação
zorra grito
zorra veículo
zumbaia lisonja
Zumbi desobediência
zumbi medo
zumbido prolação
zumbido sibilação
zumbido sussurro
zum-zum malevolência
zunido barulho
zunido prolação
zunir barulho
zunir estridor
zunir prolação
zunir sibilação
zunir velocidade
zurrar voz